Erläuterungen für den Gebrauch

Das Lexikon ist in Stichwörter eingeteilt, die nach dem Al[...] Das Stichwort ist durch **Fettdruck** gekennzeichnet.

Im allgemeinen macht das Alphabet keine Schwierigkeiten. [...] Buchstabenverbindungen, die man besonders beachten muß. [...] werden im Alphabet wie a, o, u eingeordnet. So steht z. B. Ägypten zwischen Agitation und Ahorn oder Möwe zwischen Motto und Mozart. Wenn das e aber getrennt gesprochen wird, z. B. bei dem Wort Aeronautik, so steht es hinter dem vorhergehenden Buchstaben des Alphabets, in diesem Falle also zwischen Advokat und Affäre. In einigen Fällen ist die Schreibweise von Wörtern im Deutschen nicht einheitlich. So schreibt man Foto und Photographie. Unser Lexikon schreibt Photographie. Man suche auch Wörter, die man unter c nicht findet, unter k und umgekehrt, i oder y unter j, auch v unter w oder z unter c beziehungsweise k und umgekehrt.

Persönlichkeiten sind grundsätzlich unter ihrem Nachnamen aufgeführt, mit Ausnahme von solchen, die man unter ihrem Vornamen kennt, z. B. **Franz von Assisi.**

Die Betonung ist durch einen Strich unter dem betonten Teil des Stichworts gekennzeichnet, also: Diagnose (betone Diagnoh-se).

Zur Bezeichnung der Aussprache verwenden wir keine schwer verständlichen Lautzeichen oder Erklärungen, die dem Sprachunterricht vorbehalten sein müssen. Unsere Bezeichnungen sollen nur als Hinweis dienen, z. B. Cowboy (sprich kauboi). Der weiche sch-Laut in französischen Wörtern ist durch ~~sch~~ wiedergegeben, also: Gage (sprich gahsche), der Nasal- oder Nasenlaut durch ˜, also Chance (schãße), was ungefähr wie schangsse ausgesprochen wird, aber leichter und schwebender. Zwischen a und o liegt å, z. B. in all right (sprich ål rait).

Die Herkunft von Wörtern ist durch lat. = lateinisch, griech. = griechisch, ital. = italienisch, franz. = französisch, engl. = englisch, span. = spanisch angegeben.

Wörter, die in einem Artikel besonders hervorgehoben werden sollen oder die gleiche Bedeutung haben wie das Stichwort, sind in schräglaufender Schrift (*kursiv*) gesetzt, z B. **Scholle** oder *Flunder*.

Hinweise auf ein anderes Stichwort sind durch den Pfeil → deutlich gemacht, z. B. Tanne → Nadelbäume (das heißt: siehe unter dem Stichwort Nadelbäume). Ein solcher Hinweis kann bedeuten, daß man das gesuchte Wort dort findet oder daß man an der Stelle, auf die verwiesen ist, noch etwas Ergänzendes erfährt. Wir setzen dabei voraus, daß Hinweise sinngemäß beachtet werden und daß der Benutzer auch Hervorhebungen durch Schrägdruck berücksichtigt, die unter einem fettgedruckten Hauptstichwort gleichen Stammes aufgeführt sind. So findet man z. B. *ionisieren* und *Ionosphäre* unter dem Hauptstichwort **Ion** zusammenfassend behandelt.

Die Bilder stehen stets in enger Verbindung mit dem dazugehörigen Artikel, den sie ergänzen und erweitern sollen. Vielfach sind sie unmittelbar in den Text eingefügt oder über den Anfang eines Stichwortes gestellt. Sie haben dann keine eigene Unterschrift, die nur unnötigerweise Platz beanspruchen würde.

Abkürzungen haben wir nur sehr sparsam verwendet. Es bedeutet:

Abb.	= Abbildung	Einw.	= Einwohner	u. a.	= unter anderem
bzw.	= beziehungsweise	Jh.	= Jahrhundert	usw.	= und so weiter
ca.	= circa, ungefähr	Mill.	= Million	v. Chr.	= vor Christi Geburt
d. h.	= das heißt	n. Chr.	= nach Christi Geburt	z. B.	= zum Beispiel

Andere Abkürzungen, z. B. USA oder FDP, sind als Stichworte zu finden. Abkürzungen für die wichtigsten Maß- und Gewichtseinheiten sind in der Tabelle Maße und Gewichte zusammengefaßt.

Knaurs Jugend Lexikon

Völlig neu bearbeitete Auflage

Droemer Knaur

Herausgeber der ersten Auflage 1953: Dr. Richard Friedenthal
Derzeitiger Herausgeber: Franz N. Mehling

Gesamtauflage 1 888 000

© 1953, 1968 und 1976 Droemersche Verlagsanstalt München
Alle Rechte Droemersche Verlagsanstalt Th. Knaur Nachf. München/Zürich
Satz und Druck Mandruck München
Aufbindung Großbuchbinderei Sigloch Stuttgart/Künzelsau
Printed in Germany 43 · 30 · 80
ISBN 3-426-21 109-2

Wie unser Lexikon entstanden ist

Ein Lexikon ist ein Nachschlagewerk, das in kurzen, nach dem Alphabet geordneten Artikeln Auskunft über die wichtigsten Dinge auf allen Gebieten gibt. Es soll Fragen aus sämtlichen Bereichen unserer Welt und unseres Lebens, aus Natur und Technik, aus Kunst und Kultur, aus Religion und Wissenschaft, aus Geschichte und Gegenwart, aus Politik und Sport, so kurz und zugleich so klar wie nur irgend möglich beantworten. Wenn wir damit gesagt haben, was ein Lexikon ist, so müssen wir aber auch sagen, was ein Lexikon nicht ist und nicht sein kann: Es ist kein deutsches Wörterbuch – solche Wörter-, Fremdwörter- oder Rechtschreibe-bücher gibt es genug. Ein Lexikon kann jedoch auch kein vollständiges Verzeichnis etwa aller Orte und Städte, Flüsse und Berge bringen. Die Namen allein würden ja den ganzen Raum beanspruchen. Und das gleiche gilt für manche andere Gebiete; wer wichtige Dinge behandeln will, muß, ob er will oder nicht, unwichtigere fortlassen. So haben auch wir vieles, stets jedoch nach reiflicher Überlegung, weglassen müssen; wir haben aber damit Platz gewonnen, um gerade *die* Fragen um so gründlicher beantworten zu können, die den jungen Menschen von heute interessieren.

Ein farbiges Nachschlagewerk haben wir unser Lexikon genannt. Mit farbigen Abbildungen ist es ausgestattet, nicht nur weil das schöner aussieht, sondern weil sich dadurch die meisten Gegenstände, Vorgänge und Sachverhalte viel deutlicher darstellen lassen. Wir haben auch die Bilder nicht zu klein wiedergegeben, damit alle Einzelheiten gut zu erkennen sind, und außerdem versucht, stets das Wesentliche zu zeigen; wie eine Hacke aussieht, ein Kaninchen oder ein Gänseblümchen, das weiß jeder. Wir haben statt dessen lieber ein Düsentriebwerk gezeigt, eine fleischfressende Pflanze, eine Rakete, mit der Raumschiffe in eine Umlaufbahn um die Erde gebracht werden, oder einen Schnitt durch ein solches Raumschiff.

Für junge Menschen ist unser Lexikon bestimmt, und geschrieben ist es deshalb von jungen oder mit der Jugend denkenden Menschen. Damit sind wir bei der Frage: »Wie entsteht eigentlich so ein Lexikon?« Immer wieder wird uns diese Frage gestellt. Mancher glaubt vielleicht, daß man dazu nur ein paar andere Lexika und Nachschlagebücher zu nehmen und daraus die Artikel abzuschreiben brauchte. Das würde jedoch kein Jugendlexikon ergeben, sondern eine Abschreibearbeit, und eine schlechte noch dazu. Natürlich zieht man bei der Herstellung eines solchen Lexikons auch andere Nachschlagewerke zu Rate. Unser Verlag hatte dabei den großen Vorteil, daß er sich auf die langjährigen Erfahrungen bei der Redaktion seines KNAURS LEXIKON stützen konnte, dessen erster Herausgeber, Dr. Richard Friedenthal, auch die Entwicklung des Jugendlexikons übernahm. Das einbändige KNAURS LEXIKON werden wohl viele unserer jugendlichen Leser bereits kennen und auch benutzen, wenn es sich um Einzelfragen handelt, die unser Jugendlexikon aus den vorhin genannten Gründen nicht beantworten kann.

Neben allen möglichen Nachschlagewerken müssen bei der Herstellung eines Lexikons selbst-verständlich auch Fachbücher aus den verschiedensten Gebieten herangezogen werden, zur Kontrolle und zum Vergleich. Die Redaktion muß also eine ganze Bücherei ständig zur Hand haben, und Fachzeitschriften oder seltenere Werke müssen aus öffentlichen Bibliotheken aus-geliehen werden. So wird zunächst eine Stichwortkartei aufgestellt. Sie ist vorerst nichts anderes als ein bloßes Verzeichnis der Artikel, die behandelt werden sollen. Mit ihr fängt die Arbeit an. Sie wird in der Lexikonredaktion geleistet, die bei uns im Haus des Verlages unter-gebracht ist. Gerade die Stichwortkartei verursacht aber der Redaktion zugleich auch viel

Kopfzerbrechen, denn von ihr hängt zum großen Teil die weitere Gestaltung des Werks ab. Wer das eine oder andere Wort in unserem Jugendlexikon nicht finden sollte, glaube nicht, daß es etwa »vergessen« worden sei. In der Redaktion werden darüber, ob ein Stichwort aufgenommen oder fortgelassen werden soll, oft lange Debatten mit den Fachbearbeitern geführt, und häufig wird die Entscheidung nur mit schwerem Herzen gefällt.

Die Fachbearbeiter bilden die nächste Gruppe der Mitarbeiter am Lexikon. Sie erhalten die Stichwörter zugeteilt, die in ihr Fachgebiet fallen, prüfen und ergänzen sie und arbeiten den Text der Artikel aus. All die Fachbearbeiter, denen wir für ihre Hilfe zu Dank verpflichtet sind, im einzelnen zu nennen, ist hier leider nicht möglich, da diese Liste zu lang werden würde.

Wenn die ausgearbeiteten Artikel von den Fachbearbeitern abgeliefert sind, müssen sie zunächst in der Redaktion nochmals durchgesehen, überarbeitet, gekürzt oder auch erweitert werden. Hand in Hand damit geht die Arbeit an der Bebilderung, die ja in engem Zusammenhang mit dem Text stehen muß. Den Malern, Zeichnern und Graphikern, die am gemeinsamen Werk mitgeschaffen haben, gilt unser Dank ebenso wie den Persönlichkeiten, die sich der Redaktion bei der Durchsicht der Texte mit ihren besonderen Erfahrungen beratend zur Verfügung gestellt haben.

Schließlich wollen wir aber eine Gruppe von Mitarbeitern auf keinen Fall vergessen – die Jugend selber. Viele unserer Mitarbeiter, die Kinder haben, sprachen die Artikel, an denen sie gerade arbeiteten, immer wieder mit ihnen durch, um zu prüfen, ob sie sich auch wirklich klar und verständlich ausgedrückt hatten. Wir haben aber von Zeit zu Zeit auch ganze Jugendgruppen in unseren Verlag geladen, ihnen unsere Texte vorgelesen, unsere Bilder gezeigt und sie um ihre Meinung gefragt. Und als eine solche Jugendgruppe im großen möchten wir auch die Leser unseres Nachschlagewerkes ansehen. Wir freuen uns stets, wenn wir Briefe von den Benutzern und Benutzerinnen des Jugendlexikons bekommen, und ein Hinweis, daß und wie man da oder dort einen Text oder ein Bild noch verbessern könnte, ist uns ebenso lieb wie ein Brief, der unsere Arbeit anerkennt. So wünschen wir uns auch in Zukunft ein recht enges und freundschaftliches Verhältnis zu dem großen Kreis der Benutzer unseres Jugendlexikons, allen Lesern aber Freude und Anregung beim Nachschlagen.

KNAURS JUGENDLEXIKON

Verlag und Redaktion

A

A ist der erste Buchstabe des Alphabets. Bei den Griechen, bei denen er Alpha (*A*) heißt, wurde er in Verbindung mit Omega (*Ω*), dem letzten Buchstaben des griechischen Alphabets, im Sinne von »Anfang und Ende« gebraucht, so wie wir »von A bis Z« sagen. Die christliche Kirche übernahm »*A* und *Ω*« als Sinnbild für Gott. Als *Vorsilbe* bei Fremdwörtern aus dem Griechischen hat a meist verneinende Bedeutung, z. B. asymmetrisch = unsymmetrisch, symmetrielos. In der *Musik* ist a der 6. Ton der C-Dur-Tonleiter, und nach dem international festgelegten a, dem sog. »Kammerton«, werden die Instrumente gestimmt. In der *Physik* ist A die Abkürzung für Ampere.

Der **Aal** lebt auf dem Grunde unserer Seen und Flüsse. Er ist ein dunkler, glitschiger, schlangenähnlicher Fisch. Die Bauchflossen sind nur schwach ausgebildet; die hintere Hälfte seines Körpers ist mit einem breiten Flossensaum umgeben. Der Aal frißt Wassertiere und auch Wasserpflanzen. Das Weibchen wird 150 cm, das Männchen nur 50 cm lang. Im Alter von etwa 10 Jahren verlassen alle Aale ihre heimischen Gewässer und suchen in manchmal jahrelanger Reise ihre Laichplätze südlich der Bermudainseln im Sargassomeer auf. Während dieser Reise kann der die Süßwassernahrung gewohnte Aal nicht fressen, sondern zehrt vom eigenen, reichlich aufgespeicherten Fett. Nach dem Laichen gehen die Aale an Entkräftung zugrunde. Aus ihren Eiern schlüpfen kleine durchsichtige Fische, die sog. Glasaale. Sie erreichen in 2 bis 3 Jahren die Küsten Europas und beginnen ihre Wanderung in den verschiedenen Flüssen aufwärts. In den nahrungsreichen Gewässern wachsen sie in 8–10 Jahren zu den großen Tieren heran, die dann wieder auf die große Weltreise gehen.

Von den **Aaskäfern,** die sich von toten Tieren ernähren, ist bei uns der *Totengrä-* *ber* der häufigste. Er legt seine Eier in die Körper toter Säugetiere. Diese versenkt er dann in den Boden, indem er die darunter liegende Erde mit den kräftigen Hinterbeinen wegscharrt. Die Larven mancher Aaskäfer fressen auch Pflanzenteile.

ABC-Staaten sind die Staaten Argentinien, Brasilien und Chile in →Südamerika.

ABC-Waffen nennt man die *a*tomaren, *b*iologischen und *c*hemischen Kampfmittel, z. B. Atombomben, Bakterien und Giftgase.

Die **Abderiten,** die Bewohner der thrakischen Stadt Abdera, waren die →Schildbürger der Griechen.

Abendland →Okzident.

Das **Abendmahl** ist das letzte Mahl, das Jesus Christus vor seinem Tode mit den Aposteln gehalten hat. Abendmahl nennt der Christ aber auch das Altarsakrament, die Eucharistie, das Christus dabei einsetzte. Allen Christen ist die Abendmahlsfeier die wichtigste und feierlichste Handlung allen Gottesdienstes, doch vertreten die einzelnen christlichen Konfessionen verschiedene Auffassungen über das Wesen dieses Sakraments. Nach katholischer Auffassung wird Christus durch die Verwandlung von Brot und Wein unter deren äußeren Gestalten wahrhaft und wirklich gegenwärtig. Nach lutherischer Auffassung verbindet sich Christus in, mit und unter Brot und Wein leibhaftig mit dem Gläubigen. Calvin lehrte, daß im Abendmahl die Kraft Christi empfangen werde, Zwingli hingegen, daß das Abendmahl nur eine Erinnerungsfeier an Christi Tod sei.

Abendschulen ermöglichen Erwachsenen und Berufstätigen eine berufliche oder schulische Weiterbildung, z. B. in Technikerabendschulen, Abendrealschulen, Abendgymnasien. →Zweiter Bildungsweg.

Abessinien →Äthiopien.

Der **Abfahrtslauf** ist eine alpine Skidisziplin für Männer (bis 3,5 km lang) und

Frauen (bis 2,5 km), bei der zwischen Start und Ziel ein Höhenunterschied bis zu 1000 m besteht.

Ein **Abgeordneter** ist ein Volksvertreter. Er wird von den Bürgern gewählt und ist meist Mitglied einer →Partei. Bei der Gesetzgebung (z. B. im Landtag, im Bundestag) ist er nur seinem Gewissen verantwortlich.

Das **Abitur** oder (in Österreich) die Matura (lat.): Abschließende Reifeprüfung eines →Gymnasiums, berechtigt zum uneingeschränkten Studium an einer Universität bzw. Hochschule. Beachte allerdings den →Numerus clausus. Berufsoberschulen vermitteln die eingeschränkte Hochschulreife, eingeschränkt auf Fachgebiete des jeweiligen Berufsfeldes. Fachoberschulen vermitteln die Fachhochschulreife, sie berechtigt zum Studium lediglich an den Fachhochschulen. Das sog. »Begabtenabitur« ersetzt das Abitur und gewährt in der Regel uneingeschränkten Zugang zur Universität. Sogenannte Sonderprüfungen (z. B. für die Zulassung zum Studium der Pädagogik) gewähren in manchen Bundesländern die eingeschränkte Hochschulreife. Der Abschluß einer Hochschule (z. B. Ingenieurstudium) wird dem Abitur gleichgestellt.

Der **Ablaß.** Nach katholischer Lehre ist Ablaß der von der kirchlichen Obrigkeit gewährte Nachlaß zeitlicher, d. h. auf Erden oder im Fegefeuer abzubüßender Strafen für Sünden, die schon gebeichtet und vergeben worden sind. Luthers Kampf gegen den Mißbrauch des Ablasses gab den Anstoß zur →Reformation.

Der **Ablaut** ist ein gesetzmäßiger Wechsel von Selbstlauten in der Stammsilbe (der betonten Silbe) von miteinander verwandten Wörtern, z. B. trinken, trank, getrunken.

Ableger sind verholzte Pflanzenteile, die sich bewurzeln und zu neuen selbständigen Pflanzen werden. Die Vermehrung durch Ableger ist eine Art der →vegetativen Fortpflanzung. Der Blumenfreund wendet die Vermehrung durch Ableger bei vielen Pflanzen (aber nur solchen mit

Oberes Bild: Absenker einer Miere; darunter die Teilung bei einer Pfefferminzpflanze; rechts Steckling einer Weide

verholztem Stengel) an, z. B. bei Fuchsie, Oleander, Hortensie, Zimmerahorn (Abutilon), Zimmerlinde. Das Ende eines verholzten Zweiges steckt man in lockere feuchte Erde oder auch in eine mit Wasser gefüllte braune Medizinflasche, bis aus »schlafenden Augen« unter der Rinde dann Wurzeln entspringen (Steckling).

abnorm (lat.): von der Norm, von der Regel abweichend, krankhaft.

Das **Abonnement** (franz., sprich abonnemäh) ist ein dauernder Bezug, z. B. von Zeitungen, Zeitschriften, Theaterkarten, zu ermäßigtem Preis. Das Abonnement wird meist für eine bestimmte Zeit vorausbezahlt. Der Inhaber eines Abonnements heißt *Abonnent.*

Der **Abort** (lat.) ist die medizinische Bezeichnung für die vorzeitige Unterbrechung der →Schwangerschaft. Den künstlich herbeigeführten Abort nennt man Abtreibung, andernfalls spricht man von Fehlgeburt.

Abrakadabra war im Altertum ein Zauberwort, das später als Amulettaufschrift benutzt wurde, weil man ihm eine heilkräftige Wirkung zuschrieb. Ein ähnliches »Geheimwort« war *Abraxas.*

abrupt (lat.): abgebrochen, plötzlich.

abseits ist beim Fußball ein Spieler, wenn er im Augenblick der Ballabgabe näher am gegnerischen Tor ist als der Ball und nicht mindestens zwei Gegner vor sich hat. Wird durch →Freistoß geahndet.

Absenker dienen der →vegetativen Vermehrung im Pflanzenbau. Verholzte Seitenzweige mancher Pflanzen werden herabgebogen und an einer Stelle mit Erde bedeckt. An dieser Stelle bilden sich zahlreiche Wurzeln. Wenn sie lang genug sind, schneidet man den Zweig von der Mutterpflanze und hat gleich eine kräftige neue Pflanze, den sog. Absenker. Die Weide, der Liguster, die Forsythia u. a. eignen sich für diese Vermehrungsart. Abb. S. 8.

absolut (lat.): losgelöst, bedingungslos, unbeschränkt.

Der **absolute Nullpunkt** →Temperatur.

absolutes Gehör ist die Fähigkeit, die Höhe von erklingenden Tönen ohne Hilfsmittel zu erkennen.

Die **Absolution** (lat.): Lossprechung von Sünden durch den Priester nach abgelegter →Beichte.

Der **Absolutismus.** So nennt man die Regierungsform, in der ein Staatsoberhaupt uneingeschränkt, also ohne Kontrolle durch die →Stände oder das →Parlament, herrscht. In der *absoluten Monarchie* galt der Wille des Königs als des von Gott eingesetzten Herrschers (»von Gottes Gnaden«) als oberstes Gesetz. Ludwig XIV. von Frankreich, Friedrich II. von Preußen und andere Fürsten ihrer Zeit regierten absolut. Die →Aufklärung bestritt das absolute Recht des Fürsten. Im 19. Jh. wurde die absolute Macht der Monarchen durch Verfassungen eingeschränkt (konstitutionelle Monarchie).

absolvieren (lat.): eine Schule oder ein Studium durchlaufen, eine Prüfung ablegen. Nach Beendigung des Studiums oder der Prüfung ist man *Absolvent.*

Die **Absorption** (lat.): das Aufsaugen, Verschlucken, z. B. die Abschwächung von Licht, wenn es durch Wasser geleitet wird. So wird es im Meer mit zunehmender Wassertiefe immer dunkler, weil das Licht *absorbiert* wird.

Die **Abstinenz** (lat.): Enthaltsamkeit, Enthaltung. Die *Abstinenzbewegung* fordert völlige Enthaltung von Alkohol.

abstrakt. Abstrakt ist der Gegensatz von *konkret.* Konkret ist alles, was wir mit unseren Sinnen wahrnehmen können. Wenn wir sagen: »Dort liegen zwei Äpfel«, so sind diese Äpfel etwas Konkretes; man kann sie sehen, riechen, betasten und schmecken. Wenn wir aber sagen: »Äpfel wachsen auf Bäumen«, so sprechen wir von Äpfeln im allgemeinen, von allen Äpfeln. Man kann nicht gleichzeitig alle Äpfel sehen, riechen, betasten und schmecken; unsere Sinne können bei diesem Satz nicht in Tätigkeit treten, wir müssen sie also abziehen, *abstrahieren*, und es bleibt übrig etwas *Abstraktes*, etwas, das wir nur in Gedanken begreifen können, ein Begriff: Äpfel. Abstrakt heißt also begrifflich. Durch dieses Abstrahieren können wir aus allem Konkreten etwas Abstraktes machen. Es gibt aber auch Wörter, die man überhaupt nur begrifflich verwenden kann, z. B. Liebe oder Tod.

abstrakte Kunst. Die Bezeichnung ist mißverständlich, denn gemeint sind Plastik und Malerei, also Kunstwerke, die an sich konkret sind. Nur wollen die Künstler nicht Gegenständliches wirklichkeitsgetreu wiedergeben, sondern sie wollen mit Farben und Formen die Idee des abzubildenden Gegenstandes darstellen – in unserem Fall also eine Taube. Es gibt auch abstrakte Kunst, die noch weiter geht und die nur mit Farben und oft geometrischen Figuren arbeitet. Die abstrakte Kunst ist

Abstrakte Kunst:
»Feuertaube« von Georg Meistermann

9

aus einer Weiterentwicklung des →Expressionismus entstanden und gehört zu den wichtigsten künstlerischen Ausdrucksformen der Gegenwart. Der russische Maler Kandinsky schuf Anfang des 20. Jh. die ersten gegenstandslosen Bilder, viele andere Künstler, z. B. Piet Mondrian, folgten seinem Beispiel. – Schon in Kunstwerken früherer Zeiten lassen sich abstrakte Formen erkennen; sie sind also keine »Erfindung« des 20. Jh.

absurd: sinnlos, vernunftwidrig, z. B. ein absurder Einfall. Eine Behauptung kann man *ad absurdum* führen, indem man aus ihr so sinnwidrige Folgerungen ableitet, daß sie zuletzt selbst absurd erscheint.

Der **Abszeß:** Eitergeschwür. Es muß unbedingt vom Arzt behandelt werden.

Abt wird der Vorsteher eines Klosters genannt. Die Vorsteherin eines Frauenklosters heißt *Äbtissin.* Bei einigen katholischen Orden (vor allem beim Benediktinerorden) hat der Abt fast die gleichen Rechte wie ein →Bischof, er darf als Zeichen seiner Würde bei Gottesdiensten Mitra (Bischofsmütze), Ring und Stab tragen.

Abu (arab.): Vater. Häufig Teil arabischer Personennamen.

a cappella (ital.): für Singstimmen, ohne Begleitung von Instrumenten.

Acetat →Azetat.

Achäer nannte sich ein altgriechischer Volksstamm, der in Thessalien und auf dem Peloponnes lebte. →Griechenland.

Der **Achat** →Edelsteine.

Achilles ist eine griechische Sagengestalt. Er war der stärkste und schönste Held der Griechen im →Trojanischen Krieg. Er erschlug den Trojaner Hektor, fiel aber bald selbst durch einen Pfeil, den der Gott Apollo auf seine Ferse lenkte, die einzige Stelle, an welcher er verwundbar war. Daher nennt man ganz allgemein eine schwache, verwundbare Stelle eines starken Menschen *Achillesferse.*

Die **Acht** war im Mittelalter eine Strafe, durch die der Betroffene, der Geächtete, aus der Gemeinschaft der übrigen ausgestoßen wurde. Er war »vogelfrei«, d. h., er konnte von jedem getötet werden.

Achter heißt ein Sportruderboot (17,5 m lang, bis 85 cm breit) für acht Ruderer und einen Steuermann.

Ackerbau →Landwirtschaft.

A. D.: Abkürzung für →Anno Domini. – a. D.: »außer Dienst«.

ad acta: zu den Akten, d. h. zum schon Erledigten, Abgeschlossenen. Eine erledigte Sache wird ad acta, d. h. beiseite gelegt.

adagio (ital., sprich adahdscho): langsam; wir bezeichnen mit Adagio ein langsames Musikstück oder den langsamen Teil eines Musikstücks.

Die **Addition** (lat.): Zusammenzählung. →Mathematik.

Der **Adel** war ein bevorrechteter Stand innerhalb eines Volkes. Seine äußeren Kennzeichen waren das Adelswappen und der Adelstitel – Prinz, Herzog, Fürst, Graf, Freiherr (Baron), Ritter, Edler – und das »von«, das ursprünglich die Herkunft von einem Stammsitz bezeichnete, z. B. Adalbert von Hanstein nach der Burg Hanstein. Der Adel war erblich, wurde später aber auch vom Landesfürsten durch Adelsbrief für besondere Dienste erblich oder nur persönlich an Bürgerliche verliehen. Seit der Französischen Revolution ist die früher sehr mächtige Stellung des Adels immer mehr zurückgegangen. In Deutschland ist seit 1919 die frühere Adelsbezeichnung nur noch ein Teil des Namens.

Die **Ader:** Blutgefäß. Siehe auch Blutkreislauf und Abb. Mensch.

ad hoc (lat.): zu diesem Zweck.

Das **Adjektiv** (lat. adjectum = das Beigegebene) oder *Eigenschaftswort* gibt die Eigenschaft eines Hauptworts an, z. B. die *gute* Fee. Jedes Eigenschaftswort macht die Beugung des Hauptworts mit (die gute Fee, der guten Fee usw.), und fast alle lassen sich steigern (böse, böser, am bösesten; nicht aber z. B. tot).

Der **Adjutant** (lat. = Helfer): der einem Kommandeur zur Unterstützung beigegebene Offizier.

Der **Adler** →Raubvögel.

ad libitum (lat.): nach Belieben.

Die **Administration** (lat.): Verwaltung.
Admiral: 1. Seeoffizier der höchsten Rangklasse. – 2. Tagschmetterling mit schwarzen, rotgebänderten Flügeln und weißen Flecken an den Flügelspitzen.

Adonis ist eine griechische Sagengestalt, ein Jüngling von besonderer Schönheit. Er war der Geliebte der Aphrodite. Als Ares ihn aus Eifersucht durch einen Eber töten ließ, verwandelte Aphrodite ihn in eine Anemone. Diese nennt man deshalb auch Adonisröschen.

Die **Adoption.** So nennt man die Annahme an Kindes Statt. Erwachsene Personen (in der Regel ab 25 Jahren) können mit richterlicher Zustimmung ein Kind – oder auch eine Person, die dem Alter nach ihr Kind sein könnte – adoptieren. Die Adoptiveltern übernehmen dann alle elterlichen Pflichten, und das Adoptivkind hat alle Rechte eines Familienkindes. Es erhält den Namen der neuen Eltern, eine angemessene Erziehung, ist erbberechtigt usw.

Die **Adsorption** (lat.): die Aufnahme oder das Festhalten von Gasen, Dämpfen oder gelösten Stoffen an der Oberfläche fester Körper, z. B. wird Gas im Filter der Gasmaske festgehalten (*adsorbiert*).

Der **Advent** (lat. = Ankunft): Die Zeit vor Weihnachten, in der man sich auf die Ankunft Christi vorbereitet, nennt man Adventszeit. Sie beginnt 4 Sonntage vor Weihnachten und leitet das christliche Kirchenjahr ein.

Das **Adverb** (lat. ad verbum = beim Verb) oder *Umstandswort* steht immer beim Zeitwort (Verb). Es gibt an, wann, wie, wo oder warum etwas geschieht, also die näheren Umstände, z. B.: Ich komme *bald.*

Adverbiale oder *Umstandsbestimmung* heißt der Satzteil, der den näheren Umstand eines Geschehens angibt. Man unterscheidet Umstand der Zeit (wann?), des Ortes (wo?), der Art und Weise (wie?) und des Grundes (warum?). Die Umstandsbestimmung kann sein: ein Umstandswort, ein Hauptwort mit Verhältniswort oder ein Nebensatz.

Der **Advokat** (lat.): Rechtsanwalt.
Aeronautik: ältere Bezeichnung für →Luftfahrt.
Die **Affäre** (franz.): Vorfall, Angelegenheit.
Der **Affekt** (lat.): starke Gefühlsregung. – *affektiert*: geziert, gekünstelt.
Affen gibt es in den Urwäldern, Savannen und im Bergland der warmen Länder. Sie sind in der Hauptsache Pflanzenfresser. Fast immer leben die geselligen, klet-

Gorilla

Meerkatzen   Nasenaffen

tergewandten Tiere unter einem Anführer in Familienverbänden. Es gibt zwei große Gruppen von Affen: Schmalnasen und Breitnasen. Zu den *Schmalnasen* gehören neben den vielartigen Meerkatzen-Affen, den Pavianen und den Gibbons vor allem die schwarzen, schwanzlosen Menschenaffen Gorilla (bis 2,30 m groß) und Schimpanse (bis 1,70 m groß) in den Urwäldern Afrikas und der rote Orang-Utan (bis 1,90 m groß) auf Sumatra und Borneo. Die *Breitnasen*, die wesentlich kleiner als die Schmalnasen sind, bevölkern die südamerikanischen Urwälder, wie z. B. der Brüllaffe (bis 86 cm groß) und das Seidenäffchen (bis 27 cm groß).

Der **Affenbrotbaum** wächst auf den Steppen Innerafrikas. Sein Stamm kann 18 m hoch und 10 m dick werden. Aus seinem weichen Holz machen die Einheimischen Kanus, der Bast wird verwebt, die Früchte geben Schwimmer für Fischnetze, das Fruchtfleisch ist ein Nahrungsmittel, und die Samen liefern Öl.

Afghanistan, ehemals Königreich, ist seit dem Staatsstreich 1973 Republik in Asien. Umgeben ist es von der Sowjetunion, China, Pakistan und Iran. Das Land umfaßt 647497 qkm. Steppe und Wüste, durchzogen von Hochgebirgsketten, sind die vorherrschenden Landschaftsformen. Die mohammedanischen Bewohner (17,8 Millionen) sind Bauern und Viehzüchter. Moderne Autostraßen sind im Entstehen, denn Afghanistan besitzt keinerlei Eisenbahn. Die Hauptstadt Kabul hat etwa 470000 Einwohner.

Im Altertum gehörte Afghanistan zum Perserreich und zum Weltreich Alexanders des Großen. Im 7. Jh. n. Chr. wurde das Land von den Arabern erobert. Im 13. und 14. Jh. vernichteten die Mongolen seine alte Kultur. Nach kurzer Selbständigkeit im 18. Jh. geriet Afghanistan unter zunehmenden britischen Einfluß. Erst 1919 gewann es seine volle Unabhängigkeit zurück.

Afrika ist mit 30,3 Millionen qkm der drittgrößte Erdteil. Von Europa ist es durch das Mittelmeer (bei Gibraltar nur 14,6 km breit), von Asien durch das Rote Meer und den Suezkanal getrennt. Von gemäßigt heißem Klima sind die Nordwestküste (mit dem Atlasgebirge) und die Südküste (Kapland). Der ganze übrige Erdteil, durch dessen Mitte der Äquator verläuft, ist tropisch heiß. Das Innere der nördlichen Hälfte nimmt die etwa 8 Millionen qkm umfassende Wüste Sahara ein, die nur an vereinzelten wasserhaltigen Stellen von Pflanzeninseln und menschlichen Siedlungen (Oasen) unterbrochen wird. Die südliche Hälfte ist reich an Flüssen, Seen, sumpfigen Urwäldern und Gebirgen. Westlich des Victoria-Sees, der so groß wie Bayern ist, entspringt der längste Strom der Welt, der Nil (6671 km lang). Der höchste Berg ist der Kilimandscharo (5895 m). Zebra, Giraffe, Nilpferd und verschiedene Affenarten gibt es nur in Afrika. Bewohnt ist der Erdteil von 346 Millionen Menschen. Drei Viertel von ihnen sind Neger, dazu kommen u. a. Araber, Abessinier, Berber und Mischlinge. Die von Europäern abstammende Bevölkerung beträgt etwa 6 Mill. Die Mittelmeerküste Afrikas war seit der Vorzeit europäischen und asiatischen Völkern bekannt und wurde von ihnen teils besiedelt (z. B. von den Phönikern), teils beherrscht (z. B. von den Römern). Die Entdeckung weiterer Küstengebiete begann erst im 15. Jh. Im 19. Jh. begann die eigentliche Erforschung des »dunklen Erdteils«, wie das noch geheimnisvolle Afrika genannt wurde. Portugiesen, Holländer, Engländer, Franzosen, Spanier, später auch Italiener, Belgier und Deutsche besetzten kleinere oder größere Teile Afrikas, erschlossen sie wirtschaftlich und machten sie zu →Kolonien ihrer Heimatländer. Namen wie Gold-, Elfenbein- und Pfefferküste (Westafrika) bezeichnen die besondere Bedeutung solcher Gebiete. Kaffee, Kakao, Datteln, Baumwolle, Kautschuk, Diamanten und viele andere Früchte und Rohstoffe werden in Afrika gewonnen. Neben den alten Reichen Ägypten und Äthiopien wurden im 19. Jh. von europäischen Siedlern auch neue selbständige

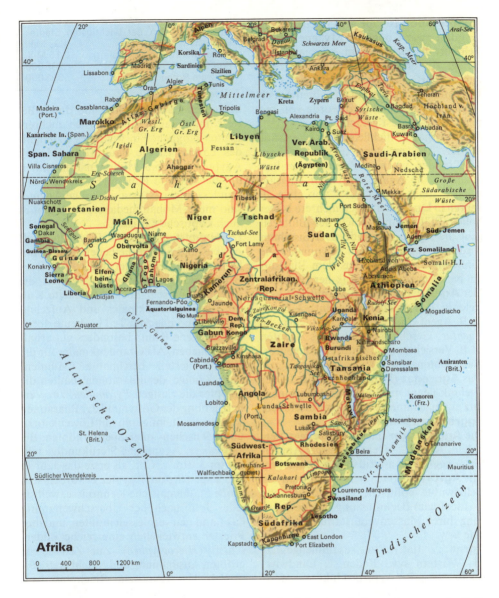

Afrika

0   400   800   1200 km

Staaten wie Transvaal und der Oranjefreistaat gegründet, die sich nach dem Burenkrieg (1899 bis 1902) mit anderen Teilen Südafrikas zur Südafrikanischen Union zusammenschlossen. An der Westküste besteht seit 1847 die Negerrepublik Liberia. Nach dem Zweiten Weltkrieg hat sich in Afrika, das noch in der ersten Hälfte des 20. Jh. zu $^4/_5$ seiner Fläche vom

Kolonialsystem beherrscht war, ein tiefgreifender politischer Wandel vollzogen. Inzwischen sind 43 Staaten unabhängig (vgl. die Tabelle Staaten der →Erde). Zu Afrika gehören auch die umliegenden Inseln, z. B. im Atlantischen Ozean die Kanarischen Inseln (die Heimat der Kanarienvögel) und Madagaskar im Indischen Ozean.

13

Agamemnon ist eine griechische Sagengestalt. Er war König von Mykene und ein Feldherr der Griechen im →Trojanischen Krieg. Als er nach 10 Jahren siegreich zurückkehrte, wurde er von seiner Frau Klytämnestra und ihrem Geliebten Ägisth erschlagen. Dieser Mord wurde von seinem Sohn →Orest gerächt.

Agaven haben dickfleischige, blaugrüne Blätter. Die meisten Agaven wachsen wild in den warmen Zonen Amerikas. Während die Agave sonst sehr langsam wächst, treibt sie im Alter von etwa 10 Jahren in kurzer Zeit einen mehrere Meter hohen Blütenstand. Nach der Blütezeit geht die Agave zugrunde. Der Sisalhanf wird aus Agavenblättern gewonnen. Die Einheimischen stellen aus dem Blattsaft ein berauschendes Getränk her (Pulque).

Der **Agent:** 1. Geschäftsvermittler, Vertreter (z. B. Versicherungsagent), 2. Spion (z. B. Agent einer feindlichen Macht); die *Agentur:* Geschäftsbetrieb eines Agenten (z. B. Versicherungsagentur, Postagentur, Nachrichtenagentur).

Das **Aggregat** (lat.): Anhäufung. In der Technik nennt man so einen Maschinensatz aus zusammenwirkenden Maschinen.

Aggregatzustand →Gas.

Die **Aggression** (lat.): feindseliges Verhalten, Angriff. – Der *Aggressor:* Angreifer. – *aggressiv:* angriffslustig, feindselig.

Mit **Agitation** (lat.) bezeichnet man die zielbewußte politische und ideologische (→Ideologie) Beeinflussung der Bevölkerung durch Massenveranstaltungen, Aufrufe usw.

Agrar... (lat.): in zusammengesetzten Wörtern svw. Boden..., Landwirtschaft...; z. B. Agrarprodukt = landwirtschaftliches Erzeugnis.

Ägypten (arab. Misr) liegt im Nordosten Afrikas an der Küste des Mittelmeers und des Roten Meers. Auch die asiatische Halbinsel Sinai im Osten gehört zu Ägypten. Nachbarländer sind Israel, der Sudan und Libyen. Von der Fläche des Landes (1 Million qkm) ist nur der 30. Teil, nämlich das Niltal, anbaufähig und besiedelt. Staudämme (z. B. bei Assuan) regeln

Einwohnerzahlen der wichtigsten Städte:	
Hauptstadt Kairo	4,9 Mill.
Alexandria (Mittelmeerhafen)	2,15 Mill.
Port Said am Suezkanal	285 000
Suez am Roten Meer	395 000

heute den Lauf des Nils, und durch Berieselungsanlagen sind jährlich mehrere Ernten möglich. Ein wichtiges Erzeugnis des Landes ist die Baumwolle (Mako). Ägypten hat 35,6 Millionen Einwohner, die meisten sind Bauern (Fellachen). Die Landessprache ist Arabisch. Die Ägypter sind meist Mohammedaner, doch gibt es auch koptische Christen.

Die Hauptstadt Kairo ist die größte Stadt Afrikas und besitzt die bedeutendste mohammedanische Universität.

Bereits 3000 Jahre v. Chr. hatten die Ägypter eine sehr hoch entwickelte Kultur. Ihre Baudenkmäler und Aufzeichnungen sind uns zum Teil bis heute durch das trockene Klima besonders gut erhalten geblieben. Als Grabdenkmäler für die einbalsamierten Leichname (Mumien) ihrer Könige, der Pharaonen, bauten die Ägypter die riesigen *Pyramiden;* zur Verherrlichung der Götter und der Pharaonen schufen sie Steinfiguren mit Löwenleibern und Menschen- oder Sperberköpfen, die →*Sphinxe.* Ägyptische Sternkundige teilten im 3. Jtd. v. Chr. als erste das Jahr in 365 Tage ein; die Ägypter erwarben sich große mathematische Kenntnisse, weil sie jedes Jahr nach der Überschwemmung das Land neu vermessen mußten, und ihre Priester entwickelten eine reiche Bilderschrift (*Hieroglyphen*). Zur Zeit seiner größten Ausdehnung und Macht erstreckte sich das Ägyptische Reich bis nach Äthiopien und ostwärts bis Arabien und Syrien. Um 1150 v. Chr. begann sein Verfall; 525 eroberten es die Perser, 332 die Griechen unter Alexander dem Großen. Unter seinen Nachfolgern, den Ptolemäern (aus ihrem Geschlecht stammte auch die letzte Königin: Kleopatra), war Ägypten nochmals ein mächtiger Staat. 30 v. Chr. wurde es römische Provinz, 382–639 n. Chr. gehörte es zum Byzantinischen

Reich. 640 unterwarfen die mohammedanischen Araber das Land, 1517 die Türken, von denen Ägypten sich erst 1873 lösen konnte. Mit dem Bau des Suezkanals (1869) wurde das Land von Großbritannien abhängig. Seit 1922 ist es wieder selbständig. 1958–1961 war es mit Syrien zur Vereinigten Arabischen Republik zusammengeschlossen.

Der **Ahorn** →Laubbäume.

Das **Ai** ist ein südamerikanisches Dreifinger-→Faultier.

Air (engl., sprich ähr): Luft; z. B. Air Force = Luftwaffe, Airmail = Luftpost.

Die **Akademie:** 1. eine Gesellschaft von hervorragenden Wissenschaftlern oder Künstlern; 2. eine Unterrichtsanstalt, an der – im Unterschied zur Universität – entweder nur ein bestimmtes Wissensgebiet oder bestimmte Künste gelehrt werden (z. B. Bergakademie, Musikakademie usw.). – Ursprünglich war Akademie der Name eines Gartens bei Athen, der dem Flurgott Akademos geweiht war. Nach diesem Garten, in dem Platon seine Schüler um sich versammelte, nannte man seine Philosophenschule Akademie.

sich **akklimatisieren:** sich an ein ungewohntes Klima oder an eine neue Umgebung gewöhnen.

Der **Akkord:** in der Musik der Zusammenklang von zwei oder mehr Tönen verschiedener Höhe.

Akkordarbeit nennt man eine Arbeit, die nicht nach der Arbeitszeit, sondern nach der Leistung (z. B. gefertigte Stückzahl) entlohnt wird.

Das **Akkordeon** (Ziehharmonika) ist ein Musikinstrument mit →Blasebalg. Durch Hinundherziehen der Griffplatten wird Luft im Inneren des Instrumentes gestaut. Beim Niederdrücken der Tasten oder Stöpsel streicht die Luft über Metallzungen und bringt sie zum Tönen.

Akkreditieren (lat.) bedeutet in der Diplomatie (→Diplomat), den Vertreter eines fremden Landes (Botschafter) offiziell zu beglaubigen.

Der **Akkumulator** oder *Sammler* ist wie die elektrische →Batterie eine Spannungs-

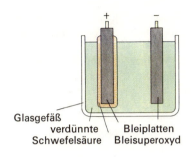

Glasgefäß
verdünnte Schwefelsäure
Bleiplatten
Bleisuperoxyd

Bleiakkumulator

quelle, bei der durch chemische Umwandlung Gleichstrom entsteht. Beim meist verwendeten Bleiakkumulator hängen in verdünnter Schwefelsäure zwei Bleiplatten. Die eine ist mit Bleisuperoxyd überzogen und bildet den Pluspol (+), die andere den Minuspol (—). Fließt durch eine äußere Verbindung der Pole über einen Widerstand Strom, so verwandeln sich das Blei und das Bleisuperoxyd der Plattenoberfläche allmählich in Bleisulfat, und der Akkumulator kann keinen Strom mehr liefern. Schickt man aber von einer anderen Stromquelle aus Gleichstrom durch den Akkumulator, so wird der ursprüngliche Zustand der Platten wiederhergestellt, und der Akkumulator ist wieder aufgeladen, d. h. zu neuer Stromlieferung bereit.

akkurat (lat.): sorgfältig, ganz genau.

Der **Akkusativ** (lat. accusare = anklagen): der 4. oder *Wen-Fall* der →Deklination.

Die **Akribie** (griech.): besondere Sorgfalt, Gewissenhaftigkeit. – **akribisch:** peinlich genau, eingehend, sorgfältig.

Der **Akrobat** (griech. = Zehengänger). Besonders gewandte und kräftige Menschen, die schwierige Kunststücke machen, nennt man Akrobaten. Wenn sie diese Kunststücke auf Kugeln, Fahrrädern usw. vollführen, nennt man sie *Equilibristen* (Gleichgewichtskünstler). Wenn sie mit allerhand Gegenständen, z. B. Bällen, Geschirr, spielen, nennt man sie *Jongleure* (Geschicklichkeitskünstler). Sie treten im Zirkus oder im Varieté auf. Ihre Kunst nennt man *Akrobatik*.

Akropolis (griech. = Oberstadt): hochgelegene Festung altgriechischer Städte.
Der **Akt** (lat. = Tätigkeit, Handlung): 1. Jede wichtigere Handlung im öffentlichen Leben (Vertragsunterzeichnung, Einweihung usw.) bezeichnet man als Akt, z. B. Staatsakt. 2. Jede kirchliche Handlung (Gottesdienst, Taufe, Prozession usw.) oder auch ein Teil einer solchen (Erteilung des Segens, Gebet) ist ein religiöser Akt. Die Art und Weise, in der sich der Mensch Gott gegenüber verhalten soll, nennt die Kirche die Grundakte: Glaube, Gehorsam, Gebet, Ehrfurcht, Hingabe, Opfer, Liebe. 3. In der bildenden Kunst bedeutet Akt die Darstellung eines nackten Körpers. 4. Der Akt im Bühnenstück ist ein in sich abgeschlossener Handlungsabschnitt des ganzen Werkes.
Die **Akten** (lat.): Schriftstücke, die zu einem bestimmten Zweck gesammelt und geordnet sind.
Aktiengesellschaft (AG). Wenn mehrere Personen ein großes wirtschaftliches Unternehmen errichten wollen und sie haben allein nicht das nötige Geld dazu, so können sie eine Aktiengesellschaft gründen. Das heißt: Viele Leute geben, wenn sie Vertrauen zu dem Unternehmen haben, eine bestimmte Summe Geld und bekommen dafür ein *Wertpapier*, die *Aktie*. Eine Arbeit an dem Werk ist für den *Aktionär*, den Besitzer einer oder mehrerer Aktien, nicht damit verbunden. An dem Gewinn des Werkes aber ist er beteiligt. Diesen Gewinn des Aktionärs nennt man *Dividende*. Durch einen *Aufsichtsrat* kontrollieren die Aktionäre die Geschäftsführung des Werkes. Siehe auch Börse.
aktiv (lat.): tätig, tatkräftig, handelnd, im Beruf stehend.
Das **Aktiv.** Ein Verbum steht im Aktiv oder in der *Tatform*, wenn es das Tun einer oder mehrerer Personen ausdrückt. Beispiel: »Der Bauer pflügt das Feld.« Gegenteil: das →Passiv.
aktuell (lat.): zeitgemäß, im Augenblick wichtig.
Die **Akupunktur** (lat.) ist ein aus China stammendes, in der Schulmedizin umstrittenes Heilverfahren: Durch Einstechen von Akupunkturnadeln an besonderen Stellen der Haut werden bestimmte Reaktionen (z. B. Schmerzunempfindlichkeit) beziehungsweise Heilwirkungen an Körperorganen erzielt.
Die **Akustik:** 1. die Lehre vom Schall; 2. Bezeichnung für die Schallverhältnisse in einem Raum.
akut (lat.): vordringlich, kurz dauernd, plötzlich auftretend, heftig.
Akzent heißt Hervorhebung durch Betonung. Das Wort Vergeßlichkeit z. B. hat den Akzent auf der zweiten Silbe. Im Satz liegt der Akzent auf einem Wort oder auf mehreren. In manchen Sprachen versieht man einige Buchstaben mit gewissen Zeichen, die die Aussprache oder Betonung dieser Buchstaben bestimmen. Auch diese Zeichen heißen Akzente, im Französischen z. B. é (sprich eh), è und ê (sprich äh). In der Musik hat jeder Takt seine natürliche Betonung, seinen Akzent. Soll irgendein Ton oder Akkord besonders betont (akzentuiert) werden, so versieht der Komponist die Noten mit besonderen Akzentzeichen.
Der **Alabaster** →Gips.
Alaska →Nordamerika.
Albanien (albanisch: Shqiperia), der kleinste Balkanstaat, hat eine Fläche von 28 748 qkm und eine Bevölkerung von 2,35 Millionen. Das Land grenzt an Jugoslawien und Griechenland und im Westen an das Adriatische Meer. Es ist gebirgig und schwer zugänglich, Verkehr und Industrie sind noch wenig entwickelt. Die Hauptstadt ist Tirana (170000 Einwohner). Albanien stand jahrhundertelang unter türkischer Herrschaft, daher sind zwei Drittel der Bevölkerung Mohammedaner, die übrigen sind Christen. Seit 1946 ist Albanien eine kommunistische Volksrepublik. – Siehe Karten Europa u. Italien.
Der **Albatros** ist ein Meeresvogel der südlichen Erdhalbkugel, der eine Flügelspannweite bis 3,50 m hat.
Der **Albino** (lat. albus = weiß). So nennen wir ein Lebewesen, dem von Geburt an der normalerweise in Haut, Haar und

Augen vorhandene Farbstoff fehlt, so daß diese fahl- bis gelbweiß bzw. rötlich aussehen. Es gibt Albinos bei Tieren (z. B. weiße Mäuse) und auch bei Menschen.

Albion ist der alte keltische Name für England (→Großbritannien).

Der **Alchimist** →Chemie.

Die **Alemannen** waren ein germanischer Volksstamm, der im 9. Jh. n. Chr. im Südwesten des deutschen Reiches das Herzogtum Alemannien (oder Schwaben) gründete. Heute bezeichnen wir die deutschen Einwohner der Schweiz, des Elsaß, von Vorarlberg, Baden-Württemberg und Südwestbayern zusammenfassend als Alemannen, weil sie einander ähnliche alemannische Mundarten sprechen. Das Wort Alemanne wurde für den Franzosen als Allemand, für die Spanier als Aleman zur Bezeichnung für den Deutschen überhaupt.

Alexander der Große lebte von 356 bis 323 v. Chr. und war einer der großen Eroberer der Geschichte. Der griechische Weise →Aristoteles hatte ihn erzogen. Mit 20 Jahren wurde er König von Makedonien. Mit einem vorzüglichen Heer, das sein Vater Philipp aufgebaut hatte, eroberte er das persische Weltreich und drang bis nach Ägypten und Indien vor. In den neugewonnenen Gebieten befahl er Landesvermessungen und Forschungsexpeditionen. Durch ihn breitete sich griechische Kultur in Ägypten und Persien und bis nach Indien aus. Alexander starb mit 33 Jahren, zu früh, um sein großes Reich genügend sichern zu können. Es zerfiel nach seinem Tod.

Der **Alexandriner**: sechsfüßiger Jambus, →Verslehre.

Die **Algebra** →Mathematik.

Algen sind Wasserpflanzen, die es schon seit 700 Millionen Jahren auf der Erde gibt. Heute sind viele tausend Arten der einfach gebauten, oft nur einzelligen Meer- oder Süßwasseralgen bekannt. Die kleinsten von ihnen sind so winzig, daß man sie mit dem bloßen Auge gar nicht sehen kann; die Riesentange werden 300 m lang und sind damit die größten

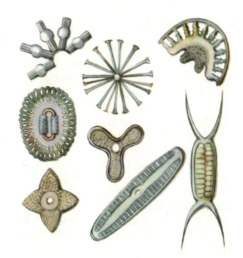

Verschiedene Formen von Kieselalgen; stark vergrößert, mit bloßem Auge nicht zu erkennen.

Pflanzen überhaupt. Sie vermehren sich geschlechtlich (z. B. durch Schwärmsporen) oder ungeschlechtlich (z. B. durch Teilung). Die Algen erzeugen aus Kohlendioxyd den Sauerstoff, den die Wassertiere zum Atmen brauchen. Da die Pflanzen außerdem noch die Hauptnahrung der Wassertiere bilden, wäre kein tierisches Leben im Wasser ohne sie möglich.

Algerien ist eine 2,4 Mill. qkm große Republik in Nordafrika, die sich vom Mittelmeer bis weit nach Süden in die Sahara erstreckt. Im Norden ist Algerien gebirgig. Die 15,75 Mill. Einwohner sind größtenteils Araber und Berber. Hauptstadt ist Algier. Wichtigste Bodenschätze sind Erdöl und Erdgas (in der Sahara). Das Land war im Altertum römisch, wurde im 7. Jh. arabisch, im 16. Jh. türkisch, war bis ins 19. Jh. ein Seeräuberstaat, wurde 1830 von Frankreich besetzt und 1962 unabhängig.

Einwohnerzahlen der größten Städte:			
Algier	1 200 000	Constantine	290 000
Oran	390 000	Annaba	172 000

Das **Alibi** (lat. = anderswo). Jemand hat ein Alibi, wenn er beweisen kann, daß er zur fraglichen Zeit nicht am Tatort, sondern »anderswo« war, die Tat also nicht begangen haben kann.

Die **Alimente** (lat.): Pflegegelder, Unterhaltsgelder.

Das **Alkali**. Alkalien nennt man die von den sogenannten Alkalimetallen Lithium, Natrium, Kalium, Rubidium, Caesium und Francium gebildeten Hydroxide (→Chemie) und deren kohlensaure Salze. Alkalien lösen sich in Wasser leicht zu alkalischen Laugen und zerstören durch ihre ätzende Wirkung Pflanzen- und Tierstoffe. Mit Ölen und Fetten bilden sie Seifen. Alkalimetalle geben bei Belichtung besonders leicht Elektronen ab und werden deshalb als Kathoden in den Alkalizellen (→Photozellen) zur Umwandlung von Lichtenergie in elektrischen Strom benützt.

Das **Alkaloid**. Alkaloide sind fast durchweg stark giftige stickstoffhaltige Pflanzenbasen. Wegen ihrer Einwirkung auf den menschlichen Organismus sind sie bei sachgemäßem Gebrauch sehr wichtige Heilmittel. Die bekanntesten Alkaloide sind: Atropin (Tollkirsche); Ergotin (Mutterkorn); Chinin (Chinarinde, Fieberrinde); Kokain (Kokapflanze); Koffein (Kaffee, Tee); Theobromin (Kakao); Nikotin (Tabak); Solanin (Kartoffel); Strychnin (Brechnußbaum); Muskarin (Fliegenpilz, Pantherpilz).

Als **Alkohol** bezeichnet man meist den Äthylalkohol (Weingeist, Spiritus). Es gibt jedoch weit über 100 chemisch sehr verschiedene Alkohole. Zu ihnen gehören z. B. auch das ölige Glyzerin und der sehr giftige Methylalkohol. Der Äthylalkohol, der auch in den sogenannten geistigen Getränken enthalten ist und in größeren Mengen giftig wirkt, ist eine farblose, leichte, auf der Zunge brennende, schnell entflammende und bei etwa 79° C siedende Flüssigkeit. Er entsteht gewöhnlich durch Gärung von zuckerhaltigen Flüssigkeiten bei Hefezusatz. Alkohole werden in Technik und Medizin vielseitig verwendet, z. B. als Lösungsmittel für Farben und Lacke und zur Bereitung von Arzneien.

Allah (aus dem Arabischen al iláh = der Gott) ist der Name, mit dem die Mohammedaner Gott bezeichnen. Nach der Vorstellung des →Islams ist er der Schöpfer, Erhalter und Richter aller Wesen.

Die **Allegorie** (griech. = bildlicher Ausdruck). Was man nicht sehen kann, läßt sich eigentlich nicht im Bilde zeigen. Man kann es aber auf andere Weise bildlich ausdrücken: mit Hilfe der Allegorie. Das allegorische Bild zeigt z. B. den Tod (wir können Tote sehen, den Tod selbst aber

nicht) als Gerippe, das eine Sense schwingt, und will damit sagen, das ist der Tod, der Menschen mäht. Die Allegorie übersetzt also einen Gedanken, einen Begriff in ein Bild.

Der Tod als Sensenmann
Holzschnitt, 15. Jh.

allegro (ital.): in der Musik Bezeichnung für schnelles Tempo.

Die **Allergie**: eine krankhafte Überempfindlichkeit des Körpers gegenüber bestimmten Stoffen (*Allergenen*). Allergische Krankheiten sind z. B. Asthma, Heuschnupfen, manche Ausschläge.

Allerheiligen ist ein katholischer Festtag, der am 1. November zum Gedächtnis aller Heiligen und Seligen begangen wird.

Allerseelen ist ein katholischer Gedenktag (2. November) für alle Verstorbenen, die sich noch im Fegefeuer befinden.

Die **Allianz** (franz.): Bündnis, Zusammenschluß.

Der **Alligator** →Krokodil.

Die **Alliierten** (franz.): Verbündete. So nannten sich im Ersten und Zweiten Weltkrieg die zum Kampf gegen Deutschland verbündeten Staaten.

Die **Alliteration** →Verslehre.

Die **Allopathie** (griech. allo = anders) ist ein Heilverfahren, bei dem Heilmittel im Körper Wirkungen hervorrufen, die den Krankheiten entgegengesetzt sind. Vgl. →Homöopathie.

Das **Allotria** (griech.): Unfug.

all right (engl., sprich ål rait): richtig, in Ordnung.

Das **Alluvium** →Erdzeitalter.

Der **Almanach** (arab.). So nennt man

einen Kalender, ein Jahrbuch, das nicht nur die Tage anzeigt, sondern außerdem noch Beiträge zur Belehrung oder Unterhaltung bringt.

Das **Almosen** (griech.-lat.): milde Gabe, dürftiges Entgelt.

Die **Aloe** ist ein Liliengewächs mit fleischigen, gezähnten Blättern, das als Strauch oder Baum in Südafrika vorkommt und bei uns als Zierpflanze gehalten wird. Aus den Fasern einiger Arten werden Gewebe, aus dem Saft Arzneimittel hergestellt.

Die **Alpen** sind das höchste und größte Gebirge Europas. Die Schweiz, Frankreich, Deutschland, Österreich, Jugoslawien und Italien haben an ihnen teil. Sie sind 1200 km lang und 150 bis 250 km breit, ihr höchster Gipfel ist der Montblanc (4810 m). Die Alpen sind ein erdgeschichtlich verhältnismäßig junges Gebirge. Sie bestehen in der Mitte, den *Zentralalpen*, aus Urgestein (Gneis und Granit) und in den Randgebieten vorwiegend aus Kalkgestein (Kalkalpen). Während der Eiszeit waren sie mit Eis bedeckt. Mächtige Eisströme furchten die Täler tief aus. Mit der Erwärmung unseres Klimas zogen sich die Eisströme zurück und ließen die Alpenseen, wie z. B. den Vierwaldstätter See, und im Alpenvorland mächtige Geröllschichten zurück. Übrig blieben die großen Gletscher in Höhen über 3000 m. (Der längste ist der Aletschgletscher mit 16,5 km.) Die höchsten Gipfel sind auch heute noch mit »ewigem Schnee« bedeckt.

Bis zu einer Höhe von etwa 2000 m reicht die Pflanzendecke, bis zu 1700 m gedeihen Bäume. Noch vor 100 Jahren konnten die Alpen nur auf wenigen Alpenpässen, wie Brenner oder Sankt Gotthard, mühsam überschritten werden. Heute werden sie von Tunnels (z. B. Sankt Gotthard, Simplon) durchquert und sind durch Straßen (z. B. Großglocknerstraße) und Bergbahnen erschlossen.

Alpenpflanzen. Nur Pflanzen, die schnell zu Blüte und Samenreife kommen, können in der kurzen schneefreien Zeit (Juli und August) der Bergwelt gedeihen. Tagsüber erwärmen sich der Boden und die Luft sehr stark. Nur Pflanzen, die gegen Verdunstung ausreichend geschützt sind, überleben hier; also Pflanzen an feuchten Standorten, Pflanzen, die mit langen Wurzeln das Wasser aus großer Tiefe holen können, Pflanzen, die in dicken, fleischigen Stengeln Wasservorräte speichern können, oder Pflanzen, die durch ein dichtes Haarkleid gegen Verdunstung geschützt sind. Die starke ultraviolette Strahlung in der staubfreien Höhenluft hemmt das Längenwachstum der Pflanzen. Dadurch bleiben sie niedrig und somit nahe dem Boden, wo die am Tage aufgespeicherte Wärme nachts wie von einer Wärmflasche abgegeben wird. Alpenpflanzen mancher Standorte sind durch lange Wurzeln und geeignete Blattstellung befähigt, das Geröll an steilen Hängen zu stauen. Von allen Blütenpflanzen hat der Gletscher-Hahnenfuß die

Mehlprimel   Steinbrech   Alpenrose   Enzian   Edelweiß

Alpenpflanzen

höchsten Standorte. Er wächst noch in 4200 m am Finsteraarhorn in der Schweiz. Viele Alpenpflanzen sind unter polizeilichen Schutz gestellt.

Auch die **Alpentiere** haben sich den Bedingungen des Gebirges angepaßt. Die Gemse und der sehr selten gewordene Steinbock sind ausgezeichnete Kletterer. In Schneegebieten findet sich der weiße Schneehase. Das Murmeltier gräbt sich an Berghängen seine Höhlen.

Das **Alpha** (*A*, *α*) ist der erste Buchstabe des griechischen Alphabets. Siehe auch A. Alphastrahlen →Radioaktivität.

Das **Alphabet** ist die Reihenfolge der Buchstaben einer Sprache, so genannt nach den beiden ersten Buchstaben der griechischen Buchstabenfolge (Alpha, Beta), also genau das, was wir Abc nennen. Siehe auch Schrift.

Die **alpine Kombination** ist ein Skiwettbewerb, der aus Abfahrtslauf, Torlauf (Slalom) und (für Herren) Riesentorlauf besteht.

Der **Alt:** tiefe Frauen- oder Knabenstimme. Auch die zweite Stimme im gemischten Chor nennt man Alt.

altamerikanische Kulturen →präkolumbische Kulturen.

Der **Altar** (lat.) ist seit Urzeiten die heilige Stätte, an der Menschen ihren Göttern oder ihrem Gott opferten und beteten. Er war ursprünglich eine erhöhte Stätte, aus Sand, Steinen oder Holz zusammengefügt. Später wurde er kunstvoll gestaltet und nicht nur in Hainen, auf Hügeln und an Straßen, sondern auch vor und dann in Tempeln aufgestellt. Die christliche Kirche hat den Altar als »Tisch des Herrn« zur Erinnerung an das letzte Abendmahl Christi übernommen. Auf und vor dem Altar werden alle wichtigen religiösen Handlungen vorgenommen. Zunächst war der christliche Altar nur ein Tisch, auf dem ein Kruzifix stand. Im Laufe der Jahrhunderte aber wurden viele Altäre zu reichverzierten Kunstwerken.

Die **Alternative** (franz.): Entscheidung zwischen zwei Möglichkeiten, das Entweder – Oder.

Altertum. Wir teilen die Geschichte der Menschheit in zwei Abschnitte: die →Vorgeschichte und die geschichtliche Zeit. Die geschichtliche Zeit teilt man in drei Abschnitte: Altertum, →Mittelalter und →Neuzeit. Altertum nennt man die Zeit von etwa 4000 v. Chr. bis etwa 500 n. Chr., d h. von der Gründung der babylonischen und ägyptischen Reiche bis zum Untergang des Weströmischen Reiches. An der Geschichte des europäischen Altertums sind nur die Völker rund um das Mittelmeer beteiligt. In Indien, am Schwarzen Meer, an den Alpen und am Atlantischen Ozean war für sie die Welt zu Ende. Innerhalb dieses Gebietes trugen viele Völker im Laufe von 4000 Jahren zu unserer heutigen Kultur bei. Nach großen Wanderzügen traten stets neue Völkerschaften in den Vordergrund, manche von ihnen eroberten sich in diesem Raum ein großes Reich, herrschten eine Zeit und mußten dann stets wieder anderen Völkern weichen. Schließlich vereinigten die römischen Kaiser das ganze Gebiet unter ihrer Gewalt. Von den Griechen und Römern haben die europäischen Völker einen großen Teil der »Kultur des Altertums« wie auch eine große Erbschaft von Erfahrungen und Anschauungen für ihre spätere Geschichte übernommen. Zu den bedeutenden Völkern des Altertums gehören die Sumerer, Ägypter, Babylonier, Assyrer, Juden, Perser, Griechen, Römer, Kelten und Germanen.

Altes Testament →Bibel.

Altkatholiken: eine christliche Religionsgemeinschaft, die sich 1871, weil sie das Dogma von der Unfehlbarkeit des Papstes nicht anerkannte, von der römisch-katholischen Kirche trennte.

Der **Altruismus** (lat.): Selbstlosigkeit, uneigennütziges Verhalten. Der Gegensatz dazu ist der Egoismus.

Das **Aluminium** (chemisches Zeichen Al) ist ein silberweißes Leichtmetall, das in der Natur nicht rein vorkommt, sondern erst aus Mineralien gewonnen werden muß. An der Luft überzieht es sich mit einer feinen schützenden Oxidschicht. Da es außerdem Wärme und Elektrizität gut leitet, sehr weich ist, durch Mischen mit anderen Metallen aber auch hart und widerstandsfähig gemacht werden kann, ist es sehr vielseitig verwendbar (z. B. für Küchengeräte oder leichte Maschinenteile von Flugzeugen).

Das **Amalgam** →Legierungen.

Der **Amateur** (franz., sprich amatöhr): jemand, der eine Tätigkeit nicht als Beruf, sondern zur eigenen Freude ausübt.

Der **Amazonas** →Flüsse.

Die **Amazonen** waren ein sagenhaftes kriegerisches Volk von Frauen in Kleinasien. Sie halfen bei der Verteidigung Trojas, und ihre Königin Penthesilea wurde von Achilles getötet.

Die **Ambition** (lat.): Ehrgeiz.

ambulant (lat. ambulare = umhergehen). Ambulante Gewerbe, z. B. das Hausieren, sind an keinen festen Standort gebunden. Bei ambulanter Behandlung kommen die Patienten nur zur Behandlung ins Krankenhaus (in die *Ambulanz*), können aber zu Hause wohnen (Gegensatz: stationäre Behandlung).

Die **Ameisen** leben oft zu vielen Zehntausenden in einem Bau, der unter und über der Erde aus Pflanzen- und Bodenteilen zusammengefügt wird. Die einzelne Ameise betätigt sich je nach ihrem Körperbau und ihrem inneren Zwang (Instinkt) in bestimmter Weise, z. B. mit Eierlegen, Brutpflege, Nahrungssuche, Sicherung des Baues usw. Diese »Arbeitsteilung« erinnert an die Organisation eines menschlichen Staates. Deshalb spricht man ja auch von Insekten-»Staaten«. Die geschlechtlich unentwickelten Tiere betätigen sich am Bau und in der Brutpflege. Einige geschlechtlich entwickelte geflügelte Weibchen, sog. *Königinnen*, unternehmen mit den geflügelten Männchen einen »Hochzeitsflug«. Dabei erhalten die Weibchen so viel männliche Keimzellen in einer Flüssigkeit übertragen, daß sie mit diesem Vorrat mehr als ein Jahr Eier befruchten können. Während die Männchen nach dem Hochzeitsflug zugrunde gehen, legen einige Weibchen an geeigneten Stellen Eier und schaffen so den Grundstock für eine neue Kolonie, andere Weibchen werden in schon bestehende Ameisenbauten geschleppt. Selten findet eines wieder in den alten Bau zurück. Aus den Eiern schlüpfen sehr kleine Larven, die sich nach dem Heranwachsen verpuppen. Aus den Puppen schlüpfen fertige Ameisen.

Ameisenbau mit Eiern (rechts oben), Puppen (links) und Larven (rechts). Bestimmte Arbeiterinnen werden dazu abgeordnet, die Nachkommenschaft in den verschiedenen Entwicklungsstufen zu betreuen.

Bei einigen Arten hängen bestimmte Arbeiterinnen an der Decke einer Vorratskammer und werden von den anderen mit Honig gefüttert, bis ihre Leiber zu »Honigtöpfen« anschwellen. In Notzeiten geben sie ihn tropfenweise durch den Mund wieder ab.

Manche Ameisen halten → Blattläuse wie Haustiere; sie pflegen und behüten sie, um die stark zuckerhaltigen Ausscheidungen »melken« zu können.

Die **Ameisenjungfer** ist ein libellenähnlicher Netzflügler. Aus den Eiern dieses Insektes schlüpft eine erbsengroße Larve, die sich in den trockenen Sand eingräbt und eine trichterförmige Fallgrube anlegt. Am Grunde des Trichters lauert die Larve auf Ameisen und andere Insekten, um sie auszusaugen. Daher nennt man sie **Ameisenlöwe.**

Amerika →Nord-, Mittel- und Südamerika.

Der **Amethyst** →Edelsteine.

Die **Aminosäuren** bauen →Proteine (Eiweiße) auf. Unter den 20 Aminosäuren, deren Reihenfolge die Art des Proteins bestimmt, müssen 8 vom erwachsenen Menschen mit der Nahrung aufgenommen werden, weil sie sein Organismus braucht, aber selbst nicht herstellen kann.

Das **Ammoniak** →Stickstoff.

Die **Amnestie** (griech.): allgemeiner Strafnachlaß.

Die **Amöbe** oder das *Wechseltierchen* (weil es bei jeder Bewegung seine Gestalt wechselt) →Infusorien.

Amoklauf nennt man eine Art Tollwut des Menschen, die ihn plötzlich befallen kann. Der Kranke läuft dann besinnungslos umher und macht mit seiner Waffe jeden, den er trifft, nieder.

Amor hieß der Liebesgott der Römer. Die Griechen nannten ihn →Eros.

Von **Amortisation** (frz.-lat.) spricht man, wenn ein Unternehmen eine *Investition* (d. h. das in eine Anschaffung gesteckte Kapital) nach einer gewissen Zeit wieder erwirtschaftet hat, so daß sich die Investition nun »rentiert«, also Gewinn abwirft. Beispiel: Eine Näherin kauft für 900 DM eine Nähmaschine. Nach drei Monaten hat sie durch Näharbeiten mit dieser Maschine 900 DM verdient: die Nähmaschine hat sich »amortisiert«. Von nun an bringt sie Gewinn.

André-Marie **Ampère** (sprich āpähr) war ein französischer Physiker, der von 1775 bis 1836 lebte. Das *Ampere* (A), die Maßeinheit der elektrischen Stromstärke, wurde nach ihm benannt.

Ampex-Verfahren →Fernsehen.

Amphibien →Lurche.

Amphibienfahrzeuge: Kraftwagen, die sich auf dem Lande und (durch Schraubenantrieb) im Wasser fortbewegen können. – *Amphibienflugzeuge* können als Land- und Wasserflugzeuge verwendet werden.

Amphitheater →Theater.

Die **Amplitude** →Schwingung.

Amplitudenmodulation →Modulation.

Die **Amputation.** Die vollständige oder teilweise Entfernung eines Gliedes nennt man Amputation. Sie ist notwendig, wenn das Glied durch Verwundung oder Krankheit so schwer verletzt ist, daß es nicht mehr gerettet werden kann. Amputierte Gliedmaßen können heute bereits weitgehend durch künstliche (Prothesen) ersetzt werden.

Das **Amtsgericht** ist die unterste Gerichtsinstanz für die meisten Prozesse in der Zivil- und Strafgerichtsbarkeit. →Gerichte, Prozeß.

Das **Amulett:** kleiner Gegenstand, der auf dem Körper oder in der Kleidung getragen wird, vor Gefahren schützen und Glück bringen soll.

Roald **Amundsen,** ein norwegischer Polarforscher, wurde 1872 geboren. 1903 machte er seine erste Polarreise, um den magnetischen Südpol (→Magnetismus) zu ermitteln. 1911/12 unternahm er auf Hundeschlitten einen Vorstoß zum Südpol, den er am 14. 12. 1911 als erster erreichte. Dann versuchte er an den Nordpol zu gelangen, den er 1926 mit dem Luftschiff überflog. Von einem Flug zur Rettung der im Nordpolargebiet verunglückten Mannschaft des Luftschiffes »Italia« ist er 1928 nicht zurückgekehrt.

Der **Anachronismus** ist die Darstellung eines Ereignisses oder Tatbestandes der Geschichte mit Begleitumständen, die in dieser Zeit nicht möglich sind, z. B. Eisenbahnen zur Zeit Karls des Großen.

analog (griech.): entsprechend, ähnlich. Dazu: *Analogie.*

Der **Analphabet** (griech.): jemand, der weder lesen noch schreiben kann. Etwa ein Drittel aller Menschen sind noch heute Analphabeten.

Die **Analyse** (griech. = Auflösung). Die Zerlegung zusammengesetzter Formen in ihre Bestandteile nennt man Analyse. In der *Sprachlehre* werden Sätze oder Wörter analysiert, zerlegt. In der *Philosophie* werden Begriffe logisch durchdacht und zergliedert. Die *Chemie* ermittelt die Bestandteile chemischer Verbindungen, und zwar: nach ihrer Art (*qualitative* Analyse) oder nach Menge und Gewicht (*quantitative* Analyse). Der Gegensatz der Analyse ist die →Synthese.

Die **Ananas** ist die edle Obstfrucht einer Staude, die vorwiegend im tropischen Amerika (Kuba, Jamaika) und auf Hawaii angebaut wird.

Der **Anapäst** →Verslehre.

Die **Anarchie** (griech.): Herrschaftslosigkeit, Gesetzlosigkeit. Der Anarchist erkennt keine Staatsordnung an.

Die **Anästhesie** (griech.): Empfindungslosigkeit eines Körperteils oder des ganzen Körpers bei bestimmten Krankheiten, kann für Operationen künstlich durch *Lokalanästhesie* (einzelne Körperteile) oder →Narkose erzeugt werden.

Die **Anatomie** ist die Lehre vom Aufbau des menschlichen und tierischen Körpers und seiner Organe.

andante (ital.): in der Musik Bezeichnung für »gehend«, »mäßig bewegt«.

Die **Anden** →Südamerika.

Hans Christian **Andersen,** der dänische Märchendichter, wurde 1805 als Sohn eines armen Schuhmachers geboren. Als Schriftsteller machte er viele Reisen durch ganz Europa und Afrika. Er starb 1875 in Kopenhagen. Er schrieb Theaterstücke, Reisebeschreibungen und Romane; weltbekannt aber wurde er durch seine Märchen.

Andorra ist eine seit 1278 selbständige Republik in den östlichen Pyrenäen zwischen Spanien und Frankreich. Auf 453 qkm leben 24000 Einwohner.

Das **Andreaskreuz** →Kreuz.

Äneas ist eine Gestalt der griechischen und römischen Sage. Er war einer der Verteidiger Trojas und entwich nach heldenhaftem Kampf als letzter aus der brennenden Stadt. Nach siebenjähriger Irrfahrt landete er schließlich in Italien, baute dort eine Stadt und vereinte seine Trojaner mit den Bewohnern des Landes zu einem Volke, das er Latiner nannte. In siegreichem Kampfe gegen die ihn bedrängenden Nachbarn wurde er verwundet und lebend unter die Götter aufgenommen. Der römische Dichter *Vergil* schildert seine Abenteuer in dem Versepos »Äneis«.

Unter einer **Anekdote** (griech. = das Unveröffentlichte) versteht man einen kurzen, vielfach auch heiteren Bericht über ein Ereignis, das für eine Persönlichkeit, eine Gesellschaftsschicht oder eine Zeit charakteristisch ist.

Angeln →Fischfang.

Angelsachsen ist der zusammenfassende Name für die drei germanischen Stämme: Angeln, Jüten und Sachsen, die im 5. Jh. die britischen Inseln eroberten. Aus ihnen ist die englische Nation hervorgegangen, das Stammvolk des späteren Königreichs Großbritannien. Heute bezeichnen wir auch die durch gemeinsame Sprache und Kultur verbundenen Engländer und Nordamerikaner als Angelsachsen (angelsächsischer Einfluß).

Die **Angina** (lat. = Enge) ist eine Halsentzündung, bei der die angeschwollenen Mandeln den Rachenraum verengen.

Die **Angina pectoris** ist eine Herzkrankheit, bei der sich die Blutgefäße, die das Herz selbst mit Blut versorgen, krankhaft verengen.

Die **Anglikanische Kirche** ist die englische Staatskirche. Sie wurde 1534 geschaffen, als sich König Heinrich VIII. mit dem Papst zerstritt. Sie steht in Lehre und Ritus zwischen der katholischen und der protestantischen Kirche.

Angola, portugiesische Provinz an der Westküste Afrikas, die Ende 1975 unabhängig werden soll. Sie ist 1,247 Mill. qkm groß und wird von 5,8 Mill. Menschen bewohnt (Bantu, Buschmänner, in den Städten auch Europäer). Hauptstadt ist Luanda.

Angora war der frühere Name der heutigen Hauptstadt der Türkei, Ankara. Aus der Umgebung dieser Stadt stammt eine besonders langhaarige, weiße Ziegenart, die *Angorawolle* liefert. Eine ähnliche Wolle erhält man auch von anderen Haustieren, z. B. von *Angorakaninchen*.

Das **Anilin** wird aus Steinkohlenteer gewonnen. Es ist eine farblose, ölige, sehr giftige Flüssigkeit. Anilin dient als Ausgangsstoff für viele Farbstoffe (Anilinfarben) und Heilmittel.

Das **Anion** →Ion.

Der **Anis** ist die wohlriechende Frucht einer Doldenpflanze, die als Küchengewürz, zur Likörbereitung und zu Heilzwecken verwendet wird.

Der **Anker** (griech. ankyra = der Gekrümmte) wird zum Festlegen eines Schiffes im freien Wasser, also nicht am Ufer, benützt. Mit einer *Ankerwinde* wird der Anker, der an Ketten oder schweren stählernen Seilen (Stahltrossen) hängt, niedergelassen oder hochgezogen.

Ein **Anlasser** ist eine Vorrichtung zum langsamen Anlaufenlassen von elektrischen Motoren. Er wird bei Straßenbahnen, elektrischen Lokomotiven usw. verwendet. Dagegen ist der *Autoanlasser* ein kleiner Elektromotor, der durch den Batteriestrom angetrieben wird und den Automotor zum Laufen bringt.

Die **Annexion** (lat.): gewaltsame Aneignung fremden Landes. – Verbum: *annektieren*.

Anno (lat.): im Jahre. *Anno Domini* (Abk. A. D.): im Jahres des Herrn, also nach Christi Geburt.

Die **Annonce** (franz., sprich annößе): eine in Zeitungen oder Zeitschriften veröffentlichte Anzeige, in der etwas angeboten, gesucht oder für etwas geworben wird.

Die **Anode** (griech.): →Elektroden.

anomal (griech., oft fälschlich: *anormal*): regelwidrig, ungewöhnlich. Ein Kleeblatt mit vier Blättern ist z. B. eine *Anomalie*.

anonym (griech.): ohne Nennung des Namens. Ein Brief ohne Unterschrift ist ein anonymer Brief.

anorganische Chemie →Chemie.

Der **Anspruch:** Im Rechtsleben versteht man darunter das Recht, von einem anderen ein notfalls mit Hilfe des Gerichts erzwingbares Tun (z. B. Zahlung eines Geldbetrages) oder Unterlassen verlangen zu können.

Ansteckung →Infektion.

Die **Antarktis** →Polargebiete.

ante (lat.): vor; z. B. ante Christum natum: vor Christi Geburt.

Antennen sind aus elektrischen Leitern (Draht, Metallstäbe usw.) gebildete Anlagen zum Aussenden oder Empfangen von elektromagnetischen Schwingungen. Je höher eine Antenne liegt, desto besser ist die Wirkung. Es gibt Hochantennen, Rahmenantennen, Parabolantennen (Richtstrahler), Dipolantennen und Fernseh-Empfangsantennen. Außerdem benötigt man noch eine Gegenantenne, die *Erde*, d. h. eine Verbindung zum Grundwasser. Antenne und Erde wirken zusammen wie die Platten eines Kondensators, außerdem erzeugen sie, wenn sie vom Strom durchflossen werden, Magnetismus und haben daher →Selbstinduktion.

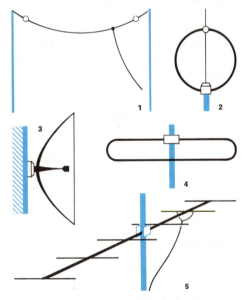

Antennen: 1 Hochantenne, 2 Rahmenantenne, 3 Richtstrahler (Parabolantenne), 4 Dipolantenne, 5 Fernseh-Empfangsantenne

Jede Antenne stellt also einen →Schwingungskreis dar und hat →Resonanz. Für Kurz- und Ultrakurzwellen verwendet man sogenannte *Dipole*, bei denen statt der Erde ein *Gegengewicht* von der gleichen Länge wie die Antenne neben oder unter dieser angebracht ist. Durch eine Anordnung von neben- und hintereinander stehenden Dipolen in einem rechteckigen Rahmen schickt man Radiowellen nur in einer Richtung (senkrecht zur Rahmenfläche) aus. Demselben Zweck dienen die *Hohlspiegelantennen*. Solche Anordnungen heißen *Richtstrahler*. Oft findet man (besonders in Koffergeräten) eingebaute *Ferritantennen* für den Mittelwellenbereich, das sind stabförmige Antennen mit sehr starker Richtwirkung. Die →Radioastronomie verwendet riesige *Parabolantennen*, die Radioteleskope.

Die **Anthologie** (griech. = Blütenlese): Auswahl von Erzählungen oder Gedichten in Buchform.

Die **Anthropologie** (griech.): Wissenschaft vom Menschen. Dazu gehören die menschliche Abstammungslehre, die Typenkunde, die Eugenik u. a. Teilwissenschaften.

anthropomorph (griech.): der menschlichen Art entsprechend, z. B. die Vorstellung, daß Götter wie Menschen denken und handeln.

Die **Anthroposophie** (griech. = Weisheit vom Menschen) ist eine 1912 von Rudolf Steiner begründete Lehre, nach der der Mensch zu immer höherer geistiger und sittlicher Vollkommenheit gelangen soll. Manche Schulen, z. B. die Waldorfschulen, unterrichten nach ihren Grundsätzen.

anti (griech.): gegen, wider.

antiautoritär (lat.) ist das Gegenteil von →*autoritär*. Man unterscheidet antiautoritäre und autoritäre Erziehung, und es gibt antiautoritäre Kindergärten.

Die **Anti-Baby-Pille** verhindert auf chemischem Wege den Eisprung (→Empfängnis) und gilt als besonders zuverlässiges →Verhütungsmittel. Die Anti-Baby-Pille ist rezeptpflichtig.

Antibiotika (griech.) sind bakterienvernichtende Stoffe, die von lebenden Organismen (z. B. Pilzen) erzeugt werden, etwa →Penicillin. Sie dienen als Heilmittel.

Antigone ist die Tochter des Königs →Ödipus von Theben. Ihre verfeindeten Brüder hatten sich gegenseitig erschlagen, und ihr Onkel Kreon hatte verboten, den, der gegen Theben gekämpft hatte, zu begraben. Antigone tat es aber doch, und Kreon ließ sie daraufhin lebendig einmauern. Viele Dichter haben das Leben der Antigone verherrlicht; am berühmtesten ist die Tragödie des griechischen Dichters Sophokles.

antik: aus der Antike stammend, altertümlich, z. B. antike Möbel.

Die **Antike:** Bezeichnung für das griechische und römische →Altertum.

Antillen →Mittelamerika.

Antilopen sind gehörnte, paarhufige Wiederkäuer. Sie leben in vielen Arten von sehr unterschiedlicher Größe in den Steppen von Afrika und Asien, wo sie als hervorragende Läufer und Springer weit umherziehen, um der Dürre auszuweichen und anderswo Futter zu finden. Sie schließen sich oft auch mit anderen Tieren zu großen Herden zusammen. Zu den bekanntesten Arten gehören die *Gazellen* und die *Gnus*. Die *Riedböcke* erinnern an unsere Rehe. Nahe mit den Antilopen verwandt ist die →*Gemse*.

Großer Riedbock

Antimaterie ist ein aus →Elementarteilchen aufgebautes, elektrisch gegensätzlich geladenes »Spiegelbild« der normalen Materie; wenn beide aufeinandertreffen, vernichten sie sich und setzen dabei gewaltige Energien frei.

Die **Antipathie** (griech.): Widerwille, Abneigung. Gegensatz: Sympathie.

Antipoden (griech.) leben an entgegengesetzten Orten der Erdkugel, z. B. in Spanien und auf Neuseeland.

Das **Antiquariat** (lat.): ein Laden, in dem alte Bücher verkauft werden. Den Besitzer des Ladens nennt man *Antiquar*. Alte wertvolle Möbel und Kunstgegenstände hingegen werden von einem *Antiquitätenhändler* verkauft.

Der **Antisemitismus** (Judenfeindlichkeit) hatte ursprünglich seinen Grund in der Meinung, die Juden als ganzes Volk seien am Kreuzestod Jesu schuld. Oft hielt man die Juden, die häufig in geschlossener Gemeinschaft abgesondert leben mußten, für die Urheber unbegreifbaren Unheils (z. B. der Pest im Mittelalter) und organisierte Verfolgungen (russisch *Pogrome*). Im 19. Jh. bildete sich in Deutschland und Österreich als Gegenbewegung gegen die Anerkennung der Juden als gleichberechtigte Staatsbürger der politische Antisemitismus. Er verband sich mit der scheinwissenschaftlichen Behauptung von der geistigen und charakterlichen Überlegenheit der »arischen« Rasse. Zum hemmungslosen Judenhaß wurde der Antisemitismus im Nationalsozialismus. Die Juden wurden aus ihren Stellungen entfernt und der bürgerlichen Rechte beraubt. Seit 1938 steigerten sich diese Maßnahmen zur Massenenteignung und -verhaftung und schließlich zur Ermordung von über 5 Millionen Juden bis 1945.

Die **Antisepsis** (griech.): Maßnahmen, die das Eitern einer Wunde durch die Anwendung fäulniswidriger, bakterientötender (antiseptischer) Mittel wie Jodtinktur, Karbol-, Lysol- und Seifenlösung, Sublimat u. a. verhindern.

Die **Antithese** (griech.): Gegensatz, Gegenüberstellung.

Äolien →Griechenland.

Die **Aorta** →Blutkreislauf.

Mit **Apartheid** (afrikaans »Absonderung«) bezeichnet man die in der Republik →Südafrika betriebene Politik der Rassentrennung. Die herrschende Schicht der Weißen ist bestrebt, in allen Lebensbereichen (Beruf, Ehe, öffentliches Leben) den Einfluß und die Chancen der zahlenmäßig weit überlegenen Nicht-Weißen (Afrikaner, Inder) einzuschränken.

Der **Apennin** →Italien.

Der **Apfel,** ein beliebtes Kernobst, wird in über tausend Sorten angebaut. Diese sind aus dem wildwachsenden Holzapfelbaum mit kleinen sauren Früchten durch Züchtung entstanden.

Die **Apfelsine** oder *Orange* stammt aus Asien und wurde erst vor 500 Jahren in Europa bekannt. Sie gehört wie die *Mandarine*, die *Zitrone* und die *Pampelmuse* zu der Gattung der Zitrusbäume und -sträucher, die hauptsächlich in den Mittelmeerländern, in Kalifornien und in Südafrika angebaut werden.

Der **Aphorismus** (griech.): ein gescheiter Gedanke, in wenigen Worten schlagkräftig ausgedrückt, z. B. »Weiß denn der Sperling, wie's dem Storch zumute sei?« (Goethe).

Aphrodite ist eine griechische Göttin. Sie wurde »die Schaumgeborene« genannt, weil sie aus den Wellen des Meeres geboren war. Sie war die Gattin des Hephaistos, des Gottes der Schmiede und des Feuers, die schönste Frau unter Göttern und Menschen, die Göttin der Liebe und der Fruchtbarkeit.

Die **Apokalypse** (griech. = Offenbarung): in der spätjüdischen und frühchristlichen Literatur symbolhafte Schilderung des Weltuntergangs und des endgültigen Sieges des Gottesreiches; z. B. in der Geheimen Offenbarung des Johannes. In ihr kommen die vier *apokalyptischen Reiter* vor, die häufig als Pest, Krieg, Hungersnot und Tod gedeutet werden.

Die **Apokryphen** (griech. apokryph = verborgen, versteckt) nennt man die nicht im Verzeichnis der Bücher der Heiligen

Schrift (Kanon) enthaltenen jüdischen und christlichen Bücher, die biblischen Verfassern zugeschrieben werden.

Apollo war ein griechischer Gott, ein Sohn des Zeus, der Gott des Lichtes und alles Schönen, der Schutzherr der Musen, der Dichtung, der Musik und der Weissagung. Er wurde vor allem in Delphi verehrt (*Orakel zu Delphi*).

Die **Apostel** waren die zwölf besonderen Jünger Jesu: Simon Petrus, Andreas, Jakobus d. Ä., Johannes, Philippus, Bartholomäus, Matthäus, Thomas, Jakobus d. J., Simon (der Eiferer), Judas Thaddäus und Judas Ischariot. Nach Judas' Tod trat Matthias an seine Stelle. Auch Paulus wird schon seit frühchristlicher Zeit zu den Aposteln gezählt. – Apostel heißt Sendbote und wird auch als Bezeichnung für Menschen gebraucht, die sich sehr für eine gute Sache einsetzen.

Der **Apostroph** (griech.) zeigt an, daß ein Vokal wegfällt, z. B. das ist's. Er wird auch beim Genitiv eines mit s endenden Eigennamens gesetzt, z. B. Siemens' Dynamomaschine.

Die **Apotheose** (griech.): Vergötterung, Verklärung, Verherrlichung.

Der **Appell** (franz.): Aufruf.

Die **Apposition** (lat. = das Beigefügte). Manchmal wird einem Hauptwort zur Erklärung ein zweites im gleichen Fall angefügt. Diesen Zusatz nennt man *Beisatz* oder Apposition. Beispiel: »Caesar, *der römische Feldherr*, eroberte Gallien, *das heutige Frankreich*.«

April →Monat.

apropos (franz., sprich apropoh): übrigens; nebenbei bemerkt.

Der **Aquädukt** (lat.): altrömische, über Brückenbogen geführte Wasserleitung.

Das **Aquaplaning** (lat.-engl. »Wasserglätte«) entsteht, wenn man mit dem Auto oder dem Motorrad sehr schnell über eine Wasserpfütze fährt: Die Räder verlieren die Bodenhaftung, und das Fahrzeug kann (wie beim Glatteis) ins Schleudern kommen.

Das **Aquarell** (ital.): mit Wasserfarben auf Papier oder Pergament gemaltes Bild.

Das **Aquarium** (lat. aqua = Wasser). Aquarien sind Glasbehälter, in denen man

Zebra-Bärbling   Großer Segelflosser   Schwertträger   Zwergfadenfisch
von der Seite   von vorn
Keilfleck-Barbe   Rote von Rio   Schleierkampffisch

Warmwasser-Aquarium

Fische hält und züchtet. Beim Kauf eines Aquariums läßt man sich in einer Tierhandlung fachmännisch beraten. Im Kaltwasser-Aquarium (15–18 Grad) hält man Stichlinge, Bitterlinge, Sonnenfische, Orfen, Schleien, Ellritzen, Zierwelse, Zierbarsche und Goldfische. Barben, Zahnkarpfen, Schleierschwänze, Teleskopfische und Guppies brauchen ein halbwarmes Aquarium (18–22 Grad). Im Warmwasser-Aquarium (über 22 Grad) gedeihen Cichliden (Maulbrüter), Labyrinthfische, Paradiesfische und Kampffische. Es ist gut, auch Teller- und Posthornschnecken ins Aquarium zu setzen, denn sie betätigen sich als Putzfrauen und weiden die Algen ab, die sich an den Glaswänden und Steinen bilden. Zur Fütterung der Fische nimmt man Wasserflöhe und Mückenlarven, im Winter getrocknete Wasserflöhe und Ameiseneier. Man streut das Futter mehrmals täglich in einen Futterring, doch nie mehr, als die Fische in einigen Minuten vertilgen können. Wichtige Geräte sind ein Thermometer, ein Filter, ein elektrischer Durchlüfter und (bei Warmwasser-Aquarien) ein Heizapparat. Wenn man Fische nicht sorgfältig pflegt, gehen sie ein.

Der **Äquator** ist eine gedachte Linie, die rund um die Erdkugel läuft und vom Nord- und Südpol gleich weit entfernt ist. Er ist 40077 km lang und teilt die Erdkugel in eine nördliche und eine südliche Hälfte. – Siehe auch Karte Erde, Gradnetz.

Äquatorialguinea, die 1968 aus den ehemaligen spanischen Überseeprovinzen Fernando Póo und Rio Muni gebildete Republik, hat 28051 qkm und 290000 Bewohner. Hauptstadt ist *Malabo* (37000 Einwohner).

Das **Ar** →Maße.

Die **Ära** (lat.): Zeitalter, Zeitabschnitt.

Die **Araber** sind eine Gruppe von Volksstämmen, die zur semitischen Völkerfamilie gehört. Sie bewohnen die Halbinsel Arabien, Palästina, das Zweistromland (Irak), Ägypten und Nordafrika. Viele Araber ziehen als Nomaden von einem Weideplatz zum anderen, das sind die *Beduinen.* Andere sind seßhaft geworden und leben als einfache Bauern besonders in Ägypten, das sind die *Fellachen.* Alle Araber bekennen sich zum →Islam. Um diesen Glauben zu verbreiten, eroberten sie im 7. Jh. n. Chr. fast ganz Vorderasien, Nordafrika und Süditalien und gründeten in Spanien das →Mauren-Reich, das bis ins 15. Jh. bestand. Die Europäer lernten damals das reiche medizinische und mathematische Wissen der Araber kennen. Von ihnen stammen unsere *arabischen Ziffern* und viele wissenschaftliche Bezeichnungen, wie Chemie, Algebra, Alkohol. – Bis zum Ersten Weltkrieg standen die meisten arabischen Völker unter türkischer Herrschaft. Dann bildeten sie eine Reihe von selbständigen Staaten. Seit 1945 sind Ägypten, Irak, Jemen, Jordanien, Libanon, Saudi-Arabien und Syrien zu einem Bund, der *Arabischen Liga,* zusammengeschlossen, dem später noch Algerien, Bahrein, Katar, Kuwait, Libyen, Marokko, Mauretanien, Oman, Somalia, Sudan, Südjemen, Tunesien und die Vereinigten Arabischen Emirate beitraten.

Arabien heißt die große Halbinsel (3 Mill. qkm) im Südwesten Asiens, die vom Roten und vom Arabischen Meer und vom Persischen Golf umgeben ist.

Arbeitsämter sind staatliche Behörden, die vor allem Arbeitsstellen vermitteln, Berufsberatung erteilen und Arbeitslosenunterstützung aus den Geldern der *Arbeitslosenversicherung* zahlen, der alle Arbeiter und Angestellten angehören.

archaisch (griech.): uranfänglich, ursprünglich, uralt. Archaisch nennt man besonders Kunstwerke, die aus der Frühzeit, der archaischen Zeit, eines Volkes stammen. Archaistisch oder archaisierend heißt altertümelnd, die Art und Weise des Altertums nachahmend.

Die **Archäologie:** Altertumskunde. Der *Archäologe* erforscht das Altertum durch Studieren der Kulturerzeugnisse, die uns erhalten geblieben oder durch Ausgrabungen wieder aufgefunden worden sind.

Archimedes war ein griechischer Mathematiker und Physiker. Er lebte von etwa 287 bis 212 v.Chr. in Syrakus auf Sizilien. Er entdeckte wichtige mathematische und physikalische Grundgesetze, z.B. die Berechnung des Kreises, das spezifische Gewicht, die Hebelgesetze, erfand unter anderem den Flaschenzug und die Wasserschraube und baute gewaltige Maschinen zum Bewegen schwerster Lasten.

Der **Archipel** (griech.): Inselgruppe.

Die **Architektur** →Baukunst.

Das **Archiv**: Sammlung von Urkunden, Schriftstücken oder Bildern, die zum wissenschaftlichen und praktischen Gebrauch bestimmt sind.

Die **Arena** (lat.): im alten Rom der mit Sand bestreute Kampfplatz, der von schräg aufsteigenden Sitzreihen umgeben war (*Amphitheater*). Heute bezeichnet man als Arena auch den Kampfplatz eines Sportfeldes und den Vorführplatz in einem Zirkus (→Manege).

Ares war der Kriegsgott der Griechen, der Sohn des Zeus und der Hera. Bei den Römern hieß er *Mars*.

Argentinien ist mit 2,777 Mill. qkm und 23,9 Mill. Einwohnern der zweitgrößte Staat Südamerikas, eine Republik mit der Hauptstadt Buenos Aires (2,9 Mill. Einwohner, mit Vororten 8,7 Mill.). Andere große Städte sind Rosario (807 000) und Córdoba (236 000). Die Bewohner sind zu über 90 % Weiße und überwiegend katholisch. Das Land ist im Westen von Hochgebirge (Anden) bedeckt, das nach Osten in eine Steppenebene (Pampa) übergeht. Betrieben werden vor allem Viehzucht und Landwirtschaft. Argentinien wurde 1515 von Europäern entdeckt, 1776 spanisches Vizekönigreich und 1816 unabhängig. Karte →Südamerika.

Argonauten nennt man die griechischen Sagenhelden, mit denen Jason auf dem Schiffe Argo (daher Argonauten) auszog, um aus dem fernen Kolchis das von einem Drachen bewachte Goldene Vlies (das goldene Fell eines Widders) zu holen. Bei diesem Unternehmen mußte Jason furchtbare Abenteuer bestehen. Medea, die Tochter des Königs von Kolchis, half ihm

dabei. Sie floh mit ihm und wurde seine Frau.

Das **Argument** (lat.): Beweis, Begründung.

Die **Arie** ist ein Musikstück mit Wiederholungen für eine Singstimme mit Orchesterbegleitung. Sie wird meistens eingeleitet durch ein *Rezitativ*, das ist ein erzählender Gesang, der nur von einzelnen Akkorden begleitet wird.

Die **Aristokratie** (griech. = Herrschaft der Besten): 1. eine Staatsform, bei der die Regierungsgewalt in der Hand eines bevorzugten Standes, z.B. des →Adels, liegt; 2. der Adel selbst. – Aristokratisch nennt man aber auch einen Menschen, der sich durch edlen Charakter und vornehmes Betragen auszeichnet.

Aristoteles war einer der bedeutendsten griechischen Philosophen und Naturforscher. Er lebte von 384–322 v. Chr., war ein Schüler Platons und der Lehrer Alexanders des Großen. Seine Erkenntnisse und seine Denkweise waren von großem Einfluß auf die christliche Philosophie des Mittelalters und wirken bis heute fort.

Die **Arithmetik** →Mathematik.

Die **Arkebuse** (franz.) oder *Hakenbüchse* war im 15. und 16. Jh. eine schwere Handfeuerwaffe mit langem Rohr, Luntenschloß und Stützhaken. →Schußwaffen.

Die **Arktis** →Polargebiete.

Armbrust

Die **Armbrust** war eine mittelalterliche Schußwaffe. Sie bestand aus Schaft und Bogen. Die Sehne dieses Bogens mußte mit einer Kurbel am Schaft gespannt werden und wurde mit einem Abzug ausgelöst. Dann schleuderte sie das in einer Rille des Schaftes liegende Geschoß (Pfeil, Bolzen, Kugel) zum Ziel.

Arminius (fälschlich auch Hermann genannt) war ein Stammesfürst der Cherusker. Er besiegte im Jahre 9 n.Chr. im Teutoburger Wald das Heer des römischen Feldherrn Varus, den Kaiser Augustus zur Unterwerfung der Germanen ausgesandt hatte. 21 wurde Arminius von Verwandten ermordet.

Die **Arnika** →Heilkräuter.

Das **Aroma** (griech.): angenehmer Duft, Wohlgeruch.

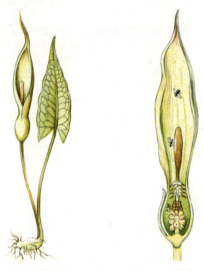

Aronstab, Pflanze und Längsschnitt

Der **Aronstab** ist eine giftige Laubwaldpflanze. Im Frühjahr umschließt ein blaßgrünes, tütenförmiges Hüllblatt einen Blütenkolben, der am untersten Teil Fruchtknoten und Staubfäden trägt. Nach der Befruchtung verwelken die Reusenhaare, und die zarten oberirdischen Pflanzenteile verfaulen bis auf den Stengel mit den Früchten, die zu korallenroten Beeren heranreifen.

Der **Arrest** (lat.): Haft, Gewahrsam, Beschlagnahme.

Die **Arroganz** (lat.): Anmaßung, Hochmut, Dünkel.

Das **Arsen** (chemisches Zeichen As) ist ein stahlgraues, sprödes, metallähnliches chemisches Element. Es kommt in vielen Mineralien vor. In Technik, Medizin und Farbenindustrie wird Arsen vielfach verwendet. Arsen (auch Arsendämpfe) und arsenhaltige Stoffe sind giftig.

Das **Arsenal** (arab.): Waffen- oder Gerätelager; Zeughaus.

Artemis, die Zwillingsschwester Apollos, war die griechische Göttin der Jagd und des Mondes. Die Römer nannten sie *Diana*.

Die **Arterie** →Blutkreislauf.

Ein **artesischer Brunnen** läßt das Wasser wie ein Springbrunnen aussprudeln. Dies kann aber nur dann geschehen, wenn Wassermassen zwischen wasserundurchlässigen Bodenschichten höher liegen als die Ausflußstelle und deshalb dort das Wasser aus dem Boden gedrückt wird.

Der **Artikel:** 1. Geschlechtswort, das angibt, ob ein Hauptwort dem männlichen, weiblichen oder sächlichen Geschlecht angehört: bestimmtes (der, die, das) oder unbestimmtes Geschlechtswort (ein, eine, ein). 2. Abschnitt eines Gesetzes oder Vertrages. 3. Zeitungsaufsatz. 4. Warenart.

Die **Artikulation** (lat.): Lautbildung, deutliche Aussprache (*artikuliert* sprechen).

Die **Artillerie** (franz.): mit Geschützen ausgerüstete Truppen.

Artisten (franz. artiste = Künstler) nennt man Künstler, die in ihrem oft gefährlichen Beruf vor allem ihre Geschicklichkeit zeigen (z. B. Akrobaten, Clowns, Tierbändiger, Seiltänzer usw.). Sie treten im Zirkus, Varieté oder Kabarett auf.

Der **Asbest** ist ein faseriges, durchscheinendes Mineral von weißer, gelblicher bis blaugrauer Farbe, das sich fettig anfühlt. Der Name Asbest kommt vom griechischen Wort asbestos, d. h. unverbrennlich, und bezeichnet die Haupteigenschaft des Minerals. Daher wird Asbest zu feuerschützenden Geweben und zu Asbestzement verarbeitet.

Äschylus, auch *Aischylos*, ein griechischer Dichter, wurde 525 v. Chr. geboren, kämpfte in den Perserkriegen und starb 456. Er war der Begründer der griechischen Tragödie. Von seinen etwa 90 Werken sind nur sieben erhalten, darunter die berühmte *Orestie*, welche in drei Tragödien das Leben des →Orest schildert.

Asen nannten die Germanen ihre Götter.

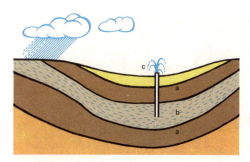

Artesischer Brunnen: a wasserundurchlässige Schicht (Ton oder Mergel), b wasserführende Schicht (Sand, Kies), c Sand oder Geröll

Die Asen waren die Hüter der Gesetze und der Ordnung und lagen in dauerndem Kampf mit den Riesen, den Kräften der Unordnung und Zerstörung. – Wodan, der oberste Gott, und seine Frau Frigga, seine Söhne Thor und Baldur, Freyr und dessen Schwester Freya und die anderen Asen und Asinnen wohnten in ihrem im Himmel gelegenen Reiche *Asgard* in 13 Palästen. Der schönste Palast war Gladsheim, in dem sich der herrliche Saal Walhall befand. Dort empfing Wodan die im Kampfe gefallenen Helden, die *Einherier*, die ihm von den →Walküren zugeführt wurden. Die Asen beherrschten zwar die Welt, aber sie waren nicht unsterblich. Ihnen drohte die →Götterdämmerung.

Die **Asepsis.** Durch aseptische Maßnahmen verhindert man das Eitern einer Wunde, indem man von vornherein alle Erreger von der Wunde fernhält. Maßnahmen der Asepsis: Sauberkeit und Auskochen von Instrumenten, Verbandmaterial usw. – Siehe auch Desinfektion und Antisepsis.

Asien ist der größte und menschenreichste Erdteil. Mit 44,2 Millionen qkm nimmt er ein Drittel der Landoberfläche der Erde ein. Er wird von über 2,1 Milliarden Menschen bewohnt. Europa und Asien sind eine zusammenhängende Landmasse, die man zusammen als *Eurasien* bezeichnet, das Uralgebirge, der Uralfluß, das Kaspische Meer, der Kaukasus und das Schwarze Meer bilden die Grenze. Von Amerika ist Asien durch einen im äußersten Nordosten liegenden 75–90 km breiten Meeresstreifen (Beringstraße), von Afrika durch das Rote Meer und den Suez-Kanal getrennt.

In Asien, das vom nördlichen Eismeer bis zum Äquator reicht (also sehr kaltes, gemäßigtes und tropisches Klima hat), ist die Pflanzen- und Tierwelt überaus reich und mannigfaltig. Im Norden wachsen hauptsächlich Laub- und Nadelbäume, dort gibt es Rentiere, Wölfe, Bären, Schafe und Ziegen; im Süden leben Raubkatzen, Affen, Kamele, Elefanten und Schlangen. Hier gedeihen Tee, Reis, Rohrzucker und Ölfrüchte. Der Norden, in dem eine Kälte bis zu –73° C gemessen wurde, und das wüsten- und steppenreiche Innerasien, in dem das höchste Gebirge der Welt, der *Himalaja*, liegt, sind menschenarm und fast nur von wandernden Hirtenstämmen, Jägern und Fischern bewohnt. Sehr dicht besiedelt hingegen sind Süden und Osten des Erdteils, z. B. Indien und China.

In Asien entstanden die ältesten Hochkulturen; alle großen Weltreligionen (Christentum, Judentum, Buddhismus, Hinduismus, Islam) haben hier ihren Ursprung, hier entstanden die ersten politischen Reiche, und hier ist die Heimat unzähliger Völkergruppen und Sprachstämme.

Mehrfach drangen asiatische Völker (Hunnen, Türken, Mongolen) auf Eroberungszügen in Europa ein; im 16. Jh. begannen die Europäer die ihnen bisher unbekannten Gebiete Asiens zu durchforschen und teilweise zu unterwerfen. In den letzten Jahrzehnten aber gelang es allen asiatischen Völkern, die Fremdherrschaft zu beenden und wieder selbständig zu werden. Karten auf den S. 32 und 33.

Die **Askese** (griech. = Übung). So nannte man die enthaltsame Lebensweise griechischer Sportler (der *Asketen*) während der Vorbereitung auf Wettkämpfe. In den Religionen bedeutet Askese die Meisterung alles Niedrigen, vor allem des Selbstsüchtigen im Menschen.

Äskulap (*Asklepios*) war bei den Grie-

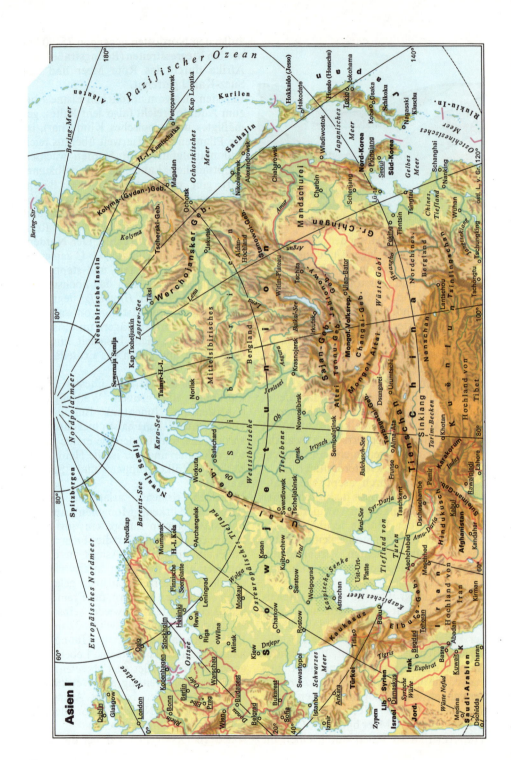

Asien I

32

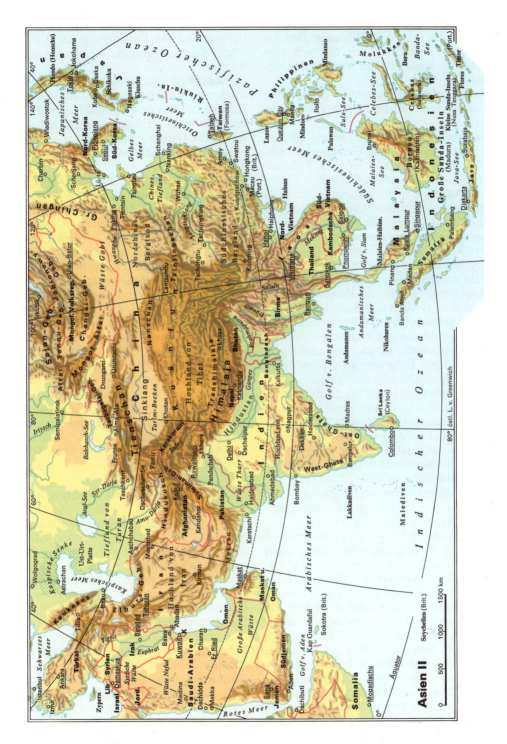

Asien II

chen und Römern neben seinem Vater Apollo der Gott der Heilkunde. Der *Äskulapstab*, ein Stab, um den sich eine Schlange ringelt, ist das Sinnbild der Medizin.

Äsop heißt ein legendärer griechischer Fabeldichter, der im 6. Jh. v. Chr. gelebt haben soll.

asozial nennt man Menschen, die sich nicht in das Leben der Gemeinschaft einordnen wollen oder können, z. B. Landstreicher und Berufsverbrecher.

Der **Asphalt** ist ein glänzendes, dunkles Erdpech, das in der Natur, z. B. auf der Insel Trinidad, im Irak und in der Sowjetunion vorkommt. Künstlich wird er aus Erdöl oder Teer gewonnen. Asphalt wird von Wasser und Säuren nicht angegriffen. Man verwendet ihn daher besonders beim Straßenbau oder für die Herstellung wasserdichter Decken und Fußböden.

Als **Assimilation** (lat.) bezeichnet man die Angleichung von Nahrungsstoffen an den Organismus durch Umwandlung in körpereigene Substanz, bei grünen Pflanzen z. B. durch →Photosynthese.

Der **Assistent** (lat.). So nennt man jemanden, der in seinem Beruf ausgelernt hat, aber noch keine leitende Stellung einnimmt und der deshalb assistiert, d. h. als Gehilfe tätig ist, z. B. bei einem Arzt, einem Wissenschaftler oder in der höheren Verwaltung.

Die **Assyrer** waren ein semitisches Volk, das in der Frühzeit der Menschheitsgeschichte, etwa von 2500 bis 612 v. Chr., ein bedeutendes Reich im Zweistromland (heute Irak) beherrscht hat. Die größten Städte des Landes waren Assur und Ninive. Jahrhundertelang befanden sich die Assyrer im Kampf mit den Babyloniern, von denen sie vieles lernten, so z. B. die Keilschrift und die Bauweise mit Lehmziegeln. In Assur und Ninive entstanden große Paläste und Tempel, an denen die Heldentaten der assyrischen Könige abgebildet wurden. 612 v. Chr. erlag das Reich dem Angriff seiner Nachbarstaaten. Die Weltstadt Ninive wurde bis auf die Grundmauern zerstört. Erst im vorigen Jahrhundert erhielten wir durch Ausgrabungen und die Entzifferung der Keilschrift Kenntnis von der Geschichte der Assyrer.

Die **Aster** (griech. = Stern). Es gibt besonders in Amerika viele wildwachsende Asternarten, aus denen man Zierpflanzen mit gefüllten Blütenköpfen gezüchtet hat.

Ästhetik (griech.) nennt man die Wissenschaft vom Schönen in Natur und Kunst.

Das **Asthma** ist eine Erkrankung der Atmungsorgane, die sich in schweren Atembeschwerden und quälendem Husten äußert. Ursache ist oft eine →Allergie.

Die **Astrologie** (griech. = Sterndeutekunst) gab es schon im Altertum. Nach ihrer Lehre besteht zwischen den Gestirnen und den Lebensvorgängen auf der Erde ein enger Zusammenhang. Die Astrologen glauben, daß sich aus der »Konstellation«, d. h. aus der Stellung der Sterne im Augenblick der Geburt, die Eigenschaften und das künftige Schicksal eines Menschen ablesen lassen. Die zeichnerische Darstellung einer solchen Konstellation und die aus ihr abgeleitete Voraussage nennt man *Horoskop*. Die Astrologie ist sehr umstritten und wird von der Wissenschaft abgelehnt.

Die **Astronautik** (griech.) ist die Lehre von der Lenkung von Raumflugkörpern; →Weltraumfahrt.

Die **Astronomie** (griech.) →Himmelskunde.

Das **Asyl** (griech.): Freistätte, Zufluchtsort für Verfolgte, Notleidende und Schutzbedürftige.

asynchron (griech. = nicht gleichzeitig) laufen bei den meisten Elektromotoren (*Asynchronmotoren*) Läufer und Drehfeld. →Elektromotor.

Der **Atheismus** (griech.): Gottlosigkeit, Gottesleugnung.

Athen: Hauptstadt von →Griechenland.

Athene. Die griechische Göttin *Pallas Athene* war eine Tochter des Zeus. Zeus hatte sich wegen entsetzlicher Kopfschmerzen von Hephaistos mit einer Axt den Schädel spalten lassen, und aus dem gespaltenen Haupte entsprang Athene in voller Rüstung. Sie war die Göttin alles Wissens, der Kunst und des Mutes und darum auch die kriegerische Schutzherrin.

Der **Äther** ist eine farblose, stark riechende Flüssigkeit, die Fette, Öle und Harze löst und an der Luft schnell verdunstet. Ätherdampf ruft Bewußtlosigkeit hervor, entzündet sich leicht und explodiert, wenn er mit Luft gemischt wird. Äther entsteht aus Alkohol, dem mittels konzentrierter Schwefelsäure Wasser entzogen wird. Verwendet wird er in der Medizin als Betäubungsmittel, mit Alkohol vermischt als Hoffmannstropfen, in der Technik als vielseitiges Lösungsmittel. Sich leicht verflüchtigende Öle und Riechstoffe, auch zarte, durchscheinende Körper und leise, durchgeistigte Musik nennt man *ätherisch*.

Äthiopien war bis 1974 ein ostafrikanisches Kaiserreich; die Verfassung ist zur Zeit von der Militärregierung außer Kraft gesetzt. Nach seinem Nordteil, der das Hochland von Abessinien einnimmt, wird es bei uns meist *Abessinien* genannt. Das Land umfaßt 1,22 Millionen qkm. Die 26,5 Millionen zählende Bevölkerung setzt sich aus den semitischen Abessiniern, hamitischen Stämmen und aus Negern zusammen. Die koptische Religion, eine Sonderform des Christentums, ist Staatsreligion, doch gibt es auch viele Mohammedaner. Ebenso wird neben der Landessprache Amharisch auch Arabisch gesprochen.

Die Hauptstadt Addis Abeba hat 810000 Einwohner. Von ihr führt eine Eisenbahnstrecke nordostwärts nach Dschibuti an der französischen Somaliküste.

Im Altertum stand Äthiopien vorwiegend unter ägyptischem und griechischem Einfluß, und schon im 4. Jh. wurde es christlich. Ende des 19. Jh. drangen die Italiener in Äthiopien ein, und 1935/36 unterwarfen sie das ganze Land. 1941 wurde es durch die Engländer wieder befreit, und der Kaiser »Negus Negesti« (»König der Könige«) kehrte in sein Land zurück, wo er 1974 vom Militär abgesetzt wurde.

Die **Athletik** ist die Wettkampfkunst, die Sammelbezeichnung für alle sportlichen Übungen. Man unterscheidet Schwerathletik (z. B. Gewichtheben) und Leichtathletik (Laufen, Springen, Werfen). Den Sportler, der diese Übungen ausführt, aber auch einen besonders starken, stämmigen Menschen nennt man einen Athleten.

Atlantikpakt →NATO.

Atlantis ist der Name einer Insel, von der im Altertum berichtet wurde, sie sei in einem Tage und einer Nacht plötzlich im Meer verschwunden.

Atlantischer Ozean →Meer.

Der **Atlas:** 1. in der griechischen Sage ein riesiger Titanensohn, der auf seinen Schultern das Himmelsgewölbe tragen mußte. Er stand am westlichen Ende der den Griechen bekannten Welt, an der Nordwestecke von Afrika. Weil er einen göttlichen Gast mit roher Gewalt zurückgewiesen hatte, wurde er in Stein verwandelt. Daher trägt das Gebirge in Nordwestafrika seinen Namen. – 2. ein Buch, das aus Landkarten besteht. So nannte zuerst der Geograph Mercator sein 1585 erschienenes Landkartenbuch, weil auf ihm Atlas als Träger des Himmelsgewölbes abgebildet war. – 3. ein meist aus Seidenfäden hergestellter Stoff. – 4. Atlas heißt auch der oberste Halswirbel des Menschen.

Die **Atmosphäre** (griech.) heißt die gasförmige Hülle eines Himmelskörpers, besonders die Lufthülle der Erde. Diese besteht zu 21% aus Sauerstoff, zu 78% aus Stickstoff und aus Edelgasen sowie Kohlendioxyd. Nach Dichte, Zusammensetzung und physikalischen Vorgängen gliedert man die Atmosphäre der Erde in: *Troposphäre* (10–17 km hoch), in der sich fast alle Wettererscheinungen abspielen; *Stratosphäre* (bis 50 km hoch), eine ruhige, meist wolkenlose Übergangsschicht; *Mesosphäre* (bis 80 km hoch); *Ionosphäre* (bis 400 km hoch) mit verschieden geladenen (ionisierten) Schichten (D-, E-, F_1- und F_2-Schicht, am wichtigsten die Radiowellen reflektierende E-Schicht);

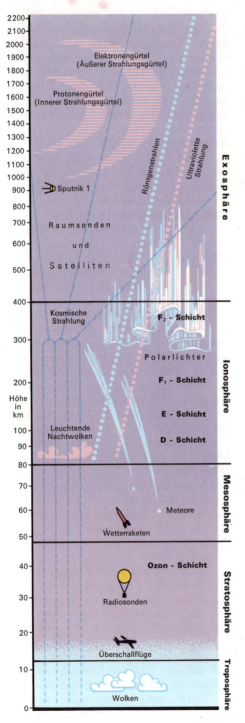

Exosphäre mit veränderlicher Obergrenze, die in etwa 6000 km Höhe allmählich in den Weltraum übergeht. Die Luft wird nach oben immer dünner; 3/4 der Masse der Atmosphäre enthält die Troposphäre. Die Erde hält durch ihre Anziehungskraft die Lufthülle ebenso fest wie alles, was auf der Erde ist. Die Lufthülle drückt mit 1,033 kg Gewicht auf jeden Quadratzentimeter der Erdoberfläche in Meeresspiegelhöhe: diesen Druck bezeichnet man als 1 Atmosphäre (At oder at). Menschen und Tiere spüren den Druck nicht, sie widerstehen ihm, ohne es zu merken. Auch andere Gestirne (nicht aber z. B. der Mond) haben eine Atmosphäre.

Unter **Atmung** versteht man die Versorgung des menschlichen, tierischen und pflanzlichen Organismus mit dem für die betreffende Art lebensnotwendigen Gas. Der Mensch und ein großer Teil der Tierwelt nehmen durch Erweiterung des Brustkorbes Luft in die *Lungen* auf, von wo aus der in der Luft vorhandene Sauerstoff in das Blut übergeht. Die Kohlensäure des Blutes wird ausgeatmet. Insekten atmen durch *Tracheen*, das sind dünne, verzweigte Röhrchen, die den Sauerstoff direkt an die Organe, die ihn verbrauchen, heranführen. Fische, Krebse und viele andere Tierarten atmen durch *Kiemen*. Ein Teil der Haut ist nach innen oder außen gestülpt und von vielen Blutgefäßen durchzogen. Frisches, sauerstoffreiches Wasser strudelt an den Kiemen vorbei, und dabei erfolgt an der Kiemenoberfläche der Austausch von Kohlensäure gegen Sauerstoff. Außerdem wird ein Großteil des erforderlichen Sauerstoffs bei Menschen und Tieren durch die Haut aufgenommen. Wenn nur ein Drittel der Körperoberfläche z. B. durch Verbrennung oder Überziehen mit einer luftundurchlässigen Schicht an der Hautatmung behindert wird, tritt Tod durch Ersticken ein. Die Pflanzen atmen durch Spaltöffnungen auf der Unterseite der Blätter. Bei Tageslicht wird Kohlensäure aufgenommen und Sauerstoff ausgeschieden. Die Kohlensäure braucht die Pflanze zur Ernährung. Nachts findet der umgekehrte Vorgang statt: die Pflanze nimmt Sauerstoff auf und gibt Kohlensäure ab. Dieser Ernährungsvorgang der Pflanzenwelt erneuert ständig die Atemluft aller Lebewesen.

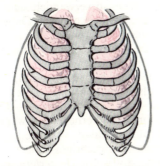

Menschlicher Brustkorb mit Lunge

Tracheen eines Insekts

Kiemen eines Fisches

Das **Atoll:** ringförmige Koralleninsel, die Meerwasser umschließt und deren aus dem Meer aufragende Randgebiete bewachsen sind.

Das **Atom.** Jeder Stoff, ob Blei, Salz, Wachs, Gips, Wasser, Luft usw., ist aus unzähligen kleinen Teilchen zusammengesetzt. Diese Bausteinchen nannte man Atome (von griechisch atomos = unzerteilbar), weil man sie für unteilbar hielt. Eine Kette von 10 000 000 aneinandergereihten Atomen würde erst 1 mm lang sein. Die moderne Physik hat jedoch herausgefunden, daß auch die so winzigen Atome aus noch einfacheren Bestandteilen, den →*Elementarteilchen*, zusammengesetzt sind; die wichtigsten sind die elektrisch positiv geladenen *Protonen*, die negativen →*Elektronen* und die elektrisch neutralen *Neutronen*. Aus diesen einfachsten Bestandteilen sind alle der bisher bekannten 105 →Elemente aufgebaut (z. B. Eisen, Gold, Sauerstoff usw.), aber auch alle chemischen Verbindungen (z. B. Zucker, Sand, Wasser, Luft). Die Atome der Elemente unterscheiden sich nur dadurch, daß die Zahl der in ihnen vereinigten Elementarteilchen unterschiedlich ist; jedes Element hat seine eigene Atomart, die es von allen anderen Elementen unterscheidet. Allerdings gehören jeder Atomart wiederum mehrere Atomsorten an, die zwar in chemischer Hinsicht völlig gleich sind, sich aber durch ihr Gewicht voneinander unterscheiden. Diese Atomsorten nennt man *Isotope* (siehe S. 38). Die Atome sind jedoch nicht nur aus den gleichen Teilchen zusammengefügt, sondern auch alle in ähnlicher Weise aufgebaut: im Mittelpunkt des Atoms befindet sich der Atomkern. Er besteht aus Protonen und Neutronen, die unvorstellbar fest zusammengeschweißt sind. Um diesen Kern kreisen in weiter Entfernung ebenso viele negative Elektronen, wie der Kern positive Protonen enthält. Dabei durchläuft jedes Elektron seine eigene bestimmte Bahn. Protonen und Elektronen ziehen sich gegenseitig an. Dadurch werden die Elektronen, ähnlich wie die Planeten durch die Anziehungskraft der Sonne, in ihrer Bahn gehalten, obgleich die Elektronen sich gegenseitig abstoßen. Die Elektronen umrasen ihren Kern 400 bis 800 Billionen mal in der Sekunde und bilden so einen Ring, der das Atom gegen das Eindringen elektrisch geladener Teilchen schützt. Da die elektrisch positive Ladung des Atomkerns ebenso groß ist wie die negative der Elektronen, halten sie sich gegenseitig im Gleichgewicht, und das Atom erscheint nach außen hin elektrisch neutral.

Die Elektronen bleiben aber nicht immer in ihrer Bahn, sondern springen unter Umständen in eine andere Bahn über. Springt ein Elektron in eine andere Bahn über, dann fängt das Atom Energie ein oder sendet Energie (als Licht oder Röntgenstrahlen) aus. Anderseits hat das Einfangen oder Aussenden von Energie zur Folge, daß ein Elektron in eine andere Bahn überspringt. Jedes Atom hat in seinem Kern eine ganz bestimmte Anzahl von Protonen (man nennt diese Anzahl auch die »Ordnungszahl« des Atoms, weil nach ihr die Atome in bestimmter Reihenfolge geordnet werden können). Der Kern des einfachsten Atoms, des Wasserstoffatoms, hat 1 Proton, der des Heliums 2, der des Lithiums 3, und der Kern des 92. Elements, des Urans, enthält 92 Protonen. Neutronen besitzt der Atomkern mindestens ebenso viele wie Protonen, meist aber mehr. Die Art und das Wesen der chemischen Elemente wird bestimmt durch die Anzahl dieser Protonen, die der Atomkern enthält. Besteht ein Atomkern aus 79 Protonen und 118 Neutronen, so ist das aus ihm gebildete Element Gold und nichts als Gold. (Ab-

Bahnen des Elektrons im Wasserstoffatom: Das Wasserstoffatom, das einfachste Atom, besteht aus einem Kern und einem einzigen Elektron, das den Kern umläuft. Es kann auf einer der verschiedenen Bahnen laufen, die in der Zeichnung dargestellt sind.

gekürzt schreibt man das so: $^{197}_{79}$Au, wobei 79 die Ordnungszahl des Atoms ist und 197 das →Atomgewicht, das sich errechnen läßt, indem man die Anzahl der Protonen und Neutronen zusammenzählt.) Verliert oder gewinnt der Atomkern Protonen, so verwandelt sich damit dieses Element in ein anderes. Dabei wird →Atomenergie umgesetzt.

Isotope sind verschieden gebaute Atome desselben chemischen Elementes. Sie besitzen die gleiche Ordnungszahl, verhalten sich also chemisch vollkommen gleich, besitzen aber verschiedene →Atomgewichte. Ihre Atomkerne haben zwar gleich viele Protonen, aber verschieden viele Neutronen. Ein wichtiges Isotop ist z.B. das Wasserstoffisotop *Deuterium*, der sog. »schwere Wasserstoff«, dessen Atomkern außer einem Proton auch noch ein Neutron enthält. Fast alle natürlich vorkommenden Elemente bestehen aus einem Gemisch von Isotopen.

Obwohl das Atom unvorstellbar klein ist, weist es doch in seinem Inneren verhältnismäßig ungeheure leere Räume auf. Vergrößert man z. B. ein Wasserstoffatom um das Billionenfache (ein Menschenhaar wäre dann bereits dicker als die Erde), so erscheint dieses Atom als eine Kugel, die ein großes Hochhaus umschließen kann. Der Atomkern in der Mitte wäre dann einige Millimeter groß, während ein stecknadelkopfgroßes Elektron den Wolkenkratzer umkreisen würde. Denkt man sich den Kern zur Größe eines Apfels erweitert, dann würden ihn die Elektronen in einer Entfernung von einem Kilometer umschwirren. Alles andere ist leerer Raum. Die ganze Masse eines Atoms ist in seinem Kern vereinigt. Könnte man die Atome so zusammenquetschen, daß ihre Kerne eng aneinanderlägen, so würde ein Stecknadelkopf aus Kernmasse so schwer sein, daß er das größte Schiff zum Sinken brächte. Ebenso unvorstellbar wie die Dichte der Atomkernmasse sind die Kräfte, von denen Protonen und Neutronen zusammengehalten werden.

Atom und Atomkernenergie

Helium **Natrium**

Lithium

Die drei Isotopen des Wasserstoffs

1 Elektron
1 Proton

1 Elektron
1 Proton
1 Neutron

1 Elektron
1 Proton
2 Neutronen

Die Zahl der Protonen (im Atomkern) und der in Schalen angeordneten Elektronen stimmt bei den Atomen aller Elemente überein. Der Atomkern enthält außer Protonen elektrisch neutrale Neutronen.

Isotopen eines Elements unterscheiden sich durch die Zahl der Neutronen im Atomkern. Links: gewöhnlicher Wasserstoff (Atomgewicht 1), Mitte: schwerer Wasserstoff (Deuterium, Atomgewicht 2), Rechts: überschwerer Wasserstoff (Tritium, Atomgewicht 3).

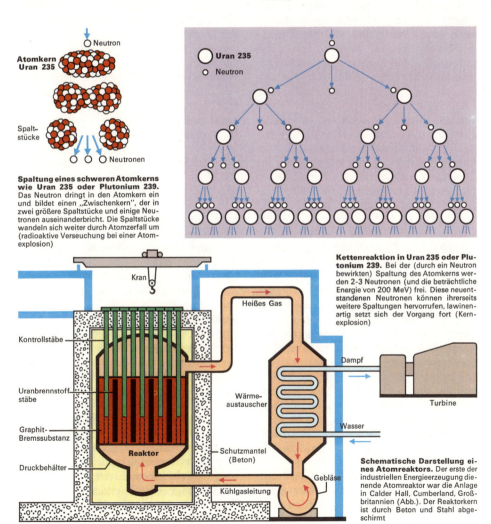

Neutron

Atomkern Uran 235

Spalt-
stücke

Neutronen

Uran 235

Neutron

Spaltung eines schweren Atomkerns wie Uran 235 oder Plutonium 239. Das Neutron dringt in den Atomkern ein und bildet einen „Zwischenkern", der in zwei größere Spaltstücke und einige Neutronen auseinanderbricht. Die Spaltstücke wandeln sich weiter durch Atomzerfall um (radioaktive Verseuchung bei einer Atomexplosion)

Kettenreaktion in Uran 235 oder Plutonium 239. Bei der (durch ein Neutron bewirkten) Spaltung des Atomkerns werden 2-3 Neutronen (und die beträchtliche Energie von 200 MeV) frei. Diese neuentstandenen Neutronen können ihrerseits weitere Spaltungen hervorrufen, lawinenartig setzt sich der Vorgang fort (Kernexplosion)

Kran

Heißes Gas

Kontrollstäbe

Uranbrennstoffstäbe

Graphit-Bremssubstanz

Druckbehälter

Reaktor

Schutzmantel (Beton)

Kühlgasleitung

Gebläse

Wärme-austauscher

Dampf

Turbine

Wasser

Schematische Darstellung eines Atomreaktors. Der erste der industriellen Energieerzeugung dienende Atomreaktor war die Anlage in Calder Hall, Cumberland, Großbritannien (Abb.). Der Reaktorkern ist durch Beton und Stahl abgeschirmt

39

Atomenergie oder, wie es genauer heißen muß, *Kernenergie* wird gebunden oder wird frei, wenn man die Masse eines Atomkerns ändert. Seitdem wir auf Atomkerne mit physikalischen Mitteln einwirken können, ist es auch möglich, Atomenergie zu gewinnen. Diese Energie, die Anziehungskraft der Kernbestandteile, ist weder elektromagnetischen Ursprungs noch eine Gravitationskraft, sondern eine andere, bis in jüngste Zeit unbekannte Kraft.

Wird der Kern eines Atoms zertrümmert, so fliegen einzelne Teile, aus denen er aufgebaut war, weg, während die restlichen einen neuen Atomkern anderer Zusammensetzung bilden. (Verliert z. B. das Sauerstoffatom zwei von seinen acht Protonen und zwei von seinen acht Neutronen, so wird es zum Kohlenstoffatom. Ähnlich kann auch aus Quecksilber Gold werden.) Beim Absplittern oder Zersprengen wird aber zugleich Bindeenergie frei, und diese Bindeenergie ist die Atomenergie, die man nützen kann. Eine derartige Atomumwandlung geschieht in der Natur nur bei wenigen Elementen von selbst (man spricht dann von →Radioaktivität). Um sie bei den anderen künstlich herbeizuführen, muß man die Atomkerne mit sehr schnellen, auf 10–20000 km in der Sekunde beschleunigten Neutronen beschießen. Die elektrisch neutralen Neutronen wählt man, weil sie weder von den negativen Elektronen noch von den positiven Protonen abgelenkt werden. Neutronen mit hoher Geschwindigkeit und damit großer Wucht erhält man mit Hilfe von gewaltigen →Beschleunigern wie *Zyklotronen* oder *Bevatronen*.

Das auf den Kern auftreffende Neutron kann nun entweder im Kern steckenbleiben (und damit das Atomgewicht um 1 erhöhen) oder Teile aus dem Kern herausschlagen (also das Atomgewicht vermindern), oder es kann in seltenen Fällen, wie z. B. beim Uran mit dem Atomgewicht 235, den Kern in zwei etwa gleich große Teile spalten. Dabei werden nicht nur große Mengen von Atomenergie (in Form von Strahlung) frei, sondern bei jedem getroffenen Atomkern auch 3 Neutronen, die davonfliegen. Besteht der mit Neutronen beschossene Stoff aus einer genügend großen Masse von reinem Uran 235, so vermag jedes der 3 frei gewordenen Neutronen einen anderen Urankern zu spalten, aus dem wieder 3 Neutronen befreit werden, die sich ebenso verhalten wie die 3 vorigen Neutronen. So entsteht in weniger als einer millionstel Sekunde eine von dieser Neutronenlawine verursachte *Kettenreaktion*, die Neutronen und freie Atomenergie in riesigen Mengen liefert. So explodieren *Atombomben*. Statt des Urans kann man auch das künstlich hergestellte Element *Plutonium* verwenden.

Während in einer Bombe die Atomkerne alle fast gleichzeitig zerfallen, muß man erreichen, daß sie nacheinander zerfallen, wenn man die frei werdende Atomenergie für technische Zwecke verwenden will. Dies geschieht dadurch, daß man gewöhnliches Uran (mit dem Atomgewicht 238,07) verwendet, bei dem der ganze Ablauf außerordentlich verlangsamt ist und sich verhältnismäßig leicht steuern läßt. Man kann daher Atomenergie auch für friedliche Zwecke nutzbar machen, also z. B. zum Heizen von Kesseln, zur Stromerzeugung und zum Antrieb von Schiffen. Heute gibt es schon Atomkraftwerke, Atom-Unterseeboote, Atom-Eisbrecher und Atom-Frachtschiffe.

Atomenergie kann aber nicht nur durch Spaltung (*Fission*), sondern auch durch Verschmelzung (*Fusion*) von Atomkernen gewonnen werden. Wenn es z. B. gelingt, aus der Masse von 4 Wasserstoffatomkernen die Masse eines Heliumatomkerns aufzubauen, so bleibt ein Überschuß an Masse übrig, der sich in Energie verwandelt und frei wird. Dieser sehr verwickelte Vorgang spielt sich in der Sonne und anderen Fixsternen ab und gibt ihnen die Möglichkeit, Jahrmillionen hindurch Tag für Tag ungeheure Energiemengen in den Weltraum auszustrahlen. Die Kernverschmelzung, die pro Masseeinheit achtmal soviel Energie liefert wie die Kernspaltung, versucht man z. Z. im Laboratorium zu erreichen. Bis jetzt kann man sie nur in der Wasserstoffbombe, nicht aber für friedliche Zwecke bewerkstelligen.

Das **Atomgewicht** gibt nicht an, wieviel Gramm ein Atom wiegt (das leichteste Atom, das des Wasserstoffs, wiegt 0,000 000 000 000 000 000 000 002 g), sondern besagt, um wieviel die Masse eines Atoms größer ist als $1/12$ der Masse des Kohlenstoffisotops 12. Vor 1962 war Sauerstoff 16 die Bezugszahl. Man braucht das Atomgewicht, um das chemische Verhalten der Stoffe genau messen und berechnen zu können.

Atomreaktor →Kernreaktor und Tafel →Atom.

atonal. Atonale Musik nennt man diejenige Musik, die ihre Tonfolgen und Tonverbindungen nicht nach den bisherigen Gesetzen (z. B. Harmonie, Tonart usw.), sondern nach neuartigen Regeln (z. B. Zwölftonsystem) bildet. Zwölftonmusik schrieben u. a. Arnold Schönberg, Alban Berg, Anton von Webern und Ernst Křenek.

Das **Attentat** (franz.): Überfall, vor allem Mordanschlag auf politische Gegner in führender Stellung.

Das **Attest** (lat.): (meist ärztliches) Zeugnis, Bescheinigung, Bestätigung.

Attila oder Etzel, das heißt »Väterchen«, war der König der →Hunnen, der vor 1500 Jahren mit seinen mongolischen Reiterhorden ganz Europa in Schrecken hielt. Er herrschte von Dänemark bis Ungarn und vom Rhein bis zum Kaspischen Meer. 451 wurde er in der Schlacht auf den Katalaunischen Feldern (Mittelfrankreich) von dem römischen Feldherrn Aëtius und von dem Westgotenkönig Theoderich I. entscheidend geschlagen, stieß aber im folgenden Jahr noch bis nach Rom vor. Nach Attilas Tod (453) zerfiel sein Weltreich. – Das Nibelungenlied und andere nordländische Sagen erzählen von König Etzel und seiner Zeit.

attraktiv (lat.) heißt anziehend, anlok-kend. Die *Attraktion:* eine Darbietung (z. B. im Zirkus oder auf dem Jahrmarkt), die eine besondere Anziehungskraft auf die Besucher ausübt.

Die **Attrappe** (franz. = Falle, Schlinge): täuschend genaue Nachbildung eines Gegenstandes; bei Waren zum Zwecke der Werbung.

Das **Attribut** (lat. attribuere = zuteilen): *Beifügung.* Manchmal muß dem Hauptwort eine genauere Erklärung beigefügt werden. Die Beifügung kann ein Eigenschaftswort sein: das *dicke* Buch; ein Mittelwort: das *eingebundene* Buch; ein Zahlwort: das *dritte* Buch; ein besitzanzeigendes Fürwort: *dein* Buch; ein Hauptwort im Genitiv: das Buch *des Onkels*; ein Hauptwort mit Verhältniswort: das Buch *im Schrank*; ein Nebensatz: das Buch, *das drüben liegt.* In der bildenden Kunst bezeichnet man als Attribut das besondere Kennzeichen einer Gestalt, z. B. den Pfeil des Liebesgottes Amor.

Beim **Ätzen** wird die Oberfläche eines Werkstoffes mit Hilfe von Säuren oder Basen (Laugen) teilweise verändert, das heißt, es entstehen Vertiefungen. Das Verfahren des Ätzens wird z. B. bei der Herstellung eines Klischees (Druckstock) angewendet. Dabei wird die besonders hergerichtete Oberfläche einer Zink- oder Kupferplatte mit Säure benetzt. Alle Stellen, die von den Ätzmitteln nicht angegriffen werden sollen, werden abgedeckt, z. B. durch Wachs. Sie bleiben als Erhöhung stehen und drucken, wenn sie mit Farbe eingerieben werden, das gewünschte Bild.

Die **Audienz** (lat.): Empfang bei einer hochgestellten Persönlichkeit.

Die **Audiovision** (lat. »hören« und »sehen«): Sammelbegriff für alle Systeme, die das gleichzeitige Übertragen von Bild und Ton ermöglichen (z. B. Tonfilm, Bildplatte). – *Audiovisuelle* Systeme können im Unterhaltungsbereich, aber auch im schulischen Bereich (z. B. Lernmaschinen, Sprachlabors) verwendet werden, man spricht dann z. B. von audiovisuellen Unterrichtsmethoden.

Das **Auerhuhn** lebt in den dichten Wäldern Europas, vor allem im Gebirge. Im März und April balzt der bis zu 1 m große Hahn, d. h., er lockt durch seltsame Laute die Hennen an.

Der **Auerochs** oder *Ur* war eine europäische Wildrindart, von der unser Hausrind abstammt. Er wurde vor etwa 300 Jahren ausgerottet.

Aufgußtierchen →Infusorien.

Aufklärung ist sachgemäße Belehrung über Dinge, die falsch oder ungenau verstanden werden. Die Fortschritte der Wissenschaft im 17. und 18. Jh. wirkten wie die Erhellung, die »Aufklärung« des Dunkels der Unwissenheit, und gingen Hand in Hand mit einer fast ganz Europa umfassenden, »Aufklärung« genannten geistigen Bewegung, die den Menschen von Aberglauben, Vorurteilen usw. befreien und ihn durch Kenntnisse und Bildung besser und glücklicher machen wollte. Sie nahm ihren Ausgang von der Philosophie und beeinflußte stark die Dichtung. Rousseau, Voltaire und die Enzyklopädisten (→Lexikon) förderten in Frankreich mit der Bildung auch die Erkenntnis, daß alle Menschen gleiche Rechte auf Freiheit haben. Diesen Anspruch erhob die Französische Revolution von 1789 zur politischen Forderung.

Aufriß →Grundriß.

Eine **Aufsichtspflicht** haben die Eltern über ihre minderjährigen Kinder. Verursachen die Kinder einen Schaden, so sind auch die Eltern verantwortlich, wenn sie die Kinder nicht genügend beaufsichtigt haben.

Aufwind nennt man die vom Boden aufsteigende Luftbewegung an Berghängen oder vor Gewitterfronten, die u. a. für den Segelflug von großer Bedeutung ist.

Der **Aufzug,** *Fahrstuhl* oder *Lift* dient zur Beförderung von Personen oder Gegenständen in hohen Gebäuden. Der Antrieb erfolgt durch Elektromotoren, die vom Innern des Lifts aus durch Druckknopfschalter bedient werden. Eine besondere Art des Aufzugs ist der *Paternoster*-Aufzug. An einer endlosen Kette werden kleine offene Kabinen in ununterbrochener Reihenfolge auf einer Seite nach oben gehoben, auf der andern Seite hinuntergelassen. Der Aufzug ist dauernd in Betrieb, das Ein- und Aussteigen muß während der Fahrt erfolgen. Sehr beliebt sind die *Skilifte*. Es gibt drei Arten: den *Kabinenlift* (→Schwebebahn), den *Sessellift* und den *Schlepplift*. Beim Sessellift hängen viele Sitze, manchmal 100 bis 200 Stück, an einem langen Seil, das über entsprechend viele Stützen mit Rollen läuft. Das Auf- und Absitzen erfolgt während der Fahrt. Beim Schlepplift werden die Skifahrer, auf ihren Brettern stehend, den Hang hinaufgezogen. Statt der Sitze gibt es hier nur Bügel, an denen man sich festhält oder mit dem Rücken anlehnt und sich so hinaufschleppen läßt. – Der *Aufzug* in einem Bühnenstück ist das gleiche wie der Akt, nämlich ein in sich abgeschlossener

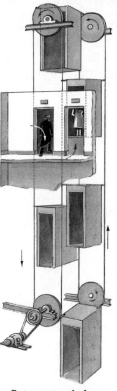

Paternoster-Aufzug

Handlungsabschnitt innerhalb des ganzen Werkes.

Das **Auge** ist das Sehorgan von Mensch und Tier. Das einfallende Licht trifft durch die durchsichtige Hornhaut und das Sehloch (die *Pupille*) auf die Augenlinse. Diese bricht die Lichtstrahlen so, daß sie sich nach Durchgang durch den gallertartigen klaren Glaskörper, der das Innere des Augapfels ausfüllt, an der Hinterwand des Auges mit ihren Stäbchen (für das Helldunkelsehen) und Zapfen

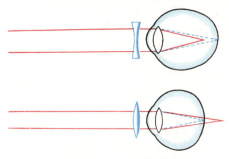

oberes Bild: Kurzsichtigkeit
unteres Bild: Weitsichtigkeit

Kurzsichtigkeit wird ausgeglichen durch konkave, Weitsichtigkeit durch konvexe Linsen (im Bild punktierte Linien).

(für das Farbensehen) zu einem scharfen Bilde vereinigen. Diese innerste Wand des Auges heißt *Netzhaut*, weil sich in ihr der *Sehnerv* netzartig ausbreitet, der das Bild dann zum Gehirn weiterleitet, wo wir es durch einen komplizierten Umschaltvorgang wahrnehmen. Das Auge ist kugelförmig und wegen seiner hohen Empfindlichkeit gegen äußere Einwirkungen geschützt in einer Höhle des knöchernen Schädels zwischen Muskeln und Fettpolstern eingebettet. Die *Bindehaut* überzieht die Vorderfläche des Auges und die Innenfläche der Augenlider.

Wenn das Auge in seinem ganzen Bau zu lang oder zu kurz geraten ist, treten Sehfehler, wie Kurzsichtigkeit oder Weitsichtigkeit, auf. Unschärfen, die vor allem dadurch entstehen, daß die Hornhaut un-

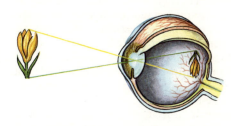

Auge eines Menschen mit der äußeren Schicht der Lederhaut (graublau), der rötlichen Aderhaut und der Netzhaut (gelblich), die den Glaskörper umschließt. Vor der Linse liegt der Ring der Regenbogenhaut oder Iris, davor die schützende Hornhaut. Die Stelle, an der der Sehnerv in den Augapfel eintritt, ist nicht lichtempfindlich (blinder Fleck).

gleichmäßig gewölbt ist, nennt man *Astigmatismus.* Diese verschiedenen Sehfehler werden durch entsprechend geschliffene Brillengläser ausgeglichen. – *Auge* nennt der Seemann eine enge Schlinge am Ende eines Taus, der Meteorologe den inneren, fast windstillen Teil eines Orkans.

August →Monat.

Der heilige Aurelius **Augustinus** lebte von 354 bis 430 n. Chr. Er stammte aus Nordafrika und ist einer der größten Lehrer der christlichen Kirche. Nach seiner Ordensregel leben die Augustinerorden.

Augustus, der eigentlich Gaius Octavianus hieß, war von 30 v. Chr. bis 14 n. Chr. der erste römische Kaiser. Durch das Schicksal →Caesars zur Vorsicht gemahnt, nahm er nicht sogleich die gesamte Regierungsgewalt in seine Hand. Er ließ sich weder »König« noch »Gebieter« nennen, sondern nur »Augustus«, d. h. »Ehrwürdiger«. Kluge Neuordnungen, siegreiche Feldzüge und eine lange Friedenszeit brachten dem →Römischen Reich Wohlstand.

Die **Auktion** (lat.) oder Versteigerung: öffentlicher Verkauf von Gegenständen oder Waren, deren Preise durch das Angebot der Käufer bestimmt werden. Der Meistbietende erhält vom *Auktionator*, dem Leiter der Versteigerung, den Gegenstand »zugeschlagen«, d. h. durch Aufschlagen mit einem Hammer zugesprochen.

Ausgleichsgetriebe →Kraftwagen.

ausknocken (dt.-engl., sprich: ausnocken): den Gegner durch einen entscheidenden Schlag besiegen (Boxen).

Das **Auslegerboot.** Die Südseeinsulaner schützen ihre kleinen Boote vor dem Umschlagen durch einen starken Balken, der in etwa 2 m Abstand neben dem Boot herschwimmt und mit diesem durch quer darüber befestigte Stangen verbunden ist (Abb. S. 44).

Aussatz →Lepra.

Der **Ausschlag:** eine Erkrankung der Haut, die sich in verschieden großen, oft juckenden Hautflecken äußert. Meist ist

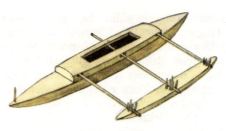
Auslegerboot

er ein Anzeichen für eine innere, oft auch für eine →Infektionskrankheit.

Austern sind flache Meeresmuscheln, die in Küstennähe Siedlungen bilden. Diese »Austernbänke«, die oft aus Millionen von Tieren bestehen, werden von den Menschen geschützt, weil das rohe Muschelfleisch als Leckerbissen verzehrt wird. Eine Auster entwickelt viele Millionen Eier.

Australien ist mit 7,7 Millionen qkm der kleinste Erdteil. Umgeben von größeren und kleineren Inseln, liegt es südlich vom Äquator zwischen Indischem und Stillem Ozean. Der Norden ist tropisch heiß, der Süden von gemäßigtem Klima. Das Innere ist großenteils wüstenartig. Unter den regenreichen Küstengebieten ist vor allem der Osten und Südosten fruchtbar und am stärksten besiedelt. Hier lebt der größte Teil der nur 13,13 Millionen zählenden Bevölkerung, die beinahe ganz aus europäischen, meist englischen Einwanderern und deren Nachkommen besteht. Von der Urbevölkerung gibt es nur noch einige tausend Menschen, die auf einer außerordentlich niedrigen Kulturstufe stehen und mit Keule, Bumerang und Speer auf die Jagd gehen. In Australien leben Tiere, die sonst nirgends vorkommen, z. B. Känguruhs, Schnabeltiere, Ameisenigel.

Die hochentwickelte Schafzucht macht Australien zum bedeutendsten Wollieferanten der Welt, sein großer Rinderbestand ermöglicht eine umfangreiche Ausfuhr von Fleisch und Molkereiprodukten. Das Land ist reich an Eisen, Gold, Silber, Diamanten und anderen Bodenschätzen. Große Industrien sind im Aufbau.

Schon seit dem 13. Jh. findet man auf Landkarten Australien (lat. australis = südlich) angegeben, weil man vermutete, daß dort ein Erdteil sein müßte. Aber erst nach 1600 wurde er von Holländern, Portugiesen und Spaniern entdeckt. Der Engländer Cook erforschte 1770 seine Küsten genauer. Bis zum 19. Jh. war Australien eine englische Sträflingskolonie. Dann kamen freiwillige Siedler hinzu, die besonders seit etwa 1850 durch Goldfunde angelockt wurden. Die einzelnen Landesteile entwickelten sich zu Bundesstaaten: Neusüdwales, Victoria, Queensland, Südaustralien, Westaustralien, Tasmanien, Nordterritorium, die sich 1901 zum *Australischen Staatenbund* zusammenschlossen und 1913 in einem eigenen Bundesbezirk die Hauptstadt Canberra (185000 E.) gründeten. Australien ist Mitglied der britischen Völkergemeinschaft, des →Commonwealth of Nations.

Einwohnerzahlen der wichtigsten Städte:	
Sydney	2,8 Mill.
Melbourne	2,58 Mill.
Brisbane	911 000
Adelaide	868 000
Perth	739 000
Newcastle	355 000
Alle diese Städte sind Seehäfen.	

Auswanderung nennt man das Übersiedeln in ein fremdes Land. In den letzten 120 Jahren wanderten etwa 60 Millionen Europäer in überseeische Länder aus, vor allem nach Nord- und Südamerika, davon rund 5 Millionen Deutsche nach den USA.

Auszubildender, abgekürzt *Azubi*, das Wort wird heute für Lehrling gebraucht. →Lehrvertrag.

autark (griech. = selbstgenügsam). So nennt man einen Staat, der keine Wirtschaftsgüter einführt, sondern sich mit den eigenen Erzeugnissen begnügt, um unabhängig zu sein.

authentisch (griech.): echt, glaubwürdig, verbürgt, z. B. eine authentische Nachricht.

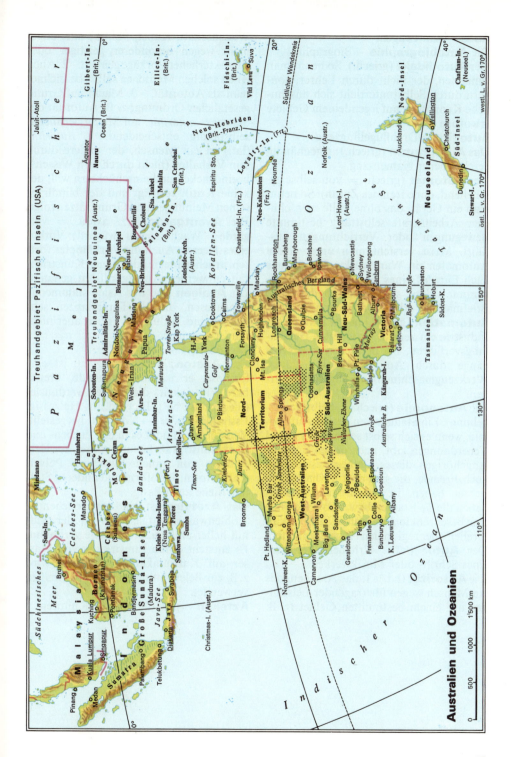

Australien und Ozeanien

Auto →Kraftwagen.

Die **Autobiographie** →Biographie.

Der **Autodidakt** (griech.). So nennt man jemanden, der nicht durch Lehrer, sondern durch Selbstunterricht sich ansehnliche Kenntnisse auf irgendeinem Gebiete erworben hat.

Autogiro →Drehflügelflugzeuge.

Das **Autogramm** (griech.): eigenhändig geschriebener Namenszug.

Der **Automat** (griech. = von selbst geschehend, ohne fremdes Zutun). So nennt man ein Gerät, das ohne Hilfe menschlicher Arbeitskraft selbsttätig bestimmte Bewegungen oder Verrichtungen ausführt. Meist versteht man unter einem Automaten ein Warenverkaufsgerät, das nach Einwurf eines Geldstückes eine bestimmte Ware selbsttätig abgibt (z. B. Briefmarken- oder Zigarettenautomat).

Automation (griech.) nennt man in der Industrie ein zentral gesteuertes Herstellungsverfahren, bei dem die Arbeitsvorgänge durch Automaten (selbsttätige Werkzeugmaschinen) durchgeführt werden.

Die **Autonomie** (griech. = Selbstgesetzgebung). Ein Staatswesen besitzt Autonomie, wenn es sich selbst seine Gesetze und Verordnungen gibt, nach denen sich alle Angehörigen dieses Gemeinwesens und auch Fremde, die sich dort aufhalten, zu richten haben. In einem Staatsverband haben die Teilstaaten bzw. Provinzen nur eine beschränkte Autonomie, z. B. in kulturellen oder regionalen Angelegenheiten.

Der **Autor** (lat.): Urheber, Verfasser eines Schrift- oder Musikwerkes.

Die **Autorität** (lat.): 1. das Ansehen, das ein Mensch wegen überragender Leistungen auf einem bestimmten Gebiet (z. B. Wissenschaft, Kunst, Politik) oder allgemein wegen besonderer geistiger oder charakterlicher Vorzüge genießt. – 2. Auch einen solchen Menschen selbst bezeichnet man als Autorität. – 3. Macht auf Grund gesetzlicher Ordnung; z. B. Autorität des Staates. – *autoritär:* auf Macht beruhend, selbständig entscheidend. – *Autoritär* (lat.) ist ein Mensch, der andere durch sein Verhalten (nicht durch sein Wissen!) beeindrucken und einschüchtern will, der keine Kritik verträgt und der blindlings seinen Meinungen und Grundsätzen folgt.

Die **Avantgarde** (frz. avant = vor, garde = Wache, sprich awägard): Vorhut eines Heeres. Auch die Vorkämpfer fortschrittlicher Ideen oder neuer Kunstrichtungen werden Avantgardisten genannt.

Die **Azaleen** sind aus Asien stammende Alpenrosen, die als Topfpflanzen sehr beliebt sind, bei uns im Freien aber nicht immer gedeihen.

Das **Azetat** →Essig.

Das **Azeton,** auch *Essiggeist*, ist eine farblose, erfrischend riechende, brennbare Flüssigkeit, die schnell verdunstet (Siedepunkt 56°). Es wird aus Holzessig, Essigsäure oder →Azetylen hergestellt. Verwendung findet es in der Farben- und Lackindustrie als Lösungsmittel, zur Herstellung von rauchschwachem Pulver, Chloroform, Jodoform und anderen Stoffen. Siehe auch Essig.

Das **Azetylen** ist ein stark riechendes Kohlenwasserstoffgas, das an der Luft mit heller und heißer Flamme verbrennt. Es entsteht durch Einwirkung von Wasser auf Kalziumkarbid. Azetylen wird z. B. zur Beleuchtung und zum Schweißen verwendet.

Azteken →präkolumbische Kulturen.

B

B ist der zweite Buchstabe des Alphabets. In der Musik ist es ein Versetzungszeichen (b). Es erniedrigt die Note, vor der es steht, um eine halbe Stufe.

Baal oder Beel (hebräisch = Herr): bei den Semiten Name verschiedener Gottheiten, denen Menschenopfer dargebracht wurden.

Babylon war im Altertum eine bedeutende Stadt am Unterlauf des Euphrat im Zweistromland (heute Irak). Seit etwa 2000 v. Chr. wurde es der Mittelpunkt des babylonischen Reiches, das sich bis zum Persischen Golf erstreckte. Die Babylonier haben schon sehr früh die Schrift gekannt (Keilschrift) und unter König Hammurabi (1793–1750 v. Chr.) eine der ersten Gesetzessammlungen der Welt aufgezeichnet. Sternkunde, Mathematik und Medizin waren bei ihnen hoch entwickelt. Sie bauten um ihre Städte ungeheure Mauern und hohe Turmtempel für ihre Götter (z. B. den berühmten Babylonischen Turm). Sie erschlossen die Wüste durch gewaltige Bewässerungsanlagen. 539 v. Chr. zerstörten die Perser das babylonische Reich.

Babysitter (engl., sprich: behbisitter) nennt man jemanden, der gegen Entgelt Kinder beaufsichtigt.

Bacchus ist der lateinische Name für den griechischen Gott →Dionysos.

Johann Sebastian **Bach,** Deutschlands größter Komponist und Orgelvirtuose, wurde am 21. März 1685 in Eisenach geboren. Er war an verschiedenen Orten Organist und Kapellmeister und ging 1723 als Kantor an die Thomaskirche in Leipzig. Hier schrieb er die meisten seiner vielen Werke für Orgel und Klavier (unter anderem das »Wohltemperierte Klavier«), Orchesterwerke, viele Kantaten und Gesangswerke, seine h-Moll-Messe, die »Kunst der Fuge«, die Matthäus- und die Johannespassion. Bach starb am 28. Juli 1750. Sein Werk geriet in Vergessenheit, und erst seit der Wiederaufführung der Matthäuspassion in Berlin 1829 erkannte man nach und nach Bachs wirkliche Größe. – Auch seine Söhne waren bedeutende Musiker, besonders Philipp Emanuel (1714–88) und Friedemann (1710–84).

Die **Bache** ist ein weibliches Wildschwein.

Backbord: die linke Seite des Schiffes; *Steuerbord:* die rechte Seite. Die Backbordseite der Schiffe wird nachts durch rotes, die Steuerbordseite durch grünes Licht gekennzeichnet.

Die **Backsteingotik** kommt vor allem im Norden Deutschlands vor. Die Kirchen und Burgen aus der Gotik sind dort aus besonders großen und ungeputzten Steinen, während sonst die gotischen Bauwerke aus kleineren und verputzten Steinen erbaut sind. Das erste Gebäude der Backsteingotik ist die frühgotische Marienkirche in Lübeck aus der Mitte des 13. Jahrhunderts.

Das **Bad.** Bei den meisten Naturvölkern gehörten Bäder zur täglichen Körperpflege. Im Orient wurde das Bad als Symbol der sittlichen Reinheit zum religiösen Gebot. Die Griechen und Römer statteten ihre Badehäuser, die *Thermen,* prunkvoll aus. Neben den Reinigungsbädern nimmt man Bäder zu Erfrischungs- und Heilzwecken, oft mit gewissen Zusätzen, und Bäder in Luft, Dampf, Moor und Sand. Einen besonders guten Einfluß auf den Blutkreislauf hat das finnische Dampfbad, die *Sauna,* die aber nur Menschen mit gesundem Herzen benutzen sollten.

Baden-Württemberg ist eines der Bundesländer der Bundesrepublik Deutschland. Es wurde 1952 aus den Ländern Württemberg-Baden, Baden und Württemberg-Hohenzollern gebildet und umfaßt rund 35750 qkm mit 8,9 Millionen Einwohnern vorwiegend fränkischen und alemannischen Stammes. Im industriereichen Norden reicht Baden-Württemberg

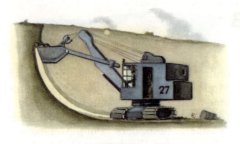

Löffelbagger

Kettenbagger

Greifbagger

Bagger werden zum Abgraben von Erdreich beim Straßenbau, zum Ausheben tiefer Gruben, zum Abbau von Kies, Sand, Erzen usw. verwendet. Der *Löffelbagger* arbeitet wie eine große Schaufel.

Der *Kettenbagger* schürft mit kleinen Eimern, die an einer endlosen Kette befestigt sind, das Erdreich ab oder räumt aus Flüssen, Kanälen usw. Schlamm und Geröll. Der *Greifbagger* faßt auch lange Balken und Träger (Ruinenbeseitigung). Er sieht aus wie eine große Zange.

Der *Schaufelradbagger* ist eine Kombination von Eimer- und Löffelbagger mit Förderband (z. B. für den Braunkohlentagebau; Abbildung Tafel →Bergbau).

Bahamas, Bahama-Inseln, sind eine unabhängige Monarchie im Britischen Commonwealth, im Atlantik nördlich der Großen Antillen. Von den ca. 700 Koralleninseln (13 935 qkm und 199 000 E.) sind nur 13 bewohnt. Hauptstadt ist Nassau (110 000 E.) auf New Providence. Die Bahamas wurden 1492 von Kolumbus entdeckt und waren seit 1648 eine britische Siedlung. 1964 erhielten sie innere Autonomie, 1973 wurden sie selbständig.

Die **Bahrain-Inseln** im Persischen Golf, 622 qkm mit 230 000 Einwohnern und der Hauptstadt Manama, sind seit 1971 eine selbständige Monarchie. Reiche Erdölquellen und Perlenfischerei sind die Grundlagen der Wirtschaft.

Die **Bai** (das Wort kommt aus dem Holländischen) ist eine Meeresbucht, z. B. die Hudson-Bai in Kanada.

Baisse (franz., sprich bäß): Sinken der Preise und Kurse, bes. an der →Börse.

Das **Bajonett.** So nennt man die dolchartige Seitenwaffe (*Seitengewehr*) des Soldaten, die vorne auf den Gewehrlauf »aufgepflanzt« wird, wenn das Gewehr auch als Stichwaffe benutzt werden soll. – Beim *Bajonettverschluß*, der in der Technik vielfach verwendet wird, werden zwei röhrenförmige Teile ohne Gewinde nur durch eine Drehung fest miteinander verbunden, und zwar dadurch, daß vorstehende und ausgeschnittene Teile genau ineinandergreifen. Abb. S. 49.

bis zum Main, im mehr landwirtschaftlich entwickelten Süden bis zum Bodensee. Der Schwarzwald, eines der schönsten deutschen Gebirge, ist ebenso durch seine Kurorte wie durch seine Uhrenindustrie bekannt. Die Landeshauptstadt Stuttgart hat 630 000 Einwohner. Hochschulen befinden sich in Freiburg, Heidelberg, Karlsruhe (Technische Hochschule), Konstanz, Mannheim (Wirtschafts-Hochschule), Stuttgart (Technische und Landwirtschaftliche Hochschule), Tübingen und Ulm (Medizinisch-Naturwissenschaftliche Hochschule).

Die **Bagatelle** (franz.): Kleinigkeit, unbedeutende Angelegenheit.

Die **Bake.** So nennt man ein weithin sichtbares Gerüst am Ufer, das den Schiffen zur Orientierung dient. Auch bei der →Eisenbahn gibt es Baken: weiße Tafeln mit schwarzen Querstrichen als Vorsignal für den Zugverkehr. In der Luftfahrt gibt es Baken mit Funkeinrichtung als Signal- und Leitstrahlbaken.

Das **Bakelit** →Kunststoffe.

Der **Bakkalaureus** (latein., sprich backa-laure-us) war im Mittelalter der unterste akademische Grad. In Deutschland gibt es heute den Bakkalaureus nicht mehr, während er in England, Frankreich und den USA noch vorkommt. Er entspricht dort etwa unserem Abitur und wird mit den Buchstaben B. A. (Bachelor of Arts) abgekürzt, die man hinter dem Namen führt (z. B. John Miller, B. A.).

Der **Bakschisch** (persisch = Geschenk): Trinkgeld, Bestechungsgeld.

Die **Bakterien** (Einzahl: *Bakterium*). So nennt man einfachste, nur im Mikroskop sichtbare pflanzliche Lebewesen, die nur aus einer einzigen Zelle bestehen. Sie sind überall in und um uns vorhanden. Wir atmen mit jedem Atemzug einige Millionen von ihnen ein, ohne daß sie uns schaden, denn auf 30000 unschädliche Bakterien kommt nur 1 Krankheitserreger. Ihre Vermehrung geht durch Teilung des Zellleibes unter günstigen Bedingungen sehr schnell vor sich. Aus einer einzigen Bakterie können innerhalb von 24 Stunden 70 Millionen entstehen. Wir unterscheiden: *Bazillen*, das sind stäbchenförmige, *Kokken*, das sind kugelförmige, und *Spirillen* oder *Spirochäten*, das sind korkenzieherförmige Bakterien.

Die **Balalaika** ist ein russisches Musikinstrument. Sie hat einen dreieckigen Schallkörper und nur drei Saiten, die beim Spielen gezupft werden.

Die **Balance** (franz., sprich baläß): Gleichgewicht.

Der **Baldachin** (ital. = Stoff aus Bagdad): Bezeichnung für ein kleines Dach aus Stoff, das z. B. über einem Thron oder einem Altar ausgespannt ist. Bei manchen feierlichen Aufzügen wird über hohe Würdenträger ein Baldachin (Traghimmel) gehalten.

Der **Baldrian** →Heilkräuter.

Baldur (Balder) hieß der germanische Lichtgott.

Der **Balkan** (türkisch = Gebirge) ist ein 600 km langes Gebirge im Südosten Europas. Nach ihm ist die *Balkan-Halbinsel* benannt, auf der die Länder Jugoslawien, Bulgarien, Albanien, Griechenland und der europäische Teil der Türkei liegen. Begrenzt wird die Halbinsel im Norden durch die Flüsse Save und Donau (Unterlauf), im Westen durch das Adriatische, im Osten durch das Schwarze und das Ägäische Meer. Im Süden ragt sie in das Mittelmeer.

Die **Ballade** →Gedicht.

Der **Ballast.** So nennt man eine zusätzliche Belastung oder eine »tote« Last. Ohne Ballast würden unbeladene Schiffe nicht den nötigen Tiefgang haben und leicht kentern. Im Luftballon führt man Sand als Ballast mit, der abgeworfen wird, wenn der Ballon höher steigen soll. Auch jede unnütze Belastung heißt Ballast.

Das **Ballett** →Tanzen.

Ein **Ballon** ist eine kugelige, luftdichte Hülle, die mit einem Gas gefüllt ist, das leichter als die Luft ist (Wasserstoff, Helium, Heißluft). Dadurch kann der Ballon aufsteigen. Man kann einen Ballon nicht

Bajonettverschluß einer Glühlampe

lenken, sondern muß immer mit dem Wind treiben. Soll der Ballon höher steigen, so muß man den als Ballast mitgeführten Sand abwerfen, will man wieder landen, wird das Gas abgelassen. Mit *Ballonsonden* messen die Meteorologen Druck, Temperatur und Luftfeuchtigkeit in großen Höhen (bis 30 km). – Ein *Glasballon* ist ein großer, runder Behälter aus Glas zum Aufbewahren von Flüssigkeiten.

Balsa (span.) heißt das leichteste Nutzholz der Erde, das aus Mittel- und Südamerika kommt. Man braucht es u. a. für den Flugmodellbau.

Der **Balsam** (arab.) ist ein dicker Pflanzensaft, den man in der Medizin verwendet, aber auch für die Herstellung von Parfüms. Im übertragenen Sinn bedeutet Balsam etwas Linderndes, Tröstliches (»Balsam auf die wunde Seele«).

Die **baltischen Länder** (*Baltikum*) sind die früheren russischen Ostseeprovinzen, die zwischen den beiden Weltkriegen die selbständigen Staaten Litauen, Lettland und Estland bildeten. Sie sind seit 1940 Sowjetrepubliken. Früher lebten dort viele Deutsche.

Die **Balustrade** (franz.): Geländer aus Stein, Metall oder Holz mit kleinen Säulchen (*Balustern*).

Honoré de **Balzac** (sprich balsack) war ein großer französischer Romanschriftsteller, der von 1799 bis 1850 lebte. Er schilderte in seinen Romanen die Sitten und Zustände in allen Schichten der französischen Bevölkerung seiner Zeit. Sein Hauptwerk heißt »Die menschliche Komödie« und besteht aus über 40 Bänden mit Romanen, die innerlich alle zusammengehören.

Der **Bambus** ist ein tropisches Gras, dessen Halme bis zu 40 m hoch werden. Das sehr harte Bambusholz wird zum Hausbau verwendet; dünneres Bambusrohr nimmt man bei uns für Stöcke oder Angelruten. Aus den Fasern machen die Chinesen Bambusmatten; die jungen Triebe sind ein beliebtes Gemüse.

banal (franz.): gewöhnlich, abgedroschen.

Die **Banane** ist eine tropische Frucht. Sie wächst an einer 3 bis 5 m hohen unverzweigten Pflanze, die nach der Fruchtreife abstirbt. Der krautige Stengel trägt dichtstehende, sehr breite und lange Blätter, deren Stiele mit ihrem unteren Teil auch bei schon abgestorbener Blattfläche den Stengel dicht umschließen und so einen Stamm vortäuschen. Der im oberen Teil heruntergebogene Stengel trägt an seinem Ende den Blütenstand, aus dem der oft zentnerschwere Fruchtstand mit bis zu 140 Früchten hervorgeht. Die Fruchtbüschel werden grün geerntet und reifen auf den Transportschiffen und in Lagerhäusern nach. Die Früchte haben keine Samen; die Bananenpflanzen werden durch die reichlich treibenden Wurzelschößlinge fortgepflanzt. Die Einheimischen der Tropen verwenden die Saftbanane als zuckerreiche Nahrung, die Mehlbanane liefert Mehl, die Blätter dienen als Dachbelag, und die Fasern einer Bananenart können versponnen werden (Manilahanf).

Der **Banause** (griech.). Als Banausen bezeichnet man einen Menschen ohne Sinn für Kunst und höheres Streben.

Als **Band** (engl., sprich: bänd) bezeichnet man eine Gruppe von Musikern, besonders eine moderne Unterhaltungskapelle, z. B. Jazzband.

Die **Bandage** (franz., sprich: bandahsche): Binde, mit der gefährdete Glieder umwickelt werden. Bandagen werden entweder zu medizinischen Zwecken oder beim Sport verwendet (z. B. beim Boxen zum Schutz der Hände).

Die **Banderole** (franz. = Bandrolle): gestempelter Papierstreifen auf Packungen mit steuerpflichtigen Waren (z. B. Tabak), die ohne Zerreißen dieses Streifens nicht geöffnet werden können.

Bandkeramik sind Tonwaren (Krüge, Töpfe, Schalen) mit eingeritzten Bändern, Winkeln und ähnlichen Mustern. Sie war das typische Kennzeichen eines europäischen Volkes, das in der Jungsteinzeit lebte (seit etwa 4000 v. Chr.). Dieses Volk schuf die sog. Bandkeramik-Kultur, die von Böhmen, Mähren und Mitteldeutschland ausging und in alle Himmelsrichtungen ausstrahlte.

Der **Bandleader** (engl., sprich bändlihder) ist der »Dirigent« einer →Band.

Bandscheiben sind zwischen je 2 Wirbel der Wirbelsäule eingelagerte Knorpelscheiben mit weichem Kern.

Der **Bandwurm.** Ißt man rohes Fleisch, so besteht die Möglichkeit, daß man darin enthaltene Bandwurmfinnen mitißt. Aus diesen Finnen entwickelt sich in unserem Darm ein Bandwurm. Er ist flach (Name!) und besteht aus vielen aneinandergereihten, gleichartigen »Gliedern«. Mit seinem stecknadelkopfgroßen Kopf hält sich der Wurm an der Innenwand unseres Darmes fest. Dabei schwimmt er geradezu in schon verdauter Nahrung. Er nimmt sie mit der ganzen Körperoberfläche auf. Der Schweinebandwurm des Menschen wird bis 3½ m lang. Das jeweils letzte Glied ist am größten (beim Schweinebandwurm 6 mm breit und 12 mm lang) und enthält die reifen Eier. Sie sind aus Keimdrüsen jüngerer Glieder befruchtet worden. Das letzte und älteste Glied mit etwa 50 000 Eiern löst sich ab und wird mit dem Kot ausgeschieden. Aus dem dünnsten Teil des Wurmes gleich hinter dem Kopf wachsen neue Glieder nach, so daß das Tier immer etwa 800 Glieder hat. Werden nun diese Eier, die durch die Düngung auf die Felder gebracht werden, von Tieren gefressen, so entwickeln sich in diesen Tieren Finnen, die die Darmwand des Tieres durchbohren und vom Blut in die Muskeln getragen werden, wo sie zu »ruhenden« Finnen werden: 10 bis 15 mm dicke Blasen, in deren Innerem bereits der Kopf des Bandwurms zu sehen ist. Deshalb muß man beim Genuß von rohem Fleisch vorsichtig sein. Kochen, Braten und Räuchern zerstören die Bandwurmfinnen. Man unterscheidet je nach dem Tier, in dem sich die Finne entwickelt, den Schweine-, Rinder- und Fischbandwurm. Außerdem gibt es bei Hunden den Hundebandwurm. Er kann durch seine Eier auf den Menschen übertragen werden (zum Beispiel, wenn dieser sich von einem Hund lecken läßt) und tödliche Erkrankungen hervorrufen. Wenn man befürchtet, einen Bandwurm zu haben, muß man sich sofort ärztlich behandeln lassen.

Bangla Desh ist eine Volksrepublik im Tiefland des Brahmaputra- und Gangesdeltas mit 142 776 qkm und 71,3 Mill. Einwohnern. Hauptstadt ist Dakka (975 000 E.) Bangla Desh war bis 1947 Teil von Britisch-Indien und gehörte seit 1947 als Provinz Ost-Pakistan zu →Pakistan, bis es 1971 als selbständige Volksrepublik ausgerufen wurde.

Das **Banjo** ist ein gitarrenähnliches Zupfinstrument der Neger, das in der Jazzmusik viel verwendet wird.

Banken sind Unternehmen, die Gelder aufbewahren und verleihen. Eine Bank eröffnet jemandem, der bei ihr eine Summe Geld deponiert (zur Aufbewahrung einzahlt; →Depot; daher nennt man Zweigbetriebe großer Banken auch Depositenkassen), ein Konto. Von diesem Konto kann er bei Bedarf Geld bis zur Höhe des eingezahlten Betrages abheben. Er kann aber auch durch eine geschriebene Anweisung, einen *Scheck*, Beträge an jemand anderen anweisen und sich umgekehrt von anderen Personen auf sein Konto einzahlen lassen. All diese Vorgänge werden von der Bank genau gebucht, und der Kunde erhält Abrechnungen darüber (*Kontoauszüge*). Die Banken erleichtern somit den *Zahlungsverkehr*. Sie gewähren außerdem *Kredit* an Einzelkunden oder Industriebetriebe, d. h., sie leihen ihnen Geld gegen entsprechende →Zinsen. Wenn z. B. eine neue Fabrik gebaut werden soll, leiht eine Bank der betreffenden Firma das Geld für den Bau und den Ankauf von Maschinen, d. h., sie finanziert den Bau und den Ankauf. Aus dem Ertrag der Fabrikation müssen dann die geliehenen Gelder mitsamt Zinsen zurückgezahlt werden. Die Banken kaufen und verkaufen außerdem für ihre Kunden →Wertpapiere, besorgen ihnen ausländische Geldsorten (*Devisen*) für Reisen ins Ausland und bewahren in ihren festen Geldschränken (Tresoren)

Wertsachen und Dokumente auf. – Banken gab es zuerst in Italien im Mittelalter. Die Geldwechsler stellten eine Bank mit Schüsseln für die verschiedenen Geldsorten vor ihrer Wechselstube auf. Wenn sie ihre Schulden nicht bezahlen konnten, wurde ihnen diese Bank zerbrochen. Von dem italienischen Wort hierfür (banca rotta) stammt unser Wort *Bankrott* für Zahlungsunfähigkeit. Auch sonst sind viele Wörter des Bankwesens aus dem Italienischen übernommen worden, wie Konto, brutto, netto, Bilanz und andere mehr. Das **Bankett** (franz.): Festmahl.

Banknoten sind Geldscheine, die von den *Notenbanken* (für die Bundesrepublik Deutschland z. B. von der Deutschen Bundesbank) herausgegeben werden und als Zahlungsmittel dienen. Man nennt sie *Papiergeld*, im Gegensatz zu *Hartgeld* aus Metall, wie Nickel, Silber, Messing, früher auch Gold. Sie werden auf besonderem Papier gedruckt und mit besonders fein gezeichneten Mustern versehen, um Fälschungen zu erschweren. Außerdem tragen Banknoten stets Nummern, die es bei einem Diebstahl möglich machen, die entwendeten Noten zu erkennen und anzuhalten, wenn sie in den Verkehr gebracht werden.

Der **Bankrott** →Bank.

»Er steht in seinem **Bann**!« sagt man heute von einem Menschen, der ganz unter den Einfluß eines anderen geraten ist. Im mittelalterlichen Rechtsleben bezeichnete man als Bann die gesamte königliche Regierungsgewalt, also den Heerbann (königlicher Befehl zum Kriegsdienst) und den Gerichtsbann (königliche Rechtsprechung). Wer sich der Königsgewalt widersetzte, wurde »in Bann getan«, das heißt geächtet. Er mußte bei Todesstrafe das Land verlassen. – In der katholischen Kirche kann der Papst einen einzelnen oder ein ganzes Land aus der Kirchengemeinschaft ausschließen (*Kirchenbann*). – *Bannmeile* nannte man früher das Gebiet unmittelbar um eine Stadt herum, das ihrer Rechtsgewalt unterstand. Heute werden vielfach Parlamentsgebäude durch eine Bannmeile vor jeder Störung geschützt.

Bantamgewicht ist eine Gewichtsklasse im Sport: beim Boxen bis 54 kg Körpergewicht, beim Gewichtheben bis 56 kg, beim Ringen bis 57 kg.

Baptisten (Täufer) heißen die Angehörigen einer evangelischen Kirchengemeinschaft, die besonders in den USA viele Anhänger hat. Bei ihnen werden nicht die Kinder, sondern die Erwachsenen getauft. Ihre Gemeinden sind völlig selbständig und wählen sich ihre Prediger selbst.

Barbados heißt die östlichste Insel der kleinen Antillen; sie ist 431 qkm groß und hat 245000 Bewohner (hauptsächlich Mulatten). Sie war von 1627 bis 1966 britisch und ist seither ein selbständiger Staat (Hauptstadt Bridgetown).

Als **Barbaren** bezeichneten die Griechen alle, die nicht griechisch sprachen. Heute wird ein ungebildeter oder roher Mensch Barbar genannt.

Barbarossa (Rotbart) nannten die Italiener Friedrich I. von Hohenstaufen. Er wurde 1152 zum deutschen König gewählt, 1155 in Rom zum Kaiser gekrönt und brachte durch siegreiche Kriege und geschickte Verhandlungen das kaiserliche Ansehen in ganz Europa wieder zur Geltung. Bei einem Kreuzzug fand er im Bergstrom Saleph in Kleinasien den Tod (1190). Der Sage nach wartet er noch heute im Kyffhäusergebirge darauf, zur rechten Zeit wieder seine Herrschaft zu errichten und alles Unrecht zu strafen.

Bären sind Raubtiere, die es in Deutschland früher häufig gab, die jetzt aber nur noch in zoologischen Gärten gehalten werden. Frei leben sie in einigen Hochgebirgen Europas (in Skandinavien, auf der Balkanhalbinsel und in Spanien), in Asien, Amerika und Nordwestafrika. Sie ernähren sich von erbeuteten Tieren, aber auch von Pflanzen, Früchten und Honig. Die Bären sind Einzelgänger, die meistens nur kurze Zeit (während der Paarung) mit den Weibchen zusammenleben. Die ungeheuer starken Tiere sind unberechenbar. Man kann aus ihrem Gesichtsausdruck nicht

Bambusbär

entnehmen, was sie vorhaben. Sie greifen jedoch den Menschen meist nur dann an, wenn sie gereizt werden. – Der *Braunbär* wird etwa 2,20 m lang. Heute lebt er fast nur noch in Osteuropa und in Asien. Früher zeigte man ihn als Tanzbär auf den Jahrmärkten. Der graue *Grislybär* wird 2,50 m lang und lebt im Westen von Nordamerika, ebenso der Schwarzbär oder *Baribal*. Der gelblich-weiße *Eisbär*, der etwa 2,80 m lang wird, ist ein ausgezeichneter Schwimmer und Fischjäger und lebt in den Nord-Polarländern. Der 3 m lange *Alaskabär* gilt als das größte Raubtier überhaupt. Zu den kleinen Bären gehören der *Bambusbär* oder Große Panda (1,50 m lang) und der *Panda* oder Katzenbär, der 60 cm lang wird und einen Schwanz von 35 cm Länge hat. Beide leben in den Gebirgswäldern Süd-Chinas und sind Pflanzenfresser. Der *Waschbär* (65 cm lang), der seine Nahrung ins Wasser taucht, bevor er sie frißt, lebt in Nordamerika. Der *Koala* ist überhaupt kein Bär, sondern ein äußerlich bärenähnliches →Beuteltier, das etwa 60 cm lang

Koala

wird und in Australien lebt. Er ist das Vorbild des Teddybären.

Das **Barett:** flache, manchmal reich verzierte Kopfbedeckung, die im Mittelalter allgemein getragen wurde. Auch das Käppchen der Richter und der evangelischen Geistlichen heißt Barett.

Der **Bariton:** männliche Singstimme zwischen Tenor und Baß.

Das **Barium** (chemisches Zeichen Ba) ist ein chemisches Element. Es gehört zur Gruppe der Erd-Alkalimetalle und kommt in der Natur nur in Verbindungen vor: als *Witherit* (giftig, wird zu Rattengift verarbeitet) und als *Schwerspat.* Dieser ist ungiftig, wird zu weißer Malerfarbe verarbeitet und in der Medizin zum Ausfüllen und Sichtbarmachen von Körperhöhlen (z. B. des Magens) vor dem Röntgenschirm verwandt.

Die **Bark** (holl.): drei- oder viermastiges Segelschiff mit voll getakeltem Fock- und Großmast und Schratsegeln am Besanmast. Siehe Segelschiff.

Die **Barkasse:** kleines, meist mit Motoren betriebenes Verkehrsboot, das die Verbindung zwischen Kriegsschiffen untereinander bzw. zwischen Schiff und Land aufrechterhält.

Bärlappgewächse sind Pflanzen, die in der Vorzeit riesige Bäume bildeten. Jetzt finden sie sich nur noch als kleine Pflanzen am Waldboden. Sie stehen unter Naturschutz. (Bild auf Seite 54)

Das **Barock** (auch der Barock). So nennen wir den Kunststil, der vom Ende des 16. bis zur Mitte des 18. Jh. in Europa herrschte. Er prägte sich am deutlichsten in der Baukunst aus. An die Stelle der strengen geraden Linien der Renaissance traten stark geschwungene, üppig ausladende Formen. Prunkvolle Palastanlagen und reichgeschmückte Kirchen entstanden, vor allem in Süddeutschland und Österreich, wie die Würzburger Residenz, das Kloster Melk oder in Preußen die Bauten von Andreas Schlüter. In der Malerei gilt Rubens als der größte Meister des Barockstils. In der Dichtung ging das Barock vor allem auf dem Gebiet des Theaters, in der Musik durch die Schaffung der Oper neue Wege.

Bärlappgewächse. Vorn: heutiger Bärlapp, darüber vergrößert: eine Sporenkapsel. Im Hintergrund Riesenbärlapp der Vorzeit.

Das **Barometer** (griech. = Schweremesser). Auch die Luft hat ein Gewicht und drückt deshalb auf die Erdoberfläche. Wie groß der jeweils herrschende *Luftdruck* ist, kann mit dem Barometer gemessen werden. Das einfachste Barometer ist das Quecksilberbarometer. Es besteht meist aus einer U-förmig gebogenen Glasröhre, die an einem Ende offen und an dem anderen Ende zugeschmolzen ist. An dem zugeschmolzenen Ende weist sie einen luftleeren Raum (Vakuum) auf. Auf das offene Ende, das oft birnenförmig erweitert ist, drückt die ganze Luftsäule, die über dem Gefäß lastet. Dadurch wird das Quecksilber auf der offenen Seite der Röhre hinunter- und entsprechend auf der anderen, der geschlossenen Seite, in die Höhe gedrückt. Je nach dem Gewicht der Luftsäule steigt (Schönwetter) oder fällt (Schlechtwetter) das Quecksilber im Rohr. Der Normalstand der Quecksilbersäule ist an den einzelnen Orten verschieden (in Höhe des Meeresspiegels 760 mm, auf der Zugspitze 470 mm), da der Luftdruck bei zunehmender Höhe abnimmt. Deshalb kann man Barometer auch als Höhenmesser benutzen. Am gebräuchlichsten ist das Metallbarometer (*Aneroidbarometer*): Die ringförmig gebogene, luftleere Metalldose wird je nach der Größe des herrschenden Luftdruckes mehr oder weniger zusammengedrückt. Diese Bewegung wird durch ein Gelenk auf ein Zahnrad übertragen, das den Zeiger hin und her bewegt. Die Skala dieses Barometers ist nach einem Quecksilberbarometer geeicht.

Die **Barriere** (franz.): Schranke, Sperre, Schlagbaum.

Die **Barrikade** (franz.): Sperre aus schweren Gegenständen (Baumstämmen, Steinen, umgestürzten Wagen usw.), die in Straßen, Schluchten, an Brücken usw. zur Verteidigung aufgerichtet wird.

Barsche gibt es als Fluß- und als Meerwasserfische. Der *Flußbarsch* ist ein buntschimmernder Raubfisch, den man wegen seines weißen, wohlschmeckenden Fleisches fängt. Es gibt noch viele andere Barsche, wie den *Kaulbarsch*, den *Seebarsch* und den *Hechtbarsch*, der auch Zander genannt wird.

Der **Barsoi** ist ein russischer Windhund.

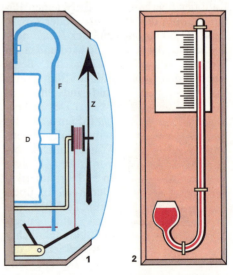

1 Aneroidbarometer: D luftleere Dose, F Feder, Z Zeiger. – 2 Quecksilberbarometer

Béla **Bartók** war einer der größten Komponisten Ungarns und einer der bedeutendsten Meister der modernen Musik. Er lebte von 1881 bis 1945. Bartók schrieb Streichquartette, Klavier- und Chorwerke und war auch ein eifriger Sammler ungarischer Volksmusik. Seine einzige Oper, »Herzog Blaubarts Burg«, wurde erst 1963 uraufgeführt.

Der **Basalt** →Gesteine.

Basar (pers.) heißt das Händlerviertel in orientalischen Städten. Bei uns nennt man so einen Warenverkauf, dessen Erlös wohltätigen Zwecken zugute kommt.

Die **Base** →Chemie.

Baseball (sprich beesbål) ist ein besonders in Amerika beliebtes Spiel, das unserem Schlagball ähnelt. Es wird von 2 Mannschaften zu je 9 Mann gespielt.

Die **Basilika** (griech. = Königshalle) →Baukunst.

Der **Basilisk** war im Altertum ein schlangenartiges Fabeltier, von dem es hieß, daß es schon durch seinen Blick töten könne. Heute heißt ein eidechsenartiges südamerikanisches Kriechtier Basilisk.

Die **Basis** (griech.): Grundlage, Ausgangspunkt; in der Geometrie: Grundlinie oder Grundfläche; in der Baukunst: →Säule.

Die **Basken** sind ein uralter Volksstamm. Sie wohnen zu beiden Seiten der Pyrenäen, also in Südfrankreich und Nordspanien. Sie haben sich ihre alte Sprache und viele eigentümliche Gebräuche bewahrt. Die *Baskenmütze* ist jetzt in vielen Ländern eine beliebte Kopfbedeckung.

Basketball ist ein Mannschaftsspiel. 5 Spieler gehören zu einer Mannschaft, und jede Mannschaft sucht möglichst viele Punkte zu erringen, indem sie den Ball in den gegnerischen Korb wirft. Die Körbe befinden sich in einer Höhe von 3,05 m in der Mitte der beiden Endlinien und haben einen Durchmesser von 45 cm. Das Spielfeld ist 24–28 m lang und 13–15 m breit. Der Ball wird von Mann zu Mann gespielt und kann von jeder Stelle des Spielfeldes aus in den Korb geworfen werden. Die Spieldauer beträgt 40 Minuten, zwei Halbzeiten zu je 20 Minuten. Die Spieler dürfen während des Spieles ausgewechselt werden. Das Spiel wird von zwei Schiedsrichtern überwacht. – Sehr ähnlich ist das Korbballspiel, das aber nur von Frauen gespielt wird.

Der **Baß**: 1. eine tiefe Männerstimme, die tiefste im Chor; 2. die tiefste Stimme jedes musikalischen Werkes. Der *Kontrabaß* ist das tiefste und größte Streichinstrument im Orchester.

Der **Bast**. 1. Bastfasern finden sich in den Stengeln oder unter der Borke mancher Pflanzen und festigen deren Gewebe. So kann z. B. der Bast des Hanfes oder der Brennessel als Gespinstfaser verwendet werden. Der Bast mancher Bäume dient zu Flechtarbeiten, z. B. für Taschen oder Sandalen. – 2. Bast nennt der Jäger auch die weiche, flaumige Haut auf dem neu wachsenden Geweih der Rehe und Hirsche, die später abgestreift wird.

Der **Bastard** (lat.): Bezeichnung für einen Mischling, d. h. für einen Nachkommen aus der Kreuzung zweier verschiedener Rassen. So sind z. B. bei Menschen die *Mulatten* (Nachkommen von Weißen und Negern) und die *Mestizen* (Nachkommen von Weißen und Indianern) und bei Tieren die *Maultiere* (Kreuzung zwischen Pferd und Esel) Bastarde. Zur Züchtung besonderer Arten (z. B. kernloser Früchte) kreuzt man auch Pflanzen. – Früher nannte man auch die unehelichen Kinder von Fürsten Bastarde.

Der **Batik** ist ein aus Indonesien stammendes Verfahren zum Färben leichter Baumwoll- und Seidenstoffe. Dabei trägt man vor dem Färben mit heißem Wachs ein Muster auf das Tuch auf. Dort, wo das Wachs ist, nimmt das Tuch keine Farbe an, sondern behält seine ursprüngliche Farbe. Wenn man will, kann man ein neues Muster auf das gefärbte Tuch gießen und den Vorgang mit einer anderen Farbe wiederholen.

Die **Batterie**. 1. Die elektrische Batterie besteht meist aus mehreren zusammengeschalteten Elementen (→Elektrizität); eine gewöhnliche Flachbatterie enthält meist drei Elemente. Man bezeichnet aber auch die aus nur einem Element bestehenden *Monozellen* als Batterien.

Verbindet man den Kohlestab (den Pluspol) über einen Widerstand, z. B. eine Taschenlampenbirne, mit dem Zinkbecher (dem Minuspol), so werden durch chemische Umwandlungen Elektronen vom Kohlestab zum Zinkbecher und über die Taschenlampenbirne zum Kohlestab zurück bewegt, es fließt also ein elektrischer Strom. Bei diesem Vorgang wird das Material der Batterie allmählich verbraucht. Die Spannung eines Elements beträgt 1,5 V, die Spannung einer dreizelligen Flachbatterie also 4,5 V. Verbindet man den Kohlestab durch einen kurzen dicken Draht direkt mit dem Zinkbecher, so entsteht Kurzschluß, der die Batterie zerstört. – 2. Beim *Militär* nennt man die kleinste geschlossene Kampfeinheit der Artillerie eine Batterie; sie hat meist vier Geschütze.

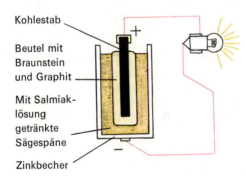

Kohlestab

Beutel mit Braunstein und Graphit

Mit Salmiaklösung getränkte Sägespäne

Zinkbecher

Schnitt durch ein Element

Die **Bauchhöhle** ist der große Hohlraum unseres Körpers, der nach oben gegen den Brustraum durch das Zwerchfell und nach vorn durch die Bauchdecke begrenzt ist und in dem die Verdauungs-, Harn- und inneren Geschlechtsorgane liegen. An ihrer Innenseite ist die Bauchhöhle mit einer dünnen, spiegelglatten und sehr empfindlichen Schleimhaut, dem *Bauchfell*, ausgekleidet.

Bauchreden. Der Name entstand aus der irrigen Annahme, die Stimme werde im Bauch erzeugt. Das wird sie aber nicht. Das Kunststück besteht darin, daß der Bauchredner mit fast völlig geschlossenem Munde, ohne Lippen und Kiefer zu bewegen, spricht. Daher kann man glauben, eine andere Stimme zu hören, z. B. aus dem Munde einer Puppe, mit der der Redner sich unterhält.

Die **Bauchspeicheldrüse** liegt in der Bauchhöhle hinter dem Magen. Sie ist eine →Drüse mit innerer und äußerer Sekretion (Absonderung), die einen Verdauungssaft in den Zwölffingerdarm und das für den Zuckerstoffwechsel sehr wichtige →Insulin in das Blut abgibt.

Bauernkrieg. In den Jahren 1524/25 versuchten die Bauern, sich von der drückenden Herrschaft der Adeligen zu befreien. Sie forderten die Aufhebung der Leibeigenschaft und der Frondienste, geringere Steuern und Abgaben, freie Pfarrerwahl und ihre alten Bauernrechte, die ihnen in den letzten hundert Jahren mehr und mehr genommen worden waren. Sie erhoben sich in allen mittel- und südwestdeutschen Ländern und zogen bewaffnet von Burg zu Burg. Ihr Wahrzeichen war der *Bundschuh*, der grobe, mit Riemen zusammengebundene Bauernschuh. Da die Burgherren nicht imstande waren, ein Heer aufzustellen, mußten sie sich meist fügen. Einige Ritter, wie Götz von Berlichingen und Florian Geyer, wurden sogar Führer der Bauernscharen. Mit den Heeren der Landesfürsten aber kam es zu einem blutigen Krieg. Da den Bauern die rechte Führung fehlte, wurden sie vernichtend geschlagen; etwa 100000 sollen in den Kämpfen gefallen sein. Erst im 18. und 19. Jh. wurde die Befreiung der Bauern verwirklicht.

Das **Bauhaus** war eine 1919 von Walter Gropius gegründete deutsche Hochschule für Architektur und Raumgestaltung, die eine führende Rolle in der Entwicklung der neuen Baukunst gespielt hat.

Die **Baukunst** oder *Architektur* ist die Kunst, Bauten zweckentsprechend und schön auszuführen. Bauen kann man mit Holz, Naturstein oder Ziegeln, seit dem

Griechischer Tempel

19. Jh. benutzt man auch Beton, Stahl und Glas.

Von Baukunst sprechen wir erst, seit der Mensch über das bloße Errichten von Schutzmauern hinausging und seine Gestaltungskraft und seinen Schönheitssinn walten ließ. Die frühesten Bauwerke in diesem Sinne entstanden, als man für den religiösen Kult und zur Ehre der Toten Bauten errichtete. Von Skandinavien bis Afrika, von Spanien bis Indien haben sich noch bis heute Überreste dieser oft gewaltigen Bauten erhalten.

Die Baukunst ist abhängig vom Klima, von den Baustoffen, von der Landschaft und der Volksart. In Norddeutschland z. B., wo es keine Natursteine gibt, baute man vorwiegend mit Ziegeln. Die Völker haben voneinander gelernt, sie haben Bauformen übernommen und ihren eigenen Bedürfnissen entsprechend abgewandelt.

Die ältesten Städte mit prächtigen Tempeln und Toren aus glänzenden bunten Ziegeln wurden in Mesopotamien an den Ufern von Euphrat und Tigris in Vorderasien von den *Sumerern, Babyloniern* und *Assyrern* gebaut. Es gibt dort weder Natursteine noch Holz. Die Ziegel wurden aus Lehm geformt und an der Sonne getrocknet. Das Holz holte man im fernen Syrien. Auch in *Ägypten* entwickelte sich vom 4. Jahrtausend v. Chr. an eine bedeutende Baukunst. Es entstanden die Pyramiden und ganze Tempelstädte. Die *griechische* Baukunst erreichte im 5. Jh. v. Chr. ihren großartigen Höhepunkt. Der griechische Säulentempel wurde das Vorbild der *römischen* Tempelbaukunst. Neues leisteten die Römer vor allem im Bau von Wasserleitungen (Aquädukte).

Mit der Ausbreitung des Christentums entstehen auf dem Boden des alten Römerreiches die ersten christlichen Kirchen (z. B. in Rom und Ravenna).

Aus der antiken Basilika, ursprünglich eine Markt- und Gerichtshalle, deren Inneres durch lange Säulenreihen abgeteilt war, entwickelt sich die Form der mittelalterlichen Kathedralen.

Romanische Kirche

Vom Ende des 10. Jh. an baut man auf deutschem Boden die schweren, gedrungenen *romanischen* Dome (z. B. Mainz, Speyer). Die *Gotik* (13. bis 15. Jh.), von Frankreich ausgehend, schafft die himmelstrebenden Kathedralen mit hohen Fenstern, schlanken Pfeilern und spitzen Türmen (z. B. Reims, Chartres, Freiburg, Straßburg). Rings um die Kirchen

Gotischer Dom

scharen sich die schmalen Giebelhäuser. Die mittelalterliche Stadt entsteht. Italien entwickelt im 15. Jh. mit breit hingelagerten Palästen und schönen Säulenhöfen den Baustil der *Renaissance* (das heißt Wiedergeburt der Antike).

Das *Barock* (Ende des 16. bis Mitte des 18. Jh.) bringt besonders in Frankreich, Süddeutschland und Österreich eine Fülle von prunkvollen Kirchen und Klöstern hervor (z. B. Kloster Melk). Im gleichen Stil entstehen Schloßbauten mit groß angelegten Treppenhäusern und endlosen Zimmerfluchten (z. B. Versailler Schloß, Würzburger Residenz). Aus dem Barock entwickelt sich der zierliche *Rokokostil*. Man baut Schlößchen in Weiß und Gold mit großen

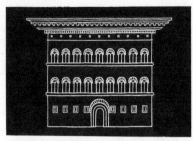
Renaissance-Palast

Fenstertüren, Ranken- und Blumenverzierungen (z. B. Schloß Sanssouci bei Berlin). Ende des 18. Jh. nimmt man sich noch einmal den griechischen Tempelbau zum Vorbild. An die Stelle des barocken Kuppelbaus tritt der *klassizistische* Flachbau mit der streng gegliederten Wand und der Säulenhalle (z. B. das Alte Museum in Berlin). Das 19. Jh. hat keinen eigenen Baustil hervorgebracht. Man greift zurück auf antike, romanische, gotische und barocke Formen. Sie werden zum Teil wahllos ver-

Barock-Kirche

Bauwerke und ihre Höhe		
Einstöckiges Wohnhaus	6	m
Vierstöckiges Wohnhaus	15	m
Standbild der Bavaria, München	20,5	m
Brandenburger Tor, Berlin	26	m
Schiefer Turm, Pisa	54	m
Freiheitsstatue, New York	90	m
Frauenkirche, München	99	m
Stephansdom, Wien	136	m
Cheopspyramide, Gizeh	137	m
Peterskirche, Rom	138	m
Straßburger Münster	142	m
Kölner Dom	157	m
Ulmer Münster	161	m
Hängebrücke (Golden Gate), San Francisco	227	m
Eiffelturm, Paris	300	m
Empire State Building (102 Stockwerke), New York .	381	m
Welthandelszentrum (116 Stockwerke), New York .	411	m
Fernsehturm, Moskau	537	m

wendet und die Bauten der sich mehr und mehr ausdehnenden Großstädte mit Zierat (Erker, Türmchen) überladen. Die Technik schafft dann mit dem Eisenbeton- und Stahlgerüstbau neue Möglichkeiten, die den Baustil des 20. Jh. bestimmen. Mit klaren, einfachen Formen und praktischer Gesamtanlage entspricht der moderne Zweckbau, wie wir ihn in Hochhäusern, Wohnungen und Wohnsiedlungen, großen Sport- und Industrieanlagen kennen, den Anforderungen unseres Lebens. Aber auch für Kirchen, Festräume und Theater versucht man, neue Lösungen zu finden, die dem Geist und dem Geschmack unserer Zeit entsprechen.

UN-Hochhaus in New York

Baum→Laubbäume und→Nadelbäume. Die **Baumgrenze** im Gebirge ist die Höhe, bei der die Lebensmöglichkeiten für die Bäume aufhören. Sie liegt in den Alpen bei etwa 2000 m.

Die **Baumwolle.** Aus den Fruchtkapseln des in tropischen Ländern wachsenden Baumwollstrauches wird die Baumwolle gewonnen. Die Baumwollfasern hängen an den Samenkernen und sprengen die Kapseln zur Zeit der Reife. Die Fasern sind 1–5 cm lang. Nach der Trennung von den Samen, aus denen Öl bereitet wird, verspinnt man die Fasern und verwebt sie zu Baumwollstoffen.

Bayern ist mit 70550 qkm das größte Land der Bundesrepublik Deutschland. Seine Bevölkerung beträgt 10,7 Mill. Das Land ist in 7 Regierungsbezirke gegliedert: Oberbayern, Niederbayern, Schwaben, Oberfranken, Mittelfranken, Unterfranken und Oberpfalz. Im Alpenvorland wird eine ertragreiche Milchwirtschaft betrieben. Niederbayern ist eines der deutschen Hauptanbaugebiete für Getreide. Im mittleren Bayern wird viel Hopfen angebaut, der beim Bierbrauen verwendet wird. Das Maintal ist durch seine Frankenweine berühmt. Seine landschaftliche Schönheit und seine kulturgeschichtliche Bedeutung haben Bayern zu einem vielbesuchten Reiseland für Kunstfreunde wie für Bergwanderer und Skiläufer gemacht. Auch viele bedeutende Industrien sind in Bayern angesiedelt. Alte Städte, wie Augsburg, Nürnberg, Rothenburg, Würzburg und Bamberg, besitzen großartige Bauten aus früheren Jahrhunderten. Die Hauptstadt München hat 1,36 Mill. Einwohner. Hier befinden sich wertvolle Kunstsammlungen, eine Universität und verschiedene Hochschulen. Weitere Universitäten sind in Erlangen/Nürnberg, Regensburg und Würzburg.

Bazillen →Bakterien.

Ein **Beamter** ist ein vereidigter Diener des Staates, einer Gemeinde oder einer anderen Behörde der Selbstverwaltung. Er hat die Pflicht, sein Amt treu, gewissenhaft und unparteiisch auszuüben, und erhält ein monatliches Gehalt. Er kann nur wegen schwerer Pflichtverletzung aus dem Amt entlassen werden. Im Alter tritt er in den »Ruhestand«. Ihm und seiner Witwe steht dann eine Pension, das »Ruhestandsgehalt«, zu.

Beat (engl. = Schlag, sprich: biht) heißt im Jazz der Schlagrhythmus der Rhythmusgruppe. – Die **Beatles,** eine Gruppe junger englischer Musiker und Sänger, haben den harten »Liverpool sound« und die »Beatle-Frisur« eingeführt.

Die **Beat Generation** (amerik., sprich biht dscheneräschn) war eine Gruppe von amerikanischen Dichtern (Ginsberg, Kerouac u. a.), die in den fünfziger Jahren unseres Jahrhunderts auftrat. Sie schrieben eine Art von Protestliteratur gegen die bürgerliche Gesellschaft und ihre →Normen.

Der **Bebop** (engl., sprich bi-bop) ist ein um 1940 aufgekommener Stil im →Jazz.

Thomas **Becket** war ein englischer Heiliger; er lebte von 1118 bis 1170. Thomas war Erzbischof der Stadt Canterbury und vertrat gegen den englischen König Heinrich II. die Seite des Papstes. Anhänger des Königs ermordeten ihn. Der Franzose Jean Anouilh hat 1960 ein Schauspiel über Thomas geschrieben; es heißt »Becket oder die Ehre Gottes«.

Beduinen (arabisch = Wüstenbewohner) werden die Araber genannt, die keinen festen Wohnplatz haben, sondern mit ihren Zelten und Viehherden durch die Wüste ziehen. Sie sind also →Nomaden.

Ein **Beefsteak** (engl., sprich: bihfstihk) ist ein kurz gebratenes Stück Rindslende.

Als **Beelzebub** (von hebräisch Baal Sebub) wird im Neuen Testament der Satan bezeichnet. »Den Teufel mit Beelzebub austreiben« heißt also: ein Übel durch ein anderes, gleich großes, beseitigen.

Beeren sind aus Fruchtknoten einer Blüte hervorgegangene Früchte, bei denen die Samen in einer saftigen (z. B. Johannisbeere) oder fleischigen Masse (z. B. Schneebeere) liegen. Die Beere muß nicht süß oder eßbar sein. Manchmal sind mehrere Beeren zu einer Sammelfrucht vereinigt (z. B. Himbeere). Vielfach fressen Vögel (oder auch andere Tiere) die auffälligen Beeren. Die Samen durchlaufen dann den Darm meist unverdaut, und so besorgen die Tiere die Samenverbreitung.

Ludwig van **Beethoven** wurde am 16. 12. 1770 in Bonn geboren und starb am 26. 3. 1827 in Wien, wo er seit 1792 als gefeierter Klavierspieler und Komponist lebte. 1798 befiel ihn ein Gehörleiden, das schließlich zur Taubheit führte. Trotzdem blieb seine Schaffenskraft ungebrochen, und es entstanden seine bedeutendsten Werke. Das Neue an Beethovens Musik war, daß in ihr ein genialer Tondichter seine Gefühle und Gedanken unmittelbar in Tönen zum Ausdruck brachte: in der 9. Sinfonie seine Liebe zur Menschheit, in der 6. Sinfonie (Pastorale, das heißt die Ländliche) sein Naturgefühl, in der 3. Sinfonie (Eroica, das heißt die Heldische) seine Begeisterung für wahres Heldentum und Freiheit und in der Missa solemnis (das heißt die feierliche Messe) sein Gefühl für die Größe des Göttlichen. So bildet sein Werk, zu dem außer den 9 Sinfo-

Beethoven

nien seine Kammermusik, seine Klavierwerke und seine einzige Oper »Fidelio« gehören, den Höhepunkt der klassischen Musik.

Befehlsform →Imperativ.

Die **Befreiungskriege** vernichteten von 1813–1815 die Macht Napoleons und befreiten Europa von seiner Herrschaft. Der französische Kaiser hatte 1812 bei seinem Feldzug gegen Rußland seine erste schwere Niederlage erlitten. 1813 verbündeten sich Rußland und Preußen zum weiteren Kampf, später traten auch Österreich und England dem Bund bei. Napoleon, der in Eile eine neue Armee aufgestellt hatte, wurde nach längeren Kämpfen in Deutschland in der Völkerschlacht bei Leipzig vernichtend geschlagen. Ein Friedensangebot lehnte er ab, und so rückten 1814 die Verbündeten in Frankreich ein. 1815 beendeten sie die Kriege in der Schlacht bei Waterloo siegreich. Von den Friedensverhandlungen auf dem Wiener Kongreß erhofften viele Menschen eine demokratische Neuordnung in Europa. Doch wurden in der folgenden Zeit, der →Restaurationszeit, fast überall nur die Zustände aus der Zeit vor Napoleons Herrschaft wiederhergestellt.

Befruchtung ist der Vorgang, durch den bei allen Lebewesen (Pflanzen, Tieren und Menschen) eine Eizelle veranlaßt wird, sich zu vermehren, so daß ein neues Lebewesen entsteht. Bei der Befruchtung tritt der Kern einer männlichen Keimzelle in die Eizelle (weibliche Keimzelle) ein und verschmilzt mit deren Kern. Bei den Blütenpflanzen treibt nach der →Bestäubung der Narbe ein Blütenstaubkorn (*Pollenkorn*) einen Schlauch durch das lockere Gewebe des Griffels in den Fruchtknoten. Die männliche Keimzelle wandert durch den Schlauch zur Eizelle im Fruchtknoten und verschmilzt mit ihr. Bei den →Farnen, Schachtelhalm- und →Bärlappgewächsen und →Moosen entstehen männliche und weibliche Keimzellen auf sog. Vorkeimen, die aus ungeschlechtlichen, an den Pflanzen gebildeten *Sporen* (→blütenlose Pflanzen) gebildet werden. Befindet sich zwischen den männlichen und weiblichen Organen der Vorkeime ein Wassertropfen, dann schwimmen die männlichen Keimzellen zu den Eizellen und befruchten sie. Bei →Algen und →Pilzen erfolgt die Befruchtung ebenfalls durch Verschmelzen von Zellen.

Ähnlich vollzieht sich die Befruchtung bei den niederen Tieren. Sie leben ohnehin meist im Wasser, so daß die Keimzellen leicht zusammenkommen können. So werden die Eizellen der →Fische und →Lurche in ihren Eiern (*Rogen* oder *Laich*) befruchtet. Die männlichen Tiere lassen ihre Keimzellen in einer »Milch« genannten Flüssigkeit über die gelegten Eier fließen. Bei den anderen Tieren und beim Menschen nennt man die Flüssigkeit mit den männlichen Keimzellen *Samen*. Bei den →Reptilien, →Vögeln und →Säugetieren werden die Eizellen im Körper des Weibchens befruchtet. Ähnlich ist der Vorgang beim Menschen. →Ei, →Same, →Sexualkunde.

Begonien sind Pflanzen, die hauptsächlich in den tropischen Urwäldern wachsen. Wegen ihres Blütenreichtums, ihrer Farbenpracht, ihrer langen Blütezeit und ihrer oft bunt gezeichneten Blätter schätzt man sie als Zierpflanzen.

Martin **Behaim** war ein deutscher Geograph und Seefahrer; er lebte von ca. 1459 bis 1507. In dem Jahr, als Kolumbus Amerika entdeckte, nämlich 1492, baute Behaim den ersten Erdglobus. Auf diesem Globus fehlten natürlich noch Amerika und Australien; trotzdem war er ein großer Fortschritt, denn nun konnte man sich manche geographischen Zusammenhänge auf der Erde besser vorstellen und erklären als anhand der Landkarten.

Emil von **Behring** war ein großer deutscher Mediziner, der von 1854 bis 1917 lebte. Er entdeckte 1893 ein Heilserum (einen Abwehrstoff) gegen die →Diphtherie. Für diese Entdeckung bekam er 1901 den Nobelpreis für Medizin; er war der erste, der diese hohe Auszeichnung erhielt.

Die **Beichte**. Im weiteren Sinn des Wortes kann man jedes Bekenntnis von Schuld als Beichte bezeichnen. Für den Katholiken ist die Beichte ein Teil des Bußsakramentes, nämlich das Bekennen der Sünden vor dem Priester in der Einzelbeichte. Der Priester erteilt dann, soweit der Beichtende seine Sünden bereut, die Lossprechung. Nichts von dem, was der Priester in der Beichte erfährt, darf er einem andern Menschen sagen (Beichtgeheimnis). In der evangelischen Kirche wird als Vorbereitung auf das heilige Abendmahl gemeinsam gebeichtet, d. h. ein allgemeines Sündenbekenntnis gesprochen. Dann verkündet der Geistliche die Vergebung der Sünden (Absolution). Doch kommt auch hier die Einzelbeichte heute wieder in Gebrauch.

Beifügung →Attribut.

beige (frz., sprich besch): gelbgrau.

Beisatz →Apposition.

Beischlaf →Sexualkunde.

Beistrich, Komma →Interpunktion.

Die **Beize**: Jagd auf Vögel und Kleinwild mit abgerichteten Greifvögeln (meist Falken).

Durch **Beizen** wird die Oberfläche eines Körpers mit Hilfe von verdünnten Säuren, Basen oder Salzen schwach verändert. In der Holzindustrie versteht man unter Beizen das Auftragen oder die Entfernung einer Farbe. So wird z. B. ein Möbelstück braun gebeizt. Im Metallgewerbe beizt man die Werkstücke, um sie zu rei-

nigen, ihnen eine rauhe Oberfläche als guten Haftgrund für Farben zu geben oder um die Oberfläche mit einer Schutzschicht zu versehen. Saatgut wird durch Flüssigkeit oder Pulver gebeizt, um Pilzkrankheiten zu vermeiden und um es zu konservieren.

Das Königreich **Belgien** (franz. Belgique, fläm. Belgie), einer der westlichen Nachbarn Deutschlands, wird im Norden von den Niederlanden, im Süden von Frankreich begrenzt. Die Nordsee (Ärmelkanal) bildet die natürliche westliche Grenze. Belgiens Bodenfläche beträgt 30 513 qkm, seine Bevölkerung über 9,8 Mill. Am dichtesten besiedelt ist das kohlenreiche Industriegebiet zwischen Antwerpen, Lüttich und Mons. Bekannte Erzeugnisse sind Tuche und (Brabanter und Brüsseler) Spitzen. Belgien hat das dichteste Eisenbahnnetz der Welt.

Die nahezu durchweg katholische Bevölkerung besteht zu fast gleichen Teilen aus

den romanischen Wallonen, die französisch, und den germanischen Flamen, die eine niederdeutsche (dem Holländischen verwandte) Mundart sprechen. Beide Sprachen sind heute gleichberechtigte Amtssprachen.

Belgien, das früher zu den Niederlanden gehörte, ist seit 1830 ein selbständiges Königreich. In den beiden Weltkriegen wurde es trotz seiner Neutralität von Deutschen besetzt, seit 1947 gehört es zu den →Beneluxstaaten (Karte).

Einwohnerzahlen der wichtigsten Städte:	
Hauptstadt Brüssel	1,1 Mill.
Antwerpen (Hafen)	673 000
Gent	230 000
Lüttich	143 000
Löwen (Universität)	31 000

Der **Belichtungsmesser** ist zur Erzielung guter fotografischer Aufnahmen wichtig: er bestimmt die Lichtstärke, so daß Blende und Belichtungszeit entsprechend gewählt werden können. Er besteht aus einer →Photozelle, die Licht in Strom umwandelt und den Helligkeitswert auf einer Skala angibt. In moderne Fotoapparate und Filmkameras sind Belichtungsmesser eingebaut, die selbsttätig die Blende einstellen.

Die **Belletristik** (franz.): zusammenfassende Bezeichnung für alle Bücher mit unterhaltendem, also nicht wissenschaftlichem oder fachkundlichem Inhalt.

Der heilige **Benedikt** von Nursia war der Begründer des Ordenswesens im Abendland. Anfang des 6. Jhs. gründete er mehrere Klöster in Italien und gab den Mönchen feste Regeln, nach denen sie leben sollten. Damit schuf er den ersten Orden der abendländischen Kirche, den *Benediktinerorden*. Nach dem Wahlspruch des heiligen Benedikt »Bete und arbeite« leisteten die Benediktiner Großes für die europäische Kultur.

Belsazar war der letzte König des Neubabylonischen Reiches; er regierte von ca. 555 v. Chr. bis 539 v. Chr. Sein Reich wurde 539 v. Chr. von dem Perserkönig Kyros II. erobert. Damit war die Babylo-

nische Gefangenschaft der Juden beendet; Kyros erlaubte ihnen, nach Palästina zurückzukehren. Belsazar war den Juden verhaßt, während sie zu ihren persischen Befreiern ein gutes Verhältnis hatten. Die Bibel erzählt von der Schrift an der Wand, dem »Menetekel«, das dem König Belsazar sein Schicksal ankündigte. Heinrich →Heine hat über Belsazar eine Ballade geschrieben.

Benelux-Staaten nennt man die Staaten *Bel*gien, *Ne*derland (Niederlande) und *Lux*emburg. Sie schlossen sich 1947 zu einer Zollunion und 1960 zu einer Wirtschaftsunion zusammen.

bengalisches Feuer →Feuerwerk.

Gottfried **Benn,** im Hauptberuf Arzt, war einer der größten deutschen Lyriker unseres Jahrhunderts. Benn, der von 1886 bis 1956 lebte, begann mit expressionistischen Gedichten voller Ekel und Verachtung für die Hinfälligkeit des Menschen. Später wurde er zum Dichter der →Resignation und →Skepsis, doch blieben seine Gedichte kühn und formvollendet. Benn schrieb auch Erzählungen und Aufsätze. 1931 verfaßte er, zusammen mit dem deutschen Komponisten Paul Hindemith, das →Oratorium »Das Unaufhörliche«.

Das **Benzin** ist ein Leichtöl, eine leicht bewegliche, brennbare, wasserhelle Flüssigkeit. Es verdampft bei 60° bis 150° C (60° bis 100° Leichtbenzin, 100° bis 150° Schwerbenzin). Benzindämpfe geben mit Luft gemischt ein explosives Gemenge und werden als Treibmittel für Motoren verwendet. Wegen seiner Fähigkeit, Fette, Harze und Kautschuk zu lösen, gebraucht man Benzin auch zur Entfernung von Flecken und als Lösungsmittel. Dabei ist größte Vorsicht geboten (Feuers- und Explosionsgefahr!). Benzin wird durch →Destillation aus Erdöl (Rohpetroleum) oder durch »Verflüssigung« von Steinkohle gewonnen.

Das **Benzol** hat ähnliche Eigenschaften wie Benzin. Es wird aus Steinkohlenteer gewonnen und wie Benzin verwendet. Benzol ist ein wichtiger Ausgangsstoff für Arznei- und Desinfektionsmittel oder

Farbstoffe und Kunstharze. Benzoldämpfe sind giftig.

Beowulf ist der Held des ältesten uns erhaltenen germanischen Heldengedichtes, das in altenglischer Sprache im 8. Jh. verfaßt wurde. Es schildert Beowulfs Sieg über die Moorungeheuer und seinen Tod im Kampf mit einem Drachen.

Die **Berber** sind ein Volksstamm in Nordafrika, der sich als Rest der Urbevölkerung in einzelnen Gruppen mitten unter der arabischen Bevölkerung erhalten hat. Zu den Berbern gehören u. a. die *Kabylen* und *Tuareg*. – Auch eine feurige Pferderasse aus Nordafrika wird Berber genannt.

Die **Berberitze** ist ein dorniger Strauch, der vor allem an sonnigen Stellen wächst. Wegen ihrer schönen gelben, herbduftenden Blütentrauben und der leuchtend roten Fruchtstände mit den länglichen Beeren findet man die Berberitze auch als Zierstrauch.

Alban **Berg** war ein großer Komponist moderner Musik; er stammte aus Österreich und lebte von 1885 bis 1935. Seine Werke, z. B. die Streichquartette, sind ernst und streng, wirken aber auf den Zuhörer weniger »schwierig« als die Werke anderer moderner Komponisten. Von Berg sind auch die Opern »Wozzeck« und »Lulu«.

Bergbau nennt man die Gewinnung, den »Abbau« von Bodenschätzen, z. B. Kohle, Salz, Kali, Eisen-, Silber-, Bleierzen. Bergbau wird seit den ältesten Zeiten betrieben. Die Lagerstätten der Bodenschätze werden durch »Mutungen« (von »vermuten«) entweder mit radarähnlichen Geräten oder durch Tiefbohrungen (Schürfungen) ermittelt. Liegen die Bodenschätze an der Erdoberfläche oder nur wenig unter ihr (wie oft bei Braunkohlenvorkommen), so können sie im *Tagebau* abgebaut werden; liegen sie in größerer Tiefe (wie bei Steinkohle und den meisten Erzvorkommen), so können sie nur im *Grubenbau* (Untertagebau) abgebaut werden. Dazu wird ein senkrechter *Haupt*- oder *Förderschacht* in die Erde getrieben; vom Förderschacht aus gräbt man waagerechte Stollen, die *Sohlen*. Von hier aus dringt man in die *Flöze* ein, das sind die Lagerstätten der abzubauenden Bodenschätze. An der Abbaustelle, »vor Ort«, arbeitet der Bergmann mit Pickel und Spitzhaue, mit Preßluftwerkzeugen und Schrämm-Maschinen. Manchmal wird auch gesprengt. Das abgegrabene Material wird in kleinen Wagen, den »Hunden«, zum Förderschacht gebracht. Dazu benutzte man früher häufig Pferde, heute wird diese Arbeit von kleinen Lokomotiven besorgt. Die im *Förderturm* eingebaute *Fördermaschine* zieht mit Drahtseilen das *Fördergut* an die Erdoberfläche, wo es seiner Bestimmung zugeführt wird. Sämtliche in die Erde getriebenen Stollen müssen gut abgestützt oder ausgemauert werden, damit sie nicht einstürzen. Eigene Schächte sorgen für die »Bewetterung«, d. h. dafür, daß im Bergwerk immer genügend frische Luft vorhanden ist. An der tiefsten Stelle des Bergwerks befindet sich der *Sumpf*, in dem sich alles Tropfwasser sammelt, das von hier aus weggepumpt wird. Trotz aller Sicherheitsmaßnahmen ist die Arbeit der Bergleute sehr gefährlich (Stolleneinbrüche, plötzlicher Wassereinbruch, →Schlagwetter-Explosionen).

Im *Salzbergwerk* wird Salz gewonnen. Dabei wird der Salzstein nicht zutage gefördert, sondern in großen, unterirdischen Hallen in Wasser aufgelöst. Die dabei entstehende *Sole* (20–30prozentige Salzwasserlösung) wird in Röhren zur *Saline* geleitet. Dort wird das Salz durch Verdampfen des Wassers gewonnen. (Bilder auf Seite 64)

Berge verdanken ihre Entstehung verschiedenen Ursachen. Viele bildeten sich durch Auffaltungen, als starke Drücke aus dem Erdinnern riesige Gesteinsmassen (z. B. die Alpen) emporhoben. Andere (z. B. südafrikanische Tafelberge) sind stehengebliebene Teile von Hochflächen, während Wasser und Wind die umliegenden Massen abgetragen haben. Wieder andere (z. B. Kilimandscharo, Sinai und Vesuv) sind durch vulkanische

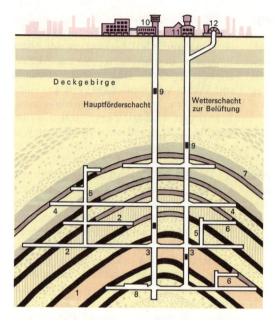

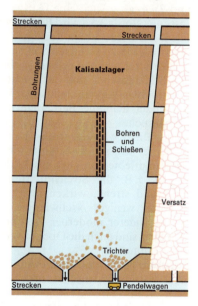

Steinkohlenbergwerk. 1 Kohlenflöze; **2** Sohlen, wie Stockwerke angeordnete Streckennetze; **3** Füllörter, Übergänge von der Strecken- zur Schachtförderung; **4** Hauptquerschläge; **5** Blindschächte; **6** Ortsquerschläge zu den Abbaubetrieben; **7** Bergeversatz zum Ausfüllen der beim Abbau entstehenden Hohlräume; **8** Wasserhaltung mit Pumpen zum Heben des zulaufenden Wassers; **9** Förderkörbe, mit Förderwagen beladene Gestelle; **10** Förderturm mit Fördermaschine; **11** Fördergerüst und Fördermaschinenhaus; **12** Grubenventilator

Unten: **Kalibergbau.** Vorbereitung des Abbaus durch horizontale Strecken und vertikale Bohrungen. Salzgewinnung durch Bohren und Schießen, Abziehen des Salzes durch Trichter in Fahrzeuge

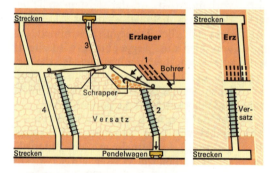

Erzbergbau. 1 Bohrlöcher zur Erzgewinnung durch Schießarbeit; **2** Erzrollen zur Förderung; **3** Überbrüche zur Belüftung und Versatzzufuhr; **4** Fahrrolle für die Belegschaft

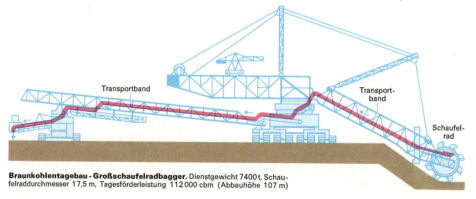

Braunkohlentagebau - Großschaufelradbagger. Dienstgewicht 7400 t, Schaufelraddurchmesser 17,5 m, Tagesförderleistung 112 000 cbm (Abbauhöhe 107 m)

Ausbrüche entstanden. Selbst in den Polargebieten gibt es noch heute Vulkane, die ja nicht nur in heißen Zonen auftreten, sondern entlang den Bruchfalten der Erdrinde hervorbrechen, besonders rings um den Pazifik.

Die **Bergkrankheit,** auch Höhen- oder Fliegerkrankheit genannt, tritt in großen Höhen (auf sehr hohen Bergen, im Flugzeug) auf, weil dort die Luft dünner ist und deshalb das Blut durch die Lungen nicht mehr genügend Sauerstoff zugeführt erhält. Die Folgen sind: beschleunigte Atmung, Müdigkeit und Schwindelgefühl. Zwischen 2000 und 4000 m treten meist die ersten Anzeichen der Höhenkrankheit auf, und ab 8000 m muß der Mensch ein Atemgerät benutzen, das ihm Sauerstoff liefert.

Bergkristall →Edelsteine.

Bergsport. Beim *Bergwandern* werden noch Wege oder Pfade benutzt, um leichter zugängliche Gipfel zu besteigen. Das Ziel der eigentlichen *Hochtouristik* hingegen ist der Kampf mit den höchsten Bergen und den schwierigsten Zugängen zu ihnen. Um Fels- und Eiswände, durch die kein Weg führt, zu bezwingen, muß man sehr gut klettern können und entsprechend ausgerüstet sein. Meist tun sich zwei oder drei Bergkameraden zusammen und bilden eine *Partie* oder *Seilschaft*. In den schwer besteigbaren Wänden braucht man zur Überwindung besonders schwieriger Stellen und zur Sicherung gegen Absturz Bergseil, Mauerhaken, Kletterschuhe, im Eis noch Steigeisen, Eishaken und Eispickel. Klettern ist eine verhältnismäßig junge und gefährliche Sportart. Wer sich leichtsinnig den Gefahren der

Wichtige Ausrüstungsgegenstände für den Bergsteiger: 1 Strickleiter, 2 Haken, 3 Hammer, 4 Karabiner, 5 Steigeisen

Berge aussetzt, gefährdet nicht nur sein eigenes Leben, sondern auch das seiner Kameraden und das der Rettungsmannschaften. Siehe auch Rettungsdienst.

Die Krankheit **Beri-Beri** wird durch falsche Ernährung hervorgerufen, in der es an →Vitamin B1 mangelt. Dieses Vitamin kommt z. B. in Tomaten, Karotten und Vollkornbrot vor. Beri-Beri äußert sich durch Lähmungserscheinungen und Erkrankung des Herzens.

Berlin, die größte deutsche Stadt und die Hauptstadt des früheren Deutschen Reiches, umfaßt 882,25 qkm Fläche und hat 3,24 Mill. Einwohner, davon 2,05 in Berlin West (479 qkm) und 1,19 in Berlin Ost (403 qkm). Es wurde 1945 in je einen britischen, französischen, amerikanischen und sowjetischen Sektor aufgeteilt. Seit 1948 ist es in West- und Ost-Berlin gespalten. Daraus und aus der inselartigen Lage West-Berlins inmitten der sowjetischen Besatzungszone ergibt sich die augenblickliche Sonderstellung der Stadt. Während der sowjetischen Blockade (der wirtschaftlichen Abschnürung West-Berlins 1948/49) konnte die Versorgung der Bevölkerung nur durch die »Luftbrücke« (Zufuhr durch Flugzeuge der Westmächte) aufrechterhalten werden. Nach der Beendigung der Blockade begann der wirtschaftliche Wiederaufstieg West-Berlins. In den Bundestag und in den Bundesrat entsendet Berlin Vertreter, die nur beratende Stimme haben. West-Berlin hat eine eigene Verfassung, die Volksvertretung ist das Abgeordnetenhaus, die Regierung besteht aus dem Regierenden Bürgermeister und den Senatoren. 1961 trennte die DDR Ost-Berlin durch eine Mauer von West-Berlin. Ostberliner und DDR-Bürger konnten nicht mehr nach West-Berlin; Westberliner durften nicht mehr nach Ost-Berlin. 1971 bestätigte das Viermächteabkommen über Berlin die Bindung West-Berlins zur BRD und die Verantwortung der vier Mächte für die ganze Stadt und regelte den Transit (Durchgangsverkehr) durch die DDR. Die Reisebeschränkungen für Bundesbürger und West-Berliner nach Ost-Berlin und in die' DDR sind seitdem gelockert. Hector **Berlioz** (sprich berli-ohß) lebte von 1803–1869; er war ein berühmter französischer Komponist. Er schrieb vor allem sinfonische Dichtungen. Man nennt diese Art von Musik auch »Programm-Musik«, weil sie meist den Titel eines Literaturwerks oder einer Dichtung trägt;

Berlioz' sinfonische Dichtungen heißen z. B. »Benvenuto Cellini« oder »Romeo und Julia«. Die Stimmungen, Empfindungen und Gedanken dieser Dichtungen sollen von der Programm-Musik wiedergegeben werden.

Bernhard von Clairvaux (sprich klärwoh) war ein französischer Kirchenlehrer und →Mystiker; er lebte von 1090 (oder

Bekannte Berge und ihre Höhe

	Land, Gebirge	Höhe
ASIEN		
Mount Everest	Nepal, Himalaja	8848 m
Godwin Austen	Kaschmir, Karakorum	8611 m
Kantschindschunga	Nepal, Himalaja	8579 m
Nanga Parbat	Indien, Himalaja	8126 m
Elbrus	Sowjetunion, Kaukasus	5633 m
Fudschijama	Japan	3776 m
AMERIKA		
Aconcagua	Argentinien, Anden	6958 m
Chimborazo	Ecuador, Anden	6272 m
Mount McKinley	USA, Alaskagebirge	6229 m
Popocatepetl	Mexiko	5452 m
AFRIKA		
Kibo	Tansania, Kilimandscharo	5895 m
Mawensi	Tansania, Kilimandscharo	5270 m
AUSTRALIEN		
Mount Kosciuszko	Australien, Austral. Alpen	2230 m
OZEANIEN		
Carstensz-Spitze	Westirian, Nassaugebirge	5030 m
ANTARKTIS		
Executive Committee Range	Marie-Byrd-Land	6100 m
EUROPA		
Montblanc	Frankreich, Savoyer Alpen	4810 m
Monte Rosa	Schweiz, Walliser Alpen	4634 m
Weißhorn	Schweiz, Walliser Alpen	4505 m
Matterhorn	Schweiz, Walliser Alpen	4477 m
Jungfrau	Schweiz, Berner Alpen	4158 m
Ortler	Italien, Rätische Alpen	3899 m
Großglockner	Österreich, Hohe Tauern	3797 m
Wildspitze	Österreich, Ötztaler Alpen	3774 m
Mulhacén	Spanien, Sierra Nevada	3478 m
Zugspitze	Deutschland, Wettersteingebirge	2963 m
Watzmann	Deutschland, Bayerische Alpen	2713 m
Rigi	Schweiz	1800 m
Schneekoppe	Deutschland, Riesengebirge	1603 m
Feldberg	Deutschland, Schwarzwald	1493 m
Vesuv	Italien	1270 m
Brocken	Deutschland, Harz	1142 m

Wichtigste Erstbesteigungen: Montblanc 1786, Jungfrau 1811, Zugspitze 1820, Matterhorn 1865, Chimborazo 1880, Mount Everest und Nanga Parbat 1953.

1091) bis 1153. Bernhard predigte den Kampf gegen die Nichtchristen (z. B. die Moslems und die Wenden) und rief 1147 zum Zweiten →Kreuzzug auf. Dieser Kreuzzug gegen die Moslems endete aber mit der Niederlage der Christen. Bernhard war der erste Zisterzienserabt von Clairvaux.

Bernhardiner →Hunderassen.

Der **Bernstein** ist versteinertes Harz, das vor vielen Jahrtausenden aus Nadelbäumen tropfte, mit dem Waldboden im Meer versank und sich dort ablagerte. Es gibt durchsichtigen und undurchsichtigen, gelben bis dunkelbraunen Bernstein, der manchmal noch kleine Insekten enthält, die am Harz kleben geblieben sind, solange es flüssig war. Seit den frühesten Zeiten der Menschheit ist Bernstein bekannt und wird zu Schmuck verarbeitet. Die Hauptfundorte sind die Küsten von Samland und Jütland (Ostsee).

Berserker (»Bärenfellträger«) heißen in den altnordischen Sagen Krieger von unbändiger Wildheit.

Die **Berufsberatung.** Es gibt so viele neue Berufe, die eine ganz besondere Eignung und Ausbildung erfordern, und die Verhältnisse auf dem Arbeitsmarkt sind so schwierig geworden, daß sie von dem einzelnen gar nicht mehr übersehen werden können. Darum hat man staatliche Einrichtungen geschaffen, die Eltern und Jugendliche unentgeltlich in allen Fragen der Berufswahl beraten: die *Berufsberatungsstellen* auf den Arbeitsämtern. Diese schlagen dem Jugendlichen den Beruf vor, in dem er seine Begabungen und Neigungen am besten verwenden kann, sie weisen auf Berufe hin, die Nachwuchs benötigen und daher gute Aussichten bieten, und warnen vor überfüllten Berufen.

Berufsschule →Schule.

Als **Berufssportler** (*Profis, Professionals*) bezeichnet man Leute, die ihren ganzen Lebensunterhalt durch Ausübung eines Sportes (Boxen, Radfahren, Ringen, Fußball usw.) verdienen. Gegensatz: *Amateure.*

Berufung →Gerichte.

Besan →Takelung (Abbildung).

Besatzung ist eine andere Bezeichnung für die gesamte Bemannung eines Schiffes, eines Flugzeuges oder einer Raumkapsel. Als Besatzung bezeichnet man aber auch die Truppen und Dienststellen, die ein erobertes Land militärisch sichern und verwalten.

Der **Beschleuniger** ist eine für die Atomphysiker wichtige Anlage, in der elektrisch geladene →Atomkerne und →Elementarteilchen so stark beschleunigt werden, daß sie eine hohe kinetische →Energie erhalten und in andere Atomkerne eindringen können. Die sich dabei abspielenden Reaktionen geben wichtige Aufschlüsse über den Bau der Materie. Die Beschleunigung erfolgt durch die Einwirkung elektrischer oder magnetischer Felder auf die Materieteilchen. Je nach dem Bau und der Leistung nennt man die Beschleuniger *Zyklotron, Synchrotron, Betatron, Bevatron* u. a.

Die **Beschleunigung.** Die Geschwindigkeitsänderung eines Körpers wird als Beschleunigung bezeichnet. Ein Auto z. B., das kurz nach dem Anfahren bereits eine große Geschwindigkeit erreicht, verfügt über eine große Beschleunigung. Beim Abbremsen eines Fahrzeugs ist die Beschleunigung negativ (Verzögerung). Man darf Beschleunigung und Geschwindigkeit nicht verwechseln. Der menschliche Körper ist für gleichförmige Geschwindigkeit, und sei sie noch so groß, unempfindlich; starke Beschleunigung aber kann zu gesundheitlichen Schäden, besonders der inneren Organe, führen. Je stärker ein Körper beschleunigt wird, desto mehr kinetische →Energie hat er.

Besitz an einer Sache hat derjenige, der die tatsächliche Herrschaft über sie ausübt. →Eigentum.

Bestäubung ist bei Pflanzen der Vorgang, bei dem der Blütenstaub (auch *Pollen* genannt) einer Blüte auf die *Narbe* (→Blüte) einer meist anderen Blüte übertragen wird. Dadurch wird die →Befruchtung eingeleitet. Die Beförderung des Blütenstaubes kann durch Tiere (Bienen), durch den Wind, durch strömendes Wasser oder durch selbständiges Schwimmen der männlichen Keimzelle zur Eizelle einer Pflanze erfolgen (so bei den →Bärlapp-, den →Schachtelhalm- und den →Farngewächsen). Das strömende Wasser bringt den Blütenstaub einiger weniger Wasserpflanzen an seinen Bestimmungsort. Bei Gräsern (Getreide), Nadelbäumen, Birken, Erlen, Haseln, Eichen, Buchen und vielen anderen Pflanzen befördert der Wind den Blütenstaub. Er entsteht bei diesen Pflanzen in großer Menge als leichter, trockener Staub, oft in quastenförmigen, leichtbeweglichen sog. Kätzchen (z. B. Erle, Hasel), und wird vom Wind an die Narben solcher »windblütiger« Pflanzen getragen. Bei den »tierblütigen« Pflanzen erfolgt die Bestäubung auf andere Weise. Von der Blütenfarbe oder dem Unterschied zweier Farben angelockt, vom Duft geleitet, findet das Insekt den Nektar und erbeutet ihn. Dabei bestäubt es sein Haarkleid. Beim Besuch der nächsten Blüte bringt es den Blütenstaub an die Narbe. Da z. B. die Biene meist den ganzen Tag über die gleiche Pflanzenart besucht, wird kaum Blütenstaub fehlgeleitet, und da in den Blüten zumeist Blütenstaub und Narben nicht zur gleichen Zeit »reif« werden, kann der Blütenstaub nicht die Eizelle der eigenen Blüte befruchten.

Die **Bestie** (lat.): wildes Tier, Unmensch.

Als **Bestseller** (engl.) bezeichnet man ein Buch, das in kurzer Zeit in sehr vielen Exemplaren verkauft wird.

Das **Beta** (*B*, *β*) ist der zweite Buchstabe des griechischen Alphabets. Betastrahlen →Radioaktivität.

Die **Betäubung** siehe Anästhesie und →Narkose. – *Betäubungsmittel* →Rauschgifte.

Der **Beton** (sprich betõ) ist ein vielverwendeter moderner Baustoff, der aus Zement als Bindemittel und Kies, Sand oder anderen »Zuschlägen« besteht. Man kann mit Beton Wände, Decken oder große Brückenteile herstellen. Der Zement und die Zuschläge werden unter Beigabe von Wasser miteinander innig vermischt, meist in großen Beton-Mischmaschinen. Dieser Brei wird in sogenannte Schalungen geschüttet, in denen er erstarrt. Dann wird die Schalung entfernt, und der Bauteil, z. B. eine Wand, ist damit fertiggestellt. Man kann in den Betonbrei auch Stahlstäbe und Stahlgeflechte einlegen. Das nennt man dann Stahl- oder Eisenbeton. Dieser wird z. B. für Decken und Pfeiler verwendet. Ferner kann man aus Beton Fertigbauteile (Steine und Platten) gießen.

Ein **Betrieb** ist eine Arbeitsstätte, in der mehrere, oft sehr viele Menschen gemeinsam und an einem Ort nach einheitlichem Plan bestimmte Güter herstellen oder bestimmte Leistungen vollbringen und dafür entlohnt werden. In der modernen Wirtschaft unterscheidet man Kleinbetriebe (1–4 Beschäftigte), Mittelbetriebe (5–49 Beschäftigte) sowie Großbetriebe (50 und mehr Beschäftigte).

Der **Betriebsrat.** In allen Mittel- oder Großbetrieben werden in regelmäßigen Abständen von den Arbeitnehmern Betriebsräte gewählt. Sie sollen die Rechte der Betriebsangehörigen gegenüber der Betriebsleitung in wirtschaftlichen und sozialen Fragen vertreten, so z. B. bei der Aufstellung der *Betriebsordnung*. Diese regelt die Aufgaben und das Verhalten aller Betriebsangehörigen.

Einen **Betrug** begeht, wer zum Nachteil eines anderen sich oder einem Dritten einen Vermögensvorteil durch Täuschung verschafft. Der B. wird als →Vergehen bestraft.

Bettelorden nennt man die katholischen Orden (z. B. Franziskaner, Kapuziner, Dominikaner), die durch ihre Ordensregel den einzelnen wie auch die Klöster verpflichten, nur von Almosen zu leben. Früher mußten sie betteln; heute leben sie vorwiegend von den Einkünften aus ihrer Arbeit.

Das **Bettnässen.** Im Laufe des zweiten Lebensjahres lernt das Kind, den Schließmuskel seiner Harnblase zu beherrschen. Kinder im späteren Lebensalter oder Erwachsene, die, vor allem nachts, keine

Herrschaft über den Schließmuskel haben, sind als krank anzusehen und müssen vom Arzt behandelt werden. In der Mehrzahl der Fälle handelt es sich um nervöse oder seelische Störungen, die verhältnismäßig leicht behoben werden können.
Beugung von 1. Substantiven →Deklination; 2. Verben →Konjugation.
Beuteltiere leben vor allem in Australien, Neuguinea und Tasmanien. Die Beuteltiere bringen ihre Jungen winzig klein und noch ganz unfertig zur Welt. Die Kleinen entwickeln sich erst in einer Hautfalte oder in einer Hauttasche am Bauch ihrer Mutter, in die sie nach der Geburt selbst hineinklettern. Der Beutel umgibt die Milchzitzen, an denen die Jungen oft ein halbes Jahr lang saugen, bis sie groß genug sind, um herumzuspringen. Es gibt Fleisch- und Pflanzenfresser unter den Beuteltieren. Zu den Fleischfressern gehören die Beuteldachse, die Beutelmarder und die Beutelratten (z. B. das nordamerikanische *Opossum*). Pflanzenfresser sind unter anderen die Beutelmäuse, die Beutelbären (z. B. der *Koala*, Abbildung) und die *Känguruhs*. Es gibt Känguruhs, die nicht größer als Kaninchen werden, aber auch Riesenkänguruhs. Die neugeborenen Jungen der Riesenkänguruhs sind nur 2 cm lang. Die erwachsenen Tiere haben eine Länge von 3 m, wobei allein der Schwanz 90 cm mißt. Sie werden 100 bis 150 kg schwer und können bis 10 m weit und 3 m hoch springen.
Die **Bewetterung:** Zufuhr von frischer Luft in ein Bergwerk. →Bergbau.
BGB: Abkürzung für →Bürgerliches Gesetzbuch.
Bhutan ist ein 47000 qkm großer Staat im östlichen Himalaja mit 1 Mill. Bewohnern und der Hauptstadt Thimphu. Außenpolitisch wird das kleine Land von Indien vertreten.
Die **Bibel** (griech. = Bücher) enthält die Bücher des *Alten* und des *Neuen Testaments*, die nach christlicher Auffassung unter Einwirkung des Heiligen Geistes entstanden sind. Die Bibel wird daher auch als »Heilige Schrift« oder als »Wort Gottes« bezeichnet. Die Bücher des Alten Testaments sind meist in hebräischer Sprache geschrieben und enthalten die Geschichts-, Lehr- und Prophetenbücher der Juden bis zur Geburt Christi. Die Bücher des Neuen Testaments sind im 1. Jahrhundert nach Christi Geburt in griechischer Sprache abgefaßt worden. – Die ursprünglichen Handschriften der Bibel sind uns nicht mehr erhalten, wir besitzen nur zahlreiche Abschriften, die in wenigen Punkten voneinander abweichen. Für die katholische Kirche ist neben dem Urtext auch die im 5. Jh. von Hieronymus vorgenommene Übersetzung ins Lateinische, die *Vulgata*, maßgebend. Die Protestanten verdanken Martin Luther ihre deutsche Bibelübersetzung, die 1534 zum erstenmal vollständig gedruckt wurde. – Die Bibel ist das am weitesten verbreitete Buch der Welt, sie ist heute in 1120 Sprachen übersetzt.

Der **Biber** ist ein Nagetier, das einschließlich Schwanz fast 1 m lang werden kann. Er lebt hauptsächlich in den kühlen Ländern der nördlichen Halbkugel der Erde. Auch in Mitteleuropa war er früher häufig zu finden. Aber wegen seines schönen Pelzes, seines schmackhaften Fleisches und der Ausscheidungen bestimmter Drüsen seines Körpers, die man für sehr heilkräftig hielt, ist der Biber bei uns fast ausgerottet worden. Der Biber sucht seine rein pflanzliche Nahrung auf dem trockenen Boden, kann aber auch sehr gut schwimmen. Er hat Schwimmhäute zwischen den Zehen; der haarlose, kräftige Schwanz dient als Ruder. Aus aufeinandergehäuften Baumästen und -zweigen baut der Biber an oder in fließendem Wasser seine »Burg«, in der ein höher gelegener, trockener Ruheplatz ist. Die Eingänge der Burg liegen unter Wasser. Sinkt der Wasserstand so tief, daß die Eingänge frei werden, dann staut der Biber das fließende Wasser durch Äste und ganze Stämme, die er von allen Seiten so lange benagt, bis sie umfallen.

Die **Bibliographie** (griech.): 1. Bücherkunde; 2. Verzeichnis von Druckwerken und Verfassern; 3. Quellenangabe.

Eine **Bibliothek** (griech. = Bücherbehältnis) ist eine private oder öffentliche Büchersammlung (*Bücherei*). Auch das Gebäude oder den Raum, in dem diese Sammlung aufbewahrt wird, nennt man so. Schon im Altertum kannte man Bibliotheken. So bestand z. B. die Bibliothek des assyrischen Königs Assurbanipal (7. Jh. v. Chr.) aus 22000 Keilschrift-Tontafeln. Die größte Bibliothek der hellenistischen Zeit war die von Alexandria; als sie 47 v. Chr. zerstört wurde, sollen sich 700000 Papyrusrollen darin befunden haben. Im Mittelalter entstanden in den Klöstern kleine Sammlungen von Büchern, die noch mit der Hand geschrieben wurden. Vom ausgehenden 15. Jh. an, nachdem durch die Erfindung des Buchdrucks mit beweglichen Lettern Bücher leichter verbreitet werden konnten, legten viele Fürsten und bald auch Universitäten Bibliotheken an. Letztere waren aber nur für Gelehrte und Studenten bestimmt. Im 19. Jh. entstanden die *Volksbüchereien*, die ersten öffentlichen Bibliotheken, die jedem zugänglich sind.

Neben den allgemeinen Bibliotheken und den Fachbibliotheken gibt es Bibliotheken mit einem besonderen Aufgabenkreis: *Werkbüchereien* in den Betrieben, *Pfarrbüchereien*, *Blindenbüchereien*, die nur Bücher in Blindenschrift enthalten, und andere. Den Volksbibliotheken sind oft *Jugendbüchereien* angegliedert.

Es gibt *Ausleihbibliotheken*, aus denen man Bücher entleihen und mit nach Hause nehmen kann, und *Präsenzbibliotheken* (Präsenz = Anwesenheit), wo man sie im Lesesaal lesen muß.

Die größte Bibliothek unserer Zeit ist die Moskauer Leninbibliothek; dort werden über 25 Millionen Druckwerke aufbewahrt.

Die **Biedermeierzeit** erhielt ihren Namen von einer bekannten Witzblattfigur, dem »Herrn Biedermeier«, einem überaus biederen, treuherzigen, spießbürgerlichen Menschen. Sie umfaßt ungefähr die Zeit von 1815 bis 1848. Zum Unterschied von dem vorhergehenden strengen Empirestil wurden im Biedermeier die Wohnungen einfach, aber behaglich gestaltet. Die Kunst bevorzugte Szenen aus dem Familienleben und liebliche Landschaften.

Die **Bienen** (Immen), von denen es über 10000 Arten gibt, sind Insekten und gehören zu der Familie der Hautflügler. Manche Bienen leben einzeln, andere bilden große Staaten, wie z. B. die *Honigbiene*. In einem Bienenstaat leben 20000 bis 80000 Bienen. Die meisten von ihnen sind *Arbeiterinnen*, die anderen *Drohnen* (Männchen). Über dieses Bienenvolk »herrscht« eine *Königin* (der *Weisel*). Auf ihrem Hochzeitsflug sucht sie sich aus einer Schar von Drohnen ihr Männchen aus. Sie nimmt die männlichen Ge-

Königin · Drohne

Zwei Arbeitsbienen, links mit Höschen von Pollenstaub

schlechtszellen auf, die sie in einer Samentasche aufbewahrt und die 2–3 Jahre für die Entstehung neuer Bienen ausreichen. Nach ihrer Hochzeit fliegt die Königin in den Stock zurück und legt ihr Leben lang Eier: von März bis September fast täglich zwischen 1200 und 3000 Stück. Sie werden in die von den Arbeiterinnen hergestellten

Ausschlüpfende Bienen

sechseckigen Wachszellen gelegt, aus denen sich die Waben aufbauen. Nach 3 Tagen schlüpfen die Bienenlarven aus den Eiern und werden von den Arbeiterinnen gefüttert. Die Larven bekommen verschiedene Nahrung und haben eine verschieden lange Entwicklungszeit, je nachdem, ob aus der Larve eine Königin, eine Drohne oder eine Arbeiterin werden soll. Während die Drohnen nur dazu da sind, für die Vermehrung des Volkes zu sorgen, verrichten die Arbeiterinnen alle Arbeiten im Staat: Brutpflege, Bauarbeiten, Verteidigung, die Suche nach Nahrung und ihre Bereitung. Das Wachs, das sie zum Zellenbau brauchen, scheiden sie durch Wachsdrüsen, die sich am Hinterleib befinden, aus. Zur Abwehr von Feinden sind die Arbeiterinnen mit einem Stachel ausgestattet. Sie bestäuben die Blüten, wenn sie bei ihnen Nektar und Blütenstaub (Pollen) holen. Daraus stellen sie Honig und Futterbrei her. Die Lebensdauer von Königin, Drohne und Arbeiterin ist verschieden lang. Die Königin lebt einige Jahre. Sie wird von den Arbeiterinnen beseitigt, sobald ihre Fruchtbarkeit nachläßt. Die Drohnen werden bald nach dem Hochzeitsflug der Königin vertrieben und kommen dabei um. Die Arbeiterinnen werden einige Wochen oder Monate alt.

Als **Bienensprache** wird manchmal das eigentümliche Verhalten der Arbeitsbienen bezeichnet, durch das sie sich verständigen. Nach der Heimkehr von reicher Weide vollführt die Biene auf einer nach unten hängenden Wabe eine Art Tanz (Abb. S. 72). Auf der mittleren Strecke bewegt sie ihren Hinterleib hin und her, sie »schwänzelt«. Läuft sie dabei von unten nach oben, so liegt der empfohlene Futterplatz in Richtung der Sonne, läuft sie nach unten, so liegt er genau entgegengesetzt zur Sonne. Aus Zwischenrichtungen können die Bienen ablesen, in welcher Richtung sie fliegen müssen. Das Tempo des Schwänzeltanzes gibt die Entfernung der Beute an. Dabei bedeuten etwa 40 Runden in der Minute 100 m, 32 Runden 200 m Entfernung.

Bienenschwarm. Wenn man im Frühling eine große Traube von Bienen an einem Baum hängen sieht, ist das ein Zeichen dafür, daß die alte Königin mit der Hälfte ihres Volkes den Stock verlassen

Bienenschwarm
am Ast, um die
Königin gesammelt

hat, weil eine junge Königin an ihre Stelle treten und über den daheimgebliebenen Teil des Volkes »herrschen« soll. Fängt der Imker die schwärmenden Bienen nicht rechtzeitig ein, um sie in einen neuen Stock zu bringen, so suchen sie sich selbst eine Wohnung, z.B. in einem hohlen Baum, und sind dann für den Bienenzüchter verloren.

Bienenzucht oder *Imkerei*. Bienen werden in Bienenständen mit Holzkästen gehalten. Man gibt ihnen Holzrähmchen, die oft schon künstlich begonnene Wachszellen enthalten, an denen die Arbeiterinnen weiterbauen. Diese Waben können vom Bienenzüchter (*Imker*) herausgenommen werden, wenn der Honig reif ist. Der Honigertrag eines Stockes in einem Sommer ist etwa 30 Pfund. Um 1 Pfund Honig zu bereiten, müssen die Bienen 3 Pfund

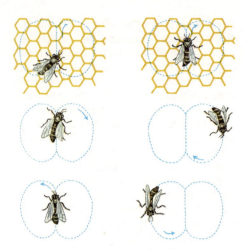

Bienen beim Schwänzeltanz

Nektar sammeln, das bedeutet, daß sie z. B. über 10 Millionen Kleeblüten besuchen müssen. Im Herbst füttert der Imker seine Bienenvölker mit Zuckerwasser, damit sie sich als Ersatz für die Honignahrung, die man ihnen genommen hat, einen neuen Wintervorrat bereiten können.

Die **Bierbrauerei.** Bier ist ein alkoholisches Getränk, dessen Hauptbestandteile Malz, Hopfen und Wasser sind. Der erste Teil der Bierherstellung ist die *Malzbereitung:* Die Gerste wird unter Zusatz von Wasser geweicht, kommt zum Keimen und verwandelt sich so in Malz. Der nächste Arbeitsgang ist das *Darren*, das Trocknen des Malzes; dabei entscheidet die Temperatur darüber, ob man dunkles oder helles Bier erhält. Nun beginnt mit dem *Maischen* das eigentliche Brauen. Das zerkleinerte Malz wird im *Maischbottich* mit Wasser gemischt (gemaischt) und kommt (als »Maische«) in die geheizte *Maischpfanne.* Hier verwandelt sich die im Malz enthaltene Stärke in Zucker. Dann wird der Hopfen zugesetzt und so die *Würze* gekocht. Im Gärkeller wird durch Zusatz von Hefe die *Gärung* bewirkt. Durch diese Hauptgärung von etwa 7 Tagen wird die Würze zu Alkohol und Kohlensäure vergoren und dadurch zum *Jungbier.* Dieses muß mindestens noch 8 Wochen nachgären.

bigott (franz.) nennt man Menschen von blindgläubiger, überheblicher, oft heuchlerischer Frömmigkeit.

bikonkav: beiderseits hohl geschliffen; *bikonvex:* beiderseits gewölbt geschliffen. →Linse.

Eine **Bilanz** (ital. bilancia = Waage) ist die Vermögensaufstellung, die jedes kaufmännisch geleitete Unternehmen bei der Gründung, nach jedem Geschäftsjahr und bei der Auflösung aufstellt. In zwei Spalten wird das Vermögen auf verschiedene Weise zusammengerechnet und gegenübergestellt, links nach der Form, rechts nach der Quelle, d. h., aus der linken Spalte ersieht man, in welcher Form das Vermögen angelegt ist, also z. B. in Grund- und Hausbesitz, Maschinen, zum Ankauf und Verkauf von Waren usw. Das sind die *Aktiva.* Die rechte Spalte zeigt, woher, aus welcher Quelle das Vermögen stammt, also wieviel Geld jemand gegeben hat, wieviel bei jemandem entliehen worden ist, wieviel z. B. für Wareneinkauf noch zu zahlen ist usw. Das sind die *Passiva.* Aus der Bilanz ersieht man, ob die Geschäftslage eines Unternehmens günstig oder ungünstig ist.

bilateral (lateinisch): zweiseitig. Z. B. sind bilaterale Verträge solche, die nur zwischen zwei Staaten (und nicht mehreren) abgeschlossen werden.

Die **bildenden Künste.** Architektur, Malerei, Plastik und Graphik nennt man bildende Künste, weil ihre Werke in sichtbarer Form gebildet und unmittelbar vom Auge aufgenommen werden. Im Gegensatz zu den bildenden Künsten stehen die *Dichtkunst*, die *Schauspielkunst*, die *Tonkunst* (Musik) und die *Tanzkunst*.

Die **Bildhauerei** →Plastik.

Bildungsberatung: Beratung über Möglichkeiten und individuelle Eignung vor allem im Rahmen des →Zweiten Bildungswegs.

Das **Billard** (franz., sprich billjart) ist ein Spiel mit 3 elfenbeinernen Kugeln, die mit einem Stab (Queue, sprich köh) auf einem besonders gebauten Tisch aneinandergestoßen werden.

Eine **Billiarde** (1 000 000 000 000 000, also eine 1 mit 15 Nullen) ist gleich 1 Million mal 1 Milliarde.

Eine **Billion** (1 000 000 000 000, also eine 1 mit 12 Nullen) ist gleich 1 Million mal 1 Million.

Bimsstein ist eine feinlöcherige Lava, also vulkanischen Ursprungs. Er ist sehr leicht, weil er (wie ein Schwamm) beim Erstarren sehr viele winzige Luftbläschen eingeschlossen hat. Man gebraucht ihn als Baustoff, zum Abschleifen und Polieren oder, mit Seife vermischt, als Reinigungsmittel für die Hände. Bimsstein kann auch aus feinem Quarzsand und Ton künstlich hergestellt werden.

Die **Bindehaut** ist die dünne und gegen Wind, Staub und gewisse Krankheitserreger sehr empfindliche Schleimhaut, die sowohl die Innenseite der Augenlider als auch die Vorderfläche des Augapfels überzieht. Dringen Fremdkörper zwischen Auge und Augenlid oder kommen Krankheitserreger mit der Bindehaut in Berührung, so entzündet sie sich. Die *Bindehautentzündung*, die sich darin äußert, daß die Blutgefäße hervortreten, der sonst weiße Augapfel rot erscheint und die Augen am Morgen verklebt sind, ist im allgemeinen harmlos und vergeht nach Spülungen mit lauwarmem Borwasser.

Bindewort →Konjunktion.

Binsen sind grasähnliche Pflanzen, die auf sumpfigem Boden wachsen. Die Halme der Binsen werden wegen ihrer Zähigkeit zum Flechten, z. B. von Stuhlsitzen, verwendet.

Die **Biographie** (griech.): Lebensbeschreibung, die im Gegensatz zum Lebenslauf nicht nur die äußeren Ereignisse, sondern auch die innere Entwicklung darstellt. Eine solche Schilderung des eigenen Lebens heißt *Autobiographie*.

Die **Biologie** (griech. = Lehre vom Leben) ist eine Wissenschaft, die von den Lebewesen, den Menschen, den Tieren und den Pflanzen, handelt. Sie erforscht den Körperbau der Lebewesen, die Arbeitsweise ihrer Organe, ihre Lebensweise, ihre Verteilung auf der Erde, ihr Zusammenleben, die Geschichte ihres Daseins, die Zusammenhänge der Vererbung und schließlich auch das Wesen des Lebens selbst.

Das **Birett:** Käppchen, das die katholischen Geistlichen bei Amtshandlungen tragen. Der Kardinal trägt ein rotes, der Bischof ein violettes und die übrigen Priester ein schwarzes. Siehe auch Barett.

Die **Birke** →Laubbäume.

Birma ist eine 678 033 qkm große Republik in Hinterindien mit 29,56 Mill. Einwohnern und der Hauptstadt Rangun. Es ist das ertragreichste Reisgebiet Hinterindiens (Irawadimündung). Wichtig sind auch die Viehzucht und die Bodenschätze (Erdöl, Wolfram, Zinn). Das Land kam im 19. Jh. zu Britisch-Indien und ist seit 1948 selbständig.

Die **Birne** ist eine beliebte Kernfrucht, die (ebenso wie der Apfel) aus Asien stammt. Es gibt viele Birnensorten, wie z. B. die *Butterbirnen*, die *Bergamotten* und die *Muskatellerbirnen*. Wild wachsen bei uns die *Holzbirnen*.

Der **Bischof** ist der höchste Geistliche in einer →Diözese (Bistum). Nach katholischer Lehre ist er als Nachfolger der Apostel berechtigt, Priester zu weihen und die Firmung zu erteilen. Er wird vom Papst ernannt. Als äußere Zeichen seines Amtes trägt er Ring, Brustkreuz, Bischofsmütze (Mitra) und Bischofsstab. Auch die obersten Geistlichen evangelischer Kirchen heißen vielfach Bischöfe.

Otto von **Bismarck,** der deutsche Staatsmann und Politiker, lebte von 1815 bis 1898. Er entstammte dem grundbesitzenden märkischen Adel. Mit 47 Jahren wurde er Ministerpräsident des Königreiches Preußen und 1871 der erste Kanzler des von ihm gegründeten deutschen Kaiserreiches. 1890 wurde er von Kaiser Wilhelm II. entlassen und lebte auf seinem Gut Friedrichsruh im Sachsenwald.

Bismarcks Politik ist viel bewundert, aber auch sehr heftig bekämpft worden. Als preußischer Ministerpräsident erreichte er, oft allerdings nur mit »Blut und Eisen« (1864 Krieg mit Dänemark, 1866 Krieg mit Österreich, 1870/71 Krieg mit Frankreich), sein Ziel, Preußen zu vergrößern und ihm eine Vormachtstellung unter den deutschen Ländern zu verschaffen. Nach dem Sieg über Frankreich veranlaßte er die deutschen Fürsten, einen Bundesstaat zu gründen, und stellte so die deutsche Einheit (ohne Österreich) her. Damit wurde Deutschland unter seiner Führung zur beherrschenden Macht der europäischen Politik. Als Reichskanzler sicherte Bismarck in seiner Amtszeit mit geschickter Bündnispolitik dem Reich den Frieden nach außen. Er schuf die Invaliden-, Kranken- und Altersversicherung. Sein Kampf gegen die katholische Kirche (Kulturkampf) und die aufstrebende Sozialdemokratie (Sozialistengesetz) blieb jedoch erfolglos.

Der **Bison** →Büffel.

Das **Biwak:** Truppenlager im Freien.

Der **Bizeps** ist der größte Muskel, der vom Schulterblatt und vom Oberarm zum Unterarm führt und diesen anwinkelt. Es ist der Muskel, den man durch angespanntes Beugen des Armes stark hervortreten lassen kann.

Die **Blamage** (sprich blamahsche): Schande, Bloßstellung.

blanko (ital. = weiß, unausgefüllt). Eine Namensunterschrift auf einem unbeschriebenen Blatt Papier oder einem unausgefüllten Formular, z. B. auf einem Scheck, ist eine *Blanko-Unterschrift*. Durch diese Unterschrift erklärt sich der Unterzeichner mit allem einverstanden, was der Empfänger eines solchen Blattes daraufschreibt.

Blankvers: Vers ohne Reim; →Verslehre.

Mit einem **Blasebalg** kann man einen Luftstrom erzeugen. Er besteht aus einem Ledersack, der zwischen zwei Holzplatten

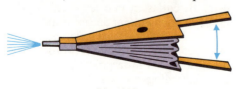

Blasebalg

liegt und auseinandergezogen und zusammengedrückt wird. Dies geschieht bei kleineren Geräten durch Handgriffe, bei größeren (Schmiedebälgen) durch einen Kettenzug oder (bei der Orgel) durch Balken. Zum Aufpumpen von Luftmatratzen usw. gibt es kleine Tretbälge aus Gummi.

blasiert (franz.): eingebildet, hochnäsig.

Blasinstrumente. Es gibt zwei Arten von Blasinstrumenten: Holzblasinstrumente, vor allem Flöte, Oboe, Klarinette, Fagott, und Blechblasinstrumente, vor allem Trompete, Horn, Posaune, Tuba. – Abb. →Musikinstrumente. Die Naturvölker fertigen Blasinstrumente auch aus Horn, Knochen, Rohr oder Ton.

Die **Blasphemie** (griech.): Gotteslästerung.

Das **Blasrohr.** Viele Naturvölker verwenden Blasrohre als Waffen. Ein Blasrohr ist ein 1–2 m langes, ausgehöltes Rohr, in dem das Geschoß, meist ein kleiner vergifteter Pfeil, entlanggleitet, nachdem es durch kurzes, kräftiges Blasen in Bewegung gesetzt wurde.

Das **Blatt** dient den Pflanzen zur Nahrungsbereitung, zur Atmung und zur Abgabe von Wasser. Gegen Austrocknen bei anhaltender Dürre schützen sich die Pflanzen durch filzige Behaarung oder durch eine Wachsschicht auf den Blättern. An der Form der Blätter kann man erkennen, welcher Familie und welcher Art die Pflanze angehört. Auch die Nadeln der Nadelbäume sind eigentlich Blätter. – Abbildung der Blattformen →Laubbäume, →Nadelbäume.

Das **Blattgrün** oder *Chlorophyll* ist der grüne Farbstoff der Pflanzen. Es besitzt die Eigenschaft, unter der Einwirkung des Sonnenlichtes die Kohlensäure aus der Luft mit den von der Wurzel her zugeführten Nährstoffen zum Aufbau der Pflanzen zu vereinen. Fehlt das Sonnenlicht, so bleiben die Triebe farblos.

Blattläuse sind kleine, zuweilen geflügelte Insekten. Sie sind schädlich, weil sie an jungen Pflanzentrieben saugen. Manche →Ameisen ernähren sich von den süßen Ausscheidungen der Blattläuse.

Das **Blaue Band** des Ozeans wird als Auszeichnung für die schnellste Schiffsüberquerung des Nordatlantik verliehen. Der amerikanische Dampfer »United States« bewältigte 1952 die vorgeschriebene Strecke Cherbourg–New York in 3 Tagen, 10 Stunden und 40 Minuten.

»Blauer Reiter« hieß eine Vereinigung →expressionistischer Maler, die von 1911 bis 1914 in München bestand. Dem »Blauen Reiter« gehörten u. a. Kandinsky, Klee, Macke und Marc an.

Die **Blausäure** ist eine wasserhelle Flüssigkeit, die →Zyan enthält und in konzentrierter Form sehr giftig ist. Sie kommt in der Natur in manchen Obstkernen (z. B. Kirsche, Pfirsich) in geringen Mengen vor und ist an ihrem Bittermandelgeruch zu erkennen.

Der **Blauwal** ist das größte Tier, das heute auf der Erde lebt; er wird bis zu 34 m lang und über 100000 kg schwer.

Der **Blazer** (engl., sprich bläh-ser) ist eine leichte Sportjacke.

Das **Blei** (chemisches Zeichen Pb) ist ein chemisches Element, ein Schwermetall. Es ist bläulichgrau, weich und läßt sich walzen und pressen. Es wird aus den Bleierzen Bleiglanz und Weißbleierz gewonnen. Blei wird zu Blechen, Leitungsrohren, Akkumulatorplatten, Kabelumkleidungen, Verschlußplomben und Geschossen, Bleilegierungen werden zu Druckbuchstaben und Lötmetall verarbeitet. Bleiverbindungen werden zu Malerfarben, in der Medizin, zu Glasuren und zur Kristallglasbereitung verwendet. Alle Bleiverbindungen und Bleidämpfe sind giftig.

Blende →Erze, →Photographie.

Blinddarm nennt man die kleine Sackgasse, die der Dickdarm an der Stelle bildet, an welcher der Dünndarm in ihn mündet. Diese kurze Sackgasse trägt an ihrem Ende noch einen etwa kleinfingerlangen, wurmartigen Fortsatz, den *Wurmfortsatz*. Wenn man im rechten unteren Viertel des Bauches, denn dort liegt der Blinddarm, plötzlich Schmerzen bekommt, wenn sich dazu vielleicht noch Brechreiz oder gar Fieber einstellt, so liegt der Verdacht auf eine Blinddarmentzündung nahe, und man muß unverzüglich den Arzt aufsuchen.

Blindflug nennt man das Fliegen ohne Sicht (z. B. bei Nebel, in Wolken, bei Dunkelheit). Der Pilot orientiert sich nach den Bordinstrumenten oder nach Funkpeilung (→Funkfeuer, Peilung).

Der **Blindgänger** ist ein Sprengkörper, dessen Zündeinrichtung versagt hat, der also nicht explodiert ist.

Blindheit kann angeboren oder auch die Folge von schweren Krankheiten und Verletzungen sein. Um Blinden das Lesen zu ermöglichen, erfand der blinde französische Lehrer Louis Braille 1825 die *Blindenschrift*. Sie besteht aus erhöhten Punk-

Anfang des Blindenalphabets

ten, die mit den Fingern abgetastet werden. In besonderen Schulen werden Blinde unterrichtet und auf geeignete Berufe vorbereitet. Im Verkehr muß man auf Blinde besondere Rücksicht nehmen, sie sind an einer gelben Armbinde mit drei schwarzen Punkten zu erkennen, wie sie auch von Taubstummen und Schwerhörigen getragen wird.

Die **Blindschleiche** →Eidechsen.

Der **Blitz** ist eine elektrische Entladung, die entsteht, wenn elektrische Spannungen zwischen verschieden geladenen Wolken oder zwischen Wolken und Erde sich ausgleichen. Das geschieht z. B. bei Regengewittern, Vulkanausbrüchen, Schneestürmen oder Staubgewittern. In jeder Sekunde gibt es auf der Erde etwa 100 Blitze. Der Blitz ist oft 1 bis 10 km lang und gleicht elektrische Spannungen bis zu 100 Millionen Volt aus. Er hat eine Stromstärke bis zu 100000 Ampere und besteht aus mehreren Teilblitzen. Meistens schlägt der Blitz von einer negativ geladenen Wolke zur Erde. Bei Turmspitzen und anderen Erhebungen arbeitet er sich von der Spitze zur Wolke empor, schlägt also von unten nach oben. Ein Blitzkanal ist fast ½ Meter dick. – Der Blitz sucht sich immer den kürzesten und besten Weg zur Erde, d. h. zum Grundwasser. Er schlägt daher meist an den hochgelegenen Stellen nahe am Wasser oder ins Wasser ein. Besonders gefährdet sind Berggipfel, einzelnstehende Bäume oder auch Menschen, die allein auf freiem Feld stehen. (Rat: Mit geschlossenen Beinen in die Hocke gehen!) Um Häuser zu schützen, schreibt man dem Blitz den Weg vor; auf dem Hausdach wird eine Metallstange angebracht, die über dicke Drahtseile mit dem Grundwasser verbunden ist. Der Blitz geht den Weg über diesen *Blitzableiter*, da es der kürzeste und bequemste Weg zur Erde ist. Blitzableiter kannten wahrscheinlich schon die alten Babylonier. In der Neuzeit erfunden wurde er 1752 von Benjamin Franklin. Siehe auch Elmsfeuer.

Blitzlicht →Photographie.

Der **Blizzard** (sprich blised): Schneesturm in Nordamerika. →Wind.

Die **Blockade** (franz.): Bezeichnung für eine Maßnahme, die von einem oder mehreren Ländern getroffen wird, um ein anderes Land von jedem Warenaustausch und Personenverkehr abzuschließen.

Die **Blockflöte** (früher Plockflöte) hat ihren Namen von einem in das Mundstück eingesetzten Kern, dem Block. Bis zum 18. Jh. wurde sie im Orchester verwendet, heute fast nur noch in der Hausmusik.

Blues (engl., sprich bluhs, von blue = traurig): ursprünglich langsamer Gesang amerikanischer Negersklaven, heute langsamer Jazz im ¾-Takt mit bestimmter harmonischer Folge.

Der **Bluff** (engl., sprich blöff, blaff): ein irreführendes, meist prahlerisches oder drohendes Verhalten, durch das auf jemand Druck ausgeübt werden soll, um ihn für eine bestimmte Sache zu gewinnen. Wer blufft, täuscht Fähigkeiten oder Möglichkeiten vor, über die er in Wahrheit nicht verfügt. Er rechnet mit der »Verblüffung« des anderen.

Blumen →Blütenpflanzen. – Blume nennt man auch den Schwanz von Kanin-

chen und Hase sowie die Schwanzspitze von Fuchs und Wolf, ferner die weiße Zeichnung auf der Stirn von Pferden.

Das **Blut** ist die Flüssigkeit, die alle rund 8 Billionen Zellen, aus denen unser Körper besteht, mit dem lebensnotwendigen Sauerstoff und den erforderlichen Nährstoffen versorgt und die dabei entstehenden unverwertbaren Reste (Abbaustoffe) abtransportiert. Überdies versieht es noch den Transport verschiedener Stoffe, wie z. B. der Hormone, im Körper. Die Gesamtmenge des Blutes, die in den Adern eines Menschen kreist, beträgt etwa $^1/_{10}$ des Körpergewichts des betreffenden Menschen. Das Blut besteht zu 54 Prozent aus einer gelblichen Flüssigkeit, dem *Blutplasma*, das seinerseits wieder 80 Prozent Wasser enthält, und zu 46 Prozent aus festen Bestandteilen. Dies sind a) die roten Blutkörperchen, b) die weißen Blutkörperchen und c) die Blutplättchen. Die *roten Blutkörperchen*, von denen etwa 5 Millionen in jedem Kubikmillimeter Blut schwimmen, haben die wichtige Aufgabe, den Sauerstoff zu den einzelnen Zellen unseres Körpers zu befördern. Die *weißen Blutkörperchen* (6000 bis 8000 pro Kubikmillimeter) kann man mit Recht die »Gesundheitspolizei des Blutes« nennen. Sie eilen stets an die Stellen, an denen es Krankheitserregern oder Fremdkörpern gelungen ist, in den Körper einzudringen. Hier greifen sie die Erreger mit bestimmten Stoffen, die sie absondern und die schwächend auf die Lebensfunktionen der Eindringlinge wirken, an und fressen sie schließlich auf. Dieser Vorgang des Kampfes zwischen weißen Blutkörperchen und Erregern ist uns als Entzündungsvorgang bekannt; die Unmenge der daran beteiligten weißen Blutkörperchen wird im Eiter sichtbar. Die *Blutplättchen* (etwa 300 000 in einem Kubikmillimeter Blut) sorgen für den schnellen Verschluß entstandener Verletzungen der Blutgefäße, indem sie an den betreffenden Stellen das Blutplasma zum Gerinnen bringen. Von großer Bedeutung für die Erkennung von Krankheiten und die Heilungsaus-

76

sichten sind Untersuchungen über die Zahl der Blutkörperchengruppen sowie über die Zusammensetzung des Blutes und die Feststellung der Mengen der im Blutplasma gelösten Stoffe.

Die **Blüte** einer Pflanze hat in der Natur eine besondere Aufgabe: sie sorgt dafür, daß die Pflanze sich vermehren kann. Eine Blüte besteht aus verschiedenen Blättern, die meist in Kreisen angeordnet sind: den Kelchblättern, den Blumenblättern, den Staubblättern und den Fruchtblättern. Die grünen *Kelchblätter* bilden die äußerste Schutzhülle. Die leuchtenden *Blütenblätter* locken die Insekten an, die nach süßem Nektarsaft und Blütenstaub suchen und dabei die Bestäubung übernehmen. Die *Staubblätter* bestehen meist aus einem fadenartigen Teil, dem Staubfaden, und einem kolbenförmigen Teil, dem Staubbeutel, in dem die männlichen *Pollenkörner*, der Blütenstaub, aufbewahrt sind. Die *Fruchtblätter* sind häufig miteinander verwachsen und bilden dann den sogenannten *Stempel*. Der unterste Teil des Stempels heißt *Fruchtknoten;* er enthält die Samenanlagen mit der weiblichen Eizelle. Nach oben verlängert sich der Fruchtknoten in den *Griffel*, der ein Köpfchen trägt (die *Narbe*). Gelangt Blütenstaub auf die Narbe eines Stempels, so spricht man von →*Bestäubung*. Bei manchen Pflanzen enthalten die Blüten nur Blütenstaubgefäße (männliche Blüten) oder nur Fruchtknoten. Stehen beide Blütenarten auf derselben Pflanze, dann nennt man diese *einhäusig* (z. B. Mais, Eiche); stehen sie auf verschiedenen Pflanzen, so bezeichnet man die Pflanzen als *zweihäusig* (z. B. Sanddorn, Salweide).

Blutegel sind 5 bis 20 cm lange Würmer, die im Wasser leben und anderen Tieren Blut aussaugen. Der medizinische Blutegel wird beim Menschen angewendet, um Blut zu entziehen.

Zu den **blütenlosen Pflanzen** gehören →Farne, →Schachtelhalme, →Bärlappe, →Moose, →Flechten, →Pilze und →Algen. Sie vermehren sich durch *Sporen*, das sind meist einzellige, ohne Befruchtung entstehende Gebilde, die oft in Sporenbehältern sitzen (z. B. an der Unterseite der Farnblätter). Diese Sporen werden von Wind oder Wasser fortgetragen. Aus ihnen entwickelt sich durch Zellteilung z. B. bei den Farnen ein Vorkeim mit männlichen und weiblichen Organen. Bei Befruchtung entstehen aus der Verschmelzung der Keimzellen dann neue sporenbildende Pflanzen.

Blütenpflanzen (Samenpflanzen) vermehren sich durch Samen, die sich in der Blüte entwickelt haben. Fällt ein reifer Same in die Erde, so entsteht eine neue Pflanze. Zu den Blütenpflanzen gehören

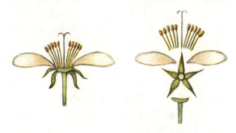

Links: Längsschnitt durch eine Blüte. Rechts: zerlegte Blüte; von unten nach oben: Blütenboden, Kelchblätter, Blumenblätter, Staubblätter, Fruchtblätter (Stempel)

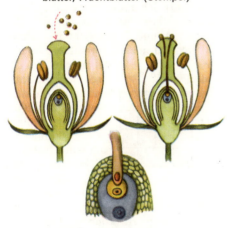

Links: Längsschnitt durch eine Blüte. Bei der Bestäubung gelangen die Pollenkörner auf die Narbe des Stempels. Rechts: die Pollenkörner bilden Pollenschläuche, die durch den Griffel in den Fruchtknoten mit der Samenanlage hinunterwachsen und die Eizelle befruchten (Mitte unten)

Blütenstände: Traube (Maiblume), Rispe (Weinstock), Ähre (Eisenkraut), zusammengesetzte Ähre (Roggen), Kolben (Aronstab), Dolde (Schlüsselblume), zusammengesetzte Dolde (Doldengewächs), Köpfchen (Klee), Körbchen (Korbblütler), Trugdolde (Holunder)

Blumen, Gräser, Kräuter, Sträucher und Laub- und Nadelbäume.

Der **Blütenstand.** Bei Pflanzen, die mehr als eine Blüte auf ihrem Stengel tragen, sind die Blüten zu Blütenständen vereinigt. Nach der verschiedenartigen Form der Anordnung unterscheidet man Traube, Dolde, Köpfchen, Körbchen usw. Siehe Bild oben.

Der **Bluterguß.** Durch Verletzung, wie Fall, Schlag oder Verrenkung von Gelenken, kommt es häufig vor, daß Blutgefäße zerreißen und ihr Blut sich in das umgebende Gewebe ergießt. Den dadurch entstehenden roten bis blauroten, meist schmerzhaften Fleck nennt man einen Bluterguß. Die Blutgefäße heilen wieder zu, und das Blut wird in leichten Fällen ohne besondere Behandlung vom Gewebe aufgesaugt.

Die **Bluter-Krankheit** ist eine selten vorkommende erbliche Krankheit, bei der die Blutgerinnung verzögert oder gar aufgehoben ist. Menschen, die an dieser Krankheit leiden, müssen streng darauf achten, sich nicht zu verletzen, denn der kleinste Schnitt kann zum völligen Verbluten führen. Die Bluter-Krankheit wird nur durch die Töchter eines bluterkranken Vaters weitervererbt. Dabei bleiben die Frauen völlig frei von den Erscheinungen der Krankheit. Erst ihre Söhne leiden wieder daran. Die Söhne an Bluter-Krankheit leidender Väter sind gesund.

Blutgruppen. Oft bewirkt bei einer Blutübertragung ein im Blut enthaltener Stoff, daß sich die Blutkörperchen des fremden Blutes zusammenballen, was durch Verstopfung der Adern zum Tod des Kranken führt. Es gibt zwei solcher Stoffe, die mit a und b bezeichnet werden. Blut, das vom Stoffe a verklumpt wird, bezeichnet man mit A; Blut, das von b verklumpt wird, mit B. Blut der Sorte (Gruppe) A enthält den Stoff b, B-Blut den Stoff a. Deshalb können diese beiden Blutsorten nicht vermischt werden. Es gibt aber auch Menschen mit einem Blut, das a *und* b enthält. Es kann also weder zur Gruppe A noch zur Gruppe B gehören; man bezeichnet es mit 0 (Null). Schließlich gibt es auch Menschen mit einem Blut, das aus Blut der Gruppen A und B gemischt ist. Dieses kann weder a noch b enthalten. Die bei-

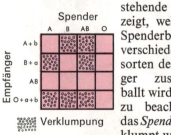

Verklumpung

stehende Tabelle zeigt, welche Sorte Spenderblut von den verschiedenen Blutsorten der Empfänger zusammengeballt wird. Dabei ist zu beachten, daß das *Spender*blut verklumpt wird.

Der **Blutkreislauf.** Um alle seine Aufgaben erfüllen zu können, kreist das →Blut beständig in den Adern unseres Körpers. In der Lunge mit Sauerstoff beladen, wird es durch die Pumpwirkung des Herzens von dessen linker Kammer aus in die Hauptschlagader, die *Aorta*, gepreßt. Von hier aus verteilt es sich in die

Schlagadern oder *Arterien,* die sich im ganzen Körper verzweigen und auch sämtliche Glieder bis in die äußersten Spitzen durchziehen. Die Arterien werden gegen die Körperoberfläche zu immer dünner. Schließlich teilen sie sich in dünne Haargefäße (*Kapillaren*) auf, die sich nach etwa 1 bis 2 Millimeter wieder erweitern. Durch ihre feinen Wände dringen Sauerstoff und andere Nährstoffe ins Blut, während Kohlensäure und andere Abbaustoffe vom Blut aufgenommen werden. Das auf diese Weise kohlensäurebeladene und dadurch dunkelrot gewordene Blut der Haargefäße sammelt sich in den Blutadern, den *Venen,* und fließt zum rechten Vorhof des Herzens zurück. Wir nennen diesen Teil des gesamten Systems den großen Kreislauf. Von der rechten Herzkammer aus wird das Blut durch die Lungenschlagader und durch die Haargefäße der Lunge gepumpt. Hier nimmt es den Sauerstoff, der mit der Atemluft in die Lunge eingesaugt worden ist, in sich auf und fließt in den linken Vorhof des Herzens zurück. Von hier aus tritt es über die linke Kammer und die Aorta wieder seinen Weg durch den Körper an. Von den rund 7 Litern Blut, die ein erwachsener Mensch hat, beteiligt sich jedoch nur etwa die Hälfte, also 3½ Liter, am Kreislauf. Der Rest wird in Reservelagern, wie Leber, Milz und Haut, deponiert, um bei besonders großem Bedarf, z. B. bei körperlichen Anstrengungen, eingesetzt zu werden. Das sauerstoffreiche Blut der Arterien ist (im Unterschied zu dem der Venen) hellrot. Siehe auch Herz.

Die **Blutrache.** Das alte Gesetz der Blutrache verpflichtete die Verwandten, einen Mord an einem Familienmitglied durch Tötung des Mörders oder eines Mitglieds von dessen Sippe zu rächen. Es gibt Völker, die noch heute Blutrache üben.

Blutstillung →Erste Hilfe.

Blutübertragung (*Bluttransfusion*) nennt man die Übertragung von größeren Mengen Blutes aus den Venen eines Menschen (Spender) in die eines anderen (Empfänger). Dabei muß das Blut des Spenders einer zu der des Empfängers passenden →Blutgruppe angehören.

Blutvergiftung →Sepsis.

Die **Bö** (holländ.): ein plötzlicher, heftiger Windstoß.

Die **Boaschlangen** sind ungiftige, bis 8 m lange Riesenschlangen, die hauptsächlich im tropischen Amerika leben.

Der **Bob** (auch bobsleigh) →Wintersport.

Das **Boccia-Spiel** (sprich bottscha) ist ein besonders in Italien beliebtes Kugelspiel. Jeder Spieler versucht mit seiner Kugel einer als Ziel ausgeworfenen Kugel möglichst nahe zu kommen.

Bodycheck (engl., sprich boditscheck): beim Eishockey hartes, nach den Regeln erlaubtes Rempeln eines gegnerischen Spielers.

Die **Boheme** (sprich bo-ähm): französischer Name für Böhmen, auch für die Bewohner dieses Landes und für Zigeuner. Im Sinne von Zigeunertum wird das Wort Boheme auch angewandt auf eine ungebundene, von der Gemeinschaft losgelöste Lebensform, wie sie im 19. Jh. unter Künstlern sich ausbreitete. Einen Menschen, der in dieser Weise lebt, nennt man *Bohemien* (sprich bo-emiäh).

Böhmen →Tschechoslowakei.

Bohnen nennt man einige Pflanzen aus der Familie der Schmetterlingsblütler oder auch nur ihre Früchte und Samen. Man unterscheidet folgende Bohnenarten: die *Ackerbohne* (Pferde-, Sau- und Puffbohne), die *Gartenbohne* (Stangen- und Buschbohne) und die *Feuerbohne.* Bohnen werden als Futter-, Gemüse- und Zierpflanzen gezogen. Die sehr fettreiche *Sojabohne,* die aus Ostasien stammt, wird heute auch in Deutschland angebaut. Auch bohnenförmige Früchte anderer Pflanzen werden oft als Bohnen bezeichnet (Kaffeebohnen oder Kakaobohnen).

Niels **Bohr** war ein dänischer Physiker und lebte von 1885 bis 1962. Er erdachte 1913 ein →Atommodell, das dem System der →Planeten ähnelte. 1922 erhielt Bohr als erster dänischer Physiker den Nobelpreis, und zwar für sein quantenphysikalisches Atommodell.

Der **Bohrer** ist ein Werkzeug aus Stahl, das zum Herstellen von Löchern dient. Es gibt *Holzbohrer, Metallbohrer* sowie *Gesteins-* und *Erdbohrer*. Sie werden entweder von Hand, meist aber mit Hilfe von Bohrkurbeln (Bohrwinde, Brustleier), Elektromotoren (*Bohrmaschine*) oder anderen Antriebsmaschinen in Drehung versetzt und dabei gleichzeitig vorwärtsgetrieben. Bei der Herstellung von *Tiefbohrungen*, z. B. zur Erdölgewinnung, ist der Bohrer auf einem *Bohrturm* drehbar aufgehängt (→Erdöl). Seine Schneiden sind manchmal mit Diamanten besetzt, damit sie harte Gesteinsschichten durchdringen können. Der *Drillbohrer* dient zum Herstellen von Bohrungen mit kleinem Durchmesser. Seine schraubenartig gewundene Antriebsstange wird durch Aufundabschieben eines Handgriffes in Drehung versetzt.

Der **Boiler** (engl.): Gerät zur Warmwasserbereitung, das meist mit Gas oder elektrischem Strom geheizt wird.

Die **Boje.** Um Schiffe vor Untiefen oder anderen Gefahren zu warnen und ihnen den richtigen Weg zu weisen, werden vor den Küsten Bojen, d. h. schwimmende, aber auf dem Meeresboden verankerte Seezeichen, verwendet. Sie bestehen aus einem tonnenförmigen Schwimmkörper, der ein kleines Leuchtfeuer (*Leuchtboje*) trägt. Bei anderen Bojen wird eine heulende Pfeife (*Heulboje*) oder eine Glocke (*Glockenboje*) durch den Wellenschlag ständig in Bewegung gehalten.

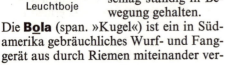
Leuchtboje

Die **Bola** (span. »Kugel«) ist ein in Südamerika gebräuchliches Wurf- und Fanggerät aus durch Riemen miteinander ver-

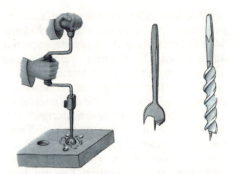
Holzbohrer: links Bohrwinde im Gebrauch mit eingesetztem Kreisschneider, daneben das Eisen des Kreisschneiders und ein weiteres Eisen mit Spiralbohrung zum Bohren von tieferen Löchern

links: Drillbohrer

rechts: unterer Teil eines Metallbohrers

knüpften Stein- oder Metallkugeln; sie schlingt sich um die Beine des Opfers und bringt es zu Fall.

Bolivien, benannt nach Simon *Bolivar* (1783 bis 1830), dem Befreier Südamerikas von der spanischen Kolonialherrschaft, ist eine 1 098 581 qkm große Republik in Südamerika mit 5,32 Mill. Einwohnern (Indianer, Weiße, Mischlinge) und der Hauptstadt La Paz. Sie reicht von den Anden im Westen mit dem Bolivianischen Hochland (Titicacasee) bis zum Tiefland des Gran Chaco im Osten. Das Land ist reich an Bodenschätzen. Bis zur spanischen Eroberung (1539) herrschten hier die Inka; seit 1825 ist Bolivien unabhängig.

Heinrich **Böll** wurde 1917 geboren. Er ist ein in der ganzen Welt bekannter deutscher Romanschriftsteller und →Satiriker. Seine ersten Werke behandeln die

Kriegszeit und die westdeutsche Nachkriegsgesellschaft, die er z. T. satirisch kritisierte. Der Katholik Böll nimmt auch manche Erscheinungen der Amtskirche nicht von seiner Kritik aus. 1972 erhielt er den Literaturnobelpreis. Böll schrieb auch Erzählungen und Hörspiele. Seine wichtigsten Romane: »Und sagte kein einziges Wort«, »Billard um halb zehn«, »Ansichten eines Clowns«, »Gruppenbild mit Dame«.

Das Wort **Bolschewismus** kommt vom russischen bolschinstwo = Mehrheit. Die russischen Sozialisten spalteten sich 1903 in die Bolschewisten (Mehrheitler) und Menschewisten (von menschinstwo = Minderheit). Die Bolschewisten traten für den radikalen Marxismus (→Marx) und die Revolution ein, die Menschewisten für den demokratischen Sozialismus. In der russischen Revolution von 1917 siegten die von →Lenin geführten Bolschewisten, die von da an ihre Organisation Kommunistische Partei nannten. – Siehe auch Kommunismus.

Der **Bon** (franz., sprich bõ): Gutschein.

Der heilige **Bonifatius** hieß eigentlich Winfried, stammte aus England und gilt als Apostel der Deutschen, weil er die christliche Lehre in Friesland, Thüringen und Hessen predigte und als Erzbischof von Mainz die fränkische Kirche reorganisierte. Im Alter von 79 Jahren wurde er 754 in Friesland erschlagen.

Das **Bonmot** (sprich bõmoh, franz.): witzige, treffende Bemerkung.

Bonus →Malus.

Bonze nennt man einen buddhistischen Priester. Als »Bonzen« bezeichnet man aber auch verächtlich einen Parteifunktionär, der seine Machtstellung in unangemessener Weise gebraucht.

Der **Borkenkäfer.** Die Larven der Borkenkäfer fressen mit Vorliebe das saftige Gewebe von Nadelbäumen zwischen Holz und Borke. Dadurch kränkelt der befallene Baum und geht bei starkem Fraß ein. Besonders der sog. *Buchdrucker* richtet in Wäldern großen Schaden an.

Die **Börse.** Regelmäßige Zusammenkünfte von Kaufleuten, die sich treffen, um Handelsgeschäfte abzuschließen, nennt man Börsen. Auch das Haus, in dem sie zusammenkommen, heißt Börse. Es werden dort →Wertpapiere, →Devisen usw. oder Waren (z. B. Baumwolle, Kaffee, Mehl, Metalle usw.) in großen Mengen verkauft. Die Waren selbst werden nicht in die Börse gebracht. Sie sind nach ihrer Güte in verschiedene Preisstufen eingeteilt. Die Preise (Börsenkurse) schwanken: sie sind hoch (*Hausse*), wenn wenig Ware angeboten und viel verlangt wird; sie sind niedrig (*Baisse*), wenn viel angeboten und wenig verlangt wird. Angebot und Nachfrage regeln also den Preis. Die an den Börsen ausgehandelten Kurse geben ein genaues Bild der Lage auf dem Waren- und Geldmarkt eines Landes. Durch den Vergleich der Börsenkurse in den verschiedenen Ländern ermittelt man den Weltmarktpreis.

Der **Boss** (amerik., vom niederländ. baas = Meister, Herr): Chef, Parteileiter.

Die **Botanik** (griech.): Pflanzenkunde.

Die **Botokuden** sind ein brasilianischer Indianerstamm. Ihren Namen haben sie von den Holzpflöcken, die sie als Schmuck in Ohren und Lippen tragen und die portugiesisch botoque heißen.

Botswana heißt eine 600 372 qkm große Republik in Südafrika mit 710 000 Einwohnern (Betschuanen). Hauptstadt ist Gaberones. In dem wenig fruchtbaren Land wird hauptsächlich Viehzucht betrieben. Das Land war 1885–1966 britisches Protektorat (*Betschuanaland*).

Der **Boulevard** (franz., sprich bulwahr): die breiten, meist ringförmig angelegten Straßen auf alten Festungswällen (Bollwerken) in Frankreich, heute allgemein breite Prachtstraßen in Großstädten.

Die **Bourgeoisie** (franz., sprich burschoasih) →Marx.

Das **Bowiemesser** ist ein dolchähnliches Jagdmesser, das in einer Lederscheide getragen wird; so genannt nach dem amerikanischen Obersten Bowie.

Box (engl. »Kasten«) nennt man 1. einen Unterstellraum für Pferde oder Kraftfahrzeuge, besonders an Rennplätzen (Rennbox), 2. einen Musikautomaten in Gaststätten (Musikbox), 3. eine einfache Kamera mit fest eingestellter Blende (Boxkamera).

Boxen ist ein Kampfsport, der körperliche Härte voraussetzt. Boxen ist ein wohldurchdachtes Fechten mit den Fäusten in einem 5×5 Meter großen »Ring«. Um ernsthafte Verletzungen möglichst zu vermeiden, werden gepolsterte Kampfhandschuhe von 5 bis 8 Unzen Gewicht verwendet (1 Unze = 28 g). Der Boxer versucht mit Hilfe von »Geraden«, das sind mit der Faust schnell ausgeführte Stöße, von »Haken«, das sind aus dem gebogenen Arm geführte Schläge, und von »Aufwärtshaken« die besonders schlagempfindlichen Körperstellen seines Gegners zu treffen. Geschlagen werden darf nach allen von vorn sichtbaren Körperstellen vom Scheitel bis zur Gürtellinie. Die Entscheidung über Sieg oder Niederlage trifft das Kampfgericht, das aus Ringrichter, Punktrichter und Zeitnehmer besteht. Die Entscheidungen lauten auf: Sieg durch K. o. (Knockout), wenn der Gegner zu Boden geschlagen ist und mindestens 10 Sekunden am Boden bleibt; durch technischen K. o., wenn der Kampf wegen ernstlicher Gefährdung eines Kämpfers abgebrochen wird, oder durch Punktsieg. Während Berufsboxer (Profis) je nach Vereinbarung bis zu 15 Runden zu je 3 Minuten kämpfen, boxt der Amateur nur drei Runden. Da die Schlaghärte mit vom Körpergewicht abhängt, müssen beide Kämpfer der gleichen Gewichtsklasse angehören.

Gewichtsklassen	von	bis
Fliegengewicht		51,0 kg
Bantamgewicht	51,0 kg	54,0 kg
Federgewicht	54,0 kg	57,0 kg
Leichtgewicht	57,0 kg	60,0 kg
Weltergewicht	60,0 kg	67,0 kg
Mittelgewicht	67,0 kg	75,0 kg
Halbschwergewicht	75,0 kg	81,0 kg
Schwergewicht		über 81,0 kg

Der **Boykott**. Die Iren brachten um 1880 den englischen Güterverwalter Charles Boycott, der sich durch seine Härte mißliebig gemacht hatte, so in Verruf, daß niemand mehr bei ihm arbeiten, etwas bei ihm kaufen oder mit ihm verkehren wollte. Seither nennt man ähnliche Kampfmaßnahmen gegen einzelne Personen, Firmen oder auch ganze Staaten einen Boykott.

Boyscouts (engl., sprich boiskauts) →Pfadfinder.

Brahma heißt der oberste Gott der indischen Volksreligion des Hinduismus (→Hindu). Als *Brahmanen* (oder Brahminen) bezeichnet man die Priester Brahmas sowie ganz allgemein die Angehörigen der vornehmsten Kaste der Hindus.

Johannes **Brahms** wurde am 7. 5. 1833 in Hamburg als Sohn eines Musikers geboren und starb am 3. 4. 1897 in Wien. Er schrieb 4 Sinfonien, Kammermusik, Klavier-, Gesangs- und Chorwerke, am bekanntesten das »Deutsche Requiem«. Viele seiner über 200 Lieder, z. B. »Guten Abend, gut' Nacht«, sind wahre Volkslieder geworden.

Als **Branche** (sprich bräsche, franz. = Zweig) oder Geschäftszweig bezeichnet man zusammenfassend die Betriebe, die sich der Herstellung und dem Vertrieb der gleichen Warengattung widmen. So ist z. B. ein Stoffverkäufer in der Textilbranche tätig.

Die Mark **Brandenburg** ist eine durch Seen, Kiefernwälder und sandigen Boden gekennzeichnete Landschaft. Unter Karl dem Großen bildete sie die Nordmark des Fränkischen Reiches. In den folgenden Jahrhunderten wurde die Mark Brandenburg erweitert und entwickelte sich zum Kernland des späteren preußischen Staates der Hohenzollern (→Preußen). Heute gehört der westliche Teil davon zur DDR, der östliche steht unter polnischer Verwaltung.

Brandwunden →Erste Hilfe (Verbrennen).

Branntwein wird hergestellt, indem man Obst (z. B. Himbeeren, Kirschen, Trauben usw.) oder Getreide zerquetscht, die so entstandene Maische gären läßt und dann »brennt«, das heißt destilliert (→Destillation). Beim Gären wird der Zucker in Alkohol umgewandelt. Bei Getreide wird Malz zugesetzt, um die Stärke des Getreides in Zucker umzuwandeln. – Branntwein, der aus Wein hergestellt wird, heißt Weinbrand (franz. Cognac).

Brasilien ist mit 8,5 Mill. qkm (das 34-fache der BR Deutschland) der größte Staat Südamerikas; er wird von 101,6 Mill. Menschen (62% Weiße, darunter etwa 800000 deutscher Abstammung, 26% Mischlinge, 11% Neger, 1% Indianer) bewohnt. Hauptstadt ist Brasilia. Landessprache ist Portugiesisch. Im Norden erstreckt sich das Amazonastiefland mit seinen Urwäldern, die Mitte und den Osten nimmt das dichtbewaldete brasilianische Bergland ein. Landwirtschaft (Kaffee, Kakao, Baumwolle, Zuckerrohr u. a.) und Viehzucht sind die wichtigsten Erwerbszweige. Die reichen Bodenschätze (Mangan, Eisen, Kohle) sind noch wenig erschlossen. Brasilien war bis 1822 portugiesische Kolonie, bis 1889 ein Kaiserreich und wurde dann eine Bundesrepublik.

Einwohnerzahlen der wichtigsten Städte:	
São Paulo	6 Mill.
Rio de Janeiro	4,3 Mill.
Belo Horizonte	1,2 Mill.
Recife	1,06 Mill.
Brasilia (Hauptstadt)	546 000

Die **Bratsche:** größere Geige mit etwas tieferem Ton.

Braunkohle →Kohle.

Braunschweig, ein Verwaltungsbezirk des Landes →Niedersachsen, umfaßt das Gebiet um den Harz. Die gleichnamige Hauptstadt hat 280000 Einwohner. Sie wurde von Heinrich dem Löwen (1129 bis 1195) gegründet, unter dessen Herrschaft Braunschweig zum Herzogtum Sachsen gehörte. Nach wiederholten Teilungen war Braunschweig bis 1918 Herzogtum unter Herrschern des Welfenhauses, 1918 bis 1945 ein Land des Deutschen Reiches.

Bertolt **Brecht** war ein bedeutender deutscher Schriftsteller, der von 1898 bis 1956 lebte. Er kam vom →Expressionismus her, wurde aber Ende der zwanziger Jahre Marxist und mußte deshalb 1933 vor den Nazis fliehen. Brecht schrieb viele Dramen, in denen er die Zuschauer politisch zu beeinflussen suchte. Sein bekanntestes Werk ist die »Dreigroschenoper« mit der Musik von Kurt Weill. Wichtige andere Stücke von Brecht sind »Mutter Courage und ihre Kinder«, »Leben des Galilei«, »Der gute Mensch von Sezuan«, »Herr Puntila und sein Knecht Matti«. Brecht schrieb auch eindringliche Gedichte, die z. T. an chinesische Lyrik erinnern. Prosaarbeiten von Brecht sind die »Geschichten vom Herrn Keuner«, »Kalendergeschichten« und die »Flüchtlingsgespräche«.

Brechung →Optik.

Alfred **Brehm** war ein bekannter Tierforscher. Er wurde 1829 geboren, bereiste viele Länder in Afrika, Europa und Asien. Er starb 1884. Neben seinen Reisebeschreibungen schrieb er unter Mitarbeit anderer Tierforscher das berühmte Werk »Brehms Tierleben«.

Das Bundesland **Bremen** besteht aus der Freien Hansestadt Bremen an der Weser und der an der Nordsee gelegenen Hafenstadt Bremerhaven. Mit 404 qkm und 726000 Einwohnern ist es das kleinste Land der Bundesrepublik Deutschland. Die Stadt Bremen selbst hat 583000 Einwohner und ist der zweitgrößte deutsche See- und Binnenhafen. Sie besitzt außer Werften eine auf Ein- und Ausfuhr beruhende Industrie, vor allem Tabakfabriken, Kaffeeröstereien und Exportbierbrauereien. Bremen ist eine der ältesten und schönsten deutschen Städte. 787 n. Chr. wurde es Bistum, 1258 Mitglied der Hanse, 1646 Freie Reichsstadt.

Die **Bremse.** 1. In der Naturkunde versteht man unter Bremsen eine Gruppe der Fliegen (Viehfliegen). Die Weibchen saugen Blut; daher sind besonders die bis zu 2 cm langen Rinderbremsen eine große Plage für alle Zugtiere.

2. In der Technik versteht man unter Bremsen Vorrichtungen, die durch Rei-

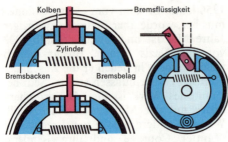

Trommelbremse (Innenbackenbremse), links hydraulisch, oben bei Bremsung, unten geöffnet; rechts mit Seilzug bei Bremsung

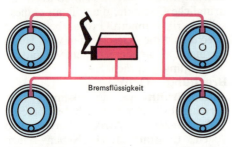

Schema einer hydraulischen Bremsanlage (rot die Zuleitungen der Bremsflüssigkeit zu den Bremszylindern)

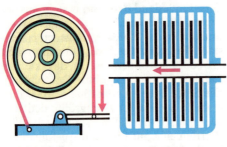

Bandbremse   Lamellenbremse

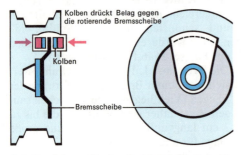

Scheibenbremse (hydraulisch), links im Schnitt, rechts in Aufsicht

bung Geschwindigkeiten herabsetzen. Sie werden z. B. in Fahrzeugen benutzt. Bei der *Backenbremse* wird die Bremswirkung durch Anpressen eines Backens an die Felge, Nabe oder Bremstrommel erzielt. Bei der *Scheibenbremse* wirken entweder zwei zangenartige Bremsbeläge auf eine Bremsscheibe oder feststehende Beläge auf das Innere eines umlaufenden Gehäuses. Bei der *Bandbremse* erfolgt das Bremsen durch Spannen eines Stahlbandes über eine Trommel.

Bei der *Lamellenbremse* entsteht die zum Bremsen notwendige Reibung durch Zusammenpressen von stillstehenden und sich drehenden Scheiben (Lamellen).

Der nötige Bremsdruck wird durch Betätigung von Gestängen oder Seilen oder durch Zusammenpressen von Flüssigkeiten (Öldruckbremse am Auto) erzeugt. Bei Eisenbahnen entsteht der Bremsdruck durch starke Druckfedern, die die Bremsbacken gegen die Lauffläche des Rades pressen. Dieser Bremsdruck wird durch Luftdruck reguliert oder aufgehoben. Beim Auseinanderreißen eines Zuges entweicht aus der Leitung und einem Druckkessel die zusammengepreßte Luft, wodurch die Bremsen selbsttätig wirken und die abgehängten Wagen zum Stillstand bringen. Bei Schienenfahrzeugen werden neuerdings auch *Schienenbremsen* benützt. Bei diesen drücken Bremsbacken direkt auf die Schienen und rufen so die gewünschte Bremswirkung hervor.

Bremsraketen sind durch Funksignale ein- und ausschaltbare kleinere Raketen zum Steuern und Abbremsen von Raumfahrzeugen (→Weltraumfahrt).

Die **Brennessel** ist eine Pflanze, die auf stickstoffreichem Boden im Schatten wächst. Ihre Blätter haben steife Haare, die bei leichter Berührung an den Spitzen abbrechen, sich in die Haut bohren und einen brennenden Saft entleeren. Die Stengelfasern werden zu Nesseltuch, die Wurzeln zu Haarwasser verarbeitet. Junge Brennesseln liefern ein gesundes Gemüse. Abb. S. 85.

Brennkammer →Rakete.

Brennpunkt, Brennweite →Optik.

Clemens **Brentano** war ein großer deutscher Lyriker der Spätromantik; er lebte von 1778 bis 1842. Seine Gedichte sind außerordentlich musikalisch und klangschön; z. T. behandeln sie religiöse Themen. Zusammen mit Achim von Arnim gab Brentano die Volksliedsammlung »Des Knaben Wunderhorn« heraus.

Brettspiele kannten schon die alten Ägypter, und der griechische Geschichtsschreiber Herodot erzählt von einem Brettspiel, das während einer Hungersnot erfunden wurde, damit man den Hunger beim Spielen vergesse. Bei den Brettspielen entscheidet klarer, vorausdenkender Verstand über den Ausgang des Spieles. Das schwierigste Brettspiel ist das →Schachspiel. Andere Brettspiele sind Mühle, Dame und Halma.

Das **Brevier** (lat.): 1. die täglichen Pflichtgebete der katholischen Priester und Ordensangehörigen; 2. das Buch, in dem diese Gebete enthalten sind; 3. ein Buch, in dem bedeutsame Stellen aus den Werken eines oder mehrerer Schriftsteller gesammelt sind, z. B. Stifter-Brevier.

Brennessel: links Pflanze, daneben vergrößertes Brennhaar, rechts noch stärker vergrößert das Köpfchen des Brennhaars, oben vor der Berührung, in der Mitte abgebrochen, unten beim Eindringen der Spitze in die Haut des Menschen

Das **Bridge** (sprich bridsch) →Kartenspiele.

Das **Briefgeheimnis** ist dadurch geschützt, daß derjenige, der unbefugterweise einen Brief öffnet, um dessen Inhalt zu erfahren, auf Antrag des Betroffenen vom Gericht mit Freiheits- oder Geldstrafe bestraft wird.

Briefmarken, amtlich *Postwertzeichen* genannt, gibt es erst seit 1840. In früheren Jahrhunderten wurden Briefe durch Boten befördert, die vom Empfänger dafür den Botenlohn erhielten. Dann wurde in vielen Ländern ein regelmäßiger Postverkehr eingerichtet. Schon im 18. Jh. gab es in London Postsendungen, die mit einem Stempel vom Absender »freigemacht«, d. h. bezahlt wurden. In England wurde dann 1840 die erste aufklebbare Briefmarke in den allgemeinen Verkehr gebracht. Es war eine schwarze Marke mit dem Bild der Königin Viktoria im Wert von 1 Penny (= 10 Pfennig). Sehr bald folgten andere Länder nach. Neben den üblichen rechteckigen Briefmarken von ungefähr $2 \times 2,5$ cm gibt es auch dreieckige oder sehr viel kleinere und größere Marken. Briefmarken sind immer auf besonderem Papier gedruckt, damit sie nicht so leicht nachgemacht werden können. Meist hat dieses Papier ein sogenanntes Wasserzeichen. Das ist ein Wappen oder Muster, das schon bei der Herstellung in die Papiermasse eingearbeitet wird und das hell durchscheint, wenn man die Marke gegen das Licht hält. Das Bild für die Vorderseite wurde in eine Kupfer- oder Stahlplatte mit dem Stichel eingraviert und davon abgedruckt. Heute verwendet man auch verschiedene andere Druckverfahren. Für die einzelnen Werte benutzte man von Anfang an verschiedene Farben. Man hat auch Briefumschläge und Postkarten hergestellt, bei denen die Marke nicht aufgeklebt, sondern bereits aufgedruckt oder eingeprägt ist. Diese nennt man *Ganzsachen*. Sehr bald wurden Briefmarken eifrig gesammelt, und es entwickelte sich die *Philatelie* oder Briefmarkenkunde. Da seit 1840 weit über 150000

Postkarte vom Weltflug des »Graf Zeppelin« 1929, aufgegeben in Tokio, Japan.

verschiedene Briefmarken herausgegeben wurden, die z. T. einen sehr hohen Sammlerwert haben, kann heute niemand mehr eine vollständige Sammlung besitzen. Der richtige Sammler beschränkt sich daher auf ein bestimmtes Gebiet: z. B. Marken eines Landes, besondere Motive, wie berühmte Persönlichkeiten, Schiffe oder Sport. Andere sammeln Flugpostsendungen, Sondermarken oder auch Fehldrucke, d. h. solche Marken, bei denen während der Herstellung eine falsche Farbe verwendet oder ein Druckfehler übersehen wurde (z. B. DFUTSCHES REICH statt DEUTSCHES REICH). Die Sammler sind in Philatelisten-Vereinen zusammengeschlossen, in denen sie ihre Doubletten (d. h. Doppelstücke) tauschen und den Verkehr mit den Sammlern der ganzen Welt pflegen. Zum Aufbewahren der Marken dient ein Briefmarkenalbum, zu ihrer Bestimmung ein Katalog mit Abbildungen aller gängigen Marken, Angaben über Preise, Wasserzeichen, Farben und Fälschungen. Die Preise für wertvolle Marken werden auf großen Briefmarken-Auktionen festgestellt. Es gibt sehr seltene Marken, die sich nur noch in ganz wenigen Exemplaren erhalten haben, wie z. B. die Marken aus den kleinen britischen Kolonien Mauritius und Guayana, die einige Hunderttausend Mark wert sind.

Die **Brigg:** Segelschiff mit zwei Masten, mit Rahen getakelt.

Der **Brillant** (sprich briljant) →Edelsteine.

Die **Brille:** Bezeichnung für die linsenartig geschliffenen Gläser, die man zur Korrektur von Sehfehlern trägt (→Auge). Man benutzt sie seit dem 13. Jh. Außerdem gibt es Brillen zum Schutz der Augen vor Zug, Staub und grellem Licht.

Brillenschlangen sind sehr gefährliche Giftschlangen mit kleinem Kopf und brillenähnlicher Zeichnung auf dem Hals; sie leben in warmen Regionen Afrikas und Asiens.

Britannien ist der alte Name für England, Wales und Schottland.

Benjamin **Britten,** der bedeutende englische Komponist, wurde 1913 geboren. Er schrieb viele Opern, einen »Orchesterführer für junge Leute«, die Ballade »Kinderkreuzzug«, die Kinderoper »Wir machen eine Oper« und das »Kriegs-Requiem«.

Der **Brokat:** kostbarer schwerer Seidenstoff, der vielfach mit Gold- und Silberfäden durchwebt ist.

Das **Brom** (chemisches Zeichen Br) ist ein nichtmetallisches chemisches Element, das mit Natrium und Magnesium verbunden in natürlich vorkommenden Salzen und Salzlösungen gefunden wird. Chemisch rein ist Brom (von griech. bro-

Oberste Reihe von links nach rechts: Großbritannien 1840, 1 Penny, 2 Pence. Mauritius 1848, 2 Pence, 1 Penny.

2. Reihe: Bayern 1849, 1 Kreuzer, älteste deutsche Briefmarke. Basler Täubchen 1845, 2½ Rappen. Sachsen 1850, 3 Pfennig. Baden 1851, 9 Kreuzer.

3. Reihe: Österreich 1850, 2 Kreuzer, älteste österreichische Marke. Kap der Guten Hoffnung 1855, Sixpence. USA 1845, 5 Cents.

4. Reihe (Motive): Neufundland 1932, 14 Cents (Neufundländer). Liberia 1920, 25 Cents (Leopard). Schweiz 1928, 30 Centimes (Bildnis Henri Dunant, Gründer des Roten Kreuzes).

5. Reihe: Luftpostbrief Paris 1870 »par ballon monté« = durch Luftballon. Luftpostmarke der Amerikafahrt des Luftschiffes »Graf Zeppelin«, 1930:

mos = Gestank) eine dunkelrotbraune Flüssigkeit, deren scharf riechende Dämpfe die Schleimhaut heftig angreifen. In mancherlei Verbindungen wird es zu Medikamenten verwendet, in der Technik (Bromkalium und Bromsilber) wegen seiner Lichtempfindlichkeit hauptsächlich für Filme und Platten gebraucht.

Eine **Bronchitis** ist eine Entzündung der Schleimhaut, welche die Innenwand der *Bronchien*, das sind die Äste der Luftröhre in der Lunge, auskleidet. Eine akute, d. h. plötzlich auftretende Bronchitis äußert sich in Fieber, Stechen in der Brust, Husten und schleimigem Auswurf. Sie muß vom Arzt behandelt werden. Die chronische, d. h. länger dauernde Bronchitis wird meist durch dauernden Aufenthalt in einer durch Rauch und Staub verunreinigten Luft hervorgerufen.

Die **Bronze** (sprich bröße): rotgelbe Legierung (Mischung) von Kupfer (80 bis 94%) und Zinn. Schon in der Vorzeit wurde Bronze zu Waffen, Werkzeugen und Schmuck verarbeitet (*Bronzezeit*). Jetzt verwendet man sie zum Gießen von Glocken oder Kleinbildwerken.

Bronzezeit →Vorgeschichte.

Der **Browning** (sprich brauning): von dem Amerikaner Browning erfundene Selbstladepistole, bei der die Patronen in einem Ladestreifen im Griff untergebracht sind und selbsttätig nach jedem Schuß nachrücken.

BRT →Registertonne.

Brücken sind Verkehrswege und dienen als Straßen- oder Eisenbahnbrücken zur Überwindung von Tälern, Gewässern, Autobahnen, Eisenbahnstrecken usw. Sie werden aus Holz, Stahl, Steinen oder Stahlbeton gebaut. Nach ihrer Form unterscheidet man Balken-, Bogen-, Hänge-, Zug-, Klapp- und Drehbrücken. Größere Brücken sind nur auf einer Seite fest im Boden verankert; die andere Seite ist auf Rollen gelagert, damit sich die Brücken bei zunehmender Wärme ausdehnen können. – Brücke nennt man auch: 1. eine Turnübung; 2. einen festsitzenden Zahnersatz; 3. bei Schiffen den für die Schiffs-führung bestimmten Platz (Kommandobrücke); 4. einen kleinen Teppich; 5. eine Meßschaltung in der Elektrotechnik.

Anton **Bruckner,** der österreichische Komponist und Organist, lebte von 1824 bis 1896. Erst nach seinem Tode wurden seine Kompositionen in ihrem vollen Wert erkannt. Seine Hauptwerke: 9 Sinfonien, 3 große Messen und das Te Deum.

Pieter **Brueghel** (auch Breughel) war ein niederländischer Maler, der von 1520 bis 1569 lebte. Zum Unterschied von seinem Sohn gleichen Vornamens wird er Pieter Brueghel der Ältere oder Bauern-Brueghel genannt. Diesen Beinamen verdankt er seinen Darstellungen bäuerlichen Lebens, die sich durch farbenfrohe Bewegtheit und Humor auszeichnen. Siehe Tafel »Malerei«.

Brunhild war eine nordische Sagengestalt, die riesenstarke Königin von Isenland. Im Nibelungenlied wird erzählt, daß jeder, der um sie freite, ungeheure Kämpfe mit ihr bestehen mußte. Nur Siegfried vermochte sie zu besiegen und für den Burgunderkönig Gunther zu erkämpfen. Da Brunhild durch diese Täuschung in ihrer Ehre gekränkt war, ließ sie Siegfried ermorden.

brüsk (franz.): barsch. – *brüskieren:* beleidigend behandeln.

brutal (lat.): roh, gewalttätig.

brutto (ital.): roh, ohne Abzug. →netto.

Das **Buch.** Unser Wort Buch ist abgeleitet von Buche. Denn aus dem Holz dieses Baumes schnitzten die Germanen Stäbchen, in die sie Runenzeichen einritzten. Die ersten uns bekannten »Bücher« wurden von den alten Babyloniern und Assyrern in Form von Tontafeln hergestellt, in die sie Keilschriftzeichen einritzten und die sie dann hartbrannten. Die Griechen, Ägypter und Römer verwendeten zum Schreiben Bogen aus dem Stengelmark der *Papyruspflanze*. Diese Bogen wurden in Rollen aufbewahrt. Im 2. Jh. v. Chr. kam das aus ausgetrockneter und geglätteter Tierhaut bestehende *Pergament* auf, das man seit dem 4. Jh. n. Chr. in Bogen zusammenfaltete und in

Wichtige Brücken

Name	Land	Länge	Bemerkungen
Viadukt von Chaohing	China	144 km	Längste Brücke. Zeit und Zweck der Erbauung unbekannt. Holzbau mit 40 000 Bogen. Führt über eine flache, früher wahrscheinlich versumpfte Talsenke.
Key West Brücke	USA	120 km	Längste eiserne Brücke. Führt von der Halbinsel Florida über viele kleine Inseln (Keys) zum Flottenstützpunkt Key West.
Brücke über den Großen Salzsee	USA	31 km	Längste Holzbrücke. Erspart einen Umweg von 69 km.
Oakland Bay Brücke	USA	13 km	Längste Hängebrücke. Führt über die San Francisco Bay nach Oakland.
Kalmar-Sund-Brücke	Schweden	6070 m	Längste Brücke Europas.
Donau-Brücke b. Tschernawoda	Rumänien	2850 m	Teil der Eisenbahnstrecke Bukarest–Konstanza.
St.-Lorenz-Brücke bei Quebec	Kanada	2687 m	Weitest gespannte Auslegerbrücke.
Hochbrücke bei Rendsburg	Deutschland	2460 m	Längste Brücke Deutschlands. Überquert den Nord-Ostsee-Kanal.
Golden Gate (Goldenes Tor) Brücke	USA	1966 m	Weitest gespannte Hängebrücke. Führt über den »Golden Gate« genannten Meeresarm bei San Francisco.
Rheinbrücke bei Köln	Deutschland	1500 m	Größte Hängebrücke des europäischen Festlands, von Köln nach Mülheim.
Hafenbrücke von Sydney	Australien	1200 m	Weitest gespannte Stahlbogenbrücke, überquert den Hafen von Sydney.

Bogenbrücke bei Nördlingen

Hängebrücke Köln-Mülheim

Klappbrücke in Rotterdam

Stahlbogenbrücke in Sydney

der noch heute üblichen Buchform einband. Pergament verwendete man während des ganzen Mittelalters und benutzt es auch heute noch für manche Urkunden. Im Altertum und im Mittelalter wurden die Bücher von Berufsschreibern mit der Hand abgeschrieben. Ihren Höhepunkt erreichte die Schreibkunst in den mittelalterlichen Klöstern, in denen die Mönche den handgeschriebenen Text durch prachtvoll ausgeschmückte Anfangsbuchstaben (Initialen) und farbige Abbildungen bereicherten. Solche Bücher zählten zu den größten Kostbarkeiten und befanden sich nur in Klöstern, an Fürstenhöfen und im Besitz berühmter Gelehrter. Erst durch die Einführung des *Papiers* (14. Jh.) und die Erfindung der *Buchdruckerkunst* wurden Bücher allen Menschen zugänglich.

Der **Buchdruck** mit beweglichen Lettern wurde in Europa um die Mitte des 15. Jh. von dem Mainzer Johann Gutenberg erfunden (in China und Korea bereits früher). Schon vorher hatte es Drucke gegeben, deren Text und Abbildungen aus Holztafeln erhöht ausgeschnitten, mit

Buchdruckerwerkstatt im 16. Jh.

Farbe bestrichen und abgedruckt worden waren. Mit solchen Holztafeln konnte man immer nur das gleiche Buch drucken. Gutenberg aber kam auf den Gedanken, die Buchstaben einzeln herzustellen. Diese einzelnen Buchstaben, die *Lettern*, waren also beweglich und konnten daher beliebig oft in jeder Zusammensetzung verwendet werden. Das ermöglichte ein wesentlich schnelleres und billigeres Drucken. Die Lettern wurden aus einer Bleilegierung gegossen. Die Erfindung der *Schnellpresse* (durch König) zu Anfang des 19. Jh., der sich die Erfindung der *Setzmaschine* anschloß, brachte eine weitere Erleichterung des Druckvorgangs mit sich. Moderne *Rotationsmaschinen* stellen in einer Nacht mehr als 500 000 Exemplare einer Zeitung her.

Ohne die Erfindung der Druckerkunst gäbe es keine allgemeine Schule, ohne sie könnte noch heute nur ein kleiner Teil der Menschen lesen und schreiben, ohne sie gäbe es keine öffentlichen Büchereien, keine Zeitungen, Zeitschriften usw. Auch die großen geistigen Bewegungen der Neuzeit, wie z. B. Reformation und Aufklärung, sind erst durch die Erfindung der Druckerkunst möglich geworden.

Die **Buche** →Laubbäume.

Buchherstellung. Der Autor (lat. = Urheber, Verfasser) eines Buches, ein Dichter, Schriftsteller oder Wissenschaftler, schreibt zunächst mit der Hand oder der Schreibmaschine ein *Manuskript* (lat. = das Handgeschriebene). Dieses Manuskript bietet er einem Verlag an, der es begutachtet und, wenn es ihm gefällt, kauft. Der Verlag übernimmt dann alles Weitere: er beauftragt gegebenenfalls einen Zeichner damit, das Buch zu illustrieren, beschafft Photovorlagen zur Bebilderung, kauft das nötige Papier und läßt das Manuskript in der Druckerei mit der Setzmaschine »setzen«, d. h. eine Druckform aus metallenen Lettern herstellen, die in langen Spalten (*Fahnen*) auf Papier abgezogen wird. Diese Fahnen werden auf Fehler hin durchgesehen (*korrigiert*) und in Seitengröße eingeteilt (*um-*

brochen), ehe man sie in *Bogen* von meist 16 Seiten druckt. Diese Bogen kommen nun zum Buchbinder, der sie in der richtigen Reihenfolge faltet (*falzt*), zusammenheftet, -bindet oder -leimt und in der Einbanddecke befestigt. Von hier gelangen die nun fertigen Bücher zum Verlag zurück, der sie an die Buchhandlungen weiterleitet, wo sie dann an den Leser verkauft werden.

Der **Bückling** ist ein leicht gesalzener und geräucherter →Hering.

Buddha, das bedeutet »der Erleuchtete«, begründete den *Buddhismus.* Er lebte von 560 bis 480 v. Chr. Er war der Sohn einer fürstlichen indischen Familie, verließ aber früh all seine Besitzungen, um ein Leben in Einfachheit zu führen und seine Lehre zu verkünden. Buddha verwarf die in Indien übliche, überaus streng trennende Einteilung der Menschen in soziale Schichten (→Kasten). Er sammelte Anhänger um sich, die gleich ihm in tiefer innerlicher Versenkung (Meditation) den Weg des Heils suchten. Er predigte, daß der Mensch nacheinander in verschiedenen Körpern wiedergeboren werde, bis er sich durch tugendhaftes Leben von allem Irdischen gereinigt habe und ins →Nirwana eingehe. In dieser Erlöstheit zeigen die Buddhastandbilder den Religionsgründer. Die Anhänger des Buddhismus leben heute in ganz Asien verstreut, von dem Entstehungsland Indien bis nach Japan; aber ihre Anschauungen weichen infolge der jahrhundertelangen Entwicklung von denen Buddhas beträchtlich ab.

Das **Budget** (sprich büdscheh, franz. = Haushaltsplan, Voranschlag) wird alljährlich von Staaten, Ländern und Gemeinden aufgestellt (»öffentlicher Haushalt«). Es ist eine Übersicht, in der die zu erwartenden Einnahmen den geplanten Ausgaben gegenüberstehen.

Die **Büffel** sind wilde Rinder mit langen, gebogenen, im Querschnitt dreieckigen Hörnern. Der afrikanische *Kaffernbüffel* ist wegen seiner großen Angriffslust von Jägern sehr gefürchtet. Der wilde *Arni-Büffel* Indiens wurde schon vor 5000 Jah-

ren gezähmt. Die von ihm abstammenden *Wasserbüffel* sind unentbehrliche Haustiere in warmen Ländern. – Der oft als »Indianerbüffel« bezeichnete *Bison* Nordamerikas ist zwar ebenfalls ein Wildrind, gehört jedoch nicht zur Familie der Büffel. Er wurde fast vollständig ausgerottet, lebt aber heute wieder in großen Herden unter Naturschutz.

Der **Bug:** Vorderteil eines Schiffes, Flugzeugs o. a.

Bukanier nannte man die englischen und französischen Seeräuber, die im 17. Jh. die Küsten und Gewässer Mittelamerikas unsicher machten.

Buddha-Standbild

Bulgarien ist eine Republik im Ostteil der Balkanhalbinsel. Mit 110912 qkm ist sie weniger als halb so groß wie die Bundesrepublik Deutschland, ihre Bevölkerung beträgt 8,62 Mill. Bulgarien besitzt drei natürliche Grenzen: im Norden zu Rumänien die Donau, im Süden zu Griechenland das Rhodope-Gebirge, im Osten das Schwarze Meer. Das Balkangebirge durchzieht das Land in westöstlicher Richtung und bewirkt im südlichen Teil ein warmes Klima. Hier gedeihen als wichtige Ausfuhrerzeugnisse Tabak, Zukker, Baumwolle. Ferner werden Sonnenblumen zur Gewinnung von Öl angebaut, aus Rosenkulturen wird Rosenöl gewonnen, und zur Herstellung von Seide wird Seidenraupenzucht betrieben. Bodenschätze sind Kohle, Kupfer, Zink, Eisen u. a.

Der türkische Volksstamm der Bulgaren drang im 5.–7. Jh. n. Chr. von der Wolga her bis zum Balkan vor und gründete mit den hier wohnenden Slawen ein mächtiges Reich. Im 9. Jh. wurde Bulgarien christlich. 1396 unterjochten es die Türken. Erst durch den Russisch-Türkischen Krieg 1877/78 gewann es seine Selbständigkeit zurück. 1908 wurde Bulgarien Königreich, 1946 kommunistische Volksrepublik. Siehe Karte Europa.

Einwohnerzahlen der wichtigsten Städte:	
Sofia (Hauptstadt)	920 000
Plowdiw	262 000
Warna (Hafenstadt am Schwarzen Meer)	252 000

Das **Bullauge:** rundes Seitenfenster am Schiff.

Der **Bulldozer** (engl.) ist ein schweres Raupenfahrzeug zum Wegschieben von Erdmassen (Planieren, daher auch *Planierraupe* genannt).

Der **Bulle:** männliches Rind.

Die **Bulle:** besonders feierlicher Erlaß des Papstes, so bezeichnet nach der Kapsel (lat. = bulla), die das päpstliche Siegel des Erlasses umschließt.

Das **Bulletin** (sprich bültä̃h, franz. = Zettelchen): Tagesbericht, z. B. der ärztliche Bericht über den Verlauf der Krankheit eines Staatsoberhauptes.

Der **Bumerang** stammt von den Eingeborenen Australiens. Er ist ein knie- oder sichelförmig gebogener Holzknüppel, der auf einer Seite abgeflacht, auf der anderen gewölbt und an den Enden zugespitzt ist. Er wird so geworfen, daß er sich durch die Luft vorwärtsschraubt. Wenn er sein Ziel verfehlt, fällt er nicht zu Boden, sondern kehrt gleitend durch die Kreiselbewegung wieder zum Werfer zurück.

Bundeskanzler, *Bundesrat, Bundesregierung, Bundespräsident, Bundestag* und *Bundesversammlung* der *Bundesrepublik Deutschland* →Deutschland.

Bundeskanzler, Bundespräsident, Bundesrat und *Bundesregierung* der *Bundesrepublik Österreich* →Österreich.

Bundespräsident, Bundesrat und *Bundesversammlung* der *Schweizerischen Eidgenossenschaft* →Schweiz.

Die **Bundesliga** ist die höchste Spielklasse des Deutschen Fußballbundes, der 18 Vereine angehören.

Bundesstaat. Vereinigen sich mehrere selbständige Staaten zu einem politischen Ganzen, so können sie einen Bundesstaat oder einen Staatenbund gründen. Im Bundesstaat (z. B. in der Bundesrepublik Deutschland) bilden die Gliedstaaten (Bayern, Hessen, Nordrhein-Westfalen usw.) eine gemeinsame Regierung (wie die Regierung der Bundesrepublik in Bonn). Sie führt die Politik auf den ihr vorbehaltenen Gebieten, z. B. dem der Außenpolitik, der Währung und der Zölle. Auf kulturellem Gebiet behalten die Gliedstaaten ihre Selbständigkeit. Bundesstaaten sind auch Österreich, die Schweiz und die Vereinigten Staaten von Nordamerika. Der *Staatenbund* dagegen ist eine lockere Vereinigung von Staaten, die ganz selbständig bleiben und keine gemeinsame Regierung bilden. Sie schließen sich zusammen, um sich wirtschaftlich zu helfen oder sich gemeinsam zu verteidigen. Sie können nur nach einstimmigen Beschlüssen handeln, während im Bundesstaat die Mehrheit entscheidet. – Ein Staatenbund war der Deutsche Bund von 1815 bis 1866.

Das **Bundesverfassungsgericht** der Bundesrepublik Deutschland (Sitz Karlsruhe) entscheidet in Zweifelsfällen, wie das →Grundgesetz auszulegen ist. Es entscheidet auch Streitfragen zwischen Bund und Ländern und andere verfassungsrechtliche Fragen, z. B. ob eine politische Partei verfassungswidrig ist und deshalb verboten werden soll, ob eine behördliche Maßnahme die Grundrechte des einzelnen Staatsbürgers verletzt hat und deshalb ungesetzlich ist usw.

Bundeswehr heißen die ab 1956 aufgestellten Streitkräfte der Bundesrepublik Deutschland; sie setzt sich aus Berufssoldaten, Soldaten auf Zeit (bis 15 Jahre) und Wehrpflichtigen zusammen und gliedert sich in Heer, Marine, Luftwaffe und Organisationen der Territorialen Verteidigung.

Der **Bungalow** (indisch): ursprünglich leichtes Sommerhaus der Europäer in Indien, heute allgemein ein ähnlich gebautes, einstöckiges Haus.

Robert Wilhelm **Bunsen** (1811–1899) war ein bedeutender deutscher Chemiker und Physiker. Er entdeckte mit dem Physiker Robert Kirchhoff zusammen die Spektralanalyse (→Spektrum) und erfand unter anderem den nach ihm benannten **Bunsenbrenner.** Das ist ein Gasbrenner, mit dem man sehr hohe Temperaturen (mehr als 1000° C) erzielen kann, indem man Leuchtgas mittels regulierbarer Luftzufuhr mit Luft vermischt. Er wird vor allem im Laboratorium verwendet.

Buren →Südafrika.

Burgen →Abb. unten.

Das **Bürgerliche Gesetzbuch** (BGB) enthält die wichtigsten gesetzlichen Bestimmungen über die Rechte und Pflichten des Menschen im Privatleben. Es ist seit dem 1. 1. 1900 in Kraft.

Die **Burgunder** sind ein germanischer Volksstamm, der ursprünglich zwischen Weichsel und Oder siedelte. Während der Völkerwanderung zogen sie nach Süd-

westen und ließen sich unter ihrem König Gunther am linken Rheinufer bei Worms nieder. 437 n. Chr. vernichteten Raubscharen der Hunnen einen großen Teil der Burgunder (Nibelungenlied). Der Rest des Volkes gründete im Rhonetal ein neues Reich, das von den Franken erobert und ihrem Reich eingegliedert wurde. – Dieses Burgund wurde im späten Mittelalter noch einmal zu einem bedeutenden Herzogtum, das aber Ende des 15. Jh. seine Selbständigkeit verloren hat.

Der **Burnus:** weißer arabischer Umhängemantel mit Kapuze.

Die **Bürokratie** (wörtlich »Herrschaft der Beamten«): kleinliche, engherzige Behördenwirtschaft, ein Kleben an Formeln und Vorschriften ohne Rücksicht auf deren wahren Sinn und Zweck.

Burundi ist eine Republik in Zentralafrika (27 834 qkm, 3,62 Mill. Einwohner, Hauptstadt Bujumbura). Die Bewohner, Bantu und Watussi, betreiben Viehzucht und pflanzen Tabak, Kaffee und Baumwolle. Bis 1962 gehörte das Land zum belgisch verwalteten Ruanda-Urundi.

Wilhelm **Busch** kennen wir vor allem als den Verfasser von »Max und Moritz«. Er war ursprünglich Maler und begann dann seine zahlreichen Bildergeschichten zu veröffentlichen, zu denen auch »Die

Burgen wurden im Mittelalter als befestigte Sitze der Ritter oder Fürsten in geschützter Lage gebaut. Links eine Höhenburg, die auf der Spitze eines Felsens liegt. Sie besteht aus dem inneren Burghof mit dem höchsten Turm (Burgfried), an den sich das Hauptgebäude (der Palas) und die Burgkapelle anschließen; gegenüber liegen die Wirtschaftsgebäude und Ställe; der vordere Burghof ist mit einem Wehrgang und einer Zugbrücke gesichert. Rechts eine Wasserburg, die auf einer kleinen Insel in der Mitte eines Sees liegt.

fromme Helene«, »Maler Klecksel« und »Hans Huckebein, der Unglücksrabe« gehören. Busch wurde 1832 geboren. Er lebte meist sehr zurückgezogen und starb 1908.

Buschmänner sind zwergenhaft kleine Eingeborene Afrikas, die von der Jagd mit Pfeil und Bogen leben. Früher bewohnten sie ganz Südafrika, heute sind sie fast ausgerottet (es gibt noch etwa 15 000 Buschmänner). Von den Negern unterscheiden sie sich durch ihre Sprache und ihre hellere Hautfarbe.

Das **Business** (engl., sprich bis-niß): Geschäft, Betrieb.

Der **Bussard** →Greifvögel.

Der **Butler** (engl., sprich battler): oberster Diener in einem großen Haushalt.

Butterfly (engl. »Schmetterling«, sprich batteflai): zweitschnellster Schwimmstil, gekennzeichnet durch gleichzeitiges Ein- und Auftauchen beider Arme, die über dem Wasser nach vorn und unter dem Wasser nach hinten geführt werden.

Der **Button** (engl., sprich batten) heißt bei uns auch »Meinungsknopf«. Im Gegensatz zu den üblichen Ansteckernadeln zeigt der Button keine →Symbole, sondern (ernste oder lustige) →Mottos, zu denen sich der Träger bekennt (z. B. »Macht Liebe, nicht Krieg!«).

Richard **Byrd** (sprich börd) war ein amerikanischer Polarforscher; er lebte von 1888 bis 1957. 1926 überflog er den Nordpol und 1929 den Südpol. Diesen erforschte Byrd in mehreren Expeditionen; bei der großen Expedition 1946/47 wurde erstmals die gesamte →Antarktis umschifft.

Das **Byzantinische Reich** hat seinen Namen von der ehemals griechischen Stadt Byzanz am Bosporus, die 330 n. Chr. von Kaiser Konstantin zur Hauptstadt des Römischen Reiches erhoben und in Konstantinopel umbenannt wurde (heute ist die Stadt türkisch und heißt Istanbul). Das Byzantinische oder Oströmische Reich entstand 395 durch die Teilung des römischen Weltreiches in einen westlichen und einen östlichen Staat. Im Weströmi-

Byzantinisches Mosaik

schen Reich wurde lateinisch gesprochen, im Byzantinischen Reich griechisch. Dieses umfaßte alle Länder südlich der Donau, die östlichen Mittelmeerinseln, die asiatischen Provinzen und Ägypten. Als das Weströmische Reich in den Wirren der Völkerwanderung bereits untergegangen war, lebte im Byzantinischen Reich die römische Staatsidee, verbunden mit dem Christentum, fort. Seit dem 5. Jh. begann sich die byzantinische (orthodoxe) Kirche von der römisch-katholischen Kirche innerlich abzusondern; die endgültige Trennung erfolgte 1054. Vor allem unter Kaiser Justinian, der 527–565 regierte, gelangte das Reich zu großen politischen Erfolgen und künstlerischen Leistungen. Konstantinopel beherrschte lange Zeit den Mittelmeerhandel und besaß ungeheure Reichtümer. Erst ein Jahrtausend nach dem Untergang Westroms verfiel auch das Byzantinische Reich. Nachdem es sich jahrhundertelang gegen islamische Völker behauptet hatte, erlag es schließlich im Jahre 1453 dem Ansturm der Türken.

C

C ist der dritte Buchstabe des Alphabets und das römische Zahlzeichen für 100 (lat. centum = hundert). In der Musik wird der Grundton der C-Dur-Tonleiter mit c bezeichnet. In der Chemie ist C das Zeichen für Kohlenstoff, bei Temperaturangaben die Abkürzung für Celsius.

Pedro **Calderón** de la Barca war ein großer spanischer Dramatiker des →Barock; er lebte von 1600 bis 1681. Seine weit über 100 Stücke sind gedankentief und schwierig, aber bühnenwirksam und formvollendet. Sie kreisen häufig um aristokratisch-höfische und um religiöse Themen und wandten sich an ein gebildetes Adelspublikum. Calderóns bekannteste Werke sind »Der Richter von Zalamea«, »Das Leben ein Traum« und »Das große Welttheater«. Viele Werke des Dichters übertrug Joseph von →Eichendorff ins Deutsche.

Johann **Calvin** gehört wie Luther und Zwingli zu den Reformatoren, die im 16. Jh. die Kirche erneuern wollten. Er war gebürtiger Franzose, lebte von 1509 bis 1564 und wirkte als Prediger hauptsächlich in Genf, wo er die Bürger sowohl in Glaubensfragen wie in allen Dingen des täglichen Lebens seinen strengen Regeln unterwarf. Er verbannte z. B. jeden Zierat und auch die Musik aus der Kirche. Nach seiner Lehre ist der Mensch von Gott für Himmel oder Hölle vorbestimmt (Prädestinationslehre). Der Calvinismus hat vor allem in der Schweiz, in Frankreich (Hugenotten), Holland, England und Nordamerika starken Einfluß ausgeübt.

Das **Camp** (engl., sprich kämp): Lager im Freien, Zeltlager.

Der **Campanile** (ital.): frei neben der Kirche stehender Glockenturm.

Camping →Zelten.

Der **Cañon** (sprich kanjon, span. = Röhre): tiefes, schluchtartiges Flußtal.

Die **Caritas** (lat.): Mildtätigkeit, Barmherzigkeit, Nächstenliebe. – Caritasverband →Wohlfahrtspflege.

Gajus Julius **Cäsar,** aus dem Patriziergeschlecht der Julier, einer der bedeutendsten Feldherrn und Staatsmänner aller Zeiten, wurde 100 v. Chr. in Rom geboren. Er schlug die übliche Ämterlaufbahn ein, wurde Feldherr und erweiterte durch die Eroberung Galliens (58–50) die Grenzen des Reiches bis an den Rhein. Nachdem er alle seine Rivalen und Gegner ausgeschaltet hatte, wurde er zum Alleinherrscher, ordnete das Reich neu und führte 46 den Julianischen Kalender ein. Seine absolutistischen Tendenzen weckten die Feindschaft der Republikaner, die ihn 44 v. Chr. ermordeten (Verschwörung von Brutus und Cassius). Cäsar war auch einer der bedeutendsten Schriftsteller seiner Zeit. Erhalten sind von seinen Schriften zwei vollständige Werke über seine Kämpfe in Gallien (»De bello Gallico«) und über den Bürgerkrieg gegen Pompejus (»De bello civili«). Nach Cäsars Tod blieb das Römische Reich jedoch Monarchie; seine Nachfolger führten seinen Namen »Cäsar« als Titel. Auch in anderen Sprachen wurde die Bezeichnung für den Herrscher von ihm abgeleitet, so im Deutschen »Kaiser«, im Russischen »Zar«, im Indischen »Kaisar«.

cash and carry (engl. »zahle bar und trage weg«, sprich: käsch änd kärri, Abk. C. & C.): Verkauf zu niedrigen Preisen bei Selbstbedienung und Abtransport der Ware auf Kosten des Käufers, meist nur für Wiederverkäufer.

catch as catch can (engl., sprich kätsch äs kätsch kän) →Ringen.

CDU: Abkürzung für Christlich-Demokratische Union. →Partei.

Das **Cello** (sprich tschello) oder Violoncello ist ein Saiteninstrument mit tiefer Tonlage, das beim Spielen zwischen den Knien gehalten wird. Abb. →Musikinstrumente.

Anders **Celsius** war ein schwedischer Astronom, der 1742 die nach ihm benannte 100teilige Skala beim →Thermometer einführte (Gefrierpunkt des Wassers 0° C, Siedepunkt 100° C).

Das **Cembalo** (sprich tschembalo) →Klavier.

Miguel de **Cervantes** war ein spanischer Dichter. Er wurde 1547 geboren und führte ein wechselvolles, vom Unglück verfolgtes Leben. Er kämpfte gegen die Türken, wurde als Sklave verkauft, später befreit und starb 1616 in ärmlichen Verhältnissen in Madrid. Sein Hauptwerk, der »Don Quichote«, schildert einen wirklichkeitsfremden Ritter, der auf seinem alten dürren Pferd Rosinante, begleitet von seinem treuen Diener Sancho Pansa, auszieht, um Abenteuer zu erleben und für das Gute zu kämpfen. Er merkt gar nicht, wie die Welt in Wirklichkeit ist. So reitet er mit seiner Lanze, die eigentlich eine Bohnenstange ist, gegen eine Windmühle an, deren Flügel er für feindliche Riesen hält. Man spricht daher vom »Kampf gegen Windmühlen«, wenn sich jemand mit eingebildeten Schwierigkeiten herumschlägt.

Ceylon heißt seit 1972 →Sri Lanka.

Paul **Cézanne** (sprich ßesann) lebte von 1839 bis 1906. Der große französische Maler gilt als Überwinder des →Impressionismus und Wegbereiter des →Expressionismus (Kubismus). Cézanne malte u. a. Landschaften und Stilleben.

Marc **Chagall** (sprich schagal) ist ein französischer Maler russischer Herkunft; er wurde 1889 geboren. Er ist ein typischer Vertreter des →Surrealismus und ein Altmeister der modernen Malerei.

Die **Chamäleons** sind mit den →Eidechsen verwandt und leben vor allem in Asien und Afrika als Baumtiere, die 10 bis 30 cm lang werden und ihre Fangzungen fast ebensoweit herausschnellen können. Mit dieser Zunge, die an ihrem Ende verdickt und klebrig ist, fängt das Tier Insekten. Es kann seine Augen unabhängig voneinander bewegen, also gleichzeitig mit dem einen Auge nach vorn, mit dem andern nach hinten schauen. Das Chamäleon kann in Sekunden seine Farbe ändern, und zwar bei Bedrohung, Wechsel von Temperatur und Lichtverhältnissen, Hunger, Durst usw. Ärgert man es z. B. oder bestrahlt es mit hellem Licht, so wird es braun oder dunkelgrün. Wegen dieser Fähigkeit bezeichnet man es oft als Sinnbild der Unbeständigkeit.

Chamäleon

chamois (sprich schamoa, franz. = Gemse): rehfarben, gelbbraun.

Der **Champignon** (sprich schampinjõ) →Pilze.

Der **Champion** (engl., sprich tschämpjen): hervorragender Sportler, der beste in seinem Verein oder in seiner Sportart.

Die **Chance** (franz., sprich schäße): aussichtsreiche Möglichkeit.

Das **Chanson** (franz., sprich schäßõ): ursprünglich jedes lyrische, in Strophen gegliederte Gedicht, das gesungen werden konnte, oft mit Kehrreim. Heute das meist heiter spöttelnde, zuweilen leicht wehmütige Lied, vielfach im Kabarett oder Varieté gesungen.

Das **Chaos** (griech.): wüstes Durcheinander.

Der **Charakter** (griech. = das Eingegrabene, Eingeprägte). Unter dem Charakter eines Menschen versteht man seine ausgeprägte Eigenart, sein Wesen, das sich ausdrückt durch die Art, wie er fühlt, denkt und handelt. Der Charakter jedes Menschen ist die Grundlage für die Entfaltung der →*Persönlichkeit*. Wenn man aber von einem Menschen ausdrücklich sagt, er habe Charakter, so meint man damit, daß er einen starken, standhaften Charakter besitzt. – Man spricht auch von dem Charakter einer Landschaft oder eines Kunstwerks und meint damit die besondere Eigenart, das Unverwechselbare daran.

Der **Charme** (franz., sprich scharm): bezaubernde Anmut. – *charmant:* liebreizend, anmutig.

Die **Charta** (sprich karta): Bezeichnung für eine feierliche Erklärung, in der ein grundlegendes politisches Programm aufgestellt wird und allgemeine Grundrechte verkündet werden, wie z. B. in der Atlantikcharta vom 14. 8. 1941.

chartern (engl., sprich tschartern): ein Schiff oder Flugzeug mieten.

Charybdis →Skylla und Charybdis.

Das **Chassis** (franz., sprich schassih): Gestell, besonders Wagengestell bei Kraftwagen, Rahmen eines Rundfunkgeräts.

Der **Chauvinismus** (franz., sprich schowinismus). Ein kriegslüsternes, übersteigertes Nationalgefühl, das keine anderen Völker gelten lassen will, nennt man Chauvinismus. Das Wort geht zurück auf die Figur eines säbelrasselnden Soldaten Chauvin, der in einem französischen Lustspiel vorkam.

Die **Chemie** ist der Teil der Naturwissenschaften, der sich mit den Eigenschaften, der Zusammensetzung und Umwandlung aller Stoffe beschäftigt. Sie lehrt, daß jeder Gegenstand aus einem oder auch aus mehreren chemischen Urstoffen, den →Elementen, besteht. Von diesen sind heute 105 bekannt, und jedes von ihnen besitzt ganz bestimmte Eigenschaften, die es grundlegend von den anderen unterscheiden, auch wenn gewisse Verwandtschaften bestehen. Diese Elemente können sich miteinander verbinden, wodurch eine Unzahl von Stoffen mit neuen Eigenschaften entsteht. Diese chemischen Vorgänge unterscheiden sich grundsätzlich von denen in der →Physik. Beim Mischen von Sand mit Zement und Wasser z. B. erfolgt keine chemische Verbindung, sondern ein physikalisches Gemenge. Wenn aber dieser Mörtel erhärtet, findet ein chemischer Vorgang statt, es verändern sich die chemischen Verbindungen.

Der Chemiker benutzt die Anfangsbuchstaben der Elemente als Abkürzungen und nennt sie chemische Zeichen. Daraus entwickelt er die chemische Formelsprache, mit der er die Zusammensetzung einer chemischen Verbindung ausdrückt. Da aber ein chemisches Zeichen nur für 1 Atom des bezeichneten Elements steht (→Atom), werden zusätzlich Ziffern benutzt, um die Anzahl der Atome eines Elementes anzuzeigen. So entstehen die chemischen Formeln. Der Chemiker schreibt z. B. die Formel für das Wasser: H_2O und sagt damit, daß ein →Molekül Wasser aus 2 Atomen Wasserstoff und aus 1 Atom Sauerstoff besteht.

Der Übersichtlichkeit halber wurden die Chemikalien in 3 Hauptgruppen geordnet, die jeweils gleiche Merkmale aufweisen, und zwar in: *Basen, Säuren* und in *neutrale Stoffe.* Der einfachste Weg, um festzustellen, zu welcher Hauptgruppe ein chemischer Stoff gehört, ist die Probe mit dem →*Lackmuspapier.* Hierbei wird ein kleiner Streifen dieses Papiers in die Flüssigkeit getaucht. Basen färben rotes Papier blau (Basen bläuen), Säuren dagegen färben blaues Papier rot, während neutrale Stoffe, wie z. B. Wasser, keine Verfärbungen verursachen. Dieses Verhalten nennt man eine chemische Reaktion. Basen entstehen aus der Verbindung von Metalloxiden (→Oxid) mit Wasser, sie werden daher auch Hydroxide genannt (griech. hydor = Wasser). Beispiel: Magnesiumoxid + Wasser = Magnesiumhydroxid. Als chemische Formel schreibt man das so:

$$MgO + H_2O = Mg(OH)_2.$$

Die (OH)-Gruppe, genannt das Hydroxyl, allen Basen gemeinsam, tritt auch oft bei Formeln von Säuren auf. Die Alkalimetalle, z. B. Natrium, Kalium, Lithium, verbinden sich unmittelbar, als ohne vorherige Oxydation (Verbindung mit Sauerstoff), mit Wasser zu Basen. In Wasser gelöste Basen nennt man *Laugen.*

Schlüssel

	4	2	3	5	1
	k	n	a	u	r
Klartext	s	j	u	g	e
Knaurs Jugendlexikon	n	d	l	e	x
	i	k	o	n	

Chiffretext

rexnj dkaul oksni ugen

Beispiel einer *Chiffrierung:* Der Klartext wird waagrecht in ein Chiffrierschema eingetragen, dessen einzelne Spalten mit Ziffern versehen sind. Dieser Text wird dann senkrecht abgelesen, und zwar in der Reihenfolge der Ziffern. Es werden also zuerst die Buchstaben der Spalte 1 abgelesen, dann die der Spalte 2 usw. Den Chiffretext erhält man, indem man die senkrecht abgelesenen Buchstaben waagrecht aufschreibt. Der Übersichtlichkeit halber faßt man diesen Chiffretext meist in Gruppen von 4 oder 5 Buchstaben zusammen. Dechiffriert wird ein Text naturgemäß genau umgekehrt.

Säuren dagegen bestehen aus austauschfähigem Wasserstoff und dem Säurerest. Basen und Säuren verbinden sich chemisch zu Salzen, wobei Wasser freigesetzt wird. Die Elemente können nach verschiedenen Gesichtspunkten geordnet werden. So gibt es eine Ordnung nach der Größe der Atomgewichte, eine andere nach der Wertigkeit (auch Bindigkeit oder Valenz genannt). Es kann z. B. der 4wertige Kohlenstoff 4 Atome des 1wertigen Wasserstoffes an sich binden. In der chemischen Zeichensprache wird die Wertigkeit durch Bindestriche veranschaulicht, etwa Armen vergleichbar, mit denen jedes Atom eines Elementes sich an einem anderen festhält. Diese Valenzstriche, von denen jedes Atom so viele besitzt, als seine Wertigkeit beträgt, erlauben eine andere Art der Formelschreibung, nämlich die Strukturformel. Man schreibt dann für das Kohlenwasserstoffgas Methan statt CH_4 die Strukturformel:

Diese Schreibweise gibt eine anschauli-

chere Vorstellung, besonders bei schwierigeren Verbindungen, wie sie vor allem in der *organischen Chemie* auftreten. Diese untersucht den Aufbau der Kohlenstoffverbindungen, die z. B. bei allen Lebewesen, also im Tier- und Pflanzenreich, vorkommen. Die *anorganische Chemie* dagegen befaßt sich mit den Steinen, Erden, Metallen und ähnlichen Vorkommen und den daraus entstehenden Verbindungen. Die Vielzahl der praktischen Möglichkeiten in der Chemie hat es mit sich gebracht, daß der einzelne Chemiker sich auf umgrenzte Anwendungsbereiche beschränken muß. Je nach diesen Arbeitsgebieten spricht man von Nahrungsmittel-, Elektro- und von vielen anderen Zweigen der *technischen Chemie.* Die pharmazeutische und die gerichtliche Chemie sind ebenfalls Arbeitsfelder der *angewandten Chemie.* – Die Chemie ist ursprünglich entstanden aus den Versuchen der mittelalterlichen *Alchimisten*, die vor allem aus unedlen Stoffen Gold machen oder unfehlbare Heilmittel erfinden wollten. Bis zum 19. Jh. wurde sie nur in den Laboratorien und Arbeitsstätten der Forscher betrieben. Dann aber fand sie immer steigende Anwendung im täglichen Leben, und riesige chemische Fabriken bilden heute einen wichtigen Teil unserer Industrie.

Die **Cherusker** waren ein germanischer Volksstamm, der zwischen Weser und Elbe lebte. Unter →Arminius besiegten sie im Jahre 9 n. Chr. die Römer im Teutoburger Wald.

Die **Chiffre** (franz. = Ziffer): Geheimzeichen. – *Chiffre-Schrift* = Geheimschrift. – *Chiffrieren* heißt, eine Mitteilung in Chiffren machen. Das geschieht, indem die gewöhnlichen Worte, der »Klartext«, ersetzt werden durch Buchstaben, Buchstabengruppen oder Zahlen. Diese Chiffren werden in einer Liste, dem *Code* oder *Code-Alphabet*, dem sogenannten Schlüssel, zusammengefaßt. Nur wer diesen Schlüssel kennt, kann solche Mitteilungen entziffern, *dechiffrieren*. Abb. S. 98.

Chile ist eine 756945 qkm große, von 10,25 Mill. Menschen bewohnte Republik, die etwa die Hälfte der südamerikanischen Westküste einnimmt (4230 km lang, aber durchschnittlich nur 177 km breit). Sie wird in ganzer Länge von den bis 6800 m hohen Anden durchzogen. Zu Chile gehört auch der größte Teil von Feuerland an der Südspitze des Kontinents (Karte →Südamerika). Der Norden liefert viele Bodenschätze (Salpeter, Jod, Borax, Kupfer u.a.), die mittlere Zone wird landwirtschaftlich genutzt (Weizen, Hackfrüchte, Tabak, Wein). Wichtigster Industriezweig ist die Textilindustrie.

Einwohnerzahlen der wichtigsten Städte:	
Santiago (Hauptstadt)	3,7 Mill.
Valparaíso (Haupthafen)	296 000
Concepción (Industrie)	178 000

Die **Chimäre** war ein Ungeheuer der griechischen Sage, das sich aus drei verschiedenen Tieren zusammensetzte: vorne war sie ein Löwe, in der Mitte eine Ziege und hinten ein Drache. Daher bezeichnet man als Chimäre auch einen Gedanken, der mit der Wirklichkeit nichts zu tun hat, eine Idee, die sich praktisch nicht ausführen läßt: ein Hirngespinst.

Die Volksrepublik **China** umfaßt 9 561 000 qkm mit 773 Mill. Einwohnern und nimmt den größten Teil Ostasiens ein. Die größten Nachbarn sind die Sowjetunion im Norden und Indien im Südwesten. Das Land ist sehr gebirgig, ausgenommen das nordchinesische Tiefland am unteren Lauf der Ströme Hoang-ho und Jang-tse-kiang. Überschwemmungen und Dürre waren die Ursachen häufiger Hungersnöte; um sie zu verhindern, werden riesige Bewässerungsanlagen mit Stauwerken gebaut. Zu den Haupterzeugnissen der Bauern gehören von alters her Reis, Tee und Seide. Die eigenartige, malerische Schrift der Chinesen setzt sich nicht aus Buchstaben, sondern aus etwa 50 000 sinnbildlichen Wortzeichen zusammen. 1956 wurden eine vereinfachte Kursivschrift als Standardschrift und eine aus lateinischen Buchstaben bestehende Lautschrift (phonetische Schrift) eingeführt. Die alte chinesische Schrift wird nur noch an höheren Lehranstalten gelehrt. Wie kein anderes großes Reich des Altertums hat sich China mit seiner über 4000 Jahre alten, hohen Kultur bis heute erhalten. Seit dem 6. Jh. v. Chr. vermischten sich die ursprünglichen religiösen Vorstellungen des Volkes mit den philosophischen Lehren von →Lao-tse und →Konfuzius und später mit dem Buddhismus (→Buddha), der im 1. Jh. v. Chr. aus Indien nach China drang. Umgekehrt wurde schon damals chinesische Seide auf Karawanenstraßen, den »Seidenstraßen«, bis ans Mittelmeer gebracht, von wo sie auch zu den Römern gelangte. Die im 3. Jh. v. Chr. errichtete, mit der Wüste Gobi gleichlaufende »Große Mauer« (2000 km lang) schützte das Land lange Zeit gegen Einfälle nordasiatischer Steppenvölker. Im 13. Jh. n. Chr. drangen die Mongolen, im 17. Jh. die Mandschus ein. Aber die

Tz'u = Wort

Lexikon

Tien = Buch

Chinesische Schrift

menschenformende Macht der chinesischen Geistes- und Lebensart setzte sich gegen die Eroberer durch. Chinesische Kultur strahlte bis nach Europa aus, nachdem sich im 14. Jh. ein dauernder Handelsverkehr mit China angebahnt hatte. Unter den Mandschu-Kaisern (seit 1644) erreichte China seine größte Ausdehnung und Macht. Der bald folgende Niedergang konnte durch den Versuch, sich gegen alle europäischen Eindringlinge abzuschließen, nicht aufgehalten werden. Europäische Staaten, vor allem England, erzwangen im 19. Jh. die Öffnung mehrerer chinesischer Häfen für den freien Handel und die Einfuhr von Opium (Opiumkrieg). Nordöstliches Gebiet ging an Rußland verloren, Frankreich besetzte im Süden Annam, England Birma, Japan eignete sich Formosa und später Korea an. Ein Aufstand der »Boxer«, eines fremdenfeindlichen chinesischen Geheimbundes, wurde 1900 von europäischen Truppen niedergeschlagen. 1912 beseitigte die Revolution der demokratischen Kuomintang-Partei unter ihrem Führer Sun Jatsen das Kaisertum, und China wurde Republik. Es gelang jedoch in der folgenden Zeit nicht, der Mißstände Herr zu werden, die zum Sturz des Kaisers geführt hatten. Unruhen und Bürgerkriege folgten. Seit 1928 regierte General Tschiang Kai-schek. 1931 begannen die Japaner mit ihren Angriffen gegen China, dessen wichtigste Provinzen sie allmählich besetzten. Im Zweiten Weltkrieg verbündete sich Tschiang Kai-schek mit den Westmächten, und nach dem Sieg über Japan erhielt China seine verlorenen Gebiete zurück. Da dringende soziale Reformen, vor allem eine gerechte Bodenverteilung, ausblieben und die Unzufriedenheit im chinesischen Volk wuchs, konnte sich die kommunistische Revolution 1949/50 unter ihrem Führer Mao Tse-tung durchsetzen. Tschiang Kai-schek mußte sich mit den Resten seiner Nationalarmee auf die Insel Formosa (→Taiwan) zurückziehen. China ist heute eine kommunistische Volksrepublik. Unter dem neuen Regime wurde die Technisierung und Industrialisierung rasch vorangetrieben. Dadurch und durch die Entwicklung eigener Atomwaffen trat China in den Kreis der Weltmächte ein und steht heute in seiner weltpolitischen Bedeutung hinter den Vereinigten Staaten und der Sowjetunion. – Siehe auch →Taiwan und Karte →Asien.

Einwohnerzahlen der wichtigsten Städte:	
Schanghai (Hafen)	11 Mill.
Peking (Hauptstadt)	7 Mill.
Schenjang	4,5 Mill.
Tschungking	4,4 Mill.
Tientsin	4 Mill.
Lüta (Port Arthur/Dairen)	3,6 Mill.
Kuangtschow (Kanton)	3,5 Mill.
Wuhan	2,7 Mill.

Das **Chinin** ist ein Heilmittel für bestimmte, meist fieberhafte Erkrankungen. Seinen Namen hat es von dem Cinchonabaum, aus dessen Rinde (Chinarinde) es gewonnen wird.

Die **Chirurgie** (griech. = Handarbeit): Zweig der medizinischen Wissenschaft, der die Krankheiten durch äußere Eingriffe wie Operationen, Einrichten verrenkter Gliedmaßen usw. heilt.

Das **Chitin** ist eine leichte und widerstandsfähige hornartige Masse. Sie bildet den wesentlichen Bestandteil der Körperpanzer von Krebsen, Spinnen, Tausendfüßlern und Insekten. Da der Chitinpanzer sich nicht dehnt, wird er während des Wachstums der Tiere in regelmäßigen Abständen abgestreift und entsteht jedesmal neu.

Das **Chlor** (chemisches Zeichen Cl) ist ein chemisches Element, und zwar ein gelbgrünes, stechend riechendes, giftiges Gas. In der Natur kommt es nur in Verbindungen vor, hauptsächlich in Kochsalz und Kali, also in Ablagerungen früherer Meere. Mit Chlor entkeimt man verseuchtes Trinkwasser (es wird *chloriert*). Chlorkalk, ein weißes, ätzend riechendes Pulver, wird als Bleich- und Desinfektionsmittel verwendet.

Das **Chloroform** oder *Trichlormethan* ist eine wasserhelle Flüssigkeit, die Harze, Alkaloide und andere Stoffe löst. Es verdampft bei Körpertemperatur mit süßlichem, ätherischem Geruch. Die Dämpfe bewirken Bewußtlosigkeit und dadurch Schmerzunempfindlichkeit. Deshalb wurde Chloroform früher oft als Betäubungsmittel verwendet.

Das **Chlorophyll** →Blattgrün.

Die **Cholera** (griech.) tritt heute fast nur noch in Asien auf. Bei dieser →Infektionskrankheit verliert der Kranke durch heftige Brechdurchfälle in kürzester Zeit so viel Wasser, daß diese »innere Austrocknung« und eine dadurch hervorgerufene Herzschwäche zum Tode führen kann. Heute kann man der Krankheit durch eine Schutzimpfung vorbeugen.

Der **Choleriker** (griech.): reizbarer, jähzorniger Mensch.

Frédéric **Chopin** (sprich schopä̃) war ein polnischer Komponist und Pianist, der von 1810 bis 1849 lebte. Er schrieb fast ausschließlich Werke für Klavier. Seine Balladen, Tänze, Etüden usw. sind formvollendete Werke von höchstem Wohlklang und rhythmischem Reiz.

Der **Chor** (griech.): 1. eine Sprech- und Tanzgruppe im griechischen Drama; 2. in der Kirche der für die Sänger bestimmte Platz, seit dem Mittelalter mit dem Raum für den Hochaltar (Sanktuarium) vereint, oft mit *Chorgestühl* ausgestattet, manchmal durch *Chorschranken* (Lettner) begrenzt; 3. die Vereinigung von Stimmen; Gemeinschaft von Sängern zur Pflege des Gesanges.

Der **Choral** (griech.): das andächtige Lied, das die vor dem Chor in der Kirche sitzende Gemeinde singt. Der (lateinische) einstimmige Gregorianische Choral, so benannt nach Papst Gregor dem Großen (um 600 n. Chr.), ist der älteste erhaltene Kunstgesang, der noch heute im katholischen Gottesdienst Verwendung findet. Später wurden auch mehrstimmige Choräle komponiert, so besonders von Johann Sebastian Bach und Händel in ihren geistlichen Oratorien (z. B. Matthäus-Passion und Messias).

Der **Chow-Chow** (engl., sprich tschautschau) →Hunderassen.

Das **Christentum** ist die Weltreligion, die von →Jesus Christus geoffenbart wurde. Zu ihm bekennen sich heute etwa eine Milliarde Menschen, das ist fast ein Drittel der Erdbevölkerung.

Die christliche Lehre fordert den Glauben an den gekreuzigten und auferstandenen Gottessohn Jesus Christus, der die Welt von der Sünde erlöst hat und sie am Ende der Zeiten durch seine Wiederkunft vollenden wird. Der Christ glaubt an die Unsterblichkeit der Seele und weiß, daß ihm die ewige Seligkeit nur durch Gottes Gnade geschenkt werden kann, daß er aber dieser Gnade durch ein gottgefälliges Leben würdig werden muß. Das christliche Leben muß daher bestimmt sein von dem Leben und der Lehre Jesu Christi, die von den Gläubigen unbedingte und uneingeschränkte Liebe zu Gott und allen Menschen fordert.

Von Palästina ausgehend, verbreitete sich im 1. bis 4. Jh. n. Chr. die christliche Lehre im römischen Weltreich und konnte auch durch zahlreiche grausame Christenverfolgungen nicht unterdrückt werden. Zwischen dem 5. und 12. Jh. wurden die germanischen, keltischen und slawischen Völker zum Christentum bekehrt. Gleichzeitig aber drang von Arabien her die Religion des Islam vor, und es kam zu jahrhundertelangen Kämpfen zwischen Christen und Mohammedanern (→Kreuzzüge). Seit den Entdeckungsfahrten des 16. Jh., ganz besonders im 19. Jh., brachten Missionare das Christentum in alle Teile der Welt. In Europa selbst fanden christenfeindliche Gedanken viele Anhänger, und in neuester Zeit hatten kommunistische Staaten verschiedentlich versucht, das Christentum gewaltsam zu unterdrücken.

Unterschiede in der Auffassung und Festlegung der christlichen Glaubenswahrheiten gefährdeten die Einheit des Christentums schon in den ersten Jahrhunderten seines Bestehens. Durch die Spaltung (das Schisma) des Jahres 1054 löste sich dann die morgenländische (griechisch-orthodoxe) Kirche von der römisch-katholischen Kirche. Von dieser trennten sich nach der 1517 einsetzenden →Reformation auch die verschiedenen evangelischen Kirchen (vor allem die lutherischen und die reformierten Bekenntniskirchen) und die anglikanische Kirche. Durch weitere Aufspaltung dieser Kirchen entwickelte sich noch eine große Anzahl christlicher Sekten und Freikirchen. Im 20. Jh. entstanden dagegen starke Bewegungen (→Ökumene, →Una Sancta), die auf die Sammlung und Wiedervereinigung aller christlichen Gemeinschaften drängen. Heute gehören etwa 615 Mill. Menschen der römisch-katholischen, etwa 150 Mill. der morgenländischen Kirche und etwa 220 Mill. den verschiedenen evangelischen Kirchen an.

Das Christentum hat die Geschichte der ganzen Welt, vor allem aber die Europas, entscheidend beeinflußt. Zusammen mit der Kultur des griechischen und römischen Altertums, die uns durch das Christentum überliefert wurde, bildet es seit fast 2000 Jahren die geistige Grundlage des Abendlandes.

Die **Christrose,** *Schneerose* oder *Schwarze Nieswurz* ist eine Wald- und Gartenpflanze mit großen weißen Blüten, die sich oft schon um die Weihnachtszeit öffnen.

Das **Chrom** (chemisches Zeichen Cr), ein chemisches Element, ist ein silberweißes, sehr hartes, witterungsbeständiges Metall. In der Natur kommt es nicht rein, sondern meist als Chromeisenstein (Chromit) vor. Eine Legierung aus Chrom und Stahl rostet nicht und widersteht Säuren und Laugen. Daher wird Chromstahl z. B. zu elektrischen Heizdrähten verwendet. Viele Metallwaren werden verchromt. Aus Chromsäure gebildete Salze sind Ausgangsstoffe für feuerbeständige Farben (Porzellanmalerei) und für Gerbstoffe (Chromleder).

Die **Chromosomen** enthalten die Erbanlagen eines Lebewesens, niedergeschrieben in der →DNS. Unter dem Mikroskop betrachtet, sehen sie wie Miniatur-Wäscheklammern aus. Die Zahl der Chromosomen ist für jede Art charakteristisch und konstant; der Mensch besitzt 46.

In einer **Chronik** (griech. = Zeitbuch) wird der Reihenfolge nach über die Geschehnisse berichtet, die sich im Laufe einer bestimmten Zeit in einer Stadt, einem Kloster, einer Familie usw. ereignet haben. Der Verfasser einer solchen Chronik ist der *Chronist.*

chronisch (griech.): lang dauernd.

chronologisch (griech.): der zeitlichen Reihenfolge nach geordnet.

Das **Chronometer** (griech. = Zeitmesser): besonders genau gehende Uhr, hauptsächlich für die Luft- und Schiffahrt; auch Bezeichnung für das →Metronom.

Die **Chrysantheme** ist eine Blütenpflanze, von der es einheimische und ausländische Arten gibt. Zu den einheimischen Chrysanthemen gehören z. B. die Margerite, das Maßliebchen und der Rainfarn. Aus Ostasien stammen die großblütigen Chrysanthemen, die bis zum ersten Frost blühen und vor allem als Gräberschmuck verwendet werden.

Die **CIA,** Abkürzung für *Central Intelligence Agency:* der Geheimdienst der Vereinigten Staaten.

Cinemascope (engl., sprich sinemaskohp), **Cinerama** (engl., sprich sinerahma) →Film.

Circe hieß in der griechischen Sage eine böse Zauberin. Als →Odysseus auf seinen Irrfahrten an ihrer Insel landete, verwandelte sie seine Gefährten in Schweine. Odysseus, der durch ein Kraut gegen ihre Tränke gefeit war, zwang sie aber, seine Gefährten zu erlösen.

Die **City** (engl., sprich sitti): ursprünglich die Londoner Innenstadt, heute das Geschäftsviertel einer Großstadt.

Das keltische Wort **Clan** heißt eigentlich Familie. In Irland und Schottland bildeten früher Familien, die von einem gemeinsamen Vorfahren abstammten, einen Clan. Sie führten den Namen ihres Vorfahren und stellten ihm ein Mac voraus (z. B. MacArthur), das heißt Sohn, oder ein O' (z. B. O'Neill), das heißt Enkel. –

In Nordamerika gibt es den *Ku-Klux-Klan,* einen politischen Geheimbund, der 1865 in den Südstaaten gegründet wurde und Farbige, Katholiken und Juden bekämpft und dabei oft Gewalttätigkeiten verübt.

Matthias **Claudius,** der 1740 in Reinfeld (Holstein) geboren wurde und 1815 in Hamburg starb, gab die Zeitschrift »Der Wandsbeker Bote« heraus, an der viele bedeutende Zeitgenossen, auch der junge Goethe, mitarbeiteten. In einer einfachen, verständlichen, zu Herzen gehenden Sprache schrieb Claudius Gedichte, Aufsätze, Kritiken und Geschichten. Viele seiner innig-frommen Gedichte sind zu Volksliedern geworden, z. B. »Der Mond ist aufgegangen«.

Das **Clearing** (engl. »Klären«, sprich klihring) ist ein Verfahren, das Banken anwenden, um die Forderungen zu verrechnen, die sie gegeneinander haben.

clever (engl., sprich klewer): geschickt, klug, listig.

Der **Clinch** (engl., sprich klintsch): beim Boxen regelwidriges Umklammern des Gegners, um ihn am Schlagen zu hindern.

Die **Clique** (frz., sprich kli-ck): Sippschaft, Bande.

Der **Clou** (franz., sprich kluh): Glanzpunkt, Glanzstück.

Der **Clown** (sprich klaun, engl. = Rüpel, Tölpel). Ursprünglich hieß so der derbe Spaßmacher im alten englischen Theater. Heute ist ein Clown der »dumme August« im Zirkus. Er bringt durch seine Späße und durch tölpelhafte Akrobatenkunststücke die Zuschauer zum Lachen.

Co.: bei Firmennamen Abkürzung für →Kompanie (auch Cie.); auch für Kompagnon (Geschäftsteilhaber).

Cockpit (engl.) nennt man bei Jachten und Motorbooten den vertieften Sitzraum für die Besatzung, bei Flugzeugen die Pilotenkanzel.

Der **Cocktail** (engl., sprich koktehl): Getränk, das aus Alkohol und Früchten, Zucker, Ei, Eis usw. gemischt (gemixt) wird. Aber auch alkoholfreie Mischgetränke werden oft Cocktail genannt.

Der **Code** →Chiffre.

Der **Codex** (lat.): 1. alte Handschrift auf Pergament, oft mit Holzdeckel und kunstvollen Verzierungen; 2. Sammlung von Vorschriften oder Gesetzen, z. B. Kirchengesetzen der katholischen Kirche

Coleopter (griech.) →Senkrechtstarter.

Die **Collage** (frz., sprich kollasche) ist ein Bild, das durch Übereinanderkleben verschiedener Einzelteile oder Materialien entsteht. Die ersten Collagen stammen von Picasso und Braque.

Das **College** (engl., sprich kollidsch). In England und Amerika bezeichnet man als College 1. eine höhere Schule, meist ein →Internat; 2. ein Universitätsinstitut, an dem studiert wird und in dem Lehrer und Studenten gemeinsam wohnen.

Der **Colt:** von dem Amerikaner Samuel Colt erfundener →Revolver.

COMECON ist die englische Abkürzung von »Council of Mutual Economic Aid«; →Rat für gegenseitige Wirtschaftshilfe.

Commonwealth of Nations (sprich kommenwels of nehschns, engl. commonwealth = Gemeinwohl) ist der Name für die aus dem Britischen Reich entstandene Völkergemeinschaft, die sich aus Großbritannien, dessen Kolonien und den früheren Kolonien zusammensetzt, die heute selbständige Staaten sind: Australien, Bahamas, Bangla Desh, Barbados, Botswana, Fidschi-Inseln, Gambia, Ghana, Guayana, Indische Union, Jamaica, Kanada, Kenia, Lesotho, Malawi, Malaysia, Malediven, Malta, Mauritius, Nauru, Neuseeland, Nigeria, Sambia, Sierra Leone, Singapur, Sri Lanka, Swasiland, Tansania, Trinidad und Tobago, Tonga, Uganda, Westsamoa und Zypern.

Das **Communiqué** (franz., sprich kommünikeh): amtliche Mitteilung an die Öffentlichkeit.

Der **Computer** (engl., sprich kompjuhter) →Elektronenrechner.

Der **Conferencier** (franz., sprich kongfrangßieh) sagt beim Kabarett, bei Modeschauen und ähnlichen Veranstaltungen auf witzige Weise die einzelnen Programmnummern an.

Der **Container** (engl., sprich kontähner) ist ein Großbehälter für Frachtgut. Er wird in der modernen Wirtschaft immer häufiger eingesetzt, weil er eine genormte Größe hat und sowohl von einem Schiff als auch vom Lastwagen, Güterwagen oder Flugzeug transportiert werden kann.

contra (lat.): gegen.

Der **Convoy** (engl., sprich konwoi) oder Geleitzug: im Seekrieg eine Anzahl von Handelsschiffen, die unter dem Schutz von Kriegsschiffen fahren.

James **Cook** (sprich kuk) umsegelte die Welt einmal (1768–1771) von Osten nach Westen und ein zweites Mal (1772–1775) von Westen nach Osten. Dabei entdeckte er zahlreiche Inseln im Atlantischen und Stillen Ozean und stieß weit in das Südpolargebiet vor. Auf einer dritten Reise wollte er die vielgesuchte Durchfahrt um Nordamerika vom Stillen zum Atlantischen Ozean finden. Er wurde 1779 auf Hawaii von Eingeborenen erschlagen.

James Fenimore **Cooper** (sprich kuhper) war ein nordamerikanischer Schriftsteller, der von 1789 bis 1851 lebte. Seine Indianererzählungen »Lederstrumpf« sind seit Generationen eines der beliebtesten Jugendbücher.

Das **Copyright** (engl., sprich koppirait) →Urheberrecht.

Das **Corned beef** (engl., sprich kornd bihf): gepökeltes Rindfleisch in Büchsen (Konserven).

Corn-flakes (engl., sprich kohnflehks): Maisflocken.

Das **Corpus delicti** (lat. = Körper des Verbrechens). So bezeichnet man das Beweisstück, an dem man erkennen kann, daß eine strafbare Handlung begangen wurde. Ein Corpus delicti ist z. B. die Waffe, mit der ein Verbrechen verübt wurde, oder Spuren (z. B. Blutflecke) an Menschen oder Dingen, die davon zeugen.

Fernando **Cortez** ist einer der spanischen Eroberer (auch Konquistadoren genannt), die in Amerika große Indianerreiche entdeckten, sie gewaltsam für Spanien in Besitz nahmen und ihren alten Kulturen den Untergang bereiteten. Von 1519 bis 1521 unterwarf er in grausamen Kämpfen das Reich der →Azteken in Mexiko und drang später noch bis Kalifornien vor.

Costa Rica ist eine 50 700 qkm große Republik in Mittelamerika mit 1,87 Mill. Einwohnern (meist Weiße) und der Hauptstadt San José (215 000 E.). Im fruchtbaren Hochland werden Zucker, Kakao, Kaffee, Reis und Bananen angebaut. Die Industrie ist wenig entwickelt.

Das **Coulomb** (franz., sprich kuloñ) ist eine physikalische Maßeinheit. Sie wurde benannt nach dem französischen Physiker Charles Augustin de Coulomb (1736–1806), der die elektrischen und magnetischen Kräfte untersuchte. Das Coulomb mißt die Elektrizitätsmenge oder die elektrische Ladung:

1 Coulomb = 1 Ampere in 1 Sekunde.

Das *Coulombsche Gesetz* besagt, daß sich gleichnamige Magnetpole (z. B. zwei Pluspole) abstoßen, während sich ungleichnamige (Plus- und Minuspol) anziehen.

Count-down (engl., sprich kaunt-daun) ist ein Ausdruck, der im Zusammenhang mit dem Start einer Weltraumrakete gebraucht wird. Alle Vorbereitungen des Raketenstarts werden in einer Art Stundenplan aufgestellt, und dieser Stundenplan wird durch Rückwärtszählen (count down) »abgearbeitet«. In den letzten Sekunden heißt es also »fünf – vier – drei – zwei – eins – null«; bei Null wird das Raketentriebwerk gestartet. Die Count-down-Methode hat den Vorteil, daß keine Vorbereitungen, Handgriffe usw. vergessen werden.

Der **Coup** (franz., sprich kuh) ist eine überraschende, gelungene Tat; ein plötzlicher Schlag.

Die **Couture** (franz., sprich kutür): Schneiderei. – *Haute-couture* (sprich oht kutür): »hohe Schneiderkunst« der großen Modehäuser.

Der **Cowboy** (sprich kauboi, engl. = Kuhjunge): Hirte großer Rinderherden in Nordamerika. Cowboys sind meist beritten, mit einem Lasso ausgerüstet und tragen eine besondere Tracht.

Das **Credo**. Mit »Credo«, das heißt »ich

glaube«, beginnt das Apostolische Glaubensbekenntnis. Auch das Glaubensbekenntnis selbst sowie andere bekenntnishafte Äußerungen werden als Credo bezeichnet.

crescendo (ital., sprich kreschendo): in der Musik Bezeichnung für stärker werdend.

Die **Crew** (engl., sprich kruh) ist die Besatzung eines Schiffes; die Mannschaft.

Oliver **Cromwell** war ein englischer Staatsmann, der von 1599 bis 1658 lebte. Er war der Führer der →Puritaner im Kampf gegen die absolute Königsherrschaft Karls I., den er besiegte und hinrichten ließ. Cromwell machte England zur Republik und regierte, auf die Macht seiner Truppen gestützt, von 1649 bis 1658 als Alleinherrscher. Nach Cromwells Tod kehrten die Engländer zur monarchischen Staatsform zurück.

Der **Csárdás** (sprich tschardasch): ungarischer Nationaltanz (Zweivierteltakt).

ČSSR →Tschechoslowakei.

CSU: Abkürzung für Christlich-Soziale Union. →Partei.

Cuba →Kuba.

cum grano salis (lat. = mit einem Körnchen Salz): mit einer kleinen Einschränkung.

Der **Cup** (engl., sprich kap): Pokal, Ehrenpreis bei Sportwettkämpfen, z. B. der Europa-Cup im Fußball oder der Davis-Cup im Tennissport.

Marie **Curie** (sprich küri) war eine polnische Forscherin, die von 1867 bis 1934 lebte. Zusammen mit ihrem Mann, dem Franzosen Pierre Curie (1859 bis 1906), entdeckte sie die radioaktiven Elemente Radium und Polonium. Nach dem Tode ihres Mannes setzte Marie Curie ihre Forschungen fort, die zu bahnbrechenden Ergebnissen in Physik und Chemie führten.

Das **Curriculum** (lat.). Der Lehrer, der in der Schule seinen Unterricht abhält, hat nicht nur den Stoffplan im Kopf. Er muß den Unterricht vorbereiten, gelegentlich Filme, Schallplatten oder Landkarten besorgen; er muß überlegen, wie er den Stoff am zweckmäßigsten darbietet und welche Art von Mitarbeit er von der Klasse verlangen will; und schließlich muß er auch kontrollieren, ob die Schüler in seinem Unterricht das lernen, was sie lernen sollen. Die Gesamtheit dieser pädagogischen Überlegungen (Lehrplan, Unterrichtsvorbereitung, Unterrichtsmethode, Erfolgskontrolle) stellt ein Curriculum dar. Für jeden Stoff und für jede Alters- und Bildungsstufe kann man ein solches Curriculum aufbauen.

Der **Curry** (sprich körri): aus Indien stammende Gewürzmischung; meist für Reisgerichte.

Cutter (engl., sprich katter) →Film.

CVJM: Abkürzung für *Christlicher Verein Junger Männer*. Siehe Evangelische Kirche.

D

D ist der vierte Buchstabe des Alphabets und das römische Zahlzeichen für 500, in der Chemie das Zeichen für Deuterium. Auch als Abkürzung für den theologischen Doktortitel kommt D vor. Ein D auf Telegrammen bedeutet dringend.

da capo (ital.): noch einmal, von vorne (in der Musik).

Das **Dach** ist der obere Abschluß des Hauses. Es wird bei uns meist schräg gebaut und ruht auf den Balken des *Dachstuhls*. Die Deckung bestand früher aus Stroh oder Schilf, dann aus hölzernen Schindeln, Schiefer, Blech oder Dachziegeln, die aus Lehm gebrannt werden. Zur Ableitung des Regenwassers dient die *Dachrinne*. Heute werden flache Dächer auch aus Beton gebaut.

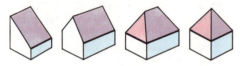

Dachformen: Pultdach, Satteldach, Walmdach, Zeltdach

Der **Dachs** ist ein Raubtier, das in Wäldern lebt, zur Familie der Marder gehört und in Europa und Asien vorkommt. Er wird etwa 75 cm lang, 40 Pfund schwer und hat ein graues borstiges Fell mit schwarzweißer Kopfzeichnung. Er ist ein Nachttier und nährt sich von kleinen Tieren, aber auch von Obst, Rüben und Wurzeln. Etwa zwei Meter unter der Erde gräbt er sich einen Bau, legt Gänge und Luftschächte an und polstert sein Lager, den sogenannten Kessel, gut mit Laub aus. Er hält Winterschlaf, den er aber unterbricht, wenn er starken Hunger bekommt. Zu den Dachsgattungen gehören auch die *Stinktiere*, z.B. der in Nordamerika lebende *Skunk*, der wegen seines glänzenden, weichen Fells auf Farmen gezüchtet wird. Aus den Haaren der Dachse werden Pinsel hergestellt.

Der **Dachshund,** Dackel →Hund.

Dädalus war nach der griechischen Sage der Ahnherr der ältesten Bildhauer (»Dädaliden«) und Baumeister und Bildhauer des Königs Minos von Kreta. Er baute ihm das Labyrinth für das Ungeheuer Minotaurus. Aber er fiel in Ungnade und mußte fliehen. Aus Federn, die er mit Wachs an hölzerne Gestelle anklebte, machte er sich und seinem Sohn *Ikarus* Flügel und entfloh durch die Luft. Ikarus flog in jugendlichem Übermut zu hoch, der Sonne zu nahe, das Wachs schmolz, und er stürzte ins Meer. Dädalus entkam nach Sizilien.

Die **Dahlie** oder Georgine ist eine Gartenpflanze, die aus Mexiko stammt und nach den beiden Forschern Dahl und Georgi benannt wurde. Es gibt viele verschiedene Arten, z.B. die Sterndahlie, die Halskrausendahlie und die Pompondahlie, die im Spätsommer in bunten Farben blühen. Im Herbst gräbt man die Pflanzen aus, trennt die Wurzelstöcke ab und läßt sie in einem frostfreien Keller überwintern.

Dahome ist eine afrikanische Republik am Golf von Guinea (112622 qkm, 2,91 Mill. Einwohner, Hauptstadt Porto Novo). Früher war das Land ein mächtiges Königreich, dann bis 1958 französische Kolonie und ist seit 1960 unabhängig.

Der **Dalai-Lama** ist das weltliche Ober-

Dachs

Funktionsschema

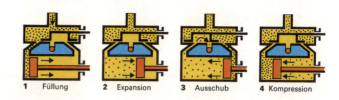

1 Dampf strömt links in den Zylinder, Kolben wird nach rechts gedrückt. **2** Schieber gesperrt, Dampf wirkt durch Ausdehnung. **3** Dampf strömt rechts in den Zylinder, Kolben wird nach links gedrückt. **4** Schieber gesperrt.

| 1 Füllung | 2 Expansion | 3 Ausschub | 4 Kompression |

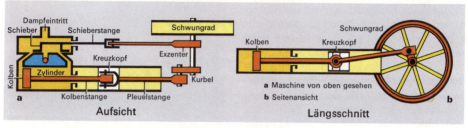

Aufsicht — Längsschnitt

Kolbendampfmaschine

haupt des Lamaismus; früher war er auch das Staatsoberhaupt von Tibet.

Salvador **Dalí**, der u. a. dem →Surrealismus zuzurechnende spanische Maler, ist 1904 geboren und vor allem durch seine von der Psychoanalyse beeinflußten »Traumbilder« bekannt geworden.

Der **Damast** ist nach der Stadt Damaskus benannt. Er ist ein Stoff aus Leinen, Baumwolle oder Seide mit eingewebten Mustern, die durch den Glanz der Oberfläche hervortreten.

Damokles hieß ein Günstling des griechischen Tyrannen Dionys von Syrakus (um 400 v. Chr.). Dieser ließ – zum Zeichen, daß auch glücklichen Menschen Gefahr droht – bei einem Gastmahl über Damokles ein Schwert aufhängen, das nur mit einem Pferdehaar befestigt war. Seitdem bezeichnet man eine drohende Gefahr oft als *Damoklesschwert*.

dämonisch (griech.): von Dämonen besessen, teuflisch, unheimlich.

Dampf ist der gasförmige Zustand, in den flüssige Stoffe beim Sieden übergehen. Will man Flüssigkeiten, z. B. Wasser, verdampfen, so muß man sie zuerst bis zu ihrem Siedepunkt erwärmen, dann aber weitere Wärme (*Verdampfungswärme*) zuführen. Die Verdampfungswärme wird wieder an die Umgebung abgegeben, wenn sich der Dampf durch Abkühlung

verflüssigt. Das wird bei der Dampfheizung ausgenützt. Weil durch Wasserdampf leicht Verbrühungen entstehen, müssen die Deckel von Kochtöpfen, Waschkesseln usw. vorsichtig abgehoben werden. Siehe auch Dampfdruck, Dampfmaschinen, Schmelzen.

Der **Dampfdruck.** Dampf benötigt mehr Raum als die Flüssigkeit, aus der er entsteht, Wasserdampf z. B. 1675mal soviel wie Wasser. Erhitzt man eine Flüssigkeit in einem geschlossenen Gefäß bis zum Verdampfen, so übt also der Dampf einen starken Druck auf die Gefäßwände aus. Diesen Dampfdruck (auch Dampfspannung genannt) nutzt man bei den →Dampfmaschinen aus.

Dämpfen: das Garmachen von Speisen in strömendem Wasserdampf. Beim Dämpfen gehen nur wenig Nährstoffe verloren, deshalb sollte man es dem Kochen vorziehen. – Dämpfen nennt man auch das Bügeln von Wollstoffen unter einem feuchten Tuch.

Dampfmaschinen treiben Generatoren, Arbeitsmaschinen, Lokomotiven und Schiffe an. Dampflokomotiven und -walzen sind lediglich auf Räder gestellte Dampfmaschinen. – In der Kolbendampfmaschine wird der →Dampfdruck in einem Kessel in mechanische Energie umgewandelt. Diesen Kessel nennt man den Dampfzylinder. In ihm drückt der Dampf einen Kolben von der einen auf die andere Seite. Eine sogenannte Schiebersteuerung lenkt den Dampf dann so, daß er nun den Kolben von der anderen Seite wieder zurückdrückt und so fort. Der Kolben gibt die ihm verliehene Energie durch die Kolbenstange auf die Pleuelstange und von der Pleuelstange auf ein schweres Schwungrad ab. Dadurch wird ein gleichmäßiges Arbeiten der Maschine erreicht. Außerdem bewirkt das Schwungrad die Überwindung des toten Punktes: das ist der Augenblick, der zwischen dem Ankommen des Kolbens an dem einen Ende des Zylinders und seiner Umkehr nach der anderen Seite liegt. Alle Dampfmaschinen müssen Sicherheitsventile haben, die sich bei zu starkem Dampfdruck selbsttätig öffnen. – Die erste praktisch verwendbare Dampfmaschine wurde 1778 von James →Watt gebaut; mit ihrer Erfindung begann das Industriezeitalter.

Dampfmaschine von J. Watt

Das **Dampfschiff** ist ein Wasserfahrzeug, das durch Dampfmaschinen oder Dampfturbinen angetrieben wird. Wird die durch den Dampf erzeugte Energie auf seitlich vom Schiff angebrachte Schaufelräder übertragen, so spricht man von einem *Raddampfer*, wird sie auf eine am Heck (hinten) angebrachte Schraube übertragen, von einem *Schraubendampfer*. Das erste Dampfschiff wurde 1807 von dem Amerikaner Robert Fulton erbaut. Moderne Schnelldampfer erzielen Geschwindigkeiten bis zu 65 km in der Stunde. – Abbildung →Schiffahrt.

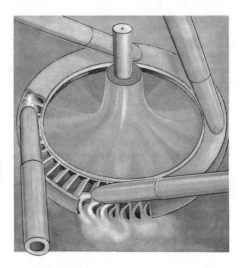

Die **Dampfturbine** ist eine Kraftmaschine. Sie dient zum Antrieb von Stromerzeugern, Schiffsschrauben usw. Dampfturbinen sind wirtschaftlicher als Kolbendampfmaschinen, weil sie den Druck des strömenden Dampfes direkt in eine Drehbewegung umwandeln. Der Dampf strömt aus mehreren Düsen auf die Schaufeln des Läuferrades und versetzt dieses in eine gleichmäßige Drehung. Kolben, Pleuelstange usw., wie sie die Kolbendampfmaschine braucht, sind also nicht notwendig. Man kann mit einer einzigen Maschine Leistungen bis zu einem Gigawatt (1 340 000 PS) erzielen.

Danaer nennt Homer die Griechen. – Unter *Danaergeschenk* versteht man ein Geschenk, das dem Empfänger Unglück bringt. Man denkt dabei an das hölzerne Pferd, das die Danaer vor Troja zurückließen und in dem die Eroberer Trojas verborgen waren. – Siehe auch Trojanischer Krieg.

Dänemark (dän. Danmark) ist ein Königreich, das den größten Teil der Halbinsel Jütland, die vorgelagerten Ostsee-Inseln und Bornholm umfaßt. Zu Dänemark gehören auch die im Nordatlantik gelegenen Faröer (Schafinseln) und →Grönland. Durch seine Lage bildet Dänemark eine Brücke zwischen Deutschland und Skandinavien. Auf einem Gebiet von 43 069 qkm leben 5 Millionen Menschen. Dänemark beliefert andere Länder mit Butter, Käse, Eiern, Fleisch und Saatgut, aber auch mit Industriegütern.

Dänemark ist seit dem Jahre 950 ein Königreich. Die dänischen Könige herrschten zeitweilig über ganz Skandinavien. Schweden löste sich jedoch im 16. Jh. von Dänemark, Norwegen erst 1814. Streit um Schleswig-Holstein führte 1848 und 1864 zu deutsch-dänischen Kriegen, in denen Dänemark unterlag. Nach dem Ersten Weltkrieg, an dem es nicht teilnahm, wurden die dänischsprechenden Gebiete Nordschleswigs nach einer Volksabstimmung Dänemark zuerkannt. Während des Zweiten Weltkrieges war Dänemark wieder neutral, wurde aber von deutschen Truppen besetzt.

Einwohnerzahlen der wichtigsten Städte:	
Hauptstadt Kopenhagen	1,4 Mill.
Arhus	200 000
Odense	137 000

Dante Alighieri, der größte Dichter Italiens, wurde 1265 in Florenz geboren. In jungen Jahren beteiligte er sich am politischen Leben seiner Vaterstadt, aus der er von seinen Gegnern verbannt wurde und die er nie wiedersah. 1321 starb er in Ravenna. Im Exil schrieb er sein berühmtes Werk, die Verserzählung »Die göttliche Komödie« (La divina Commedia). Darin schildert er in gewaltigen Bildern die drei Reiche des Jenseits: Hölle, Fegefeuer und Himmel.

Danzig (polnisch: Gdánsk) ist eine Hafenstadt an der Ostsee. Sie liegt an der Weichselmündung. Zwischen den beiden Weltkriegen bildete die alte deutsche Stadt mit dem umliegenden Gebiet als *Freie Stadt Danzig* einen selbständigen Staat mit rund 400 000 Einwohnern. Seit 1945 steht Danzig unter polnischer Verwaltung.

Die **Dardanellen** sind die 65 km lange und 2–7 km breite Meeresstraße, die vom Schwarzen Meer zum Mittelmeer führt und Europa von Kleinasien trennt. Seit den Anfängen der europäischen Geschichte sind sie stark umkämpft. Jetzt gehören sie der Türkei, die vertraglich den Schiffen anderer Staaten die Durchfahrt gewährt. Im Altertum hießen sie *Hellespont*.

Der Perserkönig **Darius** regierte von 521 bis 486 v.Chr. Er organisierte sein Reich straff durch und vergrößerte es, führte aber verlustreiche Kriege gegen die Skythen (513) und Griechen (490 v.Chr., Schlacht bei Marathon).

Darlehen nennt man einen ge- bzw. verliehenen Geldbetrag, der meist mit Zinsen innerhalb einer bestimmten Frist an den Darlehensgeber zurückzuzahlen ist.

Im **Darm** werden die Speisen, die im Magen zur Verdauung vorbereitet werden, endgültig verdaut. Der Darm ist ein Schlauch, der bei Menschen etwa 7–9 m lang ist. Die zahlreichen in der Darmwand vorhandenen Muskelfasern befähigen den Darm zu einer wurmartigen Bewegung, womit er den Speisebrei weiterbefördert. Gleichzeitig halten sie den Darm in einem derartigen Spannungszustand, daß er beim lebenden Menschen nur 2,5 bis 2,9 m lang erscheint. Wir unterscheiden zwei große Abschnitte: 1. den 6 bis 7 m langen *Dünndarm*, der an seiner Innenwand mit einer großen Zahl von Schleimhauterhebungen, den *Darmzotten*, ausgestattet ist. Mit diesen saugt er die im Darminhalt gelösten Nährstoffe auf und gibt sie an das Blut weiter. Der erste Teil des Dünndarms, dessen Länge etwa der Breite von 12 Fingern entspricht und der direkt an den Pförtnermuskel des Magenausgangs anschließt, heißt *Zwölffingerdarm*. In ihn werden Galle und Saft der Bauchspeicheldrüse ausgeschüttet. 2. den *Dickdarm*, der etwa 1,5 m lang ist. Knapp unterhalb der Einmündungsstelle des Dünndarms trägt er den →Blinddarm mit seinem Wurmfortsatz. Er mündet in den etwa 12 bis 14 cm langen *Mastdarm*. Dieser bildet mit seinem unteren Ende den *After*. Während der Dünndarm die Aufgabe hat, dem Speisebrei die Nährstoffe zu entziehen, nimmt der Dickdarm das im Darminhalt enthaltene Wasser auf und dickt somit den Speisebrei ein. Das hier zurückgewonnene Wasser wird der Leber zugeführt und gelangt, nachdem es von ihr entgiftet wurde, wieder in den Kreislauf zurück.

Die **Darre:** Vorrichtung zum Trocknen (Dörren) von Getreide, Obst usw.

Charles **Darwin** war ein englischer Naturforscher, der von 1809 bis 1882 lebte. Er hat die Ansicht vertreten, daß alle Lebewesen von einfacheren und schließlich einfachsten Vorfahren abstammen, indem sie sich im Laufe von Jahrmillionen durch kleinste erbliche Veränderungen (→Mutation) und durch »Auslese im Kampf ums Dasein« über Zwischenformen, die meist ausgestorben sind, zu ihrem heutigen Aussehen entwickelt haben. Diese Ansicht Darwins in heute etwas veränderter Form zusammen mit ihren Folgerungen wird als **Darwinismus** bezeichnet.

Die **Datenverarbeitung** spielt in der modernen Wirtschaft, aber auch in Wissenschaft und Technik eine überragende Rolle. Als »Daten« bezeichnet man dabei alle →Informationen, die man irgendwie in Zahlen ausdrücken kann: z.B. Statistiken, Gewinne, die Abhängigkeit verschiedener Größen voneinander (»mit steigender Bevölkerungszahl wächst der Seifenverbrauch«), aber auch den voraussichtlichen Bedarf an Rohstoffen oder Nahrungsmitteln in zehn Jahren usw. Da niemand alle diese Daten im Kopf haben und miteinander vergleichen kann, werden sie in einen Elektronenrechner eingegeben und dort ausgewertet. Der Hauptzweck der Datenverarbeitung ist es, möglichst früh komplizierte Entwicklungen vorauszusehen, die sich aus den vorliegenden Informationen allein nicht erkennen lassen.

Dativ (von lat. dare = geben): der 3. oder *Wem-Fall* der →Deklination.

Die **Dattelpalme** →Palmen.

Das **Datum** (lat. = gegeben) ist eine Zeitangabe. Durch das Datum werden Tag, Monat und Jahr angegeben.

Datumsgrenze →Zeit.

Der **Daviscup** (engl., sprich dewiskap) ist ein Pokal, den der Amerikaner D. F. Davis 1900 gestiftet hat und der alljährlich an die beste Ländermannschaft im Tennisspielen verliehen wird.

DBP →Patent.

DDR: Abkürzung für Deutsche Demokratische Republik. →Deutschland.

DDT war eines der wichtigsten Mittel zur Vernichtung von landwirtschaftlichen Schädlingen und krankheitsübertragenden Insekten. Das DDT, dessen Name aus den Anfangsbuchstaben der chemischen Bezeichnung (**D**ichlor**d**iphenyl**t**richloräthan) zusammengesetzt ist, gehört zu den Kontaktgiften, das sind chemische Mittel, die bei Berührung durch das Insekt in dessen Körper eindringen. Der Tod der Tiere tritt durch Lähmung ein. – DDT sammelt sich in der Nahrung und im menschlichen Körper an und ist deshalb in vielen Ländern verboten.

Als **Dealer** (engl., sprich dihler) bezeichnet man einen Menschen, der heimlich verbotene Drogen anbietet, um daran zu verdienen; Rauschgifthändler.

Das **Debakel** (franz.): das völlige Scheitern; Untergang; Zusammenbruch.

Die **Debatte** (franz.): mündlicher, oft erregter Meinungsaustausch.

Das **Debet** (lat. = er schuldet). So nennt der Kaufmann alle Beträge, die andere ihm schulden. Diese sind seine Schuldner, seine *Debitoren*.

Sein **Debüt** (franz., sprich debüh) gibt ein Künstler mit seinem ersten Auftreten in der Öffentlichkeit. Beim Maler ist die erste Ausstellung sein Debüt, bei einem Pianisten das erste Konzert. Debüt bedeutet also: Beginn, Anfang (der Künstlerlaufbahn).

Der **Dechant** →Dekan.

de facto (lat.) bedeutet svw. im Grunde, eigentlich, praktisch. Wer 999 000 DM besitzt, ist »de facto« ein Millionär, auch wenn er genaugenommen noch keine Million besitzt. – Das Gegenteil von de facto heißt *de iure*. Dieses Wort kommt ebenfalls aus dem Lateinischen und bedeutet svw. rein theoretisch, rein rechtlich gesehen. Wer einen Tag vor seinem 18. Geburtstag steht, ist de iure noch nicht volljährig und darf z. B. an einer Wahl noch nicht teilnehmen.

Ein **Defätist** (franz.) ist, wer im Krieg nicht an den Sieg seines Landes glaubt, sondern mit der Niederlage rechnet.

Der **Defekt** (lat.): der Schaden, Fehler. – *defekt:* schadhaft.

Die **Defensive** (lat.): Verteidigung.

definieren (lat.): die genaue Bedeutung eines Begriffs angeben, ihn abgrenzen.

Die **Definition:** Angabe der wesentlichen Eigenschaften eines Gegenstandes oder der Merkmale eines Begriffs.

definitiv: endgültig.

Das **Defizit** (lat.). Wenn jemand mehr Geld ausgibt, als er eingenommen hat, so macht er Schulden. Den Betrag, der ihm fehlt, nennt man Defizit.

Die **Deflation** (lat.) →Geld.

Daniel **Defoe** (sprich difou) war ein englischer Journalist und Schriftsteller, der von 1660 bis 1731 in London lebte. Er wurde vor allem durch seinen »Robinson Crusoe« berühmt. Robinson wird für viele Jahre auf eine einsame Insel verschlagen. Als Jäger, Hirte, Bauer und Handwerker muß er alle Erfindungen, die die Menschen in Jahrtausenden gemacht haben, von neuem machen und so die Entwicklung der Menschheit in kurzer Zeitspanne wiederholen.

Die **Degeneration** (lat.): Entartung, Verkümmerung.

Der **Deich** ist ein Schutzdamm gegen Überschwemmungen. Flußdeiche schützen das Land vor Hochwasser, Meeresdeiche schützen die Küste vor hohem Wellengang und Sturmfluten. Besteht Gefahr, daß ein Deich durch starken Eisgang, Hochwasser oder Sturmfluten beschädigt wird, so sind alle Bewohner der bedrohten Gebiete verpflichtet, unentgeltlich Hilfe zu leisten. Die Niederlande sind fast in der ganzen Länge ihrer Küste durch Deiche gegen das Meer geschützt.

Die **Dekade:** 10 gleich lange Zeitabschnitte, z. B. 10 Tage oder 10 Jahre.

Die **Dekadenz** (franz.). So nennt man den meist nach einer übermäßigen Verfeinerung eintretenden kulturellen Niedergang, wie er bei einer Gesellschaftsklasse oder einem Volk eintreten kann.

Der **Dekalog** (griech.): die 10 Gebote.

Der **Dekan** (lat.): 1. Vorsitzender einer Fakultät (→Universität); 2. bei den Katholiken ein höherer Geistlicher (auch *Dechant* oder Erzpriester genannt), der Vorgesetzte oder Pfarrer eines Kirchenbezirks; 3. bei den Protestanten in Süddeutschland der Titel eines Superintendenten.

Die **Deklamation** (lat.): kunstvoller Vortrag, besonders von Dichtungen. – Verbum: *deklamieren.*

Die **Deklaration** (lat.): Erklärung, im besonderen die schriftliche Erklärung über das, was man zu versteuern oder zu verzollen hat. – Verbum: *deklarieren.*

Die **Deklination:** In der Grammatik die Abwandlung oder Beugung von Hauptwörtern (Substantiven), Eigenschaftswörtern (Adjektiven), Fürwörtern (Pronomen) und Geschlechtswörtern (Artikeln). Diese stehen im Satzzusammenhang in den verschiedenen Fällen; sie werden also gebeugt oder dekliniert. Im Deutschen unterscheidet man vier Fälle: 1. Fall, Wer-Fall oder Nominativ (auf die Frage: wer oder was?), 2. Fall, Wes-Fall oder Genitiv (auf die Frage: wessen?), 3. Fall, Wem-Fall oder Dativ (auf die Frage: wem?), 4. Fall, Wen-Fall oder Akkusativ (auf die Frage: wen oder was?). – In der Physik nennt man so die Mißweisung beim →Kompaß.

Der **Dekor** (franz.): Verzierung, Ausschmückung an Gegenständen.

Die **Dekoration** (franz.): Schmuck, Ehrenzeichen; auch Ausstattung eines Theaterstücks.

Das **Dekret** (lat.): Erlaß, Verfügung, Verordnung einer Obrigkeit.

Die **Delegation** (lat.): Abordnung; eine Gruppe von Leuten (*Delegierten*), die mit einem bestimmten Auftrag zur Teilnahme an einer (politischen) Veranstaltung abgesendet, *delegiert,* werden.

delikat (franz.): lecker, zart; heikel.

Das **Delikt** (lat.): unerlaubte, gesetzlich verbotene Tat; strafbare Handlung.

Der **Delinquent** (lat.): Missetäter, Verbrecher.

Das **Delirium** (lat.). Durch hohes Fieber bei Infektionskrankheiten, Vergiftungen durch Alkohol oder Opium und bei verschiedenen Geisteskrankheiten kann durch eine Störung der normalen Gehirntätigkeit ein Rauschzustand eintreten. Das Bewußtsein des Kranken ist dann getrübt, und er ist durch traumartige, eingebildete Erlebnisse hochgradig erregt: er befindet sich im Delirium.

Der **Delphin** ist ein glatthäutiges, grünlichschwarz schimmerndes Säugetier, das wie ein Fisch nur im Wasser lebt. Er wird 2 m lang, gehört zur Ordnung der →Wale, ist sehr klug und jagt Fische und Tintenfische. Elegant und schneller als ein moderner Ozeandampfer schießt er durch die Weite der See. Im Altertum galt der Delphin als heilig, weil man glaubte, daß die Seelen ertrunkener Seeleute in Gestalt von Delphinen wiederkämen. Zu den Delphinen gehören noch andere Wale, wie der *Schwertwal*, der *Kleine Tümmler*, der *Grindwal*, der *Weißwal* und der *Narwal*.

Das **Delta** ist der vierte Buchstabe des griech. Alphabets (Δ, δ). Da er in Großschrift Dreiecksform hat, bezeichnet man so auch Flußmündungen, die eine dreieckähnliche Form haben; solche fächerförmigen Mündungen entstehen, wenn sich ein Fluß im Mündungsbereich in mehrere Arme teilt. Typisch ist z. B. das Rhonedelta.

Der **Demagoge** (griech. = Volksführer). Im alten Griechenland verstand man unter Demagogen Männer, deren Anse-

hen und Reden gewichtigen Einfluß auf das öffentliche Leben hatten. Heute werden nur noch solche Leute als Demagogen bezeichnet, die durch verführerische Reden und Versprechungen die Massen aufhetzen. – Adjektiv: *demagogisch*.

Die **Demarkation** (franz.): Abgrenzung. Durch eine *Demarkationslinie* trennt man, z. B. bei Waffenstillstandsverhandlungen, Gebiete voneinander, ehe man sich über eine endgültige Grenzziehung geeinigt hat.

Das **Dementi** (franz.): Widerruf; Richtigstellung (besonders von Nachrichten). – Verbum: *dementieren*.

Die **Demission** (franz.): Rücktritt von einem Amte, Amtsniederlegung.

Die **Demokratie** (griech. = Volksherrschaft) ist die Staatsform, in der das Volk durch unmittelbare Wahl der Obrigkeit (wie z. B. in Schweizer Kantonen) oder durch Wahl von Vertretern (Abgeordneten), die ihrerseits die Regierung wählen, seine Regierung selbst bestellt und so sich selbst regiert. Grundlage der Demokratie ist gleiches Recht jedes Staatsbürgers, Freiheit der Meinungsäußerung und Freiheit der Person. Diese besteht darin, daß dem einzelnen nur nach einem gerichtlichen Urteil, d. h., wenn er nachweislich eine strafbare Handlung begangen hat, auf eine im Gesetz bestimmte und im Gerichtsurteil begründete Zeit diese Freiheit entzogen werden kann. In der Demokratie

Das Mündungsgebiet der Rhone

soll der Bürger kein Untertan, sondern Mitgestalter der Gemeinschaft sein. Das bedeutet nicht nur Rechte, sondern auch ein hohes Maß von Verantwortungsbewußtsein und Pflichten für jeden einzelnen. Deshalb ist die Demokratie als Idee die höchste Form staatlicher Gemeinschaft, in der Wirklichkeit aber auch die schwierigste, weil sie mehr als jede andere auf den guten Willen und die politische Einsicht der großen Menge des Volkes angewiesen ist. Im Gegensatz zur Demokratie stehen die Staatsformen der Aristokratie, der absoluten Monarchie und der Diktatur. Die sogenannten »Volksdemokratien«, wie sich die Staaten des kommunistischen Ostblocks nennen, sind keine echten Demokratien. Sie sind Staaten, in denen eine Partei diktatorisch herrscht. – Das geschichtliche Vorbild der Demokratie sind die griechischen Stadtstaaten des Altertums, z. B. Athen zur Zeit des Perikles. Auch die freien Städte des Mittelalters, z. B. die Hansestädte, wurden demokratisch regiert. In den Ländern mit langer demokratischer Tradition, wie der Schweiz, England oder den Vereinigten Staaten, haben sich der nationalen Eigenart entsprechende Formen des demokratischen Lebens entwickelt.

demolieren (lat.): einreißen, zerstören.

Die **Demonstration** (lat.): 1. anschauliche Beweisführung, Vorführung; 2. öffentliche Massenkundgebung. – Verbum: *demonstrieren*.

Die **Demontage** (franz., sprich demontahsche): Abbau von technischen Anlagen, z. B. Maschinen oder Fabrikeinrichtungen. – Verbum: *demontieren*.

Demoskopie kommt aus dem Griechischen und bedeutet wörtlich »Erforschung des Volkes«. Die Demoskopie ist eine Wissenschaft, die die öffentliche Meinung erforscht. Die Demoskopen bedienen sich dabei des Mittels der *Umfrage;* ein ausgewählter Personenkreis wird z. B. nach seinem politischen Standort gefragt. Das Ergebnis gilt dann (theoretisch) für die gesamte Bevölkerung.

Ein **Dentist** ist ein Zahnheilkundiger mit staatlicher Prüfung und Zulassung, jedoch ohne Hochschulstudium. – *Dentologie*, Zahnheilkunde.

Die **Denunziation.** Wer einen anderen aus niedrigen Beweggründen (Haß, Rache, Eifersucht usw.) anzeigt (*denunziert*), begeht eine Denunziation. – Substantiv: *Denunziant*.

Die **Deportation** (lat.): zwangsweise Verschickung, Verbannung.

Das **Depot** (franz., sprich depoh): Aufbewahrungsort, Lager, z. B. Munitionsdepot. – Wenn man einer Bank oder einer amtlichen Stelle Wertgegenstände oder Geld zur Aufbewahrung gibt (*deponiert*), so hat man dort ein Depot. Deponierte Wertgegenstände und Gelder bezeichnet man als *Depositen*.

Die **Depression** (lat. = Niedergedrücktheit). So bezeichnet man eine Störung des Gefühlslebens und des Gemüts, die sich in einer niedergeschlagenen Stimmung, in Ängstlichkeit und geschmälertem Selbstbewußtsein ausdrückt, ohne daß ein Grund dafür erkennbar ist. *Depressives* Verhalten läßt sich am ausgeprägtesten an *Gemütskranken* beobachten, kommt aber als vorübergehende traurige Stimmung auch im Alltag häufig vor. In der *Astronomie* bezeichnet man damit den unter dem Horizont fortgesetzten Kreisbogen (z. B. einer Planetenlaufbahn). In der *Geographie* gebraucht man die Bezeichnung für alle Gebiete, die tiefer liegen als die Meeresoberfläche. So liegt z. B. die Senke von Luktschun (China) 200 m tiefer als der Meeresspiegel. In der *Wetterkunde* versteht man unter einer Depression ein Gebiet tiefen Luftdrucks, ein Tief, und im *Wirtschaftsleben* wendet man das Wort dann an, wenn man von Arbeitslosigkeit und schlechtem Geschäftsgang, also von einem wirtschaftlichen Tiefstand, spricht.

Das **Deputat** (lat. = das Zustehende). In der Landwirtschaft und in einigen anderen Berufen erhalten die Arbeiter zusätzlich zum Lohn oder an Stelle des Lohnes ein Deputat, das sind Naturalien, wie Getreide, Wein, Holz, Vieh, oder freie Wohnung usw.

Die **Deputation** (lat.): Gruppe von Leuten, die von einer größeren Menge, z. B. einer Partei, einer Stadt oder einem Lande, ausgewählt und abgesendet (*deputiert*) werden, um Verhandlungen zu führen.

Das **Derby** (engl., sprich dahbi): Rennen für dreijährige Pferde. So genannt nach dem Grafen Edward Derby, der 1780 zum ersten Male in Epsom ein solches Rennen veranstaltete. Es wird seitdem alljährlich wiederholt und findet heute auch in anderen Ländern unter dem gleichen Namen (z. B. Deutsches Derby in Hamburg) als bedeutendstes Rennen des Jahres statt.

Das **Derivat** (lat.) ist eine komplizierte chemische Verbindung, die der Chemiker aus einer einfacheren Verbindung gewinnt.

Der **Dermatologe** (griech. derma = Haut): Hautarzt.

Der **Derwisch** (persisch = Bettler): Bezeichnung der Mohammedaner für einen frommen Menschen, der der Welt entsagt, und für die Mitglieder religiöser Bruderschaften des Islam, die in Klöstern oder als Wanderprediger (Bettelmönche) leben.

Ein **Deserteur** (franz., sprich desertöhr) ist ein fahnenflüchtiger Soldat, einer, der seiner Truppe entflieht (*desertiert*), um nicht mehr dienen zu müssen.

Die **Desinfektion** (lat.). Entseuchung oder Desinfektion nennt man die Abtötung von Krankheitserregern durch Sterilisation (→steril) in siedendem Wasser oder Dampf, durch Behandlung mit chemischen Mitteln, wie Jod, Alkohol, Sublimat, Karbol, Lysol, oder durch Waschen mit Wasser und Seife und Austrocknung im Sonnenlicht. Für die Desinfektion von geschlossenen Räumen benützt man meist gas- oder dampfförmige Desinfektionsmittel.

desodorieren (lat.): unangenehme Gerüche beseitigen.

Der **Desperado** (span. = Verzweifelter) ist ein Mensch, der sich aus politischen Gründen aus der Gemeinschaft ausschließt und zum Banditen wird (hauptsächlich in Süd- und Mittelamerika).

Der **Despot** (griech.). Im byzantinischen Kaiserreich hatten die Söhne, Brüder und Schwiegersöhne des Kaisers den Titel Despot. Heute bezeichnen wir als Despoten einen Mann, der ohne Rücksicht auf Gesetz und die Meinung anderer nur nach seinem Willen regiert. Das Wort wird besonders auf Staatsführer angewendet, aber auch auf andere, die ihr Amt selbstherrlich verwalten. – Die *Despotie:* Gewaltherrschaft.

Die **Destillation** (lat.) ist ein Verfahren, durch das zusammengesetzte Stoffe getrennt werden. So wird bei der Destillation z. B. Wein in einer kugelförmigen Brennblase (Kolben) erhitzt (gebrannt). Dabei trennen sich die flüchtigen Stoffe ab, wandern durch ein Kühlrohr und fließen als *Destillat* in einen Sammelbehälter. So entsteht Weinbrand. Auch Erdöl destilliert man, um es in seine vielen Bestandteile zu zerlegen. Bei der trockenen Destillation werden feste Körper unter Luftabschluß erhitzt, z. B. Steinkohle in der Gasanstalt, um Leuchtgas und Teer und als Rückstand den Gaskoks zu gewinnen.

destruktiv (lat.): zerstörerisch, zersetzend.

Das **Detail** (franz., sprich detaj): Einzelheit, Einzelteil. Im Wirtschaftsleben unterscheidet man Einzelhandel (*en détail*) und Großhandel (*en gros*). Der Einzelhändler ist der *Detaillist*, der Großhändler der *Grossist*.

Als **Detektiv** (engl.) bezeichnet man in England und den USA einen Kriminalbeamten, der sich mit der Aufklärung von Verbrechen befaßt. In Deutschland hin-

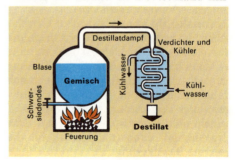

Destillationsapparat

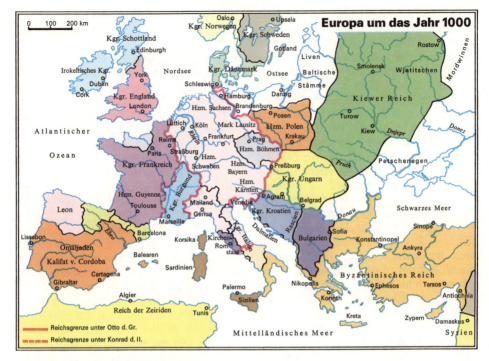

Europa um das Jahr 1000

0   100   200 km

Oslo
Kgr. Norwegen
Upsala
Kgr. Schweden
Gotland
Rostow
Mordwinnen
Kgr. Schottland
Edinburgh
Liven
Smolensk
Wjatitschen
Irokeltisches Kgr.
York
Nordsee
Kgr. Dänemark
Ostsee
Baltische
Dublin
Schleswig
Stämme
Cork
Kgr. England
Hamburg
Danzig
Kiewer Reich
London
Hzm. Sachsen
Brandenburg
Turow
Posen
Lüttich
Köln
Mark Lausitz
Hzm. Polen
Kiew
Dnjepr
Donez
Atlantischer
Reims
Frankfurt
Krakau
Rhein
Prag
Paris
Straßburg
Hzm. Böhmen
Ozean
Hzm.
Petschenegen
Kgr. Frankreich
Schwaben
Hzm.
Preßburg
Pruth
Bayern
Kgr. Ungarn
Hzm.
Kärnten
Hzm. Guyenne
Agram
Belgrad
Leon
Toulouse
Mailand
Venedig
Kgr. Kroatien
Donau
Schwarzes Meer
Marseille
Genua
Raacien
Sinope
Lissabon
Barcelona
Korsika
Kirchen
Dalmatien
Bulgarien
Sofia
Konstantinopel
Ankyra
Ebro
Rom
staat
Omaijaden
Balearen
Kalifat v. Cordoba
Sardinien
Byzantinisches Reich
Cartagena
Palermo
Nikopolis
Ephesos
Tarsos
Gibraltar
Korinth
Antiocheia
Algier
Sizilien
Reich der Zeiriden
Tunis
Kreta
Zypern
Damaskus
Mittelländisches Meer
Syrien

—— Reichsgrenze unter Otto d. Gr.
- - - Reichsgrenze unter Konrad d. II.

gegen gibt es nur *Privatdetektive;* diese beschäftigen sich hauptsächlich damit, Auskünfte aller Art zu beschaffen.

Der **Detektor** →Rundfunktechnik.

Der **Determinismus** ist die philosophische Lehre, wonach alles in der Welt die Folge einer direkten Ursache ist. Die Ursache ist selbst wieder Folge einer zweiten Ursache usw. Auch alle menschlichen Entscheidungen sind die Folge einer Ursache; sie gehen nicht aus dem *freien Willen* hervor. Der Determinismus lehrt, daß es keinen freien Willen geben kann, sondern daß der Wille determiniert (durch Ursachen bedingt) ist.

Die **Detonation** (lat.) →Explosion.

Deuterium →Atom, →Radioaktivität.

Das Wort **deutsch** kommt von dem althochdeutschen Wort diutisk (diot = Volk). Man gebrauchte es als Bezeichnung für die deutsche Volkssprache im Gegensatz zu der lateinischen Sprache der Geistlichen und Gelehrten. Die ältesten Urkunden, in denen es vorkommt, stammen aus dem 8. Jh. In Italien hat sich diese

älteste Form noch heute in dem Wort tedesco = Deutscher erhalten.

Deutsche Demokratische Republik →Deutschland.

Die deutsche Geschichte. Von einem deutschen Reich kann man eigentlich erst seit dem Jahr 911 n. Chr. reden. Damals wählte eine Versammlung der deutschen Stammesherzöge den Frankenherzog Konrad I. zum deutschen König, der über alle herrschen sollte. Vor dieser ersten deutschen Einigung gab es nur das →Fränkische Reich, das unter Karl dem Großen seine höchste Blüte erlebt hatte. Dieses Reich war aber kein deutsches, sondern ein europäisches Reich, das auch Frankreich und Italien mit umfaßte. Noch früher gab es nur einzelne germanische Stämme, die voneinander unabhängig waren und sich nicht selten gegenseitig bekämpften (→Germanen, →Völkerwanderung).

Das alte Deutsche Reich war eine Wahlmonarchie, das heißt, die deutschen Könige wurden von einer Versammlung der deutschen Fürsten gewählt. Doch folgten oft Söhne den Vätern auf den Thron. So herrschten von 919 bis 1024 sächsische (niedersächsische) Könige, von 1024 bis 1125 fränkische (salische) Kaiser, von 1138 bis 1254 Kaiser aus dem Hause Hohenstaufen, aus dem auch Friedrich Barbarossa und Friedrich II. stammten. Rudolf von Habsburg, der 1273–91 regierte, war der erste Herrscher aus dem Hause Habsburg, das dann von 1438 bis zum Ende des alten Kaiserreichs 1806 regierte. Mit dem Jahre 962, in dem der deutsche König Otto I. in Rom vom Papst auch zum Kaiser gekrönt wurde, beginnt die Geschichte des »Heiligen Römischen Reiches Deutscher Nation«, denn der deutsche Kaiser fühlte sich als Nachfolger der römischen Kaiser. Damit galt er auch als weltliches Oberhaupt der Kirche, als Schutzherr des christlichen Abendlandes und konnte Anspruch auf die Herrschaft über Italien erheben. Die deutschen Kaiser zogen daher im Mittelalter immer wieder nach Italien, um sich vom Papst zum Kaiser krönen zu lassen und ihre Herrschaft über Italien zu festigen. Da aber die Päpste die Ansprüche der Kaiser nicht immer anerkennen wollten, kam es häufig zu Machtkämpfen. Neben dieser großen Auseinandersetzung zwischen Kaisertum und Papsttum, die das ganze Mittelalter hindurch andauerte, steht vor allem im 12. und 13. Jh. die Auseinandersetzung zwischen Deutschen und Slawen. Dabei standen vor allem einige Landesfürsten im Vordergrund, z. B. Albrecht der Bär und der Welfenherzog Heinrich der Löwe. In dieser Zeit wurden Gebiete wie Mecklenburg, Brandenburg, Pommern und Teile des Donaugebietes dem Deutschen Reich eingegliedert und christianisiert. Während der Italienzüge der Kaiser wuchs die Macht der deutschen Landesfürsten immer mehr, so daß die Kaiser auch um ihre Herrschaft als deutsche Könige dauernd zu kämpfen hatten. Sie versuchten daher ihre Stammesbesitztümer möglichst zu vergrößern und zu festigen, um von einer starken »Hausmacht« aus ihre Ansprüche als Könige durchsetzen zu können.

Den Königen und Fürsten dienten die Ritter, die das Schwert führten und dafür mit Grundbesitz »belehnt« wurden. Diese Güter wurden von Bauern bewirtschaftet, die dafür keinen Kriegsdienst zu leisten brauchten. Da die Bauern aus ihrer früheren freien Stellung immer mehr zu Unfreien und Leibeigenen wurden, machten sie um 1500 in den →Bauernkriegen den erfolglosen Versuch, ihre Freiheit wiederzugewinnen. In den Städten entwickelte sich ein starkes, selbstbewußtes Bürgertum, das Handel mit anderen Ländern trieb und im Städtebund der →Hanse die Schiffahrt in der Nord- und Ostsee beherrschte. Eine ganz besondere Rolle spielte im Mittelalter die Geistlichkeit. In ihren Händen lag nicht nur das gesamte Bildungswesen, sondern schon seit Otto I. auch ein großer Teil der politischen Macht. Die mächtigsten Kirchenfürsten nahmen an der Königswahl teil und regierten selbständig über große Gebiete (wie z. B. die Erzbistümer Köln, Trier, Mainz).

Die →Reformation (seit 1517) und der →Dreißigjährige Krieg (1618 bis 1648) führten zu einer tiefgreifenden religiösen und politischen Spaltung. Durch diese schwere Erschütterung Deutschlands gelangten die Landesfürsten zu noch größerer Selbständigkeit, das Reich aber verlor an Macht und Ansehen. Die Schweiz und die Niederlande lösten sich vom Reich, Elsaß und Lothringen gingen an Frankreich verloren. Das Deutsche Reich bestand nur noch dem Namen nach, denn alle deutschen Länder machten selbständig internationale Politik. Karl V., der von 1519 bis 1556 regierte, war der letzte Kaiser mit wirklicher Macht; danach ging der Einfluß des Kaisers ständig zurück, bis dann 1806 Franz II. die bedeutungslos gewordene Krone niederlegte. Deutschland bestand im 17. und 18. Jh. aus einer Unzahl von kleinen, oft winzigen Fürstentümern und Stadtstaaten sowie einigen größeren Staaten, wie Bayern, Württemberg oder Sachsen. Österreich und Preußen traten als die beherrschenden Mächte Deutschlands in den Vordergrund. Mit dem →Siebenjährigen Krieg begann ihre Auseinandersetzung um die Vorherrschaft. Als →Napoleon I. aber 1805 seine Eroberungszüge nach Mitteleuropa begann, fanden sich Preußen und Österreich noch einmal zum Abwehrkampf gegen den Eroberer zusammen. Aber auch das Volk besann sich auf seine Zusammengehörigkeit. Diese nationalen Einigungsbestrebungen wurden vor allem vom Bürger-

Mitteleuropa im Spätmittelalter

— Reichsgrenze

0   100   200 km

tum getragen, das inzwischen immer mehr erstarkt war und mit Hilfe einer demokratischen Verfassung Einfluß auf die Regierung nehmen wollte. Als aber nach den →Befreiungskriegen (1813/15) und dem Sieg über Napoleon weder das ersehnte Reich gegründet noch die bürgerliche Freiheit verwirklicht wurde, kam es zur Revolution von 1848. Sie scheiterte. Die Reichsgründung gelang erst →Bismarck, der nach Preußens Sieg über Österreich (1866) und dem deutschen Sieg über Frankreich (1870/71) den Bundesstaat des Deutschen Reiches gründete, dem Österreich nicht angehörte. Der König von Preußen wurde deutscher Kaiser. Deutschland wurde zum mächtig aufblü-

henden Industriestaat und zu einer der beherrschenden Großmächte. Die ehrgeizige und unklare Politik Kaiser Wilhelms II. führte jedoch dazu, daß die von Bismarck begründete vorsichtige Bündnispolitik zur Bewahrung des europäischen Gleichgewichts aufgegeben wurde. Dadurch verschärften sich die Spannungen zwischen den europäischen Großmächten, was 1914 zum Ausbruch des Ersten →Weltkrieges führte.
Die Niederlage von 1918 hatte die Abdankung des Kaisers und aller Landesfürsten zur Folge. Deutschland wurde Republik. In Weimar wurde von den Abgeordneten des ganzen Volkes eine neue demokratische Verfassung (Weimarer

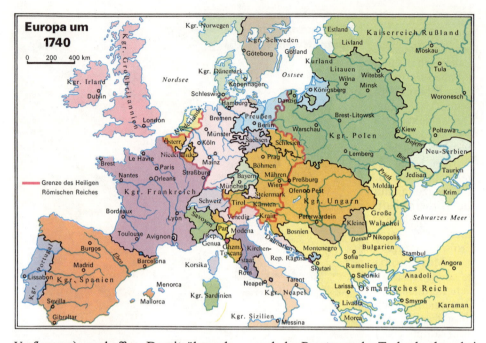

Europa um 1740

0   200   400 km

Grenze des Heiligen Römischen Reiches

Kgr. Norwegen · Kgr. Schweden · Estland · Kaiserreich Rußland · Livland · Möskau · Göteborg · Gotland · Kurland · Litauen · Witebsk · Tula · Nordsee · Kgr. Dänemark · Ostsee · Wilna · Minsk · Woronesch · Kgr. Irland · Dublin · Kopenhagen · Königsberg · Schleswig · Danzig · Brest-Litowsk · Kiew · Poltawa · Hamburg · Preußen · Berlin · Warschau · Bremen · Münster · Köln · Sachsen · Schlesien · Kgr. Polen · Dnjepr · London · Niederlande · Paris · Mainz · Prag · Böhmen · Lemberg · Neu-Serbien · Brest · Le Havre · Straßburg · Bayern · Mähren · Preßburg · Pruth · Jedisan · Taurien · Nantes · Orleans · München · Wien · Ofen Pest · Moldau · Krim · Kgr. Frankreich · Schweiz · Tirol · Kärnten · Kgr. Ungarn · Bordeaux · Savoyen · Krain · Peterwardein · Große Walachei · Schwarzes Meer · Lyon · Piem. · Venedig · Bosnien · Kleine Walachei · Toulouse · Avignon · Rep. Genua · Modena · Dalmatien · Montenegro · Donau · Nikopolis · Bulgarien · Stambul · Burgos · Ghzm. Toscana · Kirchen-staat · Rep. Ragusa · Sofia · Rumelien · Angora · Kgr. Portugal · Madrid · Barcelona · Korsika · Rom · Skutari · Saloniki · Anadoli · Kgr. Spanien · Ebro · Menorca · Neapel · Tarent · Larissa · Osmanisches Reich · Lissabon · Sevilla · Mallorca · Kgr. Sardinien · Kgr. Neapel · Livadia · Smyrna · Karaman · Gibraltar · Kgr. Sizilien · Messina · Morea

Verfassung) geschaffen. Damit übernahmen die →Parteien, die bis dahin nur eine beschränkte Rolle gespielt hatten, die Verantwortung; darunter zum erstenmal auch die aus der Arbeiterbewegung hervorgegangene Sozialdemokratie. Der Sozialdemokrat Friedrich Ebert war 1919 bis 1925 Reichspräsident. Es gelang Deutschland in der folgenden Zeit, sich wirtschaftlich wieder zu erholen und eine Verständigung mit den anderen Völkern anzubahnen, vor allem unter dem Außenminister Gustav Stresemann. Trotzdem konnten die Nationalsozialisten unter Adolf Hitler in den Jahren nach der Weltwirtschaftskrise von 1928, die auch Deutschland erfaßte, maßgebenden Einfluß gewinnen. Hitler versprach Wohlstand, die Lösung der sozialen Fragen und die Errichtung eines mächtigen »Dritten Reiches«. 1933 wurde er durch Hindenburg, der von 1925 bis 1934 Reichspräsident war, zum Reichskanzler berufen. Er schaltete alle anderen Parteien aus und errichtete eine rücksichtslose Diktatur. Seine hemmungslose Eroberungspolitik und seine ständigen Wortbrüche führten

nach der Besetzung der Tschechoslowakei und dem Angriff auf Polen durch deutsche Truppen zum Zweiten Weltkrieg, der 1945 mit der schlimmsten Niederlage Deutschlands endete. Das Land wurde von den Truppen der Siegermächte besetzt, die nach der bedingungslosen Kapitulation die gesamte Regierungsgewalt übernahmen. Deutschland wurde im Potsdamer Abkommen (1945) in vier Besatzungszonen und das Gebiet von Berlin aufgeteilt. Die deutschen Gebiete jenseits der →Oder-Neiße-Linie wurden bis zur endgültigen Regelung durch einen Friedensvertrag Polen zur Verwaltung übergeben, der Nordteil Ostpreußens kam zur Sowjetunion, und das Saargebiet wurde bis 1957 wirtschaftlich mit Frankreich verbunden. Aus den drei Westzonen wurde 1949 die Bundesrepublik Deutschland, aus der Ostzone die Deutsche Demokratische Republik.

Der **Deutsche Orden** wurde 1190 von deutschen Kreuzfahrern in Palästina als Krankenpflegerorden gegründet und 1198 in einen geistlichen Ritterorden umgewandelt. Ordenstracht war ein weißer

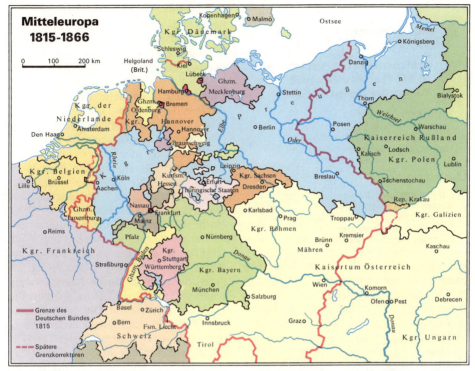

Mantel mit schwarzem Kreuz. Unter seinem Hochmeister Hermann von Salza unterwarf der Orden 1226–1283 die heidnischen Pruzzen und Litauer, bekehrte sie zum Christentum und schuf viele deutsche Siedlungen in seinem Ordensstaat, der sich im 14. Jh. von der Weichselmündung bis zum Finnischen Meerbusen erstreckte. Nach verlorenen Schlachten mit den Polen begann im 15. Jh. der Niedergang des Ordens. 1525 wurde das Restgebiet →Preußen von Albrecht von Brandenburg reformiert und ein weltliches Herzogtum.

Die **deutsche Sprache** ist ein Zweig der germanischen Sprache. Sie teilte sich um 500 n. Chr. in zwei Hauptgruppen, das Niederdeutsche und das Hochdeutsche (d. h. die ober- und mitteldeutschen Mundarten). Das Niederdeutsche bewahrte stärker als das Hochdeutsche die altertümlichen Sprachformen, z. B. water für Wasser.

Die Entwicklung des Hochdeutschen wird in drei geschichtliche Abschnitte eingeteilt:

1. das Althochdeutsche von etwa 800 n. Chr. bis 1100.

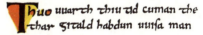

Thuo warth thiu tid cuman the thar gitald habdun wisa man

Übersetzung:

Da war die Zeit gekommen, die da gezählt hatten weise Männer

2. das Mittelhochdeutsche von 1100 bis 1500. (Beispiel auf Seite 120.)

3. das Neuhochdeutsche seit 1500. Das Deutsch der Bibelübersetzung Luthers (1525) fand weiteste Verbreitung und wurde mitbestimmend für die Entstehung einer deutschen Schriftsprache, die über den Mundarten stand. In den Werken der deutschen Klassiker, Philosophen und Wissenschaftler des 18. und 19. Jh. gelangte sie zur vollen Ausbildung. Dane-

Du pist
min ih bin din beſſolt du
gewiſ ſin du biſt beſloſſen
in minem herzen verlorn
iſt daz ſluzzellin du muſt
och immer dar inne ſin

Du bist min, ih bin din :
des solt du gewis sin.
du bist beslossen in minem herzen.
verlorn ist daz sluzzellin :
du muost och immer dar inne sin.

Übersetzung:

Du bist mein, ich bin dein :
dessen sollst du gewiß sein.
Du bist beschlossen in meinem Herzen.
Verloren ist das Schlüsselein :
du mußt auch immer darinnen sein.

ben haben sich jedoch die alten deutschen Mundarten weitgehend erhalten, so z. B. im Niederdeutschen (Plattdeutsch), im Bayerischen und Alemannischen. In der deutschsprachigen Schweiz bilden die alemannischen Dialekte die Umgangssprache.

Deutschland erstreckt sich in der Mitte Europas vom Nordrand der Alpen bis zur Nord- und Ostsee. Wie ein Dach fällt die in sich vielgestaltige deutsche Landschaft von Süden nach Norden ab. An den südlichen Teil mit den Bayerischen Alpen, dem Alpenvorland und dem Schwarzwald schließt sich ein ganz Deutschland durchquerender Mittelgebirgsgürtel mit dem Rheinischen Schiefergebirge, Harz, Thüringer Wald, Fichtelgebirge, Erzgebirge und den Sudeten an. Nördlich davon breitet sich die weite Norddeutsche Tiefebene aus. Eine starke Industrie hat sich besonders an Orten mit reichen Bodenschätzen oder günstiger Verkehrslage entwickelt, so vor allem im Ruhrgebiet, an der Saar, in Mitteldeutschland (Erzgebirge), in und um Berlin und in Oberschlesien. In diesen Gebieten ist die Bevölkerungsdichte besonders hoch. Hier haben sich auf engem Raum zahlreiche Großstädte, wie Essen, Wuppertal, Dortmund und Düsseldorf, gebildet. – An wichtigen Rohstoffen werden in Deutschland Stein-

und Braunkohle, Eisenerze, Kalisalze und neuerdings auch Erdöl und Uran gewonnen. Die deutsche Industrie ist aber auf zusätzliche Rohstoffe aus dem Ausland angewiesen, die sie verarbeitet und zum Teil als Fertigwaren wieder ausführt, z. B. Maschinen, chemische Fabrikate (z. B. Arzneien), Elektro- und Textilerzeugnisse. Auch Lebensmittel müssen eingeführt werden, da die eigenen Ernten für die Ernährung nicht ausreichen. Seit die weiten fruchtbaren Gebiete jenseits der Oder-Neiße-Linie unter polnischer Verwaltung stehen, sind Norddeutschland und Bayern die landwirtschaftlichen Hauptanbaugebiete. Dem Güterverkehr dienen ein dichtes Eisenbahn- und Autostraßennetz und die großen Flüsse, wie Rhein, Donau, Main, Elbe, Weser und Oder, die teilweise durch Kanäle miteinander verbunden sind. Zum größten Binnenhafen Europas ist Duisburg-Ruhrort geworden, Deutschlands bedeutendster Seehafen ist Hamburg. Andere für Wirtschaft und Verkehr wichtige Großstädte sind Berlin, München, Frankfurt am Main, Stuttgart, Hannover und Leipzig. Einige der ältesten Städte sind im Westen Köln und Aachen, im Osten Breslau, Danzig und Königsberg, im Norden die Hansestädte Bremen und Lübeck, in Mitteldeutschland Magdeburg, Dresden und Halle, im Süden Nürnberg, Würzburg und Augsburg. Deutschland ist aber auch reich an kleineren Städten, die durch ihre kulturelle Bedeutung berühmt geworden sind, wie Weimar durch Goethe und Schiller und Bayreuth durch Richard Wagner, oder als geschichtliche Erinnerungsstätten, wie Eisenach durch Martin Luther und die Wartburg, die Marienburg durch den Deutschen Ritterorden. In vielen deutschen Städten sind noch die großen Baudenkmäler der Vergangenheit erhalten geblieben, so z. B. in Trier, Worms, Speyer, Bamberg und Naumburg, oder sogar das gesamte mittelalterliche Stadtbild, wie in Rothenburg. Wegen ihrer Naturschönheiten werden vor allem die Küsten der Nord- und Ostsee, Rhein und

Deutschland

Land bzw. Verwaltungsbezirk	Wohn-bevölkerung	Fläche in qkm
Bundesrepublik Deutschland		
Baden-Württemberg	8 900 000	35 750
Bayern	10 700 000	70 550
Bremen	726 000	404
Hamburg	1 720 000	747
Hessen	5 560 000	21 110
Niedersachsen	7 200 000	47 404
Nordrhein-Westfalen	17 190 000	34 054
Rheinland-Pfalz	3 700 000	19 831
Saarland	1 120 000	2 567
Schleswig-Holstein	2 500 000	15 658
	59 316 000	248 075
Deutsche Demokratische Republik		
Rostock	865 800	7 140
Schwerin	597 000	8 672
Neubrandenburg	635 000	10 793
Potsdam	1 130 000	12 569
Frankfurt a. d. Oder	687 800	7 186
Cottbus	870 000	8 262
Magdeburg	1 300 000	11 525
Halle	1 900 000	8 771
Erfurt	1 250 000	7 348
Gera	740 800	4 005
Suhl	553 000	3 856
Dresden	1 900 000	6 738
Leipzig	1 470 000	4 966
Karl-Marx-Stadt	2 030 000	6 009
Berlin (Ost)	1 110 000	403
	17 039 400	108 243
Berlin (West)	2 050 000	479
Östl.Oder-Neiße1939	9 559 700	114 549

Mosel, der Schwarzwald und das bayerische Voralpen- und Seengebiet aufgesucht. Die deutschen Heilquellen, wie die in Wiesbaden und Baden-Baden, waren schon zur Römerzeit bekannt.
Vielfältig wie die Landschaft ist auch die Bevölkerung Deutschlands, die sich aus zahlreichen Stämmen mit verschiedenen Mundarten zusammensetzt, z. B. den Bayern, Schwaben, Franken, Rheinländern, Hessen, Thüringern, Sachsen, Schlesiern, Ostpreußen, Mecklenburgern, Pommern und Friesen. Die Eigenart dieser Stämme und die nach Westen und Osten durch keine natürlichen Grenzen abge-

schlossene Lage Deutschlands haben die deutsche Geschichte bestimmt. Stets war Deutschland kulturelle Brücke zwischen westlichen und östlichen Völkern, ihren Einflüssen preisgegeben, durch sie bereichert und gefährdet. Das hat seine Politik oft schwankend und maßlos gemacht. Folge einer solchen Politik ist die heutige Spaltung des Landes in die Bundesrepublik Deutschland und die Deutsche Demokratische Republik (seit 1949) sowie die vorläufige Abtrennung der deutschen Landesteile östlich von Oder und Neiße und die Vertreibung von über 12 Millionen dort ansässigen Deutschen. Die Unterbringung dieser Flüchtlinge und ihre Einfügung in das Wirtschaftsleben eines verkleinerten Deutschland war äußerst schwierig. 1937 betrug der Gesamtumfang des Deutschen Reiches rund 470 000 qkm, die Bevölkerungszahl über 66 Millionen. In der Bundesrepublik Deutschland leben über 61 Millionen Menschen auf 248 571 qkm, in der Deutschen Demokratischen Republik 17,039 Millionen auf 108 243 qkm.
Die **Bundesrepublik Deutschland** wurde am 7. 9. 1949 gegründet. Sie umfaßt den Teil Deutschlands, der nach der Niederlage 1945 von Amerikanern, Engländern und Franzosen besetzt und verwaltet wurde und dem diese drei Mächte 1948 eine gewisse staatliche Selbständigkeit gewährten. Souverän wurde die BR durch den Deutschlandvertrag vom 5. 5. 1955. Die Bundesrepublik ist ein →Bundesstaat. Er wird gebildet aus den Ländern: Baden-Württemberg, Bayern, Bremen, Hamburg, Hessen, Niedersachsen, Nordrhein-Westfalen, Rheinland-Pfalz, Saarland und Schleswig-Holstein. Hauptstadt des Bundes ist Bonn.
Die Verfassung der Bundesrepublik ist das →Grundgesetz vom 23. 5. 1949. Danach geht alle Staatsgewalt vom Volke aus, das heißt: die wahlberechtigten Bürger des Bundes wählen alle 4 Jahre eine bestimmte Anzahl von →Abgeordneten in das Parlament, den *Bundestag*, und sind so bei der Gesetzgebung und Verwaltung

Die größten deutschen Städte

Einwohner | Einwohner

	Einwohner
Berlin	3 240 000
Berlin-West	2 050 000
Berlin-Ost	1 190 000
Berlin 1943	4 490 000

Bundesrepublik Deutschland

	Einwohner
Hamburg	1 720 000
München	1 360 000
Köln	1 000 000
Essen	675 000
Frankfurt am Main	675 000
Dortmund	640 000
Stuttgart	630 000
Düsseldorf	628 000
Bremen	583 000
Hannover	574 000
Nürnberg	513 000
Duisburg	435 000
Wuppertal	420 000
Bochum	338 000
Gelsenkirchen	333 000
Mannheim	333 000
Bielefeld	322 000
Bonn	300 000
Braunschweig	280 000
Karlsruhe	272 000
Kiel	270 000
Münster (Westfalen)	260 000
Augsburg	254 000
Wiesbaden	254 000
Aachen	241 000
Oberhausen	240 500
Lübeck	237 000
Krefeld	224 000
Kassel	215 000
Saarbrücken	208 200
Herne	199 000
Hagen (Westfalen)	197 000
Mülheim a. d. Ruhr	192 000

	Einwohner
Mainz	186 000
Ludwigshafen	180 000
Freiburg im Breisgau	179 500
Solingen	176 000
Leverkusen	170 000
Osnabrück	162 700
Mönchengladbach	150 000
Bremerhaven	143 000
Darmstadt	142 000
Oldenburg	135 500
Remscheid	135 300
Regensburg	133 800
Heidelberg	130 000
Recklinghausen	124 500
Salzgitter	121 600
Offenbach	121 000
Koblenz	120 500
Neuß	119 000
Würzburg	114 800
Wilhelmshaven	104 300
Bottrop	103 500
Erlangen	100 000

Deutsche Demokratische Republik

	Einwohner
Leipzig	577 000
Dresden	505 000
Karl-Marx-Stadt	301 500
Magdeburg	274 000
Halle a. d. Saale	250 800
Rostock	210 000
Erfurt	201 000
Zwickau	125 000
Potsdam	113 700
Gera	112 300
Jena	100 000

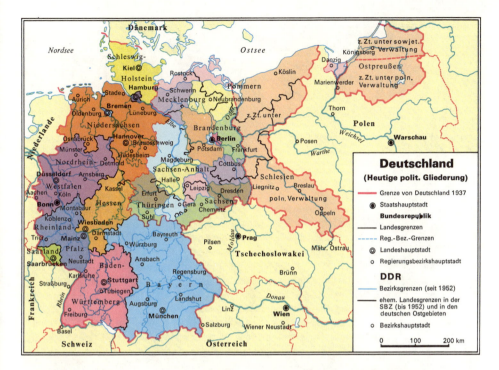

Deutschland

(Heutige polit. Gliederung)

— Grenze von Deutschland 1937
◉ Staatshauptstadt

Bundesrepublik

— Landesgrenzen
--- Reg.-Bez.-Grenzen
◎ Landeshauptstadt
o Regierungsbezirkshauptstadt

DDR

— Bezirksgrenzen (seit 1952)
— ehem. Landesgrenzen in der SBZ (bis 1952) und in den deutschen Ostgebieten
o Bezirkshauptstadt

0   100   200 km

des Bundes direkt vertreten. Die Länder wirken durch ihre Vertreter im *Bundesrat* mit, in den die Länderregierungen je nach der Größe ihres Landes eine Anzahl von Vertretern entsenden. Diese sind an die Weisungen ihrer Regierung gebunden. Der Bundestag wählt sich aus seiner Mitte seinen »Hausherrn«, den *Bundestagspräsidenten*, der Bundesrat den *Bundesratspräsidenten*. Der Bundestag hat die gesetzgebende Gewalt (die Legislative). Diese Gesetze können Vorlagen der Regierung oder Entwürfe von Mitgliedern des Bundestags sein. Die Regierungsvorlagen müssen zuerst dem Bundesrat zugehen, der sie berät und gegebenenfalls seine abweichende Meinung der Vorlage beifügt. Hat der Bundestag ein Gesetz beschlossen, so geht es wieder dem Bundesrat zu. Billigt er es, so ist das Gesetz zustande gekommen. Aufgabe des Bundestags ist es auch, die Regierung zu kontrollieren. Seine wesentliche Handhabe dazu ist das Recht, Einnahmen und Ausgaben zu bewilligen (Budgetrecht).

Bundeskanzler und Bundesminister bilden zusammen die *Bundesregierung*. Sie hat die sogenannte ausübende Gewalt (Exekutive) im Staate. Auf Grund dieses Rechtes führt die Regierung z. B. die Verhandlungen über Außenpolitik und Handelsverkehr und leiten die Minister die Bundesverwaltungen. Der Chef der Regierung ist der *Bundeskanzler*. Er wird auf Vorschlag des Bundespräsidenten vom Bundestag gewählt. Er bildet das *Kabinett*, das heißt, er schlägt die Minister vor, die der Bundespräsident dann ernennt. Der Kanzler bestimmt die Richtlinien der Politik und trägt die Verantwortung.

Alle 5 Jahre tritt die *Bundesversammlung* zusammen. Sie besteht aus den Abgeordneten des Bundestags und ebenso vielen von den Länderparlamenten nach dem Verhältniswahlsystem (→Wahlen) gewählten Vertretern und hat nur eine Aufgabe: sie wählt das Staatsoberhaupt, den *Bundespräsidenten*.

Aus der *Sowjetzone* wurde die **Deutsche Demokratische Republik** (DDR); sie

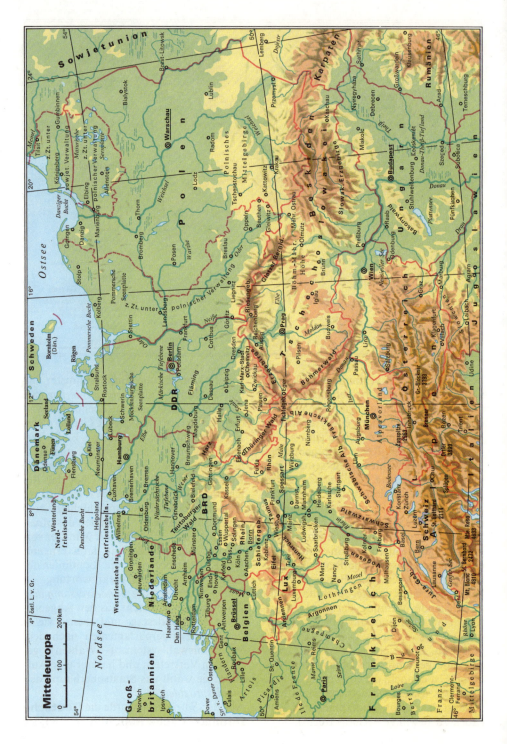

Mitteleuropa

wurde am 7. 10. 1949 gegründet. Sie umfaßt den Teil Deutschlands, der nach der Niederlage 1945 von sowjetrussischen Truppen besetzt und verwaltet wurde (*Sowjetische Besatzungszone, SBZ*). Die Westgrenze bildet die Bundesrepublik, die Ostgrenze die Oder-Neiße-Linie. Die SBZ umfaßte die Länder Brandenburg, Mecklenburg, Sachsen, Sachsen-Anhalt und Thüringen. 1952 wurde die DDR in 14 Verwaltungsbezirke aufgeteilt und wird von ihrer Hauptstadt Ost-Berlin aus zentral regiert.

Die DDR ist eine Volksdemokratie. Nach sowjetrussischem Muster gibt es eine kommunistische Staatspartei, die SED (Sozialistische Einheitspartei), die alles beherrscht und jede selbständige politische Regung unterdrückt (Aufstand vom 17. 6. 1953), obwohl noch einige andere Parteien bestehen. Oberstes Organ des Staates ist der Staatsrat der Republik, Chef der Regierung der Ministerpräsident; das Parlament (Volkskammer) geht aus Scheinwahlen (Einheitslisten) hervor. Bis zur Errichtung der Berliner Mauer am 13. 8. 1961 flüchteten über 3 Millionen Deutsche aus der DDR.

Die **Devise** (lat.): Wahlspruch, Losung.

Die **Devisen** (lat.). Jedes Land hat seine eigene →Währung. In anderen Ländern kann man mit diesem Geld meist nicht zahlen, denn dort gilt eine andere Währung. Man kann aber mit dem Geld des einen Landes (z. B. mit D-Mark) das Geld des anderen Landes (z. B. italienische Lire) wie eine Ware kaufen. Man hat dann Devisen, also fremde Zahlungsmittel gekauft, mit denen man ausländische Waren einführen oder in andere Länder reisen kann. Durch →Banken und an →Börsen werden Devisen gehandelt, ihr Preis (*Wechselkurs* oder *Valuta*) schwankt.

Das **Devon** →Erdzeitalter (Tabelle).

devot (lat.): demütig, unterwürfig.

Das **Dextrin** (lat.) ist ein Kohlehydrat ähnlich der →Stärke; es wird hauptsächlich aus Kartoffeln gewonnen und dient als Klebstoff.

Dezember →Monat.

Das **Dezernat** (lat.): Unterabteilung einer Behörde. – *Dezernent:* Vorsteher eines Dezernats.

dezent (lat.): unauffällig, zurückhaltend; sittsam.

dezi (lat. decem = 10): ein Zehntel einer Maß- oder Gewichtseinheit, z. B. ist ein Dezimeter = $^1/_{10}$ Meter, ein Dezigramm = $^1/_{10}$ Gramm.

Dezimalsystem →Zahl.

dezimieren (lat. decimus = der Zehnte) hieß ursprünglich: jeden zehnten Mann töten. So wurde im römischen Heer eine Truppe bestraft, die gemeinsame Verbrechen begangen, z. B. gemeutert hatte. Heute bedeutet dezimieren soviel wie stark vermindern. So wird z. B. die Bevölkerung eines Landes durch eine Seuche dezimiert.

DGB = Abkürzung für Deutscher Gewerkschaftsbund. →Gewerkschaft.

Das **Dia** →Diapositiv.

Der **Diabetes** →Zuckerkrankheit.

diabolisch (griech.): teuflisch.

Das **Diadem** (griech.): Kopfschmuck in Form eines Stirnreifs oder einer (hinten offenen) Krone.

Die **Diadochen.** Als Alexander der Große 323 v. Chr. starb, hinterließ er ein Weltreich, das von Kleinasien bis Indien reichte. Seine Nachfolger, die Diadochen, waren nicht imstande, das Reich in seiner Größe zu erhalten, sondern teilten es in den sog. Diadochenkämpfen unter sich auf, so daß es zerfiel.

Die **Diagnose** (griech.): Bezeichnung für das Erkennen einer Krankheit. So stellt z. B. der Arzt dem Kranken eine Diagnose.

Man zieht eine **Diagonale** (griech.), indem man in einem Viereck oder einer Figur mit mehr als vier Ecken zwei nicht benachbarte Ecken durch eine gerade Linie verbindet. In jedem Vieleck gibt es mehrere Diagonalen.

Das **Diagramm** (griech.): zeichnerische Darstellung von Zahlenwerten (z. B. eine Fieberkurve).

Diakon (griech. = Diener) war in frühchristlicher Zeit die Bezeichnung für einen Armenpfleger und Gehilfen bei kirchlichen Handlungen. In der *katholischen* Kirche sind die Diakone Männer, die durch die Diakonatsweihe in den Diakonsstand getreten sind. Er bildet die Vorstufe zum Priestertum. Die *evangelischen* Diakone sind Träger eines kirchlichen Laienamtes, das durch eine Brüderordnung geregelt ist. Sie widmen sich der Krankenpflege, der Gemeindearbeit, dem Unterricht und der Mission. – *Diakonissen* sind evangelische unverheiratete Frauen, die sich in Mutterhäusern vereinigt haben, um Gott und den Menschen zu dienen. Ihre Arbeit gilt in erster Linie den Armen, Kranken und Kindern.

Der **Dialekt** (griech.) oder die *Mundart* ist die Sprechweise der Menschen einer Landschaft. Wenn Volksstämme sich zu Staaten zusammenschließen, dann bildet sich aus und über den Mundarten eine gemeinsame *Hochsprache* heraus. Diese wird als die gemeinsame und ein Volk verbindende Form der Muttersprache in den Schulen gelehrt, so daß sie alle verstehen und schreiben lernen. Dabei spricht man aber auch in den Schulen Hochsprache nicht genau nach der Schrift, also keine reine Schriftsprache. Im Leben herrscht eine mehr oder weniger von der Mundart gefärbte *Umgangssprache*, wenn man nicht überhaupt mundartlich spricht.

Die **Dialektik** (griech.) ist die Kunst, im Gespräch durch Rede und Gegenrede eine Sache zu ergründen und zu wissenschaftlichen Erkenntnissen zu kommen. Ihre Regeln wurden zum erstenmal von griechischen Philosophen aufgestellt und geübt. Von einem Menschen, der sich gewandt ausdrückt und seine Meinung geschickt zu behaupten weiß, sagt man: »Er ist ein guter *Dialektiker*.«

Der **Dialog** (griech.): Gespräch zwischen zwei Personen, Zwiegespräch.

Der **Diamant** gilt als der kostbarste →Edelstein. Er wird in Südafrika, Indien und Brasilien gefunden und ist der härteste von allen Steinen; er besteht aus nichts anderem als aus reinem kristallisiertem Kohlenstoff. Sein Gewicht wird nach →Karat gemessen. Besonders große Stücke erhalten Namen, so heißt z. B. der größte je gefunden: Cullinan. Er wog ungeschliffen 3025 Karat. Größere Bedeutung als für Schmuckstücke hat der Diamant wegen seiner Härte für Werkzeuge. So werden Diamantensplitter und -staub zum Schneiden von Glas benutzt. Sägeblätter und Bohrerkronen werden mit ganzen Diamanten besetzt, um damit besonders harte Metalle oder Gesteine zu bearbeiten. Zu Schmuck geschliffen heißt der Diamant Brillant.

Diana ist der lateinische Name der Göttin →Artemis.

Das **Diapositiv** oder **Dia**: durchsichtiges photographisches Bild, wie es z. B. bei Lichtbildervorträgen mit dem Projektionsapparat benutzt wird.

Die **Diarrhoe** (griech.) →Durchfall.

Die **Diaspora** (griech. = Zerstreuung). Vereinzelte religiöse Gemeinden, die in einer überwiegend andersgläubigen Gegend liegen, nennt man Diasporagemeinden. So sind z. B. einzeln verstreute evangelische Gemeinden in einer katholischen Gegend Diasporagemeinden. Man sagt dann auch: »Die Protestanten befinden sich in der Diaspora.«

Die **Diät** (griech.): nach bestimmten Regeln festgelegte Ernährung. Sie wird bei Krankheiten vom Arzt verordnet und besteht im wesentlichen darin, daß man gewisse Nahrungsmittel, die bei der betreffenden Krankheit schädlich sind (z. B. Salz), aus der Kost wegläßt.

Diäten (von lat. dies = Tag) oder Tagegelder erhalten Beamte oder Angestellte, die außerhalb des Ortes ihrer eigentlichen Arbeitsstätte Dienst tun; das heißt, sie bekommen über ihr Gehalt hinaus für jeden Tag einen gewissen Betrag. Auch Abgeordnete bekommen Diäten.

Charles **Dickens** war ein englischer Schriftsteller, der voll Mitgefühl und Humor die traurigen und komischen Seiten des Londoner Lebens seiner Zeit schilderte. Dickens, der 1812 geboren wurde und 1870 starb, wuchs in ärmlichen Verhältnissen auf, wurde Schreiber bei einem Rechtsanwalt und Berichterstatter an Zeitungen. Schon sein erster Roman, »Die Pickwickier«, machte ihn mit 25 Jahren weltberühmt. Seine Hauptwerke sind: »Oliver Twist«, David Copperfield« und seine Weihnachtsgeschichten.

Die **Didaktik** (griech.): Lehrkunst, die Kunst des Unterrichtens. – *didaktisch:* lehrhaft, belehrend.

Der **Diebstahl.** Wer einem anderen eine Sache in der Absicht wegnimmt, sich dieselbe rechtswidrig anzueignen, begeht einen Diebstahl und wird mit Freiheits- oder Geldstrafe bestraft. Wird aus einem Gebäude oder umschlossenen Raum mittels Einbruchs, Einsteigens oder Erbrechens von Behältnissen gestohlen, so wird das als *Einbruchdiebstahl* bezeichnet, und der Täter wird mit einer längeren Freiheitsstrafe bestraft.

dielektrisch (griech.) sind Stoffe, die Elektrizität nicht leiten.

Dienstag, der dritte Tag der Woche, war ursprünglich dem Kriegsgott geweiht, der bei den Germanen Ziu (auch Tiu oder Tyr), bei den Römern Mars hieß. Von diesen Namen wurden dann die Bezeichnungen Dienstag, Tuesday (engl.) und Mardi (franz.) abgeleitet.

Dieselmotor →Verbrennungsmotor.

Als **Dietrich von Bern** (Bern = Verona) lebte der Ostgotenkönig→Theoderich der Große nach seinem Tode in den Liedern und Erzählungen der fahrenden Spielleute fort.

diffamieren (lat.): verleumden, die Ehre einer Person oder das Ansehen einer Einrichtung herabsetzen. Jede *Diffamierung* ist strafbar.

Das **Differential** →Kraftwagen.

Differentialrechnung →Mathematik.

Die **Differenz** (lat.): 1. Unterschied; 2. Meinungsverschiedenheit, Zwist; 3. Ergebnis beim Abziehen zweier Zahlen voneinander.

diffizil (lat.): schwierig, heikel.

diffus (lat.): zerstreut, ungeordnet.

Der **Digest** (engl., sprich daidschest) ist eine Druckschrift, in der Aufsätze und Auszüge aus Büchern über ein bestimmtes Thema gesammelt sind, z. B. *Reader's Digest.*

Das **Diktaphon** →Magnetbandgerät.

Das **Diktat** (lat.). Wenn man jemandem etwas vorliest oder vorsagt, was er mitschreiben soll, dann diktiert man oder gibt ein Diktat. Es kann aber auch jemandem eine Strafe oder eine Verpflichtung zudiktiert oder auferlegt werden (z. B. Versailler Diktat).

Diktator hieß in der Römischen Republik der Mann, dem in höchsten Notzeiten gesetzlich unbeschränkte Gewalt in allen Staatsgeschäften übertragen wurde. Jedoch war seine Alleinherrschaft, die *Diktatur,* nach spätestens sechs Monaten beendet. Die moderne Geschichte nennt alle die Staatsmänner Diktatoren, die z. B. durch gewaltsamen Umsturz oder Verfassungsbruch alle Macht an sich reißen und ohne echte Kontrolle durch die Volksvertretung regieren.

Die **Diktion** (lat.): Ausdrucksweise, Redeweise.

Das **Dilemma** (griech.): Zwangslage, in der man zwischen zwei gleich unangenehmen Möglichkeiten wählen muß.

Ein **Dilettant** (ital.) ist ein Mensch, der etwas nur zu seinem Vergnügen betreibt. Dieser Nebenbeschäftigung widmet er sich, ohne sie zu seinem Beruf oder zum Gegenstand eines erschöpfenden Studiums zu machen.

Der **Dill** →Küchenkräuter.

Das **Diluvium** (lat.) →Erdzeitalter.

Die **Dimension** (lat.): Ausmessung, Ausdehnung, Bereich.

Das **Diminutivum** (lat.): Verkleinerungsform von Substantiven, häufig gebildet durch Umlaut und Anhängen einer Verkleinerungssilbe (Ofen – Öfchen).

DIN ist die Abkürzung für »**D**as **I**st **N**orm«. Etwas normen heißt: eine einheitliche Regel oder ein einheitliches Maß für etwas, also z. B. für die Größe eines

Gegenstandes, aufstellen. Es erspart dem Fabrikanten und dem Verbraucher Zeit und Mühe, wenn beispielsweise Briefbogen und Briefumschlag so hergestellt werden, daß sie ineinanderpassen. Bisher hat der *Deutsche Normenausschuß* erst für einige Gebrauchsgegenstände Normen geschaffen, die durch Buchstaben und Zahlen kenntlich gemacht sind, so z. B. DIN-Format bei Papier und DIN-Grade als Empfindlichkeitsangabe für photographische Platten und Filme.

Das **Diner** (franz., sprich dineh): in Deutschland Bezeichnung für ein festliches Essen mit vielen Gängen; in Frankreich und vielen anderen Ländern für die Hauptmahlzeit des Tages zwischen 17 und 20 Uhr, die in England und Amerika *dinner* genannt wird.

Der **Dingo** ist ein australischer Wildhund mit rötlichbraunem bis gelbem Fell, der oft Schafe anfällt.

Dingwort →Substantiv.

Dinosaurier nennt man die riesenhaften Reptilien, die vor ungefähr 150 Millionen Jahren in der Jura- und Kreidezeit lebten. Sie erreichten eine Länge bis zu 30 m, eine Höhe bis zu 11 m, hatten einen kleinen Kopf, einen langen Hals und einen langen Schwanz.

Diogenes war ein griechischer Philosoph, der von 412 bis 323 v. Chr. lebte. Er lehrte, daß der Mensch wirklich zufrieden nur dann lebe, wenn er keinen irdischen Besitz erstrebt. Darum wohnte er in einer Tonne und besaß nichts als einen Mantel, einen Brotsack und einen Stab. Als Alexander der Große ihm einmal eine Gunst erweisen wollte, bat ihn Diogenes nicht um Geld oder Geschenke, sondern sagte nur: »Geh mir aus der Sonne.«

Dionysos, ein Sohn des Zeus und Bruder des Apollo, war der griechische Gott der Fruchtbarkeit und des Weines. Er zog durch die Länder und lehrte den Anbau der Reben. Begleitet wurde er von einer Schar weinlaubbekränzter, fröhlicher Frauen (Mänaden) und Satyrn.

Eine **Diözese** oder ein *Bistum* ist in der katholischen Kirche der Amtsbereich eines Bischofs. Mehrere Diözesen bilden unter einem Erzbischof eine *Erzdiözese.* Auch der Amtsbereich eines Dekans oder Superintendenten in der evangelischen Kirche wird als Diözese bezeichnet.

Diphtherie oder *Rachenbräune* ist eine sehr gefährliche Halsentzündung und gehört zu den →Infektionskrankheiten. Im Gegensatz zu der gewöhnlichen Angina wird die Diphtherie von bestimmten Bazillen hervorgerufen, die ihr Bakteriengift in das Blut des Kranken abgeben und nicht nur die Rachenmandeln, sondern den ganzen Körper in Mitleidenschaft ziehen. Wenn der Verdacht auf Diphtherie besteht, muß man unverzüglich den Arzt zu Rate ziehen, denn nur er kann durch eine rechtzeitige Injektion von Diphtherie-Heilserum den Kranken vor schweren gesundheitlichen Schäden, die oft erst nach scheinbarer Heilung auftreten, bewahren.

Der **Diphthong** (griech. = Zweilaut oder *Zwielaut*) ist die Verbindung von zwei verschiedenen →Vokalen (Selbstlauten): z. B. au, eu ,ei.

Ein **Diplom** (griech. = Schriftstück) eine Urkunde, die für eine bestandene Prüfung oder ehrenhalber verliehen wird. So bekommt z. B. der Geselle, der seine Meisterprüfung bestanden hat, das »Meisterdiplom«. Steht vor einer Berufsbezeichnung das Wort »Diplom«, also z. B. Diplom-Ingenieur (Dipl.-Ing.), Diplom-Kaufmann (Dipl.-Kfm.), so besagt es, daß dieser Ingenieur oder Kaufmann seinen Beruf auf einer Hochschule gelernt hat. »Er ist ein **Diplomat,** er ist sehr diplomatisch;« sagt man von einem Menschen, der verständnisvoll und klug mit anderen umgehen, Meinungsverschiedenheiten leicht beseitigen, geschickt verhandeln und ebensogut schweigen wie reden kann. Ein Diplomat ist ein *Gesandter* oder *Botschafter* eines Staates und muß alle diese Eigenschaften in hohem Maße haben. Denn er wird von seiner Regierung zu der eines anderen Landes gesandt, um die politischen, wirtschaftlichen und kulturellen Beziehungen zwischen den Ländern zu regeln und Streitfragen durch Verhandlungen zu klären. Der Botschafter des Papstes heißt *Nuntius*. Alle bei einer Regierung beglaubigten ausländischen Diplomaten bilden zusammen das *Diplomatische Korps*. Diplomaten genießen das Recht der →*Exterritorialität*.

Die **Dipolantenne** (griech.) →Antenne.

direkt (lat.): unmittelbar, geradewegs.

Die **Direktive**: Richtlinie, Anweisung.

Der **Direktor** (lat.): Leiter, Vorsteher. Das *Direktorium* (Vorstand) hieß in der →Französischen Revolution von 1795 bis 1799 die oberste Regierungsbehörde.

Der **Dirigent** (lat.): Leiter eines Orchesters oder eines Chors. Er sorgt dafür, daß das Kunstwerk dem Willen des Komponisten entsprechend wiedergegeben wird.

Die **Disharmonie** (griech.): Mißklang, Uneinigkeit.

Der **Diskant** (lat.) ist die höchste Stimmlage im gemischten Chor, auch die hohe Tonlage eines Instruments.

Der **Diskjockey** (engl., sprich disk dschocki) legt in Rundfunksendungen mit Schlagermusik oder in Diskotheken die Platten auf und kündigt sie mit ein paar Worten an.

Der **Diskont** (ital.). Wenn ein Kunde eine Ware nicht mit barem Geld bezahlen kann oder will, so kann er mit einem Wechsel zahlen, das ist ein Papier, auf dem der Kunde zusichert, die Summe in einer bestimmten Zeit, z.B. in 3 Monaten, zu zahlen. Diesen Wechsel kann der Händler aufbewahren und nach 3 Monaten sein Geld dafür bekommen. Wenn er aber das Geld gleich haben will, kann er den Wechsel zur Bank bringen und sich von dieser das Geld sofort geben lassen. Dafür zieht die Bank etwas ab, das heißt, sie *diskontiert* den Wechsel. Diesen Abzug nennt man Diskont.

Die **Diskothek** (griech.): Schallplattensammlung, -archiv.

diskreditieren (franz.): in Verruf bringen, um den guten Ruf bringen.

Die **Diskrepanz** (lat.): Abweichung, Mißverhältnis, Zwiespältigkeit.

diskret (lat.): verschwiegen, taktvoll. – Die *Diskretion* (franz.): Takt, Verschwiegenheit.

diskriminieren (lat.): aussondern, unterscheiden; heute: verdächtigen, verleumden, herabsetzen.

Der **Diskurs** (lat.): Erörterung.

Der **Diskus** (griech.) ist ein scheibenförmiges Wurfgerät, das aus einem Eisenkern mit Holzring und Eiseneinfassung besteht. Die Diskusscheibe für männliche Sportler wiegt 2 kg und hat einen Durchmesser von 22 cm (für weibliche Sportler 1 kg und 18 cm Durchmesser). *Diskuswerfen* war schon im Altertum bekannt; es gibt ein Standbild des griechischen Bildhauers Myron (5. Jh. v. Chr.), das einen Diskuswerfer darstellt.

Eine **Diskussion** ist eine Aussprache, ein Austausch von Meinungen über ein Problem oder eine Frage, die »zur Diskussion gestellt« wird. Wer seine Meinung äußern will, meldet sich zum Wort und begründet seinen Standpunkt. Ein *Diskussionsleiter* lenkt den Ablauf der Diskussion: er erteilt den einzelnen Sprechern das Wort und faßt am Schluß das Ergebnis zusammen.

Walt **Disney** (sprich disneh), der 1901 in Chikago geboren wurde und 1966 gestorben ist, gründete 1923 mit 40 Dollar sein Studio zur Herstellung von Zeichentrickfilmen. Vor allem die Micky-Maus-Kurzfilme brachten ihm Erfolg in aller Welt. 1937 erschien sein erster großer Märchenfilm. Später drehte Disney auch Filme mit lebendigen Menschen und Tieren.

dispensieren (lat.): beurlauben, von einer Verpflichtung befreien. Bei den

Katholiken heißt *Dispens* die Befreiung von einer kirchlichen Vorschrift.

disponieren (lat.): verfügen, anordnen. – *disponiert:* gestimmt, geneigt.

Die **Disposition** (lat.): Anordnung, Plan; Veranlagung, z. B. zu einer Krankheit.

Der **Disput** (lat.): Wortgefecht. – Die *Disputation:* gelehrtes Streitgespräch.

disqualifizieren (lat.). Verstößt ein Sportler bei Wettkämpfen gegen die Regeln, so wird er disqualifiziert, d. h. vom Wettkampf ausgeschlossen. Es kann auch längeres Startverbot verhängt werden.

Die **Dissertation** ist eine wissenschaftliche Arbeit. Wer am Ende seines Universitätsstudiums den Doktorgrad erwerben will, muß vorher eine Dissertation schreiben. Sie heißt daher auch »Doktorarbeit«.

Der **Dissident** (lat. = der Abgesonderte). So nennt man einen Menschen, der aus der Kirche (z. B. der katholischen oder evangelischen) ausgetreten ist und sich keiner anderen staatlich anerkannten Religionsgemeinschaft angeschlossen hat.

Die **Dissonanz** (lat.): Mißklang.

Die **Distanz** (lat.): Entfernung, Abstand.

Das **Distichon** (griech.) →Verslehre.

Der **Distrikt** (lat.): Bezirk, Abteilung.

Die **Disziplin** (lat. = Unterricht, Erziehung): Zucht, vorschriftsmäßige Ordnung. – Die Wissenschaft wird in mehrere *Disziplinen*, das sind die Einzel- oder Fachgebiete, eingeteilt. – Der Staat übt über seine Beamten und Angestellten die *Disziplinargewalt* aus, das heißt, er verlangt das Einhalten der Dienstvorschriften und kann *Disziplinarstrafen* verhängen, wenn gegen die Vorschriften verstoßen wird. Darüber wird in einem *Disziplinarverfahren* entschieden.

dito (ital.): dasselbe, ebenso.

Die **Diva** (lat. = die Göttliche). So nannte man die römischen Kaiserinnen nach ihrem Tode. Heute bezeichnet man eine gefeierte Künstlerin als Diva.

Die **Dividende** →Aktiengesellschaft.

Die **Division** (lat. dividere = teilen). 1. Im Militärwesen versteht man unter einer Division einen größeren Truppenverband, der aus mehreren Waffengattungen zusammengesetzt ist. – 2. →Mathematik.

Dixieland (engl., sprich diksiländ) nennt man die Südstaaten der USA. Dort entstand der *Dixieland-Jazz* durch Nachahmung des von den Negern geschaffenen *New-Orleans-Jazz* durch weiße Musiker, eine fröhliche, vitale Instrumentalmusik.

Die **DNS,** Abkürzung für Desoxyribonukleinsäure, ist ein Fadenmolekül, das sich im Kern jeder Zelle findet. Sie enthält die Niederschrift des Erbgutes als Schriftsatz aus 4 Molekül-Buchstaben. So speichert sie den Bauplan des Menschen in einem DNS-Faden von rund 1 Meter Länge. Aufgebaut ist die DNS aus 2 miteinander verdrillten Ketten von je 2900 Millionen Molekül-Buchstaben. Um jedoch wirksam zu werden, muß die Information auf der DNS abgelesen und aus dem Zellkern gebracht werden. Dazu wird eine Kopie in Form eines DNS-ähnlichen Molekülfadens gezogen (→RNS), der die Information zu den Eiweißfabriken der Zelle, den→ Ribosomen, bringt. Hier wird die Erbinformation als Strickmuster für →Proteine (Eiweiße) verwendet.

Das **Dock.** Um auch diejenigen Teile eines Schiffes ausbessern und anstreichen zu können, die gewöhnlich unter Wasser liegen, gibt es in jedem großen Hafen Trockendocks und Schwimmdocks. Ein *Trockendock* ist eine feste, beckenartige Anlage mit einem wasserdicht verschließbaren Tor, aus der man das Wasser pumpt, sobald das Schiff zur Reparatur eingefahren ist. Das kastenähnliche *Schwimmdock* hingegen ist beweglich, so daß man es an das beschädigte Schiff schwimmend heranbringen kann. Es hat einen hohlen Boden und hohle Wände und kann durch Einlassen von Wasser (Fluten) versenkt werden. Nachdem das beschädigte Schiff in das geflutete Dock eingefahren ist, werden Boden und Wände leergepumpt, worauf sich das Dock mit dem festgemachten Schiff hebt und so der Schiffsboden freigelegt wird.

Der **Doge** (ital., sprich dohdsche). So lautete der Titel für das Staatsoberhaupt in den Republiken Genua und Venedig.

Die **Dogge** →Hunderassen.

Ein **Dogma** (griech.) ist ein unumstößlicher Lehrsatz. Es wird für unbedingt wahr gehalten. Viele Religionen haben Dogmen. Alle, die einer solchen Religion angehören, sind verpflichtet, diese Dogmen zu glauben. Nach katholischer Auffassung ist das Dogma eine von Gott geoffenbarte und von der Kirche für verbindlich erklärte Wahrheit.

Do it yourself (engl. = tu es selbst, sprich: du it johself): in den USA entstandene Praxis, handwerkliche Arbeiten als Freizeitgestaltung auszuführen, z. B. selbst seine Wohnung zu tapezieren. Für den *Heimwerker* gibt es entsprechendes Werkzeug und Maschinen.

Nicht jeder **Doktor** (abgekürzt: Dr.) ist Arzt. Arzt ist nur der Dr. med., der Doktor der Medizin. Den Doktortitel darf führen, wer auf einer Universität oder Hochschule studiert hat und eine wissenschaftliche Arbeit, eine *Dissertation*, geschrieben und eine bestimmte Prüfung, die Doktorprüfung, abgelegt hat. Der Doktortitel kann für besondere wissenschaftliche Leistungen auch ehrenhalber

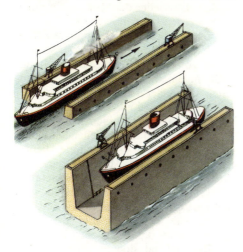

Schwimmdock
oben: Schiff einfahrend, unten: freigelegt

(honoris causa) verliehen werden. Man spricht dann von *Ehrendoktor* (Dr. h. c.).

Die **Doktrin** (lat.): Lehre. – *doktrinär* nennt man die Art, eine wissenschaftliche Lehre, eine Weltanschauung oder eine politische Meinung einseitig und »lehrhaft« zu vertreten.

Das **Dokument** (lat.): Urkunde, Beweisstück.

Dolmen (franz.) sind vorgeschichtliche Grabkammern aus aufgestellten großen Steinen mit einer Deckplatte darüber; sie waren ursprünglich von einem Erd- oder Steinhügel bedeckt.

Der **Dolmetscher.** Wenn ein Deutscher sich mit einem Engländer verständigen will und keiner die Sprache des anderen kennt, so sind sie auf die Hilfe eines Dolmetschers angewiesen, der beide Sprachen beherrscht. Wer Sprachvermittlung als Beruf betreiben will, muß eine Dolmetscherschule besuchen.

Eine **Domäne** (lat.) ist ein staatlicher Grundbesitz, im besonderen ein Landgut. Der Staat läßt seine Domänen entweder von Fachleuten verwalten oder verpachtet sie. – Man nennt auch ein berufliches Arbeitsgebiet, das ein Mensch besonders gut beherrscht, seine »Domäne«.

Die **Dominikanische Republik** ist eine mittelamerikanische Republik auf der Insel Haiti (48734 qkm, 4,43 Mill. Einwohner, Hauptstadt Santo Domingo). Im fruchtbaren Küstenland werden Kakao, Kaffee, Zuckerrohr, Bananen u. a. angebaut, die waldreichen Gebirge liefern Holz und Bodenschätze (Eisenerz, Nickel, Bauxit). Das Land war bis 1795 spanische Kolonie und wurde 1844 eine selbständige Republik.

Das **Dominion** (engl. = Herrschaftsgebiet). Dominions wurden bis 1947 die Länder des britischen →Commonwealth of Nations außerhalb Großbritanniens genannt. Heute heißen sie Commonwealth-Länder.

Der **Domino** (ital. = Herr): 1. ein seidener Mantel mit weiten Ärmeln und Kapuze, der im 16. Jh. in Italien Mode war. Heute wird der Domino gern als Faschingsverkleidung getragen. 2. Das Domino ist ein Gesellschaftsspiel mit 28 rechteckigen Steinen, die auf 2 Feldern 0 bis 6 Augen tragen. Diese Steine werden von den Spielern z. B. abwechselnd so aneinandergesetzt, daß stets 2 Felder mit gleicher Augenzahl beisammenliegen. Gewinner ist, wer als erster seine Steine untergebracht hat.

Der **Dompteur** (franz., sprich domptöhr): Tierbändiger.

Don ist im Italienischen und Spanischen das Wort für »Herr«, doch nur in Verbindung mit dem Vornamen, z. B. Don Carlos. Die weibliche Wortform ist im Italienischen *Donna* und im Spanischen *Doña* (sprich donja).

Donar oder *Thor* war nach seinem Vater Wodan der mächtigste Gott der alten Germanen. Sein Zeichen war der Hammer Mjöllnir, der nach jedem Wurf in die Hand des Werfers zurückkehrte. Mit diesem Hammer kämpfte er gegen die Riesen und erzeugte den Donner.

Don Juan ist ein Held der spanischen Sage und Dichtung, ein verführerischer, von vielen Frauen geliebter, gewissenloser Mann, der in der Hölle endet. Er ist die Hauptgestalt in Mozarts Oper »Don Giovanni« und anderen Werken der Literatur und Musik.

Der **Donner** →Gewitter.

Der **Donnerkeil.** So nennt man die versteinerten Spitzen der Schalen von Tintenfischen aus früheren Erdzeitaltern. Sie werden in Jura- und Kreideschichten der Erde, also bei uns z. B. im Jura-Gebirge, gefunden.

Donnerstag, der fünfte Tag der Woche, ist nach dem germanischen Gott Donar oder Thor benannt. Auch das englische Thursday und das schwedische Thorsdag lassen das noch erkennen. *Gründonnerstag* heißt der Donnerstag der Karwoche, der dem Andenken an das Letzte Abendmahl Christi geweiht ist.

Don Quichote (auch *Quixote* oder *Quijote*) →Cervantes.

Das **Doping** (engl.) ist die wegen ihrer Gefährlichkeit verbotene Praxis, vor sportlichen Wettkämpfen Menschen (z. B. Radrennfahrern) oder Tieren (z. B. Rennpferden) aufputschende Mittel zu verabreichen. Gedopte Teilnehmer werden →disqualifiziert.

Die **Dorer** waren ein altgriechischer Volksstamm. Sie besiedelten um 1000 v. Chr. den Peloponnes, wo sie Sparta gründeten.

dorischer Stil →Säule.

Der **Dorsch:** Bezeichnung für den jungen →Kabeljau.

Eine **Dosis** ist die vom Arzt verordnete Menge eines Arzneimittels.

Fjodor Michailowitsch **Dostojewski,** der große russische Dichter, wurde am 11. 11. 1821 in Moskau geboren. Mit 28 Jahren wurde er in einen politischen Prozeß verwickelt und zum Tode verurteilt, auf der Richtstätte aber zu Sträflingsarbeit in Sibirien begnadigt. Nach 10 Jahren durfte er, unheilbar krank, zurückkehren und lebte in Petersburg, wo er am 9. 2. 1881 starb. Das Leid der Menschen schildert er erschütternd in seinen großen Romanen »Aufzeichnungen aus einem Totenhause«, »Schuld und Sühne« (Raskolnikow), »Der Idiot«, »Die Brüder Karamasow«.

Das **Double** (sprich duhbl, franz. = doppelt). Kommen in einem Film Szenen vor, die dem Darsteller der Rolle nicht zugemutet werden können, weil sie zu gefährlich sind oder eine ganz besondere Fähigkeit verlangen (z. B. Seiltanzen), so werden sie von einem Double dargestellt, das heißt von einem anderen, der dem eigentlichen Darsteller sehr ähnlich sieht und die benötigten Fähigkeiten besitzt.

Das **Doublé** (sprich dubleh, franz. = verdoppelt). Aus Doublé bestehen Schmuckstücke oder andere Gegenstände, die aus geringwertigem Metall hergestellt und nur mit einer dünnen Schicht edlen Metalles, z. B. Gold, überzogen worden sind.

Der **Doyen** (frz., sprich doajä) ist der dienstälteste Diplomat und meist der Sprecher eines diplomatischen Korps.

Der **Dozent** (lat. docere = lehren): Lehrer an einer Hochschule. – Verbum: *dozieren.*

Der **Drache.** 1. In Sagen und Märchen wird von Drachen oder Lindwürmern erzählt, die man sich als schlangenähnliche Untiere, manchmal mit Fledermausflügeln, manchmal Feuer, Rauch oder Wasser speiend, vorstellte. Als Wappentier und militärisches Zeichen kam der Drache schon in ältester Zeit bei vielen Völkern vor, z. B. in China. 2. Das *Sternbild* des Drachens ist am nördlichen →Sternhimmel zu finden.

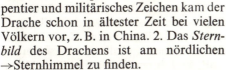

Ein **Drachen** ist ein leichtes Holzgerüst, das mit Papier oder Leinwand überspannt ist und das man an einer langen Schnur unter Ausnutzung des Windes in den Himmel steigen lassen kann.

Die **Dragoner** waren eine Reitertruppe, die ursprünglich aus berittener Infanterie gebildet wurde.

Drahtseilbahn →Schwebebahn.

Die **Draisine:** kleines Eisenbahnfahrzeug zur Streckenkontrolle; ursprünglich die Vorform des →Fahrrades.

Drakon war ein Athener, der 621 v. Chr. die damals geltenden, sehr strengen Gesetze aufzeichnete. Daher sagt man noch heute von Gesetzen oder Maßnahmen, die besonders streng sind, sie seien *drakonisch*.

Das **Drama** (griech. = Handlung): eine Dichtung, die nicht nur gelesen oder vorgelesen, sondern vor Zuschauern gespielt wird. Dies geschieht dadurch, daß die Personen des Dramas miteinander reden. Dieses Gespräch nennen wir *Dialog*, während das Selbstgespräch einer einzelnen Person *Monolog* genannt wird.

Das Drama ist religiösen Ursprungs. Im frühesten europäischen Drama, dem griechischen, wurde die Geschichte der Götter von einem einzelnen Vortragenden erzählt und von einer ganzen Gruppe, dem Chor, näher erläutert. Als dem Chor später nicht nur ein Vortragender, sondern mehrere Vortragende gegenüberstanden, ergab sich zwischen ihnen ein Gespräch, der Dialog: aus den Vortragenden waren Schauspieler geworden. Dargestellt wurden nicht nur die Geschichten der Götter, sondern auch die Schicksale der Menschen. So entwickelte sich die griechische Tragödie. – Das römische Drama ist eine Nachahmung des griechischen.

Nach dem Zusammenbruch des Römischen Reiches geriet die Kunst des Dramas bis zum Mittelalter völlig in Vergessenheit. Um das Jahr 1000 entwickelten sich dann ganz selbständig die sogenannten *Mysterienspiele*. An hohen kirchlichen Festtagen, vor allem Weihnachten und Ostern, wurden die in der Bibel erzählten Geschehnisse in der Volkssprache dramatisch aufgeführt. Gespielt wurde zunächst in den Kirchen, später auf den Marktplätzen. In den *Passionsspielen* von Oberammergau hat sich ein solches Spiel bis heute erhalten.

Als dann auch das Leben von Heiligen als Stoff für dramatische Aufführungen benutzt wurde, war der Schritt vom geistlichen zum weltlichen Drama getan, in dem geschichtliche und auch vom Dichter frei erfundene Begebenheiten gestaltet werden.

Ein Drama, das den Untergang eines Menschen zeigt und dieses Schicksal als notwendig erkennen läßt, wird *Tragödie* genannt, ein heiteres Drama mit glücklichem Ausgang heißt *Komödie*, während wir als *Schauspiel* ein Drama bezeichnen, dessen Handlung zwar ernst ist, aber zu einem guten Ende führt.

Die **Dramaturgie** ist die Lehre vom Drama. Der *Dramaturg* ist der Mitarbeiter eines Theaters und wählt die Dramen aus, die aufgeführt werden sollen, und bearbeitet sie für die Bühne.

Der **Drechsler** ist ein Handwerker, der Möbelteile oder kunstgewerbliche Gegenstände auf einer →Drehbank herstellt.

Die **Drehbank** ist die wichtigste Maschine zur Bearbeitung von Metallen,

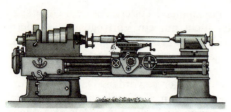
Drehbank mit eingesetztem Werkstück

Holz und Kunststoffen. Durch besondere Werkzeuge hebt die Drehbank von den Werkstücken Späne ab und gibt ihnen dadurch die gewünschte Form. Die zu bearbeitenden Stücke werden entweder zwischen Spitzen, in ein Spannfutter oder auf eine Planscheibe gespannt. Das Werkzeug, das die Späne vom Werkstück abhebt, heißt *Drehstahl* oder *Drehmeißel*. Dieser wird auf dem Werkzeugträger, dem sogenannten *Support*, der auf dem Drehbankbett verschiebbar ist, aufgespannt. Mit dem Support kann der Drehstahl parallel und quer zur Drehachse bewegt werden. Man kann auf Drehbänken Werkstücke mit einer Genauigkeit von $1/_{100}$ mm bearbeiten. Besondere Einrichtungen zum Bohren, Gewindeschneiden und Kegeldrehen vervollständigen die Ausrüstung einer Drehbank.

Drehbuch →Film.

Drehflügelflugzeuge haben nicht, wie die üblichen Flugzeuge, Tragflächen, sondern um eine senkrechte Achse sich drehende Hubschrauben (Rotoren). Wenn diese durch einen Motor angetrieben werden und Auf- und Vortrieb erzeugen, nennt man das Flugzeug *Hubschrauber* (Helikopter). Beim *Tragschrauber* (Autogiro) wird die Hubschraube lediglich vom Fahrtwind bewegt und dient als Tragfläche; Auf- und Vortrieb liefert ein motorgetriebener Zugpropeller. Der *Flugschrauber* hat ebenfalls einen Zugpropeller, doch wird bei ihm auch die Hubschraube durch einen Motor angetrieben.

Der **Drehkolbenmotor** →Verbrennungsmotoren.

Die **Drehscheibe.** Zum Wenden von Lokomotiven gibt es bei der Eisenbahn eine besondere Vorrichtung: eine große drehbare Scheibe, auf der ein oder mehrere kurze Gleisstücke aufgesetzt sind. Die Lokomotive wird auf die Drehscheibe gefahren, dann wird die Scheibe gedreht, bis das Gleisstück, auf dem die Lokomotive steht, Anschluß an das Schienenpaar hat, das in die gewünschte Richtung führt. – In der →Töpferei verwendet man auch eine Drehscheibe, die sogenannte Töpferscheibe.

Der **Drehstrom** →Elektrizität.

Das **Dreieck** →Mathematik.

Dreifaltigkeit (*Dreieinigkeit, Trinität*) ist der Name für das göttliche Geheimnis der Einheit der drei göttlichen Personen Gott Vater, Gott Sohn (Jesus Christus) und Gott Heiliger Geist. Nach christlichem Glauben sind alle drei Personen ein Gott, sind ihrem Wesen und ihrer Natur nach eine Einheit. Die katholische und die evangelische Kirche feiern am 1. Sonntag nach Pfingsten ein eigenes Dreifaltigkeitsfest.

Beim **Dreikampf** müssen die Sportler

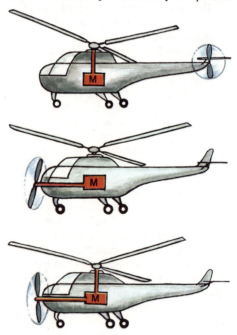
Drehflügelflugzeuge: Hubschrauber, Tragschrauber und Flugschrauber. M = Motor

drei Übungen ausführen: in der Leichtathletik 100-m-Lauf, Weitsprung und Kugelstoßen; im Gewichtheben beidarmiges Drücken, Reißen und Stoßen; im Rasenkraftsport Hammerwerfen, Gewichtwerfen und Steinstoßen.

Die **Dreimeilenzone** ist der 3 Seemeilen (etwa 5,6 km) breite Meeresstreifen vor der Küste eines Landes, welcher der Rechtsgewalt dieses Landes untersteht. Heute wollen viele Staaten diesen Streifen auf 12 Meilen ausweiten.

Der **Dreißigjährige Krieg** wurde von 1618 bis 1648 in Deutschland geführt. Dabei kamen zwei Drittel der Bevölkerung ums Leben, das Land wurde grauenvoll verwüstet, und seine Entwicklung wurde auf allen Gebieten für lange Zeit unterbrochen.

Durch die →Reformation war eine religiöse Spaltung ganz Deutschlands eingetreten. Außerdem bestand Uneinigkeit unter den deutschen Landesfürsten, die alle bestrebt waren, ihre Gebiete zu vergrößern und vom Kaiser unabhängiger zu werden. Zwei Lager hatten sich gebildet, die *Liga*, zu der sich die katholischen, und die *Union*, zu der sich die protestantischen Fürsten zusammengeschlossen hatten. 1618 rebellierten die protestantischen Adeligen in Böhmen gegen die Herrschaft des katholischen Kaisers und warfen zwei seiner Räte aus dem Fenster der Prager Burg. Mit diesem »Prager Fenstersturz« begann der Dreißigjährige Krieg. Zuerst besiegte der Kaiser mit Hilfe der katholischen Liga die protestantische Union und später auch die Dänen, die auf protestantischer Seite in den Krieg eintraten. Als aber 1630 das protestantische Schweden unter König Gustav Adolf und später auch Frankreich in den Krieg eintraten, unterlagen die kaiserlichen Truppen, und die Schweden drangen bis Bayern vor. Obwohl Gustav Adolf 1632 fiel und sein Gegner, der kaiserliche Feldherr Wallenstein, 1634 ermordet wurde, tobte der Krieg immer weiter. Endlich, 1648, als Deutschland ausgeblutet und verwüstet war, fand der Krieg mit dem *Westfälischen*

Frieden (geschlossen zu Münster und Osnabrück) sein Ende. Die religiösen Gegensätze wurden nicht beseitigt, und keine der beiden Parteien hatte gesiegt. Dem Namen nach blieb Deutschland ein Kaiserreich, obwohl die Fürsten unabhängig regierten.

Die **Dressur.** Bringt ein Jagdhund seinem Herrn den geschossenen Hasen, fährt im Zirkus ein Bär auf dem Fahrrad oder springt ein Löwe durch den brennenden Reifen, so sind das Ergebnisse einer Dressur, einer Abrichtung. Denn Tiere lernen mancherlei, auch wenn es für sie selbst sinnlos ist. Sie müssen sich nur an den Menschen gewöhnen und von ihm liebevoll und geduldig behandelt werden. Dabei richtet sich der Erfolg danach, wieweit die dem Tier angeborenen Eigenschaften, z. B. Intelligenz, Mut, Ausdauer und Nachahmungstrieb, ausgenutzt werden können.

Der **Drillbohrer** →Bohrer.

Der **Drilling:** Jagdgewehr mit drei Läufen. – Drillinge nennt man drei an einem Tag geborene Geschwister.

Das **Dritte Reich:** die von den Nationalsozialisten verwendete Bezeichnung für das von →Hitler geführte Deutsche Reich.

Die **Dritte Welt.** Darunter versteht man diejenigen Staaten Europas, Afrikas und Asiens, die sich aus der politischen Auseinandersetzung zwischen Ost und West heraushalten, dann auch allgemein die Entwicklungsländer.

Eine **Droge** ist ein getrockneter pflanzlicher oder tierischer Stoff. Drogen (Blätter, Blüten, Samen, Früchte, Gewürze) werden vor allem zu Heilzwecken verwendet und in der *Drogerie* vom *Drogisten* verkauft.

Drogenabhängigkeit bezeichnet alle Arten von Sucht nach →Drogen. Der Drogenabhängige braucht eine bestimmte Substanz für sein seelisches und körperliches Wohlbefinden. Kann das Bedürfnis nicht gestillt werden, so nützt der Süchtige jede Möglichkeit, oft bis hin zu kriminellen Handlungen, um sich die Droge zu verschaffen. Zu den verbreitetsten Drogen zählen Alkohol, Nikotin aus dem Zigarettenrauch, Morphium und Haschisch sowie Weckmittel (Amphetamine). Süchtige werden in Drogenkliniken durch langsamen Entzug, Ersatzmedikamente und →*Verhaltenstherapie* behandelt.

Die **Drohne:** männliche →Biene.

Das **Dromedar** →Kamel.

Die **Drossel** →Singvögel.

Annette von **Droste-Hülshoff,** die größte deutsche Dichterin, wurde 1797 in Westfalen geboren und starb 1848 in Meersburg am Bodensee. Von ihren kraftvollen Dichtungen sind ihre Balladen und die Novelle »Die Judenbuche« am bekanntesten.

Einen **Druckanzug** tragen Flieger in großen Höhen. Die luftdichte Kleidung ist aufblasbar und heizbar; in den Helm wird aus einer Druckflasche Sauerstoff zum Atmen zugeführt.

Druckkabinen haben Flugzeuge, die in großen Höhen fliegen. Sie sind beheizt und luftdicht isoliert, so daß Besatzung und Passagiere auch beim Durchfliegen der kalten, sauerstoffarmen Höhenluft keine Atmungsgeräte brauchen.

Druckschriften. Ein Buch kann in verschiedenen »Schriften« gesetzt werden. Die meisten Bücher und Zeitungen werden jetzt in Antiqua (lat. = alt) gedruckt, das ist die Schrift, die auch in diesem Jugendlexikon verwendet wird. *Schräg gestellte Antiqua heißt Kursiv.* (Dieser Satz ist in Kursiv gesetzt.)

𝕯𝖆𝖓𝖊𝖇𝖊𝖓 𝖌𝖎𝖇𝖙 𝖊𝖘 𝖆𝖇𝖊𝖗 𝖆𝖚𝖈𝖍 𝖓𝖔𝖈𝖍 𝖉𝖎𝖊 𝕱𝖗𝖆𝖐𝖙𝖚𝖗-𝕾𝖈𝖍𝖗𝖎𝖋𝖙 (𝖑𝖆𝖙. = 𝖌𝖊𝖇𝖗𝖔𝖈𝖍𝖊𝖓𝖊 𝕾𝖈𝖍𝖗𝖎𝖋𝖙), 𝖆𝖚𝖈𝖍 𝖌𝖔𝖙𝖎-𝖘𝖈𝖍𝖊 𝖔𝖉𝖊𝖗 𝖉𝖊𝖚𝖙𝖘𝖈𝖍𝖊 𝕾𝖈𝖍𝖗𝖎𝖋𝖙 𝖌𝖊𝖓𝖆𝖓𝖓𝖙. (𝕯𝖎𝖊𝖘𝖊𝖗 𝕾𝖆𝖙𝖟 𝖎𝖘𝖙 𝖎𝖓 𝕱𝖗𝖆𝖐𝖙𝖚𝖗 𝖌𝖊𝖘𝖊𝖙𝖟𝖙.)

Druckverfahren. Man unterscheidet 3 Hauptverfahren des Buchdrucks: Hochdruck, Tiefdruck und Flachdruck. Beim *Hochdruck* (der bes. für Bücher oder Zeitungen verwendet und daher auch »Buchdruck« genannt wird) stehen die Bildteile oder Buchstaben erhöht aus der Druckplatte hervor. Die Farbe bleibt auf den erhöhten Stellen haften und wird von da vom Papier abgenommen. Beim *Tief-*

druck wird das Bild oder der Text in die Platte eingegraben oder eingeätzt. Die Farbe setzt sich in diesen Vertiefungen fest und wird beim Druck vom Papier aufgenommen. Der Tiefdruck wurde für Kupferstiche oder Radierungen benutzt und findet heute für Zeitschriften, illustrierte Bücher usw. Verwendung. Seit der Erfindung des Steindrucks, der Lithographie, durch Senefelder 1796 gibt es auch den *Flachdruck*, bei dem die Druckplatte keinerlei

Erhöhungen oder Vertiefungen aufweist, sondern die Druckfarbe nur dort annimmt, wo auf ihr eine Schrift oder Zeichnung mit besonderer Fettfarbe aufgetragen wird. Die Stellen, die weiß bleiben sollen, werden auf der Platte chemisch behandelt, so daß sie die Druckfarbe abstoßen. Eine moderne Weiterentwicklung dieses Flachdruckverfahrens ist der sogenannte *Offsetdruck*, in dem auch dieses Buch gedruckt ist. Dabei wird das Druckbild von der Platte erst noch auf ein Gummituch übertragen (engl. offset = absetzen) und von diesem durch das Papier abgenommen. Siehe auch Buchdruck.

Der **Drudenfuß** ist ein uraltes Zauberzeichen, das gegen Hexen (Druden) und böse Geister schützen soll. Es ist ein fünfeckiger Stern aus drei ineinander verschränkten Dreiecken.

Drüsen sind Organe, deren Aufgabe darin besteht, für den Lebensvorgang wichtige Stoffe (Sekrete) zu erzeugen und diese entweder durch einen Ausführungsgang nach außen (Drüsen mit äußerer Sekretion) oder direkt in das Blut (innersekretorische Drüsen) abzugeben. Zu den Drüsen mit äußerer Sekretion gehören die Schweiß-, Talg-, Tränen- und Speicheldrüsen, zu den innersekretorischen, deren Erzeugnis man Hormon nennt, die Schilddrüse und die Hirnanhangdrüse. Drüsen, die ihre Absonderung sowohl nach außen als auch an das Blut abgeben, sind gemischte Drüsen, z. B. Bauchspeicheldrüse.

Dschingis-Khan (das heißt »Allmächtiger Herr«) wurde der Mongolenfürst Temudschin genannt, der von 1215 bis 1223 mit seinen wilden Reiterheeren in Asien ein gewaltiges Reich eroberte. Dschingis-Khan starb 1227 bei der Eroberung Tibets.

Der **Dschungel.** So nennt man die indischen Urwälder. Sie sind oft sumpfig und daher gefährliche Fieberherde.

Die **Dschunke:** chinesisches Schiff mit oft aus Bast geflochtenen Segeln, früher vielfach von Seeräubern und Schmugglern benutzt.

Chinesische Dschunke

Der **Dualismus** (lat.) ist eine philosophische Lehre, nach der zwei gegensätzliche Wesenheiten in der Welt wirken: das Gute und das Böse, Geist und Körper (Idee und Materie), Gott und Teufel u. ä.

Im **Dualsystem** werden die natürlichen Zahlen, statt mit 10 Ziffern wie in unserem Dezimalsystem, nur mit zwei (lat. »duo«) Ziffern (0 und 1) bezeichnet; die Stellenwerte einer Zahl bezeichnen also nicht Potenzen von 10 (wie im Dezimalsystem), sondern Potenzen von 2. Die Zahl »11« im Dualsystem bedeutet, daß sowohl die Potenz 2^0 wie auch die Potenz 2^1 besetzt ist; $2^0 + 2^1 = 3$. Will man umgekehrt die Zahl »5« unseres Dezimalsystems im Dualsystem darstellen, so zerlegt man sie einfach in eine Summe aus Zweierpotenzen: $5 = 4 + 1$. Man schreibt also: 101 (Die »0« zeigt an, daß die Potenz 2^1 nicht vorkommt, sondern nur die Potenzen 2^0 und 2^2.)

Das Dualsystem ist sehr praktisch für elektrische und elektronische Rechengeräte, da man für die beiden Zahlen 0 und 1 mit zwei Schaltungen auskommt: »Strom an« und »Strom aus«. Hiermit lassen sich alle Rechenoperationen ausführen.

Die **Dublette** (franz.): Doppelstück.

Dublonen sind spanische Goldmünzen, die von 1537 bis 1868 geprägt wurden.

Der **Dudelsack** (Sackpfeife) ist ein Blasinstrument, das schon im Altertum bekannt war und heute fast nur noch in Schottland gespielt wird. Es besteht aus einem Ledersack mit mehreren Röhren. Der Arm drückt den Sack an den Körper und dadurch die Luft in die Röhren, die die Töne erzeugen.

Das **Duell** (lat.): Zweikampf mit tödlichen Waffen (Säbel, Pistole). Duelle sind heute gesetzlich verboten.

Das **Duett** (ital.): Musikstück für zwei Singstimmen, gegebenenfalls mit Klavier- oder Instrumentalbegleitung. Ein Musikstück für zwei Instrumente heißt *Duo*.

Dukaten sind Goldmünzen, die zum erstenmal 1284 in Venedig geprägt wurden. In Deutschland gab es Dukaten vom 14. Jahrhundert bis 1857.

Von **Dumping** (engl., sprich damping) und *Dumpingpreisen* spricht man in der Wirtschaft, wenn eine Firma (oder auch ein fremdes Land) Waren zu Schleuderpreisen auf den Markt wirft, um die Konkurrenz zu unterbieten und aus dem Feld zu schlagen.

Henri **Dunant** (sprich dünä), der von 1828 bis 1910 lebte, war ein Schweizer Menschenfreund. Er war zufällig Zeuge der Schlacht von Solferino gewesen und wies als erster die Welt auf das Elend der Kriegsverwundeten auf den Schlachtfeldern hin. Mit unendlicher Mühe gelang es ihm, Vertreter aller Völker dazu zu veranlassen, einen Vertrag über die Schonung aller Kriegsverwundeten zu unterzeichnen. Dieser Vertrag aus dem Jahre 1864 wird *Genfer Konvention* genannt. Er bewirkte in vielen Ländern die Gründung der Organisationen vom →Roten Kreuz.

Eine **Düne** ist ein Sandhügel, wie er sich an Meeresküsten und in Wüsten bildet, wenn der Wind trockenen Sand mitnimmt und ihn, gleich Schneewehen, vor Hindernissen ablagert. Mit wechselnder Windrichtung ändern Dünen ihre Form, sie können sogar wandern. Die unfruchtbaren Sandmassen begraben Kulturland und Häuser, sie bilden z. B. an der pommerschen Küste Berge bis zu 60 m Höhe. Mit Zäunen, stark wurzelnden Gräsern und durch Aufforsten (→Wald) befestigt man Dünen, damit sie nicht wertvolle Ländereien verwüsten.

Düngemittel sind Nährstoffe, die man dem Boden zuführt, um seine Fruchtbarkeit zu erhalten, zu erhöhen und die Erträge in Landwirtschaft und Gartenbau zu steigern. Es gibt *Naturdünger* und *Kunstdünger*. Natürliche Düngemittel verwesen im Boden zu braunschwarzem, fruchtbarem Humus. Zu ihnen gehören: Stallmist, Jauche (Odel), Kompost und Gründünger (grünende Pflanzen, die untergepflügt werden). Seit dem 19. Jh. hat die künstliche Düngung immer mehr an Bedeutung gewonnen. Kunstdünger ist pulverartig und meist schnell wasserlöslich, darum wirkt er sehr bald auf das Pflanzenwachstum. Kunstdünger sind: Kali, Kalkdünger, Stickstoffdünger, der als Ammoniak und als Salpeter von der chemischen Industrie aus der Luft gewonnen wird, und Phosphatdünger, der als Nebenerzeugnis bei der Stahlgewinnung zu Thomasmehl verarbeitet wird.

Der **Dünndarm** →Darm.

Das **Duplikat** (lat. duplex = doppelt). Die Abschrift eines Schriftstücks, besonders die zweite Ausfertigung einer amtlichen Urkunde, nennt man Duplikat.

Dur und **Moll** heißen die beiden Arten von achtstufigen Tonleitern, aus welchen die Melodien und Harmonien gebildet werden. Zu jeder Dur-Tonart gehört eine Moll-Tonart, die um anderthalb Töne tiefer liegt. Beide haben die gleichen Vorzeichen (→Note); man nennt sie *Paralleltonarten*. Grundtonart ist C-Dur.

Der **Durchfall,** lat. *Diarrhoe*, ist keine Krankheit, sondern ein Krankheitszeichen. Er kann bei verdorbenem Magen, Aufregungen, aber auch bei schweren Krankheiten auftreten. Vielfach kann man sich durch Einnehmen von sog. Aktivkohle helfen.

Die **Durchleuchtung** →Röntgenstrahlen.

Albrecht **Dürer,** der große deutsche Maler, wurde am 21.5.1471 in Nürnberg geboren. Nach strenger Lehre ging er auf jahrelange Wanderschaft und wirkte dann in Nürnberg. Längere Reisen führten ihn nach Italien und den Niederlanden. Allgemein anerkannt und geehrt starb er am 6.4.1528. Er war ebenso bedeutend als

Maler und Zeichner wie als Schöpfer von Kupferstichen und Holzschnitten. Außerdem schrieb er wichtige Bücher über die Gesetze der Perspektive und die Proportionen des menschlichen Körpers.

Friedrich **Dürrenmatt,** der zeitkritische schweizerische Bühnenautor und Erzähler wurde 1921 geboren. Welterfolge hatte er mit »Die Ehe des Herrn Mississippi« »Die Physiker«, »Portrait eines Planeten«.

Düse nennt man den feindurchlöcherten Abschluß eines Gefäßes oder einer Zuleitung. Wenn die eingeschlossene Flüssigkeit oder das Gas unter Druck stehen, so entweichen sie durch die Düse mit großer Geschwindigkeit. Die Düse wirkt also wie ein Stauwehr, sie verwandelt den Druck in schnelle Bewegung. Deshalb verwendet man sie zum Düsenantrieb von Flugzeugen. – Kunstfasern werden dadurch erzeugt, daß eine zähflüssige Masse durch haarfeine Düsen gepreßt wird. Hierbei und beim Benzinvergaser wirkt die Düse lediglich als Regler.

Der **Düsenantrieb** beruht auf dem Rückstoßprinzip. Wenn z. B. jemand aus einem stehenden Wagen nach hinten abspringt, so bewegt sich dieser nach vorn, ehe noch der Fuß den Boden berührt. Diese Wirkung nennt man Rückstoß. Auch gewisse Meerestiere bewegen sich mit Hilfe des Rückstoßprinzips fort, wie der Tintenfisch, der sein Atemwasser ruckartig durch eine enge Öffnung ausstößt. Der Düsenantrieb wird bei Flugzeugen und Raketen (*Strahltriebwerken*) angewendet, weil er höchste Geschwindigkeiten erzeugt und auch in großen, luftdünnen Höhen noch arbeitet. Heiße Gase werden aus einer Brennkammer durch eine Verengung, die Düse, zurückgestoßen, wodurch der Flug nach vorn bewirkt wird. Nicht der Widerstand, den die Gase an der umgebenden Luft finden, sondern allein der Rückstoß ist wirksam. Es gibt bereits viele Arten von Strahltriebwerken. Bei Flugzeugen wird meist Luft angesaugt, die dann, von einem Verdichter zusammengepreßt, in die Brennkammer strömt und dort mit vergasten Kraftstoffen fort-

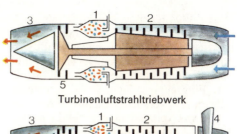

Turbinenluftstrahltriebwerk

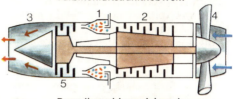

Propellerturbinentriebwerk

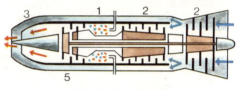

Zweikreistriebwerk

Düsentriebwerke: 1 Brennkammer, 2 Verdichter, 3 Düse, 4 Luftschraube, 5 Turbine

während eine nach hinten gerichtete Stichflamme erzeugt. Diese Gase treiben nebenbei noch die Luftverdichterturbine. Bei →Raketen dagegen wird Sauerstoff in flüssiger oder fester Form mitgeführt.

Anton **Dvořák** (sprich dworschak) war ein großer tschechischer Komponist, der von 1841 bis 1904 lebte. Er schrieb die Oper »Rusalka« und neun Symphonien.

Anton **van Dyck** (sprich deik) wurde 1599 in Antwerpen geboren und war neben seinem Lehrer Rubens der berühmteste flämische Maler seiner Zeit. Nach mehrjährigem Aufenthalt in Italien lebte er seit 1632 als Hofmaler des englischen Königs in London, wo er 1641 starb. Van Dyck malte vor allem Porträts.

Die **Dynamik** (griech.). 1. Allgemein bezeichnet man mit Dynamik den lebhaften, kraftvoll bewegten Verlauf eines Geschehens. 2. In der Physik nennt man Dynamik den Teil der Mechanik, der die Vorgänge an und in bewegten Körpern untersucht. Die *Hydrodynamik* beschäftigt sich nur mit den mechanischen Vorgängen bewegter Flüssigkeiten, z. B. mit der Strömungsgeschwindigkeit oder der Stauung in Flüssen. Die *Aerodynamik* befaßt sich mit den Luftströmungen. Es ist z. B. ihre Aufgabe, die günstigste Form und Größe der Flugzeugtragflächen zu errechnen oder durch Versuche festzustellen. 3. In der Musik versteht man unter Dynamik Tempo, Lautstärke und Ausdruck eines Musikstückes. Sie werden meist durch italienische Wörter oder deren Anfangsbuchstaben bezeichnet (z. B. adagio: langsam, f = forte: stark, p = piano: leise, con brio: feurig, cresc. = crescendo: anschwellend).

Das **Dynamit** ist ein stark wirkender Sprengstoff, der 1867 von dem schwedischen Chemiker →Nobel entdeckt wurde. Dynamit ist gegen Stoß unempfindlich und wird durch eine Sprengkapsel zur Detonation gebracht. Außer in der Kriegstechnik verwendet man Dynamit zu Sprengungen beim Tunnelbau, bei Steinbrüchen, Waldrodungen usw.

Dynamomaschine →Generator.

Die **Dynastie** (griech.): Herrscherhaus, Fürstengeschlecht.

Ein **D-Zug** ist ein zuschlagpflichtiger Schnellzug mit **D**urchgängen von einem Wagen zum anderen.

E

E ist der fünfte Buchstabe des Alphabets. In der Physik bezeichnet man mit E eine Elektrizitätsmenge (+E = positive, —E = negative Elektrizität). In der Mathematik ist e die Grundzahl (Basis) der natürlichen Logarithmen. (e = 2,71828...)

Die **Ebbe** →Gezeiten.

Der **Eber:** männliches Schwein.

Das **Echo.** Schallwellen werden von einer

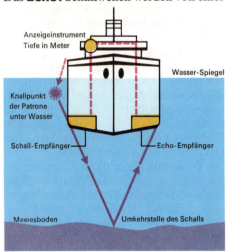

Wand ebenso zurückgeworfen wie Lichtstrahlen von einem Spiegel. Darum entsteht ein Echo oder Widerhall, wenn ein Geräusch (z. B. ein Ruf) aus einer gewissen Entfernung auf einen Felsen, eine Hauswand, einen Waldrand oder ein ähnliches Hindernis stößt und von diesem zurückgeworfen wird.

Das **Echolot** wird zum Messen von Wassertiefen und zum Auffinden von Fischschwärmen benutzt. Dazu werden Schallwellen durch einen Sender im Schiffsboden ausgesandt. Diese Wellen werden erzeugt durch Nickelblechpakete (auch Quarz), die sich unter dem Einfluß von Wechselstrom zusammenziehen und ausdehnen. Die Schallwellen gelangen zum Meeresboden und werden wieder zurückgeworfen. Aus der Zeit, die der Schall braucht (1500 m/s), wird die Tiefe berechnet. Die Echolote zeigen die gelotete Tiefe sofort an oder schreiben sie selbsttätig auf (*Echograph*).

Ein **Eckball** wird (im Fußball-, Handball-, Hockey-, Wasserball- und Korbballspiel) gegeben, wenn der Ball von einem Spieler über die Torauslinie der eigenen Mannschaft gespielt wird.

Anzeigeinstrument Tiefe in Meter

Wasser-Spiegel

Knallpunkt der Patrone unter Wasser

Schall-Empfänger

Echo-Empfänger

Meeresboden

Umkehrstelle des Schalls

Echolot

Ecuador ist eine 283 561 qkm große Republik in Südamerika mit 6,73 Mill. Einwohnern (vorwiegend Indianer und Mestizen) und der Hauptstadt Quito (600 000 Einwohner). Größte Stadt ist der Hafen Guayaquil (920 000 Einwohner). Im Küstengebiet werden Zuckerrohr, Bananen, Kaffee und Kakao angebaut. Der Osten ist gebirgig (Chimborasso 6310 m) und bewaldet. Das Land war 1532–1822 spanische Kolonie, gehörte bis 1830 zu Kolumbien und ist seither selbständig.

Edda heißt das Buch, das die ältesten germanischen Helden- und Göttersagen enthält, die im 13. Jh. auf Island gesammelt wurden. In der »Älteren Edda« sind das Leben und die Abenteuer der →Asen und Helden beschrieben. So erzählt sie z. B. von Wieland dem Schmied und von Siegfried. Die »Jüngere Edda« ist eigentlich ein Lehrbuch. Sie enthält Anweisungen für Dichter über die Versarten und den dichterischen Ausdruck.

Edelgase sind chemische Elemente, Gase, die nur in geringer Menge hauptsächlich in der Luft vorkommen: Argon, Helium, Neon, Krypton, Xenon und Radon. Sie werden edel genannt, weil sie mit keinem anderen Stoff chemische Verbindungen eingehen. Helium, das zuerst mit Hilfe der Spektralanalyse (→Spektrum) auf der Sonne entdeckt wurde, kann wegen seines geringen Gewichtes (und weil es nicht brennbar ist) zum Füllen von Ballonen verwendet werden. Mit Argon und Krypton füllt man →Glühbirnen. Ganz geringe Mengen von Neon leuchten in einer luftleeren Glasröhre mit 2 Elektroden orangerot auf, wenn man an die Elektroden eine Wechselspannung anlegt. Solche Röhren werden zu Lichtreklamen verwendet. Radon entsteht beim natürlichen Zerfall des →Radiums.

Edelmetalle nennt man diejenigen Metalle (vor allem Gold, Silber, Platin, Iridium), die von Luft, Feuchtigkeit und Säuren nur wenig angegriffen werden und deshalb ihren Glanz behalten.

Edelsteine sind seltene →Kristalle, die sich durch besondere Härte und Farbe auszeichnen. Dadurch erhalten sie beim Schleifen und Polieren großen Glanz und starke Lichtbrechung. Man spricht daher vom »Feuer« eines Edelsteins. Die kost-

| Topas | Amethyst | Türkis | Granat | Malachit |
| Kristall | Kristall | geschliffen | Kristall | geschliffen |

| Rubin | Aquamarin | Smaragd | Opal | Saphir |
| Kristall | Kristall | Kristall | geschliffen | Kristall und geschliffen |

barsten sind: der wasserhelle →Diamant, der Korund (rot gefärbt als Rubin, blau als Saphir bezeichnet) und der Beryll (grün als Smaragd, blau als Aquamarin bezeichnet). Ursprünglich wurden sie nur durch Abschlämmen des Sandes, in dem sie eingebettet liegen, gewonnen. In neuerer Zeit werden einige künstlich (synthetisch) hergestellt und besitzen die gleichen Eigenschaften wie natürliche Edelsteine. Etwas anderes sind die billigen Nachahmungen aus Glas, die man als *Simili* bezeichnet. *Halbedelsteine* (auch *Schmucksteine* genannt) sind die weniger seltenen Quarzkristalle, z. B. der glasklare Bergkristall, der Rauchtopas, der violette Amethyst und der blutrote Granat. Zu ihnen gehören noch einige Nichtkristalle, wie der bandartig gezeichnete Achat, der himmelblaue Türkis, der schillernde Opal, der hellgrüne Jade, der graugrüne, strahlige Nephrit, der schwarze Onyx oder der blaue Lapislazuli. Erst durch Schliff, Polierung und Fassung erhalten diese Steine ihren Wert. In besonderer Form geschliffene Edelsteine, besonders Diamanten, nennt man *Brillanten*.

Das **Edelweiß** ist eine →Alpenpflanze.

Garten **Eden** heißt im Alten Testament das Paradies.

Das **Edikt** (lat.): Erlaß, Verordnung.

Thomas Alva **Edison,** der erfolgreiche amerikanische Erfinder, lebte von 1847 bis 1931. Er machte viele Erfindungen, die das Wirtschaftsleben nachhaltig beeinflußt haben. Er erfand z. B. das Kohlemikrophon, den Phonographen (den Vorläufer des Grammophons), den Filmaufnahmeapparat und richtete das erste Elektrizitätswerk ein.

Efendi (»Herr«): türkischer Titel.

Der **Efeu** ist eine immergrüne Kletterpflanze. Er wächst in Wäldern, an Felsen und Mauern und rankt sich an Bäumen empor. Wenn er im Zimmer gehalten wird, muß er einen festen Standort am Fenster haben. Efeu kann aus einem Steckling gezogen werden.

Der **Effekt** (lat.): Wirkung, Erfolg. – *effektiv:* wirklich; wirksam.

Die **Effekten** (franz.): 1. die bewegliche Habe; 2. an der Börse: die →Wertpapiere.

EFTA (Abk. für **E**uropean **F**ree **T**rade **A**ssociation) →Europäische Freihandelszone.

Der **Egoismus** (lat. ego = ich): Ichsucht, Selbstsucht. Einen Menschen, der nur an sein eigenes Wohl denkt, nennt man einen *Egoisten*, er ist *egoistisch*.

egozentrisch (lat. ego = ich, centrum = Mittelpunkt): ichbezogen. Ein Mensch, der sich so verhält, als sei er der Mittelpunkt der Welt und seine Denkweise die allein richtige, ist egozentrisch.

In der **Ehe** schließen sich Mann und Frau zu einer Lebensgemeinschaft zusammen. Sie ist die Grundlage der Familie, aus der sich das Leben des Volkes erneuert und die Ordnung des Staates aufbaut. In Deutschland muß die Ehe vor einer staatlichen Behörde, dem Standesamt, geschlossen werden, damit sie gesetzlich anerkannt wird. Ihr kann eine Trauung in der Kirche folgen, wodurch für den Christen die Ehe erst als vor Gott vollzogen gilt. Für den Katholiken empfängt sie damit ihre Weihe als Sakrament und ist unauflöslich. – Heiraten kann, wer →volljährig ist, mit Zustimmung des Vormundschaftsgerichts auch schon Personen ab 16 Jahren, wenn der Partner selbst schon volljährig ist.

Die **Eier,** wie sie von sehr vielen Tieren gelegt werden, entstehen aus den *Eizellen,* das sind weibliche Keimzellen, die im *Eierstock* gebildet werden. Diese Eizellen sind – außer bei Säugetieren – sehr groß, denn sie enthalten neben dem winzigen Protoplasmatröpfchen (→Zelle), aus dem sich das neue Lebewesen entwickeln wird, Nährstoff, beim Huhn beispielsweise einen mehr als zehntausendmal größeren Dotter, aus dem das junge Huhn mit seinen Knochen, Organen, Muskeln usw. entsteht. Wenn sich die reife Eizelle vom Eierstock gelöst hat, wird sie im sog. *Eileiter* vom Eiweiß und der festen Eihaut umgeben und schließlich vor dem Legen noch mit der harten Kalkschale versehen.

Wenn das Ei gelegt wird, haben sich schon die ersten Teilungen der ursprünglichen Eizelle vollzogen. Man kann das Zellgebilde als weiße Keimscheibe auf

Hagelschnur Luftkammer

Eiweiß
Eidotter
Dotterhaut   Keimfleck   Kalkschale
Hühnerei

dem Dotter eines aufgeschlagenen Eies sehen. Die weitere Zellteilung und damit die Ausbildung des Hühnchens kommt aber erst bei entsprechendem Erwärmen des Eies wieder in Gang. Die Eizellen der →Säugetiere benötigen keinen Dotter, denn sie entziehen die Aufbaustoffe zum Wachsen und Vermehren dem mütterlichen Blut (→Embryo).

Die **Eibe** →Nadelbäume.

Die **Eiche** →Laubbäume.

Eichen nennt man das Prüfen und Berichtigen von Maßen, Gewichten, Waagen und anderen Meßwerkzeugen. Ein Gerät, das amtlich geeicht ist, wird durch einen Stempel besonders gekennzeichnet. Maße, Gewichte und Waagen des Handels müssen von Zeit zu Zeit dem *Eichamt* zum Eichen vorgelegt werden.

Joseph Freiherr von **Eichendorff** ist der Dichter vieler volkstümlicher Gedichte und Lieder, z. B. »In einem kühlen Grunde« und »Wem Gott will rechte Gunst erweisen«. Er schrieb Novellen, darunter »Aus dem Leben eines Taugenichts«, einen Roman und ein Lustspiel. Eichendorff, der von 1788 bis 1857 lebte, stammte aus Schlesien und war als hoher Staatsbeamter tätig.

Eichhörnchen oder *Eichkätzchen* gibt es überall auf der Erde, mit Ausnahme von Australien. Sie gehören zu den Nagetie-

ren. Die meisten Arten leben in kegelförmigen Nestern auf Bäumen. Die rötlichen, grauen oder schwarzen Pelztiere haben einen weichen, buschigen Schwanz, der fast ebenso lang ist wie das ganze Tier. Beim Springen von Ast zu Ast dient er als Steuer. Das Eichhörnchen frißt Nüsse, Eicheln, Knospen, trinkt Vogeleier aus und tötet auch junge Vögel.

Durch einen **Eid** verpflichtet man sich feierlich, im Namen Gottes oder des eigenen Gewissens die Wahrheit zu sagen. Bei wichtigen Aussagen wird vom Gericht die Leistung eines Eides verlangt. Wer wissentlich eine Unwahrheit unter Eid aussagt, begeht einen *Meineid* und wird mit Freiheitsstrafe und der Aberkennung der bürgerlichen Ehrenrechte bestraft. Beamte und Soldaten verpflichten sich durch Eid zu Treue und Gehorsam.

Eidechsen sind langgestreckte →Reptilien mit oft sehr farbenprächtigem Schuppenkleid und vier langzehigen Füßen. Bei manchen Arten sind die Füße verkümmert. Dadurch haben diese Tiere, z. B. die *Blindschleiche*, ein schlangenähnliches Aussehen. Man muß Eidechsen besonders vorsichtig anfassen, da ihr Schwanz sehr leicht abbricht und nur in verkümmerter Form wieder nachwächst. In Deutschland gibt es außer den *Zaun-* und den *Bergeidechsen* auch noch die *Mauer-* und die sehr seltenen *Smaragdeidechsen*. Die munteren und wärmelie-

Blindschleiche

benden Tiere werden bis zu 40 cm lang und halten in der kalten Jahreszeit einen Winterschlaf. In wärmeren Ländern kommen sehr viele mit den Eidechsen verwandte Arten vor. Der *Mauergecko* z. B. kann an Zimmerwänden und -decken laufen und jagt nach Fliegen; der *Flugdrache*, ein Baumbewohner Südostasiens, wird etwa 20 cm lang und hat eine Flughaut, die ihn zu Gleitflügen befähigt; unter den *Waranen*, räuberischen Rieseneidechsen in Afrika, Asien und Australien, gibt es eine mehr als 3 m messende Art. Mit den Eidechsen verwandt sind auch die →Chamäleons.

Flugdrache

Eidgenossenschaft ist der historische Name für die →Schweiz.

Eigenschaftswort →Adjektiv.

Eigentum nennt man das Recht der ausschließlichen und vollständigen Herrschaft über eine bewegliche (z. B. Photoapparat) oder unbewegliche (z. B. Grundstück) Sache. Der Eigentümer einer Sache braucht diese nicht in unmittelbarem →Besitz zu haben. Wenn er sie z. B. vermietet hat, ist der Mieter unmittelbarer Besitzer der Sache, er selbst hat als Eigentümer aber mittelbaren Besitz.

Das **Einbalsamieren** ist ein Verfahren, durch das Leichen vor Verwesung geschützt werden. Im Altertum, besonders bei den Ägyptern, tränkte man den Körper des Toten mit wohlriechenden Harzen (Balsam) oder Asphalt und umwickelte ihn mit Binden. Diese ägyptischen *Mumien* haben sich durch die Jahrtausende erhalten. Auch heute werden zuweilen Leichen einbalsamiert (z. B. die von Lenin). Man benutzt dazu meist chemische Mittel.

Einbaum nennt man ein Boot, das aus einem ausgehöhlten Baumstamm hergestellt ist. Einbäume sind die einfachsten Schiffe, die es gibt. Sie waren schon in vorgeschichtlicher Zeit bekannt und werden von einigen primitiven Völkerschaften noch heute verwendet.

Eingeweide nennt man alle in den Körperhöhlen liegenden Organe. →Mensch.

Das **Einhorn** ist ein Fabeltier, das man sich wie ein Pferd mit einem spitzen Horn auf der Stirn vorstellte. Es galt als Sinnbild der Keuschheit. Es gibt aber auch wirkliche Tiere, die nur ein Horn haben, wie das Nashorn oder der Narwal.

Mit der **Einkommensteuer** werden die Einkünfte einer einzelnen Person besteuert. Man unterscheidet Einkünfte aus Land- und Forstwirtschaft, aus Gewerbebetrieben, aus selbständiger und nichtselbständiger Arbeit, aus Kapitalvermögen und aus Vermietung und Verpachtung. Auch Renten sind Einkünfte. Von dem Einkommen werden Freibeträge, Sonderausgaben und außergewöhnliche Belastungen abgezogen, die sich nach den jeweiligen Verhältnissen des Steuerpflichtigen, nach seinem Familienstand, seinem Alter, seiner Gesundheit usw. richten.

Albert **Einstein,** einer der bedeutendsten Physiker der Gegenwart, wurde 1879 in Ulm geboren. 1933 emigrierte er nach Nordamerika, wo er 1955 starb. Er ist der Begründer der →Relativitätstheorie.

Die **Eintagsfliege,** eine entfernte Verwandte der →Libellen, ist ein zartes Insekt mit durchsichtigen Flügeln. Da es nicht älter als einen Tag wird, braucht es keine Nahrung aufzunehmen und hat darum auch keine Freßwerkzeuge. Aus den Eiern der Eintagsfliege entwickeln sich Larven, die mehrere Jahre als räuberische Wassertiere leben, bevor sie zu Eintagsfliegen werden.

Einzahl →Singular.

Eis ist gefrorenes Wasser. Wenn Wasser gefriert, dehnt es sich aus; es zersprengt sogar unter Umständen den Behälter, in dem es sich befindet. Weil es mehr Raum einnimmt, ist das Eis leichter als Wasser. Große Gebiete unserer Erdkugel sind mit ewigem Eis bedeckt, so die Polargegenden und sehr hohe Gebirge. In diesen Fällen spricht man von *arktischem Eis* bzw. von *Gletschern. – Speiseeis* besteht aus Sahne oder Milch, Zucker und Geschmacksstoffen, denen auch Eigelb beigefügt werden kann. *Kunsteis* wird durch Eismaschinen künstlich hergestellt.

Eisberge sind Berge aus Eis, die mit den Meeresströmungen schwimmen, bis sie zerschmolzen sind. Sie entstehen meist in den Polargebieten durch Abbröckeln des Festlandeises oder durch Abbrechen (Kalben) von Gletschern, die ins Meer reichen. Eisberge bilden eine große Gefahr für die Schiffahrt, da nur etwa ein Neuntel ihrer Gesamtmasse aus dem Wasser ragt. Es gibt Eisberge, die so groß sind, daß eine mittelgroße Stadt unter ihnen verschwinden würde.

Eisbrecher sind Schiffe mit sehr starken Motoren (auch mit Atomenergieantrieb = Atomeisbrecher), die bei starker Vereisung vor den anderen Schiffen herfahren und eine Fahrrinne ins Eis brechen. Der Eisbrecher läuft mit seiner stark abgerundeten und nach vorne gewölbten Vorderseite auf die Eisdecke auf, um sie mit seinem Gewicht zu zerdrücken. Er ist sehr viel breiter gebaut als Handelsschiffe, damit er eine möglichst breite Fahrrinne schaffen kann. Ohne solche Hilfsfahrzeuge gäbe es in den Polargebieten keine Schiffahrt. – Eisbrecher nennt man auch die Gerüste, die vor Brückenpfeilern aufgebaut werden, um diese gegen das antreibende Eis zu schützen.

Das **Eisen** (chemisches Zeichen Fe) ist das wichtigste aller Schwermetalle. In der Natur findet es sich nur ganz selten in reinem Zustand; meist ist es mit anderen Stoffen als *Eisenerz* verbunden. Dieses wird in der Regel in der Nähe von Erz- oder Kohlenbergwerken in Eisenhütten zu Eisen verarbeitet (verhüttet). Nur Erze in Küstennähe, z.B. aus Nordschweden und aus Nordspanien, werden verschifft. Große Erzlager finden sich ebenfalls in Nordamerika, in England, der Sowjetunion, ferner in Luxemburg, Lothringen, im Siegener Land, in Oberschlesien und der Steiermark.

Die Eisenerze sind sehr unterschiedlich und werden hauptsächlich aus Bergwerken, seltener im Tagebau gefördert. Zuerst werden die Erze getrocknet (geröstet), wobei sie sich mit Sauerstoff anreichern und etwa enthaltener Schwefel fast ganz entweicht. So vorbereitet werden sie dann in den etwa 30 m hohen Ofen, den *Hochofen*, abwechselnd mit Koks und mit sogenannten Zuschlägen eingeschichtet (→Abbildung S. 146). Ist der Ofen einmal angeheizt (angeblasen), so kann er ununterbrochen 10 Jahre in Gang gehalten werden. Der Koks ist nicht nur Heizstoff, sondern er hat noch eine andere Aufgabe. Im Oberteil des Hochofens, dem Schacht, erfolgt nämlich bei 900° C eine chemische Veränderung, da sich der Kohlenstoff mit dem Sauerstoff der Erze verbindet und als Kohlenoxydgas entweicht. Außerdem nimmt das Erz etwas Kohlenstoff auf und schmilzt dadurch leichter. Dieser Vorgang findet bei 1300° C in dem unteren, sich kegelförmig verengenden Teil des Hochofens, der Rast, statt. Das flüssige Roheisen sinkt wegen seiner Schwere nach unten, wird alle 3 bis 4 Stunden abgestochen und erkaltet in Blöcken. Über dem flüssigen Eisen schwimmt die eisenfreie *Schlacke*, die aus besonderen Öffnungen abfließt. Hieraus werden Mauer- und Pflastersteine gegossen. Da Roheisen 2 bis 6% Kohlenstoff enthält, läßt es sich leicht in Formen gießen. Erkaltet ist dieses *Gußeisen* sehr hart und spröde und läßt sich weder schweißen noch schmieden. Laternenpfähle und Kanaldeckel sind meist aus Gußeisen. Um *Stahl* zu erzeugen, entzieht man dem noch flüssigen oder dem aus Rohblöcken erneut geschmolzenen Roheisen weiteren Kohlenstoff. Dieses Umschmelzen erfolgt in Bessemer-, in Thomasbirnen, in Siemens-Martin-Öfen, in einem Elektro-Lichtbogenofen oder in einem sogenannten LD-Tiegel (→Abbildung S. 146). Mit der Bearbeitung des Eisens begann ein wichtiger neuer Abschnitt in der Geschichte der Menschheit, den man die Eisenzeit nennt (→Vorge-

Eisen- und Stahlgewinnung

LD-Verfahren

Thomasverfahren

Bessemerverfahren

Elektrostahlverfahren

Siemens-Martin-Verfahren

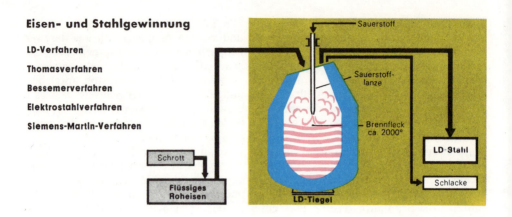

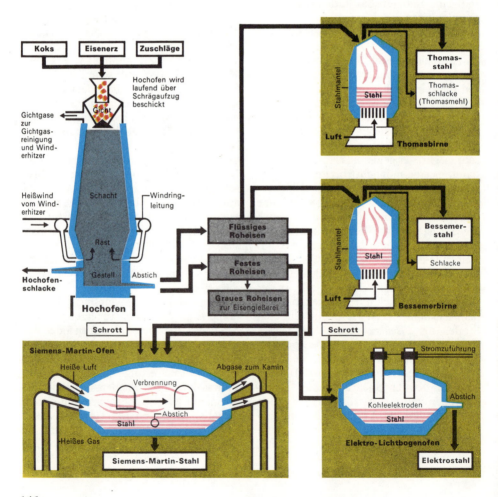

Fahrt der ersten Eisenbahn in England 1825,
16 km Geschwindigkeit in der Stunde

schichte). Auch heute ist die industrielle Entwicklung der Völker stark von der Eisenerzeugung abhängig, da die Herstellung von Maschinen, Eisenbahnen und Schiffen ohne Eisen und Stahl nicht möglich ist.

Die **Eisenbahn** ist ein Verkehrsmittel, das sich auf einer eigenen Fahrbahn, den Schienen, fortbewegt. Eine Zugmaschine, die →Lokomotive, zieht eine Reihe von Wagen, die zur Beförderung von Personen und Gütern dienen. Die erste Dampfeisenbahn wurde im Jahre 1825 von George Stephenson in England gebaut. In Deutschland wurde die erste Dampfeisenbahn 1835 zwischen Nürnberg und Fürth in Betrieb genommen. Sie legte in der Stunde etwa 30 km zurück. Heute betragen die höchsten bisher in Deutschland erlaubten Geschwindigkeiten für Reisezüge 200 km, für Güterzüge 100 km in der Stunde. Trotz Flugzeug und Auto ist die Eisenbahn immer noch das wichtigste Verkehrsmittel.

In Deutschland sind fast alle Eisenbahnen Staatseigentum. Für den europäischen Personen- und Frachtverkehr wurden durch internationale Abkommen einheitliche Grundlagen geschaffen. Im Personen- oder Reiseverkehr werden Nahverkehrszüge, Eilzüge (E), Schnellzüge (D), City-D-Züge (DC), Intercity-Züge (IC), Trans-Europ-Express (TEE) sowie Stadt- oder Schnellbahnzüge (S) verwendet. Frachtgut wird in Güterzügen, Expreß-

gut in besonderen Zügen oder in den Packwagen der Eil- und Schnellzüge versandt. Zum Antrieb dieser Züge werden elektrische Lokomotiven, Diesellokomotiven und bis Ende 1976 auch noch Dampflokomotiven verwendet. Die Schienenomnibusse werden mit Dieselmotoren betrieben und sind besonders leicht gebaut und sehr wirtschaftlich, sie sollen jedoch durch komfortable Triebwagen ersetzt werden. Im Lauf der Zeit will man den gesamten Eisenbahnverkehr auf elektrischen Betrieb umstellen. Die Umstellung ist in der Schweiz fast vollständig, in Deutschland auf den Hauptstrecken durchgeführt. Die Spurweite, das heißt der innere Schienenstand, beträgt bei fast allen öffentlichen europäischen Eisenbahnen 1435 mm.

Die DB hat 1973 mit dem Bau neuer schneller Strecken begonnen. Auf ihnen sollen später bis zu 250 km in der Stunde erreicht werden.

Besonderer Wert wird bei allen Eisenbahnen auf die Verkehrssicherheit gelegt. Sogenannte *Streckengeher* kontrollieren ständig Schienen und Schwellen, ziehen lockere Schrauben nach und sperren bei Schäden die Strecke. An allen Zügen werden vor Beginn der Fahrt die Bremsen geprüft. Zusätzlich zur Luftdruckbremse führen moderne Züge auch eine magnetische Sicherung. Bei dieser gleitet der obere Teil der Sicherungseinrichtung, der an der Lokomotive angebracht ist, über den unteren Teil hinweg, der sich an wichtigen Stellen, z. B. bei Hauptsignalen, neben den Eisenbahnschienen befindet und mit dem Signal verbunden ist. In Fällen von Gefahr wird dieser untere Teil magnetisiert. Wenn nun die Lokomotive vorbeifährt, schneidet sie das magnetische Feld. Dadurch wird elektrische Spannung erzeugt, die automatisch die Luftdruckbremse des Zuges auslöst und ihn so zum Halten bringt.

Eisenzeit →Vorgeschichte.

Die **Eiserne Krone** der lombardischen Könige ist ein breiter, sechsteiliger Goldreifen mit 22 Edelsteinen. Ihren Namen hat sie von dem eisernen Innenreif, der die Teile zusammenhält und angeblich aus einem Nagel vom Kreuz Christi geschmiedet wurde.

Die **eiserne Lunge** →Kinderlähmung.

Der **eiserne Vorhang.** 1. Um bei einem Brand im Bühnenraum den Zuschauerraum feuersicher von der Bühne trennen zu können, muß jedes Theater einen eisernen Vorhang haben. 2. Als Eiserner Vorhang wird auch die Grenzlinie bezeichnet, welche die im sowjetischen Machtbereich liegenden Staaten von der übrigen Welt abriegelt.

Als **Eisheilige** oder *Gestrenge Herren* bezeichnet man volkstümlich die Heiligen, deren Fest zwischen dem 11. und 15. Mai gefeiert wird, da Mitte Mai fast regelmäßig starker Temperaturrückgang und Fröste auftreten. Es sind die Heiligen Mamertus, Pankratius, Servatius und Bonifatius. Die »kalte Sophie« (15. Mai) beendet meist den Kälteeinbruch.

Eishockey →Wintersport.

Eismeer nennt man die meist mit Pack- oder Treibeis bedeckten Teile des Weltmeeres, die im nördlichen bzw. im südlichen →Polargebiet liegen.

Der **Eisvogel** hat seinen Namen nicht von Eis, sondern von Eisen, da sein schillerndes Gefieder Ähnlichkeit mit dem bläulichen Glanz von Eisen hat. Der *Wassereisvogel* kommt in ganz Europa und Asien vor. Er nistet in röhrenförmigen Nestern an den Ufern der Gewässer, ist nicht viel größer als ein Spatz und ernährt sich von Fischen, die er tauchend erbeutet, von Froschlaich und Insekten. Sein Ruf, den man gellend laut, oft viele Male hintereinander hört, ist ein langgezogenes »tiet«. Er steht unter Naturschutz. Ihm verwandt sind die *Landeisvögel* oder *Lieste*, die oft weitab vom Wasser ihre Nester bauen.

Unter einer **Eiszeit** versteht man einen Zeitraum von vielen Jahrtausenden, in denen weite Gebiete der Erde, wie z. B. Nord- und Mitteleuropa, mit Eis bedeckt waren. Man kennt aus der Neuzeit der Erde vier Eiszeiten (die erste begann vor etwa 600 000 Jahren), die von drei Zwischeneiszeiten, also wärmeren Zeitabschnitten, unterbrochen waren. Die letzte Eiszeit endete vor etwa 15 000 Jahren. Wir leben heute wahrscheinlich in einer Zwischeneiszeit. – Siehe auch Erdzeitalter.

Eiter nennt man die gelbe Absonderung entzündeter →Gewebe. Er ist je nach der Art des Krankheitserregers dick- oder dünnflüssig und besteht aus →Lymphe, den zum Teil abgetöteten Krankheitserregern, vielen zerstörten weißen Blutkörperchen und abgestorbenen Geweberesten. – Siehe auch Blut.

Eiweiß ist einer der wichtigsten Bausteine jeder lebenden Zelle und somit ein Hauptbestandteil unseres Körpers. Als Nahrungsmittel ist es für uns unentbehrlich. – Siehe auch Ernährung.

Die **Ejakulation** (lat.) ist das von einem Lustgefühl begleitete Ausspritzen des Samens aus dem männlichen Glied. Sie kann unwillkürlich erfolgen, z. B. im Schlaf, oder absichtlich herbeigeführt werden (Geschlechtsverkehr, Masturbation).

EKG ist die Abkürzung für Elektrokardiogramm. Mit dem EKG stellt der Arzt die elektrischen Ströme des arbeitenden Herzens fest. An den Kurven, die das EKG durch einen Stift auf ein fortlaufendes Band zeichnet, kann der Arzt erkennen, ob das Herz gesund ist oder nicht.

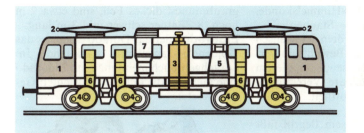

1 Führerstand
2 Stromabnehmer
3 Transformator
4 Fahrmotor
5 Ölkühler mit Lüfter
6 Fahrmotor-Lüfter
7 Bremswiderstand mit Lüfter

Elektrische Bo'Bo'-Lokomotive der DB, Baureihe 110. Länge 16,44 m, Dienstgewicht 85 t, Einphasen-Wechselstrom 15 000 Volt, 16⅔ Hz, Leistung rund 5000 PS, Höchstgeschwindigkeit 150 km/h

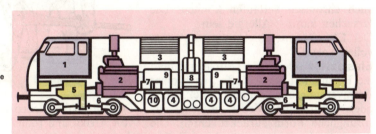

1 Führerstand
2 Dieselmotor
3 Kühlergruppe
4 Dieselkraftstoff
5 Hydromechan. Getriebe
6 Achstriebe
7 Bremsluftkompressor
8 Heizdampfkessel
9 Speisewasser
10 Heizöl für Kessel

Dieselhydraulische B'B'-Lokomotive, Baureihe 220 der DB. Achsfolge B'B', Länge 18,44 m, Dienstgewicht 78 t, Leistung 2700 PS, Höchstgeschwindigkeit 140 km/h, Dieselkraftstoff 3 cbm, Heizöl 1 cbm, Kesselspeisewasser 4 cbm

Schnellzugdampflokomotive der DB, Baureihe 001. Achsfolge 2'C1', Länge 24,13 m, Dienstgewicht 111 t, Leistung 2100 PS, Kesseldruck 16 at, Höchstgeschwindigkeit 140 km/h, Wasservorrat 34 cbm, Kohlenvorrat 10 t. **1** Führerstand, **2** Feuerung, **3** Rauchrohrkessel, **4** Dampfdom, **5** Schieberkasten, **6** Zylinder mit Kolben, **7** Treibstange, **8** Treib-, **9** Laufräder, **10** Rauchkammer, **11** Schornstein

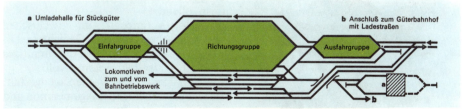

Schema eines Rangierbahnhofs. Die Wagen der in den Bahnhof (Einfahrgruppe) eingelaufenen Güterzüge werden in der Richtungsgruppe nach den verschiedenen Zielbahnhöfen geordnet und in der Ausfahrgruppe zu Zügen neu zusammengestellt

Die **Ekliptik** (griech.) →Himmelskunde.

Die **Ekstase** (griech. = Staunen): Zustand der Verzückung, in dem der Mensch die Kontrolle über sein Bewußtsein verliert. Viele Religionen sehen in diesem Zustand eine unmittelbare Vereinigung des Menschen mit der Gottheit.

Ekuador →Ecuador.

Das **Ekzem.** Unter diesem Begriff faßt der Arzt eine Reihe von verschiedenartigen juckenden Hautentzündungen zusammen, die sowohl plötzlich auftreten und ebenso schnell wieder abheilen als auch chronisch verlaufen können. Die Ursachen kann →Allergie sein.

Der **Elan** (franz.): Schwung, schwungvoller Anlauf.

Elastizität oder Federkraft nennt man die Eigenschaft eines Stoffes, nach einer Formveränderung durch Druck, Zug oder Verdrehung wieder in seine ursprüngliche Form zurückzukehren. Die Elastizität des Gummis ist sehr groß, deshalb fertigt man daraus Gummiband, Fahrradreifen usw. an. Auch Federstahl ist sehr elastisch und wird deshalb z.B. zur Federung von Fahrzeugen und Betten verwendet. Wird durch eine zu große Belastung die *Elastizitätsgrenze* überschritten, so entsteht eine bleibende Formveränderung.

Der **Elch** (auch *Elk* oder *Elentier*) gehört zu den Hirschen. Die Elche leben vor allem in den Moorwäldern Skandinaviens, im europäischen und asiatischen Rußland und in Amerika. Sie haben ein

graubraunes, dickes Fell, sind etwa 2 m hoch, 8 Zentner schwer und 3 m lang.

Eldorado oder das Dorado (span. = das Goldene): sagenhaftes Goldland. Im Sprachgebrauch meint man mit Eldorado eine Gegend, die Glück und leichten Gewinn bietet.

Die **Elefanten** leben in den Urwäldern von Afrika und Indien. Die großen Herden stehen unter der Leitung des gescheitesten Tieres. Der Elefant verwendet seinen etwa 2 m langen Rüssel – seine verlängerte Nase – wie eine Hand. Er holt sich damit seine Pflanzennahrung heran und trinkt, indem er sich mit dem Rüssel Wasser ins Maul spritzt. Er reinigt und verteidigt sich mit dem Rüssel, und die Elefantenmutter führt damit ihr junges Kalb. Der *afrikanische* Großohrelefant ist das größte Landsäugetier der Erde. Aus den schweren Stoßzähnen (50–90 kg) wird Elfenbein gewonnen. Der *indische* Elefant ist kleiner als der afrikanische und läßt sich besonders gut zur Arbeit abrichten. Er wird in Siam als heiliges Tier verehrt. Ein Vorfahre des Elefanten ist das →Mammut der Vorzeit.

elegant (franz.): geschmackvoll, fein, formvollendet.

Die **Elegie** (griech.): im griechischen und römischen Altertum Gedicht in Distichen (→Verslehre); jetzt wehmütiges Gedicht. – *elegisch:* wehmutsvoll.

Elektra ist eine griechische Sagengestalt. Sie war eine Tochter des Agamemnon und rächte mit ihrem Bruder →Orest die Ermordung des Vaters.

Die **Elektrizität** ist eine Naturkraft, die man nur an ihren Wirkungen erkennen kann. In ähnlicher Weise können wir auch nicht unmittelbar erkennen, was Wärme ist, sondern nur feststellen, daß sie etwas bewirkt, z. B. daß wir im Sommer schwitzen oder uns verbrennen.

Einige Wirkungen der Elektrizität sind schon seit über 2000 Jahren bekannt. Doch erst seit 150 Jahren hat der Mensch gelernt, diese Naturkraft planmäßig zu erforschen und für seine Zwecke auszunutzen.

Alle Dinge in der Welt beherbergen Elektrizität. Doch sind die elektrischen Kräfte gewöhnlich im Gleichgewicht, so daß sie nach außen hin keinerlei Wirkung zeigen. Erst wenn dieser Gleichgewichtszustand gestört wird, wenn eine »Spannung« entsteht, treten elektrische Wirkungen auf. Es gibt verschiedene Möglichkeiten, das elektrische Gleichgewicht zu stören und damit elektrische Wirkungen zu erzielen.

Reibungselektrizität. Reibt man Bernstein, Hartgummi, Glas oder ähnliche Stoffe mit einem Wollappen, so werden sie elektrisch. Das zeigt sich darin, daß sie

leichte Gegenstände, wie Haare, Papierschnitzel und ähnliches, anziehen. Diese Wirkungen hatten schon die alten Griechen beobachtet. Aus dem Griechischen stammt auch unser Wort Elektrizität (elektron = Bernstein). Hängt man einen geriebenen Hartgummikamm leicht drehbar auf und nähert ihm einen zweiten, so wird jener abgestoßen. Nähert man ihm aber einen geriebenen Glaskörper, so wird er angezogen. Zwei geriebene Glaskörper stoßen sich ebenfalls ab. Die verschiedenen Körper müssen also verschiedenartig elektrisch sein. Wie bei den Magnetpolen (→Magnetismus) ist auch hier der Raum um zwei elektrische Ladungen in einem besonderen Kraftzustand, der einzelne Ladungen bewegen kann. Diesen Kraftzustand nennt man *elektrisches Feld.* Die Verschiedenartigkeit der elektrischen Ladungen beruht darauf, daß durch die Reibung die in den Körpern vorhandenen kleinsten »Elektrizitätsteilchen«, die →*Elektronen,* so verschoben worden sind, daß nun im Hartgummikamm ein Überfluß an Elektronen, im Glaskörper dagegen ein Mangel an Elektronen entstanden ist. Einen Körper mit Elektronenmangel nennt man *positiv* (+) geladen, einen mit Elektronenüberfluß *negativ* (−) geladen. Zwischen positiv und negativ geladenen Körpern besteht daher ein Spannungsunterschied, der zum Ausgleich drängt. Überall dort, wo dieser Ausgleich stattfinden kann, indem Elektronen sich bewegen, fließt *elektrischer Strom.* Durch Reibung vermag man jedoch nur so geringe Mengen von Elektronen zu bewegen, daß die Wirkungen praktisch nicht verwertbar sind.

Galvanische Elektrizität. Die nach dem italienischen Arzt Galvani (1737 bis 1798) benannte Erzeugung elektrischer Ladungen bringt auf chemischem Wege weit größere Wirkungen hervor. Zwei verschiedenartige feste Körper, die der Elektronenbewegung nur einen sehr geringen Widerstand entgegensetzen, also gute *Leiter* sind, werden zu diesem Zweck in eine Flüssigkeit (meist eine Säure) getaucht. Dadurch entsteht in dem einen Körper Elektronenüberschuß, in dem anderen Elektronenmangel. Dieser Spannungsunterschied drängt wieder zum Ausgleich, und so erhalten wir elektrischen Strom. Eine solche Vorrichtung nennt man *galvanisches Element.* Ein häufig gebrauchtes und starkes Element ist der →Akkumulator. Auch →Batterien bestehen aus galvanischen Elementen. Die besondere Bedeutung galvanischer Elektrizitätserzeugung liegt darin, daß sich Akkumulatoren und Batterien überallhin mitführen lassen (z. B. bei Taschenlampen, Autos, Kofferradios usw.).

Thermoelektrizität. Wenn zwei verschie-

dene Metalle, z. B. Eisen und Wismut, miteinander verlötet und an der Lötstelle erhitzt werden, so fließt ein elektrischer Strom (allerdings in sehr geringer Stärke) vom Eisen zum Wismut. Bei Abkühlung ist die Stromrichtung umgekehrt. Solche Einrichtungen bezeichnet man als *Thermoelemente*. Sie haben vor allem große Bedeutung in der Strahlungs- und Temperaturmessung (z. B. zum Messen von Hochofentemperaturen).

Lichtelektrizität. Fällt Licht auf zwei verschiedene, in bestimmter Weise miteinander verbundene Metalle oder durch eine sehr dünne Silberschicht auf →Selen, so fließt vom Selen zum Silber ein sehr schwacher Strom. Diese Wirkung benutzt man z. B., um Lichtstärken zu messen (elektrische Belichtungsmesser), beim Fernsehen oder um technische Einrichtungen selbsttätig in Betrieb zu setzen (→Photozellen).

Induktionselektrizität. Heute weitaus am wichtigsten ist die Erzeugung elektrischen Stroms durch *Induktion*. Hierzu braucht man Magneten. Jeder Magnet hat einen Nord- und einen Südpol. Von Nord nach Süd verlaufen die magnetischen Kraftlinien. Den Bereich ihres Verlaufs, in dem die magnetische Kraft zur Wirkung kommt, nennt man magnetisches Feld.

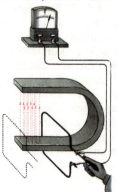

Bewegt man einen Drahtring quer durch dieses Magnetfeld, so werden die im Draht enthaltenen Elektronen aus ihrer ursprünglichen Lage gebracht und in Bewegung gesetzt; in dem Draht fließt also elektrischer Strom. Entgegengesetzte Bewegung durch das Magnetfeld erzeugt auch eine entgegengesetzte Bewegung des Elektronenstroms. Wenn man den Draht hin und her bewegt, so wechselt auch der Strom seine Richtung dauernd, man spricht daher von *Wechselstrom*. Je schneller man den Draht durch das Magnetfeld bewegt, desto stärker wird der erzielte Strom. Heute wird aller von Maschinen (→Generator) erzeugte Strom mit Hilfe der Induktion gewonnen. *Elektrischer Strom* entsteht durch Fortbewegung von Elektronen. Viele Wassertröpfchen, die sich fortbewegen, ergeben einen Wasserstrom; viele Elektronen, die sich fortbewegen, ergeben einen elektrischen Strom. Die Zahl der Liter Wasser, die in einer Sekunde durch ein Rohr fließen, bezeichnet man als die *Stromstärke* des Wassers; die Zahl der Elektronen, die in einer Sekunde durch einen Draht fließen, bezeichnet man als *elektrische Stromstärke*. Man mißt sie in Ampere (A). 1 Ampere ist ein Strom von 6 000 000 000 000 000 000 Elektronen in einer Sekunde. Ein Wasserstrom kann nur dort fließen, wo ein Gefälle vorhanden ist. Ein Elektronenstrom kann nur dort fließen, wo *Spannung* vorhanden ist. Damit das obere Gefäß in dem auf S. 153 abgebildeten Wasserstromkreislauf nicht leer wird und der Wasserstrom nicht aufhört, braucht man eine Pumpe, die das Wasser wieder in das Gefäß zurückpumpt. Die »Elektronenpumpe« nun nennt man Spannungsquelle. Damit ein dauernder Wasserstrom entsteht, muß also ein geschlossener Kreislauf vorhanden sein. Ebenso benötigt der elektrische Strom einen geschlossenen Kreis, der von einem Pol einer Spannungsquelle zum anderen führt. Die Spannungsquelle befördert dann die Elektronen immer wieder zum Ausgangspol zurück. Je nach der Größe der elektrischen Stromstärke muß man dünnen oder dicken Draht nehmen. Ebenso ist es wichtig, aus welchem Material der Draht gefertigt ist. Durch manche Stoffe, vor allem durch Metalle (und hier wieder am besten durch Silber, Kupfer, Aluminium), kann der Strom sehr leicht fließen.

Wasserstromkreislauf

Zwischen unterem und oberem Gefäß besteht ein Höhenunterschied.

Höhenunterschied bringt Wasser zum Fließen.

Wasserstrom leistet Arbeit, indem er den Widerstand der Turbine überwindet und sie in Drehung versetzt.

Pumpe pumpt Wasser vom unteren Gefäß in das obere zurück, wodurch der Kreislauf geschlossen wird, der Höhenunterschied erhalten bleibt und die Turbine in Drehung gehalten wird.

Elektrischer Stromkreislauf

Zwischen kurzem und langem Pol besteht ein Spannungsunterschied.

Spannungsunterschied setzt Elektronen in Bewegung.

Elektronenstrom leistet Arbeit, indem er den Widerstand der Glühbirne überwindet und sie zum Leuchten bringt.

Batterie pumpt Elektronen vom langen Pol zum kurzen Pol, wodurch der Kreislauf geschlossen wird, der Spannungsunterschied erhalten bleibt und die Birne ununterbrochen leuchtet.

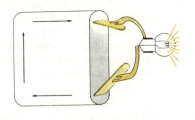

Solche Stoffe, die den elektrischen Strom sehr gut leiten, nennt man *Leiter*. Wenn kein elektrischer Strom verlorengehen soll, muß man den Leiter (Draht) nach außen abdichten durch andere Stoffe wie Porzellan oder Gummi, die wir *Nichtleiter* oder *Isolatoren* nennen. Durch solches Zusammenwirken von Leitern und Isolatoren kann man den elektrischen Strom an jeden gewünschten Ort bringen. Je besser ein Stoff den elektrischen Strom leitet, einen desto kleineren *Widerstand* setzt er der Elektronenbewegung entgegen. Umgekehrt: je schlechter ein Körper den elektrischen Strom leitet, einen desto größeren elektrischen Widerstand hat er. Neben Stromstärke und Spannung entscheidet also der Widerstand darüber, wieviel elektrischen Strom wir bekommen. Man mißt den Widerstand in Ohm (Ω). Eine Spannung von einem Volt (V) treibt durch einen Widerstand von einem Ohm (Ω) eine Stromstärke von einem Ampere (A). Macht man die Spannung an einem Widerstand 2-, 3-, 4mal so groß, so wird auch die Stromstärke 2-, 3-, 4mal so groß. Diesen für die Elektrotechnik grundlegenden Zusammenhang bezeichnet man als »Ohmsches Gesetz«. Als Formel geschrieben sieht das so aus: $V = A \cdot \Omega$. Der elektrische Strom wird durch eine elektromagnetische Welle ausgelöst, die mit Lichtgeschwindigkeit (rund 300 000 km/sek) über den Leiter läuft.

Gleichstrom–Wechselstrom. Von elektrischem »Strom« kann man eigentlich nur reden, wenn die Bewegungsrichtung der Elektronen dauernd gleichbleibt. Das ist jedoch nur beim *Gleichstrom* der Fall. Beim *Wechselstrom* hingegen pendeln die Elektronen dauernd hin und her. Elektrischer Strom entsteht überall, wo elektrische Spannung Elektronen in Bewegung setzt. Eine Spannung, die Elektronen nur in einer Richtung in Bewegung setzt, nennt man *Gleichspannung* (=). Eine Spannung, die die Elektronen dauernd im Stromkreis hin und her bewegt, heißt *Wechselspannung* ($\sim$); sie ruft Wechselstrom hervor. Die halbe Anzahl der Richtungswechsel in der Sekunde nennt man *Frequenz*. Man mißt sie zur Erinnerung an den Entdecker der Radiowellen in Hertz (Hz). Wenn man sagt, ein Wechselstrom habe eine Frequenz von 50 Hertz, so bedeutet das, daß er $50 \cdot 2 = 100$mal in der Sekunde seine Richtung ändert. Wechselströme sehr hoher Frequenz (mehrere Millionen Hz) benötigt man für Radiosender. Fast alle Kraftwerke erzeugen Wechselstrom (in Deutschland meist mit einer Frequenz von 50 Hz), da man Wechselspannung leicht verändern kann (→Transformator). Hohe Wechselspannung aber kann man ohne große Schwierigkeiten über weite Entfernungen verschicken und am gewünschten Ort wieder auf die Gebrauchsspannung (meist 220 V) herabsetzen. Man stellt oft 3 miteinander verkettete Wechselströme her und nennt das *Drehstrom* (Δ). Drehstrom ist bequem zu erzeugen, verlustarm zu übertragen und gut zu regeln. Er hat zudem den Vorteil, daß man die drei miteinander verketteten Wechselströme sowohl miteinander als auch einzeln verwenden kann. Aller auf galvanischem Wege (durch Akkumulatoren und Batterien) erzeugte Strom ist Gleichstrom, aller durch Induktion (durch Generatoren) erzeugte Strom ist Wechselstrom. Durch besondere Vorrichtungen (→Gleichrichter, →Wechselrichter) kann man Wechselstrom in Gleichstrom und Gleichstrom in Wechselstrom umwandeln.

Wirkungen des elektrischen Stromes. Elektrischer Strom kann dreierlei Wirkungen hervorrufen: *Wärmewirkungen, magnetische Wirkungen* und *chemische Wirkungen*. Erwärmt wird jeder Leiter, der dem elektrischen Strom Widerstand entgegensetzt. Die Elektrowärme wird verwendet für elektrische Glühbirnen, Öfen und Herde, Tauchsieder, Heizkissen, Bügeleisen usw.

Elektromagnetismus nennt man die durch elektrischen Strom hervorgerufenen magnetischen Erscheinungen. Einen spiralförmig aufgewickelten Draht nennt man Spule. Schickt man Strom durch eine Spule, so wird ein in der Nähe stehender Kompaß abgelenkt. In der Spule entsteht also ein magnetisches Feld (→Magnetismus). Die Anziehungskraft einer stromdurchflossenen Spule wird besonders stark, wenn man ihr Inneres mit Eisen füllt. Eine solche Anordnung nennt man *Elektromagnet*. Praktische Anwendung findet der Elektromagnetismus z. B. beim Elektromagneten an Kränen zur Verladung eiserner Massengüter, in elektrischen Meßinstrumenten, bei automatischen Schaltern (Relais), beim →Generator und beim →Elektromotor.

Die chemischen Wirkungen des elektrischen Stromes bezeichnet man als *Elek-*

Wirkungen des elektrischen Stromes

Wärmewirkung
(elektrischer Ofen)

Magnetische Wirkung
(oben: Magnetspule,
unten: Elektromagnet)

Chemische Wirkung
(Elektrolyse)

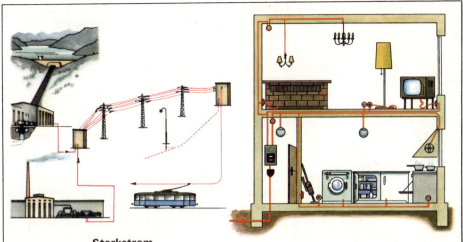

Starkstrom

Der in Wasser- oder Dampfkraftwerken gewonnene Strom hat eine Spannung von 6000 bis 15000 Volt. In Transformatoren wird er auf Spannungen von 200000 bis 400000 Volt gebracht und über Hochspannungsleitungen verschickt. Am Empfangsort wird er durch einen zweiten Transformator wieder in niedrigere Spannungen verwandelt und an die Verbraucher (z. B. Straßenbeleuchtung, Straßenbahn, Haushaltungen) verteilt.

Elektrizität im Haus

Ins Haus kommt der Strom durch ein Kabel. Er wird zunächst einer Hauptsicherung zugeleitet, dann dem Zähler. Über diesem befinden sich die Sicherungen für die einzelnen Stromkreise des Hauses (z. B. für Kellergeschoß, Erdgeschoß, erstes Stockwerk), in die der Strom dann weitergeleitet wird.

---

trolyse. Mit Hilfe der Elektrolyse kann man chemische Stoffe in ihre Bestandteile zerlegen. Stellt man z. B. zwei Metallstäbe, die an eine Gleichstromquelle angeschlossen sind, in ein Gefäß mit Wasser, dem einige Tropfen Schwefelsäure zugesetzt sind, so wird das Wasser in Wasserstoff und Sauerstoff zersetzt. Und zwar bildet sich der Wasserstoff am Minuspol, der Sauerstoff am Pluspol. Durch Elektrolyse kann man Stoffe in besonderer Reinheit gewinnen. Ein wichtiges Anwendungsgebiet ist die →Galvanotechnik.

Elektrische Leistung. Wenn der elektrische Strom Arbeit leisten soll, so muß ihm ein Widerstand entgegengesetzt werden, der ihm seine Kraft abnimmt und sie in Arbeit verwandelt. Ähnlich leistet auch ein Wasserstrom nur Arbeit, wenn ihm ein solcher Widerstand in den Weg gelegt wird, z. B. ein Wasserrad. Wie nun die →Leistung des herabfließenden Wassers sich ergibt, wenn man die Zahl der in einer Sekunde herabfließenden Kilogramm Wasser mit dem Höhenunterschied (Gefälle) multipliziert, so erhält man entsprechend die Leistung des elektrischen Stromes, wenn man die elektrische Stromstärke (also die Zahl der Elektronen, die in einer Sekunde durch einen Draht fließen) mit der Spannung multipliziert. Dieses Ergebnis (Produkt) aus Volt mal Ampere nennt man (zum Andenken an den Erfinder der Dampfmaschine) Watt. Ein Bügeleisen, das an 220 Volt angeschlossen ist und dabei einen Strom von 2 Ampere führt, hat also die Leistung 220 mal 2 = 440 W. 1000 Watt bezeichnet man als ein Kilowatt (kW). Wenn man die Leistung 1 Kilowatt (z. B. 5 A bei 200 Volt) eine Stunde lang verbraucht, so hat man eine Kilowattstunde (kWh) verbraucht.

Unfälle durch elektrischen Strom können immer dann eintreten, wenn Strom durch den Körper fließt. Für den Menschen sind Ströme von über 100 Volt Spannung (die Gebrauchsspannung elektrischer Geräte beträgt meist 220 bis 380 Volt) als unbedingt gefährlich anzusehen. Schwere elektrische Unfälle führen zum Tod, in jedem Fall tritt Bewußtlosigkeit ein. Die Art der Unfälle ist sehr verschieden, sie hängt ab von der Höhe der Spannung, der verwendeten Stromart, von dem Weg, den der Strom durch den Körper nimmt, und vom Widerstand des Körpers. Da die Widerstandsfähigkeit des Körpers in nassem Zustand nur außerordentlich gering ist, darf man niemals mit feuchten Händen oder Füßen elektrische Geräte oder Leitungen berühren. Ebenso ist Baden im Freien bei Gewitter lebensgefährlich. Wer mit elektrischen Geräten zu tun hat, muß darauf achten, daß er niemals mit bloßen Füßen Gartenerde, Steinboden, Dampfheizungskörper, Wasserrohre oder andere geerdete Teile berührt, da der Strom sonst unter Umständen durch den Körper hindurch den Weg zur Erde nimmt. Vor diesem sehr gefährlichen »Erdschluß« kann man sich dadurch schützen, daß man sich auf Teppiche stellt oder Schuhe mit Gummisohlen trägt.

Als **Elektroden** bezeichnet man 1. die Pole eines galvanischen Elements; 2. ganz allgemein die Stellen eines elektrischen Stromkreises, zwischen denen der Strom durch flüssige oder gasförmige Stoffe hindurchgeht. Die positive Elektrode heißt *Anode*, die negative *Kathode*.

Das **Elektroenzephalogramm** (EEG) ist die von einem Spezialgerät vorgenommene Aufzeichnung der elektrischen Ströme, die das Gehirn durchlaufen (Gehirnaktionsströme), und zeigt dem Arzt, ob das Gehirn erkrankt oder verletzt ist.

Das **Elektrokardiogramm** (EKG) ist eine Schaulinie, durch die der Arzt den Zustand und die Tätigkeit des Herzmuskels beurteilen kann. Sie wird von einem Gerät (Elektrokardiograph) auf einen Photopapierstreifen aufgezeichnet.

Elektrolyse →Elektrizität S. 154.
elektromagnetische Wellen →Schwingungen, →Wellen.
Elektromotor →Bild und Text S. 157.
Das **Elektron** ist ein →Elementarteilchen mit ganz kleiner Masse. (1 Elektron wiegt 0,000 000 000 000 000 000 000 000 000 911 Gramm.) Das Elektron besitzt die kleinste elektrische Ladung, die es gibt. Das negativ geladene Elektron ist das kleinste Elektrizitätsteilchen. Ein elektrischer Strom besteht aus unzähligen strömenden negativen Elektronen. Das positive Elektron (Positron) ist nicht stabil; es zerfällt sofort nach seiner Entstehung und kommt deshalb nicht frei vor. Wenn vom Elektron die Rede ist, meint man daher immer das negative Elektron. Es kommt sowohl als frei bewegliches Teilchen wie auch in der Atomhülle, nicht aber im Atomkern vor (→Atom). Dagegen kann es bei Kernumwandlungen neu entstehen. Ein Elektron und ein Positron können sich zusammen in zwei Lichtteilchen (Photonen) verwandeln. Umgekehrt kann aus einem Lichtteilchen an der Oberfläche des Atomkerns ein Elektron und ein Positron, also ein Elektronenpaar, entstehen. Hierbei wird also Strahlung in Energie verwandelt und umgekehrt. Das Elektron hat eine doppeldeutige Natur: bei bestimmten Versuchen verhält es sich wie ein Teilchen (z. B. wie eine Kugel), bei anderen aber wie eine Welle (z. B. nach Art der Radiowellen). – Durch Reiben kann man Elektronen aus den Atomhüllen eines Stoffes herauslösen. Reibt man z. B. Bernstein (griech. elektron), so lädt er sich elektrisch auf. Man spricht daher von Reibungselektrizität. Lassen sich aber die Elektronen aus einem Stoff auf keine andere Weise herauslösen, so ist der Stoff ein Nichtleiter (Isolator) der Elektrizität, wie z. B. Glas oder Porzellan. In den Metallen dagegen sind die äußeren Elektronen jedes Atoms vom Atom losgelöst und von ihm nicht mehr abhängig. Sie sind also leicht beweglich und beginnen sich in einem elektrischen Spannungsgefälle »bergab« zu bewegen: es entsteht ein elektrischer Strom, der aus

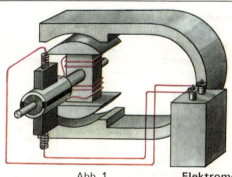

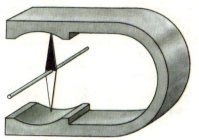

Abb. 1   **Elektromotor**   Abb. 2

Elektromotoren treiben mit Hilfe des elektrischen Stromes andere Maschinen an, verwandeln also elektrische Energie in mechanische Energie. Sie sind aufgebaut wie → Generatoren. Schickt man durch einen Elektromotor, wie ihn Abb. 1 zeigt, Strom hindurch, so dreht sich die Spule wie eine Magnetnadel in die entsprechende Richtung (Abb. 2). Wechselt man nun die Richtung des Stromes um, so macht auch die Spule eine halbe Umdrehung, da sich ihre Pole geändert haben. Wechselt man nun die Stromrichtung dauernd, so dreht sich auch der Motor dauernd. Der Wechsel der Stromrichtung erfolgt entweder einfach durch Zuführen von Wechselstrom oder durch einen Stromwender. Das ist ein zweiteiliger Ring, auf dem Kohlestücke schleifen. Anfang und Ende der Spulenwicklung liegen an je einem Ringteil. Da die Ringstücke fest auf der Motorachse liegen, werden die Wicklungsenden also abwechselnd mit den Schleifkontakten verbunden (Abb. 3).

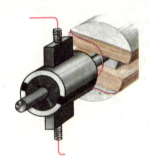

Abb. 3

diesen »Leitungselektronen« besteht. Metalle sind deshalb gute Stromleiter. – Auf dem Verhalten der Elektronen beruhen alle elektrischen Erscheinungen und Geräte, aber auch das Licht.

Elektronenmikroskop →Mikroskop S. 411.

Der **Elektronenrechner** (Elektronengehirn, Computer) ist ein elektronisches Gerät, das nach einem bestimmten »Programm« in kürzester Zeit komplizierte Rechnungen ausführt oder eine Vielzahl von Informationen auswertet. Für jede Aufgabe muß das Gerät entsprechend »programmiert« werden: auf Lochkarten, Magnetbändern u. ä. werden die durchzuführenden Etappen der Aufgabe und die Daten eingegeben. Die Bezeichnung »Elektronengehirn« ist deshalb irreführend, weil das Gerät nicht selbständig »denken« kann. Es findet in der For-

schung, Wirtschaft, Technik, Industrie usw. vielfache Anwendung.

Die **Elektronenröhre** →Rundfunktechnik.

Die **Elektronik** (griech.) ist die Wissenschaft vom Verhalten und der physikalischen Beeinflußbarkeit von Elektronen im Vakuum, in Gasen und →Halbleitern, während sich die *Elektrotechnik* mit Elektronen in festen Leitern und Flüssigkeiten beschäftigt.

Das **Element** (lat.). 1. Einfache Bauteile, die zusammengesetzt werden können, bezeichnet man oft als Elemente, so spricht man z. B. von Maschinenelementen. 2. Als Elemente bezeichnet man bestimmte Stromquellen. →Elektrizität. 3. Chemische Elemente nennt man Grundstoffe, die auf chemischem Wege nicht mehr in einfachere zerlegt oder in andere Grundstoffe verwandelt werden können. Aus

Wichtige chemische Elemente

Name des Elementes	Chem. Zeichen	Atom-gewicht	Name des Elementes	Chem. Zeichen	Atom-gewicht
Aluminium	Al	26,9815	Magnesium	Mg	24,312
Antimon	Sb	121,75	Natrium	Na	22,9898
(Stibium)			Neon	Ne	20,183
Arsen	As	74,9216	Nickel	Ni	58,71
Barium	Ba	137,34	Phosphor	P	30,9738
Beryllium	Be	9,0122	Platin	Pt	195,09
Blei (Plumbum)	Pb	207,19	Plutonium	Pu	242
Bor	B	10,811	Quecksilber	Hg	200,59
Brom	Br	79,909	(Hydrargyrum)		
Cadmium	Cd	112,40	Radium	Ra	226
Chlor	Cl	35,453	Sauerstoff	O	15,9994
Chrom	Cr	51,996	(Oxygenium)		
Eisen (Ferrum)	Fe	55,847	Schwefel (Sulfur)	S	32,064
Fluor	F	18,9984	Selen	Se	78,96
Gold (Aurum)	Au	196,967	Silber	Ag	107,870
Helium	He	4,0026	(Argentum)		
Iridium	Ir	192,2	Stickstoff	N	14,0067
Jod	J	126,9044	(Nitrogenium)		
Kalium	K	39,102	Tantal	Ta	180,948
Kalzium	Ca	40,08	Uran	U	238,03
(Calcium)			Wasserstoff	H	1,00797
Kobalt	Co	58,9332	(Hydrogenium)		
(Cobaltum)			Wismut	Bi	208,980
Kohlenstoff	C	12,01115	(Bismutum)		
(Carboneum)			Wolfram	W	183,85
Kupfer (Cuprum)	Cu	63,54	Zink	Zn	65,37
Lithium	Li	6,939	Zinn (Stannum)	Sn	118,69

ihnen und aus ihren Verbindungen sind alle anderen Stoffe zusammengesetzt. Von den griechischen Philosophen bis zu den Alchimisten des Mittelalters glaubte man irrtümlich, daß 4 Elemente, nämlich Feuer, Wasser, Luft und Erde, die Grundbestandteile aller Dinge seien. In der heutigen →Chemie sind 105 Elemente bekannt, die in Metalle und Nichtmetalle eingeteilt werden. Während die meisten Elemente in der Natur als feste oder gasförmige und wenige auch als flüssige Körper vorkommen, können 12 Elemente nur künstlich durch Umwandlung der Atomkerne gewonnen werden. Alle Elemente haben ganz bestimmte chemische und physikalische Merkmale, an Hand derer sie sich ordnen lassen. →Tabelle oben.

elementar: grundlegend, ursprünglich, anfänglich. Man bezeichnet z. B. Erdbeben und Sturm als *Elementargewalten*. In der Volksschule nennt man den Unterricht in den untersten Klassen *Elementarunterricht*, weil in ihm die Grundlagen (Schreiben, Lesen, Rechnen) für die Aneignung weiteren Wissens gelehrt werden.

Elementarteilchen nannten die Physiker zunächst die drei Bausteine des →Atoms: die →Elektronen der Atomhülle, die Protonen und Neutronen des Atomkerns. Künstliche Atomzertrümmerungen und die Entdeckung der kosmischen Strahlung (*Höhenstrahlung*) ließen die Liste der materiellen Grundbausteine jedoch lawinenartig anschwellen: rund 100 verschiedene Elementarteilchen werden heute gezählt. Im Gegensatz zu den drei »klassischen« Teilchen sind sie allesamt sehr kurzlebig, d. h., sie existieren nur für winzige Sekundenbruchteile. Sie unterscheiden sich durch elektrische und magnetische Eigenschaften, vor allem aber durch ihre »Ruhemasse« (→Relativitätstheorie). Man ordnet sie in leichte

Teilchen (*Leptonen*), deren Masse unter der des Elektrons liegt, in *Mesonen* (bis 2000fache Elektronenmasse), in schwere *Nukleonen* und überschwere *Hyperonen*. Der **Eleve** (franz.): Zögling, junger, in der Ausbildung begriffener Mensch, z. B. Forst- oder Landwirtschaftseleve.

In vielen nordischen Sagen wird von **Elfen** erzählt, von den freundlichen und schönen, den Menschen wohlgesinnten *Lichtelfen* und von den mißtrauischen und häßlichen Dunkel- oder Nachtelfen, den *Zwergen*. Die Lichtelfen sind hilfreiche und gute Geister, die im Elfenreich (Alfheim) wohnen. Die Nachtelfen, kleine, mißgestaltete Wesen, die in der Erde wohnen, sind überaus geschickte und zauberkundige Handwerker.

Das **Elfenbein** ist die gelblichweiße Masse, aus der die Stoßzähne von Elefant, Walroß und Flußpferd bestehen. Elfenbein ist sehr begehrt; man schnitzt daraus z. B. Schmuckstücke und Schachfiguren.

Elfenbeinküste heißt eine afrikanische Republik am Golf von Guinea, weil früher von hier viel Elfenbein ausgeführt wurde. Heute exportiert man Bananen, Kaffee und Kakao. Das Land ist 322463 qkm groß und hat 4,64 Mill. Einwohner (Sudanneger); Hauptstadt ist Abidjan (410000 Einwohner). 1893–1958 war es französische Kolonie.

Die heilige **Elisabeth** war die Gattin des Landgrafen Ludwig von Thüringen. Nach der Legende verwandelten sich einst die Gaben, die sie heimlich zu den Armen tragen wollte, auf wunderbare Weise in Rosen. Sie starb 1231 im Alter von 24 Jahren. Ihr Fest wird am 19. November gefeiert.

Elisabeth I. war von 1558 bis 1603 Königin von England, das unter ihrer Regierung eine Weltmacht zu werden begann. Sie ließ den Kaufleuten und Seefahrern freie Hand für ihre Unternehmungen und baute die englische Flotte neu auf, die dann 1588 Spaniens Vorherrschaft zur See brach. – Die schottische Königin Maria Stuart, die ebenfalls Ansprüche auf den englischen Thron erhob, wurde von ihr lange Jahre gefangengehalten und schließlich hingerichtet. Schillers Trauerspiel »Maria Stuart« behandelt die Auseinandersetzung der beiden Königinnen.

Die **Elite** (franz.): Auswahl der Besten.

Das **Elixier** (arab.): Zaubersaft, Heilsaft.

Die **Elle** heißt der Unterarmknochen an der Kleinfingerseite; früher hieß so eine Maßeinheit (etwa 58 cm).

Die **Ellipse** (griech.) →Mathematik.

Das **Elmsfeuer**. Wenn vor Gewittern oder an sehr schwülen Sommertagen zwischen den Wolken und der Erde eine sehr hohe elektrische Spannung herrscht, kann die Elektrizität von aufragenden spitzen Gegenständen frei in die Luft hinein ausströmen. Man hört dann ein Zischen und bemerkt in der Dämmerung ein Leuchten, das Elmsfeuer. Am häufigsten sieht man es über Berggipfeln, aber auch an Gebäuden bildet es sich, und auf dem Land hat man es sogar über den Ohren von Pferden beobachtet. Seinen Namen hat es nach St. Elmo, einem Schutzheiligen der Seefahrer, denen sich das Elmsfeuer über den Mastspitzen ihres Schiffes zeigt.

El Salvador ist eine 21393 qkm große Republik in Mittelamerika mit 3,86 Mill. Einwohnern (Mestizen, Indianer, 5% Weiße) und der Hauptstadt San Salvador (337000 E.). Das gebirgige Land erzeugt u. a. Mais, Reis, Kaffee, Zucker; Bodenschätze sind Gold, Silber, Kupfer, Blei u. a. Das Land war von 1524 bis 1821 spanische Kolonie.

Das **Elsaß** (franz.: Alsace) ist ein zu Frankreich gehörendes Grenzland auf der linken Seite des Oberrheins. Die durch ihr gotisches Münster berühmte Haupt- und Universitätsstadt Straßburg (Strasbourg) hat 250000 Einwohner. Die Elsässer gehören zu dem deutschen Volksstamm der →Alemannen. Unter Karl dem Großen war das Land ein Teil des Fränkischen Reiches. Nach dessen Teilung kam es 843 n. Chr. zu Lothringen, 870 zu Deutschland. Im 17. Jh. wurde das Land größtenteils von Frankreich annektiert, während der Französischen Revolution ganz einverleibt, 1871 wurde es mit Lothringen wieder Deutschland angegliedert. 1918 fiel es an Frankreich zurück. Im Zweiten Weltkrieg war es von 1940 bis 1944 von deutschen Truppen besetzt.

Die **elterliche Gewalt**. Ein Kind steht, solange es minderjährig ist, unter der Gewalt seiner Eltern. Das heißt, die Eltern haben das Recht und die Pflicht, für die Person und das Vermögen des Kindes zu sorgen, das Kind zu erziehen und es anderen gegenüber zu vertreten.

Das **Elysium** (griech.). Die Römer und Griechen stellten sich vor, daß die Seelen der Menschen, die ein untadeliges Leben geführt hatten, nach dem Tode an einen überirdisch schönen Ort kommen und dort in ewigem Frühling ein sorgenloses, freudenvolles Dasein führen würden. Diesen Ort nannten sie Elysium, das Gefilde der Seligen.

Die **Emaille** (franz., sprich emaj) oder das *Email* ist ein aus Glasfluß hergestellter harter Überzug auf Töpfen, Straßenschildern oder Küchenherden. Sie schützt das Metall, dem sie heißflüssig aufgespritzt und eingebrannt wird, vor Rost und Säuren. Emaille kann gefärbt auch zu Schmuckstücken verwendet werden.

Die **Emanzipation** (lat.): Gleichstellung, Gleichberechtigung sozial, politisch oder rechtlich Benachteiligter (z. B. der Frauen: Frauen-Emanzipation).

Das **Embargo** (span.): 1. Beschlagnahme eines Schiffes, um die Ausfahrt zu verhindern; 2. Verbot der Ausfuhr bestimmter Waren, z. B. von Gold oder Waffen.

Das **Emblem** (griech.): Abzeichen, Sinnbild, Hoheitszeichen.

Die **Embolie** (griech.). So nennt man den Vorgang, bei dem ein Fremdkörper (Blutgerinnsel, Gewebeteilchen, Fetttröpfchen oder eine Luftblase) in den Blutstrom gelangt und von diesem bis in ein Gefäß, durch das er infolge seiner Größe nicht mehr durchkommt, fortgeschwemmt wird und das Gefäß verstopft. Das Organ, das durch dieses nun verstopfte Blutgefäß mit Blut versorgt werden soll, bekommt jetzt keine Nahrung und keinen Sauerstoff mehr und geht zugrunde. Wenn der Fremdkörper (Embolus) in die Lunge oder ins Gehirn gelangt, so kann dies zum Tode führen.

Embryo (griech. = Keim) nennt man bei Menschen und Säugetieren das werdende Lebewesen in der Zeit, die zwischen der →Befruchtung und der Geburt liegt. Der Embryo entwickelt sich im Leibe der Mutter und wird von ihr durch die Nabelschnur ernährt. Seine Entwicklung zum fertigen, lebensfähigen Wesen dauert verschieden lange: beim Menschen 40 Wochen, beim Kaninchen 30 Tage, beim Elefanten über 20 Monate.

Der **Emigrant** (lat.): Auswanderer, der aus politischen, religiösen oder rassischen Gründen sein Heimatland verläßt.

eminent (lat.): außerordentlich, hervorragend.

Die **Eminenz** (lat.): Anrede für Kardinäle.

Der **Emir**: arabischer Fürst.

Die **Emission** (lat.) bedeutet wörtlich »Entsendung«. In der Wirtschaft bezeichnet man das Ausgeben von →Wertpapieren (z. B. →Aktien) als Emission.

Das **Empire** (franz., sprich ãpihr): 1. Kaiserreich Napoleons I. und III.; 2. der Mode- und Kunststil der Zeit Napoleons I.; 3. (engl., sprich empair): das frühere britische Weltreich.

Der **Emu** ist ein bis 1,5 m hoher und 50 kg schwerer straußenähnlicher Laufvogel in Australien.

Die **Emulsion** (lat.). So nennt man die feine Verteilung eines Stoffes in einer Flüssigkeit, in der er nicht löslich ist, wie z. B. Öl oder Fett in Wasser. Eine der bekanntesten Emulsionen ist die Milch: die Flüssigkeit ist Wasser, und die in ihr nicht gelösten Teilchen sind Fett.

Eine **Endemie** ist eine Seuche, die in einem bestimmten Gebiet ständig herrscht, z. B. Malaria in Sumpfgebieten. →Epidemie.

Unter **Energie** versteht man im allgemeinen die Eigenschaft, gestellte Aufgaben mit Ausdauer und Tatkraft zu lösen. In der Physik versteht man unter Energie die Fähigkeit, Arbeit zu leisten. Es gibt Wärmeenergie, Energie des Lichtes, des elektrischen Stromes, chemische Energie, Kernenergie (Atomenergie) und mechanische Energie. Bei letzterer unterscheidet man zwischen Energie der Lage (potentieller Energie) und Energie der Bewegung (kinetischer Energie). Ein hochgehobenes Gewicht z. B. besitzt die Energie seiner hohen Lage, die sich beim Herabfallen in Energie der Bewegung umwandelt. Es ist falsch, von Energie*erzeugung* zu sprechen. Es handelt sich hierbei immer um das *Umwandeln* der in der Natur vorhandenen Energiemengen in Bewegung, Wärme, Licht oder elektrischen Strom. In Wasserkraftwerken wird die Energie des aufgestauten und dann herabstürzenden Wassers in der Turbine in Bewegung und anschließend im Dynamo in elektrischen Strom umgewandelt. Im Ofen wird die in der Kohle oder im Holz aufgespeicherte Energie in Wärme verwandelt. Energie kann weder erzeugt noch vernichtet werden. Es gibt heute so viel davon wie eh und je. Die Energie, die in einem in Bewegung befindlichen Fahrzeug vorhanden ist, geht durch Bremsen wohl für uns verloren, wird aber als Energie nicht vernichtet, denn sie hat sich in Wärme umgewandelt.

Das **Engagement** (frz., sprich ãgaschemã) kann zweierlei bedeuten: 1. die zeitlich begrenzte Anstellung eines Künstlers an einem Theater oder Opernhaus, aber auch beim Film. Der Künstler wird für eine bestimmte Rolle *engagiert*. 2. Wer sich für eine Partei, einen Glauben oder eine Weltanschauung »engagiert«, tritt für seine Überzeugung nachdrücklich und oft auch unter persönlichen Opfern ein. Hier bedeutet »Engagement« svw. Bindung, Hingabe an eine Sache.

England →Großbritannien.

Englische Krankheit →Rachitis.

en gros (franz., sprich ã groh) →Detail.

Die **Enklave** (lat.): ein vom eigenen Staatsgebiet umschlossener Teil eines anderen Staates. – Als *Exklave* wird ein von fremdem Staatsgebiet umschlossener Teil des eigenen Landes bezeichnet.

Das **Ensemble** (sprich ãsäbl, franz. = zusammen): 1. die Gemeinschaft der fest an einem Theaterunternehmen angestellten Künstler; 2. gemeinsamer Gesang der Solo- und Chorsänger mit Orchester; 3. kleines Orchester.

Entdeckungsreisen. In Europa und dem Mittelmeergebiet hielt sich die Schifffahrt im Altertum meist nahe den Küsten, da man keinen Kompaß besaß und die Ortsbestimmung auf hoher See schwierig war. Weite Entdeckungsfahrten waren damit ausgeschlossen. Nur die Phönizier haben bereits 1000 v. Chr. Afrika umfahren, und Nearchus, ein Admiral Alexanders des Großen, segelte von Indien bis zum Persischen Golf (um 325 v. Chr.).

Wikinger entdeckten um 1000 n. Chr. Grönland und fuhren von dort aus bis zur Küste von Nordamerika.

Im Mittelalter kam es nur zu Lande zu Entdeckungsreisen. 1271–95 reiste der Italiener Marco Polo nach Persien, Indien und bis nach China. Man hielt seine Schilderungen für Märchenerzählungen. Erst mit dem 15. Jh. beginnt die Zeit der großen Entdeckungen. Den Anfang machten die Portugiesen: 1418 erforschte Heinrich der Seefahrer die Westküste Afrikas, Bartolomeo Diaz umfuhr 1487 die Südspitze Afrikas (Kap der Guten Hoffnung). Von Spanien aus suchte Kolumbus 1492 einen Seeweg nach Indien zu finden. Er entdeckte Amerika, hielt es aber für einen Teil Indiens. Die Inseln vor der Ostküste Amerikas heißen daher noch heute Westindische Inseln. Erst als der Portugiese Vasco da Gama 1497–99 das Kap der Guten Hoffnung umfuhr und nach Osten weitersegelte, wurde der Seeweg nach Indien gefunden. Es begann die Handelsschiffahrt nach Ostasien,

Schiff des Kolumbus

die vor allem der Einfuhr von Gewürzen (Pfeffer, Zimt,

Nelken) galt. Die Spanier zogen Anfang des 16. Jh. auf Eroberungsfahrten aus. Cortez entdeckte und unterwarf 1519 das Reich der Azteken in Mexiko, Pizarro 1524–33 das Reich der Inka in Peru. Damit begann die Kolonialherrschaft europäischer Nationen.

Magalhães führte 1519–22 die erste Weltumseglung durch. Er umfuhr die Südspitze von Südamerika (Kap Hoorn) und entdeckte die Philippinen.

Gegen Ende des 16. Jh. begannen die Engländer in Nordamerika Siedlungen anzulegen, aus denen später die Vereinigten Staaten hervorgingen.

Im 17. Jh. unternahmen die Holländer ihre großen Fahrten nach Ostasien, die zur Begründung des holländischen Kolonialreichs in dem heutigen Indonesien führten. Der Holländer Tasman entdeckte auch *Neuseeland* und das nach ihm benannte *Tasmanien*. Australien wurde als letzter Erdteil bekannt und blieb noch über 100 Jahre unerforscht und unbesiedelt.

1768–79 unternahm der Engländer James Cook drei große Weltreisen, die nicht nur Handelsinteressen, sondern auch der wissenschaftlichen Forschung dienten. Er erweiterte die Kenntnisse über die Inselwelt des Stillen Ozeans, die Küste Australiens und stieß weit ins Südpolargebiet vor.

Im 19. Jh. wurden Afrika und Innerasien erforscht, die bis dahin auf den Landkarten weiß geblieben waren. 1849 begann der englische Missionar Livingstone seine Reisen durch Innerafrika; 1871 wurde er durch Stanley aufgefunden, als man ihn schon tot glaubte. Die deutschen Forscher Nachtigal und Schweinfurth bereisten die Sahara und das Kongo-Gebiet. Afrika wurde von den europäischen Mächten in Kolonien aufgeteilt. Rußland dehnte seinen Machtbereich nach Osten bis zum Japanischen Meer aus. Auch Deutschland erwarb gegen Ende des Jahrhunderts in Afrika und im Stillen Ozean Besitzungen, die nach 1918 verlorengingen.

Jahrhundertelang hat man versucht, auch im höchsten Norden die Kontinente Amerika und Asien zu umfahren. Bering entdeckte 1728 die nach ihm benannte Beringstraße, und seitdem bemühte man sich immer wieder, die nordwestliche Durchfahrt vom Atlantischen zum Stillen Ozean zu finden. 1850 gelang es MacClure zu Schiff und auf Schlitten, sie festzustellen, und 1903–06 befuhr Amundsen diese Strecke von Osten nach Westen. Im Eismeer längs der nordsibirischen Küste stieß Nordenskiöld 1878–79 zuerst bis zur Beringstraße vor.

Im 20. Jh. wurden die Pole erreicht: der Nordpol 1909 durch Peary, der Südpol 1911 durch Amundsen.

Sven Hedin und Wilhelm Filchner erweiterten unsere Kenntnis von Innerasien, besonders Tibets. Heute sind nur noch einige große Gebiete in Brasilien, das Innere von Grönland sowie Teile von den Südpolargebieten wenig bekannt.

Malaiisches Kriegsschiff

Auch nichteuropäische Völker haben kühne Entdeckungsfahrten gemacht. Der Araber Ibn Batuta reiste 1325 n. Chr. bis nach Indien und China. Die Malaien waren die großen Seefahrer Ostasiens. Und schon in vorgeschichtlicher Zeit wurde vielleicht auf Flößen die Verbindung zwischen Asien oder Australien und Südamerika hergestellt. Daß dies möglich ist, bewies die Kon-Tiki-Expedition, die ebenfalls auf einem Floß den Stillen Ozean von West nach Ost überquerte.

Die **Ente** gehört zur Familie der Gänse. Sie hat auch Schwimmhäute zwischen den Zehen, ist aber kleiner als die Gans, hat einen kürzeren Hals und kürzere Schwanzfedern. Die wilden Enten sind bunt (besonders schön gefärbt ist das männliche Tier, der Enterich oder *Erpel*), die zahmen Enten sind meist weiß. Alle Enten können sehr gut schwimmen, tauchen und auch fliegen. Viele Arten von Enten sind Zugvögel. Sie fliegen in losen Haufen, nicht in Keilform wie die Wildgänse. – Als Ente bezeichnet man auch eine falsche Zeitungsmeldung.

Die **Entente** (franz., sprich ãtãt): Einverständnis, Bündnis.

Der **Enthusiasmus** (griech.): Begeisterung, Entzücken.

Als **Entwicklungsländer** bezeichnet man heute die Länder der sog. Dritten Welt (die Alte Welt ist Europa, die Neue Welt ist Nordamerika). Viele dieser Staaten waren früher →Kolonien. In den allerärmsten Entwicklungsländern (z. B. Indien, Bangla Desh, Pakistan, Äthiopien) leben die Menschen in unvorstellbarer Armut. Andere Entwicklungsländer dagegen (z. B. der Iran, Venezuela, Saudi-Arabien) verfügen über wichtige Bodenschätze, z. B. über Ölvorkommen. Allen Entwicklungsländern ist gemeinsam, daß sie wirtschaftlich und industriell weit weniger entwickelt sind als Europa, Amerika oder Japan. Diese Industrienationen beteiligen sich am Aufbau der Entwicklungsländer durch die *Entwicklungshilfe;* sie stellen Geld, Fachleute und technische Errungenschaften zur Verfügung.

Als **Entziehungskur** bezeichnet man die langfristige, ärztliche Behandlung von Suchtkranken; das sind Menschen, die dem Alkohol oder einem →Rauschgift verfallen sind. Die Entziehungskur findet stets in einer besonderen Klinik statt. Auch wenn sie erfolgreich beendet wird, bleibt die Gefahr bestehen, daß der Suchtkranke wieder rückfällig wird.

Der **Enzian** →Alpenpflanzen.

Die **Enzyklika** (griech.): Rundschreiben des Papstes an die Bischöfe.

Die **Enzyklopädie** (griech.) →Lexikon.

Das **Enzym** ist ein biologischer →Katalysator, der chemische Reaktionen beschleunigt. 90 % aller →Proteine (Eiweißstoffe) in der Zelle sind Enzyme oder, mit einem anderen Namen, *Fermente.* Enzyme sind die kleinsten Maschinen, die wir kennen. Sie schneiden und schweißen, sie sortieren und transportieren Moleküle.

Da jedes Enzym nur für eine ganz bestimmte Reaktion zuständig ist, muß jeder Zelle eine Vielzahl unterschiedlicher Enzyme zur Verfügung stehen. Allerdings kann ein Enzym immer wieder neu verwendet werden – in einer Minute bis zu 5 Millionen mal.

Die **Epidemie** (griech.). Tritt eine →Infektionskrankheit plötzlich in einem Gebiet während eines begrenzten Zeitabschnittes in einer großen Zahl von Fällen auf, so handelt es sich um eine Epidemie (z. B. Grippe-Epidemie).

Das **Epidiaskop** (griech.). So nennt man ein Lichtbildvorführgerät, mit dem man →Diapositive vergrößert auf einer weißen Fläche vorführen kann. Außerdem ist es mit dem Epidiaskop möglich, undurchsichtige Bildvorlagen (z. B. Abbildungen aus Büchern) durch Spiegelung auf weiße Flächen zu projizieren.

Der **Epigone** (griech. = der Nachgeborene) ist ein Künstler oder Dichter, der ohne eigene schöpferische Fähigkeiten die Gedanken einer großen Persönlichkeit der Vergangenheit weiterverarbeitet, z. B. in seinen Werken die Art eines großen Künstlers nachahmt.

Das **Epigramm** (griech.): kurzes Sinn- oder Spottgedicht.

Die **Epik** (griech.): zusammenfassende Bezeichnung für alle erzählende Dichtung (im Gegensatz zum →Drama und →Gedicht). Hauptformen der epischen Dichtung sind →Epos, →Roman, →Novelle, →Fabel, →Anekdote, →Kurzgeschichte und →Märchen.

Die **Epilepsie** (griech.) oder *Fallsucht* ist eine ererbte oder erworbene Krankheit des Gehirns, die durch den epileptischen Anfall, eine plötzlich eintretende Bewußtlosigkeit mit Zuckungen, Krämpfen und Zungenbiß, in Erscheinung tritt.

Der **Epilog** (griech.): kurzer, abschließender Teil eines Dichtwerkes; Nachwort.

Die **Episode** (griech.): Zwischenspiel; kleines, aber bemerkenswertes Ereignis.

Die **Epistel** (griech.): Brief, im besonderen die Briefe der Apostel, die im Neuen Testament enthalten sind.

Die **Epoche** (griech.) →Zeitalter.

Das **Epos** (griech.) ist eine Form der erzählenden Dichtung. Es ist in Versen abgefaßt und wird besonders für die Schilderung sagenhafter oder geschichtlicher Ereignisse benutzt. Berühmte Epen sind Homers »Ilias« und »Odyssee«, Wolfram von Eschenbachs »Parzifal« und das »Nibelungenlied«. Sonderformen des Epos sind das religiöse Epos (Dantes »Göttliche Komödie«, Klopstocks »Messias«) und das Tierepos (Goethes »Reineke Fuchs«). Obwohl man heute statt des Epos meist die Form des →Romans verwendet, sind doch auch in neuerer Zeit noch bedeutende Epen entstanden (z. B. C. F. Meyers »Huttens letzte Tage«.

Das **Erbe** ist der Nachlaß, das heißt, das von einem Verstorbenen, dem Erblasser, hinterlassene Vermögen. Der Erbe ist derjenige, der ein solches Vermögen einschließlich etwaiger Schulden erbt. Erbberechtigt sind nach dem Gesetz zuerst Ehegatte, Kinder und Enkel eines Verstorbenen. Nur wenn diese nicht vorhanden sind, erben die weiteren Verwandten, wie Eltern und Geschwister. Lebt gar kein Verwandter mehr, so geht das Vermögen an den →Fiskus über. Sind die hinterlassenen Schulden größer als das Vermögen, so kann der Erbe die Erbschaft ablehnen. – An die Stelle der gesetzlichen Erbfolge kann eine testamentarische treten: Hat ein Erblasser durch →Testament jemand anderen als seine nächsten Verwandten zum Erben bestimmt, so ist dieser »Letzte Wille« maßgebend. Die enterbten Verwandten haben dann nur Anspruch auf einen *Pflichtteil*, und zwar auf die Hälfte des Wertes, den der gesetzliche Erbteil betragen würde.

Erbrechen ist die Entleerung des Magens durch die Speiseröhre. Es tritt meist als Abwehr des Körpers bei Überfüllung des Magens oder nach dem Genuß schwer verdaulicher Speisen ein. Es kann auch das erste Anzeichen einer Infektionskrankheit oder Äußerung der Luft- oder Seekrankheit sein.

Erbsen nennt man lila oder weiß blühende Kletterpflanzen (Schmetterlingsblütler) oder auch nur ihre Samen, die in Schoten eingebettet sind (Hülsenfrüchte). Die Samen der *Gartenerbsen* liefern ein stärke- und eiweißreiches Nahrungsmittel, die *Ackererbsen* Viehfutter.

Die **Erbsünde.** Nach christlicher Lehre sind alle Menschen seit Adams Sündenfall schon von Geburt an mit Schuld beladen. Diese Schuld, die Erbsünde, wird durch die Taufe und den Glauben an Christus ausgelöscht; ihre Folgen werden allerdings dadurch nicht aufgehoben. Nach katholischer Lehre ist einzig die Gottesmutter Maria ohne Erbsünde geboren worden.

Erdbeben sind Erschütterungen des Erdbodens. Sie entstehen, wenn Gesteinsmassen durch die in der Erdkruste wirkenden Kräfte bewegt werden. Diese Kräfte drücken auf das Gestein und verursachen in ihm im Laufe der Zeit eine Spannung, die eines Tages durch geringfügige äußere Ursachen ausgelöst wird und die Gesteinsmassen zerbricht oder verschiebt. Die Stelle im Erdinnern, von der das Beben ausgeht (sie liegt meist 20 bis 30 km, in seltenen Fällen bis zu 700 km tief), heißt *Erdbebenherd*. Die Stelle der Erdoberfläche, die über dem Herd liegt, heißt *Epizentrum;* dort sind die Erschütterungen am größten. Vom Herd breiten sich die Erschütterungen nach allen Richtungen als Erdbebenwellen aus und gelangen schließlich irgendwo wieder zur Erdoberfläche. Dort werden sie als Erdbeben verspürt und von empfindlichen, selbstschreibenden Erdbebenmessern, den *Seismographen*, aufgezeichnet. Diese Aufzeichnung, das *Seismogramm*, gibt Aufschluß über das Erdinnere, denn die Erdbebenwellen werden von den verschiedenen Erdschichten auch in verschiedener Weise geleitet. Erdbeben finden häufig statt. Lissabon 1755, San Francisco 1906 und Tokio 1923 wurden von Erdbeben zerstört. Die Anzahl aller Beben auf der Erde beträgt in jedem Jahr rund eine Million, das heißt, in jeder Minute finden 2 Erdbeben statt. Die Erde ist überhaupt niemals ganz ruhig. – Die Bebenherde sind nicht über die ganze Erde gleichmäßig verteilt, sie liegen vor allem in der Nähe der zuletzt entstandenen Gebirgsketten, wie z. B. am Rand des Pazifischen Ozeans, und in einer Zone, die vom Mittelmeer über Kleinasien und Persien bis nach Hinterindien reicht. *Seebeben* sind die Folge von Erdbeben, deren Herd unter dem Meeresgrund liegt.

Die **Erde,** einer der 9 großen Planeten, bewegt sich in einem Abstand von durchschnittlich 149,67 Mill. km von der Sonne, und zwar mit einer Geschwindigkeit von 29,76 km in der Sekunde. Sie ist wie die anderen Planeten nahezu eine Kugel und dreht sich in etwa 24 Stunden einmal um ihre eigene (gedachte) Achse. Der geographische Nord- und Südpol ist vom Erdmittelpunkt 6356,91 km entfernt, der Äquator 6378,39 km. Die Erde ist also an den Polen ein wenig abgeplattet. Sie besteht vor allem aus festen Stoffen. Nur an der Oberfläche überwiegt das Wasser der Weltmeere: von den 501,1 Mill. qkm Erdoberfläche sind 29,3 % von Land und 70,7 % von Meer bedeckt. Die einstmals

Verteilung von Land und Wasser

feuerflüssige Erde hat sich abgekühlt und verfestigt. Nur der Erdkern ist zum Teil noch flüssig. Auf je 33 m Tiefe nimmt in den obersten Erdschichten die Temperatur um 1° C zu. Deshalb ist es in tiefen Bergwerken sehr heiß. Kunde vom

Erdinnern bringen uns die Erdbebenwellen (→Erdbeben). Die oberste Schicht, die Erdkruste, die auch die steinernen Gebirge trägt, ist die leichteste und gewissermaßen der erstarrte Schaum der ehemals flüssigen Erde. Sie ist noch nicht 80 km dick. In ihr gibt es viele feuerflüssige Stellen, die Magmaherde, die →Vulkane bilden und aus denen die glutflüssige →Lava hervordringt. In dieser Schicht gibt es noch unausgeglichene Kräfte, die die Erdbeben verursachen und die Erdoberfläche

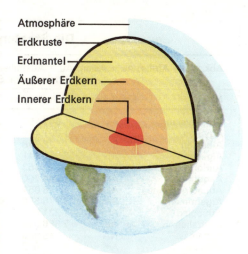

Atmosphäre
Erdkruste
Erdmantel
Äußerer Erdkern
Innerer Erdkern

verändern. So entstehen z. B. neue Inseln und Gebirge, oder bestehende Gebirge heben oder senken sich, wie z. B. der Himalaja, der jährlich um 10 cm wächst. Darunter liegt der etwa 2900 km dicke Erdmantel aus geschmolzenen Silikaten sowie Eisen und Magnesium. Es folgt der 2200 km dicke äußere Erdkern aus glutflüssigem Eisen. Der innere Erdkern besteht aus Nickeleisen, das in den oberen Schichten flüssig, im Zentrum fest ist. Sein Halbmesser beträgt 1250 km. – Mit der Natur der ganzen Erde beschäftigt sich die *Geophysik*. Um sich auf der Erde genau zurechtzufinden, denkt man sich die Erdoberfläche mit einem →Gradnetz versehen. – Siehe auch Himmelskunde.

Erdmagnetismus. Die Erde ist magnetisch. Ihr Magnetismus rührt von elektrischen Strömen her, die in 1000 bis 3000 km Tiefe um den Erdkern kreisen. Die Erde hat 2 magnetische Pole, die ihre Lage langsam ändern. Da die Kompaßnadel nach Norden zeigt, muß der im Nordpolargebiet liegende magnetische Pol also (→Magnetismus) südmagnetisch sein. Man nennt ihn deshalb auch »südmagnetischen Nordpol«. Entsprechend nennt man den im Südpolargebiet liegenden magnetischen Pol den »nordmagnetischen Südpol«. Die Nadel eines Kompasses zeigt nicht genau zu den Magnetpolen, sondern stellt sich in die Richtung der gekrümmten magneti-

Die Staaten der Erde

Abk.: Af = Afrika; As = Asien; Au = Australien und Ozeanien; Eu = Europa; NA = Nord- und Mittelamerika; SA = Südamerika

Name	Kontinent	Fläche in qkm	Einw. in Mill.	Hauptstadt
Afghanistan	As	647 497	17,8	Kabul
Ägypten	Af	1 001 449	35,62	Kairo
Albanien	Eu	28 748	2,35	Tirana
Algerien	Af	2 381 741	15,75	Algier
Andorra	Eu	453	0,024	Andorra la Vella
Angola	Af	1 246 700	5,8	Luanda
Äquatorialguinea	Af	28 051	0,037	Malabo
Argentinien	SA	2 776 656	23,9	Buenos Aires
Äthiopien	Af	1 221 900	26,5	Addis Abeba
Australien	Au	7 686 010	13,13	Canberra
Bahamas	NA	13 935	0,199	Nassau
Bahrain	As	622	0,23	Manama
Bangla Desh	As	142 776	71,3	Dakka
Barbados	NA	431	0,243	Bridgetown
Belgien	Eu	30 513	9,8	Brüssel
Bhutan	As	47 000	1,0	Thimphu
Birma	As	678 033	29,56	Rangun
Bolivien	SA	1 098 581	5,32	La Paz
Botswana	Af	600 372	0,71	Gaberones
Brasilien	SA	8 511 965	101,6	Brasilia
Bulgarien	Eu	110 912	8,62	Sofia
Burundi	Af	27 834	3,62	Bujumbura
Chile	SA	756 945	10,23	Santiago de Chile
China VR	As	9 561 000	773,0	Peking
Costa Rica	NA	50 700	1,87	San José
Dahome	Af	112 622	2,91	Porto Novo
Dänemark	Eu	43 069	5,0	Kopenhagen
Deutschland BR	Eu	248 571	62,1	Bonn
Deutschland DDR	Eu	108 178	16,9	Ost-Berlin
Dominik. Rep.	NA	48 734	4,43	Santo Domingo
Ecuador	SA	283 561	6,73	Quito
Elfenbeinküste	Af	322 463	4,64	Abidjan
El Salvador	NA	21 393	3,86	San Salvador
Fidschi-Inseln	Au	18 272	0,554	Suva
Finnland	Eu	337 009	4,666	Helsinki
Frankreich	Eu	547 026	51,74	Paris
Gabun	Af	267 667	0,49	Libreville
Gambia	Af	11 295	0,49	Banjul
Ghana	Af	238 537	9,36	Accra
Grenada	NA	344	0,11	Saint Georges
Griechenland	Eu	131 944	8,87	Athen
Großbritannien	Eu	244 044	55,93	London
Guatemala	NA	108 889	5,21	Guatemala
Guayana	SA	214 969	0,76	Georgetown
Guinea	Af	245 857	4,29	Conakry
Guinea-Bissau	Af	36 125	0,560	Madina do Boé
Haiti	NA	27 750	5,2	Port-au-Prince
Honduras	NA	112 088	2,65	Tegucigalpa
Indien	As	3 280 000	574,2	Neu-Delhi
Indonesien	As	1 904 345	124,6	Djakarta
Irak	As	434 924	10,4	Bagdad
Iran	As	1 648 000	31,3	Teheran
Irland	Eu	70 283	3,0	Dublin

Name	Kontinent	Fläche in qkm	Einw. in Mill.	Hauptstadt
Island	Eu	103 000	0,213	Reykjavik
Israel	As	20 700	3,4	Jerusalem
Italien	Eu	301 225	54,35	Rom
Jamaica	NA	10 962	1,98	Kingston
Japan	As	372 272	107,7	Tokio
Jemen	As	195 000	6,06	San'a
Jordanien	As	97 740	2,57	Amman
Jugoslawien	Eu	255 804	20,52	Belgrad
Kambodscha	As	181 035	6,7	Pnom-Penh
Kamerun	Af	475 442	5,8	Jaunde
Kanada	NA	9 976 139	21,85	Ottawa
Katar (Qatar)	As	22 014	0,13	Doha
Kenia	Af	582 645	12,48	Nairobi
Kolumbien	SA	1 138 914	23,2	Bogotá
Kongo, Rep.	Af	342 000	1,0	Brazzaville
Korea (Nord)	As	120 538	15,09	Pjöngjang
Korea (Süd)	As	98 477	33,2	Seoul
Kuba	NA	114 524	9,03	Havanna
Kuwait	As	17 818	0,88	Kuwait
Laos	As	236 800	3,18	Vientiane
Lesotho	Af	30 355	1,0	Maseru
Libanon	As	10 400	3,06	Beirut
Liberia	Af	111 369	1,57	Monrovia
Libyen	Af	1 759 540	2,25	El Beïda
Liechtenstein	Eu	157	0,0228	Vaduz
Luxemburg	Eu	2 586	0,353	Luxemburg
Madagaskar	Af	587 041	7,6	Tananarive
Malawi	Af	118 484	4,85	Lilongwe
Malaysia	As	329 749	11,5	Kuala Lumpur
Malediven	As	298	0,12	Malé
Mali	Af	1 240 142	5,45	Bamako
Malta	Eu	316	0,325	Valetta
Marokko	Af	445 050	16,6	Rabat
Mauretanien	Af	1 030 700	1,5	Nuakschott
Mauritius	As	2 045	0,85	Port Louis
Mexiko	NA	1 972 546	56,25	Mexiko
Moçambique	Af	783 030	8,5	Lourenço Marques
Monaco	Eu	1,49	0,024	Monaco
Mongolische VR	As	1 565 000	1,36	Ulan-Bator
Nauru	Au	21	0,007	Makwa
Nepal	As	140 797	11,47	Katmandu
Neuseeland	Au	268 676	2,9	Wellington
Nicaragua	NA	130 000	1,9	Managua
Niederlande	Eu	33 612 mit Binnengewässern 40 844	13,49	Amsterdam/Den Haag
Niger	Af	1 267 000	4,3	Niamey
Nigeria	Af	923 768	65,0	Lagos
Norwegen	Eu	323 885	3,97	Oslo
Obervolta	Af	274 200	5,74	Wagadugu
Oman	As	212 457	0,72	Maskat
Österreich	Eu	83 850	7,52	Wien
Pakistan	As	803 943	64,89	Islamabad
Panama	NA	75 650	1,57	Panama
Papua-Neuguinea	Au	475 500	2,61	Port Moresby
Paraguay	SA	406 752	2,67	Asunción
Peru	SA	1 285 216	14,5	Lima
Philippinen	As	300 000	41,5	Quezon City
Polen	Eu	312 677	33,3	Warschau

Name	Kontinent	Fläche in qkm	Einw. in Mill.	Hauptstadt
Portugal	Eu	91 531	8,58	Lissabon
Rhodesien	Af	390 580	6,1	Salisbury
Rumänien	Eu	237 500	20,8	Bukarest
Rwanda (Ruanda)	Af	26 338	4,06	Kigali
Sambia	Af	752 614	4,6	Lusaka
San Marino	Eu	61	0,019	San Marino
Saudi-Arabien	As	2 140 000	7,96	Er-Riad
Schweden	Eu	449 750	8,07	Stockholm
Schweiz	Eu	41 288	6,44	Bern
Senegal	Af	196 192	4,2	Dakar
Seychellen	As	404	0,06	Victoria
Sierra Leone	Af	71 740	2,66	Freetown
Sikkim	As	7 298	0,185	Gangtok
Singapur	As	581	2,18	Singapur
Somalia	Af	637 657	2,9	Mogadischu
Sowjetunion	Eu/As	22 402 200	252,0	Moskau
Spanien	Eu	504 782	34,86	Madrid
Sri Lanka	As	65 610	13,3	Colombo
Südafrika	Af	1 221 037	22,99	Pretoria
Sudan	Af	2 505 813	16,9	Khartum
Südjemen	As	287 683	1,5	Aden
Surinam	SA	163 265	0,42	Paramaribo
Swasiland	Af	17 363	0,46	Mbabane
Syrien	As	185 180	6,8	Damaskus
Taiwan	As	35 961	15,7	Taipeh
Tansania	Af	945 087	14,38	Dodoma
Thailand	As	514 000	36,2	Bangkok
Togo	Af	56 600	2,1	Lomé
Tonga	Au	699	0,0924	Nukualofa
Trinidad und Tobago	NA	5 128	1,1	Port of Spain
Tschad	Af	1 284 000	3,7	Fort-Lamy
Tschechoslowakei	Eu	127 869	14,34	Prag
Tunesien	Af	164 150	5,5	Tunis
Türkei	As/Eu	780 576	37,9	Ankara
Uganda	Af	236 036	10,8	Kampala
Ungarn	Eu	93 030	10,4	Budapest
Uruguay	SA	177 508	2,99	Montevideo
Vatikanstadt	Eu	0,44	0,0011	
Venezuela	SA	912 050	10,72	Caracas
Verein. Arab. Emirate	AS	112 662	0,18	Abu Sabi
Vereinigte Staaten	NA	9 363 389	211,0	Washington
Vietnam (Nord)	As	155 750	22,4	Hanoi
Vietnam (Süd)	As	173 809	19,3	Saigon-Cholon
Westsamoa	Au	2 842	0,15	Apia
Zaire	Af	2 345 409	17,5	Kinshasa
Zentralafrikan. Rep.	Af	622 984	1,7	Bangui
Zypern	As	9 251	0,633	Nikosia

schen Kraftlinien, welche die beiden Magnetpole entlang der Erdoberfläche verbinden. In großen Teilen der Erde zeigt sie also ungefähr nach Süden und Norden.
Erdelektrizität. Nicht nur in der Erde selbst fließen elektrische Ströme, sondern auch in der →Atmosphäre, höher als alle Gewitter. Dort fließen sie aufwärts. Elektrische Ströme der gleichen Stärke fließen daher in allen Schönwettergebieten umgekehrt aus der Luft zur Erde, so daß die gesamte Erdoberfläche immer die gleiche negative elektrische Ladung besitzt. Der Spannungsunterschied zwischen den hohen Schichten der Atmosphäre und der Erde beträgt 300 000 Volt.

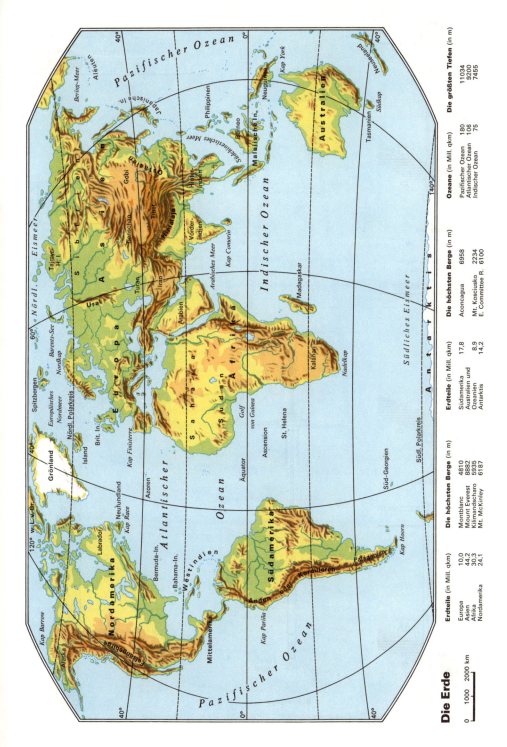

Die Erde

0   1000   2000 km

Erdteile (in Mill. qkm)

Europa	10,0
Asien	44,2
Afrika	30,3
Nordamerika	24,1

Die höchsten Berge (in m)

Montblanc	4810
Mount Everest	8882
Kilimandscharo	5935
Mt. McKinley	6187

Erdteile (in Mill. qkm)

Südamerika	17,8
Australien und Ozeanien	8,9
Antarktis	14,2

Die höchsten Berge (in m)

Aconcagua	6958
Mt. Kosciusko	2234
E. Committee R.	6100

Ozeane (in Mill. qkm)

Pazifischer Ozean	180
Atlantischer Ozean	106
Indischer Ozean	75

Die größten Tiefen (in m)

| 11034 |
| 9200 |
| 7455 |

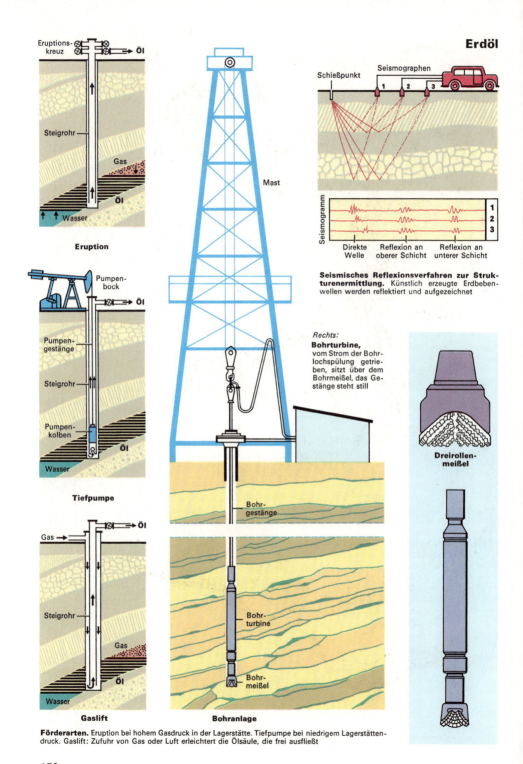

Eruptions-kreuz

Öl

Steigrohr

Gas

Öl

Wasser

Eruption

Pumpen-bock

Öl

Pumpen-gestänge

Steigrohr

Pumpen-kolben

Öl

Wasser

Tiefpumpe

Gas

Öl

Steigrohr

Gas

Öl

Wasser

Gaslift

Mast

Rechts:
Bohrturbine,
vom Strom der Bohr-lochspülung getrie-ben, sitzt über dem Bohrmeißel, das Ge-stänge steht still

Bohr-gestänge

Bohr-turbine

Bohr-meißel

Bohranlage

Erdöl

Schießpunkt

Seismographen

1   2   3

Seismogramm

1
2
3

Direkte Welle   Reflexion an oberer Schicht   Reflexion an unterer Schicht

Seismisches Reflexionsverfahren zur Struk-turenermittlung. Künstlich erzeugte Erdbeben-wellen werden reflektiert und aufgezeichnet

Dreirollen-meißel

Förderarten. Eruption bei hohem Gasdruck in der Lagerstätte. Tiefpumpe bei niedrigem Lagerstätten-druck. Gaslift: Zufuhr von Gas oder Luft erleichtert die Ölsäule, die frei ausfließt

Erdgas nennt man im weiteren Sinn alle in der Erde natürlich vorkommenden Gase, im engeren Sinn die an Erdöllagerstätten vorkommenden Gase, ein Gemisch aus Methan, Kohlendioxid, Sauerstoff und Stickstoff. Diese brennbaren Gase werden für Heizzwecke und zur Herstellung von Benzin, Buna, Chemiefasern usw. verwendet.

Die **Erdkunde** →Geographie.

Die **Erdnuß** ist eine niedere krautartige Pflanze, die in heißen Ländern angebaut wird. Die kurzen Stiele mit den Blüten verlängern sich nach dem Verblühen, und die Fruchtknoten bohren sich in den Boden. Dort reifen, von spröden Hülsen umschlossen, die Samen. Sie sind sehr schmackhaft und reich an Nährstoffen.

Erdöl ist einer der wichtigsten Rohstoffe der Welt. Es ist ein dick- oder dünnflüssiges Gemisch verschiedener Kohlenwasserstoffe und entstand aus pflanzlichen und tierischen Resten der Vorzeit, die sich in bestimmten Erdschichten abgelagert haben. Durch Versuchssprengungen und andere Verfahren wird das Erdölfeld ermittelt, danach bohrt man eine Steigleitung, deren Rohre fast bis zur Sohle des Erdöllagers führen. Die tiefsten Bohrungen betragen 7625 m. Steht das Erdöl unter Druck von Erdgas, nachdrängendem Wasser oder Bergmassen, so kommt es von selbst zur Erdoberfläche. Oftmals muß es aber durch Pumpen gefördert werden. Das Erdöl wird destilliert und raffiniert, das heißt in Benzin, Leuchtpetroleum, Schmieröl und Asphalt zerlegt. In langen, oberirdisch liegenden Rohrleitungen (engl. pipelines) wird Erdöl zu Meereshäfen geleitet, um von Tankschiffen nach den Bestimmungsländern gebracht zu werden. Die Weltförderung beträgt jährlich etwa 2,5 Mrd. Tonnen. Wichtigste Erzeugerländer sind die USA, die UdSSR, Venezuela, Kuwait, Saudi-Arabien, Iran und der Irak. Da Deutschland nur wenige Erdölquellen besitzt (Jahresproduktion etwa 8 Mill. Tonnen), ist es auf die Einfuhr von Erdöl und auf die künstliche Herstellung von Treibölen aus Kohle angewiesen.

Erdsatellit →Weltraumfahrt.

Erdteile nennt man die großen, zusammenhängenden Landmassen der Erde. Sie sind im allgemeinen durch Ozeane und Meere getrennt, nur Europa ist mit Asien vom Nördlichen Eismeer bis zum Schwarzen Meer ohne natürliche Grenze verbunden. Deshalb spricht man auch zusammenfassend von Eurasien.

Neuerdings rechnet man auch die Antarktis (→Polargebiete) mit 14 Millionen qkm als eigenen Erdteil. Dort wohnen keine Menschen. Am dichtesten bewohnt ist Europa mit 59 Einwohnern auf 1 qkm, es folgen Asien mit 41, Amerika mit 12, Afrika mit 10 und Australien mit 2.

Erdteil	Fläche in Mill. qkm	Bevölkerung in Mill Einw.	Prozent der Erdbevölk.
Europa	10,531	658	17,37
Afrika	30,320	364	9,61
Amerika	42,083	533	14,07
Asien	44,339	2213	58,42
Australien und Ozeanien	8,513	20	0,53
Antarktis	14,300	—	—
	150,086	3788	100

Die **Erdzeitalter.** Die Erde und alles, was sich auf ihr befindet, wie Gebirge, Flüsse, Meere oder Pflanzen und Lebewesen, sind nicht auf einmal entstanden, sondern haben sich in vielen Millionen Jahren entwickelt. Diese Geschichte der Erde lesen wir ab an den Schichten der Erdoberfläche, den Gesteinsarten und den Versteinerungen von früheren Pflanzen und Lebewesen, die man darin findet. Die Erdoberfläche hat viele Entwicklungsstufen durchgemacht, die wir meist nach den Hauptfundorten von bestimmten Gesteinsarten oder Versteinerungen benennen.

Siehe auch Tabelle S. 172.

Die **Erektion** (lat.) ist das Steifwerden des männlichen Gliedes. Sie erfolgt meist unwillkürlich aufgrund sexueller Erregung. Aber auch eine gefüllte Blase kann die Ursache einer Erektion sein. Das steif gewordene Glied ist *erigiert*.

Der **Eremit** (griech.): Einsiedler.

Die Erdzeitalter

vor etwa:	Bezeichnung	Wichtigste Ereignisse
5 Milliarden Jahren		Entstehung des Weltalls, der Elemente, der Sterne, der Sonne und der Erde.
3 Milliarden Jahren	Urzeit der Erde	Teilweise Erstarrung der Erdoberfläche. Bildung der ältesten Gesteine. Erste Gebirge entstehen und vergehen. Gewaltige vulkanische Kräfte gestalten die Erdoberfläche. Noch keine Lebewesen.
2–3 Milliarden Jahren	Altzeit der Erde	Erdoberfläche wird ruhiger und kühlt sich ab. Beginn des Lebens auf der Erde.
1500 Millionen Jahren	Frühzeit der Erde	Kalkalgen und wirbellose Meerestiere entstehen. Noch immer heftige Gebirgsbildungen.
550 Millionen	Kambrium	Erste Algen und Urkrebse.
445 Millionen	Silur	Erste Panzerfische, Landpflanzen u. -tiere.
360 Millionen	Devon	Meeresüberflutungen, Riesenkrebse, Fische.
275 Millionen	Karbon	Hauptgebirge und Festländer bilden sich. Wälder aus Riesenfarnen (die später zu Steinkohle werden). Erste Insekten.
235 Millionen	Perm	Erste Nadelhölzer und Kriechtiere.
200 Millionen	Trias	Meeresüberflutungen. Riesensäugetiere. Schildkröten.
155 Millionen	Jura	Fliegende Saurier. Krokodile. Libellen.
120 Millionen	Kreide	Entstehung der Alpen. Vorherrschaft der Blütenpflanzen. Größte Meeresausdehnung.
60 Millionen Jahren	Tertiär	Starke vulkanische Erscheinungen. Langsamer Übergang zu gemäßigtem Klima. Große Säugetiere. Das Urpferd.
1 Million Jahren	Diluvium	Eiszeiten, dazwischen 240 000 Jahre gemäßigteres Klima. Mammut, Elefant. Der Mensch.
15 000 Jahren	Alluvium	Unter dem Einfluß der Eiszeiten und ihrer Nachwirkungen erreicht die Erdoberfläche allmählich ihren jetzigen Stand. Die Erdentwicklung dauert aber immer noch an.

Gruppierungen (von Kambrium bis Perm): Erdaltertum (Paläozoikum). Von Trias bis Tertiär: Erdmittelalter (Mesozoikum). Von Diluvium bis Alluvium: Erdneuzeit (Neozoikum).

Alluvium (lat.) heißt Anschwemmland, Diluvium (lat.): von anderem Ort hergeschwemmtes Land, Tertiär: an dritter Stelle stehend. Nach ihren Gesteinen benannt sind Kreide oder Trias (lat. = Dreiheit, weil in dieser Zeit drei Hauptgesteine vorkommen), nach der Steinkohle Karbon (lat. = Kohle), nach wichtigen Fundorten Jura (Jura-Gebirge), Perm (Stadt in Rußland), Devon (englische Landschaft), Silur (Gegend in Wales, wo die Silurer wohnten) und Kambrium nach dem lateinischen Namen für Wales.

Erfindungen und Entdeckungen

540 v. Chr. stellte Pythagoras seinen berühmten Lehrsatz auf.
260 v. Chr. konstruierte Archimedes einen Flaschenzug und eine Wasserschraube.

Wasserschraube

Um 1200 n. Chr. wurde in Europa der Kompaß bekannt.
Zur gleichen Zeit lernte man in Europa die arabischen Ziffern kennen, die das Rechnen mit großen Zahlen erlauben.
Um 1300 wurde in Europa das Schießpulver zuerst benutzt, das die Chinesen schon früher verwendet hatten.
Um 1440 erfand Gutenberg die Buchdruckerkunst mit beweglichen Lettern, die seit etwa 950 in China und seit 1403 in Korea bekannt war.
Um 1500 entwarf Leonardo da Vinci Flugmaschinen, Fallschirme und Tauchapparate.
1543 veröffentlichte Kopernikus seine Entdeckung, daß die Erde und die Planeten sich um die Sonne bewegen.
1590 wurde das erste Mikroskop erfunden. Seitdem können wir die Welt der dem bloßen Auge unsichtbaren Lebewesen erforschen.
Um 1600 begründete Kepler die moderne Astronomie.
1609 konstruierte Galilei sein Fernrohr und schuf die Grundlagen der Mechanik durch Erforschung der Gesetze der Fallbewegung.
1642 erfand Torricelli das Barometer und ermöglichte damit Wetterbestimmungen und Höhenmessungen.
1650 erfand Otto v. Guericke die Luftpumpe.

Luftpumpe von O. v. Guericke.
Zeitgenössische Darstellung

1681 konstruierte Papin die erste Dampfmaschine. Erst mit James Watt, der 1764 die Erfindung weiterentwickelte, beginnt jedoch die praktische Ausnutzung der Dampfkraft.
1714 erfand Fahrenheit das erste Thermometer, das 1730 durch Réaumur und 1742 durch Celsius verbessert wurde.
1752 erfand Benjamin Franklin den Blitzableiter.
1774 entdeckten Priestley und Scheele voneinander unabhängig den Sauerstoff.
1780 entdeckte Galvani den elektrischen Strom. Damit beginnt die Erforschung der Elektrizität.
1783 stieg Montgolfier als erster in einem Luftballon auf.
1786 wurde die erste Gasbeleuchtung geschaffen.
1796 führte Edward Jenner die erste Schutzimpfung gegen Pocken durch. Damit beginnt die wirksame Bekämpfung der großen Seuchen, zu der im 19. Jh. besonders Semmelweis, Robert Koch und Pasteur beigetragen haben.
1819 überquerte das erste Dampfschiff, die »Savannah«, den Atlantik.

Erfindungen und Entdeckungen

1823 konstruierte Faraday den ersten Elektromotor.
1825 baute Stephenson die erste Lokomotive. Im gleichen Jahr fuhr in England die erste Eisenbahn. Bald darauf baute man auch Dampfwagen.

Englischer Dampfwagen um 1830.
Zeitgenössische Darstellung

1839 wurde die Photographie durch Daguerre in Paris und Talbot in London erfunden.
1844 konstruierte Samuel Morse den ersten brauchbaren Telegraphen und schuf das noch heute verwendete Morse-Alphabet. Bald darauf wurden die ersten Kabel hergestellt. Damit begann der moderne Nachrichtenverkehr.
1859 wurde in Nordamerika zuerst Erdöl gefördert.
1860 baute Philipp Reis das erste Telephon, das durch Graham Bell wesentlich verbessert wurde (1877).
1866 baute Werner v. Siemens die erste Dynamomaschine.
1870 erfand Monier den Beton, der den modernen Hoch- und Brückenbau ermöglicht.
1877 baute Edison den ersten Phonographen, aus dem sich die Sprechmaschine und später das Grammophon entwickelten.
1883 wurde der erste Wolkenkratzer in Chicago gebaut.
1885 schufen Daimler und Benz den modernen Kraftwagen.
1888 schuf Heinrich Hertz die Lehre von den elektrischen Wellen.
1891 führte Otto Lilienthal die ersten Segelflüge durch. Damit begann die Entwicklung der Luftfahrt. 1900 erster Zeppelin; 1903 erster Motorflug der Gebrüder Wright.
1893 erfand Rudolf Diesel den nach ihm benannten Motor.
1895 entdeckte Wilh. Conr. Röntgen die nach ihm benannten Strahlen.
1896 konstruierte Marconi eine praktisch verwendbare funkentelegraphische Anlage.
1898 entdeckten Pierre und Marie Curie das Radium.
1900 veröffentlichte Max Planck seine Quantentheorie, die grundlegend für die moderne Physik wurde, 1905 Albert Einstein seine Relativitätstheorie.
1919 erste Atomkernspaltung durch Rutherford. Damit begann das Zeitalter der Atomforschung (1938 Otto Hahn, Spaltung des Urans; 1945 Atombombe).

Atommeiler. Das Bild zeigt die 1,50 m dicke Graphitwand, die den Beobachter vor den tödlichen Strahlen schützt. Kleine runde Fenster ermöglichen die Kontrolle.

Erfindungen und Entdeckungen. Die größten Erfindungen der Menschheit, das Feuer, der Pflug und das Rad, wurden schon in vorgeschichtlicher Zeit gemacht. Erst aus der Zeit der Griechen kennen wir einzelne Entdeckungen und Namen.
Viele Erfindungen können keinem einzelnen Erfinder zugeschrieben werden, und alle Völker haben zur Geschichte der Entdeckungen beigetragen. Neger haben vielleicht als erste Eisen verwendet, die Inder kannten schon vor 1000 Jahren rostfreien Stahl, in China gab es Papier, Pulver und Buchdruck, lange ehe sie bei uns bekannt waren. Manche Erfindungen wurden erst allmählich entwickelt, wie z. B. das Fahrrad (Laufmaschine von Drais 1817, erstes Fahrrad mit Freilauf 1875), die Schreibmaschine, die Rechenmaschine oder der Verbrennungsmotor. An anderen Erfindungen, wie dem Film, dem Fernsehen oder dem Düsenantrieb, wurde in den verschiedensten Ländern gleichzeitig gearbeitet. Neuerdings tritt die Gemeinschaftsarbeit in Forschungsstätten und Betrieben immer mehr in den Vordergrund, weil die Beschaffung der meist sehr kostspieligen Apparate und Versuchsmittel dem einzelnen nicht mehr möglich ist. Trotzdem ist dem Erfindungsgeist damit keine Schranke gesetzt. Auch wer Erfinderideen weiterentwickelt und praktisch durchführbar macht, kann bahnbrechende Leistungen vollbringen. – Das geistige Eigentum an Erfindungen wird durch →Patente geschützt.

Erfrierung nennt man das Absterben einzelner Glieder infolge unzureichender Durchblutung, die durch Kälte hervorgerufen wird. Das erfrorene Glied wird zunächst blaß, später blaurot. Die wichtigste Maßnahme bei Erfrierungen besteht darin, den Blutkreislauf in den betroffenen Gliedern wieder in Gang zu bringen. →Erste Hilfe.

Ergußgesteine →Gesteine.

Erinnyen: schlangenhaarige Rachegöttinnen der Griechen, welche mit Schlangengeißeln den Verbrecher verfolgten und marterten.

Eris hieß die griechische Göttin der Zwietracht.

Die **Erle** →Laubbäume.

Ermanrich war im 4. Jh. Ostgotenkönig, Gegner →Dietrichs von Bern.

Ermittlungsverfahren heißt die von der →Staatsanwaltschaft mit Hilfe der Polizei betriebene Aufklärung einer Straftat.

Die **Ernährung.** Zur Erhaltung des Lebens müssen dem Körper Nahrungsmittel in fester oder flüssiger Form zugeführt werden. Unsere Hauptnahrungsmittel sind: Eiweiß, Fett und Kohlehydrate. Außerdem brauchen wir noch gewisse Ergänzungsstoffe, z. B. Vitamine und Mineralstoffe. Da sämtliche Nahrungsmittel innerhalb unseres Körpers verbrannt (oxydiert) werden, kann man den Nährwert eines jeden Nahrungsmittels auch berechnen, indem man eine bestimmte Menge des betreffenden Stoffes in einem geschlossenen Wasserbad verbrennt und anschließend die dadurch eingetretene Erwärmung des Wassers mißt. Das Ergebnis mißt man in →Kalorien. Das für uns wichtigste Nahrungsmittel ist das Eiweiß, da es unser Körper als Baustein braucht. Erst wenn der Bedarf an Eiweiß-Baustoffen gedeckt ist, wird es als Betriebsstoff verwendet. Die bedeutendste Eiweißquelle für unsere Ernährung ist das Fleisch. Fett ist am schwersten verdaulich und verweilt am längsten von allen Nahrungsmitteln im Magen. Den Hauptanteil an unserer Ernährung nehmen mengenmäßig die Kohlehydrate ein, die wir vor allem in Form von Brot, Kartoffeln und Zucker zu uns nehmen.

erogen (lat.) bedeutet wörtlich: Lust verursachend. Es gibt am menschlichen Körper mehrere Stellen, deren Berührung sexuelle Lust hervorrufen kann; man nennt diese Stellen auch »erogene Zonen«. Erogene Zonen sind z. B. der Mund, die Hüften, der weibliche Busen usw.

Eros, der Sohn der Aphrodite, war der Liebesgott der Griechen. Ewig jung, vollführte er mutwillige Streiche und schoß mit Pfeil und Bogen auf Götter und Menschen. Wer vom Pfeil getroffen wurde, verfiel der Liebe; hatte der Pfeil eine Spitze aus Gold, so war die Liebe glücklich, hatte er eine Spitze aus Blei, war sie unglücklich.

Die **Erosion** (lat.). Fließendes Wasser und Wind furchen in die Erdoberfläche Rinnen und Täler. Auf diese Weise sind nicht nur die natürlichen Flußbetten entstanden, sondern auch die meisten Täler, aus denen nun die Berge als noch nicht ganz »erodiert« herausragen. Je stärker das Gefälle eines Flusses ist, um so mehr kann er Felsen lösen und zu Kieseln abrunden, die sich schließlich, als Sand zermahlen, nach der Mündung schieben. So findet unaufhörlich eine Abtragung der obersten Schicht der Erdrinde statt. Diesen Vorgang nennt man Erosion.

Wegen **Erpressung** wird bestraft, wer in Bereicherungsabsicht einem anderen mit Gewalt oder Drohung einen Vermögensvorteil abnötigt.

Erste Hilfe bei Unglücksfällen. Allgemeine Regeln: nicht den Kopf verlieren, ruhig bleiben. Möglichst schnell für die Meldung sorgen (Rettungsdienst meistens 110), selbst an der Unglücksstelle bleiben und Hilfe leisten. – Erste Hilfe-Maßnahmen kann man nur sicher beherrschen, wenn man sie in einem Lehrgang von mindestens 8 Doppelstunden praktisch geübt hat. Das Deutsche Rote Kreuz und andere Organisationen führen ständig kostenlose Lehrgänge durch.

Wunden. Bei jeder Verletzung, auch bei »harmlosen« Wunden, dringen Krankheitserreger in den Körper ein. Deshalb müssen alle Wunden, so wie sie vorgefunden werden, keimfrei bedeckt werden.

Die Wundbedeckung erfolgt mit Pflasterwundverband oder keimfrei gemachten Mullstücken, die mit Pflaster, Binde oder Dreiecktuch befestigt werden. Ein Verbandpäckchen, in dem eine keimfreie Wundauflage und eine Binde enthalten sind, eignet sich besonders (Abb.). – Blu-

tet es aus einer Wunde stark durch die Wundbedeckung z.B. an Arm oder Bein, wird der Körperteil hochgehalten und die Blutzufuhr zur Blutungsstelle durch Abdrücken unterbrochen (Abb.). – Ein zweiter Helfer legt einen Druckverband an, indem er elastisches Material, z. B. ein geschlossenes Verbandpäckchen als Druckpolster auf den Wundbereich über die Wundbedeckung legt und unter Zug mit Binde oder Dreiecktuchkrawatte befestigt (Abb.).

Verbrennungen. Bei Verbrennungen an den Gliedmaßen diese *sofort* in kaltes Wasser eintauchen oder unter fließendes kaltes Wasser halten, bis Schmerzlinderung eintritt. Dann – und bei Verbrennungen am Körperstamm – Brandwunde keimfrei mit Brandwundenverbandpäckchen oder Brandwundenverbandtuch bedecken. Dringender Notruf und bis zum Eintreffen des Rettungsdienstes Kochsalzlösung (1 Teelöffel Kochsalz auf 1 Liter Wasser) in kleinen Schlucken trinken lassen. Warnung: Wegen der zusätzlichen Infektionsgefahr ist wie bei allen Wunden das Aufbringen von Mehl, Pudern, Salben und Ölen auch bei Brandwunden verboten.

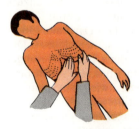

Bewußtlosigkeit. Bei Bewußtlosen, d. h. längere Zeit nicht ansprechbaren Verunglückten, durch Auflegen von zwei Händen, eine seitlich auf den Brustkorb in Höhe des unteren Rippenbogens, die andere auf die Magengrube, feststellen, ob Atmung vorhanden ist (Abb.). – Bei vorhandener Atmung den Bewußtlosen in Seitenlage bringen. Dazu in Hüfthöhe etwas anheben und nahen Arm gestreckt unter das Gesäß schieben, Fuß des nahen Beins an das Gesäß stellen, Schulter und Hüftgegend der fernen Seite fassen (Abb.)

und den Bewußtlosen zu sich herüber ziehen. Nachdem man den fernen Arm am Ellenbogen etwas nach hinten hervorgezogen hat, muß man den Kopf des Bewußtlosen in den Nacken zurückbeugen und das Gesicht erdwärts wenden. Die Finger des nahen Arms werden unter die Wange geschoben. Der Bewußtlose liegt jetzt so, daß sich Flüssigkeiten, die sich im Mund und Rachen sammeln, nach außen abfließen können und dadurch

die Aspirationsgefahr abgewendet ist (Abb.). – Ist bei einem Bewußtlosen keine Atmung festzustellen, muß sofort und schnell die Wiederbelebung begonnen werden. Da vielleicht nur noch Sekunden für erfolgreiche Maßnahmen bleiben, keine Zeit mit unnötigen und zeitraubenden Vorbereitungen vergeuden. Auch der Notruf darf die Atemspende nicht verzögern bzw. unterbrechen.

Atemspende. Zuerst wird der Hals des Verletzten überstreckt. Dazu greift man mit einer Hand die Stirnhaargrenze, mit der anderen an das Kinn, so daß der

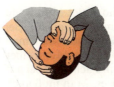

Daumen unter der Unterlippe liegt und diese gegen die Oberlippe drängt, damit der Mund geschlossen wird. Mit beiden Händen wendet man den Kopf stark nackenwärts und hält ihn so (Abb.). Kommt die Atmung wieder in Gang, so kann man das an den Atembewegungen sehen und den Atemgeräuschen hören. Bleibt die Atmung des Verunglückten aus, muß man sofort mit der Atemspende Mund-zu-Nase beginnen. Dazu öffnet man den eigenen Mund weit, atmet ein und setzt den weitgeöffneten Mund um die Nase herum fest auf das Gesicht des Verletzten auf (Abb.).

Man bläst seine eigene Atemluft in die Luftwege des Verletzten nach dem Rhythmus der eigenen Atmung. Dann hebt man den Kopf ab und dreht ihn zur Seite, atmet selbst wieder ein und beobachtet das Zurücksinken von Brustkorb und Oberbauch und horcht gleichzeitig auf entweichende Luft. Bekommt man während der Atemspende den Eindruck, die Atemwege seien verlegt, muß man die Kopflage korrigieren, die sich während der Atemspende verändern kann. Der Kopf wird gerade gelegt und der Hals erneut überstreckt. Kommt es durch die Korrektur der Kopflage nicht zum Erfolg, geht man zur Beatmung von Mund-zu-Mund über. Dazu verschließt man mit Daumen und Zeigefinger der auf der Stirnhaargrenze liegenden Hand die Nase, mit der anderen Hand öffnet man den Mund des Verletzten nur wenig und beatmet wie vorher beschrieben. Wenn beim Versuch des Beatmens die Luft offensichtlich nicht bis in die Lunge gelangt, muß mit einer groben Verlegung der Atemwege durch Fremdkörper gerechnet werden. Man muß Mund und Rachen kontrollieren, ggf. Fremdkörper entfernen. Dazu öffnet man den Mund

des Verunglückten und tastet Mund und Rachen so tief wie möglich aus. – Bei Kleinkindern und Säuglingen setzt man den eigenen weit geöffneten Mund über Nase und Mund auf und achtet dabei auf Überstrecken des Halses. Man muß auch schneller als bei Erwachsenen, nämlich 30–40 mal pro Minute beatmen. – Wenn Bewegungen im Bereich des Halses oder andere Bewegungen andeuten, daß die Eigenatmung wieder einsetzt, unterbricht man die Atemspende und beobachtet. Man muß weiter beatmen, wenn die einsetzende Atmung nicht regelrecht erfolgt und offensichtlich nicht ausreichend ist. Man kann die Beatmung beenden, wenn fachliche Hilfe durch Arzt oder Rettungssanitäter gewährleistet ist oder wenn der Arzt Beendigung anordnet. – Ist die Eigenatmung des Betroffenen schließlich ausreichend, wird der Verunglückte in Seitenlage gebracht, da bei Bewußtlosigkeit nach wie vor Aspirationsgefahr besteht. Man kontrolliert ständig die Atmung, um bei erneutem Aussetzen sofort mit der Atemspende wieder beginnen zu können. *Verschlucken.* Fremdkörper, die in die Luftröhre geraten sind, bewirken starken Hustenreiz und, wenn sie in der Luftröhre festsitzen, ein ziehendes, pfeifendes Atmungsgeräusch. In diesem Falle versucht man Hustenstöße auszulösen, die den Fremdkörper wieder herausbefördern sollen, indem man bei hängendem Oberkörper des Betroffenen kräftige Schläge zwischen die Schulterblätter gibt. Gelangt man nicht zum Erfolg, muß sofort Notruf erfolgen. – Fremdkörper, die in der Speiseröhre festsitzen, bewirken Schluckbeschwerden und Schmerzen. Man reizt zum Erbrechen bzw. Würgen und muß auch hier bei Erfolglosigkeit den Notruf abgeben.
Knochenbrüche, Verrenkungen, Verstauchungen. Den Körperbereich mit Druckstelle in keinem Falle bewegen, sondern ruhigstellen durch Lagerung, d. h. durch Festlegen mit geeignetem Material, z. B. Umstellen mit Taschen o. ä. Handelt es sich um einen offenen Bruch, muß die

Wundbedeckung durchgeführt werden. Bei Brüchen im Bereich des Ellenbogen-  und des Handgelenkes bzw. Handbrüchen kann man eine behelfsmäßige Ruhigstellung dadurch erreichen, daß man z. B. die Jacke hochschlägt und befestigt (Abb.). Da man nicht erkennen kann, ob es sich um einen Knochenbruch oder nur um eine Verrenkung oder Verstauchung handelt, wird in allen Fällen die Erste Hilfe wie bei Knochenbrüchen geleistet, d. h. es wird kein Einrenkungsversuch unternommen, sondern das verletzte Gelenk wird wie beschrieben ruhiggestellt.

Der **Erste Weltkrieg** dauerte von 1914 bis 1918. →Weltkrieg.

Die **Eruption** (lat.): Ausbruch eines Vulkans. – *Eruptivgesteine* →Gesteine.

Erwerbsgesellschaften sind Handels- oder Industrieunternehmungen, die nicht einem einzelnen, sondern mehreren Leuten, den *Gesellschaftern*, gehören. Es sind also Unternehmen, zu deren Betrieb mehrere Leute Geld gegeben haben. Es gibt verschiedene Arten von Erwerbsgesellschaften: Die *Offene Handelsgesellschaft* (*OHG*) wird von den Gesellschaftern gemeinsam geleitet und betrieben. Wenn Schulden und Verluste entstehen, müssen sie für diese mit ihrem gesamten Besitz aufkommen, auch mit ihrem persönlichen Eigentum, z. B. Grundstücken, Schmuck usw. Sie haften den Gläubigern mit ihrem gesamten Vermögen. Bei einer *Gesellschaft mit beschränkter Haftung* (*GmbH*) ist die Haftung beschränkt: die Gesellschafter haften nur mit der Summe, mit der sie an der Gesellschaft beteiligt sind. Meist sind nicht alle Gesellschafter in der Leitung und dem Betrieb der GmbH beschäftigt. Auch die *Aktiengesellschaft* (*AG*) ist eine Kapitalgesellschaft mit beschränkter Haftung. Die Gesellschafter einer GmbH kennen einander und haben einen Gesellschaftsvertrag miteinander abgeschlossen. Die AG dagegen gibt Anteilscheine, *Aktien*, aus, die jeder an der Börse oder bei der Bank kaufen und auch jederzeit wieder verkaufen kann. Die Aktien können also ständig ihren Besitzer wechseln. Den Anteil an einer GmbH dagegen kann man in der Regel nur mit Einwilligung der anderen Gesellschafter verkaufen. Die *Kommanditgesellschaft* (*KG*) ist ein Mittelding zwischen GmbH und OHG: wenigstens ein Gesellschafter, der sogenannte *Komplementär*, haftet den Gläubigern mit seinem gesamten Vermögen, während die anderen Gesellschafter, die *Kommanditisten*, nur mit dem haften, was sie eingezahlt haben, also mit ihrem Gesellschaftsanteil. Die Geschäftsführung einer KG hat der Komplementär. Bei allen Gesellschaften sind die Gesellschafter am Gewinn beteiligt. In einer *Gesellschafterversammlung* wird alljährlich beschlossen, wie der Gewinn verteilt werden soll.

Erze nennt man die metallhaltigen Mineralien. In der Natur finden sich fast nur die Edelmetalle rein (gediegen), sie sitzen aber oft auf anderem (taubem) Gestein auf, wie das Gold, oder durchädern es, wie das Silber. Meist enthalten die Erze Metalle chemisch gebunden an Schwefel, Silikat, Sauerstoff, Phosphor, Kohle und deren Verbindungen. Deshalb gibt es sehr verschiedene Erze von einem Metall und dementsprechend auch sehr verschiedene Arten der Metallgewinnung. Zahlreich wie die Erze eines Metalls sind auch ihre Namen, die als Glanz, Glätte, Kies, Blende, Erz, Stein oder Schiefer meist dem Namen des Metalls angefügt werden. So spricht man von Eisenkies, Kupferschiefer, Bleiglanz, Zinkblende oder Zinnstein.

Die **Esche** →Laubbäume.

Der **Esel** ist ein Haustier geworden, doch leben in den Wüstensteppen Nordafrikas und Asiens noch die ursprünglichen Wildarten. Der Esel ist kleiner als unser Pferd, hat längere Ohren und einen nur an der Spitze behaarten Schwanz. In Südeuropa und im ganzen Orient bis nach Indien wird er als Reit- und Tragtier verwendet. Durch Kreuzung von einem männlichen Esel mit einem weiblichen Pferd entsteht ein *Maultier*, auch Muli genannt. Die Nachkommen von männlichem Pferd und weiblichem Esel hingegen nennt man *Maulesel*. Weder Muli noch Maulesel können sich fortpflanzen.

Die **Eskalation** (lat.): die Steigerung, das »Aufschaukeln«. Das Tätigkeitswort heißt *eskalieren*. Ein Krieg kann eskalieren, indem beide Seiten abwechselnd immer stärkere Waffen einsetzen (erst Pistolen, dann Maschinengewehre, dann Kanonen, dann Bomben, dann Atombomben).

Die **Eskimo** sind mongolische Halbnomaden, die im Sommer in Zelten und im Winter in Erd- oder Schneehütten (Iglus) wohnen. Sie leben in Grönland, an der Nordküste Amerikas und in Nordost-Asien. Sie ernähren sich durch Robben- und Fischfang, den sie in ihren einfachen Booten, den sogenannten Kajaks, betreiben. Die Eskimo sind begabte Sagen- und Märchenerzähler und haben eine reiche Bilderschrift. Ihre Zahl beträgt heute noch etwa 43 000.

Die **Eskorte** (franz.): militärisches Geleit.

Das **Esperanto** ist eine von dem polnischen Augenarzt Zamenhof erfundene Hilfssprache, die aus den gebräuchlichsten Kultursprachen zusammengesetzt und vereinfacht ist. Mit ihrer Hilfe können sich Angehörige verschiedener Völker leicht verständigen. Andere Kunstsprachen sind *Volapük*, *Interlingua*, *Ido*, *Novial* und *Mondial*. Das Esperanto ist jedoch am weitesten verbreitet.

Das **Espresso** (ital.) ist ein kleiner Ausschank, in dem in Spezialmaschinen zubereiteter starker Kaffee (*der* Espresso) verkauft wird.

Der **Essay** (sprich esseh, engl. = Versuch): knappe, künstlerisch geformte Abhandlung über eine bestimmte Frage.

Eine **Essenz** erhält man, wenn man aus einem Stoff eine Flüssigkeit gewinnt, die mehr wesentliche (lat. essentia = Wesen) Bestandteile des betreffenden Stoffes enthält als der Ausgangsstoff. So ist z. B. Rosenöl eine Duftessenz, die aus Rosenblättern hergestellt wird.

Essig ist eine saure Flüssigkeit zum Würzen und Frischhalten von Speisen. Er wird aus Wein, verdünntem Branntwein oder Obstwein hergestellt und enthält außer der Essigsäure (einer organischen Säure) Spuren von Zucker und aromatischen Stoffen. In Essigfabriken läßt man die Ausgangsflüssigkeit, die Maische, in hohen Standfässern über Buchenholzspäne rieseln. Dabei wird der Alkohol durch *Essigbakterien* oxydiert, d. h. in *Essigsäure* umgewandelt. Auch durch trockene Destillation von Holz kann aus dem sich bildenden *Holzessig* Essigsäure gewonnen werden. Essigsäure bildet mit Metallen *essigsaure Salze* oder *Azetate;* z. B. Aluminiumazetat = *essigsaure Tonerde*, Kupferazetat = *Grünspan*. Mit Alkohol verbindet sich Essigsäure zu *Essigester*, einer wohlriechenden Flüssigkeit, die als Duftstoff für Parfüms und als Fruchtessenz (Fruchtäther) für Bonbons verwendet wird. – Siehe auch Destillation.

Das **Establishment** (engl., sprich (istäblischment) ist eine abfällige Bezeichnung für jenen Kreis von Menschen, der gut verdient, angenehm lebt und mit sich und der Welt zufrieden ist. Diese Menschen lehnen jede Veränderung oder Verbesserung der Gesellschaft ab. Man sagt auch: sie sind *etabliert*.

Der **Ester:** chemische Verbindung von organischen Säuren mit Alkoholen. Die vielen Esterarten strömen meist einen angenehmen Geruch aus.

Estland →baltische Länder.

Die **Etappe** (franz.): 1. Abschnitt, Stufe; 2. Teilstrecke zwischen zwei Rastorten (z. B. bei Autorennen über lange Strecken); 3. der Gebietsabschnitt hinter der kämpfenden Truppe (hinter der Front), in dem der Nachschub gestapelt wird.

Der **Etat** (franz. = Haushaltsplan, sprich etah): Bezeichnung für das genehmigte →Budget.

etc. = et cetera (lat.): und so weiter.

Das **Eternit:** Asbestzement in Plattenform, feuerfest und wetterbeständig.

Die **Ethik** (griech.) →Philosophie.

Das **Etikett** (franz.): Zettel an einer Ware zur näheren Kennzeichnung (Name, Hersteller usw.), oft mit Preisangabe.

Die **Etikette** (franz.): früher üblicher Ausdruck für die Sitten und Umgangsformen an Fürstenhöfen und in vornehmer Gesellschaft.

Die **Etrusker** waren in vorchristlicher Zeit ein aus Kleinasien stammendes Volk, das um 1000 v. Chr. in Italien einwanderte und ein Reich errichtete, das sich vom Po bis Kampanien erstreckte. Ihre hochstehende Kultur erlebte im 6. und 5. Jh. v. Chr. ihre größte Blüte und übte auf die Römer, von denen die Etrusker vernichtet wurden, einen großen Einfluß aus.

Die **Etüde** (franz.): ein musikalisches Übungsstück.

Die **Etymologie** (griech.): Wissenschaft von der Herkunft und Entwicklung der Wörter und ihrer Verwandtschaft untereinander.

Die **Eucharistie** (griech.) oder das *Altarsakrament*. So nennen wir die Verwandlung von Brot und Wein in Christi Leib und Blut. Die eucharistische Handlung wurde von Christus selber eingesetzt und ist die wichtigste und feierlichste Handlung der meisten christlichen Religionen.

Prinz **Eugen** von Savoyen lebte von 1663 bis 1736. Er wollte Offizier im französischen Heer werden, doch Ludwig XIV. lehnte ihn spöttisch ab, da er nur klein und schmächtig war. So trat er in habsburgische Dienste. 1697 wurde er kaiserlicher Oberbefehlshaber. Seine Bedeutung liegt vor allem darin, daß er das Abendland vor der türkischen Gefahr bewahrte: Er schlug die Türken 1697 bei Zenta, 1716 bei Peterwardein und 1717 bei Belgrad. Das Lied vom Prinzen Eugen, dem edlen Ritter, berichtet von diesen Siegen.

Eukalyptusbäume sind australische Myrtengewächse, die große Wälder bilden und auch in anderen warmen Gegenden, wie im Mittelmeergebiet, angepflanzt werden. Ihre Blätter enthalten starkriechende ätherische Öle, die zu

Uhu

Rauhfußkauz

Sperbereule

Heilmitteln verarbeitet werden. Die Bäume wachsen sehr schnell und können bis zu 150 m hoch werden.

Euklid war ein griechischer Mathematiker, der um 300 v. Chr. in Alexandria lebte. Er schrieb mathematische Lehrbücher und stellte wichtige geometrische Lehrsätze auf.

Die **Eulen:** 1. Nachtvögel mit stark gebogenem Schnabel, kräftigen Beinen, Krallen und großen Augen. Sie leben hauptsächlich von Mäusen, Ratten und ähnlichen Kleintieren. Die wichtigsten mitteleuropäischen Arten sind: Schleiereule, Steinkauz, Waldkauz, Wald- und Sumpfohreule, Uhu. Sie alle sind sehr nützlich und stehen unter Naturschutz. – 2. Familie der Nachtschmetterlinge, die über die ganze Erde verbreitet ist. Die meisten sind Schädlinge. Die Zeichnung auf ihren Vorderflügeln ähnelt der der Eulenvögel.

Till **Eulenspiegel** lebte vor mehr als 600 Jahren in Niederdeutschland. Er zog durch das Land und hielt die Leute zum Narren. Noch heute sprechen wir von einer »Eulenspiegelei«, wenn jemand, wie Eulenspiegel es gerne tat, einen Auftrag allzu wörtlich, aber nicht sinngemäß ausführt (z. B. »Rutsch mir den Buckel runter!«). Eulenspiegels zahlreiche Streiche wurden von Mund zu Mund weitererzählt und um 1500 in einem Volksbuch gesammelt. Sein Grabstein ist in Mölln bei Lübeck zu sehen. Eulenspiegel ist die Verkörperung des mißachteten Bauern mit dem gesunden Menschenverstand, der sich gegen die Überheblichkeit der anderen Stände, besonders des Städters, auflehnt.

Eurasien →Europa.

Euripides ist der jüngste der drei großen griechischen Tragödiendichter: Äschylus, Sophokles, Euripides. Er lebte von etwa 480 bis 406 v. Chr. Von seinen fast 100 Theaterstücken sind uns nur 17 erhalten geblieben. Durch ihre überzeugende und erschütternde Schilderung der Gefühle und Leidenschaften des Menschen wirken sie bis heute auf das europäische Drama nach.

Der Erdteil **Europa** umfaßt mit 10,5 Millionen qkm etwa ein Fünfzehntel der Landoberfläche der Erde. Da Europa mit Asien eine zusammenhängende Landmasse bildet (voneinander geschieden nur durch die willkürlich gezogene Linie: Uralgebirge, Uralfluß, Kaspisches Meer,

Titelblatt des ältesten Eulenspiegelbuches, 1515

181

Kaukasus, Schwarzes Meer), bezeichnet man beide Erdteile zusammen auch als *Eurasien*. Dennoch ist Europa nach Eigenart, Entwicklung und weltgeschichtlicher Bedeutung eine Einheit. Mit 658 Millionen Menschen ist Europa der am dichtesten besiedelte Erdteil. Seine Bevölkerung gliedert sich in eine Vielzahl von Nationen. Rund 70 Sprachen werden in Europa gesprochen. Die Nationen haben sich aus der Mischung verschiedener Völker und Rassen entwickelt. Sie werden in drei Hauptgruppen eingeteilt: Romanen, Germanen und Slawen. Von 100 Europäern sind 39 römisch-katholischen, 20 orthodoxen, 21 evangelischen und 2 mohammedanischen Glaubens. Der Erdteil ist industriell hoch entwickelt und landwirtschaftlich auf das äußerste ausgenutzt. Sein Eisenbahnnetz ist das dichteste und verzweigteste der Erde. Dabei ist Europa auf Nahrungs- und Rohstoffzufuhr aus anderen Erdteilen angewiesen. Karte S. 183.

Die **Europäische Atomgemeinschaft** (EURATOM) wurde 1957 von Belgien, Frankreich, Italien, Luxemburg, den Niederlanden und Deutschland gegründet. Diese Länder wollen gemeinsam die Atomkraft erforschen und für friedliche Zwecke nutzen. Siehe →Europäische Gemeinschaften.

In der **Europäischen Bewegung** sind die wichtigsten Verbände und Organisationen zusammengeschlossen, die die Vereinigung (Integrierung) Europas erstreben.

Die **Europäische Freihandelszone** (EFTA, *E*uropean *F*ree *T*rade *A*ssociation) ist eine 1960 gebildete Wirtschaftsgemeinschaft ähnlich der EWG, der Dänemark, Großbritannien, Norwegen, Österreich, Portugal, Schweden und die Schweiz angehören. 1961 trat ihr Finnland als assoziiertes (Nicht-Voll-)Mitglied bei, 1970 Island. Großbritannien und Dänemark traten 1973 aus der EFTA aus und der EG bei.

Die **Europäischen Gemeinschaften** (EG) bestehen aus der →Europäischen Atomgemeinschaft, der Europäischen Gemeinschaft für Kohle und Stahl (EGKS, gegründet 1951) und der →Europäischen Wirtschaftsgemeinschaft (EWG). Die EG haben seit 1973 eine Gemeinsame Kommission in Brüssel, die aus 13 Mitgliedern besteht. Die Mitglieder werden von ihren jeweiligen Regierungen ernannt, üben aber ihr Amt in völliger Unabhängigkeit aus.

In der **Europäischen Wirtschaftsgemeinschaft** (EWG) schlossen sich 1958 die Länder, Belgien, Frankreich, Italien, Luxemburg, die Niederlande und die Bundesrepublik Deutschland zusammen, um ihre Wirtschaftspolitik nach einheitlichen Richtlinien zu gestalten. 1973 traten Irland, Dänemark und Großbritannien der EWG bei.

Europa-Rat heißt die in London 1949 gegründete Organisation, die den Zusammenschluß Europas zum Ziele hat. Ihr gehören die Beneluxstaaten, Dänemark, die Bundesrepublik Deutschland, Frankreich, Griechenland, Großbritannien, Irland, Island, Italien, Malta, Norwegen, Österreich, Schweden, die Schweiz, die Türkei und Zypern an. Sitz des Minister-Ausschusses und der Beratenden Versammlung des Europa-Rates ist Straßburg.

Die **Eurovision** (*euro*päische Tele*vision*) ist eine Organisation zur Kettenübertragung von Fernsehsendungen, der die europäischen Länder westlich des Eisernen Vorhangs, die Türkei, Libanon, Israel und Tunesien angehören.

Eurydike, eine griechische Nymphe, war die Gattin des sagenhaften Sängers →Orpheus.

Als **Eustachische Röhre** oder *Ohrtrompete* bezeichnet man den Verbindungsgang zwischen dem Rachen und der Paukenhöhle des Mittelohrs.

Als **Euthanasie** (griech. = schöner Tod) bezeichnet man die Tötung von unheilbar Kranken auf deren ausdrücklichen Wunsch. Die Euthanasie wird von den Kirchen als unchristlich abgelehnt und ist in Deutschland und den meisten an-

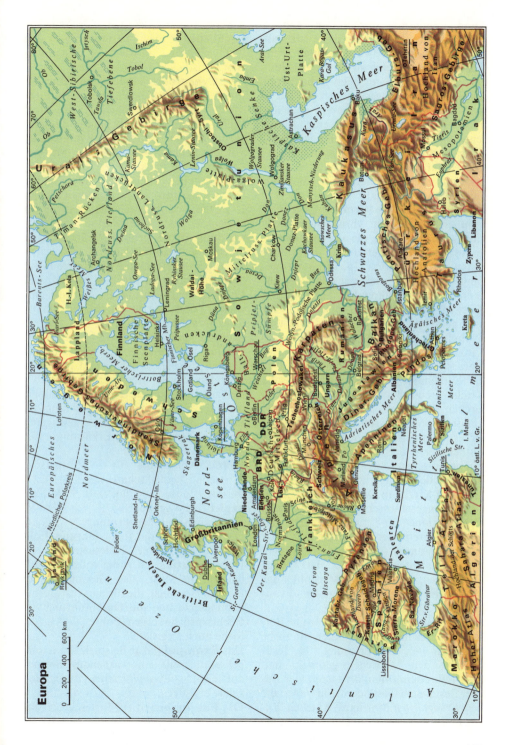

Europa

0 200 400 600 km

183

deren Ländern gesetzlich verboten. – Während der Herrschaft des Nationalsozialismus jedoch wurden unter dem Vorwand, Euthanasie zu betreiben, Hunderttausende von angeblich unheilbaren Kranken und Geistesgestörten getötet.

evakuieren (lat. = ausleeren) bedeutet in der Physik, einen luftleeren Raum schaffen. – Während eines Krieges oder einer Naturkatastrophe werden manchmal gefährdete Gebiete evakuiert, d. h. geräumt, ihre Bewohner in einer sicheren Gegend untergebracht.

Die **evangelische Kirche** ist die Gesamtheit derjenigen christlichen Religionsgemeinschaften, die aus dem →Protestantismus und der durch ihn ausgelösten →Reformation (16. Jh.) hervorgegangen sind. Dies sind vor allem die auf Luther zurückführenden *lutherischen* Kirchen, besonders in Deutschland und Skandinavien, sowie die auf Calvin und Zwingli sich berufenden *reformierten* Kirchen, besonders in Westeuropa und Nordamerika. – In Deutschland gibt es die »Vereinigte Evangelisch-Lutherische Kirche Deutschlands«, der 10 Landeskirchen angehören, 3 weitere lutherische Landeskirchen, 2 reformierte Kirchen, ferner 12 unierte Kirchen, in denen die Lutheraner und Reformierten der einstigen preußischen Länder vereinigt (uniert) sind. Sie alle haben sich 1945 in der »Evangelischen Kirche in Deutschland« (EKD) zusammengeschlossen. – Evangelische Organisationen und Einrichtungen sind unter anderem der »Christliche Verein Junger Männer« (CVJM), die »Evangelische Studentengemeinde«, die »Junge Gemeinde«, die »Innere Mission«, das »Evangelische Hilfswerk« und die »Evangelischen Akademien«.

Als **Evangelium** (griech. = frohe Botschaft) bezeichnen die Christen die frohe Botschaft von der Erlösung, die Jesus Christus den Menschen gebracht hat. *Evangelien* nennt man die ersten vier Bücher des Neuen Testaments, in denen die vier *Evangelisten* Matthäus, Markus, Lukas und Johannes das Leben, Sterben, die Auferstehung und die Lehre Jesu niedergeschrieben haben. Lesungen aus den Evangelien sind ein wichtiger Bestandteil aller christlichen Gottesdienste.

Als **Evergreen** (engl. »Immergrün«, sprich ewergrihn) bezeichnet man kurze Musikstücke oder Schlager, die noch nach Jahrzehnten beliebt sind und immer wieder gespielt werden. Ein Evergreen ist z. B. der Schlager »La Paloma« oder das Lied »O mein Papa«.

evident (lat.): einleuchtend, offenkundig.

Die **Evolution** (lat. = Entwicklung). 1. In der Politik bezeichnet man so im Gegensatz zur →Revolution eine Entwicklung, die zu großen Veränderungen im Staatsaufbau führt und doch vermeidet, die Rechtsform und die äußere Form der Verfassung zu brechen. So hat z. B. England im 19. Jh. die Demokratie entwickelt, ohne die monarchische Staatsform als solche aufzugeben. Das geschah dadurch, daß die Volksvertretung (Unterhaus) im Laufe der Zeit alle Entscheidungen in die Hand bekam und die Volksvertreter von der Bevölkerung unmittelbar gewählt wurden. 2. In der Biologie bedeutet Evolution die Entwicklung der Lebewesen aus einfachen, niedrigeren Formen. Die wichtigste Erklärung dafür hat →Darwin gegeben.

EWG: Abkürzung für →Europäische Wirtschaftsgemeinschaft.

ex (lat.): aus; ehemalig (z. B. Exkönig).

exakt (lat.): genau.

Das **Examen** (lat.): Prüfung.

Die **Exekution** (lat.): Ausführung, Vollstreckung, z. B. eines Todesurteils.

Die **Exekutive** (lat.): die vollstreckende Gewalt im Staat, also Gesamtheit der Beamten im Staat, die für die Ausführung der Gesetze und die Durchführung der Rechtssprüche sorgen (Polizei, Zoll usw.). Siehe auch Legislative.

Das **Exempel** (lat.): Beispiel. Ein Exempel statuieren: ein warnendes Beispiel aufstellen. – *exemplifizieren:* durch Beispiele erläutern.

Das **Exemplar** (lat.): Muster. Auch das Einzelstück einer Ware nennt man Exemplar, besonders bei Büchern. – *exemplarisch:* beispielhaft (z. B. exemplarisch bestrafen: hart bestrafen, um ein abschreckendes Beispiel zu geben).

exerzieren (lat.): militärisch üben.

Exerzitien sind geistliche Übungen zur Vertiefung des religiösen Lebens.

Der **Exhibitionismus** (lat.) ist das krankhafte Verlangen eines Menschen (meist eines Mannes), seine Geschlechtsteile in der Öffentlichkeit zu zeigen.

Exil (lat.) nennt man den erzwungenen Aufenthalt im Ausland. Im Altertum war es eine Form der Strafe (Verbannung), die teilweise zeitlich begrenzt war. In neuerer Zeit fliehen Menschen (Staatsmänner, Schriftsteller usw.) ins Ausland (sie »gehen ins Exil«), wenn sie ihrer politischen Anschauung wegen verfolgt werden.

Die **Existenz** (lat.): Dasein. – *existieren:* vorhanden sein, bestehen, leben.

Der **Existentialismus** oder die Existenzphilosophie ist eine philosophische Richtung des 20. Jh. Sie befaßt sich mit der Frage nach Art und Sinn des menschlichen Daseins (lat. = Existenz). Nach der Auffassung der Existentialisten hat der Mensch, ganz auf sich selbst gestellt, das heißt frei vom Zwang religiöser oder moralischer Gesetze, in jedem Augenblick verantwortlich über die Gestaltung seines Lebens zu entscheiden. Es gibt verschiedene existentialistische Strömungen, deren Hauptvertreter in Deutschland Karl Jaspers und Martin Heidegger, in Frankreich Jean Paul Sartre sind.

Exklave (lat.) →Enklave.

exklusiv (lat.): ausschließend, sich abschließend oder absondernd.

Die **Exkommunikation** (lat.): Kirchenbann, Ausschluß aus der katholischen Religionsgemeinschaft.

Die **Exkremente** (lat. = das Ausgebrannte): menschlicher und tierischer Kot.

Eine **Exkursion** (lat.) ist ein Lehrausflug, ein Ausflug also, der ein bestimmtes wissenschaftliches oder allgemeinbildendes Ziel hat. Eine Exkursion dient nicht dem Vergnügen oder der Erholung, sondern etwa der Besichtigung alter Kirchen, der Beobachtung der Natur, dem Sammeln seltener Tiere und Pflanzen u. ä.

Das **Exlibris** (lat. = aus den Büchern):

Ältestes deutsches Exlibris. 15. Jh.

künstlerisch ausgeführter Zettel, den man als Besitzzeichen in seine Bücher klebt. Das Exlibris enthält den Namen des Bucheigentümers und meist ein Bild (Wappen oder Sinnbild).

exotisch: fremdländisch, fremdartig, alles, was aus fremden Ländern, besonders aus den Tropen, stammt.

Die **Expansion** (lat.): Ausdehnung, Erweiterung. Das Tätigkeitswort heißt *expandieren.*

Die **Expedition** (lat.) ist eine sorgfältig geplante und vorbereitete, meist auch kostspielige Fahrt von mehreren Personen (Forschern) in ein unbekanntes oder unwegsames Gebiet unserer Erde, z. B. zum Nordpol, auf den Himalaja, in die Wüste Gobi oder zum Amazonas. Eine Expedition verläuft oft abenteuerlich und gefährlich, dient aber fast immer wissenschaftlichen Zwecken, z. B. der →Vermessung des betreffenden Gebietes als Grundlage einer Landkarte, der Suche nach Bodenschätzen usw.

Das **Experiment** (lat.): wissenschaftlicher Versuch, der nach Plan angelegt und durchgeführt wird, um die Richtigkeit von Annahmen oder Behauptungen zu prüfen. Wie beweiskräftig ein Experiment ist, hängt davon ab, ob es den unter Wissenschaftlern vereinbarten Richtlinien genügt und mit gleichem Ergebnis wiederholt werden kann. Zu diesen Grundvoraussetzungen gehört auch eine Gegenprobe als Kontrolle. In allen Zweigen der Wissenschaft, in Chemie, Physik, Medizin, aber auch in Psychologie und den Sozialwissenschaften, werden Experimente angestellt. Auch die Warenprüfung geschieht experimentell. So wird z. B. die Festigkeit eines Fadens ermittelt, indem man ihn bis zum Zerreißen anspannt. Aus den hierfür aufgewendeten Gewichten erkennt man seine Festigkeit. – Auch ein gewagtes Unternehmen bezeichnet man als Experiment.

Eine **Explosion** (lat.) ist die schnelle Zersetzung oder Verbrennung fester, flüssiger oder gasförmiger Körper mit heftigem Knall. Dabei findet in Bruchteilen einer Sekunde eine chemische Veränderung des Explosivstoffes (z. B. Dynamit) statt, wodurch sehr hohe Temperaturen entstehen. Es entwickeln sich große Gasmengen, die sich außerordentlich ausdehnen und einen starken Druck auf die Umgebung ausüben. – Eine Explosion, die schlagartig in noch kürzerer Zeit stattfindet, nennt man *Detonation*. So detoniert z. B. bei einer Granate die Ladung des Zünders und bringt dadurch den Sprengstoff der Granatfüllung zur Explosion.

Der **Exponent** (lat.). In der Mathematik zeigt der Exponent an, wie oft eine Zahl mit sich selber multipliziert werden soll. Man schreibt z. B. nicht $2 \cdot 2 \cdot 2 \cdot 2$, sondern der Einfachheit halber 2^4 (sprich 2 hoch 4) und nennt die hochgeschriebene 4 den Exponenten von 2. – Einen Exponenten nennt man auch einen Menschen, der sich sichtbar für eine Ansicht einsetzt oder die Ziele einer bestimmten Gruppe in der Öffentlichkeit vertritt.

Der **Export** →Import.

expreß (lat.): ausdrücklich, eilig. Kleinere Warensendungen (»Stückgut«) kann man zur schnelleren Beförderung der Eisenbahn als *Expreßgut* übergeben.

Der **Expressionismus** ist eine Kunstrichtung, die Anfang des 20. Jh. in Deutschland aufkam und nach dem Ersten Weltkrieg ihren Höhepunkt erreichte. Der Expressionismus (franz. expression = Ausdruck) wollte im Gegensatz zu dem vorhergehenden →Impressionismus nicht den augenblicklichen Eindruck des Geschehens möglichst getreu wiedergeben: expressionistische Künstler verändern Gegenstände, die sie zeigen wollen, absichtlich, um eine bestimmte Wirkung zu erzielen und die

Expressionismus:
E. L. Kirchner, Der Senne

Ausdruckskraft des Kunstwerks zu erhöhen. Auf Ausdruckskraft und Aussagekraft kam es ihnen am meisten an, denn der Expressionismus war nicht nur eine künstlerische Bewegung, sondern der Versuch einer allgemeinen geistigen Erneuerung. In Malern wie Marc, Nolde, Beckmann, Kokoschka, in Bildhauern wie Barlach und Lehmbruck und in Dichtern wie Werfel, Heym, Däubler, Kaiser und Döblin fand der Expressionismus seine stärksten Vertreter.

Das **Extemporale** (lat. = aus der Zeit, ist eine unvorbereitete schriftliche Arbeit) die in der Schule angefertigt werden muß. – *extemporieren*: unvorbereitet, aus dem Stegreif reden, spielen, schreiben usw.

extern (lat.): äußerlich, auswärtig. Ein »Externer« ist ein Internatsschüler, der nicht im Internat wohnt.

Die **Exterritorialität** (lat.) Staatsoberhäupter, Diplomaten, Truppen und Kriegsschiffe genießen das Recht der Exterritorialität. Sie unterstehen nicht den Gesetzen des Gastlandes, in dessen Gebiet sie sich mit Erlaubnis dieses Landes aufhalten, sondern nur den Gesetzen ihres Heimatlandes.

extrahieren (lat.): ausziehen, einen Auszug machen, entfernen. Ein *Extrakt* ist 1. ein Auszug aus einem Buch, Vortrag usw.; 2. ein aus Pflanzen oder Tieren gewonnener Rohstoff. Den Vorgang der Gewinnung eines solchen Stoffes durch Auslaugung nennt man *Extraktion*. Auch das Ziehen eines kranken Zahnes bezeichnet man als Extraktion.

Die **Extravaganz** (franz.): Überspanntheit, aus dem üblichen Rahmen fallendes Verhalten.

extrem (lat.): äußerst, übertrieben.

Die **Extremitäten** (lat.): wissenschaftlicher Ausdruck für die Gliedmaßen (Arme, Beine, Flügel, Flossen).

exzellent (lat.): hervorragend, ausgezeichnet.

Die **Exzellenz:** Titel, mit dem katholische Bischöfe und manche hohe Staatsbeamte, z. B. Botschafter, angeredet werden.

Der **Exzenter** (lat.): runde Scheibe, die sich um eine Achse dreht, deren Mittelpunkt nicht im Mittelpunkt der Scheibe liegt. Dadurch wird die Drehbewegung in eine hin und her gehende Bewegung umgewandelt, die durch die Exzenterstange übertragen wird.

Exzenterscheibe

exzentrisch (lat.): ausgefallen, eigenwillig, absonderlich.

Der **Exzeß** (lat.): Ausschreitung, Ausschweifung, maßloses Verhalten, das die Grenzen von Anstand, Sitte und Gesetz überschreitet.

F

F ist der sechste Buchstabe des Alphabets. In der Physik ist F die Abkürzung für die elektrische Einheit Farad (→Faraday); in der Musik der 4. Ton der C-Dur-Tonleiter oder als f die Abkürzung für forte = stark, ff für fortissimo = sehr stark.

Die **Fabel** (lat.): 1. eine Erzählungsart, bei der durch ein Gleichnis, meist aus der Tierwelt, etwas für das Menschenleben Lehrreiches leicht verständlich ausgedrückt wird, z. B. in Lessings Fabel »Der Fuchs und die Trauben«. Andere bedeutende Fabeldichter waren Äsop, La Fontaine und Gellert. Es gibt Vers- und Prosafabeln. 2. Als die Fabel einer Dichtung (Drama, Roman usw.) bezeichnet man den Kern ihrer Handlung. 3. Ferner nennt man einen lügenhaften, unwahrscheinlichen Bericht eine Fabel. – In den Sagen und Märchen aller Völker begegnen wir sogenannten Fabeltieren, wie Drache, Einhorn oder Greif.

Eine **Fabrik** (lat.) ist ein Betrieb, in dem von Arbeitern Waren in großer Menge mit Maschinen hergestellt werden. Der Inhaber eines solchen Betriebes ist der *Fabrikant*. Das Erzeugnis einer Fabrik nennt man *Fabrikat*, die mit Maschinen betriebene Warenherstellung *Fabrikation*. Fabriken lösten seit Ende des 18. Jh. die handwerklichen Betriebe in großem Umfang ab und ermöglichten die Massenherstellung von Gütern (→Industrialisierung).

Die **Facette** (franz., sprich faßette): geschliffene, bunt schillernde, schräge Fläche bei Diamanten oder Glas. – *Facettenauge* ist der Name für das Netzauge der →Insekten (Bild).

Zum Studium an der **Fachhochschule,** das acht Semester dauert, berechtigt das fachgebundene Abitur (→Fachoberschule). Mit einer Vorprüfung nach dem 2. Semester erwirbt man die »fachgebundene Hochschulreife«.

Auf die **Fachoberschule** gelangt man mit der mittleren Reife. Sie entspricht der 11. und 12. Klasse Gymnasium. Auf der Fachoberschule erwirbt man das »fachgebundene Abitur« und ist damit zum

Übertritt in die →Fachhochschule berechtigt.

Fachwerk nennt man das sichtbar gebliebene Balkengerüst einer Hauswand. Beim Bau eines Fachwerkhauses wird erst das ganze Balkengerippe aufgerichtet, und dann werden die Zwischenräume, die »Fächer«, mit Mauerwerk ausgefüllt.

Als **Fading** (engl., sprich fehding) bezeichnet man in der Rundfunktechnik das Entweichen von Sendestrahlen in den Weltraum. Natürlich wird der Rundfunkempfang durch das Fading gestört. Die Ursache für diese Erscheinung sind die Kurzwellenstrahlen der Sonne.

Das **Fagott** ist ein Holzblasinstrument. Abb. →Musikinstrumente.

Die **Fahndung** ist das systematische Suchen der Polizei und anderer Stellen nach einem Täter. Die Fahndung ist notwendig, wenn der Täter unbekannt oder nach der Tat geflohen ist. Ein Mittel der Fahndung ist häufig der →Steckbrief.

Die **Fahne** ist das Wahrzeichen eines Staates oder einer Gemeinschaft von Menschen, die sich eng verbunden fühlen. Sie ist an der Fahnenstange befestigt, während die *Flagge* am Flaggenmast aufgezogen wird. Die weiße Fahne gilt im Kriege als Zeichen der Bereitschaft, sich zu ergeben, und wird auch von Unterhändlern geführt. Der Soldat legt auf die Fahne den Fahneneid ab, der ihn zu Treue und Gehorsam verpflichtet. Das Fahnentuch ist meist rechteckig. Der *Wimpel* hat Dreiecksform. Ein *Banner* wird an einem Querholz befestigt. Die Fahnen, die von Staatsoberhäuptern geführt werden, nennt man *Standarten*. →Übersicht S. 208/209.

Eine **Fähre** ist ein Wasserfahrzeug mit geringem Tiefgang, das dem Verkehr zwischen den Ufern eines Gewässers an Stelle einer Brücke dient. *Frei fal rende Fähren* werden durch Ruder, Motoren oder Dampfmaschinen angetrieben. *Seil-* oder *Kettenfähren* sind an Seilen oder Ketten befestigt, die von Ufer zu Ufer gespannt sind. Ein Fährschiff, das einen ganzen Eisenbahnzug befördern kann, nennt man auch *Trajekt*.

Fahrenheit →Thermometer.

Das **Fahrrad**. Fahrräder in der heutigen Form gibt es seit etwa 1865. Hervorgegangen sind sie aus der *Draisine*, einer Laufmaschine, die der Forstmeister Karl von Drais 1817 baute. 1851 wurde das erste mit einer Tretkurbel ausgestattete Fahrrad, ein *Hochrad*, gebaut. Beim modernen Fahrrad wird die Kraft des Radfahrers durch Treten der Pedale über Kurbel, Kettenrad und Kette auf einen Zahnkranz übertragen, der auf die Achse des Hinterrades geschraubt ist und dieses antreibt. Weil aber der Zahnkranz weniger Zähne als das Kettenrad hat, dreht er sich in der gleichen Zeit öfter als das Kettenrad, und zwar um so öfter, je weniger Zähne er im Verhältnis zum Kettenrad besitzt. Hat z. B. das Kettenrad 54 und der Zahnkranz 18 Zähne, so macht der Zahnkranz und damit das Hinterrad bei jeder Kurbelumdrehung drei ganze Umdrehungen; das Übersetzungsverhältnis ist also 1:3. Renn- und Sporträder sind mit mehreren, verschieden großen Zahnkränzen versehen, auf welche die Kette nach Belieben umgelegt werden kann, so daß man die Wahl zwischen mehreren Übersetzungen hat. Eine neuere Gangschaltung ist das sog. *Planetengetriebe*, bei dem verschieden große, umschaltbare Zahnräder in der Hinterradnabe untergebracht sind. Früher

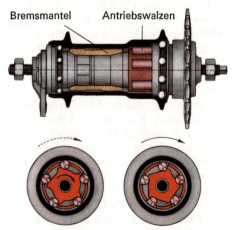

Freilauf. Oben: Längsschnitt, unten: Wirkungsweise der Walzen.

Draisine

Hochrad 1851

war bei allen Fahrrädern der Zahnkranz starr mit der Hinterradnabe verbunden: wenn sich das Hinterrad drehte, drehte sich auch immer die Kurbel mit. Heute sind fast alle Fahrräder mit einem Freilauf ausgestattet, nur die Räder für das Kunstradfahren und das Radballspiel haben noch starre Naben, weil man mit diesen Rädern auch rückwärts fahren will. Beim *Freilauf* werden beim Vorwärtstreten Walzen gegen das Gehäuse der Nabe gedrückt, welche die Nabe mitnehmen und so das Hinterrad antreiben (Abb. S. 188 links unten). Unterbricht man das Treten, so gleiten die Walzen wieder zurück, und die Nabe dreht sich frei über sie hinweg (Abb. S. 188 rechts unten). Tritt man aber zurück, so werden durch einen Kegel im Innern der Nabe Bremsscheiben oder ein Bremszylinder gegen das Nabengehäuse gepreßt. Dadurch wird das Hinterrad abgebremst. Ein Fahrrad für zwei oder mehr Personen, mit mehreren Tretkurbeln, aber nur zwei Rädern, nennt man *Tandem*.

Der **Fahrstuhl** →Aufzug. Auch lenkbares Transportmittel für Kranke und Schwerbeschädigte, mit Motor- oder Handantrieb.

fair (engl., sprich fär): anständig, ehrlich, redlich, ritterlich.

Der **Fakir** (arab. = der Arme). So nennt man indische Asketen, die als Bettler und Gaukler umherziehen. Manche von ihnen bringen es durch geistige Übungen und äußerste Willensanspannung zu übermenschlich erscheinender Unempfindlichkeit gegen Hunger, Durst oder Schmerz.

Das **Faksimile** (lat. = mach ähnlich): genaue Nachbildung einer Zeichnung, Handschrift usw. durch Druck oder Photokopie.

faktisch (lat.): tatsächlich; →de facto.

Der **Faktor** (lat.). Wichtige Umstände und treibende Kräfte, die ein bedeutsames Ereignis herbeiführen, bezeichnet man als Faktoren. In der Mathematik heißen Zahlen, die miteinander multipliziert (malgenommen) werden, Faktoren.

Das **Faktotum** (lat. = mach alles): vielseitig geschickter Diener oder Arbeiter, der für alles verwendbar ist.

Das **Faktum** (lat.): Tatsache.

Die **Fakultät** (lat.) →Universität.

fakultativ (lat.): freiwillig.

Die **Falange:** in Spanien 1933 gegründeter faschistischer Kampfbund, den General Franco 1937 mit ähnlich gerichteten politischen Gruppen zur Einheitspartei zusammenschloß. Seit 1942 ist die Falange die einzige vom Staat erlaubte Partei in Spanien.

Der **Falke** →Greifvögel.

Falken →Partei.

Der **Fall** →Deklination.

Das **Fallreep** ist eine bewegliche Schiffstreppe. Sie wird zum Betreten und Verlassen des Schiffes herabgelassen.

Der **Fallschirm** ermöglicht das Abspringen von Menschen oder das Abwerfen von Gegenständen aus Luftfahrzeugen. Er besteht aus einer halbkugelförmigen Hülle aus Ballonseide, in der sich beim Abwärtssinken die Luft staut und dadurch als Bremse wirkt. Der Fallschirm wird nach dem Absprung durch eine Reißleine, die mit dem Luftfahrzeug verbunden ist, oder durch einen Handabzug aus seiner Verpackung gerissen und bläht sich dann von selbst auf. Er schwebt mit einer Geschwindigkeit von ungefähr 5 bis $5\frac{1}{2}$ m in der Sekunde zu Boden. Die Absprunghöhe muß mindestens 80 m betragen, da sonst der Fallschirm keine Zeit zum Öffnen hat.

Das **Faltboot:** leichtes Paddelboot; man kann seine Bootsrippen zerlegen und seine Haut zusammenfalten. Daher läßt es sich leicht transportieren.

Ein **Fan** (engl., sprich fän, von *fanatic* = fanatisch) ist jemand, der sich für Jazzmusik, Sport oder Filmhelden überschwenglich begeistert.

Das **Fanal** (ital.): Rauch-, Feuer- und sonstiges Leuchtzeichen, meist von einem Berg aus gegeben und deshalb weithin sichtbar. Fanale dienten oft als Verständigungszeichen bei Aufständen.

Der **Fanatiker** (lat.): ein Mensch, der von einer politischen, religiösen oder anderen Idee leidenschaftlich ergriffen ist und dem in seinem Übereifer (dem *Fanatismus*) jedes Mittel recht ist, um der Idee zum Siege zu verhelfen. Der Fanatiker ist unduldsam gegenüber anderen Ideen und blind gegenüber der Wirklichkeit.

Die **Fanfare** (ital.): 1. sehr kurzes, schmetterndes Musikstück, meist von einem oder mehreren Bläsern geblasen; häufig als Signal verwendet; 2. lange, helltönende Trompete.

Als **Fang** bezeichnet der Jäger das Maul von Raubwild und Hund sowie Fuß oder Krallen von Greifvögeln.

Durch den **Fangschuß** aus nächster Nähe wird angeschossenes Wild getötet.

Die **Fantasie** (griech.) ist ein Musikwerk, das aus augenblicklichen Einfällen ohne strenge Beachtung der Regeln der musikalischen Formen geschaffen ist.

FAO ist die Abkürzung für »Food and Agriculture Organization«. Die FAO ist die *Ernährungs- und Landwirtschaftsorganisation* der →Vereinten Nationen. Sie wurde 1945 gegründet und hat ihren Sitz in Rom. Ihr gehören 131 Staaten an.

Michael **Faraday** war ein englischer Physiker und Chemiker, der von 1791 bis 1867 lebte. Er entdeckte unter anderem die elektrische Induktion und die Elektrolyse. Ihm zu Ehren nannte man die Maßeinheit für die elektrische →Kapazität: Farad, abgekürzt F.

Als **Farbe** bezeichnen wir Empfindungen des Gehirns, die auf dem Wege über das Auge durch Licht hervorgerufen werden. Lichtwellen sind ebenso beschaffen wie Radiowellen, nur von wesentlich kürzerer Wellenlänge, nämlich 400 bis 800 millionstel Millimeter lang. Innerhalb dieses Wellenbereichs ruft jede Wellenlänge in uns eine andere Farbempfindung hervor. Die kürzesten Wellenlängen empfinden wir als violett, die längsten als rot. Dazwischen liegen hellblau, dunkelblau, grün, gelb und orange. Licht von kürzerer (ultraviolettes Licht) oder längerer Wellenlänge (infrarotes Licht) können wir nicht mehr sehen. Weißes Licht (z. B. Sonnenlicht) ist aus Lichtarten verschiedener Wellenlänge zusammengesetzt und kann in einem Glasprisma in die sieben angegebenen Spektralfarben (→Spektrum) zerlegt werden. Da das Licht auch durch Regentropfen in gleicher Weise gebrochen wird, erscheinen die Spektralfarben auch im Regenbogen. Umgekehrt kann man weißes Licht aus farbigem Licht zusammensetzen. Aus wenigen Grundfarben kann jede Mischfarbe zusammengesetzt werden. Die Drucktechnik verwendet aus praktischen Gründen beim Dreifarbendruck gelb, rot und blau, beim Vierfarbendruck z. B. gelb, schwarz, rot und blau. Man kann auch fünf, sechs und mehr Farben verwenden. – Farbstoffe sind an sich farblos, denn sie sind keine Lichtquellen. Sie haben aber die Eigenschaft, von darauffallendem Licht mit vielerlei Wellenlängen die meisten zu verschlucken und nur ganz bestimmte zurückzuwerfen oder durchzulassen, die dann die entsprechende Farbempfindung hervorrufen. Stoffe, die alles Licht verschlucken, erscheinen schwarz, solche, die alles Licht zurückwerfen, erscheinen weiß.

Farbenblindheit nennt man die Unfähigkeit des menschlichen Auges, Farben zu unterscheiden. Die Farbenblindheit erstreckt sich nur in ganz seltenen Fällen auf alle Farben, meist fehlt nur das Unterscheidungsvermögen zwischen rot und grün oder blau und gelb. Farbenblindheit ist meist ein Geburtsfehler. Für bestimmte Berufe (z. B. Lokomotivführer, Kraftfahrer, Seemann, Flieger) sind Farbenblinde ungeeignet.

Farbfernsehen →Fernsehen.

Farbfilm →Photographie.

Farbendruck in vier Farben

Bei Farbendruck wird das Bild aus mehreren Farben in verschiedenen Arbeitsgängen zusammengedruckt. Für jede Farbe verwendet man dabei eine eigene Platte (oder einen Film). Beim Vierfarbendruck z. B., in dem unser Jugendlexikon gedruckt ist, benutzten wir:

Zuerst wird von der Gelbplatte gedruckt, im 2. Druckgang kommt dazu die Schwarzplatte, im 3. die Rotplatte und zuletzt im 4. die Blauplatte.

Farbstoffe werden schon seit frühester Zeit verwendet. Die Griechen benutzten Farbstoffe, um die Marmorstatuen der Götter bunt anzustreichen. Dabei bediente man sich der Erdfarben, wie Ocker, Rötel, Umbra, Malachit, Graphit und Kreide, ferner pflanzlicher Farbstoffe, die aus Flechten, Krappwurzeln, Waid, Henna und Safrankrokus gewonnen wurden. Auch tierische Farbstoffe, wie der Purpur der Purpurschnecke, die Sepia des Tintenfisches und das Scharlachrot der Kochenillelaus, wurden verwendet. Dazu traten bald noch Metallfarben, wie Bronze, Chromgelb und Kobaltblau, sowie Farben aus tropischen Pflanzen, z. B. das Indigo. Heute sind die natürlichen Farbstoffe durch künstliche stark verdrängt worden, die von der chemischen Industrie aus Kohlenwasserstoffverbindungen des Steinkohlenteers gewonnen und daher auch »Teerfarben« genannt werden. Die bekanntesten sind die Anilinfarben, das künstliche Indigo und die Indanthrenfarben.

Zum Färben von Geweben benutzt man zwei Färbverfahren: das Beizfärben und das Küpenfärben. Beim *Beizfärben* werden Garne oder Gewebe in die Farblösung getaucht und kommen dann gefärbt aus dem Bottich. Beim *Küpenfärben* (Küpe heißt der Färbekessel) entwickelt sich der

191

Farbton erst beim Trocknen nach dem Farbbad durch Einwirkung des Sauerstoffes der Luft. Die besonders lichtechten Indanthrenfarben sind Küpenfarbstoffe.

Die **Farce** (franz., sprich farße): 1. kurzes, lustiges Bühnenstück. Im deutschen Sprachgebrauch meint man mit diesem Wort eine Handlung oder Maßnahme, die man als »lächerliches Theater« empfindet, das heißt: die nur scheinbar auf eine Notwendigkeit eingeht und nicht ernst zu nehmen ist. – 2. Gehacktes, mit verschiedenen Zutaten gemischtes Fleisch für Fleischklöße oder zum Füllen von Pasteten usw.

Die **Farm** (engl. = Pachtgut): Bauernhof, Landgut, landwirtschaftlicher Betrieb (z. B. Geflügel- oder Pelztierfarm).

Farne sind blütenlose Blattpflanzen, die in Wäldern und Gärten an schattigen, feuchten Stellen wachsen. Sie haben meist gefiederte Wedel. Baumfarne gibt es in wärmeren Erdteilen. Die Farne gehören zu den ältesten Pflanzen und bildeten in erdgeschichtlicher Vorzeit große Wälder, aus denen zum Teil unsere Steinkohle entstanden ist.

Fasane sind auf dem Erdboden lebende Hühnervögel. Die Fasane stammen aus Asien. Wegen ihrer Farbenpracht und ihres wohlschmeckenden Fleisches wurden sie schon seit Jahrhunderten an den europäischen Fürstenhöfen in Fasanerien gehalten und gejagt.

Fasching →Fastnacht.

Das Wort **Faschismus** stammt aus dem Italienischen. Die politische Bewegung der italienischen Faschisten, die 1919 von →Mussolini gegründet wurde, wählte als ihr Symbol das Beil mit dem Rutenbündel (fasces), das bei den alten Römern den Konsuln als Zeichen ihrer Gewalt über Leben und Tod vorangetragen wurde. Der Faschismus forderte bedingungslose Unterwerfung unter den Willen eines Führers und verkündete die Allmacht des Staates. Er lehnte die demokratischen Einrichtungen und die Freiheit des Einzelmenschen ab und führte eine diktatorische Herrschaft ein. Die Parteimitglieder trugen als äußeres Zeichen das schwarze Hemd und grüßten mit der erhobenen Hand. Die Gedanken des Faschismus wurden auch von anderen Ländern übernommen, besonders von den Nationalsozialisten (Braunhemden) in Deutschland und den Falangisten (Blauhemden) in Spanien. Das Machtstreben der faschistischen Bewegungen entfesselte den Zweiten Weltkrieg und führte zum Zusammenbruch Deutschlands und Italiens. Einige Gedanken des Faschismus (z. B. der Glaube an die Richtigkeit und Notwendigkeit totalitärer Staatsformen) leben noch fort (Neofaschismus), und in einigen Staaten gibt es auch heute faschistische Bewegungen, z. B. in Spanien, wo die faschistische Partei (Falange) regiert.

Die **Fassade** (franz.) ist die oft mit Zierat versehene Vorder- oder Schauseite, also das »Gesicht« eines Gebäudes.

Die **Fastnacht** war ursprünglich ein Frühlingsfest zur Feier der Austreibung des Winters und hieß Fasenacht oder Fasnacht. Es kommt von dem alten Wort fasen = Possen treiben (faseln), hat also mit fasten gar nichts zu tun. Heute nennt man so den Abend und die Nacht vor Aschermittwoch, dem Beginn der Fastenzeit vor Ostern. Man begeht die Fastnacht mit Schmausereien, Trinkgelagen, Maskeraden und Aufzügen. Die Wochen vor diesem Fastnachtsdienstag, die man mit ähnlichen Lustbarkeiten begeht, nennt man *Karneval* oder *Fasching*.

faszinieren (lat.): bezaubern, fesseln.

fatal (lat. fatum = Schicksal): schicksalhaft, verhängnisvoll. Meist gebraucht man das Wort aber im Sinne von: mißlich, unangenehm, peinlich. *Fatalismus* nennt man den Glauben an das »Unabänderliche«, das heißt an ein fest vorherbestimmtes, vom menschlichen Willen nicht beeinflußbares Schicksal. Er ist besonders ausgeprägt im Islam. Der *Fatalist* verzichtet darauf, auf sein Schicksal einzuwirken.

Die **Fata Morgana** (ital.) →Luftspiegelung.

Das **Faultier** ist wirklich faul. Es lebt in Süd- und Mittelamerika auf den Bäumen, hängt oft stundenlang an seinen langen

Faultier

Krallen, den Kopf nach unten, und bewegt sich nur ganz langsam fort. Die heute lebenden Faultiere haben etwa die Größe eines Schäferhundes. In der Vorzeit gab es Riesenfaultiere bis zu drei Meter lang.

Der **Faun** →Satyr.

Die **Fauna:** Gesamtheit der Tierwelt eines Landes oder einer Gegend, benannt nach Fauna, der römischen Waldgöttin und Beschützerin der Tiere.

Dr. Johann **Faust** war ein Arzt, Astrologe und Zauberkünstler, der etwa zwischen 1480 und 1540 in Deutschland lebte. Gerüchte über seine angeblich übermenschlichen Fähigkeiten verbanden sich mit alten Zaubersagen. Daraus entstand die Faustsage, die 1587 im »Volksbuch vom Dr. Faust« als gedruckter Bericht erschien. Dieser diente dem englischen Dichter Marlowe als Grundlage für sein Drama »Dr. Faust« (1589), das in Deutschland zu einem oft aufgeführten Puppenspiel umgearbeitet wurde. Seither haben viele Dichter die Geschichte vom »Magier« Faust, der seine Seele dem Teufel verschrieb, um dafür geheimes Wissen und Macht über Natur und Menschen zu erlangen, nachgestaltet. Goethes »Faust«, die berühmteste aller dieser Faust-Gestalten, ist die Verkörperung des nach Wahrheit und Erkenntnis strebenden Menschen überhaupt.

Faustball ist ein Mannschaftsspiel, das mit einem mit Luft aufgepumpten Lederball (Umfang 65–71 cm) gespielt wird, der nur mit der Faust oder mit dem Arm geschlagen werden darf. Auf einem Spielfeld von 50 m Länge und 20 m Breite stehen sich die beiden Mannschaften mit je 5 Spielern gegenüber. In der Mitte ist in einer Höhe von 2 m eine Schnur gespannt, über die der Ball geschlagen werden muß. Die Spieldauer beträgt zweimal 15 Minuten, und gewonnen hat die Mannschaft, die die wenigsten Fehler gemacht hat.

Faustkeile sind beidseitig zugeschlagene Steinwerkzeuge der Altsteinzeit (→Vorgeschichte).

Der **Fauxpas** (sprich fohpa, franz. = verkehrter Schritt): Verstoß gegen die guten Sitten, z. B. eine taktlose Bemerkung.

Der **Favorit** (franz.): Günstling. – Bei einem sportlichen Wettkampf bezeichnet man als Favoriten, wer die meisten Aussichten auf den Sieg hat.

Die **Fayence** (franz., sprich fajäß): nach der italienischen Stadt Faënza benannte Töpferwaren aus naturfarbenem Ton, deren undurchsichtiger weißer Blei- oder Zinnüberzug meist bemalt ist.

Das **Fazit** (lat. = es macht): Ergebnis, z. B. einer Überlegung oder Bemühung.

FDJ: Abkürzung für →Freie Deutsche Jugend.

FDP: Abkürzung für Freie Demokratische Partei. →Partei.

Das **Feature** (engl., sprich fihtscher) ist die durch Musik, Gespräche usw. aufgelockerte Behandlung eines Themas von allgemeinem Interesse im Rundfunk. Das Feature – man spricht auch von *Hörbild* – behandelt z. B. den Umweltschutz, die Verkehrssicherheit usw.

Februar →Monat.

Fechten nennt man den Zweikampf mit der blanken Waffe im Gegensatz zum Kampf mit Schußwaffen. Heute kennen wir Fechten nur noch als sportlichen Wettkampf, der mit stumpfen Waffen ausgetragen wird. Die Sportwaffen des Fechtens sind *Florett* und *Degen* (Stoßwaffen) sowie der leichte *Säbel* (Hieb-

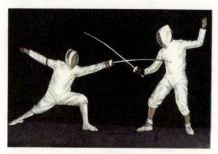
Florettfechten

und Stoßwaffe). Ein *Gefecht* wird im Herren-Florett, -Degen und -Säbel auf 5 Treffer, im Damen-Florett auf 4 Treffer gefochten. Zeitliche Höchstbegrenzung bei Herren 6 Minuten, bei Damen 4 Minuten reiner Kampfzeit. Gültige Treff-fläche: *Florett:* Oberkörper von Hals bis zur Leistenfurche (ausschließlich der Arme), Brust und Rückenseite. *Säbel:* der gesamte Oberkörper von Kopf bis zur Gürtellinie. *Degen:* der gesamte Körper von Kopf bis Fuß. Im Florett und Degen werden die aufkommenden Treffer durch ein Elektro-Meldegerät angezeigt, im Säbel entscheidet ein 5köpfiges Kampfgericht über die Gültigkeit der aufkommenden Treffer. Ausmaße der *Kampf-bahn:* Florett: Länge 14 m; Säbel und Degen: 18 m. Breite 1,80–2 m. Kleidung: vorschriftsmäßiger Fechtanzug, Fechtmaske, Fechthandschuh, Unterziehweste und beim Florett: Überzieh-Metallweste, außerdem beim Florett und Degen: Körperkabel.

Federball ist ein tennisähnliches Ballspiel mit leichtem Schläger und Korkbzw. Kunststoffball mit Flugfedern und Gummikopf.

Federgewicht ist eine Gewichtsklasse beim Boxen (bis 57 kg), Ringen (bis 63 kg), Gewichtheben (bis 60 kg).

Das **Fegfeuer** ist nach katholischer Lehre der Ort, an dem die Seelen der Verstorbenen von läßlichen Sünden oder zeitlichen Sündenstrafen gereinigt, wie durch Feuer geläutert, »reingefegt« werden, ehe sie in den Himmel kommen können.

Die **Fehde.** Geschah bei den Germanen ein Verbrechen, so entstand zwischen der Familie des Opfers und der Familie des Täters Fehde, das heißt Feindschaft, Kampf. Im Mittelalter war den Rittern die Fehde als Selbsthilfe bei Rechtsstreitigkeiten erlaubt, doch mußte der Herausforderer vorher seinem Gegner den Kampf durch einen *Fehdebrief* oder durch Zuwerfen des *Fehdehandschuhs* ansagen. 1495 wurde die Fehde von Kaiser Maximilian I. durch Verkündung des Allgemeinen Landfriedens abgeschafft. Rechtsstreitigkeiten konnten von da ab nur noch gerichtlich ausgetragen werden. – Jemandem den Fehdehandschuh hinwerfen bedeutet: ihn zum Kampf herausfordern.

Die **Feige** ist die Frucht des in Mittelmeerländern heimischen Feigenbaumes. Dieser Laubbaum hat keine Blüten, sondern bringt gleich die kugeligen Früchte hervor, die dann von Insekten im Innern bestäubt werden.

Die **Feile** ist ein Werkzeug mit vielen Zähnen aus gehärtetem Stahl, das zum Bearbeiten (Abheben kleiner Späne) von Metall, Holz, Horn usw. verwendet wird.

Der **Felchen** →Lachs.

Der **Feldscher.** So hieß ursprünglich bei den Landsknechtsheeren der »Bartscherer«, also der Friseur, der aber auch Zähne zog und allerlei Heilhilfe leistete. Bis zum 18. Jh. nannte man auch den Heilkundigen unter den Soldaten Feldscher. Später traten an seine Stelle Ärzte.

Feldschlangen waren Geschütze des 14. bis 16. Jhs., die Kugeln bis zu 10 kg verschossen.

Der **Feldstecher** →Fernrohr.

Fellachen →Araber.

Die **Feme** war im Mittelalter ein aus Freien gebildetes Gericht, das häufig im geheimen sein Urteil fällte. Femegerichte entstanden als Selbsthilfe des Volkes in rechtloser Zeit. Wer vor ein Femegericht geladen wurde und nicht erschien, wurde »verfemt«, d. h. geächtet, und konnte ohne Urteil hingerichtet werden. Die Feme spielte vor allem in Westfalen eine Rolle. Die Femegerichte entarteten nach einiger Zeit und wurden im 16. Jh. größtenteils unterdrückt. In der Zeit nach dem Ersten Weltkrieg beriefen sich nationalistische Abenteurer auf die Femejustiz des Mittelalters und begingen an politischen Gegnern sogenannte »Fememorde«.

Das **Femininum:** weibliches Geschlecht, weibliches Hauptwort.

Fenchel →Küchenkräuter.

Die **Fermate** ist der lang ausgehaltene Schlußton einer Melodie oder eines Musikstückes. In der Notenschrift wird die Fermate durch ein ⌣ bzw. ⌢ über oder unter der betreffenden Note bezeichnet.

Das **Ferment** (lat.). Fermente oder *Enzyme* nennt man bestimmte Stoffe, die von lebenden Zellen, z.B. von der Hefe, erzeugt werden und Gärung bewirken. Auch im menschlichen wie im tierischen Körper wird der Ablauf chemischer Umwandlungen durch Fermente geregelt. So wird z.B. die chemische Zerlegung unserer Nahrung durch Verdauungsfermente bewirkt. Fermente sind also natürliche →Katalysatoren, die bestimmte chemische Veränderungen auf einfache Weise vollziehen.

Unter **Fernlenkung** versteht man die Steuerung eines (unbemannten) Fahrzeugs über eine Funkverbindung. Bei einem ferngelenkten Modellflugzeug z.B. strahlt der Sender am Boden Funkimpulse aus, die von dem im Flugzeug eingebauten Empfänger aufgenommen und an den Steuerungsmechanismus weitergegeben werden. Auch Raketen (Fernlenkwaffen) und Raumfahrzeuge werden von Bodenstationen aus ferngelenkt.

Fernmeldetechnik →Nachrichtentechnik.

Das **Fernrohr** ist ein optisches Gerät, durch das entfernte Gegenstände dem Auge näher gerückt erscheinen. Eine Sammellinse (Objektiv) entwirft ein verkleinertes Bild der Ferne, das dann durch eine Lupe (Okular) vergrößert wird. *Feldstecher* sind Doppelfernrohre für den Handgebrauch. Durch Einbau von →Prismen wird es möglich, die Rohre zu verkürzen und stärker räumlich zu sehen. Das *Scherenfernrohr* ist ein Doppelfernrohr, das

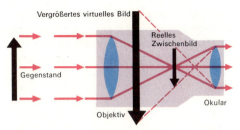

Strahlengang im astronomischen Fernrohr

durch weit auseinanderstehende Objektive besonders genaue Beobachtung ermöglicht. Große Fernrohre zur Beobachtung der Sterne heißen *Refraktoren*, wenn das aus der Ferne kommende Licht durch Linsen gesammelt wird. Verwendet man an Stelle der großen Sammellinsen Spiegel, so spricht man von *Reflektoren* oder *Spiegelteleskopen*. Das größte Spiegelteleskop der Welt befindet sich in Selentschukskaja in der UdSSR. Sein Spiegeldurchmesser beträgt 6 m. Mit diesem Gerät können noch Sterne beobachtet werden, die über 2 Milliarden Lichtjahre (→Himmelskunde) von uns entfernt sind.

Fernschreiber →Telegraf.

Das **Fernsehen** (Television) ist die jüngste der Erfindungen, bei denen auf elektrischem Wege Fernübertragungen vorgenommen werden. Der Telegraf gibt über einen Draht kurze Schriftzeichen weiter, der Funk drahtlos Töne oder Worte. Beim Fernsehen können wir vollständige Bildvorgänge, etwa eine Sportvorführung, unmittelbar miterleben. Wir nehmen dabei auf dem Empfangsgerät zu Hause Bilder entgegen, die der Sender ausgeschickt hat. Das Empfangsgerät ist gewissermaßen ein Heimkino, der Sender entspricht der Vorführkamera beim Film. Nur kann er viele Kilometer von uns entfernt aufgestellt sein und die Aufnahme im gleichen Augenblick, in dem sie von der Kamera gemacht wird, weitergeben. Auch beim Fernsehen haben wir, wie bei der →Rundfunktechnik, einen Sender und einen Empfänger. Beide sind nur viel komplizierter gebaut, denn Bilder lassen sich viel schwerer übertragen als Töne.

Ein Bild besteht aus unendlich feinen ineinanderlaufenden Übergängen von Hell zu Dunkel. Man muß es erst in winzige, genau umgrenzte Punkte zerlegen, wenn man es in Stromstöße, die sogenannten Signale, umwandeln und durch die Luft weiterleiten will, damit sie das Empfangsgerät dann wieder in Bildpunkte zurückverwandeln kann.

Man verwendet bei dieser Zerlegung ein Verfahren, das schon seit langem im Druck bei der Wiedergabe von Photographien benutzt wird, das sogenannte Rastersystem, bei dem ein feines Gitter die Bildfläche in Punkte zerlegt. Das Auge bemerkt das ebensowenig wie bei dem Bild in der Zeitung (vgl. Abb. unten). Und in gleicher Weise spüren wir auch nicht, daß ständig viele Einzelbilder ankommen, die jeweils aus solchen Pünktchen zusammengesetzt sind. Wie beim →Film empfinden wir sehr schnell aufeinanderfolgende Bilder als eine fortlaufende Bewegung.

Der Fernsehapparat muß aber unvergleichlich schneller arbeiten als das Kino. Er muß die Bildpunkte nämlich nacheinander als Stromstöße weitergeben, und zwar genau nach ihrer jeweiligen größeren oder kleineren Helligkeit. Er muß daher das Bild von oben nach unten »abtasten«, wie der Fachausdruck lautet. Dazu wird jedes Bild in Zeilen aufgeteilt wie eine Buchseite. Die heutige Fernsehtechnik in der BRD benutzt 625 Zeilen für jedes Bild

Bild in Rasterpunkte zerlegt

(in Frankreich 819, in England 405, in den USA 525 Zeilen). Jede Zeile enthält etwa 700 Bildpunkte, also etwa eine halbe Million je Bild. Und 25 solcher Bilder müssen in jeder Sekunde gesendet werden, damit das Auge die Darstellung aufnimmt, ohne die Zwischenräume zu bemerken. Die Zeile muß daher in einer Zeit von 0,000066 Sekunden niedergeschrieben werden. Diese ungeheuren Geschwindigkeiten kann man erst seit der Entwicklung der Elektronentechnik bewältigen. Mechanische Abtaster, wie man sie anfangs benutzte, sind dafür zu träge. Man verwendet daher eine →Kathodenstrahlröhre mit Elektronen, die sich mit 30 000 bis 100 000 km in der Sekunde fortbewegen und so trägheitslos sind, daß man sie fast beliebig lenken kann. Diese Lenkung erfolgt durch elektrische und magnetische Felder auf sog. Ablenkplatten und wird durch eine Kippspannung gesteuert, die dafür sorgt, daß der Elektronenstrahl regelmäßig am Ende der Zeile »umkippt« und zum Beginn der nächsten Zeile zurückgeht.

Durch eine →Photozelle oder eine Platte mit vielen Photozellen (z. B. mit winzigen Tröpfchen von Cäsium, die jedes für sich eine kleine Photozelle bilden) werden die wechselnden Lichtimpulse dann in elektrische Spannungen umgesetzt. Trifft der Elektronenstrahl auf einen dunklen Punkt des Bildes, so kommt nur wenig Licht auf die Photozelle, und diese gibt nur wenig Spannung ab. Berührt er eine helle Stelle, so kommt viel Licht auf die Photozelle, die eine entsprechend höhere Spannung erzeugt. Es entsteht also eine ständig wechselnde Spannung, die Punkt nach Punkt der Helligkeit des Bildes entspricht. Das ganze Bild ist nun in elektromagnetische Wellen umgewandelt und kann vom Sender ausgestrahlt werden. Dabei werden noch Verstärker eingeschaltet. Im Empfänger wird der ganze Vorgang umgekehrt wiederholt: die ankommenden Stromstöße werden wieder in Lichtpunkte verwandelt und auf dem Leuchtschirm des Apparates Zeile um Zeile »niederge-

Fernsehaufnahme

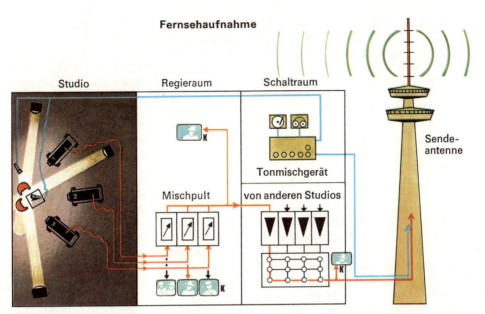

Blaue Linie: Tonübertragung von den Mikrophonen über das Tonmischgerät zur Sendeantenne
Rote Linie: Bildübertragung von den Kameras über das Mischpult und den Schaltraum zur Sendeantenne. (K = Kontrollempfänger)

schrieben«. Das Auge des Betrachters setzt sie sich zum Bild und die rasch aufeinanderfolgenden Bilder zur Bewegung zusammen.

Nebenher läuft die Übertragung der Töne und Laute, die ganz wie beim Radio erfolgt.

Die Fernsehsignale können direkt gesendet werden; man kann die Aufnahmen aber auch auf Film oder Magnetband (*Ampex-Verfahren*) speichern und zu einem beliebigen späteren Zeitraum senden. Der Fernsehsender besteht aus Bildsender, Tonsender und gemeinsamer Antenne. Zum Fernsehen benutzt man ausschließlich Ultrakurzwellensender, die möglichst auf Bergen aufgestellt werden. Da die Reichweite solcher Sender beschränkt ist, schaltet man Zwischenstationen ein, um den Empfangsbereich zu erweitern.

Beim *Farbfernsehen* wird das Bild in der Aufnahmekamera durch besondere Prismen oder Spiegel in Farbauszüge in den drei Grundfarben Rot, Grün und Blau zerlegt; jede Farbe wird von einer eigenen Bildaufnahmeröhre in Bildsignale umgewandelt, deren Größe der Farbsättigung entspricht. Im Empfänger werden die Signale wieder in entsprechende Farbwerte umgesetzt: die drei Elektronenstrahlsysteme der Bildröhre bringen auf dem mit drei (den Grundfarben entsprechenden) lumineszierenden Stoffen überzogenen Bildschirm jeweils »ihre« Farben zum Aufleuchten. Insgesamt gibt es auf dem Bildschirm über 1 Mill. Farbleuchtpunkte, die zu Dreiergruppen (Rot, Grün, Blau), *Tripel* genannt, zusammengefaßt sind. Das Farbfernsehen wurde in den USA (NTSC-System) entwickelt und in Deutschland (PAL-System) und Frankreich (SECAM-System) verbessert.

Fernsprecher →Telefon.

Unter **Fernunterricht** versteht man Lehrgänge und Kurse anhand von Fernunterrichtsmaterialien über die verschiedensten Wissensgebiete zum Zweck einer Schul- oder Berufsausbildung. Der *Fernschüler* erarbeitet sein Pensum anhand des Unterrichtsmaterials nach eigener Zeiteinteilung. Er schickt Prüfungsbogen ein und erhält sie korrigiert zurück. Das Zentralinstitut für Fernunterricht in Köln prüft Lehrgänge und erteilt Gütesiegel.

Das **Ferrit** ist eine chemische Verbindung von Eisenoxid mit anderen Metalloxiden. Man stellt daraus u. a. *Ferritantennen* für Rundfunkgeräte her.

Der **Fes** oder *Tarbusch:* nach der Stadt Fes in Marokko benannte Kappe (mit schwarzer Quaste) aus rotem Wollfilz.

Festival (engl. bzw. franz., sprich fästiwel bzw. festiwahl) ist der englische bzw. französische Ausdruck für »Festspiel(e)«. Festspiele sind künstlerische Darbietungen (Opern, Filme, Konzerte), die vor einem internationalen Publikum an einem *Festspielort* stattfinden. Die meisten Festspiele dauern nur wenige Tage oder Wochen. Zu den berühmtesten Festspielen der Welt gehören die Bayreuther Festspiele (→Richard Wagner).

Der **Fetisch:** Gegenstand, dem göttliche Verehrung zuteil wird. Die Verehrung von Fetischen, der *Fetischismus*, ist bei den Naturvölkern in Westafrika und Nordasien besonders verbreitet. Als Fetische werden z. B. Puppen in Menschengestalt verwendet.

Für die menschliche Ernährung ist das **Fett,** das aus Pflanzen und Tieren gewonnen wird, unersetzlich. Viele Fette sind bei gewöhnlicher Temperatur fest, z. B. Butter, Talg, Schweinefett, andere wieder mehr ölig-flüssig, wie der Tran des Wales und die pflanzlichen Öle von Olive, Erdnuß, Sonnenblume, Mohn, Raps, Sojabohne, Palmkern, Kopra und Kakaofrucht. Doch können die öligen Fette zu festen Fetten verarbeitet werden, nämlich zu Margarine, Kokosfett usw. Außer für die Ernährung werden Fette für Salben und Seife verwendet. Dagegen werden Schmierfette für Maschinen, z. B. Staufferfett, aus Erdöl oder Kohle gewonnen.

feudal (lat. feudum = Lehen): das →Lehen oder Lehnswesen betreffend, adlig, vornehm. – *Feudalherrschaft:* die von Lehensherren, den Adelsherren, ausgeübte Herrschaft. – *Feudalismus:* Feudalwesen, Adelswesen.

Die Benutzung von **Feuer** ist die erste und größte Errungenschaft des Menschen, auf der alle weiteren kulturellen Fortschritte beruhen. Ursprünglich mußte Feuer, das durch Blitz entstanden war, sorgfältig gehütet werden. Erst später lernte man, Feuer künstlich zu erzeugen: anfangs durch Reiben von hartem Holz auf weichem Holz, bis das weiche Holz zu glimmen anfing. Dann lernte man den Funken, der beim Aufschlagen von Eisen auf Stein entsteht, durch eine Zundermasse aufzufangen (ähnlich wie noch jetzt beim Feuerzeug). Streichhölzer gibt es erst seit etwa hundert Jahren.

Feuer entsteht, wenn ein brennbarer Stoff bei Luftzufuhr einen bestimmten Wärmegrad überschreitet. Feuer erlischt, wenn die Luftzufuhr abgedrosselt oder wenn Brennstoff entfernt oder abgekühlt wird. Darauf beruht alle Feuerbekämpfung. Kleine Feuer lassen sich leicht ersticken, wenn man Erde, Sand, Decken usw. darüberwirft. Handfeuerlöscher erzeugen einen Kohlensäureschaum, der selbst einen Benzinbrand erstickt. Brennende Gardinen oder Vorhänge soll man schnell herunterreißen. Wurde der Brand durch beschädigte elektrische Geräte oder Leitungen verursacht, so entferne man als erstes die Sicherungen. Zum Löschen von Feuer an Starkstromanlagen niemals Wasser verwenden! In jedem Fall ist gleich die Feuerwehr zu benachrichtigen. Ebenso wichtig wie Feuerbekämpfung ist Feuerverhütung, besonders durch vorsichtiges Umgehen mit leicht brennbaren Stoffen (Benzin) und Elektrogeräten.

Feuerprobe →Gottesurteil.

Feuerstein oder *Flint* ist eine gelb bis dunkelbraun gefärbte Abart des Quarzes. Beim Anschlagen werden kleinste Teile abgesprengt, die in Glut geraten und einen leicht brennbaren Stoff (Lunte) zum Glimmen bringen. In der Steinzeit wurde der Feuerstein wegen seiner Spaltbarkeit, seiner Härte und seiner scharfen Kanten zu Pfeilspitzen, Messern und Streitäxten verarbeitet. Nach der Erfindung des Schießpulvers wurde er als Flintenstein benutzt, der mit seinen Funken das Pulver zur Entzündung brachte.

Feuerwaffen →Geschütz und →Schußwaffen.

Die **Feuerwehr** besteht in vielen Orten aus *freiwilligen Feuerwehrleuten*, in den Städten auch aus der *Berufsfeuerwehr*. Die Feuerwehr ist mit schnellen Motorfahrzeugen und mit den modernsten Geräten ausgerüstet. Sie verfügt über starke Motorspritzen und ausschiebbare Leitern, die bis zu 60 m Höhe hinaufreichen; ihre Mannschaften sind mit Rauchhelmen und Asbestanzügen ausgestattet, um in brennende Gebäude eindringen zu können. Zum Auffangen von Personen, die eingeschlossen sind und aus dem Fenster springen müssen, benutzt sie ausgespannte Sprungtücher. Außerdem ist sie mit allen Rettungsgeräten zur Wiederbelebung Verunglückter ausgestattet. Die Feuerwehr bekämpft nicht nur Brände, sondern hilft auch bei Katastrophen (z. B. Stürmen, Überschwemmungen) und Unfällen.

Feuerwerke werden als Attraktion bei Festen u. a. veranstaltet. Zur Erzielung von Funkenregen setzt man den Feuerwerkskörpern Metallspäne zu. Um das Feuer bunt zu färben, gibt man Chemikalien bei, wie Schwefel, Salpeter, Phosphor, Kali usw. Mit Treibladungen versehene Feuerwerkskörper steigen als Raketen in die Höhe oder drehen sich auf einem Rad befestigt als Feuerkranz. – Feuerwerk kannte man schon im Altertum, besonders in China und Indien. Nach der indischen Landschaft Bengalen nennt man noch jetzt eine Art des Feuerwerks *bengalisches Feuer*.

Das **Feuerzeug:** kleines Gerät, bei dem ein Stahlrädchen von einem sogenannten Feuerstein (der in Wirklichkeit aus einer Legierung der Metalle Eisen und Zerium [Zereisen] besteht) Teilchen abfeilt, die durch die Reibung glühen. Diese Funken entflammen einen mit Benzin getränkten Docht, bei *Gasfeuerzeugen* das aus einer Gaspatrone ausströmende brennbare Gas. Bei *elektrischen Feuerzeugen* wird wie bei einer Kochplatte ein Heizdraht durch

elektrischen Strom zum Glühen gebracht.

Das **Feuilleton** (sprich föjtõ, franz. = Blättchen): der Unterhaltungsteil einer Zeitung; aber auch ein einzelner Zeitungsaufsatz, der auf eine geistreich plaudernde Weise geschrieben ist.

Der **Fiaker** (franz.): vor allem in Österreich übliche Bezeichnung für eine Mietkutsche und ihren Kutscher nach dem Pariser Gasthaus »Zum heiligen Fiacrius«, vor dem die ersten Mietkutschen ihren Stand hatten.

Das **Fiasko** (ital.): Mißerfolg.

Die **Fibel:** 1. erstes Lehrbuch in der Schule; 2. Gewandnadel, Spange.

Die **Fichte** →Nadelbäume.

fidel (lat.): lustig, vergnügt.

Die **Fidschi-Inseln** sind eine Inselgruppe im Großen Ozean östlich von Australien. Von den 322 meist vulkanischen Inseln (18 272 qkm) sind 106 bewohnt (554 000 Einw.). Hauptstadt ist Súva auf Viti Levu. Die Fidschi-Inseln waren von 1874 bis 1970 britisch und sind jetzt selbständig.

Unter **Fieber** versteht man das Ansteigen der Körpertemperatur (beim gesunden Menschen etwa 36,5 bis 37° C) über 37° C hinaus. Dies gilt für Messungen in der Achselhöhle; bei Messungen im Mund oder im After muß man einen halben Grad höher rechnen, also statt 37° C 37,5° C. Das Fieber entsteht dadurch, daß eine bestimmte Stelle in unserem Gehirn, das Wärmeregulationszentrum, durch chemische Stoffe (z.B. Bakteriengifte bei Infektionskrankheiten) gestört und zur Abwehr der Fremdstoffe auf eine höhere Temperatur eingestellt wird. Man weiß heute, daß das Fieber eine Abwehrmaßnahme unseres Körpers gegen die Krankheit ist. Es ist also immer nur ein Zeichen dafür, daß eine Krankheit besteht, ist aber selbst keine Erkrankung. Steigt das Fieber bis zu 42° C, so gerinnt das Körpereiweiß, und der Mensch stirbt. Auf alle Fälle gehört jeder Fieberkranke ins Bett. Die Höhe des Fiebers ist kein Maßstab für die Schwere der Erkrankung, da jeder Mensch anders reagiert.

Der **Fight** (engl. = Kampf, sprich fait): Boxkampf, hart geführter Nahkampf beim Boxen.

Die **Fiktion** (lat.): etwas nur Erdachtes, eine Annahme, von der man spricht, als ob sie Wirklichkeit wäre.

Die **Filiale** (lat. filia = Tochter): Zweigstelle eines Unternehmens.

Der **Film** (engl. = Häutchen) ist ein biegsamer, durchsichtiger Streifen aus Zelluloid, Polyvinylchlorid u. a. Kunststoffen von etwa 0,1 mm Dicke, der auf einer Seite eine lichtempfindliche Schicht trägt. Er hat in der Amateurphotographie die früher ausschließlich benutzten Glasplatten fast völlig verdrängt. Mit Hilfe dieses biegsamen Filmstreifens sind wir in der Lage, nicht nur Einzelaufnahmen zu machen, sondern auch ganze Bewegungsvorgänge zu photographieren. Solche Bilderstreifen bezeichnen wir ebenfalls als Film. Man bedient sich für Filmaufnahmen einer besonders gebauten Kamera. Diese Kamera macht von den sich bewegenden Menschen, Tieren oder Gegenständen in einer Sekunde 24 Aufnahmen. Sie zerlegt also die in einer Sekunde ausgeführte Bewegung in 24 Einzelbilder. Dabei muß der Filmstreifen laufend weitergerückt werden, aber immer einen kleinen Augenblick still stehen, damit die Aufnahme des einzelnen Bildes erfolgen kann. Die Bewegung erfolgt also ruckweise. Beim Weiterdrehen des Films ist der Verschluß der Kamera geschlossen, er ist nur geöffnet, wenn der Film kurze Zeit stehenbleibt. Der so aufgenommene Film wird dann entwickelt, wodurch ein Negativfilm entsteht, von dem man beliebig viele Positivfilme herstellen (kopieren) kann (→Photographie). Bei Verwendung von sog. *Umkehrfilmen* erhält man schon bei der Entwicklung einen Positivfilm.

Beim Abspielen läuft der Positivfilm auch wieder ruckartig durch das Filmvorführgerät hindurch. Eine starke elektrische Lampe strahlt das Licht durch den Film in ein Linsensystem (Objektiv), welches das stark vergrößerte Bild auf eine weiße Fläche wirft. Auch im Filmvorführgerät wird genau wie in der Filmkamera der Film in 1 Sekunde 24mal um je ein Bildchen weitergedreht. Während dieser Bewegung ist das Licht der Lampe durch einen sich drehenden Flügel verdeckt; nur während des kurzen Stillstandes fällt Licht durch den Film und erzeugt an der Wand für eine ganz kurze Zeit das vergrößerte Bild. Für unser Auge ist dieser schnelle Wechsel der einzelnen Bildchen nicht mehr wahrnehmbar. So entsteht der Eindruck einer fortlaufenden Bewegung. Um den Filmstreifen gleichmäßig weiterschalten zu können, besitzt dieser an seinen Rändern eine Reihe kleiner Löcher (die Perforierung). In diese Löcher greifen kleine Zahnräder ein, die den Film weiterschieben. Die ruckartige Bewegung wird durch ein Schaltwerk erzeugt, das die gleichmäßig umlaufende Bewegung des elektrischen Antriebsmotors in eine ruckweise fortschreitende umwandelt. Der in das Schaltwerk eingebaute achtspitzige Stern, der diese Umwandlung ermöglicht, wird *Malteserkreuz* genannt.

Der Normalfilm hat eine Breite von 35 mm. In einer Minute laufen ungefähr 30 Meter Film durch das Gerät, das sind etwa 1500 einzelne Bilder. Die Bildgröße auf dem Film beträgt 18×24 mm. Außerdem gibt es noch den *Schmalfilm* für Amateuraufnahmen mit 16 oder 8 mm Breite.

Früher kannte man nur den *Stummfilm*. Dabei gab ein Sprecher die nötigen Erklärungen, oder es wurde eine Begleitmusik gespielt. Umwälzende Erfindungen auf dem Gebiet der elektrischen und optischen Tonübertragung führten zum heutigen *Tonfilm*. Auf einem Tonfilmstreifen läuft neben dem Bild innerhalb der Perforierung noch ein schmaler Rand für die Tonaufnahmen. Das durch diesen Rand fallende Licht erzeugt in empfindlichen Geräten elektromagnetische Schwingungen, die in Töne und Geräusche umgesetzt und durch Lautsprecher bei der Vorführung hörbar gemacht werden.

Der *Farbfilm* verwendet die gleichen Mittel wie die Farb-→Photographie.

200

Filmaufnahme

Die Kamera (rechts) nimmt das Bild auf, das Mikrophon (Mitte) den Ton. Aus Bild-Negativ und Ton-Negativ, das durch Umwandlung der Schallwellen in Lichtwellen erzeugt wird, entsteht in der Kopieranstalt das fertige Positiv, das Bild und Ton zugleich enthält.

Ton-Negativ

Bild-Negativ

Kopieranstalt

Fertige Kopie mit Bild und Ton

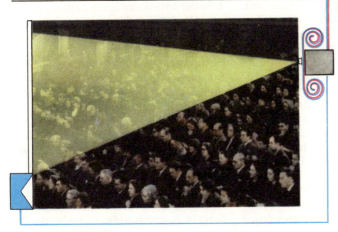

Filmvorführung

Diese Kopie wird im Lichtspielhaus durch das Vorführgerät auf die Bildwand geworfen. Gleichzeitig werden die Lichtwellen des Tonbandes wieder in Schallwellen zurückverwandelt und durch den Lautsprecher hörbar gemacht.

Rote Linien zeigen den Gang des Bildes, blaue den Gang des Tones.

In letzter Zeit wurden auch erfolgreiche Versuche mit *plastischen Filmen* (dreidimensionalen Filmen oder Raumfilmen) unternommen. Beim Cinerama-Verfahren werden die Aufnahmen mit mehreren Kameras von verschiedenen Standpunkten aus gemacht und die Filme mit ebenso vielen Vorführgeräten wieder vorgespielt. Es entsteht dadurch ein räumlich wirkendes Bild, welches dem Beschauer den Eindruck vermittelt, er stehe selbst mitten unter den Darstellern. Beim Cinemascope-Verfahren benutzt man eine Kamera mit Spezialoptik (Anamorphot) und entsprechende Projektoren, die das Bild auf eine Breitleinwand werfen. Siehe auch Stereoskop.

Es gibt Filme, bei denen die Photographie durch Zeichnungen ersetzt wird, die sogenannten *Zeichentrickfilme*. Für jede einzelne Bewegung muß dabei eine eigene Zeichnung hergestellt werden. Man braucht etwa 20000 Zeichnungen für einen Film von 15 Minuten. Beim *Modelltrickfilm* werden modellierte Figuren photographiert.

Um einen Film zu drehen, braucht man zunächst ein *Drehbuch*. In ihm wird der Inhalt des Films mit allen Einzelheiten seines Ablaufes genau festgelegt: Spiel, gesprochener Text, Gesang, Musik, Geräusche, Schauplätze, Aufstellung des Aufnahmeapparates usw. Nach diesem Buch wird gedreht. Viele Menschen wirken an der Herstellung des Filmes mit. Der *Produzent*, der Chef der Herstellerfirma, beschafft das Geld. Der *Produktionsleiter* plant und überwacht den Gang der Herstellung. Der *Regisseur* bestimmt die von Architekten und Malern entworfenen Bauten und Dekorationen, die Ausstattung und die Kostüme. Er wählt die Schauspieler aus und macht mit ihnen die Proben und die Aufnahmen. Unter seiner Aufsicht werden, wenn der Film fertig ist, die einzelnen Streifen des Films vom *Cutter* (dem *Schnittmeister*) in kleinere Teile geschnitten und nach künstlerischen Gesichtspunkten zusammengesetzt (*montiert*). Nach diesen Musterkopien werden dann die weiteren Kopien angefertigt. Die künstlerischen Mitarbeiter für den technischen Teil der Aufnahmen sind der *Kameramann*, der *Toningenieur* und der *Beleuchter* mit ihren Gehilfen. Ein weiterer großer Stab von Hilfskräften ist für den reibungslosen Ablauf der Aufnahmen notwendig: Regieassistenten, Aufnahmeleiter, Kostüm- und Maskenbildner usw. – Manche Szenen werden im Atelier, in künstlich hergestellten Dekorationen gedreht, manche in der Natur. – Die fertigen Filmkopien werden von den Herstellern an die *Filmverleiher* verkauft. Diese verleihen sie an die Kinos (Lichtspieltheater).

Filter sind siebartige Einrichtungen. Sie dienen dazu, kleinste Teilchen fester Stoffe von Flüssigkeiten oder Gasen zu trennen und zurückzuhalten. So wird z. B. der Kaffee durch Filterpapier vom Kaffeesatz getrennt. Wenn unsauberes Wasser durch größere Kiesmengen sickert, so wird es dadurch filtriert und wieder rein und klar. Auch Lichtstrahlen können gefiltert werden. So klemmt man bei manchen photographischen Aufnahmen farbige Gläser (Gelb-, Rot- oder Grünfilter) vor das Objektiv, wodurch man Bilder mit natürlichen Farbtönen erhält. In der Elektro- und Rundfunktechnik bezeichnet man als Filter Schaltanordnungen, die unerwünschte Nebenerscheinungen zum Verschwinden bringen.

Das **Finale** (lat. finis = Ende, Schluß): 1. in der Musik der letzte Teil eines größeren Werkes, z. B. einer Sinfonie oder Oper; 2. im Sport die großen Endspiele um die Meisterschaft.

Finanzen nennt man die Geldmittel, die Staaten, Länder oder Gemeinden zur Durchführung ihrer Aufgaben benötigen und die sie durch Steuern und Zölle einnehmen. – Das *Finanzamt* berechnet die Steuern, die die Staatsbürger zu zahlen haben, und wacht darüber, daß sie auch gezahlt werden. – *finanzieren:* Geld beschaffen oder Geld für etwas geben.

Finderlohn erhält derjenige, der eine verlorengegangene Sache findet und dafür sorgt (z. B. durch Ablieferung bei der Polizei oder dem Fundamt), daß sie der Verlierer wiederbekommt.

Der **Fingerabdruck.** Die feinen Rillen in der Haut der Fingerbeere (der Innenseite jedes letzten Fingergliedes) verlaufen bei jedem Menschen anders und verändern sich im Leben nicht. Wenn man diese Stelle mit einem Stempelkissen einschwärzt und den Finger auf Papier drückt, druckt man das Rillenbild ab. Die Polizei sammelt und ordnet solche Fingerabdrücke in Karteien, um damit z. B. einen Dieb zu ermitteln, der am Tatort Fingerspuren hinterlassen hat.

Der **Fingerhut** (Digitalis) ist eine etwa 1 m kerzenförmig hochwachsende Waldstaude. Die vielen fingerhutähnlichen Blüten sind rot bis weiß, in den Alpen auch gelb. Der Fingerhut ist giftig, wird jedoch auch zur Herstellung von Heilmitteln verwendet.

Fingerhut
Links oben: Blüte und Staubfaden,
rechts oben: Frucht und Griffel

Finnland (finnisch Suomi) liegt an der Ostseeküste zwischen dem Finnischen Meerbusen und Nordskandinavien. Seine Nachbarn sind im Nordwesten Norwegen, im Westen Schweden und im Osten die Sowjetunion. Finnland ist mit 337 009 qkm um ein Drittel größer als die Bundesrepublik Deutschland; ein Zehntel des sogenannten »Landes der 1000 Seen« wird allerdings von Gewässern eingenommen. Diese Seen – es sind etwa 55 000 – und die unübersehbaren Wälder, die drei Viertel des Landes bedecken, verleihen der finnischen Landschaft ihre eigenartige Schönheit. Zugleich bildet der ungeheure Holzreichtum die Grundlage einer vielfältigen Industrie. Finnland hat 4,666 Millionen meist protestantische Einwohner. Das Finnische ist eine dem Ungarischen verwandte Sprache.

In das ursprünglich von Lappen bewohnte Land wanderten im 2. Jh. n. Chr. vom Ural her die Finnen ein. Jahrhundertelang wurde Finnland von anderen Völkern beherrscht: Im 12. und 13. Jh. eroberten es die Schweden und bekehrten die Finnen zum Christentum. Im 18. Jh. nahmen die Russen das Land in Besitz. Erst während der russischen Revolution von 1917 konnten sich die Finnen ihre Selbständigkeit erkämpfen, und seither ist Finnland eine Republik. 1939 von der UdSSR angegriffen, wurde es zur Abtrennung von Westkarelien gezwungen, und im Zweiten Weltkrieg, in dem Finnland von 1941 bis 1944 auf deutscher Seite stand, verlor es auch das Gebiet von Petsamo am Nördlichen Eismeer an die UdSSR.

Einwohnerzahlen der wichtigsten Städte:	
Helsinki (Hauptstadt und Hafen)	884 000
Tampere	163 000
Turku (Winterhafen)	158 000

Die **Finte** (ital.): Täuschungsversuch.

firm (lat.): sicher, erfahren, tüchtig. So ist z. B. jemand, der sehr gut englisch spricht, firm in Englisch.

Die **Firma** (ital.). Jedes Erwerbsunternehmen, von der großen Aktiengesellschaft bis zum kleinen Milchladen, muß einen Namen haben, unter dem es seine Geschäfte betreibt. Dieser Geschäftsname, die »Firma«, wird beim Amtsgericht in ein Firmenverzeichnis, das Handelsregister, eingetragen. Abkürzung: Fa.

Das **Firmament** (lat.): Himmelsgewölbe.

Die **Firmung** ist eines der sieben Sakramente der katholischen Kirche. Durch die Firmung soll der Gefirmte durch den

Heiligen Geist gestärkt werden, um seinen Glauben in der Welt mutig zu bekennen und im Alltag als Christ zu leben. Jeder Katholik kann dieses Sakrament nur einmal empfangen, und zwar für gewöhnlich durch den Bischof.

Der **Firn:** alter, durch mehrmaliges Auftauen und Gefrieren körnig gewordener Hochgebirgsschnee, kann zu Firneis und bei stärkerem Druck zu grünlichem Gletschereis werden.

Der **Firnis** ist eine Flüssigkeit, die dünn aufgestrichen bald trocknet und einen glänzenden, harten und meist durchsichtigen Überzug liefert. Der gefirnißte Gegenstand widersteht dadurch den Einwirkungen der Luft und des Wassers. Ölfirnis ist meist gekochtes Leinöl. Lackfirnis sind Lösungen von Schellack oder Harzen.

Die **Fische** leben nur im Wasser. Ihre etwa 25000 verschiedenen Arten verteilen sich auf alle Meere, Flüsse, Bäche, Seen und Teiche der Welt. Der kleinste Fisch ist ein winziger, nur wenige Millimeter langer Wels aus dem Amazonasgebiet. Der größte Fisch ist der lebende Junge gebärende Rauhhai, der bis zu 20 m lang wird und in den warmen Meeren vorkommt. Nicht alle Fische atmen durch die Kiemen (→Atmung). Es gibt auch →Lungenfische. Die Fische gehören zu den ältesten Erdbewohnern. Heute noch finden wir Arten, die sich unverändert seit Millionen von Jahren erhalten haben. Schon seit Urzeiten dient der Fisch den Menschen als wichtiges Nahrungsmittel.

Fischfang wird gewerbsmäßig und auch als Sport betrieben. Die Arten des Fischfangs sind sehr verschieden, je nach dem Gewässer und nach den Lebensgewohnheiten der Fische. Beliebt ist das *Angeln*, wobei die Fische mit Würmern, künstlichen »Fliegen« und »Blinkern« angelockt werden, die sich am Angelhaken befinden. Flußfische und Krebse werden auch mit Körben, den Reusen, gefangen, die wie Fallen nahe dem Ufer ins Wasser versenkt werden. Tintenfische des Mittelmeeres werden mit einem Dreizack an einer Stange gestochen, nachdem man sie

mit einem Tropfen Öl anlockte. Karpfen werden aus Teichen einfach eingesammelt, nachdem man das Wasser vorher abgelassen hat. In China und vereinzelt in Holland verwendet man den pelikanartigen Kormoran, einen Vogel, der Flußfische fängt und in seinem Kehlsack her-

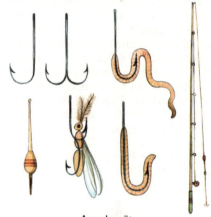

Angelgeräte
einfacher und doppelter Angelhaken, Köder, Schwimmer, künstliche Fliege, Angelrute

Fischfang mit der Doppelreuse aus Netzwerk

Hochseefischerei mit dem Grundnetz, das über den Meeresboden gezogen wird.

anträgt. Ein übergeschobener Halsring hindert ihn, den Fisch zu verschlucken.
Der Fischfang auf den Meeren ist frei, jedes Volk kann außerhalb fremder Hoheitsgewässer fischen. Die guten Fischgründe sind meist in den planktonreichen Nordmeeren, z. B. dort, wo der Golfstrom sich mit kälteren Meeresströmungen mischt. Dort liegende flachere Meeresteile, wie die Doggerbank und die Neufundlandbank, sind ganz besonders fischreich. Dort treffen sich die Fangflotten der Hochseefischer, die mit Grundnetz, Treibnetz und Langleine den Fischfang betreiben. So werden jährlich etwa 1,5 Mill. Tonnen Seefische allein in der Nordsee gefangen, nämlich Heringe, Kabeljaus, Schellfische, Seezungen, Schollen und Makrelen. Auf der ganzen Erde werden jährlich über 50 Mill. Tonnen Fische gefangen. Die *Küstenfischerei* wird meist mit Fischerbooten betrieben, die in Familienbesitz sind, während die *Hochseefischerei* mit Dampf- oder Motorschiffen arbeitet, die meist in Gesellschaftsbesitz sind. Auch auf den innerdeutschen Seen ist der Fischfang beträchtlich. Er ist gesetzlich geregelt. So ist es z. B. verboten, Fische nachts mit Scheinwerfern zu ködern oder mit Sprengkörpern zu fischen.

Der **Fiskus** (lat. = Geldkorb). Im Römischen Reich war der Fiskus die Privatkasse des Kaisers. Heute bezeichnet man so den Staat als Besitzer von Vermögen, also von Geld, Gebäuden oder Ländereien.

Die **Fistel**. So nennt man einen beim gesunden und normal entwickelten Menschen nicht vorhandenen Verbindungsgang zwischen einer Körperhöhle und der äußeren Haut (äußere Fistel) oder einer Körperhöhle und der Schleimhaut innerhalb des Körpers (innere Fistel). Es gibt Fälle, in denen der Arzt künstlich eine Fistel anlegen muß, z. B. bei schwerer Darmerkrankung, einen neuen Ausgang zu schaffen.

fit (engl.): sportl. leistungsfähig; in Form.

fix (lat.): fest, auch flink.

Das **Fixativ**: farblose Flüssigkeit zum Besprühen von Zeichnungen, um sie wischfest zu machen; auch Präparat zum Festlegen der Frisur usw.

Das **Fixfokusobjektiv** ist ein Kameraobjektiv hoher Lichtstärke, das fest eingestellt ist (z. B. für Entfernungen von 1 m bis ∞).

fixieren: festsetzen, festlegen (z. B. Einzelheiten eines Vertrages); eine Zeichnung mittels *Fixativ* vor dem Verwischen schützen; in der Photographie einen Film lichtunempfindlich machen; auch: fest anblicken, anstarren.

Fixsterne →Himmelskunde, Sterne.

Das **Fixum**: festes Grundgehalt, zu dem (z. B. bei Handelsreisenden) noch ein Anteil am Gewinn aus verkauften Waren (die *Provision*) kommen kann.

Der **Fjord**. Fjorde sind steilwandige, schmale Meeresarme, die sich hauptsächlich in Norwegen tief ins gebirgige Landesinnere ziehen. Sie sind entstanden aus Flußtälern, in die, als das ganze Küstengebiet sich senkte, das Meer eindrang. Fjorde sind auch für Hochseeschiffe schiffbar.

Der **Flachs,** auch Lein genannt, ist eine bis 70 cm hohe, blaublühende einjährige Pflanze, deren Fasern zu Leinwand verwebt werden. Aus den Samen wird das Leinöl gewonnen.

Die **Flagellanten** (lat.) oder Geißelbrüder waren im Mittelalter Büßer, die umherzogen und sich selbst mit Peitschen schlugen, um ihre Sünden abzubüßen.

Die **Flagge** wird als Hoheitszeichen eines Staates (Nationalflagge) am Flaggenmast aufgezogen. Bei Trauer wird sie auf halbmast gesetzt. Alle Schiffe führen Flaggen: Kriegsschiffe die Kriegs-, Handelsschiffe die Handelsflagge. Außerdem gibt es eigene Flaggen der Reedereien sowie Lotsen-, Quarantäne- und Postflaggen. Schiffe grüßen sich auf See durch kurzes Senken der Flagge. Zur Verständigung von Schiffen untereinander oder mit Hafenbehörden werden Signalflaggen verwendet, aus denen ein ganzes Flaggenalphabet zusammengesetzt werden kann. Siehe auch Tafeln S. 208/209 und Innenseite des hinteren Deckels.

Die **Flamen** oder Vlamen sind der germanische Teil der Bevölkerung →Belgiens. Sie sprechen einen eigenen, dem Holländischen verwandten Dialekt.

Der **Flamingo** ist ein Watvogel, der in Afrika, Asien, Mittel- und Südamerika beheimatet ist. Er steht auf sehr dünnen, fast einen Meter hohen Beinen und muß seinen Hals bis hinunter aufs Wasser beugen, um sich seine Nahrung, kleine Krebse und Würmer, zu holen.

Der **Flammenwerfer** ist eine Nahkampfwaffe: aus einem Behälter wird flüssiger Brennstoff verspritzt, der sich dabei entzündet und eine bis zu 100 m lange Flamme erzeugt.

Der **Flanell:** ein- oder beidseitig gerauhter Stoff aus Wolle, Baumwolle oder Zellwolle.

Flaschenpost nennt man die Übermittlung von Nachrichten in dicht verschlossenen Flaschen, die ins Meer geworfen werden und in der Strömung treiben, bis sie aufgefunden werden.

Der **Flaschenzug** ermöglicht das Heben schwerer Lasten mit geringem Kraftaufwand. Er besteht aus mehreren Rollen, sogenannten Flaschen, über die ein Seil läuft, das die Rollen miteinander verbindet. Es werden zwei, vier oder auch sechs Rollen verwendet, die sowohl untereinander als auch nebeneinander angeordnet sein können. Je mehr Rollen verwendet werden, um so weniger Kraft ist zum Heben der Last notwendig, um so länger wird aber auch das Seil, das die Rollen verbindet, und damit der Weg, den die kleine Kraft zurücklegen muß. Weil

Fleckenentfernung

Flecken soll man so schnell wie möglich entfernen. Unter die fleckige Stelle legt man eine saubere, saugfähige Unterlage, am besten ein zusammengefaltetes weißes Tuch, und reibt den Flecken mit einem farbechten Lappen aus. Man reibt am besten in möglichst kreisförmiger Bewegung. Vor dem Entflecken entferne man den Staub durch kräftiges Ausbürsten. Bei Verwendung von Waschbenzin oder Terpentin ist auf die Feuergefahr zu achten. Empfindliche Stoffe darf man nur betupfen!

Flecken von:	entfernt man durch:
Blut	Kaltes Wasser und Seife
Fett und Öl	Warme Seifenlauge oder Fleckenwasser
Gras	Seife und Wasser oder verdünnten Salmiakgeist
Harz	Aufweichen mit Butter und Nachreiben mit Fleckenwasser
Kakao	Ausreiben mit kaltem Wasser ohne Seife
Obst	Aufweichen in warmem Essig oder Zitronensaft, danach Auswaschen mit Wasser
Ölfarbe	Aufweichen mit Terpentin und Ausreiben mit reinem Benzin. (Vorsicht! Beides feuergefährlich!)
Rost	Betupfen mit heißem Zitronensaft, solange der Flecken noch frisch ist. Danach kräftig mit Wasser auswaschen.
Teer und Wagenschmiere	Aufweichen mit Butter oder Terpentin und Nachreiben mit reinem Benzin. (Vorsicht! Terpentin und Benzin feuergefährlich!)
Tinte	Auswaschen mit warmem Wasser oder Einlegen in Zitronensaft oder Sauermilch. Nachwaschen mit Wasser.
Wachs	Ausbügeln zwischen Löschpapier oder Seidenpapier und Nachreiben mit Fleckenwasser

für diesen längeren Weg mehr Zeit gebraucht wird, tritt zwar eine Arbeitserleichterung, aber keine Arbeitsersparnis ein.

Gustave **Flaubert** (sprich flobähr) war ein hervorragender französischer Romanschriftsteller, der für viele Autoren des →Realismus zum Vorbild wurde. Er lebte von 1821 bis 1880. In genauer und streng gefügter Wortkunst schildert er in seinem wichtigen Roman »Madame Bovary« scheinbar unbeteiligt das Schicksal eines gefühlvollen Einzelnen im Kampf gegen die nüchterne und verständnislose Umwelt. Andere Romane von Flaubert heißen: »Salammbô«, »Die Erziehung des Herzens«, »Die Versuchung des hl. Antonius«.

Die **Flaute:** Windstille. – Im Wirtschaftsleben: schlechter Geschäftsgang.

Die **Flavier** waren ein römisches Geschlecht, dem die Kaiser Vespasian, Titus und Domitian entstammten.

Flechten sind niedere Pflanzen, die an feuchten und schattigen Stellen bis weit in den Norden gedeihen und z. B. Baumstämme oder Steine wie mit einer Kruste überziehen. Jede Flechte ist eine innige Gemeinschaft aus einem Pilz und einer Alge; im Ödland schaffen die Flechten oft erst die Voraussetzungen künftigen Pflanzenlebens. – In der Medizin sind Flechten zwar harmlose, aber meist langwierige Hauterkrankungen, die durch winzig kleine Pilze verursacht werden. Nur der Facharzt kann Bart- und Schuppenflechten behandeln.

Fleckfieber (auch *Flecktyphus* genannt) ist eine →Infektionskrankheit, bei welcher der Kranke hohes Fieber, Schüttelfrost, Husten, Durchfall, Erbrechen und etwa nach dem fünften Tag einen kleinfleckigen, masernähnlichen Hautausschlag bekommt. Der Erreger der Krankheit wird durch die Kleider- und Kopflaus übertragen. Deshalb ist gründliche Entlausung eine wichtige Vorbedingung bei der Bekämpfung dieser Krankheit.

Fledermäuse sind kleine Säugetiere, deren Vorderbeine sich zu großen, mit

Flughäuten bespannten Schwingen entwickelt haben. Sie leben auf Türmen, unter Dächern, in Mauerlöchern und hohlen Bäumen. Ihre Nahrung – Insekten – erbeuten sie bei ihren nächtlichen Flügen in der Luft. Obwohl sie nachts nicht gut sehen können, finden sie sich überall zu-

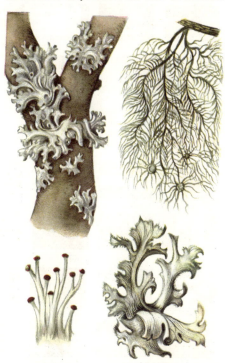

Flechten: Rindenflechte, Bartflechte, Säulchenflechte, Isländisches Moos

Flaggen I

Afghanistan · Ägypten · Albanien · Algerien · Andorra · Anguilla · Antigua

Äquat. Guinea · Argentinien · Äthiopien · Australien · Bahamas · Bahrain · Bangladesch

Barbados · Belgien · Bhutan · Birma · Bolivien · Botswana · Brasilien

Brunei · Bulgarien · BRD N u. H · BRD D · Burundi · Chile · China

Ciskei · Cook - Inseln · Costa Rica · Dahome · Dänemark · DDR · Dominik. Rep.

Ecuador · Elfenbeinküste · Fidschi · Finnland · Frankreich · Gabun · Gambia

Ghana · Grenada · Griechenland · Großbrit. N · Großbrit. H · Guatemala · Guayana

Guinea · Guinea-Bissau · Haiti · Honduras · Indien · Indonesien · Irak

Iran · Irland · Island · Israel N · Israel H · Italien · Jamaika

Japan · Jemen (Nord) · Jemen (Süd) · Jordanien · Jugoslawien · Kambodscha · Kamerun

Kanada · Kenia · Kolumbien · Komoren · Kongo · Korea (Nord) · Korea (Süd)

Kuba · Kuwait · Laos · Lesotho · Libanon · Liberia · Libyen

Liechtenstein · Luxemburg · Luxemburg H · Madagaskar · Malawi · Malaysia · Malediven

D = Dienstflagge   H = Handelsflagge   N = Nationalflagge

208

Mali	Malta N	Malta H	Man	Man H	Marokko	Mauretanien
Mauritius	Mexiko	Monaco	Mongolei	Nauru	Nepal	Neuseeland
Nicaragua	Niederlande	Ndl. Antillen	Niger	Nigeria	Nordirland	Norwegen
Obervolta	Oman	Österreich	Pakistan	Panama	Papua Neuguin.	Paraguay
Pazif. Inseln	Peru	Philippinen	Polen	Portugal	Puerto Rico	Qatar
Rhodesien	Ruanda	Rumänien	St. Christopher	St. Lucia	El Salvador	Sambia
San Marino	Saudi-Arabien	Schweden	Schweiz	Senegal	Sierra Leone	Singapur N
Singapur H	Somalia	Sowjetunion	Spanien	Sri Lanka	Südafrika	Sudan
Surinam	Swasiland	Syrien	Taiwan	Tansania	Thailand	Togo
Tonga	Transkei	Trinid./Tobago	Tschad	Tschechoslowakei	Tunesien	Türkei
Uganda	Ungarn	Uruguay	Vatikanstadt	Venezuela	Föd. arab. Emirate	Ver. Staaten
Vietnam (Nord)	Vietnam (Süd)	Wales	Westsamoa	Kongo (Zaire)	Zentr. afrik. Rep.	Zypern
Ver. Nationen	NATO	Europa-Rat	Europa-Union	Ev. Kirche	Kath. Kirche	Olympia

recht, weil sie fortwährend schrille, für Menschen nicht hörbare Laute ausstoßen und an deren Echo feststellen, wo sich Hindernisse befinden. Mit Hilfe dieser Methode können sie sogar Telefon- oder andere Drähte sicher umfliegen. In den tropischen Ländern gibt es Fledermäuse (Vampire), die sich von dem Blut ernähren, das sie ihren Opfern aussaugen, sowie die Fliegenden Hunde, die von Früchten leben.

Die **fleischfressenden Pflanzen** leben meist auf nährstoffarmen Böden und ergänzen ihre Nahrung, indem sie Insekten »auffressen«. Die Pflanze lockt sie an, hält sie fest und verdaut sie. Die im Süden der USA heimische *Venusfliegenfalle* trägt Blätter, die sich um eine Mittelrippe zusammenklappen, sobald ein Insekt eine der 3 Borsten berührt, die auf jeder der halbrunden Blatthälften sitzen. Die Borsten sind die Enden einer Reizleitung, die das Signal zur plötzlichen Veränderung des Wasserdrucks in den Pflanzenzellen gibt. Dadurch klappt das Blatt zusammen; zugleich falten sich die spitzen, zu Stacheln ausgezogenen Blattränder wie die Finger zweier Hände und bilden über dem Insekt ein undurchdringliches Gitter. Das Insekt wird im Pflanzensaft aus Blattdrüsen erstickt und ausgelaugt. Danach öffnet sich das Blatt wieder und zeigt nur noch die unverdaulichen Reste des Insekts. Ähnlich fängt der *Sonnentau* unserer Moore die Fliegen. Viele fleischfressende Pflanzen fangen ihre Beute mit Nektar vortäuschendem, klebrigem

Venusfliegenfalle

Schleim, andere mit Widerborsten an kannenförmigen Blüteneingängen.

Fleischvergiftung tritt auf als Folge von Genuß verdorbenen Fleisches, verdorbener Wurst oder faul gewordener Konserven. Sie äußert sich meist etwa 12 Stunden nach dem Genuß der verdorbenen Lebensmittel in Form eines Brechdurchfalls. – Maßnahmen bis zum Eintreffen des Arztes →Erste Hilfe.

Sir Alexander **Fleming** war ein englischer Mikrobiologe; er lebte von 1881 bis 1955. 1928 entdeckte er das →Penicillin; hierfür bekam er (zusammen mit seinen Landsleuten F. Florey und E. B. Chain) 1945 den Nobelpreis für Medizin.

Die **Flexion** (lat. = Beugung): gemeinsame Bezeichnung für →Deklination und →Konjugation.

Flibustier (engl.-niederländ.), *Filibuster:* Seeräuber des 17. und 18. Jh. in den westindischen Gewässern (Franzosen, Engländer, Niederländer), die spanische Schiffe und Siedlungen überfielen.

Der **Fliederstrauch** wurde vor 300 Jahren wegen seiner duftenden, schönen Blüten aus China und Persien eingeführt. Bisweilen wird auch der Holunder als Flieder bezeichnet.

Die **Fliege** ist ein in etwa 50 000 Arten über die ganze Erde verbreitetes Insekt. Es gibt ganz winzige Fliegen und wiederum andere, die größer als eine Biene werden. Unsere *Stubenfliege* ist deshalb unangenehm und schädlich, weil sie viele Krankheiten übertragen kann. Einmal sitzt sie auf einem Dunghaufen oder legt ihre Eier an einem toten Tier ab, und dann fliegt sie später wieder in die Wohnungen und setzt sich auf die Nahrungsmittel. Wenn sich ein Paar unserer Stubenfliege ein ganzes Jahr vermehren könnte und alle ihre Nachkommen sich entwickeln und ebenso vermehren würden, dann könnten die Nachkommen dieses einzigen Fliegenpaares den Erdball in einer Höhe von einem Meter bedecken. Es gibt auch Fliegenarten, die durch die Art ihrer Fortpflanzung großen Schaden anrichten. Die *Dasselfliege* legt ihre Eier unter der

Stubenfliege. Daneben vergrößert: das Bein mit Halteklauen und Saugflächen, die das Festhalten an Glas und glatten Wänden möglich machen.

Haut von Rindern ab, und dann entwickeln sich unter dem Fell die Fliegenlarven bis zur Dicke und Größe eines Kinderfingers.

Fliegende Fische leben vor allem in tropischen Meeren. Sie können nicht eigentlich fliegen – sie schnellen nur bis 6 m hoch aus dem Wasser und gleiten etwa 100 bis 200 m darüber hin. Dabei spannen sie die stark vergrößerten Brustflossen als Tragflächen aus.

Der **Fliegende Hund** ist kein Hund, sondern eine große, in den Tropen lebende Fledermaus, die sich von Früchten ernährt.

Fliegende Untertassen (*Ufos*): angeblich scheibenförmige Flugkörper von anderen Planeten, wahrscheinlich optische Täuschungen (Verwechslung mit Wetterballonen, Lichtspiegelungen an den Wolken o. ä.).

Fliegengewicht: Gewichtsklasse beim Boxen (bis 51 kg) und Ringen (bis 52 kg).

Fliegenpilz: sehr giftiger Blätterpilz mit rötlichem, von weißen Hautfetzen bedecktem Hut. Abb. →Pilze.

Fliehkraft →Zentrifugalkraft.

Fließarbeit ermöglicht die Massenherstellung von Waren in kürzester Zeit. Auf einem laufenden Band, einem *Fließband*, werden die ungefertigten Werkstücke von Arbeiter zu Arbeiter befördert. Jeder Arbeiter hat immer die gleichen Handgriffe in einer genau festgelegten Zeit zu verrichten. Am Ende eines Fließbandes ist das Werkstück, z. B. ein Motor, fertig.

Vom **Floating** (engl., sprich flouting) spricht man im Zusammenhang mit ausländischen →Währungen. Man kann ausländische Währungen, z. B. den Dollar oder die Lire, bei uns für DM-Preise kaufen. Den Preis für diese Währungen nennt man *Wechselkurs*. Der Wechselkurs kann verbindlich festgelegt sein, oder er kann »floaten«. Floating ist also das Auf und Ab von Wechselkursen, die nicht festgelegt, sondern freigegeben sind.

Flöhe sind flügellose Insekten von etwa 3–5 mm Größe. Mit ihren kräftig entwickelten Beinchen können sie 30 cm weit und 9 cm hoch springen. Sie legen ihre Eier in schmutzige Ritzen und Winkel, daher ist Sauberkeit in der Wohnung das beste Vorbeugungsmittel. Flöhe ernähren sich saugend vom Blut der Warmblüter, z. B. der Menschen, der Hunde oder der Katzen. Den Juckreiz von Flohstichen lindert man mit Salmiakgeist. Flöhe sind gefährliche Krankheitsüberträger (Pest, Flecktyphus u. a.). Die einzigen, die sich freiwillig von Menschenflöhen stechen lassen, sind die Leute, die einen *Flohzirkus* besitzen. Die abgerichteten Flöhe werden mit kleinen Ketten vor Wagen gespannt, die sie wie Pferdchen ziehen. Einen Flohzirkus kann man auf dem Jahrmarkt besichtigen.

Die **Flora:** Gesamtheit der Pflanzen eines Landes oder einer Gegend, benannt nach Flora, der römischen Göttin der Blumen und des Frühlings; auch die Gesamtheit der Bakterien in einem Körperorgan (z. B. Darmflora).

Das **Florett** (lat.): Stoßdegen mit dünner, vierkantiger Klinge. →Fechten.

florieren (lat.): blühen, gedeihen.

Die **Floskel** (lat.): leere Redensart.

Flossen nennt man der Fortbewegung dienende Organe oder Hautsäume im Wasser lebender Wirbeltiere (und einiger Weichtiere), vor allem der Fische; auch die feststehenden Teile des Leitwerks von Flugzeugen, Luftschiffen und Unterwasserfahrzeugen heißen Flossen.

Die **Flöte** ist ein Holzblasinstrument. Querflöte siehe Tafel Musikinstrumente. Siehe auch Blockflöte.

Die **Flotte** ist die Gesamtheit der Schiffe eines Staates (Handels-, Fischerei- und

Kriegsflotte) oder auch ein größerer Kriegsschiffverband. Die Gesamttonnage der Handelsflotten aller Länder beträgt rund 290 Mill. BRT, die Handelsflotte der BR Deutschland hat eine Tonnage von fast 8 Mill. BRT.

Eine **Flottille** ist ein Verband kleinerer Kriegsschiffe.

Das **Flöz**: die Schicht im Gestein, die Erze, Mineralien oder Kohle enthält und im →Bergbau abgebaut wird.

Flughafen, *Flugplatz* →Abbildung.

Flugschrauber →Drehflügelflugzeug.

Das **Flugzeug** ist ein Luftfahrzeug, das im Gegensatz zum →Ballon und zum →Luftschiff schwerer als Luft ist. Es kann sich aber doch in der Luft halten, weil durch die besondere Form und Stellung der Tragflächen die Luft oben schneller über die Tragflächen strömt als unten, wodurch oben ein Unterdruck, unten ein Überdruck und damit nach oben wirkende Kräfte entstehen. Von der Sonderform des Hubschraubers (→Drehflügelflugzeuge) abgesehen, können Flugzeuge also nicht in der Luft stillstehen. Um sich in der Luft halten zu können, müssen sie immer eine bestimmte Mindestgeschwindigkeit besitzen. Durch →Motoren angetriebene Propeller, deren Flügel

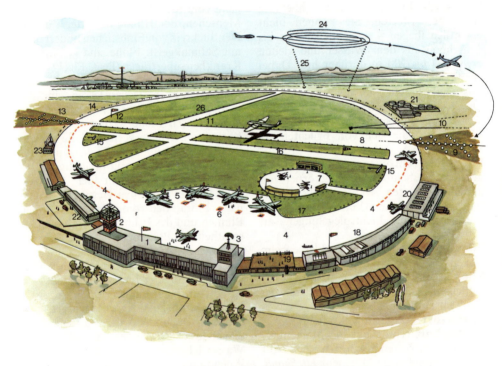

Moderner Großflughafen

1 Flughafen-Empfangs- und Abfertigungsgebäude; 2 Kontrollturm für Flugsicherung und Wetterdienst; 3 Radaranlage; 4 Rollfeld; 5 Warte- und Abstellraum für Flugzeuge; 6 Unterflur-Zapfstellen für Flugzeuge; 7 Heliport, Start- und Landeplatz für Hubschrauber; 8 Befeuerte Beton-Hauptpiste; 9 Anflugleuchten und Funkansteuerungsfeuer; 10 Gleitweg-Leitstrahl; 11 Weiße Pisten-Hochleistungsleuchten; 12 Windsack für Angabe der Windrichtung; 13 An- und Abflugleitleuchten; 14 Blaue Rollbahn-Randleuchten; 15 Befeuerte Landerichtungsanzeiger; 16 Parallele Nebenpiste; 17 Gelbe Rollbahn-Innenleuchten; 18 Hallen (Wartung); 19 Aussichtsterrasse; 20 Werft; 21 Tanklager; 22 Luftfracht-Halle; 23 Funkstation; 24 Warteschleife für Flugzeuge; 25 Wartemarkierungs-Funkleitzeichen; 26 Querwind-Start- und Landebahn

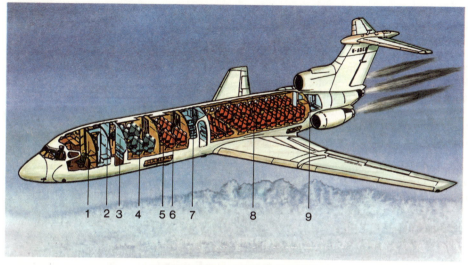

Schnitt durch eine Boeing 727

1 Führerstand, 2 Wasch- und Toilettenraum, 3 Pantry (Küche), 4 Acht Plätze 1. Klasse, 5 Gepäck- und Frachtraum, 6 Zwölf Plätze Touristenklasse, 7 Pantry 8 64 Plätze Touristenklasse, 9 Wasch- und Toilettenräume

verstellt werden können, ziehen oder schieben das Flugzeug durch die Luft, ausgenommen die Flugzeuge, die durch →Düsenantrieb vorwärts bewegt werden. Manchmal werden beide Antriebsarten gleichzeitig verwendet, und daneben werden auch Gasturbinen oder Raketen als Antrieb benutzt. Nach der Zahl der Antriebsmotoren unterscheidet man zwischen ein- und mehrmotorigen Flugzeugen, nach der Zahl der Tragflügel zwischen Ein- und Doppeldeckern und nach deren Lage zwischen Hoch-, Mittel- und Tiefdeckern. Es gibt auch Flugzeuge mit zwei nebeneinander liegenden Rümpfen. Flugzeuge werden heute fast ausschließlich aus Leichtmetallegierungen gebaut. Moderne Funkanlagen und eine große Zahl von Instrumenten erleichtern dem Piloten die Überwachung der Motoren und ermöglichen ihm in Verbindung mit den Bodenstationen ein sicheres Fliegen und Landen auch bei Nacht oder bei Nebel. Um der außerordentlich gefährlichen Vereisung entgegenzuwirken, werden heute oft die heißen Abgase der Motoren durch die Tragflächen geleitet. Wasser-

flugzeuge starten und landen auf dem Wasser. Sie sind statt mit Rädern mit Schwimmern ausgestattet. Bei Flugbooten ist der Rumpf als Schwimmkörper ausgebildet. – *Segelflugzeuge* sind meist aus Holz gebaut und besitzen keinen Antrieb. Sie werden durch Gummikabel von Bergkuppen aus in die Luft geschleudert oder von Motorflugzeugen in die Höhe geschleppt. Sie nutzen die Luftströmungen und Aufwinde aus. – Siehe auch Luftfahrt.

Flugzeugträger sind große Kriegsschiffe mit seitlichen Aufbauten und großen Decks, auf denen Flugzeuge (mit Hilfe von Katapulten) starten und landen können.

Das **Fluidum** (lat.): eigenartige, unsichtbare, unmeßbare Wirkung, die von einer Person oder einem Gegenstand ausgeht.

Die **Flunder** →Scholle.

Das **Fluor** (chemisches Zeichen F) ist ein gasförmiges Element. Fein verteilt und in starker Verdünnung verhütet es den Zahnverfall, weshalb man es heute bereits in vielen Städten in entsprechender Verdünnung dem Trinkwasser zusetzt.

Die **Fluoreszenz** (lat.). Gewisse Stoffe verwandeln, wenn sie beleuchtet werden, das auffallende Licht in Licht anderer Farbe. Diese Erscheinung nennt man Fluoreszenz. Wenn die Beleuchtung aufhört, hört die Fluoreszenz auf (zum Unterschied von der Phosphoreszenz; →Phosphor). Fluoreszenz tritt auch bei unsichtbaren Strahlen auf, z. B. bei →ultravioletten Strahlen oder →Röntgenstrahlen. Die unsichtbaren Röntgenstrahlen werden durch Benutzung der Fluoreszenzwirkung auf dem Röntgenschirm für das Auge sichtbar gemacht.

Flüsse siehe Übersichten S. 216/217.

flüssige Luft. Wenn man Luft auf –140° C abkühlt und unter einen starken Druck setzt, so wird sie flüssig. Sie fließt dann wie Wasser und hat einen graublauen Schimmer. Flüssige Luft wird zum Sprengen und für Raketenantriebe benutzt und dient als Grundlage für die Gewinnung von künstlichem Dünger (→Stickstoff).

Die **Flut** →Gezeiten.

Fock →Takelung.

Der **Föderalismus** (lat. foedus = Bund). So nennt man im Staatsleben eines → Bundesstaates das Bestreben, den Gliedstaaten oder Ländern ihre größtmögliche Selbständigkeit zu erhalten. Den Gegensatz zu den Föderalisten bilden die *Unitaristen*, die einen Einheitsstaat anstreben, in dem die Gliedstaaten nur noch Verwaltungsbezirke sind.

Der **Föhn** ist ein warmer, trockener Fallwind aus großen Höhen. Er tritt nur am Rand hoher Gebirge und in deren Vorland auf, wenn jenseits des Gebirges Tiefdruck besteht. Bei Föhn herrscht gute Fernsicht. Es ist noch ungeklärt, weshalb der Föhn bei manchen Menschen Unbehagen verursacht.

Der **Foliant:** Buch in Folioformat, ein besonders großes, dickes und schweres Buch.

Die **Folie** (lat.) ist ein dünnes Metall- oder Kunststoffblatt (z. B. Goldfolie).

Die **Folklore** (engl.): Volkskunde, die sich mit dem Volksglauben, der Volkskunst (Sagen, Märchen, Sprichwörtern usw.) und den Volksbräuchen beschäftigt.

Die **Folter** oder *Tortur* ist ein grausames Verfahren, um Menschen durch körperliche Qualen zu Geständnissen vor Gericht zu zwingen. Sie wurde früher allgemein angewendet, und so erpreßte Aussagen galten als Beweis der Schuld des oft unschuldig Angeklagten. Im 18. Jh. wurde die Folter in den meisten Staaten abgeschafft; im 20. Jh. jedoch werden in diktatorischen Staaten vielfach wieder Geständnisse durch körperliche oder seelische Foltern erzwungen.

Der **Fond** (franz., sprich fõ): 1. Grundlage, Hintergrund; 2. Rücksitz im Wagen; 3. beim Braten oder Dämpfen von Fleisch zurückgebliebener Saft.

Der **Fonds** (franz., sprich fõ): Vorrat an Geld oder anderen Werten, z. B. Gold, Brotgetreide usw.

Das **Fondue** (franz., sprich fõdü) ist ein Schweizer Käsegericht: kleingeschnittener Hartkäse wird mit Weißwein und anderen Zutaten im feuerfesten Topf geschmolzen.

Die **Fontanellen** sind Knochenlücken in der Schädeldecke von Säuglingen. Man kann diese Lücken unter der Kopfhaut des Säuglings ertasten. Bis zum Ende des 2. Lebensjahres sind die Fontanellen zugewachsen (verknöchert).

Football (engl., sprich futbål) ist ein dem →Rugby verwandtes Ballspiel (2 Mannschaften mit je 11 Spielern, Spielzeit 4×15 Minuten): ein eiförmiger Lederball muß über die gegnerische Grundlinie (oder Torlatte) gebracht werden.

forcieren (franz., sprich forßieren): vorantreiben, erzwingen.

Die **Förde:** tief ins Land eingreifende Meeresbucht, z. B. Kieler Förde.

Die **Förderstufe** (man nennt sie auch *Orientierungsstufe*) soll an Gesamtschulen (nur an diesen!) eingerichtet werden. Sie soll dort, für alle Schularten gemeinsam, die 5. und 6. Klasse umfassen. Im Anschluß an die Förderstufe erfolgt wahlweise der Übertritt zu Gymnasium, Realschule usw.

Die **Forelle** →Lachs.

Die **Formalität** (lat.): Förmlichkeit, eine mehr auf die äußere Form als auf den Inhalt bezogene Sache. Im Rechts- und Verwaltungswesen spielen Formalitäten eine wichtige Rolle.

Die **Formation** (lat.). Viele gleichartige Einzelheiten, die zu einem einheitlichen Ganzen zusammengestellt sind, nennt man eine Formation. Viele Gräser und Blumen bilden eine Wiese, viele Bäume einen Wald: Wiese und Wald sind *botanische* Formationen. Die Gesteinsschichten der Erde nennt man *geologische* Formationen. Unter einer *militärischen* Formation versteht man zum Beispiel ein Regiment Soldaten.

Die **Formel** (lat. = kleine Form). In der Mathematik, der Physik, der Chemie und in den ihnen verwandten Wissenschaften werden Formeln angewendet. Das ist eine international verständliche Kurzschreibweise, die sich im Laufe der Jahrhunderte immer mehr verfeinert hat. Mathematische und physikalische Formeln treten als allgemeine Gleichungen auf, die weder in der Schreibweise noch in der Auslegung Willkür zulassen. So wird ein langer Lehrsatz durch wenige Buchstaben und Zahlen kurz, klar und unmißverständlich ausgedrückt. Mit Hilfe der Formeln können Berechnungen ohne langwierige Umwege oder Zwischenrechnungen schnell gelöst werden. – Chemische Formeln →Chemie.

Formosa →Taiwan.

Die **Forsythie**: ein zu Beginn des Frühjahrs und noch vor dem Kommen der Blätter gelbblühender Zierstrauch, der häufig in Gärten und Parkanlagen zu sehen ist. Abgeschnittene Triebe blühen im Zimmer schon zu Weihnachten.

Das **Fort** (franz., sprich fohr): Festungswerk.

forte (ital.), Abk. f: laut, stark; *fortissimo*, Abk. ff: sehr laut (Musik).

Fortuna war bei den Römern die Göttin des Glückes. Sie wird meist auf einer Kugel schwebend dargestellt, in den Händen ein Füllhorn, aus dem sie wahllos und zufällig, wie die Kugel rollt, das Glück verteilt.

Das **Forum** war in römischen Städten der Hauptplatz, auf dem Gericht gehalten sowie Volksversammlungen und Märkte abgehalten wurden.

Fossilien (lat.) sind Versteinerungen und sonstige Tier- und Pflanzenreste aus vergangenen Erdzeitaltern.

Fotografie →Photographie.

Fötus oder *Fetus* (lat.) nennt man, etwa vom 3. Schwangerschaftsmonat an, den →Embryo im Mutterleib. Am Fötus kann man bereits die charakteristische menschliche Gestalt erkennen.

Das **Foul** (engl., sprich faul): Verstoß gegen die sportlichen Regeln.

Foxterrier →Hund.

Das **Foyer** (franz., sprich foajeh): Vorraum, Wandelgang.

Das **Fragment** (lat.): Bruchstück.

Die **Fraktion** (lat.). Die Volksvertreter einer Partei im →Parlament bilden eine Fraktion. Die Fraktionen entsenden je nach ihrer Stärke Mitglieder in alle Ausschüsse und bestimmen, welches Mitglied für sie in den öffentlichen (Plenar-)Sitzungen spricht. Zu jedem Verhandlungspunkt beschließen die Fraktionen ihre Stellungnahme; Ausschußmitglieder wie Redner sind an diesen Beschluß gebunden. Die Fraktion kann *Fraktionszwang* beschließen: alle ihre Mitglieder müssen dann bei einer Abstimmung geschlossen so stimmen, wie es die Mehrheit der Fraktion festgelegt hat.

Die **Fraktur** (lat.): 1. in der Medizin Knochenbruch; 2. Schriftart →Druckschriften.

Franken ist der nördliche Teil Bayerns. Er umfaßt das östliche Gebiet des einstigen Herzogtums Franken, das etwa ein Jahrhundert lang (bis 939 n. Chr.) zu beiden Seiten des mittleren Rheins und des Mains bestand. Als 1806 das alte Deutsche Reich zerfiel, verschwand auch der Name Franken als Landesbezeichnung. 1837 erhielten jedoch die drei nordbayerischen Regierungsbezirke die Namen Ober-, Mittel- und Unterfranken. In diese

Wichtige Flüsse

Name, Land	Quelle	Mündung	Länge	Bemerkungen
In Europa				
WOLGA Sowjetunion	Waldaihöhe	Kaspisches Meer	3688 km	Davon 3580 km schiffbar. Kanalverbindung zur Ostsee, zum Eismeer und Schwarzen Meer.
DONAU	Schwarzwald	Schwarzes Meer	2850 km	Durchfließt Deutschland, Österreich, Ungarn, Jugoslawien, Bulgarien und Rumänien.
URAL Sowjetunion	Südl. Uralgebirge	Kaspisches Meer	2534 km	Bildet die geographische Grenze zwischen Europa und Asien.
DNJEPR Sowjetunion	Waldaihöhe	Schwarzes Meer	2201 km	Durch Kanäle und Nebenflüsse mit der Weichsel und der Ostsee verbunden.
DON Sowjetunion	Iwansee	Asowsches Meer	1870 km	Davon 1300 km schiffbar. Kanalverbindung zur Wolga.
RHEIN	Graubünden	Nordsee	1320 km	Durchfließt die Schweiz, Deutschland und die Niederlande. Verkehrsreichster Strom Europas.
ELBE ČSSR Deutschland	Riesengebirge	Nordsee	1165 km	Für Ozeandampfer bis Hamburg (also 110 km) befahrbar. Kanalverbindungen zur Ostsee und zum Ruhrgebiet.
WEICHSEL Polen	Westbeskiden	Ostsee	1068 km	Größter in die Ostsee mündender Fluß. Durch einen Kanal mit der Oder verbunden.
LOIRE Frankreich	Cevennen	Atlantischer Ozean	1010 km	Größter Fluß Frankreichs. 825 km schiffbar.
TAJO Spanien Portugal	Monte Universaes	Atlantischer Ozean	1008 km	Nur 180 km schiffbar. Fließt durch ein enges, 200 m tiefes Tal.
EBRO Spanien	Kantabrisches Gebirge	Mittelmeer	927 km	Bewässert das Ebrobecken. Wegen starker Versandung kaum schiffbar.
ODER ČSSR Deutschland	Mährisches Odergebirge	Ostsee	912 km	Mündet in 3 Armen durch das Stettiner Haff. Bildet mit der Neiße die Ostgrenze der Deutschen Demokratischen Republik.
RHONE Schweiz Frankreich	Berner Alpen	Mittelmeer	812 km	Davon 490 km schiffbar. Wird zu einem wichtigen Verkehrsweg ausgebaut.
PO Italien	Monte Viso	Adria	676 km	Schwemmt an seiner Mündung jährlich 70 m Land an.

Wichtige Flüsse

Name und Länge	Bemerkungen
In Amerika	
AMAZONAS 6518 km	Wasserreichster Strom der Erde. Durchfließt Südamerika und mündet in den Atlantischen Ozean. 4300 km schiffbar.
MISSISSIPPI- MISSOURI 6051 km	Der längste Strom Nordamerikas mündet in den Golf von Mexiko. Er ist wegen großer Verschlammung nur wenig schiffbar.
MACKENZIE 4063 km	Durchfließt Nordamerika, mündet ins Nördliche Eismeer und ist in der eisfreien Zeit 2100 km schiffbar.
PARANÁ 3900 km	Durchfließt Südamerika und mündet mit dem Fluß URUGUAY in den Atlantischen Ozean. Die 300 km lange und bis zu 200 km breite Mündungsbucht wird Rio de LA PLATA genannt.
COLORADO 2900 km	Durchfließt das Colorado-Hochland (Nordamerika) in der einzigartigen Schlucht des Gran Cañon und mündet in den Stillen Ozean.
In Asien	
JANGTSEKIANG 5632 km	Durchfließt das fruchtbarste Gebiet Chinas und mündet in den Stillen Ozean. Verursacht oft Überschwemmungen.
OB-KATUN 5410 km	Wichtigste Wasserstraße Westsibiriens. Mündet ins Nördliche Eismeer. In der eisfreien Zeit bis 3500 km schiffbar.
HOANGHO 4875 km	Richtet durch Dammbrüche große Verheerungen an und wird daher das »Unglück Chinas« genannt. Wenig schiffbar. Mündet ins Gelbe Meer.
JENISSEI 4092 km	Strom in Sibirien. Mündet ins Nördliche Eismeer und ist in der eisfreien Zeit 2865 km schiffbar.
INDUS 3180 km	Längster Strom Indiens. Entspringt im Transhimalaja und mündet in den Indischen Ozean.
BRAHMAPUTRA 2900 km	Entspringt nördlich des Himalaja in 6000 m Höhe, ist 1100 km schiffbar und mündet mit dem Ganges zusammen in den Indischen Ozean.
EUPHRAT 2700 km	Durchfließt in gleicher Richtung wie der Fluß TIGRIS das fruchtbare Mesopotamien (heute Irak) und mündet mit ihm zusammen in den Persischen Golf.
GANGES 2700 km	Der heilige Strom der Inder entspringt im Himalaja und bildet mit dem Brahmaputra das größte Delta der Erde.
In Afrika	
NIL 6671 km	Längster Strom der Erde, durchfließt den Osten Afrikas und mündet ins Mittelmeer. Große schlammreiche Überschwemmungen werden seit alters zur Bewässerung Ägyptens nutzbar gemacht.
ZAIRE (Kongo) 4377 km	Mündet in den Atlantischen Ozean und ist trotz reißender Stromschnellen der wichtigste Verkehrsweg Mittelafrikas.
In Australien	
MURRAY 2570 km	Längster und wasserreichster Fluß Australiens im Südosten des Landes. Mit Nebenfluß DARLING 3490 km lang.

Regierungsbezirke, deren Hauptstädte Bayreuth, Ansbach und Würzburg sind, ist Franken heute gegliedert.

Frankieren nennt man das »Freimachen«, also das Bekleben von Postsendungen mit Briefmarken.

Fränkisches Reich. Der germanische Stamm der Franken siedelte am Mittel- und Niederrhein und befand sich bis zur Völkerwanderung in Abhängigkeit vom Römischen Reich. Unter dem Königsgeschlecht der Merowinger errichteten die Franken um 500 n. Chr. in Gallien (dem heutigen Frankreich) ein großes Reich. Der fränkische König Karl der Große (768 bis 814) hat erfolgreich gegen die Sachsen, Dänen und Araber gekämpft und die Grenzen des Fränkischen Reiches weit vorgeschoben. Er führte eine geordnete Verwaltung ein. Karl wurde 800 in Rom zum Kaiser gekrönt. Unter seinen Erben wurde das Reich durch den Vertrag von Verdun 843 in ein westliches (Frankreich), ein mittleres (Lothringen) und ein östliches Reich (Deutschland) geteilt.

Benjamin **Franklin** (sprich fränklin), der amerikanische Erfinder, Staatsmann und Schriftsteller, lebte von 1706 bis 1790. Als Wissenschaftler untersuchte er vor allem die →Elektrizität; 1752 erfand er den Blitzableiter. Er wurde 1756 Generalpostmeister der amerikanischen Kolonien und – nach der amerikanischen Unabhängigkeitserklärung – erster Botschafter der Vereinigten Staaten in Frankreich.

Die Republik **Frankreich** (franz. République Française) ist mit 547 026 qkm mehr als doppelt so groß wie die Bundesrepublik Deutschland. Die 51,74 Millionen Einwohner sind vorwiegend katholisch. Nach Süden ist Frankreich durch die Pyrenäen, nach Osten durch die Alpen natürlich abgegrenzt. Nur nach Nordosten liegt das Land gegenüber Belgien, Luxemburg und Deutschland verhältnismäßig offen dar. Frankreich ist heute in Sprache, Kultur und Verwaltung eine sehr einheitliche Nation, doch haben sich manche Landschaften, wie die Bretagne und

die Normandie mit ihrer Fischerbevölkerung, die Gascogne im Süden und die Provence am Mittelmeer, noch viel von ihrem eigentümlichen Charakter bewahrt. Fast ein Viertel der Bevölkerung lebt noch immer von der Landwirtschaft. Der französische Weinbau mit seinen berühmten Rotweinen (Bordeaux, Burgunder) und dem Champagner aus der Landschaft Champagne ist der ertragreichste der ganzen Welt. Frankreich verfügt aber auch über bedeutende Industrien, vor allem durch seinen Reichtum an Eisenerzen in Lothringen. Die Pariser Modeindustrie ist seit dem 18. Jh. tonangebend.

Zu Frankreich gehört die Mittelmeerinsel Korsika. In Afrika verfügte Frankreich über ausgedehnte Besitzungen, die von Algier, Französisch-Marokko und Tunesien im Norden bis nach Mittelafrika reichten und auch die große Insel Madagaskar umfaßten. Diese sind in jüngster Zeit selbständige Staaten geworden. Einige bleiben als Mitglieder der »Französischen Gemeinschaft« noch lose mit dem ehemaligen Mutterland verbunden. Frankreich besitzt auch noch einige Gebiete und Inseln in Amerika und im Stillen Ozean.

Frankreich ging hervor aus dem westlichen Teil des →Fränkischen Reiches, das

843 n. Chr. aufgeteilt wurde. Von 987 bis 1328 herrschte das Königsgeschlecht der Kapetinger. Zur Zeit der Kreuzzüge war das französische Rittertum das Vorbild für ganz Europa, und auch in Dichtung und Baukunst gingen von Frankreich entscheidende Anregungen aus. 1339 begann der »Hundertjährige Krieg« mit England, in dem die Franzosen schließlich durch das Eingreifen der →Jungfrau von Orléans siegreich blieben. In der Reformationszeit war Frankreich der Schauplatz blutiger Religionskriege zwischen Katholiken und den protestantischen →Hugenotten. Unter dem Königsgeschlecht der Bourbonen wurde Frankreich dann im 17. und 18. Jh. zur führenden Macht Europas. Es dehnte sich nach Norden und Osten weiter aus, und Versailles, der prunkvolle Hof Ludwigs XIV., des »Sonnenkönigs«, wurde das Vorbild für alle europäischen Herrscher. Französische Sprache und Kultur beherrschten für zwei Jahrhunderte das Geistesleben des Abendlandes. Die französischen Könige verloren aber jede Fühlung mit dem Volke. Mißwirtschaft, drückende Steuerlasten und die Ansprüche des aufstrebenden Bürgertums führten 1789 zur →Französischen Revolution. Frankreich wurde Republik, aber schon 1804 ließ sich der erfolgreiche Revolutionsgeneral Napoleon Bonaparte als Napoleon I. zum Kaiser krönen. Er ordnete Frankreichs Verwaltung und Gesetzgebung neu und versuchte ganz Europa zu unterwerfen, bis seine Macht durch die →Befreiungskriege gebrochen wurde. Die Rückkehr der früheren Königsfamilie der Bourbonen führte 1830

und 1848 zu neuen Revolutionen, und 1852 errichtete Napoleon III., ein Neffe Napoleons I., noch einmal das französische Kaiserreich, das aber in der Niederlage gegen Deutschland 1870/71 sein Ende fand. Seitdem ist Frankreich Republik. Im Ersten Weltkrieg blieb es mit Hilfe seiner Verbündeten siegreich; im Zweiten Weltkrieg wurde Frankreich von deutschen Truppen besetzt, aber 1944 wieder befreit.

Die **Französische Revolution** von 1789 hat mit der Forderung »Freiheit, Gleichheit, Brüderlichkeit« die jahrhundertealte Einrichtung des französischen Königtums umgestoßen und die Vorrechte der Adeligen beseitigt. Die Idee von der Gleichberechtigung aller Bürger eines Staates hat später auf die ganze Welt eingewirkt.

Die Revolution wurde durch die Unzufriedenheit der Bürger, des sogenannten dritten Standes, ausgelöst. Adel und Geistlichkeit, die beiden ersten Stände, waren allein bestimmend im Staat und hatten Sonderrechte. So waren sie z. B. steuerfrei, während die Bürger und Bauern alle Steuerlast des arg verschuldeten Staates trugen, aber keinerlei politischen Einfluß hatten. Der König, Ludwig XVI., war schwach und unentschlossen. Zudem drangen auch die Gedanken der Philosophen dieser Zeit, der →Aufklärung, ins Volk. Sie strebten nach Erkenntnis durch die eigene Vernunft und forderten größere Freiheit für den einzelnen (»Freiheit, Gleichheit, Brüderlichkeit«). Im Jahre 1789, als es dem dritten Stand nicht gelang, gleichberechtigt mit Adel und Geistlichkeit eine neue, gerechte Verfassung auszuarbeiten, und der König sogar mit Soldaten gegen die Bürger vorgehen wollte, brach der Aufstand los. Am 14. Juli (dieser Tag ist noch heute der französische Nationalfeiertag) erstürmten die Bürger von Paris die Bastille (Pariser Staatsgefängnis). Der dritte Stand siegte: Frankreich wurde eine Republik, in der alle Bürger die gleichen Rechte haben sollten. Der König und viele Adelige wurden hinge-

Einwohnerzahlen der wichtigsten Städte:	
Hauptstadt Paris	2,6 Mill.
mit Vorstädten	8,2 Mill.
Marseille (Hafen)	920 000
Lyon	527 800
Toulouse	382 000
Nizza	325 000
Bordeaux	271 000
Nantes	265 000
Straßburg	250 000
Lille	210 000

richtet. Aber die Unerfahrenheit der Revolutionäre und ihre Uneinigkeit brachten bald statt des alten neues Unglück und neue Ungerechtigkeiten. Robespierre, ein Führer der Revolution, und die Jakobiner, seine Anhänger, führten eine Schreckensherrschaft. Erst 1794, nach Robespierres Sturz und Hinrichtung, traten ruhigere Verhältnisse ein. 1804 errichtete Napoleon I. eine neue Monarchie.

Der heilige **Franz von Assisi** lebte von 1182 bis 1226. Er verließ seinen reichen Vater und seine Freunde und verzichtete auf allen Besitz. Er liebte und behütete alles, was Gott geschaffen hat, jedes Tier und jede Pflanze. Von dieser Liebe zum Schöpfer und allen Geschöpfen predigte er und gründete einen Orden, der seinen Namen trägt: den Franziskanerorden. Das Fest des heiligen Franz von Assisi wird am 4. Oktober gefeiert.

fräsen. Durch Fräsen wird Werkstücken aus Holz oder Metall die gewünschte Form gegeben, indem man mit Hilfe eines sich drehenden Werkzeuges, dem Fräser, Späne vom Werkstück abhebt.

Frater (lat. = Bruder) heißt in klösterlichen Ordensgesellschaften ein Klosterbruder vor der Priesterweihe.

Die **Fregatte:** früher schnelles, dreimastiges Kriegsschiff mit Segeln; schnelles Geleitschiff mit leichter Bewaffnung.

Freie Demokratische Partei →Partei.

Freie Deutsche Jugend (FDJ): kommunistische Jugendorganisation, die als einzige in der Deutschen Demokratischen Republik zugelassen ist.

Freie Marktwirtschaft nennt man den Austausch von Waren in freiem Wettbewerb, wobei sich die Preise aus Angebot und Nachfrage ergeben. Der Gegensatz ist die Planwirtschaft. – Unter *sozialer Marktwirtschaft* versteht man eine an sich freie Marktwirtschaft, bei der der Staat durch wirtschaftspolitische Maßnahmen (z. B. eine höhere Einfuhrsteuer billiger Auslandsware) unsozialen Erscheinungen entgegentritt.

Freiheitsstrafe wird vom Gericht verhängt, wenn der Straftäter ein →Verbrechen oder schweres →Vergehen begangen hat.

Freilauf →Fahrrad.

Freimaurer sind die Mitglieder des Freimaurerbundes, einer internationalen Vereinigung. Sie nennen sich so, weil sie die Gebräuche der mittelalterlichen Maurer übernahmen, die in Vereinigungen (sogenannten Bauhütten) zusammengeschlossen waren. Der Freimaurerbund wurde 1717 in England gegründet und besteht aus einzelnen »Logen«, deren Mitglieder sich »Brüder« nennen. Das Ziel der Freimaurer ist die Erziehung zu Duldsamkeit und wahrem Menschentum. Das Bekenntnis spielt für die Mitgliedschaft keine Rolle, jedoch ist sie den Katholiken nicht erlaubt, da die Freimaurer jedes Dogma ablehnen. – Die Freimaurerei erlebte ihre höchste Blüte in der Zeit der →Aufklärung im 18. und zu Beginn des 19. Jh. So waren z. B. Lessing, Goethe und Mozart Mitglieder des Freimaurerbundes. Wegen des angeblich politischen Einflusses, wegen der geheimnisvollen mittelalterlichen Bräuche und wegen der Verschwiegenheit, die die Mitglieder über Bundesangelegenheiten bewahrten, wurden die Freimaurer zu Unrecht gefährlicher Umtriebe verdächtigt. 1933 bis 1945 verboten die Nationalsozialisten den Freimaurerbund in Deutschland.

Freistil: 1. →Kraulschwimmen; 2. → Ringen.

Der **Freistoß** ist im Fußball eine Strafmaßnahme des Schiedsrichters bei →Abseits und →Fouls: an der Stelle, wo das Foul begangen wurde, darf ein Spieler der benachteiligten Mannschaft einen unbehinderten Schuß abgeben, in Tornähe beim *direkten Freistoß* unmittelbar auf das gegnerische Tor.

Freitag, der sechste Tag der Woche, war ursprünglich der Göttin der Fruchtbarkeit geweiht, die bei den Germanen Frija oder Frigga, bei den Römern Venus hieß. Daraus wurden dann die Bezeichnungen Friday (englisch), Fredag (schwedisch), Vendredi (französisch) abgeleitet. – *Karfreitag* heißt der Freitag vor Ostern.

Der **Freiwurf** entspricht bei Hand-, Wasser- und Basketball dem →Freistoß beim Fußball.

Die **Fremdenlegion** ist eine 1831 gegründete französische Truppe, die sich aus angeworbenen Freiwilligen anderer Nationen, also Fremden, zusammensetzt und der Verteidigung der französischen Besitzungen in Afrika diente. Seit 1953 ist in der Bundesrepublik Deutschland die Werbung für die Fremdenlegion verboten.

Das **Fremdwort.** Jede Sprache übernimmt ständig Wörter aus anderen Sprachen. Wenn man ihnen die fremde Herkunft noch anmerkt, so nennt man sie Fremdwörter (z. B. »interessant«). In der Fachsprache ist das Fremdwort unentbehrlich. Es kann durch ein deutsches Wort kaum ersetzt werden (z. B. Atom, Konto, Analyse). Einige solcher Fremdwörter sind in die Umgangssprache eingedrungen und werden nicht mehr als fremdartig empfunden (Alkohol, Technik, Maschine). →Lehnwörter.

frenetisch (griech.): rasend, z. B. frenetischer Beifall.

Die **Frequenz** →Schwingungen, →Wellen.

Bei der **Freskomalerei** werden die Wasserfarben auf eine frisch (ital. al fresco) verputzte Wandfläche aufgetragen. Die Farbe verbindet sich beim Trocknen mit dem Putz zu einer schwer löslichen Schicht. Die bekanntesten Fresken entstanden in Italien (Michelangelo: Sixtinische Kapelle, Raffael: Fresken im Vatikan), doch wurden schon im alten Ägypten Fresken geschaffen.

Das **Frettchen** ist ein zahmer Iltis. Es wird beim Fang von wilden Kaninchen verwendet. Man läßt das Frettchen in den Kaninchenbau hineinschlüpfen und fängt die vor ihm fliehenden Kaninchen in Netzen, die man vor den zweiten Bauausgang hält.

Sigmund **Freud,** der Begründer der Psychoanalyse, lebte von 1856 bis 1939. Er war Professor in Wien und mußte 1938 nach London emigrieren. Seine Forschungen über das →Unbewußte, über die →Neurosen und über die menschliche Sexualität erregten seinerzeit viel Aufsehen. Freuds Entdeckungen haben bahnbrechend gewirkt, auch wenn sie heute, von vielen Forschern in der westlichen Welt, verändert und eingeschränkt werden. Freud war ein vorzüglicher Schriftsteller, der seine neuartigen und oft schwierigen Gedanken elegant und verständlich mitzuteilen wußte. Seine wichtigsten Bücher heißen: »Die Traumdeutung«, »Vorlesungen zur Einführung in die Psychoanalyse«, »Drei Abhandlungen zur Sexualtheorie«.

Die **Friedensbewegung** entstand im 19. Jh., als sich die Ansicht immer mehr ausbreitete, daß Kriege vermeidbar seien, wenn sich die Staaten bemühten, ihre Streitigkeiten friedlich zu schlichten. Schon der deutsche Philosoph Kant hielt die Erhaltung des Friedens für eine Pflicht der Menschen. Die Friedensbewegung gewann in den Kulturstaaten immer mehr Anhänger, bis auch die Regierungen Weltfriedenskonferenzen einberiefen und 1908/09 im Haag das Internationale Schiedsgericht gründeten. Die beiden Weltkriege zeigten, daß die Erhaltung des Friedens eines mächtigen internationalen Schutzes bedarf. Darum trafen die →Vereinten Nationen die Abmachung, daß Störer des Weltfriedens mit Gewalt zur Wahrung des Friedens gezwungen werden können.

Die **Friedensforschung** ist eine recht junge Wissenschaft. Sie versucht, die Ursachen des Krieges und der menschlichen →Aggressionen zu erforschen. Sie geht davon aus, daß Kriege keine »Naturkatastrophen« sind und durch geeignete politische und gesellschaftliche Maßnahmen verhindert werden können. Seit 1970 gibt es in der BRD die Deutsche Gesellschaft für Friedens- und Konfliktforschung.

Friedrich I. von Hohenstaufen →Barbarossa.

Friedrich II. von Hohenstaufen war Kaiser des »Heiligen Römischen Reiches Deutscher Nation« und König von Deutschland und Sizilien. Er lebte von

1194–1250 und war ein Enkel Barbarossas. Zum letzten Male brachte er die mittelalterliche Kaiserwürde zur Geltung. Er richtete eine ganz neue Art von Verwaltung ein, die später in allen Ländern nachgeahmt wurde. Die Gelehrten an seinem Hof in Italien machten die Europäer mit arabischen und jüdischen Schriften bekannt. Friedrich führte einen harten Kampf gegen das Papsttum, weil dessen politische Forderungen und Bestrebungen nicht den seinen entsprachen. Nach seinem Tod zerfiel die abendländische Einheit.

König **Friedrich II.** von Preußen (*Friedrich der Große*), der von 1712 bis 1786 lebte, erhob sein bis dahin kleines und wenig beachtetes Land zum Rang einer europäischen Macht. Sein Vater, der »Soldatenkönig« Friedrich Wilhelm I., erzog ihn mit großer Härte. Der Kronprinz unternahm deshalb einen Fluchtversuch, der aber mißlang. Sein Freund und Mitwisser Hans von Katte wurde hingerichtet. 1740 kam Friedrich zur Regierung. Er wandte sich mit der von seinem Vater geschaffenen schlagkräftigen Armee gegen die Kaiserin Maria Theresia und eroberte das bis dahin zu Österreich gehörende Schlesien. Im Siebenjährigen Krieg (1756–1763) behauptete er seine Eroberungen gegen Österreich und dessen Verbündete Rußland, Frankreich und Sachsen. Dann versuchte er in der folgenden Friedenszeit die Wunden zu heilen, die das Land in den langen Kriegsjahren erlitten hatte. Er ließ öde Gebiete urbar machen und besiedeln, schaffte die Folter ab, verbesserte die Rechtspflege und förderte Gewerbe und Künste. Der König war sehr musikalisch und verfaßte selbst Kompositionen für sein Lieblingsinstrument, die Flöte. Im Mittelpunkt seines Denkens stand jedoch die Armee. Auf ihn geht die Prägung des preußischen Geistes zurück, der dem Soldatentum die beherrschende Stellung im Leben der Nation einräumte. Daher ist die Gestalt Friedrichs des Großen wie die Bismarcks, der sein Werk vollendete und den Streit um die Vorherrschaft in Deutschland endgültig zugunsten Preußens gegen Österreich entschied, vielfach umstritten.

Der **Fries** ist in der Baukunst ein schmückender Wandstreifen, beim antiken Tempel Teil des Gebälks (→Säule).

Die **Friesen** sind ein westgermanischer Volksstamm, der an der Nordseeküste beheimatet ist. Sie sind Fischer, Bauern und Viehzüchter. Westfriesland gehört zu den Niederlanden, Ostfriesland zu Deutschland. Die der Nordseeküste vorgelagerten Inseln heißen *Friesische Inseln;* die östlichen gehören von Borkum bis Sylt zu Deutschland.

Frigga oder Frija war die Gemahlin Wodans, des obersten Gottes der Germanen. Sie war die Hüterin der Ehe und die Göttin der Fruchtbarkeit. Der Freitag, das ist »Frijas Tag«, war ihr geweiht.

Max **Frisch,** der schweizerische Schriftsteller und Dramatiker, wurde 1911 geboren. Ursprünglich war er Architekt. Frisch behandelt die Widersprüchlichkeit des menschlichen Daseins und nimmt kritisch zu veralteten Traditionen Stellung. Seine Dramen (»Die chinesische Mauer«, »Andorra«) sind z. T. von Bert →Brecht beeinflußt. Weitere Werke: die Romane »Stiller«, »Homo faber« und »Mein Name sei Gantenbein«; Tagebücher.

frivol (lat.): leichtfertig.

Friedrich **Fröbel,** der Begründer des ersten deutschen Kindergartens, lebte von 1782 bis 1852. Unter dem Einsatz des Schweizer Kinderfreundes Pestalozzi beschäftigte er sich mit der Erziehung der kleinen Kinder, die noch nicht zur Schule gehen. 1840 eröffnete Fröbel seinen Kindergarten, der bald überall Nachahmung fand.

Frondienst (althochdeutsch frô = Herr) nannte man Arbeiten, welche die Bauern im Mittelalter für ihre adligen Herren, meist ohne Entgelt, leisten mußten. Waren es rücksichtslose Herren, so fanden die Bauern kaum Zeit, ihre eigenen Felder zu bestellen. In den meisten europäischen Staaten wurden die Bauern erst im 19. Jh. vom Frondienst befreit.

Fronleichnam (althochdeutsch = Leib des Herrn): seit dem 13. Jh. hoher katholischer Feiertag (2. Donnerstag nach Pfingsten), Dankfest für die Einsetzung der →Eucharistie.

Die **Front** (lat. = Stirn): 1. Vorderseite, z. B. eines Gebäudes oder eines Tiefdruckgebiets (Kaltfront, Warmfront, oft mit Gewitterfront); 2. vorderste Gefechtslinie, Kampfzone.

Frösche sind →Lurche mit langen Sprungbeinen und Schwimmhäuten an den Hinterzehen. Sie ernähren sich fast nur von Insekten. Mit ihren langen Schleuderzungen fangen sie ihre Beute wie mit einem Lasso ein. Der kleine *Laubfrosch* gilt als Wetterprophet, weil er be-

Entwicklungsstufen des Eis

Kaulquappe

Kleinfrosch

Laubfrosch

sonders eifrig vor Gewittern oder Regen quakt. Er wird oft als Hausgenosse in Wohnungen gehalten. Es gibt Frösche, die ausschließlich im Wasser leben. Auf Borneo und den Philippinen lebt der *Flugfrosch* auf Bäumen. Er benutzt die großen Schwimmhäute seiner Hinterzehen beim Springen als Fallschirm. Der nordamerikanische *Ochsenfrosch*, der über 20 cm lang wird, hat eine laute Stimme, die wie das Gebrüll des Ochsen klingt. Die Frösche legen ihre Eier, den *Froschlaich*, im Wasser ab. Daraus entwickeln sich die *Kaulquappen*, die zuerst mit Kiemen atmen, nur im Wasser leben und noch keine Beine haben. Erst nachdem die Hinterbeine gewachsen sind, bilden sich Vorderbeine und Lungen.

Froschmann nennt man einen besonders ausgebildeten und ausgerüsteten Freitaucher, hauptsächlich für militärische und Rettungseinsätze.

Frostbeulen sind durch Kälte chronisch entzündete Körperstellen. Man behandelt sie mit Salben, Wechselbädern und vorsichtiger Massage.

Das **Frottee** (franz.): rauhes Gewebe, meist aus Baumwolle, das durch die kleinen Garnschlingen an seiner Oberfläche besonders saugfähig ist und darum für Handtücher verwendet wird.

Die **Frucht.** Bei Pflanzen bezeichnet man die natürlichen Samenbehälter als Früchte. Apfel und Birne sind *Kernfrüchte*, bei denen die Samenkerne von Fruchtfleisch umgeben sind. Pflaume, Kirsche, Aprikose, Pfirsich, aber auch Mandel und Walnuß nennt man *Steinfrüchte;* ihre Samen sind von einer steinharten Schicht umgeben. Bei Mohn ist die Frucht eine Kapsel, bei Trauben eine Beere. Bei Erdbeeren sitzen die Samen als Körnchen auf der Frucht. Die Früchte von Erbsen, Bohnen, Soja und Erdnuß heißen Hülsen. Es gibt auch samenlose Früchte, die sich z. B. bei Gurken und Apfelsinen bilden können, wenn keine Bestäubung stattfand. Bei der Reife verfärben sich die Früchte und erhalten erst dann ihren Fruchtgeschmack. Der Landwirt bezeichnet mit Frucht das Getreide.

Ein **frugales** Mahl ist ein einfaches, mäßiges Essen.

Frühchristentum nennt man die Zeit von Christi Tod bis zur Entstehung der christlichen Reichskirche unter Kaiser Konstantin.

Die **Frustration** (lat.) nennt man die Behinderung, ein Ziel zu erreichen. Der *Frustrierte* erlebt eine Enttäuschung, wenn ihm die Erfüllung eines Wunsches versagt bleibt. Frustrationen sind oft die Voraussetzung für →*Aggressionen.*

Der **Fuchs** ist ein dem Hund verwandtes Raubtier. Der *Rotfuchs* kommt in Europa, Nordafrika, Asien und Nordamerika vor. Die Füchse leben in Erdhöhlen, die sie durch mehrere Ausgänge sichern. Nicht nur weil sie gefährliche Räuber und Geflügeldiebe sind, sondern auch ihres schönen Pelzes wegen werden sie gejagt. Andere Fuchsarten, wie *Silberfuchs* und *Blaufuchs*, züchtet man wegen ihrer besonders wertvollen Pelze in Fuchsfarmen. Der *Eisfuchs* lebt in der Öde der nördlichen Polarländer.

Rotfuchs

Eine **Fuge** ist eine zwei- oder mehrstimmige, festgefügte musikalische Kunstform mit folgendem Ablauf: eine Stimme spielt eine Melodie, das *Thema*. Eine weitere wiederholt dieses Thema auf der *Dominante*, das heißt fünf Töne höher, während die erste weitergeführt wird. Die dritte Stimme spielt wieder wie die erste, während die erste und zweite weitergeführt werden. Die vierte Stimme spielt wie die zweite, während die anderen drei weitergeführt werden usw. Dieser Vorgang wiederholt sich nach freieren Zwischenspielen mehrmals. Danach wird ein Schluß gebildet. Ihre höchste Vollendung erhielt die Fuge durch J. S. Bach.

Fugger ist der Name der berühmten Augsburger Kaufmannsfamilie, die es im 15. und 16. Jh. zu unermeßlichem Reichtum brachte. Zeitweise waren sogar Kaiser und Päpste vom Geld der Fugger abhängig, die dadurch zur bestimmenden Macht und die ersten namhaften Vertreter des →Kapitalismus in Deutschland wurden.

Führerschein →Kraftfahrzeugführerschein.

Das **Fundament** (lat.): Grundlage, Unterbau.

fundiert (lat.): gründlich, zuverlässig, hieb- und stichfest.

Fünfkampf: sportlicher Wettkampf in verschiedenen Disziplinen, z. B. *Moderner Fünfkampf* (an 5 Tagen, →Olympischer Fünfkampf); *Internationaler Fünfkampf* (Weitsprung, Speerwurf, 200-m-Lauf, Diskuswurf, 1500-m-Lauf); *Deutscher Fünfkampf* (100-m-Lauf, Weitsprung, Kugelstoßen, Hochsprung, 400-m-Lauf).

Funkfeuer sind Sender, die für die Navigation von Schiffen und Flugzeugen Funksignale aussenden.

Funkstreifen sind Polizeistreifen von 2 oder 3 Mann, die mit Personenwagen und Funktelefon ausgerüstet sind. Sie haben, wenn sie in dringendem Einsatz sind, stets Vorfahrtsrecht und benutzen ein besonderes Warnsignal (blaues Blinklicht und Hornsignal).

Als **Funktechnik** bezeichnet man jene Zweige der Nachrichtentechnik, die zur Übertragung von Nachrichten keine Leitungen, sondern elektromagnetische Wellen benutzen, also →Rundfunk, →Fernsehen, →Funktelefonie, drahtlose →Telegrafie sowie →Radar. Auch der *Amateurfunk* bedient sich der drahtlosen Telefonie und Telegrafie.

Das **Funktelefon** (Sprechfunkgerät) kommt ohne Fernsprechkabel aus: Die Ströme werden verstärkt und »drahtlos« durch Ultrakurzwellensender ausgestrahlt; UKW-Empfänger nehmen sie auf, verstärken sie erneut und leiten sie an den gewünschten Sprechfunkapparat weiter. Für weite Entfernungen benutzt man Kurzwellensender und -empfänger.

Die **Funktion** (lat.): Leistung, Aufgabe, Tätigkeit. Der Mathematiker nennt die gesetzmäßig abhängige Beziehung einer mathematischen Größe zu einer oder mehreren anderen eine Funktion.

Als **Funktionäre** bezeichnet man Personen, die hauptberuflich in einem Verband oder in einer Partei tätig sind. Man spricht z. B. von Gewerkschaftsfunktionären, SPD-Funktionären, Kirchenfunktionären.

Furien: römischer Name für die →Erinnyen.

Das **Furnier** (franz.): dünne Platte eines

Edelholzes (z. B. Mahagoni), die auf billigeres Holz (z. B. Kiefer) aufgeleimt wird, um Schönheit und Wert eines Möbelstückes zu erhöhen. Seit neuem werden auch Kunststoff-Furniere verwendet, teils als selbstklebende Folien, die auch Laien verarbeiten können.

Die **Fürsorge** nennt man in der Umgangssprache die Sozialhilfebehörden, die als ein Teil der öffentlichen →Wohlfahrtspflege Hilfsbedürftige und Notleidende betreut.

In **Fürsorgeerziehung** kommen in gesetzlich bestimmten Fällen unbeaufsichtigte, gefährdete und verwahrloste Kinder und Jugendliche. Sie erhalten in Heimen oder fremden Familien eine geregelte Erziehung, deren Kosten der Staat trägt. Aufsicht führt das Landesjugendamt.

Zu den **Fürsten** zählte man die vornehmsten Adeligen, die im Mittelalter als Herzöge, Grafen, Bischöfe oder Äbte Kultur und Politik beherrschten. Vor allem in Deutschland gewannen sie im Lauf der Zeit großen Einfluß. Sie wurden zu selbständigen *Landesfürsten*. Die bedeutendsten von ihnen hatten seit dem 13. Jh. als *Kurfürsten* allein das Recht, den König zu wählen (zu küren): die Erzbischöfe von Köln, Mainz und Trier, der Pfalzgraf »bei« Rhein, der Herzog von Sachsen, der Markgraf von Brandenburg und der König von Böhmen. Die Kurwürde erlosch mit dem Ende des alten Deutschen Reiches 1806, die Landesfürstentümer wurden in der Revolution von 1918 aufgehoben.

Der **Furunkel:** engumgrenzte Entzündung eines Haarbalges und seiner daranhängenden Talgdrüse. Sie tritt meistens an behaarten Stellen auf, die erhöhten Reizen ausgesetzt sind. Einen Furunkel darf man nicht selber aufdrücken, denn dabei kann man den Eiter noch tiefer in das Gewebe hineinpressen. Wenn sich der Furunkel nicht von allein öffnet, soll man zum Arzt gehen, der unter Umständen einen kleinen Einschnitt macht.

Fürwort →Pronomen.

Die **Fusion** (lat.): Verschmelzung, Vereinigung, z. B. von zwei leichten Atomkernen zu einem schweren, wobei Energie frei wird (in der Sonne und den Fixsternen, aber auch in der Wasserstoffbombe).

Das **Fußballspiel** stammt aus England. Vor etwa hundert Jahren kam es nach Deutschland und wurde im Laufe der Zeit zum Volkssport. Man braucht nicht viel Geräte dazu: nur einen mit Luft aufgepumpten Lederball (Umfang ca. 70 cm) und zwei Tore, die 7,32 m breit und 2,44 m hoch sein sollen. Das Spielfeld kann 45 bis 90 m breit und 90–120 m lang sein. Es spielen zwei Mannschaften mit je 11 Spielern gegeneinander. Ein Schiedsrichter leitet das Spiel, bei dem der Ball nicht mit den Händen oder Armen berührt werden darf. Der Ball wird meist mit dem Fuß geschossen oder gekickt. Er kann aber auch mit dem Kopf zugespielt werden. Mit der Hand darf ihn nur der Torwart berühren. Nach einem Spiel von zweimal 45 Minuten, das sind die beiden Halbzeiten, hat die Mannschaft gewonnen, welche am meisten Tore beim Gegner erzielt hat. Die Spieler haben zwar verschiedene Aufgabenbereiche (z. B. Sturm, Verteidi-

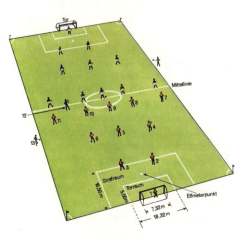

Fußballfeld

1 Torwart 2 rechter Verteidiger 3 linker Verteidiger 4 rechter Läufer 5 Mittelläufer 6 linker Läufer 7 Rechtsaußen-Stürmer 8 halbrechter Stürmer 9 Mittelstürmer 10 halblinker Stürmer 11 Linksaußen-Stürmer 12 Schiedsrichter 13 Linienrichter

gung), doch ist kein Spieler während des Spieles an seinen Platz gebunden. Jeder Spieler kann Tore schießen bzw. den Gegner daran hindern.

Das **Futur** (lat. = die Zukunft) ist eine Zeitform des Verbums, und zwar die *Zukunft:* ich werde schreiben. Daneben kennt man noch eine *vollendete Zukunft,* das *Futurum exaktum* (du wirst geschrieben haben). In der Umgangssprache verwendet man aber meistens für ein zukünftiges Geschehen die Gegenwartsform und fügt eine Zeitangabe an (ich schreibe dir bald).

Der **Futurismus** war in den ersten Jahrzehnten des 20. Jh. eine politische, literarische und künstlerische Bewegung, die alle Traditionen verwarf. In der Malerei (Boccioni, Severini) war man bemüht, zeitliche Abläufe oder seelische Vorgänge im Bild darzustellen.

Die **Futurologie** ist die wissenschaftliche Behandlung von Zukunftsfragen. Der Begriff wurde schon 1943 von dem deutschen Forscher O. K. *Flechtheim* benutzt. Die Futurologie versucht, Probleme zu bearbeiten und zu lösen, von denen man schon heute sicher weiß, daß sie eines Tages auf uns zukommen. Solche Probleme sind etwa die enorme Steigerung der Erdbevölkerung, die Verknappung von →Rohstoffen, Massenverkehr usw.

G

G ist der siebente Buchstabe des Alphabets. Aus G entstand der in der Musik gebräuchliche Violinschlüssel (G-Schlüssel); g ist die Abkürzung für Gramm, in der Physik das Zeichen für die Fallbeschleunigung (9,81 m/sec^2).

Gabun ist eine afrikanische Republik am Golf von Guinea (267667 qkm, 490000 Einwohner) mit der Hauptstadt Libreville. Hauptprodukte des waldreichen Landes sind außer Holz Palmöl, Kaffee und Pfeffer; es ist reich an Bodenschätzen (Erze, Erdöl). Bis 1958 war es französische Kolonie und wurde 1960 unabhängig.

Die **Gage** (franz., sprich gahsche): Bezeichnung für das Gehalt von Künstlern.

Die **Gala** (span.): Festschmuck oder Hoftracht; festliche Kleidung.

Galalith → Kunststoffe.

Die **Galeere:** Schiff mit Segeln und Rudern, das seit der Antike bis vor 150 Jahren hauptsächlich von den Mittelmeerländern als Transport- und Kriegsschiff verwendet wurde. Die Ruderer (meist 3–5 auf jeder der 25–50 Ruderbänke) waren Matrosen oder Kriegsgefangene und oft Sträflinge, die zum Galeerenrudern verurteilt worden waren.

Als **Galerie** (frz.) bezeichnet man eine Gemäldesammlung, z. B. die Schack-Galerie in München; außerdem die umlaufenden, oberen *Ränge* in einem Theater oder die Empore in einem hohen Saal.

Galileo **Galilei,** der große italienische Physiker und Astronom, wurde 1564 geboren und starb 1642. Durch Versuche am schiefstehenden Turm des Doms von Pisa erforschte er die Grundgesetze der Pendel- und Fallbewegungen. Mit einem von ihm konstruierten Fernrohr entdeckte er die Zusammensetzung der Milchstraße, die Monde des Planeten Jupiter und die Sonnenflecken. Er trat nachdrücklich für die Lehre des →Kopernikus ein, daß die Erde sich um die Sonne bewege. Dadurch geriet er in Widerspruch zu den kirchlichen Behörden und mußte 1633 seine Anschauungen widerrufen.

Galion hieß früher der Vorbau am Schiffsbug; er war oft mit einer aus Holz geschnitzten *Galionsfigur* geschmückt.

Galle heißt der von der Leber fortlaufend abgesonderte Saft. Die Galle fließt zuerst in die Gallenblase und gelangt anschließend in den Zwölffingerdarm, in dem sie an der Fettverdauung maßgeblich beteiligt ist. Die täglich gebildete Gallenmenge beträgt 800 bis 1000 ccm. Gelangt Galle im Krankheitsfalle statt in den Darm ins Blut, so färben sich Haut und Augäpfel gelb – wir sagen, der Kranke hat die *Gelbsucht*. Entzündet sich die Schleimhaut, welche die Gallenblase an ihrer Innenseite auskleidet, so spricht man von einer *Gallenblasenentzündung*. Es kann vorkommen, daß einzelne Bestandteile der Galle feste Kristalle bilden, die sich zu *Gallensteinen* zusammensetzen. Wenn ein Stein in dem engen Gallengang steckenbleibt, kommt es zu einer schmerzhaften *Gallenkolik*.

Gallen sind Wucherungen an Pflanzenteilen, die durch die Eiablage von *Gallwespen* oder -*mücken* hervorgerufen werden. In der Galle entwickelt sich die Larve dieser Insekten.

Gallien hießen früher das von Kelten (Galliern) besiedelte Frankreich (*Gallia transalpina*, von →Cäsar unterworfen) und Oberitalien (*Gallia cisalpina*, 222–191 v. Chr. von Rom erobert).

Der **Galopp:** 1. rascher Tanz; 2. Gangart des Pferdes, →Pferdesport.

Durch **Galvanotechnik** (benannt nach dem italienischen Mediziner Luigi *Galvani*, 1737–1798) können wir mit Hilfe des elektrischen Stromes Gegenstände mit einer Metallhaut überziehen. Zu diesem Zweck taucht man eine Kupfer- und eine Eisenplatte in eine Glasschale, die mit in Wasser gelöstem Kupfervitriol gefüllt ist. Die Eisenplatte verbindet man mit dem Minuspol, die Kupferplatte mit dem Pluspol, wobei man noch eine Glühbirne als Vorwiderstand einschaltet, damit der Strom nicht zu stark wird. Nach einiger Zeit kann man dann eine dünne Kupferhaut auf dem Eisen beobachten. Durch Elektrolyse (→Elektrizität) wird nämlich das Kupfervitriol in seine Bestandteile zerlegt, und das Kupfer schlägt sich auf der Eisenplatte nieder. Da sich an der mit dem Pluspol verbundenen Kupferplatte immer neues Kupfervitriol bildet, wird das Kupfervitriol in der Flüssigkeit nicht zu schnell verbraucht. – Auf ähnliche Weise kann man verchromen, versilbern oder vergolden.

Mit Hilfe der Galvanotechnik kann man auch von einem Gegenstand einen Abguß (ähnlich einem Gipsabguß) machen. Dieses Verfahren bezeichnet man als *Galvanoplastik*.

Die **Gambe** (ital. viola da gamba = Kniegeige): Vorläuferin des Cellos im 16./18. Jh.

Gambia ist ein westafrikanischer Staat am Unterlauf des Flusses Gambia (1100 km lang). Seine Fläche beträgt 11 295 qkm, bewohnt wird er von 494 279 Menschen, Hauptstadt ist Banjul. Das wenig fruchtbare Land war 1843–1965 britisches Protektorat.

Gamma (Γ, γ) ist der dritte Buchstabe des griechischen Alphabets und entspricht unserem g. *Gammastrahlen* →Radioaktivität.

Gandhi, der große geistige Führer der Inder in ihrem Streben nach Freiheit, wurde am 2. 10. 1869 geboren und am 30. 1. 1948 von einem fanatischen Hindu ermordet. Er versuchte den Gegensatz zwischen Hindus und Mohammedanern und die Standesunterschiede zu beseitigen und die Befreiung von der englischen Herrschaft zu erreichen. Nicht durch Kampf, sondern durch gewaltlosen Widerstand wollte er seinen Plan verwirklichen. 1947

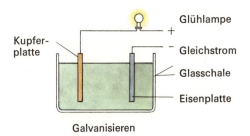

Kupfer-
platte

Glühlampe
+
– Gleichstrom
Glasschale
Eisenplatte

Galvanisieren

erreichte er endlich, daß Indien unabhängig wurde, aber die inneren Gegensätze waren, wie seine Ermordung zeigt, noch nicht überwunden.

Das **Gangspill** (niederl.) ist eine Trommelwinde mit senkrechter Achse, z. B. auf Schiffen für die Ankerkette.

Der **Gangster** (sprich gängster, von engl. gang = Bande): Mitglied einer Verbrecherbande.

Die **Gangway** (engl., sprich gängweh) ist die bewegliche Brücke zwischen dem Schiff und dem Ufer (vgl. auch →Fallreep) oder zwischen dem Flugzeug und dem Boden.

Die **Gans** war schon im Altertum wegen ihres schmackhaften Fleisches und ihrer weichen Federn (Daunen) als Haustier sehr geschätzt. Alle unsere Hausgänse stammen von der wilden Graugans ab, die in Europa und Asien heimisch ist. Die Wildgänse leben in Einehe und bauen ihre Nester in Mooren und Sümpfen. Sehr zu Unrecht spricht man von der »dummen Gans«, denn Gänse sind klug und wachsam. Die Sage berichtet, daß einst die Gänse am Kapitol in Rom als erste feindliche Eindringlinge bemerkten und durch ihr aufgeregtes Geschnatter die Stadt vor dem Untergang bewahrten.

Gänsehaut. Bis auf wenige Stellen, z. B. die Handinnenflächen, haben wir am ganzen Körper kleinste Härchen, die an ihrem unteren Ende mit je einem kleinen Muskel versehen sind, der sie aufrichten kann. Durch Kälte, aber auch durch Schreck (»haarsträubende« Erlebnisse) zieht sich der Muskel zusammen und richtet »sein« Härchen auf, so daß die Haut der einer gerupften Gans ähnelt.

Die **Ganztagsschule** ist, wie der Name sagt, eine Schule, in der die Schüler den ganzen Tag (nicht die Nacht) verbringen, essen und Hausaufgaben machen.

Die **Garage** (franz., sprich garasche): Raum zum Einstellen eines oder mehrerer Kraftfahrzeuge. Moderne Großgaragen werden vielfach als Hochhaus oder in mehreren Stockwerken unterirdisch gebaut.

Die **Garantie** (franz.): Sicherstellung, Gewähr, Verbürgung. Beim Kauf einer Uhr erhält man z. B. die Garantie, daß sie richtig geht und nötigenfalls während einer bestimmten Zeit kostenlos repariert wird.

Die **Garde** (franz.): Leibwache, Elitetruppe.

Die **Garnelen** sind kleine Meereskrebse. Man nennt sie auch Krabben.

Die **Garnison** (franz.) ist der Ort, in dem Truppen im Frieden in Kasernen wohnen und ausgebildet werden. Als Garnison bezeichnet man auch die Truppe des Standorts oder eine Besatzungstruppe.

Gartenbau wird berufsmäßig in Gärtnereien betrieben, die meistens am Rand großer Städte angelegt sind und die Bevölkerung mit Frischgemüse, Obst und Blumen versorgen.

Gärung verändert die chemische Beschaffenheit von Zucker und Eiweißstoffen. Dieses geschieht auf eine natürliche Art, nämlich durch →Fermente, die sich aus Hefen und aus Bakterien bilden. Diese Fermente bewirken z. B. eine alkoholische Gärung, indem sie den Malzzucker in den Alkohol des Bieres oder den Traubenzucker in den Alkohol des Weines verwandeln. Solche Gärung erfolgt auch im Hefenteig. Dabei bildet sich Kohlensäure, die mit dem verdampfenden Alkohol das Gebäck auftreibt und lockert. Die Milchsäuregärung wird durch Bakterien hervorgerufen. Sie wird angewendet bei der Herstellung von Joghurt, Käse, Sauerkraut und beim Brotbacken mit Sauerteig. Auch bei der Veredelung von Tabakblättern findet eine Gärung, die *Fermentation* genannt wird, statt.

Gas nennt man jeden luftartigen Stoff. Alle Körper befinden sich entweder im festen, im flüssigen oder im gasförmigen Zustand, doch können sie diesen *Aggregatzustand* auch wechseln; so kann sich Eis in Wasser und Wasser in Dampf verwandeln. Es hängt von der Wärme und dem Druck ab, unter dem jeder Körper steht, welchen Aggregatzustand er annehmen muß. So kann man z. B. das Gasgemisch »Luft« verflüssigen (→flüssige Luft), anderseits das flüssige Benzin im Vergaser in Gas verwandeln. Gase entstehen auch oft bei chemischen Veränderungen, wie z. B. bei Fäulnis, oder werden künstlich hergestellt, z. B. in der Gasanstalt als Heiz- und Leuchtgas aus Kohle. Vor gesundheitsschädlichen Gasen, die bei längerem Einatmen zum Tode führen, kann man sich durch Gasmasken oder Atemgeräte schützen. – Siehe auch Edelgase und Plasma.

Gastarbeiter nennt man Arbeiter, die aus anderen Ländern z. B. nach Deutschland kommen und in einem deutschen Betrieb beschäftigt sind, weil die Zahl unserer Arbeiter nicht ausreicht. Die meisten Gastarbeiter kommen aus der Türkei, aus Jugoslawien und aus Italien. Die Eingliederung der Gastarbeiter und ihrer Familien in die deutsche Gesellschaft stößt häufig noch auf →bürokratische Schwierigkeiten und auf Vorurteile in der Bevölkerung.

Gasturbine →Turbinen.

Gaswerk. Seit Beginn des vorigen Jahrhunderts wird Stadtgas erzeugt. Wenn Steinkohlen unter Luftabschluß auf 1200° C erhitzt werden, sondern sie ein Gemisch verschiedener Kohlenwasserstoffgase ab, das *Stadtgas.* Diesen Vorgang nennt man trockene Destillation. Der nicht mehr vergasbare Rückstand ist *Koks.* Das noch sehr heiße Gas wird dann in Röhren gekühlt, wobei es Teer ausscheidet, danach in einem geschlossenen Turm durch Berieseln mit Wasser gewaschen, wodurch Ammoniak ausgeschieden wird. Schließlich müssen noch Nebenbestandteile, wie Benzol, Naphthalin, Zyan und Schwefel, aus dem Gas entfernt werden, ehe es gebrauchsfertig im Gasbehälter gespeichert wird. Da Gas meist zu bestimmten Tagesstunden in vielen Haushalten gebraucht wird, sind riesig große Gasbehälter notwendig. Ursprünglich genügten Kessel, die mit der Öffnung nach unten auf einem Wasserbecken schwammen und je nach ihrem Gasinhalt zwischen einem Führungsgerüst sich hoben oder senkten.

Neuerdings werden außer diesen »nassen« Gasbehältern auch noch »trockene« verwendet, die Scheibenbehälter heißen. Sie bestehen aus einem vieleckigen Turm aus Blech, der außen mit Holz verschalt ist.

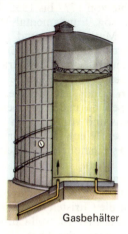

Gasbehälter

Der obere Abschluß ist eine Scheibe, die vom Gas getragen wird und je nach der vorhandenen Gasmenge steigen und sinken kann. Solche Behälter fassen bis 600 000 cbm und sind dann 150 m hoch. Das Gas wird von da über druckregelnde Ventile durch das Stadtrohrnetz in die Häuser geleitet. Hier muß es zuerst durch eine Gasuhr strömen, wobei es ein Räderwerk treibt, das den Verbrauch zählt.

GATT ist die Abkürzung für »General Agreement on Tariffs and Trades« (Allgemeines Zoll- und Handelsabkommen). Das GATT wurde 1947 abgeschlossen und hat heute 82 Mitgliedstaaten. Es strebt eine Liberalisierung (→Liberalismus) des Welthandels an.

Gauchos (span., sprich gautschos) nennt man die südamerikanischen Hirten. Bekannt sind sie durch ihre tollen Reiterkunststücke und ihre Geschicklichkeit beim Einfangen der Tiere mit Lassos.

Paul **Gauguin** (sprich gogeng), der große französische Maler, wurde 1848 geboren und starb 1903 auf der Südseeinsel Tahiti, wo er seit 1895 lebte. Gauguin malte in kräftigen, flächigen Farben vor allem Landschaften (Frankreich, Südsee). Er gilt – neben seinem Freund →van Gogh – als einer der Wegbereiter der modernen Malerei.

Karl Friedrich **Gauß,** ein bedeutender deutscher Mathematiker und Naturforscher, lebte von 1777 bis 1855. Er bewies u. a. den sog. Fundamentalsatz der Algebra (→Mathematik) und begründete die moderne Zahlentheorie. Er fand auch die nichteuklidische Geometrie und erforschte den Erdmagnetismus.

Gazellen sind leichtfüßige, zierliche →Antilopen, die in den Steppen und Wüsten Asiens und vor allem im nördlichen Afrika leben. Wenn sie Gefahr wittern, so entfliehen sie in hohen Sprüngen. Fast alle Gazellen haben geringelte, schön geschwungene Hörner.

Gebet ist das Sprechen des Menschen mit Gott. Für die Christen ist das Vaterunser das Gebet des Herrn, weil Christus selbst es die Menschen gelehrt hat.

Das **Gebiß:** die Gesamtheit der Zähne; →Zahn.

Geburt oder *Entbindung* nennt man den Vorgang, durch den das Kind von der Mutter zur Welt gebracht wird. Die Zeit, die das Kind braucht, um im mütterlichen Körper heranzuwachsen, beträgt beim Menschen etwa 280 Tage. Die Geburt ist ein für die Mutter sehr schmerzhafter und anstrengender Vorgang, bei dem die Hebamme oder der Arzt Hilfe leistet.

Das **Gedächtnis** bezeichnet umfassend die Eigenschaft des Gehirns, Eindrücke zu behalten, sich daran zu erinnern und Dinge wiederzuerkennen. Wenn man sich auch oft unbeabsichtigt etwas merkt, so ist das →Lernen durch mehrfache Wiederholung doch die einzig sichere Methode, bestimmte Inhalte in den Gedächtnis-Schatz zu übernehmen.

Das **Gedicht** ist die älteste Kunstform der Dichtung. Da bei den Griechen Gedichte zur Lyra, einem Saiteninstrument, vorgetragen wurden, bezeichnet man eine bestimmte Art von Gedichten als Lyrik. Das *lyrische* Gedicht drückt ein Naturerlebnis oder eine tiefe Empfindung aus (z. B. »Der Mond ist aufgegangen« von Claudius). Das *epische* Gedicht erzählt eine bedeutende Begebenheit (wie die Kämpfe um Troja in der »Ilias« des Homer). Eine kleinere epische Form ist die *Ballade* (z. B. »Des Sängers Fluch« von Uhland).

Das Gedicht unterscheidet sich von der Prosa durch seine festgefügte Form: es ist an einen bestimmten Rhythmus gebunden und meist nach festen Regeln aufgebaut (→Verslehre). Häufig ist das Gedicht gereimt, doch gibt es auch viele Gedichtformen ohne Reim.

Die **gedruckte Schaltung** findet sich immer häufiger in Rundfunk-, Fernsehempfängern und elektrischen Geräten (besonders in Kleinbauweise): auf eine Isolierplatte wird das Schaltbild (Leiterbahnen) einseitig in Kupfer aufgedruckt, die andere Plattenseite wird mit den Bauelementen (Röhren, Transistoren, Kondensatoren, Widerständen usw.) bestückt, deren Anschlußdrähte durch die Platte bis zu den Leiterbahnen reichen; danach wird alles durch Tauchlötung in einem Zinnbad verlötet.

Gefahrensymbole oder *Warnzeichen* sind seit 1955 zur Kennzeichnung gefährlicher Stoffe (Chemikalien u. a.) international eingeführt.

feuergefährlich   giftig   ätzend

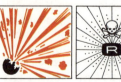

explosiv   radioaktiv   biologische Gefahr

Das **Gefängnis,** frühere Bezeichnung für eine Strafvollzugsanstalt, in der wegen eines →Vergehens verurteilte Straftäter ihre →Freiheitsstrafe verbüßen.

Gegenreformation →Reformation.

Gegenwart →Präsens.

Das **Gehirn** ist die »Zentrale« des gesamten Organismus, von der über das Rückenmark und die Nerven allen Organen die Befehle übermittelt werden. Dies geschieht zum Teil bewußt (Armbewegung), zum Teil unbewußt (Darmbewegung). In der Rinde der beiden *Großhirn*halbkugeln, die reich an Furchen und Windungen sind, spielen sich die Denkvorgänge ab. Von den übrigen Hirnteilen, dem Zwischen-, Mittel- und Kleinhirn, aus werden diejenigen wichtigen Lebensvorgänge gesteuert, die uns nicht bewußt werden. Alle anderen Teile des Zentralnervensystems stehen unter der einheitlichen Steuerung des Großhirns. Von hier aus wird unser Fühlen, Denken und Wollen geleitet. Zum Schutz gegen äußere Einflüsse (Stoß) ist das Gehirn von einer Flüssigkeit umgeben.

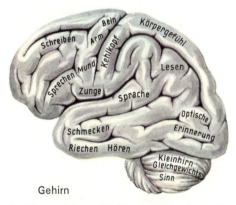

Gehirn

Gehirnschlag (*Schlaganfall* oder *Gehirnblutung*) nennt man eine plötzlich auftretende Gehirnerkrankung, die entsteht, wenn ein Blutgefäß im Gehirn platzt. Dadurch werden Lähmungen einer ganzen Körperhälfte oder auch Sprachstörungen hervorgerufen.

Der **Geigerzähler** (*Geigersches Zählrohr*) ist ein einfaches, äußerst empfindliches Gerät, mit dem man radioaktive Strahlungen nachweisen kann.

Geisel bedeutete ursprünglich »Sproß aus einem edlen Geschlecht«. Es hat aber eine besondere Bedeutung im Kriege erhalten. Geiseln sind meist hochgestellte und geachtete Persönlichkeiten, die sich entweder freiwillig in Gefangenschaft begeben oder die der Gegner gefangengenommen hat. Sie haften für die Erfüllung bestimmter Forderungen (Verträge) oder für die Sicherheit gewisser Personen und verlieren ihre Freiheit oder sogar das Leben, wenn diese Forderungen zu einer bestimmten Zeit nicht erfüllt werden oder Rachetaten der Unterlegenen vorkommen.

Der **Geiser** (isländ.), auch *Geysir:* heißer Springquell, der in gewissen regelmäßigen Zeitabständen als meterdicker Wasserstrahl aus der Erde schießt. Der Druck von Wasserdampf, der sich unterirdisch sammelt, treibt den Geiser bis zu 45 m hoch. Geiser finden sich in Gegenden mit vulkanischen Schichten, z. B. in Island, Neuseeland und im Yellowstonepark in Nordamerika.

Eine **Geisha** (sprich gehscha) ist in Japan ein Mädchen, das in Gesang, Musik und Tanz ausgebildet ist und für die Unterhaltung der Gäste in Teehäusern sorgt.

Geisteskrankheiten sind Erkrankungen, die sich ausschließlich in Störungen des Denkens, des Willens und unter Umständen des Gedächtnisses und der Intelligenz äußern. Dadurch, daß bei derartigen Krankheiten der Ablauf der Gedanken gestört ist und andere Wege geht als beim gesunden Menschen, kommt es häufig zu Sinnestäuschungen und Wahnideen. So fühlt sich z. B. beim Verfolgungswahn der Kranke ständig ohne Grund von andern bedroht und verfolgt. Voraussetzungen für Geisteskrankheiten können zwar vererbt sein, in jedem Fall aber ist die Umgebung, in der eine Person aufwächst, für den Ausbruch von Geisteskrankheiten entscheidend. Konflikte mit Erziehern oder Vorgesetzten können Geisteskrankheiten ebenso auslösen, wie Schübe körperlicher Entwicklung, z. B. die →*Pubertät*. Neben der Behandlung in geschlossenen Anstalten, wobei häufig Medikamente eingesetzt werden, gewinnt die freiwillige psychologische Behandlung immer größere Bedeutung.

Die **Gelatine** (sprich ~~sch~~elatine) ist ein farbloser, geschmack- und geruchloser Knochenleim. Sie wird in der Photographie zur Herstellung von Filmen, in der Küche für Sülze und Süßspeisen verwendet. Gelatine muß in heißer Flüssigkeit aufgelöst werden, darf aber nicht kochen, sonst schmeckt sie nach Leim.

Das **Gelbfieber** ist eine in den Tropen durch Viren verursachte Infektionskrankheit (mit Fieber, Schüttelfrost, Bluterbrechen, blutigem Durchfall), die oft tödlich verläuft.

Gelbsucht →Galle.

Geld. In früherer Zeit wurden Waren oder Besitztümer gegeneinander ausgetauscht. Wer eine Kuh brauchte, gab dafür z. B. einen Pflug. Da aber nicht jeder immer die Ware bereit hatte, die der Tauschpartner als Gegengabe haben wollte, wurden mehr und mehr gewisse Tauschmittel in Zahlung genommen. Die Römer benutzten in ihrer ältesten Zeit dazu Vieh (lat. pecus); ihr Wort für Geld, pecunia, stammt daher. Andere verwendeten Salz, Felle oder muschelartige Schnecken. In Notzeiten greift man auch in unseren Tagen wieder zu solchen Tauschmitteln (Zigaretten in der Nachkriegszeit). Die Menschen begannen aber schon sehr früh, Edelmetalle als Tauschmittel zu benutzen, weil sie von jedermann begehrt wurden, dauerhaft waren und leicht geteilt und befördert werden konnten. Aus ihrem Gewicht ergab sich ihr Wert. Später stellte man aus Gold, Silber und Kupfer Münzen her, indem man ihnen Stempel aufprägte, die ihren Wert angaben. Seit dem 18. Jh. gibt es Papiergeld, das ursprünglich bei den Banken gegen Metallgeld eingetauscht werden konnte. Diese Noten mußten durch einen entsprechenden Vorrat an Gold »gedeckt« sein.

Seit dem Ersten Weltkrieg wurden jedoch die Münzen aus Edelmetall weitgehend aus dem Verkehr gezogen, und ein Umtausch fand nicht mehr statt. Seitdem ist das Papiergeld nur noch durch die Menge der Güter gedeckt, die in dem Staat hergestellt werden, der diese Banknoten in Umlauf bringt. Der Staat muß daher dafür sorgen, daß nur so viel Geld ausgegeben wird, wie Waren hergestellt werden. Gibt es zuwenig Geld und zu viele Waren, so entsteht eine *Deflation*, gibt es zuwenig Waren und infolgedessen zuviel Geld, so entsteht eine →*Inflation*. In beiden Fällen wird das Wirtschaftsleben schwer erschüttert. Ein relativ neuer Begriff ist die *Stagflation*, bei der trotz stagnierender Wirtschaft die Inflation fortdauert.

Das **Gelenk** ist beim Körper die Verbindung zweier Knochen miteinander. Eines der beiden Knochenenden ist meist etwa halbkugelförmig abgerundet und greift in das andere Ende des zweiten Knochens, das pfannenförmig ausgehöhlt ist, ein. Die beiden ineinandergreifenden *Gelenkflächen* werden von einer Kapsel aus festem Bindegewebe, der *Gelenkkapsel*, überzogen. In den besonders beanspruchten Zugrichtungen ziehen zur Verstärkung bzw. Einschränkung der Gelenkbewegung *Gelenkbänder* durch die Wand der Gelenkkapsel. Die Innenhaut der Gelenkkapsel sondert eine schleimige Flüssigkeit ab, welche die dauernde Schmierung der Gelenkflächen, die mit einer elastischen Knorpelschicht überzogen sind, versieht.

Gelenke sind sehr empfindlich und werden häufig, vor allem durch Verstauchung, verletzt. Die Schleimhaut sondert dann zuviel Flüssigkeit ab, und es kommt zu einem Erguß, einer Anschwellung des Gelenkes. Man soll es dann ruhig lagern und feuchte Umschläge machen.

Gemeinde nennt man eine Gruppe von Menschen, die durch gemeinsamen Glauben (Kirchengemeinde) oder gemeinsame Liebe zu einer Sache (z. B. Musik, Sport) miteinander verbunden sind. – Der politische Begriff der Gemeinde bezeichnet die Gemeinschaft aller am selben Ort (Dorf, Stadt) ansässigen Menschen. Jede Gemeinde verwaltet sich selbst, das heißt, sie ist vom Staat in denjenigen Angelegenheiten unabhängig, die nur sie selbst betreffen. Dazu gehören Bau-, Wohnungs-

und Verkehrswesen, Schulen, Gesundheitswesen, Armenpflege, Wasser-, Gas- und Elektrizitätsversorgung. Ferner kann der Staat Verwaltungsaufgaben, die ihm zustehen, auf die Gemeinden übertragen. Die Selbstverwaltung der Gemeinden nennt man *Kommunalverwaltung* (franz. commune = Gemeinde). Die dafür nötigen Geldmittel erhalten die Gemeinden durch Abgaben, wie Gewerbe-, Getränke-, Vergnügungssteuer, Straßenreinigungsgebühren. Um kostspielige Aufgaben leichter finanzieren zu können, schließen sich oft mehrere Gemeinden zu Kommunalverbänden zusammen. Wie der Staat haben auch die Gemeinden Verfassungen: die *Gemeindeordnung* bzw. die Städteordnung. In ihnen sind z. B. die Regeln festgelegt, nach denen die Bürger ihre *Gemeindevertretung* (Gemeinde- oder Stadtrat) wählen. Die Gemeindevertretung plant, berät und beschließt die notwendigen Maßnahmen entsprechend dem der Gemeinde zur Verfügung stehenden Geld. Die von der Gemeinde beschäftigten Beamten und Angestellten führen die Beschlüsse aus. An der Spitze der örtlichen Selbstverwaltung steht ein Gemeindevorsteher, Bürgermeister oder Oberbürgermeister, der von den Bürgern oder der Gemeindevertretung gewählt wird.

In der **Gemeinschaftsschule** (*Simultanschule*) werden Schüler aller Bekenntnisse gemeinsam unterrichtet, nur der Religionsunterricht ist getrennt. In der *Konfessions-* oder *Bekenntnisschule* sind jeweils nur Schüler eines bestimmten Bekenntnisses zugelassen.

Die **Gemse** ist der →Antilope nahe verwandt. Sie lebt in den europäischen Hochgebirgen bis zur Schneegrenze und vermag noch an steilen Felswänden und Graten emporzuklettern. Auch im Schwarzwald und im Erzgebirge kommt sie vor. – Der Gamsbart, der Hutschmuck der Jäger, wächst nicht am Kinn des Bockes, sondern auf seinem Rücken.

Die **Gemütskrankheiten** sind Leiden, bei denen der Gemütszustand für längere Zeit zur heiteren oder traurigen Seite hin

verstimmt ist, wie z. B. bei der →*Depression*.

Das **Gen** darf man nicht mit dem Chromosom verwechseln (→Vererbung). Das Gen ist ein »Erbfaktor« oder eine »Erbeinheit« *auf* einem Chromosom, der die Ausprägung einer einzelnen Eigenschaft bei Lebewesen bestimmt. Als Abschnitt der →DNS stellt das Gen ein Informationspaket im *Genom* (gesamten Erbgut) dar.

Gendarmerie (franz., sprich ~~sch~~andarmerie) heißt die staatliche Polizei in Landbezirken.

Generale heißen die höchsten Offiziere in Heer und Luftwaffe. Es gibt folgende Dienstgrade: Brigadegeneral, Generalmajor, Generalleutnant und General.

Eine **Generation** (lat.) ist die Gesamtheit aller Menschen, die im gleichen Zeitabschnitt geboren wurden. So gehören unsere Eltern gemeinsam mit allen gleichaltrigen Menschen der älteren Generation an. Alle heute lebenden Kinder bilden die nächste, jüngere Generation.

Der **Generator** (lat. = Erzeuger). Elektrische Generatoren (Dynamomaschinen) erzeugen elektrischen Strom mit Hilfe der Induktion. Bewegt man einen Drahtring durch ein Magnetfeld (Abb. S. 234), so fließt in dem Draht elektrischer Strom (→Elektrizität). Wird der Drahtring in Drehung versetzt, so ändert sich die Richtung des erzeugten Stromes dauernd, wir

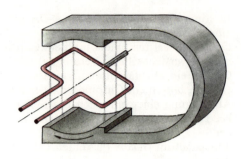

erhalten Wechselstrom. Um höhere Spannung zu bekommen, verwendet man nicht eine, sondern möglichst viele Windungen. Bei einem Wechselstromdynamo dreht sich zwischen den Polen eines Magneten (Stator) ein Eisenstück (Anker oder Rotor) von der Form eines doppelten T (Abb.), auf dem viele Windungen aufge-

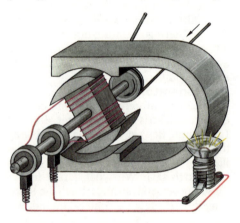

wickelt sind. Die Enden führen zu zwei isoliert befestigten Ringen, und über Schleifkontakte wird der Strom abgenommen. – Gleichstrom erhält man, indem man die Anschlußenden gerade in dem Augenblick vertauscht, in dem der Strom die Richtung wechseln will. Dies geschieht z. B. durch einen geteilten Ring, den *Stromwender*, auf dem Kohlestücke schleifen. Der Anfang des aufgewickelten Drahtes ist mit der einen Ringhälfte, das Ende mit der andern verbunden. Man kann nun den so erzeugten Gleichstrom dazu benützen, den Magneten stärker zu machen. Zu diesem Zweck wickelt man

eine Spule auf den Magneten und schickt den Strom durch den Dynamo hindurch. Ist zunächst der Magnet nur ganz schwach, so gibt er einen schwachen Strom; dieser schwache Strom verstärkt nun den Magneten, dieser vergrößert wieder den Strom usw., bis durch dieses gegenseitige »Hinaufschaukeln« der Dynamo auf seine volle Leistungsfähigkeit gebracht ist. Werner v. Siemens entdeckte 1866, daß jeder aus gewöhnlichem Eisen aufgebaute Dynamo, der einmal magnetisiert war, immer ein klein wenig magnetisch bleibt. Wenn man nun diesen kleinen Magnetismus dazu benützt, Strom zu erzeugen, und mit diesem Strom wieder den Magnetismus des Dynamos verstärkt, so steigt der Strom besonders stark an. Diese Möglichkeit heißt »dynamo-elektrisches Prinzip«. Erst seit dieser Entdeckung kann man Strom in großen Mengen erzeugen. – Als Generatoren bezeichnet man auch Apparate, die zur Erzeugung von Treibgas dienen. Sie ähneln einem Ofen, in dem durch unvollständige Verbrennung feste Brennstoffe in Gas umgewandelt werden. Meist wird als Brennstoff trockenes, zerkleinertes Fichtenholz, Kohle oder Koks verwendet.

generell (lat.): allgemein gültig.

Die **Genesis** (griech. = Ursprung): im Alten Testament die Schöpfungsgeschichte im 1. Buch Mose.

Genetik (griech.) heißt die Wissenschaft von der →Vererbung.

Der **genetische Code** ist das Lexikon der Gene, das für alle Lebewesen in gleicher Weise gilt. Wer das Lexikon zu lesen versteht, kann die Aufeinanderfolge von 3 Molekül-Buchstaben in eine →Aminosäure übersetzen, wie es in jeder Zelle vollautomatisch geschieht.

Genfer Konvention →Dunant.

Das **Genie** (sprich schenih). So nennt man schöpferisch begabte Menschen, die nicht nur die höchste Stufe des in ihrem Bereich liegenden Könnens erreicht haben, sondern neue und bahnbrechende Wege gehen; als *genial* bezeichnet man entsprechende Menschen oder Dinge.

sich **genieren** (franz., sprich ~~schenih-~~ ren): sich gehemmt fühlen.

Die **Genitalien** (lat.): Geschlechtsteile.

Der **Genitiv** (lat.) ist der zweite oder *Wes-Fall* der →Deklination.

Der **Genius** (lat.): 1. gleichbedeutend mit →Genie; 2. Schutzgeist.

Genossenschaften sind Gemeinschaften von Menschen, den Genossen, die sich zu einem bestimmten wirtschaftlichen Zweck zusammenschließen, den der einzelne oft nicht zu erreichen imstande ist. Sie geben sich eine Satzung, in der ihr gemeinschaftliches Ziel niedergeschrieben ist, und hinterlegen diese beim Amtsgericht, wo auch die Genossenschafter in einer Namensliste, dem Register, verzeichnet werden. Die gemeinschaftlichen Ziele können sehr verschieden sein. So gibt es Bau-, Konsum-, Einkaufs-, Molkerei-, Kredit-, Winzer- und Berufsgenossenschaften. *Raiffeisen*-Genossenschaften sind die nach ihrem Gründer benannten landwirtschaftlichen Genossenschaften.

Die **Gen-Manipulation** ist ein Verfahren, das Erbgut eines Lebewesens gezielt zu verändern, also zum Beispiel nicht funktionsfähige Gene von außen zu reparieren. Von dieser Methode, die auch als *Gen-Chirurgie* bekannt ist, erhofft man sich u. a. die Heilung von Erbkrankheiten.

Das **Genre** (franz., sprich ~~schär~~): Art, Gattung. – Ein *Genrebild* stellt einen Vorgang aus dem täglichen Leben dar, z. B. eine Bauernhochzeit.

Der **Gentleman** (engl., sprich ~~dschentl~~-men): jemand, der in jeder Lebenslage ritterliches Benehmen und anständige, vornehme Gesinnung zeigt.

Die **Geodäsie** (griech.) ist die Lehre von der Messung der Erde.

Die **Geographie** (griech.): Erdkunde, Wissenschaft von der Beschaffenheit der Erdoberfläche. Der *Geograph* beschreibt die Erdteile, Meere und Länder, er erklärt die Entstehung der verschiedenen Oberflächenformen der Erde durch die Einflüsse von Wasser (→Erosion), Wind und den Wechsel der Temperaturen und schildert ihre Zusammenhänge mit der Verteilung von Menschen, Tieren und Pflanzen.

geographische Länge und Breite →Gradnetz.

Die **Geologie** (griech.) erforscht den Bau und die Geschichte der Erde. Der Geologe untersucht dabei besonders die Gesteine nach ihrer Entstehung und Beschaffenheit. Bei der Entdeckung von Bodenschätzen, z. B. Erzvorkommen oder Erdöllagern, leistet der Geologe die wichtigste Vorarbeit.

Die **Geometrie** →Mathematik.

Die **Geophysik** (griech.) ist die Wissenschaft von den physikalischen Erscheinungen in und auf der Erde.

Der heilige **Georg** trat als Heerführer mutig für seinen christlichen Glauben ein. Er wurde getötet, als der römische Kaiser Diokletian (etwa im Jahr 303) die Christen verfolgen ließ. Weil der heilige Georg besonders tapfer war, wird er bei uns als Beschützer der Soldaten verehrt und oft abgebildet, wie er einen Drachen tötet. Sein Fest wird am 23. April gefeiert.

Der **Gepard** ist ein katzenartiges Raubtier, gleicht aber mit seinen hohen Beinen mehr einem Windhund als einer Katze. Er ist das schnellste aller Säugetiere und erreicht auf kürzeren Strecken Geschwindigkeiten von über 100 Stundenkilometern. Besonders in Indien wird der Gepard für Jagdzwecke abgerichtet.

Geranien sind rot- bis weißblühende, mehrjährige Zierpflanzen mit leicht behaarten grünen Blättern, die eine braune Zeichnung tragen. Oft wird aber die aus dem Kapland stammende *Pelargonie* mit glänzenden grünen Blättern als Geranie bezeichnet.

Gerben (= gar machen, bereit machen) nennt man das Herstellen von Leder aus tierischen Häuten. Zur Lederherstellung wird nur die sogenannte Lederhaut, die mittlere Schicht der Haut, verwendet. Die Oberhaut mit den Haaren und die Unterhaut mit den Fleischresten werden entfernt. Man unterscheidet hauptsächlich drei Gerbarten: 1. Die *Lohgerbung*. Dazu werden pflanzliche Stoffe (z. B. zerkleinerte Eichenrinde) als sogenannte Lohe verwendet. Der in der Lohe wirksame Stoff ist die Gerbsäure, die auf die Haut monatelang einwirkt und sie dadurch in Leder verwandelt. Lohgares Leder ist derb, dauerhaft, wasserundurchlässig und wird z. B. für Schuhsohlen und Treibriemen verwendet. 2. Die *Mineralgerbung.* Die dabei wirksamen Stoffe sind Alaun- oder Chromsalze. Chromgares Leder ist weiches, sehr haltbares Leder, das besonders als Schuhoberleder verarbeitet wird. Die Alaun- oder Weißgerberei liefert sehr weiches, aber wenig haltbares Leder für Handschuhe oder Taschen. 3. Die *Sämisch-* oder *Fettgerbung.* Dabei geht die Gerbung durch Einwirkung von Fett (meist Robben- oder Walfischtran) vor sich. So entsteht das geschmeidige Waschleder, das für weiche Lederbekleidung, als Fensterleder und ähnliches verwendet wird. – Siehe auch Leder.

Gerichte sind Behörden, die vom Staat zur Pflege des Rechtes eingerichtet wurden, d.h., sie haben die Aufgabe, auf Grund der bestehenden Gesetze Recht zu sprechen, Rechtsbrecher zu verurteilen und der Bestrafung zuzuführen. Jeder Staatsbürger ist den Gesetzen unterworfen.

In der Bundesrepublik Deutschland unterscheidet man zwischen ordentlicher und außerordentlicher Gerichtsbarkeit. Unter *ordentlichen Gerichten* versteht man sowohl die Strafgerichte, die alle Verstöße gegen die Strafgesetze ahnden, also Verbrechen wie Mord, Totschlag, Raub und Diebstahl, als auch die Zivilgerichte, die Streitigkeiten um Mein und Dein untersuchen. Die Straf- und Zivilgerichte nennt man auch »streitige« Gerichte, weil in ihnen die Parteien auf dem Wege des Prozesses, d.h. einer Gerichtsverhandlung, um das Recht »streiten«. Die Zivilgerichte werden nur auf Antrag einer Partei tätig, die Strafgerichte hingegen auf Antrag der Strafverfolgungsbehörde, der Staatsanwaltschaft. Die freiwillige Gerichtsbarkeit bearbeitet Rechtsfragen, die außerhalb des Prozeßverfahrens liegen; zu ihr gehören z.B. die Register-, die

Handels-, die Erb- und Nachlaßgerichte. Die ordentlichen Gerichte gliedern sich in die Amts-, Land- und Oberlandesgerichte. Das höchste ordentliche Gericht ist der Bundesgerichtshof in Karlsruhe. – Unter *außerordentlichen Gerichten* versteht man die Verfassungsgerichte, die Verwaltungs-, Finanz-, Arbeits- und Sozialgerichte. Die *Verfassungsgerichte* entscheiden über die Einhaltung von Verfassungsbestimmungen, die *Verwaltungsgerichte* über die Rechtmäßigkeit von Verwaltungsmaßnahmen, die *Finanzgerichte* überprüfen die Gültigkeit von Maßnahmen der Finanzämter, die *Arbeitsgerichte* schlichten die Streitfälle zwischen Arbeitnehmern und Arbeitgebern, die *Sozialgerichte* sind für Streitigkeiten auf dem Gebiet der Sozial- oder Arbeitslosenversicherung und ähnliches zuständig.

Die Zuständigkeit der Gerichte bestimmt sich von unten nach oben (im Instanzenweg) nach der Schwere der Tat oder nach der Höhe der streitigen Summe. In den meisten Fällen kann jede Partei gegen ein Urteil unterer Instanz bei der höheren Berufung einlegen. Endgültig entscheidet in den bedeutendsten Fällen der Bundesgerichtshof, dessen Urteilsbegründungen dadurch für die unteren Instanzen maßgebend werden und die Auslegung der Gesetze und die Weiterbildung des Rechtes richtunggebend beeinflussen. →Prozeß, Schwurgericht, Laie.

Gerichtsvollzieher →Mahnverfahren, →Zwangsvollstreckung.

Germanen ist ein Sammelname für viele einzelne Völkerschaften, die ursprünglich eine gemeinsame Sprache hatten, aus der sich die germanischen Sprachen (Deutsch, Holländisch, Englisch, Dänisch, Schwedisch, Norwegisch) entwickelten. Die Germanen stammten aus Südskandinavien, Dänemark und Norddeutschland und breiteten sich über weite Teile Europas aus. Sie lebten in Dorf- und Marktgemeinden. Sie waren gute Jäger und Krieger und trieben Ackerbau und Viehzucht. Im 3. Jh. n. Chr. durchbrachen sie den Grenzwall der Römer, den →Limes. Im

Bombarde, um 1480

Die 5 t schwere »Mons Meg«, ein
Riesengeschütz des 15. Jahrhunderts

Feldschlange aus Bronze, 1672

Montigny-Mitrailleuse, 1870

Russisches Belagerungsgeschütz, 1900

Amerikanische Panzer-
haubitze M 110 auf Selbst-
fahrlafette (Atomgeschütz)

Geschütze

5. Jh. überschritten sie den Rhein und gründeten Reiche in Gallien, Spanien, Afrika und Italien. →Völkerwanderung.
Gerste →Getreide.
Das **Gerstenkorn** ist eine oft sehr schmerzhafte und mit Schwellung des Augenoberlides verbundene Entzündung einer Talgdrüse, die in der Haut des Oberlides liegt und ihren Ausführungsgang am Lidrand hat. Meist genügen heiße Um-

schläge, um den Eiter zum Abfluß zu bringen.
Die **Gesamthochschule** ist ein Hochschultyp, der die bisherigen Hochschularten (Universität, Pädagogische Hochschule usw.) zusammenfaßt.
In der **Gesamtschule** werden die Schüler nicht mehr nach Gymnasium, Realschule, Volksschule aufgeteilt, sondern nach *Leistungsgruppen*. Nach 10 Schul-

jahren erwirbt man an der künftigen Gesamtschule die Mittlere Reife, nach 13 Jahren das Abitur.

Geschlechtskrankheiten, Geschlechtsorgane →Sexualkunde.

Geschlechtswort →Artikel.

Das **Geschütz** ist die Fernwaffe, die durch die Erfindung des Schießpulvers im 14. Jh. möglich wurde. Anfangs schoß man mit steinernen Kugeln, später mit eisernen. Das Rohr bestand zunächst aus Eisen, dann aus Bronze und schließlich aus Gußstahl. Es gab auch Geschütze aus Leder und Holz. Heute verwendet man als Geschosse *Granaten* und *Raketen*, die eine Sprengladung tragen. »Atomgeschütze« verschießen Geschosse mit Kernsprengsätzen, die wie kleinere Atombomben wirken. Siehe Tafel S. 237.

Das **Geschwader**: bei der Marine ein Verband von Kriegsschiffen, bei der Luftwaffe ein aus mehreren *Gruppen* (jede Gruppe aus mehreren *Staffeln*) gebildeter fliegender Verband.

Geschwindigkeiten →Tabelle S. 239.

Die **Geschwulst.** Wenn sich aus irgendwelchen, in den meisten Fällen bisher unbekannten Gründen eine Zelle unseres Körpers zu teilen und damit zu vermehren beginnt, so entsteht an der betreffenden Stelle eine Geschwulst. Wir unterscheiden gutartige Geschwülste, die nur dadurch unangenehm werden, daß sie z.B. auf ein Organ drücken oder es verdrängen, und bösartige (z.B. →Krebs), die ihre Zellen in den ganzen Körper aussenden und in anderen Körpergegenden neue, sogenannte Tochtergeschwülste hervorrufen.

Das **Geschwür.** So nennt man eine durch verschiedene Ursachen hervorgerufene Zerstörung der obersten Hautschichten oder der Schleimhaut bei inneren Organen (z. B. Magengeschwür).

Eine **Geste** ist eine Bewegung des Körpers, vor allem der Hände und Arme, durch die man den Ausdruck seiner Worte unterstützt und verstärkt.

Gesteine werden nach ihrer Entstehungsart unterschieden: Es gibt *Erstarrungs-* oder *Eruptivgesteine* (lat. eruptio — Ausbruch), die aus dem flüssigen Erdinnern hervorbrechen, wie die Lava bei Vulkanausbrüchen. Manche dieser Erstarrungsgesteine werden schon in der Tiefe fest, wie z.B. der Granit. Sie heißen daher *Tiefengesteine*. Andere ergießen sich bis an die Erdoberfläche und erstarren erst dort, wie z. B. der Basalt. Sie heißen daher *Ergußgesteine*. Alle Erstarrungsgesteine sind besonders fest und bilden oft den Grundstock von Gebirgen. – Auf andere Weise entstanden die *Schicht-* oder *Sedimentgesteine* (lat. sedimentum = Ablagerung), nämlich dadurch, daß sich im Wasser Mineralien absetzten und im Laufe von vielen Jahrtausenden zu festen Gesteinsschichten wurden. Zu den Schichtgesteinen gehören z.B. Steinsalz, Gips, Sandstein, Kalkstein, Ton und Lehm. Auch aus den Überresten von Kleintieren oder Pflanzen können sich Gesteine bilden, wie z.B. Korallenkalk, Algenkalk, Kreide. – Eine weitere Gruppe von Gesteinen bildete sich durch Umwandlung von Erstarrungs- oder Schichtgesteinen. Diese werden daher *metamorphe* (griech. = umgewandelte) *Gesteine* genannt. Die Umwandlung kann durch Druck, Verkittung oder große Wärme erfolgen. Zu ihnen gehören Marmor und Gneis.

Granit   Porphyr   Grüner Marmor

Es legt in 1 Sekunde zurück:

Licht, elektr. und Radio-Wellen...	ca. 300 000 Kilometer
Erde um die Sonne	ca. 30 Kilometer
Rakete	bis über 11 Kilometer
Erdbebenwellen	ca. 3600 Meter
Schall im Wasser	ca. 1500 Meter
Artillerie-Geschoß	bis 1500 Meter
Mond um die Erde	ca. 1000 Meter
Jagdflugzeug	bis 900 Meter
Düsenflugzeug........	bis 600 Meter
Schall in der Luft	ca. 330 Meter
Verkehrsflugzeug	bis 300 Meter
Auto (Rennwagen)	bis 136 Meter
Schwalbe.............	ca. 85 Meter
Motorrad (Rennrad) ...	bis 75 Meter
Schnellzug	bis 44 Meter
Orkan...............	bis 40 Meter
Skiläufer	bis 35 Meter
Kraftwagen	ca. 33 Meter
Rennpferd	bis 25 Meter
Schnelldampfer	bis 19 Meter
Regentropfen	ca. 11 Meter
Wettläufer	bis 10 Meter
Segeljacht	bis 8,1 Meter
Radfahrer	ca. 5,5 Meter
Mann im Laufschritt ...	ca. 2,5 Meter
Fliege...............	ca. 1,6 Meter
Fußgänger	ca. 1,2 Meter
Schneeflocke in ruhiger Luft	ca. 0,2 Meter
Weinbergschnecke	ca. 0,09 Zentimeter

Wachstum eines Pilzes	ca. 0,008 Zentimeter
Bewegung eines Gletschers	ca. 0,000 8 Zentimeter
Wachstum des menschlichen Haupthaares	ca. 0,000 000 3 Zentimeter

Das **Gestüt:** landwirtschaftlicher Betrieb, in dem Pferde gezüchtet werden.

Getreide sind alle die in Jahrtausenden vom Menschen veredelten Gräser, wie Gerste, Roggen, Weizen, Hirse, Hafer, Reis und Mais. Die Fruchtstände werden als Ähren bezeichnet; nur der Mais trägt Kolben. In Deutschland sind mehr als die Hälfte aller Äcker mit Getreide bestellt. *Roggenähren* haben kurze, steife Borsten (Grannen). Der *Weizen* braucht kräftigere Böden und milderes Klima. Er besitzt glatte, kräftige Ähren. Sein Mehl wird für Weißbrot und Kuchen verwendet. Auch Grieß wird aus Weizen gemahlen. *Gerste* trägt Ähren mit langen Grannen. Die Körner werden zu Malz verarbeitet, aus dem man Bier braut. Die geschälten Körner kommen als Graupen in den Handel. Doch dient der größte Teil der Ernte als Viehfutter, ähnlich wie beim *Hafer*. Diese anspruchslose Getreideart wächst noch in Berglagen und ist an ihren lockeren Rispen leicht zu erkennen. Die entspelzten und gequetschten Körner heißen Haferflocken. *Mais* wird in Deutschland hauptsächlich als Grünfutter angebaut. Dieses dem tropischen Amerika entstammende Getreide wird außer in den USA auch in Italien und an der unteren Donau als Körnerpflanze viel geerntet. *Hirse* ist ebenfalls ein Rispengetreide; ihre Körner sind klein und sehr nahrhaft, aber etwas schwer verdaulich. Auch der →*Reis* gehört zum Getreide. Abb. S. 240.

Getriebe→Kraftwagen.

Getto, auch *Ghetto* →Juden.

Geusen (franz. = Bettler) nannten sich die Niederländer, die sich im 16. Jh. gegen die Herrschaft der Spanier auflehnten.

Gewebe: 1. Stoffe, die durch →Weben hergestellt sind; 2. bei den Tieren und Menschen die Zellverbände, aus denen alle Organe aufgebaut sind. Meist sind die Zellen eines Gewebes ohne Zwischenräume miteinander verbunden, so z.B. beim *Deckgewebe* (Epithelgewebe), das die äußerste Oberfläche der Körper bedeckt. Das *Bindegewebe* dient als Verbindung z. B. von Muskel- und Nervenfasern.

Weizen Roggen Gerste Hafer Hirse Mais

Das **Gewehr** ist als Handfeuerwaffe etwa seit dem 15. Jh. in Gebrauch. Anfangs wurde es von vorn mit Pulver und Blei geladen. Später erfand man Gewehre, die man von hinten laden kann. Dabei wird eine Patrone eingesetzt, die Kugel und Pulverladung in einer Hülse vereinigt. Die Ladung wird durch einen Druckbolzen zur Entzündung gebracht. Die leere Hülse wird nach dem Schuß ausgeworfen. Gewehre, bei denen das Laden und Auswerfen der Patronenhülsen in ständiger Folge automatisch vor sich geht, nennt man *Maschinengewehre*. Sie können über 1000 Schuß in der Minute abfeuern. Abb. →Schußwaffen.

Das **Geweih**. Bei männlichen Hirschen bilden sich aus dem Stirnbein Knochenauswüchse, die sich im Laufe der Jahre immer höher erheben und immer mehr verästeln. Dieses Geweih (beim Rehbock *Gehörn* genannt) wird jedes Jahr abgeworfen und erneuert sich dann mit mehr Ästen (Enden). Je nach der Zahl dieser Enden spricht man von einem Spießer (1 »Stange«), Gabler (2 Enden), Sechsender, Zwölfender usw. Das Geweih dient den Hirschen als Waffe. Es ist im Wachstum mit einer Haut (vom Jäger Bast genannt) bedeckt, die anfangs weich und reich an Blutgefäßen ist, dann aber eintrocknet und durch Reiben an den Bäumen abgestreift wird. Nur beim Rentier tragen auch die Weibchen ein Geweih.

Gewerbe nennt man jede Tätigkeit, die jemand zum wirtschaftlichen Erwerb fortdauernd ausübt. Gewerbetreibende sind vor allem Handwerker und Kaufleute, dagegen nicht die Angehörigen der sogenannten freien Berufe (z. B. Ärzte, Rechtsanwälte), die Beamten und die Landwirte.

Gewerkschaft ist eine Organisation von zunächst Arbeitern, später auch Angestellten und Beamten zur gemeinsamen Interessenvertretung gegenüber Arbeitgebern und Staat mit dem Ziel, die Arbeits- und Lebensbedingungen zu verbessern. Mittel hierzu sind u. a. Lohn- und Tarifkämpfe, Errichtung bzw. Mitarbeit in der Kranken- und Sozialversicherung, Rechtsschutz, Einflußnahme auf Parlamente und Parteien sowie Bildungs- und Kulturarbeit. Vordringliches Ziel der deutschen Gewerkschaften ist die Demokratisierung der Wirtschaft durch gleichberechtigte Mitbestimmung der Arbeitnehmer. – Gewerkschaften entstanden im ersten Drittel des 19. Jh., zuerst in England als dem industriell am weitesten entwickelten Land. Im Zuge der Industrialisierung vergrößerten sich auch in Deutschland die Gewerkschaften, unterschieden sich allerdings nach politischen, konfessionellen und berufsständischen Gesichtspunkten. Am 2. Mai 1933 wurde die gesamte Gewerkschaftsbewegung von den Nationalsozialisten zerschlagen. Nach 1945 erfolgte ein nach Zonen getrennter

Wiederaufbau, der 1949 in der Gründung des Deutschen Gewerkschaftsbundes (DGB) als Dachorganisation der 16 Industriegewerkschaften und Gewerkschaften gipfelte. Im Gegensatz zu den Richtungsgewerkschaften der Weimarer Republik ist der DGB eine Einheitsgewerkschaft, d. h. parteipolitisch und konfessionell unabhängig; das Berufsverbandsprinzip ist durch das Industriegewerkschaftsprinzip ersetzt, d. h. ein Betrieb eine Gewerkschaft. Die Auseinandersetzungen um die Industrieorganisation erbrachten 1948 die Gründung der Deutschen Angestelltengewerkschaft (DAG), die mit ca. 480000 Mitgliedern erheblich kleiner als der DGB mit über 7 Mill. Mitgliedern ist. Parteipolitische Gründe führten 1955 zur Neugründung des Christlichen Gewerkschaftsbundes (CGB); daneben bestehen noch der Deutsche Beamtenbund (DBB) und der Deutsche Handels- und Industrieangestelltenverband (DHV). Die jugendlichen Arbeitnehmer sind in der Gewerkschaftsjugend mit eigenen Vertretungsrechten organisiert. – Die Gewerkschaftsbünde der einzelnen Länder sind in drei Weltverbänden zusammengeschlossen, dem Weltgewerkschaftsbund (WGB) unter kommunistischer Führung, dem christlichen Weltverband der Arbeit (WVA) und dem Internationalen Bund Freier Gewerkschaften (IBFG).

Gewichte→Maße und Gewichte.

Beim **Gewichtheben** gliedern sich die Übungen in *Reißen, Stoßen* und *Drücken.* Als Gerät verwendet man die Scheibenhantel, deren Gewicht durch aufsteckbare Eisenscheiben beliebig erhöht werden kann. Bei allen Übungen muß man das Gewicht über den Kopf heben (»in die Hochstrecke bringen«). 1. *Reißen:* Der Gewichtheber reißt die Scheibenhantel blitzschnell in einem Zuge mit durchgestreckten Armen in die Hochstrecke. 2. Das *Stoßen* geht in zwei Zeiten vor sich. Zuerst setzt der Gewichtheber mit kräftigem Ruck die Scheibenhantel bis zur Schulterhöhe um, dann stößt er nach einer Atempause die auf der Brust lasten-

de Stange rasch vollends hoch. 3. Das *Drücken* gleicht dem Stoßen, wird aber ohne Schwung durchgeführt. Die Scheibenhantel wird nach dem Umsetzen zur Schulterhöhe ohne Krümmung des Körpers langsam hochgedrückt.

Gewitter sind elektrische Entladungen der Atmosphäre. Sie sind von Blitz und Donner und meist von Niederschlägen begleitet. Ist der Donner nicht hörbar, so spricht man von *Wetterleuchten. Wärmegewitter* entstehen nur örtlich und meistens nachmittags bei schwachen Winden und feuchter Luft, wenn die Sonne den Erdboden erwärmt und die darüberliegenden Luftschichten leichter werden als die höheren und daher rasch aufzusteigen beginnen. Beim Aufsteigen werden die elektrischen Ladungen der Wassertröpfchen voneinander getrennt, so daß zwischen der Erde und den Wolken und auch zwischen den Wolken selbst große elektrische Spannungen entstehen, die sich durch Blitze ausgleichen. Zum Unterschied von den meistens nicht weiträumigen, aber oft heftigen Wärmegewittern, die keine Wetteränderung ankündigen, entstehen zwischen Kalt- und Warmluftgebieten die *Frontgewitter*, die oft mehrere hundert Kilometer breit sind. Sie wandern bis zu 100 km in der Stunde, sind oft von Hagel begleitet, kommen zu allen Tages- und Jahreszeiten selbst in nördlichen Gebieten der Erde vor und kündigen einen Witterungsumschwung an.

Die **Gezeiten.** An den Küsten der Meere steigt und fällt der Meeresspiegel in 24¾ Stunden je zweimal. Das Steigen des Wassers nennt man *Flut*, das Fallen *Ebbe.* Die Erscheinungen selbst nennt man die Gezeiten oder Tiden. Den Höhenunterschied zwischen dem höchsten Wasserstand (Hochwasser) und dem darauffolgenden tiefsten Wasserstand (Niedrigwasser) nennt man Tiden- oder Gezeitenhub. An der Oberfläche eines tiefen Ozeans, weit vom Land entfernt, beträgt der Gezeitenhub etwa 1,3 m, im flachen Küstengebiet dagegen mehrere Meter, in Buchten und Fjorden bis zu 21 m.

Die Gezeiten rühren von den Anziehungskräften von Mond und Sonne auf die Erde her. Diese Kräfte verursachen ein vielfältiges, langsames Schwingen der Weltmeere und der obersten Erdschichten. Dabei entstehen auf der dem Mond und der Sonne zugekehrten und auch auf der abgewandten Seite der Erde je eine große Flutwelle, also im ganzen 4. (Unter ihnen dreht sich die Erde fort, so daß sie über die Meere zu laufen scheinen.) Diese Flutwellen hängen vom Umlauf des Mondes und der Sonne und von ihrer Stellung zur Erde ab. Zur Zeit des Neu- oder Vollmondes, wenn also Sonne, Mond und Erde in einer geraden Linie stehen, überlagern sich je zwei der 4 großen Flutwellen zu besonders hohem Hochwasser. Es herrscht dann *Springflut*, die ein Sturm zur *Sturmflut* werden läßt, welche die Deiche zerbrechen und die Küstengebiete verheeren kann. Zur Zeit des ersten oder letzten Viertels dagegen laufen alle 4 Flutberge voneinander getrennt einher; die Anziehungskräfte von Sonne und Mond schwächen sich gegenseitig, so daß die Flut niedrig bleibt (*Nippflut*).

Ghana ist eine afrikanische Republik am Golf von Guinea mit 238 537 qkm und 9,36 Mill. Einwohnern (Ewe, Ashanti, Haussa, etwa 7000 Europäer); Hauptstadt ist Accra. Ghana ist der größte Kakaoerzeuger der Welt. Außerdem werden Holz, Gold und Mangan ausgeführt. Früher bestand hier ein mächtiges Neger-(Ashanti-)Reich. 1957 wurde die Republik aus der britischen Kolonie Goldküste und dem britischen Mandatsgebiet Togo gebildet.

Das **Ghetto** (auch Getto) →Juden.

Ghibellinen (auch Gibellinen) war in Italien seit dem 12. Jh. der Name für die Anhänger der Kaiser aus dem Fürstenhause Hohenstaufen. Er ist vielleicht von dem einst staufischen Besitz Waiblingen in Württemberg abgeleitet. Die Gegner der Ghibellinen waren die *Guelfen*. Sie nannten sich nach dem deutschen Fürstengeschlecht der Welfen, die eine Zeitlang erbitterte Feinde der Staufer waren

und auch in Italien Anhänger für ihren Kampf fanden.

Der **Ghostwriter** (engl., sprich goßtraiter, wörtlich »Geisterschreiber«) ist ein Schriftsteller oder Journalist, der einem anderen, z. B. einem hohen Politiker, seine Reden ausarbeitet und auf treffsichere, allgemein verständliche Ausdrücke achtet.

Die **Gicht** ist eine sehr schmerzhafte Stoffwechselkrankheit, die darin besteht, daß die Harnsäure, ein Stoff, der beim gesunden Menschen durch die Nieren ausgeschieden wird, in erhöhtem Maße im Blut zurückbleibt. In den Gelenkknorpeln lagert sich diese zuviel vorhandene Harnsäure in Form von Kristallen ab.

Gießen nennt man in der Technik das Anfertigen von Gußstücken durch Eingießen von geschmolzenem Metall in Hohlformen. Schon in der Bronzezeit wurden Werkzeuge und Waffen gegossen. Auch →Glocken werden seit dem frühen Mittelalter durch Guß hergestellt. In der Eisengießerei werden in einem Schachtofen Roheisen und Eisenschrott durch Koks oder auch durch elektrischen Strom zum Schmelzen gebracht. Das flüssige Eisen kommt vom Ofen in eine große Gießpfanne, die von einem Kran bewegt wird. Zuweilen wird es auch aus kleineren

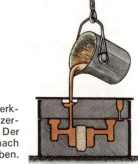

Gießen eines Werkstückes in einer zerlegbaren Form. Der obere Teil wird nach dem Guß abgehoben.

Handtiegeln in die Formen gegossen. Die Gußformen sind meist aus Sand oder Lehm nach einem Holzmodell hergestellt. Massenware wird oft in Stahlformen (Kokillen) gegossen, die vielmals verwendbar sind.

Als **Gifte** bezeichnet man Stoffe, die dem Körper schwere Schäden zufügen. Sie können auf dreierlei Wegen eindringen: durch das Blut, den Magen und die Atmung (Lunge). *Blutgifte* (z. B. Schlangen- und Leichengifte sowie einige Pfeilgifte) zersetzen das Blut, wenn sie in den Kreislauf gelangen. Die meisten Gifte wirken vom Magen-Darm-Kanal aus, doch ist die Wirkung ganz verschieden. Sie kann betäubend sein, d. h. Bewußtseinsstörungen hervorrufen, wie beim Opium oder Kokain. Auch die auf dem Wege der Atmung in den Körper gelangenden Gase, wie Kohlenoxid, Leuchtgas, Äther usw., gehören zu den Giften. Reizungen, Entzündungen und schließlich Gewebezerstörungen können durch Arsen, Phosphor, Jod und alle konzentrierten Säuren entstehen. Für viele Gifte gibt es Gegengifte, die ihre Wirkung aufheben. Viele Heilmittel enthalten Gifte in kleinen, vom Arzt genau bemessenen Mengen, die auf den Körper anregend oder heilend wirken.

Giftpflanzen gibt es in vielen Gruppen des Pflanzenreiches. Bisweilen sind nur einzelne Teile (z. B. die Beere der Tollkirsche oder der Saft der Wolfsmilch) giftig, meist jedoch die ganze Pflanze (→Fingerhut). Die Gifte können zu Lähmungen und Tod führen.

Giftpilze →Pilze.

Giftschlangen sind in über 150 Arten in allen Erdteilen verbreitet. Viele von ihnen bringen lebende Junge zur Welt, andere legen Eier. Mit ihren gefurchten Giftzähnen bringen sie das Gift der im Oberkiefer sitzenden Giftdrüsen in die Bißwunden, die sie ihren Opfern zufügen. Wenn man nicht rechtzeitig ein Gegengift einspritzen kann, ist der Biß von Giftschlangen oft tödlich. Die gefährlichsten Giftschlangen sind in Afrika die *Mamba*-Schlangen, in Asien die *Brillenschlangen* (*Kobras*) und *Hutschlangen*. Zu den ausnahmslos giftigen Vipern (Ottern) gehört auch unsere *Kreuzotter*. Da die Medizin den Wert des Schlangengiftes als Heilmittel erkannt hat, hält man heute Giftschlangen häufig in Farmen. Man läßt die Schlangen in Glasschalen beißen und fängt darin das Gift auf.

Die **Giganten** waren in der griechischen Sage ein Geschlecht von Riesen. Sie wollten die Götter vom Olymp vertreiben, wurden aber in einem gewaltigen Kampfe geschlagen.

Zu einer **Gilde** schlossen sich im Mittelalter Leute mit gleichen Zielen zusammen. Große Bedeutung erlangten die Kaufmannsgilden, z. B. die →Hanse, und die Gilden der Handwerker, die Zünfte (→Zunft). Es gab auch religiöse Gilden, die kirchlichen und wohltätigen Zwecken dienten. – Später bildeten sich die sogenannten »Schützengilden«, denen jeder angehören kann.

Der **Ginkgo** ist ein winterkahler Parkbaum, der aus Ostasien zu uns kam. Er nimmt zwischen den Laub- und Nadelbäumen eine einzigartige Stellung ein. Seine zweilappigen Blätter sind mit strahligen Nerven durchzogen und sind eine Zwischenstufe zwischen Blatt und Nadel.

Der **Ginster** hat leuchtend gelbe Blüten und wächst in sandigen Wäldern und auf sonnigen Hängen, vielfach auch an Eisenbahndämmen. Er erreicht Mannshöhe und ist bemerkenswert durch die Schnellvorrichtung seiner Blüte. Eine Biene wird, wenn sie die im Innern der Blüte befindlichen flügelartigen Blättchen berührt, von den hervorschnellenden Staubblättern mit Blütenstaub überschüttet.

Gips ist schwefelsaures →Kalzium. Gipsstein findet sich in der Natur als ein weißes, oft auch farbiges, strahlig gemustertes, weiches Gestein, meist in der Nähe von Steinsalzlagern. Durchsichtige, kristallisierte Gipsplatten heißen *Marienglas*. Feinkörniger Gips wird als *Alabaster* zu Schalen oder Vasen verarbeitet. Gebrannter Gips, dessen Herstellung ähnlich der des gebrannten →Kalkes erfolgt, findet Verwendung zu Abgüssen, Modellformen, Gipsverbänden, als Stuck usw.

Die **Giraffe** ist der Riese unserer heutigen Tierwelt. Sie erreicht eine Scheitelhöhe von sechs Metern. Ihre Jungen sind bei der Geburt bereits über eineinhalb Meter

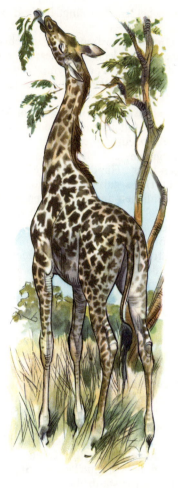

dauernd in Bewegung (ital. »giro« = Lauf, Rennen).

Das **Glacis** (franz., sprich glaßi) ist eine flache Erdaufschüttung vor Festungsgräben.

Der **Gladiator** (lat.): Fechter bei den Kampfspielen im alten Rom; vielfach Sklaven, Kriegsgefangene oder zum Schaukampf verurteilte Verbrecher.

Die **Gladiole** ist eine lilienartige Blütenpflanze afrikanischer Herkunft. Sie gehört zu den Zwiebelpflanzen.

Glas besteht vorwiegend aus Kieselsäure, die am reinsten im Quarzsand vorkommt. Es enthält außerdem Kalk und Soda als schmelzförderndes Mittel. Werden diese Stoffe fein zermahlen und dann bei etwa 1500°C zusammengeschmolzen, so entsteht die Glasschmelze, eine teigig-zähflüssige Masse. Glas ist nicht kristallinisch, auch das sogenannte *Kristallglas* nicht, sondern eine erstarrte Flüssigkeit. Schon seit der mittleren Bronzezeit war die Herstellung von Glas bekannt. Die Römer kannten nur kleine Glasgefäße. Fensterglas wird seit dem 15. Jh. verwendet. Heute gibt es über 400 Glassorten. So wird *Hohlglas* für Flaschen und Trinkgläser sowie für Glühlampen meist durch Blasen erzeugt, manchmal sogar noch mit der Glasbläserpfeife. Diese besteht aus einem Eisenrohr, dessen eines Ende ein Blasmundstück trägt, während das andere in die flüssige Schmelze getaucht wird. Dabei bleibt etwas Glasmasse am Rohrende hängen und wird nun vom Glasbläser zu einer länglichen Kugel aufgeblasen, ähnlich einer Seifenblase. Im Großbetrieb wird der Glasbläser durch Blasmaschinen ersetzt. *Flach-* und *Spiegelglas* wird meist mit Maschinen gewalzt, oft auch noch geschliffen und poliert. Wird beim Walzen ein Drahtgewebe eingelegt, so gewinnt man *Drahtglas*, das beim Bruch die Splitter festhält. Eine andere Art von *Sicherheitsglas* erhält man durch eine Schicht Cellophan, die zwischen zwei Glasplatten gepreßt wird. Dem hohen Entwicklungsstand der Glasindustrie gelang die Herstellung von *optischen Gläsern* von beson-

hoch. Die großgefleckten Herdentiere trifft man heute in Afrika südlich der Sahara-Wüste noch verhältnismäßig häufig an. Dank ihres langen Halses und ihrer beweglichen, wurmförmigen Zunge können sie sich ihre Blätternahrung auch von sehr hohen Bäumen leicht herunterholen.

Girl (engl., sprich görl) bedeutet »Mädchen«. *Go-go-girl* ist eine Tänzerin in einem Nachtclub; *Callgirl* ist eine Prostituierte, die auf telefonische Bestellung ins Haus kommt.

Ein **Girokonto** (ital., sprich schiro-) ist ein Bank- oder Sparkassenkonto, über das man bargeldlos Zahlungen abwickelt, entgegennimmt usw. Das Girokonto ist also ders großem Lichtbrechungs- und Lichtdurchlaßvermögen. *Glaswolle* und *Glaswatte* sind zu feinsten Fäden ausgezogenes Glas und werden zu Isoliermitteln und feuerfesten Geweben verarbeitet. *Plexiglas* dagegen ist kein Glas, sondern ein glasähnlicher →Kunststoff. Zum Schneiden des Glases dient ein gefaßter Splitter des →Diamanten oder für dickere Glastafeln auch ein Stahlrädchen mit einem Belag von Diamantenstaub.

Glasur nennt man den aufgebrannten, glasartigen Überzug über Töpferwaren. Eine Glasur macht die Oberfläche dicht und dient, mit Metalloxiden gefärbt, als Schmuck. Die Glasur besteht aus denselben Stoffen wie die Tonwaren, ist aber durch Zusatz von Flußmitteln (wie Quarz, Borax, Feldspat, Magnesia) leichter schmelzbar.

Ein **Gläubiger** ist jeder, der von einem anderen, dem *Schuldner*, etwas (meist Geld) zu fordern hat.

Im **Gleichgewicht** befindet sich ein Körper, in dem keine chemischen oder physikalischen Veränderungen vorgehen, weil die Kräfte, die auf ihn einwirken, sich gegenseitig aufheben. Das Gleichgewicht eines Körpers ist *stabil*, wenn der Körper bei Veränderung seiner Lage immer wieder in die ursprüngliche Lage zurückkehrt. Bleibt das Gleichgewicht in jeder Lage erhalten, so ist es *indifferent*. Das Gleichgewicht ist *labil*, wenn es durch Veränderung der Lage gestört wird.

Das **Gleichgewichtsorgan.** Wir können uns unserer jeweiligen Lage im Raum bewußt werden und diese gleichzeitig in der gewünschten Art einhalten, weil wir im Ohr ein Gleichgewichtsorgan besitzen, das unseren Gleichgewichtssinn steuert. Dieses Organ besteht im wesentlichen aus drei senkrecht zueinander stehenden, ringförmig gebogenen Röhren, die mit einer Flüssigkeit angefüllt sind. Ändern wir unsere Lage, so bleibt die Flüssigkeit infolge ihrer Trägheit vorerst in ihrer Ruhelage, während sich ihre Gefäße, die sogenannten Bogengänge, mit unserem Körper bewegen. Dadurch entsteht eine

Strömung innerhalb der Bogengänge in entgegengesetzter Richtung der Lageveränderung. Diese Strömung biegt kleinste Sinneshärchen in der betreffenden Richtung um. Jede Änderung dieser Sinneshärchen wird uns durch einen Vorgang im Gehirn bewußt.

Gleichrichter sind Einrichtungen, die es uns ermöglichen, Wechselstrom in Gleichstrom zu verwandeln. In Elektronenröhren z.B. können die Elektronen nur von der Kathode zur Anode fliegen, nicht aber umgekehrt (→Rundfunktechnik). Ähnlich arbeiten die Trockengleichrichter, die aus Kupferoxid und Kupfer oder aus →Selen und Metall zusammengesetzt sind. Bei ihnen können die Elektronen nur vom Kupferoxid zum Kupfer bzw. vom Selen zum Metall fließen. Baut man einen Gleichrichter in einen Stromkreis ein, so wirkt er sozusagen als Wächter, der den Strom nur in einer Richtung fließen läßt und ihn sofort unterbricht, wenn er die entgegengesetzte Richtung einschlagen will. Durch diese Unterbrechungen wird aus dem Wechselstrom zunächst ein »pulsierender Gleichstrom«, aus dem durch Einschaltung von Glättungseinrichtungen ein gleichmäßig fließender Gleichstrom entsteht.

Gleichstrom →Elektrizität.

Gleichung →Mathematik.

Der **Gletscher.** Überall dort, wo fast ständig Kälte herrscht und mehr Schnee fällt, als abschmelzen kann, haben sich Gletscher gebildet. Sie befinden sich also in den Polargegenden sowie auch auf hohen Gebirgen, so z.B. auf Alpenhöhen etwa über 2500 m. Da Gletscher meist eine große Tiefe haben, in Grönland z.B. bis zu 3000 m dick sind, wird unter der Schwere dieser Massen der Schnee zu Eis gepreßt. Vom Gebirge schiebt sich dieser Eisstrom langsam bergab und taut am unteren Ende zu *Gletscherwasser*, das aus dem *Gletschertor* als Bach abfließt. Aus dem Polareis entstehen die schwimmenden →Eisberge. Im →Erdzeitalter der Eiszeit hatten sich Gletscher vom Norden bis nach Mitteldeutschland vorgeschoben.

Die Alpengletscher reichten fast bis zur Donau. Gletscher schieben große Erdmassen und Gesteine als →Moränen vor sich her.

Gliederfüßler nennt man zusammenfassend die →Krebse, Tausendfüßler, →Insekten und →Spinnen.

Glimmer ist ein sehr dünnblättriges, farbloses bis braunschwarzes, durchscheinendes Mineral. Es ist vulkanischen Ursprungs und besteht meist aus kristallisierter Tonerde. Glimmer ist einer der Bestandteile von Granit und Gneis.

global (lat.): weltweit, die ganze Welt umfassend.

Der **Globus** ist eine sehr verkleinerte Nachbildung der Erdkugel. Zum Unterschied von Landkarten hat er den Vorzug, daß er alle Teile der Erde im richtigen Verhältnis zueinander zeigt.

Die **Glocke** ist ein frei schwingender becherförmiger Metallkörper, in dessen Mitte ein pendelnder Klöppel gegen die Innenwände des Körpers schlägt und so den Glockenton erzeugt. Glocken werden in der *Glockenstube* im Kirchturm in einem eisernen Gerüst, dem *Glockenstuhl*, aufgehängt; ihre Bewegung erfolgt heute meist durch Maschinen. Die Herstellung der Glocken erfolgt durch Eingießen des geschmolzenen flüssigen Metalls, der *Glockenspeise*, in eine Hohlform, die sich aus dem gemauerten Kern und einem diesen umschließenden Mantel aus Lehm zusammensetzt. Der Hohlraum zwischen Kern und Mantel wird mit der Glockenspeise ausgefüllt. Nach dem Erkalten wird der Mantel zerschlagen und die fertige Glocke vom Kern abgehoben. Das Glockenmetall war früher meist eine unter starkem Zusatz von Zinn erzeugte Bronzelegierung, heute gibt es vielfach auch stählerne Glocken. – Mehrere Glocken, die melodisch zusammenklingen, nennt man ein *Glockenspiel*. – Schiller hat in seinem »Lied von der Glocke« den Glockenguß beschrieben.

Die **Glosse** (griech. = Zunge, Sprache). Unklare Wörter in alten Texten bedurften besonderer Erklärungen. Diese nannte man Glossen und faßte sie in den *Glossaren* zusammen. Heute bezeichnet man als Glosse meist eine spöttische Bemerkung.

Christoph Willibald von **Gluck** gilt als der Reformator der Oper. Er lebte von 1714 bis 1787. Er schrieb Musik, die den Sinn des Textes wahrhaftig und einfach ausdeutet. Damit begann ein neuer Abschnitt in der Geschichte der Oper. Seine wichtigsten Werke sind »Alceste«, »Iphigenie in Aulis«, »Iphigenie auf Tauris« und »Orpheus und Eurydike«.

Die **Glühbirne** ist eine luftleere oder mit →Edelgas gefüllte Glasbirne, in der ein feiner Draht durch elektrischen Strom zum Glühen gebracht wird. Dadurch entstehen sichtbares Licht und Wärme. Die Glühlampe wurde 1854 von Heinrich Göbel erfunden, aber erst durch Edison fand sie von 1879 an praktische Anwendung und Verbreitung.

Leistungsangaben
Glaskolben
Leuchtdraht
Haltedrähte
Glasgestell
Innenleitung
Pumprohr
Seitenkontakt
Sockel
Mittelkontakt

Das **Glühwürmchen** →Johanniswürmchen.

Die **Glyptothek** (griech.) ist eine Sammlung von Werken der Steinschneidekunst (Gemmen u. a.), auch von antiken Plastiken.

Das **Glyzerin,** auch *Glycerin*, ist eine süßliche, ölige Flüssigkeit. Es ist in fast allen Fetten enthalten und bildet sich aus Alkohol, z. B. in alterndem Wein. Glyzerin braucht man zur Herstellung von Kunststoffen, Lacken, Kosmetika usw. Weil sein Gefrierpunkt unter 0° liegt, selbst wenn es mit Wasser verdünnt wird, verwendet man es als Frostschutzmittel, z.B. für Autokühler. Die Industrie stellt Glyzerin aus Kohle her.

Die **Glyzinie** ist eine Kletterpflanze mit hellblauen Blütentrauben.

GmbH →Erwerbsgesellschaften.

Der **Gneis** →Gesteine.

Der **Gnom** ist im Märchen ein zwergenhafter, meist freundlicher Erdgeist, der die Schätze im Erdinnern bewacht.

Das **Gnu** ist eine afrikanische →Antilope mit büffelähnlichem Kopf und Pferdeschwanz.

Das **Goal** (engl., sprich gohl): Tor (beim Fußball und anderen Spielen).

Ein **Gobelin** (franz., sprich goblä) ist ein kostbarer handgewebter Bildteppich, der als Wandschmuck dient. Die seit langem bekannte Bildwirkerei erhielt im 15. Jh. die Bezeichnung von einer bekannten Pariser Färberfamilie gleichen Namens.

Go-cart (engl., sprich goukaht): niedriger, unverkleideter Sportrennwagen ohne Getriebe, Hubraum bis 200 ccm, auf öffentlichen Verkehrswegen nicht zugelassen.

Vincent van **Gogh,** der 1853 in Holland geborene Maler, ist ein Bahnbrecher des →Expressionismus. Er lebte während seiner Hauptschaffenszeit in Südfrankreich. Van Gogh schuf Bilder von ungewöhnlicher Leucht- und Ausdruckskraft und kühner, bis dahin nicht gekannter Farbgebung. Der durch Armut und seelische Leiden bedrückte Künstler nahm sich 1890 das Leben.

Nikolaj Wassiljewitsch **Gogol,** der große russische Dichter aus der Ukraine, wurde 1809 geboren und starb 1852. Seine Werke strahlen Humor und große Sprachkraft aus, zugleich aber sind sie von tiefem Pessimismus und Mitleiden mit dem Menschen erfüllt. Sein größtes Werk ist der Roman »Tote Seelen«, aber auch seine Komödie »Der Revisor« und die Erzählungen »Der Mantel« und »Die Nase« gehören zur Weltliteratur.

Gold (chemisches Zeichen Au) ist ein Edelmetall. Es ist das dehnbarste aller Metalle und läßt sich daher zu dünnsten Blättern, dem *Blattgold*, strecken. Des-halb wird es auch zum Vergolden verwendet. Außer für Zahnplomben findet Gold sonst kaum eine technische Verwertung. Um so größer ist seit ältesten Zeiten seine Bedeutung als Tauschmittel, später, wegen seiner Seltenheit, als Grundlage der Geldwährungen. In der Gegenwart ist die Goldmünze ganz aus dem Verkehr verschwunden, das Gold wird bei den Staatsbanken gehortet. Gold findet sich in der Natur meist in gediegenem Zustand, weil es kaum chemische Verbindungen eingeht. Die wichtigsten Goldfundstellen sind in Südafrika, in den Vereinigten Staaten von Amerika und in der Sowjetunion. Es wird zum Teil aus Bergwerken, hauptsächlich aber durch sogenanntes »Seifen« gefördert, d.h., es wird aus dem Sand herausgewaschen. Die Zeiten, da die einzelnen Goldwäscher das Edelmetall mit dem Handsieb aus dem Sande wuschen, sind vorbei.

Das **Goldene Vlies** →Argonauten.

Den **Goldenen Schnitt** nennt man die Teilung einer Strecke, nach der sich der kleinere Teil zum größeren wie der größere zum Ganzen verhält. Rechnerisch läßt sich dieses Verhältnis so ausdrücken:
$$a : b = b : (a + b)$$

Da dieses Verhältnis unserem Auge besonders angenehm ist, verwendet man es gern in der Baukunst, Photographie usw.

Der **Goldfisch** ist eine Zuchtrasse der Karausche, eines Karpfenfisches. Wegen seiner hübschen goldrot schimmernden Farbe wurde der Goldfisch schon vor vielen hundert Jahren von den Chinesen in Teichen und Vasen gehalten. Der *Schleierschwanz* mit seinen langen, wehenden Flossen ist eine Abart des Goldfisches.

Der syrische **Goldhamster** vermehrt sich sehr rasch und wird deshalb von Wissenschaftlern als Versuchstier benutzt. Weil er schnell zahm wird, sauber ist und im Gegensatz zum europäischen Hamster kaum beißt, wird er heute in vielen Familien als kleiner Hausgenosse gehalten.

Der **Goldregen** ist ein giftiger Zierstrauch, der seinen Namen den goldgelben Blütentrauben verdankt.

Das **Golf** ist das Spiel, das den größten Spielplatz braucht. Ein Golfplatz muß mindestens 150 000 qm Fläche haben. Den Platz durchziehen 18 Grasbahnen von 100 bis 300 m Länge. Zu Beginn jeder Bahn ist der Abschlag, am Ende eine ganz kurz geschorene waagrechte Rasenfläche, »das Grün«. Inmitten dieses Grüns befindet sich im Boden ein Loch von der Größe einer Konservendose. Der Golfspieler muß nun versuchen, den Golfball, einen kleinen weißen Hartgummiball, mit dem Golfschläger in möglichst wenigen Schlägen vom Abschlag in das Loch zu treiben. Dasselbe geschieht auf allen 18 Bahnen, über die der Ball in einem Spiel geschlagen werden muß. Sieger ist, wer die wenigsten Schläge gebraucht hat.

Der **Golf** ist eine größere Meeresbucht (auch *Bai* genannt).

Der **Golfstrom** →Meer.

Der **Gordische Knoten.** Im Zeustempel in Phrygien (Kleinasien) hatte König Gordios das Joch von Zugstieren so fest an die Deichsel eines Wagens geknüpft, daß niemand den Knoten aufknüpfen konnte. Nach der Sage sollte der die Welt beherrschen, der den Knoten zu lösen vermöchte. Alexander der Große zerhieb ihn mit dem Schwert.

Maxim **Gorkij,** der russische Schriftsteller, lebte von 1868 bis 1936. Er wandte sich aufgrund seiner entbehrungsreichen Jugend früh dem Marxismus zu und war u.a. mit →Lenin befreundet. In seinen realistischen Werken schildert er, z.T. →tendenziös, das Schicksal der Armen und Gescheiterten. Wichtige Werke: die Romane »Sechsundzwanzig und eine«, »Mutter«, seine autobiographischen Schriften und die Erinnerungen an Lenin und Tolstoj.

Der **Gorilla** →Affen.

Der **Gospel Song** (engl., wörtlich »Verkündigungslied«) ist eine Form des geistlichen Liedes, die in amerikanischen Negerkirchen gepflegt wird. Im Gegensatz zu unseren im Gesangbuch festgehaltenen Kirchenliedern werden die Gospel Songs →spontan und →improvisiert gesungen.

Die **Goten** waren ein germanischer Volksstamm, der wahrscheinlich aus dem südlichen Schweden stammte. Sie errichteten ein Reich, das sich von der Ostsee zum Schwarzen Meer erstreckte. Um 270 n. Chr. teilten sie sich in die Ost- und Westgoten. Während der →Völkerwanderung zogen die Westgoten nach Italien und eroberten 410 n.Chr. unter Alarich Rom. Später gründeten sie in Südgallien und Spanien ein Reich, das 711 dem Sturm der Araber erlag. Die Ostgoten konnten unter →Theoderich 493 ganz Italien erobern. 555 erlagen sie einem oströmischen Heer und wurden völlig aufgerieben.

Johann Wolfgang von **Goethe,** der größte deutsche Dichter, wurde am 28. August 1749 in Frankfurt am Main geboren. Nach einer glücklichen und behüteten Kindheit studierte er in Leipzig und Straßburg Rechtswissenschaften. Seine eigentliche Liebe aber galt der Kunst. Als er seine Studien beendete, hatte er schon zahlreiche Gedichte und einige kleine Theaterstücke geschrieben. Seine beiden ersten größeren Werke, das Schauspiel »Götz von Berlichingen« und der Roman »Die Leiden des jungen Werthers«, brachten ihm großen Ruhm. 1775 zog er auf Wunsch des Herzogs Karl August von Sachsen-Weimar in dessen Residenz. In Weimar und auf mehreren Reisen nach Italien und in die Schweiz entstanden seine unvergänglichen Werke: die Romane »Wilhelm Meister« und »Die Wahlverwandtschaften«, die Schilderung seiner Jugend »Dichtung und Wahrheit« und die Dramen »Egmont«, »Iphigenie« und »Torquato Tasso« sowie sein bekanntestes Werk, der »Faust«, an dem er sein ganzes Leben lang arbeitete. Die unerschöpfliche Fülle seiner Gedichte reicht vom einfachen Volkslied (»Sah ein Knab ein Röslein stehn«) bis zur vergeistigten Gedankenlyrik seines Alters (»Westöstlicher Diwan«). Dem Herzog diente er als Erzieher, Verwaltungsbeamter, Theater-

Goethe. Miniatur von Sebbers.

direktor und Minister in freundschaftlicher Ergebenheit. Er war Kritiker und Übersetzer, malte und widmete sich mit Hingabe seinen Forschungen im ganzen Bereich der Natur. Sein Leben war reich an Liebe, Freundschaft und Anerkennung. Am bedeutungsvollsten war die Freundschaft mit Schiller. Goethe vollendete sein erfülltes Leben am 22. März 1832. Wie bei keinem anderen Dichter vereinen sich bei ihm Leben und Werk zu einem großen glücklichen Ganzen. Es hat seine eindringliche weltweite Wirkung bis heute nicht verloren.

Die **Gotik** bildet den Höhepunkt der Kunst des Mittelalters. Die heute noch weithin sichtbaren Zeugen der gotischen Zeit sind die großen Dome und Kathedralen. Im Gegensatz zu den romanischen Bauten, deren massige, starke Mauern Dach- und Gewölbelasten leicht aufnehmen konnten, lockerten die gotischen Baumeister die Mauerflächen durch hohe, breite Glasfenster auf. Die durch die Spitzbogengewölbe auf die Seitenwände der Dome einwirkenden Schub- und Druckkräfte wurden in die Strebepfeiler abgeleitet. So entstand ein aufstrebendes, luftiges, fast schwebendes Gerippe von Pfeilern und Bögen mit reichem plastischem Zierat. Auch die Figuren der gotischen

Plastik haben etwas nach oben Weisendes, Engelhaftes. Man unterscheidet Frühgotik (12./13. Jh.), Hochgotik (13./14. Jh.) und Spätgotik (14./15. Jh.).

Götterdämmerung (Ragnarök) nannten die Germanen den Weltuntergang und die Zeit davor, in der, wie sie glaubten, jahrelang tobender Eissturm und schreckliche Naturereignisse die Erde verwüsten und die Menschen sich in gräßlichen Kriegen umbringen würden. Beim Weltuntergang soll es dann zu einem letzten Kampf kommen. Dabei fechten die Asen gegen die Riesen, gegen Loki und seine Kinder (die Midgardschlange und den Fenriswolf). Schließlich schleudert der Führer der Riesen einen alles vernichtenden Brand in die Welt. Danach soll mit der Wiederkehr des Lichtgottes Baldur eine neue Welt entstehen.

Die **Gottesanbeterin** ist ein heuschreckenartiges Insekt, das sich von anderen Insekten nährt; das Weibchen frißt sogar das eigene Männchen auf. Seinen Namen bekam das Tier, weil es seine langen Fangarme in eigenartiger Weise wie zum Gebet erhebt. Die europäische Gottesanbeterin kommt auch in besonders warmen Gegenden Süddeutschlands vor; die teils viel größeren tropischen Gottesanbeterinnen können sogar kleine Vögel und Eidechsen erbeuten.

Gottesurteil (*Ordal*) nennt man eine Art der Rechtsprechung, bei der Gott selbst zum Richter angerufen wird: Wenn einem Angeklagten z. B. Feuer (»Feuerprobe«) oder siedendes Wasser nichts anhaben konnte, so galt er als durch Gott selbst gerechtfertigt. Auch der Ausgang eines Zweikampfes wurde zeitweise im selben Sinne ausgelegt. Gottesurteile wurden vor allem im Mittelalter bei Hexenprozessen angewendet. Bei primitiven Völkern sind sie noch heute Brauch.

Unter dem Namen Jeremias **Gotthelf** veröffentlichte der Schweizer Dorfpfarrer Albert Bitzius seine Erzählungen (z. B. »Uli der Knecht«, »Uli der Pächter«, »Die schwarze Spinne«). Gotthelf, der von 1797 bis 1854 lebte und ein Anhänger Pestalozzis war, schilderte als erster meisterhaft das bäuerliche Leben seiner Zeit.

Götz von Berlichingen war ein Ritter, der im Anfang des 16. Jh. lebte. Bei einer seiner zahlreichen Fehden verlor er im Kampf seine rechte Hand und ließ sie durch eine eiserne ersetzen. Im →Bauernkrieg führte er eine Zeitlang ein Heer der Aufständischen gegen die Fürsten. Goethe verherrlicht ihn in seinem Jugenddrama »Götz von Berlichingen«.

Der **Götze:** falscher Gott, Abgott.

Eine **Gouvernante** (franz., sprich guwernante) ist eine Hauslehrerin, die Kinder wohlhabender Familien erzieht und sie Fremdsprachen lehrt.

Gouverneur (franz., sprich guwernöhr): oberster Beamter einer Provinz (in Belgien), eines Bundesstaates (USA), einer Kolonie oder Kommandeur einer Festung.

Der **Grad** (lat. = Schritt, Stufe): 1. Abstufung, Stärke, z. B. hochgradig erregt = sehr erregt; 2. Dienstgrad, Stellung in der militärischen Rangordnung, z. B. Hauptmann; 3. akademischer Titel, z. B. Doktor; 4. Einheit der Temperaturmessung, →Thermometer; 5. in der Mathematik: der 360. Teil des Kreisumfangs. Weitere Unterteilung: 1 Grad = 60 Minuten $(1° = 60')$, 1 Minute = 60 Sekunden $(1' = 60'')$. Wird der Kreisumfang in 400 (Neu-)Grade eingeteilt, dann ist 1 Neugrad = 100 Neuminuten $(1^g = 100^m)$, 1 Neuminute = 100 Neusekunden $(1^m = 100^s)$.

Ein **Gradnetz** dient dazu, die Lage eines Ortes durch Zahlen anzugeben statt durch umständliche Beschreibung. Man denkt sich z. B. auf der Erdkugel ein Netz regelmäßiger Linien, die *Längen-* und *Breitenkreise* genannt werden. Ein Längenkreis (*Meridian*) läuft auf der Erdoberfläche in kürzestem Bogen von einem Pol zum andern. Der Meridian, der durch die Sternwarte Greenwich (London) läuft, wird als Nullmeridian angenommen. Der Winkelabstand zwischen dem Meridian von London und einem Ort wird als die *geographische Länge* dieses Ortes bezeichnet.

Auf einem Breitenkreis haben alle Punkte den gleichen Abstand von einem der Pole. Der Breitenkreis, der gleich weit vom Nord- wie vom Südpol entfernt ist, heißt *Äquator* (»Gleicher«). Er teilt die Erde in die nördliche und die südliche Halbkugel. Vom Äquator aus werden die anderen Breitenkreise nach Norden und Süden von 0 bis 90° gezählt. Die Bezifferung des Breitenkreises gibt die *geographische Breite* eines Ortes an. So hat z. B. München die geographische Länge 11°6′ östlich von Greenwich und 48°1′ nördlicher geographischer Breite. Auch das Himmelsgewölbe wird durch ein ähnliches Gradnetz eingeteilt, um die Örter der Sterne genau zu bezeichnen. →Erde (Karte).

Der **Graf**→Adel.

Vom **Gral,** einer kostbaren Schale, wird in vielen mittelalterlichen Sagen berichtet. Er wurde von den *Gralsrittern* auf der Burg Monsalvatsch aufbewahrt. Aus ihm soll Christus das letzte Abendmahl genossen haben, und in ihm soll am Kreuze sein Blut aufgefangen worden sein. Sein Anblick soll Speise und Trank ersetzen, alle Wunden und Krankheiten heilen und das ewige Leben verleihen. →Parzival.

Grammatik (von griech. gramma = Buchstabe) bedeutet Sprachlehre. In der Grammatik werden die Bausteine der Sprache, die Wörter und Sätze, erklärt und die Regeln festgelegt, nach denen sie zusammengefügt werden können. Die Grammatik gliedert sich in Wortlehre und Satzlehre. Die *Wortlehre* behandelt die Wortbildung (vor allem durch Ableitung und Zusammensetzung), die Wortarten, die Wortbeugung und die Wortgeschichte. Die *Satzlehre* gliedert die Sätze in die Satzteile und zeigt deren Zusammenwirken sowie die verschiedenen möglichen Formen von Sätzen (Satzarten) und Satzverbindungen. In verwandten Sprachen können wir ähnliche Gliederungen der Sprachlehre beobachten. Aber jede Sprache weist daneben Züge auf, die nur ihr eigen sind. Man muß also für jede Sprache eine eigene Lehre über Regeln und Ausnahmen entwickeln. Eine lebendige Sprache kann aber in einem Buch nicht starr festgelegt werden. Seine Muttersprache kann man zwar mit Hilfe der Sprachlehre besser durchschauen und beherrschen, ebenso wichtig ist aber der ständig aufmerksame Umgang mit der Sprache, z. B. durch das Lesen guter Bücher. Auch lebende Fremdsprachen werden heute vielfach zunächst durch Sprechen und erst später mit Unterstützung der Grammatik gelehrt.

Das **Grammophon** (griech.) →Plattenspieler.

Der **Granat** →Edelsteine.

Der **Granatbaum:** Myrtengewächs Südeuropas und Kleinasiens mit apfelgroßen roten, eßbaren Beerenfrüchten, den *Granatäpfeln.*

Die **Granate** →Geschütz.

Der **Granatwerfer** ist ein kleines Steilfeuergeschütz (Kaliber 5–12 cm), ein Vorderlader.

Der **Grand Prix** (frz., sprich grang prih): großer Preis, Hauptpreis, z. B. bei einem Autorennen; auch Bezeichnung für dieses Rennen selbst.

Der **Granit** →Gesteine.

Die **Grapefruit** (engl., sprich grehpfruht) oder *Pampelmuse:* tropischer Baum mit Früchten, deren herb-süßer Geschmack zwischen dem von Zitrone und Apfelsine liegt. Sie werden bis kopfgroß.

Unter **Graphik** (griech.) versteht man die von Zeichnern (*Graphikern*) hervorgebrachten Werke (Handzeichnungen). Ferner zählen dazu Holzschnitte, Kupferstiche, Radierungen und Lithographien, bei denen von einem Bild, das in Holz oder Metall eingeritzt oder auf Stein gezeichnet wurde, viele Abzüge gemacht werden können. Das Hauptausdrucksmittel der Graphik ist die Linie. – In einer *graphischen Darstellung* werden Größenverhältnisse oder Zahlenwerte durch Bilder, Linien oder Kurven veranschaulicht.

Der **Graphit** (griech.) ist reiner Kohlenstoff, der in der Natur vorkommt. Er wird vor allem für Bleistiftminen verwendet, wobei die Härtegrade durch verschieden hohe Tonbeimischung erzielt werden. Wegen seiner Hitzebeständigkeit dient Graphit zur Herstellung kleiner Schmelztiegel. In der Industrie wird er vielseitig verwendet.

Die **Graphologie** (griech.). In der Handschrift eines Menschen drücken sich bestimmte Eigenschaften aus, z. B. Tatkraft, Ordnungssinn, künstlerische Veranlagung. Mit der Ausdeutung der Handschrift beschäftigt sich die Graphologie (Handschriftkunde).

Gräser nennt man die Pflanzen einer artenreichen Familie, die unscheinbare Blüten und meist hohle, knotige Stengel haben. Sie bedecken oft große Gebiete und verhindern mit ihren Wurzeln die Abtragung des Bodens durch Wasser und Wind. Große Bedeutung haben die Gräser als Viehfutter. Die für den Menschen wichtigsten Gräser sind aber alle Arten von →Getreide, ferner das Zuckerrohr. Auch Schilf, Papyrus und der bis 40 m hohe Bambus sind Gräser.

Der **Grashüpfer** oder das *Heupferd* ist eine bei uns lebende, meist pflanzenfressende →Heuschrecke. Mit seinen langen Hinterbeinen kann er weite Sprünge machen und sich bei Gefahr schnell in Sicherheit bringen. An Sommerabenden hört man oft sein lustiges Zirpen, das er durch Reiben des Unterschenkels am Flügel oder (bei manchen Arten) der Flügel gegeneinander hervorbringt.

Fischadler   Gerfalke   Habichtsadler   Gänsegeier

Der deutsche Schriftsteller Günter **Grass** wurde 1927 geboren. Bekannt machten ihn vor allem seine großen Romane »Die Blechtrommel«, »Katz und Maus« und »Hundejahre«, in denen er seine witzige Gesellschaftskritik drastisch und stoffreich vorführt. Grass hat auch das politische Theaterstück »Die Plebejer proben den Aufstand« sowie Gedichte geschrieben und ist auch ein beachtlicher Graphiker.

Die **Gratifikation** (lat.) ist ein vom Arbeitgeber freiwillig gewährtes zusätzliches Entgelt zu besonderen Anlässen, z. B. Weihnachtsgratifikation.

gratis (lat.): unentgeltlich, kostenlos.

Graupeln sind eine besondere Form des Niederschlags: hagelgleiche Eiskörner mit einem Durchmesser von weniger als 5 mm.

gravieren (franz.). Ein Handwerker, der Bilder oder Schrift in Holz, Stein, Metall oder ein anderes hartes Material (meist zum Zwecke der Vervielfältigung) graviert, das heißt einschneidet, wird *Graveur* genannt. Auch Stempel werden auf diese Weise hergestellt. Als *Gravüren* bezeichnet man Kupfer- und Stahlstiche.

Die **Gravitation** (lat.). Alle Körper ziehen sich gegenseitig an. Dieses für die Physik grundlegende Gesetz wurde 1666 von Isaac →Newton entdeckt. Die gegenseitige Anziehungskraft zweier Körper bezeichnet man als Gravitation. Sie ist um so größer, je mehr Masse die Körper haben und je näher sie sich beieinander befinden. Die Anziehungskraft der Erde nennen wir *Schwerkraft*. Sie ist so groß, daß wir die gegenseitige Anziehungskraft von Körpern, die sich auf der Erdoberfläche befinden, gewöhnlich gar nicht bemerken. So spüren wir z. B. nicht, daß wir von jedem Haus, an dem wir vorbeigehen, angezogen werden, da wir von der ungemein größeren Erdmasse viel stärker angezogen werden. Ebbe und Flut (→Gezeiten) werden durch die Anziehungskraft des Mondes und der Sonne verursacht.

Die **Grazie** (lat.): Anmut. – *graziös:* anmutig; *grazil:* zart, zierlich.

Die **Grazien** waren die drei römischen Göttinnen der Anmut.

Der Vogel **Greif** ist ein Fabeltier mit Löwenkörper, Adlerflügeln, Adlerkopf und Krallen.

Die **Greifvögel** sind kräftig gebaute Vögel mit scharfem Hakenschnabel und Krallen, die am Tage auf Tiere Jagd machen oder Aas fressen und Unverdauliches (Haare, Knochen) als *Gewölle* wieder auswürgen. Zu den Greifvögeln gehören die amerikanischen Kondore, die sehr langbeinigen afrikanischen Sekretäre, die aasfressenden Geier der Alten Welt, die Adler, Bussarde, Milane, Habichte (mit Sperbern), Weihen und Falken. Alle heimischen Greifvögel stehen unter Naturschutz, ausgenommen Habicht und Sperber, die ebenfalls Schutz verdienen.

Das **Gremium** (lat.): Vereinigung.

Grenada (344 qkm und 110000 Einwohner) ist ein seit 1974 unabhängiger Inselstaat im britischen Commonwealth, die südlichste der *Inseln über dem Winde* der Antillen. Hauptstadt ist Saint Georges (23000 E.).

Der **Grenadier** (franz.): ursprünglich Handgranatenwerfer, soviel wie Infanterist, heute Bezeichnung für Spezialtruppen (z. B. Panzergrenadier).

Griechenland (griech. Hellas) ist der südlichste der Balkanstaaten. Zu ihm gehören auch die Mittelmeerinseln Kreta und zahlreiche kleinere Inseln, besonders zwischen Griechenland und Kleinasien. Bei einer Bevölkerungszahl von 8,87 Millionen umfaßt das Land 131944 qkm. Griechenland ist ein zerklüftetes Bergland mit einigen fruchtbaren Tälern. Ausfuhrwaren sind Tabak, Olivenöl, Wein und die Korinthen, getrocknete Weinbeeren, die nach der Hafenstadt Korinth benannt sind. Diese liegt am Isthmus von Korinth,

Unsere gesamte Kultur ruht auf den Grundlagen, die sie geschaffen haben. In ihren Dichtungen, vor allem im →Drama und im Epos, in der →Baukunst und in der →Plastik gelangen ihnen Leistungen, die zum Vorbild für alle folgenden Jahrhunderte wurden. Von ihnen stammen die Anfänge vieler Wissenschaften, deren Bezeichnungen schon oft auf griechische Wörter zurückgehen, wie Philosophie, Mathematik, Physik oder Astronomie. Bereits die alten Griechen wußten von der Kugelgestalt der Erde und kannten die Hebelwirkung und den Flaschenzug. Auch unsere politischen Begriffe, wie Demokratie, Monarchie, Aristokratie, stammen zu einem großen Teil von den Griechen. Ebenso haben sie als erste große sportliche Feste gefeiert, bei denen aller politische Streit vergessen sein mußte. In dem Orte Olympia veranstalteten sie alle vier Jahre die Olympischen Spiele (→Olympiade). Wettkampf auf allen Gebieten des Lebens nicht nur im Sport, sondern auch in der Kunst, war das entscheidende Merkmal des griechischen Geistes. Dieser Haltung verdankten die Griechen ihre unvergleichlichen Leistungen.

Der Kampfgeist der Griechen wirkte sich jedoch verhängnisvoll in ihrer politischen Geschichte aus. Sie waren niemals eine Nation. Griechenland, das um 1900 v. Chr. von indogermanischen Stämmen (drei Dialektgruppen: Ionisch, Dorisch und Achäisch/Äolisch) besiedelt wurde, bestand aus vielen einzelnen Stadtstaaten, die sich gegenseitig befehdeten und oft bis zur Vernichtung bekriegten. Als die beiden wichtigsten bildeten sich Sparta und Athen heraus. Sparta, dessen Bürger in

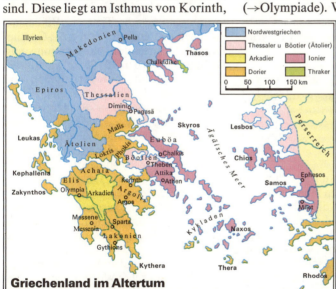

Griechenland im Altertum

Nordwestgriechen
Thessaler u Böotier (Ätolier)
Arkadier
Dorier
Ionier
Thraker
0   50   100   150 km

der schmalen Landverbindung zwischen Nordgriechenland und dem Peloponnes, einer Halbinsel, die den Süden Griechenlands bildet. (Karte →Italien.)

Die alten Griechen haben trotz der Kleinheit ihres Landes die Geschichte des Abendlandes entscheidend beeinflußt.

äußerster Einfachheit und nach strengen, oft grausamen Gesetzen lebten, war vor allem ein Kriegerstaat; Athen hatte in Künsten und Wissenschaften die Führung. Im Peloponnesischen Kriege (431 bis 404 v.Chr.) kämpften beide um die Vorherrschaft. Sparta siegte, aber die Verwüstungen des Bruderkrieges hatten ganz Griechenland so erschöpft, daß es sich nach kurzer Zeit dem kleinen, nördlich gelegenen Königreich Makedonien unterwerfen mußte. Mit den Eroberungszügen Alexanders des Großen wurde dann die griechische Kultur zur Weltkultur, die im Osten bis nach Indien und im Westen bis zu den Grenzen Europas reichte. Ein eigenes politisches Leben bestand in Griechenland nicht mehr. Das Land wurde im 2. Jh. v.Chr. eine römische Provinz. Aber noch jahrhundertelang studierten die vornehmen Römer an griechischen Bildungsstätten, und auch das Christentum wurde in seinen Anfängen entscheidend vom griechischen Geiste beeinflußt. Das Neue Testament ist griechisch geschrieben.

Einwohnerzahlen der wichtigsten Städte:	
Hauptstadt Athen m. Vororten	2,5 Mill.
Saloniki (Hafen)	346 000
Piräus (Hafen von Athen)	186 000
Patras	112 500
Korinth	21 000
Sparta	12 000

Griechenland gehörte dann fast tausend Jahre zum Byzantinischen Reich und fiel mit diesem im 15. Jh. an die Türkei. Erst im 19. Jh. konnte es sich die Freiheit wiedererringen. 1832 wurde es ein Königreich. Im Zweiten Weltkrieg wurde es von den Italienern und Deutschen besetzt. Nach dem Kriege tobte jahrelang ein schwerer Bürgerkrieg zwischen den Regierungstruppen und den Kommunisten. Nach einem Staatsstreich im Jahre 1967 floh der König ins Ausland, 1973 schließlich war die zwischenzeitliche Militärdiktatur beendet. Griechenland ist seitdem Republik. Karte →Italien, S. 305.
Der **Grill** ist ein Rost, auf dem Fleisch ohne Beigabe von Fett (meist über einem Holzkohlenfeuer) gebraten (*gegrillt*) wird. Die **Grille** liebt die Verborgenheit und die Wärme. Sie gehört zur großen Heuschreckenfamilie. Die Feldgrillen bauen sich Erdwohnungen. Die Hausgrille oder das *Heimchen* nistet sich überall dort ein, wo es recht warm und gemütlich ist. In den wärmeren Ländern gibt es eine ganze Anzahl von Grillenarten. Man bekommt sie selten zu Gesicht, kann ihren Lockruf aber nachts weithin hören.

Maulwurfsgrille

Franz **Grillparzer,** der größte Dramatiker Österreichs, wurde 1791 geboren. Seine u. a. von →Shakespeare und →Calderón beeinflußten Dramen sind durch ihre glänzende, klassische Sprache und ihre psychologische Tiefe ein Bindeglied zwischen den großen Dramen →Goethes und den Dramen des →Impressionismus. Grillparzer starb 1872. Seine wichtigsten Dramen: »König Ottokars Glück und Ende«, »Der Traum ein Leben«, »Weh' dem, der lügt!«, »Ein Bruderzwist im Hause Habsburg«.
Die Brüder Jacob und Wilhelm **Grimm** (Jacob lebte von 1785 bis 1863, Wilhelm von 1786 bis 1859) sind vor allem durch ihre »Kinder- und Hausmärchen« bekannt. Sie ließen sich die von den Gebildeten damals völlig vergessenen Märchen auf den Dörfern erzählen und schrieben sie auf. Die Brüder Grimm begründeten auch die Wissenschaft von den germanischen Sprachen und vom deutschen Altertum. Ihr »Deutsches Wörterbuch«, in dem alle deutschen Wörter in vielen großen Bänden verzeichnet und erläutert sind, wurde erst 1961 vollendet.
Hans Jakob Christoph von **Grimmelshausen,** der etwa von 1622 bis 1676 lebte, ist der Dichter des Romans »Der abenteuerliche Simplicissimus«, in dem die Schrecknisse des Dreißigjährigen Krieges

in unvergeßlichen Bildern geschildert werden. Dieses Werk ist der erste große Roman der deutschen Sprache.

Die **Grippe** ist eine Infektionskrankheit, die durch Viren (→Virus) hervorgerufen wird. Sie beginnt meist plötzlich mit hohem Fieber, Kopf- und Gliederschmerzen.

Grislybär, *Grizzly* →Bären.

Grönland ist mit über 2 Millionen qkm die größte Insel der Erde und fast zehnmal so groß wie die Bundesrepublik Deutschland. Es liegt dicht an der Nordküste Nordamerikas und reicht ins Nördliche Eismeer hinein. Grönland ist fast ganz mit Eis bedeckt; nur ein ganz kleiner Küstenstreifen im Süden und Westen (340000 qkm) ist durch den Einfluß warmer Meeresströmungen eisfrei. Hier leben 48000 Menschen, meist Eskimo, die sich hauptsächlich von Rentierzucht, Seehundjagd und Fischerei ernähren. Hundeschlitten und →Kajaks sind ihre Verkehrsmittel. Im vereisten Hochland Grönlands gibt es Berge bis zu 3400 m Höhe. Aus den riesigen Eismassen der Insel entstehen die für die Schiffahrt so gefährlichen Eisberge.

Schon um 900 n. Chr. wurde Grönland von Island aus durch die Wikinger entdeckt, und in späteren Jahrhunderten siedelten sich einige Norweger dort an. Die Insel gehört heute zu Dänemark. Weite Teile der Insel sind bis heute noch von keinem Menschen betreten worden.

Großbritannien ist das Inselreich im Nordwesten Europas, das nach seinem Stammland gewöhnlich England genannt wird, zu dem aber auch Wales (im Südwesten) und Schottland (im Norden) gehören. Zu Großbritannien zählen ferner der Nordteil Irlands und die umliegenden kleineren Inseln, z. B. die Shetland-Inseln. Mit 55,93 Millionen Einwohnern auf 244044 qkm entspricht Großbritannien etwa der Bevölkerungszahl und dem Umfang der Bundesrepublik Deutschland. Kein Ort ist weiter als 120 km vom Meer entfernt, das an der Westküste tiefe Buchten in die britische Insel eingeschnitten hat. Das Klima ist ausgeglichen (Seekli-

ma); die Winter sind wärmer, die Sommer kühler als in Deutschland. Während Wales und Schottland bergig sind, breitet sich im südöstlichen Teil der Insel ein fruchtbares Tiefland mit Wiesen und Weiden aus. Von größerer Bedeutung als die Landwirtschaft ist die Industrie, die sich auf reiche Kohlenvorkommen stützt. Bedeutend sind vor allem die Metallindustrie, der Schiffbau und die Textilindustrie. Daneben spielt der Fischfang eine große Rolle. In Schiffahrt und Handel nimmt Großbritannien eine führende Stellung in der Welt ein.

In den Anfängen ihrer Geschichte wurden die Britischen Inseln von verschiedenen Stämmen und Völkerschaften erobert und besiedelt. Von den Kelten, die im 1. Jh. v. Chr. einwanderten, stammen die Wörter *Albion* und *Briten*. Etwa 500 Jahre lang war England von den Römern besetzt. Während der →Völkerwanderung folgten die germanischen Angeln und Sachsen. Im Jahre 1066 wurde England von den Normannen unter Wilhelm dem

Eroberer erobert. Seitdem ist das Land nicht wieder von fremden Truppen betreten worden. Schon 1215 wurden in der Magna Charta libertatum (lat. = großer Freiheitsbrief) die Rechte des Königs eingeschränkt und die Grundlagen zur englischen Verfassung gelegt, die jedoch nie wie bei anderen Völkern auf einmal niedergeschrieben wurde, sondern sich allmählich entwickelt hat. Ende des 13. Jh. bildete sich bereits ein →Parlament, das im 14. Jh. in Oberhaus und Unterhaus aufgegliedert wurde. Das Mittelalter war von Kämpfen mit Frankreich (Hundertjähriger Krieg 1339–1453) und inneren Fehden zwischen den Adelsgeschlechtern erfüllt. Erst unter König Heinrich VIII., der die englische Kirche von Rom löste, begann zu Anfang des 16. Jh. der Aufstieg Englands zur Weltmacht. Unter Königin Elisabeth I. (1558–1603) besiegte es die spanische Flotte, die »Armada«, und begründete die ersten Kolonien in Nordamerika. Zu dieser Zeit erlebte England seine erste große kulturelle Blüte (Shakespeare). Im 17. Jh. kam es zu schweren Kämpfen zwischen Parlament und König (→Cromwell). Nach der Revolution von 1688 mußte das Königtum dem Parlament die wirkliche Macht im Lande überlassen. 1707 wurden Schottland und England vereinigt; seitdem spricht man vom Königreich Großbritannien. Im 18. Jh. dehnte sich die Herrschaft Großbritanniens auf Nordamerika und Indien aus. Die nordamerikanischen Kolonien machten sich jedoch 1783 als Vereinigte Staaten unabhängig, während Kanada bei Großbritannien verblieb. Im Kampfe gegen Napoleon war Großbritannien die führende Macht. Das 19. Jh. stand im Zeichen der Industrialisierung und einer neuen Erweiterung des Kolonialbesitzes. Unter der Königin Viktoria (1837–1901), die auch Kaiserin von Indien war, erreichte das britische Imperium seine größte Ausdehnung. Seit dem Ersten Weltkrieg, in dem es mit Frankreich und Rußland gegen Deutschland kämpfte, mußte es seine führende Rolle an die USA abgeben. Irland erkämpfte sich seine staatliche Selbständigkeit. Australien, Neuseeland, Kanada und Südafrika bildeten eigene Tochterstaaten mit unabhängigen Regierungen. Nach dem Zweiten Weltkrieg, in dem Großbritannien ebenfalls gegen Deutschland kämpfte, wurden die meisten Überseebesitzungen selbständig. Aus dem früheren Imperium (engl. = Empire) ging das →Commonwealth of Nations hervor, eine lose Vereinigung selbständiger Staaten, die nur durch das gemeinsame Bindeglied der britischen Krone zusammengehalten werden. Seit 1952 ist Elisabeth II. britische Königin.

Einwohnerzahlen der wichtigsten Städte:	
Hauptstadt London	7,6 Mill.
Birmingham	1,08 Mill.
Glasgow (Schottland)	898 000
	m. V. 1,7 Mill.
Liverpool (Hafen)	575 000
Sheffield	565 000
Manchester	550 000
Edinburgh	
(Hauptstadt von Schottland)	543 000
Leeds	495 000
Belfast (Nordirland)	385 000

Der **Großmogul:** europäische Bezeichnung für die Herrscher eines mongolisch-mohammedanischen Reiches, das vom 16. bis 18. Jh. fast ganz Indien umfaßte.
grotesk (ital.): seltsam, wunderlich, komisch, verzerrt.
Das **Grundbuch** ist ein vom Amtsgericht geführtes Register über die Eigentumsverhältnisse und Belastungen (z. B. Hypotheken) sämtlicher Grundstücke des Amtsgerichtsbezirks.
Grundform des Zeitwortes →Infinitiv.
Das **Grundgesetz** vom 23. 5. 1949 ist die vorläufige Verfassung der Bundesrepublik Deutschland. Es gilt bis zu dem Tage, an dem sich das gesamte deutsche Volk in freier Entscheidung eine neue Verfassung geben kann. Das Grundgesetz wurde von 65 Volksvertretern entworfen (Parlamentarischer Rat) und beginnt mit der Aufzählung der Grundrechte, die jedem Staatsbürger die Freiheit der Person und

die Gleichheit vor dem Gesetz sichern. Es heißt dort in Artikel 1, 2: »Das deutsche Volk bekennt sich zu unverletzlichen und unveräußerlichen Menschenrechten als Grundlage jeder menschlichen Gemeinschaft, des Friedens und der Gerechtigkeit in der Welt.« Artikel 3, 3: »Niemand darf wegen seines Geschlechtes, seiner Abstammung, seiner Rasse, seiner Sprache, seiner Heimat und Herkunft, seines Glaubens, seiner religiösen oder politischen Anschauungen benachteiligt werden.« Weitere Artikel besagen, daß jeder seine Meinung frei äußern, sich seinen Beruf frei aussuchen, niemand ohne richterlichen Befehl verhaftet werden kann usw. Die Grundrechte verwirkt, wer sie zum Kampf gegen die demokratische Grundordnung mißbraucht. Über die Auslegung des Grundgesetzes entscheidet im Streitfalle das →Bundesverfassungsgericht.

Das Grundgesetz bestimmt weiterhin, welche Rechte der Bund hat und welche den Ländern verbleiben. Es legt die Zuständigkeit von Bundestag, Bundesrat, Bundespräsident und Bundesregierung fest und regelt damit die Gesetzgebung des Bundes, die Ausführung der Bundesgesetze, die Bundesverwaltung, die Rechtsprechung und das Finanzwesen.

Grundrechte→Grundgesetz, Menschenrechte.

Grundriß: der Plan eines Baues oder einer Maschine von oben gesehen. Von jedem Haus, das gebaut wird, zeichnet der Architekt zuerst einem Grundriß: in verkleinertem Maßstab werden die Einteilung und Größe der Räume, die Lage von Fenstern und Türen, die Stärke der Mauern usw. angegeben.

Im *Aufriß* wird das Gebäude in der Vorderansicht gezeichnet (siehe Abbildungen bei Baukunst).

Als **Grundschule** bezeichnet man heute die untersten vier Schuljahre (früher die ersten vier Klassen Volksschule). Nach der Grundschule kann der Schüler auf das Gymnasium oder auf die Hauptschule übertreten.

Grundwasser ist das durch Versickern der Niederschläge und aus Gewässern in den Boden gelangte Wasser, das sich über undurchlässigen Schichten sammelt. Seine obere Grenze heißt *Grundwasserspiegel.* Es tritt in →Quellen wieder zutage.

Matthias **Grünewald** war einer der größten deutschen Maler. Wir wissen aber nur sehr wenig von ihm und kennen nicht einmal seinen richtigen Namen, der vielleicht Mathis Nithart lautete. Er starb 1528. Sein Isenheimer Altar ist eines der Hauptwerke der deutschen Malerei.

Grünspan →Essig.

Der **Guano** ist ein hervorragendes Düngemittel. An den tropischen Küsten Südamerikas und auf den davorliegenden Inseln leben riesige Scharen von Vögeln. Der Kot und die Leichen dieser Tiere zersetzen sich in der trockenen, heißen Witterung zu Guano.

Guatemala ist eine 108 889 qkm große, von 5,21 Mill. Menschen (54 % Indianer, 21 % Mestizen, ferner Neger, Mulatten und Weiße) bewohnte mittelamerikanische Republik mit der Hauptstadt Guatemala. Das vulkanische Hochgebirgsland liefert Holz, Kaffee, Zucker, Bananen und Kakao. Die Ureinwohner (Maya) wurden 1525 von den Spaniern unterworfen. 1839 wurde das Land selbständig.

Guayana ist eine Großlandschaft im Norden Südamerikas. Sie gliedert sich in die unabhängigen Staaten *Guyana* (214 969 qkm, 760 000 Einwohner, Hauptstadt Georgetown, bis 1966 britische Kolonie), das französische Überseedepartement *Französisch-Guayana* (91 000 qkm, 49 000 Einwohner, bis 1946 Strafkolonie) und →*Surinam.*

Gudrun ist in der →Edda der Name für die Kriemhild der Nibelungensage. – Das *Gudrun-* oder *Kudrunlied* ist ein mittelhochdeutsches Heldengedicht aus dem 13. Jh., das vom Raub und der Befreiung der nordischen Königstochter Gudrun berichtet.

Guelfen →Ghibellinen.

Otto von **Guericke** (sprich gehricke) war ein deutscher Naturforscher; er lebte von 1602 bis 1686. Er erfand die Kolbenluftpumpe zur Herstellung luftleerer Räume und demonstrierte mit seinen »Magdeburger Halbkugeln« die Wirkung des Luftdrucks. Er unternahm auch Forschungen mit dem Barometer und erfand eine Elektrisiermaschine. Von 1646 an war er bis zu seinem Tod Bürgermeister seiner Heimatstadt Magdeburg.

Der **Guerilla** (span., sprich gerilja): Kleinkrieg, Bandenkrieg. – Siehe auch Partisan.

Die **Guillotine** (franz., sprich gijotihne). Das schon im Mittelalter bekannte Fallbeil wurde in der Französischen Revolution nach dem Arzt Guillotin benannt, der dieses Instrument wegen seiner raschen und sicheren Arbeitsweise für Hinrichtungen empfahl.

Guinea ist eine 245857 qkm große Republik an der Atlantikküste Afrikas mit 4,29 Mill. Einwohnern (Sudanneger); Hauptstadt ist Conakry. Ackerbau, Viehzucht und Bergbau sind die wichtigsten Wirtschaftszweige. Das Land war bis 1958 französische Kolonie.

Guinea-Bissau, die Republik in NW-Afrika hat 36125 qkm und 560000 Einwohner. Das Land wurde 1879 zur Kolonie *Portugiesisch-Guinea* und 1974 selbständig. Hauptstadt ist Bissau mit 75000 Einwohnern.

Der (auch das) **Gummi** ist ein Pflanzenharz, das z. B. von Kirsch- und Pflaumenbäumen abgesondert wird. Ritzt man einen Baum so tief, daß dabei die unter der Rinde liegende Gewebeschicht mit betroffen wird, so beginnen die Zellen Harz zu erzeugen, das dann an der Luft erhärtet. Von einer tropischen Akazienart wird das Gummiarabicum gewonnen, das vor allem als Klebemittel verwendet wird. Oft wird auch der →Kautschuk fälschlich als Gummi bezeichnet.

Der **Gummibaum,** wegen seiner lederartigen, glänzenden Blätter eine beliebte Zimmerpflanze aus der Verwandtschaft der →Feigen, erreicht in seiner Heimat Indien beträchtliche Größe und hohes Alter. Früher gewann man aus seinem Saft →Kautschuk.

Gummilinse oder *Zoomlinse* nennt man ein Kamera-Objektiv, dessen Brennweite stufenlos verstellbar ist.

Gunther, König von Burgund, war der Gemahl der Brunhild. →Nibelungen.

Gürteltiere sind Säugetiere, die es nur in Amerika gibt. Sie tragen einen gürtelartigen Hornpanzer, durch den sie gegen ihre Feinde geschützt sind. Ihre Nahrung, die meist aus Ameisen und Termiten besteht, graben sie sich mit ihren starken Grabklauen aus der Erde. Das Riesengürteltier wird bis zu 1 m lang.

Gustav Adolf war im →Dreißigjährigen Krieg der große Gegner Wallensteins. Er wurde 1594 geboren und 1611 König von Schweden. 1630 griff er zum Schutz der deutschen Protestanten und zum Nutzen Schwedens in den Krieg ein. 1632 fiel er in der siegreichen Schlacht bei Lützen.

Johannes **Gutenberg** ist der Erfinder des Buchdrucks mit gegossenen beweglichen Lettern. Er lebte von 1398 bis 1468 und stammte aus der Mainzer Patrizierfamilie Gensfleisch. Er begründete in Mainz 1448 die erste Druckwerkstätte, in der er Bücher, Kalender und Aufrufe druckte. Sein berühmtestes Druckwerk ist die 42zeilige lateinische Bibel, die »Gutenbergbibel«. Er starb in Armut. Seine Erfindung aber verbreitete sich in wenigen Jahrzehnten über alle Länder. Der Buchdruck hat entscheidend dazu beigetragen, daß sich eine gemeinsame hochdeutsche Sprache herausgebildet hat.

Das **Guttapercha** ist ein Pflanzenharz. Es wird oft mit Kautschuk verwechselt, von dem es sich dadurch unterscheidet, daß es nicht elastisch ist und erstarrt, ohne klebrig zu werden. Es isoliert vorzüglich elektrische Leitungen und wird daher für Kabel verwendet. Auch der Arzt gebraucht papierdünne Lagen von Guttapercha für Verbände. Guttapercha wird aus dem Pflanzensaft des südostasiatischen Guttaperchabaumes gewonnen.

Guyana →Guayana.

Das **Gymnasium** ist die älteste Form der höheren Schule. Es war bei den Griechen eine Stätte der körperlichen Ausbildung (griech. gymnos = nackt). Später hielten die griechischen Philosophen dort ihre Vorträge. Seit dem 16. Jh. nennen sich die Lateinschulen Gymnasien. Siehe auch Schule.

Die **Gymnastik** (griech.). So nennt man Leibesübungen, die der Stärkung und Gesunderhaltung des Körpers dienen, ohne daß ein sportlicher Leistungswettbewerb angestrebt wird. Man treibt Gymnastik aber auch zur Behebung bestimmter Krankheitsfolgen, wie Verkrümmungen und Versteifungen von Gelenken, Verbiegungen der Wirbelsäule, oder zur Nachbehandlung von Knochenbrüchen und Kinderlähmung. Diesen Zweig der Gymnastik nennt man *Heilgymnastik*.

Die **Gynäkologie** (griech.) ist die medizinische Wissenschaft von den Erkrankungen der Frau. Eine solche Wissenschaft ist notwendig, weil der weibliche Organismus komplizierter und anfälliger als der männliche ist; das hängt mit seiner biologischen Funktion des Empfangens und Gebärens zusammen.

H

H ist der achte Buchstabe des Alphabets. In der Chemie ist H das Zeichen für Hydrogenium (= Wasserstoff). Die Abkürzung h (lat. hora = Stunde) wird bei Zeitangaben benutzt, z. B. 9^h = 9 Uhr, km/h = Stundenkilometer.

Haare sind biegsame, elastische Fäden aus Hornsubstanz, die, unterschiedlich lang und dick, unsere gesamte Haut mit Ausnahme weniger Stellen (z. B. der Handflächen) bedecken. Jedes Haar steckt mit seiner Haarwurzel im *Haarbalg*, einer kleinen, sackartigen Einstülpung der →Haut, von der aus es wächst und ernährt wird. Die Farbe des Haares ist abhängig von der Art des Farbstoffes (Pigment), der in Form kleiner Körnchen in dem Haar enthalten ist. Läßt die Pigmentversorgung nach und geraten noch dazu Luftbläschen in das Haar, so wird es grau oder weiß. Der erwachsene Mensch hat etwa 80000 Haare auf dem Kopf. Lange Haare haben eine Lebensdauer von etwa 2–6 Jahren, kurze eine von 4–9 Monaten; die Wimpern leben nur 100–150 Tage. Unter normalen Umständen verliert der Mensch täglich etwa 30 bis 150 Haare, für die sofort neue Haare nachwachsen. Gewisse Eigenschaften der Haare (z. B. Farbe, Locken) vererben sich. Zur Erhaltung der Haare ist eine sorgfältige Haarpflege mit regelmäßigem Waschen, häufigem Bürsten und leichter Massage der Kopfhaut nötig. Abb. siehe Haut. – Bei Tieren finden sich neben den Tasthaaren (z. B. am Schnurrbart der Katze) auch zuweilen Gifthaare zum Schutz gegen Feinde. – Pflanzenhaare können verschiedengestaltig sein (borsten-, kegel-, zylinderförmig usw.) und haben mannigfache Aufgaben (Wurzelhaare, Kletterhaare, Drüsenhaare u. a.). Wirtschaftlich bedeutsam sind die Samenhaare der →Baumwolle.

Der **Habicht** →Greifvögel.

Die **Habilitation** ist eine wissenschaftliche Arbeit, mit der man die Lehrberechtigung an einer Universität erwirbt.

1 Übersee-Brücke für Passagierschiffe; 2 Empfangsgebäude mit Zoll- u. Paßamt, Restauration, Verkehrsamt, Hafenamt, Seewetterdienst usw.; 3 Zoll-Lagerhallen; 4 Liegeplatz für Schlepper und Lotsenboote; 5 Fischereihafen mit Fischauktionshallen; 6 Hafenlotse; 7 Ölhafen; 8 Massengut (Erz- u. Kohle-Umschlag); 9 Getreide-Umschlag mit Getreide-Silo; 10 Stückgut-Kai; 11 Schwergut-Kai; 12 Frucht-Umschlag mit Fruchtschuppen; 13 Bananenschuppen; 14 Kühlhäuser (für Kühlgut wie Fleisch usw.); 15 Werftanlagen (Neubau von Schiffen); 16 Ausrüstungskai; 17 Schwimm-Docks für Schiffsreparaturen; 18 Umschlagplatz für Küstenschiffe; 19 Binnenhafen.

Die **Habsburger** sind ein Fürstengeschlecht, das im Laufe von 700 Jahren die Geschichte Europas wesentlich beeinflußte. Ihr Stammsitz war die Habsburg (Habichtsburg) im Schweizer Kanton Aargau. 1273 stellten die Habsburger zum erstenmal einen deutschen König (Rudolf von Habsburg), 1452 einen deutschen Kaiser (Friedrich III.), und bis zum Ende des »Heiligen Römischen Reiches Deutscher Nation«, 1806, stammten dann fast alle deutschen Kaiser aus dem Hause Habsburg. Seit 1806 herrschten die Habsburger als »Kaiser in Österreich« und Könige von Ungarn. 1918 mußte der letzte Kaiser, Karl I., abdanken.

Der **Hades** war die Unterwelt, das Totenreich der alten Griechen. *Hades*, der Bruder des Zeus, herrschte dort. Der *Styx*, ein reißender Strom, trennte die Unterwelt von der Welt der Lebenden. Der Fährmann *Charon* setzte die Seelen der Verstorbenen über.

Ein **Hafen** ist ein Anker- und Anlegeplatz für Schiffe. Häfen liegen oft in einer Bucht (Hafenbucht), an einer Landzunge oder kurz vor der Mündung eines Flusses. Man spricht dann von natürlichen Häfen. Künstliche Häfen entstehen durch den Bau ins Meer getriebener Hafenmolen und Kaimauern, die ein künstliches Hafenbecken bilden. Häfen, die ihre Lage unmittelbar am Meer haben und deren Flutwechsel gering ist, werden offene oder

Tide-Häfen genannt (Stockholm, Kiel, Danzig); solche, die weit landeinwärts an großen Flüssen liegen, wie Duisburg, bezeichnet man als Binnenhäfen. Häfen an Küsten mit großem Gezeitenunterschied erhalten zwischen dem Hafenbecken und dem Vorhafen eine Dockschleuse (geschlossener oder Dock-Hafen). Je nach dem Zweck gibt es Handelshäfen, Kriegshäfen und Fischereihäfen. Längs der Hafenkaimauern, an denen die großen Schiffe vor Anker gehen, befinden sich Laderampen, Ladekräne, Lagerhäuser und Schuppen mit Gleisanschluß, wo die Schiffsgüter gleich in die Eisenbahnwaggons umgeladen werden können.
Die Einfahrt in einen Hafen wird durch →Seezeichen für die Schiffahrt gesichert. Oft sind →Lotsen notwendig, um die Schiffe in einen Hafen zu steuern.

Der **Hafer** →Getreide.

Das **Haff**: vom offenen Meer durch eine →Nehrung abgetrenntes flaches Gewässer.

Die **Haft** nennt man einen kürzeren Freiheitsentzug.

Haftgläser dienen, wie Brillen, zur Korrektur von Fehlsichtigkeit. Es sind dünne, geschliffene, unmittelbar auf die Hornhaut aufsetzbare Glasschalen.

Haftpflicht ist die gesetzlich vorgeschriebene Verantwortlichkeit für einen Schaden. Wer z. B. die Aufbewahrung oder Beförderung fremder Sachen übernimmt, muß Verlust oder Schaden ersetzen. Eltern sind für den Schaden, den ihre Kinder verursachen, verantwortlich. Ebenso muß der Schaden ersetzt werden, den Menschen oder Tiere anrichten, für die man als Arbeitgeber bzw. Tierhalter haftet. Es gibt Versicherungen, die den Schadenersatz übernehmen. Am bekanntesten ist die für jeden Kraftfahrzeugbesitzer gesetzlich vorgeschriebene Haftpflichtversicherung gegen Personen- und Sachschäden.

Hagebutten sind die Früchte der Heckenrose. Man bereitet aus ihnen Tee und Marmelade.

Der **Hagel** ist ein Niederschlag in Gestalt von Eiskörnern mit mehr als 5 mm Durchmesser (→Graupeln). Meist sind diese Körner so groß wie Erbsen oder Haselnüsse, zuweilen aber auch vom Umfang eines Tauben- oder sogar Hühnereis. Hagel entsteht besonders bei heftigen Gewittern durch rasches Emporsteigen von warmer, wasserhaltiger Luft in kalte höhere Schichten. Dort frieren die Wassertropfen zu Eis, das dann durch sein Gewicht wieder herabfällt.

Hagen war, wie im Nibelungenlied berichtet wird, der finstere, aber bis in den Tod getreue Gefolgsmann des Königs Gunther. Er erschlug Siegfried.

Otto **Hahn** war zwar Chemiker, wurde aber durch eine physikalische Entdeckung weltberühmt: die Spaltbarkeit des Urankerns. Auf diesem Prinzip beruht die Kettenreaktion und damit die Ausnutzung der →Atomenergie. Für seine Entdeckung erhielt er 1944 den Nobelpreis für Chemie. Otto Hahn wurde 1879 geboren und starb 1968.

Der **Hai** gehört zu den ältesten Fischen unserer Erde. Rund 250 Arten leben in allen Meeren. Neben dem *Riesenhai*, der 10–14 m, und dem *Rauhhai*, der bis zu 20 m lang werden kann, gibt es auch kleine, kaum 1 m lange Haie, wie den *Dornhai*, der gut schmeckendes Fleisch hat, und den fast immer nur am Meeresgrund lebenden *Katzenhai*. Viele größere Haiarten bringen lebende Junge zur Welt, während die kleineren meist Eier legen. Weil einige Haiarten, wie der *Menschenhai* und der *Hammerhai*, auch Menschen angreifen, werden die Haie von allen Seeleuten gefürchtet und verfolgt. – In jüngster Zeit werden Haie von besonderen Fangschiffen aus gejagt. Man gewinnt aus ihnen Tran, Fischmehl und medizinischen Lebertran, aus der Haut wird Leder.

Haiti heißt die zweitgrößte Insel der Großen Antillen (76 484 qkm). Auf ihrem Ostteil liegt die →Dominikanische Republik, auf ihrem Westteil die *Republik Haiti* (27 750 qkm, 5,2 Mill. Einwohner, vorwiegend Neger und Mulatten, Hauptstadt Port-au-Prince). Es ist das am dichtesten bevölkerte Land Mittel- und Südamerikas, und arm, obwohl reiche Bodenschätze und fruchtbare Böden (Kaffee, Zuckerrohr, Bananen, Baumwolle, Reis) vorhanden sind.

Halbedelsteine →Edelsteine.

Halbleiter nennt man chemische Elemente oder Verbindungen (z. B. Kristalle), die den elektrischen Strom leiten, allerdings schlechter als Metalle. Man braucht sie vor allem für →Transistoren.

Halbmetalle sind chemische Elemente, die sowohl metallische als auch nichtmetallische Eigenschaften haben (Antimon, Arsen, Selen, Silizium u. a.). Sie zählen zu den →Halbleitern.

Halbschwergewicht: Gewichtsklasse beim →Boxen und →Ringen.

Halden sind im Bergbau Aufschüttungen neben Bergwerken aus taubem Gestein, Rückständen, Asche oder unverarbeiteten Rohstoffen (Kohlehalden).

Der (die oder das) **Halfter** ist ein Geflecht aus Lederriemen oder Gurtband, das Pferden oder anderen Zug- und Reittieren über den Kopf gelegt wird, um sie zu führen oder anzubinden.

Halleluja (hebräisch): Lobet Gott!

Die **Halligen** sind die dem Lande Schleswig-Holstein vorgelagerten kleineren Nordfriesischen Inseln. Sie bestehen aus Marschboden wie das Festland, von dem sie durch Sturmfluten abgetrennt worden sind. Die Einzelgehöfte auf den Halligen stehen zum Schutz gegen Fluten auf künstlichen Hügeln, den Warften oder Wurten.

Die **Halluzination** (lat.): Sinnestäuschung, Wahnvorstellung, Trugbild. Halluzinationen treten oft bei seelischen Störungen, Fieber, bei Genuß von Rauschgiften und bei Geisteskrankheiten auf.

Als **Halogene** (griech., »Salzbildner«) bezeichnet man chemische Elemente, die, wenn sie mit Metallen in Berührung kommen, Salz bilden. Diese Elemente sind: Fluor, Jod, Brom, Chlor und das wenig erforschte Astat.

Halunke (tschech.): Schuft, Spitzbube, Lausbube.

Hamburg ist eine Freie Hansestadt und zugleich ein Land der Bundesrepublik Deutschland. Es umfaßt 747 qkm mit 1,72 Millionen Einwohnern. Als größter deutscher Handelshafen hat Hamburg den Beinamen »Das deutsche Tor zur Welt«. Die Weltaufgeschlossenheit und Regsamkeit seiner Bürger traten schon früh zutage. Seit dem 13. Jh. war Hamburg ein hervorragendes Mitglied der →Hanse. Die Stadt besitzt eine Universität, Hochschulen, viele Fachschulen, bedeutende wissenschaftliche Institute, einen Flughafen und einen Rundfunk- und Fernsehsender. Hamburgs Wirtschaft ist beherrscht von seiner Stellung im internationalen Warenaustausch. Neben großen Handelsfirmen, Werften und Reedereien gibt es zahlreiche Betriebe, die mit Handel und Schiffahrt zu tun haben oder ausländische Rohstoffe verarbeiten.

Hamlet war ein sagenhafter dänischer Prinz. Shakespeare gestaltete sein Schicksal in seinem gleichnamigen Trauerspiel und stellte ihn als den Typ des unentschlossenen Grüblers dar.

Der Schwede Dag **Hammarskjöld** (sprich -schölt) wurde 1905 geboren. Seit 1951 bis zu seinem Tode war er Generalsekretär der →Vereinten Nationen. Er trat nachdrücklich für den Frieden in aller Welt ein und bekam in seinem Todesjahr 1961 den Friedensnobelpreis.

Hammerwerfen →Werfen.

Hämoglobin nennt man den Farbstoff der roten Blutkörperchen (→Blut). Das Hämoglobin bindet den Sauerstoff im Blut und transportiert ihn weiter.

Die **Hämorrhoiden** sind kleine Knötchen am After, die jucken, schmerzen und bluten können. Sie sind weniger gefährlich als lästig. Man behandelt Hämorrhoiden medikamentös (mit Salben, Tropfen u. a.) oder auch operativ.

Der **Hamster** ist ein Nagetier. Er lebt auf weiten Ackerflächen und in Getreidefeldern schwerer Böden. In seinen sehr dehnungsfähigen Backentaschen trägt er das reife Getreide als Wintervorrat in seinen Bau, wo er für die Wintermonate bis zu einem Zentner Korn und Hülsenfrüchte sammelt. Wegen seines goldbraunen, unten schwarzen Fells wird der Hamster gejagt, der sich jedoch oft seinen menschlichen Gegnern stellt und sie wütend anspringt. Siehe auch Goldhamster.

Knut **Hamsun,** der größte Romanschriftsteller Norwegens, lebte von 1859 bis 1952. Er verherrlichte in seinen Büchern die Natur und die Seele des einsamen Menschen. 1920 erhielt er den Literaturnobelpreis. Wichtige Romane von Hamsun sind »Hunger«, »Pan«, »Kämpfende Kräfte«, »Der Wanderer«, »Segen der Erde«.

Handball ist ein Mannschaftsspiel, bei dem der mit Luft aufgepumpte Ball (Umfang 54–60 cm) mit allen Körperteilen berührt, gestoßen oder geworfen werden darf, nur nicht mit den Füßen. Zwei Mannschaften mit je 11 Spielern versuchen den Ball in das gegnerische Tor zu werfen. Das kann von jeder Stelle des Spielplatzes aus geschehen, nur nicht vom Torraum aus. Er ist ausschließlich das Reich des Torwarts. Der Spieler darf nicht beliebig lang den Ball in der Hand halten und damit laufen; 3 Sekunden und 3 Schritte sind das Höchstmaß, dann muß der Ball wieder den Boden berühren oder an einen anderen Spieler abgegeben werden. Die Spieldauer beträgt zweimal dreißig Minuten (zweimal zwanzig Minuten für Frauen und Jugendliche). Es gibt auch *Hallenhandball,* im Gegensatz zum *Feldhandball.* Das Spielfeld ist dann kleiner, und die Mannschaft besteht nur aus sieben Spielern, zu denen allerdings noch drei Auswechselspieler kommen.

Georg Friedrich **Händel** war neben Bach der größte deutsche Musiker des Barockzeitalters. Er wurde 1685 in Halle geboren, lebte den größten Teil seines Lebens in London und starb dort 1759. Er schrieb zunächst eine große Anzahl von Opern (darunter »Xerxes«, aus dem eine Arie als »Largo« weltbekannt geworden ist). Dann wandte er sich dem geistlichen Oratorium zu und schuf in dieser Kunstform seine größten Meisterwerke: »Messias«, »Judas Makkabäus«, »Samson«, »Israel in Ägypten«. Auch seine Kompositionen für Orgel, Orchester und Klavier haben sich bis heute lebendig erhalten.

Der **Handel.** In frühesten Zeiten tauschte man Gegenstände des Bedarfes gegeneinander aus. Als die Menschen sich dann der Tauschmittel, besonders des Geldes, zu bedienen begannen, entstand der Handel. Mit zunehmender Zivilisation steigerte sich der Güterbedarf, und der Handel nahm immer größeren Umfang an. Heute unterscheiden wir den *Großhandel,* der die Güter in großen Massen kauft, vom *Einzel-* oder *Kleinhandel,* der sie von ihm erwirbt und an den Verbraucher weiterleitet. *Außenhandel* nennt man den Handel mit dem Ausland.

Handelsgesellschaften →Erwerbsgesellschaften.

Handfertigkeit →Basteln.

Handfeuerwaffen nennt man die tragbaren →Schußwaffen: Gewehr, Karabiner, Maschinenpistole, Pistole, Revolver u. ä.

Das **Handicap** (engl., sprich händikäp): 1. Behinderung, Benachteiligung; 2. Reit- oder Laufwettbewerb, bei dem leistungsschwächere Teilnehmer eine Streckenvorgabe erhalten.

Peter **Handke,** der 1942 geborene österreichische Schriftsteller, wurde durch der Pop art nahestehende Theaterstücke bekannt (»Publikumsbeschimpfung«, »Selbstbezichtigung«). Weitere bekannte Werke von ihm sind: »Die Angst des Tormanns beim Elfmeter« und »Der kurze Brief zum langen Abschied«.

Im **Handwerk** stellt der Meister mit seinen Gesellen Einzelgüter in eigener Werkstatt her und repariert beschädigte Stücke. Alle Handwerkserzeugnisse werden zwar heute auch von der Industrie hergestellt, doch sind vom Handwerk gefertigte Stücke (z. B. Möbel, Schuhe) oft besonders wertvoll und haltbar. – Das Handwerk blühte vor allem in den Städten des späten Mittelalters. Es war in Zünften (→Zunft) streng zusammengeschlossen. – Einen Handwerksbetrieb darf nur führen, wer eine Meisterprüfung abgelegt hat.

Links: männliche,
Mitte: weibliche
Pflanze. Rechts:
männliche und
weibliche Blüte.

Hanf

Links: Faserbündel, ge-
waschen, Querschnitt.

Rechts: Einzelfasern,
Längsschnitt. Darunter:
Fasern in Ansicht.

Hanffasern

Der **Hanf** ist ein 1 bis 4 m hohes Kraut,
das im Feldbau angepflanzt wird. Seine
Stengel liefern das *Werg*, aus dem Seile
und Taue gedreht werden. Das gelblich-
grüne Harz, das besonders der indische
Hanf absondert, wird als Rauschgift unter den Namen *Haschisch* und *Marihuana*
geraucht und gegessen.

Hannibal war ein Feldherr der Karthager. Er führte einen sechzehn Jahre dauernden Krieg gegen die Römer, in dem er
einen der berühmtesten Siege der Weltge-
schichte erfocht, aber zum Schluß unterlag. Karthago und Rom waren damals die
beiden gleich starken, wichtigsten Mächte
im Mittelmeergebiet. Hannibal zog im
Jahre 218 v.Chr. von Spanien aus mit
einem Heer über die Alpen nach Italien
und schlug die Römer vernichtend bei
Cannae (216 v.Chr.). Die Stadt Rom
konnte er jedoch nicht erobern. Hannibal
wurde zurückberufen und 202 auf afrikanischem Boden geschlagen. Er mußte
flüchten und beging Selbstmord, um nicht
an die Römer ausgeliefert zu werden.

Hannover war als Kurfürstentum von
1714 bis 1837 durch →Personalunion mit
Großbritannien verbunden. Der Kur-
fürst von Hannover, Georg I., hatte 1714
die englische Krone geerbt. Er und seine
Nachfolger herrschten als Könige in
Großbritannien und als Kurfürsten in
Hannover. 1814 wurde Hannover ein
selbständiges Königreich unter eigenen
Herrschern, bis es nach einem verlorenen
Krieg gegen Preußen 1866 eine preußi-
sche Provinz wurde. Seit 1946 bildet Han-
nover einen Regierungsbezirk des Landes
→Niedersachsen.

Die **Hanse** oder *Hansa* war ein Bund
meist niederdeutscher Städte, die sich zusammenschlossen, um ihre gemeinsamen
Handelsinteressen im Ausland zu vertreten. In diesem Bund übernahm Lübeck
die Führung und bestimmte die hansische
Politik. In ihrer Blütezeit (1300 bis 1500)
hatte die Hanse eine eigene Kriegs- und
Handelsflotte sowie Niederlassungen im
Ausland (Hansekontore, z.B. in der norwegischen Stadt Bergen und in London).
Der Ruf des deutschen Kaufmanns wurde
durch die Hanse bis nach Grönland und
in das Innere Rußlands getragen. Der
Hauptbereich des Handels war die Ostsee, wo der Heringsfang die größte Ein-
nahmequelle bot. Als die Heringszüge
einen anderen Weg nahmen, ging das Geschäft der Hanse stark zurück. Ihre
Macht sank durch Kriege und innere Uneinigkeit immer mehr, bis sie sich nach
dem Dreißigjährigen Krieg selbst auf-
löste.

Hanswurst nennt man die volkstümliche komische Figur im alten deutschen
Theater, die als *Harlekin* in der italienischen und als *Pickelhering* in der englischen Komödie jener Zeit erscheint. Noch
heute gibt es den Hanswurst: es ist der
Kasperl im Puppentheater. In verfeinerter, geistreicher Form kommt der Hanswurst in vielen Stücken von Shakespeare
als Narr vor.

happy (engl., sprich häppi): glücklich,
froh, zufrieden, erfreut.

Das **Harakiri:** japanische Art des Selbst-
mords durch Bauchaufschlitzen. Es galt
als ein ehrenvoller Tod, der freiwillig gesucht oder als Strafe verhängt wurde.

Harem nennt man bei den Mohammedanern die Wohnung der Frauen, die mit

ihren Kindern getrennt von der übrigen Welt leben. Nur der Eheherr hat Zutritt. Außerhalb des Harems dürfen sich die Frauen nur verschleiert zeigen. Die meisten islamischen Völker haben in neuerer Zeit diese Abtrennung und den Schleier der Frauen abgeschafft.

Eine **Häresie** (griech.) ist eine von der kirchlichen Lehre abweichende Glaubensüberzeugung. Früher wurden *Häretiker* von der →Inquisition verfolgt.

Die **Harfe** ist ein altes Saiteninstrument, das gezupft wird. Heute findet es sich in vergrößerter und verfeinerter Form in allen großen Orchestern. Ihr Klang gleicht dem der Gitarre, ist aber volltönender. – Abb. →Musikinstrumente.

Harlekin →Hanswurst.

Harmonie (griech. = Zusammenstimmen) ist der Zusammenklang mehrerer Töne. *Harmonielehre* ist die Lehre von den Möglichkeiten, Tonfolgen mehrstimmig zu einem musikalischen Werk zusammenzustellen. Ganz allgemein bezeichnen wir als *harmonisch* alles, was gut zusammenstimmt.

Das **Harmonium:** Tasteninstrument von orgelähnlichem Klang. Es hat etwa die Größe und Form des Klaviers. Die Töne werden durch Metallzungen erzeugt. Diese werden in Schwingung versetzt durch Luft aus Blasebälgen, die der Spieler mit den Füßen betätigt.

Der **Harn** →Urin.

Die **Harnblase,** meist kurz *Blase* genannt, liegt als Harnbehälter zwischen den Nieren und der Harnröhre. Ist sie mit Urin, der ständig aus der Niere nachtropft, angefüllt (normales Fassungsvermögen: etwa ½ Liter), so besteht Harndrang, und sie muß entleert werden. Häufiges Harnverhalten ist gesundheitsschädlich.

Der **Harnisch** (franz.): Brustpanzer, Ritterrüstung. – Jemanden »in Harnisch bringen« bedeutet: ihn reizen, in Wut bringen.

Die **Harpune:** mit Widerhaken versehener Wurfspieß, der, an einer langen Leine befestigt, zum Fang von Walen und großen Seefischen dient. Früher wurde er vom Harpunier mit der Hand geschleudert, heute dagegen wird er meist aus einer kleinen Kanone auf die Beute geschossen.

Der **Harsch:** Schneedecke, deren Oberfläche geschmolzen und wieder gefroren und dadurch vereist ist.

Hartgummi oder *Ebonit* ist eine Verbindung von Gummi oder Kautschuk und Schwefel und wird für Kämme, elektrotechnische und medizinische Instrumente verwendet.

Als **Harz** bezeichnet man jeden Pflanzensaft, der an der Luft erstarrt. Meistens brennen Harze leicht, wobei einige, die viele Geruchsstoffe enthalten, wohlriechenden Rauch entwickeln; das sind die *Balsame*, wie Weihrauch und Myrrhen. Auch das Terpentin, das aus Lärchenoder aus Kiefernharz gewonnen wird, riecht angenehm. Andere wichtige Harze sind →Gummi, →Kautschuk, →Schellack, →Bernstein. Siehe auch Kunstharze (→Kunststoffe).

Das **Haschee** (franz.): Gericht aus gehacktem Fleisch.

Das **Haschisch** →Hanf.

Die **Hasen** sind eine den →Nagetieren nahestehende Säugetiergruppe und in etwa 35 Arten fast über die ganze Erde verbreitet. Unser europäischer Hase ist durch seine langen Ohren leicht von seinem nahen Verwandten, dem Wildkaninchen, zu unterscheiden. Wegen seines schmackhaften Fleisches wird er gejagt. Das feine Haar wird zu Filz verarbeitet. – Der Alpen- oder Schneehase sieht im Sommer braun aus und färbt sich im Herbst allmählich um, bis er im tiefen Winter bis auf die schwarzen Ohrenspitzen schneeweiß ist. Der Polarhase trägt während des ganzen Jahres einen weißen Pelz.

Hasenscharte nennt man eine Mißbildung des Oberkiefers, die bei der Entwicklung des Kindes im Körper der Mutter entsteht. Die beiden Knochen, die, von den Seiten zur Mitte wachsend, den Oberkiefer bilden, haben sich nicht vereinigt, sondern einen mehr oder weniger großen

Spalt offengelassen. Zieht dieser Spalt sich bis in den Gaumen hinauf und bildet so eine Verbindung zwischen Mund- und Nasenraum, so spricht man von einem *Wolfsrachen;* in ganz leichten Fällen, in denen die Knochen zusammengewachsen sind und nur noch eine Hautspalte besteht, nennt man ihn *Lippenspalte.* In allen drei Fällen kann der Chirurg Abhilfe schaffen.

Wilhelm **Hauff** war erst 25 Jahre alt, als er 1827 starb. Er hat eine Fülle von Dichtungen geschaffen: den geschichtlichen Roman »Lichtenstein«, Lieder (»Steh' ich in finstrer Mitternacht«), Erzählungen, Märchen und Sagen.

Gerhart **Hauptmann,** der 1862 geboren wurde und 1946 starb, wurde berühmt durch sein Drama »Die Weber«, in dem er die Not der verarmten Weber seiner schlesischen Heimat erschütternd gestaltete. Auch in anderen Stücken schilderte er schlesische Menschen in kräftiger, oft mundartlich gefärbter Sprache. Sein »Biberpelz« gehört zu den besten deutschen Komödien. Außerdem schrieb er Märchenstücke, wie »Hanneles Himmelfahrt«, und die Tragödie des deutschen Bauernkriegs, »Florian Geyer«. Sein reiches Werk umfaßt auch bedeutende Romane, Erzählungen und Versepen.

Die **Hauptschule** entspricht den früheren Volksschulklassen 5 mit 9. Nach zwei Jahren Hauptschule ist der Übertritt in die Realschule möglich. Nach der 9. Klasse ist der sog. *qualifizierende Abschluß* möglich, der in die Berufsfachschulen oder (unter besonderen Voraussetzungen) in die 10. Klasse Realschule führt.

Das **Hauptwort** →Substantiv.

Hausmusik nennt man das Musizieren von Laien in der Familie oder in kleinen Gemeinschaften. Die Hausmusik ist die Grundlage einer lebendigen Musikkultur und sollte heute, da Radio und Fernsehen die eigene Musikausübung mehr und mehr in den Hintergrund drängen, besonders gepflegt werden. Der *Tag der Hausmusik* ist am 22. November, am Fest der heiligen Cäcilia.

Die **Hausse** (franz., sprich ohß) ist das Ansteigen der Kurse an der →Börse.

Die **Haut** bedeckt die gesamte Oberfläche unseres Körpers und hat viele lebenswichtige Aufgaben zu erfüllen. Sie besteht aus verschiedenen Schichten. Die *Oberhaut* dient als Schutz und zur Regelung der Körpertemperatur. Unter ihr liegen die *Lederhaut* und das mit Fettzellen versehene *Unterhautgewebe* und zwischen diesen beiden Schichten die Schweiß- und die Talgdrüsen. Wegen ihrer vielen kleinen Haarblutgefäße ist die Haut eine wichtige Blutvorratskammer, die gegebenenfalls den Kreislauf auffüllen kann. In der Haut bilden sich auch das lebenswichtige Vitamin D und andere Schutzstoffe, wie z. B. die →Pigmente, von deren Anzahl die Hautfarbe abhängig ist. Durch Furunkel oder Ausschlag scheidet die Haut schädliche Keime aus und ist so ein Reinigungsorgan für das Blut. Da wir durch die Haut auch atmen, entsteht Lebensgefahr, wenn durch Verbrennung ein Drittel der Hautoberfläche vernichtet wird; verbrennt über die Hälfte, so tritt der Tod ein. – Als Haut bezeichnet man allgemein das den Körper vielzelliger Lebewesen nach außen abschließende und schützende Gewebe.

1 Hornschicht der Oberhaut
2 Lederhaut
3 Haar in Haarbalg
4 Talgdrüse
5 Haarmuskel
6 Schweißdrüse
7 Nervenstrang mit Tastkörperchen
8 Blutgefäß
9, 10 Unterhautgewebe

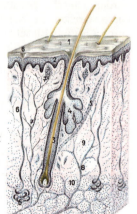

Schnitt durch die Haut (stark vergrößert)

Die **Havarie:** durch Unfall verursachte Beschädigung eines Schiffes oder von dessen Ladung.

Joseph **Haydn** wurde 1732 als das zweite von 20 Kindern eines armen Handwerkers geboren. Er war Sängerknabe am

Joseph Haydn

Stephansdom in Wien, dann Tanzgeiger und später jahrzehntelang Kapellmeister des Fürsten Esterhazy in Ungarn. Berühmt und geehrt, starb er 1809 in Wien. Er gab der Sinfonie und Sonate ihre noch heute gültige Form. Von ihm stammen 104 Sinfonien, 83 Streichquartette – einem von ihnen wurde später die Melodie des Deutschlandliedes entnommen – und andere Kammermusik sowie die Oratorien »Die Schöpfung« und »Die Jahreszeiten«.
Hazienda (span.) nennt man eine Farm in Mittel- und Südamerika.
Das **Hearing** (engl., sprich hihring): die Anhörung von Fachleuten vor einem Ausschuß.
Friedrich **Hebbel,** der von 1813 bis 1863 lebte, war einer der großen deutschen Dramatiker. Seine Hauptwerke sind die Dramen »Judith«, »Maria Magdalena«, »Agnes Bernauer« und »Die Nibelungen«.
Johann Peter **Hebel,** der 1760 in Basel geboren wurde und 1826 in Schwetzingen starb, wurde durch seine »Alemannischen Gedichte« bekannt. Seine Erzählungen und Anekdoten, die er im »Schatzkästlein des rheinischen Hausfreunds« gesammelt hat, sind in vorbildlich klarer und treffender Sprache geschrieben.
Hebel dienen zur Übertragung von Kräften. Große Lasten können mit ihnen durch kleine Kräfte bewegt werden. Die einfach-

ste Form des Hebels ist die Brechstange, mit der man eine schwere Kiste heben kann. Hebel sind starre, um einen Punkt oder eine Achse drehbare Körper. Wirken Last und Kraft, vom Drehpunkt aus gesehen, auf derselben Seite, so handelt es sich um einen einarmigen Hebel. Beim zweiarmigen Hebel liegt der Drehpunkt zwischen dem Angriffspunkt der Last und dem der Kraft. Ein Hebel ist im Gleichgewicht, wenn Last mal Lastarm gleich Kraft mal Kraftarm ist. Wenn der Lastarm im Verhältnis zum Kraftarm klein ist, so können mit geringem Kraftaufwand erhebliche Lasten gehoben werden. Allerdings wird dann der Kraftweg und damit der Zeitaufwand entsprechend größer.

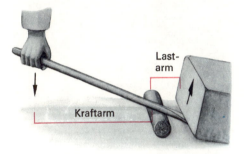

Brechstange als zweiarmiger Hebel

Einarmiger Hebel im Gleichgewicht

Der **Heber** ist ein Gerät, mit dem man, ohne einen Zapfhahn zu verwenden, Flüssigkeiten aus Fässern und ähnlichen Gefäßen entnehmen kann. So wird z. B. mit dem Stechheber, einem beiderseits offenen Glasrohr, eine Weinprobe aus einem Faß genommen. Man »sticht« von oben in den Wein, verschließt dann mit dem Daumen das obere Rohrende und hebt das Rohr mit dem eingedrungenen Wein heraus. Bei

Saughebern wird ein U-förmig gebogenes Rohr oder ein Schlauch angewendet, um Gefäße über den oberen Rand zu entleeren. Durch Ansaugen am nicht eingetauchten Ende füllt sich das Rohr mit Flüssigkeit, die dann mit ihrem Gewicht weitere Flüssigkeit emporhebt und vom Scheitel ab herunterzieht. Wenn sich der Flüssigkeitsspiegel bis zur Höhe der Ausflußöffnung gesenkt hat, hört das Fließen auf.

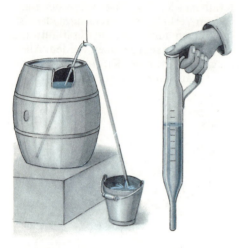

Saugheber   Stechheber

Hebräer →Juden.

Der **Hecht** →Raubfische.

Das **Heck** ist der hintere Teil eines Schiffes, Flugzeugs oder Kraftwagens.

Die **Hefe.** Hefepilze kommen überall in der Natur vor, man kann sie aber nur durch das Mikroskop sehen. Sie vermehren sich sehr rasch und können Zucker in Alkohol und Kohlensäure spalten (→Gärung). Hefe wird nicht nur zur Alkoholherstellung, sondern auch im Haushalt und in der Bäckerei gebraucht. Das bei der Gärung entstandene Kohlensäuregas hat einen größeren Druck als die Luft, will also entweichen und lockert so den Teig: »Der Teig geht auf.« Da die Hefe viel Eiweiß und Vitamine enthält, ist sie zugleich ein wichtiges Nahrungs- und Heilmittel.

Georg Wilhelm Friedrich **Hegel,** der große Philosoph des deutschen Idealismus, lebte von 1770 bis 1831. Eine Jugendfreundschaft verband ihn mit Hölderlin und Schelling; auch mit Goethe war er befreundet. Hegel war ein umfassend gebildeter Geist, der nicht nur über Philosophie, sondern auch über Politik und Staat, Naturwissenschaft, Kunst und Geschichte beachtliche und treffende Gedanken äußerte. Er entwickelte die dialektische Logik zu einer »Wissenschaft«, auf der Marx und Lenin aufgebaut haben. Wichtige Werke: »Phänomenologie des Geistes«, »Wissenschaft der Logik«, »Philosophie der Geschichte«, »Ästhetik«.

Die **Hegemonie** (griech.): Vorherrschaft, überlegene Machtstellung eines Staates.

Hehler nennt man eine Person, die in Bereicherungsabsicht eine durch eine Straftat (z. B. Diebstahl) erlangte Sache erwirbt (ankauft). Hehlerei wird als Vergehen bestraft.

Der **Heide.** Im Mittelalter bezeichneten Juden und Christen alle Nichtjuden oder Nichtchristen als Heiden; heute nennt man so jemanden, der nicht an *einen* Gott glaubt.

Martin **Heidegger,** neben Karl →Jaspers der Hauptvertreter des →Existentialismus in Deutschland, wurde 1889 geboren. Sein Hauptwerk »Sein und Zeit« machte ihn in aller Welt bekannt. Heidegger ist bis heute der einflußreichste deutsche Philosoph unseres Jahrhunderts. Seine umfassende Kritik der modernen, technischen Massengesellschaft wird immer stärker beachtet.

Heidekraut nennt man verschiedene ausdauernde, langsam wachsende, wintergrüne Zwergsträucher, die sandige Gebiete wie mit einem Teppich überziehen. Die vielen kleinen Blüten sind eine begehrte Bienenweide.

Der **Heilbutt** →Scholle.

Die **Heilgymnastik** →Gymnastik.

Heilige sind Christen, die ein vorbildliches christliches Leben gelebt haben oder für ihren Glauben gestorben sind

(Märtyrer). Erst nach sorgfältiger Prüfung aller erreichbaren Quellen und Zeugnisse, schriftlicher wie mündlicher Art, werden sie vom Papst in einer feierlichen Zeremonie zu Heiligen erklärt. Sie dürfen dann in der Kirche als Heilige verehrt und um ihre Fürbitte bei Gott angerufen werden. Die evangelische Kirche kennt keine Heiligenverehrung.

Heilige Allianz →Restauration.

Der **Heilige Geist** ist Ausdruck der unendlichen göttlichen Lebensfülle zwischen Gott-Vater und Gott-Sohn (dritte göttliche Person). Die Bibel spricht von ihm in Bildern: Er erscheint in der Gestalt einer Taube, als Sturm oder in Gestalt von Feuerzungen, die am Pfingstfest auf die im Abendmahlssaal versammelten Apostel herabkamen und sie zur Verkündigung des Evangeliums Jesu Christi in aller Welt bewegten. Durch den Heiligen Geist ist Christus in seiner Kirche gegenwärtig. Als Geist göttlicher Liebe wirkt er im Leben der Christen und in den Sakramenten. In besonderer Weise ist ihm das Sakrament der Firmung zugeordnet.

Heiliges Römisches Reich Deutscher Nation nannte man seit dem Spätmittelalter das von Otto dem Großen gegründete deutsche Reich. Er wurde 962 vom Papst zum Kaiser gekrönt, und das Wort »heilig« sollte auf die Schutzherrschaft des Kaisers über die Kirche hinweisen. Zugleich betrachtete man es als die Erneuerung des alten Römischen Reiches. Das »Heilige Römische Reich« bestand bis zur Abdankung Franz' I. 1806.

Heilkräuter. In früheren Zeiten wurden Arzneien vorwiegend aus Heilpflanzen gewonnen. Sie kamen auch getrocknet in

Melisse   Minze   Wermut   Baldrian

Arnika   Kamille   Wiesensalbei   Schafgarbe

Heilkräuter

den Handel und hießen *Drogen*. Auch die moderne Medizin verwendet Pflanzen zur Herstellung von heilenden, schmerzlindernden oder vorbeugenden Medikamenten. Die folgenden heimischen, wild wachsenden oder angebauten Kräuter werden als Hausmittel bevorzugt: Baldrian, Wermut, Mistel, Arnika, Kamille, Rizinus, Melisse, Enzian, Minze, Schafgarbe, Odermennig, Fenchel, Tausendgüldenkraut, Lein, Salbei, Senf, Rainfarn, Schachtelhalm, ferner die heilsamen Teile von Bäumen und Sträuchern, wie Lindenblüte, Sanddornbeeren, Hagebutten, Holunder. Auch wärmere Länder liefern Heilpflanzen, wie Kampferbaum, Kokastrauch, Süßholz, Aloe. Eine Reihe von Heilpflanzen ist giftig, deshalb darf nur der Apotheker solche Mittel abgeben, in denen Bilsenkraut, Fingerhut, Stechapfel, Tollkirsche, Wurmfarn usw. enthalten sind.

Als **Heilquellen** bezeichnet man Quellen, die Mineralien enthalten, z. B. Salz, Jod, Eisen usw. Ihre heilende Wirkung bei verschiedenen Krankheiten ist schon seit dem Altertum bekannt. Sie werden zu Bade- und Trinkkuren aufgesucht, z. B. salzhaltige Quellen (sog. *Solen*) bei Gicht oder Magen- und Darmleiden (Marienbad, Wiesbaden, Bad Kissingen), eisenhaltige bei Blutarmut (Bad Pyrmont, Bad Homburg), Jodquellen bei Kropf und Hautkrankheiten (Bad Tölz). – Warme Quellen von über 20° Wärme nennt man *Thermen*. Sie werden von Kranken aufgesucht, die an Gicht oder Rheumatismus leiden (Badenweiler).

Die **Heilsarmee** ist eine von William Booth 1878 in London gegründete christliche Gemeinschaft. Sie versucht, die verarmte und verwahrloste Großstadtbevölkerung wieder für ein christliches Leben zu gewinnen, und zwar durch Predigten, Gesang frommer Lieder und Andachtsübungen in öffentlichen Lokalen und auf den Straßen. Die Heilsarmee unterhält eigene Wohlfahrtsanstalten, Heime, Volksküchen usw. Alle Mitglieder tragen eine einfache Uniform. An der Spitze stehen ein General und ein Generalstab, der in London seinen Sitz hat.

Heinrich **Heine,** der Dichter der »Loreley« und vieler anderer Gedichte, die volkstümlich geworden sind oder als Lieder in der Vertonung großer deutscher Komponisten gesungen werden, wurde 1797 in Düsseldorf geboren. Er lebte seit 1831 als politischer Flüchtling in Paris, wo er 1856 starb. Heine schrieb außer seinen lyrischen Gedichten auch geistreiche Reisebeschreibungen, wie die »Harzreise«, und scharfe politische Artikel und Satiren.

Heinrich der Löwe aus der Familie der Welfen herrschte im 12. Jh. als Herzog in Bayern und Sachsen. Er war damals neben seinem Vetter und Freund, dem Kaiser Barbarossa, der bedeutendste Fürst Deutschlands. Doch im Gegensatz zum Kaiser, der seinen Machtbereich nach dem Süden verlegen wollte, erweiterte er seine Länder vor allem nach Nordosten. Die Freundschaft zwischen Barbarossa und Heinrich nahm ein Ende, als Heinrich sich weigerte, dem Kaiser bei einem Krieg in Italien beizustehen. Er wurde verbannt und mußte, bis auf sein Stammesherzogtum Braunschweig, sein ganzes Herrschaftsgebiet an andere Fürsten abtreten. Bayern fiel damals an das Haus →Wittelsbach.

Werner **Heisenberg,** der 1901 geborene deutsche Atomphysiker, stellte die nach ihm benannte »Unbestimmtheitsbeziehung« auf (Ort *und* Geschwindigkeit eines Teilchens lassen sich nicht gleichzeitig genau angeben). Zusammen mit Born und Jordan entwickelte Heisenberg auch die Quantenmechanik der Atome (→Quantentheorie). 1932 erhielt er den Nobelpreis für Physik.

Heizung nennt man die Erwärmung eines Raumes durch eine Feuerstätte. Man unterscheidet zwischen *Sammelheizung* (Zentralheizung) und *Einzelheizung*. Bei der Sammelheizung, die übrigens schon die alten Römer kannten, wird mit einem einzigen Ofen oder Heizkessel ein ganzes Haus oder ein ganzes Stockwerk (Etagenheizung) erwärmt. Und zwar wird dabei entweder Dampf (*Dampfheizung*) oder erhitztes Wasser (*Warmwasserheizung*) oder erhitzte Luft (*Warmluftheizung*) in Steigröhren und Heizkörpern durch das ganze Haus oder durch alle Räume eines Stockwerks geleitet. Als Brennstoff wird in Zentralheizungen Koks, Gas oder Öl verwendet. – Durch *Fernheizung* wird von einer Stelle aus ein ganzer Stadtteil mit Wärme versorgt. – Bei der Einzelheizung wird jeder Raum für sich durch einen eigenen Ofen erwärmt. Man unterscheidet: offene Feuerstellen oder *Kamine*, die meist mit Holz geheizt werden; *Allesbrenner* oder irische Öfen, die mit jedem Brennmaterial geheizt werden können; *Kachelöfen*, die aus Kacheln (Platten aus gebranntem und glasiertem Ton) gemauert sind, mit Braunkohlenbriketts oder Steinkohlen geheizt werden und sehr viel Wärme aufspeichern; *Dauerbrenner*, die mit Kohle oder Öl (*Ölöfen*) geheizt werden und den ganzen Winter in Gang gehalten werden können. *Gasöfen* werden mit Stadt- oder Erdgas geheizt. Bei *elektrischen Öfen* wird durch den elektrischen Strom ein Heizwiderstand erhitzt. Elektrische *Speicheröfen* werden mit billigem Nachtstrom aufgeheizt und geben die Wärme tagsüber allmählich ab.

Eine **Hekatombe** (griech. = hundert Stiere) war im alten Griechenland ein Opfer von 100 Rindern, später nannte man jedes Tieropfer so. Im übertragenen Sinne meint man damit eine gewaltige Menge, große Menschenverluste.

Das **Hektar** →Maße.

hektisch (griech.): krankhaft aufgeregter Zustand, besonders bei Schwindsucht. Dabei treten fiebrige, scharf abgegrenzte rote Flecken im Gesicht auf.

Das **Hektoliter** →Maße und Gewichte.

Hektor, der Bruder des Paris, war der heldenhafte Feldherr der Trojaner im →Trojanischen Krieg. Er fiel im Kampfe gegen Achilles.

Hel, die riesenhafte Tochter des bösen Gottes →Loki, war die germanische Göttin der Unterwelt, die ebenfalls Hel genannt wurde.

Helena, die Gattin des Menelaos, des Königs von Sparta, war in der griechischen Sage die schönste Frau ihrer Zeit. Paris entführte sie nach Troja. Alle Griechenhelden zogen dorthin, um sie zurückzuholen, und es entbrannte der 10 Jahre dauernde →Trojanische Krieg. Als die Griechen gesiegt hatten, ging Helena mit ihrem Gatten wieder nach Sparta zurück. Nach dessen Tode wurde sie von ihren Stiefsöhnen vertrieben und an einem Baum aufgeknüpft, weil sie so viel Unheil verschuldet hatte.

Helgoland heißt eine 0,9 qkm große Nordseeinsel, die sich mit steiler Kliffküste aus der Deutschen Bucht erhebt. Sie war früher ein Seeräubernest und 1807 bis 1880 britisch. Seither gehört sie zu Deutschland. Auf der von 2300 Menschen bewohnten Insel gibt es eine berühmte Vogelwarte.

Der **Helikopter** →Drehflügelflugzeuge.

Helio-: Sonnen- (in Zusammensetzungen).

Helios hieß der Sonnengott der alten Griechen. Wenn er mit seinem prächtigen, von vier goldenen Rossen gezogenen Wagen über den Himmel fuhr, war es auf der Welt Tag.

Helium (chemisches Zeichen He) ist ein Element, das zu den Edelgasen gezählt wird. In Spuren kommt es in der Luft vor. Gewonnen wird es hauptsächlich aus Erdgasquellen in den USA. Da es leicht und unbrennbar ist, wird es zur Füllung von Luftballons und Luftschiffen verwendet. Helium spielt in der Atomphysik eine wichtige Rolle.

Hellas ist der eigentliche Name für →Griechenland; *Hellenen* nannten sich alle griechischen Stämme, von denen die Jonier, Äolier und Dorer die wichtigsten waren. Hellenische Siedlungen fanden sich nicht nur im eigentlichen Griechenland, sondern auch an der Westküste von Kleinasien (in der heutigen Türkei) sowie in Sizilien und Nordafrika. Durch Alexander den Großen und seine Nachfolger wurden hellenische Siedlungen sogar in Persien und Indien angelegt.

Die **Hellebarde,** eine Lanze mit beilförmiger Klinge, wurde im 14. bis 16. Jh. als Stoß- und Hiebwaffe der Fußtruppen verwendet. Heute sind Hellebarden nur noch die Zierde der Schweizergarde des Papstes.

Der **Helm.** Seit der Bronzezeit werden Helme als Kopfschutz der Krieger angefertigt. Sie wurden aus Leder, Filz, Bronze, später aus Stahlblech hergestellt und oft mit Federn und kunstreichen Metallbearbeitungen verziert. Die bekanntesten Helmformen sind: der Topfhelm des 13. Jh., der Visierhelm der Ritter im 15. Jh., die Sturmhaube im 16. Jh., später Raupenhelm und Pickelhaube und ab 1915 der Stahlhelm. Der Tropenhelm ist meist aus Kork, der mit hellem Stoff überspannt ist; er soll gegen die gefährlichen Strahlen der tropischen Sonne schützen.

Die **Heloten:** Sklaven des spartanischen Staates.

Helvetia ist der lateinische Name für die →Schweiz.

Die **Hemisphäre** (griech.): Halbkugel. Man spricht z.B. in der Erdkunde von nördlicher und südlicher Hemisphäre, die der Äquator trennt.

Ernest **Hemingway** (sprich hemingweh), der bedeutende amerikanische Erzähler, lebte von 1899 bis 1961. Er schildert den Kampf des einzelnen um seine Selbstachtung und um die Steigerung des Lebens in Krieg, Sport und Liebe. Sein Stil ist betont einfach und scheinbar gefühllos. 1954 erhielt Hemingway den Nobelpreis für Literatur. – Wichtige Werke: »Der alte Mann und das Meer«, »Fiesta«, »Wem die Stunde schlägt«, »In einem anderen Land«.

Hephästos oder *Hephaistos* war der griechische Gott des Feuers und der Schmiede, der Gemahl der Aphrodite. Sein römischer Name war Vulkan.

Hera war die Frau des obersten griechischen Gottes →Zeus, die Göttin der Ehe und der Sitte. – Der römische Name für Hera ist Juno.

Herakles, ein Sohn des griechischen Gottes Zeus, war der gewaltigste Held der griechischen Sage. Schon als Säugling in der Wiege erwürgte er zwei Schlangen. Seine berühmtesten Taten sind die zwölf Arbeiten, die er auf Weisung des Orakels von Delphi für den König von Mykenä zu verrichten hatte. So mußte er den Kampf mit der →Hydra bestehen, die verwahrlosten Ställe des Augias ausmisten und den →Zerberus aus der Unterwelt holen. Nach seinem Tode wurde er zu den Göttern erhoben. – Der römische Name für Herakles ist Herkules.

Die **Heraldik** ist die Wissenschaft, die sich mit den →Wappen befaßt.

Das **Herbarium** (lat.). So nennt man eine Sammlung getrockneter, oft gepreßter Pflanzen, die meist mit Klebestreifen auf Papier, Cellophan oder Glas so befestigt werden, daß man die wesentlichen Pflanzenmerkmale erkennen kann. Herbarien dienen zur Anschauung für den botanischen Unterricht; sie sind oft Sammlungen der Flora bestimmter Gebiete.

Die **Herbstzeitlose** ist ein dem Krokus ähnliches giftiges Knollengewächs, das im Herbst blaßviolett auf Wiesen blüht.

Johann Gottfried von **Herder** war als Schriftsteller, Sprachforscher, Theologe und Philosoph ein Wegbereiter des deutschen →Sturm und Drang. Er lebte von 1744 bis 1803. Herder sammelte auch alte Volkslieder und wies u.a. Goethe auf diese hin. Seine Auffassung der Geschichte als eines pflanzenartig wachsenden Lebewesens hat die spätere deutsche Geschichtsphilosophie beeinflußt.

Der **Hering** ist ein bis zu 40 cm langer Fisch, der in den nördlichen Meeren lebt. Er wird wegen seines schmackhaften und besonders nahrhaften Fleisches sehr geschätzt und mit großen Netzen gefangen. Besonders zur Laichzeit stellen sich die Heringe in bestimmten Meeresgegenden in Millionenscharen ein. Sie wandern oft Tausende von Kilometern, um ihre Laichplätze zu erreichen. Der rohe Hering kommt als *grüner Hering* auf den Markt, mit Salz konserviert heißt er *Salzhering,* geräuchert *Bückling,* gebraten *Brathering.* Die jungen, an der schottischen Küste gefangenen Heringe nennt man *Matjes-heringe.*

He̲**rkules** →Herakles.

Hermann der Cherusker →Arminius.
Das **Hermeli̲n** ist ein großes Wiesel. Es lebt in Europa und Asien in der Nähe menschlicher Siedlungen und wird als Geflügelräuber sehr gefürchtet. Sein Fell ist im Sommer kastanienbraun und im Winter bis auf die schwarze Schwanz-spitze schneeweiß.

He̲**rmes,** der griechische Götterbote, war ein Sohn des →Zeus. Er wurde als Erfin-der der Sprache und der Buchstaben-schrift, der Lyra und der Flöte verehrt. Er war der Gott der List und Verschlagen-heit, der Kaufleute, der Diebe und der Reisenden und der Begleiter der Toten in den →Hades. – Der römische Name für Hermes ist Merkur.

herme̲**tisch** (griech.): vollkommen dicht, z. B. sind Konservenbüchsen hermetisch verschlossen.

Herodo̲**t,** der älteste griechische Ge-schichtsschreiber, der »Vater der Ge-schichte«, lebte etwa von 490 bis 424 v. Chr. Er beschrieb die Kriege der Grie-chen gegen die Perser.

Hero̲**en** waren bei den Griechen Halb-götter, das heißt Helden, die einen Gott zum Vater und eine menschliche Mutter oder einen menschlichen Vater und eine Göttin zur Mutter hatten, oder auch Hel-den, die nach ihrem Tode wegen ihrer kühnen Taten unter die Götter aufge-nommen worden waren.

Das **Her**o̲**in** ist ein starkes →Rauschgift.

hero̲**isch** (griech.): heldenhaft. – *Herois-mus:* Heldenmut.

Der **H**e̲**rold:** fürstlicher oder städtischer Bote oder auch Zeremonienmeister im Mittelalter, amtlicher Ankündiger bei großen Feierlichkeiten.

Die **Herrnhuter** sind eine evangelische Gemeinschaft, die 1727 von Nikolaus Graf von Zinzendorf gegründet wurde. Ihre erste Niederlassung in der Lausitz (Schlesien) nannte er Herrnhut; ihre Ge-meinschaft *Brüdergemeine.* Sie versuchen, das christliche Lebensideal in einem Ge-meinwesen mit gemeinsamem Eigentum auf genossenschaftlicher Grundlage durchzuführen, und widmen sich vor allem der Jugenderziehung und Mission.

Heinrich **Hertz,** ein bedeutender deut-scher Physiker, lebte von 1857 bis 1894. Er entdeckte die elektrischen Wellen, die Grundlage der Funkentelegrafie. Die Zahl der elektrischen Schwingungen wird nach ihm benannt: 1 Hertz (Hz) = 1 Schwingung in 1 Sekunde; 1 Kilohertz (kHz) = 1000 Schwingungen in 1 Se-kunde.

Das **Herz** ist ein hohler Muskel, der das Blut stoßweise durch die Adern pumpt und so den Kreislauf in Gang hält. Es ent-spricht in Größe und Form etwa einer ge-ballten Faust und liegt in der linken Hälfte

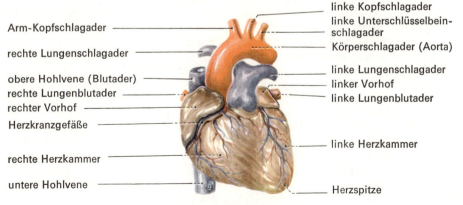

linke Kopfschlagader
linke Unterschlüsselbein-schlagader
Arm-Kopfschlagader
Körperschlagader (Aorta)
rechte Lungenschlagader
linke Lungenschlagader
obere Hohlvene (Blutader)
linker Vorhof
rechte Lungenblutader
linke Lungenblutader
rechter Vorhof
Herzkranzgefäße
linke Herzkammer
rechte Herzkammer
untere Hohlvene
Herzspitze

Herz von außen und von vorn

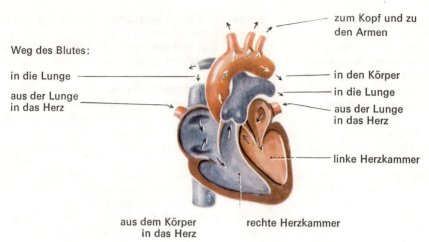

Weg des Blutes:

in die Lunge

aus der Lunge
in das Herz

zum Kopf und zu
den Armen

in den Körper

in die Lunge

aus der Lunge
in das Herz

linke Herzkammer

aus dem Körper
in das Herz

rechte Herzkammer

Herz geöffnet (schematisch) und Weg des Blutes

des Brustkorbes. In seinem Innern ist es durch Scheidewände in vier Hohlräume geteilt. Das aus dem Körper kommende venöse →Blut gelangt zuerst über den rechten Vorhof in die rechte Herzkammer und wird von dort in die Lunge gepumpt, wo es sich mit Sauerstoff belädt. Von der Lunge fließt es über den linken Vorhof in die linke Herzkammer und wird von dort aus wieder auf seine Bahn durch den Körper geschickt. Mit jedem seiner Schläge (durchschnittlich 70 je Minute) pumpt das Herz 60–70 ccm Blut, also durchschnittlich 4½ l in jeder Minute. Bei körperlicher Anstrengung steigt diese Leistung bis auf 30 l je Minute an. Um diese Pumptätigkeit durchführen zu können, befinden sich zwischen den einzelnen Abteilungen innerhalb des Herzens und zwischen Herz und den zu- und ableitenden Blutgefäßen Ventile, die sogenannten Herzklappen. Schließen diese Klappen nicht richtig oder behindern sie den Blutstrom, so spricht man von einem Herzklappenfehler (oder kurz: einem Herzfehler). Der Arzt kann ihn durch die Geräusche, die dadurch bei den Herztönen entstehen, feststellen. Wichtig ist die Versorgung des Herzens selbst mit Blut. Dies geschieht durch die Herzkranzgefäße.

Herzog →Adel.

Hermann **Hesse** ist ein deutscher Dich-

ter, der 1877 in Calw/Württemberg geboren wurde, viele Jahre lang in der Schweiz lebte und 1962 gestorben ist. Seine Romane, Novellen und Gedichte zeigen oft zwiespältige, bittere Stimmungen, die in seinem Alterswerk »Das Glasperlenspiel« einer überlegen gelassenen Weisheit Platz machen. Weitere Werke: »Peter Camenzind«, »Der Steppenwolf«, »Narziß und Goldmund«.

Hessen ist ein Land der Bundesrepublik Deutschland, das 1945 aus den Hauptgebieten des früheren Freistaates Hessen und der früheren preußischen Provinz Hessen-Nassau gebildet wurde. Es umfaßt 21 110 qkm mit über 5,56 Millionen Einwohnern und gliedert sich in die Regierungsbezirke Darmstadt, Kassel und Wiesbaden. Zwischen Rhein und Werra dehnt sich Hessen als ein bergiges Land mit Odenwald, Taunus, Westerwald und Rhön aus. Es ist ein vorwiegend land- und forstwirtschaftliches Gebiet. Die Hauptstadt Wiesbaden, ein bekannter Kurort am Südhang des Taunus, hat 254 000 Einwohner. Von größerer Bedeutung ist Frankfurt a. M. mit 675 000 Einwohnern, einer der Mittelpunkte des deutschen Handels und Verkehrs. Hier und in Marburg, Gießen, Kassel und Darmstadt befinden sich Hochschulen.

heterogen →homogen.

Heuer heißt der Lohn, den angemusterte Seeleute erhalten.

An **Heuschnupfen** oder Heufieber erkranken im Frühjahr Menschen, bei denen eine Überempfindlichkeit (→Allergie) gegen Blütenstaub besteht. Nasenschleimhäute und Augenbindehäute sind, ähnlich wie bei einem gewöhnlichen Schnupfen, stark entzündet.

Die **Heuschrecken** zählen besonders in tropischen Ländern zu den schlimmsten Pflanzenschädlingen. Sie vereinigen sich zu Milliarden, die als dunkle Wolken durch das Land ziehen und »die Sonne verfinstern«. Alle Gräser, Bäume, Sträucher, auf die sie bei ihrer Wanderung treffen, werden restlos vernichtet. – In vielen tropischen Ländern werden geröstete Heuschrecken als Leckerbissen und Volksnahrung gegessen. – Die *Stabheuschrecke* hat eine merkwürdig langgestreckte Gestalt, mit der sie zwischen Zweigen und Halmen vollkommen unsichtbar wird. – Eine bei uns lebende Heuschrecke ist der →Grashüpfer.

Der **Hexameter** →Verslehre.

Die **Hexe.** Seit uralten Zeiten sagte man manchen Frauen nach, daß sie anderen Menschen durch ihre Berührung oder sogar nur durch ihren Blick Böses zufügen könnten. Besonders alte oder durch Krankheit entstellte, aber auch besonders hübsche Frauen wurden von dem Aberglauben betroffen. Im Mittelalter und auch noch lange danach kam es zu grausamen Hexenverfolgungen. Man glaubte, daß die Hexen mit dem Teufel in Verbindung stünden, zwang sie durch Foltern zum Geständnis und verbrannte sie. Erst im 18. Jh. fanden die letzten dieser Hexenprozesse statt. Heute kennen wir die Hexe nur noch aus den Märchen, wo sie für böse Zauberei ihre Strafe erhält.

Hexenschuß nennt man plötzlich auftretende Muskelschmerzen in Kreuz oder Nacken, bei denen man sich nicht mehr richtig bewegen kann. Sie entstehen durch Erkältung oder Überanstrengung und werden durch Behandlung mit Wärme oder Massage behoben.

Der **Hickorybaum**: nordamerikanischer Walnußbaum, der ein sehr hartes, nicht sprödes, gut biegsames Holz liefert.

Die **Hierarchie** (griech.) ist eine pyramidenartig aufsteigende Rangordnung. Die mittelalterliche Gesellschaft z. B. war *hierarchisch* geordnet: die unterste und breiteste Schicht waren die Bauern, dann kam darüber die kleinere Schicht der Bürger, über diesen standen die wenigen Adligen, und an der Spitze des Ganzen stand der König.

Hieroglyphen →Schrift.

Hildebrand war, wie die germanischen Heldensagen (z. B. das Nibelungenlied) berichten, der Erzieher, Waffenmeister und getreue Kampfgefährte des Königs Dietrich von Bern. Im *Hildebrandslied* wird erzählt, daß er nach langer Abwesenheit auf seinen Sohn Hadubrand traf, der ihn nicht erkannte. Dieser forderte ihn zum Zweikampf und unterlag.

Das **Hilfsverbum.** Die drei wichtigsten Hilfsverben oder *Hilfszeitwörter* sind: haben – sein – werden. Mit ihrer Hilfe werden Geschehnisse in der Vergangenheit, Leideform und Zukunft ausgedrückt, z. B.: ihr *habt* getroffen; ihr *seid* getroffen *worden;* ihr *werdet* treffen. Will man einen Wunsch, eine Möglichkeit, Notwendigkeit usw. ausdrücken, dann muß man eins der sieben Zeitwörter zu Hilfe nehmen, die auch als Hilfszeitwörter gebraucht werden können: wollen, dürfen, sollen, mögen, können, müssen, lassen.

Der **Himalaja** (= Stätte des Schnees) ist der höchste Gebirgszug der Erde mit dem höchsten Berg der Erde (Mount Everest, 8848 m). Er scheidet das trockene, pflanzenarme Hochland Tibet im Norden vom regenreichen, tropisch üppigen Indien im Süden. Seine Gebirgsfalten laufen von Westen nach Osten. Dadurch bildet er ein starkes Hindernis für den Verkehr von Norden nach Süden. Die indischen Flüsse Indus und Brahmaputra entspringen im Himalaja.

Die **Himmelskunde** oder *Astronomie* beschäftigt sich mit den Himmelserscheinungen. Der Astronom erforscht die Himmelskörper mit dem Fernrohr oder Radioteleskop oder nimmt die Photographie zu Hilfe, die noch Erscheinungen verzeichnet, die das Auge im Fernrohr nicht mehr wahrnehmen kann. Durch besondere wissenschaftliche Methoden gelingt es auch, die Zusammensetzung der Himmelskörper festzustellen. Diese Forschungsarbeit vollzieht sich auf den Sternwarten, die in möglichst staubfreier Luft, z. B. auf Berggipfeln, angelegt sind.

Das unbewaffnete Auge sieht am nächtlichen Himmel etwa 6000 Sterne, das Fernrohr viele Milliarden, die am Himmelsgewölbe festgeheftet (fixiert) erscheinen. Man nannte sie daher *Fixsterne*. Sie erscheinen verschieden hell, und die helleren von ihnen sind in auffälligen Gruppen und Figuren, den *Sternbildern*, angeordnet. Zu den scheinbar hellsten Sternen am Himmel, den »Sternen erster Größe«, gehören Wega und Sirius. Sie sind zweieinhalbmal so hell wie Sterne zweiter Größe und diese wiederum zweieinhalbmal so hell wie Sterne dritter Größe usw. Diese »Größe« hat aber nichts mit der wirklichen Größe der Sterne zu tun. Das Auge kann Sterne sechster Größe gerade noch erkennen.

Das ganze Himmelsgewölbe mit allen Sternen scheint sich in 24 Stunden um den Himmelspol (nahe dem Polarstern) von Osten nach Westen zu drehen. In Wirklichkeit dreht sich die Erde in entgegengesetzter Richtung um die gedachte Erdachse, die zum Himmelspol zeigt. So gehen Sonne, Mond und Sterne im Osten auf und im Westen unter. Aber auf der nördlichen Erdhalbkugel können wir viele südliche Sternbilder der Himmelskugel niemals sehen, weil sie immer unter dem Südhorizont bleiben. Andere dagegen sehen wir nur im Sommer- oder im Winterhalbjahr. Der Orion ist z. B. ein Wintersternbild. Wieder andere, die bei uns nie untergehen können, weil sie zu nahe dem Himmelspol stehen, sind in jeder klaren Nacht sichtbar. Sie sind *Zirkumpolarsternbilder*, wie der Große und der Kleine Bär. Die Sternbilder haben von Natur aus keine »Bedeutung«. Sie dienten aber den Seefahrern vor der Erfindung des Kompasses dazu, sich auf den Meeren zurechtzufinden.

Über die Sternbilder hinweg bewegt sich die Sonne in einem Jahr einmal rund um das Himmelsgewölbe in einer Kreisbahn, die man *Ekliptik* nennt. Diese Bewegung ist aber nur scheinbar, weil wir in Wirklichkeit von der um die Sonne sich bewegenden Erde aus die Sonne unter den Sternbildern in entgegengesetzter Richtung wandern sehen. Sie durchläuft in einem Jahr ein geschlossenes Band von 12 Sternbildern, den sogenannten →*Tierkreis*.

In der Nähe der Ekliptik liegen die Ebenen, in denen sich die 9 großen und über 2000 kleinen *Planeten* bewegen. Das sind Himmelskörper ohne eigenes Licht, welche die Sonne umlaufen. Die Ebene der

Das Planetensystem

Name	Zeichen	Mittl. Entfern. v. der Sonne in Mill. km	Umlaufzeit	Durchmesser km	Temperatur	Zahl d. Monde
Merkur	☿	57,9	88 Tage	5140	+400° bis +230°	0
Venus	♀	108,1	224,7 Tage	12620	über +400°	0
Erde	♁	149,7	1 Jahr	12757	+30° bis −40°	1
Mars	♂	227,8	1,9 Jahre	6860	+25° bis −90°	2
Jupiter	♃	777,9	11,9 Jahre	143600	−125°	12
Saturn	♄	1426	29,5 Jahre	120600	−180°	10
Uranus	⛢	2869	84 Jahre	53400	−200°	5
Neptun	♆	4498	164,8 Jahre	49700	−220°	2
Pluto	♇	5904	247,7 Jahre	6000	?	0

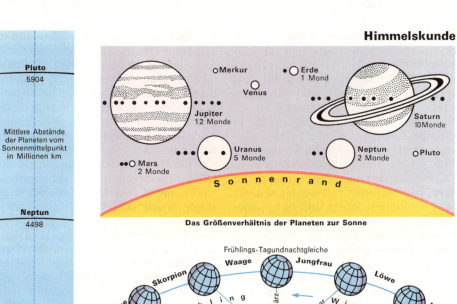

Das Größenverhältnis der Planeten zur Sonne

Pluto
5904

Mittlere Abstände
der Planeten vom
Sonnenmittelpunkt
in Millionen km

Neptun
4498

Uranus
2869

Saturn
1426

Jupiter
777

Mars   228
Erde   150
Venus 108
Merkur 58

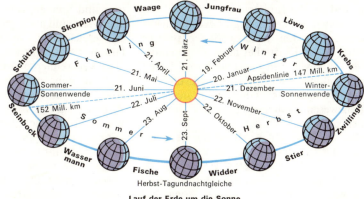

Lauf der Erde um die Sonne

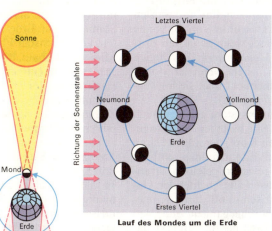

Lauf des Mondes um die Erde

Der äußere Kreis zeigt den Mond, wie er von einem
senkrecht zur Mondbahn stehenden Punkt im Weltall
aus erscheint; der innere Kreis zeigt ihn, wie man ihn
von der Erde aus sieht.

277

Ekliptik ist die Ebene der Erdbahn. Stünde also die Erdachse senkrecht zur Erdbahn, so läge der Erdäquator in der Ekliptik, die Sonne schiene am Äquator stets senkrecht auf die Erde, und wir hätten keinen Wechsel der Jahreszeiten. Da die Erdachse aber schief steht und immer in dieselbe Richtung, nämlich zum Polarstern zeigt, entstehen beim Umlauf der Erde um die Sonne die *Jahreszeiten.*

Die auffälligsten unter den 9 großen, von der Sonne beleuchteten Planeten sind die in verschiedenen Jahren und zu verschiedenen Jahreszeiten als Morgen- oder Abendstern weißglänzende Venus, der rötliches Mars und der weißlich schimmernde große Jupiter.

Leben wie auf der Erde gibt es auf den anderen Planeten unseres *Sonnensystems* wohl kaum. Es ist aber nicht ausgeschlossen, daß es in den unerreichbaren Tiefen des Weltalls unter den Millionen von Sonnensystemen auch einige gibt, in denen Lebewesen ähnlich den unseren vorhanden sind.

Wie die Erde einen Mond als Begleiter hat, der sie umkreist, so haben auch die meisten anderen Planeten *Monde.* Saturn hat 10 davon und einen Ring aus Gesteinstrümmern und Jupiter sogar 12 Monde. Bei ihrem Umlauf um Jupiter tauchen sie in seinen Schatten und werden ebenso verfinstert wie unser von der Sonne beleuchteter Mond, wenn er in den Erdschatten tritt (*Mondfinsternis*). Ähnlich wird die Erde verfinstert, wenn der Mondschatten im Sonnenlicht über sie hinwegstreicht (*Sonnenfinsternis*).

Zu unserem Sonnensystem gehören auch viele *Kometen.* Sie bestehen aus einem selbstleuchtenden Kopf, der außer Gasen auch Stein- und Eisentrümmer enthält, und aus einem zuweilen geteilten, strahlenförmigen Schweif aus leuchtenden Gasen. Die Erde ist schon oft durch Kometenschweife hindurchgegangen, ohne daß die Menschen etwas davon gemerkt haben. Kometen sind sehr unbeständige Gebilde, weil sie von der Anziehung der massigen Planeten in ihren meist langgestreck-

ten Bahnen sehr gestört werden. Jupiter und Saturn haben sich sogar ganze *Kometenfamilien* eingefangen. Die Erde kreuzt alljährlich die Bahnen kleiner Kometen, die sich schon längst aufgelöst haben, aber deren Stein- und Eisentrümmer noch mit großer Geschwindigkeit umhersausen. Manche davon treffen die Erdatmosphäre, wo sie meist in kurzer Zeit verglühen. Das sind die *Meteore* oder *Sternschnuppen.* Sie fallen zuweilen als Stein- und Eisenstücke vom Himmel. Auf die Erdoberfläche gelangte Bruchstücke von Meteoren nennt man *Meteorite.*

Unsere Sonne ist nicht die einzige im Weltall. Alle Sterne (mit Ausnahme der Planeten) sind Sonnen, sehr viele sind kleiner, aber viele sind auch größer als sie. So gibt es Riesensonnen, die den größten Teil des Himmels verdecken und mit ihrer Hitze alles verbrennen würden, wenn sie der Erde so nahe wie unsere Sonne wären. Aber es gibt auch Zwergsonnen (*weiße Zwerge* genannt), die ebenso hell leuchten wie unsere Sonne, aber nur so groß sind wie die Erde. Es gibt außerdem unzählige Sonnen, die ihr Licht ändern, und andere, die blinken. Sie gehören zu den *veränderlichen Sternen.* Das Licht, das in der Sekunde siebeneinhalbmal um die Erde laufen könnte, braucht vom Mond bis zu uns nur wenig mehr als eine Sekunde, von der Sonne bis zur Erde achteindrittel Minuten, vom nächsten Fixstern rund 4 Jahre. Man sagt deshalb, dieser Stern ist *4 Lichtjahre* von uns entfernt. Ein *Lichtjahr* ist die Entfernung von neuneinhalb Billionen Kilometern. Es gibt unzählige Sterne, die Zehntausende, ja Millionen von Lichtjahren von uns entfernt sind. Ganze Ansammlungen von Sternen nennt man *Sternhaufen.* Sie enthalten oft bis zu 1 Million Sonnen.

In klaren Nächten sehen wir ein unregelmäßiges milchigweißes Band am Himmelsgewölbe, die *Milchstraße*, die aus vielen Milliarden ferner Sonnen besteht. Sie alle bilden zusammen eine diskusartige, sich unmerklich langsam drehende Scheibe, die in ihrem Innern wahrschein-

Spiralnebel im »Sternbild der Jagdhunde«

lich Spiralarme besitzt. Sie ist ein Sternsystem in Form eines *Spiralnebels*. Da wir uns selbst in dieser Scheibe befinden, sehen wir ihre Kante so, als ob sich die Sterne dort zusammendrängten. Diese Scheibe ist unser heimatliches Milchstraßensystem. Es besteht aus etwa 200000 Millionen Sonnen. Sie alle bewegen sich in ganzen Sternströmen wie auch einzeln in großen Bahnen um den Mittelpunkt des Milchstraßensystems. Auch unsere Sonne fliegt, zusammen mit ihren Planeten, in jeder Sekunde 217 Kilometer in ihrer Bahn. Aber sie braucht, um sie einmal zu durchlaufen, 234 Millionen Jahre. Um die Scheibe der Länge nach zu durchlaufen, braucht das Licht etwa 100000 Jahre. Dann verläßt es unsere Weltinsel und trifft erst nach 2300000 Jahren die nächste ebenso große Weltinsel mit ebenso vielen Sonnen, den Andromedanebel. Aber es gibt noch viele solcher Nebel. In den größten Fernrohren, die noch die schwächsten Sterne unseres Milchstraßensystems zeigen, wird die Zahl der Nebel im Blickfeld schließlich größer als die der Sterne. Wir kennen schon mehrere Millionen solcher Weltsysteme. Sie alle entfernen sich voneinander und von uns. Das Weltall dehnt sich aus. Die ganz weiten Weltsysteme fliegen mit 60000 km in der Sekunde von uns fort. Von den fernsten unter ihnen ist das Licht, das uns heute erreicht, schon 4 Milliarden Jahre unterwegs. Als es jene Weltinseln verließ, gab es auf der Erde weder Tiere noch Menschen, weder Blumen noch Bäume. – Siehe auch Mond, Sonne, Sterne, Tafel Sternhimmel.

Der deutsche Komponist Paul **Hindemith** lebte von 1895 bis 1963. Er schuf eine eigenwillige, moderne Musik von großer Ausdrucksvielfalt. Wichtige Werke: die Opern »Cardillac«, »Mathis der Maler« und »Die Harmonie der Welt«, das Oratorium »Das Unaufhörliche« (zu einem Text von Gottfried Benn), das Chorwerk »Jüngstes Gericht«, Werke für Bratsche.

Der **Hindernislauf,** ein Wettlauf über natürliche oder künstliche Hindernisse, ist eine olympische Disziplin (3000 m).

Hindu (persische Bezeichnung für Indien) heißt die eingeborene Bevölkerung →Indiens, die der Hauptreligion des Landes, dem *Hinduismus*, angehört. Die Hindus leben in scharf getrennten sozialen Gruppen, den →Kasten. Für sie befindet sich das Leben der Natur und der Menschen in unaufhörlicher Verbundenheit mit der Seele der Welt. Die Hindus verehren zahlreiche Gottheiten in prachtvollen Tempeln und schonen und pflegen die Kühe und andere Tiere, die sie als heilig betrachten. Sie verbrennen ihre Toten und streuen die Asche in den heiligen Strom, den Ganges. Bis vor 100 Jahren war die Witwenverbrennung allgemein üblich.

Hinterindien heißt die große Halbinsel im Südosten Asiens mit ihrem schmalen südlichen Ausläufer, der Halbinsel *Malakka.* Hier treffen 3 Völkergruppen zusammen: Inder, Chinesen und Malaien, welche die Länder Birma, Thailand, Vietnam, Laos, Kambodscha, Malaysia und Singapur bewohnen. Mit dichtem Urwald bedeckte Gebirge und wasserreiche Flüsse (Irawadi, Saluen, Menam und Mekong) machen Hinterindien zu einem

der ertragreichsten Gebiete für vielerlei wertvolle Gewächse und Erzeugnisse, wie Reis, Baumwolle, Kautschuk. In der Zinngewinnung steht Malaysia an der Spitze der Weltproduktion.
Siehe die Karte Asien II und die einzelnen Länderartikel.

Hippies (engl.) sind junge Menschen, die sich gegen die bestehende Gesellschaftsordnung wenden, aber nicht gewalttätig protestieren, sondern ein eigenes, ungebundenes, der Suche nach dem Schönen gewidmetes Leben führen wollen.

Hirsche kommen bei uns in vier Arten vor: der Rot- oder Edelhirsch, das Reh, der Damhirsch und der Elch. Die meisten Hirscharten gibt es in Asien, wo sie vom tropischen Indien bis nach Sibirien verbreitet sind. Nur der männliche Hirsch trägt ein →Geweih, das alljährlich abgeworfen wird und sich immer wieder erneuert. Das Rentier ist die einzige Hirsch-

art, bei der auch die Weibchen Geweihe tragen. Daß man aus der Endenzahl eines Geweihes das Alter des betreffenden Hirsches ablesen kann, ist nicht richtig. – Das Fleisch aller Hirsche ist schmackhaft, deshalb werden diese Tiere in allen Ländern gejagt. Aus ihrer Haut wird das echte »Wildleder« gewonnen.

Hirschfänger: die Seitenwaffe der Förster und Jäger. Er stammt aus der Zeit, da man den Hirsch nicht schoß, sondern hetzte. Der von Hunden gestellte Hirsch erhielt damit vom Jäger den Fangstoß.

Die **Hirse** →Getreide.

Die **Hist<u>o</u>rie** (lat.): Geschichte. – *Historiker*: Geschichtsforscher.

Adolf **Hitler** wurde 1889 in Braunau in Österreich geboren. Er wollte ursprünglich Künstler werden, hatte keinen Erfolg und beschloß, Politiker zu werden. Nach dem Ersten Weltkrieg, den er in einem deutschen Truppenteil mitmachte, schloß er sich 1919 in München der nationalsozialistischen Bewegung an und wurde ihr Führer. 1923 versuchte er, durch einen Putsch, der mißlang, die Macht an sich zu reißen. Er wurde verurteilt und schrieb während der Festungshaft sein Buch »Mein Kampf«. Hitler wurde bald freigelassen und organisierte seine Partei neu. Seine Kampfparolen, vor allem gegen Juden und Kommunisten, und seine Forderung nach einem mächtigen deutschen Reich führten ihm viele Anhänger zu, besonders nach der Weltwirtschaftskrise von 1928, die auch in Deutschland viele Menschen arbeitslos machte. Aus Kreisen der Industrie flossen seiner Partei reiche Geldmittel zu. 1931 wurde Hitler deutscher Staatsbürger. Im Sommer 1932 konnte er bei den Reichstagswahlen etwa 38 Prozent der Stimmen gewinnen, und Anfang 1933 wurde er Reichskanzler. Durch ein Ermächtigungsgesetz ließ er sich vom Reichstag außergewöhnliche Vollmachten übertragen. Dann löste er alle Parteien außer seiner eigenen auf, auch die mit ihm verbündete Deutschnationale Partei. Es begann die Diktatur Hitlers, mit Konzentrationslagern, in denen seine Gegner gefangengehalten und oft grausam gemartert wurden, einer Geheimen Staatspolizei (Gestapo), die willkürlich verhaften konnte, und vielen Ermordungen von Persönlichkeiten, denen Hitler mißtraute. Die Kirchen wurden verfolgt, die Juden unter mittelalterliche Ausnahmegesetze gestellt und später zu

Millionen umgebracht. Nach anfänglichen außenpolitischen Erfolgen führte Hitlers Eroberungssucht 1939 zum Zweiten Weltkrieg. Er übernahm selbst den militärischen Oberbefehl. Nach der Niederlage von Stalingrad wuchs der Widerstand. Am 20. 7. 1944 wurde aus Kreisen der Widerstandsbewegung durch hohe Offiziere ein Attentat auf ihn verübt. Hitler antwortete mit blutigen Verfolgungen und noch schärferem Terror, konnte damit aber die völlige Niederlage des von ihm geführten Heeres nicht aufhalten. Der Verantwortung für den Zusammenbruch entzog er sich durch Selbstmord im Bunker der Reichskanzlei in Berlin. Hitler hinterließ Deutschland auf das schlimmste verwüstet, gespalten und ohnmächtig wie nie zuvor in seiner Geschichte. – Siehe auch Nationalsozialismus.

Hitzschlag →Erste Hilfe.

Die Buchstaben **H.M.S.** (*His* oder *Her Majesty's Ship* = *Seiner* oder *Ihrer Majestät Schiff*) tragen alle englischen Kriegsschiffe.

Das **Hobby** (engl.): außerberufliche Lieblingsbeschäftigung, »Steckenpferd«.

Ein **Hobel** ist ein Werkzeug zum Glätten und Formen von Holzteilen. Er trägt ein schräg nach oben gestelltes Messer, das in Holz oder Metall fest eingespannt ist. Mit diesem wird ein dünner Span vom Holz abgeschält, wenn man den Hobel über das Werkstück führt. Es gibt auch Hobelmaschinen in mehreren Ausführungen.

Hochdeutsch →deutsche Sprache.

Als **Hochfrequenz** bezeichnet man elektromagnetische →Wellen, die mehr als 10 000 Schwingungen in der Sekunde ausführen, also eine Frequenz von über 10 kHz haben.

Hochschule ist die zusammenfassende Bezeichnung für →Universitäten und wissenschaftliche Hochschulen wie Pädagogische Hochschulen und Musikhochschulen. Wer an einer Hochschule studieren will, muß eine bestimmte Vorbildung oder Befähigung nachweisen. Siehe Abitur (eingeschränkte Hochschulreife, Fachhochschulreife, Begabtenabitur, Sonderprüfung). – *Volkshochschulen* veranstalten Lehrgänge, Seminare, Kurse und Vorträge über zahlreiche Wissensgebiete, z. T. auch im Rahmen des →Zweiten Bildungswegs, der beruflichen Fortbildung und der Gesundheitsvorsorge. Jeder Erwachsene kann ungeachtet seiner Vorbildung teilnehmen.

Hochspannung: elektrische Spannungen von über 500 Volt (→Elektrizität). Je höher die Spannung, desto besser läßt sich elektrische Energie über große Entfernungen übertragen. Deshalb sind die Überlandleitungen Hochspannungsleitungen (bis 380 000 Volt).

Hochsprung →Springen.

Hochverrat nennt man einen Angriff auf die innere Ordnung des Staates. Als Hochverräter gilt also, wer die gesetzliche Ordnung des Staates, dem er angehört, umzustürzen versucht, im Lande auf ungesetzliche Weise herrscht oder die Herrschaft eines fremden Staates einführt. *Landesverrat* begeht, wer die äußere Sicherheit des eigenen Staates durch geheime Zusammenarbeit mit einem fremden Staat gefährdet, z. B. durch Spionage. Auf Hoch- und Landesverrat als schwere politische Verbrechen stehen die höchsten gesetzlichen Strafen.

Das **Hockey** (engl., sprich hockeh) ist ein Mannschaftsspiel, bei dem jede Mannschaft 11 Spieler hat. Gespielt wird auf einem Spielfeld von 90 m Länge und 55 m Breite mit einem Hartball, der Hockeykugel, die einen Umfang von 23 cm hat und 160 g schwer ist. Dieser Ball wird mit dem Hockeyschläger getrieben. Jede Partei versucht, ihn in das gegnerische Tor zu schlagen. Nach einer Spielzeit von zweimal 35 Minuten hat die Mannschaft mit den meisten Toren gewonnen. Da das Spiel sehr schnell ist, gehören 2 Schiedsrichter dazu, von denen jeder für eine Spielfeldhälfte verantwortlich ist. – *Eishockey* →Wintersport.

Andreas **Hofer** war ein Gastwirt aus dem Passeiertal in Tirol. 1805 wurde das Land von französischen Truppen besetzt, da Napoleon 1805 Österreich besiegt hatte.

1809 organisierte Hofer einen Aufstand. Die Tiroler vertrieben ihre Feinde aus Innsbruck, und Hofer verwaltete das Land im Namen des Kaisers. Doch die Franzosen blieben schließlich siegreich, Hofer mußte sich in den Bergen verstecken, wurde aber verraten, nach Mantua gebracht und dort auf Befehl Napoleons im Februar 1810 erschossen.

Ernst Theodor Amadeus **Hoffmann** war einer der größten Dichter der deutschen Spätromantik; er lebte von 1776 bis 1822. Er schrieb phantastische Erzählungen, in denen immer wieder das →Groteske, Spukhafte, Übernatürliche im Mittelpunkt steht. Hoffmann hat auch Opern und Konzerte komponiert; auf Szenen aus seinen Werken beruht die Oper »Hoffmanns Erzählungen« von Jacques →Offenbach. – Wichtige Werke: »Die Elixiere des Teufels«, »Klein Zaches«, »Die Serapionsbrüder«, »Lebensansichten des Katers Murr«.

Hugo von **Hofmannsthal** (1874–1929) war ein großer österreichischer Lyriker, Dramatiker und Essayist. In früher Jugend trat er schon mit formvollendeten, wehmütig-noblen Gedichten hervor. Für Richard Strauss schuf er viele große Opernlibretti, z. B. »Der Rosenkavalier«, »Elektra«, »Ariadne auf Naxos«. Wichtig sind Hofmannsthals psychologisch feinen Komödien »Der Schwierige« und »Der Unbestechliche«. Zur Freilichtaufführung ist sein Spiel vom »Jedermann« gedacht.

Hoheitsrechte oder *Staatshoheit* sind die einem Staat zustehenden Rechte, z. B. Gerichtsbarkeit, Münzrecht usw.

Hoheitszeichen sind die sichtbaren Zeichen des Staates, die z. B. auf gesiegelten Urkunden, auf Flaggen oder Uniformen angebracht werden.

Hohe Schule nennt man in der Pferdedressur die besonders schwierigen und kunstvollen Gangarten und Sprünge.

Als **Höhensonne** bezeichnet man die besonders kräftige Sonnenstrahlung im Gebirge. Durch die reine, staubfreie Luft gelangen die ultravioletten Strahlen zu besonderer Wirkung. Als *künstliche Hö-*hensonne werden Bestrahlungsgeräte bezeichnet, in denen durch elektrischen Strom Quecksilberdämpfe zum Leuchten gebracht werden, deren ultraviolettes Licht zur Bekämpfung von Tuberkulose, Rachitis und anderen Krankheiten dient.

Die **Hohenstaufen** oder *Staufer* waren ein schwäbisches Fürstengeschlecht, das von 1138 bis 1254 den Kaiserthron des Heiligen Römischen Reiches Deutscher Nation innehatte. Der in der Überlieferung volkstümlichste Hohenstaufenkaiser ist Friedrich I., genannt Barbarossa, der von 1121 bis 1190 lebte. Die Macht der Hohenstaufen reichte bis nach Sizilien. Im Kampf mit dem Papsttum unterlagen sie schließlich. Der letzte Hohenstaufe, Herzog Konradin, wurde 1268 in Neapel durch seinen Gegner, Karl von Anjou, hingerichtet.

Die **Hohenzollern** sind ein deutsches Fürstengeschlecht, das die Königswürde in Preußen und die deutsche Kaiserkrone erlangte. Der Stammsitz war die Burg Hohenzollern in der Schwäbischen Alb. Im 12. Jh. wurden die Hohenzollern Burggrafen von Nürnberg und im 15. Jh. Kurfürsten von Brandenburg. Ihre bedeutende Leistung in der Geschichte ist die Schaffung des brandenburgisch-preußischen Staates. 1701 erhielt der Kurfürst von Brandenburg den Titel König von Preußen. Unter Friedrich dem Großen wurde Preußen eine europäische Großmacht. Mit der Reichsgründung 1871 erhielt das Haus Hohenzollern erblich die deutsche Kaiserwürde, bis Wilhelm II. 1918 bei der Revolution zur Abdankung gezwungen wurde.

Höhlen sind Räume, Gänge oder Hallen unter der Erdoberfläche, die sich meist durch Auswaschung im Kalkstein bilden. Herabtropfendes Wasser setzt in »Tropfsteinhöhlen« oft Kalk ab, so daß sich stehende und hängende Kegel bilden (*Stalagmiten* und *Stalaktiten*). Höhlen waren während der Eiszeit Wohnstätten von Menschen, deren Felszeichnungen, Werkzeuge und Waffen man dort gefunden hat. Die Zeichnungen der Vorzeitmenschen in den Höhlen (*Höhlenmalerei*) sind oft von hohem künstlerischem Rang.

Hohlspiegel sind gekrümmt, ähnlich wie die Innenseite einer hohlen Kugel. Sie werden eingebaut in Fahrradlampen, Scheinwerfer, Heizsonnen usw. und bestehen aus Glas oder poliertem Metall. Stellt man eine Lichtquelle in einer bestimmten Entfernung vor den Hohlspiegel (in den *Brennpunkt*), so werden die Strahlen so zurückgeworfen, daß alle in eine Richtung fallen und dadurch einen starken Licht-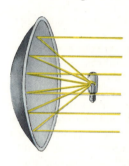schein ergeben. Bei der Heizsonne sind es die Wärmestrahlen, die zurückgeworfen werden. Umgekehrt ist der Vorgang bei Hohlspiegeln, die heute vielfach bei großen astronomischen Fernrohren verwendet werden. Bei diesen werden die einfallenden parallelen Lichtstrahlen im Brennpunkt gesammelt und erzeugen ein Bild der beobachteten Himmelserscheinungen.

Hohltiere sind einfach gebaute Meeres- und Süßwassertiere, deren Körper aus zwei Zellschichten besteht: Außenhaut mit Fangarmen, die mit Nesselkapseln zum Betäuben der Beute besetzt sind, und Darmhöhle mit Mund, aber ohne After. Zu ihnen gehören u. a. der →Polyp, die →Korallen und die →Quallen.

Hans **Holbein** war ein deutscher Maler, der 1497 in Augsburg geboren wurde und 1543 in London starb. Da auch sein Vater Maler war, nennt man ihn Holbein den Jüngeren. Er ist berühmt durch seine Bildnisse großer Zeitgenossen und seine Holzschnitte, besonders den »Totentanz«.

Friedrich **Hölderlin** ist einer der großen deutscher Dichter, deren Wert erst lange Zeit nach ihrem Tode allgemein anerkannt wurde. Er lebte von 1770 bis 1843 und mußte sich seinen Unterhalt als Hauslehrer verdienen. Ab 1806 war er geistig umnachtet. Seine Dichtungen gelten als die edelste Vereinigung des Deutschen Geistes mit dem Geiste der Griechen.

Holland →Niederlande.

Die **Hölle,** in vielen Religionen mit dem Reich der Toten, der Unterwelt, gleichgesetzt, ist nach christlicher Auffassung der Zustand ewiger Verdammnis, dem alle Menschen, die durch sündhafte Abwendung von Gott das Heil nicht erlangt haben, nach Gottes Gericht ausgeliefert werden.

Die **Holographie** ist ein Verfahren, durch das man mit Hilfe von →Laserstrahlen plastisch wirkende Bilder erzeugen kann. Diese Erfindung geht auf den Ungarn D. Gabor zurück, der dafür 1971 den Nobelpreis für Physik erhielt.

Der **Holunder,** ein schnell wachsender Strauch oder Baum, ist fast in jedem Bauerngehöft anzutreffen. Sowohl die weißen Blütendolden wie auch die schwarzen Beeren können gegessen werden. Der *Zwergholunder* (*Attich*) mit seinen rosa Blüten ist giftig.

Holz nennt man die feste Masse unter der Rinde der Stämme, Zweige und Wurzeln von Bäumen und Sträuchern. Der Holzkörper wird jedes Jahr durch neue Schichten verstärkt und hat im Leben des Baumes eine doppelte Aufgabe zu erfüllen: 1. die breite und schwere Krone zu tragen und 2. das Nährwasser zu den Blättern zu leiten. – Im Frühjahr bilden sich unter der Rinde neue große und saftige Zellen, die meist hell sind; diese Schicht nennt man *Frühholz*. Im Herbst bildet sich das *Spätholz*, das sind kleine trockene Zellen, die bald verholzen, dunkler gefärbt sind und so die *Jahresringe* anzeigen, an denen man das Wachstum während eines Jahres und das Alter der Bäume erkennen kann. Schneidet man einen Baumstamm in Bretter, so ergeben die Jahresringe die Maserung. In der Mitte des Stammes ist das *Kernholz*. Es ist dunkler, härter, fester und schwerer als die Randschichten, das *Splintholz*.

Dieses ist jünger, noch nicht verholzt und »arbeitet« daher stärker als das Kernholz, d.h., es quillt in feuchter Luft oder im Wasser, während es in trockener Luft wieder »schwindet«. Der frisch gefällte Baum enthält bis zur Hälfte seines Gewichtes Wasser. Das Holz muß deshalb getrocknet werden, bevor man es verarbeiten oder verheizen kann. Holz ist ein schlechter Wärmeleiter und wird daher als Isolierstoff benutzt. *Hartes Holz* (z.B. Eisen-, Teak-, Hickory-, Mahagoni-, Eichen-, Buchen-, Eschenholz) wird zum Schiffbau, in der Möbelindustrie usw. verwendet; *weiches Holz* (z.B. Tannen-, Fichten-, Weiden-, Pappel-, Lindenholz) wird für billige Möbel, als Bauholz, für die vielen verschiedenen Holzwaren und zur Holzbildhauerei benutzt. Aus Holz wird außerdem Papier hergestellt; ferner werden Zellstoff, Holzgas, Holzzucker, Holzessig, Holzkohle, Holzgeist und Kunststoffe daraus gewonnen.

Deutscher Holzschnitt um 1500

Der **Holzschnitt** ist eine Art der künstlerischen Vervielfältigung. Eine auf eine gehobelte Holzplatte (»Stock«) gezeichnete Darstellung wird mit dem Schneidemesser oder *Stichel* so ausgeschnitten, daß die von dem Künstler gezeichneten Striche erhaben stehenbleiben. Von dieser Platte können dann in der Regel 6000 bis 10000 Abzüge gemacht werden. Bedeutende Meister des Holzschnitts waren z.B. Albrecht Dürer, Hans Baldung Grien und Holbein der Jüngere.

Homer war der größte Dichter der Griechen. Von seinem Leben wissen wir nichts, als daß er blind gewesen sein soll. Vielleicht lebte er in der 2. Hälfte des 8. Jh. v.Chr. Schon im Altertum stritten sich sieben Städte um die Ehre, sein Geburtsort gewesen zu sein. Zwei große Heldengedichte sollen von ihm stammen: die *Ilias*, die den →Trojanischen Krieg behandelt, und die *Odyssee*, in der die Irrfahrten des Odysseus und seine Rückkehr in die Heimat geschildert werden.

homogen (griech.): in allen Bestandteilen gleich geartet; Gegensatz *heterogen:* ungleichartig.

Die **Homöopathie** (griech. homoios = gleich) ist ein Heilverfahren, das der Arzt Samuel Hahnemann um 1800 begründete. Er stellte die Lehre auf, daß man »Gleiches mit Gleichem« behandeln soll, d.h., daß man für eine Krankheit das gleiche Mittel in ganz kleinen Mengen verwenden soll, das in größeren Mengen das Krankheitsbild hervorruft. *Homöopathische Dosen* nennt man daher außerordentlich stark verdünnte Heilmittel.

Die **Homosexualität** (griech.-lat.): sexuelles Verlangen nach einem gleichgeschlechtlichen Partner.

Honduras ist eine mittelamerikanische Republik (112088 qkm, 2,65 Mill. Einwohner, meist Mischlinge, 7% Indianer, Hauptstadt Tegucigalpa). Das stark gebirgige Land mit tropischem Klima erzeugt u.a. Kaffee, Bananen, Tabak, Kokosnüsse, Zucker. Die Bodenschätze (Silber, Gold, Blei, Zink) sind wenig genutzt. Das 1502 von Kolumbus entdeckte Land war bis 1821 spanisch und wurde 1838 eine selbständige Republik.

Honig wird von →Bienen und einigen anderen Insekten aus →Nektar und Pflanzensäften unter Zusatz eigener Drüsensäfte als Nahrung für ihre Nachkommen hergestellt. – Siehe auch Bienenzucht.

Das **Honorar** (lat. = Ehrengeschenk) ist ein Entgelt für geleistete geistige Arbeit, eine Art Gehalt. Gehalt aber wird an Festangestellte allmonatlich in gleicher Höhe bezahlt, Honorar jedoch jeweils, nachdem eine Arbeit geleistet worden ist. Die Höhe eines Honorars wird entweder jedesmal vereinbart (z. B. mit einem Schriftsteller) oder nach festgelegten Richtlinien berechnet (z. B. beim Arzt oder Rechtsanwalt).

honoris causa →Doktor.

Hopfen ist eine ausdauernde Schlingpflanze, die alljährlich neu vom Boden her etwa 8 m hoch wächst. Sie findet sich wild an Waldrändern und Flußufern, wird aber vor allem in Hopfengärten an hohen Stangen und Gestellen gezogen. Beim Hopfen werden nur die weiblichen Pflanzen durch Stecklinge angebaut, weil die unbefruchteten Zapfen den Bitterstoff enthalten, der zum Bierbrauen verwendet wird.

Horaz (Quintus Horatius Flaccus), einer der bedeutendsten römischen Dichter, lebte von 65 bis 8 v. Chr. Er genoß die Gunst des Kaisers Augustus und wurde von seinem Gönner Maecenas großzügig unterstützt. Seine Werke – Satiren, Epoden, Oden, Episteln – sind alle erhalten.

Der **Horizont** (griech.) ist die scheinbare Trennungslinie zwischen Himmel und Erde, die unser Blickfeld begrenzt. Auch von Personen sagt man, sie hätten einen weiten oder engen Horizont (geistiges Blickfeld). In der Sprache der Seeleute heißt der Meereshorizont die *Kimm.* – *horizontal:* waagrecht.

Hormone sind chemische Stoffe, die von →Drüsen nicht nach außen, sondern ins Blut abgesondert werden. Sie wirken jeweils auf bestimmte Organe unseres Körpers, an die sie mit dem Blutstrom herangeführt werden, fördernd oder hemmend. Die wichtigsten hormonerzeugenden Drüsen sind: Hirnanhangdrüse, Zirbeldrüse, Schilddrüse, Nebenschilddrüse, Bauchspeicheldrüse und Nebennieren.

Horn ist der Stoff, aus dem Krallen und Nägel, Hufe, Federn, Haare, Stacheln und das Schildpatt bestehen. Auch die Hörner vieler Wiederkäuer sind aus Horn, das Hirschgeweih dagegen ist Knochen, das Elfenbein ist Zahnmasse. Aus Horn werden Knöpfe und Kämme hergestellt, Hornspäne werden als Dünger benutzt. – *Horn* nennt man auch ein voll und weich klingendes Blechblasinstrument, das ursprünglich für Signale bei der Jagd und bei der Post verwendet wurde. – Abb. →Musikinstrumente.

Hornhaut: 1. äußerste Schicht der Haut aus abgestorbenen, fest zusammenhängenden Zellen; 2. gewölbte durchsichtige Vorderfläche des Augapfels (→Auge).

Die **Hornisse** ist die größte aller →Wespen. Sie wird bis zu drei Zentimeter lang. Ihr Stich ist sehr schmerzhaft und giftig. Ein Hornissenschwarm kann durch seine Stiche sogar ein Pferd töten.

Das **Horoskop** →Astrologie.

Das **Hörspiel** ist ein für den Rundfunk geschriebenes dramatisches Werk. Da es auf Bühnenbild, Kostüm und Mienenspiel des Schauspielers verzichten muß, ist es auf die Wirkung des besonders eindringlich gesprochenen Wortes und auf Geräusche angewiesen.

Die **Hortensie** ist eine wasserliebende Zierpflanze aus Ostasien, die bei uns wegen ihrer kugeligen weißen oder roten Blütenstände beliebt ist.

Der **Hosenbandorden** ist der höchste englische Orden. Er wurde 1348 gestiftet und wird unter dem linken Knie getragen.

Das **Hospital** (lat. hospitalis = gastfreundlich): Krankenhaus. – Das *Hospiz:* Heim für arme oder alte Leute; auch Herberge oder Gasthaus.

Die **Hostie** ist eine dünne, runde, ungesäuerte Weizenmehlscheibe (Oblate), die in der katholischen Kirche zur Meßfeier, in der evangelischen zur Abendmahlsfeier verwendet wird.

Die **Hottentotten** (holländ. = Stotterer) sind ein afrikanischer Volksstamm, der sich von den übrigen Völkern Afrikas stark unterscheidet. Die Hottentotten sind klein und haben gelbbraune Hautfarbe. Sie leben in Südafrika als Viehzüchter. Ihre Sprache hat merkwürdige Schnalzlaute (daher »Stotterer«). Es gibt nur noch ungefähr 30000 Hottentotten.

Der **Hubschrauber** oder *Helikopter* →Drehflügelflugzeug.

Hugenotten (franz. = Eidgenossen) sind französische Protestanten. Sie haben den neuen Glauben in der Form angenommen, die der Genfer Reformator Calvin lehrte. Die katholischen französischen Könige haben die Hugenotten seit 1535 erbittert bekämpft. In der Bartholomäusnacht 1572 wurden über 30000 Hugenotten in Paris und Frankreich ermordet. Als Ludwig XIV. das Edikt von Nantes 1685 aufhob, das den Hugenotten vorübergehend die Gleichberechtigung gewährt hatte, flohen über 200000 von ihnen in die Schweiz, die Niederlande, nach England und Preußen. In diesen Ländern förderten die Hugenotten durch ihren Fleiß und ihre gewerbliche Tüchtigkeit den wirtschaftlichen Aufschwung.

Das **Huhn** ist ein nützliches Haustier. Alle Haushuhnrassen stammen vom wilden Bankiva-Huhn ab, das heute noch in Indien lebt. Während in Europa erst seit etwa 2500 Jahren Haushühner gehalten werden, sind asiatische Haushuhnrassen schon seit vielen Jahrtausenden bekannt. Durch besondere Züchtung hat man die Eierzahl eines Huhnes, die beim Wildhuhn nur etwa 20 Stück im Jahr beträgt, bis auf 300 gesteigert.

Das **Hühnerauge:** eine Verdickung der äußeren Hautschicht, meist an den Zehen, mit einem kleinen Dorn, der bis in die tieferen Hautschichten reicht. Hühneraugen entstehen meist durch zu enge Schuhe und können sehr schmerzhaft sein. Man beseitigt sie durch Hühneraugenpflaster und Fußbäder.

Hülsenfrüchte sind Bohne, Erbse, Soja, Erdnuß usw., bei denen die Samen in einer Hülse, nicht getrennt durch ein Häutchen, nebeneinander liegen.

Der **Humanismus** (lat. humanus = menschlich) ist allgemein eine Geisteshaltung, die nach Entfaltung alles Guten und Edlen im Menschen strebt. Im besonderen aber nennt man Humanismus die große geistige Bewegung im 15. Jh. zu Beginn der Renaissance. Die Humanisten, wie Erasmus von Rotterdam oder Melanchthon, erblickten im Studium der Antike den Weg zu wahrer Menschlichkeit, da sie alle ihre Ideale in der klassischen Kultur der Griechen und Römer verwirklicht sahen. Sie wirkten für Bildung und edle Sitten und damit auch für *Humanität,* d. h. Menschlichkeit und Achtung der Menschenrechte. *Humanistische Bildung* nennt man heute ein Studium der griechischen und der lateinischen Sprache und Kultur, wie es an altsprachlichen (»humanistischen«) Gymnasien gepflegt wird.

Alexander von **Humboldt** war einer der größten Naturforscher der Neuzeit. Er unternahm Forschungsreisen nach Mexiko, Kuba und dem damals noch recht unbekannten Südamerika. Dabei drang er bis tief nach Brasilien vor und erreichte bei der Besteigung des Chimborazo die Höhe von 5759 m. 1859 starb er im neunzigsten Lebensjahr. – Sein Bruder Wilhelm lebte von 1767 bis 1835. In seinen vielseitigen Schriften finden die Gedanken deutscher Klassik edelsten Ausdruck. Er hat die neuere Sprachwissenschaft entscheidend beeinflußt und das humanistische Gymnasium begründet.

Der **Humbug** (engl.): Unsinn, Schwindel.

Die **Hummel** ist eine besonders große, dichtpelzig behaarte Biene. Die Erdhummeln legen ihre Staaten unterirdisch in Höhlen, oft auch in leeren Mäuselöchern an. Die Hummeln sind nützlich, weil sie als einzige Insekten mit ihren langen Rüsseln die Blüten des als Viehfutter besonders wichtigen Rotklees befruchten.

Der **Hummer** gehört zu den größten Krebsen. Er lebt an den steinigen Meeresküsten Europas und Nordamerikas. Das weiße Fleisch seiner großen Scheren und seines Schwanzes gilt als Delikatesse. Der Hummer erreicht ein Gewicht bis zu sechs Kilo und eine Länge bis zu einem halben Meter.

Humor (lat.) ist mehr als nur gute Laune. Er ist die Fähigkeit, das ganze Leben, auch das Ernste, heiter und versöhnlich zu betrachten. Humor ist selten und wird von vielen Menschen mit Spott und Witz verwechselt.

Die **Humoreske** (lat.): 1. kleine humorvolle Erzählung; 2. heiteres Musikstück.

Humus bildet sich aus verwesenden Pflanzen. Deshalb sind →Moore reine Humusböden. Schwere Böden kann man durch Humus auflockern.

Der **Hund** ist das älteste Haustier des Menschen. Seine Vorfahren waren der Wolf und vielleicht der Goldschakal. Die ersten *Haushunde* gab es vor mehr als 10000 Jahren. Sie sahen wahrscheinlich wie Spitze aus. Durch jahrtausendelange Züchtungen entstanden die über 300 Hunderassen unserer Zeit. Da der Hund sehr gelehrig ist, läßt er sich für viele Zwecke dressieren. Die ersten Gebrauchshunde waren sicher Hirtenhunde. Später wurden sie auch als Spursucher die Begleiter der Jäger und halfen ihnen, das Wild aufzufinden. Ihr Geruchssinn ist so fein, daß man heute sogar Hunde dazu verwendet, von Lawinen verschüttete Menschen unter meterhohen Schneemassen aufzuspüren. Als *Blindenhunde* sind sie die treuen Begleiter ihres Herrn. Die *Polizeihunde* helfen bei der Verbrecherjagd.

Zu den größten Hunderassen gehören Bernhardiner, Dogge und Neufundländer, zu den kleinsten Mops und Zwergpinscher. Aus Hirtenhunden hervorgegangen sind Schäferhund, Chow-Chow, Spitz, Pudel und Schnauzer. Zur Jagd dienten oder dienen noch heute: Dackel (Dachshund, mit dem man Dachse in ihrem Bau aufstöbert), Foxterrier (früher zur Fuchsjagd verwendet), Boxer, Bulldogge, Setter und Vorstehhund sowie Windspiel. (Abb. auf Seite 289)

Hundertjähriger Krieg heißt der mit Unterbrechungen von 1339 bis 1453 zwischen England und Frankreich geführte Krieg, in dem die Franzosen siegreich blieben (→Jungfrau von Orléans).

Die **Hundstage** sind die für Europa heißeste Zeit des Jahres, vom 24. Juli bis zum 24. August. Der Name wurde von dem »Hundsstern« Sirius hergeleitet, der in dieser Zeit mit der Sonne auf- und untergeht.

Die **Hunnen** waren ein mongolisches Reitervolk. Sie lebten von Viehzucht, Jagd und Raub. Auf ihren großen Eroberungszügen streiften sie in den Jahrhunderten vor Christi Geburt durch ganz Asien und im 4. und 5. Jh. n. Chr. sogar bis Westeuropa. Ihr Vordringen war neben Klimaveränderungen der Anlaß für die germanische →Völkerwanderung. Die größte Ausdehnung hatte das Weltreich der Hunnen unter →Attila. Nach seinem Tode (453) zerfiel es. Die Hunnen vermischten sich mit den Völkern Südosteuropas.

Der **Hürdenlauf,** eine olympische Disziplin, ist eine leichtathletische Laufübung über 110, 200 oder 400 m mit 10 Hürden, die 76,2–106,7 cm hoch sind (für Frauen 80 m mit 8 Hürden von 76,2 cm Höhe).

Der **Hurrikan:** tropischer Orkan im mittleren Amerika; →Wind.

Husaren waren eine nach ungarischem Vorbild mit verschnürten Jacken gekleidete und mit krummem Säbel bewaffnete Reitertruppe.

Die **Hussiten** waren die Anhänger des tschechischen Reformators Johann Hus, der auf dem Konzil zu Konstanz 1415 trotz der Zusicherung freien Geleits verurteilt und als Ketzer verbrannt wurde. In den *Hussitenkriegen* (1419–1436) drangen sie verwüstend in Österreich, Sachsen und Schlesien ein. Sie trennten sich in eine gemäßigte Richtung (*Kalixtiner*), die 1433 auf dem Konzil zu Basel ihren Frieden mit der Kirche schloß, und eine radikale Richtung (*Taboriten*), die den Kampf weiterführte und 1434 besiegt wurde.

Ulrich von **Hutten** (1488–1523) war ein deutscher Reichsritter und hochgebildeter Humanist, der in glänzend geschriebenen Kampfschriften für die Reformation und ein starkes Kaisertum eintrat.

Hyänen sind Raubtiere, die, zu Rudeln vereint, nachts ihre Beute erjagen. Tagsüber finden sich Hyänen an dem Aas von Tieren ein, die von stärkeren Raubtieren »gerissen« wurden. Sie haben so kräftige Backenzähne, daß sie die Schenkelknochen eines Zebras mühelos zerbeißen können. Die *Streifenhyäne* kommt in Vorderindien, Kleinasien und Abessinien vor. Die *Tüpfelhyäne* lebt nur in Afrika.

Hyazinthen sind lilienartige Zwiebelgewächse, die sich in Töpfen wie im Garten leicht ziehen lassen. Im Winter stellt man Gläser mit einer Hyazinthenzwiebel, zugedeckt mit einem Papierhütchen, ins Fenster. Die Gläser sind so gebaut, daß die Zwiebel selbst trocken liegt, während ihre Wurzeln ins Wasser reichen.

Die **Hydra** war eine sagenhafte Schlange mit neun Köpfen, von denen der mittlere unsterblich war. Eine der 12 Arbeiten des →Herakles bestand darin, dieses riesenhafte Ungeheuer zu töten. Da für jeden abgeschlagenen Kopf zwei neue nachwuchsen, brannte er die Halsstümpfe mit glühenden Baumstämmen aus, und den unsterblichen Mittelkopf vergrub er unter einem schweren Felsen.

Der **Hydrant** (griech.) ist im Wasserleitungsnetz eine Zapfstelle zum Anschließen von Schläuchen. Er ermöglicht die Entnahme großer Wassermengen zum Feuerlöschen oder zum Reinigen von Straßen. Es gibt Hydranten, die über, und solche, die unter dem Erdboden angebracht sind. Um diese auch bei tiefem Schnee leicht finden zu können, sind in ihrer Nähe an Hauswänden oder an besonderen Stangen Emailleschilder angebracht, auf denen ihre genaue Lage und der Durchmesser des Wasserleitungsrohres verzeichnet sind.

Bei **hydraulischen Bremsen** wird der Bremsdruck vom Bremspedal zu den Bremsbacken nicht durch Gestänge oder Seilzüge, sondern durch eine in Schläuchen geführte Bremsflüssigkeit übertragen.

hydraulische Presse →Pressen.

Die **Hygiene** (griech.): die Gesundheitspflege. Unter der öffentlichen oder staatlichen Hygiene versteht man die Sorge um keimfreies Trinkwasser, Lieferung einwandfreier Lebensmittel, Seuchenverhütung, Gewerbeaufsicht und Fürsorge für Süchtige und Kranke. Die persönliche Hygiene umfaßt Körperpflege, gesunde Lebensweise, Sport, Abhärtung und Vermeidung von schädlichen Genußmitteln.

Ein **Hygrometer** (griech.) ist ein Luftfeuchtigkeitsmesser.

Eine **Hymne** (griech.) ist ursprünglich ein Lobgesang im griechischen Gottesdienst. Auch die ersten Christengemeinden bezeichneten ihre kirchlichen Gesänge als Hymnen. Dann wurde Hymne die Bezeichnung für alle feierlichen weltlichen und kirchlichen Gesänge. Jedes Volk hat seine *Nationalhymne*, das ist ein Lied, das bei festlichen Gelegenheiten angestimmt wird.

hyper (griech.): über, übermäßig, z.B. hypermodern.

Die **Hyperbel** →Mathematik.

Die **Hypnose** (griech.). Man kann Menschen durch beruhigendes Zureden und muskellösendes Bestreichen mit der Hand künstlich in einen schlafähnlichen Zustand, die Hypnose, versetzen, in dem ihr Bewußtsein ausgeschaltet ist. Sie sind dann den Einwirkungen dessen, der sie hypnotisiert hat, zugänglich. Nur der Arzt darf in ganz bestimmten Fällen eine *Heilhypnose* anwenden; Laien dürfen mit ihr niemals Versuche machen.

Der **Hypochonder** (griech.): wehleidiger, schwermütiger Mensch, der jeden kleinsten Schmerz für eine todbringende Krankheit hält.

Der **Hypokrit** (griech.): Heuchler, Scheinheiliger.

Die **Hypothek** (griech. = Unterpfand). Wenn man sich eine größere Summe Geld leiht, so muß man dem Geldgeber dafür eine jährliche Gebühr (Zinsen) zahlen, und außerdem muß man ihm ein Pfand geben, damit er sicher sein kann, sein Geld eines Tages wiederzubekommen. Man kann ihm z.B. ein Pfandrecht auf Grundbesitz, eine Hypothek, geben. Die Hypothek wird in das Grundbuch eingetragen und gibt dem Gläubiger das Recht, das Grundstück zwangsversteigern zu lassen, wenn die Hypothekenzinsen oder die geliehene Summe nicht zur vereinbarten Zeit bezahlt werden. Aus dem Versteigerungs-

1. Reihe: Boxer, Bernhardiner, Deutsche Dogge. 2. Reihe: Stichelhaariger Vorstehhund, Irischer Setter. 3. Reihe: Großer Pudel, Englischer Windhund. 4. Reihe: Glatthaariger Zwergpinscher, Pekinese, Chow-Chow

erlös erhält der Hypothekengläubiger soviel Geld, wie ihm aus der Hypothek zusteht.

Die **Hypothese** (griech.): bloße Annahme; wissenschaftliche Vermutung, die noch nicht bewiesen ist (vielleicht auch gar nicht bewiesen werden kann).

Die **Hysterie** (griech.) ist eine seelische Erkrankung und äußert sich in Erregungszuständen, eingebildeten Schmerzen, vegetativen Störungen usw. Sie gehört wie jede andere Erkrankung in die Behandlung des Arztes. Auf keinen Fall darf man die Kranken für ihre Taten und Ausbrüche verantwortlich machen, denn sie geschehen unbewußt.

I

I ist der neunte Buchstabe des Alphabets und das römische Zahlzeichen für 1.

Iberische Halbinsel heißt die 590000 qkm große südwesteuropäische Halbinsel, auf der Spanien, Portugal und Gibraltar liegen, nach ihren Urbewohnern, den *Iberern*. Karte →Spanien.

Der **Ibis** ist mit den Störchen verwandt. Er lebt in etwa 30 Arten in allen Erdteilen. Die alten Ägypter balsamierten Ibisse ein und legten sie ihren Königen als Opfergabe ins Grab.

Henrik **Ibsen,** der große Dramatiker Norwegens, lebte von 1828 bis 1906. In seinen realistischen Dramen zeichnete er ein schonungsloses Bild der verrotteten bürgerlichen Gesellschaft und ihrer Lügen. Als einer der ersten Dramatiker ging Ibsen auf die unterdrückte Stellung der Frau in Ehe, Familie und Gesellschaft ein. Seine wichtigsten Stücke heißen »Peer Gynt«, »Nora oder ein Puppenheim«, »Der Volksfeind«, »Die Wildente«, »Hedda Gabler«.

ideal (griech.): so vollendet und vollkommen, wie man sich nur vorstellen kann.

Der **Idealismus** ist eine philosophische Anschauung, die im Gegensatz zum →Materialismus annimmt, daß die Welt von geistigen Kräften bewegt und gestaltet wird. – Als *Idealisten* bezeichnet man Menschen, die an die Wirksamkeit geistiger und sittlicher Werte (*Ideale*) im täglichen Leben glauben und danach handeln.

Die **Idee** (griech.): geistiges Urbild; Gedanke, Vorstellung, Einfall.

Die **Identität** (lat.): Wesensgleichheit. Man *identifiziert* eine Person, indem man z.B. feststellt, ob ihr Aussehen mit dem Lichtbild ihres Passes übereinstimmt.

Der **Ideologe** (griech.): ein Mensch, der eine bestimmte Lehre oder Vorstellung in einseitiger Weise vertritt.

Unter **Ideologie** (griech.) versteht man ein alle Lebensbereiche umfassendes System weltanschaulicher Betrachtung (z.B. den Kommunismus).

Das **Idiom** (griech. = Eigentümlichkeit): die einem Volk, Volksstamm oder einzelnen Menschen eigentümliche Sprechweise; Mundart.

Der **Idiot** (griech.): schwachsinniger Mensch. – Als *Idiotie* bezeichnet man eine besonders schwere Art von Schwachsinn, die meist angeboren ist.

Das **Idol** (griech.): Götzenbild, Abgott.

Ein **Idyll** (griech.) ist ein Zustand friedlicher Ruhe und stillen Glückes, z.B. Familienidyll. Eine Dichtung, die einen solchen Lebenszustand schildert, nennt man *Idylle*, z.B. Goethes »Hermann und Dorothea«.

IG: Abkürzung für Interessengemeinschaft, Industriegesellschaft oder Industrie-Gewerkschaft.

Der **Igel** ernährt sich vorwiegend von Insekten und Mäusen. Das Gift der Kreuzotter ist bei ihm unwirksam; er frißt diese Giftschlangen, wo er sie trifft. Der Igel ist

daher sehr nützlich und steht unter Naturschutz. Seine harten Rückenstacheln
schützen ihn vor seinen Feinden. Bei Gefahr rollt er sich zur Kugel zusammen. Er
wird schon mit diesen Stacheln geboren,
die aber ganz weich sind und erst nach
einigen Stunden an der Luft hart werden.
Die kalte Jahreszeit verschläft der Igel in
einem geschützten Winterlager.

Iglu heißt die kuppelförmige, aus Schnee-
blöcken errichtete Wohnhütte der Eskimo.

Der heilige **Ignatius von Loyola** lebte
von 1491 bis 1556. Er war bis zu seiner
schweren Verwundung spanischer Offizier. Dann geschah eine Wandlung in ihm,
er wurde Priester und schloß sich mit anderen jungen Leuten zu der »Gesellschaft
Jesu« zusammen. Die Mitglieder dieses
Ordens, die in strengem Gehorsam für die
Ehre Gottes wirken wollen, nennt man
→Jesuiten.

ignorieren (lat.): jemanden absichtlich
übersehen, von etwas keine Kenntnis nehmen. Ein *Ignorant* ist ein Unwissender, ein
Dummkopf.

Ikarus war der Sohn des →Dädalus.

Die **Ikone** (griech.): Bild, Abbild. In der
morgenländischen orthodoxen Kirche
(→Orthodoxie) sind Ikonen nach uralten
Vorschriften auf Holztafeln gemalte Bilder von hoher religiöser Bedeutung. Meist
auf Goldgrund gemalt, zeigen sie Christus, die Gottesmutter oder Heilige.

Die **Ilias** →Homer.

illegal (lat.): ungesetzlich, gesetzwidrig.

illegitim (lat.): gesetzlich unzulässig, gesetzwidrig. Das Wort wird vor allem im
übertragenen Sinn benutzt: moralisch
unzulässig, verwerflich. Früher nannte
man auch nichtehelich geborene Kinder
illegitim. *Illegal* bedeutet dagegen: ein-
deutig gesetzwidrig, gegen das Gesetz ver-
stoßend (»illegaler Waffenbesitz«).

illoyal (franz., sprich illoajahl): treulos,
verräterisch. Das Gegenteil heißt *loyal*.
Ein loyaler Beamter ist einer, der die Anordnungen und Weisungen seiner Behörde
befolgt, auch wenn er im Augenblick
nicht den Sinn seines Tuns ersehen kann.

Die **Illusion** (lat.): krankhafte Sinnestäuschung, Einbildung; unbegründete
Hoffnung.

Die **Illustration** (lat.): Ausschmückung
eines Druckwerks mit Bildern; auch das
Bild selbst. – *illustrieren*: mit Bildern aus-
statten, durch Bilder erläutern. – *Illustrierte*: Zeitschrift, die hauptsächlich Bildbe-
richte bringt.

Der **Iltis** wird nicht nur wegen seines guten Pelzes gejagt. Er ist ein Raubtier, das
auf Geflügelhöfen großen Schaden anrichten kann. Trotzdem ist er mehr nützlich
als schädlich, denn seine Hauptnahrung
besteht aus Ratten, Mäusen, Schnecken
und anderen Schädlingen.

Das **Image** (engl., sprich immidsch) eines
Menschen oder einer Ware ist das innere
Bild, das man sich von ihm bzw. von ihr
macht. Das Image von Produkten (Seife,
Autos usw.), aber auch das von Men-
schen, vor allem von Politikern, läßt sich
durch die ausgeklügelten Methoden der
»Image-Pflege« weitgehend beeinflussen.

imaginär (lat.): unwirklich, nur in der
Einbildung vorhanden.

Die **Imitation** (lat.): Nachahmung.

Imker →Bienenzucht.

Die **Immobilien** (lat.): unbewegliches
Eigentum, z. B. Grundstücke, Gebäude.

immun (lat.): unempfänglich, unangreif-
bar, gefeit. – Manche Menschen sind gegen bestimmte Krankheiten von Natur
aus immun. Von erworbener *Immunität*
spricht man, wenn jemand eine Krankheit, z. B. Scharlach, überstanden hat und
nun nicht mehr anfällig gegen sie ist.

Durch Schutzimpfung oder Einspritzen eines Heilserums kann man auch künstlich *immunisieren.* – *Parlamentarische Immunität* ist der durch die Verfassung gewährte Schutz vor strafrechtlicher Verfolgung, den die Abgeordneten (mit Einschränkungen) genießen. Die Immunität der Diplomaten heißt →Exterritorialität.

Der **Imperativ** (lat.) ist in der Grammatik die Befehlsform des Verbums.

Das **Imperfekt** (lat.) ist eine Zeitform des Verbums; →Vergangenheit.

Der **Imperialismus** (lat.). So nennt man das Streben einer Nation, sich ohne Rücksicht auf andere Völker gewaltsam auszudehnen und Macht zu gewinnen. Vorbild der *Imperialisten* ist das →Römische Reich (Imperium Romanum), das über einen großen Teil der Alten Welt herrschte und viele Völker in blutigen Kriegen unterworfen hatte. Als Zeitalter des Imperialismus gilt besonders die Zeit von 1870 bis 1914, weil damals die meisten europäischen Großmächte durch Seeherrschaft, Erwerb von Kolonien und militärische Eroberungen einen immer größeren Teil der Welt zu beherrschen suchten.

Das **Imperium** (lat.): Weltreich, Kaiserreich.

Die **Impfung** erzeugt eine Unempfindlichkeit gegen bestimmte →Infektionen. Man unterscheidet hierbei zwei Wege: 1. Die aktive Schutzimpfung durch Einverleibung lebender, abgeschwächter Keime oder abgetöteter Keime oder entgifteter Bakteriengifte. Der Körper wird dadurch zur Bildung von Abwehrstoffen veranlaßt, die einen je nach Krankheit verschieden langen Schutz vor Ansteckung verleihen. 2. Die passive Schutzimpfung durch Einspritzung von Blutserum aktiv geimpfter Tiere; hierbei erhält der Körper fertige Abwehrstoffe zugeführt, die jedoch nur einen vorübergehenden Schutz verleihen.–Die Impfungen erfolgen durch Injektion, Ritzen der Haut, Impfpistole oder Schlucken. Empfehlenswert ist das Anlegen eines Impfbuches. Die einzelnen Impfungen müssen in verschieden langen Abständen wiederholt werden.

Die **Implantation** (lat., »Einpflanzung«): das Einsetzen eines lebenden Gewebes in eine verletzte Hautstelle, z. B. bei Brandwunden. Auch ganze Organe können als *Implantate* im Körperinnern übertragen werden.

imponieren (lat.): Eindruck machen, Bewunderung erregen.

Als **Import** (lat.) bezeichnet man die Einfuhr von Waren (Lebensmittel, Rohstoffe, Fertigwaren usw.) aus anderen Ländern. Kaum ein Land hat so viel Landwirtschaft, Bodenschätze und Industrie, daß es seine Bevölkerung mit allem Nötigen versorgen kann. Darum muß es das Fehlende aus dem Ausland beziehen. Kann das Land aber mehr herstellen oder besitzt es mehr, als es selber braucht, so führt es Waren aus. Das ist der *Export.* Jedes Land versucht, mindestens so viel zu exportieren, wie es importiert, um die Kosten für die Einfuhr mit dem Gewinn der Ausfuhr bezahlen zu können.

Man **imprägniert** (lat.) Gewebe, indem man sie mit bestimmten Flüssigkeiten durchtränkt, vor allem um sie wasserdicht oder mottensicher zu machen. Man kann auch feste Stoffe gegen Fäulnis und Feuer imprägnieren.

Der **Impressionismus** ist eine Kunstrichtung, die sich Mitte des 19. Jh. in Frankreich entwickelte. Den Impressionisten kam es nicht auf das unveränderliche, fest umrissene Aussehen eines Gegenstandes an, sondern auf flüchtige Eindrücke (franz. impression = Eindruck) und Stimmungen. Sie wollten die Natur so darstellen, wie sie sich ihnen im Augenblick des Malens unter der Einwirkung von Licht und Luft zeigte. Bis dahin hatten die Künstler vorwiegend im Atelier gearbeitet. Nun gingen sie mit ihrer Staffelei in die freie Natur. Viele ihrer Bilder bekamen etwas Flimmerndes, die Dinge verloren ihre Umrisse und lösten sich, aus der Nähe besehen, in eine Vielzahl von Farbtupfen auf. Zu den Meistern dieser Malweise gehören in Frankreich Manet, Monet, Degas, Renoir, in Deutschland Liebermann, Corinth, Slevogt. Cézanne

Impressionismus:
Edgar Degas: »Tänzerin«

Die **Improvisation** (franz.): Leistung, die ohne Vorbereitung aus dem augenblicklichen Einfall entsteht. – *improvisieren:* etwas ohne Vorbereitung tun.

Der **Impuls** (lat.): 1. eine plötzliche Anregung. Ein Mensch ist impulsiv, wenn er unmittelbar einem inneren Drang folgt. 2. in der Physik die Bewegungsgröße, errechnet aus bewegter Masse mal Geschwindigkeit.

Indanthren →Farbstoffe.

Der **Index** (lat.): 1. Namen- und Sachverzeichnis bei Büchern, besonders bei wissenschaftlichen Werken; 2. durch sogenannte Index-Ziffern werden die Veränderungen von Preisen, z. B. von Lebensmitteln, in bestimmten Zeitabständen angegeben; 3. Index heißt auch das Verzeichnis der verbotenen Bücher (lat. index librorum prohibitorum), die von Katholiken nur mit kirchlicher Erlaubnis gelesen werden dürfen. Das Verbot ist nach den Bestimmungen des 2. Vatikanischen Konzils aufgehoben worden.

Indianer nannten die spanischen Eroberer die Einwohner, die sie bei der Entdeckung Amerikas vorfanden, weil sie glaubten, in Indien gelandet zu sein. Heute nennt man so die Ureinwohner der Neuen Welt (mit Ausnahme der Eskimo), die vor etwa 15000 Jahren vermutlich über die Beringstraße aus Asien einwanderten und sich auf dem ganzen Kontinent verbreiteten. Es bildeten sich rund 350 größere und viele kleine Stämme heraus, die über 125 »Sprachfamilien« angehörten. Hochkulturen entstanden in Mittel- und Südamerika (→präkolumbische Kulturen), wäh-

wurde zu einem Überwinder des Impressionismus und Vorläufer des →Expressionismus. – In der impressionistischen Musik, deren Hauptvertreter Debussy und Ravel sind, wird ein Werk nicht aus einer Grundmelodie in strenger Form aufgebaut, sondern feinste Klangreize, sozusagen tönende Farbtupfen, werden zu bunten Stimmungsbildern zusammengesetzt. Auch in der Literatur spricht man von Impressionismus; seine Hauptvertreter sind Liliencron, Schnitzler, J. P. Jacobsen, Knut Hamsun, Paul Verlaine, Baudelaire.

Indianer

rend in Nordamerika die Indianer oft nomadisierende Jäger blieben. Die wichtigsten Sprachfamilien waren im Norden: Algonkin, Irokesen, Sioux oder Dakota, Athapasken, Muskhogee, Natchez; im Zentrum: Uto-Azteken (mit Uto, Komantschen, Schoschonen, Totonaken, Mixteken, Zapoteken u. a.); im Süden: Karaiben, Araukaner, Quechua, Patagonier, Tupi. Nach der Entdeckung Amerikas wurden viele Stämme von europäischen Siedlern fast ausgerottet. Heute leben die nordamerikanischen Indianer (etwa 520 000) in Schutzgebieten (Reservationen). In Mittel- und Südamerika leben noch etwa 17,5 Mill. reinrassige Indianer. – Von den Kämpfen der weißen Siedler Nordamerikas mit den Indianern vor etwa 200 Jahren erzählen die Lederstrumpf-Geschichten von →Cooper, in denen Sitte und Gebräuche der Irokesen, Huronen, Sioux, Mohikaner usw. geschildert werden.

Indien, auch Vorderindien genannt (zum Unterschied von →Hinterindien), ist eine große Halbinsel in Südasien. Im Norden wird sie von Gebirgen gegen die Nachbarländer abgegrenzt. Das mächtigste dieser Gebirge ist der Himalaja. Hier entspringt der Ganges, der heilige Strom der Inder, der sich mit dem Brahmaputra zum größten Delta der Erde vereinigt und in den Golf von Bengalen ergießt. Die Südspitze Indiens mit der Insel Ceylon (Sri Lanka) reicht in die Äquatorzone. Das vorwiegend feucht-tropische Klima begünstigt üppigen Pflanzenwuchs und eine vielfältige Tierwelt. Indien ist eines der Haupterzeugungsgebiete der Erde für Reis, Baumwolle, Jute und Tee. Die Bevölkerung setzt sich aus vielen Völkerschaften verschiedener Kulturstufen mit etwa 200 Sprachen zusammen. Führend sind die eigentlichen Inder, Nachkommen eines indogermanischen Volkes, das im 2. Jahrtausend v. Chr. von Nordwesten her eindrang und sich allmählich über die ganze Halbinsel ausbreitete. Aus diesem Volk ging eine bedeutende Kultur hervor. Von ihm stammt das Sanskrit, die Sprache, in der die alten indischen Dichtungen und

religiösen Werke geschrieben sind. In Indien entstand die Weltreligion des Buddhismus; die heute dort meistverbreitete Religion ist der Hinduismus.
Im 12. Jh. n. Chr. drang der Islam in Indien ein. Das Reich der →Großmoguln umfaßte vom 16. bis 18. Jh. fast die ganze Halbinsel. Mit der Entdeckung des Seeweges nach Indien im 15. Jh. kamen die ersten europäischen Händler und Siedler: Portugiesen, Niederländer, Franzosen, Engländer. Im 18. Jh. setzte sich die englische Herrschaft durch. Großbritannien gewann damit seine bedeutendste Kolonie. Indische Unabhängigkeitsbestrebungen wurden jedoch seit dem Ersten Weltkrieg unter Führung von →Gandhi zu einer machtvollen Bewegung, die 1947 ihr Ziel erreichte. Indien wurde selbständig, doch führte der tiefe Gegensatz zwischen hinduistischen und mohammedanischen Indern zur Teilung in die Indische Union und Pakistan, von dem sich 1971 Bangla Desh als selbständige Volksrepublik lossagte. Selbständige Staaten sind ferner →Sri Lanka, →Bhutan, →Sikkim und →Nepal.
Die *Republik Indien* (Indische Union), mit 3,28 Millionen qkm fast 13mal so groß wie die Bundesrepublik Deutschland, umfaßt den weitaus größten Teil der Halbinsel. Sie ist in 16 Bundesstaaten und 10 Territorien gegliedert. Die Bevölkerung beträgt 574,2 Millionen. Die Hauptstadt Delhi hat 3,6 Millionen Einwohner; Kalkutta, Ostküste, 3,2 Mill. und Bombay, Westküste, 4,6 Mill. Einwohner. Die Landwirtschaft, die den wichtigsten Wirtschaftszweig darstellt, ist sehr rückständig und vermag die Lebensmittelversorgung der Bevölkerung nicht zu sichern (häufige Hungersnöte). Die in raschem Aufbau befindliche Industrie ermöglicht eine allmähliche Modernisierung des Wirtschaftslebens. Allerdings stehen im Land nur wenige Bodenschätze zur Verfügung. Karte →Asien.
indifferent (lat.): unbestimmt, gleichgültig.
Der **Indigo** →Farbstoffe.

Die **Indikation** (lat. = Anzeige): Veranlassung zu einer ärztlichen Maßnahme. Fast bei jeder Krankheit ist eine ärztliche Maßnahme, ein bestimmtes Medikament angezeigt (indiziert).

Der **Indikativ** (lat.) ist die Wirklichkeitsform des Verbums. Siehe auch Konjunktiv.

Indio (span.) nennt man die mittel- und südamerikanischen Indianer.

Indischer Ozean →Meer.

Jedes **Individuum** (lat.), das heißt jedes Einzelwesen, hat seine besonderen Eigenheiten, die es von seinesgleichen unterscheiden. Das ist seine *Individualität*. Jede Veranlagung oder Äußerung, die aus diesen ganz persönlichen körperlichen, geistigen und seelischen Eigenheiten entspringt, ist *individuell*, den Eigenheiten des Individuums entsprechend.

Von **Indizien** (lat.) spricht man bei Gerichtsverfahren, wenn kein unmittelbarer Beweis für eine Schuld vorliegt, aber Verdachtsgründe bestehen, die eine Schuld sehr wahrscheinlich machen. Ist jemand z. B. beobachtet worden, wie er ein Haus umschlich, in das später eingebrochen wurde, so liegt ein Indiz dafür vor, daß er an diesem Verbrechen beteiligt war.

Indochina hieß ein ehemals französisches Kolonialgebiet in Hinterindien, das →Kambodscha, →Laos und →Vietnam umfaßte. Karte →Asien.

Indogermanen. Im vorigen Jahrhundert stellten einige Wissenschaftler (vor allem in Deutschland) durch Vergleiche fest, daß viele Sprachen, die heute ganz verschieden klingen (und zwar fast alle europäischen, einige kleinasiatische, die persische und die indische), von einer gemeinsamen Ursprache abstammen. Diese bis in die jüngere Steinzeit zurückreichende Ursprache nannte man die *indogermanische* oder *indoeuropäische* Sprache und die Menschen, die sie gesprochen hatten, die Indogermanen. Wir wissen kaum etwas von ihnen, nicht einmal, wo sie ursprünglich gelebt haben. Jedenfalls sind sie nach großen Wanderzügen im 3. Jahrtausend v. Chr. in Europa und in West- und Südasien seßhaft geworden.

Die Republik **Indonesien** umfaßt die große tropische Inselgruppe zwischen Hinterindien, Australien und den Philippinen, die auch *Insulinde* genannt wird. Hauptinseln sind Sumatra, Borneo (Kalimantan), Celebes (Sulawesi) und Java. Mit rund 1,9 Millionen qkm teilweise sehr fruchtbaren Bodens und 124,6 Millionen Menschen, meist mohammedanischen Malaien, ist Indonesien einer der bedeutendsten Staaten Asiens. Seit 1963 gehört auch West-Neuguinea (West-Irian) zur Republik Indonesien. Besonders hohen Anteil hat Indonesien an der Welterzeugung von Kautschuk, Chinarinde und Gewürzen. Die Indonesier besitzen eine von Indien beeinflußte Kultur mit schönen Tempelbauten, Musik, Tanzkunst und Theater. Sie haben ein eigenes Verfahren, Stoffe mit kunstvollen Mustern zu versehen (Batik).

Im 17. Jh. siedelten sich die ersten Niederländer in Indonesien an, das in der Folgezeit als »Niederländisch-Ostindien« den Hauptteil des niederländischen Kolonialreichs bildete. 1941 wurden die Inseln von den Japanern besetzt. Nach 1945 errichteten die Indonesier die Republik Indonesien, die seit 1950 ganz Insulinde umfaßt. Nur der Nordwestteil von Borneo ist malaiisch und britisch, der Ostteil von Timor portugiesisch.

Einwohnerzahlen der wichtigsten Städte:	
Hauptstadt Djakarta auf Java	4,5 Mill.
Surabaja auf Java (Hauptausfuhr- und Flughafen)	1,5 Mill.
Semarang auf Java (Handels- und Hafenstadt)	647 000

Die **Induktion** (lat. = Hinführung): in der Wissenschaft seit dem 16. Jh. übliches Verfahren, das vom Einzelnen zum Allgemeinen hinführt. Das heißt: von dem, was man an mehreren Einzeldingen beobachtet hat, schließt man auf alle gleichartigen Dinge. Man erkennt so Regeln und Naturgesetze. Das umgekehrte Verfahren ist die *Deduktion* (= Ableitung), bei der man von einer bekannten allgemeinen Regel annimmt, daß sie auch für den vorliegenden, neu beobachteten Einzelfall gilt. – In der Biologie spricht man von Induktion, wenn sich bei einem Lebewesen ein Organ durch äußeren Reiz entwickelt. – In der Lehre von der →Elektrizität bedeutet Induktion die Erzeugung elektrischer Spannungen durch das Bewegen eines elektrischen Leiters im magnetischen Kraftfeld.

Industrialisierung nennt man die Entwicklung, die Ende des 18. Jh. begann und immer mehr Länder, die früher von Landwirtschaft und Handwerk lebten, in Industrieländer umwandelte. Diese Entwicklung ist auch jetzt noch nicht abgeschlossen und ergreift in zunehmendem Maße die Länder Asiens, Afrikas und Südamerikas. Im Anschluß an die großen technischen Erfindungen bildeten sich Fabriken heraus, die immer mehr Menschen als Lohnarbeiter an sich zogen. Damit begann der Niedergang des Handwerks und die Abwanderung der Landbevölkerung in die Städte. Das hatte auch weitgehende soziale, wirtschaftliche und politische Folgen. Es entstand der moderne →Kapitalismus, als Gegenbewegung der →Sozialismus.

Als **Industrie** (lat. industria = Fleiß) bezeichnet man zusammenfassend solche Betriebe, die nicht wie das Handwerk für einen kleinen Kundenkreis arbeiten, sondern in denen mit Maschinen Waren in großen Mengen hergestellt werden. Der einzelne Arbeiter überwacht hier nur einen Teil des Herstellungsvorgangs; es herrscht also Arbeitsteilung, während der Handwerker einen Gegenstand von Anfang bis Ende bearbeitet.

Der **Infant** (lat.): Titel der spanischen und portugiesischen Prinzen.

Die **Infanterie** (span. infante = Knabe, Knecht): Fußtruppe.

infantil (lat.): kindlich. – *Infantilismus:* Zurückbleiben auf einer kindlichen Entwicklungsstufe.

Beim **Infarkt** (lat.) wird ein Gewebsteil oder Organ durch Unterbrechung der Blutzufuhr (Verstopfung einer Arterie) schwer geschädigt bzw. zerstört (Herzinfarkt u. a.).

Die **Infektion** (lat. = Hineintun): Ansteckung, das Eindringen von Krankheitserregern in den Körper.

Als **Infektionskrankheiten** oder übertragbare Krankheiten bezeichnet man durch Kleinlebewesen (→Bakterien, Viren, →Virus) verursachte Erkrankungen, die zumeist einen gesetzmäßigen Krankheitsverlauf zeigen. Die Krankheitserreger müssen auf den menschlichen Organismus übertragen werden – entweder durch Berührung, Anhusten (Tröpfcheninfektion), Ausscheidungen (Urin, Stuhl) des Kranken oder durch vom Kranken benutzte Gegenstände (Eßbestecke, Spielsachen, Bücher usw.). Infektionskrankheiten, die auf einem dieser Wege leicht auf andere Personen übertragen werden, nennt man ansteckende Krankheiten (z. B. Scharlach, Typhus usw.). Diese Kranken müssen isoliert werden; besondere Desinfektionsmaßnahmen sind erforderlich. Bei vielen Infektionskrankheiten gibt es keine direkte Übertragung (z. B. Wundstarrkrampf, Malaria, Tollwut), sie sind daher nicht ansteckend; meistens werden sie durch Tiere übertragen.

Die Zeitspanne zwischen dem Eindringen der Erreger und dem Auftreten der Krankheitserscheinungen nennt man Inkubationszeit (lat. incubare = ausbrüten); sie ist bei den einzelnen Infektionskrankheiten verschieden lang (wenige Tage bis mehrere Wochen). Während der Inkubationszeit bildet der Körper die Abwehrstoffe.

Die **Infiltration** (lat.): das »Unterwandern« von Behörden, Betrieben und ähnlichen Stellen mit Hilfe von Personen, die heimlich die Ziele und Zwecke dieser Stellen verändern oder untergraben wollen.

Der **Infinitiv** (lat.) ist die unbestimmte Form, die *Grundform* oder *Nennform* eines Verbums, z. B. tanzen. Daraus entwickeln sich alle anderen Formen, die ein Verbum annehmen kann. – →Konjugation.

Eine **Inflation** (lat. = Aufblähung) oder *Geldentwertung* tritt ein, wenn ein Staat übermäßig viel Geldscheine ausgibt, wäh-

Infektionskrankheiten		
Name	Wird übertragen durch:	Wichtigste Krankheitsmerkmale:
Diphtherie	Einatmen des Krankheitserregers	Schluck- und Atembeschwerden, Fieber, eigenartiger Mundgeruch
Grippe	Einatmen des Krankheitserregers	Fieber, Erkältungserscheinungen
Keuchhusten	Einatmen des Krankheitserregers	Krampfhafter Husten, keuchendes Einatmen nach dem Husten, zuweilen Erbrechen
Masern	Einatmen des Krankheitserregers	Fieber, Schnupfen, Lichtempfindlichkeit, rote Hautflecke
Mumps (Ziegenpeter)	Einatmen des Krankheitserregers	leichtes Fieber, Schwellung der Wangen in Ohrnähe
Röteln	Einatmen des Krankheitserregers	Fieber, rote Hautflecke
Ruhr	Verschlucken des Krankheitserregers	Fieber, blutiger Durchfall
Scharlach	Berühren, Einatmen des Krankheitserregers	Fieber, Halsentzündung, zahlreiche rote Hautpünktchen
Wundstarrkrampf (Tetanus)	Wundverunreinigung (besonders durch Straßenkot und Gartenerde)	Schmerzhafte Muskelkrämpfe, insbesondere der Kaumuskeln
Spinale Kinderlähmung (Poliomyelitis)	Einatmen, Verschlucken des Krankheitserregers	Fieber, Lähmungserscheinungen
Tollwut	Biß tollwütiger Tiere, vor allem Hunde	Schlingbeschwerden, Unruhe, Angst, Wut, Schaum vor dem Mund
Tuberkulose	Einatmen, Verschlucken des Krankheitserregers	Leichtes Fieber, Abmagerung, Mattigkeit
Typhus (Bauchtyphus)	Verschlucken des Krankheitserregers	Fieber, Durchfall, Hautflecke, Benommenheit

rend gleichzeitig nicht genügend Waren erzeugt werden, die man damit kaufen kann. Nach dem Ersten Weltkrieg trat dieser Zustand in vielen Ländern ein. In Deutschland entwertete sich das Geld so stark, daß man schließlich für eine Briefmarke 100 Milliarden Mark zahlen mußte. 1923 fand diese Inflationszeit durch eine Währungsreform ihr Ende, ebenso wie die zweite Geldentwertung nach 1945 dann 1948 durch eine Währungsumstellung beendet wurde. – Siehe auch Geld.

Als **Influenz** (lat., »Einfließen«) bezeichnet man das Auftreten von Magnetismus in Eisen und ähnlichen Materialien, denen man einen Magneten nähert.

Die **Information** (lat.): Auskunft, Belehrung.

Infrarot ist eine Farbe, die das menschliche Auge nicht erkennen kann. Infrarote Strahlen werden so genannt, weil sie im →Spektrum jenseits des Rot (lat. infra = unterhalb) liegen. Man stellt sie durch die Wärme fest, die sie ausstrahlen. Mit besonders empfindlich gemachten Filmen kann man auch in einem völlig dunklen Raum oder durch Wolken und Nebel eine Aufnahme machen, weil die von den Dingen ausgehenden infraroten Strahlen die Schicht des Films belichten.

Als **Infrastruktur** bezeichnet man alle Einrichtungen und Gebäude, die in einem begrenzten Gebiet (z. B. einer Gemeinde, einem Stadtteil) das Leben und Wirtschaften der Menschen ermöglichen, z. B. das Verkehrsnetz, die Strom-, Gas- und Wasserversorgung, das Vorhandensein von Polizei, Krankenhäusern, Schulen, Kindergärten usw.

Die **Infusion** (lat.) ist das aus medizinischen Gründen notwendige Eintropfen einer Flüssigkeit in den Körper, z. B. in eine Ader oder unter die Haut.

Infusorien oder *Aufgußtierchen* sind einzellige Lebewesen, die in Erscheinung treten, wenn man Pflanzenreste mit Wasser aufgießt. Sie sind in jedem Tümpel, in jeder Pfütze vorhanden, jedoch für das bloße Auge unsichtbar. Man erkennt sie unter dem Mikroskop. Zu den Aufgußtierchen gehören die Wimpertierchen (Pantoffeltierchen), die Geißeltierchen (Flagellaten) und die geißellosen Wechseltierchen (Amöben).

Der **Ingenieur** (franz., sprich inschenjöhr): leitender Techniker, der auf einer Fachschule für Technik (Technikum) ausgebildet wurde. Den Techniker mit wissenschaftlicher Ausbildung auf einer Hochschule nennt man Diplom-Ingenieur.

Der **Ingwer** ist die Wurzel einer in Südostasien beheimateten Staude, die als Gewürz und Genußmittel dient.

inhalieren (lat.): fein zerstäubte Dämpfe von Salzwasser oder Medikamenten einatmen, um Erkrankungen der Atemwege zu heilen. Man inhaliert meist mit einem Inhalierapparat.

Die **Initiale** (lat.). In den Handschriften des Mittelalters wurde der Anfangsbuchstabe eines Buches oder Abschnittes besonders groß geschrieben und oft kunstvoll verziert, zuweilen mit Gold und vielen Farben. Solche Anfangsbuchstaben nennt man Initialen.

Initiale A

Die **Initiative** (lat.): Anregung, Unternehmungslust, Entschlußkraft. Man ergreift die Initiative, wenn man eine Sache ins Rollen bringt.

Die **Injektion** (lat.): Einspritzung eines Heilmittels mit der Injektionsspritze. Diese Einspritzung kann unter die Haut (subkutan), in den Muskel (intramuskulär) oder in die Vene (intravenös) vorgenommen werden. In seltenen Fällen spritzt (injiziert) der Arzt auch direkt ins Herz (intrakardial).

Die **Inka** waren eine aus dem Quechuastamm hervorgegangene indianische Herrscher- und Adelsschicht, die im Mittelalter in Südamerika ein großes Reich gründete. Die Hauptstadt befand sich im heutigen Peru. Die Inka schufen großartige Bauten und Bewässerungsanlagen, die zum Teil noch heute benutzt werden. Der spanische Abenteurer Pizarro eroberte 1533 mit 180 Mann die Hauptstadt des Inkareiches und ließ den letzten Herrscher der Inka, Atahualpa, erdrosseln. Nach blutigen Verfolgungen der Eingeborenen wurde das Reich dem spanischen Reich als Kolonie einverleibt.

Die **Inkarnation** (lat.): Fleischwerdung, Menschwerdung, Verkörperung.

inklusive (lat.): einschließlich.

inkognito (ital.): unerkannt, unter fremdem Namen.

Die **Inkubationszeit** (lat.) →Infektionskrankheiten.

Die **Innung:** Vereinigung von Handwerkern des gleichen Handwerks, z. B. Bäckern, Schuhmachern oder Schneidern. Sie bestimmt die Ausbildung des Nachwuchses, überwacht die Güte der Arbeit und vertritt die Interessen ihrer Mitglieder dem Käufer und dem Staat gegenüber. – Siehe auch Gilde.

Die **Inquisition** (lat.). Besondere kirchliche Gerichte hatten früher zu untersuchen, ob jemand vom Glauben abgefallen war oder ketzerische Irrlehren verbreitete. Eine solche Untersuchung hieß eine Inquisition, und ebenso wurde die Kirchenbehörde genannt, die dieses Verfahren durchführte. Der Verurteilte wurde dann meist den weltlichen Behörden zur Vollstreckung des Urteils übergeben. Leistete der Angeklagte keinen Widerruf, so war Tod durch Verbrennen auf dem Scheiterhaufen die Regel. Bei der Befragung wurde häufig die Folter angewandt. Die Inquisition wütete besonders in Spanien und Frankreich vom 13. bis zum 16. Jh. Sie brachte der Kirche keinen Segen und hatte keinen Erfolg. Um sie richtig zu beurteilen, bedarf es genauer Kenntnis der Verhältnisse von Staat und Kirche im Mittelalter.

Netzauge (Facettenauge) eines Insekts, bestehend aus vielen hundert Einzelaugen, die das Bild des Gesehenen mosaikartig zusammensetzen.

I. N. R. I.: Anfangsbuchstaben von »Jesus Nazarenus Rex Judaeorum« = Jesus von Nazareth, König der Juden. So lautete die Aufschrift auf dem Kreuz Christi.

Die **Insekten** sind in etwa 1,5 Millionen Arten über die ganze Erde verbreitet. Heuschrecken, Ohrwürmer, Termiten, Eintagsfliegen, Libellen, Läuse, Flöhe, Wanzen, Zikaden, Köcherfliegen, Schmetterlinge, Fliegen und Mücken, Wespen, Bienen und Ameisen sind Insekten. Kopf, Brust und Hinterleib sind durch tiefe Abschnürungen voneinander getrennt. Alle Insekten haben drei Paar Beine. Sie atmen durch Tracheen (→Atmung). Es gibt winzige Insekten von etwa $1/5$ mm und Insektenriesen bis zu 30 cm Länge.

Insektizide (lat.) sind Chemikalien (Fraß-, Atem- oder Kontaktgifte), mit denen schädliche Insekten bekämpft werden.

Das **Inserat** (lat.): Anzeige in einer Zeitung oder Zeitschrift. – Verbum: *inserieren.*

Die **Insignien** (lat.): Abzeichen von Macht und Würde.

Die **Inspiration** (lat.): innere Eingebung, plötzliche Erleuchtung.

Die **Installation** (lat.): 1. Einrichtung von Wasser-, Gas-, elektrischen Anlagen und dergleichen durch einen besonders dafür ausgebildeten Techniker, den *Installateur.* – 2. Bestallung, Einrichtung. – Verbum: *installieren.*

Die **Instanz** (lat.): zuständige Stelle bei Behörden und Gerichten.

Ein **Instinkt** ist ein angeborenes Verhalten, das nach der Auslösung durch äußere Reize (Schlüsselreize) selbsttätig und in weitgehend gleichbleibender Weise abläuft. Von Instinkten gelenkt sind z. B. Fortpflanzung, Nestbau und Jungenaufzucht bei Tieren. Beim Menschen sind Instinkte weitgehend dem Verstand und Willen untergeordnet.

Das **Institut** (lat.): Anstalt.

Die **Institution** (lat.): Einrichtung.

Das **Instrument** (lat.): Werkzeug, Gerät.

Das **Insulin** (lat.) ist das →Hormon der Bauchspeicheldrüse, das den Zuckerstoffwechsel des Körpers regelt. Wenn (bei der Zuckerkrankheit) die Bauchspeicheldrüse kein Insulin ins Blut ausschüttet, steigt der Zuckergehalt des Blutes auf eine krankhafte Höhe. In diesem Fall muß man Insulin, das aus der Bauchspeicheldrüse von Tieren gewonnen wird, einspritzen.

inszenieren: in Szene setzen; die künstlerischen und technischen Vorbereitungen für die Aufführung eines Theaterstücks treffen und seine Gestaltung auf der Bühne leiten. →Regie.

Die **Intarsia** (ital.): Einlegearbeit. In Holzflächen, z. B. Tischplatten, kann man Muster aus andersfarbigem Holz, Elfenbein, Perlmutt oder Metall einlegen.

Das **Integral** →Mathematik.

Die **Integration** (lat.): Vereinigung, Zusammenfügung, Einfügung. – *integrierend:* zur Vollständigkeit gehörend, nicht wegdenkbar.

Borneo

Bundesrepublik
Deutschland

Die größten Inseln

Grönland	Dänisch	Nördliches Eismeer	2 175 600 qkm
Neuguinea	Austral., Indones.	Stiller Ozean	771 900 qkm
Borneo (Kalimantan)	Indonesisch, Britisch	Indischer Ozean	737 018 qkm
Madagaskar	Republik	Indischer Ozean	587 041 qkm
Sumatra	Indonesisch	Indischer Ozean	424 979 qkm
Hondo (Nippon)	Japanisch	Stiller Ozean	229 952 qkm
Celebes (Sulawesi)	Indonesisch	Indischer Ozean	179 416 qkm
Kuba	Republik	Atlantischer Ozean	114 524 qkm
Rügen	Deutsch	Ostsee	926 qkm

Die **Integrität** (lat.): Unberührbarkeit, Lauterkeit.

Der **Intellekt** (lat.): Fähigkeit, zu denken und zu erkennen. Das Wort *intellektuell* wird vielfach zur Bezeichnung für eine rein verstandesmäßige Haltung gebraucht. Unter einem *Intellektuellen* versteht man jedoch auch den Vertreter eines rein geistigen Berufes, z. B. einen Schriftsteller.

Die **Intelligenz** (lat.): Denkfähigkeit, Klugheit, meßbar mit *Intelligenztests*. Als *Intelligenzquotient* (*IQ*) angegeben: IQ = 100 entspricht normaler Intelligenz.

Der **Intendant** (lat.-franz.): der für die künstlerische Gestaltung und Verwaltung verantwortliche Leiter eines Theaters oder einer Rundfunk- bzw. Fernsehanstalt.

Die **Intensität** (lat.): Anspannung, Stärke, Ausmaß einer Kraft oder Wirkung. – *intensiv:* eindringlich, stark.

Das **Interesse** (lat.): Anteilnahme an einem Geschehen oder an einer Sache. Wer Interesse hat, ist ein *Interessent*.

Eine **Interjektion** (lat.) ist ein Empfindungswort, z. B. ach! au!

Intermezzo (lat.-ital.): Zwischenspiel; Einlage in einem Bühnenstück.

intern (lat.): innere Angelegenheiten betreffend. – *Internist:* Facharzt für innere Krankheiten.

Das **Internat** ist eine Schule, in der die Schüler nicht nur Unterricht erhalten, sondern auch wohnen.

international (lat.): nicht nur eine, sondern mehrere oder alle Nationen betreffend. So bereitet z. B. das Internationale Olympische Komitee die Olympischen Spiele (→Olympiade) für alle daran beteiligten Völker vor, und die →Pfadfinder sind eine internationale Organisation, weil es in vielen Ländern Pfadfinder gibt.

Die **Internationale** nannten die sozialistischen Arbeiterparteien der verschiedenen Länder 1864 ihren Zusammenschluß zum gemeinsamen Kampf gegen den →Kapitalismus. 1889 wurde sie als *Zweite Internationale*, 1951 als *Sozialistische Internationale* erneuert. Inzwischen hatten sich die kommunistischen Parteien 1919 von den Sozialisten als *Dritte Internationale* (*Komintern*) abgespalten. Diese wurde 1943 von der Sowjetunion aufgelöst, 1947 als *Kommunistisches Informationsbüro* (abgekürzt *Kominform*) neu gegründet, 1956 aufgelöst. – Auch das Kampflied der Arbeiterbewegung heißt »die Internationale«.

internieren (lat.): einschließen, gefangensetzen. – Angehörige kriegführender Staaten, die sich in einem feindlichen Staat aufhalten, werden von diesem für die Dauer des Krieges in einem *Internierungslager* festgehalten, ebenso Soldaten kriegführender Staaten, die durch Flucht, Notlandung usw. in ein neutrales Land geraten.

Die **Interpellation** (lat.). Abgeordnete eines Parlaments haben das Recht, von der Regierung Auskunft über Einzelheiten der Regierungspolitik zu verlangen. Ein einzelner oder eine Gruppe Abgeordneter *interpelliert*, das heißt, sie richtet eine schriftliche Anfrage, eine Interpellation, an die Regierung.

Interpol, Abkürzung für *Inter*nationale kriminal*pol*izeiliche Kommission: Koordinationsstelle für die Zusammenarbeit der Kriminalämter vieler Länder zur Verbrechensbekämpfung, besonders zur Fahndung nach flüchtigen Verbrechern.

Die **Interpretation** (lat.): Auslegung, Erklärung von literarischen Texten und Musikstücken. *Interpretieren* heißt, etwas erklären oder ausdeuten.

Die **Interpunktion** (lat.) oder *Zeichensetzung*. Die Satzzeichen sind die Verkehrsschilder der Sprache und erleichtern das Lesen, denn sie gliedern lange Gedankengänge, machen die Sätze übersichtlich und verständlich, schalten Pausen ein und unterstützen die Betonung.

Die Zeichen, die den Satz beschließen, sind: 1. der *Punkt*. Er steht nach jedem Satz, der eine Aussage enthält. 2. das *Ausrufungszeichen*. Es steht nach Sätzen, die einen Befehl oder Wunsch enthalten. 3. das *Fragezeichen*. Es steht nach direkten Fragesätzen und selbständigen Fragewörtern. – Zur Gliederung der Sätze dienen: 1. das *Komma* oder der Beistrich. Sein Gebrauch ist außerordentlich vielfältig. Man setzt ein Komma vor allem zwischen Haupt- und Nebensatz, zwischen gleichartigen Satzteilen, bei Satzverkürzungen, zur Kennzeichnung von Einfügungen, bei Aufzählungen, nach Anreden und Empfindungswörtern. 2. das *Semikolon* oder

der Strichpunkt. Es dient zur Gliederung von längeren Sätzen; es scheidet Satzteile stärker als ein Komma voneinander. 3. der *Doppelpunkt*. Er steht vor der direkten Rede und vor Aufzählungen. Im Satz kennzeichnet er einen besonders deutlichen Einschnitt.

Als **Interregnum** (lat. = Zwischenherrschaft) bezeichnet man den Zeitraum vom Tod, der Abdankung oder Absetzung eines Herrschers bis zur Wahl eines neuen. In der deutschen Geschichte sind dies die Jahre von 1254 bis 1273, in denen kein deutscher Kaiser mit wirklicher Macht regierte. Das Interregnum endete mit der Wahl →Rudolfs von Habsburg.

Das **Intervall** (lat.): in der Musik der Zwischenraum zwischen zwei beliebigen Tönen. Wir sprechen auch von zeitlichen und räumlichen Intervallen, wenn wir regelmäßige Zwischenräume oder Abstände meinen.

intervenieren (lat.): eingreifen, dazwischentreten, vermitteln. Im Völkerleben versteht man unter *Intervention* das Eingreifen eines Staates in die Verhältnisse eines anderen Staates. Dabei werden unter Umständen Zwangsmaßnahmen angedroht oder auch Truppen eingesetzt (*bewaffnete Intervention*).

Das **Interview** (engl., sprich interwjuh): Unterhaltung, die für die Veröffentlichung in den Zeitungen, im Rundfunk oder Fernsehen bestimmt ist und bei der eine bekannte Persönlichkeit von einem Berichterstatter (*Interviewer*) befragt wird.

intim (lat.): vertraut, innig.

Die **Intrige** (franz.): arglistiges Hintergehen. Ein *Intrigant* ist ein hinterlistiger Mensch, ein Ränkeschmied, der *intrigiert*.

intuitiv erfassen wir etwas, wenn wir nicht durch folgerichtiges Nachdenken, sondern durch unser Gefühl und unsere Ahnung geleitet werden.

Unter **Invaliden** (lat.) versteht man Personen, die durch Unfälle, Verwundung im Krieg oder Altersschwäche völlig oder teilweise arbeitsunfähig sind.

Die **Invasion** (lat.): bewaffneter Einfall in ein fremdes Gebiet.

Das **Inventar** (lat.): alles, was zur Einrichtung einer Wohnung, eines Hauses oder eines Betriebes gehört, wie Möbel, Werkzeuge, Maschinen. Auch das Verzeichnis dieser Gegenstände nennt man Inventar. Der Kaufmann stellt jährlich ein Inventar seines Vermögens und seiner Schulden auf.

Eine **Inventur,** eine *Bestandsaufnahme*, wird von Firmen vorgenommen, wenn sie feststellen wollen, wieviel Waren sie vorrätig haben. Sie veranstalten dann unter Umständen einen *Inventurverkauf* zu niedrigeren Preisen.

investieren (lat.): 1. feierlich ins Amt einsetzen; 2. Kapital in ein Unternehmen stecken.

Die **Investitur** (lat.): Einkleidung; feierliche Einführung (besonders eines Bischofs) ins Amt.

Der **Inzest** (lat.): »Blutschande«, Verwandtenehe. In allen Kulturen der Welt gilt der Inzest, also die Heirat und der Geschlechtsverkehr zwischen nahen Verwandten (Bruder und Schwester, Vater und Tochter), als gesellschaftlich unerwünscht und verwerflich. Bei Verwandtenehen kann es zu erblich bedingten Schädigungen der Nachkommen kommen.

Inzucht beim Menschen nennt man die Fortpflanzung naher Blutsverwandter. Sie ist gesetzlich verboten. – In der Tierzucht bezeichnet man als Inzucht die Paarung von Geschwistertieren, bei Pflanzen die Vermehrung durch Selbstbefruchtung.

Das **Ion** (griech. = Wanderer, sprich i-on). Ionen sind elektrisch geladene Atome oder Atomgruppen. Wenn man Säuren, Basen oder Salze in Wasser löst, so werden sie in Ionen gespalten, und zwar in die positiv geladenen Kationen (die zur negativ geladenen Kathode wandern) und in die negativ geladenen Anionen (die zur positiv geladenen Anode wandern). Auch Gase können durch Hitze oder durch die Einwirkung von Strahlungsenergie ionisiert werden. – Als *Ionosphäre* bezeichnet man die ionisierten Luftschichten der →Atmosphäre. Die Beschaffenheit dieser zwischen 80 und 400 km über der Erdoberfläche liegenden Schichten ist stark von der Tages- und Jahreszeit sowie von kosmischen Einflüssen abhängig. Kurze Radiowellen (Wellenlänge 10–100 m) werden von der Ionosphäre in dem gleichen Winkel, in dem sie auftreffen, wieder auf die Erde zurückgeworfen. Deshalb können Kurzwellensender trotz kleiner Leistung außerordentliche Reichweiten erzielen.

Eugène **Ionesco,** ein französischer Dramatiker rumänischer Herkunft, wurde 1912 geboren. Er wurde vor allem durch groteske, →absurd-witzige Einakter berühmt, in denen er den Bürgern einen Spiegel vorhält. Wichtige Stücke sind »Die Stühle«, »Die Nashörner«, »Der König stirbt«.

Die **Ionier** waren einer der drei griechischen Hauptstämme, die im 2. Jtd. v. Chr. einwanderten und Attika, Euböa, Chalkidike sowie die Inseln an der Westküste Kleinasiens besiedelten. Kolonien gründeten sie in Kleinasien, auf Sizilien und in Unteritalien. – *Ionische Ordnung* →Säule.

Iota ist der griechische Buchstabe i. – »Kein Iota« bedeutet soviel wie: kein I-Pünktchen, d. h. gar nichts.

Iphigenie war die Tochter des →Agamemnon. Sie sollte geopfert werden, um die Götter zu versöhnen, als Pest und Windstille die Griechen am Aufbruch zum →Trojanischen Krieg hinderten. Die Göttin Artemis aber entführte Iphigenie während der Opferung und brachte sie als Priesterin nach Tauris. Von dort holte sie ihr Bruder Orest in die Heimat zurück.

Der **Irak** (arab. = Uferland) ist eine arabische Republik in Vorderasien. Früher hieß das Land Mesopotamien (griech. = Zwischenstromland); damit war das Gebiet zwischen den Strömen Euphrat und Tigris gemeint, die das Land durchziehen. Der Irak umfaßt 434924 qkm. Kaum mehr als ein Zehntel des Landes ist fruchtbares Gebiet mit Dattelpalmen, Getreide und Baumwolle, das übrige Steppe und Wüste. Den Hauptreichtum des Irak bildet das Erdöl, das von den Bohrfeldern

um Mosul in Röhren zu Mittelmeerhäfen geleitet wird. Der Großteil der 10,4 Millionen Einwohner sind Araber. Der Islam ist die vorherrschende Religion.
Im Altertum war der heutige Irak das Kernland des Assyrischen und des Babylonischen Reiches. Im 4. Jh. v. Chr. gehörte es zum Weltreich Alexanders des Großen. Später erstreckte sich die Herrschaft der Römer bis hierher. Im 7. Jh. n. Chr. wurde das Land arabisch. Von 1534 bis 1920 war es türkisch, von 1921 an ein selbständiges Königreich, das aber bis 1932 unter britischer Verwaltung stand. 1958 wurde der Irak Republik.

Einwohnerzahlen der wichtigsten Städte:	
Hauptstadt Bagdad	1,9 Mill.
Basra (Hafen)	320 000
Mosul (Industriemittelpunkt)	264 000

Der **Iran,** auch Persien genannt, ist ein Kaiserreich und nimmt den größten Teil des vorderasiatischen Hochlands von Iran ein. Mit 1 648 000 qkm ist dieser Staat etwa 7mal so groß wie die Bundesrepublik Deutschland. Steppen und Wüsten mit Salzseen bilden das Innere des von Gebirgen umschlossenen Landes. Fruchtbar sind seine Täler und die Küste des Kaspischen Meeres. Persien hat 31,3 Millionen mohammedanische Einwohner, von denen etwa zwei Drittel Perser (meist Bauern), die übrigen Kurden und Turkmenen (meist Wanderhirten) sind. Mit seinem Erdölreichtum steht Persien an sechster Stelle der Welterzeugung. Die Perser sind ein indogermanisches Volk. Im Altertum beherrschten sie ein gewaltiges Reich, das sich von Kleinasien bis Indien erstreckte und zeitweilig auch Ägypten umfaßte. Der Perserkönig Darius und sein Sohn Xerxes versuchten im 6. und 5. Jh. v. Chr. vergeblich, auch Griechenland zu erobern. 331 v. Chr. wurde das Perserreich von Alexander dem Großen unterworfen. Das Herrschergeschlecht der Sassaniden schuf 226 n. Chr. ein neues mächtiges Reich, das jedoch 642 den Arabern unterlag. Damals verdrängte der Islam die altpersische Re-

Einwohnerzahlen der wichtigsten Städte:	
Hauptstadt Teheran	3,2 Mill.
Täbris (Haupthandelsplatz)	410 000
Isfahan	424 000
Meschhed	409 000

ligion des Zoroaster (Zarathustra). Zwischen 1200 und 1400 wurde Persien eine Beute der Mongolen, welche die alte Kultur völlig vernichteten. 1501 wurde das Land wieder selbständig; im 18. Jh. reichte es vorübergehend bis nach Indien. Im 19. Jh. gewannen Rußland und England Einfluß im Lande. Seit 1925 regiert in Persien ein neues Herrschergeschlecht, das viele Reformen durchführte.
Die **Iris** →Auge.
Irland ist die Schwesterinsel Großbritanniens. Wegen seiner vielen Weiden wird es die »grüne Insel« genannt. Ackerbau und Viehzucht beschäftigen den größten Teil der Bevölkerung. Berühmt ist das irische Leinen. Industrie findet sich hauptsächlich im Norden des Landes (Belfast). Irland ist staatlich in zwei Teile gespalten. Nordirland gehört mit 1,52 Millionen Einwohnern, die zu 35 % katholisch, zu 65 % protestantisch sind, zum Königreich →Großbritannien. Der größere südliche Teil mit 70 283 qkm und 3,0 Millionen fast durchweg katholischen Einwohnern wird von der unabhängigen Republik Irland (irisch Eire, sprich ähre) eingenommen. Gesprochen wird in Irland meist englisch, doch beherrschen die meisten Einwohner auch das Irische, die angestammte keltische Mundart (auch Gaelisch genannt), die in der Republik Eire Amtssprache ist. – Irland war früher ein eigenes Königreich und gehörte dann zu Großbritannien, nachdem die Engländer es in jahrhundertelangen Kämpfen unterworfen hatten. Die Iren lehnten sich immer wieder gegen die englische Herrschaft auf und erreich-

Einwohnerzahlen der wichtigsten Städte:	
Dublin (Hauptstadt von Eire)	680 000
Belfast (Hauptstadt von Nordirland)	385 000
Cork (Hafen an der Südküste)	129 000

ten 1921 die Anerkennung des Freistaates Eire, der dann 1949 aus dem britischen Staatsverband völlig ausschied. Im Zweiten Weltkrieg war die Republik Eire neutral.

Die **Ironie** (griech.): feiner, versteckter Spott.

irrational (lat.): der Gegensatz von →rational.

Die **Ischias** (griech.) nennt man eine Erkrankung des Hüftnervs (Nervus ischiaticus). Es ist eine sehr schmerzhafte Krankheit, die durch Erkältung, Überanstrengung, Erreger sowie durch Stoffwechsel- und Durchblutungsstörungen hervorgerufen werden kann.

Isis war die höchste Göttin der alten Ägypter, die Gemahlin des Osiris.

Islam ist ein arabisches Wort und bedeutet soviel wie Ergebung in Gottes Willen. Es bezeichnet eine große Religionsgemeinschaft, die von dem Propheten →Mohammed im Jahre 622 n. Chr. begründet wurde. Ihre Anhänger heißen daher Mohammedaner. Die wichtigsten Glaubenssätze des Islams sind in dem großen Lehrbuch der Mohammedaner, im *Koran*, niedergeschrieben. Der Islam kennt nur einen einzigen Gott: Allah, den Allmächtigen, der die Schicksale aller Menschen schon im voraus bestimmt hat. Gegen den Willen Allahs ist der Mensch machtlos. *Mekka*, die Geburtsstadt Mohammeds, gilt als heilige Stadt, zu der jeder Gläubige mindestens einmal im Leben eine Wallfahrt machen soll. Nach Mekka gewendet, verrichtet der Mohammedaner fünfmal am Tage die vorgeschriebenen Gebete.

Island (= Eisland) ist die größte Insel im Nordatlantik. Es ist mit 103 000 qkm, auf denen 213 499 Menschen leben, um die Hälfte größer als Bayern. Obwohl die baumlose Insel sehr weit nördlich liegt, ist ihr Klima durch den Golfstrom, dessen Ausläufer sie berühren, verhältnismäßig milde. Bewohnbar ist jedoch nur das buchtenreiche Küstengebiet. Das Innere besteht aus Bergland mit vereisten Gipfeln, Gletschern, Vulkanen und heißen Quellen, den Geisern. Die Bevölkerung lebt von Fischfang und Schafzucht. Sie ist protestantisch und spricht Isländisch, eine dem Norwegischen verwandte Sprache. In altisländischer Sprache sind bedeutende Zeugnisse germanischen Lebens aufgezeichnet, so die »Sagas«, die Familiengeschichten der alten Isländer, und die Erzählungen ihrer kühnen Seefahrten, die sie bis nach Amerika führten, sowie die →Edda.

Island gehörte früher zu Dänemark, ist aber seit 1944 eine selbständige Republik. Die Hauptstadt Reykjavik (Hafen und für den nordatlantischen Flugverkehr wichtiger Flugplatz) an der Südwestküste hat 84 000 Einwohner.

Die **Isobare** (griech.): Linie auf Wetterkarten, die Orte mit gleichem Luftdruck verbindet. Aus dem Verlauf der Isobaren und dem Abstand der Linien voneinander ergeben sich die Wettervoraussagen (→Wetterkunde).

isolieren (lat.): abgrenzen, beschränken, absondern. So werden z. B. Kranke, die an einer ansteckenden Krankheit leiden, in einem eigenen Gebäude isoliert. – In der Thermosflasche wird der Inhalt durch doppelte Wandungen mit luftleerem Zwischenraum isoliert und vor Wärmeverlust geschützt. Elektrische Leitungen werden durch geeignete nichtleitende Stoffe, wie Kautschuk oder Guttapercha, dagegen gesichert, daß der Strom in einer ungewollten Richtung abfließt oder Menschen und Tiere verletzt. Der *Isolator*, meist aus Porzellan, ist eine glockenartige Stütze, die an Überlandleitungen den Leitungsdraht trägt. Das *Isolierband*, ein mit Gummimasse getränkter Leinenstreifen, wird beim Verlegen und Ausbessern von elektrischen Leitungen gebraucht.

Die **Isotherme** (griech.): Linie auf Landkarten, die Orte mit gleicher mittlerer Temperatur verbindet.

Das **Isotop** →Atom.

Israel (hebr. Medinath Jisrael) ist der jüngste Staat in Vorderasien. Er dehnt sich in Palästina längs der Ostküste des Mittelmeeres aus. Israel umfaßt 20 700 qkm, also ein Zwölftel der Bundesrepublik Deutschland. Die 3,4 Millionen zählende Bevölkerung Israels setzt sich aus Juden verschiedener Kulturstufen, Muttersprache und Lebensart zusammen: aus alteingesessenen Bewohnern Palästinas und asiatischen, europäischen und amerikanischen Einwanderern.

Die Vorfahren der →Juden, ein semitisches Hirtenvolk, drangen im 11. Jh. v. Chr. in das Land Kanaan, das spätere Palästina, ein. Sie gründeten ein Reich, das 932 v. Chr. in einen Nordstaat Israel und einen Südstaat Juda zerfiel. Israel wurde im 8. Jh. v. Chr. von den Assyrern, Juda im 6. Jh. v. Chr. von den Babyloniern vernichtet. Die Bevölkerung wurde in die »Babylonische Gefangenschaft« gebracht. Unter der folgenden Herrschaft der Perser durften die Juden in ihre Heimat zurückkehren und ein neues Gemeinwesen unter der Führung von Priestern bilden. 63 v. Chr. wurde das Land römisch. Aufstände der Juden endeten 70 n. Chr. mit der Zerstörung Jerusalems durch die Römer. Damals verstärkte sich die Auswanderung

der Juden in viele Länder Asiens und Europas. Dort wurde gegen Ende des 19. Jh. die jüdische Idee des *Zionismus*, die eine Rückkehr nach Palästina anstrebte, zu einer wachsenden Bewegung. 1917 sicherte der englische Außenminister Balfour den Juden die Unterstützung Großbritanniens bei der Errichtung eines Palästina-Staates zu. Seither betreiben jüdische Organisationen die Einwanderung. Als 1948 die britische Verwaltung Palästinas aufhörte, wurde von den Juden die Republik Israel ausgerufen, die seither mit den arabischen Nachbarstaaten in Konflikte verwickelt ist. – Die Landessprache ist Neuhebräisch (Iwrith), das von vielen Einwanderern erst erlernt werden muß.

Einwohnerzahlen der wichtigsten Städte:	
Tel Aviv-Jaffa (Hafen)	368 000
Jerusalem (Hauptstadt)	326 000
Haifa (Hafen)	226 000
Eilath (Hafen)	14 600

Italien erstreckt sich südlich der Alpen als stiefelförmige Halbinsel ins Mittelmeer. Nach dem Gebirgszug der Apenni-

nen, der den größten Teil Italiens der Länge nach durchzieht, wird sie auch *Apenninenhalbinsel* genannt. Die Spitze des »Stiefels« berührt fast die Insel Sizilien, die wie Sardinien und Elba ebenfalls zur Republik Italien gehört. Mit 301 225 qkm ist Italien um ein Viertel größer als die Bundesrepublik Deutschland. In Oberitalien, zwischen den Alpen und Apenninen, breitet sich die wasserreiche und fruchtbare, vom Po west-ostwärts durchflossene Ebene aus, die das landwirtschaftliche und industrielle Kerngebiet des Landes bildet. Hier wohnen zwei Drittel der rund 54,35 Millionen zählenden Bevölkerung. Nach dem Süden zu wird das Land heißer und trockener; hier gedeihen Feigen, Zitronen und Orangen. Unteritalien ist ein großenteils vulkanisches Gebiet. An der Westküste bei Neapel erhebt sich der Vesuv (1270 m), auf Sizilien der Ätna (3340 m), der höchste feuerspeiende Berg Europas. Wegen seines Reichtums an großartigen Bauwerken und anderen Kunstschätzen aus mehr als 2 Jahrtausenden ist Italien seit je Reise- und Studienziel vieler Menschen aus aller Welt.

Seinen Namen hat das Land nach den Italikern, den vorrömischen Ureinwohnern. Nach dem Untergang des →Römischen Reiches errichtete der Ostgotenkönig Theoderich 489 n. Chr. in Italien ein eigenes Reich, das 64 Jahre später im Kampf gegen die Byzantiner zugrunde ging. 568 n. Chr. drangen von Norden her die Langobarden ein (nach denen die oberitalienische Landschaft Lombardei be-

nannt ist). Karl der Große, der sie unterwarf, wurde 800 in Rom gekrönt. 827 bemächtigten sich die Araber Siziliens. Im 11. Jh. eroberten die Normannen Unteritalien und Sizilien. Ein lange währender Machtkampf zwischen Kaisertum und Papsttum endete im 13. Jh. mit der Niederlage der deutschen Kaiser. Ober- und Mittelitalien splitterten sich in zahlreiche Stadtstaaten auf, die, wie Genua und vor allem Venedig, zeitweilig zu großer Macht im ganzen Mittelmeergebiet gelangten. Von ihnen ging ein kraftvolles Aufblühen der Künste und Wissenschaften aus (→Renaissance). Wiederholt stritten sich Frankreich und Spanien um den Besitz italienischen Gebiets. Sieger blieb 1525 Kaiser Karl V., der Herrscher des spanischen Weltreichs. Die österreichischen Habsburger gewannen im Spanischen Erbfolgekrieg 1701/13 den spanischen Besitz in Italien, ausgenommen Sizilien, doch konnten sie ihre Herrschaft auf die Dauer nicht behaupten. Zwischen 1796 und 1815 stand Italien, in einzelne Republiken eingeteilt, unter dem Einfluß Napoleons. In den folgenden Jahrzehnten wuchs eine italienische Freiheits- und Einheitsbewegung heran, die 1861, nach jahrhundertelanger Abhängigkeit und Zersplitterung, ein selbständiges Königreich Italien schuf. Feldzüge zwischen 1881 und 1912 sowie die Teilnahme am Ersten Weltkrieg auf alliierter Seite brachten Italien Gebietszuwachs in Europa und Kolonialbesitz in Afrika. 1922 ergriff →Mussolini die Macht. Das faschistische Italien unterwarf 1936 Abessinien und besetzte 1939 Albanien. Im Zweiten Weltkrieg stand es auf deutscher Seite, bis 1943 beim Vormarsch der Westmächte durch Italien antifaschistische Kräfte die Oberhand gewannen und Deutschland den Krieg erklärten. Durch Volksabstimmung wurde das Land 1946 Republik. Im Friedensvertrag mit den Westmächten mußte es 1947 seinen gesamten seit 1881 erworbenen Kolonialbesitz aufgeben.

Einwohnerzahlen der wichtigsten Städte:	
Rom (Hauptstadt von Italien; Residenz des Papstes)	2,8 Mill.
Mailand (Industrie)	1,7 Mill.
Neapel	1,23 Mill.
Turin (Industrie)	1,18 Mill.
Genua (Hafen)	817 000
Palermo (auf Sizilien)	643 000
Bologna	491 000
Florenz	458 000
Venedig (Hafen an der Adria)	363 000

J

J ist der zehnte Buchstabe des Alphabets und in der Chemie das Zeichen für Jod.

Die **Jacht:** größeres schnelles Segelsportboot für Küsten-, Binnen- und Hochseefahrt. Es gibt aber auch Motorjachten; das sind meist seetüchtige Schiffe mit eigener Besatzung und oft prunkvoller Ausstattung, die das Reisen auf allen Weltmeeren ermöglichen.

Der **Jade** →Edelsteine.

Die **Jagd** oder das *Weidwerk*. Die Aufgabe des Jägers besteht nicht nur im Erlegen der Tiere. Seine Hauptarbeit gilt vielmehr der Pflege des Wildbestandes einer Gegend, seines *Reviers*. Natürlich freut sich der Jäger, ein »kapitales Stück« (starkes Tier) zu schießen. Er wird aber immer bestrebt sein, seinen Wildbestand zu erhalten, und deshalb vor allem alte und schwache Stücke abschießen, um eine Auslese vorzunehmen. Ohne derartige Schutzmaßnahmen gäbe es in Europa längst kein Wild mehr. Deshalb unterliegt die Ausübung der Jagd strengen gesetzlichen Bestimmungen und ist nur mit behördlichem Jagdschein gestattet. Wer ohne Erlaubnis jagt, ist ein *Wilderer* und wird bestraft.

Während der gesetzlich festgelegten *Schonzeit* darf nicht gejagt werden. Die Jagd auf *Hochwild* (Hirsch, Reh, Elch, Gemse, Auerhahn usw.) heißt *Hohe Jagd*, die Jagd auf *Niederwild* (Hase, Rebhuhn usw.) *Niedere Jagd*. Bei der *Treibjagd* wird das Wild durch Treiber den Jägern zugetrieben. *Parforcejagden* zu Pferde mit Hunden (*Hetzjagden*) sind heute in Mitteleuropa verboten; an die Stelle des Wildes ist ein Reiter getreten, der verfolgt und gestellt wird.

Jägerlatein nennt man übertriebene, unglaubhafte Erzählungen von Jagdabenteuern. Beim Seemann heißen solche Berichte *Seemannsgarn*.

Der **Jaguar** ist eine große, dunkel gefleckte Raubkatze, die in ganz Mittel- und Südamerika vorkommt. Der Jaguar erreicht eine Körperlänge bis zu 2 m.

Friedrich Ludwig **Jahn,** der »Turnvater«, wurde 1778 geboren und starb 1852. Er schrieb nach der Niederlage Preußens im Jahre 1806 Schriften für die Befreiung und Einigung Deutschlands und errichtete 1811 den ersten Turnplatz auf der Hasenheide in Berlin. Das Wort Turnen, abgeleitet von Turnier, stammt von Jahn.

Das **Jahr** ist die Zeitdauer eines Umlaufs der Erde um die Sonne (365 Tage und 6 Stunden). →Zeit.

Jahresringe →Holz.

Jahwe →Jehova.

Jamaica heißt die drittgrößte Insel der Großen Antillen (10962 qkm, 1,98 Mill. Einwohner, vorwiegend Neger). Sie wurde 1494 von Kolumbus entdeckt und war bis 1655 spanische, bis 1962 britische Kolonie. Seither ist sie ein unabhängiger Staat mit der Hauptstadt Kingston. Das tropische Land ist der wichtigste Bauxitlieferant der Welt. Die Landwirtschaft produziert Bananen, Kaffee, Kakao, Orangen, Zuckerrohr und Tabak.

Das **Jamboree** (sprich dschämberih): internationales Treffen der →Pfadfinder.

Der **Jambus** →Verslehre.

Jam Session (engl., sprich dschäm seschn): zwanglose Zusammenkunft von Jazzmusikern, bei der aus dem Stegreif (ohne Noten und ohne Arrangement) gespielt wird.

Jangtsekiang →Flüsse (Übersicht).

Die **Janitscharen** waren eine türkische Fußtruppe aus durch Zwang zum Islam bekehrten christlichen Kriegsgefangenen und Untertanen, die im 14. Jh. aufgestellt wurde und wegen ihrer großen Schlagkraft jahrhundertelang die Kerntruppe des Heeres bildete. Sie meuterte vielfach und maßte sich Einfluß auf die Leitung des Staates an. Deshalb wurde sie schließlich 1826 aufgelöst und größtenteils vernichtet. Ihre Musik mit Schellenbaum und

Becken ist von anderen Heeren übernommen worden (*Janitscharenmusik*).

Der **Januar** → Monat.

Janus war der römische Gott der Zeit und des Tordurchgangs. Sein Kopf trug zwei Gesichter, eins schaute in die Vergangenheit, eins in die Zukunft.

Japan (japan. Nippon Koku = Land der aufgehenden Sonne) ist ein Inselreich vor der Ostküste Asiens. Es besteht aus den vier Hauptinseln Hokkaido, Hondo, Schikoku und Kiuschu sowie über 3000 kleinen Inseln. Das Gesamtgebiet umfaßt 372272 qkm, also etwa um die Hälfte mehr als die Bundesrepublik Deutschland. Die Bevölkerung beträgt 107,7 Mill. Menschen. – Geographische Karte →Asien II. Nur ein Viertel der Bodenfläche ist landwirtschaftlich nutzbar, da das Land zum großen Teil aus Gebirgen besteht. Viele Berge sind Vulkane. Japan ist daher durch häufige Erdbeben bedroht. Der höchste Berg ist der Fudschijama (3776 m), der den Japanern als heilig gilt. Die Landwirtschaft produziert vor allem Reis, Gerste, Weizen, Tee und Kartoffeln sowie Obst. Die Viehzucht spielt eine beträchtliche Rolle. Besonders intensiv wird Fischfang betrieben; Reis und Fisch sind die Hauptnahrungsmittel. Die Industrie stellt, trotz des Mangels an Rohstoffen im eigenen

Der Fudschijama. Japanischer Holzschnitt

Lande, fast alle modernen Erzeugnisse her, von Schiffen und Maschinen bis zu optischen Instrumenten und Spielsachen. Japan gehört zu den am stärksten industrialisierten Ländern der Erde.

Japan wurde durch malaiische und mongolische Einwanderer besiedelt. Die Ureinwohner, die Ainus, finden sich nur noch im äußersten Norden. Von den Chinesen übernahmen die Japaner die Schrift und einen großen Teil ihrer Kultur, brachten jedoch auch eigene großartige Leistungen, vor allem im Kunstgewerbe und in der Dichtkunst, hervor. Die Lehren des →Buddha fanden viele Anhänger, doch entwickelte sich außerdem die *Schinto-Religion* (schinto = Weg der Götter), die auf Verehrung der Natur, besonders der Sonne, und der Ahnen und Helden beruht. Als Abkömmling der Sonnengöttin wird auch der Kaiser (japan. *Tenno* = Himmelsherr) verehrt. Jahrhundertelang schloß sich das Land streng von der Außenwelt ab. Erst 1854 öffneten die Japaner auf Forderung der USA zwei Häfen für den freien Handel. Dann begann sich Japan als erster asiatischer Staat in wenigen Jahrzehnten in ein modernes Staatswesen zu verwandeln, eine Industrie aufzubauen und Heer und Flotte nach europäischem Muster zu ordnen. Mit dieser außerordentlich schlagkräftigen Wehrmacht führte es zunächst Krieg gegen China (1894/95), dann gegen Rußland (1904/05), wobei Rußland empfindlich geschlagen wurde. 1910 eignete sich Japan Korea an; im Ersten Weltkrieg stand es auf seiten der Westmächte. 1932 gingen die Japaner erneut gegen China vor. 1941 eröffnete Japan mit einem Luftüberfall auf den amerikanischen Hafen Pearl Harbour den Krieg gegen die USA, in dem es nach anfänglichen Erfolgen vernichtend geschlagen wurde. Als die Amerikaner schließlich zwei Atombomben auf die Städte Hiroshima und Nagasaki warfen, kapitulierte Japan am 14. 8. 1945. Es mußte alle eroberten Gebiete herausgeben. Der Kaiser blieb das Oberhaupt des Landes; das politische Leben wurde nach demokratischen Grundsätzen neu gestaltet. 1951 schlossen die Westmächte einen Friedensvertrag mit Japan.

Einwohnerzahlen der wichtigsten Städte:	
Hauptstadt Tokio	11,5 Mill.
Osaka (Hafen)	2,7 Mill.
Jokohama (Hafen)	2,5 Mill.
Nagoja	2,05 Mill.
Kioto	1,4 Mill.
Kobe	1,28 Mill.

Der **Jargon** (franz., sprich schargõ): eine Sprechweise bestimmter Berufe oder Kreise, bei der Wörter verwendet werden, die der Außenstehende nicht kennt oder versteht, z. B. beim Verbrecherjargon. Jargon ist häufig eine verdorbene Form der Sprache und nicht zu verwechseln mit dem →Dialekt.

Der **Jasmin:** rankender Zierstrauch mit duftenden gelben Blüten, der in den Gärten wärmerer Länder anzutreffen ist. Jasmin wird fälschlich auch der Philadelphus-Strauch mit weißen, nach Erdbeeren duftenden Blüten genannt, der in unseren Gärten häufig vorkommt.

Karl **Jaspers** gilt neben Martin →Heidegger als führender Vertreter des deutschen →Existentialismus. Er prägte u. a. den Begriff *Grenzsituation* für tragische und unvermeidbare Erfahrungen in jedem Menschenleben (Schuld, Krankheit, Angst, Tod). Jaspers, der von 1883 bis 1969 lebte, hat sich besonders um die Verbreitung philosophischer Kenntnisse und philosophischen Denkens unter Nicht-Philosophen bemüht. – Wichtige Werke: »Die großen Philosophen«, »Existenzphilosophie«, »Psychologie der Weltanschauungen«; wesentlich sind auch Jaspers' politische Schriften »Wohin treibt die Bundesrepublik?« und »Die Atombombe und die Zukunft des Menschen«.

Jason →Argonauten.

Der **Jatagan:** orientalisches kurzes Krummschwert, Türkensäbel.

Der **Jazz** (engl., sprich dschäs) ist eine aus Amerika stammende neue Musikart. Er ist aus den alten Negerliedern entstan-

den, die sehnsüchtig-traurige und leidenschaftlich-aufbegehrende Weisen hatten. Der Gesang wurde von höchst einfachen, meist selbstgefertigten Instrumenten begleitet. Mit Kochtöpfen und Deckeln, einem Eisenstäbchen, einem Stückchen Blech, einem alten Faß, einem Holzkästchen usw. wurde dazu der Rhythmus geschlagen und gehackt. Heute geben Saxophone, Trompeten und Posaunen den alten und neuen Melodien ihren eigenartig erregenden Klang, und Schlaginstrumente aller Art verstärken den mitreißenden Rhythmus. Jazz ist ein musikalischer Stil, nicht aber eine Tanzart.

Der **Jeep** (amerik., sprich dschihp) ist ein geländegängiger Allzweckwagen mit starkem Motor und Vierradantrieb.

Jehova, richtiger *Jahwe* (hebräisch »Der, der da ist«), ist der Name Gottes im Alten Testament.

Jemen (arab. = Land zur Rechten) ist eine Republik an der Südostküste des Roten Meeres. Sie umfaßt etwa 195 000 qkm, das sind rund vier Fünftel der Größe der Bundesrepublik Deutschland. Bewohnt ist sie von 6,06 Millionen Mohammedanern. Das bergige Land ist das fruchtbarste Gebiet Arabiens und besonders durch den dort angebauten Kaffee bekannt.

Einwohnerzahlen der wichtigsten Städte:	
Hauptstadt Sana	100 000
Hodeida (wichtigster Hafen)	50 000

Die **Jesuiten.** Ignatius von Loyola gründete diesen Orden der katholischen Kirche, der sich »Gesellschaft Jesu« nannte und 1540 von Papst Paul III. bestätigt wurde. Seine Hauptaufgabe ist die Festigung des katholischen Glaubens. 1773 wurde der Orden durch Papst Klemens XIV. aufgehoben, 1814 wiederhergestellt. Der Jesuitenorden zeichnet sich seit seinen Anfängen durch besonders straffe Ordnung aus. An der Spitze steht ein Ordensgeneral.

Jesus Christus. In dem Namen (Jesus, hebr. = Gott hilft; Christus, griech. = der Gesalbte, der Messias) werden Wesen und Aufgabe seines Trägers ausgesagt: In ihm ist nach christlicher Überzeugung die Sehnsucht aller Religionen nach Heil und Erlösung, nach Güte und Freude, nach Gerechtigkeit unter den Menschen und nach einem unverrückbaren Lebenssinn an ein letztes Ziel gekommen. Darum ist er der Sohn Gottes, der Heiland und Welterlöser. Mit der Geburt Jesu beginnen wir unsere Zeitrechnung. Bei deren Einführung wurde freilich das Geburtsjahr Christi falsch angenommen. Jesus wurde wahrscheinlich vor dem Jahr 4 vor unserer Zeitrechnung in Bethlehem geboren. 1–3 Jahre lang zog er als Wanderprediger durch Palästina und lehrte, daß das Reich Gottes als Ausdruck der Nähe Gottes zu den Menschen durch ihn im Kommen sei. Er forderte seine Zuhörer auf, ihrem Leben eine neue Richtung zu geben und seiner Botschaft von diesem nahen Gott und der Vergebung der Schuld zu glauben. Dieser Glaube soll fruchtbar werden in der Liebe zu Gott und den Menschen, selbst die Feinde nicht ausgenommen. Wohl im Jahre 30 wurde Jesus als Gotteslästerer und Volksaufwiegler gekreuzigt. Das Neue Testament deutet das Sterben Jesu als Opfertod zur Vergebung der Schuld aller Menschen. Der Grund dieses Glaubens liegt in der Auferweckung Jesu von den Toten, deren die Jünger Jesu durch die Erscheinungen des Auferstandenen inne wurden. Tod und Auferstehung Jesu Christi sind Mitte und Grundlage des christlichen Glaubens.

Jiddisch →Juden.

Das **Jiu-Jitsu** (sprich dschiu dschitsu) kommt aus dem Japanischen und heißt »sanfte Kunst«, denn das Ziel des Jiu-Jitsu-Kämpfers ist es, den Gegner nicht mit Hilfe von Waffen oder durch Körperkraft, sondern nur durch Gewandtheit und mit Hilfe von Griffen und Schlägen kampfunfähig zu machen. Jiu-Jitsu soll dem Schwächeren die Möglichkeit geben, sich gegen einen Stärkeren zu behaupten. Außer zur Selbstverteidigung wird Jiu-Jitsu unter dem Namen *Judo* auch als Wettkampf betrieben. Dabei dürfen nur Griffe, keine Schläge angewendet werden.

Der **Job** (engl., sprich dschob): Beschäftigung, Stellung.

Das **Joch:** 1. hölzernes Geschirr zum Anspannen von Zugtieren; 2. hochgelegener Gebirgspaß; 3. altes Flächenmaß (etwa 57 Ar); 4. technischer Konstruktionsteil, z. B. bei Elektromagneten; 5. Teil zwischen zwei Gurtbogen bei Gewölben.

Der **Jockey** (engl., sprich dschocki): berufsmäßiger Rennreiter.

Das **Jod** (chemisches Zeichen J) ist ein chemisches Element, das bei der Verarbeitung von Kalisalzen und Chilesalpeter anfällt, aber auch in einigen Quellwassern enthalten ist. In Alkohol gelöst, bildet es Jodtinktur, die in der Medizin als keimtötendes Mittel angewendet wird.

Jodeln ist das langhallende Jauchzen der Bergbewohner, als Ausdruck der Lebensfreude und als Zuruf von Berg zu Berg. Die tiefe Bruststimme schlägt dabei plötzlich in die hohe Fistelstimme um, z. B. holla-di-o.

Der **Joga** ist ursprünglich eine indische Philosophie gewesen, die die menschliche Selbstüberwindung und die Befreiung des Geistes anstrebte. Heute denkt man bei dem Wort Joga vor allem an bestimmte gymnastische Übungen und Atemtechniken, die zum erhöhten Wohlbefinden, zur Entlastung von Streß (Überanstrengung) u. ä. beitragen sollen.

Der (oder das) **Joghurt** (türk.) ist eine durch Zusatz bestimmter Gärungsmittel hergestellte Sauermilch von hohem Vitamingehalt.

Der Evangelist **Johannes** war der Lieblingsjünger Jesu. Er ist der Verfasser des Johannesevangeliums und der Geheimen Offenbarung (Apokalypse), die er im Verlauf der Christenverfolgung durch Kaiser Trajan in der Verbannung auf der Insel Patmos schrieb.

Johannes der Täufer verkündete als Bußprediger an den Ufern des Jordan das Kommen des Messias und den Anbruch des Reiches Gottes und spendete die Taufe zur Vergebung der Sünden. Auch Jesus Christus ließ sich von ihm taufen. Später wurde Johannes von König Herodes Antipas enthauptet.

Das **Johanniswürmchen** oder *Glühwürmchen* ist ein etwa 10 mm langer Käfer. An warmen Juniabenden fliegt es hell leuchtend am Boden entlang und sucht sein Weibchen, das ebenfalls leuchten, aber nicht fliegen kann. Das grünliche Licht wird durch umständliche chemische Vorgänge im Körper des Leuchtkäfers erzeugt. – In den tropischen Ländern gibt es große Leuchtkäfer, deren Licht so hell scheint, daß man dabei eine Zeitung lesen kann.

Die **Jolle:** kleines einmastiges Segelboot.

Jongleur (franz., sprich sch̃öglöhr) →Akrobat.

Jordanien (früher Transjordanien) ist ein seit 1946 unabhängiges arabisches Königreich in Vorderasien. Es ist 97 740 qkm groß und hat etwa 2,57 Millionen mohammedanische Einwohner. Der weitaus größte Teil des Landes besteht aus Steppe und Wüste.

Männchen

Weibchen

Johanniswürmchen

Einwohnerzahlen der wichtigsten Städte:	
Hauptstadt Amman	583 000
Irbid	113 000
Nablus	64 000
Hebron	47 000

Joseph war nach christlicher Lehre der Pflegevater Jesu. In der katholischen Kirche wird er als Heiliger verehrt (Festtag 19. März).

Das **Joule** (engl., sprich dschaul) ist eine neue Einheit in der Ernährungslehre, die die »Kalorie« ablösen soll. Dabei gilt: 1 Joule = 0,2389 (gr.) Kalorien, bzw. 1 gr. Kalorie = 4,1858 Joule.

Das **Journal** (franz., sprich schurnal): Buch für tägliche Eintragungen, das besonders im Geschäftsleben üblich ist. Auch Tageszeitungen und Zeitschriften, die sich mit Tagesfragen befassen, werden Journale genannt. Dementsprechend bezeichnet man Schriftsteller, die sich in der Presse mit Tagesfragen beschäftigen, als *Journalisten*.

Das **Jubiläum** (lat.): Gedenkfeier zur Wiederkehr eines bedeutenden Jahrestages, meist nach einer runden Zahl von Jahren, z. B. 10 oder 25.

Juchten →Leder.

Juden hießen einst die Angehörigen des Stammes Juda, eines der 12 Stämme des Volkes Israel. Später wurden alle Angehörigen dieses Volkes Juden genannt. Nach ihrer hebräischen Sprache, mit der sie zur Sprachgruppe der Semiten gehören, werden sie auch als *Hebräer* bezeichnet. Ihrer Rasse nach sind die Juden ein Mischvolk aus semitischen und anderen Völkerschaften. Sie bekennen sich zu der auf Moses zurückgehenden mosaischen Religion. Im Alten Testament, das den Juden als Gottes Wort gilt, sind die religiösen Gesetze und die frühe Geschichte des Volkes Israel überliefert. Um 500 n. Chr. entstand als weiteres religiöses Gesetzbuch der *Talmud*. Der Untergang ihres Staates, die Bedrückung durch die Römer und wirtschaftliche Not bewogen den größten Teil der Juden, in den ersten Jahrhunderten der christlichen Zeitrechnung ihre Heimat Palästina zu verlassen und sich nach allen Richtungen zu zerstreuen. Dieser geschichtliche Vorgang wird *Diaspora* (griech. = Zerstreuung) genannt. In Spanien, wo jüdische Kunst und Wissenschaft unter den Arabern eine Blütezeit erlebt hatte, wurden die Juden im 14. und 15. Jh. von der →Inquisition zwangsgetauft oder vertrieben. Ihre Nachkommen findet man besonders im Orient und in Nordafrika unter der Bezeichnung »Spaniolen«. In Deutschland gibt es Juden seit etwa 300 n. Chr. Als Landfremde und Nichtchristen standen sie zwar unter kaiserlichem Schutz, aber auch außerhalb des geltenden Rechts. Seit dem 12. Jh. mußten sie in vielen Ländern in *Gettos*, streng abgeschlossenen Judenvierteln, leben. Dadurch bewahrten sie sich ihre Eigenart und ein im Religiösen begründetes Zusammengehörigkeitsgefühl. Von vielen anderen Berufen ausgeschlossen, wandten sie sich dem Handel und Geldverleih zu. Wegen ihrer Erfolge wurden sie viel beneidet. Im 14. Jh. kam es in Deutschland zu großen Judenverfolgungen; man gab den Juden die Schuld an der Pest, indem man sie verdächtigte, die Brunnen vergiftet zu haben. Damals wanderte eine große Zahl verfolgter Juden von Deutschland nach Osteuropa, wo sie bis heute an einer Mischsprache aus Mittelhochdeutsch, Hebräisch und slawischen Sprachteilen, genannt *Jiddisch*, festhalten. Im 19. Jh. wurde den Juden der westlichen Länder die bürgerliche Gleichberechtigung zuerkannt. Dadurch konnten sie ihre Fähigkeiten auf allen Gebieten voll entfalten. Viele Juden wurden Christen, glichen sich ihrer Umwelt an und gingen in ihr auf. Dem nationalsozialistischen →Antisemitismus in Deutschland fielen zwischen 1933 und 1945 über 5 Millionen Juden zum Opfer. Mit der Schaffung der Republik →Israel in Palästina gaben die Juden das in der Geschichte einmalige Beispiel eines Volkes, das sich nach 2000jähriger Zerstreuung in einem neuen Staatswesen wieder zusammenfindet. Von den 13,5 Millionen Juden in aller Welt lebt zur Zeit etwa ein Viertel in Israel.

Ju̱do →Jiu-Jitsu.

Jugendämter →Jugendwohlfahrt.

Jugendbewegung nennt man zusammenfassend den *Wandervogel* und andere Bünde, in denen sich seit 1900 ein großer Teil der deutschen Jugend zusammenfand. Diese Bünde schlossen sich 1913 auf dem Hohen Meißner bei Kassel zur *Freideutschen Jugend* zusammen. Wahrhaftigkeit und Einfachheit waren ihre Ideale, Selbsterziehung und Selbstverantwortung ihre Grundsätze. Im Erleben der Natur durch Wandern und in der Pflege der Überlieferung durch Volkslied, Volkstanz und Laienspiel suchte diese Jugend ihr Leben zu gestalten. Nach dem Ersten Weltkrieg setzte sich die Jugendbewegung in der *Bündischen Jugend* fort, die 1933 von den Nationalsozialisten aufgelöst wurde. In den →Jugendverbänden, die nach dem Zweiten Weltkrieg neu- oder wiedererstanden, wirken Gedanken der Jugendbewegung fort.

Jugendbücher →Literatur.

Jugendfürsorge nennt man auch die →Jugendwohlfahrt.

Jugendgerichte sind Abteilungen der Amtsgerichte, welche Straftaten von Vierzehn- bis Achtzehnjährigen aburteilen. Ein Jugendlicher kann für eine solche Tat vom Jugendgericht verwarnt werden. Es können ihm auch bestimmte Pflichten auferlegt werden, durch deren Erfüllung er das Begangene wiedergutmachen oder sich bewähren soll. Außerdem gibt es den *Jugendarrest;* das ist eine Haft, die nicht ins Strafregister eingetragen wird. Schwere Vergehen und Verbrechen Jugendlicher werden mit Jugendstrafe geahndet.

Jugendherbergen sind Heime, in denen Jugendliche, die »auf Fahrt« sind und einen Ausweis des Hauptverbandes für Jugendherbergen und Jugendwandern besitzen, billig und einwandfrei übernachten können. Dieser Ausweis ist auch in den Jugendherbergen anderer Länder gültig. Die ersten Jugendherbergen wurden in Deutschland 1909 durch den Lehrer R. Schirrmann gegründet.

Als **Jugendpflege** bezeichnet man alle Bestrebungen und Einrichtungen des Staates, der Gemeinden, der Kirchen, der

Berufsorganisationen usw., welche die Jugend in ihrer geistigen und körperlichen Entfaltung fördern sollen, z. B. Jugendheime, Jugendbüchereien, Sportplätze.

Jugendschutz. Es ist die Aufgabe der Eltern, ihre Kinder vor schädlichen Einflüssen zu bewahren. Der Staat bemüht sich, durch Gesetze und Verordnungen den Eltern und Erziehungsberechtigten dabei behilflich zu sein. Um die Mitte des 19. Jh., als mit der Industrialisierung Kinder und Jugendliche der geringen Löhne wegen zu begehrten Arbeitskräften in den Fabriken geworden waren, wurden die ersten deutschen Gesetze zum Schutze ihrer Gesundheit erlassen. Sie regelten, wie lange und unter welchen Bedingungen Kinder und Jugendliche beschäftigt werden dürfen. Im Laufe der Jahre wurden weitere Maßnahmen zum Schutze der Jugend nötig. Eine davon ist das neue »Gesetz zum Schutze der Jugend in der Öffentlichkeit« von 1951. Es ist ein Jugendpflege-Gesetz, das vor allem die Frage klärt, von welchem Alter an unbeschränkter Theater- und Kinobesuch, der Genuß von Tabakwaren und Alkohol erlaubt sind. Das Gesetz will die Jugendlichen nicht strafen, sondern schützen. Deshalb verpflichtet es die Erwachsenen, dafür zu sorgen, daß die Bestimmungen eingehalten werden. So muß z. B. ein Kinobesitzer gut sichtbar ein Schild anbringen, ob der bei ihm laufende Film für Kinder oder Jugendliche ab 6, 12 oder 16 Jahren »freigegeben« ist oder nicht. Ist er es nicht, so macht sich der Besitzer strafbar, wenn er Jugendlichen den Eintritt gestattet.

Der **Jugendstil** ist eine künstlerische Bewegung, die Ende des 19. Jh. entstand und die Überwindung der damals gepflegten Nachahmung historischer Stilarten erstrebte. Der Jugendstil leitete seinen Namen von der Münchner Zeitschrift »Jugend« ab. Er wollte neue Formen und Ornamente schaffen, die der Natur entnommen sind. Dabei wurden besonders Blumen und Ranken als Zierformen verwendet (siehe Abb.). Der Ju-

gendstil gab vielfache Anregungen und war ein wichtiges Zwischenglied in der Entwicklung der modernen Kunst und des Kunstgewerbes.

In den **Jugendverbänden,** die nach 1945 in der Bundesrepublik Deutschland neu- oder wiedergegründet wurden, hat sich ein großer Teil der deutschen Jugend zu sinnvoller Gestaltung des eigenen Lebens und tätiger Teilnahme am Leben der Gemeinschaft zusammengeschlossen. Die einzelnen Verbände unterscheiden sich in Wegen und Zielen je nach ihren besonderen Grundsätzen als katholische oder evangelische Jugend, Pfadfinder, Gewerkschaftsjugend, Bund Europäischer Jugend, Jugendgruppen der politischen Parteien, Sportjugend usw. Sie sind gemeinsam vertreten in örtlichen Kreisjugendringen, die ihrerseits Beauftragte in die Landesjugendringe entsenden. Oberste Vertretung ist der Deutsche Bundesjugendring, der von den Bundesbehörden zur Mitarbeit an Jugendgesetzen und zur Zusammenarbeit mit ausländischen Jugendgruppen herangezogen wird. – In der DDR gibt es nur die kommunistische »Freie Deutsche Jugend« (FDJ). Sie ist in der Bundesrepublik verboten.

Jugendwohlfahrt nennt man zusammenfassend die Aufgaben und die Tätigkeit der Jugendämter. Dazu gehört, daß sie den Gesundheitszustand der Kinder (bis 14 Jahre) und Jugendlichen (14–18 Jahre) innerhalb ihres Verwaltungsbereichs überwachen. Ferner haben die Jugendämter für Schutz, Pflege, Erziehung und Heilung von Waisen und von Kindern zu sorgen, die verwahrlost oder krank sind und von ihren Eltern vernachlässigt werden oder aus Geldmangel nicht ausreichend betreut werden können. Jugendlichen, die wegen einer Straftat vor Gericht gestellt werden, wird während des Gerichtsverfahrens Jugendgerichtshilfe gewährt.

Jugoslawien (= Südslawien) ist der größte Staat der Balkan-Halbinsel. Mit 255 804 qkm ist es etwas größer als die Bundesrepublik Deutschland, doch hat es nur 20,52 Millionen Einwohner, die teils katholische, teils orthodoxe Christen und zum Teil auch Mohammedaner sind. Jugoslawien ist ein gebirgiges und waldiges Land mit fruchtbaren Tälern und Ebenen. Seine Industrie (besonders Bergbau, Holz, Textilien) ist im Aufbau. Dalmatien, die inselreiche Küstenlandschaften an der Adria, wird seiner Schönheit wegen viel bereist. Landessprache ist Serbokroatisch. Jugoslawien ist in sechs Bundesrepubliken gegliedert: Serbien, Kroatien, Slowenien, Bosnien-Herzegowina, Montenegro und Makedonien; aus der Vereinigung dieser Gebiete entstand 1918 das Königreich Jugoslawien. Serbien, das jugoslawische Kernland, war früher ein eigenes Königreich, das nach jahrhundertelanger Türkenherrschaft 1882 selbständig wurde; Kroatien und Slowenien gehörten bis 1918 der österreichisch-ungarischen Monarchie an. Im Zweiten Weltkrieg war Jugoslawien von 1941 bis 1944 von deutschen Truppen besetzt, die der Partisanenführer Tito mit Hilfe der Russen vertrieb. Seither ist es eine kommunistische Republik, die sich jedoch von der Sowjetunion unabhängig hält.

Einwohnerzahlen der wichtigsten Städte:	
Hauptstadt Belgrad	746 000
Zagreb	566 000
Skopje	312 000
Sarajewo	244 000
Ljubljana	174 000

Das **Julfest:** germanisches Fest der Wintersonnenwende. Heute Name des Weihnachtsfestes in Skandinavien.

Der **Juli** →Monat.

Der **Jumbo-Jet** (engl., sprich dscham-

bo-dsehet) ist die scherzhafte Bezeichnung für das moderne Großraumflugzeug Boeing 747.

Die **Jungfrau von Orléans** (Jeanne d'Arc) war ein französisches Hirtenmädchen, das vor 500 Jahren lebte. Damals befand sich Frankreich in großer Gefahr: Die Engländer, die in das Land eingedrungen waren, rückten immer weiter vor und hinderten den Dauphin (den französischen Kronprinzen), den Thron zu besteigen. Da trat Johanna, 18jährig, in Helm und Rüstung vor ihn und seine Ritter und verkündete, daß Gott ihr befohlen habe, Frankreich zu retten. Begeistert folgte ihr das Heer und siegte bei Orléans. Kurz darauf wurde der Dauphin in Reims zum König gekrönt. Bei späteren Kämpfen geriet Johanna in englische Gefangenschaft und wurde 1431 als Zauberin auf dem Scheiterhaufen verbrannt. Das französische Volk aber verehrt sie seit langem als Heilige; 1920 wurde sie von der katholischen Kirche heiliggesprochen.
Johannas Schicksal wurde in berühmten Dramen behandelt: von Schiller (»Die Jungfrau von Orléans«) und von G. B. Shaw (»Die heilige Johanna«).

Der **Juni** →Monat.

Der **Junker:** junger Landedelmann. Im politischen Kampf bezeichnete man als Junker die preußischen Grundbesitzer in den Provinzen östlich der Elbe.

Das **Junktim** (von lat. »iungere« = verbinden) ist der innere oder der →organisatorische Zusammenhang, den man zwischen Gesetzen und Gesetzentwürfen herstellt, um sie gemeinsam zu beraten oder zu erledigen.

Juno ist der lateinische Name für die griechische Göttin Hera.

Jupiter ist der lateinische Name für den griechischen Gott Zeus; auch der größte der neun Planeten wird Jupiter genannt (→Himmelskunde).

Der **Jurist** (lat.): jemand, der die Rechte (Jura) studiert und zwei staatliche Prüfungen abgelegt hat, z. B. ein Rechtsanwalt, Richter oder Notar.

Juristische Person →Person.

Die **Jurte:** über ein rundes Holzgerüst gespanntes Filzzelt, das wandernde Hirtenvölker in Innerasien benutzen. Es ist leicht an jedem Ort aufzustellen, wieder abzubauen und auf den Tieren mitzuführen.

Die **Jury** (franz.-engl., sprich ~~schü~~üri oder d~~sch~~uri) ist ein Preisgericht. Die Bezeichnung wird vor allem auf das Preisgericht bei Kunstausstellungen oder Wettbewerben angewendet. In England und Amerika bezeichnet man mit Jury das Schwurgericht.

Justitia hieß die römische Göttin der Gerechtigkeit. Als Zeichen dafür, daß die Gerechtigkeit »ohne Ansehen der Person« zu urteilen habe, wurde Justitia mit einer Augenbinde dargestellt. Von Justitia kommt auch der Ausdruck *Justiz*, mit dem man die Rechtspflege bezeichnet.

Die **Jute** wird vor allem in Indien angebaut. Die etwa 4 m hohe Pflanze liefert Bastfasern, die zu Seilen, Gurten, Säcken usw. verarbeitet werden.

Der **Juwelier** handelt mit wertvollem Schmuck, goldenen Uhren usw.

K

K ist der 11. Buchstabe des Alphabets. In der Chemie ist K die Abkürzung für Kalium.

Die **Kaaba** (arab. = Würfel) befindet sich in der Stadt Mekka in Arabien, dem Ziel aller mohammedanischen Pilger. Sie ist ein viereckiges Gebäude im Hof einer Moschee und enthält den berühmten, besonders verehrten »Schwarzen Stein«. Beim Gebet kniet der Mohammedaner in der Richtung auf die Kaaba nieder.

Das **Kabarett** (franz.) ist eine Kleinkunstbühne. Es bietet nicht wie das Theater »große Kunst« (Dramen, Opern), sondern Chansons, heitere Verse und kurze Bühnenstücke, in denen vielfach menschliche Schwächen und Zeitgeschehnisse verspottet werden.

Ein **Kabel** ist ein festes Seil aus vielen Einzeldrähten. Es kann einen stärkeren Zug aushalten als ein Rundstab von gleichem Metall und gleichem Durchmesser. Daher werden Kabel für Hängebrücken verwendet. – In der Elektrizität nennt man jede Leitung, die durchgehend gut isoliert ist, ein Kabel. Kabel können auch im Boden und unter Wasser verlegt werden, z. B. als Seekabel zwischen verschiedenen Erdteilen. In diesen Kabeln sind viele gegeneinander isolierte Drähte vereinigt, die es gestatten, gleichzeitig zahlreiche Ferngespräche über ein Kabel zu führen. – In der Seefahrt ist das Kabel ein Längenmaß: 1 Kabel = $^1/_{10}$ Seemeile = 185,2 m.

Der **Kabeljau** ist ein Raubfisch, der im Atlantik sowie in der Nord- und Ostsee lebt. Er gehört zur Familie der Dorsche und ist ein wichtiger Speisefisch. Er wird *Stockfisch* genannt, wenn er auf Stöcken getrocknet, *Klippfisch*, wenn er auf Klippen getrocknet und gesalzen worden ist.

Das **Kabinett** (franz.): kleines Zimmer. – Früher wurde das Nebengemach eines Schlosses, in dem der Fürst sich mit seinen Vertrauten beriet, Kabinett genannt. Später übertrug man diese Bezeichnung auf die Regierung selbst: z. B. das Kabinett Bismarck. – Auch eine Sammlung von Kunstgegenständen oder anderen Kostbarkeiten heißt manchmal Kabinett, z. B. Kupferstichkabinett.

Das **Kabriolett** (franz.): Personenkraftwagen mit zurückklappbarem Verdeck.

Der **Kadaver** (lat.): verwesender Leichnam, besonders tierische Leiche.

Der **Kader** (franz.): 1. die Stammtruppe, die den Rahmen eines militärischen Verbandes bildet, besonders alle zu seiner Führung notwendigen Offiziere und Unteroffiziere; 2. in kommunistischen Ländern Gruppen hoher Funktionäre in Partei, Staat und Wirtschaft.

Kadetten (franz.): Zöglinge einer militärischen Lehranstalt, die sich auf die Offizierslaufbahn vorbereiten.

Der **Kadi** (arabisch): Richter bei den Mohammedanern.

Käfer. Unter den etwa 300000 Arten gibt es ganz kleine, die man nur mit der Lupe sehen kann, und Riesen, wie den Goliathkäfer, die bis zu 20 cm lang werden. Der *Kornkäfer*, der die Vorräte großer Speicher wertlos machen kann, der *Borkenkäfer*, der als Waldvernichter großes Unheil anrichtet, und der →*Kartoffelkäfer* sind Schädlinge. Es gibt aber auch nützliche Käfer, wie die Marienkäfer, die die Blattläuse vertilgen.

Kaffee ist ein anregendes Getränk, das aus den Samen des Kaffeebaumes bereitet wird. Der Kaffeebaum stammt wahrscheinlich aus der abessinischen Landschaft Kaffa, wird heute aber auch in Süd- und Mittelamerika und auf Java in größtem Umfang angebaut. Er hat lange schmale Blätter mit weißen Blüten und roten, kirschenähnlichen Früchten, die je zwei Kerne oder Samen enthalten. Dies sind die Kaffeebohnen. Die grünen Bohnen werden getrocknet, dann gebrannt oder geröstet und bekommen so die braune Farbe und das Kaffeearoma.

Kaffee: Blüte, Frucht, grüne Bohne, getrocknete Bohne

Wirksamster Bestandteil des Kaffees ist das Koffein, das Nerven, Herz und Magen anregt, bei zu häufigem Genuß jedoch körperliche Schäden hervorruft. – Das Kaffeetrinken kam um 1450 in Arabien auf, im 17. Jh. gelangte es über Venedig nach Europa.

Kaffern (arab. = Ungläubige) nennt man die in Südafrika lebenden Bantu, besonders die Zulu. Sie leben meist in bienenkorbartigen Rundhütten.

Franz **Kafka,** 1883 geboren und 1924 gestorben, gehört zu den größten deutschsprachigen Erzählern unseres Jahrhunderts. Fast alle seine Werke erschienen erst nach seinem Tod, erlangten aber Weltgeltung. Dem →Expressionismus nahestehend, schildert Kafka die Angst des einzelnen vor geheimnisvollen, bürokratischen Mächten; seine Erzählungen sind oft phantastische →Parabeln, die in ihrer Bedeutung schillern. Seine Romane heißen »Amerika«, »Das Schloß« und »Der Prozeß«; wichtige Erzählungen sind »Die Verwandlung«, »Das Urteil«, »In der Strafkolonie«.

Der **Kaftan** (türk.): langärmeliger, mantelartiger Überrock der Orientalen und Ostjuden.

Der **Kai** (niederl.): durch eine Mauer gesichertes Hafen- oder Flußufer, auf dem sich Ladekräne, Lagerschuppen usw. befinden.

Die Erinnerung an den **Kaiser** als den höchsten Herrn der Welt ist noch in Märchen, Volksliedern und Kinderspielen erhalten. Das Wort Kaiser stammt von →Cäsar, dem ersten Alleinherrscher des Römischen Weltreichs. Im Russischen und Bulgarischen wurde daraus Zar. Im Mittelalter wurden die deutschen Könige seit Otto I. (962 n. Chr.) in Rom zum Kaiser gekrönt. 1806 erlosch diese Kaiserwürde, und der letzte deutsche Kaiser Franz II. nahm den Titel eines Kaisers von Österreich an. 1871–1918 führten die Hohenzollern den Titel Deutscher Kaiser. 1804–1815 war Napoleon I., 1852–1870 Napoleon III. »Kaiser der Franzosen«. 1877–1947 hatten die englischen Könige den Titel »Kaiser von Indien«. Bis 1912 gab es einen Kaiser von China. Heute sind noch Japan, Persien und Abessinien (bis 1974) Kaiserreiche.

Der **Kajak** ist das kleine einsitzige Boot der Eskimo. Es besteht aus Seehundsfell, das mit Walfischrippen versteift ist, und hat nur eine Öffnung an der Oberseite, die der darin Sitzende gerade ausfüllt. Es wird mit einem Doppelpaddel fortbewegt. Heute heißt auch ein Sportpaddelboot Kajak.

Der **Kakadu** →Papageien.

Kakao ist das feingemahlene Pulver der Bohnen des Kakaobaumes, der in allen heißen Ländern wächst. Die Früchte sind etwa so groß wie eine Gurke und enthalten 50–60 Bohnen, die zunächst bitter sind und erst durch Trocknen und Rösten ihren Geschmack gewinnen. Außerdem muß ihnen noch das Fett (Kakaobutter) entzogen werden, ehe sie als Kakaopulver oder zur Herstellung von Schokolade verwendet werden können.

Kakao: Blüte, Frucht, geöffnete Frucht

Die **Kakteen,** deren Blätter zu zahlreichen Stacheln oder Haaren umgebildet  sind, haben sich aus warmen, regenarmen Gebieten Mittelamerikas weit über die Erde verbreitet. In vielen Spielarten werden diese wasserspeichernden Pflanzen, deren prächtige, aber seltene und kurzlebige Blüten stark duften, von Liebhabern gezüchtet. Es gibt Riesenkaktus-Arten, die über 12 m hoch werden.

Kalb nennt man das junge Rind bis zum Alter von 1 Jahr. Kälber werden auch die Jungen von Hirschen, Antilopen, Elefanten und Nilpferden genannt.

Das **Kaleidoskop** (griech.) ist ein Spielzeug, ein Rohr, in dem farbige Glasstückchen durch mehrfache Spiegelung bunte Muster bilden. Durch Drehen des Gerätes verändern sie sich immer wieder.

Der **Kalender** (lat.) →Zeit.

Das **Kali.** So nennt man meist abgekürzt alle Kaliumsalze. Sie werden hauptsächlich als künstliche →Düngemittel in der Landwirtschaft gebraucht. Kali fördert die Bildung von Blattgrün und ist besonders für Rüben, Kartoffeln und Reben unersetzlich. Es wird nur aus Bergwerken gefördert, weil es als wasserlösliches Salz dort erhalten blieb, wo starke, wasserundurchlässige Schichten es vor Auslaugung schützten. Die meisten Kalibergwerke befinden sich in Mitteldeutschland. Kaliumsalze haben auch Bedeutung bei der Bereitung von Glas und Seife.

Das **Kaliber** (arabisch): der innere Durchmesser (lichte Weite) eines Gewehrlaufes oder Geschützrohres oder auch der Durchmesser des Geschosses. So spricht man z. B. von Kleinkaliberwaffen.

Kalif (arabisch = Stellvertreter) wurde der Nachfolger des →Mohammed genannt. Er war das geistliche und weltliche Oberhaupt des Islam. Im Mittelalter gab es zwei Kalifen: den einen in Córdoba in Spanien, das damals mohammedanisch war, und den anderen in Bagdad im heutigen Irak, später in Kairo in Ägypten. Von 1517 bis 1924 hatte der Sultan der Türkei die Kalifenwürde inne.

Das **Kalium** (chemisches Zeichen K) ist ein chemisches Element, ein sehr leichtes Metall, das in der Natur nur in Verbindungen, z. B. als Kaliumsalz (→Kali), vorkommt.

Der **Kalk** (chemisch: Kalziumkarbonat) kommt in der Natur als Kalkstein vor. Viele Gebirge, wie die Kalkalpen oder der Jura, bestehen aus Kalkstein. Für den Aufbau vieler Pflanzen und des menschlichen oder tierischen Körpers ist der Kalk unentbehrlich. Die Knochen enthalten größtenteils Kalk, ferner die Eierschalen oder die Gehäuse von Schnecken und Muscheln. Aus Ablagerungen vorweltlicher Schnecken- und Muscheltiere hat sich z. B. der Muschelkalk gebildet. – Beim Hausbau dient Kalk zur festen Verbindung der Mauersteine. Der Kalkstein wird dazu in Steinbrüchen gewonnen, im Kalkofen bei großer Hitze »gebrannt«, wobei die Kohlensäure entweicht und »gebrannter Kalk« entsteht. Auf der Baustelle wird er dann in einer Grube »gelöscht«, d. h. mit Wasser begossen und so in *Ätzkalk* verwandelt. Dieser wird mit Sand vermischt zum *Mörtel*, der die Kohlensäure der Luft wieder an sich reißt und zu Kalkstein erhärtet. Die Bausteine werden damit so fest verbunden, als wären sie aus einem Stück. – Kalk wird auch in Feld und Garten verwendet, weil er überschüssige Säure des Bodens bindet und die Wirkung anderer Düngemittel erhöht. Die **Kalkulation** (lat.) ist die Berechnung aller Kosten einer Ware oder einer Leistung zur Ermittlung des Preises.

Kalmen (franz.) heißen die windstillen Zonen der Erde, besonders zwischen den Passaten beiderseits des Äquators (*Kalmengürtel*).

Eine **Kalorie** (lat.), abgekürzt cal, ist die Wärmemenge, die 1 g Wasser von 14,5° auf 15,5° C erwärmt. 1000 cal sind eine Kilokalorie, abgekürzt kcal, sie erwärmt 1 kg Wasser von 14,5° auf 15,5° C. Als Arbeitsgröße ist 1 kcal = 427 mkg. Mit der Maßeinheit kcal wird der Nährwert von Lebensmitteln (→Ernährung) und der Heizwert von Brennstoffen angegeben. – Ab 1. 1. 1978 ist Kalorie durch die Einheit →Joule zu ersetzen. 1 cal = 4,18 Joule; 1 J = 0,239 cal.

Kalumet (franz.): die Friedenspfeife der nordamerikanischen Indianer.

Kalvinismus →Calvin.

Das **Kalzium** (chemisches Zeichen Ca) ist ein chemisches Element, ein silberweißes Leichtmetall. In der Natur kommt es als Bestandteil des Kalksteins und des Gipses vor.

Kambodscha ist ein 181 035 qkm großes hinterindisches Königreich mit der Hauptstadt Pnôm-Penh; es wird von 6,7 Mill. Menschen (Annamiten und Malaiochinesen) bewohnt. Nur ein Viertel des Landes ist landwirtschaftlich nutzbar (Reis, Sesam, Baumwolle, Tabak). Das Land war 1863 bis 1949 französisches Protektorat und wurde 1955 völlig selbständig.

Das **Kamel** ist ein Huftier. Es stammt aus Asien, wo es ein wertvolles Haustier geworden ist und Reiter und Lasten durch Wüsten und über Gebirgspässe trägt. Es kann hohe Hitzegrade ertragen, ist aber auch gegen tiefe Wintertemperaturen unempfindlich. Zur Familie der Kamele gehören außer dem zweihöckrigen Kamel

Dromedar

oder *Trampeltier* das einhöckrige *Drome-dar* und die sogenannten Schafkamele, die →Lamas und ihre wildlebenden Verwandten.

Die **Kamelie:** Zierstrauch mit glänzend dunkelgrünen Blättern und rosenartigen Blüten, der in Ostasien heimisch und bei uns als Topfpflanze beliebt ist.

Die **Kamera** →Photographie.

Kamerun ist eine afrikanische Republik am Golf von Guinea mit 475 442 qkm und 5,8 Mill. Einwohnern (Sudanneger, Haussa, Fulbe, Bantuneger), die vorwiegend Ackerbau und Viehzucht treiben. Hauptstadt ist Jaunde. Das Land war 1884 bis 1920 deutsche Kolonie, dann französisch-englisches Mandatsgebiet und wurde 1960 unabhängig.

Die **Kamille** →Heilkräuter.

Kammermusik nannte man seit dem 17. Jh. die Musik mit Gesang und Instrumenten, die im Hause (in der »Kammer«) aufgeführt wurde, im Gegensatz zu der Musik in Kirchen oder Theatern. Heute versteht man darunter vor allem Musik mit wenigen Streich- oder Blasinstrumenten, zu denen auch das Klavier treten kann, also Quartette, Trios usw., im Gegensatz zur Orchestermusik.

Die **Kampagne** (franz., sprich kampanje): Feldzug; zeitlich begrenzte militärische, politische, wirtschaftliche u. a. Aktion (z. B. Werbekampagne).

Kampfer findet sich als Harz und als Öl im Holz des Kampferbaumes, der in China und besonders auf der Insel Formosa stattliche Größe erreicht. Kampferöl wird zur Herzanregung, für Einreibungen, als Mottengift und zur Herstellung von Zelluloid verwendet.

Der **Kampffisch** kommt in den Flüssen und Seen Malaias vor. Er wird heute in Europa in vielen Farben gezüchtet und als Aquarienfisch gehalten. In der Heimat des Kampffisches läßt man die streitsüchtigen Männchen miteinander kämpfen.

Kanada ist ein selbständiger Staat innerhalb der britischen Völkergemeinschaft, der 9 976 139 qkm umfaßt. Von den 21,85 Millionen Bewohnern Kanadas sprechen etwa 6 Millionen französisch. Diese sind Katholiken; die übrige Bevölkerung ist größtenteils protestantisch und spricht englisch. Die Wirtschaft des Landes befindet sich in mächtiger Aufwärtsentwicklung. →Nordamerika.

Einwohnerzahlen der wichtigsten Städte:	
Montreal	2,74 Mill.
Vancouver	1,1 Mill.
Toronto	713 000
Ottawa (Hauptstadt)	603 000
Edmonton	496 000
Quebec	480 000
Hamilton	309 000

Kanal nennt man einen künstlichen Wasserlauf. Kanäle werden für die verschiedensten Zwecke angelegt. So schafft man Bewässerungskanäle in trockenen Gebieten, Entwässerungskanäle zum Ableiten von Wasser aus Mooren und Sümpfen. Schiffahrtskanäle sind künstliche Wasserstraßen, die durch schmale Landzungen getrennte Meere oder schiffbare Flüsse miteinander verbinden. Schiffahrtskanäle sind zur Überwindung von Höhenunterschieden mit Schiffshebewerken und Schleusen ausgestattet. – Siehe Tabelle nächste Seite.

Als **Kanalisation** bezeichnet man alle Anlagen und Einrichtungen, die zum Ableiten von Abwässern und flüssigen Abfallstoffen dienen. Grundleitungen nehmen die Abwässer aus Gebäuden und Grundstücken auf und leiten sie in Hauptstränge, die in oft mannshohe Kanäle münden. In diesen werden die Abwässer dann auf Rieselfelder oder in Kläranlagen geleitet. Die Leitungen bestehen aus säurefesten Zement- oder Steinzeugrohren, die durch Einstiegschächte zugänglich sind.

Der **Kanarienvogel** gehört zur Finkenfamilie. Seine Heimat sind die Kanarischen Inseln, wo er, graugrün gefärbt, viel unscheinbarer aussieht als die leuchtendgelben Zuchtvögel, die man überall wegen ihrer Sangesfreudigkeit als Stubenvögel hält. Besonders beliebt sind die Harzer Roller.

Kandare →Zaumzeug.

Wichtige Kanäle

Name	Land	Verbindet	Erbaut	Länge	Schleusen	Erläuterungen
Kaiser-Kanal	China	Peking mit Hangtschou	486 v. Chr. 1290 n. Chr.	1300 km	—	Heute nur noch teilweise befahrbar.
Ostsee-Wolga-Kanal	UdSSR	Newa mit Wolga	1731–1799	1092 km	11	Ermöglicht die Schiffahrt zwischen Ostsee und Kaspischem Meer.
Mittelland-Kanal	Deutschland	Rhein, Weser und Elbe	1905–1938	465 km	4	Wichtigste Binnenschiffahrtsstraße Deutschlands, verbindet West- und Ostdeutschland.
Göta-Kanal	Schweden	Kattegat mit der Ostsee	1810–1832	385 km	58	Erspart den Weg um die Südspitze Schwedens.
St.-Lorenz-Seeweg	Kanada/ USA	Große Seen und Atlantik	1954–1959	304 km	7	Längster Binnenwasserweg für Ozeanschiffe (Duluth–Atlantischer Ozean = 3800 km).
Dortmund-Ems-Kanal	Deutschland	Dortmund mit unterer Ems	1892–1899	269 km	19	Verbindet das Ruhrgebiet mit der Nordsee.
Rhein-Main-Donau-Kanal	Deutschland	Rhein, Main und Donau	seit 1921 im Bau	210 km geplant	68	Soll nach Fertigstellung Nordsee und Schwarzes Meer verbinden.
Suez-Kanal	Ägypten	Port Said mit Suez	1859–1869	160 km	—	Verbindet Mittelmeer mit Rotem Meer und erspart den Weg um Afrika.
Nord-Ostsee-Kanal	Deutschland	Brunsbüttel mit Holtenau	1887–1895	99 km	2	Verbindet Nord- und Ostsee.
Panama-Kanal	USA	Panama mit Colón	1903–1914	81,6 km	6	Verbindet den Atlantischen mit dem Stillen Ozean und erspart den Weg um Südamerika.
Welland-Kanal	Kanada	Port Colborne mit Port Dalhousie	1913–1931	45 km	7	Verbindet Erie- und Ontariosee und umgeht die Niagarafälle.

Der **Kandidat** (lat.): Bewerber, Anwärter, besonders auf ein öffentliches Amt (z.B. als Abgeordneter). Auch Studenten vor der Schlußprüfung nennt man Kandidaten (abgekürzt: cand. med., cand. jur. usw.). – Die *Kandidatur:* Bewerbung oder Benennung als Amtsanwärter, z. B. durch eine Partei. – Verbum: *kandidieren.*

Man **kandiert** Früchte, indem man sie mehrmals in dicker Zuckerlösung kocht und danach eintrocknen läßt. Sammelt sich dagegen der Zucker statt an Früchten an einem eingehängten Faden, so entsteht nach dem Trocknen der *Kandiszucker.*

Wassily **Kandinsky,** der große russische Maler, wurde 1866 geboren und starb 1944. Er war ein Vertreter der »absoluten« (abstrakten) Kunst und gehörte dem →»Blauen Reiter« an.

Das **Känguruh** ist ein →Beuteltier.

Das **Kaninchen** ist mit dem Feldhasen verwandt. Es lebt unter der Erde und wird durch seine große Fruchtbarkeit der Landwirtschaft gefährlich. Das *Hauskaninchen* wird in vielen Rassen in allen Kulturländern gezüchtet.

Kannelüre (franz.) →Säule.

Der **Kannibale** (span.) ist ein Menschenfresser, der Teile seines getöteten Feindes verzehrt, weil er glaubt, daß dadurch dessen Eigenschaften (Tapferkeit, Gewandtheit usw.) auf ihn übergehen. Heute gibt es kaum noch Kannibalen.

Der **Kanon** (griech. = Richtschnur, Regel): 1. die allgemein anerkannten heiligen Schriften einer Religion, die als Richtschnur für Glauben und Leben der Gläubigen dienen; 2. in der katholischen Kirche Sammlung der kirchlichen Rechtsbestimmungen (*kanonisches Recht*); 3. Verzeichnis der von der katholischen Kirche Heiliggesprochenen (*Kanonisierten*); 4. ein Musikstück oder Reihengesang, in dem die Stimmen nacheinander einsetzen und alle dieselbe Melodie und denselben Text bringen.

Immanuel **Kant,** der große deutsche Philosoph, lebte von 1724 bis 1804 in der ostpreußischen Stadt Königsberg, die er nie verließ. In seinen Werken, deren bekanntestes »Kritik der reinen Vernunft« heißt, behandelt er die Fragen: Was können wir von der Wahrheit in der Welt erkennen? Was können wir tun, um nach ihr zu leben? Wie können wir einen Weg zu Gott finden? Aus seinen Erkenntnissen zog Kant die Lehre, jeder Mensch müsse danach streben, so zu handeln, daß sein Verhalten zur Grundlage einer allgemeinen Gesetzesordnung gemacht werden könne. Er sah diesen Satz als eine kategorische, d. h. unbedingte Forderung (Imperativ) an. Daher bezeichnet man ihn als den *kategorischen Imperativ.*

Die **Kantate** (lat.) war ursprünglich ein Singstück mit Sologesängen. In der Kirchenmusik, besonders seit J. S. Bach, ist sie ein Chorwerk mit Soloarien, Rezitativen und Instrumentalbegleitung.

Der **Kanton** (franz.): Verwaltungsbezirk in Frankreich und Gliedstaat der Schweizerischen Eidgenossenschaft.

Der **Kantor** ist Leiter des Kirchenchores und meist zugleich Organist.

Das **Kanu:** ursprünglich das Boot (Einbaum, auch aus Baumrinde oder Tierhäuten) von Indianern und anderen Naturvölkern; heute leichtes einsitziges Paddelboot.

Die **Kanzlei** (lat.) war im Mittelalter der mit Schranken umgebene Raum, in dem amtliche Urkunden, Gerichtsurteile usw. ausgefertigt wurden. Heute nennt man so die Schreibstube einer Behörde oder eines Rechtsanwalts.

Der **Kanzler** (lat.) war der Vorsteher einer Kanzlei, ein Hofbeamter, der die Staatsurkunden ausfertigte. Im Reich Karls des Großen wurde der Kanzler zum obersten Beamten. *Reichskanzler* gab es von 1871 bis 1945. In der Bundesrepublik Deutschland und in Österreich führt der Regierungschef den Titel *Bundeskanzler.*

Das **Kap** (lat.): Vorgebirge, ins Meer ragender Teil einer Küste.

Die **Kapazität** (lat.): Aufnahmefähigkeit, Leistungsvermögen. Dieser Ausdruck wird auf verschiedenen Gebieten angewendet. Von einer Wasserpumpe sagt man z. B., sie habe eine Kapazität von 100 hl in der Stunde, das ist die Wassermenge, die sie in einer Stunde fördert. Auch die Aufnahmefähigkeit von →Kondensatoren für elektrische Ladungen wird als Kapazität bezeichnet. Man mißt sie in Farad. Die geistige Aufnahmefähigkeit eines Menschen bezeichnet man als seine Kapazität. Man nennt auch eine auf einem bestimmten Gebiet besonders bedeutende Persönlichkeit eine Kapazität.

Die **Kaperei** (niederländisch). Früher erteilten Regierungen im Seekrieg an Privatschiffe durch einen *Kaperbrief* das Recht, feindliche Handelsschiffe wegzunehmen, zu *kapern*. Seit 1856 ist die Kaperei abgeschafft.

Kapern sind die erbsengroßen Blütenknospen des am Mittelmeer heimischen Kapernstrauches. Sie kommen, eingelegt in Salzwasser oder Essig, als würzige Feinkost in den Handel.

Kapillarität (lat.) nennt man die Eigenschaft haarfeiner Röhrchen, die im Docht, im Schwamm, in Pflanzengeweben usw. Flüssigkeiten hochsteigen läßt. Die Kapillarität entsteht durch die Anziehungskraft, die kleinste Flüssigkeitsteilchen sowohl untereinander als auch auf die Wände der Haarröhrchen ausüben. Auch die haarfeinen Blutgefäße werden als *Kapillaren* bezeichnet.

Das **Kapital** (lat.): alles, was ein Unternehmen an Werten besitzt, z. B. Grundstücke, Gebäude, Maschinen, Rohstoffe, Waren und die Geldmittel, die ihm zur Verfügung stehen.

Der **Kapitalismus** ist eine Wirtschaftsform, bei der das *Kapital* und das Gewinnstreben der Besitzer von Kapital, der *Kapitalisten*, das ganze Wirtschaftsleben bestimmen. Durch die kapitalistische Entwicklung der letzten 200 Jahre, die eng mit der Entwicklung der Technik (Industrie) zusammenhängt, haben sich in den wirtschaftlich fortgeschrittenen Ländern zwei gegensätzliche Bevölkerungsschichten (→Klassen) herausgebildet: eine verhältnismäßig kleine Zahl von Kapitalisten (Unternehmern) und eine gewaltige Über-

zahl von Menschen, die kein Kapital besitzen und als Arbeiter oder Angestellte ihre Arbeitskraft an Kapitalisten verkaufen. Demgegenüber haben andere Schichten, wie Bauerntum, Handwerk und Kleinhandel, an Bedeutung verloren. Die kapitalistische Wirtschaftsform hat also eine eigene Gesellschaftsordnung hervorgebracht. Ohne den Unternehmungsgeist von Kapitalisten, der ja neben Streben nach Reichtum auch Schaffensfreude und das Wagnis von Verlusten einschließt, wäre es nicht möglich gewesen, den Bedarf der stark angewachsenen Bevölkerung an Gebrauchsgegenständen zu befriedigen. Der Kapitalist arbeitet nicht nur für einen wirklich vorhandenen Bedarf, sondern er sucht auch darüber hinaus Wünsche zu wecken, um seinen Absatz zu steigern und sein Kapital besser auszunutzen. Die im Kapitalismus liegende Gefahr willkürlicher, planloser Wirtschaftsführung, schrankenlosen Wettbewerbs und des Machtmißbrauchs hat häufig zu Erschütterungen (Überproduktion, Absatzstockung, Arbeitslosigkeit, Streik, Bürgerkrieg, Krieg) geführt. Diesen Erschütterungen und ihren Ursachen wird in vielen Ländern durch wirtschaftliche und soziale Reformen, an denen Staat, Gewerkschaft und auch Unternehmer selbst beteiligt sind, entgegengearbeitet. – Siehe auch Marx, Sozialismus.

Kapitel: 1. Versammlung von geistlichen Würdenträgern, z. B. Ordenskapitel; 2. der geschlossene Abschnitt eines Schrifttextes.

Das **Kapitell** (oder Kapitäl) ist der obere, verzierte Abschluß einer →Säule zwischen Säulenschaft und Gebälk.

Das **Kapitol** war im alten Rom die Burg auf dem Kapitolinischen Hügel. Sie bildete den Mittelpunkt des religiösen und politischen Lebens. Auch das amerikanische Parlamentsgebäude in Washington wird Kapitol genannt.

Die **Kapitulation** (lat.): bedingungslose oder an Bedingungen geknüpfte Ergebung des Truppenteiles, einer Festung oder eines ganzen Heeres.

Der **Kaplan** (lat.): katholischer Hilfsgeistlicher oder Geistlicher mit besonderen Aufgaben.

Der **Karabiner** ist ein leichtes, in Lauf und Schaft verkürztes Gewehr. *Karabinerhaken* nennt man einen Haken z. B. für Rucksäcke, bei dem der eingehakte Ring durch eine Feder am Herausgleiten gehindert wird.

Herbert von **Karajan,** der 1908 in Salzburg geboren wurde, ist einer der ganz großen Dirigenten der Gegenwart. Er rief 1969 die *Herbert-von-Karajan-Stiftung* zur Förderung junger Dirigenten ins Leben.

Der **Karamel** ist gebräunter Zucker; *Karamellen* sind Bonbons aus Karamel, Milch und Fett.

Das **Karat** (arabisch = Kern des Johannisbrotes) ist die Gewichtseinheit für Juwelen. Es entspricht 0,205 g. Auch der Reinheitsgrad einer Goldlegierung wird in Karat angegeben: 100%iges Gold = 24 Karat, 75%iges = 18 Karat.

Karate (japan. = leere Hand) ist eine koreanische Abwandlung des →Jiu-Jitsu mit (Handkanten-)Schlägen statt Griffen, kann schwere, auch tödliche Verletzungen verursachen. Im sportlichen Wettkampf sind nur Scheinangriffe erlaubt.

Die **Karavelle** war im 14.–16. Jh. ein Hochsee-Segelschifftyp.

Eine **Karawane** (persisch) nennt man in Mittel- und Vorderasien und in Afrika eine Reisegesellschaft von Kaufleuten oder Pilgern, die zu gegenseitigem Schutz und Beistand ihre Fahrt gemeinsam unternehmen. Seit sehr langer Zeit benutzen die Karawanen die gleichen Handelswege, die *Karawanenstraßen.* Sie finden in Oasen und Städten Unterkunft in den *Karawansereien.*

Unter **Karbid** versteht man meist *Kalziumkarbid,* das als grauweißer Steinsplitt verkauft wird. Kommt Karbid mit Wasser zusammen, so bildet sich das Azetylengas, das für Lampen und für Schweiß- und Schneidbrenner verwendet wird. Kalziumkarbid ist ein wichtiger Stoff zur Herstellung des Düngemittels Kalkstickstoff. Allgemein ist Karbid eine chemische Verbindung von Kohlenstoff mit Metallen.

Die **kardanische Aufhängung** wird in Schiffen oder Luftfahrzeugen zum Aufhängen von Kompaß, Uhr, Lampe usw. benützt. Diese Geräte behalten dadurch auch bei sehr starken Schwankungen ihre senkrechte oder waagrechte Lage bei. Dies wird durch drei Gelenkpaare erreicht, die zueinander um 90 Grad versetzt sind. Die Kardanwelle im Kraftwagen besitzt ein Kardangelenk, das sich den Räder- und Achsschwingungen anpaßt; dadurch wird überhaupt erst eine Federung des Wagens ermöglicht.

Kardangelenk

Kompaß in kardanischer Aufhängung

Kardinäle sind nächst dem Papst die höchsten Geistlichen in der katholischen Kirche. Sie wählen den Papst und werden ihrerseits von ihm in freier Entscheidung ernannt. Bei feierlichen Anlässen tragen sie rote Gewandung. Sie werden mit dem Titel »Eminenz« angeredet.

Die **Kardinalzahl:** ganze Zahl, Grundzahl, z. B. 1, 2, 3 usw.

Die **Karies** (lat.) →Zahn.

Das **Karibische Meer** ist ein Teil des Amerikanischen Mittelmeers zwischen den Antillen und der Nordküste Südamerikas, im *Caymangraben* 7238 m tief.

Beethoven
Karikatur von
Lyser

Das in einer **Karikatur** (ital.) Dargestellte ist zwar deutlich zu erkennen, aber verzerrt. Besondere Merkmale stechen in starker Übertreibung hervor. Oft will der Karikaturist den dargestellten Gegenstand oder Vorgang, die Person oder Einrichtung usw. ins Lächerliche ziehen. Das kann einfacher Ulk sein, aber auch zu ernsthaftem Kampf, z. B. in der Politik, benutzt werden. Ein bedeutender Karikaturist war Wilhelm Busch.

Karl der Große war von 768 bis 814 König des →Fränkischen Reiches und dehnte das Gebiet seiner Herrschaft durch viele Kriegszüge in Sachsen, Österreich, Oberitalien und Spanien mächtig aus, bis er als Herrscher des ganzen Abendlandes galt. Im Jahre 800 wurde er in Rom vom Papst zum Kaiser gekrönt. Den Widerstand seiner Gegner unterdrückte er mit großer Strenge. Auch bei der Ausbreitung des Christentums wendete er Gewalt an. Er sorgte für die Pflege des Rechts, gründete Schulen und berief bedeutende Gelehrte an seinen Hof in Aachen. Bald nach seinem Tode teilten seine Söhne sein riesiges Reich. So entstanden Frankreich und Deutschland. Die Taten Karls und seiner Helden, der »Paladine«, leben im Rolandslied und vielen Sagen fort.

Kaiser **Karl V.** herrschte seit 1519 über ein Reich, »in dem die Sonne nicht unterging«. Denn außer Deutschland, Österreich, Spanien und Ungarn standen auch die neuentdeckten Länder in Amerika unter seiner Regierung. Er konnte aber den Zerfall des deutschen Reiches in einzelne Fürstentümer nicht aufhalten und erlebte die Glaubensspaltung der →Reformation. 1556 dankte er, von der Welt enttäuscht, ab und zog sich in ein spanisches Kloster zurück, wo er 1558 starb. Sein Bruder Ferdinand erbte die deutsche Kaiserkrone, sein Sohn Philipp II. Spanien mit seinen überseeischen Besitzungen.

Der **Karneval** ist die Zeit vor →Fastnacht.

Karosserie nennt man den Oberbau der Kraftfahrzeuge. Sie verkleidet Motor, Nutzraum und zum Teil das Fahrgestell.

Der **Karpfen** ist ein Süßwasserfisch und wird wegen seines wohlschmeckenden Fleisches sehr geschätzt. Man unterscheidet nach der Beschuppung Spiegel-, Schuppen- oder Lederkarpfen. Karpfen können über 100 Jahre alt werden.

Die **Karriere** (franz.): 1. schnellster Galopp des Pferdes; 2. (erfolgreiche) berufliche Laufbahn.

Der **Karst** heißt eine unbewachte Hochfläche im nördlichen Küstengebiet Jugoslawiens. Allgemein bezeichnet man mit Karst alle ähnlichen Berglandschaften aus Kalkstein, bei denen die Niederschläge unterirdisch abfließen. In solchen Gegenden fehlen Bäume und Sträucher, der Ackerbau ist kümmerlich. Karsthochflächen sind mit merkwürdigen Trichtern, den Dolinen, überzogen, durch die das Wasser zu den Höhlen ins Berginnere abfließt.

Die **Kartätsche** (ital.) war früher ein auf kurze Entfernungen eingesetztes, mit Bleikugeln gefülltes Artilleriegeschoß.

Das **Kartell** (franz.): 1. Zusammenschluß von Verbänden oder Vereinen; 2. in der Wirtschaft eine lose Vereinigung von selbständigen Unternehmungen, die Vereinbarungen treffen, um den freien Wettbewerb auszuschalten und die Preise ihrer Waren künstlich hoch zu halten.

Kartenkunde. Um sich im Gelände oder auf See zurechtzufinden, braucht man

Kartensignaturen

237	Geländedarstellung in Höhenlinien mit Höhenangaben in Meter
	Laub- und Nadelwald
1 2	1 Wiese, 2 Sumpf und Moor mit Torfstich
	See, Fluß und Kanal
	Brücke, Fähre
Fbr.	Stadt mit Vorstadt und Fabrik
	Dorf, Weiler
	Kirche, Kapelle
	Ruine, Turm
	Wind-, Wassermühle
	Bergwerk, verlassen
	Erdöl, Flugplatz
	Eisenbahn, Bahnhof
	Autobahn
	Hauptstraße
	Nebenstraße
	Fahr- und Feldweg
	Landes- u. Kreisgrenze

Karten. Landkarten in der heutigen Form gibt es seit etwa 400 Jahren. Durch →Vermessung in der Natur werden die Entfernungen und Höhen festgestellt und dann in verkleinertem Maßstab zu Papier gebracht. So gibt es z. B. Karten im Maßstab 1:5000, bei denen eine Strecke von 50 m in der Natur = 1 cm auf der Karte ist, und Karten 1:100000 (vielfach für Wanderungen benutzt), bei denen 1 km = 1 cm ist. Zur Wiedergabe von Straßen, Städten, Wäldern, Höhenzügen, Eisenbahnen usw. werden bestimmte Bildzeichen (Signaturen), Linien oder Schraffierungen verwendet. Auf Seekarten wird besonders die Tiefe des Wassers genau vermerkt. Es gibt Karten, die vor allem die Berge, Flüsse, Täler und Meere zeigen. Diese nennt man *physikalische Karten* (siehe z. B. unsere Karte Australien). Auf *politischen Karten* treten die Grenzen der Länder hervor. Wieder andere Karten verzeichnen nur einzelne wichtige Tatsachen, wie Bodennutzung, Klima oder die Bevölkerungsdichte. Die Erde ist eine Kugel, daher kann man sie nur auf einem Globus genau darstellen. Versucht man Teile dieser Kugelfläche auf dem ebenen Kartenblatt wiederzugeben, so muß man eine gewisse Verzerrung in Kauf nehmen. Das fällt besonders bei Weltkarten auf. Der Kartograph, der die Karten entwirft, benutzt dabei verschiedene Arbeitsweisen, um das Bild der Erdoberfläche auf die Karte zu werfen, zu projizieren. Diese nennt man *Projektionen.* Bei einer flächentreuen Projektion werden die Größen der Länder und Erdteile »getreu« wiedergegeben. Dafür verzerrt sich besonders am Rand der Karte die Lage der Gebiete zueinander; sie sehen schief aus, und man sagt, diese Darstellung ist nicht winkeltreu. Auf einer winkeltreuen Karte dagegen – z. B. in der sogenannten Mercator-Projektion, in der früher viele Weltkarten gezeichnet wurden – stimmen die Flächengrößen nicht richtig. Grönland sieht auf Karten dieser Art z. B. meist so groß wie Afrika aus.

Kartenspiele sind Spiele für eine oder mehrere Personen mit besonderen →Spielkarten. Es gibt Kartenspiele, die sehr einfach sind, z.B. »Schwarzer Peter« oder die meisten Quartettspiele; solche, die vor allem Geduld erfordern, die sog. Patiencen (franz. patience = Geduld), die meist von einer Person gespielt werden; reine Glücksspiele, wie »Ekarté« oder »17 und 4«; Unterhaltungsspiele, wie »Rommé«, »Sechsundsechzig«, »Tarock«, »Schafskopf«, »Poker«, und schließlich solche, die viel Verstand, Gedächtnis und Kombinationsvermögen erfordern, wie »Skat« oder »Bridge«.

Karthago →Phöniker.

Die **Kartoffel** ist eine krautartige Nachtschattenpflanze, deren grüne Früchte giftig sind. Sie ist in der Mitte des 16. Jh. aus Südamerika nach Europa gekommen und weitergezüchtet worden. Wegen des Stärkereichtums ihrer Knollen ist sie eine der wichtigsten Nährpflanzen geworden. Außerdem dienen Kartoffeln als Schweinefutter, zur Herstellung von Brennspiri-

tus und Kartoffelschnaps (dem Fusel) sowie von Kartoffelflocken und -stärke.
Der **Kartoffelkäfer** oder *Koloradokäfer*, der nach dem Ersten Weltkrieg aus Amerika nach Europa eingeschleppt wurde, ist ein sehr schädliches Insekt. Der etwa 1 cm große, gelb-schwarze, an den Flügeldecken längsgestreifte Käfer und seine rote, schwarzgefleckte Larve fressen die Kartoffelstauden kahl und gefährden die Kartoffelernte. Der Schädling wird durch Bestäuben mit Giftpulver bekämpft.

Kartoffelkäfer
Links: Larve, rechts: Käfer

Die **Kartusche** (franz.): 1. in der Bau- und Möbelkunst verwendetes Schmuckmotiv: verzierte Einfassung von Wappen, Inschriften usw.; 2. in Metallhülsen, früher auch in Stoffbeuteln befindliche Pulvertreibladung für Geschosse.
Käse kann aus Vollmilch, Magermilch, sogar aus Molke oder aus Pflanzeneiweiß hergestellt werden. Es gibt viele hundert Käsesorten, und entsprechend vielfältig ist die Käsebereitung. Bei der Herstellung von Käse aus Milch wird diese durch Zusatz von →Lab oder bestimmten Bakterien zum Gerinnen gebracht. Der Quark, der zunächst entsteht, wird gepreßt und durch Gären zur Reife gebracht. Dabei erhält der Käse seinen eigentümlichen Geschmack. Der Anteil an Milchfett wird beim Verkauf angegeben.
Der **Kasko** (span.): Schiffsrumpf oder Fahrzeug (im Gegensatz zur Ladung = *Kargo*). – *Kaskoversicherung:* Versicherung gegen Schäden an Transportmitteln (Kraftfahrzeug, Schiff usw.), auch gegen Diebstahl.

Der **Kasperl** ist der →Hanswurst des Puppentheaters.
Kassandra war in der Sage vom →Trojanischen Krieg die Tochter des Königs Priamos. Apollo lehrte sie die Zukunft sehen. Weil sie aber seine Liebe zurückwies, bewirkte er, daß niemand ihren Vorhersagen Glauben schenkte. – Warnungen, die nicht beachtet werden, nennt man daher Kassandrarufe.
Der **Kassiber:** Zettel, den Häftlinge sich gegenseitig oder ihren Besuchern heimlich zustecken, um Nachrichten auszutauschen.
Die **Kastanie** →Laubbäume.
Eine **Kaste** ist bei den Hindus in Indien eine streng abgeschlossene Gruppe der Bevölkerung, deren Angehörige sich auf gleiche Abstammung berufen, nur untereinander heiraten und die gleichen Sitten und Speisevorschriften beobachten sowie einer bestimmten Berufsschicht angehören. Die höchste Kaste ist die der Brahmanen, der Priester, dann folgen die Krieger, Händler, Bauern, Handwerker und Diener. Jenseits der Kasten stehen die *Parias* (»Unberührbaren«), die nur niedrigste Arbeiten verrichten dürfen und von allen verachtet werden. Im modernen Indien sind, vor allem seit dem Eingreifen →Gandhis, die strengen Kastenunterschiede gemildert worden.
Das **Kastell:** kleine Festung, die von den Römern in den eroberten Gebieten an den großen Heerstraßen angelegt wurde.
Der **Katafalk** (ital.): geschmücktes Schaugerüst zur Aufbahrung einer Leiche.
Die **Katakomben** dienten den ersten Christen als Begräbnisstätten. Sie sind tief in die Felsen gehauene unterirdische, meist labyrinthisch verzweigte enge Gänge, oft in mehreren Stockwerken, mit Grabnischen und Malereien an den Innenwänden. Die bedeutendsten Katakomben sind die von Rom.
Der **Katalog** (griech.-lat.) ist ein systematisches Verzeichnis, z. B. einer Büchersammlung.
Katalysator nennt man in der Chemie einen Stoff, der Verbindungen zersetzt

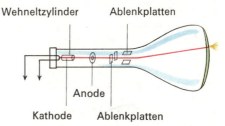

Wehneltzylinder   Ablenkplatten

Anode

Kathode   Ablenkplatten

und neue aufbaut; er ist also nur ein Vermittler oder ein Lenker, der die chemische Verwandlung hervorruft, meist auch beschleunigt, der aber selber weder in den Rohstoffen noch im Erzeugnis sich vorfindet. Man nennt ihn auch Kontaktmittel, weil er Rohstoffe zusammenbringt, die sich sonst kaum verbinden würden. Meist dienen Metalle, wie Platin, Nickel, Kobalt und Eisen, als Katalysatoren. Den Vorgang nennt man *Katalyse*. Er findet z. B. Anwendung bei der Stickstoffgewinnung und bei der Herstellung künstlichen Kautschuks und Benzins. Auch in allen Lebewesen sind Katalysatoren vorhanden, die →Fermente oder Enzyme.

Der (oder das) **Katapult** war das Geschütz der Griechen und Römer. Er bestand aus einem starken Holzgestell, auf dem durch straff gespannte Sehnen ein Hebelarm bewegt wurde. Beim Losschnellen warf der Hebel Steine oder andere Geschosse bis zu 400 m weit. – Heute nennt man Katapulte die Startschlitten, die vor allem auf Flugzeugträgern verwendet werden, um den Flugzeugen, die nicht genügend Anlauffläche haben, die nötige Abfluggeschwindigkeit zu geben.

Katar (Qatar) ist ein 22014 qkm großes Scheichtum auf der Arabischen Halbinsel mit 130000 Einwohnern und der Hauptstadt Doha. Das Land ist unfruchtbar, doch sehr reich an Erdöl (Jahresförderung etwa 17 Mill. Tonnen).

Der **Katarakt** (griech.): Wasserfall, Stromschnelle.

Der **Katarrh** (griech.): Entzündung der Schleimhäute.

Die **Katastrophe** (griech.): schweres Unglück, Zusammenbruch.

Der **Katechismus** (griech.): religiöse Unterweisungsschrift, meist in Frage und Antwort abgefaßt.

Die **Kategorie** (griech.): Gruppe, Klasse, Gattung. – *kategorisch:* unbedingt.

Die **Kathedrale:** Hauptkirche mit Bischofssitz, Dom, Münster.

Die **Kathode** →Elektroden.

Die **Kathodenstrahlröhre** ermöglicht es uns, elektrische Schwingungen sichtbar

zu machen. Sie ist eine allseitig geschlossene Röhre (→Rundfunktechnik), in die zwei Elektroden (die positive Anode und die negative Kathode) hineinragen. Die von dem Kathodenmaterial ausgesprühten Strahlen bestehen aus →Elektronen. Diese prallen auf eine auf der Glaswand aufgetragene Leuchtschicht auf und bringen sie zum Ausscheiden von Licht- und Röntgenstrahlen (→Fluoreszenz). Eine der wichtigsten Bauarten der Kathodenstrahlröhre ist die *Braunsche Röhre*. Ihre Hauptteile sind: ein Heizfaden als Kathode, ein gelochtes Blech als Anode, ein den Heizfaden umschließender Zylinder (Wehneltzylinder) und hinter der Anode angeordnete Ablenkplatten. Durch Heizung der Kathode werden Elektronen wie bei der Radioröhre ausgelöst. Wird an den Wehneltzylinder eine negative Vorspannung gelegt, so werden die Elektronen zu einem einzigen Strahl gebündelt. Die Strahlstärke und Strahlrichtung kann man durch die Ablenkvorrichtungen (elektrische Felder, die durch Kondensatoren, oder magnetische Felder, die durch Spulen erzeugt werden) steuern. Der durch die gelochte Anode hindurchfliegende Elektronenstrahl prallt auf die Röhrenglaswand auf und bringt die aufgetragene Masse (z. B. Zinksulfid, Kalziumwolframat) zum Aufleuchten. Beim →*Fernsehen* bedient man sich der Braunschen Röhre als Empfangsgeräteteil. Die vom Sender ankommende elektromagnetische Energie kann ohne mechanische Hilfsmittel (und daher nahezu trägheitslos) und mit kleinstem Leistungsaufwand den von der glühend gemachten Kathode ausgeschickten Elektronenstrahl so steuern, daß er gleichsam wie ein Pinsel über den Leuchtschirm gleitet. – Mit dem *Kathodenstrahloszillographen*, einer technischen Weiterentwicklung der Braunschen Röhre, können rasch veränderliche Vorgänge mit Hilfe des eng zusammengefaßten Kathodenstrahlbündels aufgezeichnet werden.

Die **katholische Kirche** wird nach dem Sitz ihres Oberhauptes in Rom auch römisch-katholische oder römische Kirche genannt. Nach katholischer Lehre ist sie durch vier Merkmale als die wahre Kirche Christi gekennzeichnet: Es kann nur *eine* Kirche geben, weil es nur einen Erlöser Jesus Christus gibt; sie wird *heilig* genannt, weil durch sie den Menschen das Heil angeboten wird; wir nennen sie *katholisch* (griech. »Über die ganze Erde hin«), weil sie räumlich und zeitlich unbegrenzt allen Menschen offenstehen muß; sie heißt *apostolisch*, weil sie die Überlieferung der Apostel festhält. Durch die Taufe kann jeder Mensch Glied dieser Glaubensgemeinschaft werden, die in Jesus Christus ihren Ursprung hat. – Die römisch-katholische Kirche ist die älteste christliche Kirche. Nach vielen Verfolgungen und Kämpfen erreichte sie Weltgeltung. Bis ins 11. Jh. hinein war sie die einzige christliche Großkirche. Erst dann trennten sich die orthodoxen (→Orthodoxie) und im 16. Jh. die reformatorischen Kirchen von ihr ab.

Die **Katze** ist schon seit mehr als 5000 Jahren ein Haustier. Alle Hauskatzen-Arten stammen von der Falbkatze in Afrika ab. Die Katze ist ein Zehengänger und kann ihre Krallen zurückziehen. Sie überlistet ihre Beute durch Anschleichen, denn ihr Gang ist fast unhörbar.

Unter **Kauderwelsch** verstand man ursprünglich das Gemengsel aus deutschen und italienischen Wörtern, das die italienischen (welschen) Hausierer (Kauderer) sprachen. Kauderwelsch nennt man aber heute ganz allgemein jeden kaum verständlichen Mischmasch aus den Brocken zweier oder mehrerer Sprachen.

Kaugummi ist ein Gemisch aus harzreichem Gummi, Bienenwachs, Zucker und aromatischen Stoffen (z. B. Pfefferminz oder Vanille).

Die **Kaulquappe** ist die Larve des →Frosches.

Kautabak besteht aus getrockneten, mit Würzen getränkten Tabakblättern.

Die **Kaution** (lat.): eine Art Pfand, das man einem anderen gibt, damit er sicher sein kann, daß man ein Versprechen, einen Vertrag oder eine amtliche Pflicht erfüllt. Meistens hinterlegt man eine größere Summe Geld, die verfällt, wenn man wort- oder vertragsbrüchig wird.

Der **Kautschuk** (indianisch) wird in tropischen Gegenden aus dem Milchsaft einer Reihe von Pflanzen, z.B. des Gummibaumes, gewonnen. Die Baumrinde wird eingeschnitten und der heraustropfende Saft aufgefangen. Er gerinnt an der Luft und wird dann durch *Vulkanisieren*, d.h. Zusatz von Schwefel und starke Erwärmung, fester und zugleich elastischer gemacht. Wenn viel Schwefel zugesetzt wird, entsteht *Hartgummi*. Neuerdings erzeugt man auch künstlichen Kautschuk, so in Deutschland *Buna* (aus Kohle, Kalk und Wasser).

Der **Kauz** gehört zu den Eulen. Es gibt bei uns den größeren *Waldkauz* und den kleinen *Steinkauz*. – Man sagt auch von absonderlichen Menschen: »Das ist ein Kauz.«

Als **Kavalier** (franz.-ital. = Reiter, Ritter) bezeichnet man einen höflichen, ritterlichen Mann.

Die **Kavallerie** (franz.) war früher die zu Pferd kämpfende Truppe (Kürassiere, Dragoner, Husaren, Ulanen u.a.).

Der **Kaviar**: die zu einer feinen Speise hergerichteten, eingesalzenen Eier (der Rogen) einiger Fischsorten (Stör, Sterlet usw.). Besonders bekannt ist der russische Kaviar.

Kazike (indian.) heißt in Mittelamerika ein Stammes- oder Dorfhäuptling.

Kegelschnitte →Mathematik.

Kehlkopf nennt man die Eingangspforte zur Luftröhre. Damit die Speise beim Essen auch richtig in die Speiseröhre und nicht in die Luftröhre gelangt, legt sich der

Kehlkopfdeckel beim Schlucken klappenartig über die Luftröhre. Geschieht das etwas verspätet, so kommt manchmal Nahrung in die Luftröhre. Man sagt: man hat sich verschluckt. Dann wird der verirrte Krümel durch heftiges Husten wieder herausgestoßen. Im Innern des Kehlkopfes befinden sich, von vorn nach hinten reichend, 2 Muskelwülste, die *Stimmbänder*. Sie bestimmen durch verschieden starke Anspannung die Klangfarbe und -höhe der Stimme.

Keilschrift →Schrift.

Gottfried **Keller** ist einer der bedeutendsten Dichter der Schweiz. Bevor er seine eigentliche Begabung erkannte, wollte er

Gottfried Keller
Zeichnung von
Arnold Böcklin

Maler werden. Seine Jugend und innere Entwicklung erzählt er in dem Roman »Der grüne Heinrich«. In seinen Novellen (»Züricher Novellen« und »Die Leute von Seldwyla«) schildert er mit feinem Humor Schicksale und Gestalten aus dem Schweizer Bürgertum. Einige seiner Gedichte zählen zu den schönsten der deutschen Sprache. Keller wurde 1819 geboren, studierte in Deutschland und war lange Jahre ein hoher Beamter in seiner Heimatstadt Zürich. Er starb 1890.

Helen **Keller,** geboren 1880, ist eine amerikanische Schriftstellerin, die in früher Kindheit blind und taubstumm wurde. Durch große Willenskraft und mit Hilfe einer geschickten Lehrerin lernte sie jedoch sprechen, studierte, erwarb den Doktortitel und unternahm sogar Vortragsreisen. Von ihren Büchern wurde die »Geschichte meines Lebens« am bekanntesten. Sie starb 1968.

Die **Kelten,** die von den Römern Gallier, das heißt Kämpfer, genannt wurden, besiedelten ursprünglich die Rheingegend und Südwestdeutschland. In dem Jahrtausend vor Christi Geburt haben sie ihre großen Wanderzüge begonnen, die sie nach Frankreich, auf die Britischen Inseln, nach Spanien, nach Italien, auf die Balkanhalbinsel, nach Südrußland und sogar nach Kleinasien führten, wo sie als Galater bezeichnet wurden. Die einzelnen keltischen Stämme haben sich nach und nach mit den einheimischen Bevölkerungen vermischt. Keltische Sprachen haben sich besonders auf den Britischen Inseln erhalten, so in Wales, Schottland und Irland, sowie in der französischen Bretagne.

Kelvin ist eine Maßeinheit für die Temperaturmessung. Die Kelvinskala beginnt beim absoluten Nullpunkt (–273,15° C). Sie ist benannt nach ihrem Erfinder, dem englischen Physiker Lord Kelvin.

Die **Kemenate** war der mit einem Kamin ausgestattete Wohnraum in der mittelalterlichen Burg, der meist den Frauen vorbehalten war.

Kenia heißen eine ostafrikanische Republik (582 645 qkm, 12,48 Mill. Einwohner, Hauptstadt Nairobi) und der höchste Berg des Landes ein erloschener Vulkan. Kenia war bis 1961 britische Kolonie und Protektorat.

Der **Kentaur:** in der griechischen Sage ein Lebewesen mit dem Oberkörper eines Mannes und dem Leib eines Pferdes.

Johannes **Kepler,** der von 1571 bis 1630 lebte, war ein Astronom und Mathematiker und der Begründer der modernen Astronomie. Er errechnete die Bewegungen der Planeten und stellte darüber die 3 *Keplerschen Gesetze* auf.

Die **Keramik** (griech.): die uralte Kunst, aus Ton Gefäße, Bildwerke und andere Gebrauchs- und Kunstgegenstände herzustellen. →Porzellan und Töpferei.

Kernenergie →Atomenergie.

Die **Kernphysik** ist die Wissenschaft von den →Elementarteilchen, sie befaßt sich also mit den Vorgängen im →Atomkern.

Der **Kernreaktor** oder *Atommeiler* ist eine Anlage, in der durch Kernspaltung →Atomenergie gewonnen wird.

Die **Kernwaffen,** volkstümlich auch *Atombomben* genannt, sind die furchtbarsten bisher bekannten Massenvernichtungsmittel. Ihre Sprengkraft kommt durch Kernspaltung oder durch Kernfusion zustande (→Atom, →Atomenergie). Abgesehen von der verheerenden Wirkung der Sprengung selbst führen Kernwaffen zu einer heimtückischen, jahrelangen →radioaktiven Verseuchung des betroffenen Gebiets. Beim Abwurf amerikanischer Atombomben auf die japanischen Städte Hiroshima und Nagasaki kamen 1945 schätzungsweise 110 000 Menschen ums Leben.

Kerzen hat man seit dem 2. Jh. v. Chr. hergestellt, anfangs aus Wachs oder Talg, später aus Stearin oder Paraffin. Früher wurden Kerzen »gezogen«, indem man die Baumwolldochte mehrmals in geschmolzene Masse der Brennstoffe tauchte und herauszog. Heute werden Kerzen meist durch Maschinen in Formen gegossen. – Auch →Zündkerze.

Die **Ketsch** (engl.) ist ein zweimastiges Sportsegelboot.

Kettenreaktion →Atom.

Ketzer (Häretiker) wurden im Mittelalter alle die Christen genannt, die nicht »rechtgläubig« waren, d. h., die in ihrem Glauben von der Lehre der katholischen Kirche abwichen, z. B. die →Hussiten.

Der **Keuchhusten** ist eine sehr anstekkende Kinderkrankheit. Er beginnt in der Regel mit einem gewöhnlichen Husten. Erst nach 1 bis 2 Wochen kommen die bekannten Keuchhustenanfälle dazu, bei denen das Kind blau wird und nach langem Husten mit einem pfeifenden Geräusch Luft holt. Vielfach muß der Kranke sich auch erbrechen. Die Hustenanfälle dauern meist 2 bis 6 Wochen. Zu einer Erstickung kommt es dabei nicht.

Khaki ist die gelbbraune Farbtönung von Tropen- und Uniformstoffen; auch die Stoffe selbst nennt man so.

Der **Kibbuz** (hebr.) ist eine jüdische Gemeinschaftssiedlung in Israel, die sich selbst mit allem Lebensnotwendigen versorgen und verteidigen kann.

Der **Kiebitz** lebt in feuchten, offenen Landschaften. Seine Eier gelten als Lekkerbissen, doch ist das Sammeln der Eier dieses Zugvogels verboten. – Als Kiebitz bezeichnet man auch jemanden, der beim Karten- oder Schachspiel zuschaut.

Die **Kiefer** →Nadelbäume.

Der **Kiel** eines Schiffes ist der unterste Längsbalken aus Holz oder Eisen, der den ganzen Rumpf von vorn bis hinten durchzieht. Mit ihm beginnt der Bau eines jeden Schiffes (Kiellegung).

Kiemen →Atmung.

Die Vorsilbe **Kilo-** (griech.) bezeichnet das Tausendfache der betreffenden Einheit, z. B. Kilogramm = 1000 Gramm.

Der **Kilometer** →Maße.

Die **Kimbern** waren ein germanisches Volk, das aus Jütland (Dänemark) stammte. Auf der Suche nach neuen Wohnsitzen zogen sie im 2. Jh. v. Chr. in den Süden Germaniens und besiegten dort die Römer, die das Land besetzt hielten. Als sie aber gemeinsam mit den germanischen *Teutonen,* die aus Schleswig-Holstein stammten, Italien erobern wollten, wurden sie von den Römern in den Schlachten von Aquae Sextiae 102 v. Chr. und Vercellae 101 v. Chr. vernichtend geschlagen.

Kimme und Korn →Visier.

Kinderdörfer sind Siedlungen mit Schul- und Wohnhäusern für heimat- und elternlose Kinder, z. B. die SOS-Kinderdörfer.

Kindergärten sind Tagesheime für Kinder, die noch nicht zur Schule gehen (von 2½ Jahren an). Betreut und in belehrenden Spielen unterwiesen werden sie dort von *Kindergärtnerinnen.* – Den ersten Kindergarten gründete 1840 Friedrich Fröbel.

Kindergeld erhalten die Eltern vom Staat als Zuschuß zum Unterhalt, den sie ihren Kindern zu gewähren haben.

Die spinale **Kinderlähmung** ist eine ansteckende Krankheit, die durch ein →Virus hervorgerufen wird. Dieser kleine Erreger befällt Teile des Rückenmarks, von dem die Nerven zu den Muskeln gehen. Die Folge davon ist meistens eine Lähmung der Beine. Werden auch die Atemmuskeln gelähmt, dann kann der Kranke nicht mehr selbst atmen. Er muß in einen Kasten gelegt werden, in dem das Erweitern und Verengern des Brustkorbes von einem Motor bewirkt wird (Eiserne Lunge). Die Kinderlähmung wird durch Anhusten, Berührung und durch Fliegen übertragen. In Zeiten einer Kinderlähmungsepidemie soll man sich von größeren Menschenansammlungen fernhalten, körperliche Anstrengungen und Abkühlungen (Sport, besonders Schwimmen) meiden. Gegen Kinderlähmung gibt es eine Schutzimpfung.

Kinematographie (griech.) ist die jetzt veraltete Bezeichnung für den →Film. Nur das abgekürzte Wort Kino hat sich noch erhalten.

Als **Kinetik** oder *Kinematik* bezeichnet man in der Physik die Lehre von den Bewegungen. Die Lehre von den bewegenden Kräften heißt →Dynamik.

Der **Kiosk** (türkisch): kleine Verkaufsbude, vor allem für Zeitungen.

Rudyard **Kipling** lebte lange Jahre in Indien. In seinen beiden Dschungelbüchern schildert der englische Dichter die Tierwelt des indischen Urwaldes, in seinem Roman »Kim« die verschiedenen Menschenrassen des Landes und ihre Eigenart. Kipling starb 1936 mit 71 Jahren.

Kirche (griech. ekklesia = Versammlung, die vor Gott versammelte Gemeinde). Die Kirche ist die Gemeinschaft aller an Jesus Christus Glaubenden. In ihr ist Jesus Christus durch seinen Geist gegenwärtig. So ist das Reich Gottes in der Kirche im Kommen. Alle christlichen Kirchen gehören, je nachdem sie dem Kommen des Reiches Gottes den Weg offenhalten, zur einen, heiligen, katholischen und apostolischen Kirche. – Unter Kirche verstehen wir auch das Gebäude für den Gottesdienst (Gotteshaus).

Kirchenjahr nennen wir die Reihenfolge der kirchlichen Feste im Laufe des Jahres. Das Kirchenjahr wird nach den drei Hauptfesten in einen Weihnachts-, Oster- und Pfingstkreis eingeteilt und beginnt mit dem 1. →Advent.

Kirchenstaat nennt man das Gebiet, in dem der Papst auch als oberster weltlicher Herrscher regiert. Im 8. Jh. schenkte der Frankenkönig Pippin dem Papst Gebiete in Italien als persönlichen Besitz. Seit dieser Zeit besteht der Kirchenstaat, der sich ausbreitete und im 16. Jh. große Teile von Mittelitalien umfaßte. Heute ist das weltliche Herrschaftsgebiet des Papstes auf die Vatikanstadt in Rom beschränkt.

Kirchenväter ist ein Ehrenname für Männer, die in den ersten christlichen Jahrhunderten bedeutende kirchliche Schriften verfaßten.

Kirschen sind ein Steinobst, das bei uns von Ende Mai bis Mitte Juli reift. Es gibt viele Arten, die teils als Bäume, teils als Sträucher wachsen, wie die wilde Vogelkirsche des Waldes, aus der die Süßkirschen durch Veredelung hervorgegangen sind, und die Sauerkirschen (Weichsel). In Japan wird die Zeit der Kirschblüte festlich begangen.

Das **Kismet** (arab.): nach der mohammedanischen Lehre das dem Menschen unabwendbar zugeteilte Schicksal, das vom Gläubigen mit Ergebung getragen wird (→Fatalismus).

Als **Kitsch** bezeichnet man Kunsterzeugnisse, die keinen wahren Gehalt besitzen, sondern nur durch den äußeren Schein auf uns wirken und uns durch grobe Reizmittel blenden wollen. So nennen wir Romane oder Filme kitschig, die uns nicht echte Menschen mit ihren Freuden und Leiden, sondern nur eine unwahre Welt mit übertriebenen Gefühlen und süßlichen Redensarten zeigen. Auch bei Möbeln und Geschirr, die oft geschmacklos überladen, unzweckmäßig und protzig sind, und vor allem bei Reiseandenken oder Geschenkartikeln spricht man von Kitsch.

Der **Klabautermann** ist nach dem Aberglauben der Seeleute ein kleiner, hilfsbereiter Schiffskobold mit feuerrotem Gesicht und weißem Bart. Er verläßt das Schiff, wenn es unterzugehen droht.

Klage nennt man die Geltendmachung eines →Anspruchs beim Gericht. →Prozeß.

Als **Klamm** bezeichnet man eine schmale, tiefeingeschnittene, von einem reißenden Bach geschaffene Gebirgsschlucht.

Kläranlagen dienen der Reinigung der Abwässer. Bei der mechanischen Klärung werden Verunreinigungen des Wassers durch filterartige Vorrichtungen entfernt. Bei der biologischen Reinigung des Wassers werden →Bakterien zugesetzt, die Fäulnisprozesse in Gang setzen.

Die **Klarinette** ist ein Holzblasinstrument. Abb. →Musikinstrumente.

In **Klassen** einteilen (auch *klassifizieren*) heißt: Lebewesen und Dinge mit gemeinsamen Eigenschaften oder Aufgaben als zusammengehörig erkennen oder behandeln. In der Tier- und Pflanzenkunde z. B. tut man es einer besseren Übersicht zuliebe; bei Schülern ist es üblich, um sie ihrer Altersstufe und ihren Kenntnissen entsprechend unterrichten zu können. Man spricht auch von den verschiedenen Klassen eines Volkes; damit meint man die einzelnen Bevölkerungsschichten, die sich in ihrer Arbeits-, Lebens- und Denkweise voneinander unterscheiden. Solche Klassen (oder Stände) waren früher z. B. Adel, Geistlichkeit, Bürgertum und Bauern. Mit den Veränderungen, die im 19. Jh. die Industrialisierung im Leben der Völker hervorrief, kam ein neuer Klassenbegriff auf. Karl →Marx unterschied nur noch zwei Hauptklassen: die Besitzenden (die Bourgeoisie) und die besitzlose Lohnarbeiterschaft (das Proletariat). Aus dem wirtschaftlichen Unterschied dieser beiden Klassen leitete Marx die Forderung eines unversöhnlichen *Klassenkampfes* ab.

Die **Klassik** (lat.). Ursprünglich verstand man unter Klassik die Kultur des griechisch-römischen Altertums, besonders die Blütezeit griechischer Kunst und Literatur im 5./4. Jh. v. Chr. Da die Werke dieser Zeit nach Inhalt und Form als vorbildlich galten, wandte man allmählich den Ausdruck *klassisch* auf jede vorbildliche künstlerische Leistung, die Bezeichnung *Klassiker* auf jeden überragenden Meister an und nannte schließlich »Klassik« jede Epoche künstlerischer Höchst-

leistungen eines Volkes. Italien hatte seine klassische Periode im 15./16. Jh. (Leonardo, Michelangelo), England im 16. Jh. (Shakespeare), Spanien im 16./17. Jh. (Cervantes, Calderón), Frankreich im 17. Jh. (Corneille, Racine). Unter *deutscher Klassik* versteht man die zweite Hälfte des 18. und den Anfang des 19. Jh. (Haydn, Mozart, Beethoven; Goethe, Schiller). Sie ging in der Dichtung, vor allem aber in der Malerei, Plastik und Baukunst Hand in Hand mit dem *Klassizismus*, einer Wiederbelebung der Formen der griechisch-römischen Klassik, wie sie in Europa seit der →Renaissance immer aufs neue versucht worden ist. Ein bedeutender *klassizistischer* Baumeister war Karl Friedrich Schinkel.

Das **Klavier** wird auch *Piano* oder *Pianoforte* genannt, weil man auf ihm (im Unterschied z. B. zum Cembalo) piano, das heißt leise, oder forte, laut, spielen kann. Es ist ein Saiteninstrument mit senkrecht stehenden Saiten. Wenn die Saiten waagrecht liegen, nennt man es *Flügel*. Die Vorstufe zum Klavier waren das *Spinett* und das *Cembalo*, das neuerdings wieder in Gebrauch gekommen ist. Beim Cembalo werden die Saiten mit Federkielen angezupft. 1709 erfand Bartolomeo Cristofori das *Hammerklavier*. Wenn man seine Tasten niederdrückt, schnellen filzgepolsterte Hämmerchen gegen die Saiten und springen selbsttätig wieder zurück. Das ist, mit kleinen Verbesserungen, auch bei den modernsten Klavieren und Flügeln der Fall. Über jeder Saite liegt ein Filzpflock, die Dämpfung. Dieser Pflock hebt sich beim Niederdrücken der Taste. Läßt man die Taste los, so legt er sich wieder auf die Saite, so daß sie gedämpft wird, d. h. zu klingen aufhört. Am Klavier befinden sich auch noch zwei Fußhebel, die Pedale. Tritt man das rechte Pedal nieder, so klingt der Ton weiter, tritt man auf das linke, so klingt der Ton schwächer.

Paul **Klee** war ein schweizerisch-deutscher Maler und Zeichner, der von 1879 bis 1940 lebte. Er malte kleine, abstrakte, oft →surrealistische Bilder, die manchmal etwas Humorvolles ausstrahlen (»Die Zwitschermaschine«). Klee gehörte dem →»Blauen Reiter« an.

Klee nennt man verschiedene mehrjährige Futterpflanzen, die wegen ihres Eiweißgehaltes angebaut werden, aber auch in Wiesen eingestreut wachsen. Sie bereichern den Boden durch die Wirksamkeit ihrer Knöllchenbakterien mit Stickstoff. Kleesorten sind z. B. Rotklee, Luzerne, Esparsette und Serradella.

Kleinasien oder *Anatolien* heißt der asiatische Teil der →Türkei.

Heinrich von **Kleist** wurde 1777 in Frankfurt/Oder geboren und nahm sich 1811 das Leben. Er war Offizier, nahm schon als Leutnant seinen Abschied, studierte Mathematik und Philosophie und führte dann ein unruhevolles Leben als freier Schriftsteller. Kleist war einer der größten deutschen Dramen- und Novellendichter. Neben streng geformten Erzählungen (darunter »Michael Kohlhaas«) schrieb er einige der bedeutendsten deutschen Dramen (»Penthesilea«, »Das Käthchen von Heilbronn«, »Die Hermannsschlacht«, »Prinz Friedrich von Homburg«) und Lustspiele (»Der zerbrochene Krug«, »Amphitryon«).

Kleopatra war Königin von Ägypten zu der Zeit, als die Römer begannen, das Land zu erobern. Sie bezauberte Cäsar durch ihre Schönheit und Klugheit und verband sich nach seinem Tode mit dem römischen Feldherrn Antonius, der jedoch durch Cäsars Adoptivsohn, den späteren Kaiser Augustus, besiegt wurde. Auch diesem bot sie ihre Hand an. Als er sie zurückwies, beging Kleopatra Selbstmord.

Die **Kleptomanie** (griech.) ist der krankhafte Trieb zum Stehlen. Aber nicht jeder Dieb ist ein Kleptomane.

klerikal (griech.): dem Klerus, der Geistlichkeit zugehörig; kirchlich. – Der *Klerus* ist die geweihte Priesterschaft der katholischen Kirche.

Kletten sind mit Widerhaken versehene Pflanzenfrüchte, die durch das Fell der Tiere verschleppt werden. Auf diese Art werden z. B. Distelsamen verbreitet.

Der **Klient** (lat.): jemand, der bei einem Rechtsanwalt Rat und Rechtsschutz sucht.

Das **Klima** (griech.) einer Gegend oder eines Teiles der Erde wird durch die Gesamtheit der Witterungserscheinungen bestimmt, also durch die Feuchtigkeit oder Trockenheit von Boden und Luft, die Luftströmungen, die Wärmeschwankungen usw. Man kann die Erde in 5 Klimazonen einteilen: die 2 kalten Zonen an Nord- und Südpol (Polarzonen), dann die 2 gemäßigt warmen Zonen und schließlich in der Erdmitte zu beiden Seiten des Äquators die heiße Zone der Tropen. Alle Lebewesen sind von Natur an ein bestimmtes Klima gewöhnt. Sobald sie in ein anderes Klima gebracht werden, müssen sie sich dort erst eingewöhnen, »akklimatisieren«.

Durch **Klimaanlagen** kann man Lufttemperatur und -feuchtigkeit in geschlossenen Räumen regulieren. Sie setzen sich aus Ventilatoren, Heiz- und Kühlgeräten zusammen.

Das **Klimakterium** (lat.) ist die medizinische Bezeichnung für die sog. *Wechseljahre* der Frau. Zwischen dem 45. und 55. Lebensjahr hören bei der Frau die monatlichen Blutungen auf, und die Gebärfähigkeit erlischt. Oft ist die Zeit des Klimakteriums mit →Depressionen und anderen Störungen der Gesundheit verbunden.

Der **Klinker:** besonders hartgebrannter Ziegelstein.

Der **Klipper** (engl.) war im 19. Jh. ein Segelschifftyp (Schnellsegler, besonders für den Ostasienhandel). Heute nennt man so Großflugzeuge für den Überseeverkehr (»Düsenklipper«).

Das **Klischee** (franz.) →Ätzen.

Das **Klistier** (griech.) ist ein Darmeinlauf, der mit Hilfe eines Einlaufgerätes (Irrigator) oder einer Klistierspritze durchgeführt wird. Das Klistier kann sowohl zur Reinigung und Entleerung des Darmes als auch zur Einführung von in Flüssigkeit gelösten Nahrungs- oder Heilmitteln angewandt werden.

Die **Kloake** (lat.) war im alten Rom ein offener oder gedeckter Graben, der die Schmutzwässer aufnahm, wie bei uns die →Kanalisation.

Das **Klöppeln** ist das Flechten von Spitzen aus Garn. Dieses ist auf hölzerne Spulen, die Klöppel gewickelt, deren Reihenfolge nach einer Vorlage, dem sogenannten Klöppelbrief, verändert wird. So entsteht auf dem Klöppelkissen eine Flechtspitze ohne Maschen.

Friedrich Gottlieb **Klopstock** (1724 bis 1803) wurde durch seine →hymnischen und formvollendeten →Oden sowie durch sein gewaltiges →Epos in Versen »Der Messias« zum Erneuerer der deutschen Dichtersprache im 18. Jh. Er sah im Dichten einen geradezu priesterlichen Beruf.

In einem **Kloster** (lat.) leben Mönche oder Nonnen nach der Vorschrift der Ordensregeln. An der Spitze einer Klostergemeinschaft steht meist ein *Abt* (bzw. eine Äbtissin) oder Prior.

Klüse (niederländ.) heißt die Öffnung im Schiffsbug für die Ankerkette.

Der **Klüverbaum** ist bei Segelschiffen ein über den Bug hinausragendes (einziehbares) Rundholz, an dem das dreieckige Vorsegel (*Klüversegel*) befestigt wird.

Knappe war im Mittelalter die Bezeichnung für einen adligen Jüngling im Gefolge eines Ritters. Nach einer Mutprobe wurde er durch feierlichen Ritterschlag zum Ritter erhoben. Der Ausdruck Knappe wurde später auch auf Müllergesellen und Bergleute ausgedehnt. Unter *Knappschaft* versteht man heute die Sozialversicherung der Bergleute.

Adolf Freiherr von **Knigge** war ein deutscher Schriftsteller des 18. Jh. Er schrieb eine Sammlung von Ratschlägen für den »Umgang mit Menschen«.

Der **Knittelvers** →Verslehre.

Knoblauch ist ein zwiebelähnliches Küchengewürz, das besonders in südlichen Ländern verwendet wird.

Die **Knochen** bilden ein Gerüst, das sowohl unseren Körper stützt als auch besonders empfindliche Teile, wie z. B. das Gehirn, schützend umgibt. Der Mensch hat etwa 200 einzelne Knochen von insgesamt 10–12 kg Gewicht. Sie bestehen aus Knochenzellen, die in Kalk eingelagert sind. Das macht sie gleichzeitig sehr fest und elastisch. Nach ihrer Form unterscheidet man Röhren- oder Schaftknochen (Schenkel- und Armknochen) und platte Knochen (Becken- und Schädelknochen, Schulterblätter). Die Beckenknochen, die die Last des Körpers tragen, sind aus feinen Bälkchen wie Brückenpfeiler gebaut. Jeder Knochen ist von einer festen, nervenreichen Haut, der Beinhaut, überzogen, die neues Knochengewebe bildet, wenn das nötig ist, z. B. nach Knochenbrüchen. Im Innern der Röhrenknochen befindet sich meist gelbes, in dem der platten Knochen rotes Knochenmark. Das Mark versorgt das Blut mit roten und weißen Blutkörperchen. Siehe Abb. S. 406 Mensch (Skelett).

1 Kreuz-, 2 Bolein-, 3 Zimmermanns-, 4 Leesegel-, 5 einfacher Knoten

Der **Knoten:** 1. Verschlingung von Fäden oder Seilen, um sie aneinanderzuknüpfen oder einen Gegenstand festzubinden. Schiffer und Zimmerleute haben besondere Namen für die von ihnen verwendeten Knoten. – 2. Die Geschwindigkeit des Schiffes wird nach Knoten gemessen. 1 Knoten = 1 Seemeile (1,852 km) in der Stunde. Ein Schiff, das 20 Knoten läuft, fährt also 36,5 km in der Stunde. Die Bezeichnung Knoten stammt von den Knoten, die bei dem früheren →Log in bestimmten Abständen (etwa 7 m) in die Logleine geknüpft waren.

Die **Knute** (russ.): Peitsche aus aufeinandergenähten Lederriemen.

K. o. →Boxen.

Die **Koalition** (lat.): Zusammenschluß von Staaten oder von Parteien innerhalb eines Staates zu gemeinsamem Handeln.

Die **Kobra** →Giftschlangen.

Robert **Koch,** der große Arzt und Forscher, lebte von 1843 bis 1910. Er entdeckte, daß viele Krankheiten durch winzige →Bakterien erzeugt werden. So wurde er der Begründer der Bakteriologie, der Wissenschaft von diesen kleinen Krankheitserregern. Koch entdeckte den Erreger der Tuberkulose und der Cholera, er erforschte die Malaria und die Schlafkrankheit.

Als **Koexistenz** (lat.) wird in der Politik das (friedliche) Nebeneinanderleben von Staaten oder Staatengruppen mit verschiedener Gesellschaftsordnung und →Ideologie verstanden.

Die **Kogge** war ein hochbordiges, bauchiges Kriegs- und Handelsschiff zur Zeit der Hanse.

Kohl sind sowohl die Blattgemüse, wie z. B. Wirsing, Weißkraut, Rosenkohl, als auch die Blütenstände des Blumenkohls und der zu einer Knolle verdickte Stengel des Kohlrabi.

Kohle gehört zu den wichtigsten Bodenschätzen der Menschheit. Sie spendet Wärme, Licht, Kraft und ist ein unentbehrlicher Grundstoff der modernen Industrie. Die *Steinkohle* ist die älteste Kohlenart; sie ist vor über 250 Millionen Jahren aus dem Holz tropischer Urwälder entstanden, deren Baumriesen sich in Schlamm und Sand unter Luftabschluß zersetzten (verkohlten). Die Kohlenlager wurden später von großen Erd- und Gesteinsmassen überlagert, wodurch sie weiter unter Luftabschluß zu einer festen, steinartigen Masse zusammengedrückt wurden. Daher findet man heute Steinkohle nur unter der Erdoberfläche; sie durchzieht den Berg in Bändern, die im →Bergbau Flöze genannt werden. Je älter die Kohle ist, desto weiter ist die Verkohlung vorgeschritten; ihr Heizwert ist besonders groß. Die älteste Steinkohle ist der *Anthrazit;* er brennt mit schwacher Flamme und entwickelt von allen Kohlenarten die größte Heizkraft. Steinkohlen werden vor allem im Ruhr- und Saargebiet, in Oberschlesien und im Plauener Revier gefördert. Das Fördergut wird gewaschen, vom »tauben« Gestein getrennt und nach Größen sortiert. Ein großer Teil wird in Kokereien zu Zechenkoks verkokt, den man zur Verhüttung der Eisenerze braucht. Dabei wird noch Leuchtgas gewonnen. Auch der *Koks,* der in den Gaswerken bei der Leuchtgasherstellung zurückbleibt, ist verkokte Steinkohle. Dagegen werden aus dem feinen Steinkohlengrus und -staub die Steinkohlenbriketts gepreßt. Neuerdings wird auch die Staubkohle in besonderen, turmartigen Kesselwagen verschickt. Sie ist so fein gemahlen, daß sie durch Rohrleitungen fast wie eine Flüssigkeit fließt. Wesentlich jünger ist die *Braunkohle,* deren Alter auf 40 Millionen Jahre geschätzt wird. Sie findet sich meist wenige Meter unter der Erdoberfläche, die mit Baggern »abgeräumt« wird und deshalb Abraum heißt. Braunkohle wird daher fast stets im Tagebau gefördert. Sie findet sich vor allem in Mitteldeutschland. Meist ist sie braun und bröckelig, weshalb sie für den Hausbrand zu Briketts gepreßt werden muß, damit sie nicht durch den Heizrost fällt. Wird Braunkohle verschwelt, das heißt unter Luftabschluß erhitzt, so werden außer Schwelgas noch Teer, flüssige Treibstoffe, Öle, Paraffin, Stearin und Montanwachs gewonnen. Der Rückstand ist Grudekoks.

Neuere Verfahren ermöglichen es, die Kohle noch weit besser zu verwerten. So wurde das nach seinem Erfinder Bergius benannte *Bergiusverfahren* entwickelt, um Steinkohle zu hydrieren, d. h. um flüssige Brennstoffe daraus zu gewinnen. Man erhält so verschiedene Treibstoffe, Schmier- und Heizöle, nebenher Gas, Koks und Teer. Ein anderes Verfahren, das nach den beiden Erfindern *Fischer-Tropsch* benannt worden ist, kann sowohl von Stein- wie von Braunkohle, sogar von Braunkohlenteer ausgehen. Dieses Verfahren dient besonders zur Herstellung von Dieselöl. Weiter ist die Kohle, in Verbindung mit Kalk und Wasser, der Rohstoff für Kunstharze wie Buna, einen künstlichen Kautschuk, für Bakelite und Plexiglas und für die Kunstfasern Nylon und Perlon (→Kunststoffe). – Der Weltvorrat an Kohle wird auf 7,5 Billionen Tonnen geschätzt. Die jährliche Förderung beträgt ungefähr $^1/_{4000}$ dieses Vorrats.

Das **Kohlenhydrat.** Zellstoff, Stärke und Zucker sind Kohlenhydrate, d. h., sie sind chemische Verbindungen von Kohlenstoff, Wasserstoff und Sauerstoff. Alle Kohlenhydrate bilden sich in der Natur nur in Pflanzen, und zwar mit Hilfe des →Blattgrüns. Mensch und Tier können mit ihren Organen keine Kohlenhydrate herstellen, brauchen diese aber zu ihrer Ernährung. Kohlenhydrate dienen vor allem als Muskelnahrung, sie verwandeln sich zum Teil in Fett, zum andern Teil verbrennen sie bei der →Atmung und erzeugen die Körperwärme. Reich an Kohlenhydraten sind alle Getreidearten sowie Kartoffeln, Rüben und Zuckerrohr. Als Zellstoff finden sich Kohlenhydrate in allen Pflanzenfasern.

Das **Kohlendioxid** ist ein geruchloses Gas, das schwerer als die Luft ist und Atmung und Verbrennung nicht unterhält, so daß Lebewesen in ihm ersticken. Es entsteht durch vollständige Verbrennung von Kohlenstoff. Während es für den Menschen schädlich ist, dient es den Pflanzen als wichtiger Nährstoff. In Verbindung mit Wasser bildet es die *Kohlensäure*, die in der Natur in Mineralwässern vorkommt und zur Erzeugung von künstlichen Sprudeln, Brauselimonaden usw. verwendet wird.

Das **Kohlenoxid** (richtiger: Kohlenmonoxid) ist ein geruchloses, sehr giftiges Gas. Es bildet sich, wenn Kohle aus Mangel an genügender Luftzufuhr nicht vollständig verbrennt, z. B. durch zu starkes Drosseln des Zugs bei Öfen.

Kohlensäure →Kohlendioxid.

Kohlenstoff (chemisches Zeichen C) ist ein chemisches Element, das sich in der Natur gediegen nur im Graphit und im Diamanten, sonst nur noch im Ruß fast rein vorfindet. Kohlenstoff ist einer der wichtigsten Bausteine unseres Erdballs, denn in chemischen Zusammensetzungen bildet er nicht nur Kohle und Erdöl, sondern ist auch in vielen Steinen, wie z. B. im Kalkstein, enthalten. Selbst in der Luft findet er sich als Kohlendioxid. Außerdem ist der Kohlenstoff an jedem Wachstum von Mensch, Tier und Pflanzen beteiligt. Daher bezeichnet man auch die organische Chemie als Chemie der Kohlenstoffverbindungen. Kohlenstoff ist der Hauptgrundstoff für die chemisch erzeugten →Kunststoffe.

Kohlenwasserstoffe sind wichtige organische Verbindungen, die nur aus Kohlenstoff und Wasserstoff bestehen.

Köhler oder *Kohlenbrenner* nennt man Leute, die in einem *Meiler* Holzkohle brennen. Ein Meiler ist ein kuppelförmig aufgebauter Holzstoß, der mit Erde und Rasen bedeckt ist und zwei Luftschächte, einen senkrechten und einen waagerechten, besitzt. Das unter geringer Luftzufuhr nur glimmende Feuer des angezündeten Meilers wandelt das Holz in *Holzkohle* um.

Oskar **Kokoschka,** der große österreichische Maler und Graphiker, wurde 1886 geboren. Zu Beginn unseres Jahrhunderts trat er mit dem →expressionistischen Drama »Mörder, Hoffnung der Frauen« hervor. Kokoschka malte zeit seines Lebens expressionistische Bilder, vor allem Landschaften, Städtebilder und Porträts.

Die **Kokospalme** →Palmen.

Der **Koks** →Gaswerk, →Kohle.

Der **Kolbenmotor** →Verbrennungsmotor.

Die **Kolchose** ist ein in der Sowjetunion üblicher landwirtschaftlicher Großbetrieb, den ein →Kollektiv von Bauern auf staatlichem Boden gemeinnützig bewirtschaftet. Jedes Kolchosemitglied ist zu genau festgesetzten Arbeitsleistungen verpflichtet.

Der **Kolibri** ist ein farbenprächtiger, sehr kleiner Vogel. Der kleinste wiegt nicht einmal 2 g. Die Kolibris haben

Brasilianischer
Kolibri

fast alle sehr lange, dünne Schnäbel, mit denen sie ihre Nahrung, winzige Insekten und Blütenhonig, aus den Blumenkelchen holen. In etwa 320 Arten sind sie in Amerika verbreitet.

Die **Kolik** (griech.): besonders heftige, krampfartige Leibschmerzen, deren Ursache sowohl starke Darmbewegungen als auch Gallensteine oder Nierensteine sein können.

Als **Kollaboration** (franz.) bezeichnet man die Zusammenarbeit mit dem Feind, besonders mit Besatzungstruppen.

Ein **Kollegium** bildet sich aus gleichberechtigten Personen mit gleichen Aufgaben (*Kollegen*). Die Gesamtheit der Lehrer einer Schule ist ein Lehrerkollegium.

Das **Kollektiv** (lat.): zusammengehörige oder zusammenarbeitende Gruppe von Menschen, wobei der einzelne in der Gemeinschaft weitgehend aufgeht. – *kollektiv*: gemeinsam, gemeinschaftlich.

Die **Kolonie** (lat.): 1. Niederlassung, Ansiedlung. Man spricht in der Naturwissenschaft z. B. von Vogelkolonien. Als Kolonie bezeichnet man auch eine größere Gruppe von Angehörigen eines Staates in einem fremden Land (z. B. deutsche Kolonie in New York). – 2. Gebiet, das von einem Staat zur wirtschaftlichen Ausbeutung, d. h. zur Gewinnung von Rohstoffen und zur Erschließung neuer Absatzmärkte, oder zum Ausbau und zur Sicherung seiner politisch-militärischen Macht in Besitz genommen wurde. – Kolonien in Form von Handelsniederlassungen außerhalb des Mutterlandes gab es schon im Altertum, z. B. bei den Phönikern, Griechen und Römern. Seit dem Beginn der Entdeckung fremder Erdteile (Ende des 15. Jh.) breitete sich die europäische Kolonialherrschaft in allen außereuropäischen Erdteilen aus. Die bedeutendsten Mächte mit Kolonialbesitzungen, die meist das Vielfache des eigenen Staates umfaßten, waren lange Zeit Portugal, Spanien, Holland, Frankreich und vor allem England. Manchmal entwickelten sich die Ansiedlungen von Europäern zu neuen Ländern mit eigener Verwaltung und schließlich mit staatlicher Selbständigkeit, wie im Falle der Vereinigten Staaten von Amerika, der Südafrikanischen Union (heute Republik Südafrika), Australiens und der süd- und mittelamerikanischen Staaten. Seit Anfang des 20. Jh. haben sich, vor allem in Afrika und Asien, die Unabhängigkeitsbestrebungen der Eingeborenen in den Gebieten verstärkt, die bisher europäischer Kolonialbesitz waren, und seit dem Ausgang des Zweiten Weltkrieges geht das Zeitalter europäischer Kolonialherrschaft seinem Ende zu. Deutschland verlor seine früheren Kolonien durch die Niederlage im Ersten Weltkrieg.

kolorieren (lat. color = Farbe): eine Zeichnung bunt ausmalen. – Das *Kolorit* (ital.): Färbung, Farbgebung. – Die *Koloratur* (ital.): Ausschmückung einer Melodie mit Trillern usw.

Adolf **Kolping,** der zuerst Schuhmachergeselle war und dann Priester wurde, gründete 1846 die ersten katholischen Gesellenvereine. Er wird daher der »Gesellenvater« genannt; die Gesellenvereine bildeten »Kolpingfamilien«. Kolping setzte sich für religiöse Erneuerung und eine gerechte Lebensordnung ein.

Die **Kolportage** (franz., sprich kolportahsche): Verkauf von Büchern und Zeitschriften (oft wertloser Art) an den Wohnungstüren. Derjenige, der so von Tür zu Tür Waren verkauft, ist ein *Kolporteur*. Auch die wertlosen, kitschigen Schriften selbst nennt man Kolportage. – *kolportieren*: Gerüchte verbreiten.

Kolumbien ist eine 1 138 914 qkm große Republik im Nordwesten von →Südamerika. Bewohnt wird das im Westen gebirge (Anden), im Osten flache (Llanos) Land von 23,2 Mill. Menschen (Mestizen,

Weiße, Neger, 5% Indianer), die Spanisch sprechen. Kaffeeanbau und Rinderzucht sind die wichtigsten Erwerbszweige der Landwirtschaft. Reiche Bodenschätze (Erdöl, Gold, Platin, Eisenerz u. a.) bilden die Grundlage der Industrie. Das Land war 1538–1819 spanisch, bildete bis 1830 mit Ecuador und Venezuela die Bundesrepublik Großkolumbien und ist seit 1886 autonome Republik.

Einwohnerzahlen der wichtigsten Städte:	
Bogotá (Hauptstadt)	2,8 Mill.
Medellín (Industrie- und Bergbauzentrum)	1,1 Mill.
Cali (Zuckerindustrie)	1,0 Mill.
Barranquilla (Hafen)	658 000

Christoph **Kolumbus** ist der Entdecker Amerikas. Er stammte aus Italien. Im Auftrag der spanischen Königin Isabella segelte er im August 1492 mit drei Schiffen nach Westen, um einen Seeweg nach Indien zu finden. Er landete im Oktober auf den mittelamerikanischen Inseln und entdeckte Guanahani, Kuba und Haiti. Nach Spanien zurückgekehrt, erhielt er die Würde eines Vizekönigs der neuen Besitzungen. Obwohl er in Spanien heftig bekämpft wurde, unternahm Kolumbus noch drei weitere Reisen nach dem neuen Erdteil. Von der letzten kehrte er krank zurück und starb 1506 einsam und verarmt in Valladolid. Weder Kolumbus noch seine Zeitgenossen haben die volle Bedeutung der Entdeckung erkannt; sie glaubten, man habe Indien erreicht. Diesem Irrtum verdanken die Ureinwohner Amerikas, die Indianer, und die Westindischen Inseln ihre Namen.

Die **Kombination** (lat.): Verbindung; Gedankenverbindung. – *kombinieren:* verbinden, verknüpfen.

Der **Komet** →Himmelskunde.

Das **Komma** →Interpunktion.

Kommanditgesellschaft (KG) →Erwerbsgesellschaften.

Der **Kommentar** (lat.): Erläuterung, Erklärung, Anmerkung.

Die **Kommission** (franz.): Auftrag, Bestellung. Auch einen Ausschuß, der eine bestimmte Aufgabe zu erledigen hat, nennt man Kommission.

kommunal (lat.): eine →Gemeinde betreffend. So bezeichnet man z. B. die Gemeindepolitik als Kommunalpolitik.

Die **Kommunikation** (lat.): Verständigung; Austausch von Nachrichten zwischen einem Absender und einem Empfänger.

Kommunion (lat.) →Messe.

Als **Kommunismus** (lat. communis = gemeinsam) bezeichnet man eine Form der menschlichen Gemeinschaft, bei der die Produktionsmittel (Boden, Rohstoffe, Fabriken, Banken usw.) und die erzeugten Güter nicht wie beim →Kapitalismus Privateigentum, sondern Gemeinbesitz sind. Der Wunsch, einen solchen Zustand herbeizuführen, taucht in der Menschheitsgeschichte immer wieder auf. Karl →Marx forderte die Proletarier (Besitzlose, Arbeiter) auf, durch Revolution die Staatsgewalt zu erobern und den Kommunismus zu verwirklichen. Dadurch würden, so meinte er, die Ursachen sozialer Ungleichheit wegfallen, Not, Unterdrückung und Krieg aufhören und für immer eine glückliche »klassenlose Gesellschaft« erstehen. Die sozialistische Bewegung, die dieses Ziel auf der ganzen Welt erkämpfen wollte, stützte sich auf das 1848 von Marx und Friedrich Engels verfaßte »Kommunistische Manifest« und andere Schriften von ihnen. Bald bildeten sich innerhalb dieser Bewegung zwei Richtungen: eine gemäßigte (reformistische) und eine extreme (revolutionäre). Durch Abspaltung gingen aus der letzteren seit der bolschewistischen Revolution in Rußland (1917) die kommunistischen Parteien hervor, die sich unter sowjetischer Führung 1919 zur Kommunistischen Internationale (früher Komintern, dann Kominform genannt) zusammenschlossen. Sie berufen sich vor allem auf Lenin als ihren Lehrer, der allein die Lehren von Marx und Engels richtig weiterentwickelt habe. Eine Spaltung des kommunistischen Lagers führten die chinesischen Kommunisten unter Mao Tse-tung herbei, die in manchen ideologischen Fragen andere Auffassungen vertreten.

kommunizierende Röhren sind U-förmig gebogene Röhren, in denen eine Flüssigkeit in den Rohrschenkeln gleichhoch in der Waagerechten steht, weil die Eigenschwere die beiden Flüssigkeitssäulen im Gleichgewicht hält. Die Röhren dürfen jedoch nicht zu eng sein, weil sonst die Erscheinung der →Kapillarität einsetzt.

Die **Komödie** ist ein heiteres →Drama mit glücklichem Ausgang.

Die **Kompanie** (franz.): 1. Unternehmen, das mehrere Besitzer (Kompagnons) hat; 2. kleine militärische Einheit (100–250 Mann).

Eine **Komparation** (lat. comparare = vergleichen) nennt man die *Steigerung* eines Adjektivs. Beispiel: schnell, schneller, am schnellsten. Die Grundstufe »schnell« nennt man den *Positiv*, die Vergleichsstufe (Mehrstufe) »schneller« den *Komparativ* und die Höchststufe (Meiststufe) »am schnellsten« den *Superlativ*. Manche Adjektive können nicht gesteigert werden, z.B. lebendig, tot, stumm. Man kann in bestimmten Fällen durch Hinzufügungen steigern, z.B. »weniger groß« (statt kleiner). Man hat aber auch die Möglichkeit, durch Zusammensetzungen eine Steigerung auszudrücken, z.B. feuerrot, totenblaß.

Der **Komparse** (ital.): Darsteller ganz kleiner, stummer Rollen im Film, im Theater meist *Statist* genannt.

Der **Kompaß** (lat.) ist ein Richtungsweiser. Seine Magnetnadel, ein frei bewegliches Stück magnetisches Eisen, zeigt mit einem Ende stets in die Nordrichtung. Allerdings besteht meist eine örtlich verschiedene, kleine Abweichung zur geographischen Nordrichtung; da diese Mißweisung (Deklination) aber ge-

nau bekannt ist, kann sie berücksichtigt werden. Der Magnetkompaß war vielleicht schon um 150 n.Chr. den Chinesen bekannt und kam im Mittelalter in Europa in Gebrauch. Damit wurde es erst möglich, Ozeane zu durchqueren. Heute wird außerdem noch der elektrisch betriebene, kardanisch aufgehängte *Kreiselkompaß* verwendet, der unabhängig vom magnetischen Nordpol stets in dieselbe vorher eingestellte Richtung weist, weil eine Kreiselachse bestrebt ist, ihre der Erdachse gleichlaufende Richtung nicht zu verändern.

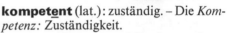

Spiegelkompaß, bei dem ein kleiner Metallspiegel zur besseren Beobachtung und Feststellung der Richtung dient.

kompetent (lat.): zuständig. – Die *Kompetenz:* Zuständigkeit.

Der **Komplice** (franz.) ist der an einem Verbrechen mitbeteiligte Helfershelfer.

komponieren hieß eigentlich zusammenfügen. Was man in der Sprache dichten nennt, heißt in der Musik komponieren. Worte kann man zu Sätzen zusammenfügen und zu einem Dichtwerk gestalten, Töne zu Melodien und zu einem Musikwerk. Das Werk nennt man eine *Komposition*.

Der **Kompost** (lat.) ist eine humusreiche Gartenerde, die sich bildet, wenn Pflanzen- und Küchenabfälle auf einem Haufen verwesen.

Der **Kompressor** (lat.) ist eine Maschine, die von Motoren oder Dampfmaschinen angetrieben wird und zum Verdichten (Zusammenpressen) von Luft oder Gasen dient. Durch einen Kompressor wird bei Rennwagen und Flugzeugen das Luft-Gas-Gemisch vorverdichtet (komprimiert), wodurch die hohen Leistungen dieser Maschinen erst ermöglicht werden. Außerdem wird Preßluft z.B. für Preßlufthämmer und zum Aufpumpen von Autoreifen gebraucht. Man unterscheidet zwei Arten von Kompressoren: der *Kolbenkompressor* arbeitet mit einem oder mehreren Kolben und Zylindern mit gradliniger Hinundherbewegung wie eine Dampfmaschine; der *Kreisel*- oder *Turbokompressor* besitzt Laufräder, welche die Luft ansaugen und verdichten.

Der oder das **Kompromiß** (lat.): Übereinkunft zwischen verhandelnden oder streitenden Parteien, die dadurch erreicht wird, daß beide Parteien einander etwas entgegenkommen.

Die **Kondensation** (lat. = Verdichtung): durch Abkühlung oder Drucksteigerung verursachte Rückbildung von Dämpfen zu Flüssigkeiten. Wird z. B. Wasser zum Sieden gebracht und die entstehenden Dämpfe abgekühlt, so schlagen sich diese als reines (destilliertes) Wasser nieder. Das Beschlagen der Fensterscheiben beruht auf der gleichen Erscheinung: der im warmen Zimmer vorhandene Wasserdampf schlägt sich an der kalten Scheibe nieder, d. h. er verdichtet sich wieder zu Wasser. – Als Kondensation bezeichnet man auch das Eindicken von Flüssigkeiten durch Entziehen von Wasser (z. B. kondensierte Milch).

Der **Kondensator** (lat.): Vorrichtung zur Verflüssigung von Dämpfen (vor allem bei Dampfmaschinen und Turbinen). – *Elektrische Kondensatoren* speichern elektrische Ladungen auf. Sie bestehen aus zwei oder mehreren elektrisch leitenden Platten von entgegengesetzter Ladung, die voneinander durch isolierende Schichten getrennt sind. Die Aufnahmefähigkeit (Kapazität) eines Kondensators hängt ab von der Größe der Plattenoberflächen und ihrem Abstand zueinander sowie von der Art der Isolierschichten. Um auf möglichst kleinem Raum eine möglichst große Oberfläche zu bekommen, schichtet man die Platten ineinander oder wickelt sie spiralförmig auf. Kondensatoren sind vor allem für die →Rundfunktechnik von Bedeutung. Mit Spulen zusammen bilden sie →Schwingungskreise.

Der **Kondor** →Greifvögel.

Die **Konfektion** (lat.) nennt man die serienmäßige Herstellung von Kleidungsstücken (Konfektionskleidung).

Die **Konferenz** (lat.): Besprechung, Sitzung, Verhandlung.

Die **Konfession** (lat.): das religiöse Bekenntnis. Konfessionen nennt man besonders die verschiedenen christlichen Bekenntnisse, wie die katholische, evangelische oder orthodoxe Konfession.

Die **Konfirmation** (lat.) ist in der evangelischen Kirche die feierliche Bestätigung des jungen *Konfirmanden* zum mündigen Christen. Sie erfolgt durch Einsegnung und Auflegen der Hand. Gleichzeitig damit ist die Zulassung zum Abendmahl verbunden. Konfirmiert werden die meist 14 bis 16 Jahre alten Jugendlichen nach Beendigung des Konfirmandenunterrichtes und nach Erneuerung des Taufgelübdes.

Der **Konflikt** (lat.): Zusammenstoß, Streit. Auch den Widerstreit von Empfindungen im einzelnen Menschen nennt man Konflikt (z. B. Gewissenskonflikt).

Der **Konformismus** (lat.) ist die Bereitwilligkeit eines Menschen, sich den Meinungen und Urteilen seiner Mitmenschen anzupassen, um nicht aufzufallen. Der Konformismus ist eine häufige Erscheinung in →totalitären Staaten mit einer offiziellen →Ideologie. – Das Gegenteil von Konformismus heißt *Nonkonformismus*.

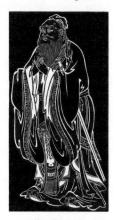

Konfuzius oder Kung-fu-tse war der große Religionslehrer der Chinesen. Er lebte von 551 bis 479 v. Chr. und lehrte, daß die Ordnung in der Welt von der Ordnung in der Familie ausgehe. Wie in einer großen Familie sollen auch alle Bürger eines Staates, ja alle Staa-

Konfuzius
Chines. Holzschnitt

ten miteinander leben. Nach seinem Tode wurde Konfuzius wie ein Heiliger in Tempeln verehrt. Seine Lehre, der *Konfuzianismus*, galt bis zum Sturz des chinesischen Kaisertums 1911 als Staatsreligion.

Kongo hieß der zweitlängste Fluß in Afrika, der jetzt →Zaire heißt. Nach ihm ist die *Republik Kongo* (342 000 qkm, 1,0 Mill. Einwohner, Hauptstadt Brazzaville, bis 1958 französische Kolonie) benannt. →Zaire.

Der **Kongreß** (lat.): Zusammenkunft, Versammlung, Tagung. – In den Vereinigten Staaten von Amerika heißt die Volksvertretung Kongreß; er setzt sich aus dem Senat und dem Repräsentantenhaus zusammen.

Die **Kongruenz** (lat.): Deckungsgleichheit. Zwei Dreiecke sind *kongruent* (deckungsgleich), wenn z. B. ihre drei Seiten gleich lang sind.

Ein **König** herrschte, wie es im Märchen heißt, in jedem Lande und war nur dem Kaiser untertan. Bei den Germanen hatte fast jeder Volksstamm einen erwählten König. Im Mittelalter wurde das Königtum erblich. Der König von Deutschland war zugleich Kaiser des Abendlandes, doch wurde im Laufe der Jahrhunderte die Königsmacht durch die Fürsten der einzelnen deutschen Länder sehr eingeschränkt. Schließlich führten einige von ihnen selber den Titel eines Königs in ihren Ländern (Bayern, Sachsen u. a.). Zugleich mit dem deutschen Kaisertum wurde 1918 auch die Königswürde abgeschafft. Belgien, Dänemark, Großbritannien, Holland, Norwegen und Schweden sind heute noch Königreiche.

Die **Konjugation** (lat. coniugatio = Verbindung): In der Grammatik versteht man darunter die Abwandlung (Beugung) des Verbums 1. nach Person; 2. nach Zahl (Numerus): Einzahl (Singular) und Mehrzahl (Plural); 3. nach Zeit (Tempus): Gegenwart (Präsens), erste Vergangenheit (Imperfekt), zweite Vergangenheit (Perfekt), dritte Vergangenheit (Plusquamperfekt), erste Zukunft (Futur I) und zweite Zukunft (Futur II oder Futurum

exactum); 4. nach Aussageform (Modus): Wirklichkeitsform (Indikativ), Möglichkeitsform (Konjunktiv) und Befehlsform (Imperativ); 5. nach Handlungsart: Tatform (Aktiv) und Leideform (Passiv). – Man nennt diese Formen auch bestimmte (*finite*) Formen, da sie sich immer auf eine bestimmte Person beziehen. Daneben gibt es auch unbestimmte Verbformen: die Nenn- oder Grundform (*Infinitiv*) und das Mittelwort (*Partizip*): das Mittelwort der Gegenwart und das Mittelwort der Vergangenheit.

Eine **Konjunktion** (lat. coniunctio = Verbindung) oder ein *Bindewort* stellt eine Verbindung zwischen Satzteilen oder Sätzen her. Man unterscheidet beiordnende Konjunktionen (z. B. und, aber, denn, sondern), die zwei Hauptsätze miteinander verbinden, und unterordnende Konjunktionen (z. B. weil), die Haupt- und Nebensatz verbinden.

Der **Konjunktiv** (lat.). Wenn man durch ein Verbum andeuten will, daß ein Geschehen zweifelhaft, wünschenswert, nicht ganz sicher, also nur möglich ist, dann muß es in der *Möglichkeitsform*, dem Konjunktiv, stehen. Der Konjunktiv erscheint vielfach in Nebensätzen, die von einem Bindewort, einer Konjunktion, eingeleitet werden (»ich wollte, daß er käme«), daher stammt der Name »Konjunktiv«. Zur Bildung der nicht wörtlichen (indirekten) Rede ist der Konjunktiv unentbehrlich. – Siehe auch Indikativ.

Die **Konjunktur** (lat.): etwa gleichbedeutend mit Geschäftsgang, Wirtschaftslage. Es gibt Zeiten, in denen die Geschäfte gut, und Zeiten, in denen sie schlecht gehen. Man spricht von guter Konjunktur (*Hochkonjunktur*) und schlechter Konjunktur (*Depression*). Ein Konjunkturrückgang (Verschlechterung der Wirtschaftslage) wird *Rezession* genannt. Vgl. auch →*Stagflation*.

konkav →Linse.

Das **Konklave** (lat.): Bezeichnung der zur Papstwahl vereinigten Kardinalsversammlung, die in einem verschlossenen Raum des Vatikans unter strengstem Abschluß von der Außenwelt tagt. Zur Papstwahl ist Zweidrittelmehrheit der Stimmen erforderlich.

Das **Konkordat** (lat.): Vertrag zwischen einem Staat und der katholischen Kirche, der die gegenseitigen Rechte und Pflichten festlegt.

konkret →abstrakt.

Die **Konkurrenz** (lat.): Wettbewerb. – Geschäftsleute, welche die gleichen Waren verkaufen, wetteifern miteinander, »sie machen sich Konkurrenz«, um möglichst viele Kunden zu gewinnen. Sie nennen sich auch gegenseitig »die Konkurrenz«.

Der **Konkurs** (lat.). Wenn ein Unternehmen bankrott ist, also seine Schulden nicht mehr bezahlen kann, so geht es in Konkurs. Das ist ein Gerichtsverfahren, durch das der Rest des Vermögens an alle, die Geld zu beanspruchen haben (Angestellte und Gläubiger), gerecht verteilt wird.

Der **Konquistador** (span.): Eroberer; besonders Bezeichnung für die spanischen Eroberer Mittel- und Südamerikas im 16. Jh., z. B. Fernando Cortez und Francisco Pizarro.

Die **Konsequenz** (lat.): 1. der unausweichliche Schluß, der aus einer Überlegung gefolgert wird; 2. die Treue zu den eigenen Grundsätzen.

konservativ (lat.): am Althergebrachten festhaltend. – In der Politik ist ein Konservativer jemand, der sich auf geschichtliche, staatliche und kulturelle Überlieferungen stützt. Konservative Parteien bildeten sich in vielen europäischen Staaten im 19. Jh. im Gegensatz zum →Liberalismus heraus. In Deutschland waren die Konservativen bis 1918 die führende politische Macht, besonders in Preußen. Sie traten vor allem für »Thron und Altar« ein, d. h. für Herrscherhaus und Kirche. Ihre Hauptstütze bildeten die Grundbesitzer, der Offiziersstand und ein Teil der Beamtenschaft. Nach 1918 entstand die Deutschnationale Partei, in der konservative Gedanken weiterlebten. Sie bildete 1933 mit den Nationalsozialisten

die Regierung, wurde aber bald darauf von Hitler aufgelöst.

Das **Konservatorium** (lat.): höhere Musikschule, heute oft einer Akademie oder Hochschule für Musik angegliedert.

Durch **Konservierung** (lat.) macht man Nahrungsmittel haltbar. Allgemein versteht man unter *Konserven* in Blechdosen oder Gläsern eingekochte Nahrungsmittel. Im Hause kann man Lebensmittel durch Einpökeln mit Salz, Einkochen mit Zucker, Einsäuern mit Essig und durch Räuchern konservieren. Neuerdings geht man immer stärker zum Haltbarmachen durch Tiefkühlung über. Andere Konservierungsverfahren sind Bestrahlung (mit Beta- oder Gammastrahlen) und Vakuumverpackung.

Der **Konsonant** (lat. consonare = mitklingen). Jedes Wort besteht aus Vokalen oder Selbstlauten und Konsonanten oder *Mitlauten*. Diese klingen nur, wenn sie mit Vokalen (a, e, i, o, u) verbunden werden. Im Wort »Sonne« sind z. B. S, n, n die Konsonanten.

Konstantinopel (Byzanz) →Byzantinisches Reich.

Die **Konstitution** (lat.): 1. ein Staatsgrundgesetz, eine →Verfassung (*konstitutionelle Monarchie* →Monarchie); 2. die gesamte körperliche und geistige Verfassung eines Menschen.

Der **Konsul**: Titel der zwei höchsten Staatsbeamten im alten Rom. Heute versteht man unter Konsuln ständige Vertreter eines Staates in einem anderen Staat. Sie haben vorwiegend die Aufgabe, die Handelsinteressen des eigenen Staates wahrzunehmen und den Angehörigen des eigenen Volkes beizustehen.

Die **Konsultation** (lat.): Befragung, (ärztliche) Beratung.

Der **Konsum** (lat.): Verbrauch von Waren, im Gegensatz zur Erzeugung (Produktion). Der Warenverbraucher heißt *Konsument*.

Der **Kontakt** (lat.): Berührung. In der →Elektrizität nennt man jede Stelle Kontakt, an der sich zwei stromdurchflossene Leiter berühren (z. B. Steckkontakt). –

Kontaktstoffe in der Chemie sind die →Katalysatoren. – Sogenannte *Kontaktgifte* lähmen oder töten Insekten, sobald diese mit ihren über den ganzen Leib verteilten Atmungsorganen damit in Berührung kommen. – Ferner spricht man von Kontakt zwischen Menschen, wenn man deren innere Beziehung zueinander meint.

kontern (lat.): aus der Verteidigung heraus einen Gegenschlag führen (z. B. beim Boxen); auch schlagfertig antworten.

Der **Kontinent** (lat.): Festland, Erdteil.

Das **Kontingent** (lat. = Anteil, Beitrag). Wenn, z. B. im Krieg, Waren knapp sind, so werden sie *kontingentiert*. Das heißt, die vorhandene Menge wird vom Staat nach einem genauen Plan eingeteilt, und jeder bekommt nur den entsprechenden Anteil. – Man spricht auch von einem Truppen-Kontingent. Das ist eine bestimmte Menge von Soldaten, die ein einzelner Staat für ein gemeinsames militärisches Unternehmen mehrerer Staaten als seinen Beitrag zur Verfügung stellt.

Das **Konto** (ital.). So nennt man die Eintragungen in ein Geschäftsbuch über das Guthaben oder die Schulden, die ein Geschäftsmann bei einem anderen oder bei einer Bank hat. Auf der linken Seite, der »Soll«-Seite, werden die Beträge, die er zahlen »soll«, also seine Schulden, eingetragen. Auf der rechten Seite, der »Haben«-Seite, stehen die Beträge, die er bereits gezahlt »hat«, all das also, was er guthat, sein Guthaben. Auch jeder Privatmann kann bei einer Bank, Sparkasse usw. ein Konto haben, für Ersparnisse ein Sparkonto, für den bargeldlosen Zahlungsverkehr ein »laufendes Konto« (Kontokorrent).

Der **Kontrabaß** →Baß. – Abb. →Musikinstrumente.

Der **Kontrakt** (lat.) →Vertrag.

Der **Konvent** (lat.): Versammlung der Mönche, auch Ausdruck für das Kloster selbst; Zusammenkunft und Ort der Volksvertretung in der Französischen Revolution (1792–1795); Zusammenkunft der Mitglieder einer studentischen Verbindung; regelmäßige Versammlung evangelischer Geistlicher eines Kirchenkreises.

Die **Konvention** (lat.): Übereinkunft, Vereinbarung, Abkommen, Vertrag. – *Konventionalstrafe:* Strafe wegen Vertragsbruchs. – *konventionell:* herkömmlich, förmlich.

Die **Konversation** (franz.): Gespräch zwischen zwei oder mehreren Leuten.

Ein **Konvertit** (lat.) ist jemand, der von einer Religionsgemeinschaft zu einer anderen übergetreten (*konvertiert*) ist.

konvex →Linse.

Die **Konzentration** (lat.): Zusammenziehung, dichte Ansammlung um einen Mittelpunkt. Auch gesammelte, angespannte Aufmerksamkeit nennt man Konzentration. – *konzentrisch:* mit gleichem Mittelpunkt.

Konzentrationslager wurden erstmals während des Burenkriegs 1901 von dem englischen Heerführer Lord Kitchener in Südafrika eingerichtet. Um den Widerstandswillen der Buren zu brechen, setzte er in diesen Lagern ihre Frauen und Kinder gefangen. – Zur ständigen Einrichtung wurden Konzentrationslager, z. T. in Form von Zwangsarbeitslagern, in bolschewistischen und faschistischen Staaten. Viele solcher Lager, KL oder KZ genannt, wurden nach 1933 von den Nationalsozialisten in Deutschland und während des Zweiten Weltkrieges auch in den von ihnen eroberten Gebieten errichtet. Ohne Gerichtsverhandlung und ohne die Möglichkeit, sich zu verteidigen, wurden im Laufe von 12 Jahren über 10 Millionen Menschen in diese Lager eingewiesen: politische Gegner aus dem eigenen Volk, später auch aus anderen Nationen, sowie vor allem – ihrer Rasse wegen – Juden und Zigeuner. Zusammen mit Verbrechern wurden sie in den Lagern gefangengehalten und unmenschlich behandelt; zahllose Häftlinge kamen durch Mißhandlungen, Hunger und Seuchen ums Leben oder wurden in besonderen Vernichtungslagern durch Vergasung getötet. Erst 1945 beim Zusammenbruch des nationalsozialistischen Reiches konnten die

Überlebenden aus den Lagern befreit werden, von denen Dachau, Buchenwald, Sachsenhausen, Auschwitz und Ravensbrück (Frauen-KZ) die berüchtigtsten waren.

Der **Konzern** (engl.): Zusammenschluß mehrerer Unternehmungen unter gemeinsamer einheitlicher Leitung.

Das **Konzert** ist ein mehrsätziges Musikstück für ein oder mehrere Soloinstrumente mit Orchesterbegleitung. Auch die öffentliche Aufführung von Musikwerken wird Konzert genannt.

Die **Konzession** (lat.): Zugeständnis; behördliche Genehmigung.

Das **Konzil** (lat.) ist eine Zusammenkunft hoher katholischer Geistlicher, besonders von Bischöfen, zur Beratung wichtiger kirchlicher Fragen. Manche dieser Versammlungen werden vom Papst selber geleitet. Die Entscheidungen von Konzilien der Gesamtkirche (ökumenischen Konzilien) gelten, wenn sie vom Papst bestätigt werden, in der katholischen Kirche als unbedingt und unfehlbar.

konziliant: versöhnlich, verbindlich.

Das **Koordinatensystem** besteht aus zwei im rechten Winkel zueinander stehenden Achsen, die im allgemeinen nach rechts und nach oben zeigen. In der Geometrie ist die rechte Achse die x-Achse, die andere die y-Achse (→Mathematik). Allgemein kann man mit Hilfe eines Koordinatensystems →*Funktionen* anschaulich machen. So kann man die Geschwindigkeit eines Autos darstellen, indem man auf der einen Skala die zurückgelegte Strecke, auf der anderen die dazu benötigte Zeit mißt.

koordinieren (lat.): in Übereinstimmung bringen, aufeinander abstimmen. Am Anfang des Schuljahres *koordiniert* der Direktor der Schule die Stundenpläne der einzelnen Klassen und Lehrer.

Nikolaus **Kopernikus** lebte von 1473 bis 1543. Er war Astronom und der wissenschaftliche Begründer der Lehre, daß die Erde und die Planeten sich um die Sonne drehen (*kopernikanisches Weltsystem*). Bis dahin dachte man, die Erde sei

der Mittelpunkt, um den sich Sonne und Sterne bewegen. Sein Werk wurde kurz vor seinem Tode veröffentlicht, fand aber nur wenig Beachtung, bis →Kepler die neuen Ideen aufgriff. Von der Kirche wurde das Buch 1616 verboten. Das Verbot wurde erst 1757 aufgehoben.

Die **Kopie** (lat.): Vervielfältigung, Abschrift, Durchschrift. – In der Photographie heißt ein Abzug, in der Kunst die Nachbildung eines Werkes Kopie.

Der **Kopilot** ist der zweite Pilot in einem Flugzeug oder Raumfahrzeug.

Die **Kopra** → Palmen.

Kopten (arab.) heißen die arabisch sprechenden christlichen Nachkommen der alten Ägypter.

Die **Korallen** sind gesellig lebende kleine →Hohltiere. Aus ihren Skeletten bilden sich in warmen Meeren kalk- und hornartige Bänke. Als *Korallenriffe* behindern sie oft die Schiffahrt. Deswegen ist die Nordostküste Australiens von der See aus unzugänglich. Sogenannte *Atolle*, das sind Korallenringinseln, erscheinen in der Südsee, wenn der Meeresboden sich senkt. Manche Korallen, z.B. die rote Edelkoralle des Mittelmeeres, werden zu Schmuck verarbeitet.

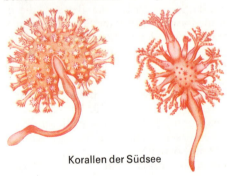

Korallen der Südsee

Der **Koran** (arab.) ist das in 114 Kapitel (*Suren*) eingeteilte heilige Buch des →Islam.

Korea ist das Land auf der gleichnamigen Halbinsel in Ostasien. Es umfaßt 219015 qkm. Die meisten Koreaner sind Bauern, doch hat sich im Norden, wo es reiche Bodenschätze (vor allem Eisenerze und Kohle) und nutzbare Wasserkräfte gibt, auch eine rege Industrie entwickelt. Die Koreaner sind ein altes Kulturvolk mit buddhistischer Religion, das bereits im 7. Jh. n. Chr. einen einheitlichen Staat bildete. Das Kaiserreich Korea geriet aber im 19. Jh. in Abhängigkeit von China und dann von Japan, das 1910 den letzten Herrscher absetzte und Korea dem japanischen Reiche einverleibte. Diese Eroberung mußte Japan 1945 nach seiner Niederlage im Zweiten Weltkrieg wieder herausgeben. Korea wurde von amerikanischen und sowjetrussischen Truppen besetzt, die das Land in zwei Besatzungszonen teilten. Dadurch entstanden zwei getrennte Staaten: im Norden eine kommunistische Volksrepublik (mit 15,09 Mill. Einwohnern), im Süden eine Republik (mit 33,2 Mill. Einwohnern). Der Einfall nordkoreanischer Truppen in Südkorea löste 1950 das Eingreifen von UN-Streitkräften zugunsten des angegriffenen Landesteils aus, während die Nordkoreaner vom kommunistischen China unterstützt wurden. Nach harten Kämpfen wurde 1953 ein Waffenstillstand geschlossen. – Die südliche Hauptstadt Seoul hat 6,28 Mill., die nördliche Hauptstadt Pjöngjang etwa 1,5 Mill. Einwohner.

korinthische Ordnung →Säule.

Kork ist die Rinde der immergrünen Korkeiche in den westlichen Mittelmeerländern. Etwa alle 10 Jahre wird die äußere Rinde von Stamm und Hauptästen vorsichtig abgeschält. Aus den so gewonnenen Platten werden Korke usw. gestanzt. Die kleineren Abfälle werden zur Linoleumherstellung und für Verpackungszwecke verwendet.

Korn ist der Sammelbegriff für Brotgetreide (→Getreide). Auch ein aus Roggen gebrannter Alkohol wird als Korn bezeichnet. Siehe auch Visier.

Das **Korps** (franz., sprich kohr): studentische Verbindung. Unter Offizierskorps versteht man die Offiziere eines Heeres. Ein Armeekorps ist ein größerer Truppenverband aus mehreren Divisionen mit allen Spezialwaffengattungen.

Das **Korpuskel** (lat.) ist ein winzig kleines Materieteilchen, ein →Elementarteilchen. *Korpuskularstrahlen* sind Elektronen-, Ionen- oder Neutronenstrahlen.

Der **Korrespondent** (lat.): 1. auswärtiger Berichterstatter einer Zeitung; 2. im Handelswesen Angestellter, der den Schriftwechsel (die *Korrespondenz*) erledigt.

korrupt (lat.): verderbt, bestochen, bestechlich, unredlich. – Substantiv: die *Korruption*.

Der **Korsar** (ital.): Seeräuber; auch Seeräuber- oder Kaperschiff.

Der **Korund** →Edelsteine.

Die **Korvette**: dreimastiges Segelkriegsschiff; heute ein leichtes Kriegsschiff zum Schutz von Geleitzügen.

Die **Koryphäe** (griech.): ein leicht ironischer Ausdruck für einen ausgezeichneten, anerkannten Fachmann (»eine Koryphäe auf dem Gebiet der Insektenforschung«).

Die **Kosaken**: freie Bauern im alten Rußland, besonders am Don und in der Ukraine, die im Kriegsfall Reiterregimenter aufstellten. Später wurden die Kosakenabteilungen zu Bestandteilen der russischen Armee.

Die **Kosmetik** (griech.): Schönheitspflege.

Der **Kosmonaut** (griech.): Weltraumfahrer. →Weltraumfahrt.

Der **Kosmos** (griech.): Weltall.

Der **Kothurn**: Schuh mit besonders hohen Sohlen, der von den altgriechischen und später von römischen Schauspielern getragen wurde.

Die **Krabbe** →Krebse.

Das **Kraftfahrzeug** wird durch Maschinenkraft angetrieben und ist nicht an Schienen gebunden. Als Antrieb dienen heute meist Benzin-, Diesel- oder Elektromotoren. →Kraftwagen.

Der **Kraftfahrzeug-Führerschein** berechtigt zum Führen eines Kraftfahrzeuges. Er wird ausgestellt für 5 Klassen: Klasse 1 für Motorräder, Klasse 2 für Lastwagen, Klasse 3 für Personenwagen und leichtere Lastwagen, Klasse 4 für

Leichtmotorräder und Fahrzeuge mit einer Höchstgeschwindigkeit von nicht mehr als 25 km/h, Klasse 5 für Fahrräder mit Hilfsmotor und Kleinkrafträder mit einer Höchstgeschwindigkeit von 40 km/h. Führerscheine der Klassen 1, 2 und 3 berechtigen zum Führen von Fahrzeugen der Klasse 4 und 5, Führerscheine der Klasse 2 gelten auch für Fahrzeuge der Klasse 3, Führerscheine der Klasse 4 für Fahrzeuge der Klasse 5.

Die **Kraftfahrzeug-Zulassung** ist eine amtliche Bestätigung, daß das benutzte Fahrzeug verkehrssicher ist. Sie wird nach einer Abnahmeprüfung durch die Verkehrspolizei ausgestellt. Die Kraftfahrzeugzulassung (Kraftfahrzeugschein) ist bei Benützung des Fahrzeuges jederzeit mitzuführen.

Kraftrad →Motorrad.

Beim **Kraftwagen** oder *Auto* (von Automobil) unterscheidet man Personenkraftwagen (Pkw) und Lastkraftwagen (Lkw). Ein Kraftwagen besteht in der Regel aus dem Fahrgestell (Chassis) und dem Aufbau (Karosserie). Das Fahrgestell wird aus Stahlschienen zusammengeschweißt oder -geschraubt, oft auch aus Stahlblech gepreßt. Es trägt alle die Teile, die zum Betrieb des Kraftwagens nötig sind. Der Antriebsmotor ist meist ein →Verbrennungsmotor, für den Nahverkehr manchmal auch ein Elektromotor.

Der Zylinderrauminhalt der Benzinmotoren von serienmäßig hergestellten Personenkraftwagen schwankt zwischen 250 und 3000 ccm. Der Benzinverbrauch für 100 km beträgt 6 bis 18 Liter. Die Kühlung des Motors kann durch Luft oder Wasser erfolgen. Damit beim Fahren mit wechselnden Geschwindigkeiten, beim Anfahren und auf Bergstrecken die Motordrehzahl möglichst auf der günstigsten Höhe bleibt, kann durch ein Getriebe die Übersetzung zwischen Motor und Antriebsrädern verändert werden. Das Getriebe besitzt dazu 3 oder 4 Vorwärtsgänge und einen Rückwärtsgang sowie eine Leerlaufstellung. Immer mehr setzt sich das halb- oder vollautomatische Getriebe durch. Beim halbautomatischen Getriebe wählt der Fahrer die einzelnen Gänge vor; der übrige Schaltvorgang läuft danach selbständig ab. Vollautomatische Getriebe sind selbstschaltend, d.h., beim Erreichen bestimmter Drehzahlen wird automatisch in den größeren oder kleineren Gang geschaltet. Motor und Getriebe können durch eine →Kupplung getrennt werden, damit der Schaltvorgang ohne Schwierig-

Mercedes-Benz

1   3   5   7   9   11   13   15   17   19   21   23   25   27   29
  2   4   6   8   10   12   14   16   18   20   22   24   26   28   30

Volkswagen, Schnittbild

1 Reserverad, 2 Nachfüllbehälter für Bremsflüssigkeit, 3 Lenkgetriebe, 4 Vorderachse mit quer-
liegenden Vierkant-Drehfederstäben, 5 Kraftstoffbehälter, 6 Hauptbremszylinder, 7 Fußhebel-
werk, 8 Geschwindigkeitsmesser, 9 Schalthebel, 10 Reguliergriff für die Heizung, 11 Schalter
für Fahrtrichtungsanzeiger, 12 Handbremshebel, 13 Verschlußgriff am Drehfenster, 14 Batterie,
15 Wagenheberaufnahme, 16 Hinterer Drehfederstab, 17 Wechselgetriebe, 18 Anlasser, 19 Aus-
gleichgetriebe, 20 Kupplung, 21 Stoßdämpfer, 22 Kurbelwelle, 23 Nockenwelle, 24 Ölsieb,
25 Kühlgebläse, 26 Ölpumpe, 27 Lichtmaschine, 28 Auspufftopf, 29 Vergaser, 30 Ölbadluftfilter.

Nationalitätszeichen der Kraftfahrzeuge

A	Österreich	ETH	Äthiopien	NL	Niederlande	T	Thailand
AL	Albanien	F	Frankreich	NZ	Neuseeland	TD	Trinidad
AND	Andorra	FL	Liechtenstein	P	Portugal	TN	Tunesien
AUS	Australien	G	Guatemala	PA	Panama	TR	Türkei
B	Belgien	GB	Groß-	PAK	Pakistan	U	Uruguay
BG	Bulgarien		britannien	PAN	Angola	USA	Ver. Staaten
BR	Brasilien	GBZ	Gibraltar	PE	Peru		von Nord-
C	Kuba	GH	Ghana	PI	Philippinen		amerika
CB	Kongo	GR	Griechen-	PL	Polen	V	Vatikanstaat
	(Dem. Rep.)		land	PY	Paraguay	VN	Vietnam
CDN	Kanada	H	Ungarn	R	Rumänien	WAG	Gambia
CH	Schweiz	I	Italien	RA	Argentinien	WAL	Sierra Leone
CL	Ceylon	IL	Israel	RB	Bolivien	WAN	Nigeria
CO	Kolumbien	IND	Indien	RC	China	YU	Jugoslawien
CR	Costa Rica	IR	Iran	RCB	Kongo	YV	Venezuela
CS	Tschecho-	IRL	Irland		(Braz.)	ZA	Republik
	slowakei	IRQ	Irak	RCH	Chile		Südafrika
CY	Zypern	IS	Island	RI	Indonesien		
D	Deutschland	J	Japan	RL	Libanon	Die Buchstaben CD	
DK	Dänemark	JA	Jamaika	RM	Madagaskar	(Corps Diplomatique	
DOM	Dominik.	JOR	Jordanien	RSM	San Marino	= Diplomatisches	
	Rep.	K	Kambodscha	S	Schweden	Korps) und CC	
DY	Dahome	L	Luxemburg	SD	Swaziland	(Corps Consulaire =	
E	Spanien	LAO	Laos	SF	Finnland	Angehörige der Kon-	
EAK	Kenia	MA	Marokko	SGP	Singapur	sulate) kennzeichnen	
EAT	Tanganjika	MC	Monaco	SK	Sarawak	die Fahrzeuge der	
EAU	Uganda	MEX	Mexiko	SME	Surinam	Angehörigen des di-	
EAZ	Sansibar	N	Norwegen	SP	Somaliland	plomatischen Dien-	
ET	Ägypten	NIC	Nicaragua	SU	Sowjetunion	stes bzw. der Konsu-	
	(VAR)	NIG	Niger	SYR	Syrien	late.	

keiten vor sich geht. Er kann durch moderne Synchrongetriebe noch erleichtert werden. Automatische Getriebe erledigen den Kupplungsvorgang selbsttätig; das Kupplungspedal entfällt also. Die Kraft wird vom Getriebe durch die Kardanwelle auf die Antriebsachse, meist Hinterachse, übertragen. Wird die Vorderachse angetrieben, so spricht man von Frontantrieb. Da beim Kurvenfahren das äußere Rad einen größeren Weg zurücklegen muß als das innere, ist in die Antriebsachse ein *Differentialgetriebe* (Ausgleichsgetriebe) eingebaut, das die Differenz zwischen äußerem und innerem Radumlauf ausgleicht. Ohne diese Differentialgetriebe würden die Räder radieren (rutschen). Die vom Motor angetriebenen Räder sind mit der Antriebsachse verbunden, während die nichtangetriebenen frei laufen. Es gibt auch Kraftwagen, bei denen alle vier, manchmal auch sechs Räder angetrieben werden. Die Lenkung des Wagens erfolgt vom Lenkrad, das über ein Schneckengetriebe auf die Vorderräder einwirkt. Dabei wird jedes Rad durch eine Spurstange für sich bewegt; die Hauptachse bleibt in ihrer Lage. Jeder Kraftwagen muß eine Fuß- und eine Handbremse besitzen, die unabhängig voneinander wirken. Viele Wagen haben eine Öldruckbremse, Omnibusse häufig noch eine Motorbremse, die vor allem bei langen Abwärtsstrecken die Radbremsen entlastet, größere Lastkraftwagen Luftdruckbremsen. Zum Kraftwagen gehört noch die elektrische Ausrüstung. Als Stromquelle dient eine Akkumulatoren-Batterie, die von einer kleinen Lichtmaschine während der Fahrt geladen wird. Sie liefert den Strom für den elektrischen Anlasser, die Scheinwerfer, die Scheibenwischer, die Hupe, die Fahrtrichtungsanzeiger, die Innenbeleuchtung, das Rücklicht, das Bremslicht und gegebenenfalls die Heizung und das Autoradio. Die einzelnen Wagentypen werden nach der Art ihrer Karosserie benannt: offener Wagen (Roadster, zweisitziger Sportwagen), Wagen mit aufklappbarem Verdeck (Ka-

briolett), geschlossener Wagen (Coupé oder Limousine). Jeder Kraftwagen muß vorne und hinten ein Nummernschild mit dem Unterscheidungszeichen (Buchstaben und Nummern) führen. Bei Dunkelheit muß das hintere Schild beleuchtet sein. Kraftwagen, die ins Ausland fahren, müssen das Nationalitätszeichen führen (Buchstaben).

Kraftwerke sind Fabriken, in denen elektrischer Strom gewonnen wird. Im Kraftwerk stehen elektrische Dynamomaschinen, meist solche für Wechselstrom. Werden diese durch Dampfmaschinen, vor allem durch Dampfturbinen, angetrieben, so nennt man die Anlage *Dampfkraftwerk*. Als Energiequellen dienen Kohle, Erdgas, Erdöl oder →Atomenergie (Atom- oder Kernkraftwerk). Kraftwerke, in denen Wasserturbinen die Generatoren antreiben, heißen *Wasserkraftwerke*. Wirtschaftlich unbedeutend sind *Dieselkraftwerke* mit Dieselmotorenantrieb und *Windkraftwerke* für kleine Leistung, die durch Windräder angetrieben werden.

Die **Krähe** gehört zur großen Rabenfamilie. In Mitteleuropa gibt es 3 etwa gleich große Arten: die graue *Nebelkrähe* mit schwarzen Schwingen, die *Rabenkrähe* mit schwarzblauen Federn und die ebenso gefärbte *Saatkrähe*, die einen unbefiederten Oberschnabel hat.

Der **Krake** →Tintenfische.

Ein **Krampf** ist eine unwillkürliche, also ungewollte Zusammenziehung von Muskeln. Er kann durch starke Abkühlung eintreten, z. B. im kalten Wasser (Wadenkrampf). In solchen Fällen hilft am besten Ruhe, Wärme und manchmal vorsichtige Massage.

Krampfadern entstehen durch Stauung des Blutes, meist in den Blutadern (Venen) der Unterschenkel. Schwellen die Krampfadern sehr stark an, so bilden sich Knoten und Geschwüre. Sie müssen vom Arzt behandelt werden.

Ein **Kran** ist eine Vorrichtung zum Heben, Senken und Verlagern von Lasten. Der *Drehkran* ist um eine senkrechte

Kraftwagen

Benz, 1885

Markus, 1875

Mars, 1898

Renault, 1899

Mercedes Monoposto

Rolls-Royce

Achse drehbar und wird zum Beladen und Entladen von Schiffen, Eisenbahnwagen, Lastwagen usw. verwendet. Er wird betrieben durch Elektro-, Benzin- oder Dieselmotor oder (selten) durch eine Dampfmaschine. Der *Laufkran* besteht aus einem brückenähnlichen Gerüst, auf dem ein kleiner Wagen, die Laufkatze, fährt. Diese hebt mit einer durch einen Elektromotor angetriebenen Winde die Last und befördert sie an den vorgesehenen Ort. Der Laufkran wird hauptsächlich in großen Industriebetrieben zum Befördern schwerer Werkstücke und Maschinenteile verwendet. Einen *Turmkran* braucht man, wenn Sand, Steine, Mörtel usw. zu hochgelegenen Baustellen gebracht werden müssen. Er ist meist als Drehkran gebaut. Kräne können ortsgebunden (stationär) oder fahrbar sein. Eine besondere Art ist der *Schwimmkran* der in Hafenanlagen eingesetzt wird.

Die **Kraniche** sind große, langbeinige Stelzvögel. Mit Ausnahme von Südamerika leben sie in allen Erdteilen. Die größte Kranichart ist der Saruskranich Indiens. In Mitteleuropa ist der Kranich sehr selten geworden.

Die **Krankensalbung** (früher letzte Ölung) ist ein Sakrament der katholischen Kirche. Der Priester salbt den Kranken auf der Stirn und auf den Händen. Nach katholischer Lehre wird der Kranke dadurch seelisch und körperlich zum geduldigen Ertragen der Krankheit gestärkt und von seinen Sünden befreit.

Der **Krater**: trichterförmige Auswurföffnung eines Vulkans. Wenn sich bei erloschenen Vulkanen die Krater mit Wasser füllen, wie z.B. in der Eifel, so bezeichnet man diese Seen als *Maare*.

Die **Krätze** ist eine durch Krätzenmilben hervorgerufene, stark juckende Hautkrankheit. Die →Milben bohren sich, vor allem zwischen den Fingern und in den Achselfalten, in die Haut ein und graben sich einen kleinen Gang, in den sie ihre Eier legen. Ein schwefelhaltiges Mittel tötet die Milben und ihre Brut innerhalb von 3 Tagen ab und heilt die Krätze.

Das **Kraul** (engl.) ist die schnellste Schwimmart: die Arme werden abwechselnd über den Kopf geführt und unter Wasser bis zur Hüfte durchgezogen, die Beine auf und ab bewegt.

Die **Kreativität** (lat.) ist die Fähigkeit, Ideen und Einfälle zu produzieren. Sie kann durch ermutigende Erziehung gefördert werden.

Die **Kreatur** (lat.): Geschöpf.

Der **Krebs** ist eine bösartige Geschwulst, die an jeder Stelle des Körpers, besonders an den inneren Organen, auftreten kann. Die →Zellen unseres Körpers, die sich auch normalerweise teilen, um abgenutzte Zellen zu ersetzen und das Wachstum zu ermöglichen, sind beim Krebskranken an einer Körperstelle verändert. Dort entsteht eine krankhafte Teilung, die sehr rasch fortschreitet und eine Geschwulst bildet. Werden erkrankte Zellen durch das Blut oder den Lymphstrom an andere Stellen des Körpers verschleppt, dann entstehen dort neue Krebsgeschwülste. Der Krebs überwuchert die von ihm ergriffenen Organe und ihre Umgebung und vergiftet den ganzen Körper. Er kann zum Tode führen, wenn man den Kranken nicht rechtzeitig durch eine Operation oder Bestrahlung heilt. Auch Haustiere können an Krebs erkranken. – Nicht jede Geschwulst ist ein Krebs. Nur der Arzt kann durch sorgfältige Untersuchung feststellen, ob es sich um Krebs handelt. Eine ansteckende Krankheit ist der Krebs nicht. Bei Kindern und Jugendlichen kommt er sehr selten vor.

Die **Krebse** bilden eine weitverbreitete, große Tiergruppe, die mit sehr vielen Arten im Süß- und Salzwasser lebt und aus den frühesten Erdzeitaltern stammt. Eine der größten Krebsarten ist der →Hummer. Die ebenfalls als Leckerbissen geschätzte *Languste* lebt in warmen Meeren und hat keine Scheren. Der schmackhafte *Flußkrebs* wird infolge der Gewässerverschmutzung immer seltener. Die kleineren Krebse nennt man *Krabben*. Sie werden in ihren Verbreitungsgebieten in großen Mengen gefangen. Auch die winzigen

Wasserflöhe, die vielen Fischen als Nahrung dienen, gehören zu den Krebsen.

Der **Kredit** (lat. credit = er glaubt, er vertraut). Kredit bedeutet Vertrauen. Im Geschäftsleben drückt sich Vertrauen in Zahlen aus. Wenn ich zu jemandem bis zu 5000,– Mark Vertrauen habe, weil er z. B. Grundstücke, Häuser oder ein gutgehendes Geschäft besitzt oder ein festes Gehalt hat, so hat er bei mir 5000,– Mark Kredit. Das heißt, ich werde ihm, wenn er will, 5000,– Mark leihen oder für 5000,– Mark Waren liefern, weil ich sicher sein kann, daß ich das Geld zurückbekomme. Auf Kredit kaufen heißt also, Waren erst später bezahlen. Einen Kredit aufnehmen heißt, Geld gegen Zinsen bei einem Geldgeber entleihen.

Die **Kreide** besteht aus den Schalen unzähliger kleinster Lebewesen. Während der Kreidezeit (→Erdzeitalter) bevölkerten diese die Meere. Die zu Boden gesunkenen Schalen der abgestorbenen Tierchen bildeten dicke Schichten, die jetzt als schroffe Kreidefelsen aufragen, so z. B. auf der Insel Rügen und an der Südküste Englands. Gemahlen und geschlämmt kommt die Kreide in den Handel. Sie wird verwendet zum Tünchen von Wänden, ferner zur Herstellung von Zahnpaste, Glaserkitt, Putzmitteln und zum Klären von Flüssigkeiten, z. B. von Wein.

Das **Krematorium:** Anstalt zur Einäscherung von Verstorbenen.

Kreml (russ.) nennt man den burgartigen alten Stadtkern vieler russischer Städte. Am bekanntesten ist der Kreml in Moskau, die ehemalige große Burganlage der Zaren, die nach dem Sieg der russischen Oktoberrevolution von 1917 der Sitz der Sowjetregierung wurde.

Kreolen sind Abkömmlinge alteingesessener weißer Eltern, die in Südamerika, Afrika oder Westindien geboren wurden. Schwarze Kreolen nennt man die in Amerika geborenen Neger.

Ein **Kretin** (franz., sprich kretä̃) ist ein geistesschwacher, oft auch körperlich mißgebildeter Mensch.

Das **Kreuz** ist bei allen Völkern ein uraltes symbolisches Zeichen. Für den Christen ist es durch den Kreuzestod Christi zum Zeichen der Auferstehung und des ewigen Lebens geworden.

Kreuzformen (von links nach rechts): lateinisches, griechisches Kreuz, Petruskreuz, russisches Kreuz, Andreaskreuz, Hakenkreuz, Malteserkreuz

Der **Kreuzer:** 1. sehr schnelles Kriegsschiff; 2. alte deutsche Kupfermünze, so benannt nach dem aufgeprägten Kreuz, von 1271 bis ins 19. Jh. in Umlauf.

Die **Kreuzotter** →Giftschlangen.

Kreuzzüge nennt man die 7 Kriegsfahrten der abendländischen Ritterschaft nach Palästina, die unternommen wurden, um die heiligen Stätten den Mohammedanern zu entreißen. 1096 zogen die ersten begeisterten Scharen aus, die das Kreuz als Abzeichen an Mänteln und Fahnen trugen. Jerusalem wurde erobert. Danach kämpften Christen und Mohammedaner fast 200 Jahre lang um das Heilige Land. Auch Kinder unternahmen Kreuzzüge zum Heiligen Grabe, gingen dabei aber zugrunde oder wurden in die Sklaverei verkauft. Obwohl das Rittertum schwere Opfer brachte, blieben am Ende die Mohammedaner siegreich. Für die europäische Kultur aber war es von sehr großer Bedeutung, daß die Ritter neue Länder und Sitten kennenlernten.

Das **Kricketspiel** ist ein besonders in England viel gespieltes Rasenspiel zwischen 2 Mannschaften von je 11 Mann.

Kriemhild war die Schwester des Burgunderkönigs Gunther, die Frau Siegfrieds, dessen Tod sie durch völlige Vernichtung der →Nibelungen rächte.

Die **Kriminalistik** (lat.): Wissenschaft von der Aufklärung und Verhütung *krimineller* (verbrecherischer) Taten und des Verbrechertums.

Kriminologie heißt die Wissenschaft von den Erscheinungsformen der Verbrechen und den Typen der Straftäter.

Der **Kris:** 30–50 cm langer, gewundener Dolch der Malaien.

Der **Kristall** (griech.). Würfel und auch zwei mit den Grundflächen aufeinandergestellte Pyramiden sind regelmäßige Formen, die durch ebene Flächen begrenzt werden. Solche durch ebene Flächen regelmäßig begrenzte Körper von bestimmter chemischer Zusammensetzung und optischen Eigenschaften findet man unter den →Mineralien. Man bezeichnet sie als Kristalle. Ihre Regelmäßigkeit in Form und physikalischen Eigenschaften ist eine Folge der regelmäßigen Anordnung der Atome und Moleküle im Kristall. Die verschiedenen Kristallformen können nach Achsensystemen geordnet werden und sind wichtige Erkennungszeichen für viele Minerale. Kristalle kann man auch künstlich herstellen. Hängt man z. B. in ein mit Alaun (dem Rasierstein) gesättigtes Wasser einen Seidenfaden, so wächst in wenigen Tagen ein Alaunkristall. Auch aus abkühlenden Dämpfen, z. B. beim Schwefel, und beim Erstarren geschmolzener Stoffe bilden sich Kristalle. Manche sind wegen ihrer Schönheit und Seltenheit begehrt, wie die →Edelsteine. Als kristallinisch bezeichnet man solche Gesteine, die, wie der →Marmor, ein körniges Gefüge von kleinen, miteinander verwachsenen Kristallen aufweisen. – Auch geschliffenes Glas bezeichnet man als Kristall.

Die **Kritik** (griech. = Unterscheidung): Beurteilung, prüfende Abhandlung. – Der *Kritiker:* Beurteiler, Prüfer, Kunstrichter. – *kritisch:* 1. prüfend, scharf urteilend; 2. entscheidend, gefährlich (z. B. ein Zustand vor der Wendung zum Guten oder Schlimmen).

Das **Krocketspiel** ist ein Rasenspiel zwischen 2 Parteien. Jeder Spieler muß eine Holzkugel mit Hilfe eines langstieligen Holzhammers nach bestimmten Regeln durch 10 kleine Tore (Drahtbogen) schlagen.

Krokodile sind große Reptilien, die nur am Wasser leben können. Es gibt 27 Arten. Die größten sind das Nilkrokodil, das

Alligator

bis zu 9 m lang wird, und das Leistenkrokodil, das in Asien, Australien und Neuguinea beheimatet ist. Das Krokodil Nordamerikas nennt man *Alligator* (siehe Abb.), das Krokodil Südamerikas ist der *Kaiman.* Die Krokodile legen ihre Eier in den feuchten Sand und lassen sie von der Sonne ausbrüten. Die Häute der Tiere werden zu teuren Lederwaren verarbeitet.

Der **Krokus:** Zwiebelgewächs, das bei uns im zeitigen Frühjahr weiß, gelb oder violett blüht.

Kronos hieß der jüngste der Titanen, der Söhne des griechischen Urgottes Uranos. Als Kronos prophezeit worden war, er werde durch eines seiner Kinder seine Herrschaft verlieren, fraß er sie alle auf. Nur sein Sohn →Zeus blieb durch eine List der Mutter am Leben. Als er herangewachsen war, gab er seinem Vater ein Brechmittel. Da mußte er alle Kinder wieder ausspeien. Es waren: Pluton, Poseidon, Hera, Demeter und Hestia. Mit ihnen und mit Hilfe der →Zyklopen besiegte Zeus den Kronos und die anderen Titanen und sperrte sie in den →Tartarus.

Der **Kronzeuge:** 1. Hauptzeuge; 2. im angelsächsischen Strafprozeß ein Täter, der gegen Zusicherung voller Straffreiheit gegen seine Mittäter aussagt.

Kropf oder Blähhals nennt man die Vergrößerung der an der Vorderseite des Halses liegenden →Schilddrüse.

Krösus war ein König von Lydien in Kleinasien. Schon im Altertum erzählte man von seinen unermeßlichen Schätzen, und bis heute sagt man, wenn man jemanden als besonders reich bezeichnen will: »Er ist ein Krösus.«

Die **Kröten** sind mit den Fröschen verwandte nützliche Tiere, die von Insekten und Schnecken leben. Ihre Haut sondert eine scharfe Flüssigkeit ab, die für den  Menschen unangenehme, aber unschädliche Giftstoffe enthält. Es gibt etwa 240 Arten in allen Erdteilen. Bei der amerikanischen *Wabenkröte* wachsen die Jungen in kleinen, sechsseitigen Zellen (Waben) auf dem Rücken der Mutter heran.

Die **Krypta** (griech.): in mittelalterlichen Dombauten eine unter der Hauptkirche liegende Kapelle oder Halle, die meist als Grabkirche diente.

Kuba ist eine mittelamerikanische sozialistische Republik auf der größten Antilleninsel (114 524 qkm) mit 9,03 Mill. Einwohnern und der Hauptstadt Havanna (1,7 Mill. Einwohner). In dem tropischen Land werden vor allem Zuckerrohr, Tabak, Kaffee, Bananen und Zitrusfrüchte angebaut; an Bodenschätzen gibt es Chromit, Mangan, Nickel, Eisen- und Kupfererze. Das Land war bis 1898 spanisch und wurde 1901 unabhängige Republik.

Kubikmeter, *Kubikzentimeter* →Maße und Gewichte.

Der **Kubismus** (lat. cubus = Würfel) ist eine Kunstrichtung, die in Frankreich um 1908 aufkam. Der Kubist führt die Dinge in seiner Darstellung auf ihre geometrischen Grundformen (Würfel, Zylinder, Kegel, Kreis) zurück. Der kubistische Stil herrschte nur kurze Zeit, war aber eine wichtige Entwicklungsstufe der modernen Kunst; von vielen bedeutenden Malern, z. B. Pablo Picasso, Georges Braque und Franz Marc, gibt es kubistische Bilder.

Der **Kuckuck** ist ein Einzelgänger. Das Weibchen legt seine Eier in fremde Nester. Der ausgeschlüpfte Vogel wirft in den ersten beiden Lebenstagen alle Eier und Nestgeschwister aus dem Nest und läßt sich von seinen Pflegeeltern aufziehen. Der Kuckuck vertilgt große Mengen schädlicher Raupen.

Kugellager werden überall dort eingebaut, wo auf leichten Lauf der sich drehenden Teile besonderer Wert gelegt wird, z. B. bei Fahr- und Motorrädern, Autos, Werkzeugmaschinen usw. Dieser leichte Lauf wird erreicht durch Kugeln, die sich zwischen zwei Laufringen abwälzen, wodurch die Reibung wesentlich verkleinert wird. Kugellager sind gegen Verschmutzung sehr empfindlich und müssen deshalb staubdicht eingebaut werden. Eine Abart der Kugellager sind die *Rollenlager*, bei welchen zwischen den beiden Laufringen zylindrische, kegelige oder tonnenförmige Rollen angebracht sind. *Wälzlager* ist der Sammelbegriff für Kugel- und Rollenlager.

Das **Kugelstoßen** →Werfen.

Kühlschrank. Zum Aufbewahren verderblicher Speisen, zum Kühlen von Getränken und zur Herstellung von Eis dienen Kühlschränke. Die Kälte darin entsteht durch die Eigenschaft des Ammoniaks und sich ähnlich verhaltender Stoffe, sich leicht durch Abkühlung und Überdruck aus dampfförmigem Zustand in Flüssigkeit zu verwandeln. Ein Elektromotor treibt das Ammoniak im Kreislauf durch eine in sich geschlossene Rohrleitung. Das durch die Pumpe zusammengepreßte, dadurch erwärmte Ammoniak wird in Schlangenrohren abgekühlt. Danach gelangt es über einen rückstauenden

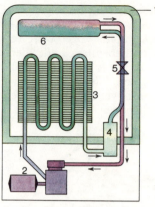

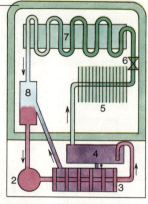

Kompressor   Absorber

Druckregler in eine weite Rohrspirale, in der es sich wegen des von der Pumpe dort erzeugten Unterdruckes als Gas ausdehnt. Dabei entsteht Kälte, die sich in dem doppelwandigen, gut abgedichteten Kühlschrank verbreitet. Den Kältegrad, der im Schrank herrschen soll, kann man festlegen. Diese Regelung wird durch einen Thermostat bewirkt, der den Motor ein- und ausschaltet, sobald der Grad über- oder unterschritten wird. Man unterscheidet zwischen Kompressor- und Absorberkühlschränken (Abb. oben).

Ku-Klux-Klan →Clan.

kulant (lat.-franz.): entgegenkommend, großzügig. Man verwendet das Wort meist im Zusammenhang mit Firmen, Banken, Versicherungen u.ä., also im Geschäftsverkehr.

Kuli nennt man in Süd- und Ostasien einen Taglöhner und Lastträger.

Kulissen waren ursprünglich nur die rechts und links die Bühne begrenzenden Teile der Bühnenausstattung. Heute nennt man alle Dekorationsstücke auf der Bühne Kulissen. Sie werden durch von oben herunterhängende Teile, die *Soffitten*, ergänzt. Der *Prospekt* schließt die Bühne nach hinten ab.

Die **Kulmination** (lat.) nennt man in der Astronomie den Höchststand eines Gestirns in seiner täglichen Bahn.

Der **Kult** (lat.): Pflege, Verehrung, besonders die öffentliche Verehrung Gottes. Bei übertriebener Verehrung oder Vergötterung bedeutender Menschen spricht man von einem Personenkult. – Der *Kultus* ist die in einer Religionsgemeinschaft zum feststehenden Brauch gewordene Form der Gottesverehrung, z. B. Gebet, Predigt. Unter **Kultur** (lat.) versteht man alles menschliche Streben und Schaffen, das auf Erkenntnis und Gestaltung der Welt sowie auf seelische und geistige Bildung des Menschen gerichtet ist, z. B. Religion, Wissenschaft, Kunst, Staatswesen. – *kultiviert:* gebildet, gepflegt. – *kulturell:* die Kultur betreffend.

Kündigung nennt man die von einer Seite erklärte Aufhebung eines bestimmten Vertragsverhältnisses (z. B. Mietvertrag, Arbeitsverhältnis).

Kunstdünger →Düngemittel.

Kunstfasern →Kunststoffe.

Kunstgewerbe nennt man zum Unterschied von der *freien* Kunst (Malerei, Bildhauerei) alle sogenannte *angewandte* Kunst. Damit ist die handwerkliche und industrielle Herstellung und der Vertrieb künstlerisch gestalteter Gebrauchs- und Schmuckgegenstände gemeint, z. B. Möbel, Geschirr, Vasen oder Stoffe.

Kunstharze →Kunststoffe.

Kunststoffe sind Werkstoffe, die seit etwa 70 Jahren aus Naturstoffen (Holz, Kasein, Erdöl, Kohle, Kalk, Sand, Wasser, Luft u.a.) durch chemische Veränderungen künstlich hergestellt werden. Aus den Holzschnitzeln z. B. der Fichte, Tanne und Pappel, aber auch aus Stroh gewinnt man die *Zellulose*. Daraus erzeugt man das →*Cellophan* und jene Kunstfasern, die als Zellwolle und Kunstseide in der üblichen Weise zu Kleidern, Gardinen usw. verarbeitet werden. Aus Bestandteilen der Milch wird *Galalith* hergestellt. Das sind die halbsynthetischen Kunststoffe. Andere Kunststoffe gehen von Kohle oder Erdöl aus. Zunächst wird hieraus eine Kohlenwasserstoffverbindung gewonnen, aus der man unter Beigabe von Kalk oder anderen Stoffen *Kunstharze* herstellt, die zu zahlreichen Gebrauchsgegenständen, Lacken, Klebstoffen usw. verwendet werden. Kunststoffe sind auch das *Buna*, ein künstlicher →*Kautschuk* für Luftbereifungen; das *Plexiglas*, schleif- und polierbar wie das Glas, nur ohne dessen Sprödigkeit; das *Bakelit*, das sich gießen und pressen läßt, z. B. zu Radiogehäusen und zu Griffen für elektrische Schalter. Auch Kunstfasern wie *Nylon* und *Perlon* entstehen auf diese Weise. Sie zeichnen sich durch Feinheit ihrer Fäden und durch hohe Reißfestigkeit aus und haben daher die Naturseide stark zurückgedrängt.

Kunststoffe können handwerklich bearbeitet (Sägen, Drehen, Schnitzen usw.) oder maschinell durch Wärme und Druck verformt werden. Duroplaste werden sofort hart, Thermoplaste erst nach Abkühlung. Kunststoffplatten lassen sich mit Heißluft verschweißen, Folien durch Heißsiegeln (Schmelzkleben) luftdicht verschließen. Kunststoffen begegnet man heute überall.

Das **Kupfer** (chemisches Zeichen Cu): rotes, sehr zähes und dehnbares Schwermetall, das schon um 500 v. Chr. von den Ägyptern verarbeitet wurde. Kupfer ist unter allen chemischen Elementen der zweitbeste Leiter für Elektrizität. Es wird aus Rotkupfererz, Kupferkies, Kupferschiefer und anderen Erzen gewonnen. Die bedeutendsten Vorkommen sind in den USA, in Chile, Nordrhodesien, im Kongobecken und in der Sowjetunion.

Nur geringe Mengen, die etwa $^1/_{10}$ des deutschen Bedarfes decken, finden sich im Mansfelder Gebiet. Mit Essigsäure bildet Kupfer den giftigen *Grünspan*. Deshalb dürfen saure oder sauer werdende Speisen und Getränke nur kurze Zeit in kupfernen Gefäßen aufbewahrt werden. Mit Schwefelsäure bildet Kupfer blaue Kristalle, das *Kupfervitriol*, das zur Galvanoplastik und zur Holzkonservierung dient und, als Kupferkalkbrühe, gegen Pflanzenschädlinge verspritzt wird. Kupfer wird zu Rohren, Blechen und Druckplatten für Kupferstiche verarbeitet. Außerdem stellt man daraus wichtige Legierungen her. Kupfer und Zink legiert man, je nach deren Anteil, zu *Messing* oder *Tombak*. Dagegen entsteht aus Kupfer und Zinn die *Bronze*, aus Aluminium und Kupfer die Aluminiumbronze. Weitere Legierungen mit Kupfer sind Rotguß, Talmi und Neusilber (Alpaka).

Der **Kupferstich:** Ein Kupferstecher stellt durch Einritzen mit dem Grabstichel in eine Kupferplatte eine Zeichnung her. In die eingeritzten Linien wird Druckerschwärze eingerieben, die beim Druck vom Papier herausgesaugt wird und so das Druckbild ergibt. Berühmte Kupferstecher waren z. B. Albrecht Dürer und Rembrandt. – Siehe auch Radierung.

Die **Kupplung.** In der Technik werden vielerlei Arten von Kupplungen verwendet, um drehende und ziehende Kräfte zu übertragen. Eisenbahnwagen werden meist durch eine Schraubenkupplung, die durch einen Bügel in einen Zughaken gehängt wird, zu einem Zug verbunden. Neuerer Art sind Bolzen-, Kegel- und Klauenkupplungen. Soll eine Antriebswelle ihre drehende Bewegung auf eine andere übertragen, so kann das dauernd durch eine feste oder zeitweilig durch eine lösbare (Klauen-)Kupplung geschehen. Bei Kraftwagen werden beide Arten angewendet, z. B. die feste Kreuzgelenkkupplung (Kardangelenk) wie auch die trennbaren Reibungskupplungen, bei denen Scheiben, Kegel oder Lamellen aneinandergepreßt werden. Diese arbei-

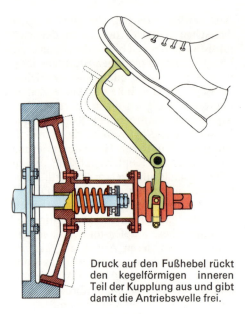

Druck auf den Fußhebel rückt den kegelförmigen inneren Teil der Kupplung aus und gibt damit die Antriebswelle frei.

Kraftwagen-Kupplung

ten weich und stoßfrei, im Gegensatz zur Zahnkupplung. Der Freilauf beim Fahrrad beruht auf dem Ausschalten einer lösbaren Kupplung. Bei automatischen Kupplungen werden die Schaltvorgänge selbsttätig ausgeführt.

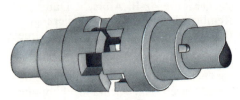

Klauenkupplung

Die **Kür** ist jener Teil eines sportlichen Wettkampfes, bei dem sich jeder Teilnehmer gemäß den Wettkampfbedingungen seine Übung selbst wählt. Gegensatz: Pflicht.

Jemanden unter **Kuratel** stellen heißt, ihm die Verfügungsgewalt über ein Vermögen entziehen, einen Entmündigten unter Kontrolle oder Vormundschaft nehmen.

Das **Kuratorium:** Aufsichtsbehörde oder Aufsichtsausschuß zur Überwa-

chung von Hochschulen, wissenschaftlichen Instituten und Stiftungen.

Der **Kürbis** ist ein aus Amerika stammendes einjähriges Gurkengewächs, dessen kugelförmige Früchte oft 10 bis 50 kg wiegen. Als Viehfutter wird Kürbis in den unteren Donauländern zusammen mit Mais feldmäßig angebaut.

Kurfürsten →Fürsten.

Die römische **Kurie** ist der Hofstaat des Papstes einschließlich der höchsten Behörden der katholischen Kirche.

Der **Kurier** (franz.) ist ein Eil- oder Geheimbote, besonders im diplomatischen oder militärischen Dienst.

Kurpfuscher nennt man jemanden, der Kranke behandelt, ohne Arzt oder staatlich geprüfter Heilpraktiker zu sein.

Der **Kurs** (lat.): 1. Lauf, Gang; 2. die Fahrt- oder die Flugrichtung eines Schiffes oder Flugzeuges; 3. der Preis der an einer Börse gehandelten Waren, Devisen oder Wertpapiere; 4. Lehrgang. – *Kursbuch:* ein Buch, das die Fahrpläne der regelmäßig verkehrenden Züge, Omnibusse, Schiffe und Flugzeuge enthält.

Kurzschluß ist eine Störungserscheinung: die meist unbeabsichtigte unmittelbare Verbindung der Pole einer elektrischen Spannungsquelle. Da diese Verbindung naturgemäß einen sehr kleinen Widerstand hat, fließt nach dem Ohmschen Gesetz (→Elektrizität) ein sehr großer Strom. Durch die hohe Stromstärke wird der Draht so heiß, daß die Isolation verkohlt oder verbrennt, wodurch sogar Gebäude in Brand gesetzt werden können. Bei Kurzschluß soll daher der Stromkreislauf sofort unterbrochen werden. Dafür sorgen die →Sicherungen. Kurzschlüsse entstehen meist durch schadhafte Leitungen. Bevor man die Sicherungen erneuert, muß man erst die Kurzschlußursache beseitigen, z. B. die Leitung ersetzen.

Die **Kurzschrift** oder *Stenographie* ist eine Schrift, die erfunden wurde, damit ein Text ebenso schnell mitgeschrieben werden kann, wie er von einem anderen gesprochen wird. Sie besteht deshalb aus ganz einfachen, knappen Schriftzeichen, die meist Silben oder auch Wörter und ganze Wortgruppen zusammenfassen. Die erste deutsche Kurzschrift wurde von F. X. Gabelsberger vor über hundert Jahren eingeführt. Heute ist die deutsche Einheitskurzschrift am meisten verbreitet. Ein guter Stenograph schreibt etwa 200 Silben in der Minute.

Kurzsichtigkeit →Auge.

Die **Kurzwellen** sind elektromagnetische →Wellen mit Wellenlängen von 10 bis 100 m von großer Reichweite. Auch →Schwingungen.

Der **Küster** (lat.) oder *Mesner* ist ein Kirchenaufseher, der für die sachgemäße Verwahrung und Erhaltung der Kirchenausstattung verantwortlich ist.

Der **Kutter:** stark gebautes, kleines Segelschiff, Küsten- und Fischereifahrzeug.

Kuwait ist seit 1961 ein selbständiges arabisches Fürstentum am Persischen Golf, 17818 qkm groß und sehr reich an Erdöl. Bedeutend ist auch die Perlfischerei. Von den 880000 Bewohnern lebt fast die Hälfte in der Hauptstadt Kuwait.

Die **Kybernetik** ist die Wissenschaft von den sog. »Steuerungs- und Regelungsvorgängen« in der belebten und unbelebten Natur. Der leitende Gedanke ist dabei die Verarbeitung von *Informationen*, die das betreffende »Regel-→System« über sich selbst erhält und auf die es irgendwie reagiert. Der Begründer dieser Wissenschaft ist der Amerikaner Norbert Wiener.

L

L ist der 12. Buchstabe des Alphabets und das römische Zahlzeichen für 50. Die Abkürzung 1 bedeutet Liter, das Zeichen £ Pfund Sterling (englische Währungseinheit).

Das **Lab** ist ein →Ferment. Es wird aus Kälbermagen gewonnen und dient zur Käsebereitung, weil es das Gerinnen der Milch bewirkt. Das Labferment im menschlichen →Magen spielt eine wichtige Rolle bei der Verdauung.

labil (lat.): schwankend, beweglich (im Gegensatz zu stabil = feststehend).

Das **Laboratorium** (lat.), abgekürzt auch *Labor,* ist die Arbeitsstätte des Chemikers, Physikers oder Technikers, in der wissenschaftliche Experimente und Untersuchungen vorgenommen werden.

Das **Labyrinth:** Gewirr von Gängen und Räumen, aus dem man nur schwer wieder herausfindet. Solch ein Gebäude baute →Dädalus für den wilden Stier Minotaurus auf Kreta. – Auch das in einem Hohlraum des Schädels liegende Innenohr (→Ohr) wird als Labyrinth bezeichnet.

Das **Lachgas** ist ein süßlich riechendes Gas (Stickoxydul). Es ruft, wenn man es einatmet, zunächst Wohlbehagen, dann Bewußtlosigkeit hervor. Der Arzt verwendet es bei kleineren Operationen als Betäubungsmittel.

Der **Lachs** ist ein Raubfisch der Meere, der zur Fortpflanzung die Flüsse hinauf wandert und dann wieder in die See zurückkehrt. Er bewältigt dabei große Hindernisse und kann bis zu 3 m hoch springen. Man baut jedoch an den Wehren vielfach sogenannte Lachstreppen, damit die Tiere aufsteigen können, ohne sich zu verletzen. Die Junglachse bleiben 1–2 Jahre in den Flüssen, ehe sie ins Meer wandern. Der Lachs ist ein sehr geschätzter Speisefisch ebenso wie seine Verwandten: Huchen (bis 2 m lang), Felchen (Renken), Rheinsalm (seit 1949 wegen Verschmutzung des Wassers ausgestorben), Saibling, Bach- und Regenbogenforelle.

Lacke dienen zum Schutz einer Oberfläche gegen die Einwirkungen der Witterung (z.B. beim Auto) oder zur Verschönerung von Farbanstrichen. Sie bestehen aus Harzen oder Kunstharzen (→Kunststoffe), die in Benzin oder Alkohol gelöst werden, meist unter Zusatz von trocknenden Ölen. Berühmt sind die Lacke der alten Geigenbauer und die Lackarbeiten der Japaner, bei denen zuweilen 30 Lackschichten aufgetragen werden.

Lackmuspapier wird durch Tränken mit einem Farbstoff hergestellt, den man aus der Lackmusflechte gewinnt. In der →Chemie verwendet man es, um Säuren von Basen zu unterscheiden: das Papier wird durch Säuren rot, durch Basen blau gefärbt.

Lady (engl., sprich lehdi): ursprünglich Titel der Königin, später aller adligen Frauen in England.

Die **Lafette** →Geschütz.

Der französische Dichter Jean de **La Fontaine** wurde durch seine →Fabeln weltberühmt. Im Gegensatz zur Auffassung seiner Zeit, die in Tieren nur seelenlose →Mechanismen sah, hatte La Fontaine eine echte Freude an ihnen. Er stattete sie mit menschlichen →Charakterzügen aus, ohne in die trockene Lehrhaftigkeit früherer Fabeldichter zu verfallen. La Fontaine, der auch →Epen und einen Prosa-→Roman schrieb, lebte von 1621 bis 1695.

Das **Lager:** 1. Raum zur Unterbringung von größeren Menschenmengen in Zelten (militärisches Feldlager) oder Baracken (z.B. Flüchtlingslager); 2. in der Technik: Maschinenteil, auf dem eine Welle gelagert ist. Er besteht oft aus besonderem Lagermetall, das sich wenig abnutzt. Durch →Kugellager wird die Reibung vermindert.

Selma **Lagerlöf,** die große schwedische Dichterin, war Lehrerin, ehe ihr erster Roman »Gösta Berling« sie weltberühmt machte. Zu den schönsten Jugendbüchern zählt ihre Märchenerzählung »Die wunderbare Reise des kleinen Nils Holgersson mit den Wildgänsen«. Sie wurde 82 Jahre alt und starb 1940.

Eine **Lagune** (ital.) nennt man einen flachen See, der vom offenen Meer durch Dünen oder lange, schmale Inseln getrennt ist, wie z.B. die Lagune von Vene-

dig durch den vorgelagerten Lido oder die Haffs der Ostsee durch die Nehrung. Auch die von Korallenriffen umschlossene Wasserfläche eines Atolls heißt so.

Der **Laich.** So nennt man die ins Wasser abgelegten Eier von Fischen, Fröschen und anderen niederen Tieren. Sie sind mit einer durchsichtigen, gallertartigen Hülle umgeben, die der auskriechenden Brut als erste Nahrung dient. Manche Fischarten müssen, um zu laichen, weite Wanderungen unternehmen. Die →Aale z.B. wandern zu ihrem Laichplatz um die halbe Welt.

Der **Laie** (griech.): Uneingeweihter; Nichtgeistlicher zum Unterschied von der Geistlichkeit. Im alltäglichen Sprachgebrauch bezeichnet man als Laien einen auf einem Fachgebiet Unkundigen im Gegensatz zum Fachmann. *Laienrichter* sind Männer und Frauen aus allen Schichten der Bevölkerung, die als Schöffen an der Rechtspflege mitwirken, ohne das Recht studiert zu haben. Sie fällen ihre Urteile stets im Zusammenwirken mit Berufsrichtern.

Laienspiele werden von Jugendlichen oder Erwachsenen aufgeführt, die nicht das Berufstheater nachahmen, sondern eine eigene Spielkunst pflegen wollen.

lakonisch nennt man eine knappe und treffende Ausdrucksweise, wie sie die Spartaner (die in der Landschaft Lakonien wohnten) liebten.

Der **Lama:** buddhistischer Mönch in Tibet und den angrenzenden Ländern. Man nennt die Form des Buddhismus, zu der sich die Lamas bekennen, *Lamaismus.* Die Lamas, an deren Spitze der *Dalai-Lama* und der *Pantschen-Lama* als höchste geistliche und weltliche Würdenträger stehen, beherrschten das gesamte Leben Tibets. Sie leben in Klöstern, die zuweilen die Größe von kleinen Städten haben.

Das **Lama** ist eines der höckerlosen Kamele Südamerikas. Als *Guanako* lebt es noch wild auf den Grassteppen, den Pampas, und im Gebirge, den Anden; als Haustier heißt es Lama und wird von den Indianern in Herden gehalten. Die männlichen Tiere werden nie geschoren, weil sie als Lastenträger dienen, dagegen liefern die weiblichen Tiere eine Wolle, die dem Kamelhaar noch überlegen ist. Lamas sind schreckhaft und spucken, wenn sie erregt sind. Nahe verwandt sind das *Vikunja* und seine Haustierform *Alpaka*.

Die **Lamelle** (franz.): in der Technik ein dünnes Blatt oder Blech; bei Pilzen die feinen Blätter auf der Unterseite des Hutes.

Landerziehungsheime sind Schulen, in welchen die Kinder – fern der Stadt – in kleinen Familiengruppen leben, die zusammen die Schulgemeinschaft bilden. Jeder hat in ihr Stimme und Verantwortung. Jungen und Mädchen werden zusammen erzogen. Die Unterrichtsweise ist sehr freizügig: die Kinder schließen sich nach eigener Wahl zu Arbeits- und Fachgruppen zusammen, welche gemeinsam ein Fach bearbeiten.

Landesverrat →Hochverrat.

Landkarte →Kartenkunde.

Der **Landrat** ist in der Bundesrepublik Deutschland der oberste Beamte eines Landkreises. In der Schweiz nennt man in einigen Kantonen das Parlament den Landrat (Uri, Nidwalden, Glarus, Appenzell, Basel-Land).

Zur **Landsgemeinde** treten in einigen Kantonen der Schweiz (Glarus, Appenzell, Obwalden, Nidwalden) die Bürger alljährlich zusammen, um Wahlen vorzunehmen und über die Gesetze oder Verwaltungsangelegenheiten ihres Kantons abzustimmen.

Die **Landsknechte** waren die Soldaten des 15. und 16. Jh., die sich unter einem Feldhauptmann zusammentaten und ihre Kriegsdienste an irgendeine kriegführende Macht vermieteten. Sie dienten heute einem Fürsten und morgen einer Stadt. Ihre Hauptwaffe war die lange Pike. Sie waren in Fähnlein von 300–500 Mann zusammengeschlossen und wurden anfangs durch eiserne Zucht im Zaum gehalten. Bald verwilderten sie und zogen pündernd und raubend durchs Land. An ihre Stelle traten die Söldnerheere des Dreißigjährigen Krieges und später die uniformierten Armeen, die aus Berufssoldaten gebildet waren.

Der **Landtag** ist das →Parlament in den meisten Ländern der Bundesrepublik Deutschland und den österreichischen Bundesländern.

Die **Landwirtschaft.** Die Menschen der Vorzeit waren Jäger, Fischer und Sammler von Früchten oder Beeren. Als sie lernten, Tiere zu zähmen und die Pflanzen, die sie bis dahin auf ihren Streifzügen gesammelt hatten, anzubauen, wurden sie seßhafte Bauern. Das Rind ist vermutlich

Bauern bei der Getreideernte
Altägyptisches Wandbild

das älteste gezähmte Haustier; dann kamen Schwein, Schaf und Ziege hinzu und erst verhältnismäßig spät das Pferd. Die

Bodenbearbeitung begann mit dem Grabstock. Es folgten die Hacke und schließlich der Pflug (Hakenpflug, später auch Scharpflug), vor den man Tiere spannen konnte. Die ältesten Getreidearten sind Weizen und Gerste, danach wurden Roggen und Hafer bekannt. Anfangs konnten die Menschen im noch dünnbesiedelten Europa weite Landstrecken unbestellt lassen und erst unter den Pflug nehmen, wenn der bebaute Boden erschöpft war. Als nach der Völkerwanderung die Bevölkerung in den meisten Ländern zunahm, als Familienbesitz und Erbteilung sich herausbildeten, konnte man diese unwirtschaftliche Arbeitsweise nicht mehr weiterführen. Man ging etwa zur Zeit Karls des Großen zur sogenannten *Dreifelderwirtschaft* über: ein Teil der Felder wurde zur Sommersaat, ein anderer zur Wintersaat benutzt, der dritte konnte brachliegen und sich ausruhen. Auch der Weinbau breitete sich damals vom Rhein her in Deutschland aus. Große Veränderungen bahnten sich seit dem 18. Jh. in der Landwirtschaft an. Neue Nutzpflanzen wurden angebaut, wie die Kartoffel und später die Zuckerrübe, deren Zucker den bis dahin aus Übersee eingeführten Rohrzucker ersetzte. Bessere Vieharten wurden gezüchtet. Im 19. Jh. ermöglichte die Wissenschaft eine gewaltige Steigerung des Ertrags. Deutsche Forscher, wie Albrecht Thaer, der die Bedeutung des richtigen Wechsels von Bodenfrüchten erkannte, oder Justus v. Liebig, der die neuen Erkenntnisse der Chemie auf die Landwirtschaft anwandte, waren dabei führend. Der Boden mußte künstlich gedüngt werden, weil der natürliche Dünger nicht ausreichte. Man führte Chilesalpeter und Phosphate aus dem Ausland ein, bis man schließlich Kunstdünger im eigenen Lande herstellen konnte (so Stickstoff durch Gewinnung aus der Luft nach dem Verfahren von Haber-Bosch). Landwirtschaftliche Hoch- und Fachschulen und die Ausbreitung des Genossenschaftswesens hatten einen wesentlichen Anteil an dem Aufschwung der Landwirtschaft.

Sie ist in vielen Ländern noch immer der wichtigste Erwerbszweig, obwohl die zunehmende Industrialisierung die Zahl der auf dem Land Beschäftigten ständig zurückgehen läßt. Die heutige Landwirtschaft arbeitet weitgehend mit Hilfe von Maschinen: solchen zur *Bestellung* (Pflüge, die von Traktoren gezogen werden, Eggen und Walzen, Sä-, Drill- und Hackmaschinen) und solchen zur *Ernte* (Mähdrescher, Dreschmaschinen) u. a. wie Melkmaschinen. Die Schädlingsbekämpfung hat immer größere Bedeutung erlangt; sie wird oft vom Flugzeug aus durchgeführt. Zuchtanstalten arbeiten daran, die Erzeugnisse weiter zu verbessern (z. B. Weizensorten, die noch im hohen Norden gedeihen). In niederschlagsarmen Gebieten richtet man oft riesige Bewässerungsanlagen ein, um neue Anbauflächen zu erschließen.

Die **Langobarden** (benannt nach ihren langstieligen Streitäxten, den Barten oder Barden) waren ein germanischer Volksstamm, der ursprünglich am linken Ufer der unteren Elbe siedelte. In der Völkerwanderungszeit zogen sie ins Donaugebiet und 568 n. Chr. über die Alpen. Sie eroberten den größten Teil Nord- und Mittelitaliens, die spätere »Lombardei«, und errichteten hier eine germanische Königsherrschaft mit der Hauptstadt Pavia. Als sie ihre Macht über ganz Italien ausdehnen wollten, riefen die Päpste die Frankenkönige zu Hilfe. 774 besiegte Karl der Große die Langobarden und gliederte ihr Gebiet dem Frankenreich ein. Die Langobarden verschmolzen später mit der italienischen Bevölkerung.

Die **Languste** ist ein eßbarer Krebs ohne Scheren, der bei uns vor allem am Mittelmeer vorkommt.

Langwellen sind elektromagnetische →Schwingungen mit Wellenlängen von 1000 bis 10 000 m. Siehe auch Wellen.

Das **Lanthan** ist ein chemisches Element mit dem Zeichen La. Es ist eine seltene Erde. Die *Lanthaniden* sind chemische Elemente, die im →periodischen System dem Lanthan folgen und ein ähnliches chemisches Verhalten zeigen. Die Lanthaniden sind Schwermetalle.

Laos ist ein 236800 qkm großes hinterindisches Königreich. Hauptstadt ist Vientiane (177000 Einwohner). In dem wirtschaftlich noch wenig entwickelten Land leben 3,18 Mill. Menschen (Thai, Indonesier und Chinesen). Angebaut werden Reis, Mais, Kaffee, Tabak u. a. Größere Industrien gibt es nicht. Das Land gehörte im 17. Jh. zu Siam und 1893–1949 zu Französisch-Indochina.

Laotse (chines. = Alter Meister) ist neben →Konfuzius der bedeutendste chinesische Philosoph. Er lebte wahrscheinlich im 6. Jh. v. Chr. In seinem Werk »Taoteking« lehrt er, wie der Mensch den rechten Weg (Tao) finden und ein gesegnetes Leben führen kann. Diese Lehre wird *Taoismus* genannt. Im Laufe vieler Jahrhunderte ist sie jedoch durch verschiedenartige Einflüsse stark verändert worden.

lapidar (lat.): kurz und bündig.

Lapislazuli →Edelsteine.

La-Plata-Staaten nennt man drei Staaten am südamerikanischen Fluß Rio de la Plata: Argentinien, Uruguay und Paraguay.

Die **Lappen** sind ein ursprünglich mongolisches, jetzt stark mit Skandinaviern vermischtes Volk, das in *Lappland* lebt, den nördlichen Randgebieten von Norwegen, Schweden und Finnland. Die Wald- und Küstenlappen wohnen in einfachen Birkenhütten an Flüssen und Seen und treiben neben Fischfang etwas Ackerbau und Viehzucht. Die Berglappen dagegen, die große Rentierherden besitzen, führen ein Nomadenleben. Im Winter bedienen sich alle Lappen eines einkufigen, von Rentieren gezogenen Schlittens. Es gibt heute noch etwa 32000 Lappen.

Lärche →Nadelbäume.

largo (ital.): in der Musik Bezeichnung für breit, getragen. Das *Largo*: Musikstück in sehr langsamem Zeitmaß.

Larven nennt man bei vielen Tieren (z. B. bei Krebsen, Insekten oder Fröschen) die Form, die sie in ihrer Jugend annehmen, ehe sie sich zum ausgebildeten Tier ent-

wickelt haben. So bezeichnet man die Kaulquappe als die Larve des Frosches oder die Raupe als die Larve des Schmetterlings. – Siehe auch Maske.

Laser (engl., sprich lehser) →Maser.

Der oder das **Lasso** (spanisch = Schlinge) ist ein ledernes Seil mit einer Fangschlinge am vorderen Ende. Es wird von den Indianern, Gauchos und Cowboys zum Einfangen einzelner Herdentiere benutzt.

Das **Latein** oder die lateinische Sprache ist eine der großen Weltsprachen und noch heute eine wichtige Grundlage unserer Bildung. Ursprünglich war Latein nur die Mundart des Stammes der Latiner in der Landschaft Latium bei Rom. Mit der Ausdehnung des Römischen Reiches wurde es zur Weltsprache. In den Schriften des großen Redners Cicero und des Dichters Vergil fand das Latein der klassischen Zeit seine Vollendung. Mit dem Auftreten des Christentums wurde Latein zur Sprache der Kirche in großen Teilen der Welt. In der katholischen Kirche wird es noch heute amtlich und zum Teil im Gottesdienst gebraucht. Beim Ausgang des Altertums hatte sich die lateinische Volkssprache bereits stark verändert. In der Zeit nach der Völkerwanderung gingen in den einzelnen Ländern (Frankreich, Spanien, Portugal, Rumänien und Italien) daraus die romanischen Sprachen (→Romanen) hervor. Im Mittelalter wurde Latein von allen Gebildeten in Europa gesprochen und geschrieben, und auch in der Neuzeit diente es lange noch als Sprache der Wissenschaft, obwohl es inzwischen eine »tote Sprache«, d. h. eine Sprache, die sich nicht mehr verändert, geworden war. In allen Sprachen sind Wörter, die aus dem Lateinischen stammen oder aus lateinischen Wörtern neugebildet sind, unentbehrlich als Fachausdrücke, so z. B. in der Medizin, der Chemie oder dem Recht.

Lateinamerika nennt man die Länder von Mexiko bis zur Südspitze von Südamerika (also Mittel- und Südamerika), in denen Spanisch oder Portugiesisch ge-

Laubbäume

Obere Reihe: Eiche   Birke   Buche   Linde
Untere Reihe: Pappel   Ahorn   Kastanie   Trauerweide

sprochen wird, weil diese Sprachen aus dem Lateinischen hervorgegangen sind.
lat<u>e</u>nt (lat.): verborgen.

Der **Lat<u>e</u>ran** ist einer der sieben Hügel Roms. Im Mittelalter befand sich im Lateran der Sitz des Papstes. Eine wichtige Kirche Roms steht im Lateran, nämlich *S. Giovanni in Laterano.*

Die **Lat<u>e</u>rna m<u>a</u>gica** (lat. = Zauberlaterne) ist ein Vorläufer unserer heutigen Lichtbild-Vorführgeräte. Mit ihr wurden Schattenrisse oder Farbbilder von Glasplatten auf eine weiße Fläche geworfen.

Latsche →Nadelbäume.

Laubbäume nennt man Bäume, die Blätter statt Nadeln tragen. Sie traten erstmalig in der Kreidezeit, also vor 100 Millionen Jahren, auf und sind daher jünger als die Nadelbäume. Unsere Laubbäume sind meist einheimische Pflanzen, zu denen erst im Verlauf der letzten Jahrhunderte einige Vertreter anderer Wachstumsgebiete hinzugetreten sind, wie *Platane, Roßkastanie* und *Maulbeerbaum.* Geschlossene Wälder mit fast einheitlichem Baumbestand bilden vor allem *Rotbuche, Eiche* und *Hainbuche,* während die gemischten Wälder vorwiegend aus *Erlen, Pappeln,* *Eschen, Eichen* und *Weiden* bestehen. *Birke, Ahorn* und *Ulme (Rüster)* bilden selten ganze Wälder, sondern treten am Waldrand oder in lichten Beständen und Parks auf. *Linden* stehen oft einzeln, z. B. auf Dorfplätzen, oder in kleineren Gruppen. Sie können ähnlich wie Eichen ein Alter von mehr als 1000 Jahren erreichen. Das Alter kann man an den Jahresringen (→Holz) abzählen. Neuerdings werden schnellwüchsige und viel Zellstoff liefernde Pappeln in größeren Beständen angepflanzt. *Walnuß* und *Edelkastanie* gedeihen in Gärten und an spätfrostgeschützten Stellen. In wärmeren Ländern sind *Ölbaum, Feigenbaum, Eukalyptusbaum, Korkeiche, Akazie, Johannisbrotbaum* und der *Götterbaum* wichtige Laubbäume.

Laubfrosch →Frösche.

Das **Laubhüttenfest** der gläubigen Juden entspricht unserem Erntedankfest. Im alten Kanaan war es das Fest der Winzer; heute soll es an die Wanderung der Kinder Israels durch die Wüste erinnern. Der Name des Feiertages rührt von der Festhütte her, die man auf dem Balkon oder im Garten errichtet und mit Laub oder Tannenreisig deckt.

Der **Lauch,** auch *Porree* genannt, ist ein der Zwiebel verwandtes Blattgemüse unserer Gärten.

Beim **Laufen** unterscheidet man zwischen *Flachlauf* und *Hürdenlauf*. Nach der Länge der Strecke werden diese Laufarten nochmals unterteilt in *Kurzstreckenlauf* (100 m, 200 m), *Mittelstreckenlauf* (400 bis 1500 m) und *Langstreckenlauf* (3000 m, 5000 m, 10 000 m und der über 42,2 km führende *Marathonlauf*).

Start zum Kurzstreckenlauf

Der *Hürdenlauf* ist eine Verbindung von Lauf und Sprung. Auf Strecken von 80 bis 3000 m Länge sind in genau festgelegten Abständen Hindernisse (Hürden) von bestimmter Höhe aufgebaut. Es gilt, die Strecke möglichst rasch zurückzulegen.

Hürdenlauf

Die **Lauge** →Chemie.

Läuse sind sehr kleine, blutsaugende Insekten, die auf der Haut von Menschen und Tieren schmarotzen. Die *Kopflaus* legt ihre Eier, die man auch Nissen nennt, in die Haare des Menschen, die *Kleiderlaus* in die Nähte der Kleidung. Sie ist besonders gefährlich, weil durch sie Flecktyphus übertragen werden kann. In der Pflanzenwelt sind die mit den →Zikaden verwandten Pflanzenläuse, wie *Reblaus*

oder *Blattlaus*, große Schädlinge, weil sie ganze Pflanzungen vernichten können.

Die **Laute** (arabisch al ud) ist ein uraltes Zupfinstrument, das aus dem Orient zu uns kam. Vor der Einführung des Klaviers im 18. Jh. war die Laute das beliebteste Begleitinstrument für den Gesang.

Die **Lautlehre** oder *Phonetik* (griech.) ist die Wissenschaft von den Sprachlauten und ihrer Erzeugung (durch Kehle, Gaumen, Zunge, Zähne, Lippen). Die Lautlehre erforscht nicht nur Einzellaute und Silben, sondern auch Fluß, Tonwechsel und Betonung in der laufenden Rede. – Um Laute nicht in ihrer Schreibweise, sondern in ihrer Aussprache, also ihrem Klang, wiederzugeben, benutzt man *Lautschriften*, für die man z. T. besondere Lautzeichen verwendet.

Lautsprecher verwandeln Stromschwankungen in Luftschwingungen, also in Schall. Dabei wird ein elastischer Trichter aus Papier und Stoff, die *Lautsprechermembran*, mit Hilfe des elektrischen Stro-

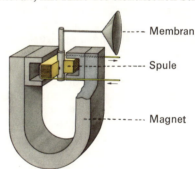

Magnetischer Lautsprecher

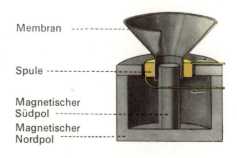

Dynamischer Lautsprecher

Lavendel

mes bewegt und strahlt Schall ab. Beim *magnetischen Lautsprecher* ist die Spitze des Membrantrichters mit einem beweglichen Stift, der Zunge, verbunden. Die Zunge ist mit einer Drahtspule umwickelt und liegt zwischen den Polen eines Stahlmagneten. Schickt man nun die vom →Mikrophon kommenden Stromschwingungen durch die Spule, so wird die Zunge magnetisch und zwischen den Polen im Takt der Stromschwingungen hin und her gezogen. Dadurch wird die Membran bewegt und erzeugt Schallschwingungen. – Beim *dynamischen Lautsprecher* erhält die kegelförmige Membran einen ringförmigen Abschluß, auf den eine Spule gewickelt ist. Die Spule wird in den Luftspalt eines Magneten gebracht, dessen Nordpol die Form eines Topfes hat, während der Südpol als Stift in der Mitte des Topfes angeordnet ist. Schickt man Stromschwingungen durch die Spule, so wird diese magnetisch und infolgedessen im Takt der Stromschwankungen in den Luftspalt hineingezogen bzw. herausgestoßen, wodurch die Membran bewegt und Schall erzeugt wird.

Lautstärke ist die in *Phon* meßbare Größe der Empfindung, die Schalldruck im Ohr erzeugt. Lautstärken von 130 Phon und darüber bewirken physische Schmerz. Phontabelle: 30 = Flüstern;

60 = normaler Verkehrslärm, 90 = Preßluftbohrer, 120 = Flugzeug, 130 = Schmerzschwelle.

Lava tritt bei Ausbrüchen von Vulkanen als glühende, geschmolzene Gesteinsmasse aus dem Erdinnern an die Oberfläche. Die Lava fließt, oft in breiten, verheerenden Strömen, über den Rand der Vulkane hinab und erstarrt allmählich zu graubraunen Schollen und Blöcken.

Der **Lavendel** ist eine niedrigwachsende mehrjährige Staude mit stark duftenden, blauvioletten Blüten. Sie wird vor allem in Südfrankreich und Südengland angebaut.

lavieren (niederländ.): am Winde kreuzen (mit einem Segelschiff); sich vorsichtig durch Schwierigkeiten hindurchwinden.

Antoine **Lavoisier** (sprich lawoasieh) war ein bedeutender französischer Chemiker, der von 1743 bis 1794 lebte. Er entwickelte u. a. die heute gebräuchliche Namengebung in der Chemie, kannte bereits 31 chemische Elemente und wußte, daß am Vorgang der Verbrennung Sauerstoff beteiligt ist.

Lawinen nennt man größere Schneemassen, die an Berghängen plötzlich ins Gleiten kommen und abstürzen. Sie entwickeln dabei oft große Geschwindigkeit und können ganze Ortschaften vernichten. Zum Schutz gegen Lawinengefahr werden keilförmige Lawinenbrecher und Schutzdämme gebaut, besondere Waldpflanzungen angelegt und Wetterwarnungen gegeben. Man unterscheidet: *Staublawinen* (aus Pulverschnee), *Grundlawinen* (aus Naßschnee), *Schneebrettlawinen* (aus gespanntem, gepreßtem Schnee).

Das **Lay-out** (engl., sprich leh-aut): der Entwurf für die Anordnung von Text und Bild auf einer Buch- oder Zeitungsseite. Bei einem guten Lay-out sieht die Seite optisch ansprechend und ausgewogen aus und lädt zum Lesen und Betrachten ein. Der Mann, der berufsmäßig die Lay-outs anfertigt, heißt *Lay-outer*.

Das **Lazarett**: Militärkrankenhaus, das nach dem kranken Lazarus der Bibel benannt wurde.

Wie alt werden Tiere?		Wie alt werden Pflanzen?	
Riesenschildkröte	200 Jahre	Drachenbaum	über 5000 Jahre
Hecht, Karpfen	100 Jahre	Mammutbaum	4000 Jahre
Hausgans, Adler	80 Jahre	Eibe (Taxus)	3000 Jahre
Storch, Eule	70 Jahre	Fichte, Tanne	1200 Jahre
Elefant	60 Jahre	Linde, Eiche	1000 Jahre
Kamel, Bär, Taube, Kranich, Scholle	50 Jahre	Olivenbaum	700 Jahre
		Lärche, Kiefer	600 Jahre
Flußpferd, Nashorn	40 Jahre	Ulme, Ahorn, Birnbaum	350 Jahre
Pferd, Hirsch	30 Jahre	Buche, Rosenstock	300 Jahre
Elch, Biber, Löwe, Tiger, Flußkrebs, Regenwurm	20 Jahre	Esche	250 Jahre
		Birke, Apfelbaum	200 Jahre
Schaf, Ziege, Hund, Wolf	15 Jahre	Weinstock	140 Jahre
Fuchs, Katze	10 Jahre	Magnolie	100 Jahre
Hase	5 Jahre	Heidekraut	43 Jahre
Ratte	3 Jahre	Heidelbeere	25 Jahre

Lebensbaum →Nadelbäume.

Lebensdauer. Dank der modernen Medizin und Hygiene hat die durchschnittliche Lebensdauer der Menschen immer mehr zugenommen. Sie beträgt jetzt in der Bundesrepublik Deutschland durchschnittlich 71 Jahre. In seltenen Fällen werden Menschen über 100 Jahre alt. Die Höchstalter der Tiere sind sehr verschieden und oft bei Vögeln, Fischen und Reptilien höher als bei Säugetieren. Manches Insekt, wie z. B. die Eintagsfliege, lebt nur einen Tag, wenn man die Entwicklungszeit (Ei, Larve) nicht mitrechnet. Auch Pflanzen zeigen sehr unterschiedliche Lebensdauer. Viele Kräuter sind nur einjährig oder sterben nach der ersten Blüte im zweiten Jahr. Während die Feststellung des Höchstalters bei Tieren oft sehr unsicher ist, kann es bei Bäumen an den Jahresringen des →Holzes genau abgezählt werden.

Die **Leber** ist mit ihrem Gewicht von etwa 3 Pfund die größte →Drüse des menschlichen Körpers. Sie liegt in der rechten unteren Hälfte des Brustkorbs. Mit Recht nennt man sie die chemische Fabrik unseres Körpers. Sie filtriert innerhalb von 24 Stunden rund 700 Liter Blut und reinigt es von den Giftstoffen, die es auf seinem Weg durch die Darmschleimhäute zugleich mit den Nährstoffen aufgenommen hat. Außerdem erzeugt sie die →Galle und Harnstoff. Die Leber ist einer der wichtigsten Blutspeicher unseres Körpers, der je nach Bedarf einen Teil der in den Adern kreisenden Blutmenge zurückhält oder wieder an den Kreislauf abgibt.

Lebertran ist ein aus der Leber des Dorsches gewonnenes fettes Öl. Lebertran ist reich an Vitamin A und D und dient als Heil- und Kräftigungsmittel.

Le Corbusier, der große französische Architekt, hieß eigentlich *Charles E. Janneret* und lebte von 1887 bis 1965. Er vertrat eine eigenwillige, moderne Bauweise, u. a. mit Eisenbeton. Er schuf einen Wohnblock in Marseille, die berühmte Kirche Notre-Dame du Haut in Ronchamps (Frankreich) und viele andere Gebäude in aller Welt.

Leder nennt man die Haut von Tieren, die durch →Gerben weich, widerstandsfähig und haltbar gemacht worden ist. Leder wird sehr vielseitig verwendet: zu Schuhen, Taschen, Treibriemen, Kleidung, Bucheinbänden oder Sattelzeug. Man unterscheidet die Lederarten nach den Tieren, von denen sie stammen (Boxcalf = Kalb, Rindbox = Rind, Chevreau = Ziege), oder nach der Art der Gerbung und Zubereitung. *Volleder* besteht aus der ganzen Haut, *Spaltleder* aus einzelnen abgespaltenen Schichten. *Wildleder* oder *sämisches Leder* ist mit Fetten gegerbt und hat eine samtig weiche Oberfläche. *Juchtenleder* ist mit Birkenteeröl behandelt und hat einen angenehmen Geruch. *Saffian* ist oft bunt gefärbtes Ziegen- oder Schafleder.

Lee →Luv.

legal (lat.): gesetzmäßig.

Die **Legasthenie** heißt auf deutsch »Lese-Rechtschreib-Schwäche«. Der an Legasthenie leidende Schüler zeigt trotz normaler Intelligenz Unsicherheiten beim Schreiben und Lesen, also beim Wiedererkennen von Buchstabenkombinationen. Die Ursache für diese in letzter Zeit um sich greifende Krankheit ist nicht zweifelsfrei bekannt; sie kann seelischen Gründen entspringen (Überforderung des Schülers, Angst, Streß) oder angeboren sein.

Legation (lat.): Gesandtschaft.

Das **Legato** (ital.): in der Musik die Anweisung zu »gebundenem« Spiel. Auf ein Legato wird durch einen Bogen ⌢ hingewiesen.

Eine **Legende** (lat.) erzählt uns vom Leben eines Heiligen oder berichtet in märchenartiger Form über (religiöse) Erlebnisse. – Man nennt auch die erläuternde Erklärung unter Abbildungen, auf Plänen oder Karten Legende.

Legierungen (lat.) entstehen durch Zusammenschmelzen mehrerer Metalle, mitunter auch von Metallen mit darin gelösten nichtmetallischen Elementen (z. B. Kohlenstoff bei Stahl). Die Legierungen haben andere Eigenschaften als die Ausgangsmetalle. Oft sind sie härter, zäher oder leichter form- und schmelzbar oder leiten Wärme oder Elektrizität besser. Messing und Bronze sind z. B. Legierungen von →Kupfer. Mit Quecksilber legierte Metalle heißen *Amalgame.*

Die **Legion** war die wichtigste Einheit im Heer der alten Römer. Sie bestand aus 6000 Mann (*Legionären*), die in 10 Kohorten, 30 Manipel und 60 Zenturien eingeteilt waren.

Die **Legislative** (lat. lex = Gesetz): gesetzgebender Teil der Staatsgewalt (z. B. Volkskammer, Parlament), zum Unterschied von der →Exekutive.

legitim (lat.): gesetzlich anerkannt. – Die *Legitimation:* Ausweis, z. B. ein Paß, mit dem man sich *legitimiert.*

Franz **Lehár,** der beliebte österreichische Operettenkomponist, lebte von 1870 bis 1948. Von ihm stammen u. a. »Die lustige Witwe«, »Der Zarewitsch«, »Das Land des Lächelns«.

Lehen heißt geliehenes Gut. Im Mittelalter, als Geldzahlungen noch nicht üblich waren, entlohnten Fürsten und Könige als Lehnsherren die Mitglieder ihres Rittergefolges mit einem Gutsbesitz, später auch mit einem Amt (Amtslehen). Dafür mußten diese als Lehnsmänner oder Vasallen sich durch Lehnseid zu Kriegsdienst und Treue verpflichten.

Lehnwörter hat, wie jede andere Sprache, auch das Deutsche aus anderen Sprachen übernommen (entlehnt). Im Unterschied zu den →Fremdwörtern ist bei ihnen die fremde Herkunft nicht mehr ohne weiteres zu erkennen, da sie deutsch geschrieben und ausgesprochen werden. Lehnwörter sind z. B. Fenster (lat.), brav (franz), Kasse (ital.), Kaffee (arab.).

Lehrvertrag. *(Berufsausbildungsvertrag).* Zu Beginn eines Lehrverhältnisses (Berufsausbildungsverhältnisses) geht ein Lehrherr (Ausbildender) mit seinem Lehrling (Auszubildenden) einen schriftlichen Lehrvertrag ein, der beiden Pflichten auferlegt. – Der *Lehrherr* (Ausbildende) ist dafür verantwortlich, daß der Lehrling etwas Ordentliches lernt, er muß für gesunde Arbeitsbedingungen sorgen, muß ihm Zeit zum Besuch der Berufsschule geben und ihm bei Beendigung der Lehrzeit ein Zeugnis ausstellen. In der Regel gewährt er ihm eine Erziehungsbeihilfe, die tariflich festgelegt ist und mit den Lehrjahren ansteigt. Der *Lehrling* (Auszubildende) muß alle ihm übertragenen Arbeiten sorgfältig ausführen und den Anordnungen seines Meisters Folge leisten. Den Lehrvertrag müssen auch die Eltern oder der Vormund mit unterschreiben, solange der Lehrling nicht volljährig ist. Der Vertrag wird von der Industrie- und Handelskammer oder von der Handwerkskammer in eine *Lehrlingsrolle* (Verzeichnis der Berufsausbildungsverträge) eingetragen. Von dieser Eintragung ist die spätere Zulassung zur Gehilfenprüfung nach Ablauf der Lehrzeit abhängig.

Die **Leibeigenschaft** war eine drückende Form der Unfreiheit und Abhängigkeit im Mittelalter. Ursprünglich waren die Leibeigenen Kriegsgefangene oder Menschen, die in Schuldknechtschaft geraten waren. Später wurde von den Grundbesitzern in vielen Ländern und Gegenden fast der gesamte Bauernstand in die Leibeigenschaft herabgedrückt. Der Leibeigene durfte weder eigenes Land besitzen noch den Wohnsitz wechseln oder einen anderen Beruf erlernen; der Besitzer konnte ihn verkaufen, züchtigen oder tauschen. Erst Ende des 18. Jh. begann die Abschaffung der Leibeigenschaft; in Rußland blieb sie noch bis 1861 bestehen.

Gottfried Wilhelm **Leibniz** war einer der größten Gelehrten der Neuzeit, mit einer alle Wissensgebiete umfassenden Bildung. Er wurde 1646 in Leipzig geboren und stand im Dienste des Fürstenhofes in Hannover. Er entfaltete eine reiche Tätigkeit als Philosoph, Mathematiker und Sprachkundiger. Leibniz erfand die Differential- und Integralrechnung (→Mathematik). Im Mittelpunkt seines philosophischen Werkes steht die Lehre von der großen und guten Ordnung, in der Gott die Welt geschaffen hat und in der jedes Einzelwesen seinen sinnvollen Platz einnimmt. Leibniz starb im Jahre 1716.

Zur **Leichtathletik** gehören Gehen, →Laufen, →Springen, →Werfen und Stoßen.

Das **Leichtgewicht** ist eine Gewichtsklasse beim Boxen (bis 60 kg), Ringen (bis 68 kg) und Judo (bis 63 kg).

Leideform →Passiv.

Der **Leim:** Klebemittel, das, weich und zähflüssig aufgetragen, fest anhaftet und dann erstarrt. Der Tischlerleim wird aus Knochen und Knorpel gekocht; Gelatine ist gereinigter Knochenleim. Tischlerleim ist ein *Warmleim*, weil er nur beim Erwärmen flüssig wird. Es gibt aber auch *Kaltleime*, die auf der Klebekraft des Eiweißes beruhen. Die so geleimten Gegenstände lösen sich nicht im Wasser. Daneben gibt es besonders haltbare synthetische Kleber (Kunststoffe, Kunstharze, Nitrozellulose u. a.). Auch eine Anzahl Pflanzen liefert Leim, z. B. eine tropische Akazie das Gummiarabicum. Dagegen sind die aus Stärke oder Dextrin hergestellten Klebstoffe keine Leime, sondern Kleister.

Lein →Flachs.

Leinen, auch Leinwand, Leinenzeug oder Linnen genannt, ist ein Gewebe aus gesponnenen Flachs- oder Hanffasern. Leinen ist glänzend, fest und fühlt sich steif an. *Reinleinen* wird aus reinen Leinengarnen hergestellt. *Halbleinen* besteht aus Baumwoll- und Leinengarnen und ist haltbarer als Reinleinen. Man verwendet es vor allem für Bett-, Tisch- und Leibwäsche.

Leistung. In Physik und Technik unterscheidet man zwischen Kraft, Arbeit und Leistung. Die Größe einer *Kraft* kann man in Kilopond messen. Wenn z. B. eine Anzahl Ziegelsteine 75 kg wiegt, so muß eine Kraft von 75 kp aufgewendet werden, um sie aufzuheben. *Arbeit* dagegen ist das Ergebnis aus Weg (Höhenunterschied) mal Kraft und wird deshalb in Meterkilopond (mkp) gemessen. Die Arbeit ist gleich groß, ob man 75 kg Ziegel auf einmal um 1 m hebt oder ob man in 25maliger Bewegung, aber mit geringerer Kraft je 3 kg Ziegel nacheinander um 1 m hebt. Stets beträgt diese Arbeit 75 mkp. Will man aber die *Leistung* wissen, so muß man die Zeitspanne, in der die Arbeit stattfand, berücksichtigen. Werden z. B. die 75 kg in einer Sekunde um 1 m gehoben, so ist das eine Leistung von 75 mkp/sek. Das entspricht etwa der Leistung eines Pferdes, und darum hat man sie eine *Pferdestärke* (PS) genannt. Auch die Leistung des elektrischen Stromes kann man messen (→Elektrizität). Dazu nimmt man die Maßeinheit Kilowatt (kW), das sind 1000 Watt (W); in der Physik wird die Leistung in Watt angegeben, in der Technik bisher großenteils in PS; ab 1978 ist nur noch Watt zulässig. Die Leistung von 1 kW ist größer als 1 PS, nämlich 1,36 PS oder = 102 mkp/sek. Dagegen ist die Kilowattstunde (kWh) eine Maßeinheit der Arbeit, nicht der Leistung. Die elektrischen Zähler zeigen an, wieviel kWh an Strom ein Haushalt verbraucht hat, das ist die geleistete Arbeit in der Zeit zwischen 2 Ablesungen. Diese kWh-Zahl ist also die elektrische Energiemenge, die in Wärme, Licht, Schall, Bewegung und elektromagnetische Strahlung umgewandelt worden ist. Würden keine Arbeitsverluste eintreten, so könnte man mit 1 kWh mittels eines Elektromotors 367 Tonnen 1 m hochheben oder mit einem Tauchsieder 860 l Wasser um 1° erwärmen.

Die **Lektüre** (franz.): 1. das Lesen; 2. das, was man liest, der Lesestoff.

Lemuren nannten die Römer die toten Seelen, die sie sich als nächtlich umherirrende Spukgeister dachten. – Halbaffen, die als Nachttiere in Madagaskar leben, werden ebenfalls Lemuren genannt, z. B. der *Maki*.

Nikolaus **Lenau,** der unglückliche Lyriker der Spätromantik, wurde 1802 geboren und starb 1850 in geistiger Umnachtung. Seine schönen, musikalischen Gedichte sind von tiefer Liebe zur Natur, vom Leiden an der Welt und von Verzweiflung geprägt.

Wladimir Iljitsch **Lenin** war der Führer der russischen Revolution und der Begründer der Sowjetunion. Er hieß eigentlich Uljanow und wurde 1870 als Sohn eines Gutsbesitzers geboren. Schon als Rechtsstudent schloß er sich der revolutionären Bewegung gegen das Zarentum an. Er wurde zu 5 Jahren Verbannung in Sibirien verurteilt und lebte nach seiner Freilassung im Ausland. Von dort aus leitete er eine Trennung der russischen sozialistischen Bewegung ein und gründete die radikale Partei der Bolsche-

wisten. Während des Ersten Weltkrieges lebte er in der Schweiz. Von dort aus wurde er 1917 mit dem Einverständnis der deutschen Heeresleitung nach der russischen Grenze gebracht. Lenin ging nach St. Petersburg, der damaligen Hauptstadt, der später nach ihm Leningrad benannt wurde. Er stürzte mit Hilfe der Arbeiter- und Soldatenräte (Sowjets) die bürgerliche russische Regierung und verkündete die kommunistische Revolution. Der von ihm geleitete Rat der Volkskommissare schloß mit Deutschland den Frieden von Brest-Litowsk. Nach vierjährigen blutigen Kämpfen gegen die russischen Armeen herrschte er bis zu seinem Tode 1924 in Moskau als unbestrittener Machthaber über ganz Rußland und als geistiges Oberhaupt der kommunistischen Weltbewegung. Seine Lehren werden als *Leninismus* bezeichnet und gelten in kommunistischen Ländern als eine wesentliche Ergänzung des Marxismus.

Leonardo da Vinci (sprich wintschi), der von 1452 bis 1519 lebte, war zugleich Maler, Bildhauer, Baumeister, Erfinder,

Selbstbildnis Leonardo da Vincis

Ingenieur, Naturforscher und Mathematiker. Die meisten Werke von seiner Hand sind zugrunde gegangen. Wir besitzen jedoch von seinen Bildern noch immer das »Abendmahl« in Mailand und die berühmte »Mona Lisa«, die sich in Paris befindet. Aufschluß über seinen alles umfassenden Forschergeist geben uns seine Notizbücher und Skizzenhefte, in denen er seine Gedanken über die Kunst und Technik der Malerei niederlegte, seine Studien über den Vogelflug und Flugmaschinen, die Bildung der Wolken oder den Bau des menschlichen Körpers.

Leoparden oder Panther

Der **Leopard** oder Panther ist eine Großkatze mit geflecktem oder schwarzem Fell, ohne Mähne und Schwanzquaste. Er lebt in den Wäldern und Steppen Afrikas und Asiens. Ihm verwandt ist der →Jaguar. Großkatzen sind gewandte Raubtiere. Ähnliche Fellzeichnungen haben der →Gepard, der *Schneeleopard* der Hochgebirge Zentralasiens, der *Nebelparder* der Wälder Südostasiens, die, weil sie etwas kleiner sind, zu den Mittelkatzen gehören, sowie der →Ozelot.

Die **Lepra** (griech. = Aussatz) ist eine sehr schwere →Infektionskrankheit, die zuerst die Gesichtshaut befällt; es bilden sich Flecken und Knötchen auf der Haut und später Verstümmelungen der Glieder. Lepra war im Mittelalter sehr verbreitet, ist jedoch heute auf der ganzen Welt im Aussterben begriffen. Wegen der großen Ansteckungsgefahr wurden die Leprakranken im Mittelalter aus der Gemeinschaft ausgestoßen, später in Aussätzigenhospitälern isoliert.

Die **Lerche** →Singvögel.

Das **Lernen** ist eine längerfristige Aneignung von Erfahrungen und führt zu einer Änderung des Verhaltens. Wenn auch schon bei der ersten Begegnung mit einem Lernmaterial gelernt wird, so kann das Behalten im →*Gedächtnis* durch Wiederholung und Übung verbessert werden. Besonders nachhaltige Einprägung erreicht man durch Verteilen der Lernarbeit über längere Zeit, Pausen zwischen den einzelnen Wiederholungen fördern die Lernleistung. Obwohl ein müheloses Lernen »im Schlaf« nicht möglich ist, können verschiedene Hilfen, wie das Herstellen von Zusammenhängen zwischen bereits eingeprägtem und neuem Lernstoff die Lernarbeit verringern.

Lesotho ist ein unabhängiges Königreich (30355 qkm, 1,0 Mill. Einwohner, Hauptstadt Maseru) in Südafrika. Das Land war bis 1966 britisches Schutzgebiet (Basutoland). Die Bewohner treiben Akkerbau und Viehzucht.

Gotthold Ephraim **Lessing,** der große deutsche Dichter und Kritiker, der die Zeit der deutschen Klassik einleitete, lebte von 1729 bis 1781. Seine Theaterstücke »Minna von Barnhelm«, »Emilia Galotti« und »Nathan der Weise« legten den Grund zu einer selbständigen deutschen Bühnenkunst. In seiner »Hamburgischen Dramaturgie« stellte er Shakespeare als Muster für die dramatische Dichtung auf.

Die **Lethargie** (griech.): Teilnahmslosigkeit, mangelndes Interesse. In der Medizin bezeichnet man als Lethargie auch eine krankhafte Schlafsucht.

Die **Letter** (lat.): 1. Buchstabe; 2. gegossenes Metallklötzchen mit einem Buchstaben am Kopf, das zum Hochdruck (→Druckverfahren) dient.

Lettland →Baltische Länder.

Die **Letzte Ölung** →Krankensalbung.

Leuchtkäfer →Johanniswürmchen.

Leuchtmassen (Leuchtfarben) leuchten bei Dunkelheit nach, wenn sie vorher belichtet wurden (Phosphoreszenz; →Phosphor), oder senden bei Beleuchtung mit unsichtbaren Strahlen (z. B. Röntgenstrahlen) sichtbares Licht aus (Fluoreszenz). Setzt man ihnen Radiumsalze zu, so leuchten sie auch ohne vorherige Anregung durch Licht. Diese Leuchtfarben werden u. a. für Zifferblätter von Uhren verwendet.

Leuchtröhren sind mit Helium oder Neon gefüllt und erzeugen beim Anlegen hoher Spannungen ein helles »kaltes« Licht (Leuchtreklame). *Leuchtstofflampen* tragen auf den Glaswandungen eine →Leuchtmasse und erzeugen unsichtbare Strahlen, die, wenn sie auf die Leuchtmasse auftreffen, in sichtbares Licht verwandelt werden.

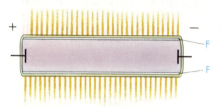

Leuchtstofflampe
In einer Glasröhre wird zwischen 2 Polen Quecksilberdampf zur Ausstrahlung von unsichtbarem ultraviolettem Licht angeregt. Die Fluoreszenzschicht F verwandelt dieses unsichtbare in sichtbares Licht.

Ein **Leuchtturm** stand schon im Altertum vor dem Hafen von Alexandria in Ägypten, um den Schiffen nachts den Weg zu weisen. Er war 50 m hoch und hieß Pharos. Heute finden sich Leuchttürme vor allen wichtigen Punkten der Küsten, um durch ihr Licht vor Untiefen oder Klippen zu warnen und Schiffen wie Flugzeugen die Richtung zu geben. Nachts senden sie starkes Licht aus, entweder als feststehenden Strahl, in unterbrochenen Signalen (Blinkfeuer) oder als Drehfeuer. Der Seemann nennt das die Kennung, weil er aus der Art des Feuers den Standort des Leuchtturms erkennt.

Die **Leukämie** (griech.): krankhafte Vermehrung der weißen Blutkörperchen (→Blut).

Leukozyten (griech.): weiße Blutkörperchen (→Blut).

Der **Leumund** ist der sittliche Ruf eines Menschen. Ein Leumundszeugnis gibt Auskunft über seine Führung.

Der **Leutnant** (vom franz. lieutenant = Stellvertreter): früher Stellvertreter des Hauptmanns, heute unterster Offiziersrang.

Die **Levante** (ital. = Morgenland): Bezeichnung für alle Mittelmeerländer östlich von Italien, besonders Kleinasien, Syrien und Ägypten.

Das **Lexikon** (griech.) ist ein Nachschlagewerk, das in alphabetisch geordneten Abschnitten über alle Wissensgebiete oder sprachlichen Erscheinungen oder alle wichtigen Dinge eines bestimmten Wissensgebietes Auskunft gibt. Ein umfassendes Werk dieser Art nennt man eine Enzyklopädie, weil darin der ganze Umkreis (griech. kyklos = Kreis) des Wissens ausführlich behandelt wird. Französische Gelehrte (die Enzyklopädisten) schufen im 18. Jh. eine berühmte Enzyklopädie, die das ganze Geistesleben der Zeit beeinflußte. Später kam das Konversationslexikon auf. Es wurde so genannt, weil man es bei der gebildeten Unterhaltung (Konversation) zu Rate zog. Heute gibt es einbändige Lexika (z. B. *Knaurs Lexikon* A–Z), mehrbändige (z. B. *Der Neue Knaur*, 10 Bände) und solche für einzelne Gebiete oder besondere Zwecke, wie Gesundheitslexikon, Lexikon der Technik, des Sports oder Jugendlexikon.

Lianen nennt man alle Kletterpflanzen, besonders aber die Schlinggewächse des Urwalds. Es gibt Lianen, deren Stämme über 200 m lang werden. Sie bilden in den Wäldern der Tropen oft ein undurchdringliches Dickicht.

Libanon (hebr.) ist der Name eines Gebirges und einer arabischen Republik an der Ostküste des Mittelmeers. Dieser Staat umfaßt 10 400 qkm; von den 3,06 Millionen Einwohnern sind etwa die Hälfte Mohammedaner, die andere Hälfte Christen. Die Hauptstadt *Beirut* (702 000 Einwohner) ist eine wichtige Hafen-, Handels- und Universitätsstadt.

Libellen oder *Wasserjungfern* sind vierflügelige, oft metallisch schimmernde Raubinsekten, die bis 10 cm groß werden. Als äußerst gewandte und schnelle Flieger leben sie in der Nähe von Gewässern, in denen die Larven in mehreren Jahren heranwachsen. An einem heißen Sommertag kriechen die häßlichen Larven aus dem Wasser, häuten sich und verwandeln sich (ohne Verpuppung) in schöne Libellen. Dem Menschen sind sie völlig ungefährlich. – In der Technik benutzt man *Röhren-* und *Dosenlibellen* (→Wasserwaage), ein Flugzeug-Navigationsinstrument ist die *Kugellibelle.*

liberal (lat.): freigebig, freisinnig, vorurteilsfrei.

Unter **Liberalismus** versteht man im *politischen Leben* eine Richtung, die vor allem im 19. Jh. zur Geltung kam. Ihre Anhänger gehörten meist dem fortschrittlichen Bürgertum an. Sie gingen von den Gedanken der →Aufklärung aus und verfochten die Rechte des Einzelmenschen gegenüber dem Staat. Dieser darf nach liberaler Anschauung nur die Aufgabe haben, seine Bürger zu schützen und eine durch Gesetze geregelte Ordnung zu gewährleisten. Im übrigen sollen möglichst weitgehende Freiheit des Glaubens, Denkens, der Meinungsäußerung sowie wirtschaftliche Freiheit herrschen. Unter Führung von Liberalen wurden in den meisten europäischen Ländern Verfassungen geschaffen, die den Bürgern das Mitbestimmungsrecht im Staate sicherten. Gegen den Liberalismus wandten sich die Vertreter der konservativen Anschauungen und zugleich die Sozialisten, die in den Liberalen die Träger der kapitalistischen Gesellschaftsordnung sahen. Auch die katholische Kirche lehnte den Liberalismus ab. Nach dem Ersten Weltkrieg erwuchsen ihm im Faschismus, im Nationalsozialismus und im Kommunismus noch schärfere Gegner. – Im *Wirtschaftsleben* bezeichnet man als Liberalismus das Eintreten für eine sogenannte »freie Marktwirtschaft«, in der sich ohne jede Bevormundung durch den Staat die Preise der Güter durch Angebot und Nachfrage von selbst regeln und ein Ausgleich im Warenverkehr stattfindet. Man spricht auch von *Liberalisierung* der Wirtschaft, wenn man an die Beseitigung von Zollschranken zwischen den Staaten oder die Aufhebung anderer Hindernisse für den Handel denkt.

Liberia ist eine Republik an der Westküste von Afrika, in der auf 111 369 qkm etwa 1,57 Millionen Einwohner leben. Hauptstadt ist Monrovia (180 000 Einwohner). Der fruchtbare, aber teils stark sumpfige Boden liefert Reis, Zuckerrohr, Kaffee u. a. Aus dem dichten tropischen Urwald im Landesinnern kommt Kautschuk. – Liberia ist der älteste Negerstaat auf afrikanischem Boden: er wurde 1848 durch freigelassene amerikanische Negersklaven gegründet, die in die Heimat zurückkamen.

Das **Libretto** (ital. = Büchlein) ist das Textbuch einer Oper.

Libyen ist eine selbständige Republik in Nordafrika mit den 3 Landschaften Tripolitanien, Kyrenaika, Fessan, die zusammen 1 759 540 qkm mit etwa 2,25 Millionen Einwohnern umfassen. Den größten Teil nimmt die *Libysche Wüste* ein. Das Land gehörte bis 1911 zur Türkei und war 1912–1943 italienische Kolonie. Seit 1951 ist es unabhängig.

Einwohnerzahlen der wichtigsten Städte:	
Tripolis (Hauptstadt u. Hafen)	430 000
Bengasi (2. Hauptstadt u. Hafen)	320 000

Das **Licht** ist eine Erscheinung, die wir mit unseren Augen wahrnehmen. Es handelt sich um elektromagnetische →Wellen bzw. →Quanten. Andere elektromagnetische Wellen, wie ultraviolette, infrarote, Röntgen-Strahlen oder Radiowellen, können von unseren Augen nicht erfaßt werden. Licht verhält sich in seinen Wirkungen (wie Beugung, Brechung, Zerstreuung) manchmal wie eine fortschreitende Welle, manchmal wie ein Strom von kleinsten Teilchen. Diese nennt man *Photonen.* Im leeren Raum hat ein Lichtstrahl eine Geschwindigkeit von fast 300 000 km/sek (genau 299 793 km/sek). In einem Lichtstrahl sind fast immer viele Strahlen von verschiedener Farbe vereinigt. Die Farbe eines Strahles wird durch die Länge einer Welle der Schwingung bestimmt, mit der die betreffende Art von Licht vorwärtsschwingt. Sie beträgt bei tiefrotem Licht 780 Millionstel eines Millimeters, bei infrarotem Licht mehr, bei violettem Licht 380 Millionstel Millimeter, bei ultraviolettem Licht weniger. Weißes Licht ist eine Mischung von Lichtstrahlen verschiedener Farbe. Wenn Licht aus einem durchsichtigen Körper in einen anderen übertritt, z. B. aus Wasser in Glas, kann sich die Richtung des Lichtstrahles ändern. Das nennt man *Brechung*. Die Strahlen verschiedener Farbe erleiden dabei verschiedene Änderungen ihrer Richtung. Diese Farbenzerstreuung nennt man *Dispersion*. Man kann die Farben dadurch trennen und einzeln sichtbar machen, wie im →Spektrum. Die Brechung des Lichtes wird in der praktischen →Optik beim Entwurf vieler optischer Geräte benutzt. Wenn Licht auf irgendeine Oberfläche (z. B. Papier, Metall oder Stoff) fällt, wird es entweder in eine bestimmte Richtung gespiegelt (*Reflexion*) oder nach allen Richtungen zerstreut, zum Teil aber auch absorbiert. Alle Gegenstände dieser Welt werden nur durch ihre Lichtstreuung sichtbar. Ihre Farbe hängt davon ab, welche Strahlen »verschluckt« werden. Gegenstände, die alles Licht reflektieren, erscheinen uns weiß, Gegenstände, die alles Licht absorbieren, als schwarz.

Große Mengen von Licht müssen täglich künstlich erzeugt werden, wenn das Sonnenlicht nicht zur Verfügung steht. Zur Beleuchtung werden verschiedene Arten von Lampen benutzt (Glühbirne, Gas-, Petroleumlampen usw.). Dabei wird immer ein Stoff erhitzt, so daß seine Atome in lebhaftere Schwingungen geraten und dadurch Lichtschwingungen ausstrahlen. Dieser Umweg über die Wärmeerzeugung ist allerdings recht unwirtschaftlich. Man versucht daher, Licht ohne Wärme (»kaltes Licht«) zu erzeugen, wie es die Glühwürmchen können. Diesem Ideal kommt bereits die modernste Art der Beleuchtung durch →Leuchtstofflampen nahe. Bei diesen wird in einer Röhre ultraviolettes Licht erzeugt, das eine Schicht an der Innenwand der Röhre zur →Fluores-

zenz anregt. Das unsichtbare ultraviolette Licht wird dadurch in sichtbares Licht umgewandelt.

Ein **Lichtjahr** ist ein Entfernungsmaß in der →Himmelskunde.

Der **Lido** →Lagune.

Justus von **Liebig,** der deutsche Chemiker, lebte von 1803 bis 1873. Mit 21 Jahren bereits Professor, begründete er u. a. die Anwendung von Kunstdünger und wurde am berühmtesten durch den von ihm erfundenen Fleischextrakt. Auch der moderne Chemieunterricht geht auf Liebig zurück.

Liechtenstein ist ein unabhängiges Fürstentum zwischen der Schweiz und Österreich. Es hat 22800 Einwohner auf 157 qkm und ist eines der vier kleinsten Länder Europas. Hauptstadt ist Vaduz mit 4000 Einwohnern.

Der **Lift** →Aufzug.

Die **Liga** (span.): Bündnis von Staaten oder Vereinigung von Personen, die ein gemeinsames Ziel erstreben. – Im Rasensport gehobene Spielklasse, z. B. Bundesliga und Regionalligen im →Fußball.

Lilien sind Zwiebelgewächse, die prächtige Blütenstände treiben. Die bekanntesten Arten sind: Türkenbund, Feuerlilie, Tigerlilie, Madonnenlilie und Goldbandlilie. Die Schwertlilie (Iris) und die Palmlilie (Yucca) sind dagegen Wurzelstockstauden.

Liliput ist ein Märchenland in dem Buch »Gullivers Reisen« von Jonathan Swift. Die Bewohner, die *Liliputaner*, sind daumengroß, und alle ihre Gebäude oder Geräte sind entsprechend klein. – Besonders kleine, nur kindergroße Menschen bezeichnet man deshalb als Liliputaner.

Der **Limes** (lat.): Grenzwall der Römer, der durch Wachttürme, Gräben und Kastelle befestigt war. Solche Grenzwälle bestanden in Schottland, auf dem Balkan und besonders in Deutschland, wo der Limes vom Rhein über den Taunus bis zur Donau reichte. Er sicherte 150 Jahre lang die Grenze und wurde um 260 n. Chr. von den Germanen überrannt.

Die **Limousine** →Kraftwagen.

Abraham **Lincoln** wurde 1809 geboren und war von 1860 bis 1865 Präsident der USA. Er verkündete die Abschaffung der Sklaverei. Die Südstaaten empörten sich dagegen, und es kam zum Bürgerkrieg, den die Nordstaaten gewannen. Lincoln bemühte sich sogleich um eine Versöhnung, wurde aber von einem erbitterten Gegner ermordet.

Die **Linde** →Laubbäume.

Der **Lindwurm:** im deutschen Mittelalter Bezeichnung für den →Drachen.

Linkshändigkeit. Die meisten Menschen bevorzugen beim Arbeiten die rechte Hand, weil die Stellen im →Gehirn, welche die rechten Handmuskeln leiten, in der Nachbarschaft des Sprachzentrums auf der linken Hirnseite liegen. (Die Nervenbahnen überkreuzen sich im Gehirn mit den Bahnen der anderen Hirnhälfte.) Bei einigen Menschen entwickelt sich nun das Sprachzentrum auf der rechten statt auf der linken Seite. Diese bevorzugen dann umgekehrt die linke Hand. Geistig wie charakterlich sind Links- und Rechtshänder völlig gleichwertig.

Karl von **Linné** war ein schwedischer Naturforscher, der von 1707 bis 1778 lebte. Er stellte die nach ihm benannte Ordnung der Pflanzen- und Tierwelt auf und führte die Benennung durch je einen lateinischen oder griechischen Gattungs- und Artnamen ein, z. B. Canis lupus = Wolf.

Linoleum (lat.) ist ein Fußbodenbelag. Auf ein Jutegewebe (Rupfen) wird eine krümelige, klebrige Masse aus Leinöl, Harz, Korkmehl und Farben in einer Stärke von 3–7 mm aufgepreßt und nach dem Trocknen gewalzt.

Beim **Linolschnitt** werden in ähnlicher Art wie beim →Holzschnitt Druckstöcke in Linoleum hergestellt.

Die **Linse:** 1. die älteste Hülsenfruchtpflanze, die ähnlich wie die Erbse feldmäßig angebaut wird. Sie ist wenig ertragreich, nimmt aber noch mit armen Böden und trockenen Berglagen vorlieb. – 2. In der →Optik verwendet man als Linsen durchsichtige Körper aus Glas, Quarz

Linsenformen: 1 bikonvex, 2 plankonvex, 3 konkavkonvex, 4 bikonkav, 5 plankonkav, 6 konvexkonkav (konvex = gekrümmt, konkav = hohl)

oder Kunststoffen, deren Flächen eine mathematisch genau berechnete Form haben. Diese dienen dazu, die Richtung von Lichtstrahlen in bestimmter Weise zu ändern. Die Sammellinsen (Abb. 1–3) sammeln parallel auffallende Strahlen und vereinigen sie in einem Punkte hinter der Linse (dem Brennpunkt oder Fokus). Die Zerstreuungslinsen (Abb. 4–6) zerstreuen parallel auffallende Strahlen, so daß sie von einem Punkt vor der Linse zu kommen scheinen. Die Linsen von optischen Geräten (z. B. beim Photoobjektiv) sind meist aus mehreren Linsen verschiedener Krümmung und aus verschiedenen Glasarten zusammengesetzt. Damit sollen die unvermeidlichen Unvollkommenheiten in der Wirkung der einzelnen Linsen möglichst ausgeglichen werden.

Die **Liquidation** (lat.): Auflösung eines (meist verschuldeten) Unternehmens. Diejenigen, die Geld zu beanspruchen haben, bekommen entweder nach und nach ihr Geld oder begnügen sich freiwillig mit einem Teil. Als Liquidation bezeichnet man auch eine Kostenrechnung, z. B. eine Arztrechnung. – *liquidieren:* Geldforderungen stellen oder erfüllen; Sachwerte in Geld umwandeln. Das Wort Liquidierung wird auch als Bezeichnung für die Ermordung politischer Gegner benutzt.

Die **Liquidität:** Zahlungsfähigkeit.

Die **Litanei** (griech.): spruchartige Anrufungen, die ein einzelner im Gottesdienst vorträgt und die von der Gemeinde kehrreimartig beantwortet werden.

Litauen →Baltische Länder.

Die **Literatur** (lat. littera = Buchstabe) ist das in Schriftwerken niedergelegte geistige und künstlerische Schaffen. Jedes Volk schafft sich in seiner Muttersprache eine eigene Literatur, eine *Nationalliteratur.* Die gebildete Menschheit besitzt aber auch ein gemeinsames Erbe an großem Schrifttum aller Völker: die *Weltliteratur*. Zu ihr gehören alle Dichtungen, die über die Grenzen ihres eigenen Volkes berühmt geworden sind und über die Jahrhunderte hinweg gewirkt haben. Sie sind uns durch Übersetzungen zugänglich. Die Bibel z. B. ist in Hebräisch und Griechisch geschrieben. Trotzdem hat sie von allen Büchern die weiteste Verbreitung gefunden. Unsere deutsche Literatur beginnt mit Heldenliedern; nach der Christianisierung folgten Versuche, die Heilige Schrift zu übertragen (*Heliand*). Durch die ständigen Bemühungen vieler Dichter ist die deutsche Sprache besonders ausdrucksreich geworden. So konnte sie die Schriftwerke aller anderen großen Literaturen aufnehmen. Der große englische Dramatiker Shakespeare wird auf allen deutschen Bühnen gespielt. Wir kennen die Klassiker des Altertums, den größten Dichter des Mittelalters, Dante, die Werke des Franzosen Molière, des Spaniers Cervantes oder des Russen Tolstoi. Der Begriff »Weltliteratur« stammt von Goethe.

Ganz unmittelbar spricht zu uns freilich nur das, was in unserer Muttersprache ausgedrückt ist. In *Kinderreimen* und *Kinderliedern*, die wir im frühesten Alter hören, sind oft sehr ursprüngliche und poetische Züge erhalten. Zugleich erinnern sie an die ältesten Formen der Dichtung, die anfänglich nicht geschrieben, sondern gesungen, getanzt und gespielt wurde. Aus uralter Zeit stammen auch die *Volksmärchen* und *Sagen*. Sie sind uns vertraut in der Fassung, die ihnen große Märchensammler, wie die Brüder Grimm, gegeben haben. Ihre Geschehnisse und Gestalten finden sich aber in ähnlicher Form bei allen Völkern bis zu den Indianern, Eskimos oder Malaien. Neuere Dichter, wie Andersen und Hauff, haben *Kunstmärchen* geschaffen. Märchen und Sagen sind ursprünglich nicht nur für Kinder bestimmt, sondern auch für Erwachsene. Ebenso sind viele Schriften, die heute von Kindern und Jugendlichen gelesen werden, aus großen Werken der Weltliteratur entstanden, wie »Robinson«, »Don Quichote« oder »Gullivers Reisen«. Zur *Jugendliteratur* gehören auch die Bücher neuerer Schriftsteller (wie Johanna Spyri, Mark Twain oder Erich Kästner). Andere Werke berichten vom Leben der Tiere, wie die Dschungelbücher von Kipling, von Reisen und Abenteuern (Gerstäcker, Karl May) oder fremden Völkern (z. B. Selma Lagerlöf »Die Reise des kleinen Nils Holgersson«).

Die Werke der großen deutschen Literatur begleiten uns durch das ganze Leben. Schon der junge Mensch lernt Dramen von Goethe, Schiller, Lessing, Kleist oder Hauptmann, Gedichte von Goethe, Eichendorff, Mörike oder Rilke kennen und liest erzählende Werke von Storm, Keller, C. F. Meyer u. a. Mit jeder Lebensstufe erwächst eine neue Art des Verständnisses. Es gibt Dichtungen, deren ganzer Gehalt sich auch dem gereiften Menschen erst nach vielen Jahren erschließt. Durch die alljährlich herausgebrachten zahlreichen Übersetzungen lernen wir die Literatur der ganzen Welt kennen. Man unterscheidet nach den wichtigsten Dichtungsformen: →Drama, Lyrik (→Gedicht) und die erzählende Dichtung (→Epos, →Roman, →Novelle), die auch als *schöne Literatur* bezeichnet wird. Leichtere erzählende Werke nennt man *Unterhaltungsliteratur*. Die Werke der Geschichtsschreibung, die vielfach, wie in den Schriften von Mommsen und Ranke, klassischen Rang besitzen, bilden die *historische Literatur*. Wer sich auf bestimmten Gebieten unterrichten will, greift zur *Fachliteratur*, z. B. einem Handbuch der Rundfunktechnik, oder zur *populärwissenschaftlichen Literatur*, in der wissenschaftliche Themen allgemeinverständlich dargestellt sind.

Die **Litfaßsäule** ist eine von dem Buchdrucker E. Litfaß erfundene und 1855 erstmals in Berlin aufgestellte Anschlagsäule, die mit →Plakaten beklebt wird.

Die **Lithographie** (griech.) oder der Steindruck ist ein von A. Senefelder 1796 erfundenes Verfahren des Flachdrucks (→Druckverfahren).

In der **Liturgie** (griech.) sind die Gebete und die anderen gottesdienstlichen Handlungen in den christlichen Kirchen zusammengefaßt und festgelegt.

Die **Live-Sendung** (engl., sprich laiw) ist eine Radio- oder Fernsehsendung, die direkt vom Schauplatz übertragen wird. Man spricht z. B. von der Live-Sendung eines Konzertes oder einer Diskussion. Der Gegensatz ist die *Aufzeichnung*.

Titus **Livius** war ein römischer Geschichtsschreiber, der von 59 vor bis 17 nach Christus lebte und die Geschichte Roms von der Gründung der Stadt bis auf seine eigene Zeit darstellte.

Die **Lizenz** (lat.): Erlaubnis, Genehmigung, die durch einen Vertrag erworben oder von einer Behörde erteilt wird.

Lizenzspieler sind Fußballspieler, die auf Grund einer vom Deutschen Fußballbund erteilten Lizenz gegen Gehalt und Prämien von einem Verein fest angestellt werden und in der Fußballbundesliga spielberechtigt sind.

Die **Lobby** (engl.): Interessenvertretung einer bestimmten gesellschaftlichen Gruppe im Parlament. Die *Lobbyisten* versuchen, die Parlamentarier in ihrem Sinne zu beeinflussen.

Das **Log**: Gerät zum Messen (Loggen) der Schiffsgeschwindigkeit. Früher bestand das Log aus einem senkrecht im Wasser schwimmenden Brett, dem *Logscheit*, der daran befestigten *Logleine*, die über die *Logrolle* auf dem Schiff abrollte, und einer Sanduhr, dem *Logglas*, die in 14 Sek. ablief. In der Logleine waren in Abständen von 7,2 m Knoten eingeknüpft. Die Anzahl der Knoten in der Logleine, die in 14 Sek. von der Logrolle abrollten, gab die Zahl der Seemeilen an, die das Schiff in der Stunde fuhr. Heute verwendet man Logs, die ähnlich wie ein →Tachometer arbeiten.

Logarithmen (griech.) →Mathematik.

Das **Logbuch** ist das Schiffstagebuch, in dem die Geschwindigkeit und der Kurs des Schiffes, das Wetter und besondere Ereignisse eingetragen werden. Ähnliche Tagebücher sind in der Luftfahrt üblich.

Funkamateure zeichnen ihren Funkverkehr ebenfalls in Logbüchern (Stationstagebüchern) auf.

Die **Loge** (franz., sprich lohsche): 1. Pförtnerraum; 2. kleiner abgetrennter Zuschauerraum z. B. im Theater; 3. Vereinigung der →Freimaurer, auch deren Versammlungsort.

Die **Loggia** (ital., sprich loddscha) ist ein großer, überdachter, an einer Seite offener Balkon. Als Loggia bezeichnet man auch einen breiten Bogengang, der auf ein Gebäude zuführt.

Die **Logik** →Philosophie.

Die **Logopädie** (griech.) ist die von einer *Logopädin* oder einem Logopäden vorgenommene Erziehung zum Sprechen bei Sprachbehinderten.

Lohengrin war der Sage nach der Sohn des Gralskönigs Parzival. Er befreite die Herzogstochter Elsa von Brabant aus schwerer Not und heiratete sie. Als sie ihr Versprechen brach, ihn nie nach seinem Namen oder seiner Abstammung zu fragen, gab er sich als Gralsritter zu erkennen und verließ sie.

Lohn →Gehalt.

Loki war in der nordischen Göttersage der böse, tückische Gott des Feuers. Er war unter die →Asen aufgenommen worden, weil sie ihn öfter zu Rate gezogen hatten. Aber er war ein schadenfroher Übeltäter, der Urheber aller Laster und Verbrechen und der Vater von drei Ungeheuern: dem Fenriswolf, der →Midgardschlange und der Todesgöttin Hel. Loki fügte den Asen schreckliches Unheil zu und bereitete ihren Untergang in der Götterdämmerung vor.

Die **Lokomotive** (lat.) ist eine Zugmaschine auf Gleisen. Sie wird durch Dampf, Elektrizität, Dieselöl, Preßluft oder Kraftgas betrieben. *Dampflokomotiven* werden meist durch Kolbendampfmaschinen, seltener durch Dampfturbinen angetrieben. Die Hauptteile der Dampflokomotive sind Fahrgestell (Laufwerk und Triebwerk) und Dampfkessel mit Feuerung. Verfeuert wird meist Steinkohle, zuweilen auch Öl. Die Heizgase erzeugen in den

Schnellzugslokomotive mit Schlepptender (teilweise aufgeschnitten)

Siederohren Dampf mit einer Spannung von 12–18 Atmosphären. Dieser Naßdampf wird durch Überhitzer in Heißdampf von etwa 400° verwandelt und den Zylindern zugeführt. Von dort wirkt die Dampfkraft über die Kuppelstangen auf

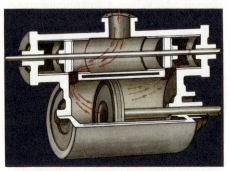

Kolben und Schieberkasten der Lokomotive. Von oben strömt durch das Einlaßrohr der hochgespannte Frischdampf über eine Kammer (Schieberkasten) in den Zylinder. Dort drückt er auf die Vorderseite des Kolbens, der dadurch in Bewegung gesetzt wird und über die Kolben-, Schub- und Kuppelstangen die Kraft auf die Räder überträgt. Gleichzeitig befördert der Kolben mit seiner Rückseite den verbrauchten Dampf vom vorhergehenden Arbeitsgang (punktierte Pfeile) über den Schieberkasten hinaus. Ein- und Austritt des Dampfes wird im Schieberkasten durch die beiden gegenüberliegenden Schieber, die jeweils einen Schlitz für den Dampf öffnen oder schließen, gesteuert. Wenn der Kolben seinen Weg nach der einen Seite vollendet hat, kehrt er um, weil jetzt der Frischdampf auf seine Rückseite drückt.

die Räder der Lokomotive. Es gibt auch *Turbinenlokomotiven*, die durch →Dampfturbinen angetrieben werden.

In Deutschland wurden früher Dampflokomotiven durch große lateinische Buchstaben und arabische Ziffern bezeichnet. Die Buchstaben gaben die Anzahl der gekuppelten Achsen an (B = 2, C = 3, D = 4 usw.), die Ziffern vor den Buchstaben die Anzahl der vorderen, die Ziffern dahinter die der hinteren Laufachsen. So bedeutete z. B. 2 C 1 eine Lokomotive mit 2 vorderen Lauf-, 3 gekuppelten Treibachsen und einer hinteren Laufachse.

Elektrische Lokomotiven werden durch Elektromotoren angetrieben. Der Strom wird durch federnde, einziehbare Bügel aus der Oberleitung zugeführt. Elektrische Lokomotiven entwickeln Leistungen bis zu 14000 PS und können Züge von 400 t mit einer Geschwindigkeit bis zu 160 km/h befördern. *Diesellokomotiven* werden durch Dieselmotoren angetrieben. Bei *dieselelektrischen Lokomotiven* wird durch Dieselmotoren in Generatoren Strom für die Elektromotoren erzeugt, welche die Lokomotive antreiben. *Druckluftlokomotiven* finden in Bergwerken Verwendung. Der bisher schwerste Güterzug in der BR Deutschland hatte ein Gesamtgewicht von 4000 t (1968).

Jack **London** (sprich landn) gehört zu den berühmtesten amerikanischen Romanschriftstellern; er lebte von 1876 bis 1916. Er schrieb spannende Abenteuergeschichten, z. B. »Ruf der Wildnis«, »Wolfsblut«, »Der Seewolf«, aber auch ausgezeichnete Tiererzählungen und Tendenzromane, z. B. »König Alkohol« (gegen den Alkoholmißbrauch).

Hermann **Löns** wurde als »Dichter der Lüneburger Heide« bekannt, die er in Skizzen und Romanen stimmungsvoll und mit Liebe zum genau beobachteten →Detail beschrieb. Seine Naturgedichte nähern sich mitunter dem Volksliedhaften. Löns wurde 1866 geboren und starb im Ersten Weltkrieg 1914.

Der **Looping** (engl., sprich luhping) ist eine Kunstflugfigur: Überschlag nach oben oder unten aus Normal- oder Rückenfluglage.

Der **Lorbeer**: ein Strauch, seltener ein kleiner Baum, der am Mittelmeer wild und bei uns als Kübelpflanze vorkommt. Die immergrünen, harten, dunkelgrünen Blätter werden getrocknet als Gewürz verwendet. Schon im Altertum wurden die Sieger bei Wettspielen mit Lorbeerzweigen geschmückt.

Lord: englischer Adelstitel; auch Bezeichnung für die Mitglieder des Oberhauses des britischen Parlaments, des Hauses der Lords.

Lorelei oder Lurlei (Lur = Elfe, Lei = Fels) ist ein bei St. Goar senkrecht aus dem Rhein 132 m hoch aufsteigender Felsen. Er war früher den Schiffern gefährlich. Im Mittelalter sagte man, der Nibelungenhort läge in dem Berge. Das Märchen von der Zauberin Lorelei erfand erst Clemens Brentano um 1800. Am bekanntesten ist Heinrich Heines Bearbeitung »Ich weiß nicht, was soll es bedeuten«.

Der **Löß**: kleinkörnige, besonders fruchtbare Erde, die zwischen den Eiszeiten vom Wind zusammengetragen und von Flüssen angeschwemmt wurde. Löß findet sich in stärkeren Lagen in China, am Oberrhein und in der Magdeburger Börde.

Lot: 1. eine gerade Linie, die auf einer anderen Geraden senkrecht (lotrecht) steht. – 2. ein dünner Faden, an dem ein Gewicht hängt. Das Lot zeigt überall die Richtung der Schwerkraft an, es hängt also senkrecht und wird deshalb zur Bestimmung der senkrechten Richtung verwendet. – 3. ein Gerät zum Messen von Meerestiefen. Dabei wird an einer langen Lotleine ein Blei- oder Stahlkörper auf den Meeresgrund hinabgelassen und danach die Wassertiefe bestimmt. – 4. Lötmetall. – 5. altes Handelsgewicht ($1/_{30}$ oder $1/_{32}$ Pfund). – Siehe auch Echolot.

Löten nennt man ein Verfahren, bei dem zwei Metallstücke durch eine Zwischenschicht aus geschmolzenem Lötmetall verbunden werden. Das Lot wird mit dem Lötkolben, der über Feuer oder elektrisch erhitzt ist, auf die mit Lötwasser gereinigte Lötstelle aufgetragen. Es gibt Weichlot aus Legierungen von Blei und Zinn sowie Hartlot aus Legierungen von Kupfer und Zink.

Lothringen (franz. Lorraine, sprich lorrähn) ist eine zu Frankreich gehörige Landschaft zwischen Vogesen und Rheinischem Schiefergebirge. Ihren Namen hat sie von Lotharingien, dem Reich Lothars II., das sich seit 843 n. Chr. links des Rheins von der Nordsee bis nach Italien erstreckte und 870 n. Chr. größtenteils dem Ostfränkischen (deutschen) Reich einverleibt wurde. Als Herzogtum Lothringen erhielt sich nur das Gebiet um die Bistümer Metz, Toul, Verdun, das dann Frankreich zwischen dem 16. und 18. Jh. in seinen Besitz brachte. 1871 wurde der Hauptteil Lothringens dem Deutschen Reich angegliedert, 1918 wieder an Frankreich abgetreten. Der größere (westliche) Teil der Landschaft ist seit 1000 Jahren französisches Sprachgebiet. Lothringen ist reich an Kohle, Eisen und Salz. Die bedeutendste Stadt ist Nancy mit 128 000 Einwohnern.

Der **Lotos** ist eine seerosenähnliche Wasserpflanze im Nil und im Ganges, deren Stengel und Samen eßbar sind. Die prächtige Blüte ist den Buddhisten ein Sinnbild für Schönheit, Reinheit und ewige Jugend.

Der **Lotse**: ein Seemann, der größere Schiffe durch die schwierigen, ihm genau bekannten Fahrwässer vor den Küsten in die Häfen oder aus diesen herausführt. Er muß eine besondere Prüfung ablegen und erhält das Lotsenpatent. Auch in Städten ·findet man jetzt Lotsen für den Kraftwagenverkehr.

Die **Lotterie:** Glücksspiel, das vom Staat oder unter staatlicher Aufsicht veranstaltet wird. Es werden Lose mit einer aufgedruckten Zahl verkauft, und an einem bestimmten Tage (Ziehung) werden die Zahlen ausgelost, auf die ein Gewinn fällt. Eine Sonderform der Zahlenlotterie ist das *Lotto.*

Der **Löwe** ist das größte afrikanische Raubtier. Er jagt im Rudel: ein oder mehrere ältere Männchen treiben die Beute, Zebras oder Antilopen, dem versteckt lauernden Rudel zu, das die Beute tötet. In der Gefangenschaft sind Löwen leicht zu züchten. In früheren Zeiten reichte das Verbreitungsgebiet des Löwen von Nordwestafrika und Griechenland bis nach Indien. In Indien gibt es heute nur noch wenige Löwen, die kleiner als die afrikanischen Löwenrassen sind.

loyal (franz., sprich loajahl): gesetzestreu, rechtschaffen, treu ergeben (z.B. einer Regierung, einem Herrscher oder einer Idee). – Substantiv: die *Loyalität.*

LSD ist die Abkürzung für Lysergsäurediäthylamid. Das LSD ist ein schweres →Rauschgift, das auf das zentrale Nervensystem wirkt und eine traumhafte Selbstversenkung auslöst. Im LSD-Rausch ist man besonders empfänglich für optische und akustische Eindrücke, verliert das Zeit- und u.U. auch das Ich-Gefühl. Mitunter kann LSD schwere seelische Erkrankungen (sog. *Psychosen,* schwerste Angstgefühle) auslösen.

Der **Luchs** ist eine Raubkatze, etwa von der Größe eines Schäferhundes. Ursprünglich war der Luchs über Europa, Asien und Afrika verbreitet, doch wird er heute in Mitteleuropa kaum mehr angetroffen. Der *Wüstenluchs* oder *Karakal* lebt in Afrika und Vorderindien, in Kanada der langohrige *Silberluchs.*

Ludwig XIV., der von 1638 bis 1715 lebte, war einer der bedeutendsten Könige Frankreichs. Sein Land war unter ihm der mächtigste Staat Europas und erlebte auch in Künsten und Wissenschaften eine Blütezeit. Der Hof des »Sonnenkönigs« wurde zum Vorbild für viele Fürsten Europas. Seine vielen Eroberungsfeldzüge und seine Verschwendungssucht führten dazu, daß er ein schwer verschuldetes und zerrüttetes Staatswesen hinterließ.

Luft ist ein Gasgemisch, das die →Atmosphäre der Erde bildet. Sie besteht aus rund 21 % Sauerstoff und 78 % Stickstoff, wozu noch kleine Mengen von Kohlensäure und Edelgasen kommen. Mensch, Tier und Pflanze brauchen Luft zur Atmung. Neuerdings ist die Luft zum Rohstoff für die chemische Industrie geworden, die aus ihr z.B. stickstoffhaltigen Kunstdünger erzeugt. Preßluft wird in der Technik vielfach verwendet: für Bremsen bei der Eisenbahn oder für Bohrer, Hämmer und Meißel.

Luftdruck →Atmosphäre.

Luftdruckbremse →Bremse.

Die **Luftfahrt** (früher auch *Aeronautik* genannt). Fliegen zu können, ist ein uralter Wunsch der Menschen. Das orientalische Märchen vom fliegenden Teppich, die griechische Sage von Dädalus, die germanische Sage von Wieland dem Schmied erzählen davon. Das erste Flugzeugmodell, von dem wir wissen, wurde um das Jahr 1500 von dem Italiener →Leonardo da Vinci entworfen. Den ersten wirklichen

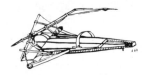

Leonardo da Vincis Flugzeugmodell

Flug ermöglichten 1783 die französischen Brüder Montgolfier, die einen mit Heißluft gefüllten →Ballon aufsteigen ließen. Von den zahllosen mißglückten Versuchen, mit Menschenkraft zu fliegen, ist derjenige des »Schneiders von Ulm« (1811) am bekanntesten geworden. 1896 gelang dem deutschen Ingenieur Otto Li-

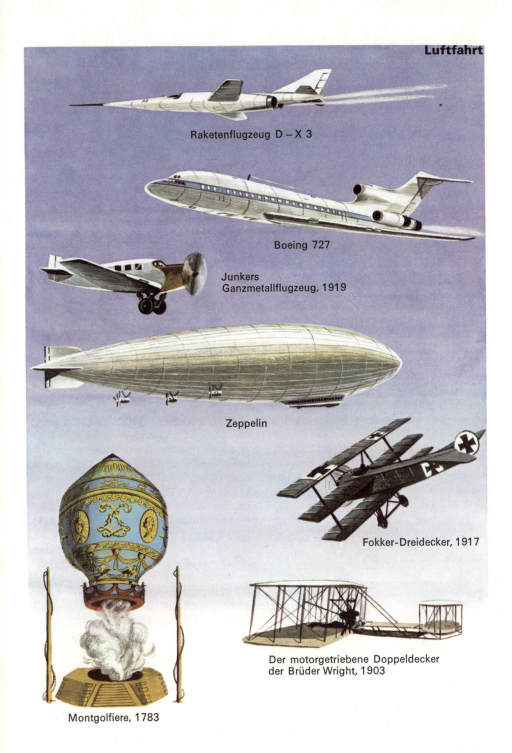

Raketenflugzeug D – X 3

Boeing 727

Junkers
Ganzmetallflugzeug, 1919

Zeppelin

Fokker-Dreidecker, 1917

Der motorgetriebene Doppeldecker
der Brüder Wright, 1903

Montgolfiere, 1783

lienthal der erste Segelflug, 1903 den amerikanischen Brüdern Wright der erste Flug mit einem Motorflugzeug, einem Doppeldecker. Der Franzose Blériot überquerte 1909 als erster den Ärmelkanal in einem Motorflugzeug, der Amerikaner Lindbergh im Jahre 1927 den Atlantischen Ozean in West-Ost-Richtung. 1928 gelang Köhl, Hünefeld und Fitzmaurice der Flug in umgekehrter Richtung. Einen wesentlichen Anteil am Ausbau und der Entwicklung der Luftfahrt für den ständigen Verkehr hatten die →Luftschiffe, insbesondere die Zeppeline. Schon vor dem Ersten Weltkrieg wurde mit ihnen ein regelmäßiger Luftverkehr, 1931 sogar von Europa nach Südamerika, durchgeführt. Diese Verwendung von Luftschiffen wurde jedoch seit 1937 aus wirtschaftlichen Gründen eingestellt; der Luftverkehr wird seitdem ausschließlich durch Flugzeuge bewerkstelligt. Heute bestehen regelmäßige Flugverbindungen zwischen allen großen Städten der Welt. Die höchste, durch Versuchsflugzeuge erreichte Geschwindigkeit beträgt 7296 Stundenkilometer, das ist mehr als die sechsfache Schallgeschwindigkeit. Die größte bisher erreichte Höhe beträgt über 110 km. Durch Brennstoffversorgung aus der Luft können von Langstreckenflugzeugen Flüge um die ganze Erde ohne Unterbrechung ausgeführt werden. – Siehe auch Ballon, Drehflügelflugzeuge, Düsenantrieb, Flugzeug, Luftschiff und →Weltraumfahrt.

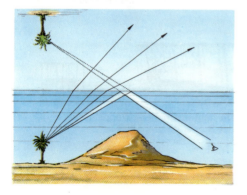

Luftspiegelung

Das **Luftgewehr** (auch als Windbüchse bezeichnet) ist eine Schußwaffe, bei der das Geschoß durch zusammengepreßte Luft aus dem Lauf getrieben wird. Die Luft wird mit Hilfe einer starken Spiralfeder zusammengedrückt.

Luftkissenfahrzeuge haben keine Räder, sondern schweben, vom Rückstau eines nach unten gerichteten starken Luftstroms getragen, in niederer Höhe über Land oder Wasser. Das Luftkissen wird durch Luftschrauben und Düsen erzeugt. Den Vortrieb liefern Propeller oder Turbinen.

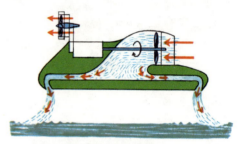

Luftkissenfahrzeug

Die **Luftröhre** ist eine etwa 12 cm lange, innen mit Schleimhaut ausgekleidete Röhre aus elastischen Knorpelringen, die vom →Kehlkopf zur →Lunge führt. Sie reinigt und wärmt die eingeatmete Luft.

Luftschiffe sind lenkbare Luftfahrzeuge, die leichter als Luft sind. Nach ihrer Bauart unterscheidet man starre, halbstarre und unstarre Arten. Starre Luftschiffe besitzen ein mit einer Stoffhaut überzogenes Gerippe aus Leichtmetall, zwischen dessen Hauptspanten die Gaszellen liegen. Halbstarre Luftschiffe haben einen Leichtmetallkiel. Unstarre Luftschiffe erhalten ihre pralle Form durch luftgefüllte Stoffzellen und durch den Druck des Füllgases. Am bekanntesten wurden die von Graf *Zeppelin* erfundenen und erbauten lenkbaren Luftschiffe. Die größten von ihnen hatten eine Länge von 200 m und eine Geschwindigkeit von etwa 130 km in der Stunde.

Luftspiegelung ist der Grund zu einer seltenen Erscheinung: man sieht Landschaften, die man eigentlich nicht sehen kann, weil sie hinter Bodenerhöhungen oder dem Horizont liegen. Diese Erscheinung entsteht dadurch, daß die Lichtstrahlen bei völliger Windstille an waagerecht übereinanderliegenden Luftschichten von verschiedener Temperatur (und daher verschiedener Dichte) gebrochen werden. Solche Luftspiegelungen entstehen vor allem in Wüsten, da hier zwischen Tag und Nacht ein sehr großer Temperaturunterschied besteht. Nach einem Volksglauben soll die Fee (ital. = Fata) Morgana diese Spiegelungen bewirken, daher nennt man sie auch *Fata Morgana*.

Luk (niederdt.) nennt der Seemann eine Öffnung im Deck oder in der Schiffswand. Der Evangelist **Lukas** war ein griechischer Arzt aus Kleinasien und Schüler des Apostels Paulus, den er auf seinen Missionsreisen begleitete. Er verfaßte das Lukasevangelium und die Apostelgeschichte. Die Eigenart des Lukasevangeliums beruht vor allem auf der Darstellung der Liebe, mit der sich der Erlöser allen Verlorenen zuwendet (Gleichnisse vom verlorenen Schaf, verlorenen Sohn, Schächer am Kreuz).

Lukullus war ein römischer Feldherr, dessen üppige Gastmähler berühmt waren. Man spricht daher von einem lukullischen Mahl.

Die **Lunge** ist das Atmungsorgan des Menschen und der höheren Tiere (→Atmung). Sie besteht aus zwei Teilen, die links und rechts im Brustraum liegen und sich mit den Atembewegungen des Brustkorbes weiten (Einatmung) bzw. verengen (Ausatmung). Dabei wird die Luft durch die Nase, Luftröhre, Bronchien und Bronchiolen, wie man die kleinsten Verästelungen der Bronchien nennt, in die Lungenbläschen eingesaugt. In diesen Lungenbläschen, die, etwa 350 Millionen an der Zahl, weintraubenartig an den Bronchiolen sitzen, vollzieht sich die eigentliche Atmung, d. h. der Gasaustausch zwischen Luft und Blut. Hier dringt der in der Atemluft enthaltene Sauerstoff durch die Wände der Lungen-

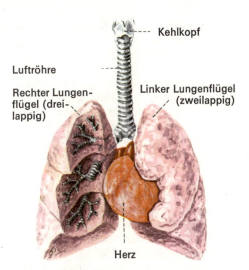

Kehlkopf
Luftröhre
Rechter Lungenflügel (dreilappig)
Linker Lungenflügel (zweilappig)
Herz

Lunge, teilweise geöffnet, mit Verzweigungen der Luftröhre

bläschen in die Blutgefäße ein und wird von den roten Blutkörperchen an die verschiedenen Gewebe und Organe unseres Körpers herangeführt. – *Eiserne Lunge* →Kinderlähmung.

Eine **Lungenentzündung** wird durch Erreger verursacht, die das Lungengewebe befallen. Sie entsteht, wenn der Körper durch bestimmte Ursachen geschwächt ist und dem Erreger keinen Widerstand leisten kann, z. B. nach schweren Erkältungen oder nach ansteckenden Krankheiten, wie Masern, Grippe und Keuchhusten, sowie bei älteren Leuten nach längerem Krankenlager oder bei Herzschwäche. Die Lungenentzündung ist mit hohem Fieber, Erbrechen, Schüttelfrost und Brustschmerzen verbunden. Sie ist ansteckend und muß vom Arzt behandelt werden.

Lungenfische oder *Doppelatmer* sind aal- oder molchartige Fische, die neben ihren Kiemen in ihrer umgewandelten Schwimmblase auch eine Lunge besitzen, durch die sie Luft einatmen können. Dadurch können sie längere Zeit im Schlamm oder auf dem Lande verweilen.

Die **Lupe** ist ein Vergrößerungsglas, das man beim Betrachten kleiner Gegenstände benutzt (bis 20fache Vergrößerung).

Die **Lupine** ist eine Staude, die wild als auch in Gärten als Zierpflanze blau, gelb und weiß blüht. Größere Bedeutung als Futterpflanze erlangte die Lupine erst, nachdem es gelungen war, durch Saatauslese eine gelbe, von Bitterstoffen freie, süße Lupine zu züchten. Lupinen werden auch als Gründüngung untergepflügt.

Lurche sind nackthäutige, durch Lungen atmende Wirbeltiere. Man nennt sie auch *Amphibien* (griech.), d.h. Doppellebende, weil sie zugleich Land- und Wasserbewohner sind. Ihre Larven leben im Wasser und atmen durch Kiemen. Geschwänzte Lurche sind z.B. Salamander, Molche, Olme; zu den ungeschwänzten gehören z.B. Frösche, Kröten, Unken.

Die **Lure** ist ein Musikinstrument, das vor rund 3000 Jahren in den Ostseeländern geblasen wurde. Es ist aus Bronze und bis zu 3 m lang; an seinem Ende befindet sich eine kreisrunde verzierte Scheibe. Die Lure hat einen sanften, posaunenähnlichen Klang.

Martin **Luther** wurde am 10. 11. 1483 in Eisleben geboren. Er studierte anfänglich die Rechte, gelobte aber in einem Augenblick der Todesgefahr, Mönch zu werden, und trat in ein Augustinerkloster ein. 1507 erhielt er die Priesterweihe, und einige Jahre später wurde er Doktor und Professor der Theologie in Wittenberg. Durch die ganze Christenheit ging damals seit vielen Jahren der Ruf nach einer gründlichen Reform der Kirche, in der viele Mißbräuche eingerissen waren. Gegen einen dieser Mißbräuche, den Handel mit Ablaßbriefen (→Ablaß), wandte sich Luther. Er schlug am 31. 10. 1517 an die Tür der Schloßkirche zu Wittenberg 95 in lateinischer Sprache geschriebene Thesen (d.h. Leitsätze oder Behauptungen). Er wollte damit nur unter den Theologen ein Fachgespräch über eine Erneuerung der bestehenden Kirche herbeiführen. Durch die Bibel war er zu der Überzeugung gelangt, daß der sündige Mensch nicht durch eigenes Verdienst oder seine Werke erlöst werden könne, sondern nur durch den Glauben an Christus. In der Schrift

Titelblatt der Schrift Luthers
»An den Christlichen Adel«

»An den Christlichen Adel deutscher Nation« wandte er sich wenig später an die Fürsten und Ritter, in dem Werk »Von der babylonischen Gefangenschaft der Kirche« gegen Rom und Papst, in dem Büchlein »Von der Freiheit eines Christenmenschen« vertrat er die Anschauung, daß das Evangelium die einzige Grundlage für den Gläubigen sei, der keine andere Autorität als das Wort Gottes anerkennen solle. Damit wurde Luther zum Begründer der →Reformation, die in wenigen Jahren große Teile Europas ergriff. Als der Papst ihn mit dem Bann belegte, verbrannte Luther die Bannbulle und vollzog damit endgültig den Bruch mit der römischen Kirche. Auf dem Reichstag zu Worms 1521 lehnte er den Widerruf seiner Lehren ab. Er wurde daraufhin von Kaiser Karl V. geächtet. Sein Landesherr, der Kurfürst von Sachsen, ließ ihn auf die Wartburg in Sicherheit bringen. Luther begann dort mit der Übersetzung der Bibel. 1522 kehrte er nach Wittenberg zurück, wo er bis zu seinem Tode am 18. 2. 1546 lebte. Die letzten Jahrzehnte seines Lebens waren dem Aufbau der evangelischen Kirche gewidmet. Als Prediger, Schöpfer der gottesdienstlichen Ordnung, geistlicher Lehrer (Großer und Kleiner Katechismus) und auch als Dichter von Kirchenliedern (»Ein feste Burg«) gab er ihr die entscheidende Gestalt. – Die Kämpfe der Reformationszeit hatten die völlige Glaubensspaltung des Abendlandes zur Folge. – Von größter Bedeutung für das gesamte deutsche Kulturleben wurde Luthers Übersetzung der Bibel, die zur ersten Grundlage einer allgemeinen deutschen Schriftsprache wurde.

Luv: in der Seemannssprache die Seite eines Schiffes, die dem Wind zugekehrt ist. *Lee* ist die Seite, die vom Wind abgekehrt ist.

Luxemburg ist von Belgien, Deutschland und Frankreich umschlossen. Es hat 353000 Einwohner auf einer Fläche von 2586 qkm. Das wichtigste Industrieprodukt ist Stahl. Die Hauptstadt *Luxemburg* hat 76000 Einwohner. – Aus dem Hause der Grafen von Lützel- (oder Luxem)burg gingen im Mittelalter 4 deutsche Kaiser hervor. Großherzogtum ist Luxemburg seit 1815, selbständiger Staat seit 1866. Seit 1947 gehört es mit Belgien und den Niederlanden zu den →Beneluxstaaten. – Die Bevölkerung spricht überwiegend deutsch. Amtssprachen sind Deutsch und Französisch.

Der **Luxus** (lat.): Verschwendung, Üppigkeit; all die Dinge, die über den lebensnotwendigen Bedarf hinausgehen.

Die **Luzerne** ist eine ertragreiche, ausdauernde Futterpflanze, die wegen ihrer oft mehr als 3 m tief gehenden Wurzeln auch längere Dürre übersteht.

Luzifer: biblische Bezeichnung für den Teufel.

Die **Lymphe.** In den dünnsten Äderchen, den Haargefäßen, wird aus dem Blut eine farblose bis leicht gelbliche Flüssigkeit abgefiltert, die aus Blutserum und weißen Blutkörperchen besteht. Diese Gewebeflüssigkeit nennt man Lymphe. Sie umspült die einzelnen Zellen unseres Körpers, führt ihnen Nahrungsstoffe zu und schwemmt Abfallstoffe weg. Anschließend wird sie in einem feinen Röhrensystem, den *Lymphgefäßen*, gesammelt und dem Kreislauf wieder zugeführt. In diesen Lymphbahnen befinden sich in bestimmten Abständen die *Lymphknoten*, das sind kleine Schutzfilter, die etwa in der Lymphe vorhandene Giftstoffe auffangen und festhalten, um eine Blutvergiftung zu verhindern. Sie schwellen an und können sich entzünden, wenn sie zu stark beansprucht werden. Die Lymphknoten, auch *Lymphdrüsen* genannt, befinden sich z. B. in der Leistengegend, in der Schenkelbeuge, in der Achselhöhle und in der Ellenbeuge.

lynchen nennt man die gewalttätige Bestrafung eines wirklichen oder angeblichen Verbrechers durch eine wütende Volksmenge. Ohne den Fall genau zu untersuchen, übt sie gesetzwidrige, grausame, meist tödliche Rache.

Die **Lyrik** →Gedicht.

Das **Lyzeum** (griech.): veraltete Bezeichnung für eine höhere Mädchenschule mit sechs bis zur mittleren Reife führenden Klassen; früher auch Bezeichnung von Fachhochschulen für katholische Theologie.

M

M ist der 13. Buchstabe des Alphabets und das römische Zahlzeichen für 1000 (lat. mille = tausend); m ist die Abkürzung für Meter, mm für Millimeter.

Der **Mäander** (heute Menderes) ist ein an Windungen reicher Fluß in der Türkei. Nach ihm werden in der Kunst Verzierungen bezeichnet, die sich als Schlangenlinie bandartig über eine Fläche ziehen. Solche Mäander können rund oder eckig sein.

Das **Mach** ist eine Maßeinheit, die nach dem Philosophen und Naturwissenschaftler Ernst *Mach* benannt wurde; Mach lebte von 1838 bis 1916. Das Mach gibt die Geschwindigkeit von schnellen Flugzeugen an, indem es deren Geschwindigkeit in Beziehung setzt zur Schallgeschwindigkeit. 1 Mach = 1200 km/h, 2 Mach = 2400 km/h.

Niccolò **Machiavelli** war ein italienischer Schriftsteller, der vor allem durch sein politisches Werk »Der Fürst« fortlebt. In diesem Buch lehrt er, daß die politische Betätigung nur den Zweck hat, den Staat zu erhalten, und daß zu diesem Zweck jedes Mittel erlaubt ist. Machiavelli schrieb auch die hervorragende Komödie »La mandragola«. Er lebte von 1469 bis 1527.

Der **Machandel** →Wacholder.

Madagaskar ist eine 587041 qkm große Inselrepublik im Indischen Ozean vor der afrikanischen Ostküste mit der Hauptstadt Tananarive (382000 Einwohner). Die 7,6 Mill. Einwohner betreiben hauptsächlich Landwirtschaft. Die Insel war 1896–1958 französische Kolonie.

Die **Made.** Bei manchen Insekten, z.B. den Stuben- und den Schmeißfliegen, entwickeln sich aus den Eiern →Larven ohne Füße. Man nennt sie nicht, wie z.B. bei den Schmetterlingen, Raupen, sondern Maden. Sie sind ebenfalls sehr gefräßig und verpuppen sich nach einiger Zeit. Aus den Puppen schlüpfen dann die fertigen Insekten.

Madenwürmer. Kinder, aber auch Erwachsene, leiden häufig an Madenwürmern: ½ bis 1 cm langen Würmern, deren Eier durch Mund und Magen des Menschen in den Dünndarm gelangen, wo sie sich zum reifen Tier entwickeln; von dort aus wandern sie in den Dickdarm. Vor allem nachts verlassen die Wurmweibchen den Darm, um ihre Eier in die Hautfalten in der Umgebung des Afters abzulegen. Der dadurch entstehende Juckreiz veranlaßt den Kranken, sich zu kratzen. Dabei gelangen die Eier unter die Fingernägel und können durch unsaubere Hände wieder in den Mund gelangen und verschluckt werden. Durch eine Wurmkur können die Madenwürmer abgetötet werden.

Die **Madonna** (ital. = meine Herrin): Bezeichnung für die Jungfrau Maria.

Das **Madrigal** (ital.): 1. kurzes, lyrisches Gedicht ohne feste metrische Form; 2. mehrstimmiges Lied weltlichen Inhalts (besonders im 16. und 17. Jh.).

Der **Maestro** (ital.): Meister. Als Maestro bezeichnet man insbesondere große Dirigenten.

Die **Maffia** oder *Mafia* ist ein terroristischer sizilianischer Geheimbund, dessen Angehörige häufig in Verbrechen verwickelt sind.

Das **Magazin** (arab.): 1. Lagerraum für Vorräte; 2. Patronenkammer bei Schußwaffen; 3. Zeitschrift.

Fernão de **Magellan** (span., sprich mageljahn), der berühmte Seefahrer und Entdecker, lebte von 1480 bis 1521. Er begann die erste Weltumseglung, deren Ende er nicht mehr erlebte, und entdeckte den nach ihm benannten, schwer zu findenden Seeweg zwischen Südamerika und Feuerland.

Der **Magen** hat die Aufgabe, die im Munde bereits zerkleinerten Speisen weiter aufzulösen, durchzukneten und mit den Verdauungssäften zu durchmischen, die von der Magenschleimhaut gebildet werden. Er ist ein muskulöser Schlauch, der im oberen Bauch liegt (Abb. →Mensch). Die Speisen gelangen durch die Speiseröhre und den Mageneingang in den Magen. Hier werden sie durch Wellenbewegungen der Magenwände zum Magenausgang, dem Pförtner, befördert. Die Magenschleimhaut erzeugt mit ihren rund 5 Millionen Drüsen etwa 3 bis 5 Liter Magensaft am Tage. Der Magensaft enthält →Pepsin, ferner →Lab und Salzsäure. Durch den Pförtner kommt die halb verdaute Speise aus dem Magen in den Zwölffingerdarm. Dort wird sie durch die →Galle und die Säfte der Bauchspeicheldrüse weiter verdaut. – Wenn die Magenschleimhaut sich entzündet, z. B. durch unbekömmliche Speisen, entsteht ein *Magenkatarrh*. Ein *Magengeschwür*, d. h. eine Wunde an der Innenwand des Magens, kann sich bilden, wenn der natürliche Schutz der Magenschleimhaut gegen die von ihr gebildeten Verdauungssäfte versagt. Diese greifen dann die Magenschleimhaut an und beschädigen sie.

Die **Magie** (griech.) beruht auf der Vorstellung, daß im Menschen und in allen Dingen übernatürliche, geheimnisvolle Kräfte verborgen seien, die man beschwören und beherrschen könne. Der Magier bedient sich dazu geheimnisvoller Zaubersprüche oder Zeichen. Magie wird vor allem bei Naturvölkern betrieben. Im Mittelalter unterschied man zwischen Weißer Magie (der Anrufung guter Geister) und Schwarzer Magie (der Anrufung böser Geister). – *magisch:* geheimnisvoll, übernatürlich.

Der **Magistrat** (lat.): zusammenfassende Bezeichnung für die Behörden einer Stadt.

Das **Magnesium** (chemisches Zeichen Mg) ist ein chemisches Element, ein Erdalkalimetall. Es ist unter anderem in den Kali-Abraumsalzen und in Bitterwässern enthalten. Im Blattgrün der Pflanzen bewirkt es die Aufspaltung der Kohlensäure der Luft. Fein gepulvert oder in dünnen Blättchen oder Drähten wird es für Blitz-

licht und für Feuerwerkskörper verwendet. Viele Leichtmetallegierungen enthalten Magnesium. Das *Magnesiumoxid* ist ein weißes Pulver, das bei Sodbrennen verordnet wird. Das wasserhaltige kieselsaure Magnesium findet sich in der Natur als ein blätteriges Mineral, das pulverisiert der *Talk* oder das *Talkum* heißt. Daraus werden Puder hergestellt.

Das **Magnetbandgerät,** das auch *Tonbandgerät* genannt wird, ist ein Gerät zur elektromagnetischen Aufzeichnung und Wiedergabe von Tönen. Der Tonträger ist das *Tonband*, ein Band aus Kunststoff, auf dem eine magnetisierbare Schicht (Magnetitpulver o. ä.) aufgetragen ist. Da die aufgetragenen Töne und Geräusche ohne Schwierigkeit wieder entfernt (durch Entmagnetisieren gelöscht) werden können, ist es möglich, das gleiche Band für viele verschiedene Aufnahmen zu verwenden. Die *Schallaufzeichnung* geht so vor sich: Die von einem →Mikrophon in Stromschwankungen umgesetzten Schallschwingungen werden verstärkt und einem Elektromagneten zugeleitet, in dem sie einen im Takt der Schallschwingungen wechselnden Magnetismus erzeugen. Dadurch erhalten auch die Teilchen auf dem an dem Elektromagneten vorbeilaufenden Tonband einen im Takt der Schallschwingungen wechselnden Magnetismus. Bei der *Schallwiedergabe* erregen die magnetischen Teilchen des Bandes durch →Induktion elektrische Ströme, die verstärkt und in →Lautsprechern hörbar gemacht werden.

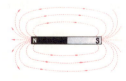

Hufeisenmagnet   Stabmagnet

Der **Magnetismus.** Schon sehr früh hat man beobachtet, daß bestimmte Eisenstücke andere Eisenstücke anziehen oder abstoßen können. Man nennt das magnetische Kraft. Diese magnetischen Kräfte strahlen bei jedem Magneten von zwei Punkten aus, den beiden Polen. Bei einem Stabmagneten liegt an jedem der beiden Enden des Stabes ein Pol. Hängt man einen Stabmagneten in der Mitte an einem Faden auf, dann wird eines seiner Enden nach Norden weisen. Der Pol an diesem Ende wird Nordpol, der andere Südpol genannt. Dieses Hinweisen auf eine bestimmte Richtung wird beim →Kompaß benutzt. Gleichnamige Pole stoßen sich ab, ungleichnamige ziehen sich an.

Da der Nordpol der Kompaßnadel nach Norden gezogen wird, muß im Norden der magnetische Südpol liegen.

Von einem Pol eines Magneten zum andern verlaufen die *magnetischen Kraftlinien*. Bringt man an einen Pol einen gleichnamigen frei beweglichen anderen Pol, so wird dieser längs einer Kraftlinie vom einen Pol abgestoßen und zugleich vom anderen Pol angezogen. Die Gesamtheit dieser Kraftlinien nennt man das *magnetische Feld*. Der Magnetismus, den wir am Magneten beobachten können, ist eine Folge des Magnetismus der sich drehenden Elektronen, die jedes Atom enthält. In einem Magneten sind die Achsen dieser Drehungen in einer Richtung geordnet; bei einem nichtmagnetischen Körper weisen sie in alle möglichen Richtungen, so daß sich ihre magnetischen Wirkungen gegenseitig aufheben. Magnete finden in der Technik vielfach Verwendung, so z. B. bei Mikrophonen, Lautsprechern, Telefonapparaten, Fahrraddynamos usw. Moderne Magnete sind meist aus Aluminium-, Nickel- oder Kobaltlegierungen hergestellt. Natürliche Magnete bezeichnet man als Dauermagnete. Daneben gibt es Elektromagnete (→Elektrizität).

Die **Magnolie** ist ein ostasiatischer Baum, der in unseren Gärten als Zierstrauch angepflanzt wird. Die tulpenförmigen, weißen und violetten Blüten erscheinen Ende April noch vor dem Kommen der Blätter.

Die **Magyaren** (sprich madjahren) waren ein den Finnen verwandtes Reitervolk, das aus Asien stammte und im 9. Jh. n. Chr. bis in die ungarische Tiefebene vordrang. Von hier aus unternahmen sie Raubzüge weit ins Ostfränkische (deutsche) Reich hinein, bis sie 955 von Otto dem Großen auf dem Lechfeld geschlagen wurden. Allmählich vermischten sie sich mit Germanen und Slawen und bildeten das ungarische Reich.

Das **Mahagoni:** rotes Edelholz eines Urwaldbaumes der Tropen Amerikas. Es wird in der Möbeltischlerei verwendet.

Der **Maharadscha:** indischer Großfürst.

Das **Mahnverfahren.** Begleicht ein Schuldner seine Schulden nicht, so kann der Gläubiger beim Amtsgericht den Erlaß eines *Zahlungsbefehls* erwirken. Erhebt der Schuldner keinen Widerspruch, so kann der Gläubiger daraufhin einen *Vollstreckungsbefehl* erwirken, der ihm das Recht gibt, wegen des geschuldeten Betrages beim Schuldner durch den *Gerichtsvollzieher* pfänden zu lassen.

Mähren →Tschechoslowakei.

Der **Mai** → Monat.

Der **Maikäfer** ist sehr schädlich, weil er oft in großen Scharen auftritt und ganze Wälder entlauben kann. Seine Larven, die *Engerlinge*, leben zwei bis drei Jahre in der Erde und richten durch Wurzelfraß

Auskriechender Maikäfer

Links: Engerling

Rechts: Puppe

Eier

noch größeren Schaden an als der im folgenden Jahr erscheinende blätterfressende Käfer.

Der **Mais** →Getreide.

Die **Maische** →Bierbrauerei.

Die **Majestät** (lat.): Anrede für Kaiser und Könige; auch Bezeichnung für ehrfurchtgebietende Größe.

Die **Majorität** (lat.): Mehrheit.

Das **Make-up** (engl., sprich mehk ap): kosmetische Verschönerung des Gesichts durch Schminke, Puder usw., auch diese kosmetischen Mittel selbst; allgemein soviel wie Aufmachung (z.B. einer Ware).

Der **Makler** vermittelt das Zustandekommen von Geschäftsverträgen, z.B. den Kauf und Verkauf von Waren (Warenmakler) oder die Güterbeförderung auf Schiffen (Schiffsmakler). Er wird dafür von beiden Vertragsparteien bezahlt. Daneben gibt es noch den Grundstücksmakler, der Verkauf oder Kauf von Grundstücken vermittelt.

Makrelen sind 30 bis 60 cm lange räuberische Hochseefische, die an Küsten laichen. Sie sind vorzügliche Speisefische.

Der **Makrokosmos** (griech.): das Weltall, die große Welt. →Mikrokosmos.

Die **Malaien** leben auf den Inseln Südostasiens, vor allem in Indonesien und in →Malaysia. Sie sind zwar mit den Mongolen verwandt, bilden aber eine eigene Menschenrasse von kleinem Wuchs und hellbrauner Hautfarbe. Die Malaien sind Viehzüchter und Ackerbauer. Hauptsächlich bauen sie Reis an. Sie sind sehr geschickte Handwerker und verfertigen kunstvolle Leder- und Metallarbeiten. Berühmt ist ihre Batikfärberei. Sie besitzen auch eine eigene Musik mit vielen Schlaginstrumenten und ein eigentümliches Theater mit Schattenfiguren. Schon früh haben sich die Malaien als kühne Seefahrer und Kaufleute hervorgetan. Ihre Reisen führten sie bis in die Südsee und nach Japan. Es gibt etwa 50 Millionen Malaien, die meist der mohammedanischen Religion angehören.

Die **Malaria,** auch *Sumpffieber* genannt, ist eine gefährliche Krankheit, die durch die *Anophelesmücke* (eine Moskitoart) übertragen wird. Der Kranke wird meist in regelmäßigen Abständen von schweren Fieberanfällen heimgesucht. Malaria kam früher vor allem in den Tropen vor, wurde aber auch nach Europa eingeschleppt.

Malawi ist ein ostafrikanischer Staat, ein fruchtbares Hochland mit reichen Bodenschätzen. Er ist 118484 qkm groß und hat 4,85 Mill. Einwohner; Hauptstadt ist Lilongwe. Das Land war bis 1964 als *Njassaland* britisches Protektorat.

Malaysia ist ein 1963 gebildeter Staatenbund in Südostasien (329749 qkm) mit der Hauptstadt Kuala Lumpur, von 11,5 Mill. Malaien, Chinesen und Indern bewohnt. Das Land ist einer der wichtigsten Rohstofflieferanten der Welt (Zinn, Eisenerz, Bauxit u.a.). Zu Malaysia gehören der Malaiische Bund auf der Halbinsel Malakka sowie Sarawak und Sabah auf der Insel Borneo.

Die **Malediven** sind eine Koralleninselgruppe im Indischen Ozean und seit 1965 ein unabhängiger Staat mit 298 qkm, 120000 Einwohnern und der Hauptstadt Malé (12000 Einwohner). Von den über 2000 Inseln sind 220 bewohnt. Bis 1965 waren die Malediven ein Sultanat und britisches Protektorat.

Malerei nennt man die Kunst, Farben auf einer Fläche so anzuordnen, daß eine künstlerische Wirkung entsteht. Ihre Darstellungsmittel sind Farben und Linien. Die Malerei kann sichtbare Gegenstände, z.B. einen Blumenstrauß, naturgetreu und mit räumlichem Eindruck wiedergeben. Sie vermag aber auch gedankliche Vorstellungen in bildliche Darstellungen zu verwandeln (→Allegorie, →Symbol). Schließlich kann die Malerei auch auf alles Gegenständliche verzichten und nur durch die Schönheit von Farbzusammenstellungen und Linienführungen ihre Wirkung erzeugen, wie z.B. in der Kunst des Islams oder der modernen abstrakten Malerei. Die frühesten Malereien stammen aus den Höhlen der Eiszeit (*Höhlenmalerei*). Sie sind etwa 30000 Jahre alt und zeigen vor allem Jagdtiere, die von den Vorzeitmenschen schon erstaunlich genau beobachtet und mit künstlerischem Empfinden wiedergegeben wurden. In den ersten Jahrtausenden der Frühgeschichte diente die Malerei besonders als Wandschmuck für Paläste, Tempel und Grabkammern, wie z. B. bei den Ägyptern und Indern, auf Kreta und in Mykene (*Wandmalerei*). Von der Kunst der griechischen Maler ist nur wenig erhalten, hauptsächlich Darstellungen auf Vasen und Schalen. Von den Etruskern kennen wir ausgemalte Grabkammern. In ausgegrabenen römischen Städten wie Pompeji wurden Wandgemälde gefunden, die auf griechische Vorbilder zurückgehen. Besonders im Mittelalter blühte die Wandmalerei. In den Kirchen wurden die Wände mit Darstellungen aus der biblischen Geschichte geschmückt. Sie wurde dann von der *Glasmalerei* (bes. auf den großen Fenstern der gotischen Kirchen) etwas zurückgedrängt. Auch die *Tafelmalerei* auf Holztafeln, die auf den Altären aufgestellt wurden, setzte sich im Mittelalter durch. Im 15. Jh. verdrängte die Leinwand die Holztafel. Bisher war vor allem die Technik der →Fresko- und der →Temperamalerei herrschend gewesen. Im 15. Jh. wandten die Brüder van Eyck in den Niederlanden die Malerei mit Ölfarben an, die sich rasch durchsetzte. Die Ölfarben gaben den Bildern eine ganz neue Leuchtkraft und ermöglichten das Malen mit feinsten Übergängen von Licht und Schatten. Diese Technik ist seitdem die bevorzugte Malweise für die meisten Künstler geworden.

Schon im Altertum hatte man begonnen, Handschriften mit Bildern zu schmücken. Die *Buchmalerei* erlebte dann im Mittelalter eine Blüte, vor allem in Deutschland, Frankreich und England.

Eine weitere Entwicklung wurde durch die Entdeckung der Gesetze der Perspektive im 15. Jh. eingeleitet. An die Stelle der flächenhaften Malerei trat die Vertiefung des Raumes. In den Werken der Renaissance spielte dieses neue Raumgefühl eine entscheidende Rolle. Zugleich begann man, den menschlichen Körper zu studieren und ihn wiederzugeben. Auch der Sinn für die Bedeutung des Menschengesichts in seiner persönlichen Prägung erwachte. Neben die religiöse Kunst trat die weltliche Malerei. Ganz neue Gattungen entstanden: die *Landschaftsmalerei*, das *Tierbild*, die Darstellung von Vorgängen aus dem täglichen Leben (*Genrebild*) und das *Stilleben*, das z. B. einen Blumenstrauß oder einen Korb mit Früchten zeigte. Im 18. Jh. kam die *Pastellmalerei* mit bunten Kreidestiften hinzu, im 19. Jh. wurden die Wasserfarben (*Aquarellmalerei*) vielfach verwendet. Eine Technik, die der veränderten Art zu sehen entsprach, benutzten die Maler des →Impressionismus. Sie lösten die Bildfläche in einzelne Farbflecke auf, die dann vom Auge zum Bildeindruck zusammengesetzt werden. Konsequent zu Ende geführt wurde diese Entwicklung vom Pointillismus. Die folgenden Kunstrichtungen des 20. Jh. wandten sich von der perspektivischen oder naturgetreuen Darstellung ab und suchten eigne Wege. Dabei knüpften sie vielfach an die Darstellungsweise vergangener Jahrhunderte oder auch der ganz frühen Kunst an. Neue Techniken wurden erfunden, so das Klebebild (Kollage) und die dreidimensionale Montage. Man teilt die Entwicklung der europäischen Malerei wie die der gesamten Kunst nach Stilen ein und unterscheidet die →romanische Kunst, die →Gotik, die →Renaissance, das →Barock, das →Rokoko, die →Klassik, die →Romantik und den →Naturalismus, unter den neueren Kunstrichtungen u. a. →Impressionismus, →Pointillismus, →Expressionismus, →Kubismus, →Surrealismus, →abstrakte Kunst und →Pop-art.

Ihre entscheidende Entwicklung verdankt die Malerei aber nicht Kunstrichtungen, sondern den großen Meistern. Oft bildeten sich aus den Schülern, die in ihrer Werkstatt arbeiteten, sogenannte Schulen, in denen der Geist und die Malweise des Lehrmeisters weiterlebten. So spricht man von einer flämischen Schule (Ru-

Dürer: Hieronymus Holzschuher   Velásquez: Las Meninas

Pieter Brueghel: Das Schlaraffenland

bens, van Dyck) oder, nach den Orten, an denen die Maler lebten, von einer venezianischen oder einer mailändischen Schule. Einige der wichtigsten Meister sind:

14. Jh. Italien: Giotto, Cimabuë.

15. Jh. Niederlande: van Eyck, Rogier van der Weyden.

15./16. Jh. Italien: Fra Angelico, Leonardo, Raffael, Michelangelo, Tizian, Tintoretto. Deutschland: Stefan Lochner, Grünewald, Dürer, Holbein, Cranach, Altdorfer. Niederlande: Hieronymus Bosch, Pieter Brueghel.

17. Jh. Holland: Rembrandt, F. Hals, Vermeer van Delft, Ruisdael. Flandern: Rubens, van Dyck. Spanien: Velásquez, Murillo, El Greco, Zurbarán. Frankreich: Claude Lorrain, Poussin. Italien: Caravaggio, Tiepolo.

18. Jh. Frankreich: Watteau, England: Hogarth, Reynolds. Spanien: Goya.

19. Jh. Deutschland: Ph. O. Runge, Caspar David Friedrich, M. v. Schwind, Spitzweg, L. Richter, Menzel, Marées, Leibl, Trübner, Liebermann, Slevogt, Corinth, Böcklin, Feuerbach, Thoma. Frankreich: Ingres, Delacroix, Corot, Courbet, Manet, Monet, Renoir, Degas, Toulouse-Lautrec, Cézanne, Gauguin. Der Holländer van Gogh und der Norweger E. Munch.

20. Jh. Deutschland: Marc, Klee, Kirchner, Nolde, Kokoschka, Beckmann, Hofer, Dix, Ernst. Frankreich: Braque, Picasso, Gris, Léger, Matisse, Dérain, Wols. Spanien: Miró, Dali. Rußland: Kandinsky, Tatlin, Malewitsch. Holland: Mondrian. USA: Pollock, Ray, Calder, Spencer, Robinson.

Mali ist eine 1,2 Mill. qkm große, von 5,45 Mill. Menschen (Berber, Mauren, Fulbe, Sudanneger) bewohnte Republik in Westafrika mit der Hauptstadt Bamako (201 000 Einwohner). Das Steppen- und Wüstenland wird teils künstlich bewässert, Exportgüter sind Erdnüsse, Baumwolle und Vieh. Mali war bis 1958 französische Kolonie.

Malta ist eine 247 qkm große Insel im Mittelmeer und mit den Nebeninseln ein unabhängiger Staat (316 qkm, 325 000 Einwohner). Hauptstadt ist La Valetta. 1800–1964 war Malta britische Kolonie und Flottenstützpunkt.

Malus. In Bundesländern mit Abiturnoten über bzw. unter dem Bundesdurchschnitt gewährter Aufschlag *(Malus)* bzw. Abzug *(Bonus)* zur Wahrung der Chancengleichheit bei →Numerus clausus.

Malven sind Zierstauden, die viele große Blüten an einem bis übermannshohen Schaft tragen. Sie blühen weiß, gelb, rosa, rot und schwarzrot. Wilde Malven sind Wiesenkräuter.

Das **Malz** →Bierbrauerei.

Die **Mamelucken** (türk. = gekaufte Sklaven) waren ursprünglich eine aus türkischen Sklaven gebildete Leibgarde ägyptischer Herrscher. Später wurden sie mit den wichtigsten Staatsämtern betraut. 1279 kamen sie in Ägypten zur Macht. Bis ins 19. Jh. gab es in Ägypten mameluckische Fürstengeschlechter.

Der **Mammon** (hebr.): verächtliche Bezeichnung für Geld.

Das **Mammut** ist eine ausgestorbene Elefantenart. Es lebte während der →Eiszeit auch in Europa, hatte einen zottigen, dicken Pelz und war größer als unser heutiger Elefant. In Sibirien findet man jetzt noch zuweilen im Eis eingefrorene, vollkommen erhaltene Mammute. Aus ihrem Mageninhalt kann man die Pflanzen, die ihnen zur Nahrung dienten, deutlich bestimmen.

Der **Mammutbaum** ist ein immergrüner Nadelbaum, der in Kalifornien (Nordamerika) wächst. Er kann über 100 m hoch, 12 m dick und mehrere tausend Jahre alt werden.

Der **Manager** (engl., sprich mänädscher): 1. in England und Amerika Bezeichnung für den Geschäftsleiter. – 2. ein Mann, der Unternehmungen und Veranstaltungen durch Emsigkeit und Geschicklichkeit zustande bringt oder Leuten zu Erfolg und Ansehen verhilft (z. B. Künstlern oder Sportlern). Als *Managerkrankheit* bezeichnet man vorzeitige Störungen der Herz-, Gefäß- und Verdauungsfunktionen durch gehetzte Lebens- und Arbeitsweise; sie kann Angehörige aller Berufe befallen.

Der **Mandarin:** europäische Bezeichnung für einen hohen Beamten im früheren China.

Die **Mandarine** ist eine der →Apfelsine ähnliche, aber kleinere Südfrucht.

Das **Mandat** (lat.): Auftrag, Vollmacht. – Wer sich vor Gericht von einem Rechtsanwalt vertreten lassen will, erteilt diesem das Mandat dazu; der Rechtsanwalt nennt den Auftraggeber seinen *Mandanten*. Auch das Amt des Volksvertreters, z. B. eines Bundestagsabgeordneten, bezeichnet man als Mandat. Ferner kann ein Staat von den →Vereinten Nationen das Mandat erhalten, ein Gebiet (z. B. eine ehemalige Kolonie), dessen endgültige staatliche Zugehörigkeit noch nicht feststeht, als »Treuhänder« zu verwalten. Der beauftragte Staat ist dann der *Mandatar*.

Der **Mandelbaum** wächst in den Mittelmeerländern. Er hat rosarote Blüten und weidenartig spitze Blätter. Die Kerne seiner Früchte sind die süßen und die bitteren Mandeln.

Die **Mandeln.** Links und rechts im →Rachen liegend die beiden Gaumenmandeln. Außer diesen beiden haben wir an der hinteren Rachenwand, verdeckt durch das Gaumensegel, noch eine dritte, die Rachenmandel. Alle drei Mandeln gleichen in Aufbau und Aufgabe den Lymphknoten (→Lymphe). Eine Vergrößerung der Rachenmandel ist bei Kindern oft die Ursache erheblicher Atembeschwerden. Sind die Mandeln zu groß oder häufig entzündet (→Angina), so entfernt der Arzt sie unter Umständen durch eine Mandeloperation. Dieser Eingriff dauert nur wenige Minuten.

Die **Mandoline** (ital.): kleines Saiteninstrument mit 8 Saiten, von denen je zwei auf denselben Ton gestimmt sind. Die Saiten werden mit einem Stäbchen aus Schildpatt, dem Plektron, angerissen.

Mandschurei →China.

Die **Manege** (franz., sprich manehsche): Reitbahn; Zirkusarena.

Der französische Maler Edouard **Manet** gehört zu den Begründern des →Impressionismus in der Malerei. Zu seinen berühmtesten Bildern zählt das *Frühstück im Freien*. Manet lebte von 1832 bis 1883.

Das **Mangan** (chemisches Zeichen Mn) ist ein chemisches Element, das als Metall aus Erzen gewonnen wird. Es wird mit Eisen und anderen Metallen legiert.

Mangrovenwälder wachsen an den Küsten tropischer Länder, und zwar in dem Gürtel, der regelmäßig von den →Gezeiten überspült wird (Gezeitengürtel, Gezeitenzone). Da die Bäume ständig im Wasser stehen, entwickeln sie Luftwurzeln, die wie Stelzen aus dem Wasser ragen, bzw. Atemwurzeln, die spargelartig an die Luft dringen.

Die **Manie** (griech.): eine Leidenschaft, eine krankhaft gesteigerte Sucht. – In der Medizin bezeichnet man als Manie auch eine schwere seelische Erkrankung, die zu überhöhtem Selbstbewußtsein führt. Der Kranke ist *manisch*.

Das **Manifest** (lat.): Bekanntmachung politischer Ziele, Aufruf.

Die **Maniküre** (franz.): Hand- und Nagelpflege.

Die **Manipulation** (lat.) ist eine geschickte Verdrehung. Man kann z. B. Zahlenangaben, Statistiken usw. so *manipulieren*, daß sie etwas auszusagen scheinen, was sie eigentlich nicht aussagen. Auch die heimliche Meinungsbeeinflussung anderer Menschen (»du bist doch sicher auch, wie wir alle hier, der Meinung, daß…«) bezeichnet man als Manipulation.

Manitu nannten manche Indianerstämme jene geheimnisvolle übernatürliche Kraft (*Mana*), die nach ihrer Vorstellung in bestimmten Dingen, Tieren und Menschen vorhanden war. Manchmal wurde diese Kraft als »Großer Geist« personifiziert.

Thomas **Mann,** 1875 in Lübeck geboren, wurde zuerst bekannt durch seinen Kaufmannsroman »Buddenbrooks«. Seine weiteren Hauptwerke, die Romane »Der Zauberberg«, »Joseph und seine Brüder« und »Doktor Faustus«, verliehen ihm den Rang des bedeutendsten Romanschriftstellers unserer Zeit. Eine wesentliche Stellung in seinem Lebenswerk nehmen auch seine Novellen ein. 1933 verließ er als Gegner des Nationalsozialismus Deutschland, hielt sich lange Jahre in den USA auf, kehrte wieder nach Europa zurück und starb 1955 in der Schweiz.

Das **Manna** wird schon in der Bibel als Nahrung erwähnt, die den Hungernden in der Wüste geschenkt wurde. Heute bezeichnet man im Orient als Manna den süßlichen, bald eintrocknenden Saft der Manna-Esche und anderer dort heimischer Pflanzen.

Das **Mannequin** (franz., sprich manne-kã): Vorführdame, die auf Modenschauen und in Modehäusern Kleider vorführt. Herrenbekleidung wird von *Dressmen* vorgeführt.

Das **Manometer** (griech.): Gerät zum Messen des Drucks von Gasen oder Flüssigkeiten. Beim *Federmanometer*, das z. B. bei Dampfkesseln Verwendung findet, drückt der Dampf auf eine Platten- oder Röhrenfeder, die unter Zwischenschaltung einer Hebelübersetzung einen Zeiger in Bewegung setzt. Dieser zeigt den entsprechenden Dampfdruck an. Das *Flüssigkeitsmanometer* besteht aus einem U-förmigen Rohr, das mit Quecksilber oder gefärbter Flüssigkeit gefüllt ist. Der Niveauunterschied gibt den Druck an, der in der gemessenen Flüssigkeit herrscht.

Das **Manöver** (franz.): 1. Truppenübung; Scheingefecht. – 2. Geschwindigkeits- und Richtungsänderung eines Schiffes.

Das **Manuskript** (lat. manu scriptum = mit der Hand geschrieben): Schriftwerk, das vom Autor mit der Hand (heute meist mit der Maschine, *Typoskript*) geschrieben ist, im Gegensatz zur mechanisch vervielfältigten Druckschrift.

Mao Tse-tung, der Führer des chinesischen Kommunismus, wurde 1893 geboren. Seit 1949/50 ist er in der Volks- republik China an der Macht; zur Zeit ist er Vorsitzender des Zentralkomitees und des Politbüros der chinesischen Kommunistischen Partei. Mao Tse-tung ist für die ständige Revolution in den Massen und gegen den Kommunismus sowjetischer Spielart. Auszüge aus seinen Schriften sind in der sog. *Mao-Bibel* mit »Worten des Vorsitzenden Mao« enthalten.

Der **Marabu** ist eine große Storchenart Afrikas. Da er sich vor allem von toten Tieren ernährt, spielt er eine wichtige Rolle als Gesundheitspolizist.

Marathonlauf →Laufen.

Franz **Marc,** ein Maler des deutschen →Expressionismus, wurde 1880 geboren und fiel 1916 im Ersten Weltkrieg. Er war der Begründer der Münchner Malergruppe →»Blauer Reiter« und machte sich vor allem durch eigenwillige, ausdrucksstarke Tierbilder im Stil des →Kubismus einen Namen.

Märchen sind Geschichten, in denen alles möglich ist: Zauberwerk und Wunder. Wer sie aufmerksam liest oder anhört, entdeckt in ihnen oft einen tiefen Sinn. Jedes Volk hat seine Märchen, die häufig mit denen anderer Völker eng verwandt sind. Über die Entstehungsweise der *Volksmärchen* ist wenig bekannt. Ursprünglich wurden sie durch Generationen mündlich weitergegeben. Später wurden sie aufgeschrieben, gesammelt und als Bücher herausgegeben, so 1812/22 von den Brüdern Grimm die deutschen Volksmärchen. Daneben gibt es sogenannte *Kunstmärchen* von bekannten Dichtern, von Tieck, Brentano, E. T. A. Hoffmann, Hauff, Andersen u. a.

Marco Polo war der erste Europäer, der durch Zentralasien und China reiste. Schon mit 19 Jahren kam er mit seinem Vater an den Hof des Mongolen-Großkhans Kubilai in Peking. Er gewann dessen Gunst und besuchte in seinem Auftrag die Provinzen des chinesischen Reiches. Als reicher Mann kehrte er 1295 nach Venedig zurück und veröffentlichte seinen berühmt gewordenen Reisebericht über die asiatischen Länder. Man glaubte

Marco Polo nicht, und erst sehr viel später wurden seine Schilderungen durch andere Reisende bestätigt.

Die **Marder** bilden eine eigene Familie von kleinen, schlanken Raubtieren. Der *Baum-* oder *Edelmarder* mit dunkelbraunem Pelz und bernsteingelber Kehle hat ein besonders kostbares Fell. Er ist heute bei uns sehr selten geworden. Der *Steinmarder*, der graubraun gefärbt ist und eine weiße Kehle hat, bleibt bedeutend kleiner, und sein Pelz ist nicht so wertvoll.

Margarine wird durch Härtung aus pflanzlichen und tierischen Ölen unter Zugabe von Eigelb, Karotin, Vitaminen, Kochsalz u. a. hergestellt.

Maria, die Mutter Jesu, wird als die Mutter Gottes von allen Christen verehrt. – Nach katholischer Lehre blieb sie als einziger Mensch frei von jeder Sünde, auch von der Erbsünde (Fest der Unbefleckten Empfängnis am 8. Dezember). Ihr Leib wurde nach ihrem Tode in den Himmel aufgenommen (Fest Mariä Himmelfahrt am 15. August). Die Katholiken sehen in ihr die mächtigste Fürbitterin.

Maria Theresia war eine österreichische Königin aus dem Hause der Habsburger. Sie wurde 1717 geboren, trat mit 23 Jahren die Regierung an und wurde 1745 deutsche Kaiserin. Im Österreichischen Erbfolgekrieg 1740/48 versuchten jedoch andere Fürsten, ihr die Thronfolge streitig zu machen. Ihr größter Gegner war der Preußenkönig Friedrich der Große, der ihr in jahrelangen Kämpfen die wertvolle Provinz Schlesien entriß. Maria Theresia, die Mutter vieler Kinder war, empfand sich auch als die »erste Mutter« ihres Reiches. Die einzelnen Länder Österreich, Böhmen und Ungarn schloß sie durch segensreiche Reformen zu einer festen Einheit zusammen. Sie starb 1780.

Marienkäfer sind etwa 7 mm lange halbkugelige Insekten, die auf roten Flügeldecken schwarze Punkte (oder umgekehrt) haben. Diese Käfer, die als Glücksbringer gelten, und ihre Larven sind als Blattlausvertilger sehr nützlich.

Das **Marihuana** ist ein →Rauschgift, das, wie das Haschisch, aus dem indischen →Hanf gewonnen wird. Es bewirkt ein unbestimmtes Glücksgefühl, ein Verblassen des Zeitempfindens und eine wohlige Mattigkeit. Wie bei allen anderen Drogen besteht die Gefahr des Umsteigens auf harte Drogen.

Die **Marine** (lat.): Gesamtheit der Schiffe, die der Seefahrt eines Staates dienen, sowie deren Bemannung. Man unterscheidet zwischen Handels- und Kriegsmarine.

Die **Marionette** (franz.). Zum Unterschied von den Handpuppen des Kasperltheaters (→Puppentheater) besitzen die Marionetten Glieder mit Gelenken. Sie sind an Drähten oder Schnüren befestigt, die der erhöht hinter der Bühne stehende Spieler, für die Zuschauer unsichtbar, von oben her lenkt. (Abb. S. 395)

Die **Mark** ist ein altes deutsches Gewicht, nämlich $^2/_3$ oder $^1/_2$ Pfund. $^1/_2$ Pfund Silber = 1 Mark Silber wurde im Mittelalter als Zahlungseinheit verwendet. Später prägte man Münzen, die man Mark nannte. 1871 wurde eine einheitliche Mark Zahlungsmittel für ganz Deutschland. Sie verlor ihren Wert nach dem Ersten Weltkrieg und wurde durch die Rentenmark ersetzt. Von 1924 bis 1948 galt die Reichsmark (RM). Die nach dem Zweiten Weltkrieg wiederum entwertete Reichsmark wurde 1948 bei der Währungsreform durch die Deutsche Mark (DM) abgelöst, die in der DDR seit 1967 Mark der Deutschen Demokratischen Republik heißt.

Die **Mark:** im Mittelalter die östlichen Grenzgebiete des deutschen Reiches, z. B. Steiermark. Mark bedeutet auch umgrenzter Bezirk, z. B. Dorfmark oder Gemarkung, also das Gebiet, das zu einem Dorfe gehört.

Das **Mark:** Inneres der Knochen (Knochenmark) oder mancher Pflanzenstengel (z. B. Holundermark).

Der **Marketender** (ital.): Händler, der die Truppen ins Feld begleitet und mit Bedarfsartikeln versorgt.

Der **Markt:** 1. früher der wichtigste Platz in den Städten und der dort stattfindende Verkauf von Waren; 2. das Gebiet, in dem sich Waren kaufen und verkaufen lassen. So spricht man z. B. von Inlands- und Auslandsmarkt.

Mark Twain, der eigentlich Samuel Langhorne Clemens hieß und von 1835 bis 1910 lebte, war ein großer amerikanischer Schriftsteller. Er gestaltete in seinen Romanen (»Tom Sawyer«, »Huckleberry Finn«) Erlebnisse aus der Zeit, in der er als Goldgräber, Drucker und Lotse

 auf dem Mississippi arbeitete und als Journalist Menschen aller Art kennen- und scharf beobachten lernte. Seinen Künstlernamen gab er sich zur Erinnerung an den Ruf des Lotsen beim Niederlassen des Senkbleis zur Messung der Wassertiefe: »Mark twain!« (korrekt: »Mark two!«), wobei »mark« die in der Lotleine durch Knoten markierte Fadenlänge bedeutet. Mark twain heißt also soviel wie: 2 Faden Wassertiefe.

Der Evangelist **Markus** hat das älteste Evangelium geschrieben. Er begleitete Paulus auf seiner ersten Missionsreise. In Rom schrieb er nach den Predigten des Petrus sein Evangelium nieder, das später Matthäus und Lukas als Quelle diente.

Der **Marmor** ist ein Kalkstein, der aus kleinsten kristallinischen Körnchen von →Kalk besteht. Er ist entweder rein weiß oder durch Metalloxide gelb, rot oder grün oder auch durch Kohle grau bis schwarz gefärbt und oft in wechselnden Farben gebändert (»marmoriert«). Marmor läßt sich gut bearbeiten und wird deshalb in der Bildhauerei und zu Bauwerken verwendet.

Marokko ist das nordwestlichste Land Afrikas. Im Küstenstreifen gibt es fruchtbare Ebenen, das Landesinnere ist Steppe. Dazwischen liegt das bis zu 4700 m hohe

Atlasgebirge, das reiche Bodenschätze (z. B. Phosphate) enthält. Die Bevölkerung besteht größtenteils aus →Berbern und Arabern. Marokko ist ein unabhängiges Königreich (seit 1956) mit einer Fläche von 445050 qkm und 16,6 Millionen Einwohnern. Hauptstadt ist Rabat. Marokko war früher die römische Provinz Mauretanien, wurde im 5. Jh. von den Wandalen, im 6. Jh. von Ostrom und im 7. Jh. von den Arabern erobert und zu Beginn des 20. Jh. in ein spanisches und ein französisches Protektorat geteilt, aber 1956 wieder selbständig.

Einwohnerzahlen der wichtigsten Städte:			
Casablanca	1,5 Mill.	Fes	325000
Rabat	370000	Meknes	250000
Marrakesch	333000	Tanger	190000

Die **Marone:** eßbare Kastanie.

Mars ist der lateinische Name für den griechischen Kriegsgott Ares. – Mars ist auch der Name eines Planeten (→Himmelskunde).

Die **Marsch** ist ein besonders fruchtbares Weideland an der deutschen Nordseeküste, das aus Ablagerungen des Meeres und der Flüsse entstanden ist. Die von Deichen umgebenen Marschgebiete nennt man *Polder* oder *Koog*.

Die **Marseillaise** (sprich marßejähs): französisches Freiheitslied, das allgemein bekannt wurde, seit Truppen aus Marseille es beim Einzug in Paris zur Zeit der →Französischen Revolution gesungen hatten. Heute ist es die französische Nationalhymne.

Der **Marstall:** Stallgebäude und Pferdebestand eines Fürsten.

Der **Märtyrer** (griech. = Zeuge, Blutzeuge). So nennt man einen Menschen, der sein Leben für seinen Glauben oder eine Idee opfert. Zur Zeit der Christenverfolgungen gab es viele Märtyrer. – Das *Martyrium:* Verfolgung, Opfertod.

Karl **Marx,** der 1818 in Trier als Sohn eines Rechtsanwalts geboren wurde und 1883 in London starb, ist der Begründer des wissenschaftlichen Sozialismus und historischen Materialismus. Er studierte

Marionettentheater

Philosophie und Rechtswissenschaft und war dann Redakteur. In seinen wissenschaftlichen Werken behandelte er die Frage der Beziehungen zwischen Mensch und Wirtschaft. Da Marx wegen seiner revolutionären Gesinnung von der preußischen Regierung verfolgt wurde, lebte er zeitweilig in Paris und Brüssel und von 1849 an in London. Dort schrieb er sein Hauptwerk, das dreibändige Buch »Das Kapital«. Sein Freund und Mitarbeiter war Friedrich Engels (1820 bis 1895), der Sohn eines Elberfelder Textilfabrikanten. Die Lehre von Marx, der *Marxismus*, begann erst nach seinem Tode Anhänger auf der ganzen Welt zu gewinnen. Marx sah als die eigentliche Ursache aller geschichtlichen Vorgänge den Klassenkampf an, d.h. den Kampf zwischen den

Besitzenden und den Besitzlosen. Der Staat war für ihn nur Machtwerkzeug der jeweils herrschenden Klasse zum Zweck der Ausbeutung und Unterdrückung der anderen. Er lehrte weiterhin, daß Religion, Kunst und Wissenschaft von wirtschaftlichen Zuständen abhängig und ebenfalls Waffen im Klassenkampf seien (materialistische Geschichtsauffassung). Aus seinen Erkenntnissen folgerte Marx, daß im Zeitalter der Industrialisierung, in dem das besitzende Bürgertum (Bourgeoisie) die herrschende und die besitzlose Arbeiterschaft (Proletarier) die unterdrückte Klasse sei, das Proletariat berufen wäre, auf der ganzen Welt die Führung zu übernehmen. Es müsse sich international zusammenschließen und sich die Herrschaft durch Revolutionen erobern. Darum erhob er 1848 in seiner Kampfschrift »Das kommunistische Manifest« die Forderung: »Proletarier aller Länder, vereinigt euch!« In der kommunistischen Gesellschaftsordnung, in der aller Besitz Gemeineigentum sein soll, würden dann alle Klassengegensätze verschwinden, und die Staatsgewalt könne immer mehr eingeschränkt werden. – Die Anhänger von Marx gaben im Lauf der Zeit seinen Lehren stark voneinander abweichende Auslegungen oder entwickelten sie verschiedenartig weiter (→Kommunismus, →Sozialismus); in der Sowjetunion gelten vor allem die Auslegungen von →Lenin, in China die von →Mao Tse-tung.

Der **März** →Monat.

Das **Marzipan:** Naschwerk aus gestoßenen Mandeln, Zucker mit Rosenwasser und Gewürzen.

Die **Maschine.** Zur Umwandlung der in der Natur vorhandenen Kräfte in Bewegung, Wärme oder elektrischen Strom dienen *Kraftmaschinen,* z. B. Dampfmaschinen. *Arbeitsmaschinen,* wie z. B. Webstühle oder Nähmaschinen, haben die Aufgabe, menschliche oder tierische Kraft zu ersetzen und Zeit zu sparen.

Maser (engl., Abkürzung von *m*olecular *a*mplification by *s*timulated *e*mission of *r*adiation) ist ein Gerät zur Erzeugung sehr hochfrequenter elektromagnetischer Schwingungen (»Molekularverstärker«). Ein entsprechendes Gerät für sichtbare Strahlung heißt *Laser;* es erzeugt scharf gebündelte, sehr energiereiche Lichtblitze, die zum Präzisionsschweißen und -bohren sehr harter Materialien, aber auch für schwierige operative Eingriffe (z. B. Augenoperationen), für physikalische Untersuchungen und in der Nachrichtentechnik verwendet werden. Gebündelte Radiowellen erzeugt der *Raser.*

Die **Masern** sind eine Kinderkrankheit, die fast jeder Mensch durchmacht. Bei dieser im allgemeinen harmlosen →Infektionskrankheit muß man jedoch darauf achten, daß keine Nachkrankheiten, wie Lungen- oder Mittelohrentzündung, auftreten. Die Masern beginnen mit Schnup-

fen, Husten und manchmal einem Augenbindehautkatarrh; wenige Tage darauf erscheint der rotfleckige Masernausschlag. An der Schleimhaut der Mundhöhle zeigen sich kleine, weiße, kalkspritzerähnliche Fleckchen. Man bekommt die Masern im allgemeinen nur einmal.

Maskat und Oman, jetzt →Oman.

Die **Maske** oder *Larve* ist ein künstliches Gesicht, mit dem man das eigene bedeckt. Sie soll den, der sie trägt, unkenntlich machen und den, der sie anschaut, mit Furcht oder Ehrfurcht erfüllen oder ihn zum Lachen reizen. Ursprünglich waren Masken scheußliche Schreckbilder, welche die Priester bei Umzügen trugen – wie es heute noch bei den Naturvölkern geschieht –, um sich vor Dämonen zu schützen oder deren Kraft zu erlangen. Da das Theater aus dem Gottesdienst hervorgegangen ist, behielt man Masken auch für die Schauspieler zur Kennzeichnung ihrer tragischen oder komischen Rollen bei. Heute bezeichnet man als Maske des Schauspielers sein eigenes Gesicht, das ihm der *Maskenbildner* mit Schminke, Perücke, angeklebten Haaren (Bart, Augenbrauen) verändert. – Die Gipsabdrücke, die man vom Gesicht Verstorbener macht, nennt man *Totenmasken.*

Das **Maskulinum** (lat.): in der Grammatik Bezeichnung für das männliche Geschlecht, das männliche Substantiv.

Massage (franz., sprich massahsche) nennt man eine Muskelübung, bei welcher der betreffende Muskel selbst nicht arbeitet, sondern durch Streichen, Klopfen oder Kneten bewegt wird, und zwar entweder durch die Hände eines *Masseurs* oder einer *Masseuse* oder durch ein Massagegerät. Eine Massage wirkt anregend auf den Blutkreislauf, bewirkt eine bessere Durchblutung der Gewebe, kräftigt und lockert die Muskeln.

Das **Massaker** (franz.): Gemetzel, Blutbad. – *massakrieren:* niedermetzeln.

Maße nennt man gesetzlich festgelegte Einheiten für meßbare Dinge, wie Gewicht, Länge, Zeit usw. Ursprünglich

Maße und Gewichte

Metrische Längenmaße:
Grundeinheit Meter

1 Kilometer (km)	1000 m
Meter (m)	1 m
1 Dezimeter (dm)	0,1 m
1 Zentimeter (cm)	0,01 m
1 Millimeter (mm)	0,001 m
1 Mikron (μ)	0,000 001 m
1 Millimikron (mμ)	0,000 000 001 m

Andere Längenmaße:

1 engl. Inch	=	2,54 cm
1 Zoll	=	2,6 cm
1 engl. Fuß (ft.)	=	30,48 cm
1 Elle	=	62,6 cm
1 engl. Yard (yd.)	=	91,44 cm
1 Klafter	=	1,88 m
1 Landmeile (Statute Mile)	=	1,609 km
1 Seemeile	=	1,852 km
1 geograph. Meile	=	7,42 km

Metrische Flächenmaße:
Grundeinheit Quadratmeter

1 Quadratkilometer (qkm, km²)	1 000 000 qm
1 Hektar (ha)	10 000 qm
1 Ar (a)	100 qm
Quadratmeter (qm, m²)	1 qm
1 Quadratdezimeter (qdm, dm²)	0,01 qm
1 Quadratzentimeter (qcm, cm²)	0,0001 qm
1 Quadratmillimeter (qmm, mm²)	0,000 001 qm

Ältere deutsche Flächenmaße:

1 preuß. Morgen	=	25½ Ar
1 Tagewerk	=	34 Ar
1 Joch	=	57½ Ar
1 Hufe	=	17 ha

Metrische Raum- und Hohlmaße:
Grundeinheiten Kubikmeter und Liter

1 Kubikmeter (cbm, m³)	1000 l
1 Hektoliter (hl)	100 l
Liter (l), Kubikdezimeter (cdm, dm³)	1 l
1 Deziliter (dl)	0,1 l
1 Zentiliter (cl)	0,01 l
1 Kubikzentimeter (ccm, cm³)	0,001 l

Alte Raum- und Hohlmaße:

1 Metze	=	3,435 l
1 Scheffel	=	54,962 l
1 Fuder	=	828,4 l

Metrische Gewichte:
Grundeinheit Kilogramm (physikalisch und technisch auch Kilopond)

1 Tonne (t)	1000 kg
1 Doppelzentner (dz)	100 kg
Kilogramm (kg)	1 kg
1 Hektogramm (hg)	0,1 kg
1 Dekagramm (Dg)	0,01 kg
1 Gramm (g)	0,001 kg
1 Dezigramm (dg)	0,0001 kg
1 Zentigramm (cg)	0,000 01 kg
1 Milligramm (mg)	0,000 001 kg
1 Zentner	50 kg
1 Pfund	0,5 kg

Angelsächsische Gewichte:

1 Unze (oz.)	=	28,36 g
1 engl. Pfund (lb.)	=	453,59 g

Weitere Maße siehe Elektrizität, Leistung, Thermometer.

---

wurden diese Einheiten von Maßen des menschlichen Körpers abgeleitet. So wurde die Elle nach dem Unterarm, der Fuß nach der Länge der Sohle, der Klafter nach der Reichweite der ausgestreckten Arme bemessen. Flächenmaße benannte man nach der Zeit, die zum Pflügen eines Stückes Land während eines Tages benötigt wurde, z. B. Joch (mit einem Gespann Ochsen) oder Tagwerk. Jedes Land und sogar jede Stadt hatte früher eigene Maße. Die dadurch entstandene Verwirrung wurde erst im 19. Jh. durch Einführung international festgelegter Maße behoben. Einzelne Länder allerdings haben heute noch ihre alten nationalen Maße beibehalten, z. B. Großbritannien und die USA.

Fast jede physikalische Größe besitzt heute ein eigenes international festgelegtes Maß. Die Maße für Länge, Masse und Zeit gelten als die drei Grundmaße, aus denen die anderen abgeleitet werden können. Die Maßeinheit der Länge ist das *Meter* (m), die Maßeinheit der Masse das *Kilogramm* (kg), die der Zeit eine *Sekunde* mittlere →Zeit. Die Urmaße für Meter und Kilogramm werden in Paris in einem internationalen Institut aufbewahrt. Jedes Land hat sich davon ein eigenes genaues Maß zum Gebrauch für seine Eichämter genommen. Viele moderne Maßeinheiten sind nach berühmten Physikern benannt, wie Volt, Ampère, Ohm, Hertz. Für die Vielfachen von Maßen gelten nach dem Dezimalsystem gewählte Zusammensetzungen, wie kilo = 1000, hekto = 100, deka = 10, milli = $^1/_{1000}$ (ein Tausendstel), mikro = $^1/_{1000000}$ (ein Millionstel). So bezeichnet man 1000 m als einen Kilometer, den tausendsten Teil eines Meters als Millimeter, ein Millionstel eines Meters als 1 Mikron.

Der 40millionste Teil des Erdumfangs, über beide Pole gemessen, gilt als 1 Meter. Von diesem Längenmaß her entstand das Raummaß Kubikdezimeter, dessen Inhalt mit dem des Hohlmaßes Liter übereinstimmt. Das *Gewicht* des Urkilogrammstücks in Paris, das heißt, die Kraft, mit der es nach dem Erdmittelpunkt hin von der Erde angezogen wird, ist gleich dem von 1 Liter reinen Wassers von 4° C in Paris. Diese Gewichts- und Krafteinheit bezeichnet man als *1 Kilopond* (kp). Die Anziehungskraft der Erde ist verschieden, je nach dem Abstand vom Erdmittelpunkt. Auf dem Mond, der eine sehr viel geringere Anziehungskraft besitzt, ist das Gewicht eines Körpers dementsprechend sehr viel kleiner als auf der Erde. Das Pariser Urkilogrammstück hat jedoch noch eine Eigenschaft, die sich nicht ändert: seine *Masse*. Diese Masse ist, wenn sie weit von allen Körpern entfernt ist, ohne Gewicht. Gewicht gewinnt sie durch die Nähe eines anderen Körpers, weil bei der Annäherung eine Anziehungskraft zwischen den beiden Körpern entsteht. Diese Anziehungskraft ist die →Gravitation. Die Masse ist überall auf der Erde und im Weltall gleich groß. Man mißt sie in (Massen-)Kilogramm (kg). Um Verwechslungen zwischen Masse und Gewicht zu vermeiden, hat man die Bezeichnung Kilopond eingeführt.

Masse bedeutet in der Physik die Eigenschaft eines Körpers, Kräften, die seine Bewegung ändern wollen, Widerstand zu leisten. Dieser Widerstand wird die *Träg-*

heit der Masse genannt (träge Masse). Jede Masse unterliegt auch dem Einfluß der →Gravitation und gewinnt dadurch Schwere (schwere Masse). Die →Relativitätstheorie hat frühere Vorstellungen vom Wesen der Masse entscheidend verändert.

Ein **Maßstab** ist ein Meßwerkzeug in Stabform zum Messen von Längen. Er ist meist ein oder zwei Meter lang und besitzt eine Einteilung in Zentimeter und Millimeter oder auch Zoll. Als Maßstab bezeichnet man aber auch das Verhältnis der gezeichneten zur wirklichen Länge auf Landkarten und Zeichnungen (→Kartenkunde).

Die **Masturbation** (lat.) →Sexualkunde. Der oder das **Match** (engl., sprich mätsch): sportlicher Wettkampf. – Die *Matchstrafe* ist beim Eishockey der Feldverweis eines Spielers für die gesamte Spieldauer.

Der **Materialismus** (lat.) ist eine philosophische Anschauung, die im Gegensatz zum →Idealismus nur das als wirklich vorhanden anerkennt, was mit den Sinnen wahrnehmbar und durch Versuch und Berechnung beweisbar ist. Der *Materialist* glaubt nicht, daß die Welt von Gott erschaffen und gelenkt oder sonst geistigen Ursprungs ist, sondern daß die *Materie* (die stofflichen, körperlichen Dinge) seit je das einzig Wirkliche und die in der Welt entscheidend wirksame Kraft sei. Geist und Seele seien keine eigentlich treibenden und gestaltenden Kräfte, sondern nur Funktionen (Wirkungen) der Materie. – Materialistische Vorstellungen breiteten sich besonders mit dem Fortschreiten der Naturwissenschaften während der letzten zwei Jahrhunderte aus. Man entdeckte materielle Ursachen und Wirkungen von Naturvorgängen und lernte, sie in der Technik nutzbar zu machen. Es lag nahe, in der von der Materie beherrschten Wirtschaft die maßgebende Triebkraft der Geschichte zu sehen und auf diese Auffassung eine politische Lehre aufzubauen. Diesen Versuch hat Karl →Marx gemacht (*dialektischer Materia-*

lismus). – Als *Materialisten* bezeichnet man auch Menschen, die geistige Werte verachten und nur nach materiellen Gütern (Reichtum, Wohlleben) trachten.

Die **Materie** (lat.) ist in der Philosophie der Stoff, die ungeformte körperliche Substanz im Gegensatz zur Form. In Physik und Chemie versteht man unter Materie die äußere Erscheinung der →Masse, die ihrerseits eine Erscheinungsform der Energie ist. Zum Wesen der Materie gehört die →Gravitation, das ist ihre Eigenschaft, in Gegenwart anderer Massen schwer zu sein.

Mathematik ist die Wissenschaft, die sich mit den Zahlen und den räumlichen Gebilden beschäftigt. Sie sucht die gesetzmäßigen Beziehungen zwischen Zahlen oder räumlichen Gebilden (wie Ebene, Gerade, Kugel usw.) auf. Ihr einziges Handwerkszeug ist die Logik, d. h. das folgerichtige Denken.

Die Mathematik entstand bei den Ägyptern und Babyloniern. Von ihnen übernahmen die Griechen die Kunst des Rechnens (die Arithmetik) und die Kunst des Messens (die Geometrie) und erweiterten diese zu allgemeingültigen Lehrsätzen, die folgerichtig bewiesen wurden. Damit wurde die Mathematik zur Wissenschaft. Die Geometrie entwickelte sich von da an verhältnismäßig rasch, da sie anschaulich war. Schon der Grieche Euklid schuf ein Lehrbuch der Geometrie. Die Entwicklung der Arithmetik und der aus ihr hervorgehenden Algebra dauerte über tausend Jahre länger. Es mußte zunächst eine einfache Schreibweise der Zahlen erfunden werden. Das war erst möglich, nachdem die Araber den Begriff Null (von den Indern) eingeführt hatten. Vom 16. Jh. ab entwickelten sich dann die mathematischen Zeichen. Es gibt Zeichen für Größen (wie a und b für bekannte oder x und y für unbekannte Zahlen), solche für rechnerische Vorgänge (wie $+$ und $-$ oder Wurzel $\sqrt{}$) und solche für Beziehungen zwischen Größen, z. B. das Gleichheitszeichen $=$ oder die Zeichen für größer als $>$ und kleiner als $<$.

Mit der Schaffung dieser übersichtlichen Zeichensprache setzte die rasche Entwicklung zur modernen Mathematik ein. Man erfand die Logarithmen, die schnelles Multiplizieren und Dividieren möglich machten. Leibniz und Newton schufen die Differential- und Integralrechnung, die Gesetze des Rechnens mit winzig kleinen Größen aufstellt. Die heutige sehr verfeinerte und nach vielen Richtungen hin ausgebaute Mathematik ist unentbehrlich für Technik und Wirtschaft geworden. So berechnen Mathematiker die Formen von Flugzeugflügeln, die Bahnen von Weltraumsonden, die Linsen für optische Geräte, die Grundlagen für den Bau von Nachrichtengeräten oder auch bei den Versicherungsgesellschaften die durchschnittliche Lebensdauer von Versicherten. Die reine, zweckfreie Mathematik andererseits befriedigt durch die klare Schönheit ihrer Schöpfungen.

Die Hauptgebiete der Mathematik sind: Die *Arithmetik* oder die Lehre vom Rechnen mit Zahlen. Die Grundrechnungsarten bestehen aus *Addition* (Zusammenzählen), *Subtraktion* (Abziehen), *Multiplikation* (Vervielfachen) und *Division* (Teilen). Auf ihnen baut sich das Ziehen von Wurzeln und das Bilden von Potenzen auf. Wenn man z. B. die vierte Wurzel

Zwei Reihen von je drei Tonkrügen mit Öl ergeben sechs Tonkrüge (2 mal 3 = 6). Drei Reihen von je zwei Krügen ergeben ebenfalls sechs (3 mal 2 = 6).
Ein Getreidemaß von doppelter Höhe und gleichem Durchmesser enthält die doppelte Menge Getreide. Ein Getreidemaß von gleicher Höhe, aber doppeltem Durchmesser enthält die vierfache Menge Getreide.

aus 16 sucht (geschrieben $\sqrt[4]{16}$), so will man eine Zahl finden, die viermal mit sich selbst multipliziert 16 ergibt. Diese Zahl ist 2, denn 2 mal 2 mal 2 mal 2 $= 16$. Die vierte Potenz von 2 (geschrieben 2^4, gesprochen zwei hoch vier) ist die Zahl, die sich ergibt, wenn man 2 viermal mit sich selbst multipliziert hat, also 2 mal 2 mal 2 mal 2 = 16. In der Form von Potenzen von 10 kann man unvorstellbar große Zahlen darstellen. So haben z. B. einige Forscher angenommen, daß die Zahl aller kleinsten Teilchen des gesamten Weltalls 10^{82} ist.

Die *Algebra* beschäftigt sich hauptsächlich mit den Gleichungen. Statt der Zahlen verwendet sie Buchstaben. Zweck einer Gleichung ist, gewisse Zahlen (die Unbekannten) zu finden, die bestimmten mathematischen Bedingungen genügen. Eine einfache Gleichung sieht so aus: a x + b = c. Der Wert der Unbekannten ist dann: $x = \dfrac{c-b}{a}$. Die *Differential-* und *Integralrechnung* stellt die Gesetze des Rechnens mit winzig kleinen Größen, Differentiale genannt, auf. Damit kann man Probleme lösen, die sonst mit keinem anderen Hilfsmittel lösbar sind, z. B. die Berechnung des Umfangs und Flächeninhalts einer Ellipse. Die Fläche der Ellipse wird dabei in winzig schmale Streifen zerlegt. Ein solcher Streifen (ein Differential genannt) kann einfach berechnet werden. Die verschiedenen Differentiale werden dann addiert zu einer Summe, dem Integral. Das ist die ganze Fläche.

Die *Geometrie* behandelt die räumlichen Gebilde, und zwar beschäftigt sich die *Planimetrie* mit den Figuren in der Ebene (Dreieck, Ellipse, Parabel usw.), die *Stereometrie* mit den Körpern im Raum (wie Kugel, Würfel, usw.). In der Planimetrie ist ein wichtiger Teil die *Trigonometrie*, die Lehre von den Beziehungen zwischen den Winkeln und den Seiten eines Dreiecks. Einer der ältesten Lehrsätze der Geometrie ist der →Pythagoreische Lehrsatz über das rechtwinklige Dreieck.

Kreis, Ellipse, Parabel und Hyperbel sind die vier Arten von *Kegelschnitten:* (Abb.) Die Bahnen von Planeten und Kometen oder von Geschossen und Raketen sind z. B. Kegelschnitte.

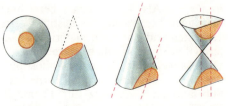

Kreis   Ellipse   Parabel   Hyperbel

Die *Stereometrie* beschäftigt sich mit Körpern, die von ebenen oder gekrümmten Flächen begrenzt sind. Nur von ebenen Flächen begrenzt sind die Polyeder (Vielflächner). Die fünf regelmäßigen Polyeder sind:

1   2   3   4   5

1 Tetraeder, Vierflächner, von 4 gleichseitigen Dreiecken begrenzt. 2 Oktaeder, Achtflächner, von 8 gleichs. Dreiecken begrenzt. 3 Ikosaeder, Zwanzigflächner, von 20 gleichseit. Dreiecken begrenzt. 4 Würfel, Hexaeder, Sechsflächner, von 6 Quadraten begrenzt. 5 Dodekaeder, Zwölfflächner, von 12 regelmäßigen Fünfecken begrenzt.

Von gekrümmten Flächen begrenzt sind Körper wie Kugel oder Ellipsoid. Die Erde z. B. hat nicht genau die Form einer Kugel, sondern ist abgeplattet wie ein Ellipsoid. Der Kegel ist von einer ebenen und einer gekrümmten Fläche begrenzt. Bei der Anwendung der Mathematik werden heute vielfach außerordentlich komplizierte mechanische oder elektronische Rechenmaschinen (Computer, Elektronenrechner) benutzt. Ein Beispiel: die Zahl Pi (geschrieben π) ist notwendig zur Berechnung des Umfangs oder der Fläche eines Kreises sowie der Oberfläche oder des Inhalts einer Kugel. Ihre Berechnung auf 700 Dezimalstellen erforderte früher mehrere Jahre. Eine elektronische Rechenmaschine kann sie in wenigen Stunden auf 2000 Dezimalstellen berechnen.

Die **Matinée** (franz. *-neh*) ist eine künstlerische Vormittagsveranstaltung, zum Beispiel Film-Matinée.

Henri **Mat<u>i</u>sse** war ein französischer Maler, der 1869 geboren wurde und 1954 starb. Er war der Begründer des französischen *Fauvismus*, der in der Malerei ähnliche Bestrebungen verfolgte wie der deutsche →Expressionismus. Matisse war auch der »Erfinder« der Bezeichnung →Kubismus.

Das **Matriarch<u>a</u>t** →Patriarch.

Die **Matr<u>i</u>ze** (lat.): 1. Platte (z. B. aus Metall oder Papiermasse), in welche die Buchstaben eines Textes, den man vervielfältigen will, durch Lettern eingeprägt werden. Durch Ausgießen erhält man die Druckplatten. Zur Vervielfältigung von Texten, die mit der Schreibmaschine hergestellt sind, benutzt man Papier mit einer Wachsschicht. – 2. In der Metallindustrie: stempelartiges Stahlwerkzeug zum Formen von Blechen, Kunststoffen usw. Matrizen heißen auch die Negativformen zum Pressen von →Schallplatten.

Der Evangelist **Matthäus** ist der Verfasser des Matthäusevangeliums. Er war von Beruf Zollbeamter, bis Jesus ihn zum Jünger berief. Er überlieferte besonders die großen Reden Jesu.

Die **Mat<u>u</u>ra** →Abitur.

Der **Maulbeerbaum** ist für die Seidenraupenzucht unentbehrlich, denn seine Blätter sind die einzige Nahrung der wertvollen Raupen. Die weißen oder schwarzen Früchte des Baumes, der aus Asien stammt und auch bei uns gedeiht, sind eßbar. Aus dem Bast des *Papiermaulbeerbaumes* wird Japanpapier hergestellt.

Der **Maulesel** sowie das *Maultier*→Esel.

Die **Maul- und Klauenseuche** ist eine durch ein →Virus hervorgerufene Infektionskrankheit aller Klauentiere, z. B. der Rinder, aber auch des Wildes. Sie kann durch ungekochte Milch kranker Tiere oder durch direkte Berührung auch auf Menschen übertragen werden. Sie äußert sich in Geschwüren an Mundschleimhaut und Klauen, bei Menschen auch durch Bläschen an Finger- und Zehennägeln.

Der **Maulwurf** lebt unter der Erde. Man bekommt von seiner Anwesenheit nur Kenntnis durch die Maulwurfshügel, die aus der ausgegrabenen Erde seiner Gänge entstehen. Er lebt ausschließlich von Insekten und Würmern. Er kann fast gar nicht sehen, hat aber ein sehr feines Tastgefühl, vor allem an seinen langen Barthaaren. Die Vorderfüße des Maulwurfs sind zu breiten Grabschaufeln umgeformt. Sein Fell wird zu Pelzwerk verarbeitet.

Die **Maulwurfsgrille** →Grille.

Mauren wurden zur Zeit des Römischen Reiches die Bewohner des Atlasgebirges in Nordafrika genannt. Als die Araber im 7. Jh. dieses Gebiet eroberten, ging der Name auf sie über. Diese arabischen Mauren drangen 711 nach Spanien vor und herrschten dort, zuletzt nur im Süden des Landes, bis 1492. Kunst und Wissenschaft standen während dieser Zeit in hoher Blüte. Auch nach dem Ende der Maurenherrschaft lebten noch Mauren als christliche »Moriscos« einige Zeit in Spanien. Dann wurden sie nach Afrika zurückgedrängt. Heute bezeichnet man als Mauren die Bewohner Nordwestafrikas. Sie leben zum Teil in **Mauret<u>a</u>nien,** einer 1958 gegründeten islamitischen Republik (1,03 Mill. qkm, 1,5 Mill. Einwohner) mit der Hauptstadt Nuakschott.

Mauritius ist ein Inselstaat im Indischen Ozean (2045 qkm, 850000 Einwohner, Hauptstadt Port Louis, 134000 Einwohner). Die Landwirtschaft liefert vor allem Zucker und Tee. Die Insel war 1712–1810 französische und bis 1968 britische Kronkolonie.

Die **Maus** ist ein kleines Nagetier. Es gibt etwa 1800 Arten in allen Erdteilen, bei uns vor allem die dunkle, dünnschwänzige *Hausmaus*, die kurzschwänzige *Feldmaus*, die hellbäuchige *Waldmaus* und die nur 3 cm lange *Zwergmaus*. Eine besondere Zuchtform der Maus, die weiße Maus mit roten Augen, wird vielfach zu Versuchszwecken gehalten. Zur Mäuseverwandtschaft gehören auch die →Ratten. – Die *Spitzmäuse* sind nicht mit den Mäusen verwandt, sondern wie Igel und Maulwurf Insektenfresser.

Die **Mauser.** Alle Vögel werfen einmal im Jahr die Federn ab und erhalten ein neues Federkleid. Diesen Vorgang nennt man Mauser. Die Mauserung ist bei den Vogelarten unterschiedlich; einige werden zeitweilig flugunfähig, andere wechseln die Federn nacheinander. Andere Arten mausern sich sogar zweimal im Jahr.

Das **Mausoleum** (griech.): prächtiges Grabmal, das als Bauwerk über dem eigentlichen Grab errichtet ist. Der Name ist abgeleitet von dem Perserfürsten *Mausolos* (4. Jh. v. Chr.), dem in Kleinasien ein 44 m hohes, kunstvolles Grabmal gebaut wurde. Es gehörte im Altertum zu den sieben Weltwundern.

Die **Maxime** (franz.): Grundsatz; Lebensregel.

Maximilian I. regierte als deutscher Kaiser von 1493 bis 1519. Er wurde der letzte Ritter genannt, denn seine Liebe galt der ritterlichen Lebensart. Er wußte aber, daß die Zeit des Kampfes mit Roß und Rüstung vorbei war, und stellte deswegen Landsknechtsheere auf und ließ Kanonen bauen. Der von ihm verkündete Ewige Landfriede beendete die →Fehden der Ritter. Um die Neuordnung des Deutschen Reiches bemühte er sich lange, aber erfolglos. Die Macht und das Ansehen des Herrscherhauses Habsburg wurde durch ihn zu einer Weltmacht.

Das **Maximum** (lat.): größtmöglicher Wert, Höchststand. – *maximal:* höchstens, höchst..., z. B. Maximalgeschwindigkeit.

Karl **May** wurde bekannt durch seine Geschichten von Old Shatterhand und die aufregenden Abenteuer, die er ihn mit Winnetou im Wilden Westen erleben läßt. Karl May, der 1842 geboren wurde und 1912 starb, schrieb alle seine Romane, in denen stets das Gute über das Böse siegt, ohne je Deutschland verlassen zu haben.

Die **Maya** sind eine Gruppe von mittelamerikanischen Indianerstämmen, die sich bis heute fast reinblütig erhalten haben. Schon in den ersten Jahrhunderten nach Christi Geburt haben die Maya in den Gebieten, in denen sie noch jetzt leben, Städte und Reiche gegründet und im Laufe der Jahrhunderte eine hohe Kultur entwickelt. Sie hatten einen genauen Kalender und zeichneten Ereignisse ihrer Geschichte in einer bilderreichen, heute noch nicht völlig entzifferten Schrift auf. Die Maya brachten in der Spätzeit ihren Göttern Menschenopfer dar. 1524 machten die Spanier dem letzten Mayareich und der alten Kultur des Volkes ein Ende. Heute leben noch etwa 1,3 Millionen Maya, z. T. in geschlossenen Siedlungen, z. T. in Städten.

Mayday (sprich mehdeh) →SOS.

Mazedonien oder *Makedonien* ist eine gebirgige Landschaft auf der Balkanhalbinsel. Im Altertum war es ein selbständiger Staat. Der mazedonische König Philipp II. (359 bis 336 v. Chr.) eroberte Griechenland; sein Sohn →Alexander der Große begründete mit der mazedonischen Armee sein Weltreich. Die Römer machten es zu einer Provinz ihres Reiches. Ende des 14. Jh. wurde Mazedonien türkisch. Seine Unabhängigkeitsbestrebungen seit dem 19. Jh. führten zu den beiden Balkankriegen 1912/13 und zur Aufteilung des Landes zwischen Griechenland, Serbien und Bulgarien. Der serbische Teil ist heute ein Bundesstaat Jugoslawiens.

Der **Mäzen.** Der reiche Römer Maecenas, ein Freund des Kaisers Augustus, war ein großer Kunstfreund und unterstützte freigebig die Dichter Horaz und Vergil. Nach ihm nennt man einen Menschen, der Künstler fördert, einen Mäzen.

Die **Mazurka:** polnischer Tanz im $\frac{3}{4}$-Takt, der durch Chopin in die Kunstmusik eingeführt wurde.

Die **Mechanik:** Teilgebiet der →Physik.

mechanisch (lat.): gedankenlos, seelenlos, maschinenmäßig.

Mecklenburg ist ein seen- und waldreiches Gebiet in Norddeutschland mit ertragreicher Landwirtschaft und Fischerei. Die Hauptstadt Schwerin hat 101000 Einwohner. Die größte Stadt ist die Hafen- und Universitätsstadt Rostock mit 210000 Einwohnern. Das 22900 qkm große Land wurde 1952 in drei Verwaltungsbezirke aufgegliedert.

Die **Medaille** (franz., sprich medalje):

Münze, die nicht als Geld dient, sondern zur Erinnerung an ein besonderes Ereignis geprägt und gegebenenfalls als Auszeichnung überreicht wird.

Das **Medaillon** (franz., sprich medaljõ): 1. kleine runde Scheibe oder Kapsel mit einem Bildchen; 2. ein in die Wand eingelassenes rundes →Relief.

Medea war in der Sage von den →Argonauten die Frau des Jason. Als er sie nach zehnjähriger Ehe verließ, um die Tochter des Königs von Korinth zu heiraten, tötete sie die Braut und ermordete ihre eigenen Kinder. Euripides und Grillparzer haben Medeas Schicksal geschildert.

Die **Meder** waren ein indogermanischer Volksstamm, der im 2. Jahrtausend v. Chr. in das nordwestliche Gebiet des heutigen Persien einwanderte. 607 v. Chr. befreiten sie sich von der fast 100 Jahre währenden Herrschaft der benachbarten Assyrer und brachten einen großen Teil Vorderasiens in ihre Gewalt. 57 Jahre später jedoch wurden sie von den Persern unterworfen, in deren Reich sie dann ganz aufgingen.

Das **Medikament** (lat.): Heilmittel.

Die **Meditation** (lat.) ist ein Zustand der Beschaulichkeit, der Betrachtung, der Selbstversenkung. Das Tätigkeitswort heißt *meditieren*. Auch philosophische Betrachtungen in Buchform heißen manchmal »Meditation«, z. B. die »Meditationen über die Erste Philosophie« von René Descartes.

Medium (lat. = Mittel) nennt der Physiker den Stoff, in dem ein physikalischer Vorgang abläuft; so ist z. B. Luft oder Wasser das Medium für die Schallwellen. – Auch der Mensch kann als Medium, d. h. als Vermittler, benutzt werden, so z. B. bei spiritistischen Sitzungen (→Spiritismus), in denen er angeblich »Verbindung mit der jenseitigen Welt« herstellt.

Die **Medizin** (lat. = Heilkunde) ist die Lehre vom gesunden und kranken Menschen sowie von den Ursachen, den Auswirkungen und den äußeren Anzeichen der Krankheiten, deren Vorbeugung und Heilung. Bei den ältesten Kulturvölkern, auch heute noch bei den Naturvölkern,

lag die Medizin in den Händen der Priester oder »Medizinmänner«. Im 19. Jh. begann der Ausbau der medizinischen Einzelwissenschaften, wie Innere Medizin, Chirurgie, Orthopädie, Psychiatrie, Bakteriologie oder Hygiene.

Der **Medizinball** ist ein 2 oder 3 kg schwerer fester, mit Tierhaaren gefüllter Lederball für Spiel und Gymnastik.

Medusa war in der griechischen Sage eine der drei wunderschönen Titanentöchter, die wegen ihres Stolzes von den Göttern in gräßliche, schlangenhaarige Ungeheuer (Gorgonen) verwandelt wurden. Ihr Anblick war so entsetzlich, daß jeder, der sie erblickte, zu Stein wurde.

Das **Meer** bedeckt über zwei Drittel der Erdoberfläche, insgesamt 360,8 Mill. qkm. Die Erdteile liegen in ihm wie Inseln. Das Weltmeer wird eingeteilt in 3 Ozeane: den Atlantischen, den Stillen oder Pazifischen und den Indischen Ozean. Dazu kommen die Küstenmeere, wie Nord- und Ostsee, das Mittelmeer und das Schwarze Meer. Außerdem werden auch einige große Seen als Meere bezeichnet, wie das Kaspische Meer oder das Tote Meer. Vor den Küsten senkt sich der Meeresboden meist allmählich bis auf 200 m Tiefe (Schelf) und stürzt dann steil ab. Die größte Tiefe wurde bei den Marianen mit 11 034 m gemessen. Nach der Wassertiefe unterscheidet man Küstenzone, Flachsee und Tiefsee (mehr als 800 m tief). Das Meerwasser ist salzig: 1 kg Meerwasser hat im Durchschnitt einen Salzgehalt von 35 g, der sich hauptsächlich aus Kochsalz, aber auch aus verschiedenen anderen Salzen und Mineralien zusammensetzt. Es ist daher schwerer als Süßwasser, trägt auch besser, gefriert erst bei $-2°$ C und verdunstet langsamer. Für Hochseeschiffe und Rettungsboote gibt es jetzt Geräte, die Seewasser trinkbar machen. Dank der Fähigkeit des Wassers, Wärme zu speichern, sind über den Meeren die Temperaturschwankungen geringer als auf dem Lande. In den Ozeanen sinken die Temperaturen nach der Tiefe zu bis fast zum Gefrierpunkt ab. In den oberen Schichten werden die Wassermassen durch die Strömungen der →Gezeiten gehoben und gesenkt. Außerdem wirken regelmäßige Windströmungen, die sogenannten Driften, auf sie ein. Diese und die Unterschiede in der Dichte des Meeres verursachen die großen *Meeresströmungen*. Die für Europa wichtigste ist der *Golfstrom*, der mit einer Geschwindigkeit von 2½ m in der Sekunde vom Golf von Mexiko nach Europa fließt und in seinen Ausläufern bis zum Nördlichen Eismeer reicht. Durch seine Wärme hält er die Küsten, die er berührt, eisfrei und erzeugt ein mildes Klima.

Das Meer hat eine ihm eigentümliche Welt von Pflanzen und Tieren. Für ihr Leben ist sein Gehalt an atmosphärischer Luft und Kohlensäure wichtig. Riesige Tange und Algen, auch einzellige Formen des →Planktons, besiedeln die Meere. Die sehr vielgestaltige Tierwelt ist von dieser Pflanzennahrung abhängig. Für den Menschen wichtig sind vor allem die Fische, die für manche Völker, wie z. B. die Japaner, die Hauptnahrung bilden. Daneben finden sich Krebse, Krabben und auch Säugetiere, wie die Wale. Besonders seltsame Tierformen leben in der →Tiefsee. – Das Meer ist frei für Schiffahrt und Fischfang. Alle Völker können es befahren. Nur in den Küstengewässern behalten sich die Staaten eine »Hoheitszone« vor.

Die **Meerkatze** →Affen.

Der **Meerrettich,** auch Kren genannt, ist eine Feld- und Gartenpflanze, deren Wurzelstock ein scharfes Gewürz liefert.

Der **Meerschaum:** weißer bis gelblicher poröser Stein, der sich leicht verarbeiten läßt, z. B. zu Pfeifenköpfen.

Das **Meerschweinchen** ist eines der ältesten Haustiere. Es wurde bereits vor vielen tausend Jahren von den Peruanern in Südamerika als Fleischtier gehalten. Das wilde Meerschweinchen ist ein rattenähnliches, graues Nagetier. Das zahme Meerschweinchen wird in vielen Farben, kurzhaarig, gelockt und langhaarig gezüchtet und dient als medizinisches Versuchstier.

Mega ... (griech.) vor Maßeinheiten bedeutet das Millionenfache der betreffenden Einheit (z. B. Megatonne = 1 000 000 Tonnen).

Das **Megaphon** (griech.) ist eine der vielen Erfindungen des Amerikaners →Edison. Es ist ein Sprachrohr, das so gebaut ist, daß aus ihm die Schallwellen (→Schall) parallel austreten, so daß sie noch in 1 km Entfernung zu verstehen sind.

Der **Mehltau** ist ein Schmarotzerpilz, der grüne Pflanzenteile wie mit Mehl überzieht. Er richtet an Weinstöcken, Hopfen, Rosen, Stachelbeeren oder Eichen großen Schaden an.

Mehrzahl →Plural.

Die **Meile** →Maße und Gewichte.

Der **Meiler** →Köhler.

Der **Meineid** →Eid.

Die **Meise** →Singvögel.

Meistersinger nennt man die Handwerksmeister, die sich in den aufblühenden deutschen Städten des 14. bis 16. Jh. zu zunftähnlichen Vereinigungen zusammenschlossen, um nach genau festgelegten Regeln Gedichte zu machen und Melodien für sie zu erfinden. Wer eine neue Melodie (einen »Ton«) vortrug, wurde Meister. Der berühmteste Meistersinger war der Nürnberger Hans →Sachs.

Die **Melancholie** (griech.): Schwermut, Tiefsinn. *Melancholiker:* trauriger, schwermütiger Mensch.

Melanesien →Ozeanien.

Die **Melodie** (griech.): zusammenhängende, singbare, in sich abgeschlossene Folge von auf- und absteigenden Tönen, die rhythmisch gegliedert sind.

Die **Melone** ist eine kürbisartige Südfrucht, die bei uns nur in heißen Sommern gedeiht. Beliebt sind sowohl die *Wassermelone* wie viele Arten von *Zuckermelonen*. – Auch ein runder steifer Herrenhut aus schwarzem Filz heißt Melone.

Melusine war in der altfranzösischen Sage eine Meerfee (Nixe), die mit einem Ritter vermählt war. Beim Baden wurde sie von ihm einmal in Fischgestalt überrascht, worauf sie verschwand.

Die **Membrane** ist ein dünnes Blättchen, das zum Empfang und zur Wiedergabe von Schallschwingungen verwendet wird, z.B. beim Telefon und Lautsprecher. Auch dünne Trennhäutchen, mit denen Zellen und Organe der Lebewesen umgeben sind, nennt man Membranen.

Die **Memoiren** (franz., sprich memoahren): Lebenserinnerungen, Aufzeichnungen denkwürdiger Erlebnisse.

Das **Memorandum** (lat.): Denkschrift; Mitteilung eines Staates an einen anderen über dringliche Fragen.

Die **Menagerie** (franz., sprich menascherih): Wanderschau lebender Tiere.

Gregor **Mendel** →Vererbung.

Felix **Mendelssohn-Bartholdy,** der von 1809 bis 1847 lebte, gehört zu den führenden deutschen Komponisten in der Zeit der Romantik. Er war, wie viele Musiker, ein Wunderkind und spielte schon als Knabe Goethe aus den Werken von J. S. Bach vor. Seine Hauptwerke sind die »Lieder ohne Worte« für Klavier, die Musik zu Shakespeares »Sommernachtstraum« und die beiden Oratorien »Elias« und »Paulus«.

Die **Mengenlehre** ist heute die grundlegende Theorie der Mathematik. Sie geht auf den großen deutschen Mathematiker Georg *Cantor* zurück, der von 1845 bis 1918 lebte und sie noch »Mannigfaltigkeitslehre« nannte. Unter »Menge« versteht man dabei die Gesamtheit aller Dinge, denen ein gemeinsames Merkmal zukommt. Die Zahl 1 kann man *mengentheoretisch* als die Gesamtheit aller Dinge auffassen, die die Eigenschaft haben, nur einmal vorzukommen. Nach diesem Prinzip läßt sich die gesamte Mathematik aufbauen.

Als **Meniskus** bezeichnet man zwei Knorpelscheiben, die sich im Kniegelenk befinden. Bei Sportlern ist der Meniskus besonderer Beanspruchung und einer erhöhten Verletzungsgefahr ausgesetzt.

Der **Mensch** ist das am höchsten entwickelte Lebewesen unserer Erde. Von den Säugetieren unterscheidet er sich vor allem durch seinen aufrechten Gang, stärkere Ausbildung des Gehirns, durch Denkvermögen und Vernunft sowie die Sprache. Aus dem Vergleich des menschlichen Körperbaus mit dem der höheren Tiere hat die Wissenschaft geschlossen, daß sich der Mensch in Hunderttausenden von Jahren aus dem Tier entwickelt hat. Schädel- und Knochenfunde haben das bestätigt. Man nimmt an, daß dabei verschiedene Stufen der Entwicklung durchlaufen wurden. Aus dem Urmenschen haben sich dann in früher Zeit verschiedene →Rassen gebildet. – Der Körper des Menschen gliedert sich in Kopf, Hals, Rumpf und Gliedmaßen. Als Stütze für den Körper dient das *Skelett*, das Knochengerüst, das gleichzeitig (z.B. im Schädel, Brustkorb, Becken) das Gehirn, die Sinnesorgane und die Eingeweide gegen Beschädigungen schützt (→Knochen,

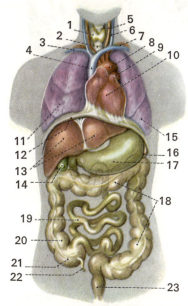

Die Eingeweide

1 Schilddrüse, 2 Luftröhre, 3 rechte Unterschlüsselbeingefäße, 4 obere Hohlvene, 5 Halsschlagader, 6 Halsvene, 7 linke Unterschlüsselbein-Schlagader, 8 Bogen der Körperschlagader, 9 Lungenschlagader, 10 Herz im Herzbeutel, 11 rechte Lunge, 12 Zwerchfell, 13 rechter und linker Leberlappen, 14 Gallenblase, 15 linke Lunge, 16 Milz, 17 Magen, 18 Dickdarm, 19 Dünndarm, 20 Dickdarm, 21 Blinddarm, 22 Wurmfortsatz, 23 Mastdarm

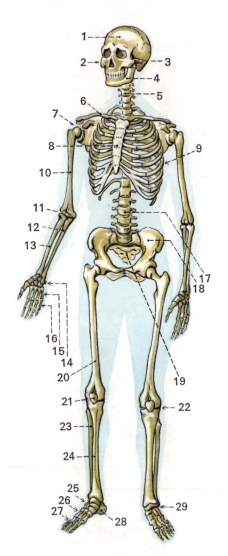

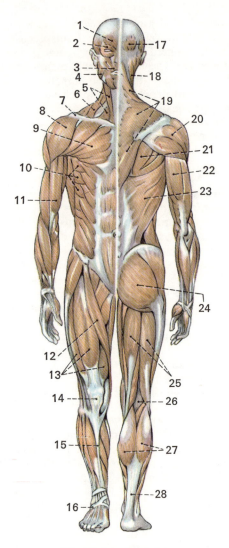

Skelett des Menschen

Oberflächen-Muskulatur

Die einzelnen Knochen des Skeletts sind je nach ihrer Aufgabe verschieden gebaut. Man unterscheidet Röhrenknochen und platte Knochen. 1 Gehirnschädel, 2 Gesichtsschädel, 3 Jochbein, 4 Unterkieferbein, 5 Halswirbel, 6 Schlüsselbein, 7 Schultergelenk, 8 Brustbein, 9 Brustkorb, 10 Oberarmbein, 11 Ellenbogengelenk, 12 Elle, 13 Speiche, 14 Handwurzelknochen, 15 Mittelhandknochen, 16 Fingerglieder, 17 Lendenwirbelsäule, 18 Becken, 19 Kreuzbein, 20 Oberschenkelbein, 21 Kniescheibe, 22 Kniegelenk, 23 Wadenbein, 24 Schienbein, 25 Fußwurzelknochen, 26 Mittelfußknochen, 27 Zehenglieder, 28 Fersenbein, 29 Fußgelenk

Links von vorn: 1 Stirnmuskel, 2 Augenringmuskel, 3 Lippenmuskel, 4 Kaumuskel, 5 Kopfwender, 6 Kapuzenmuskel, 7 Schlüsselbeinmuskel, 8 Deltamuskel, 9 großer Brustmuskel, 10 Sägemuskel, 11 Bizeps (Armbeuger), 12 Schneidermuskel, 13 Schenkelstrecker, 14 Kniescheibenmuskel, 15 Schienbeinmuskel, 16 Kreuzbandmuskel; rechts von hinten: 17 Hinterhauptmuskel, 18 Kopfwender, 19 Kapuzenmuskel, 20 Deltamuskel, 21 Schulterblattmuskel, 22 Armstrecker, 23 breiter Rückenmuskel, 24 großer Gesäßmuskel, 25 Schenkelbeuger, 26 Kniekehle, 27 Zwillingswadenmuskel, 28 Achillessehne

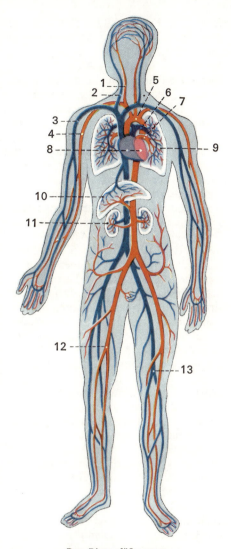

Das Blutgefäßsystem

1 Halsschlagader, 2 Halsblutader, 3 Armblutader, 4 Armschlagader, 5 großer Bogen der Körperschlagader (Aorta), 6 Lungenschlagader, 7 Lungenblutader, 8 linkes und rechtes Herz, 9 Lunge mit Haargefäßen, 10 Leber mit Haargefäßen, 11 Niere mit Haargefäßen, 12 Beinschlagader, 13 Beinblutader.

Weitere Blutgefäße (Schlagadern, Blutadern und die beide verbindenden Haargefäße) versorgen auch die hier nicht gezeigten Organe, so den Magen, die Gedärme, die Milz. Die Haargefäße bilden ein Netz feinster Verästelungen in allen Teilen des Körpers. Ihre gesamte Länge beträgt etwa 90000 Kilometer.

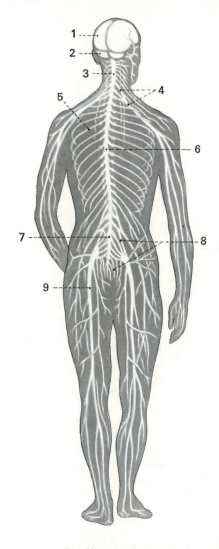

Das Nervensystem

1 Großhirn, 2 Kleinhirn, 3 Halsmark, 4 Armgeflecht, 5 Zwischenrippennerven, 6 Brustmark, 7 Lendenmark, 8 Kreuzbeingeflecht, 9 Ischiasnerv

→Gelenk). Die →*Muskeln* überziehen das ganze Skelett und sind mit ihren sehnigen Enden an den Knochen angewachsen. Die Haut umgibt den ganzen Körper als äußere Schutzschicht. Die *Eingeweide* dienen der Ernährung, dem →Stoffwechsel und der Fortpflanzung. Man teilt sie ein

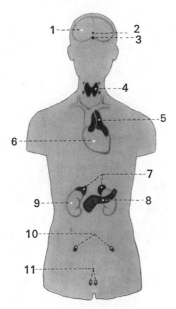

Schema der innersekretorischen Drüsen

1 Gehirn, 2 Zirbeldrüse, 3 Hirnanhangdrüse (Hypophyse), 4 Schilddrüse mit Nebenschilddrüsen, 5 Thymusdrüse, 6 Herz, 7 Nebennieren, 8 Bauchspeicheldrüse, 9 Niere, 10 Keimdrüsen bei der Frau, 11 Keimdrüsen beim Manne

in: 1. das Verdauungssystem mit Mund, Speiseröhre, →Magen, →Darm, →Bauchspeicheldrüse, →Leber, →Galle; 2. das Atmungssystem mit →Nase, →Rachen, →Kehlkopf, Luftröhre, Bronchien, →Lunge; 3. das Harnsystem mit →Nieren, Harnleiter, →Harnblase und Harnröhre; 4. die innersekretorischen Drüsen (→Drüsen); 5. die Geschlechtsorgane und 6. das Herz- und Blutkreislaufsystem (→Herz, →Blutkreislauf). Das *Nervensystem* sorgt für den richtigen Ablauf aller Lebensvorgänge. Es besteht aus: 1. dem Zentralnervensystem (→Gehirn und →Rückenmark), 2. den davon ausgehenden →Nerven. Die *Sinnesorgane* (z.B. →Augen, →Ohren, →Zunge, →Nase) vermitteln dem Menschen die Eindrücke der Außenwelt. Der ganze Körper und alle seine Organe sind aus kleinsten Zellen zusammengesetzt. Insgesamt enthält unser Körper etwa 68% Wasser, 20% Ei-

weiß, 2,5% Fett und 9 bis 10% Mineralsalze (Phosphor, Eisen, Magnesium, Kalzium und Kalium).

Der **Menschenaffe** →Affen.

Menschenrechte nennt man die unverlierbaren Rechte, die jeder Mensch von Geburt an hat und die ihm niemand – auch der Staat nicht – nehmen kann. Seit der Mitte des 18. Jh. versuchte man diese *Grundrechte* gesetzlich festzulegen und besonders zu schützen, indem man sie zu einem Teil der →Verfassung machte. 1776 wurden sie zum erstenmal von den Amerikanern in eine gesetzliche Ordnung aufgenommen (Verfassung von Virginia, die für die Verfassung der USA Vorbild war). 1789 in der →Französischen Revolution haben die Franzosen in einer Liste die Menschenrechte festgelegt. Der erste Satz dieser Erklärung lautete: »Der Mensch wird frei und gleich an Rechten geboren und bleibt es.« Fast alle Nationen haben inzwischen in ihren Verfassungen ihren Bürgern Grundrechte zugesichert. Ebenso haben die Vereinten Nationen Grundrechte ausgearbeitet, die einmal in allen Ländern für alle Einwohner gelten sollen. Als Wesentlichstes fordern sie: Religionsfreiheit, Freiheit der Meinung und der Presse und Unverletzlichkeit der Person. In Deutschland wurden zum erstenmal (Weimar 1919) in die Verfassung auch Grundrechte für das Wirtschaftsleben eingearbeitet, die besonders dem Schutz der wirtschaftlich Schwachen galten. Auch das →Grundgesetz der Bundesrepublik Deutschland beginnt mit der Aufzählung der Grundrechte. Diese Rechte gehen allen anderen Gesetzen vor.

Die **Menstruation** (lat.) →Sexualkunde.

Die **Mentalität** (lat.): Empfindungs- und Denkweise eines Menschen.

Das **Menü** (franz.): Speisefolge.

Das **Menuett:** 1. alter graziöser französischer Schreittanz; 2. der dritte Satz in der Sonate oder Sinfonie der Haydn- und Mozartzeit.

Der **Meridian** →Gradnetz.

Merkur ist der römische Name des griechischen Gottes Hermes. Auch einer der

Planeten heißt Merkur (→Himmelskunde).

Merowinger →Fränkisches Reich.

Mesonen sind kurzlebige Elementarteilchen, die schwerer als Elektronen, aber leichter als Protonen sind. Sie bewirken u. a. den Zusammenhalt des Atomkerns.

Mesopotamien →Irak.

Die **Messe** (lat. missa = Sendung; heute auch Eucharistie, griech. = Danksagung, genannt): 1. in jeder Messe feiert die (kath.) Kirche in der Gestalt eines Mahles das Gedächtnis des Todes und der Auferstehung Jesu Christi. Das Opfer Christi wird gegenwärtig unter den Zeichen von Brot und Wein. In der *Kommunion* (lat. = Vereinigung) werden den Gläubigen unter den Gestalten von Brot und Wein der Leib und das Blut Christi gereicht und ihnen so Anteil am heilbringenden Tod und an der Auferstehung Jesu gewährt. – Die erste heilige Kommunion wird Kindern in der Regel zwischen dem 8.–10. Lebensjahr gespendet; 2. geistliches Chorwerk, welches die Meßliturgie vertont, vielfach mit Orchesterbegleitung (h-Moll-Messe von J. S. Bach, Missa solemnis von Beethoven); 3. alljährlich ein- oder zweimal veranstaltete, seit dem Mittelalter übliche Warenausstellung des Großhandels (Frühjahrs- oder Herbstmesse), auf der neue Erfindungen und Verbesserungen gezeigt und vom Einzelhandel bestellt werden; 4. Speiseraum auf Schiffen.

Der **Messias** (hebräisch) wurde schon im Alten Testament als Erlöser und Begründer eines Gottesreiches auf Erden den Menschen verheißen. Nach christlicher Lehre hat sich diese Weissagung in Jesus Christus erfüllt.

Das **Messing** ist eine Legierung aus Kupfer und Zink.

Ein **Mestize** ist ein Mischling, der einen Weißen zum Vater und eine Indianerin zur Mutter hat oder eine weiße Mutter und einen indianischen Vater.

Der **Met:** alkoholisches Getränk aus gegorenem Honig mit Gewürzen.

Als **Metalle** bezeichnet man alle Elemente, die undurchsichtig, glänzend und gute Leiter für Wärme und Elektrizität sind. Bei gewöhnlicher Temperatur sind alle Metalle (außer Quecksilber) feste Körper, die durch Schmieden, Walzen oder Ziehen geformt werden können. Alle Metalle lassen sich schmelzen; viele können zu →Legierungen vereinigt werden. Man unterscheidet *Schwermetalle* (z. B. Blei) und *Leichtmetalle* (z. B. Aluminium). *Edelmetalle*, wie Gold oder Silber, werden von Luft, Feuchtigkeit und Säuren kaum angegriffen, während die unedlen Metalle sich leicht mit Sauerstoff, Kohle oder Schwefel verbinden. Die Metallkunde oder *Metallographie* ist die Lehre vom Aufbau und den Eigenschaften der Metalle und ihrer Legierungen. Die *Metallurgie* beschäftigt sich mit der Gewinnung der Metalle aus →Erzen durch Verhüttung. Insgesamt rechnet man 78 chemische Elemente zu den Metallen. Zwischen ihnen und den Nichtmetallen (*Metalloide*) stehen die *Halbmetalle* (z. B. Arsen).

metamorphe Gesteine →Gesteine.

Die **Metamorphose** (griech.): Verwandlung. In der →Mythologie bezeichnet man so die Verwandlungen von Menschen in Tiere oder Pflanzen, wie sie z. B. in der Gedichtsammlung »Metamorphosen« des römischen Dichters Ovid geschildert werden. Die Naturkunde hat den Ausdruck übernommen: in der Zoologie für die Umwandlung, die manche Tiere in ihrer Entwicklung erfahren (z. B. Ei–Raupe–Puppe–Schmetterling), in der Pflanzenlehre für die Herausbildung verschiedener Pflanzenglieder aus denselben Anlagen (z. B. Blattanlagen, die zu Laub-, Kelch- und Blütenblättern werden) und in der Gesteinskunde für die Umwandlung von Gesteinen durch veränderte Temperatur und Druck.

Die **Metapher** (griech.): gleichnishafte Redewendung, z. B. das Bett des Flusses.

Die **Metastase** (griech.) ist eine sog. *Tochtergeschwulst*. Sie entsteht, wenn ein Krankheitsherd im Körper, z. B. ein Krebs, Eiter usw., sich auf andere Körperstellen überträgt.

Der **Meteor, Meteorit** →Himmelskunde.

Die **Meteorologie** →Wetterkunde.

Das **Meter** →Maße.

Die **Methode** (griech. = Weg): planvolles Verfahren zur Erreichung eines bestimmten Zieles, z. B. in der wissenschaftlichen Forschung. – *methodisch:* planvoll.

Der **Methodismus:** aus der anglikanischen Kirche hervorgegangene, pietistisch beeinflußte religiöse Erweckungsbewegung, hauptsächlich in den angelsächsischen Ländern, benannt nach der »methodischen« Frömmigkeit ihrer Anhänger (*Methodisten*), 1738 begründet von Charles und John Wesley.

Die **Metrik** →Verslehre.

Das **Metronom** (griech.) ist ein von Mälzel erfundenes Uhrwerk mit einem Pendel, mit dem man das Tempo eines Musikstückes kontrollieren kann.

Die **Mette:** Frühgottesdienst; mitternächtliches Stundengebet der Mönche.

Klemens Fürst **Metternich** lebte von 1773 bis 1859. Er war von 1809 bis zum Revolutionsjahr 1848 Außenminister, später Innenminister Österreichs. Der →Wiener Kongreß stand unter Metternichs Leitung. Als Anhänger der →Monarchie war er ein Feind aller nationalen und →liberalen Umsturzbewegungen.

Die **Meuterei:** Gehorsamsverweigerung, Aufstand von Truppen, Schiffsbesatzungen oder Gefangenen.

Mexiko ist eine 1 972 546 qkm große Republik in Mittelamerika mit 56,25 Mill. Einwohnern; die Hauptstadt heißt ebenfalls Mexiko. Das Land besteht aus drei Klimazonen: einer feuchtheißen Küstenzone, den milden, regenreichen Stufenländern und dem trockenen Hochland (im Popocatépetl 5452 m hoch). Mexiko ist reich an Bodenschätzen (Erdöl, Kohle, Eisenerz, Quecksilber, größte Silberförderung der Welt). Die Landwirtschaft produziert Mais, Weizen, Kaffee, Bananen usw. Bis zum 16. Jh. bestand hier ein mächtiges Aztekenreich (→präkolumbische Kulturen), das 1519–1521 von Cortez zerstört wurde. Bis 1823 war das Land spanisch und wurde dann selbständige Republik (1864–1867 Kaiserreich). Immer wieder kam es zu Bürgerkriegen.

Einwohnerzahlen der wichtigsten Städte:	
Mexiko (Hauptstadt)	3,5 Mill.
Guadalajara	1,5 Mill.
Monterrey	973 000
Ciudad Juárez	522 000

Conrad Ferdinand **Meyer,** einer der bedeutendsten Schweizer Dichter, lebte von 1825 bis 1898. Neben formstrengen Gedichten schrieb er in außerordentlich bildkräftiger Sprache viele Novellen (z. B. »Der Heilige«, »Gustav Adolfs Page«), deren Stoff er meist der italienischen Renaissance entnahm.

Der Erzengel **Michael** gilt als Kämpfer Gottes gegen alles Böse. In der Kunst wird er oft dargestellt, wie er den Drachen der Hölle besiegt.

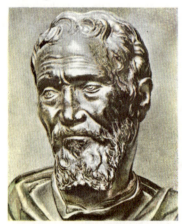

Michelangelo
Bildnis von Giovanni Bologna

Michelangelo (sprich mikelandschelo) *Buonarroti* war der bedeutendste Künstler der italienischen Renaissance. Als Bildhauer und Maler schuf er Werke von leidenschaftlicher Bewegtheit und mächtigem Ausmaß, so in Rom die Gestalt des Moses am Grabmal des Papstes Julius II. und die Decken- und Wandmalereien in der Sixtinischen Kapelle mit dem »Jüngsten Gericht«, in Florenz die Grabfiguren in der Medicikapelle. Als Baumeister entwarf er die Kuppel der Peterskirche. Er starb 1564 im Alter von 90 Jahren.

Die **Midgardschlange** war eine Tochter des germanischen Gottes →Loki. Sie war ein gräßliches Ungeheuer, das von den →Asen ins Meer geschleudert wurde. Dort wuchs sie, bis sie die ganze Erde umschlang. Wenn sie trank, entstand Ebbe, wenn sie das Wasser wieder von sich gab, entstand Flut.

Als **Miete** bezeichnet man die durch einen (Miet-)Vertrag dem Mieter vom Vermieter eingeräumte Befugnis, eine Sache (z. B. eine Wohnung) gegen Entgelt (Mietzins, Mietgebühr) zu benutzen.

Die **Migräne** ist ein heftiger, anfallartig auftretender Kopfschmerz. Sie tritt meistens nur an *einer* Kopfseite auf. Die Ursache für die Migräne können Gefäßkrämpfe sein.

Der **Mikado** (jap. = erhabene Pforte): europäische Bezeichnung für den japanischen Kaiser. Die Japaner selbst nennen ihn *Tenno*.

Die **Mikrobe** (griech. = kleines Leben): Alle kleinsten tierischen und pflanzlichen Lebewesen, insbesondere die →Bakterien und →Viren, nennt man Mikroben.

Als **Mikrokosmos** (griech. = Kleinwelt) bezeichnet man den Menschen als in sich geschlossene Welt, in der Physik die Welt in der Größenordnung der →Atome.

Das **Mikrometer:** Meßinstrument, mit dem man feinste Längen bis zu $1/_{1000}$ mm messen kann. Das Messen erfolgt durch eine Schraube, deren Teilumdrehungen genau abgelesen werden, sobald die Spitze der Schraubenspindel den zu messenden Gegenstand berührt.

Das **Mikrophon** (griech.) ist eine Vorrichtung, die Schallwellen in Stromschwankungen bzw. Spannungsschwankungen verwandelt. Beim *Kohlemikrophon* befindet sich Kohlengrieß hinter einer Membrane. Durch die auf die Membrane auftreffenden Schallwellen wird sie auf die Kohlekörperchen gedrückt. Über die Kohlekörperchen wird von einer Batterie aus Strom geschickt, der entsprechend den Übergangswiderständen

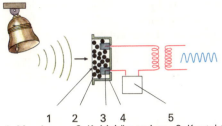

1 Membrane, 2 Kohlekörperchen, 3 Kontaktstäbchen, 4 Gehäuse, 5 Batterie

zwischen den sich berührenden Kohlekörperchen schwankt. Diese Stromschwankungen sind genaue Abbilder der Schallwellen. Kohlemikrophone werden in Fernsprechgeräten verwendet. – *Kristallmikrophone:* Gewisse Isolierstoffe (Seignettesalzplättchen, Barium- oder Ammoniumtitanat) sind piezoelektrisch, das heißt, es entstehen elektrische Spannungen, wenn sie mechanisch beansprucht werden. Wird z. B. ein Seignettesalzplättchen mit einer Membrane gekoppelt, so lassen die Schallwellen auf beiden Seiten des Kristallplättchens Wechselspannungen entstehen, die sowohl den Plattenverbiegungen als auch den Schallwellen entsprechen. – *Kondensatormikrophone:* Die Membran bildet mit einer feststehenden Gegenelektrode einen →Kondensator, dessen Kapazität sich entsprechend den Membranschwingungen verändert. – Jeder dynamische →Lautsprecher kann als *dynamisches* oder *Spulen-Mikrophon* verwendet werden. Unterschieden sind die dynamischen Mikrophone von den eigentlichen Lautsprechern durch kleinere und flachere Membranen, engere Luftspalten an den Feldmagneten und leichtere Triebspulen.

Das **Mikroskop** (griech.) dient zum Beobachten kleiner Gegenstände, die man mit dem bloßen Auge nicht mehr sehen kann. Viele der winzig kleinen Krankheitserreger konnten von den Ärzten erst im Mikroskop gesehen und dann bekämpft werden. Im Mikroskop wird durch eine Linse mit kurzer Brennweite, das *Objektiv,* ein vergrößertes Bild des Gegenstandes entworfen, welches durch

411

eine zweite Linse, das *Okular*, nochmals vergrößert wird. Mit den gewöhnlichen optischen Mikroskopen kann eine bis 2000fache Vergrößerung erzielt werden. Mit einer ganz anderen Art von Mikroskopen, den *Elektronenmikroskopen*, erreicht man eine mehr als 100000fache Vergrößerung. Dabei werden statt der Lichtstrahlen ungeheuer rasch bewegliche Elektronenstrahlen auf den Gegenstand geworfen, die durch elektrische oder magnetische Felder (sogenannte »Elektronenlinsen«) gelenkt werden. Diese Elektronen entwerfen dann auf einem Leuchtschirm ein Bild, das vom Auge oder einer photographischen Platte aufgenommen werden kann. Millionenfach vergrößert das *Feldelektronenmikroskop*. Hier werden von einer fein ausgezogenen Kathodenspitze in einem luftleeren Glaskolben Elektronen ausgesandt, die auf einem Leuchtschirm ein Bild z. B. der Molekularstruktur von Kristallen sichtbar machen.

Milben sind sehr kleine Verwandte der Spinnen in vielerlei Arten. Beim Menschen erzeugen sie z. B. Krätze, bei Hühnern bewirken andere den Verlust der Federn; bei Pflanzen verursachen sie vorzeitiges Welken. Auch auf Käse, Kranzfeigen usw. siedeln Milben.

Milch ist das erste Nahrungsmittel der Neugeborenen bei allen Säugetieren. Sie enthält Eiweißstoffe (Kasein), Milchzucker und Milchfett (Rahm) sowie Wasser. Die unveränderte Milch heißt Vollmilch, entrahmte nennt man Magermilch. Eingedampft und dadurch haltbar gemacht bezeichnet man sie als Kondensmilch. Weitere Milchprodukte sind: Butter, Margarine, Quark, Joghurt, Käse und →Molke.

Milchstraße →Himmelskunde.

Das **Milieu** (franz., sprich miljöh): Umwelt, Lebenskreis.

Das **Militär** (lat.): die Wehrmacht eines Staates.

Das **Military** (engl., sprich militeri): Vielseitigkeitsprüfung im Reitsport,(Dressur, Springprüfung und Geländeritt).

Die **Miliz** (lat.). So bezeichnet man – im Gegensatz zum stehenden Heer – Truppen, die erst im Kriege aufgestellt und im Frieden nur zu kurzen Übungen einberufen werden.

Eine **Milliarde** (1000000000) = 1000 mal 1000000.

Das **Millimeter** →Maße.

Eine **Million** (1000000) = 1000 mal 1000.

Die **Milz** ist eigentlich nur ein ganz großer Lymphknoten (→Lymphe), durch den das gesamte Blut unseres Körpers fließt. Dabei wirkt sie als Filter und beseitigt alle nicht mehr voll tauglichen roten Blutkörperchen, erzeugt weiße Blutkörperchen und entgiftet das Blut. Eine ihrer wichtigsten Aufgaben ist die der Blutspeicherung. Braucht der Körper infolge einer außergewöhnlichen Anstrengung mehr Blut als unter normalen Umständen, so zieht sich die Milz krampfartig zusammen und drückt das in ihr gespeicherte Blut in den Kreislauf. Wir spüren diese Zusammenziehung als »Seitenstechen«. Und dort, wo wir das Seitenstechen spüren, liegt auch die Milz: hinter der 9. bis 11. Rippe.

Der **Mime:** Schauspieler.

Die **Mimik:** Wechsel des Gesichtsausdruckes, Mienenspiel.

Schutzfärbung:
Wandelndes Blatt
(Heuschreckenart)

Die **Mimikry** (engl. = Nachahmung): Manche Tiere gleichen sich anderen, wehrhaften oder übelschmeckenden und daher gemiedenen Tieren an und sind dadurch selbst vor Feinden geschützt. So ähnelt der Hornissenschwärmer, ein völlig harmloser Schmetterling, der bösen stechenden Hornisse. Solche Schutztracht nennt man Mimikry. Die *Mimese* dagegen ist bei Tieren und Pflanzen eine Schutzfärbung oder Schutzhaltung, die sie nicht auffallen läßt. Insekten erscheinen dann wie grüne oder braune Blätter, Raupen wie trockenes Holz, die am Meeresboden lebende Scholle gleicht sich dem Untergrund an.

Mimosen nennt man eine Reihe tropischer Pflanzen, die auf äußere Reize, z.B. auf Berührung, durch Zusammenfalten und Abwärtsrichten der Blätter antworten. Die als Schnittblumen verkauften gelbblühenden Mimosen können das nicht.

Das **Minarett** →Moschee.

minderjährig, das heißt nicht voll geschäftsfähig (→Recht), ist in der Bundesrepublik jede Person unter 18 Jahren.

Die **Mine:** 1. Fundstätte für Mineralien, z.B. Silbermine; 2. die Füllung im Bleistift oder Kugelschreiber; 3. Sprengladungen, die im Wasser verankert oder zu Lande unter der Erde verlegt werden und bei Berührung oder durch (meist elektrische) Zündung explodieren.

Das **Mineral** (lat.). Die in der Erdrinde rein vorkommenden chemischen Verbindungen (z.B. Quarz) oder Elemente (z.B.

Eisenglanz

Bleiglanz

Zinkblende

Gold

Schwefelkies

Kupferkies

Mineralien

Französische Miniatur des 15. Jh.
Die Seele als Pilger zwischen Teufel und Engel

Gold) werden Minerale oder Mineralien genannt. Die *Mineralogie* beschäftigt sich mit deren Entstehung, Vorkommen und Eigenschaften. Gemenge von Mineralien sind die →Gesteine. – *Mineralsalze* sind Salze der Mineralsäuren. Sie spielen im Haushalt des Körpers eine wichtige Rolle, so z.B. phosphorsaurer Kalk. – *Mineralwasser* wird ein Wasser genannt, das aus großen Tiefen der Erdrinde aufsteigt, dadurch Spuren der durchlaufenen Gesteine mit sich trägt und vielfach als Heilwasser verwendet wird.

Minerva ist der römische Name der griechischen Göttin →Athene.

Die **Miniatur:** Kleinmalerei. – Im frühen Mittelalter wurden die vorwiegend mit Minium (lat. = Mennige, Bleirot) gemalten Bilder und Textverzierungen in handgeschriebenen Büchern Miniaturen genannt. Aus ihnen entwickelte sich seit dem 16. Jh. das Malen von Bildern, z.B. kleinen Porträts, auf Pergament-, Kupfer- oder Elfenbeinplättchen, mit denen man Broschen, Tabaksdosen und andere Gegenstände verzierte.

Das **Minimum** (lat.): kleinstmöglicher Wert, Tiefstand. – *minimal:* äußerst klein, mindest..., z.B. Minimalgröße.

Der **Minister** (lat. = Diener) ist Mitglied der Regierung und Leiter eines Ministeriums. Der Minister übernimmt dem Parlament gegenüber die Verantwortung für die Arbeit, die in seinem Ministerium geleistet wird. Ein *Ministerium* ist für einen bestimmten Bereich die oberste Verwaltungsbehörde im Staat; so gibt es z. B. Innen-, Außen-, Wirtschafts-, Finanz- und Arbeitsministerien. In den Bundesländern Hamburg, Bremen und in Berlin heißen die Minister *Senatoren*.

Die **Ministranten** (lat.): Helfer (meist Knaben), die beim katholischen Gottesdienst den Geistlichen bedienen und beim Wechselgebet für das Volk antworten.

Minnesänger nennt man die Dichter des Mittelalters, die meist dem Ritterstand angehörten und in ihren Gedichten und Liedern von der Minne, d. h. Liebe zu ihrer Herzensdame, sangen. Ihr Vorbild waren die französischen →Troubadours. Im Minnesang erreichte die deutsche Lyrik des Mittelalters ihren Höhepunkt, besonders in den Dichtungen von →Walther von der Vogelweide.

Minos hieß ein sagenhafter König von Kreta. Nach ihm ist die *minoische Kultur* benannt, die 2000–1400 v. Chr. auf der Mittelmeerinsel blühte.

Die **Mispel** ist ein Obst- und Zierstrauch, dessen Früchte erst nach dem ersten Frost weich und schmackhaft werden.

Die **Mission** (lat.): Auftrag, Sendung. Insbesondere nennt man so die Verbreitung des Christentums in der Welt durch Missionare aufgrund des Auftrags Christi, seine Lehre allen Menschen zu verkünden. – *Innere Mission* →Wohlfahrtspflege.

Die **Mistel** ist eine Halbschmarotzerpflanze, die auf Bäumen wächst und wachsgelbe Beeren trägt. Vor allem in England schmückt man in der Weihnachtszeit die Zimmer mit Misteln.

Der **Mistral**: Bezeichnung für den kalten, trockenen, sehr heftigen Nordwestwind im Südosten Frankreichs.

Mitesser entstehen durch Verstopfung von Talgdrüsen der Haut, besonders im Gesicht oder auf dem Rücken. Ihre Entfernung muß vorsichtig geschehen.

Die **Mitgift** war das Heiratsgut, das früher die Eltern der Tochter in die Ehe mitgaben, was zuweilen heute noch üblich ist.

Mitlaut →Konsonant.

Die **Mitra** (griech.): Kopfbedeckung des Bischofs, früher mützenartige Kopfbedeckung altorientalischer Herrscher.

Mittelalter nennt man in der europäischen Geschichte die Zeit vom Ende des Altertums um 500 n. Chr. bis zum Beginn der Neuzeit um 1500. In diesen tausend Jahren wurde das Christentum über ganz Europa ausgebreitet. Es bildete das einigende Band für alle Völker des Abendlandes und durchdrang das gesamte Leben des mittelalterlichen Menschen. Auf dem Boden des früheren Römischen Reiches bildete sich allmählich die Staatenwelt der germanischen, romanischen und slawischen Völker heraus.

Im Frühmittelalter suchten viele Völker neue Siedlungsgebiete (→Völkerwanderung). Germanische Stämme gründeten Reiche in Italien, Spanien und Nordafrika im Gebiet des früheren Weströmischen Reiches, während Ostrom als →Byzantinisches Reich weiterbestand. Aus dem →Fränkischen Reich gingen Frankreich und Deutschland hervor. Die deutschen Kaiser betrachteten sich als Schutzherren der gesamten Christenheit. Der hierdurch entstandene Kampf zwischen Papsttum und Kaisertum beherrschte das Hochmittelalter. In den Kreuzzügen nach Jerusalem fanden sich die europäischen Völker noch einmal zu einer gemeinsamen Aufgabe zusammen. Dann zerfiel diese Einheit immer mehr. Die Königreiche der Franzosen, Spanier, Portugiesen, Engländer, Skandinavier, Ungarn und Polen entwickelten sich selbständig; auf italienischem Boden entstanden viele kleine Stadtstaaten. Das Spätmittelalter ist vor allem die Zeit der inzwischen erstarkten Städte und des Bürgertums, während bis dahin die Stände des Adels (das Rittertum) und der Geistlichkeit die herrschenden Mächte gewesen waren. Die Bauern wurden während des ganzen Mittelalters durch das Lehnswesen (den Feudalismus) ständig unterdrückt und zu Unfreien und Leibeigenen gemacht (→Lehen, →Leibeigenschaft). In allen Ländern wehrten

sich die Bauern durch blutige Aufstände, so in Deutschland im →Bauernkrieg, ohne ihr Los verbessern zu können.
Von der Kultur des Mittelalters sind uns die großen Dome mit ihren Bildwerken und verzierten Glasfenstern, Wand- und Tafelmalereien, die reichgeschmückten Handschriften und die Dichtungen der Minnesänger sowie die großen Helden-epen, wie das Nibelungenlied, als Zeugen der gewaltigen Schaffenskraft dieser Zeit erhalten. Auch das Drama und die Musik erreichten schon eine hohe Blüte. Anfangs lag das kulturelle Leben fast ausschließlich in den Händen der Geistlichen. Die großen Klöster waren die Stätten, in denen Kunst und Gelehrsamkeit gepflegt wurden. Dann wurden auch die Ritterburgen und Fürstenhöfe Träger einer neuen, »höfischen« Kultur, und schließlich die Städte. Trotz aller politischen Gegensätze fühlten sich die Menschen des Mittelalters als Mitglieder einer großen Familie, der Christenheit. Die Bilder der großen niederländischen Maler befruchteten das Kunstleben Italiens. Französische Dichtungen wurden ins Deutsche übersetzt und zu den großen Versepen »Parzival« und »Tristan« umgestaltet. Englische Geistliche und Philosophen lebten und lehrten in Frankreich oder Deutschland. Deutsche Steinmetzen und Künstler wirkten am Bau der französischen Kathedralen mit. →Deutschland, Geschichtskarten.

Mittelamerika (siehe Karte Nordamerika, S. 442) ist der buchtenreiche Landstreifen, der Nord- und Südamerika verbindet. Er reicht von der Landenge von Tehuantepec in Südmexiko bis zur Landenge von Panama. Mittelamerika ist ein tropisches, vorwiegend gebirgiges Gebiet mit vielen Vulkanen. Es enthält Bodenschätze, wie Gold, Eisenerz, Quecksilber und Erdöl. Angebaut werden vor allem Kaffee, Reis, Baumwolle, Zuckerrohr, Bananen und Tabak. Die Umgangssprache der meist katholischen Bevölkerung (Weiße, Indianer, Neger, Mischlinge) ist Spanisch; dazu kommen indianische Dia-

lekte. Die atlantische Küste Mittelamerikas wurde 1502 von Kolumbus entdeckt. Die ihm folgenden spanischen Eroberer unterwarfen die mittelamerikanischen Stämme der →Maya und →Azteken und vernichteten ihre Kultur. Nach 1821 machte sich das ganze Gebiet von Spanien unabhängig und bildete die Republiken Mexiko, Guatemala, El Salvador, Honduras, Nicaragua, Costa Rica und Panama (siehe diese Stichwörter). Mittelamerika sind 3 Inselgruppen vorgelagert, die *Westindien* oder *Westindische Inseln* heißen (→Kolumbus). Zu ihnen gehören die *Großen Antillen* mit den Inseln Kuba, Haiti, Jamaica und Puerto Rico (siehe diese Stichwörter, auch →Dominikanische Republik) sowie die *Kleinen Antillen* und die *Bahama-Inseln*.

mitteleuropäische Zeit →Zeit.
Das **Mittelhochdeutsch** →deutsche Sprache.
Das **Mittelmeer**(Mittelländisches Meer) ist ein 3 Mill. qkm großes Nebenmeer des Atlantischen Ozeans, das bis zu 5015 m tief ist. Es gliedert sich in Alboran-, Ligurisches, Tyrrhenisches, Adriatisches, Ionisches, Levantinisches, Ägäisches und Marmarameer; das Schwarze Meer ist ein Nebenmeer.
Die **Mittelohrentzündung** ist eine sehr schmerzhafte Krankheit, die oft als Folge einer →Infektionskrankheit auftritt. Häufig entsteht sie jedoch auch dadurch, daß Erreger über den vom Rachen zum Mittelohr führenden Gang, die Ohrtrompete, in das Mittelohr (→Ohr) eindringen. Die entzündete Schleimhaut des Mittelohrs sondert Schleim und Eiter ab, der auf das Trommelfell drückt und es in den meisten Fällen zerreißt. Geschieht dies nicht von allein, so macht der Arzt einen kleinen Trommelfellschnitt und verhilft dem Eiter zum Abfluß, damit er sich nicht in die Hohlräume des hinter dem Ohr gelegenen Warzenfortsatzes ergießt. Schon bei Verdacht auf eine Mittelohrentzündung muß man deshalb den Arzt zu Rate ziehen.
Mittelschule →Schule.
Mittelwort →Partizip.

Mitternachtssonne →Polargebiete.

Mittwoch, der mittlere, vierte Tag der Woche, war ursprünglich dem germanischen Gotte Wodan geweiht und hieß Wodanstag, woraus das englische Wednesday geworden ist. Die französische Bezeichnung Mercredi erinnert an den römischen Gott Merkur, da sie vom lateinischen »dies Mercurii« (Tag des Merkur) abgeleitet ist.

Der **Mob** (engl.): Gesindel, Pöbel.

Möbel (lat. mobile = beweglich) nennt man die meist aus Holz hergestellten Gegenstände, die man zum Sitzen, Liegen, Unterbringen von Wäsche und Geschirr usw. braucht. Da jede Zeit ihren eigenen Geschmack hat, wechselten die Möbel ebenso ihre Form (ihren Stil) wie die Häuser, die man mit ihnen einrichtete. So gab es z. B. romanische, gotische, Renaissance-, Barock- und Biedermeier-Möbel. Je nach dem Zeitgeschmack herrschten einfache, wenig verzierte oder schwung- und prunkvolle Formen mit reichem Schnitzwerk vor. Seit der Mitte des vorigen Jh. wurden, wie in der Baukunst, auch im Möbelhandwerk oft frühere Stile nachgeahmt oder Mischformen versucht. Seit Beginn des 20. Jh. wurde ein neuer, einfacher, dem Zweckmäßigkeitsbedürfnis und Formgefühl der Gegenwart entsprechender Möbelstil geschaffen.

mobil (lat.): beweglich. – *mobilisieren:* beweglich machen, in Bewegung setzen, kriegsbereit machen (Gegenteil: demobilisieren). – *Mobilmachung:* Umstellung eines Heeres vom Friedens- auf den Kriegszustand.

Moçambique, *Mozambik,* ehemals portugies. Überseeprovinz Portugiesisch Ostafrika, s. 1975 unabhängige Republik mit 783030 qkm und 8,5 Mill. Einwohnern. Hauptstadt ist Lourenço Marques.

Die **Mode** (franz.) ist der Zeitgeschmack, der sich in Kleidung, Haartracht, Möbelformen, Meinungen usw. ausdrückt. Siehe Tafel S. 417.

Das **Modell** (ital.): Vorbild, Muster (z. B. Modellkleid); verkleinerte Nachbildung (z. B. Modelleisenbahn). – Der Künstler nennt Menschen, die er abbildet (die ihm »Modell stehen«), Modelle.

Der **Moderator** (lat.) ist bei Fernsehdiskussionen der Gesprächsleiter. Bei Sendungen, die aus verschiedenen Beiträgen bestehen, spricht er die verbindenden Texte.

modern (lat.): neuzeitlich, neuartig.

Die **Modulation** (lat.): Abwandlung; in der Musik der Wechsel von einer Tonart in eine andere; in der Rundfunktechnik Beeinflussung hochfrequenter Trägerwellen durch Überlagerung mit niederfrequenter (Ton-)Schwingung. Verändert wird die Schwingungsweite, Schwingungshäufigkeit oder die Phasenlage der Trägerwellen (Amplituden-, Frequenz- und Phasenmodulation).

Der **Modus** (lat.): Art und Weise; Aussageform, →Konjugation.

Das **Mofa** →Moped.

Möglichkeitsform →Konjunktiv.

Mohammed (eigentlich *Abul Kasim Muhammad Ibn Abdallah*) begründete die Religion des →Islams und die Weltmachtstellung der Araber, die bis ins 15. Jh. andauerte. Er wurde um 570 n. Chr. in Mekka in Arabien geboren. Als Kaufmann lernte er die jüdische und christliche Religion kennen und begann die Vielgötterei seiner Landsleute zu verurteilen. Er verkündete statt dessen den Glauben an *einen* Gott, Allah. 622 übersiedelte Mohammed mit seinen Getreuen von Mekka nach Medina. Mit diesem Jahr der *Hedschra* (»Auswanderung«) beginnt die Zeitrechnung der *Mohammedaner.* Mohammed war Prophet, Politiker und Feldherr zugleich. Von Medina aus vereinigte er alle Araber unter seiner Macht. Er betrachtete sich als Erneuerer der Religion Abrahams und als Nachfolger von Moses und Jesus (Isa). Nach seinem Tode 632 erzwangen seine Nachfolger in großen Feldzügen die Ausbreitung des Islams und der Herrschaft der Araber.

Der rote **Mohn** in den Kornfeldern ist ein Unkraut. Eine weiß- oder lilablühende Art wird, ihrer ölhaltigen Samen wegen,

Die Mode im Wandel der Zeiten

Ägypten
14. Jh. v. Chr.

Griechenland
4. Jh. v. Chr.

Mittelalter
13. Jh.

Dürerzeit
um 1500

Spanische Hoftracht
1580

Franz. Hoftracht
1770

Biedermeier um 1830　　　　　1874　　　　　1928

feldweise angebaut. Aus dem Milchsaft der unreifen Kapseln kann →Opium gewonnen werden.

Der **Mokassin** ist der absatzlose Schuh der nordamerikanischen Indianer.

Der **Molch** oder *Salamander* gehört zu den Schwanzlurchen. Er hat einen eidechsenartigen Körper. →Lurche.

Eine **Mole** (ital.) ist ein künstlicher Damm vor einer Hafeneinfahrt oder Küste zum Schutz gegen Wellenschlag und Versandung.

Das **Molekül** oder *Molekel*. Verdampft man die chemische Verbindung Wasser (H_2O), so enthält der Dampf kleinste Teilchen von Wasser, die man nicht mehr zerreißen könnte, ohne ihre chemische Natur zu ändern. Diese kleinsten Teilchen, in die ein Stoff zerlegt werden kann, ohne daß sich seine Natur ändert, heißen Moleküle (kleinste chemische Einheit). Ein Molekül ist eine Gruppe von →Atomen, die durch elektrische Anziehungskräfte zusammengehalten wird. Es gibt Moleküle, die nur aus Atomen eines einzigen Elements bestehen. So haben manche gasförmige Elemente, wie Sauerstoff, Stickstoff oder Wasserstoff, Moleküle mit je zwei Atomen. Andere Moleküle, die der chemischen Verbindungen, bestehen aus Atomen von mehr als einem Element. Manche Eiweißmoleküle bestehen aus rund einer Million Atomen.

Die **Molekularbiologie** erforscht chemische Reaktionen in Lebewesen, indem sie die räumliche Gestalt von Molekülen und ihre dadurch möglichen Wechselwirkungen beschreibt.

Jean Baptiste **Molière** (sprich moljähr), der bedeutendste Lustspieldichter Frankreichs, wurde 1622 in Paris geboren. Er durchzog als Schauspieler und Dichter mit einer Wandertruppe die Provinz, gewann die Gunst Ludwigs XIV. und wurde dessen Hofschauspieler. Er starb 1673 in Paris während einer Aufführung seines Stückes »Der eingebildete Kranke«, dessen Titelrolle er selbst spielte. Molière ist der Schöpfer der modernen Komödie. In seinen Hauptwerken »Die Schule der

Frauen«, »Der Menschenfeind«, »Tartuffe«, »Der Geizige« verspottete er menschliche Schwächen und Modetorheiten der Zeit.

Die **Molke** ist der Flüssigkeitsrest, der nach der Verarbeitung der Milch zurückbleibt. Außer Wasser enthält sie noch Reste von Milchzucker, Salzen und Eiweiß. Molke dient meist als Schweinefutter, doch stellt man auch Molkenkäse und Kunststoffe aus ihr her.

Moll →Dur.

Der **Moloch**: babylonischer Gott, dem Menschenopfer dargebracht wurden.

Der **Moment** (lat.): ganz kurze Zeitspanne, Zeitpunkt, Augenblick. – *Das Moment:* Ursache, wichtiger Umstand.

Monaco ist ein Fürstentum an der französischen Mittelmeerküste. Es hat 24000 Einwohner auf 1,49 qkm und ist das kleinste Land Europas. Hauptstadt: Monaco (2000 Einwohner). Der Kurort Monte Carlo ist bekannt durch sein Spielkasino.

Die **Monarchie** (griech. = Alleinherrschaft) ist die Staatsform, in der ein einzelner auf Lebenszeit das Amt des Staatsoberhauptes ausübt. Kaiserreiche, Königreiche und Fürstentümer sind also Monarchien, an ihrer Spitze steht der *Monarch*. Wird er gewählt (wie z.B. im Mittelalter die deutschen Könige durch die Kurfürsten), dann spricht man von einer *Wahlmonarchie*. In der *Erbmonarchie* hingegen folgt dem verstorbenen Monarchen nach einer gesetzlich festgelegten Reihenfolge ein Familienmitglied (meist der älteste Sohn) auf den Thron. In der *absoluten Monarchie* herrscht der Monarch allein und uneingeschränkt (→Absolutismus), in der *konstitutionellen Monarchie* sind die Rechte des Monarchen durch die Verfassung (Konstitution) eingeschränkt, die der Volksvertretung gewisse Rechte zubilligt. Das deutsche Kaiserreich von 1871 bis 1918 war eine konstitutionelle Monarchie. In der *parlamentarischen Monarchie* ist der Wille der Volksvertretung entscheidend. Der Monarch ist an der Führung der Regierung nicht beteiligt, er versinnbildlicht den Staat und seine geschichtliche Überlieferung. Großbritannien z. B. hat heute eine parlamentarische Monarchie. In Europa bestehen außerdem in Belgien, Dänemark, Luxemburg, den Niederlanden, Norwegen und Schweden heute noch parlamentarische Monarchien.

Ein **Monat** ist der zwölfte Teil eines Jahres (→Zeit). Unsere Monatsnamen haben wir vom römischen Kalender übernommen: der Januar (Jänner) nach Janus; der Februar nach Februa, dem Sühnefest zum Schutz vor bösen Geistern; der März nach Mars; der April nach Aphrodite; der Mai nach Maja, der Göttin des Wachstums; der Juni nach Juno; der Juli zu Ehren von Gajus Julius Cäsar; der August zu Ehren des Kaisers Augustus. September heißt siebenter, Oktober achter, November neunter, Dezember zehnter Monat, weil bei den Römern das Jahr am 1. März begann. Die altdeutschen Monatsnamen heißen: Hartung, Hornung, Lenz, Ostermond, Wonnemond, Brachet, Heuert, Erntemond, Herbstmond, Gilbhart, Neblung, Julmond.

Mönch (griech.) bedeutet »für sich allein Lebender« und war ursprünglich die Bezeichnung für einen Einsiedler. Heute nennt man jedes in einem Kloster lebende Mitglied eines Ordens Mönch.

Der **Mond,** der Begleiter der Erde, ist der Himmelskörper in unserem Sonnensystem, der der Erde am nächsten steht. Er läuft in 27 Tagen und 8 Stunden von West nach Ost um die Erde. Auch andere Planeten haben solche Begleiter, die man Satelliten oder Trabanten nennt. Da die Mondbahn ellipsenförmig ist, wechselt der Abstand des Mondes von der Erde ziemlich stark (größte Entfernung 406 700 km, kleinste 356 400 km, mittlere Entfernung 384 405 km). Der Durchmesser des Mondes beträgt 3476 km, seine Masse ist 81mal kleiner als die der Erde. Dem Mond fehlen sowohl Wasser wie eine Atmosphäre; die Temperaturen auf ihm schwanken ganz außerordentlich, nämlich zwischen 120° C Hitze in der Sonne und 160° C Kälte im Schatten. Deshalb

gibt es auf ihm keine Lebewesen. Der Mond scheint nicht im eignen Licht wie Sonne oder Sterne, sondern wird nur von der Sonne beleuchtet. Wenn die Erde zwischen Sonne und Mond steht, sehen wir den Mond voll beleuchtet (Vollmond). Wenn der Mond nahe der Sonne steht, bescheint diese nur seine uns abgekehrte Seite. Die uns zugekehrte können wir dann nicht sehen (Neumond). Zwischen 2 Vollmonden oder zwischen 2 Neumonden liegt eine Zeit von 29 Tagen und 13 Stunden. Der Mond dreht sich um seine Achse in fast der gleichen Zeit, die er für den Umlauf um die Erde braucht. Er wendet uns daher stets die gleiche Seite zu. Auf seiner Oberfläche sieht man große dunkle Ebenen, Gebirge und zahllose runde »Krater«, deren Entstehung noch nicht sicher geklärt ist. Der Mond bewirkt die →Gezeiten und die Finsternisse (→Himmelskunde). Sein Umlauf wurde als Einheit der →Zeit benutzt (Monat). – Abb. auf Seite 420.

Mondsonden →Weltraumfahrt.

Claude **Monet,** der französische Maler, lebte von 1840 bis 1926. Er gehört zu den Vätern des →Impressionismus in der Malerei und hat u. a. viele Landschaften gemalt.

Die **Mongolen** sind eine innerasiatische Völkergruppe. Sie ziehen mit ihren Viehherden von einem Weideplatz zum anderen und hausen in Filzzelten (Jurten). Unter ihrem Führer →Dschingis-Khan eroberten sie im 13. Jh. ein riesiges Reich, das seine Nachfolger bis nach Ungarn ausdehnten. Dabei verwüsteten sie viele Länder und waren der Schrecken ganz Europas. Bei Liegnitz in Schlesien stellte sich ihnen 1241 ein europäisches Ritterheer zur Schlacht, die unentschieden verlief. Die Mongolen kehrten jedoch um, was vielleicht auch durch den Tod ihres Herrschers veranlaßt wurde. Nach einer Zeit des Niedergangs schuf Timur Leng um 1400 nochmals ein mongolisches Großreich. 1757 wurde die Mongolei von China unterworfen, zu dem auch heute der südliche Teil des Landes, die *Innere*

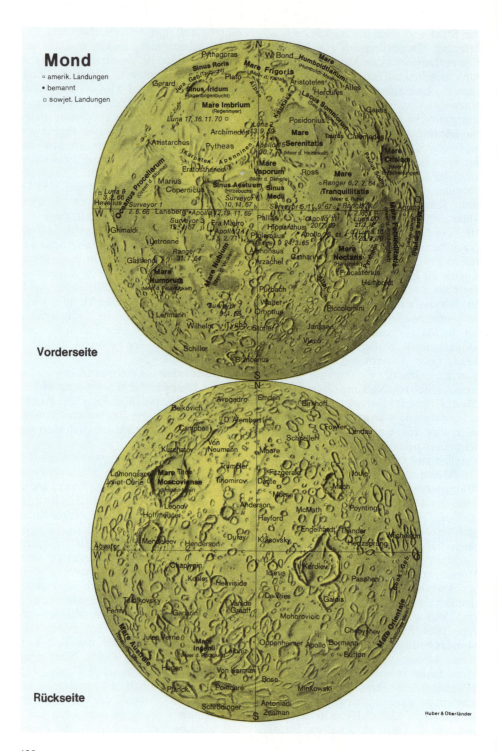

Mond

- ▫ amerik. Landungen
- • bemannt
- ▫ sowjet. Landungen

Vorderseite

Pythagoras
W. Bond **Mare**
Humboldtianum
(Humboldt-Meer)
Sinus Roris (Taubucht)
Mare Frigoris
(Meer d. Kälte)
Jura Geb. Plato
Alpen
Aristoteles
Atlas
Gerard
Hercules
Sinus Iridum
(Regenbogenbucht)
Lacus Somniorum
(See d. Träume)
Gauss
Mare Imbrium
(Regenmeer)
Luna 17. 16. 11. 70 ▫
Luna 2
13. 9. 59
Posidonius
Archimedes
Taurus Cleomedes
Aristarchus
Pytheas
Apollo 15
30. 7. 71
Mare
Serenitatis
(Meer d. Heiterkeit)
Mare
Crisium
(Meer d.
Entscheidung)
Karpaten Apenninen
Eratosthenes
Mare
Vaporum
(Meer d. Dämpfe)
Ross
Paulus Somni
Oceanus Procellarum (Ozean d. Stürme)
Marius
Copernicus
Sinus Aestuum
(Hitzebucht)
Sinus
Medii
Mare
Tranquillitatis
(Meer d. Ruhe)
Ranger 6. 2. 2. 64
Luna 0
3. 2. 66
Hevelius
Surveyor 1
2. 6. 66
Lansberg
Surveyor 5
10. 14. 67
Surveyor 6
10. 14. 67
Surveyor 5. 11. 9. 67
Ranger 8
Aquator
Apollo 12. 19. 11. 69
Pallas
Apollo 11
20. 7. 69
Luna 16
21. 2. 65
Grimaldi
Surveyor 3
19. 4. 67
Era Mauro
Apollo 14
5. 2. 71
Hipparchus
Ptolemäus
Apollo 16. 21. 4. 72
Luna 18
7. 9. 70
Letronne
Ranger 9 24. 3. 65
Alphonsus
Ranger 7
31. 7. 64
Arzachel
Catharina
Mare
Nectaris
(Honigmeer)
Gassendi
Fracastorius
Mare
Humorum
(Meer d. Feuchtigkeit)
Purbach
Humboldt
Surveyor
9. 1. 68
Walter
Lehmann
Piccolomini
Wilhelm
Tycho
Stöfler
Janssen
Blancanus
Schiller
Vieco
N
W
S
Mare Foecunditatis
Mare Marginis

Rückseite

Avogadro
Emden
Belkovich
Birkhoff
D'Alembert
Campbell
Fowler
Landau
Schneller
Von
Neumann
Kurchatov
Moore
Trumpler
Fitzgerald
Joule
Lomonossow
Mare
Moscoviense
(Moskau-Meer)
Titov
Tihomirov
Dante
Mach
Joliot-Curie
Morse
Leonov
Anderson
McMath
Poynting
Hoffmeister
Hayford
Mendeleev
Henderson
Dufay
Krasovsky
Engelhardt
Tsander
Michelson
Hedzsprung
Chaplygin
Idarus
Korolev
Passehen
Keeler
Heaviside
Galois
Tsiolkovsky
De Vries
Ferni
Gagarin
Van de
Graaff
Mohorovicic
Chebyshev
Jules Verne
Oppenheimer
Apollo
Bormann
Mare
Australe
(Südl. Meer)
Mare
Ingenii
(Meer d. Findigkeit)
Leibniz
Button
Hagen
Von Karman
Bose
Planck
Poincaré
Minkowski
Schrödinger
Antoniadi
Zeeman
N
W
Äquator
Mare Orientale
(Östl. Meer)
Boos Geb.
S

Huber & Oberländer

420

Mongolei, gehört. Die *Äußere Mongolei* ist seit 1924 ein selbständiger Staat unter sowjetischem Einfluß und nennt sich *Mongolische Volksrepublik* (1,565 Mill. qkm, 1,36 Mill. Einwohner, Hauptstadt Ulan-Bator, 288000 Einwohner). – Zur mongolischen (mongoliden oder gelben) Rasse, die über 1 Milliarde Menschen umfaßt, werden unter anderem auch die seßhaften Kulturvölker Ostasiens, wie die Chinesen, die Japaner und Koreaner, gerechnet. Kennzeichen der Mongolen sind die gelbliche Hautfarbe, das straffe, schwarze Haar und das »Schlitzauge«, das von einer Falte am Oberlid herrührt.

Der **Monitor** (lat.): 1. früher flaches, schwer gepanzertes Kanonenboot; 2. einfaches Gerät zum Messen radioaktiver Strahlung; 3. Kontroll-Fernsehgerät in den Aufnahme- und Sendestudios.

Das **Monogramm** (griech.): Namenszeichen, meist aus den Anfangsbuchstaben von Vor- und Familienname gebildet. Albrecht Dürer

Das **Monokel** (franz.): Einglas, Brillenglas (oft ohne Fassung) für Leute, die auf einem Auge schlecht sehen.

Der **Monolog** (griech.): Selbstgespräch, vor allem im →Drama.

Das **Monopol** (griech.): Alleinrecht; im Wirtschaftsleben die Herstellung oder der Vertrieb bestimmter Waren durch eine Firma oder mehrere zusammengeschlossene Betriebe, die jeden Wettbewerb ausschließen. Ein Staatsmonopol ist das Alleinrecht eines Staates, bestimmte Waren zu vertreiben, z. B. Tabakmonopol in Österreich (Tabakregie), Zündholzmonopol in Deutschland.

Der **Monotheismus** (griech.): Glaube an einen einzigen Gott. – Das Christentum, das Judentum und der Islam sind monotheistische Religionen.

monoton (griech.): eintönig, gleichförmig, langweilig.

Die **Monstranz** (lat.): in der katholischen Kirche der kostbare Schaubehälter, der die konsekrierte →Hostie enthält.

Der **Monsun** (arabisch = Jahreszeit) ist ein Wind in den Küstenländern der Tro-

pen, besonders am Indischen Ozean, der halbjährlich seine Richtung ändert. Der Sommermonsun ist regenreich, weil er vom Meer kommt. Seiner rechtzeitigen Ankunft verdanken die Monsunländer ihre Fruchtbarkeit; verspäteter Beginn oder gar sein Ausbleiben verursachen Hungersnot. Im Herbst und im Frühjahr »kentert« der Monsun, d. h., er ändert seine Richtung. Der Wintermonsun ist der trockene Wind aus dem kalten Landesinnern.

Montag, der zweite Tag der Woche, war ursprünglich dem Monde geweiht, z. B. englisch Monday, französisch Lundi (von lat. dies Lunae).

Die **Montage** (franz., sprich montahsche): Anbringung von Werkstücken, Zusammensetzen von Maschinenteilen oder Stahlbauten. – *Monteur:* Handwerker, der technische Anlagen anbringt. Beim Film bedeutet Montage das Zusammensetzen der einzelnen Filmstreifen nach künstlerischen Gesichtspunkten.

montan (lat.) bei Zusammensetzungen bedeutet Bergbau, z. B. Montangesellschaft. – Als *Montanunion* bezeichnet man den Zusammenschluß der Bergbau- und Hüttenindustrie der Benelux-Länder, Frankreichs, Italiens und der Bundesrepublik Deutschland. Sie besteht seit 1952.

Die **Montgolfiere** →Luftfahrt.

Das **Monument** (lat.): Denkmal. – *monumental:* gewaltig, großartig.

Das **Moor.** Sumpfige Gebiete, auf denen nur harte Gräser und kleine Birken und Erlen gedeihen, nennt man Moore. In den verschiedenen Landschaften Deutschlands werden sie auch Moos, Ried, Filz, Fenn, Luch oder Bruch genannt. Die *Niederungsmoore* werden durch zu hohen Grundwasserstand hervorgerufen, dagegen bilden sich *Hochmoore* in niederschlagsreichen, abflußlosen Gebieten auf wasserundurchlässigem Untergrund. Die abgestorbenen →Moose wandeln sich im stehenden Wasser und unter Luftabschluß in →Torf um. Man kann die Moorflächen durch Gräben und Dränagen (Leitungen aus kurzen, aneinandergereihten Tonröhren) entwässern. Danach wird die oberste Moorschicht umgeackert und stark gedüngt. So entsteht allmählich Kulturland.

Das Moos. Eine ganze Reihe kleiner, wurzelloser Sporenpflanzen, die in allen Zonen der Erde vorkommen, bezeichnet man als Moose. Sie nehmen das Wasser

durch Stengel und Blätter auf und tragen so dazu bei, dem Wald das günstige Klima zu erhalten und den Wasserhaushalt der Natur zu regeln. In Mooren tragen sie zur Entstehung von Torf bei. Man unterscheidet die niedrigen Lebermoose, die mit leberähnlichen Lappen auf dem Boden wurzeln (obere Abbildung), von den Laubmoosen, die beblätterte Stämmchen haben (Abbildung links).

Ein **Moped** ist ein stabiles Zweirad (Kleinkraftrad) mit Kleinmotor (bis 50 ccm Hubraum). Maschinen bis zu 25 km/h Höchstgeschwindigkeit (*Mofas* = Motorfahrräder) sind führerscheinfrei.

Die **Moral** (lat. mores = Sitten): Sittlichkeit, Sittenlehre; auch die Belehrung, die der Leser aus einer Erzählung gewinnt. – *moralisch:* sittlich, anständig, dem allgemeinen Begriff von Sittlichkeit entsprechend. – *moralisieren:* sittenstreng urteilen und belehren.

Die **Moräne** ist das »Geschiebe« aus Stein und Erde, das wandernde →Gletscher mit sich schieben und nach dem Abtauen als langgestreckte Hügel hinterlassen. Oft sind die Steine dann zu Kieseln und zu größeren Findlingen rundgeschliffen. In den Gebieten, die während der Eiszeit vergletschert waren, blieben Morä-

nenlandschaften, oft mit Moränenseen, zurück, z. B. in der Norddeutschen Tiefebene und der Voralpenlandschaft.

Das Morgenland ist der →Orient.

Eduard **Mörike** war ein schwäbischer Dichter, dessen Lyrik volksliedhafte Schlichtheit mit Gedankentiefe und Sprachschönheit vereint. Er schrieb eine der schönsten deutschen Erzählungen: »Mozart auf der Reise nach Prag«, Märchen wie »Das Stuttgarter Hutzelmännlein« und den Roman »Maler Nolten«. Er lebte von 1804 bis 1875 und war von Beruf Pfarrer und Lehrer.

Die **Moritat:** Schauergeschichte; volkstümliche, oft komische Verserzählung einer traurigen oder unheimlichen Begebenheit. Solche Moritaten wurden früher auf Jahrmärkten von Bänkelsängern vorgetragen und in Bildern vorgeführt.

Das Morphium oder *Morphin* ist eine Arznei, die aus →Opium gewonnen wird. In kleinsten Mengen wirkt es schmerzstillend, betäubend und einschläfernd (Morpheus ist der griechische Gott des Traumes). Häufiger Gebrauch (Morphiumsucht) führt zu geistigem und körperlichem Verfall. Daher ist der Verkauf von Morphium gesetzlich geregelt.

Samuel **Morse,** ein amerikanischer Kunstmaler, lebte von 1791 bis 1872. Er erfand einen praktisch brauchbaren →Telegraphen und schuf das noch heute verwendete Morsealphabet, das aus kurzen und langen Zeichen bzw. Punkten und Strichen besteht. – Siehe Innenseite des hinteren Deckels.

Der **Mörtel** ist der Baustoff, der die Mauersteine verbindet. Er wird aus Sand und Kalk oder Zement hergestellt.

Das Mosaik (arabisch): aus bunten Stein-, Glas- oder Marmorstückchen kunstvoll zusammengesetztes Wandbild. Abb. →Byzantinisches Reich. Auch Fußböden werden mit Mosaiken geschmückt.

Die **Moschee** (arabisch) ist das Gotteshaus der Mohammedaner. Sie ist meist ein Kuppelbau, an dessen einer Ecke (oft auch an mehreren) ein spitzer schlanker Turm steht, das *Minarett*. Von ihm aus ruft der *Muezzin*, das ist der Gebetsrufer, die Gläubigen fünfmal am Tag zur Andacht. Die Mohammedaner nennen große Moscheen *Dschami*.

Der **Moschus** oder *Bisam* ist der stark riechende Duftstoff, der aus einer Drüse des Moschustieres (ein kleiner Hirsch in den Gebirgen Mittelasiens) gewonnen wird. Moschus wird zur Herstellung von Parfüm verwendet.

Der Prophet **Moses** errettete im 13. Jh. v. Chr. das jüdische Volk aus der ägyptischen Gefangenschaft. Vom Berge Sinai brachte er ihm die 10 Gebote Gottes und bekehrte es zum Glauben an den *einen* Gott Jehova.

Der **Moskito** ist eine blutsaugende →Mücke. Manche Moskitos übertragen gefürchtete Fieberkrankheiten wie Malaria und Gelbfieber.

Der **Moslem:** Anhänger des →Islams.

Most nennt man in vielen Gegenden den halbgegorenen, unfertigen Wein; in anderen wird ausgegorener Apfel- oder Birnenwein als Most bezeichnet. Auch ungegorene Säfte nennt man oft Most.

Die **Motette** (ital.): mehrstimmiges Gesangswerk nach Bibeltexten, seit dem 12. Jh.

Das **Motiv** (lat.): 1. Beweggrund: 2. Gegenstand, der einen Künstler zur Gestaltung anregt; 3. in der Musik der in sich geschlossene Teil einer Melodie. – *motivieren:* begründen.

Das **Motodrom** (lat.-griech.): ein für Motorsportveranstaltungen ausgebautes Gelände, z. B. bei Hockenheim.

Der **Motor** (lat. motus = Bewegung). Wir bezeichnen als Motoren alle Maschinen, die etwas in Bewegung setzen und einen Antrieb erzeugen, also auch Windmühle und Wasserrad, vor allem aber Wasserturbine, Dampfmaschine, Dampfturbine, Verbrennungsmotor, Strahl- und Raketentriebwerke und Elektromotor.

Motorräder gibt es seit 1885. Das Motorrad ist ein Zweirad, das durch einen →Verbrennungsmotor angetrieben wird (Zweitaktmotor bei kleineren, Viertaktmotor meist bei schweren Maschinen).

BMW-Motorrad R 68, 35 PS, 600 ccm

Man unterscheidet Leichtmotorräder (bis 250 ccm Zylinderinhalt), mittelschwere (bis 350 ccm) und schwere Motorräder (über 350 ccm). Die Kraft des Motors wird durch die Kupplung, die die Drehung der Kurbelwelle auf das Getriebe weiterleitet, über das Getriebe (Ketten- oder Kardanantrieb) auf das Hinterrad übertragen. Der Rahmen des Motorrades wird meist aus gemufften Stahlrohren hergestellt; der Motor ist durch die Luftrippen am Zylinder luftgekühlt. Die Hebel zur Bedienung des Motors und der Kupplung sowie die Handbremse sind an der Lenkstange angebracht. Vorder- und Hinterrad haben bei den modernen Maschinen Teleskop-Federung. Wer ein Motorrad fahren will, muß einen Führerschein haben, und zwar bis 50 ccm Klasse 4 und über 50 ccm Klasse 1.

Der **Motorroller.** Nach dem Zweiten Weltkrieg wurde auch in Deutschland der aus Italien stammende Motorroller sehr beliebt. Er fährt mit →Verbrennungsmotor meist mit 125, 150 oder 200 ccm, unterscheidet sich aber vom Kleinmotorrad durch seine eigenartige Karosserie, die den Fahrer vor aufspritzendem Straßenschmutz schützt, und durch kleinere Räder. Einen Motorroller darf fahren, wer einen Führerschein der Klasse 1 hat.

Die **Motte** ist ein kleiner Schmetterling mit nur 1 cm weit spannenden Flügeln. Die *Kleidermotten* sind große Schädlinge. Die Weibchen nisten sich in Polstermöbeln, Pelz- und

Nachtmotte

Wollsachen, aber auch in Seidenstoffen ein. Dort legen sie ihre Eier, aus denen die kleinen Mottenraupen schlüpfen, die dann in den Stoffen ihre Nahrung finden. Um das zu verhindern, müssen die gefährdeten Kleidungsstücke durch häufiges Lüften und durch Mottenmittel geschützt werden.

Das **Motto** (ital.): Leit-, Sinnspruch.

Die **Möwe** ist ein Wasservogel, der ein ebenso guter Flieger wie Schwimmer ist. Alle Möwen tragen ein weißes oder graues Federkleid und unterscheiden sich meist nur durch die verschieden dunkle Flügelfärbung. Sie nähren sich von tierischer Beute, also auch von Aas und Abfällen. An unseren Küsten brüten *Sturm-* und *Silbermöwe*. Die schwarzköpfige *Lachmöwe*, die ihren Namen ihrem eigenartigen Ruf verdankt, brütet häufig auch an Binnenseen und Flüssen. Die zierlichen langflügeligen *Seeschwalben* gehören ebenfalls zu den Möwen.

Wolfgang Amadeus **Mozart** wurde am 27. 1. 1756 in Salzburg als Sohn eines Musikers geboren. Schon als 6jähriges Kind begann er zu komponieren. Sein Vater bildete ihn sorgfältig aus und schickte das Wunderkind mit seiner Schwester auf Konzertreisen durch ganz Europa. Mit 11

Partiturausschnitt Mozarts
»Entführung aus dem Serail«

Jahren schrieb er sein erstes Werk für die Bühne, dem über 20 Opern folgten, darunter »Die Entführung aus dem Serail«, »Die Hochzeit des Figaro«, »Don Giovanni« und »Die Zauberflöte«. Auch auf allen anderen Gebieten der Tonkunst hat Mozart Großes geleistet, vom Lied bis zum Konzert, in der Kammermusik, der Sinfonie und der Kirchenmusik. Die letzten Jahre seines Lebens verbrachte Mozart in Wien, wo er geschätzt und geehrt, aber wenig gefördert wurde. Verschuldet und erschöpft von übermäßiger Arbeit, starb er mit 35 Jahren am 5. 12. 1791. Er hinterließ über 600 Musikwerke.

Mücken sind zweiflügelige Insekten mit langen, dünnen Beinen. Es gibt viele Tausende von Arten, darunter zahlreiche Pflanzenschädlinge. Blutsauger sind die 2000 Arten Stechmücken oder →Moskitos; meist stechen nur die Weibchen.

Der **Muezzin** →Moschee.

Der **Mufti** (arab. = Entscheider): islamischer Rechtsgelehrter.

Mühlen gibt es, seit man Getreide anbaut. Anfangs zerquetschte man die Körner zwischen zwei Steinen, von denen der obere, der Läufer, mit der Hand um seine Achse gedreht wurde, zu Mehl. Schon im frühen Mittelalter nahm die Kraft des Wassers dem Menschen diese Arbeit ab, im Flachland und in wasserarmen Gebieten die Windmühle. Bei Wassermühlen unterscheidet man oberschlächtige, bei denen das Wasser von oben auf die Schaufelräder fällt, und unterschlächtige, die durch das vorbeifließende Wasser von unten angetrieben werden. In einigen Ländern sind bereits von alters her einfache Wasserturbinen in Gebrauch. Daraus hat sich in den letzten 100 Jahren die moderne Wasser- und Dampfturbine entwickelt. Moderne Getreidemühlen mahlen nicht mehr zwischen Natursteinen, sondern zwischen stählernen, fein gerillten Walzen. Das Mehl wird in mehreren Mahlgängen verfeinert. Dabei werden im ersten Mahlgang die Hülsen als Kleie abgeschrotet. – Mühlen nennt man auch Sägewerke sowie Betriebe, in denen Ölfrüchte verarbeitet werden. In Holland entwässern Windmühlen mit Pumpwerk tiefliegende, abflußlose Gegenden.

Ein **Mulatte** ist ein Mischling, der einen Weißen zum Vater und eine Negerin zur Mutter hat oder eine Weiße zur Mutter und einen Neger zum Vater.

Muli →Esel.

Der **Mull:** 1. ein weitmaschig lockeres Baumwollgewebe, das sich für Verbände eignet, weil es sich den Körperformen anschmiegt; 2. zerkleinerter, saugkräftiger Torf, den man der Gartenerde beimengt, um sie feinkrümelig zu machen.

Die **Multiplikation** (lat.) →Mathematik.

Die **Mumie** →Einbalsamieren.

Der **Mumps** oder *Ziegenpeter* ist eine meist einseitige entzündliche Schwellung der Ohrspeicheldrüse. Die Krankheit, die durch ein →Virus hervorgerufen wird, kann epidemisch (→Epidemie), aber auch als Folge einer anderen Infektionskrankheit (z. B. Scharlach) auftreten.

Der Freiherr von **Münchhausen** hat wirklich gelebt, und zwar von 1720 bis 1797. Bekannt wurde der »Lügenbaron« durch die Erzählung seiner unzähligen Abenteuer auf Reisen, bei der Jagd und im Kriege. Phantasievoll, komisch, aber mit faustdicken Lügen, tat er das, was wir heute »aufschneiden« nennen. Noch zu seinen Lebzeiten erschienen Aufzeichnungen seiner Geschichten.

Die **Mundart** →Dialekt.

mündig wird man, wenn man volljährig geworden ist. →Recht.

Das **Münster** (griech.-lat.): ursprünglich das Kloster, dann die Klosterkirche, später die Hauptkirche einer Stadt.

Der deutsche Bauernführer Thomas **Müntzer** wurde 1489 geboren und 1525 enthauptet. Er war als revolutionärer Prediger eine hervorragende Gestalt des deutschen →Bauernkrieges von 1524/25. →Luther wandte sich von den aufständischen Bauern und von Müntzer bald ab.

Münzen sind metallene Geldstücke, denen ein staatliches Hoheitszeichen als Gewähr für ihren Gehalt und meist auch eine Ziffer mit der Wertangabe aufgeprägt sind. Die ältesten Münzen stammen aus dem 7. Jh. v. Chr. und wurden in Kleinasien hergestellt. Von dort verbreitete sich die Münzprägung über die griechische Welt. Man stellte Münzen aus Gold, Silber und Kupfer her. Sie verdrängten bald die früheren einfachen Formen des Geldes (Barren, Riegel usw.). Die römischen Münzen zeigten in der Kaiserzeit das Bild des Herrschers auf der Vorderseite. Die am weitesten verbreitete Münze der Neuzeit war der Taler, der Anfang des 16. Jh. eingeführt wurde. Er ist nach der Stadt St. Joachimsthal in Böhmen benannt, in der Silber gefördert wurde. Das Wort Dollar ist aus Taler entstanden. Früher prägten nicht nur Fürsten und Könige, sondern auch einzelne Städte ihre eigenen Münzen. Die *Münzkunde* ist daher ein wichtiges Hilfsmittel der Geschichtswissenschaft.

Die **Muräne** ist ein eßbarer, aalähnlicher Fisch, der u. a. im Mittelmeer vorkommt. Er hat giftige Zähne.

Das **Murmeltier** ist ein Nagetier, das im Hochgebirge lebt. Es wohnt in selbstgegrabenen Höhlen und ernährt sich von Pflanzen, Samen und Wurzeln. Murmeltiere verständigen sich durch schrille, laute Warnungspfiffe.

Johann Karl **Musäus** war im 18. Jh. einer der ersten Sammler von deutschen Volksmärchen (z. B. von Rübezahl).

Muscheln sind →Weichtiere mit zweiklappiger Schale. Sie leben in vielen Arten im Meer und im Süßwasser. Manche Meeresmuscheln sind eßbar, so z. B. die →Auster und die Miesmuschel, die beide

Perlmuschel
geöffnet, mit Perle   geschlossen

in flachen Küstengewässern gezüchtet werden. Andere liefern →Perlen und Perlmutter.

Als **Muselmanen,** auch *Moslems* oder *Muslims*, bezeichnet man die Anhänger des →Islams.

Die neun **Musen** waren die griechischen Schutzgöttinnen der Künste und der Wissenschaften: Klio für die Geschichte, Thalia für das Lustspiel, Erato für die Lyrik, Euterpe für die Musik, Polyhymnia für den Gesang, Kalliope für die Erzählkunst, Terpsichore für den Tanz, Urania für die Sternkunde, Melpomene für das Trauerspiel. Homer erzählt, sie seien die Töchter des Zeus und der Mnemosyne, der Göttin des Gedächtnisses, gewesen.

Das **Museum** (griech.): Gebäude, in dem wertvolle und interessante Gegenstände der Kunst, Geschichte, Völkerkunde, Naturwissenschaft, Technik usw. gesammelt und ausgestellt werden. Museen, die allen zugänglich sind, gibt es erst seit dem 18. Jahrhundert.

Die **Musik** (vom griech. musike techne = Kunst der Musen) ist die ursprünglichste aller Künste. Die älteste Musik waren vermutlich Arbeitsgesänge, die etwa beim Stampfen oder Mahlen von Getreide gesungen wurden, ähnlich wie noch bis vor kurzem die Matrosen beim Aufwinden von Ankerketten bestimmte Gesänge anstimmten. Religiöse Musik erklang bei Totenfeiern oder Erntefesten. Instrumente, wie die Harfe und Flöte, hat es schon bei den alten Ägyptern gegeben. Bei den Griechen wurden die Chorlieder der Tragödie gesungen. Im 4. Jh. wurde durch den heiligen Ambrosius der kultische Gesang der christlichen Kirche entwickelt. Aus dieser Zeit stammt das Tedeum (»Großer Gott, wir loben Dich«). Vereinheitlicht wurde der Kirchengesang um 600 durch Papst Gregor I. (gregorianischer Choral). Etwa um das Jahr 1000 zeigten sich die ersten Anfänge der Mehrstimmigkeit, die dann im 15. und 16. Jh. zu hoher Blüte gelangte, besonders in den Werken des Italieners Palestrina und Orlando di Lassos sowie in den Kompositionen niederländischer Meister. Zugleich entwickelten sich die Musikinstrumente, die ursprünglich aus einfachen, in der Natur vorgefundenen Formen entstanden waren (Tierhörner, Schilfrohr) oder aus Waffen und Gebrauchsgegenständen (die Saiteninstrumente z. B. aus dem Bogen). Damit bildete sich die reine Instrumentalmusik heraus, die zuerst im Hause (der Kammer, daher der Name Kammermusik) und bald auch in Konzerten vor der Öffentlichkeit vorgetragen wurde. Um 1600 entstand in Italien die →Oper. Neben der geistlichen Musik begann damit der Aufstieg der weltlichen. In beiden Arten schufen die großen Meister, wie Schütz, Händel, Bach, Haydn, Mozart und Beethoven, Unvergängliches. Sie bildeten die großen, kunstvollen, noch heute gültigen musikalischen Formen, vor allem die →Fuge, die →Sonate und die →Sinfonie. Franz Schubert wurde zum Begründer des deutschen Kunstliedes. Robert Schumann, Johannes Brahms und Hugo Wolf haben diese Kunstgattung weiter bereichert. Auf die Meister der Romantik, Carl Maria von Weber, Mendelssohn und Chopin, folgte Richard Wagner, der die Oper als Musikdrama erneuerte. Brahms und Bruckner waren die letzten großen Meister der Sinfonie. Das Orchester wurde immer reicher ausgestaltet. Die Musik unserer Zeit geht vielfach ganz neue Wege. In den Werken von Schönberg, Strawinski, Bartók, Honegger, Prokofjew und Hindemith hat sie dem veränderten Gefühl für die Klänge und die Gestaltung von musikalischen Gedanken Ausdruck verliehen. Weitere bedeutende Komponisten unserer Zeit sind Egk, Orff, Henze, Milhaud, Malipiero, Schoeck, Britten, Gershwin, Copland, Berg.

Der **Muskat** ist ein Gewürz, und zwar der Samenkern des lorbeerähnlichen Muskatbaumes, der in Indonesien wächst. Die weiße Oberschicht auf den fälschlich als Nüsse bezeichneten Kernen ist eingetrocknete Kalkmilch. Der netzartige Samenmantel kommt als das Gewürz *Muskatblüte* in den Handel.

Musikinstrumente

Horn

Trompete

Posaune

Kesselpauke

Baßtuba

Saxophon

Große Trommel

Kleine Trommel

Pikkoloflöte

Tamburin

Becken

Klarinette

Triangel

Orchester-Kastagnetten

Große Flöte

Violine

Xylophon

Fagott

Cello

Kontrabaß

Harfe

Oboe

Die **Muskeln** (lat.) können sich auf einen bestimmten Reiz hin zusammenziehen, also verkürzen, und verursachen so die Bewegungen unseres Körpers. Man teilt sie in zwei große Gruppen ein: 1. die quergestreiften Skelettmuskeln und 2. die glatten Eingeweide- und Gefäßmuskeln. Die erste Gruppe wird durch unseren Willen zur Tätigkeit angeregt (Armheben, Gehen usw.); die Eingeweide- und Gefäßmuskeln arbeiten unwillkürlich (Magen- und Darmtätigkeit usw.). Als »Betriebsstoff« für die Muskeltätigkeit dient fast ausschließlich Zucker, der durch das Blut an die Muskeln herangeführt wird. Die bei der Muskelarbeit gebildeten Abfallprodukte (Kohlendioxid, Milchsäure usw.) wirken lähmend auf den Muskel, er ermüdet; bei Überbeanspruchung kommt es zum schmerzhaften *Muskelkater*. Abb. →Mensch.

Die **Muße:** Ruhe, Freizeit. – Jeder Mensch braucht Stunden, in denen er sich nicht nur körperlich von anstrengender Arbeit erholt, sondern auch innerlich zu sich kommen und sich mit Dingen befassen kann, die ihm besondere Freude machen. So gewinnt er die seelische Kraft für weitere Arbeit und die Überwindung von Alltagsschwierigkeiten. – Hingegen verwendet man das Wort *müßig* im Sinne von unnütz, untätig, überflüssig.

Benito **Mussolini,** der Begründer des italienischen →Faschismus, wurde 1883 geboren. Er war zuerst Volksschullehrer, dann Redakteur sozialistischer Zeitungen und rief 1919 die Faschistische Partei ins Leben, deren Führer (ital. = Duce) er wurde. Durch einen »Marsch auf Rom«, den er mit einem Teil seiner Anhänger unternahm, zwang er 1922 den König, ihm das Amt des Ministerpräsidenten zu übertragen. Er errichtete eine Parteidiktatur, unterdrückte jede Gegnerschaft mit den Mitteln der Gewalt und schuf eine Staatsform, in der sein Wille allein entschied. Durch die Eroberung Abessiniens 1935/36 und die Besetzung Albaniens versuchte er, Italien zur Großmacht zu erheben. 1939 schloß er mit Hitler ein Bündnis, das 1940 zur Teilnahme Italiens am Zweiten Weltkrieg auf deutscher Seite führte. Im Herbst 1943, als die Alliierten in Italien eindrangen, wurde Mussolini vom Großrat der Faschistischen Partei gestürzt und gefangengenommen. Von deutschen Fallschirmjägern wurde er noch einmal befreit und errichtete in Norditalien eine neue Regierung, die aber bedeutungslos blieb. 1945 wurde er von italienischen Partisanen erschossen, als er in die Schweiz flüchten wollte.

Der **Mustang** (span.): halbwildes Pferd in Amerika.

Die **Mutation** (lat. = Änderung): →Stimmbruch der Knaben in den Entwicklungsjahren. – In der →Vererbungslehre bezeichnet man damit die sprunghaft auftretende Veränderung des Erbmaterials in einem Organismus. Chemikalien, Strahlen oder sonstige extreme Umweltbedingungen können Mutationen auslösen. So schädlich Mutationen meist für einen Organismus sind, so waren sie doch Motor der Höherentwicklung von Lebewesen. Die wenigen vorteilhaften Mutationen setzten sich durch. Mutierte Gene in den Geschlechtszellen werden weitervererbt und können als Erbkrankheiten auftreten. In manchen Fällen, wie bei einer lebensbedrohenden Blutkrankheit, genügt der Austausch eines einzigen Molekül-Buchstabens zur Auslösung des Leidens.

mutieren: sich im →Stimmbruch befinden.

Mutterkorn nennt man einen Schmarotzerpilz, der vor allem Roggen und Weizen befällt. Der Genuß von Mehl, in dem viel Mutterkorn vermahlen wurde, ist sehr schädlich. Durch Beizen der Körner vor der Aussaat werden die Pilzsporen vernichtet und an der Ausbreitung gehindert.

Das **Muttermal** ist eine Fleckenbildung auf der Haut, die schon bei der Geburt (vom Mutterleib an) sichtbar ist. Meist handelt es sich um fehlerhafte Mischung von Bestandteilen des Hautgewebes, besonders der Farbstoffe (des Pigmentes). Ein Muttermal ist keine Krankheit und verursacht keine Beschwerden. Es kann durch eine Operation entfernt werden.

Mykenä auf dem griechischen Peloponnes war vom 16. bis 13. Jh. v. Chr. ein mächtiger Staat mit hoher Kultur.

Die **Myriade** (griech.): ursprünglich Bezeichnung für ein Vielfaches von 10000; jetzt im Sinne von unzählig, zahllos gebraucht.

Die **Myrrhe** ist das Harz eines Strauches der Länder am Roten Meer. Sie war ihres Duftes wegen schon im Altertum sehr beliebt. Als Myrrhentinktur und Mundwasser wird sie gegen Zahnfleischerkrankungen verordnet.

Die **Myrte** ist ein immergrüner Strauch mit weißen Blüten. Aus seinen Blättern wird der Kranz geflochten, den die Braut bei der Hochzeit trägt.

Das **Mysterium** (griech.): übersinnliches Geheimnis. – *mysteriös:* geheimnisvoll, rätselhaft. – *Mysterien:* Geheimkulte der Antike. – *Mysterienspiele:* geistliche Dramen des Mittelalters mit Szenen aus der Heilsgeschichte, an hohen kirchlichen Feiertagen in und später vor den Kirchen aufgeführt.

Die **Mystik** (griech.) ist eine Form des religiösen Lebens. Man versteht unter Mystik eine fromme Versenkung, bei der durch Abkehr von allem Äußeren, Überwindung irdischer Wünsche und Zurückstellung aller bloßen Verstandeserkenntnisse eine Vereinigung der Seele mit der Gottheit gesucht wird. Deutsche Mystiker des Mittelalters waren Meister Eckart, Tauler und Seuse; später traten mystische Gedanken bei Jakob Böhme und Angelus Silesius hervor. – Das Wort *mystisch* bedeutet auch geheimnisvoll, schwer verständlich, tief verborgen.

Mythos ist ein griechisches Wort und bedeutet Rede, Bericht, Erzählung. Wir bezeichnen so Erzählungen, die uns aus alter Zeit überliefert sind und von Göttern und Heroen berichten. Auch damals suchten die Menschen eine Antwort auf die uralten Fragen: Wie entstand die Welt? Warum ist sie so, wie sie ist? So schufen sie sich in den Mythen ein zusammenhängendes Bild von der Welt. Die Götter und Heroen waren darin die Verkörperungen der geheimnisvollen Kräfte, die das Weltgeschehen beeinflussen.

Die **Mythologie** oder *Götterlehre* ist die Gesamtheit aller Mythen (→Mythos) eines Volkes (z. B. griechische, germanische, ägyptische Mythologie). – Mythologie ist aber auch der Name für die Wissenschaft von den Mythen. – *mythisch* nennen wir Berichte, deren geschichtliche Wahrheit nicht verbürgt ist.

N

N ist der 14. Buchstabe des Alphabets; in der Erdkunde die Abkürzung für Nord, in der Chemie das Zeichen für Stickstoff (Nitrogenium).

Die **Nabe** →Rad (Abb.).

Der **Nabel** ist die Narbe der bei der Geburt abgetrennten Nabelschnur, durch welche dem Kind im Mutterleib die Nahrung zugeführt wird.

Als **Nachrichtentechnik** bezeichnet man zusammenfassend alle Verfahren, die mit Hilfe von elektrischen Strömen und elektromagnetischen Wellen Nachrichten übertragen. Die *leitungsgebundene Nachrichtentechnik* gliedert sich in →Telefonie, →Telegrafie (auch Bildtelegrafie), Drahtfunk (Übertragung von Rundfunkprogrammen über Fernsprechleitungen mit Hilfe von Langwellen) und Signaltechnik (von der Hausklingel bis zur Signalampel-Fernsteuerung). Zur *drahtlosen Nachrichtentechnik* gehören →Rundfunk, →Fernsehen, drahtlose Telefonie und Telegrafie, →Radar, Funkortung, →Maser, →Laser.

Nachtfalter →Schmetterlinge.

Die **Nachtigall** →Singvögel.

Nachtwandeln oder *Schlafwandeln* nennt man das krankhafte Verhalten eines Menschen, der im Schlaf aufsteht und herumgeht. In den meisten Fällen ist ein Lichtreiz der Anlaß, z. B. der Mond oder ein Beleuchtungskörper. Die tiefere Ursache liegt in einer körperlichen wie seelischen Unruhe. Da der Nachtwandler oft Dinge tut, die er im Wachzustand nicht wiederholen könnte (z. B. auf dem Dach wandeln), soll man ihn nie anrufen. Er könnte aufwachen und stürzen.

Nadelbäume oder *Koniferen* nennt man alle nadeltragenden Bäume zum Unterschied von den Laubbäumen. Bereits seit dem Perm (→Erdzeitalter), also seit rund 250 Millionen Jahren, gibt es Nadelbäume. Fast drei Viertel unseres heimischen

Oben: Tanne   Fichte   Lärche
Unten: Wacholder   Kiefer   Eibe

Waldbestandes sind Nadelbäume. Wegen ihres schnellen Wachstums werden sie als Nutzholz bevorzugt angepflanzt. – Am weitesten verbreitet ist die *Fichte*, die wegen ihres rötlichen Holzes auch *Rottanne* genannt wird. Sie hat runde, spitz zulaufende Nadeln, die rings um den Zweig stehen, und herabhängende Zapfen. Die *Tanne* dagegen hat weißes Holz, breitere, nur nach zwei Seiten abstehende Nadeln und aufwärtsstehende Zapfen. Die *Kiefer* oder *Föhre* gedeiht noch auf nährstoffarmen Sandböden, weil sie ein weitverzweigtes Wurzelwerk hat. Auch die knieholzbildende *Latsche*, die in den Alpen an der Grenze des Baumwuchses wächst, ist eine Kiefer. Die schnellwüchsige *Lärche* ist ein winterkahler Nadelbaum; die *Eibe*, auch *Taxus* genannt, steht wegen ihrer Seltenheit unter Naturschutz; ihre Nadeln und roten Beeren sind giftig. In Heidelandschaften und auf Steinhalden wächst der *Wacholder*. *Zypresse* und *Lebensbaum* (Thuja) trifft man auf Friedhöfen an, während *Sumpfzypresse*, *Zeder* und *Mammutbaum* (Sequoia) in Parkanlagen gepflanzt werden. Auch die *Pinie* ist ein Nadelbaum; sie wächst in Mittelmeerländern.

Nagetiere sind kleine, meist pflanzenfressende Säugetiere, die in etwa 2800 Arten über den ganzen Erdball verbreitet sind. Sie alle besitzen zwei große gebogene, sehr kräftige Vorderzähne im Ober- und Unterkiefer. Diese Nagezähne schleifen sich ab, wachsen aber immer wieder nach. Zu den bekanntesten

Kleine Wüstenspringmaus

Nagetieren gehören die Eichhörnchen, die Mäuse, die Biber, die Hamster, die Stachelschweine und die Siebenschläfer.

Nähmaschinen findet man heute auf der ganzen Welt; sie wurde um 1800 von Balthasar Krems erfunden, Joseph Madersperger verbesserte sie. Die Haushaltnähmaschine benutzt 2 Fäden, den Oberfa-

den, der durch das Öhr an der Spitze einer senkrecht auf und nieder gehenden Nadel läuft, und den Unterfaden, der von einer ruhenden Spule abläuft. Ober- und Unterfaden bilden eine Schlinge und halten sich aneinander fest wie zwei durch Drehung verbundene Fäden, zwischen denen der zusammengenähte Stoff liegt. Es gibt viele Arten von Nähmaschinen, die besonderen Zwecken dienen, z. B. zum Herstellen von Knopflöchern. Oft werden sie durch Elektromotoren angetrieben.

naiv (lat.): natürlich, unbefangen, kindlich; auch kindisch, töricht.

Die **Nandus** (indian.) sind flugunfähige straußenähnliche Laufvögel, die in den Steppen und Savannen Südamerikas leben und bis 1 m hoch werden.

Fridtjof **Nansen** war ein norwegischer Polarforscher und Staatsmann. 1888 durchquerte er als erster Südgrönland, 1893–1896 leitete er eine Nordpolexpedition. Als Völkerbundskommissar sorgte er nach dem Ersten Weltkrieg für den Austausch der Gefangenen zwischen Rußland und Deutschland, 1921–1923 für Hilfsmaßnahmen gegen den Hunger in der Sowjetunion. Er setzte sich für die Vertriebenen und staatenlos Gewordenen ein, die einen sogenannten *Nansenpaß* als Ausweis erhielten. Nansen lebte 1861–1930.

Napalmbomben sind Brandbomben, die geleeartig verdicktes Benzin enthalten.

Das **Naphthalin** ist eine Kohlenwasserstoffverbindung, die aus Steinkohlenteer gewonnen wird. Es kommt als ein weißes, schuppiges Pulver oder als Mottenkugeln in den Handel. Aus Naphthalin werden auch Farbstoffe, Kunststoffe usw. gewonnen.

Napoleon Bonaparte, der 1769 in Korsika geboren wurde, war beim Ausbruch der →Französischen Revolution Hauptmann, wenige Jahre später General und nach einem Staatsstreich 1799 Alleinherrscher über Frankreich. 1804 krönte er sich zum Kaiser. Er führte Krieg gegen fast alle europäischen Großmächte und besiegte die meisten von ihnen. Nur England und das spanische Volk führten den

Kampf weiter. In den unterworfenen Gebieten begann Napoleon überall tiefgreifende Umordnungen der Staatsverhältnisse. Dem steilen Aufstieg folgte ein jäher Sturz: im Winter 1812 ging fast seine ganze Armee auf einem Feldzug gegen Rußland zugrunde. Nun erhoben sich die Völker Europas vereint gegen ihn (→Befreiungskriege). Er wurde 1814 besiegt, mußte abdanken und wurde auf die Insel Elba an der italienischen Küste verbannt. Ein Jahr später flüchtete er und kehrte noch einmal nach Frankreich zurück. Nach einer Herrschaft von hundert Tagen wurde er bei Waterloo von den Engländern und Preußen endgültig besiegt. Er wurde auf die Insel St. Helena im Atlantischen Ozean verbannt und starb dort 1821. Während der Feldzüge von 1805 bis 1815 sind 800000 Soldaten seiner »Großen Armee« gefallen. Viele seiner Reformen waren für Europa von großer Bedeutung.

Die **Narbe**: 1. das Gewebe, das sich bei der Heilung von Wunden bildet. Es besteht aus neuer Haut, enthält aber keine Drüsen, Haare oder Nervenenden. – 2. das Köpfchen des Griffels bei der →Blüte.

Die **Narkose** (griech.) wird angewandt, um bei ärztlichen Eingriffen und →Operationen die Schmerzempfindung auszuschalten. Hierzu dienen Betäubungsmittel (*Narkotika*). Diese werden entweder eingeatmet (Äther, Lachgas, Chloroform), in die Haut oder in die Blutadern eingespritzt oder durch einen Darmeinlauf in den Blutkreislauf gebracht.

Narziß war, wie die griechische Sage erzählt, ein Jüngling von großer Schönheit, der sich in sein Spiegelbild im Wasser verliebte. Er wurde in eine Blume verwandelt, in eine Narzisse, deren geneigte Blüte sich gern im Wasser bespiegelt.

Die **Narzisse** ist ein Zwiebelgewächs, das in der Osterzeit in Gärten, auf Wiesen und in Wäldern blüht. Gelbe Narzissen werden auch Osterglocken genannt.

Die **NASA** ist eine Regierungsbehörde der Vereinigten Staaten von Amerika, die für die Luftfahrt und vor allem auch für die Weltraumforschung zuständig ist. Die Abkürzung bedeutet »National Aeronautics and Space Administration«.

Die **Nase** hat zwei Aufgaben: erstens empfängt sie die Gerüche, zweitens dient sie dazu, durch die Härchen in den Nasenlöchern und durch die Feuchtigkeit der schleimigen Innenhaut den Staub abzufangen sowie die Luft anzuwärmen und anzufeuchten, ehe sie in die Lunge kommt. Deshalb soll man durch die Nase atmen und nicht durch den Mund. Die Nase wird durch Knochen (die beiden Nasenbeine) und Knorpel gestützt. Das Innere ist mit einer Schleimhaut überzogen, die winzig kleine Flimmerhärchen trägt. Bei Schnupfen schwillt die Schleimhaut an und behindert die Atmung. Eine senkrecht verlaufende Knorpelwand mit einem feinen Knochen teilt den Nasenraum in zwei Hälften. Weiter hinten geht er in den Rachen über. Der Nasenraum hat auch kleine Verbindungen zu den Nebenhöhlen, die im Oberkiefer und im Stirnbein liegen. Von beiden Seitenwänden ragen je drei übereinanderliegende muschelartige Wülste in den Nasenraum hinein, an deren oberster die Riechschleimhaut liegt, welche die Geruchsempfindungen durch feine Nerven an das Gehirn weiterleitet.

Nasenbluten ist ein oft sehr lästiges Leiden, das stets das Anzeichen für irgendeine Störung im Körper ist (z. B. Blutarmut, Nasenpolypen), die man an erster Stelle beheben muß. →Erste Hilfe.

Das **Nashorn** oder *Rhinozeros* ist ein dickhäutiges, pflanzenfressendes Säugetier, das bis zu 5 m lang werden kann.

Indisches Panzer-Nashorn

Nashörner leben heute nur noch in tropischen Ländern. Das indische und das javanische Nashorn haben ein Horn, das afrikanische weiße und schwarze Nashorn und das Sumatra-Nashorn zwei Hörner.

Die **Nation** (lat.) ist die Gemeinschaft aller Menschen, die dem gleichen Staat angehören. Die Zugehörigkeit zu einem Staat, die Staatsangehörigkeit, bezeichnet man als *Nationalität*. Sind die Bürger eines Staates (mit Ausnahme kleiner Minderheiten) Angehörige des gleichen Volkes, das heißt gleicher Sprache, so ist der Staat, den sie bilden, ein *Nationalstaat;* umfaßt ein Staat verschiedene Völker, so nennt man ihn einen *Nationalitätenstaat* (z. B. die Sowjetunion).

Die **Nationalhymne** →Hymne.

Nationalismus nennt man das übersteigerte Selbstbewußtsein eines Volkes, das nur den eigenen Wert und das eigene Lebensrecht gelten läßt, andere Völker dagegen geringachtet. Diese Einstellung hat oft Kriege entfesselt.

Die **Nationalökonomie** →Volkswirtschaft.

Der **Nationalrat** bildet in Österreich zusammen mit dem Bundesrat, in der Schweiz zusammen mit dem Ständerat, die Volksvertretung. In der Schweiz wird auch der einzelne Abgeordnete Nationalrat genannt.

Der **Nationalsozialismus** war eine politische Bewegung, die in der Zeit nach dem Ersten Weltkrieg entstand. Sie erhielt ihre Prägung durch Adolf →Hitler, der sehr bald an die Spitze der Nationalsozialistischen Deutschen Arbeiterpartei (NSDAP) trat und sie als »der Führer« bis zu seinem Tode 1945 leitete. Die Nationalsozialisten waren nach dem Vorbild des italienischen →Faschismus organisiert. Sie bildeten militärisch zusammengefaßte Sturmabteilungen in braunen Hemden (SA), zu denen später noch die schwarz uniformierten Schutzstaffeln (SS) kamen. Als Parteiabzeichen führten sie das Hakenkreuz, das ihren Glauben an die Lehre von der Überlegenheit der nordischen (»arischen«) Rasse versinnbildlichen sollte. Sie forderten Ausschaltung und Vernichtung der Juden (→Antisemitismus), Kampf gegen Liberalismus, Kommunismus und Demokratie und wandten sich auch gegen das Christentum, an dessen Stelle sie einen neuen »völkischen Glauben« setzen wollten. Nach der Übernahme der Macht durch Hitler im Jahre 1933 wurde die NSDAP die einzige Partei. Ihre verschiedenen Gliederungen erfaßten das gesamte politische und kulturelle Leben, das damit gleichgeschaltet, d. h. nach den Gedanken der Partei umgestaltet und von ihr kontrolliert wurde. Eine Geheime Staatspolizei (Gestapo) wurde geschaffen, die ohne ordentliches Gerichtsverfahren Verhaftungen vornehmen und die Verhafteten in →Konzentrationslagern, oft jahrelang, gefangenhalten konnte. Die Jugend wurde in der Hitlerjugend zusammengefaßt und militärisch geschult. Der Dünkel und das hemmungslose Machtstreben der Nationalsozialisten führten zum Zweiten Weltkrieg und zur völligen Niederlage Deutschlands. Von den Führern der Partei endeten die meisten durch Selbstmord oder wurden nach Kriegsende vor ein Gericht der Alliierten in Nürnberg gestellt, das sie zum Tode oder zu schweren Freiheitsstrafen verurteilte. Die Partei wurde aufgelöst und verboten.

Eine **Nationalversammlung** ist eine aus gewählten Volksvertretern bestehende Versammlung, welche die Aufgabe hat, eine Staatsverfassung auszuarbeiten. – Die erste französische Nationalversammlung war die der Revolution von 1789. In Deutschland trat eine Nationalversammlung 1848 in der Frankfurter Paulskirche, eine zweite 1919 in Weimar zusammen.

Der Nordatlantikpakt oder die **NATO** (englisch: *N*orth *A*tlantic *T*reaty *O*rganization) ist das 1949 abgeschlossene Verteidigungsbündnis zwischen Belgien, Dänemark, Frankreich, Großbritannien, Island, Italien, Kanada, Luxemburg, den Niederlanden, Norwegen, Portugal und den USA. 1952 sind Griechenland und die Türkei, 1955 die Bundesrepublik Deutschland beigetreten. Wird einer dieser Staaten angegriffen, so sind alle anderen verpflichtet, ihm militärische Hilfe zu leisten.

Das **Natrium** (chemisches Zeichen Na) ist ein chemisches Element, ein Alkalimetall. – Natriumsalze verwendet man zur Herstellung von Backpulver, bei der Aufschließung des Holzes zur Papier- und Kunstfasergewinnung und in der Seifenerzeugung, ferner als Kühlmittel für Kernreaktoren.

Das **Natron:** veraltete Bezeichnung für Natriumbikarbonat (im Backpulver, gegen Sodbrennen u. a.).

Nattern sind Schlangen, von denen giftlose Arten, z. B. *Ringelnatter* und *Äskulapschlange*, in Deutschland vorkommen. Auf dem Land und im Wasser bewegen sie sich durch rasches Schlängeln fort. Sie bringen nicht wie die →Vipern lebende Junge zur Welt, sondern legen Eier, die von der Sonne oder der Wärme faulender Stoffe ausgebrütet werden.

Naturalisation: Einbürgerung. Wenn jemand Bürger eines anderen Staates werden will, z. B. als Einwanderer, so kann er sich unter bestimmten Bedingungen naturalisieren, d. h. einbürgern lassen.

Naturalismus (lat.), auch *Realismus*, nennt man in der Kunst das Bestreben, die Wirklichkeit naturgetreu mit allen ihren Härten wiederzugeben, das besonders in der zweiten Hälfte des 19. Jh. hervortrat. Ein naturalistischer Maler war Wilhelm Leibl. Zu den Vertretern des literarischen Naturalismus gehören Émile Zola und Gerhart Hauptmann.

Die **Naturheilkunde** sucht den Menschen mit natürlichen Mitteln zu heilen. Sie vermeidet nach Möglichkeit chemische und stark wirkende Medizinen und verwendet statt dessen Heilkräuter, Luft, Licht, Wasser, Massage und besondere Ernährungsvorschriften.

Naturschutz. Seltene Pflanzen in der freien Natur werden durch Gesetze vor Ausrottung geschützt. So stehen z. B. Edelweiß, Türkenbund, Enzian, Mehlprimel, Aurikel, Seidelbast, Alpenveilchen, Orchideen und Seerosen unter Naturschutz. Man darf sie nicht abpflücken

oder gar ausgraben. Auch alte Bäume, seltene Tiere und sogar ganze Gebiete werden oft gegen menschliche Eingriffe gesetzlich geschützt.

Die **Naturwissenschaften** erforschen die Zusammenhänge und die Gesetzmäßigkeiten in der Natur. Zu ihnen gehören z. B. Biologie, Medizin, Physik, Chemie und Geologie.

Nauru ist eine 21 qkm große, von 6768 Menschen bewohnte Koralleninsel im Stillen Ozean mit riesigen Phosphatlagern. Sie war 1888–1919 deutsch und ist seit 1968 selbständig.

Die **Nautik** (griech.): Schiffahrtskunde.

Die **Navigation** (lat.): Bestimmung von Ort und Kurs der Wasser-, Luft- und Raumfahrzeuge. Will ein Schiff einen Hafen erreichen, so bestimmt der Steuermann oder der Navigationsoffizier Fahrtrichtung und Entfernungen. Hierzu werden verschiedene Instrumente benutzt, z. B. →Kompaß, →Log, →Sextant und Uhr. Der Standort eines Schiffes wird durch →Peilen bestimmt, die Wassertiefe durch Messen mit dem →Lot. Vor Hafeneinfahrten übernimmt ein mit den örtli-

Naturalismus:
W. Leibl, Die drei Frauen in der Kirche

chen Gewässern vertrauter *Lotse* die Steuerung des Schiffes. – In der Schiff- und Luftfahrt benutzt man zur Kursbestimmung heute meist elektronische Geräte (z. B. →Radar, Funkpeilung usw.).

Neandertaler nennt man eine ausgestorbene Rasse von Urmenschen, von denen Schädelreste erstmals im Neandertal bei Düsseldorf gefunden wurden.

Der **Nebel.** Wenn warme, feuchte Luft sich etwas abkühlt, werden kleinste Schwebeteilchen der Luft, wie sie z. B. im Rauch enthalten sind, von einem Wassermantel umgeben. Ursache der Abkühlung können einströmende Kaltluft oder die Kälte der Erdoberfläche in Flußtälern, Gebirgen und Küstengebieten sein. Noch stärkere Abkühlung läßt den Nebel zu Regen oder Schnee werden.

Nebukadnezar II., der im 6. Jh. v. Chr. in Babylon herrschte, war der Begründer des babylonischen Weltreiches. Er zerstörte 586 Jerusalem und führte die Juden in die Babylonische Gefangenschaft.

negativ (lat. = verneinend) ist das Gegenteil von *positiv* (= bejahend). Eine negative Antwort ist eine verneinende, abschlägige Antwort. – Der Arzt dagegen spricht von einem negativen Befund, wenn z. B. eine Blutprobe keine Krankheitserreger zeigt. – In der Mathematik wird negativ durch einen Strich (–), das Minuszeichen, ausgedrückt. Negative Zahlen sind diejenigen, die weniger als Null sind, z. B. beim Thermometer die Kältegrade, die unter Null liegen. – In der Lehre von der →Elektrizität spricht man ebenfalls von negativ (–) und positiv (+). Beim Druck spricht man von Negativdruck, wenn die Schrift weiß, der Hintergrund gefärbt ist, z. B.

Das **Negativ** →Photographie.

Neger (span. negro = schwarz) nennt man die Angehörigen einer dunkelhäutigen Menschenrasse, die in Afrika und Amerika lebt. Ihre ursprünglichen Wohngebiete liegen in Afrika, und zwar von der Wüste Sahara bis zum Kapland. Dort sind sie Ackerbauern, zum Teil auch Viehzüchter, und hausen in anspruchslosen Siedlungen. Die Negerstämme stehen vielfach unter der Herrschaft von Häuptlingen. Vom 16. Jh. an gerieten die Neger in Abhängigkeit von den Weißen, die Afrika eroberten. Als unfreie Plantagenarbeiter (Sklaven) wurden bis ins 19. Jh. zahlreiche Neger nach Nord-, Süd- und Mittelamerika gebracht. In den Vereinigten Staaten haben die Neger durch die Sklavenbefreiung von 1865 persönliche Selbständigkeit erlangt, in Südamerika etwas später. Die tatsächliche Gleichberechtigung mit den Weißen besitzen sie jedoch noch nicht. – In Musik und Tanz haben die amerikanischen Neger in jüngster Zeit großen Einfluß gewonnen. Auch in geistigen Berufen haben sie bedeutende Persönlichkeiten hervorgebracht. In →Afrika haben die Selbständigkeitsbestrebungen der Neger nach dem Zweiten Weltkrieg zur Bildung vieler autonomer Staaten geführt.

Eine **Nehrung** ist eine lange, schmale Landzunge an Küsten, die eine flache See, eine Lagune, ein Haff, vom Meere trennt (z. B. die Frische Nehrung an der Küste Ostpreußens).

Der **Nektar:** 1. in der griechischen Göttersage der Trank der Götter. – 2. zuckerhaltiger Saft, der in Blüten durch Honigdrüsen (Nektarien) abgesondert wird und die Insekten anlockt.

Nemesis war die griechische Göttin der Gerechtigkeit und der Vergeltung.

Nennform →Infinitiv.

Neo... (griech. = neu): eine Vorsilbe, welche die Erneuerung, das Wiederauftreten von etwas Vergangenem ausdrückt, z. B. Neoklassizismus, Neofaschismus.

Das **Neon** →Edelgase.

Nepal ist ein 140 797 qkm großes unabhängiges »Königreich der Gurkha« im Himalajagebiet nördlich von Indien, das von buddhistischen Bergvölkern bewohnt wird (11,47 Mill. Einwohner, Hauptstadt Katmandu).

Der **Nephrit** →Edelsteine.

Neptun ist der römische Name für den griechischen Gott Poseidon. Auch ein Planet heißt Neptun (→Himmelskunde).

Die **Nerven** (lat.) bilden ein feinverzweigtes Netz, das den ganzen Körper des Menschen durchzieht und das *Zentralnervensystem* (Gehirn und Rückenmark) mit allen Organen und Gliedern bis zu den Finger- und Zehenspitzen verbindet. Manche Nerven sind haardünn, andere sind an ihren Ausgangsstellen so stark wie ein Bleistift und teilen sich dann in immer feiner werdende Fäden. Die Nerven haben, ähnlich wie eine elektrische Leitung, die Aufgabe, die Empfindungen der Haut, der Glieder, der Sinnesorgane sowie der inneren Organe ins Rückenmark und das Gehirn zu leiten (*sensible* oder *sensorische Nerven*). Ebenso übermitteln sie die Befehle, die vom Gehirn und Rückenmark ausgehen, an den ganzen Körper (*motorische Nerven*). Das sogenannte *vegetative Nervensystem* regelt alle lebenswichtigen Vorgänge, die ohne unser Dazutun ablaufen, wie Atmung, Herztätigkeit und Verdauung. Alle Nerven bestehen aus einer Vielzahl von mikroskopisch feinen Nervenfasern, die von Nervenzellen ausgehen. Bei bestimmten Krankheiten können einige Nerven versagen. Dann kann sich das von ihnen bediente Glied nicht bewegen. Man spricht von einer *Lähmung*. Manchmal liegt die Ursache einer solchen Lähmung auch im Gehirn oder Rückenmark. Abb. →Mensch S. 407.

Der **Nerz** ist ein glänzend brauner, schlanker Marder. Er lebt immer am Wasser und ist ein guter Schwimmer. Seine Beute sind Fische, Frösche und Krebse. Wegen seines besonders edlen Pelzes wurde der Nerz so sehr verfolgt, daß er heute in Europa fast ausgestorben ist. Nur in Osteuropa, Sibirien und in Nordamerika (wo er als Mink bezeichnet wird) findet man ihn noch in Freiheit. In Nerzfarmen wird er gezüchtet.

Das **Nest** ist die Wohnstätte, die besonders von den Vögeln, aber auch von Insekten, Fischen und Säugetieren zum Schutze vor Feinden, gegen die Witterung und zur Aufzucht der Jungen angelegt wird. Die Tiere errichten ihre Brutstätten mit Hilfe von Zweigen, Lehm, Federn oder Tierhaaren. – Nicht immer bauen Männchen und Weibchen das Nest gemeinsam. Beim Stichling baut das Männchen aus Wasserpflanzen ein Nest, das Weibchen legt seine Eier hinein. Der Stichling-Vater bewacht von diesem Augenblick an die Eier und ausschlüpfenden Jungen und verteidigt sie eifersüchtig gegen jeden Eindringling. Auch bei verschiedenen Vögeln erledigen die Männchen das Brutgeschäft. Nestbauer sind bei den Insekten vor allem Wespen, Bienen, Spinnen, Ameisen und Termiten; Schildkröten und Krokodile graben Löcher für ihre Eier. Die Vögel nisten teils hoch in Baumkronen, in niederem Gebüsch, in hohlen Bäumen, im Schilf, im Wasser oder auch, wie etwa die Uferschwalbe und der Eisvogel, in der Erde. Eben ausgeschlüpfte Vögel, die noch nicht fliegen können, nennt man »Nestlinge«, die Jungen vieler Greif- und Singvögel, die längere Zeit hilflos im Nest hocken und gefüttert werden müssen, »Nesthocker«, während die Jungvögel, die, wie Küken oder Entchen, sofort nach dem Schlüpfen das Nest verlassen können, als »Nestflüchter« bezeichnet werden.

Nestor war der älteste der griechischen Könige in der Sage vom →Trojanischen Krieg. Heute nennt man so den ältesten Vertreter eines Standes oder Berufes.

Johann **Nestroy,** er lebte von 1801 bis 1862, war einer der größten österreichischen Lustspieldichter und Vertreter des Wiener Volkstheaters. Seine Stücke sind teils im Wiener Dialekt, teils in der Hochsprache geschrieben und haben häufig Gesangseinlagen. Sie sind voller Wortwitz und unerhörter Komik, dabei stark satirisch und zeitkritisch. – Wichtige Werke: »Zu ebener Erde und erster Stock«, »Einen Jux will er sich machen«, »Der Zerrissene«, »Das Mädel aus der Vorstadt«, »Lumpazivagabundus«, »Judith und Holofernes«.

netto (ital.): rein. – Das *Nettogewicht* einer Ware ist das reine Gewicht ohne Verpackung. Das Gewicht der Ware mit Verpackung ist das *Bruttogewicht*. Das Gewicht der Verpackung allein nennt man *Tara*. – Netto-Ertrag ist der Reingewinn beim Verkauf von Waren. Er bleibt übrig, wenn man vom Verkaufspreis den gesamten Kostenaufwand abzieht, also alles, was für Beschaffung, Lagerung, Versand usw. aufgewendet wurde. Nettolohn ist der Lohn, der nach Abzug der Steuer und der Sozialversicherungsbeiträge ausgezahlt wird.

Das **Netzauge** →Insekten (Abb. S. 299). Die **Netzhaut** →Auge.

Der **Neufundländer** →Hund.

Neuguinea (sprich -ginea) →Ozeanien.

Die **Neuralgie** (griech.) ist ein Schmerz, der dadurch entsteht, daß sich ein Nerv entzündet (nach Erkältungen) oder daß er einem Druck ausgesetzt ist (durch Geschwülste oder Knochenbrüche).

Die **Neurose** (griech.) ist ein seelisches Leiden, das durch Konflikte mit der Wirklichkeit ausgelöst wird. Körperliche Ursachen sind nicht zu finden, obwohl dem Arzt häufig Organbeschwerden berichtet werden. Eine rasche Heilung gelingt vielfach durch →*Verhaltenstherapie*.

Neuseeland ist ein 268 676 qkm großer unabhängiger Staat im britischen Commonwealth südöstlich von Australien mit 2,9 Mill. Einwohnern und der Hauptstadt Wellington (168 000 Einwohner). Größte Stadt ist Auckland (747 000 Einwohner m. V.). Das Land besteht aus 2 Hauptinseln und kleinen Nebeninseln. Wichtigste Wirtschaftszweige sind Viehzucht, Land- und Holzwirtschaft sowie Bergbau; ferner gibt es eine moderne Konsumgüterindustrie. Neuseeland wurde 1642 von Abel Tasman entdeckt und 1769 britisch. Seit 1931 ist das Land unabhängig.

neutral (lat. neutrum = keines von beiden): unparteiisch, unbeteiligt. – Bei Wettkämpfen ist der Schiedsrichter neutral. Ein neutraler Staat nimmt am Kriege anderer Staaten nicht teil, unterstützt keinen der kriegführenden Staaten und verlangt, daß diese seine *Neutralität* achten, d. h. ihn in Frieden lassen. – *neutralisieren* bedeutet in der →Chemie: einer Säure so viel von einer Base hinzufügen, bis die Reaktion nach beiden Seiten aufgehoben, also ein Ausgleich geschaffen ist. – *Neutralisation*: zeitlich begrenzte Unterbrechung eines Rennens.

Das **Neutron** →Atom, →Elementarteilchen.

Das **Neutrum** (lat.): das sächliche Geschlecht, sächliches Hauptwort.

Neuzeit nennt man die Zeit vom Ende des →Mittelalters bis heute, also die Zeit seit etwa 1500. Mit der →Renaissance, der →Reformation und den großen Entdeckungsfahrten begann sich allmählich die Denk- und Lebensweise von Grund auf zu verändern. Bis dahin wußten die Menschen sich in eine höhere Ordnung eingefügt: in die von Gott geschaffene und gelenkte Welt, in die kirchliche und staatliche Gemeinschaft, in ihren Stand als Priester, Ritter, Bürger oder Bauer. Nun wurde sich der Mensch stärker seiner selbst als Einzelwesen bewußt, löste sich allmählich aus den alten Bindungen und machte sich selbst zum Maß aller Dinge. Europäer drangen in andere Erdteile und gründeten dort Kolonien. Das in der gemeinsamen christlichen Religion begründete Zusammengehörigkeitsgefühl der europäischen Völker wurde schwächer, und langsam bildete sich eine Vielzahl scharf gegeneinander abgegrenzter Nationalstaaten.

Ein folgenreiches Ereignis war der →Dreißigjährige Krieg. Dem Namen nach bestand zwar der bisherige staatliche Mittelpunkt Europas, das »Heilige Römische Reich Deutscher Nation«, fort. Doch war es verwüstet, religiös gespalten und in zahlreiche kleine, selbständige Staaten zersplittert. Nach außen war das Reich machtlos geworden. Frankreich und England hatten es überflügelt. Inzwischen entfaltete sich die europäische Kultur zu einer neuen Blüte: dem →Barock. Die Fürsten steigerten ihre Macht und führten ein prunkvolles Leben. Sie herrschten absolut, d. h. ohne Beteiligung anderer Volksschichten, und mit wenig Rücksicht auf das Volkswohl. Gegen diese Staatsauffassung erhob sich eine philosophische Bewegung, die →Aufklärung, die an die Stelle weltlicher und geistlicher Obrigkeit die Vernunft der Bürger als Lenkerin des Staates setzen wollte. Diese Bewegung mündete in eine Welle politischer Umwälzungen. Schon im 17. Jh. hatten die Engländer die Macht ihrer Könige beschränkt, 1776 erkämpften die nordamerikanischen Ansiedler ihre Unabhängigkeit vom englischen Königreich, 1789 wurde in Frankreich durch eine Revolution das Königtum gestürzt und eine demokratische Staatsform eingeführt. Auch auf andere Länder griffen die Freiheitsgedanken nach und nach über. So löste sich Anfang des 19. Jh. das spanische Kolonialreich auf, und als Folge bildeten sich die Staaten Mittel- und Südamerikas. Die Neuzeit war mit bedeutenden Naturerkenntnissen eingeleitet worden. Eine Vielzahl von Naturgesetzen wurde entdeckt und in großartige technische Erfindungen umgesetzt. Zahlreiche Fabriken entstanden. Die Zahl der Industriearbeiter wuchs beständig, und in vielen Ländern wurden sie im Lauf der Zeit zu einer politischen Macht, die für die notwendige Verbesserung ihrer Arbeits- und Lebensbedingungen kämpfte. Durch zunehmenden Handel, Verkehr und neue Nachrichtenmittel kamen die Völker in immer engere Beziehungen zueinander. Aber auch ihr Wettbewerb um Besitz und Macht steigerte sich, und sie rüsteten sich mit immer furchtbareren Vernichtungswaffen aus. So kam es 1914 zum Ersten Weltkrieg, 1917 zur bolschewistischen Revolution in Rußland, später zu Faschismus und Nationalsozialismus und schließlich zum Zweiten Weltkrieg, zu kommunistischen Diktaturen in vielen Ländern und einer ständigen Unruhe auf der ganzen Welt. Die Völker Asiens und Afrikas machten sich von der europäischen Vorherrschaft unabhängig und wurden selbständig.

Isaac **Newton** (sprich njutn) war ein englischer Mathematiker, Physiker und Astronom, der von 1643 bis 1727 lebte. Er erfand, gleichzeitig mit seinem deutschen Zeitgenossen Leibniz, aber unabhängig von ihm, die höheren Rechnungsarten (Differential- und Integralrechnung) und entdeckte das physikalische Gesetz der →Gravitation. Seine Arbeiten über die Natur des Lichtes waren bahnbrechend.

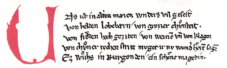

Anfang der ältesten Handschrift
des Nibelungenliedes

Uns ist in alten Erzählungen viel Wundersames berichtet:
Von lobwürdigen Helden, von großer Tapferkeit.
Von Freuden und von Festen, von Weinen und von Klagen,
Von kühner Recken Streit sollt ihr nun Wundersames hören.
Es wuchs im Burgundenlande ein schönes Mägdelein.

(Übersetzung aus dem Mittelhochdeutschen)

Die **Nibelungen** waren in der deutschen Sage ein Zwergengeschlecht. Ihre unermeßlichen Reichtümer (den Nibelungenhort) mußten sie an →Siegfried, der sie bezwungen hatte, abgeben. Nach Siegfrieds Ermordung versenkte Hagen diesen Hort im Rhein, und der Burgunderkönig Gunther und seine Mannen nannten sich nun Nibelungen. Siegfrieds Witwe Kriemhild, die nach langen Trauerjahren den Hunnenkönig Etzel geheiratet hatte, lud die Nibelungen zu sich ein, um diesen Mord zu rächen und den Hort zurückzufordern. Als Hagen die Rückgabe verweigerte, entfesselte sie einen Kampf, in dem alle Nibelungen und sie selbst umkamen. Diese Ereignisse werden im *Nibelungenlied* berichtet, dem bedeutendsten deutschen Heldengedicht, das um 1200 von einem unbekannten Dichter aus alten Sagen zusammengestellt wurde. Mehrere Dichter haben es neu gestaltet, z. B. Hebbel zu einem Drama. Richard Wagner schuf aus ihm die große Opernfolge »Der Ring des Nibelungen«.

Nicaragua ist eine 130000 qkm große,

gebirgige und waldreiche Republik in Mittelamerika mit 1,9 Mill. Bewohnern (70 % Mestizen, Weiße, Indianer, Neger). Hauptstadt ist Managua (355 000 Einwohner). Wichtigste Produkte: Kaffee, Mais, Zucker, Reis, Tabak, Vieh, Edelhölzer, Gold, Silber, Kupfer. Das Land war 1523–1823 spanisch und ist seit 1838 selbständig.

Das **Nickel** (chemisches Zeichen Ni) ist ein chemisches Element, ein Schwermetall, dessen Erze hauptsächlich in Kanada gefördert werden. Nickel wird zur Herstellung von Nickelstahl und zum Vernikkeln gebraucht, wobei eine rostschützende Nickelschicht dem Eisen galvanisch aufgetragen wird.

Als **Niederdeutsch** oder *Plattdeutsch* bezeichnet man die aus alter Zeit stammende Sprache, deren Mundarten in Norddeutschland, besonders in den flachen Niederungen (deswegen Platt genannt) an der Nord- und Ostsee, neben dem Hochdeutschen gesprochen werden. →deutsche Sprache.

Königreich der **Niederlande** ist der amtliche Name für den bei uns meist Holland genannten Staat an der Nordseeküste. Bei einer Bevölkerungszahl von 13,49 Mill. umfaßt es 33 612 qkm. Die Niederlande sind ein Flachland; fast ein Drittel liegt tiefer als der Meeresspiegel. Durch Deichbau schützen sich seine Bewohner gegen Überflutungen und gewinnen dem Meer neuen Ackerboden ab. Besonders leistungsfähig sind Landwirtschaft und Gartenkultur (Tulpenfelder). Der Handelsverkehr im Lande wird großenteils auf den Flüssen und den zahlreichen Kanälen (Grachten) bewältigt; große Häfen dienen dem Überseeverkehr.

Von 870 n. Chr. bis 1477 gehörten Holland und Belgien zu Deutschland. Dann wurden sie habsburgischer Besitz und 1555 ein Teil des spanischen Weltreichs. 1581 befreiten sich die nördlichen, inzwischen protestantisch gewordenen Provinzen und schlossen sich zur Republik der Vereinigten Niederlande zusammen. Sie entfalteten sich zur bedeutendsten See-

und Kolonialmacht des 17. Jh. Seit 1806 sind sie ein Königreich, das zeitweilig mit Belgien und Luxemburg verbunden war. Seit 1947 gehört das Land zu den →Benelux-Staaten. Das einst große Kolonialreich löst sich allmählich auf. – Die niederländische Sprache ist aus dem Niederdeutschen entstanden.

Einwohnerzahlen der wichtigsten Städte:	
Hauptstadt Amsterdam	800 000
	m. V. 1,05 Mill.
Rotterdam (Haupthafen)	636 000
Den Haag (Regierungssitz)	495 000
Utrecht (Universität)	264 000

Niedersachsen ist ein Land der Bundesrepublik Deutschland, das 1946 aus der früheren preußischen Provinz Hannover und den Ländern Oldenburg, Braunschweig und Schaumburg-Lippe gebildet wurde. Es umfaßt 47 404 qkm mit 7,2 Mill. Einwohnern und gliedert sich in die Regierungsbezirke Hannover, Hildesheim, Lüneburg, Stade, Osnabrück, Aurich und die Verwaltungsbezirke Braunschweig und Oldenburg. Eine der eigentümlichsten Landschaften Niedersachsens ist die Lüneburger Heide. Das Küstengebiet an der Nordsee ist durch fruchtbares Weideland, die Marschen, gekennzeichnet. Dementsprechend ist die Landwirtschaft, besonders die Viehzucht, von großer Bedeutung. An Bodenschätzen werden Salz, Kali, Braunkohle und Erdöl gewonnen. Die Hauptstadt Hannover mit Hochschulen und einem Rundfunksender hat 574 000 Einwohner; Universitätsstadt ist Göttingen (120 000 Einwohner).

Die **Nieren** bilden den Harn, der die schädlichen Stoffe, die beim Stoffwechsel entstehen, aus dem Blut entfernt. Der Mensch und die Säugetiere haben zwei Nieren, die links und rechts der Wirbelsäule in der unteren Hälfte des Rückens liegen. Das Blut läuft durch sehr feine Äderchen in die Nieren hinein und gibt dort die Giftstoffe, die sich im Körper gebildet haben, an die Harnflüssigkeit ab. Um diese bilden zu können, braucht die Niere viel Wasser. Sie erzeugt im Laufe eines Tages etwa 1 bis 1½ Liter Harn. Beim Verdursten geht der Mensch daran zugrunde, daß seine Nieren die Giftstoffe nicht ausscheiden können. Ebenso gefährlich ist es für den Menschen, wenn die Nieren krank sind (*Nierenentzündung*) und ihre Arbeit nicht mehr leisten können. Die **Niete** ist ein Los, das nicht gewinnt.

1 Einsetzen des Nietes
2 Breitschlagen

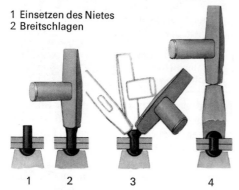

1   2   3   4

3 Rundschlagen des Schließkopfes
4 Abrundung durch ein aufgesetztes
  Gesenkstück

Durch **Nieten** werden Metalle so miteinander verbunden, daß sie nur durch Zerstören des Nietes wieder gelöst werden können. Beim Nieten wird der *Niet*, das ist ein Metallstab mit Kopf (Setzkopf), durch vorgebohrte Löcher gesteckt und das herausstehende Ende mit dem Niethammer so breit geschlagen, daß der Schließkopf entsteht. Es gibt auch Hohlniete zur Verbindung von Leder, Pappe und Textilien.

Friedrich **Nietzsche** war ein deutscher Philosoph, der von 1844 bis 1900 lebte. Einige Jahre vor seinem Tode verfiel er in geistige Umnachtung. – In seinem bekanntesten Buch »Also sprach Zarathustra« forderte er den »Übermenschen«; damit meinte er Menschen, die durch freie Entfaltung aller körperlichen und geistigen Kräfte und höchsten Anspruch an sich selbst gottähnlich würden. Die christliche Religion der Nächstenliebe lehnte er als eine Religion der Schwachen ab. Leben faßte er auf als »Der Wille zur Macht«, wie eines seiner Werke heißt.

Nietzsches Lehren sind oft zur Rechtfertigung eines dünkelhaften Herrenmenschentums mißbraucht worden.

Niger heißen ein 4160 km langer Strom und eine Republik in Westafrika (1 267 000 qkm, 4,3 Mill. Einwohner, Haussa und Tuareg). Hauptstadt des seit 1960 selbständigen Landes ist Niamey.

Nigeria ist ein Bundesstaat am Golf von Guinea, 923 768 qkm groß, mit 65,0 Mill. Einwohnern das volkreichste Land Afrikas. Hauptstadt ist Lagos. Das Land ist reich an Bodenschätzen und liefert Kakao und Erdnüsse. Bis 1960 war es britische Kolonie.

Der **Nihilismus** (lat. nihil = nichts) ist eine Anschauung, die jede feste Bindung (z. B. den Glauben an Gott oder an eine feste Staatsordnung) leugnet.

Der heilige **Nikolaus** war im 4. Jh. Bischof in Kleinasien. Zum Andenken an seine große Wohltätigkeit werden in vielen Gegenden an seinem Festtag, dem 6. Dezember, die Kinder beschenkt.

Das **Nikotin** ist das im Tabak enthaltene, stark giftige →Alkaloid, das bei übermäßigem Rauchen Nerven und Gefäße des menschlichen Körpers schädigt. Es wird auch als Pflanzenschutzmittel gegen schädliche Insekten verspritzt.

Das **Nilpferd** oder *Flußpferd* ist ein schwerfälliges, großes Säugetier, das in Afrika lebt. Es wird bis zu 4 m lang und kann so schwer werden wie vier Rinder. Seine Eckzähne, die 2 kg wiegen können, verarbeitet man wie Elfenbein.

Der **Nimbus** (lat.): Heiligenschein; Ansehen, Ruhmesglanz.

Von **Niobe,** der Tochter des Tantalus, berichtet die griechische Göttersage. Vor Leto, die nur 2 Kinder geboren hatte, Apollo und Artemis, rühmte sich Niobe einmal ihrer 12 Kinder, die daraufhin durch Apollo und Artemis getötet wurden. Zeus verwandelte die vor Schmerz erstarrte Mutter in Stein.

Das **Nirwana:** in →Buddhas Lehre die Erlösung von allem Leid durch Überwinden aller Wünsche, Leidenschaften, Empfindungen und schließlich die Erlösung vom Leben durch die Vereinigung der Seele mit der Weltseele.

Nitrate nennt man die Salze der Salpetersäure (→Salpeter).

Nitroglyzerin ist ein gegen Schlag und Stoß hochempfindlicher Explosivstoff. Es verliert seine Stoßempfindlichkeit, wenn es von Kieselgur (einer kreideartigen Erde) aufgesogen wird, und heißt dann →Dynamit.

Das **Niveau** (franz., sprich niwoh): 1. ebene Fläche; 2. Höhenlage. In übertragenem Sinne: Stufe, Rang, z. B. das Niveau eines Buches.

nivellieren (franz.): einebnen, gleichmachen, Unterschiede ausgleichen oder beseitigen.

Nixen und *Nöcke* sind in der germanischen Mythologie weibliche und männliche Wassergeister.

Alfred **Nobel,** ein schwedischer Erfinder, lebte von 1833 bis 1896. Er erwarb durch die Erfindung von Sprengmitteln, vor allem von Dynamit, ein Riesenvermögen. Er begründete damit die Nobelstiftung. Sie verleiht alljährlich fünf *Nobelpreise*, je einen für hervorragende Leistungen in Physik, Chemie, Medizin und Literatur und den Friedensnobelpreis für denjenigen, der am meisten für die Erhaltung des Friedens getan hat. Die erste Preisverteilung war 1901; jeder Preisträger erhält etwa 200000 Schwedische Kronen (1 Krone = rund DM –,80).

Die **Nocturne** (franz., sprich noktürn), ital. das *Notturno:* Nachtmusik, träumerisches Musikstück.

Nofretete (ägypt.»Die Schöne kommt«) war eine ägyptische →Pharaonenfrau; sie lebte im 14. Jh. v. Chr. Ihr Mann war der Pharao Echnaton. Weltberühmt wurde eine um 1365 v. Chr. entstandene bemalte Kalksteinbüste, die heute in Berlin steht.

Emil **Nolde** war ein führender Vertreter des deutschen →Expressionismus in der Malerei; er wurde 1867 geboren und starb 1956. Nolde malte in intensiven Farben vor allem Landschaften, schuf aber auch Graphiken.

Als **Nomaden** (griech.) bezeichnet man Völker ohne festen Wohnsitz, die mit ihren Herden von einem Weideplatz zum anderen ziehen. Sie leben in Zelten und schließen sich meist zu Großfamilien zusammen. Noch heute leben einige Völker als Nomaden, z. B. die Beduinen, die Lappen und die asiatischen Mongolen.

Der **Nominativ** (lat. nominare = nennen) ist der *erste* oder *Wer-Fall* der →Deklination.

nominieren (lat.): benennen; jemanden für ein Amt oder für eine Wahl vorschlagen.

Die **Nonne:** Klosterfrau, Mitglied eines religiösen →Ordens.

Der **Nonsense** (engl.): Unsinn. Man schreibt das Wort auch *Nonsens.*

Nordamerika ist der Nordteil des Erdteils Amerika, in den sich Kanada, die Vereinigten Staaten von Amerika und Mexiko teilen. Mit seiner nördlichen vereisten Inselwelt reicht Nordamerika bis ins Polargebiet. Im Süden ist es gegen Mittelamerika durch die Landenge von Tehuantepec abgegrenzt; dort herrscht tropisches Klima. Die geographische Verbindung zwischen Nord-, Mittel- und Südamerika stellt der gewaltige Gebirgszug der Kordilleren her, der das Landschaftsbild der ganzen Westküste bestimmt. Im Osten der Vereinigten Staaten liegt das Mittelgebirge der Appalachen. Zwischen den Gebirgen dehnen sich steppenhafte Ebenen (Prärien), Wälder und große Seen aus. Mit seinem Nebenfluß Missouri ist der Mississippi (indianisch = Vater der Gewässer) der drittlängste Strom der Erde. Im Norden leben etwa 43000 Eskimo als Robben- und Pelztierjäger und Fischer. Von den Indianern haben sich in Nordamerika noch rund 540000 erhalten. Neger gibt es annähernd 25 Millionen, die meisten von ihnen im Süden der Vereinigten Staaten. Der natürliche Reichtum des Bodens und die moderne Technik haben Nordamerika zum leistungsfähigsten Wirtschaftsgebiet der Erde gemacht.

Die ersten europäischen Ansiedler in Nordamerika im 16. und 17. Jh. waren im Süden hauptsächlich Spanier, in nörd-

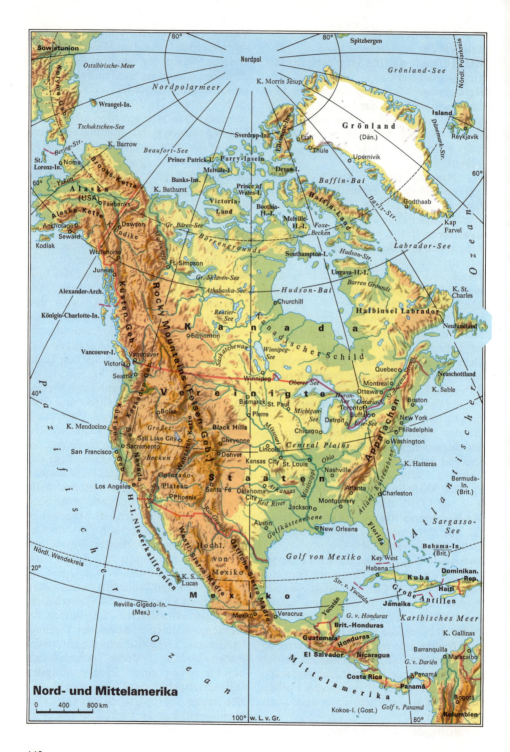

Nord- und Mittelamerika

0   400   800 km

100° w. L. v. Gr.

442

licheren Gebieten Franzosen, Holländer und Engländer. Die englischen Kolonien breiteten sich von der Ostküste der heutigen Vereinigten Staaten langsam westwärts aus, wobei die indianische Urbevölkerung in erbitterten Kämpfen zurückgedrängt und großenteils ausgerottet wurde. 1763 trat Frankreich Kanada und das Gebiet östlich des Mississippi an England ab. Englands Versuch, seine amerikanischen Kolonisten mit Steuern zu belegen, führte 1775 zum Unabhängigkeitskrieg, aus dem 13 selbständige Staaten hervorgingen, die sich zu den *Vereinigten Staaten von Amerika* (engl. *United States of America*) zusammenschlossen. Spätere Entwicklung →Vereinigte Staaten.

Nordatlantikpakt →NATO.

Nordlicht ist das in nördlichen Gebieten der Erde vorkommende Polarlicht. Das sind gewisse fahlgrüne bis rote Lichterscheinungen, die in über 200 km hohen Schichten der →Atmosphäre auftreten. Sie entstehen dadurch, daß von der Sonne ausgestrahlte →Elektronen die Luftmoleküle zum Leuchten anregen. Die Elektronen richten sich nach den magnetischen Kraftlinien der →Erde. Sie fallen vor allem in den Polargebieten ein (weshalb es auf der Südhalbkugel auch ein *Südlicht* gibt), stören aber in weiten Gegenden der Erde Funkempfang, Telegrafen- und Telefonverkehr (»magnetische Stürme«).

Der **Nordpol** →Pol.

Nordrhein-Westfalen ist ein Land der Bundesrepublik Deutschland, das 1946 aus den nördlichen Teilen der früheren preußischen Rheinprovinz, der preußischen Provinz Westfalen und dem Land Lippe geschaffen wurde. Es umfaßt 34045 qkm mit 17,2 Mill. Einwohnern und ist gegliedert in die Regierungsbezirke Aachen, Düsseldorf, Köln, Arnsberg, Detmold und Münster. Den dichtbesiedelten Kern des Landes bildet das Ruhrgebiet, das bedeutendste Industriezentrum Deutschlands, mit einer Vielzahl großer Städte, wie Essen, Duisburg (größter Binnenhafen Europas), Bochum, Gelsenkirchen, Dortmund, Hagen, Wuppertal, Solingen. Die Kohleförderung bildet die Grundlage für die Stahlerzeugung, die chemische Industrie und für die zahlreichen verarbeitenden Betriebe. Hauptstadt von Nordrhein-Westfalen ist Düsseldorf mit rund 628000 Einwohnern; Universitäten befinden sich in der Bundeshauptstadt Bonn, in Bochum, Düsseldorf, Münster und in Köln.

Die **Nordsee** ist ein 580000 qkm großes Randmeer des Atlantischen Ozeans. →Meer.

Die **Norm** (lat.): in der Technik: geregelte Größe; siehe auch DIN; allgem.: Regel, Vorschrift für ein Verhalten, Maßstab zur Beurteilung. Was der Norm entspricht, heißt *normal*, was ihr widerspricht, *anormal* oder *abnorm*.

Die **Normannen** (Nordmänner) oder *Wikinger* waren ein germanisches Seefahrervolk aus Skandinavien und Dänemark, das seit dem 8. Jh. n. Chr. auf seinen Beute- und Eroberungsfahrten in viele Länder gelangte. Schwedische Normannen gründeten unter ihrem Fürsten Rurik 862 am Ilmensee das Reich von Nowgorod und schufen damit die Grundlagen eines russischen Staates. Um die gleiche Zeit besiedelten norwegische Normannen Island. Von da aus stießen sie nach Grönland vor und entdeckten um 1000 Nordamerika, das sie Winland nannten. In Frankreich ließen sie sich an der Seinemündung nieder; das von ihnen bewohnte Gebiet, die *Normandie*, erhielten sie vom französischen König als Lehen. Ihr Herzog Wilhelm der Eroberer unterwarf 1066 England. Im 11. Jh. drangen französische Normannen zum Mittelmeer vor und eroberten Unteritalien, später auch Sizilien. – Die Macht der Normannen war in den Ländern, in denen sie sich festsetzten, zeitweilig groß, doch gingen sie bald in der einheimischen Bevölkerung auf.

Die **Nornen** sind die nordischen Schicksalsgöttinnen, drei weise Jungfrauen von unvergleichlicher Schönheit. In einem Palast unter der Weltesche Yggdrasil, dem Lebensbaum, spannen sie die Fäden des Schicksals von Göttern und Menschen.

Norwegen ist ein skandinavisches Königreich. Mit 323 885 qkm hat es nur 3,97 Mill. Einwohner, da in dem sehr gebirgigen Land lediglich die Küstenstreifen und Täler bewohnbar sind. Fast ¾ der Landesfläche ist nicht nutzbar, 24 % sind Wald, nur 3 % landwirtschaftliche Nutzfläche. Dementsprechend spielen Forstwirtschaft und Fischerei eine große Rolle. Norwegen hat eine der größten Handelsflotten der Welt. Norwegische Geschichte →Skandinavien.

Einwohnerzahlen der größten Städte:	
Hauptstadt Oslo	468 000
Bergen (Hafen und Universität)	214 000
Drontheim (Hafen)	133 000

Die **Nostalgie** (griech.): Heimweh; Sehnsucht nach früheren, vermeintlich schöneren Zeiten. Das Eigenschaftswort heißt *nostalgisch*.

Der **Notar** (lat.): Jurist, der vom Staat mit der Aufgabe betraut ist, wichtige Schriftstücke (z. B. Verträge, Testamente oder auch bloß Unterschriften) zu beurkunden oder zu beglaubigen.

Die **Note:** 1. Anmerkung, besonders in einem Buch, z. B. am unteren Rande einer Seite (Fußnote); 2. Wertung einer Leistung, z. B. im Schulzeugnis oder beim Sport; 3. schriftliche Mitteilung der Regierung eines Landes an die eines anderen; 4. von einer staatlichen Bank (Notenbank) ausgegebener Geldschein (Banknote); 5. in der Musik das Schriftzeichen für den Ton. Die Noten geben Dauer, Höhe und Tiefe der Töne an, und zwar die Dauer durch die Form:

ganze	halbe	4tel	8tel	16tel	32tel Note

Höhe und Tiefe werden bestimmt durch *Notenschlüssel* und durch die Stellung der Noten auf und zwischen den 5 *Notenlinien*. Die wichtigsten Schlüssel sind der G- oder Violinschlüssel: und der Baßschlüssel: Weitere Veränderungen der Tonhöhe werden bewirkt durch *Versetzungszeichen:* um einen Halbton nach oben durch das Kreuz (♯), um einen Halbton nach unten durch das B (*b*).

Der **Notstand** ist ein ungewöhnlicher, durch Katastrophen, Krieg u. ä. herbeigeführter Zustand im Staat, der als Notstand ausdrücklich ausgerufen werden muß. Im Fall eines Notstandes darf die Regierung bestimmte Grundrechte (→Grundgesetz) und Artikel der Verfassung außer Kraft setzen und Sondermaßnahmen treffen. Für den Notstandsfall gibt es seit 1968 die *Notstandsverfassung*.

Notwehr ist die Verteidigung, die erforderlich ist, um einen gegenwärtigen rechtswidrigen Angriff von sich oder einem anderen abzuwehren.

Novalis nannte sich der deutsche Dichter Friedrich Freiherr von Hardenberg, der von 1772 bis 1801 lebte. Seine geistlichen Lieder, seine »Hymnen an die Nacht« und sein Roman »Heinrich von Ofterdingen« gehören zu den bedeutendsten Schöpfungen der →Romantik.

Die **Novelle** (ital. = Neuigkeit): seit dem 14. Jh. entwickelte, meist knappe Form der Erzählung, in der, wie Goethe es genannt hat, eine »unerhörte Begebenheit« in dramatischer Zuspitzung auf einen Wendepunkt hin berichtet wird. Kleist, C. F. Meyer, Keller und Storm, in der französischen Dichtung Stendhal, Mérimée und Maupassant, waren bedeutende Novellisten. – Im Staatsleben werden Gesetzesnachträge, die ein bisheriges Gesetz verändern, Novellen genannt.

Der **November** →Monat.

Der **Novize** (lat. = Neuling), die *Novizin*. Bevor Mönche oder Nonnen die Klostergelübde ablegen, sind sie zur Probe mindestens ein Jahr lang Novizen. Diese Zeit nennt man das *Noviziat*.

NRT →Registertonne.

NSDAP →Nationalsozialismus.

Die **Nuance** (franz., sprich nüäße): Abstufung, Abschattierung, feiner Unterschied.

nuklear (lat.): den Atomkern betreffend, z. B. nukleare Waffen = Atomwaffen.

Das **Numerale** (lat.) oder *Zahlwort*. Wenn man eine Zahl nicht in Ziffern, sondern in Buchstaben schreibt, so verwendet man ein *bestimmtes* Zahlwort oder Numerale, z. B.: drei, drittens, Drittel, dreimal. Bei unbestimmten Zahlenangaben verwendet man ein *unbestimmtes* Zahlwort, z. B.: viele, wenige, einige.

Der **Numerus** (lat.): in der Grammatik Bezeichnung für die beiden Zahlformen Einzahl (Singular) und Mehrzahl (Plural).

Numerus clausus (lat.): Vor allem Universitäten und Hochschulen, die nicht alle Bewerber aufnehmen können, lassen diese nur bis zu einer jeweils neu festzusetzenden Notenquote zu. Der sogenannte *Bonus* oder *Malus* verändert diese Quote.

Der **Nuntius** →Diplomat.

Die **Nuß.** Manche Pflanzen haben stark ölhaltige, süße Samenkerne, die mit einer harten Schale umgeben sind. Man bezeichnet sie alle als Nüsse, obwohl sie sich botanisch oft sehr unterscheiden. Die *Walnuß* (= Welschnuß) ist wie die Mandel eine Steinfrucht und umschließt den Samenkern mit einer zweiklappigen Schale. Die Schale der *Haselnuß* besteht wie bei der *Kokosnuß* aus nur einem Stück.

Die **Nut** oder *Nute* ist eine rinnenförmige Vertiefung in Holz, Metall oder anderen festen Werkstoffen, in die ein entsprechender erhöhter Teil eingepaßt wird, z. B. bei Holzplanken, die dadurch fest miteinander verbunden werden.

Nut in Metall
Aufsicht und
Querschnitt

Nut in Holz

Die **Nutria** (*Biberratte*, *Sumpfbiber*): südamerikanisches, dem Biber ähnliches und vor allem im Wasser lebendes Nagetier mit wertvollem Pelz.

Nylon (engl., sprich nailon) ist eine Chemiefaser (→Kunststoffe), die aus mineralischen Stoffen hergestellt wird. Sie ist leicht, elastisch und trocknet schnell. Man kann sie sowohl zu sehr feinen Gespinsten (Strümpfe) als auch zu harten Borsten und zu Seilen von außerordentlicher Festigkeit verarbeiten. Das deutsche Gegenstück zur amerikanischen Nylonfaser ist die *Perlonfaser*. Nylon- und Perlongewebe dürfen nicht gekocht werden.

Nymphen sind anmutige weibliche Gottheiten der Antike. Man nannte die Waldnymphen *Dryaden*, die Quell- und Flußnymphen *Najaden*.

O

O ist der 15. Buchstabe des Alphabets. In der Geographie ist O die Abkürzung für Osten, in der Chemie das Zeichen für Oxygenium (= Sauerstoff). O' bei irischen Namen (z. B. O'Neill) bedeutet Sohn, Nachkomme.

OAPEC →OPEC.

Die **OAS** ist die »Organisation der amerikanischen Staaten« (*Organization of American States*). In ihrer jetzigen Form entstand die OAS 1948; sie umfaßt (bis auf Kuba) alle nord- und südamerikanischen Staaten. Das Ziel der OAS ist neben wirtschaftlicher Zusammenarbeit die Verteidigung gegen Angriffe von außen und die friedliche Beilegung von Streitigkeiten zwischen Mitgliedstaaten. Die OAS vertritt ausdrücklich eine antikommunistische Politik.

Eine **Oase** (ägypt.) ist ein fruchtbarer Bezirk in einer Wüste, der an einer Wasserstelle entstanden ist.

OAU ist die Abkürzung für »*Organization of African Unity*«, Organisation für afrikanische Einheit. Die OAU wurde 1963 gegründet; ihr gehören zur Zeit 43 afrikanische Staaten an. Das politische Ziel der OAU ist die Bekämpfung der Rassen- →Diskriminierung; außerdem wird die »Befreiung« der zur Zeit noch unselbständigen Gebiete Afrikas (der bisherigen →Kolonien) angestrebt.

Die **Obduktion** (lat.): ärztliche Öffnung und innere Untersuchung einer Leiche, um die Todesursache zu ergründen.

Der **Obelisk** (griech.): schlanker, hoher, viereckiger Pfeiler aus Stein, der sich nach oben verjüngt und in einer pyramidenförmigen Spitze endet. Obelisken, meist reich verziert, sind besonders häufig in der ägyptischen Kunst; sie wurden im Altertum vor ägyptischen Tempeln aufgestellt. Später hat man einige nach Europa und Amerika gebracht oder dort nachgebildet.

Oberhaus →Parlament.

Der **Oberleitungs-Omnibus,** abge- kürzt *Obus*, wird von oben her aus zwei Drahtleitungen mit elektrischem Kraftstrom versorgt. Er ist luftbereift, nicht an Schienen gebunden und kann daher seitlich ausweichen.

Obervolta ist eine 274200 qkm große Republik mit der Hauptstadt Wagadugu und 5,74 Mill. Einwohnern (mohammedanische Mossi, Fulbe, Tuareg) in Westafrika. Ackerbau und Viehzucht sind Haupterwerbszweige. Das Land war bis 1958 französische Kolonie.

Das **Objekt** (lat.): Gegenstand. – So nennt man Dinge, denen man »gegenübersteht«, auf die man Aufmerksamkeit, Denken oder Tätigkeit richtet. Für den Maler ist z. B. das, was er abbildet, ein Objekt. In der *Grammatik* bezeichnet man als Objekt oder Satzergänzung denjenigen Satzteil, auf den sich die im Verbum ausgedrückte Handlung bezieht. Das Objekt kann in verschiedenen Fällen stehen: (selten im Deutschen) im 2. Fall, im 3. Fall (indirektes O.), im 4. Fall (direktes O.). *objektiv:* gegenständlich, sachlich gerecht. – Die *Objektivität:* Sachlichkeit, Vorurteilslosigkeit.

Das **Objektiv** (lat.) ist das dem abzubildenden Objekt zugewandte optische System (Linse, Linsenkombination, Spiegel) bei Photoapparaten, Kameras, Mikroskopen usw. Auch →Okular.

Die **Oblate** (lat.): papierdünn gewalztes Gebäck aus Weizenmehl. In der katholischen Kirche dient eine Oblate als →Hostie, in der evangelischen Kirche als Abendmahlsbrot. – Oblaten werden auch als Unterlage für Lebkuchen verwendet.

obligat (lat.): notwendig, unerläßlich, unentbehrlich; in einem Musikwerk ist eine Stimme obligat, die nicht weggelassen werden darf (z. B. obligate Flöte).

Die **Obligation** (lat.) ist ein →Wertpapier, das denjenigen, der es besitzt, zum →Gläubiger eines anderen macht. Die Obligation bestätigt also eine Schuld;

man nennt sie daher auch *Schuldverschreibung*. Obligationen werden von der Industrie, aber auch vom Staat ausgegeben (Industrieobligationen; Kommunalobligationen; Bundesschatzbriefe). Die Obligationen werden zu einem vorher bekannten, festen Zinssatz verzinst.

obligatorisch: pflichtgemäß, zur Pflicht gemacht. So ist z. B. für Kinder der Schulbesuch obligatorisch.

Die **Oboe** ist ein Holzblasinstrument. Abb. →Musikinstrumente.

Das **Observatorium** (lat.): astronomische, meteorologische oder geophysikalische Beobachtungsstation. →Sternwarte.

obskur (lat.): dunkel, unbekannt.

Obstbäume blühen meist, bevor sie ihre Blätter bekommen. Beim *Kernobst* (Äpfel, Birnen, Quitten, Mispeln) entwickelt sich der unter der Blüte stehende kleine Fruchtknoten zur Frucht, die mehrere Kerne enthält. Diese Obstbäume sind in mehreren Jahrtausenden aus wildwachsenden Arten gezüchtet worden. Heute gibt es sehr viele Obstsorten. Beim *Steinobst* (Kirschen, Pflaumen, Aprikosen, Pfirsiche) entwickelt sich nur ein einziger harter Samenkern, der Stein, der von Fruchtfleisch umgeben ist. Obstbäume werden als Hochstämme, als Halb- und Zwergstämme, als Büsche und als Spalierbäume gezogen. Die in großen Obstplantagen, in Gärten und an Straßen angepflanzten Obstbäume werden stets durch →Veredeln von Wildlingen oder anderen »Unterlagen« in Baumschulen herangezogen.

obszön (lat.): unanständig, unzüchtig, schamlos.

Die **Ode** (griech. = Gesang): feierliches Gedicht.

Die **Oder-Neiße-Linie** ist eine Grenzlinie, die nach dem Zweiten Weltkrieg festgelegt wurde. Sie verläuft längs der Görlitzer Neiße und der Oder bis zur Ostsee und trennt das Gebiet der Deutschen Demokratischen Republik von den deutschen Ostgebieten, die 1945 unter poln. und russ. Verwaltung gestellt worden sind.

Odin →Wodan.

Ödipus war eine Gestalt der griechischen Sage, ein Sohn des Königs Laos von Theben und seiner Frau Jokaste. Es war geweissagt worden, daß er seinen Vater ermorden und seine Mutter heiraten werde. Die Eltern setzten ihn daher aus; er wurde aber gerettet und wuchs in der Fremde heran. Auf dem Wege nach seiner Heimatstadt begegnete er seinem Vater, ohne ihn zu erkennen. Es kam zum Kampf, und er erschlug ihn. Ödipus erlöste dann Theben von dem Ungeheuer, der →Sphinx, wurde zum König gewählt und heiratete, wiederum ohne es zu wissen, seine Mutter, die Witwe des Erschlagenen. So lud er die ihm vorhergesagte zwiefache Schuld auf sich. Als nach vielen Jahren die Pest in Theben ausbrach und es hieß, das Unheil werde enden, wenn der Mörder des früheren Königs die Stadt verließe, deckte der Seher Tiresias das Verhängnis auf. Jokaste nahm sich das Leben, Ödipus stach sich die Augen aus und irrte mit seiner Tochter Antigone umher, bis er von seinem furchtbaren Leben erlöst wurde. – Die griechischen Dichter Äschylus, Sophokles und Euripides haben sein Schicksal und das seines vom Fluch verfolgten Geschlechtes in ihren Tragödien behandelt.

Odysseus, nach der griechischen Sage der König von Ithaka, war der klügste und listigste der griechischen Helden im →Trojanischen Krieg. Seine zehnjährige Irrfahrt und die Abenteuer, die er bei seiner Rückkehr in die Heimat bestehen mußte, beschreibt Homer in der »Odyssee«.

OECD ist die Abkürzung für »*Organization for Economic Co-operation and Development*«, Organisation für wirtschaftliche Zusammenarbeit und Entwicklung. Der OECD, die 1960 ins Leben gerufen wurde, gehören 23 Vollmitglieder an, nämlich alle nichtkommunistischen oder neutralen Länder Europas, einschließlich der Türkei, sowie die USA, Kanada, Australien und Japan.

Jacques **Offenbach** schrieb über 50 Operetten. Die bekanntesten sind »Orpheus in der Unterwelt« und »Die schöne Helena«, in denen er das Leben und die Taten der griechischen Götter und Helden bespöttelt. Außerdem hinterließ er die Oper »Hoffmanns Erzählungen«. Offenbach wurde 1819 in Köln geboren und starb 1880 in Paris.

Unter **Offenbarung** versteht man die Enthüllung von etwas Geheimnisvollem, das Sichtbarwerden von etwas Verborgenem. Nach christlicher Lehre offenbart sich Gott in seiner Schöpfung, der Natur, vor allem aber in der Bibel, dem »Wort Gottes«, und in Jesus Christus, dem »Sohn Gottes«. – *Offenbarung des Johannes* →Apokalypse.

Offenbarungseid nannte man früher die durch eidesstattliche Erklärung zu bekräftigende Erklärung eines zahlungsunfähigen Schuldners über seine Vermögensverhältnisse, zu der er auf Antrag eines Gläubigers vom Gericht gezwungen wird.

Die **Offensive** (lat.): Angriff.

Die **Offerte** (lat.): Kaufangebot. – *offerieren:* anbieten.

offiziell (franz.): amtlich, dienstlich. – *offiziös:* halbamtlich (z. B. eine politische Nachricht, die auf amtlichen Mitteilungen beruht, aber nicht von einer Amtsstelle veröffentlicht wurde).

Als **Offiziere** (franz.) bezeichnet man alle militärischen Dienstgrade vom Leutnant an aufwärts.

Offsetdruck →Druckverfahren.

OHG: Abkürzung für Offene Handelsgesellschaft; →Erwerbsgesellschaften.

Georg Simon **Ohm** war ein deutscher Physiker, der von 1787 bis 1854 lebte. Die Maßeinheit des elektrischen Widerstandes, das *Ohm* (Ω), wurde nach ihm benannt. Das von ihm entdeckte *Ohmsche Gesetz* ist eines der wichtigsten Gesetze der →Elektrizität.

Die **Ohnmacht** →Erste Hilfe.

Das **Ohr** ist unser Gehörorgan und enthält gleichzeitig das Gleichgewichtsorgan unseres Körpers. Das äußere Ohr besteht aus der knorpeligen Ohrmuschel, welche als Schalltrichter dient, und dem äußeren

Gehörgang, der wie ein kleiner Tunnel in das Schläfenbein hineingeht und nach wenigen Zentimetern von einem kleinen Häutchen, dem *Trommelfell*, verschlossen wird. Hinter dem Trommelfell, das bei allen Geräuschen und Tönen mitschwingt, liegt das Mittelohr, die Paukenhöhle. Dies ist ein kleiner, von sehr empfindlicher Schleimhaut ausgekleideter Raum, der im knöchernen Schädel liegt. Er enthält drei winzige Gehörknöchelchen, die wie eine kleine Kette zusammenhängen und die

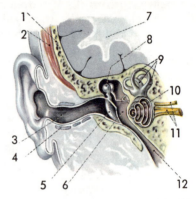

Querschnitt durch das menschliche Ohr
1 Schläfenbein, 2 Schläfenmuskel, 3 äußerer Gehörgang, 4 Knorpel, 5 Trommelfell, 6 Paukenhöhle, 7 Großhirn, 8 Gehörknöchelchenkette: Hammer, Amboß und Steigbügel, 9 Bogengänge, 10 Schnecke, 11 Gehörnerven, 12 Ohrtrompete

Verbindung zwischen Trommelfell und Hinterwand der Paukenhöhle herstellen. Diese Hinterwand hat ein kleines, zum Innenohr führendes Fenster, in das sich das letzte der drei Gehörknöchelchen einpaßt. Das Innenohr oder Labyrinth besteht aus einer etwa fünf Millimeter großen Schnecke. Es enthält die Enden der Nerven, welche die Schallwellen, die vom Trommelfell über die Gehörknöchelchen und das Fenster ins Innenohr geleitet werden, aufnehmen und dem Gehirn zuführen. Neben der Schnecke liegen drei kleine, senkrecht zueinander stehende häutige Röhrchen, die Bogengänge, die das →Gleichgewichtsorgan bilden. Das Mittelohr steht durch einen dünnen Gang, die

Ohrtrompete, mit dem Rachen in Verbindung. Wenn sich die Ohrtrompete verschließt (z. B. bei Schnupfen oder Luftdruckwechsel durch Höhenunterschiede beim Fliegen), entsteht ein dumpfes Gefühl in den Ohren, das durch kräftige Kaubewegungen wieder behoben werden kann.

Der **Ohrwurm** ist ein Insekt mit kurzen Beinen und einer Zange am Hinterleib, das sich unter Baumrinden, in Töpfen, Blumenkohl usw. verkriecht, aber nicht in den Ohren der Menschen.

O. K., *okay* (engl., sprich o keh): Ausdruck der Bejahung: gut, in Ordnung!

Das **Okapi** ist eine sehr seltene, fast pferdegroße Giraffenart des Kongo-Urwaldes mit Zebrastreifen an den Schenkeln.

Der **Okkultismus** (lat. occultum = verborgen) versucht okkulte, d. h. wissenschaftlich unerforschte Naturgeheimnisse (z. B. Geistererscheinungen, Gedankenübertragung, Hellsehen), zu enträtseln. Die Wissenschaft, die sich mit solchen Phänomenen befaßt, heißt *Parapsychologie.*

Die **Okkupation** (lat.): militärische Besetzung. – Verbum: *okkupieren.*

Die **Ökologie** (griech. oikos = Haus) ist eine Wissenschaft, die sich – als Teilgebiet der →Biologie – mit den Lebensbedingungen der Organismen (Pflanzen, Tiere) in ihrer Umwelt befaßt. Ein wichtiger Begriff in der Ökologie ist das sog. *ökologische Gleichgewicht.* Hierunter versteht man die Lebensfähigkeit von kleinen und großen Lebensräumen, z. B. von Seen, Flüssen, Wäldern, aber auch von Großlandschaften wie den Alpen oder der europäischen Halbinsel. Das ökologische Gleichgewicht ist bedroht, wenn durch menschlichen Eingriff Pflanzen oder Tiere aussterben, Klimaveränderungen auftreten usw. Die Probleme der Ökologie gehören zu den wichtigsten Zukunftsaufgaben der Menschheit.

Der **Ökonom** (griech.): Landwirt; Wirtschaftswissenschaftler. – Die *Ökonomie:* Landwirtschaft; wohlüberlegtes Wirtschaften, das Bestreben, mit möglichst ge-

ringem Aufwand einen möglichst großen Ertrag zu erzielen; Wirtschaftskunde. – Die *Ökonomik:* Wirtschaftswissenschaft.

Die **Oktanzahl** mißt die »Klopffestigkeit« von →Verbrennungsmotorenkraftstoff. Klopffestigkeit bedeutet, daß sich der Kraftstoff nicht zu früh entzündet.

Die **Oktave** (lat.): die 8. Stufe der Tonleiter und das entsprechende Intervall.

Oktober →Monat.

oktroyieren (franz.): aufzwingen, aufdrängen. Meistens sagt man *aufoktroyieren.* Das Hauptwort heißt der *Oktroi* (sprich oktroah) und bedeutet: etwas Aufgezwungenes.

Das **Okular** (lat. oculus = Auge). So nennt man in der →Optik die →Linse, die bei Fernrohr oder Mikroskop dem Auge am nächsten ist. Am anderen Ende des Gerätes befindet sich das →*Objektiv*, das dem Objekt, dem zu betrachtenden Gegenstand, zugekehrt ist.

Okulieren →Veredeln.

Die **Ökumene** (griech.): die ganze bewohnte Welt; im kirchlichen Sprachgebrauch die ganze Christenheit. Die *Ökumenische Bewegung* ist ein von protestantischer Seite unternommener Versuch, die christlichen Kirchen der ganzen Welt zusammenzufassen.

Der **Okzident** (lat. = Westen) ist das *Abendland,* das Land, das im Westen liegt, in dem die Sonne untergeht. Man meint damit die Länder Europas.

Der **Ölbaum** ist am Mittelmeer heimisch. Der unserer Weide ähnliche Baum kann sehr alt werden. Aus seinen kleinen grü-

Ölzweig und Ölfrucht (Olive)

nen Früchten, den *Oliven*, wird das Olivenöl herausgepreßt. Größere Früchte werden in Salzwasser, Essig oder Öl eingelegt und sind eine beliebte Volksnahrung in Südeuropa.

Oldenburg, früher ein Land des Deutschen Reiches, ist seit 1946 ein Verwaltungsbezirk von →Niedersachsen.

Ein **Oldtimer** (engl., sprich ohldtaimer) ist ein altes Automobil, im allgemeinen aus der Zeit vor dem Zweiten Weltkrieg.

Öle sind Kohlenwasserstoffverbindungen mineralischen, pflanzlichen oder tierischen Ursprungs, die leichter als Wasser sind und schnell verbrennen, ohne Rückstände zu hinterlassen. Nach dem Verwendungszweck kann man sie in 3 Gruppen einteilen: die ätherischen oder flüchtigen Öle, die Speiseöle und die Heiz-, Leucht- und Schmieröle. *Ätherische Öle* sind flüchtige Duftstoffe, die meist aus Pflanzen gewonnen werden. Sie sind oft sehr kostbar und werden als Parfüm, als Zusatz zu Erfrischungen, zu Medizinen und zu Spirituosen verwendet. Zu ihnen gehören z. B.: Rosenöl, Lavendelöl, Pfefferminzöl oder Eukalyptusöl. Die ätherischen Öle sind nicht fettig. Die ebenfalls meist pflanzlichen *Speiseöle* werden gewöhnlich zu den Fetten gezählt. *Heiz-, Leucht-* und *Schmieröle* werden hauptsächlich aus →Erdöl oder aus →Kohle gewonnen (Mineralöle). Nur in technisch unentwickelten Ländern werden noch Tran und Olivenöl für Lampen verwendet.

Der **Oleander** ist ein immergrüner Strauch mit stark duftenden weißen oder roten Blüten, der in den Mittelmeerländern wild wächst. Bei uns wird er in Kübeln gezogen.

Die **Oligarchie** (griech. = Herrschaft der Wenigen): Beherrschung eines Staates durch wenige einflußreiche Leute.

Die **Olive** →Ölbaum.

Der **Olm** ist ein weißgelblicher, bis 40 cm langer Lurch, der vornehmlich in Höhlengewässern lebt. Er hat sowohl eine Lunge als auch büschelartige Kiemen. Seine Augen sind so stark zurückgebildet, daß er fast blind ist.

Der **Olymp** ist mit 2911 m der höchste Berg Griechenlands. Homer erzählt uns, daß die Götter der alten Griechen auf dem Olymp in dem Palast des Zeus zu Beratung und Schmaus zusammenkamen.

Die **Olympiade** oder *Olympischen Spiele:* Der Ursprung dieser alle 4 Jahre abgehaltenen Spiele ist sagenhaft. Seit 776 v. Chr. lassen sie sich nachweisen, doch ihre Anfänge liegen noch weiter zurück. 394 n. Chr. wurden sie von dem römischen Kaiser Theodosius verboten. Die Olympischen Spiele waren griechische Nationalfeste, die in Olympia, einer heiligen Tempelstätte im westlichen Peloponnes, abgehalten wurden. Sie hatten so große Bedeutung für das griechische Volk, daß sogar die Zeit nach Olympiaden – den vierjährigen Zwischenräumen von einem Fest zum andern – berechnet wurde. An sportlichen Wettkämpfen, an denen sich nur griechische Männer beteiligen durften, wurden ausgetragen: Dauerlauf über 5 km, Schnellauf über 384 m, Ringkampf, Faustkampf, Fünfkampf (Laufen, Ringen, Springen, Diskus- und Speerwerfen), Wagen- und Pferderennen. Sieger in Olympia zu werden galt als der höchste Ruhm für einen Griechen. Siegespreis war ein Ölzweig.

1894 griff der Franzose Pierre de Coubertin den olympischen Gedanken wieder auf und gründete das Internationale Olympische Komitee, dem fast alle Staaten der Welt beitraten. Aus den griechischen Spielen wurden Weltspiele, an denen die Wettkämpfer aller Völker der Erde teilnehmen. Seit 1896 werden alle 4 Jahre Olympische Spiele abgehalten, die jedesmal in einem anderen Land stattfinden. Während der beiden Weltkriege war diese Folge unterbrochen. Seit 1924 gibt es auch Olympische Winterspiele. Die Spielfolge umfaßt jetzt die meisten Sportarten. Vor Beginn der Wettkämpfe leisten alle Teilnehmer den Olympischen Eid, in dem sie sich verpflichten, fair zu kämpfen und die Regeln zu beachten. Die Fahne und die Abzeichen der Olympischen Spiele tragen fünf ineinander verschlungene Ringe, welche die Verbundenheit der fünf Erdteile versinnbildlichen.

Der **Olympische Fünfkampf** ist eine der härtesten sportlichen Prüfungen. Er umfaßt fünf Sportarten: 1. Geländeritt über 5000 Meter auf einem unbekannten Pferd. 2. Degenfechten. 3. Pistolenschießen. 4. Schwimmen über 300 m in beliebigem Schwimmstil. 5. Geländelauf über 4000 m. Sieger ist, wer die niedrigste Platzziffer erhält.

Der **Olympische Zehnkampf** gilt als die Krone aller Olympischen Spiele, weil dabei zehn Übungen innerhalb von zwei Tagen gefordert werden. Diese Übungen sind: 1. 100-m-Lauf, 2. Weitsprung, 3. Kugelstoßen, 4. Hochsprung, 5. 400-m-Lauf, 6. 110-m-Hürdenlauf, 7. Diskuswerfen, 8. Stabhochsprung, 9. Speerwerfen und 10. 1500-m-Lauf. Die Wertung erfolgt nach Punkten.

Oman, bis 1970 *Maskat und Oman*, ist ein 212457 qkm großes, von 720000 Menschen (Arabern, Indern, Belutschen, Negern) bewohntes Sultanat in Ostarabien mit der Hauptstadt Maskat (6500 Einwohner). Kamele, Datteln und Erdöl sind der Hauptreichtum des wenig fruchtbaren Landes.

Der **Ombudsman** (schwed.) ist in manchen nordischen Ländern eine Art Vertrauensmann, der auf Ersuchen des Bürgers unbürokratisch und direkt eingreift, wenn sich dieser Bürger von Behörden oder Gerichten benachteiligt fühlt.

Das **Omen** (lat.): gutes oder schlechtes Vorzeichen. – *ominös:* bedenklich, unheilverkündend.

Der **Omnibus** (lat. = für alle): vielsitziger Kraftwagen zur Personenbeförderung.

Onanie →Sexualkunde.

ondulieren (franz.): das Haar (mit einer heißen Brennschere) wellen.

Die **Ontologie** (griech.) →Philosophie.

Der **Onyx** →Edelsteine.

Der **Opal** →Edelsteine.

Die **Op-art** (engl., Abkürzung von optical art = optische Kunst): in jüngster Zeit entwickelte Form der darstellenden Kunst, oft →abstrakte, mit Zirkel und Lineal geschaffene, rhythmisch gegliederte Darstellungen, die auch die Mode beeinflußt haben.

OPEC ist die Abkürzung für *»Organization of Petroleum Exporting Countries«*, Organisation der erdölexportierenden Länder. Diese Organisation wurde 1960 gegründet und umfaßt heute die Länder Ecuador, Indonesien, Iran, Katar, Nigerien, Venezuela sowie die arabischen Staaten Abu Dhabi, Ägypten, Algerien, Bahrein, Irak, Kuweit, Libyen, Saudi-Arabien und Syrien. Diese zuletzt genannten arabischen Länder haben sich zur »Organisation der arabischen ölexportierenden Länder« zusammengeschlossen, der *OAPEC*. Zweck beider Organisationen ist es, die Ölpreise zu bestimmen und den Markt für Erdöl zu kontrollieren. Das Sekretariat der OPEC befindet sich in Genf.

Die **Oper** (ital.): Bühnenwerk, in dem nicht gesprochen, sondern nur oder fast nur gesungen wird. Der Gesang wird vom Orchester begleitet. Die frühere Oper bestand aus einzelnen Musiknummern, →Arien, →Duetten usw. und Chorsätzen, die durch gesprochenen Text oder durch Sprechgesang (Rezitative) miteinander verbunden waren. Richard Wagner hat diese *Nummernoper* aufgegeben und den ganzen Operntext in einem Zuge durchkomponiert. Diese Opernform nennt man *Musikdrama*. – Die Oper entstand um 1600 in Italien. Die erste deutsche Oper, »Daphne«, wurde 1627 von Heinrich Schütz geschrieben. Die großen Meister dieser Kunstform sind Gluck, Mozart, Wagner, Verdi und Richard Strauss. Moderne Opern schufen u. a. Strawinski, Alban Berg, Hindemith, Egk, Britten, Liebermann, Henze, Orff. – *Opera buffa:* heitere, komische Oper; *Opera seria:* ernste Oper.

Bei einer **Operation** (lat.) wird eine Krankheit durch einen Eingriff von außen behandelt. Der Chirurg nimmt Schnitte vor, um kranke Gewebe zu entfernen oder Organe anders zu lagern. Zur Schmerzbetäubung benutzt man dabei die →Narkose. – Allgemein bedeutet Operation ein Unternehmen oder einen Arbeitsvorgang.

Die **Operette** (franz. = Öperchen): meist heiteres Theaterstück, in dem gesprochen, gesungen und getanzt wird.

Opiate nennt man Arzneimittel, in denen →Opium enthalten ist.

Opium ist ein →Alkaloid, das aus dem milchigen Saft unreifer Mohnkapseln gewonnen wird. Der Arzt gebraucht es als Mittel gegen Schmerzen und Krampfzustände. Da die Gefahr der Gewöhnung sehr groß ist, wird die Abgabe von Opium streng überwacht. In Asien wird es gegessen oder geraucht; es hat dann stark berauschende Wirkung, führt aber bald zur Zerrüttung von Körper und Geist.

Das **Opossum** ist ein →Beuteltier aus der Familie der Beutelratten. Eine Art lebt in Nordamerika als Baumbewohner, eine andere in Südamerika als Wassertier. Der *Opossum* ist der wertvolle Pelz der nordamerikanischen Beutelratte.

Der **Opportunist** (lat.): jemand, der sich nicht von seiner eigenen Überzeugung leiten läßt. Er paßt sich, weil es für ihn vorteilhafter ist, einer herrschenden Richtung an. – *opportun:* förderlich, zweckmäßig.

Die **Opposition** (lat.): Gegensatz, Gegnerschaft, Widerstand. – Im demokratischen Staat haben diejenigen Wähler, deren Partei nicht an der Regierung beteiligt ist und die mit der Richtung der Regierungspolitik nicht einverstanden sind, das Recht auf Opposition. Dieser Teil des Volkes kann durch seine Partei im Parlament, durch die Presse und andere öffentliche Einrichtungen *opponieren*, d.h. der Regierung entgegentreten, und die Wähler für seine *oppositionelle* Meinung zu gewinnen suchen. – In der Astronomie spricht man davon, daß zwei Himmelskörper in Opposition stehen, wenn man sie von der Erde aus in entgegengesetzten Richtungen sieht.

optieren (lat.): wählen, sich für etwas entscheiden.

Optik ist die Lehre vom →Licht. Sie umfaßt 1. die physikalische Optik, d.h. die Lehre von den Erscheinungen und Wirkungen des Lichtes auf das Auge oder auf Instrumente; 2. die praktische Optik, die sich mit dem Entwurf und Bau optischer Geräte befaßt, wie Fernrohre, Mikroskope, Brillen oder Photoobjektive. Die Wirkung optischer Geräte beruht meist darauf, daß ein Strom einfallenden Lichtes durch →Linsen in einem Punkt gesammelt wird. Parallel einfallende Lichtstrahlen werden von Hohlspiegeln in einem *Brennpunkt* vereinigt. Optische Geräte haben den Sehbereich des menschlichen Auges so erweitert, daß wir die kleinsten Lebewesen und weit entfernte Sterne erforschen können. Als Optik bezeichnet man auch die optischen Teile eines Geräts, z.B. bei einer Kamera.

Der **Optimismus** (lat.): zuversichtliche, lebensbejahende Haltung.

Das **Optimum** (lat.): das Beste, das Höchstmaß. – *optimal:* best-, höchstmöglich.

Die **Option** (lat.) – das »Vorkaufsrecht« – ist das einem Kaufinteressenten eingeräumte Recht, sich den Kauf eine bestimmte Zeit lang zu überlegen. Innerhalb dieser Zeit hält der Verkäufer sein Angebot aufrecht. Optionen sind dort wichtig, wo der betreffende Gegenstand nur einmal vorhanden ist, z.B. bei Kunstwerken.

optische Täuschungen entstehen durch gewisse Unvollkommenheiten unserer Sehorgane und Irrtümer bei der Ver-

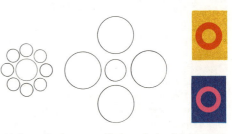

Links: die inneren Kreise sind gleich groß; der von kleinen Kreisen umgebene Kreis erscheint jedoch größer als der von großen umgebene. Rechts: der rote Ring erscheint vor blauem Hintergrund heller als vor gelbem Hintergrund

arbeitung von Gesehenem im Gehirn. So schätzen wir zuweilen die Größe von Flächen, die wir miteinander vergleichen, falsch ein oder täuschen uns über die Helligkeit von Farben vor verschiedenem Hintergrund.

Das **Opus** (lat. = Werk), abgekürzt op.: in der Musik Bezeichnung der einzelnen Kompositionen eines Meisters. So zählt man bei Beethoven von op. 1 bis op. 131.

Orakel (lat.) nannte man im Altertum den Ort, an dem durch Priester im Auftrage einer Gottheit Wahrsagungen verkündet wurden, die ebenfalls Orakel genannt werden. Am berühmtesten war das Apollo-Orakel zu Delphi in Griechenland.

Die **Orange** (sprich orásche) →Apfelsine.

Der **Orang-Utan** →Affen.

Das **Oratorium** (lat.): ein zur Aufführung als Konzert bestimmtes, großes zusammenhängendes Musikwerk für Einzelstimmen, Chor und Orchester. Der Inhalt ist meist der biblischen Geschichte oder der Mythologie entnommen. Berühmte Oratorien schrieben z. B. Händel und Haydn. – Als *Oratorien* bezeichnete man früher kleine Kirchen, Betsäle und Hauskapellen in Klöstern.

Das **Orchester** (griech. orchestra = Tanzstätte) war im griechischen Theater der Platz für den →Chor. Heute nennt man Orchester den tiefer gelegenen Raum vor der Bühne für die Musiker. Diese selbst und überhaupt jede größere Zahl von zusammenspielenden Musikern bilden ein Orchester.

Orchideen wachsen in mehr als 20 000 Arten in den Tropen und in den gemäßigten Zonen. Die etwa 60 in Deutschland wild vorkommenden Arten (z. B. Frauenschuh, Knabenkraut) stehen unter Naturschutz. Die tropischen Arten, wie die Cattleya, werden bei uns in Gewächshäusern gezogen. Die →Vanille ist die Frucht einer tropischen Orchidee.

Orden werden vom Staat als äußere Zeichen der Ehrung für bedeutende, der Allgemeinheit dienende Leistungen verlie-

hen. Ursprünglich waren solche Ordenszeichen die Abzeichen der Ordensritter, also von Adeligen, die eine Gemeinschaft mit bestimmten Aufgaben (z. B. Krankenpflege, Heidenbekehrung) bildeten. Eine solche Gemeinschaft war der →Deutsche Orden. – *Religiöse Orden* sind Vereinigungen von Männern oder Frauen, die ihr Leben ganz in den Dienst Gottes stellen und nach gemeinsamen Regeln, den *Ordensregeln*, leben. Diese Mönche und Nonnen geloben Armut, Keuschheit und Gehorsam. Meist wohnen sie in Klöstern und tragen Ordenskleidung. – Der für das Abendland bedeutendste und älteste katholische Orden ist der Benediktinerorden. Im Mittelalter folgten dann als wichtigste die Zisterzienser, Prämonstratenser und die Bettelorden der Franziskaner und Dominikaner. Im 16. Jh. wurde der Jesuitenorden gegründet, der rasch große Bedeutung gewann. Auch das griechisch-orthodoxe Christentum kennt ein Ordenswesen. – Unter den nichtchristlichen Religionen haben sich vor allem im Buddhismus, Lamaismus und Islam Ordensgemeinschaften entwickelt.

ordinär (lat.): gewöhnlich, gemein, unfein.

Das **Ordinariat** (lat.): 1. Hauptverwaltungsstelle eines katholischen Bistums; 2. Lehrstuhl (Lehramt) eines Hochschulprofessors, des *Ordinarius*.

Der **Ordinarius** (lat.): 1. ordentlicher Professor, der den im Lehrplan einer Hochschule vorgesehenen Lehrstuhl für ein bestimmtes Wissenschaftsgebiet innehat; 2. Klassenlehrer (Klassenleiter) an einer höheren Schule.

Die **Ordination** (lat.): 1. in der katholischen Kirche Priesterweihe; in der evangelischen Kirche Einsetzung in das geistliche Amt; 2. ärztliche Verordnung; Sprechstunde.

Ordnungswidrigkeiten nennt man die Verletzung von Vorschriften, die der Aufrechterhaltung der öffentlichen Ordnung dienen und außerhalb des Strafrechts liegen (z. B. die Verletzung von Verkehrsvorschriften, wie Radfahren auf dem Gehsteig, falsches Parken usw.). Die Ordnungswidrigkeiten werden mit Geldbuße geahndet, in bestimmten Fällen auch nur durch eine gebührenpflichtige Verwarnung.

Die **Ordnungszahl** gibt bei chemischen Elementen die Anzahl der Protonen im Atomkern an, nach der alle Elemente im →periodischen System geordnet sind.

Orest, Elektra und Iphigenie waren die Kinder des sagenhaften Griechenkönigs →Agamemnon und der Klytämnestra. Agamemnon wurde nach seiner Rückkehr aus dem →Trojanischen Krieg von Klytämnestra und ihrem Geliebten Ägisth erschlagen. Den jungen Orest hatte Elektra in die Fremde bringen lassen. Als er erwachsen war, rächte er mit Hilfe Elektras den Mord und tötete Klytämnestra und ihren Geliebten. Wegen dieses Muttermordes wurde er von den Rachegöttinnen, den Erinnyen, von Ort zu Ort gejagt. Er wurde erst erlöst, als er auf Befehl des delphischen Orakels das Götterbild der Artemis aus Tauris raubte und seine Schwester →Iphigenie wieder nach Griechenland zurückbrachte.

Carl **Orff,** der große deutsche Komponist, wurde 1895 geboren. Er schuf eigenwillige, moderne, auf alte Vorbilder wie auf die bayerische Volksmusik zurückgreifende Bühnenwerke und Opern, z. B. »Agnes Bernauerin«, »Die Kluge«, »Der Mond«, »Carmina burana«. Eine Umwälzung des Musikunterrichts bedeutete das *Orffsche Schulwerk.*

Das **Organ** (griech. = Werkzeug): 1. Körperteil eines Lebewesens, der eine bestimmte Aufgabe zu erfüllen hat, z. B. das Auge als Sehorgan; 2. staatliche Einrichtung, Behörde oder Amtsperson mit bestimmten Aufgaben; so ist z. B. der Bundestag ein Organ der Gesetzgebung; 3. Bezeichnung für die menschliche Stimme; 4. Fachzeitschrift oder Zeitung, die eine Berufsgruppe oder Partei, Gewerkschaft usw. vertritt.

Der **Organismus** ist die Gesamtheit aller in einem Lebewesen zweckmäßig aufeinander abgestimmten Organe; deshalb bezeichnet man auch die Lebewesen selbst als Organismen.

Die **Organisation** (lat.): planvolle Ordnung (z. B. in einem Betrieb), durch die ein möglichst reibungsloses und nutzbringendes Zusammenwirken von Arbeitskräften und Hilfsmitteln erreicht werden soll. Wer solche ordnenden Fähigkeiten besitzt und anwendet, wer also *organisiert,* ist ein *Organisator.* – Auch Vereinigungen von Menschen, wie Vereine, Gewerkschaften oder Parteien, nennt man Organisationen.

organische Chemie →Chemie.

Der **Orgasmus** (griech.) →Sexualkunde.

Die **Orgel** ist das Musikinstrument der Kirchen. Sie besteht aus den Pfeifen, den Blasebälgen und dem Spieltisch. Die Pfeifen stehen in Reihen, die meist vom tiefsten bis zum höchsten Ton reichen, auf Windkästen. Alle Pfeifen einer Reihe haben den gleichen Klangcharakter. Diese Pfeifenreihen, aber auch ihr Klang, werden *Register* genannt. Eine Orgel hat so viele Register, wie sie Pfeifenreihen hat. Die Klangfarbe der Register hängt von der Form und dem Material der Pfeifen ab. Die Blasebälge wurden früher mit den

Wie ein Ton in der Orgel erzeugt wird

Schematische Darstellung eines Teils der Orgel

Druck auf die Taste (1) zieht die Ventile (2) nach unten. Luft aus dem Windkasten (3) hat damit Zugang zu den Pfeifen (4), und zwar dann, wenn die Schleifen (5) so verschoben werden, daß die in ihnen angebrachten Löcher unmittelbar unter die Pfeifen zu stehen kommen. Der Registerzug (6) bestimmt, welche Schleife gezogen wird, also welches Register erklingt (in der Abb. das mittlere Register)

Füßen getreten, heute werden sie meist durch einen Motor betrieben. Sie drücken die Luft in die Windkästen. Am *Spieltisch* befinden sich 1. die Registerzüge: das sind Knöpfe oder Klappen, durch welche man die Luft in die verschiedenen Windkästen leiten kann; 2. die zwei bis vier *Manuale*, das sind Klaviaturen, die stufenförmig übereinanderliegen und mit den Händen gespielt werden; 3. das *Pedal*, eine weitere Tastenreihe, die mit den Füßen gespielt wird. – Man kann ein einzelnes Register erklingen lassen oder mehrere von unterschiedlicher Klangfarbe gleichzeitig. Eine der größten Orgeln ist die von Passau mit fünf Manualen, 208 Registern und etwa 17000 Pfeifen. – Die gewaltigsten Tonwerke für die Orgel schrieben Bach und Händel.

Die **Orgie** (griech.) ist eine ausschweifende Lustbarkeit, ein wildes Gelage.

Der **Orient** (lat. = Osten) ist das Morgenland, das Land, das im Osten liegt, in dem die Sonne aufgeht. Man meint damit Kleinasien, Vorderasien und Ägypten.

orientieren (lat.): richten, einstellen; unterrichten; sich erkundigen.

Das **Original** (lat.): 1. das Ursprüngliche, das Echte, im Gegensatz zur Zweitfassung, zur Nachahmung; 2. ein Mensch von sonderbarer, kauziger Art. – *originell:* ursprünglich, eigenartig.

Der **Orkan** →Wind.

Orkus nannten die alten Römer die Unterwelt, das Totenreich.

Das **Ornament** (lat.): Verzierung, Zierat, schmückendes Beiwerk. Aus der Art des Ornaments an einem Bauwerk oder Gerät lassen sich dessen Stil und dadurch die Zeit und zuweilen auch der Ort der Entstehung erkennen.

Der **Ornat** (lat.): Amtstracht, z. B. der Geistlichen oder der Richter.

Die **Ornithologie** (griech.): Vogelkunde.

Orpheus war der berühmteste Sänger der griechischen Sage. Als seine geliebte Gattin *Eurydike* durch einen Schlangenbiß getötet wurde, erwirkte er durch seinen Gesang von →Pluto die Erlaubnis, Eury-

dike aus der Unterwelt zurückzuholen, nur durfte er sich dabei nicht nach ihr umsehen. Orpheus aber, voller Sehnsucht, mißachtete das Verbot. So verlor er Eurydike auf ewig.

Orthodoxie (griech.) heißt Rechtgläubigkeit. Im besonderen versteht man darunter das strenge Festhalten an einer kirchlichen Lehrmeinung im Gegensatz zu Irrlehren oder freieren Auffassungen. – Die *orthodoxe Kirche* entstand durch die Glaubensspaltung (das Schisma) des Jahres 1054. Sie lehnte die Oberhoheit des Papstes ab und vertrat in einigen Grundfragen des Glaubens eigene Lehrmeinungen. Orthodoxe Kirchen bildeten sich vor allem in Griechenland und Rußland sowie auf der Balkanhalbinsel. Man faßt sie heute unter der Bezeichnung *morgenländisch-orthodoxe* Kirche zusammen. Sie hat etwa 150 Millionen Anhänger.

Die **Orthographie** (griech.) oder *Rechtschreibung* ist bei allen Völkern eine mehr oder minder entwickelte Kunst. Eine Buchstabenschrift wie die unsere kommt an sich mit wenig Zeichen aus. Wir schreiben aber aus mehreren (auch geschichtlichen) Gründen wenig lautgetreu. Man kann also aus den sich ständig weiter wandelnden Wortklängen die Schreibung nur sehr unvollkommen herauslesen. Daher muß man sich die Wortbilder scharf einprägen. Unerläßlich für jedermann ist trotzdem die ständige Benutzung guter Nachschlagewerke. Wir sollen uns an die 1901 festgelegte amtliche Schreibweise halten, damit keine Willkür aufkommt, aber unter zwei möglichen Schreibweisen die fortschrittlichere wählen.

Die **Orthopädie** (griech.): Zweig der Heilkunde, der die Leiden des Knochen- und Bewegungssystems behandelt.

Ortung nennt man die Standortbestimmung eines Fahrzeugs in einem festgelegten Bezugsystem, z. B. durch Peilen, Funkortung. →Radar, →Navigation.

Osiris war der Sonnengott, der höchste Gott der alten Ägypter.

Die **Osmanen** sind ein türkischer Volksstamm. Benannt sind sie nach ihrem

Stammesfürsten und späteren Sultan *Osman I.*, der um 1300 n.Chr. das Osmanische Reich (→Türkei) begründete.

Das **Osmium** (chemisches Zeichen Os) ist ein chemisches Element. Es ist das schwerste Metall, doppelt so schwer wie Blei. Seine Eigenschaften gleichen denen des Platins. In der chemischen Industrie wird es als →Katalysator verwendet.

Die **Osmose** (griech.) ist die Fähigkeit zweier verschiedener Flüssigkeiten, sich durch halbdurchlässige Scheidewände hindurch auszugleichen (z.B. in einer mit starker Kochsalzlösung gefüllten Schweinsblase, die in einem Wasserbad hängt). Dieser Austausch erfolgt oft nach beiden Seiten, jedoch von der konzentrierten zur weniger konzentrierten Flüssigkeit mengenmäßig stärker. Dadurch entsteht der *osmotische Druck*. Pflanzenzellen, auch der Darm von Mensch und Tier, übernehmen Nährstoffe durch Osmose. Aus Seewasser kann durch Osmose mit Hilfe eines elektrischen Stromes reines Trinkwasser hergestellt werden.

ostentativ (lat.): betont auffällig; herausfordernd deutlich. »Um zu zeigen, wie reich er ist, kauft sich Herr Müller ostentativ einen dicken Wagen.«

Ostern: Fest der Auferstehung Christi; es wird am ersten Sonntag nach dem Frühlingsvollmond gefeiert.

Die Bundesrepublik **Österreich** ist in die Länder Niederösterreich, Oberösterreich, Salzburg, Steiermark, Kärnten, Tirol, Vorarlberg, Burgenland und Wien gegliedert. Sie umfaßt 83850,37 qkm, ihre Bevölkerungszahl beträgt 7,52 Millionen. Landessprache ist Deutsch. Österreich ist ein vorwiegend gebirgiges Land im Ostteil der Alpen, dessen Hauptreichtum seine Wälder bilden. Sein Kohlenmangel wird nur teilweise durch Ausnutzung alpiner Wasserkraft und großer Braunkohlenlager ausgeglichen. In der Steiermark werden Magnesit und Erz gefunden. Von zunehmender Bedeutung ist die Erdgas- und Erdölgewinnung, besonders bei Zistersdorf und Matzen. Österreich ist hervorgegangen aus der von

Karl dem Großen im 8. Jh. n.Chr. errichteten und von Bajuwaren besiedelten Ostmark des Fränkischen Reiches. Die von 976 bis 1246 dort regierenden Babenberger erwarben die Steiermark und Krain hinzu. 1282 ging Österreich in den Besitz der Habsburger über, die Kärnten, später Tirol, Böhmen/Mähren/Schlesien und das Burgenland angliederten und von 1440 bis 1806 die deutschen Kaiser stellten. Im 16./17. Jh. wehrte Österreich den Ansturm der Türken gegen Westeuropa ab und eroberte Ungarn. Durch den Spanischen Erbfolgekrieg 1701–1714 erhielt es den bisher spanischen Teil der Niederlande, ferner Mailand, Neapel und Sizilien. Unter Maria Theresia ging Schlesien an Preußen verloren. 1806 legte Kaiser Franz II. die deutsche Kaiserkrone nieder und verwandelte Österreich in ein erbliches Kaisertum. Mit der Einigung Italiens verlor es seine italienischen Besitzungen. Der verlorene Krieg gegen Preußen 1866 bedeutete die Aufgabe seiner jahrhundertelangen Vormachtstellung im Deutschen Reiche. 1867 wurde eine Einigung mit Ungarn erzielt und die österreichisch-ungarische Doppelmonarchie errichtet, die das Kaiserreich Österreich und das Königreich Ungarn unter einem Herrscher vereinigte. Die Ermordung des österreichischen Thronfolgers im Sommer 1914 durch einen serbischen Nationalisten löste den Ersten Weltkrieg

Die Hauptstadt und die 8 Länder der Bundesrepublick Österreich			
Bundes- hauptstadt Länder	Flächen- inhalt in qkm	Bevöl- kerung	Haupt- stadt
Wien	414	1,61 Mill.	
Nieder- österreich	19170	1 400 000	Wien
Ober- österreich	11979	1 200 000	Linz
Salzburg	7155	402 000	Salzburg
Steiermark	16384	1,19 Mill.	Graz
Kärnten	9534	526 000	Klagenfurt
Tirol	12647	541 000	Innsbruck
Vorarlberg	2602	271 500	Bregenz
Burgenland	3965	272 000	Eisenstadt

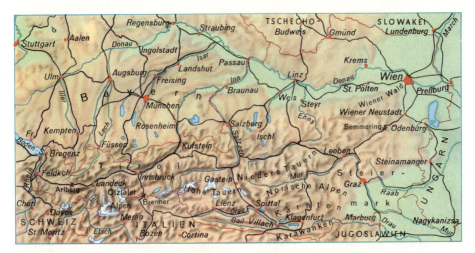

aus. 1918 brach die Donaumonarchie Österreich-Ungarn zusammen. An ihre Stelle trat die Bundesrepublik Österreich in ihrem heutigen Umfang. Die übrigen Teile des bisherigen Reiches gingen in den unabhängigen Staaten Ungarn, Tschechoslowakei, Jugoslawien, Rumänien, Polen und Italien auf. 1938 vollzog Hitler den Anschluß Österreichs an Deutschland. Seit 1945 ist das Land wieder selbständig.

Die gesetzgebende Versammlung ist der jeweils für 4 Jahre vom Volk gewählte Nationalrat. Die Vertretung der einzelnen Bundesländer ist der Bundesrat, der von den Landtagen dieser Länder gewählt wird. An der Spitze der Bundesrepublik steht der für 6 Jahre gewählte Bundespräsident. Er ernennt die vom Bundeskanzler geleitete Bundesregierung, die der Zustimmung des Nationalrats bedarf.

Einwohnerzahlen der wichtigsten Städte:	
Bundeshauptstadt Wien	1,61 Mill.
Graz (Universität)	248 500
Linz (Industriestadt)	208 800
Salzburg (Festspielstadt)	129 000
Innsbruck (Universität)	124 000

Ostindien nennt man zusammenfassend Vorder- und Hinterindien und den Malaiischen Archipel, zum Unterschied von Westindien (→Mittelamerika).

Ostpreußen liegt an der Ostseeküste zwischen Weichsel und Memel. Es ist ein fruchtbares Land mit großen Kiefernwäldern und vielen Seen (Masurische Seenplatte). An seiner Küste wird Bernstein gefunden. In dem Ort Trakehnen wurde eine edle Pferderasse, die Trakehner, gezüchtet. Viele Städte sind Gründungen des →Deutschen Ordens, in dessen Besitz sich Ostpreußen vom 13. bis 16. Jh. befand, z. B. die Universitätsstadt Königsberg, Marienburg mit dem gewaltigen Ordensschloß, Elbing, Tilsit und Allenstein. Als Herzogtum bildete Ostpreußen zusammen mit der Mark Brandenburg die Grundlage →Preußens. – Ostpreußen wurde gegen Ende des Zweiten Weltkrieges von sowjetischen Truppen besetzt. Der nördliche Teil wird seit 1945 von der Sowjetunion, der südliche von Polen verwaltet. Die über 2 Millionen zählende deutsche Bevölkerung wurde vertrieben.

Oströmisches Reich →Byzantinisches Reich.

Die **Ostsee** →Meer.

Ein **Oszillograph** ist eine weiterentwickelte Braunsche Röhre. Siehe Kathodenstrahlröhre.

Der **Otter** ist ein naher Verwandter der Marder, der am und im Wasser lebt und mit Hilfe seiner Schwimmhäute und seines Ruderschwanzes ausgezeichnet schwimmen kann. Er nährt sich von Fischen und Krebsen. Ihres glänzenden, wertvollen

Fells wegen wurden die Otter viel gejagt, so daß vor allem der *Meerotter* im nördlichen Stillen Ozean heute fast ausgerottet ist. Auch der bei uns heimische *Fischotter* ist sehr selten geworden.

Die **Otter** oder *Viper* ist eine →Giftschlange. Ottern bringen meist lebende Junge zur Welt.

Otto I., der Große, war ein deutscher König aus dem Stamme der Niedersachsen. Er wurde 912 n. Chr. geboren und folgte mit 24 Jahren seinem Vater Heinrich I. auf den Thron. Häufigen Einfällen der Ungarn machte er 955 durch die vernichtende Schlacht auf dem Lechfeld bei Augsburg ein Ende. Den deutschen Einfluß dehnte er auf östliches, von Slawen bewohntes Gebiet aus. Unter seiner Herrschaft entwickelte sich Deutschland zur beherrschenden Macht des Abendlandes. 962 wurde er in Rom zum Kaiser gekrönt. Er starb 973.

Ottomotor →Verbrennungsmotor.

Die **Ouvertüre** (franz. = Eröffnung, sprich uwertühre): einleitendes Orchesterstück, meist vor einer Oper. Es gibt auch Ouvertüren, die nur als Konzertstück gedacht sind.

Die **Ovation** (lat.): festliche Ehrung, Huldigung, Beifall.

Ovid (Publius Ovidius Naso) war ein römischer Dichter, der von 43 v. Chr. bis um 18 n. Chr. lebte. Sein Meisterwerk, die »Metamorphosen«, eine Fülle von griechischen Sagen, die von Verwandlungen von Menschen in Tiere, Pflanzen, Steine usw. erzählen, haben ihn zu einem Dichter der Weltliteratur gemacht.

Die **Owambo** sind ein Bantunegervolk in Südwestafrika (Amboland), das sich vorwiegend durch Ackerbau ernährt. Das Volk zählt heute etwa 150000 Köpfe.

Oxalsäure ist eine organische Säure, die in vielen Pflanzen, z. B. im Sauerklee, vorhanden ist. Darum heißt sie auch *Kleesäure*. Unverdünnt ist sie ein starkes Gift.

Das **Oxid** (griech.): Verbindung eines chemischen Elements mit Sauerstoff. Nach der Zahl der in einem Oxidmolekül enthaltenen Sauerstoffatome (1, 2, 3, 4, 5) spricht man von Mon-, Di-, Tri-, Tetra-, Pent-Oxid usw. *Oxydation* (mit y geschrieben!) nennt man den Vorgang dieser Verbindung, z. B. das Rosten beim Eisen. Eine rasche Oxydation unter Feuererscheinung ist eine Verbrennung.

Der **Ozean.** Nach dem Gott Okeanos wurde das Meer von den Griechen Ozean genannt. Sie hatten dabei die Vorstellung von einem alle Länder umfließenden Urstrom. →Meer.

Ozeanien ist der zusammenfassende Name für alle Inseln, die östlich von Australien im Stillen Ozean liegen. Dazu rechnet man:

1. das als selbständiger Gliedstaat zum britischen Commonwealth gehörige →*Neuseeland*, eine Doppelinsel mit 268676 qkm. Die Bevölkerung besteht aus meist protestantischen weißen Einwohnern, doch gibt es noch etwa 120000 Ureinwohner, die Maori.

Das Innere des Landes ist gebirgig, mit gewaltigen Gletschern und zahlreichen Vulkanen. In den fruchtbaren Tälern wird vor allem eine ertragreiche Viehwirtschaft betrieben (Schafzucht).

2. *Melanesien* (= Schwarzinselland, so genannt wegen seiner dunkelhäutigen Bewohner). Es umfaßt Neuguinea, die zweitgrößte Insel der Erde, den Bismarck-Archipel, die Salomon-Inseln, die Neuen Hebriden, Neukaledonien und die Fidschi-Inseln, zusammen rund 1 Mill. qkm mit über 3 Mill. Einwohnern.

3. *Mikronesien* (= Kleininselland), das aus den Marianen, Karolinen, den Palau-, Marshall-, Gilbert- und Ellice-Inseln besteht. Viele von ihnen sind nur winzige Koralleneilande (Atolle).

4. *Polynesien* (= Vielinselland) mit den Hawaii-Inseln, Zentralpolynesischen Sporaden, Phönix-Inseln, Tokelau- und Manahiki-Inseln, Samoa- und Tonga-Inseln, Cook-Inseln, Gesellschafts-Inseln (darunter Tahiti), Marquesas-, Paumotu- und Tubuai-Inseln.

Von den Ureinwohnern Ozeaniens, den Australnegern, Papuas und Polynesiern, leben heute nur noch etwa 150000. In den

Besitz Melanesiens, Mikronesiens und Polynesiens teilen sich Australien, Neuseeland, Großbritannien, die Vereinigten Staaten von Amerika, Indonesien und Frankreich. Vergleiche die Karte →Australien auf Seite 45.

Der **Ozelot** ist eine Raubkatze mit schwarzgeflecktem, kostbarem Fell und langem Schwanz. Er ist etwa so groß wie ein Luchs und lebt in den Wäldern Südamerikas und Mexikos.

Das **Ozon** (griech.) ist ein Gas, dessen Moleküle aus je 3 Atomen Sauerstoff bestehen. Die Moleküle des Gases Sauerstoff dagegen bestehen aus je 2 Atomen. Im Gegensatz zum geruchlosen Sauerstoff der Luft hat Ozon einen selbst bei hoher Verdünnung noch gut wahrnehmbaren Geruch. Es wirkt stark desinfizierend und wird daher dem Trinkwasser zugesetzt und in Kühlhäusern verwendet. Ozon dient auch zum Bleichen. Stark konzentriert ist es sehr giftig. In etwa 50 km Höhe umhüllt eine Ozonschicht den Erdball und verschluckt den größten Teil der kurzwelligen Sonnenstrahlen, die sonst dem Leben auf der Erde tödlich wären.

P

P ist der 16. Buchstabe des Alphabets, in der Chemie das Zeichen für Phosphor; auf einem Verkehrsschild bezeichnet es einen Parkplatz. In der Musik bedeutet p piano (leise), pp pianissimo (sehr leise).

Die **Pacht.** Viele Menschen haben ihren Betrieb nicht auf eigenem Grundstück oder im eigenen Gebäude, sondern diese sind ihnen vom Eigentümer (*Verpächter*) gegen Entgelt für längere Zeit überlassen worden. Diese Überlassung nennt man Pacht.

Der **Pädagoge** (griech. = Knabenführer): im Altertum ein Sklave, der die Kinder zu beaufsichtigen und zu unterrichten hatte. Heute nennt man wissenschaftlich ausgebildete Erzieher und Erziehungswissenschaftler Pädagogen, die Erziehungswissenschaft *Pädagogik*.

Paddeln →Rudern.

Niccolò **Paganini** war der berühmteste Geigenvirtuose aller Zeiten. Seine Werke – 5 Violinkonzerte, Variationen und 24 Capricci für Violine – gehören zu den schwierigsten, die es in der Musikliteratur gibt. Paganini, der aus Genua stammte, wurde 1782 geboren und starb 1840.

Der **Page** (franz., sprich pahsche): im Mittelalter junger adliger Diener eines Burgherrn oder Fürsten, der ihn in ritterlicher Lebensart und im Waffengebrauch unterwies. Heute werden uniformierte Botenjungen, z. B. in Hotels, Pagen genannt.

Die **Pagode:** Bezeichnung für einen chinesischen oder japanischen Tempel mit vielen sich nach oben verjüngenden Stockwerken mit jeweils eigenem Dach.

Pakistan war bis 1971 eine 946 716 qkm große islamische Republik, die aus den beiden 2000 km voneinander entfernten Provinzen *Westpakistan* und *Ostpakistan* (seit 1971 →Bangla Desh) bestand (Karte →Asien II). Nach Abtrennung Bangla Deshs hat die Republik Pakistan nur noch 803 943 qkm und 64,89 Mill. Einwohner; Hauptstadt ist Islamabad. Haupterwerbszweig ist die Landwirtschaft (ausgedehnte künstliche Bewässerung). Bis 1947 gehörte Pakistan zu Britisch-Indien und wurde nach blutigen Unruhen zwischen Moslems und Hindus als islamische Republik selbständig.

Der **Pakt** (lat.): Vertrag, politische oder militärische Vereinbarung zwischen zwei oder mehreren Staaten.

Das **Palais** (franz., sprich paläh): Palast, Schloß, prächtiger Wohnbau.

Die **Paläontologie** (griech.): Wissenschaft, die durch das Studium von →Versteinerungen die Tier- und Pflanzenwelt vergangener Erdzeitalter erforscht.

Palästina, ein Gebiet an der Südostküste des Mittelmeeres, war im Altertum die Heimat der →Juden und der →Philister. Von deren Namen leiteten die Römer, die das Land 63 v. Chr. zu einer Provinz ihres Reiches machten, den Namen Palästina ab. Seit 395 n. Chr. gehörte es zum Byzantinischen Reich. Nachdem Palästina 634 n. Chr. in die Hände der mohammedanischen Araber gefallen war, versuchten im Mittelalter die europäischen Ritter, das »Heilige Land« in den →Kreuzzügen dem Christentum zurückzugewinnen. 1516 nahmen die Türken Palästina in Besitz. Im Ersten Weltkrieg wurde es von den Engländern erobert, die es bis 1948 verwalteten. Den Hauptteil Palästinas nimmt heute die Republik →Israel ein; ein östliches Stück gehört zu →Jordanien.

Giovanni Pierluigi da **Palestrina** war der bedeutendste italienische Komponist katholischer Kirchenchormusik. Er lebte von 1525 bis 1594. Viele von seinen zahlreichen Werken (über 100 Messen, ferner Hymnen, Madrigale usw.) werden noch heute in den Kirchen aufgeführt.

Die **Palette** (franz.): meist ovales, handliches Brett mit Daumenloch, auf dem der Maler während der Arbeit die Farben mischt.

Die **Palisade** (franz. = Schanzpfahl): Schutzwall aus in den Boden gerammten, dichtstehenden spitzen Pfählen.

Als **Palisander** bezeichnet man das kostbare Holz verschiedener südamerikanischer Baumarten. Palisander hat eine rötlichbraune Farbe.

Palmen sind hochstämmige Bäume, deren Wipfel von sehr großen Blättern, den Palmzweigen, gebildet werden. Die Blüten werden meist durch den Wind bestäubt. Die über ganz Nordafrika und Arabien verbreitete *Dattelpalme* hat entweder nur männliche oder nur weibliche Blüten. In den Oasen werden meist nur Bäume mit weiblichen Blüten gehalten, die von Men-

Kokospalme
Rechts oben: Kokosnuß in Fruchthülle, darunter: Milch enthaltende geöffnete Frucht

schenhand mit einem Bündel männlicher Blüten bestäubt werden müssen. Die *Kokospalme* wächst an den Meeresküsten der Tropen. Aus den getrockneten Kernen der Kokosnüsse, der Kopra, wird das Kokosfett gewonnen. Die braunen Pflanzenfasern werden zu Matten, Läufern, Besen und Kohlensäcken verarbeitet. Aus dem Fruchtfleisch der *Ölpalme* wird das Palmöl, aus den Kernen das feinere Palmkernöl gepreßt. Das Mark ihres Stammes wie auch das der *Sagopalme* Indonesiens kommt als Sago in den Handel.

Palmsonntag ist der Sonntag vor Ostern, mit dem die Karwoche beginnt. Palmweihe und -prozession erinnern an den Einzug Christi in Jerusalem.

Pamir, das teils vergletscherte Hochland (bis 7684 m) in Zentralasien (Karte →Asien S. 32/33), wird das »Dach der Welt« genannt.

Die **Pampa:** südamerikanische Steppenlandschaft mit hohem Graswuchs; hier weht der *Pampero*, ein kalter Südwestwind.

Die **Pampelmuse** →Grapefruit.

Das **Pamphlet** (engl.): Flugschrift, Schmähschrift.

Pan war der griechische Gott der unheimlichen Stille des Waldes und der flöteblasende Schutzherr der Hirten. Er war über und über behaart, gehörnt und bocksfüßig. Sein plötzliches Erscheinen jagte den Menschen »panischen« Schrecken ein. Daher heißt die kopflose Flucht einer schreckgepeitschten Menge *Panik*.

pan... (griech.) als Vorsilbe heißt all..., ganz... Die Pan-Europa-Bewegung z.B. erstrebt die politische Vereinigung ganz Europas; als Panslawismus bezeichnet man Bestrebungen zum Zusammenschluß aller slawischen Völker.

Panama ist eine 75 650 qkm große mittelamerikanische Republik mit 1,57 Mill. Einwohnern (meist Mischlingen) und der Hauptstadt Panama (418 000 Einwohner). Im Osten herrschen Bergland mit Tropenwäldern, im Westen trockene Savannen vor. Das Wirtschaftsleben ist durch den *Panamakanal* bestimmt, der den Pazifik mit dem Atlantik verbindet (81,3 km lang, 13,7 m tief, durchschnittlich 198 m breit) und beiderseits von der zu den Vereinigten Staaten gehörenden, je 8 km breiten *Panamakanalzone* gesäumt wird. Der Kanal wurde 1881–1914 gebaut und wird jährlich von etwa 12 000 Schiffen durchfahren. Panama ist seit 1903 unabhängig.

panchromatisch (griech.) bei photographischen Filmen heißt, daß der Film für alle Farben gleichmäßig empfindlich ist und nicht bei roter Dunkelkammerbeleuchtung entwickelt werden darf.

Der **Panda** →Bären.

Die **Panduren** waren kroatisch-slowenische Soldaten, die im 17. und 18. Jh. unter österreichischer Fahne kämpften.

Die **Panik** →Pan.

Das **Panoptikum:** Wachsfigurenkabinett, in dem Nachbildungen berühmter und berüchtigter Menschen in Lebensgröße gezeigt werden.

Das **Panorama** (griech.): Rundblick von einem Aussichtspunkt, auch eine im Rundblick dargestellte Landschaft.

Der **Pantheismus** (griech. pan = all, theos = Gott): philosophische Anschauung, nach der Gott und das Weltall eins sind. Der Philosoph Spinoza war ein entschiedener *Pantheist*.

Der **Panther** →Leopard.

Pantoffeltierchen →Infusorien.

Die **Pantomime** →Tanzen.

Der **Panzer:** vom Altertum bis zum Ende des Mittelalters gebräuchliches eisernes oder ledernes Schutzkleid der Krieger. Im Mittelalter trug man Schuppenpanzer, Panzerhemden und Harnische. Als die Feuerwaffen aufkamen, boten sie keinen Schutz mehr und wurden aufgegeben. – 1917 wurden stahlgepanzerte Kampfwagen (Tanks) eingesetzt, welche die im Stellungskrieg erstarrten Fronten wieder in Fluß brachten. An den Kämpfen des Zweiten Weltkrieges hatten die Panzerkampfwagen entscheidenden Anteil. Auch Kriegsschiffe werden seit der Mitte des 19. Jh. mit Stahlplatten gepanzert. – Panzer nennt man auch die starre Körperbedeckung bei Tieren wie Panzerfischen und Panzernashörnern.

Papageien sind bunte Klettervögel, die in den Tropenzonen aller Erdteile in rund 500 Arten vorkommen. Sie ernähren sich von Früchten, Samen, Blütenhonig, teilweise auch von Insekten. Papageien führen ein vorbildliches Familienleben. Die leicht zähmbaren Vögel lernen in kurzer Zeit ganze Sätze nachzusprechen und Me-

Von oben
nach unten:
Nymphensittich
Schönsittich
Wellensittiche

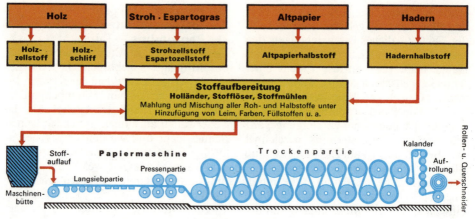

Holz	Stroh · Espartogras	Altpapier	Hadern

| Holz-zellstoff | Holz-schliff | Strohzellstoff Espartozellstoff | Altpapierhalbstoff | Hadernhalbstoff |

Stoffaufbereitung
Holländer, Stofflöser, Stoffmühlen
Mahlung und Mischung aller Roh- und Halbstoffe unter
Hinzufügung von Leim, Farben, Füllstoffen u. a.

Maschinen-bütte
Stoff-auflauf
Papiermaschine
Langsiebpartie
Pressenpartie
Trockenpartie
Kalander
Auf-rollung
Rollen- u. Querschneider

Papierherstellung

lodien zu pfeifen. Bekannte Papageien-arten sind die Aras, die Kakadus, die Loris und die Wellensittiche. – Die *Papageienkrankheit* ist eine lebensgefährliche Lungenkrankheit, deren Erreger durch Papageien (z. B. Wellensittiche), aber auch durch andere Vögel übertragen werden.

Paperback (engl., sprich pehperbäck): kartoniertes Buch, bei dem die Blätter fest an den Buchrücken geklebt sind; manchmal nennt man auch allgemein Taschenbücher so.

Papier wurde·erstmals um 150 v. Chr. in China hergestellt. Im Altertum wurde eine papierähnliche Schreibgrundlage aus →Papyrus gefertig, im 14. Jh. erfand man die Herstellung des Papiers aus Lumpen, heute werden vor allem Holzfasern zur Papiererzeugung verwendet. Diese Rohstoffe werden gereinigt, unter Zusatz von Leimstoffen und Farben gemahlen und mit Wasser zu einem Brei vermischt. Dieser fließt auf engmaschige Metalltücher, das Wasser läuft ab, und die »Papierbahn« bildet sich. Nach der Trocknung zwischen dampfbeheizten Walzen wird das Papier zwischen Kalanderwalzen geglättet und geschnitten. Von Einzelheiten dieser maschinellen Herstellung hängen die Art (z. B. Schreibpapier, Zeitungspapier, Pappe), die Güte (holzfrei, holzhaltig) und andere Eigenschaften des Papiers ab. –

Auf Spezialmaschinen wird die vornehmlich als Verpackungsmaterial verwendete *Pappe* hergestellt.

Paprika, auch spanischer Pfeffer genannt, ist ein aus Amerika stammendes, besonders in Ungarn angebautes vitaminreiches Nachtschattengewächs. Die roten Schoten kommen, zu Gewürzmehl zermahlen, in den Handel, während die großen grünen, roten oder gelben Schoten roh oder als Gemüse gegessen werden.

Der **Papst** ist als Nachfolger des heiligen Petrus das Oberhaupt der römisch-katholischen Kirche. Er wird von den Katholiken der ganzen Welt als oberster Geistlicher anerkannt. Der Papst wird von den →Kardinälen in geheimer Sitzung (Konklave) auf Lebenszeit gewählt. Er ist zugleich Bischof von Rom und weltlicher Herrscher des →Kirchenstaates.

Die **Papua** (malaiisch = Kraushaar) sind die kleinen braunhäutigen Urbewohner der Inseln des Stillen Ozeans, besonders Neuguineas.

Papua-Neuguinea, seit 1975 unabhängiger Staat auf der Insel Neuguinea, entstanden aus dem ehemaligen Territorium Papua und Neuguinea. Der Staat hat 475000 qkm und 2,61 Mill. Einwohner. Hauptstadt ist Port Moresby.

Der **Papyrus** ist ein bis 3 m hohes Sumpfgras, das in den östlichen Mittelmeerländern wächst. Aus dem Mark der dicken

Pflanzenschäfte wurde im Altertum ein dem Papier ähnliches Schreibmaterial hergestellt. Es gibt noch heute guterhaltene Papyrusrollen, die wichtige Zeugen altägyptischer und altgriechischer Kultur sind.

Die **Parabel** (griech.): 1. Dichtung, die ein belehrendes Gleichnis enthält; 2. ins Unendliche verlaufende Kurve (→Mathematik).

Der **Parabolspiegel** ist ein →Hohlspiegel, dessen Querschnitt die Form einer *Parabel* hat; →Mathematik.

Paracelsus, der eigentlich Theophrastus Bombastus von Hohenheim hieß und von 1493 bis 1541 lebte, war ein bedeutender Arzt und Naturforscher, dem die Medizin wichtige Neuerungen (so die Einführung chemischer Heilmittel) verdankt.

Die **Parade** (franz.): 1. Abwehren eines Angriffs, z. B. beim Fechten oder Boxen; 2. Truppenschau.

Die **Paradentose** (griech.) oder *Parodontose:* durch Vitaminmangel hervorgerufene Erkrankung des Zahnfleisches, bei der sich die Zähne lockern und schließlich ausfallen. Auffallende Rötung des Zahnfleisches, Zahnfleischbluten und übler Mundgeruch sind erste Anzeichen.

Das **Paradies** war nach den Berichten der Bibel die Wohnstätte der ersten Menschen. Mit Gott sollten sie dort als seine Ebenbilder ein glückliches Dasein führen. Aber durch den Sündenfall Adams und Evas wurde das Menschengeschlecht aus dem Paradies vertrieben. – In fast allen Religionen gibt es ähnliche Vorstellungen von einem »paradiesischen« Ort oder Zustand, der den Gläubigen verheißen ist.

Die **Paradiesvögel** leben in den Wäldern Australiens, Neuguineas und der Molukken. Sie gehören zu der großen Gruppe der Singvögel. Die Männchen haben ein besonders farbenprächtiges Gefieder.

paradox (griech.): widersinnig oder scheinbar widersinnig.

Paraffin ist eine wachsähnliche Masse, die sich in Wasser nicht löst. Durch →Destillation wird Rohparaffin aus Erd-

öl, Erdwachs und Braunkohlenteer gewonnen und zu festem Paraffin und Paraffinöl verarbeitet. Paraffin dient als Rohstoff für Kerzen und Skiwachs, Paraffinöl als Schmiermittel, in der Medizin zur Salbenherstellung und als Darmgleitmittel.

Der **Paragraph** (griech.): Zeichen §, Gesetzesabschnitt, Buchabschnitt.

Paraguay ist eine 406752 qkm große Republik in Südamerika mit 2,67 Mill. Einwohnern (meist Indianer und Mischlinge) und der Hauptstadt Asunción (437000 Einwohner). Die Industrie ist wenig entwickelt (Förderung von Kupfer, Mangan- und Eisenerz); die in den fruchtbaren Ebenen im Westen betriebene Landwirtschaft liefert Zucker, Baumwolle, Erdnüsse, Zitrusfrüchte u. a., auch die Viehzucht (Rinder) ist bedeutsam. Das Land war ab 1535 spanische Kolonie, 1608–1768 ein sozialistisch organisierter Jesuitenstaat und wurde 1811 unabhängig.

parallel sind zwei oder mehrere gerade Linien, die *Parallelen*, die an jedem Punkt den gleichen Abstand voneinander haben, z. B. Eisenbahnschienen auf gerader Strecke. Ein *Parallelogramm* ist ein Viereck, das von Parallelen gebildet wird. Die einander gegenüberliegenden Seiten und Innenwinkel sind gleich groß. Das Rechteck ist ein Sonderfall des Parallelogramms, bei dem sich die Seiten rechtwinkelig schneiden.

Die **Parapsychologie** (griech.) erforscht wissenschaftlich okkulte Erscheinungen (→Okkultismus).

Der **Parasit** (griech.): tierisches oder pflanzliches Lebewesen, das sich als Schmarotzer von anderen ernährt und sich in oder auf ihnen ansiedelt, z. B. Band- und Madenwürmer. Halbschmarotzer (z. B. die Mistel) ernähren sich z. T. selbständig.

Der **Parcours** (franz., sprich parkuhr): im Reitsport abgesteckte Hindernisstrecke für Jagdspringen oder -rennen.

Die **Parenthese** (griech.): eingeschobene Wörter oder Sätze inmitten eines anderen Satzes, die durch Klammern oder

Gedankenstriche begrenzt werden; auch die Klammerzeichen ( ) selbst.

Das **Parfüm** (franz.): Duftstoffe enthaltende Flüssigkeit. Zur Herstellung dienen Blütenöle, wie z. B. Rosenöl, und tierische Duftstoffe, wie Moschus, doch werden bereits viele durch künstliche ätherische Öle ersetzt.

Der **Paria** →Kaste.

Paris war, wie die griechische Sage berichtet, ein Sohn des Königs Priamos von Troja. Die Göttinnen Hera, Aphrodite und Athene kamen zu ihm und reichten ihm einen Apfel, den er derjenigen geben sollte, die er für die schönste von ihnen hielt. Er gab ihn Aphrodite, weil sie ihm zum Danke die schönste Frau der Erde versprochen hatte. Die Göttin half ihm, die schöne →Helena nach Troja zu entführen. So entstand der →Trojanische Krieg.

paritätisch (lat.): gleichberechtigt, gleichgestellt, in gleicher Anzahl zugelassen (z. B. Vertreter verschiedener Parteien in einem Ausschuß; paritätische Mitbestimmung).

Das **Parkett** (franz.): 1. Fußboden aus kleinen Holztafeln; 2. die Sitzplätze zu ebener Erde im Zuschauerraum eines Theaters.

Das **Parlament** ist eine Einrichtung, durch die das Volk Anteil an der Regierung hat. Es entwickelte sich im 13. Jh., als der englische Adel sich dem König gegenüber das Recht auf Mitregierung sicherte. Auch Vertreter der Bürgerschaft wurden bald zum »Parliament« (engl. = Gespräch, Verhandlung) hinzugezogen, das sich in das *Oberhaus* der Lords (Herren) und das *Unterhaus* der Commons (Bürger) teilte. Nach dem englischen Vorbild bestehen die Parlamente der meisten Länder aus zwei »Häusern« oder »Kammern«. In den Vereinigten Staaten heißt das Unterhaus des Parlaments (des Kongresses) Repräsentantenhaus, das Oberhaus Senat, in Frankreich Nationalversammlung und Rat der Republik. In der Bundesrepublik Deutschland wählt das Volk als seine Vertretung den Bundestag.

Ihm steht als Oberhaus der Bundesrat gegenüber, der sich aus Vertretern der Länderregierungen zusammensetzt. Im Parlament beraten die Abgeordneten der Regierungsparteien mit denen der →Opposition über alle Fragen der Innen- und Außenpolitik, des Staatshaushaltes usw., machen Vorschläge und stimmen darüber ab. Ist die in der Verfassung bestimmte Amtszeit des Parlaments abgelaufen, so wird ein neues gewählt. Das Parlament kann auch aufgelöst werden und die Regierung zurücktreten, wenn sie bei einer wichtigen Abstimmung nicht die in der Verfassung vorgeschriebene Mehrheit erhält. Zur genauen Unterrichtung der Abgeordneten und zur Überprüfung der Gesetzentwürfe werden alle Fragen, bevor endgültig in der Gesamtvolksvertretung (Plenum) über sie verhandelt wird, von parlamentarischen Ausschüssen bearbeitet. So gibt es z. B. Ausschüsse für Landwirtschaft, für Schulfragen oder für den Staatshaushalt. – Auch die Gemeinden haben ihre Parlamente (Stadt- bzw. Gemeinderat).

Der **Parlamentär** (franz.): Unterhändler, Vermittler; Angehöriger einer kriegführenden Partei, der dem Feind Mitteilungen (z. B. Waffenstillstandsbedingungen) zu überbringen hat. Er ist durch eine weiße Fahne oder Binde gekennzeichnet.

Die **Parodie** (griech.): spöttische Nachahmung einer Dichtung. Die Form wird übernommen, der Inhalt hingegen ins Lächerliche umgedichtet.

Die **Parodontose** →Paradentose.

Die **Parole** (franz.): Kennwort, Losungswort.

Die **Partei** (lat. pars = Teil). Stehen mehrere oder mindestens zwei Gruppen im Wettstreit miteinander, so spricht man von Parteien. Die Gegner vor dem Gericht nennt man ebenfalls Parteien.

In jedem Staat, in dem es eine Volksvertretung gibt, bestehen auch politische Parteien. Eine politische Partei ist eine Vereinigung von Menschen, die sich auf Grund gemeinsamer Anschauungen und Interessen zusammengeschlossen haben, um bestimmte politische, wirtschaftliche und kulturelle Ziele zu verwirklichen. Sie versuchen, in freiem Wettbewerb mit anderen Parteien möglichst viele Wählerstimmen zu gewinnen und durch ihre Abgeordneten im →Parlament politische Macht auszuüben.

Die heutigen politischen Parteien sind festgefügte Organisationen, die sich von unten nach oben in Ortsvereine, Bezirks- und Landesverbände und Bundesverbände gliedern. An der Spitze steht der gewählte Parteivorstand.

Parteien, die bestehende Zustände erhalten wollen, nennt man konservativ, solche, die bestehende Zustände weiterbilden wollen, werden als fortschrittlich bezeichnet. Will eine Partei einen vergangenen Zustand wiederherstellen (z. B. in einer Republik die Monarchie wiederherstellen), so nennt man sie rückschrittlich (reaktionär).

Wenn sich im Parlament mehrere Parteien zusammenschließen, so bilden sie eine Koalition. Die Parteien, die nicht an der Regierung teilnehmen, bilden die →Opposition.

Die wichtigsten Parteien in der Bundesrepublik Deutschland sind: die SPD (Sozialdemokratische Partei Deutschlands), die sich von einer sozialistischen Arbeiterpartei zu einer freiheitlich-demokratischen Volkspartei gewandelt hat; die CDU/CSU (Christlich-Demokratische Union und Christlich-Soziale Union), die sich auf die verschiedenen christlich-bürgerlichen Wählerschichten stützt; die FDP (Freie Demokratische Partei), die für eine liberalistische Gestaltung von Staat und Wirtschaft eintritt.

In der DDR ist die kommunistische SED (Sozialistische Einheitspartei Deutschlands) die herrschende Partei.

Die meisten Parteien haben Sonderausschüsse oder Sonderorganisationen für bestimmte Berufsgruppen oder für bestimmte politische Arbeitsgebiete, z. B. für Kulturpolitik. Die Parteien haben auch politische Jugendorganisationen: die der CDU/CSU heißt »Junge Union«;

die der Sozialdemokraten für noch nicht wahlberechtigte Jugendliche »Falken« und für die jungen Wahlberechtigten »Jungsozialisten«; die der FDP »Jungdemokraten«.

Die **Partikel** (lat.): 1. materielles Teilchen; 2. in der Grammatik die nicht beugbaren Wörter (Verhältnis-, Umstands- und Bindewörter).

Der **Partikularismus** (lat.): im politischen Leben eines Bundesstaates nennt man das Streben eines Gliedstaates nach möglichst großer Unabhängigkeit von der Bundesgewalt Partikularismus. Geht dieser so weit, daß er auf eine völlige Loslösung vom Bunde hinzielt, so spricht man von Separatismus.

Der **Partisan** (franz. = Parteigänger). Partisanen, auch *Freischärler* oder *Guerillas* genannt, sind Angehörige von bewaffneten, nicht zur regelrechten Armee gehörenden Gruppen, die im Rücken des Feindes Kleinkrieg führen. – Die *Partisane*, ein zweischneidiger Spieß mit zwei Zacken, war eine im 16./17. Jh. gebräuchliche Waffe.

Eine **Partitur** (ital.) ist eine übersichtliche Aufzeichnung der Noten eines Musikstücks für mehrere Instrumente.

Das **Partizip** (lat.). Wenn ein Verbum die Gestalt eines Adjektivs annimmt, hat es an beiden Wortarten gleichen Anteil: es ist zu einem *Mittelwort* oder Partizip geworden. Man unterscheidet das Partizip der Gegenwart oder Partizip Präsens (brennend) und das Partizip der Vergangenheit oder Partizip Perfekt (gebrannt).

Die **Party** (engl., sprich pahti): geselliges Zusammensein, zwangloses Fest in der Wohnung.

Die **Parzelle** (franz.): Parzellen sind die einzelnen Teile, in die man größere Grundstücke teilt, z. B. Bauplätze.

Die **Parzen** oder *Moiren* waren die drei Schicksalsgöttinnen der alten Römer und Griechen. Die erste spann den Lebensfaden, die zweite bestimmte seine Länge, die dritte schnitt ihn ab. Sie bestimmten das Schicksal der Menschen und sogar das der Götter.

Parzival, ursprünglich eine Gestalt aus der keltischen Sage, ist der Held des berühmtesten Werkes des mittelalterlichen Dichters Wolfram von Eschenbach. Er ist ein weltfremder, reiner Jüngling, der nach langen Irrfahrten und heldenhaften Kämpfen für Gott und das Gute König der Gralsritter (→Gral) wird.

Blaise **Pascal,** ein großer französischer Mathematiker und Philosoph, lebte von 1623 bis 1662. Er machte wichtige mathematische Entdeckungen und verfaßte bedeutsame Schriften.

Pascha: Titel von hohen türkischen Offizieren und Beamten. Er steht hinter dem Namen, z. B. Kemal Pascha.

Der **Paß** (lat.): 1. amtlicher Ausweis, besonders für Auslandsreisen, mit Angaben über die Person des Inhabers sowie dessen Lichtbild und Unterschrift; 2. Übergang im Gebirge an dessen niedrigster Stelle; 3. gezielte Ballabgabe an einen Mitspieler, besonders im Fußball.

Die **Passage** (franz., sprich passasche): 1. ebenerdiger, überbauter Durchgang, der meist zwei Straßen verbindet und oft als Ladenstraße dient; 2. in einem Musikstück eine schnelle Tonfolge; 3. eine Überfahrt zur See, die ein *Passagier* unternimmt.

Der **Passat** ist ein Wind, der in den Tropen ständig weht. Es gibt den Nordost- und den Südost-Passat, zwischen denen ein windstilles Gebiet, der sogenannte Kalmengürtel, liegt.

Paßgang: Gangart einiger Vierbeiner, z. B. der Kamele, bei der beide Füße einer

Paßgang eines Pferdes. Standbild des Colleoni von Andrea del Verrocchio in Venedig

Seite gleichzeitig gehoben und gesenkt werden. Auch Pferden kann durch Dressur der Paßgang beigebracht werden.

Die **Passion** (lat.) ist das Leiden und Sterben Christi, das in den vier Evangelien des Neuen Testaments aufgezeichnet ist. In der *Passionszeit*, den sechs Wochen vor Ostern, wird in den christlichen Kirchen das Andenken an das Leiden des Gottessohnes besonders gefeiert. Schon im Mittelalter wurde die Leidensgeschichte Christi in sogenannten Mysterienspielen dargestellt. Diese Überlieferung wird in den heutigen regelmäßigen *Passionsspielen*, deren bekanntestes das von Oberammergau ist, fortgesetzt. Bedeutende Komponisten haben die Passion in großen Oratorien (z. B. Bach in der »Matthäuspassion«) musikalisch gestaltet. – Im alltäglichen Sprachgebrauch bezeichnet man auch leidenschaftliche Neigungen und Liebhabereien als Passionen.

passiv (lat.): untätig, duldend; jemand, der etwas hinnimmt, ohne sich zu wehren, verhält sich passiv.

Das **Passiv** (lat.). Ein Verbum steht im Passiv oder in der *Leideform*, wenn es ausdrückt, daß jemand etwas erleidet oder daß etwas mit einer Person oder Sache geschieht. Zur Bildung des Passivs verwendet man das Hilfsverbum »werden« und das Partizip Perfekt des Verbums. Das Gegenteil des Passivs ist das →Aktiv.

Das **Pastell** (ital.): mit farbigen Kreiden, sogenannten Pastellfarben, gemaltes Bild. Die Pastellmalerei ermöglicht besonders zarte Farbtöne.

Der russische Dichter Boris **Pasternak** lebte von 1890 bis 1960. Seine bedeutendsten Werke sind seine von kühnen →Metaphern geprägten Gedichte sowie seine Übersetzungen ins Russische (Shakespeare, Kleist, Rilke usw.). Für den Roman »Doktor Schiwago«, der in der Sowjetunion nicht erscheinen durfte, erhielt er 1958 den Literaturnobelpreis.

pasteurisieren (sprich pastörisihren): Abtötung von Gärungserregern, besonders in der Milch, durch Erhitzen auf 60 bis 90° C. Das Verfahren ist benannt nach dem französischen Forscher Louis Pasteur, der von 1822 bis 1895 lebte.

Der **Pastor** (lat. = Hirt): Pfarrer, evangelischer Geistlicher.

Der **Pate** oder die *Patin* versprechen bei Taufe und Firmung als Bürgen, den Täufling oder Firmling im christlichen Glauben erziehen zu helfen. Sie sollen sich um ihn kümmern, wenn die Eltern nicht dazu in der Lage sind.

Das **Patent** (lat.): 1. Urkunde, in der jemandem Rechte und Pflichten zuerkannt werden, z. B. ein Kapitänspatent; 2. rechtlicher Schutz, der bei einer neuen, verwertbaren Erfindung von allgemeinem Interesse demjenigen gewährt wird, der sie zuerst beim Patentamt anmeldet. Nach Bezahlung von Gebühren und nach sorgfältiger Prüfung des Antrages wird das Patent für eine bestimmte Anzahl von Jahren erteilt (in der Bundesrepublik Deutschland das DBP = Deutsches Bundespatent). Der Inhaber eines Patents hat das Recht, seine Erfindung selbst zu verwerten oder anderen die Erlaubnis (Lizenz) hierfür zu verkaufen.

Der **Pater** (lat. = Vater): katholischer Geistlicher, der einem →Orden angehört.

Paternoster (lat.): 1. das Vaterunser; 2. in der Technik ein →Aufzug.

Die **Pathologie** (griech. pathos = krank): Lehre von den krankhaften Veränderungen der Organe und deren Einwirkung auf den menschlichen und tierischen Organismus.

Das **Pathos** (griech. = Leid). So bezeichnet man den leidenschaftlich gesteigerten (*pathetischen*) Ausdruck menschlichen Gefühls. Bei Zweifel an der Echtheit der geäußerten Gefühle spricht man von »falschem Pathos«.

Die **Patience** (franz. = Geduld, sprich paßjäß) →Kartenspiele.

Die **Patina** (lat.): grüner Belag, der sich durch Witterungseinflüsse auf Kupfer oder Bronze bildet.

Der **Patriarch** (griech.). Die Erz- oder Stammväter des Volkes Israel sind die Patriarchen Abraham, Isaak und Jakob. Allgemein nennt man einen hochbetag-

ten, ehrwürdigen Mann einen Patriarchen. Das *Patriarchat*, die Herrschaft erfahrener Männer, ist eine Stammesordnung. In patriarchalisch regierten Sippen gebietet der Stammesvater, doch versteht man heute unter »patriarchalischen Zuständen« veraltete Sitten und Vorrechte. Im Gegensatz hierzu steht das *Matriarchat*, in dem die Mutter einer Sippe gebietet. – Patriarch ist auch ein Amts- und Ehrentitel der katholischen und unierten Kirche sowie der Ostkirche (z. B. Patriarch von Moskau).

Der **Patriotismus** (lat.): Vaterlandsliebe. – *Lokalpatriotismus:* betonte Bevorzugung der engeren Heimat.

Patrizier: 1. im alten Rom die Mitglieder der Adelsfamilien, die das Recht zu regieren allein für sich in Anspruch nahmen. Dagegen wehrten sich die *Plebejer*, die Angehörigen der niederen Volksschichten. 2. in mittelalterlichen Städten die Angehörigen der wohlhabenden, angesehenen Familien.

Die **Patrouille** (franz., sprich patrulje): kleine militärische Gruppe, die zur Aufklärung oder Sicherung eingesetzt wird.

Paulus, der ursprünglich Saulus hieß und als jüdischer Schriftgelehrter die Christen bekämpfte, wurde später einer der eifrigsten Prediger der Lehre Christi. Die Paulusbriefe sind ein wichtiger Teil des Neuen Testaments und bedeutende Zeugnisse des frühen Christentums, zu dessen Verbreitung Paulus durch große Missionsreisen entscheidend beigetragen hat. Bei den Christenverfolgungen in Rom um 67 wurde er enthauptet.

Die **Pauschale:** einmalige größere Zahlung an Stelle von Einzelzahlungen.

Der **Pavian** →Affen.

Der **Pazifische Ozean** →Meer.

Unter **Pazifismus** (lat. pax = Friede) im weiteren Sinn versteht man die →Friedensbewegung, im engeren Sinne die unbedingte Kriegsgegnerschaft und Wehrdienstverweigerung.

Das **Pech:** teerartige Substanz, die aus dem Harz der Nadelbäume, aus Kohle oder Erdöl gewonnen wird. Weißes Pech verwendet man zum Dichten von Fässern, schwarzes zum Kalfatern (Dichten) von Booten sowie als Schusterpech.

Das **Pedal** (lat. pes, pedis = Fuß): 1. bei der Orgel eine Klaviatur, die mit den Füßen gespielt wird; 2. beim Klavier zwei Fußhebel, der rechte zur Verlängerung, der linke zur Dämpfung des Tons; 3. bei der Harfe Fußhebel, welche die Saiten verkürzen, also ihren Ton erhöhen; 4. beim Harmonium zwei Fußplatten, die den Blasebalg bedienen; 5. beim Fahrrad Teil der Tretkurbel; 6. beim Auto drei Fußhebel zum Bremsen, Gasgeben und Kuppeln; 7. Tretplatte der Nähmaschine.

Der **Pedant** (ital.): kleinlicher Mensch, der übertriebenen Wert auf genaue Beachtung von Regeln legt.

Pegasus war in der griechischen Sage ein geflügeltes Pferd, durch dessen Hufschlag eine den Musen geweihte Quelle entsprungen sein soll. Deshalb sagt man von jemandem, der dichtet: Er reitet den Pegasus.

Ein **Pegel** ist eine am Flußufer aufgestellte Meßlatte, die den Wasserstand anzeigt.

Peilen nennt man die genaue Festlegung der Richtungslinie (Visierlinie) zu einem bestimmten Punkt. In See- und Luftfahrt versteht man darunter die Bestimmung der geographischen Lage des Standorts. Wenn der Steuermann eines Schiffes zwei Leuchttürme anvisiert (anpeilt), so kann er mit Hilfe der Kompaßnadel die Winkel 1 und 2 messen und durch Einzeichnen

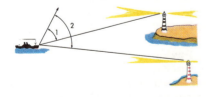

dieser Winkel in die Seekarte seinen Standort bestimmen. Das ist die *optische Peilung*. Nimmt man nicht Lichtwellen, sondern Radiowellen zu Hilfe, so spricht man von *Funkpeilung*. Man benutzt dazu eine *Rahmenantenne* (auch Richtantenne

genannt), das ist auf einen Rahmen gewickelter Antennendraht, dessen Enden zum Empfänger führen. Stellt man im Empfänger einen bestimmten Sender ein und dreht nun den Rahmen, so ertönt der Sender in der einen Richtung besonders laut, in der anderen (wenn der Sender senkrecht zur Rahmenebene liegt) fast gar nicht. Man kann dadurch die Richtungslinie zu diesem Sender feststellen. Mit Hilfe eines oder mehrerer weiterer Sender und durch Messen der Winkel 1 und 2

kann man dann den Standort bestimmen. Gegenüber dieser *Eigenpeilung*, bei der das Schiff oder Flugzeug seinen Standort selbst bestimmt, sendet es bei der *Fremdpeilung* Peilzeichen aus, die von fremden Stationen aufgefangen werden. Diese errechnen den genauen Standort und übermitteln ihn über Funk an das Flugzeug oder Schiff. Neuerdings wird auch →Radar zur Peilung eingesetzt.

pekuniär (lat. pecunia = Geld): geldlich.

Der **Pelikan** ist ein großer, langhalsiger Wasservogel, der in wärmeren Ländern lebt. Er hat einen mächtigen Schnabel und einen weiten Hautsack am Unterkiefer, mit dessen Hilfe er seine Beute, kleine Fische, fängt. Meist geht eine Schar Pelikane gemeinsam auf die Jagd. Sie treiben im Wasser einen Schwarm Fische zusammen. Dann stecken sie die Köpfe ins Wasser und holen sich die Beute. Abb. S. 469.

Das **Pendel** (lat.) ist ein →Lot, das um seine Ruhelage hin und her schwingt. Dabei ist seine Schwingungsdauer, nämlich die Zeit des Hin- und Hergangs, immer die gleiche, unabhängig von der Schwere des Gewichtes und von der Schwingungs-

weite. Nur die Pendellänge, das ist der Abstand zwischen Aufhängepunkt und Schwerpunkt des Pendels, bestimmt die Dauer einer Schwingung. Sie beträgt bei 1 m Pendellänge etwa 1 Sekunde. Pendel werden bei größeren Uhren verwendet, um einen gleichmäßigen Ablauf von Uhrgewicht oder Uhrfeder zu gewährleisten.
Penelope war die Gemahlin des →Odysseus.

penetrant (lat.): durchdringend, aufdringlich, z. B. ein penetranter Geruch.

Das **Penicillin** ist eines der wichtigsten Mittel zur Abtötung von Krankheitserregern im Körper. Es gehört zu den →Antibiotika.

Der **Penis** (lat.) →Sexualkunde.

Die **Pension** (franz.): 1. Altersgehalt für einen in den Ruhestand versetzten Beamten oder für seine Witwe, auch der Ruhestand selbst (»in Pension gehen«); 2. Fremdenheim; 3. Gesamtpreis für Übernachten und Beköstigung.

Pentameter →Verslehre.

Das **Pepsin:** im Magensaft enthaltenes →Ferment zur Eiweißverdauung.

Das **Perfekt** (lat. perfectum = vollendet) ist eine Zeitform des Verbums, und zwar die 2. →*Vergangenheit*, die auch vollendete Gegenwart genannt wird. Das Per-

Pelikan

fekt wird mit den Hilfsverben »haben« oder »sein« gebildet.

perforieren (lat.): durchlöchern, durchbohren.

Das **Pergament:** dünne, glatte Tierhaut, meist von Schafen oder Ziegen. Im Altertum wurde darauf geschrieben. Benannt ist es nach der kleinasiatischen Stadt Pergamon, in der die Bearbeitung dieser ungegerbten Häute besonders vervollkommnet worden war. Gegen Ende des Mittelalters wurde das Pergament durch das billigere Papier verdrängt. – Dagegen wird *Pergamentpapier*, das ähnliche Eigenschaften wie echtes Pergament hat, aus Pflanzen hergestellt. Es ist besonders dicht, fettundurchlässig und in ganz dünner Ausführung durchscheinend (Pauspapier).

Perikles war der bedeutendste Staatsmann des alten Athen, das er 15 Jahre regierte. Unter seiner Führung wurde Athen die stärkste Macht in Griechenland und der kulturelle Mittelpunkt der westlichen Welt. Perikles lebte von etwa 500 bis 429 v. Chr.

Die **Periode** (griech. = Kreislauf): Wiederkehr eines Vorgangs in regelmäßigen Zeit- oder Längenabständen. So bezeichnet man z. B. in der Geschichte als Perioden Zeitabschnitte mit einer beherrschenden gemeinsamen Zeiterscheinung, z. B.: Altertum, Mittelalter, Neuzeit. In der Grammatik sind Perioden längere, gut gegliederte Sätze. In der Astronomie ist eine Periode die Zeit des Umlaufes oder Lichtwechsels eines Gestirns.

Das **periodische System** oder *Periodensystem* ordnet die chemischen Elemente nach Atomgewichten und verwandten Eigenschaften in 9 Gruppen (Perioden).

Das **Periskop** (griech.): Sehrohr, in dem der Lichtstrahl durch Spiegel oder Prismen gebrochen wird. Man kann damit z. B. aus dem Unterseeboot über den Wasserspiegel hinweg sehen.

Perlen entstehen dadurch, daß sich bestimmte Muscheln gegen Fremdkörper (z. B. ein Sandkorn) wehren, die sich zwischen ihre Schalen setzen und die sie mit kalkhaltigen Ausscheidungen wie mit einem harten Panzer überziehen. Diese schillernden, matt glänzenden Kügelchen werden hauptsächlich in den *Perlmuscheln* des Stillen und Indischen Ozeans gefunden und durch Taucher an Land gebracht. Neuerdings werden auch, vor allem in Japan, Perlen durch Zucht gewonnen, indem man den Perlmuscheln künstlich Fremdkörper, nämlich Perlmutterkügelchen, einsetzt. Die *Flußperlmuschel* unserer Bäche ist sehr selten geworden und steht unter Naturschutz. Neben den Natur- und Zuchtperlen gibt es auch die sehr viel billigeren Kunstperlen. Hierzu werden die Schuppen des Ukelei, eines kleinen Fisches unserer Gewässer, in Alkohol aufgelöst. Mit dieser Lösung werden dann Glaskugeln bestrichen. – Aus den Schalen vieler Muschelarten wird das *Perlmutt* gewonnen, aus dem in Schleifereien Schmuckstücke, Knöpfe und ähnliches hergestellt werden. Das **Perlon** →Nylon.

permanent (lat.): ununterbrochen.

Das **Perpendikel** (lat.): Uhrpendel.

Das **Perpetuum mobile** (lat. = das unaufhörlich sich Bewegende). In vergangenen Jahrhunderten versuchte man Maschinen zu erfinden, die sich von selber dauernd bewegen und außerdem noch Arbeiten leisten, ohne daß ihnen Energie zugeführt wird. Das ist nach den Gesetzen der Physik unmöglich. Alle diese Fehlversuche entstanden aus mangelhafter naturwissenschaftlicher Kenntnis; jedoch förderten die angestellten Überlegungen vielfach die Entwicklung der Technik.

Persien ist der bei uns übliche Name für das Kaiserreich →Iran.

Die **Persiflage** (franz., sprich persiflahsche): witzige Verspottung, z. B. eines klassischen Kunstwerks. Das Tätigkeitswort heißt *persiflieren*.

Die **Person** (lat.): einzelner Mensch. In der Rechtswissenschaft bezeichnet man Einzelmenschen als *natürliche* Personen; daneben gibt es *juristische* Personen, das

sind z. B. Vereine, Erwerbsgesellschaften, Staaten, Gemeinden, die gesetzlich wie der Einzelmensch als Person gelten. – Die *Personalien:* Angaben über eine Person (Name, Alter, Beruf, Wohnort usw.). – *personifizieren:* etwas, das keine Person ist, als Person auffassen und darstellen, z. B. die Freiheit als Frauengestalt.

Die **Personalunion:** Vereinigung mehrerer Staaten unter *einem* Fürsten oder die Vereinigung zweier Ämter (z. B. des Ministerpräsidenten und des Außenministers) in einer Person.

Die **Persönlichkeit** ist die seelisch-geistige Eigenart eines Menschen, die sich in seinem Verhalten zeigt. Zugleich bezeichnet man mit Persönlichkeit auch einen Menschen mit hervorragenden erwünschten (oder auch nicht erwünschten) Eigenschaften, dessen selbstsicheres Auftreten auf Ausgeglichenheit von Gefühl und Verstand schließen läßt.

Die **Perspektive** (lat.) dient dazu, räumliche Gebilde auf einer ebenen Zeichenfläche so darzustellen, wie sie dem Auge erscheinen, nämlich von vorn nach hinten verkürzt. Zeichnet man z. B. ein Fenster mit geschlossenen Fensterläden von vorn, so können die Linien alle genau senkrecht und waagerecht gezogen werden. Öffnet man aber die Fensterläden, so verändern sich für das Auge ihre Linien. Die senkrechten können zwar noch senkrecht gezeichnet werden, aber sie verlängern sich, und zwar um so mehr, je näher uns die Vorderkante des Fensterladens steht. Alles Räumliche nimmt in der Nähe scheinbar an Größe zu, in der Entfernung ab. Die waagerechten Linien der Fensterläden laufen nun von der Vorderkante des Ladens in Richtung auf den

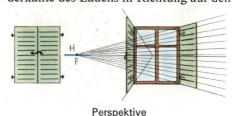

Perspektive
F: Fluchtpunkt, H: Horizontlinie

Fensterrahmen aufeinander zu. Man kann sich diese Linien weiter fortgesetzt denken bis zu einem Punkt, in dem sie sich schneiden. Das ist der sogenannte Fluchtpunkt, der auf der Horizontlinie liegt. – Die Gesetze der Perspektive wurden im 15. Jh. erkannt. Sie erlangten für die Künstler der →Renaissance und der folgenden Jahrhunderte große Bedeutung. – Blickt das Auge sehr hoch von oben, z. B. auf eine Stadt, die man überfliegt, so spricht man von *Vogelperspektive*, blickt es ganz von unten, so sieht es die Dinge aus der *Froschperspektive*.

Peru ist eine 1 285 216 qkm große südamerikanische Republik (Hauptstadt Lima, m. V. rund 3,0 Mill. Einwohner), die von 14,5 Mill. Menschen (50 % Indianer) bewohnt wird. Das Land ist in 3 Zonen gegliedert: die wüstenhafte Küstenebene, das dichtbesiedelte, fruchtbare Andenhochland und die von dichtem Wald bestandene östliche Andenabdachung. Landwirtschaft und Fischerei sind die wichtigsten Wirtschaftszweige, doch werden auch die reichen Bodenschätze ausgebeutet (Erdöl, Edel- und andere Metalle, Guano). Ursprünglich war Peru der Mittelpunkt des →Inka-Reiches, das 1535 von dem spanischen Eroberer Pizarro zerstört wurde. Bis 1821 war es spanische Kolonie und wurde dann unabhängig.

Die **Perversion** (lat., wörtl. »Verdrehtheit«) ist eine von der →Norm abweichende geschlechtliche Handlung, z. B. der Geschlechtsverkehr mit Tieren. Das Eigenschaftswort heißt *pervers*. Wie die →Psychoanalyse lehrt, hat jeder Mensch in seinem Leben einmal perverse Neigungen, ohne daß er deshalb moralisch minderwertig oder krank wäre.

Der **Pessimismus** (lat.): lebensverneinende Haltung, z. B. die Ansicht, es sei besser, gar nicht geboren zu werden.

Die **Pest** ist eine →Infektionskrankheit, die vom Pestbazillus hervorgerufen wird und meist zum Tode führt. Im Laufe der Geschichte hat die Pest ganze Landstriche entvölkert. Sie ist eigentlich eine Rattenkrankheit, die durch die Rattenflöhe übertragen wird. Heute kommt sie nur noch im Orient vor.

Johann Heinrich **Pestalozzi,** der große Schweizer Jugend- und Volkserzieher, lebte von 1746 bis 1827. Er wollte vor allem den notleidenden und verwahrlosten Kindern helfen und gründete unter vielen Schwierigkeiten Waisenhäuser und Heime für arme Kinder. Ihm zu Ehren sind die *Pestalozzi-Kinderdörfer* für Waisen aller Nationen und Rassen benannt, die es heute in vielen Ländern gibt.

Peter I., *der Große,* war ein russischer Zar, der von 1672 bis 1725 lebte. Er wollte die europäische Lebensart gewaltsam in Rußland einführen, ließ deshalb ausländische Berater kommen und reiste selbst nach Holland und England. Mit Ausnahme des letzten Jahres seiner Regierungszeit führte er dauernd Krieg. Erst seit der Zeit Peters d. Gr. ist Rußland eine Großmacht in der europäischen Geschichte.

Die **Petition** (lat.) ist eine Bittschrift, eine Eingabe an eine Behörde. Wer eine solche Petition vorlegt, ist ein *Petent*.

Das **Petrefakt** →Versteinerungen.

Das **Petroleum** oder *Leuchtöl* wird aus →Erdöl gewonnen. Es ist eine wasserhelle bis gelbliche brennbare Flüssigkeit, die hauptsächlich zur Beleuchtung und Heizung verwendet wird.

Petrus (griech. = Fels) hieß ursprünglich Simon. Er war ein Fischer am See Genezareth und zunächst ein Jünger Johannes' des Täufers, dann ein Jünger Christi, der ihn zum Apostel berief. Nach Christi Tod übernahm er die Führung der jungen Kirche. Deshalb wird er auch von der katholischen Kirche als der erste Papst verehrt. Petrus verbreitete die christliche Lehre vor allem unter den Juden, gelangte auf seinen Missionsreisen aber auch nach Rom. Dort erlitt er um 67 n. Chr. unter Kaiser Nero den Kreuzestod.

Die **Pfadfinder** sind eine internationale Jugendorganisation, die 1907 in England von Lord Baden-Powell gegründet wurde. Ihr englischer Name ist Boy Scouts (sprich boi skauts = junge Späher). Die

Pfadfinder streben danach, durch Wanderung, sportliche Spiele und Lagerleben ihren Körper zu kräftigen und sich selbst zu Kameradschaft und Gehorsam zu erziehen. Eine internationale Pfadfinderinnen-Organisation, die Girl Guides (sprich görl gaids = junge Führerinnen), wurde 1910 ins Leben gerufen. Heute gibt es Pfadfindergruppen in vielen Ländern, in der Bundesrepublik Deutschland sind sie im Ring Deutscher Pfadfinderbünde und im Ring Deutscher Pfadfinderinnenbünde zusammengeschlossen.

Pfahlbauten. Die Menschen der Vorzeit bauten häufig ihre Siedlungen auf hohen Holzpfählen an Fluß- oder Seeufern. Überreste solcher Siedlungen wurden vor allem an den Alpenseen gefunden. Man nimmt an, daß der Wasserspiegel der Seen in diesen frühen Zeiten sehr viel niedriger war als heute und daß die Siedlungen, deren Reste wir heute im Wasser finden, ursprünglich über dem Moorboden, vielleicht sogar über dem trockenen Land, errichtet waren. Pfahlbauten boten Schutz vor Überschwemmungen, wilden Tieren und Angriffen von Feinden. – Manche primitiven Völker Südamerikas und der Südseeinseln errichten noch heute Pfahlbauten und stehen oft auch in ihrer Entwicklung fast auf der gleichen Stufe wie die Pfahlbauer der Frühzeit, so z. B. die →Papua.

Die **Pfalz** (lat. palatium = Palast) leitet ihren Namen von den Pfalzen, den über das Reich verstreuten kaiserlichen Hofburgen des Mittelalters, ab. Das sie umgebende Gebiet war einem Pfalzgrafen unterstellt. Am bedeutendsten war die Pfalzgrafschaft bei (= am) Rhein, die später ein Kurfürstentum wurde und zeitweilig zu Bayern gehörte. 1803 fiel die rechtsrheinische Pfalz an Baden und Hessen. Von der 1801 an Frankreich abgetretenen linksrheinischen Pfalz erhielt Bayern 1815 den größten Teil zurück. Dieser (mit der Hauptstadt Neustadt an der Weinstraße) ist seit 1946 ein Regierungsbezirk des Landes →Rheinland-Pfalz. Zu Bayern gehört heute noch die

Oberpfalz mit der Hauptstadt Regensburg.

Ein **Pfand** ist ein Gegenstand, den man jemandem gibt, damit er sicher ist, daß man ein ihm gegebenes Versprechen erfüllt. Bricht man das Versprechen, so behält der andere das Pfand. – Hat ein Schuldner dem Gläubiger einen Gegenstand verpfändet, so kann der Gläubiger den Gegenstand versteigern lassen, wenn der Schuldner zur vereinbarten Zeit seine Schuld nicht begleicht. – *Pfändung* nennt man die Beschlagnahme von Gegenständen oder Ansprüchen im Wege der Zwangsvollstreckung. – Ein *Pfandhaus* oder Leihhaus ist eine staatliche oder private Stelle, von der man Geld geliehen bekommt, wenn man einen entsprechend wertvollen Gegenstand als Pfand hinterläßt. Bis zu einem bestimmten Zeitpunkt kann man sich sein Eigentum wieder zurückholen, wenn man die geliehene Geldsumme zurückgibt und Zinsen bezahlt; andernfalls geht einem das Pfand verloren; es wird dann versteigert.

Der **Pfarrer:** Seelsorger, dem eine Kirchengemeinde (Pfarre) untersteht.

Der **Pfau** ist ein asiatischer Hühnervogel. Das Männchen hat einen Federbusch auf dem Scheitel und lange, farbenprächtige, metallisch schimmernde Schwanzfedern, die es fächerartig zu einem »Rad« aufrichten kann. – Mohammedaner und Hindus verehren den Pfau als heiliges Tier. Bei uns ist er ein Sinnbild der Eitelkeit. Als schwarzen **Pfeffer** bezeichnet man die halbgereiften und dann getrockneten Steinfrüchte des tropischen Pfefferstrauches. Den weißen Pfeffer liefern die ge-

Links: Zweig des Pfefferstrauches. Rechts oben: Zweig mit Früchten, darunter Frucht durchschnitten, unten links schwarzer, rechts weißer Pfeffer.

schälten Fruchtkerne derselben Pflanze. Spanischer Pfeffer wird dagegen aus den zermahlenen Kapseln der Paprikastaude gewonnen.

Die **Pfefferminze** ist eine ausdauernde Staudenpflanze, aus der man ein duftendes Öl gewinnt. Sie wird feldmäßig angebaut zur Gewinnung des Pfefferminzöls, das Zahnpasten, Zuckerwerk und Spirituosen zugesetzt wird. Getrocknet dient sie zur Herstellung von Pfefferminztee.

Der **Pfeiler** →Säule.

Das **Pferd** ist eines der ältesten Haustiere des Menschen. Unser Hauspferd stammt wahrscheinlich aus der Mongolei; noch heute gibt es in Zentralasien *Wildpferde*. Man unterscheidet Warmblut- und Kaltblutpferderassen. Die *Warmblutpferde* sind leicht gebaut und sehr temperamentvoll. Sie werden eingeteilt in Vollblutpferde: das sind die besonders edlen orientalischen Rassen, wie die Araber und die Lipizzaner, die vor allem als Renn- und Dressurpferde verwendet werden, und Halbblutpferde: das sind Reit- und leichte Zugpferde, wie die Hannoveraner, Holsteiner, Oldenburger und Ostpreußen. Die *Kaltblutpferde*, wie die Belgier, Schleswiger und das Shetlandpony, sind schwer gebaut und ruhig im Wesen; sie finden vor allem als Zugtiere Verwendung. – Pferdezucht wird in fast allen Ländern in eigenen Zuchtanstalten, den *Gestüten*, getrieben. Das männliche Tier nennt man Hengst, das weibliche Stute und die Jungen bis zu 3 Jahren Fohlen oder Füllen. – Als Pferd bezeichnet man auch ein Turngerät mit 4 in der Höhe verstellbaren Beinen für Sprung- (*Langpferd*) und Schwungübungen (*Seitpferd*).

Beim **Pferdesport** unterscheidet man Turniersport und Rennsport. Zum *Turniersport* rechnet man auch Dressurprüfungen für Reit- und Wagenpferde. Hier müssen die Pferde in den drei Gangarten Schritt, Trab und Galopp zeigen, daß sie genau die Bewegungen ausführen, die der Reiter oder Fahrer von ihnen verlangt. Auch das Jagdspringen gehört zum Turniersport. Dabei kommt es darauf an, daß eine Strecke mit Hindernissen (hochgelegte Stangen, Zäune und Gräben) von Reiter und Pferd in möglichst kurzer Zeit und mit möglichst wenig Fehlern zurückgelegt wird. Bei Dressurprüfungen und beim Jagdspringen ist immer nur ein Bewerber in der Bahn.

Der *Rennsport*, meist kurz Pferderennen genannt, gliedert sich in Galopp- und Trabrennen. Alle Bewerber starten gemeinsam; Sieger ist, wer als erster durchs Ziel kommt. Die Länge der Rennstrecke beträgt zwischen 1000 und 6000 m. Beim Galopprennen gibt es Flachrennen ohne Hindernisse und Hindernisrennen. Beim Trabrennen lenkt der Fahrer das Pferd von einem leichten zweirädrigen Wagen, dem Sulky, aus. Ein Pferd, das in einem Trabrennen galoppiert, scheidet aus.

Die *Gangarten:* Schritt ist die langsamste, Galopp die schnellste Gangart. Im Galopp reiht das Pferd ununterbrochen Sprung an Sprung und legt dabei ungefähr 400 m in der Minute zurück. Der Trab ist eine an sich für das Pferd unnatürliche Gangart, die es in Freiheit nur als Übergang vom Galopp zum Schritt gebraucht. Es setzt dabei einen Vorderfuß und den entgegengesetzten Hinterfuß gleichzeitig auf.

Die **Pferdestärke,** abgekürzt PS, →Leistung.

Pfingsten: christliches Fest zur Erinnerung an die Ausgießung des Heiligen Geistes; es wird sieben Wochen nach Ostern gefeiert.

Pfirsich →Obstbäume.

Pflanzen sind Lebewesen, die sich – zum Unterschied von Mensch und Tier – von den leblosen Stoffen des Bodens, des Wassers und der Luft ernähren: Sie verwandeln also anorganische (leblose) Stoffe in organische (belebte). Eine Ausnahme bilden darin die →Pilze und andere Schmarotzerpflanzen sowie die →fleischfressenden Pflanzen. Alle anderen Pflanzen saugen mit ihren Wurzeln zusammen mit Wasser Mineralstoffe aus dem Boden und leiten beides durch haarfeine Kanäle bis zu den äußersten Verzweigungen der

Pflanze. Ein Teil des Wassers verdunstet, und weitere Wassermengen mit aufgelösten Mineralstoffen können nachgesaugt werden. Aus der Luft nehmen die Blätter →Kohlendioxidgas auf und verwandeln es zusammen mit einem Teil des Wassers in Zellstoff, Stärke und Zucker. Diese Umwandlung wird im →Blattgrün durch Tageslicht bewirkt. Weitere chemische Verbindungen zwischen den in der Pflanze vorhandenen Mineralstoffen und einem Teil der Stärke ergeben für jede Pflanzenart bestimmte Duftstoffe, Fette, Farb- und Gerbstoffe, Vitamine und oft auch Gifte. Wie jeder lebendige Körper hat auch die Pflanze eine bestimmte Eigenwärme. Diese wird wie beim Menschen durch Aufnahme von Luftsauerstoff erzeugt, wobei ein kleiner Teil der vorhandenen Stärke verbraucht wird. Durch die Wasserverdunstung wird der Pflanze wieder Wärme entzogen, auf diese Weise also die Wärme geregelt. – Pflanzen vermehren sich entweder durch Teilung (→Zelle) oder durch Sporen (→blütenlose Pflanzen) oder durch Samen (→Blüte). – Die *Botanik* ist die Wissenschaft, die sich mit den rund 300 000 Erscheinungsformen des Pflanzenreiches befaßt.

Pflaumen →Obstbäume.

Schwingpflug: 1 Sterz, 2 Streichblech, 3 Pflugschar, 4 Messerkolter, 5 Regulator mit Stelleisen, 6 Zughaken

Der **Pflug** ist ein uraltes Ackergerät der →Landwirtschaft, das ursprünglich als Hakenpflug aus einem Baumast bestand. Pflugschar und Streichbrett wenden den Boden; dabei werden Stoppeln und Stalldung untergepflügt. Der gepflügte Boden saugt mehr Wasser auf als der ungepflügte.

Pfropfen →Veredeln.

Die **Pfründe:** regelmäßige Einnahmen aus einem kirchlichen Amt.

Das **Pfund:** 1. 500 g = ½ kg; 2. englische Währungseinheit (→Währung).

Die **Phalanx** (griech. = Reihe): dichtgeschlossene, in mehrere Reihen gestaffelte Schlachtordnung des makedonischen Heeres.

Das **Phänomen** (griech.): Vorgang, Erscheinung; besonders auffallende und bezeichnende Naturerscheinung.

Die **Phantasie** (griech.): 1. Einbildungskraft, Vorstellungsgabe, also die Fähigkeit des Menschen, sich etwas vorzustellen, was in dieser Form nicht vorhanden oder mit den Sinnen nicht wahrzunehmen oder mit dem Verstand nicht zu begreifen ist; 2. →Fantasie. – *phantastisch:* unwirklich, so wie etwas nur in der Vorstellung sein kann.

Das **Phantom:** 1. Hirngespinst, Trugbild, Wahnvorstellung; 2. in der Medizin die Nachbildung eines Körperteils zu Lehr- und Übungszwecken.

Pharao war der Titel der altägyptischen Könige.

Pharisäer hießen die Anhänger einer um 150 v. Chr. entstandenen religiösen Partei der Juden. Sie hielten sich streng an die Gesetze ihrer Religion, neigten dabei aber zu Härte und Selbstgerechtigkeit. Sie kämpften gegen Christus, weil sie glaubten, daß die sittlichen Ordnungen zusammenbrächen, wenn der Glaube an die Gnade siege. Gegen diese falsche Frömmigkeit und Heuchelei hat Christus gepredigt. – Als Pharisäer bezeichnen wir deshalb einen scheinheiligen und selbstgerechten Menschen.

Pharmakologie (griech.): die Lehre von den Arzneimitteln. *Pharmazie:* die Apothekerkunst.

Die **Phase** (griech.): Jeden längeren Vorgang kann man in mehrere Abschnitte unterteilen. Diese Abschnitte nennt man Phasen. In der Elektrotechnik heißen die Zuleitungen des elektrischen Netzes so.

Phidias, der berühmteste Bildhauer des griechischen Altertums, lebte im 5. Jh. v. Chr. in Athen. Er war ein Freund des

→Perikles, in dessen Auftrag er die Bildwerke für den Parthenon-Tempel auf der Akropolis schuf.

Der **Philanthrop** (griech.) ist ein Menschenfreund. Gegensatz: *Misanthrop*.

Die **Philatelie** (griech.): Lehre von den →Briefmarken. – *Philatelist*: Briefmarkensammler, -kenner.

philharmonisch (griech.): musikliebend; als *Philharmonie* bezeichnen sich Orchester und Musikgesellschaften.

Die **Philippinen** sind eine zwischen China und Indonesien im Stillen Ozean gelegene waldreiche Inselgruppe. Hauptinseln sind Luzon und Mindanao. Im ganzen umfassen die Philippinen 7085 Inseln mit 300000 qkm. 2440 Inseln sind von zusammen 41,5 Millionen Menschen bewohnt. Die meist christlichen Filipinos setzen sich aus einem Urvolk, den zwerghaften Negritos (span. = Negerchen), und zugewanderten Malaien, Chinesen, Japanern und anderen zusammen. Von den Philippinen werden u.a. Mahagoniholz und Manilahanf ausgeführt. – Die Philippinen wurden 1521 von Magalhães entdeckt und nach König Philipp II. von Spanien benannt. Bis 1898 waren sie spanische Kolonie, danach im Besitz der Vereinigten Staaten von Amerika. 1941/42 wurden die Inseln von Japan erobert, 1944/45 von den Amerikanern zurückgewonnen. Seit 1946 sind die Philippinen selbständige Republik.

Einwohnerzahlen der wichtigsten Städte:	
Manila	1,75 Mill.
Hauptstadt Quezon City	900 000
Davao	438 770
Cebu	385 000

Die **Philister** waren ein Volksstamm, der im Altertum an der Südküste Palästinas wohnte. Im Alten Testament wird von Kämpfen zwischen ihnen und dem Volke Israel berichtet. Der von David getötete Riese Goliath war ein Philister. – Heute ist »Philister« im gleichen Sinn wie »Spießbürger« ein Spottname für engstirnige und engherzige Menschen. – Die Studenten nennen Nichtstudenten Philister.

Die **Philologie** (griech.): Wissenschaft, welche die Sprachen und Literaturen erforscht.

Die **Philosophie** ist die Lehre von den Grundlagen alles Seins, Geschehens und Erkennens, von den Grundbegriffen und Gesetzen des Denkens. Das Wort wurde von den alten Griechen geprägt und bedeutet Liebe zur Weisheit, Drang zur Erkenntnis der letzten Dinge. Die Griechen waren auch die ersten, die Philosophie als Wissenschaft betrieben, d. h., sie gingen nach bestimmten Denkgesetzen vor und sammelten und ordneten die gewonnenen Erkenntnisse. Berühmte griechische Philosophen waren Sokrates, Platon und Aristoteles. Im Mittelalter hatten Augustinus und Thomas von Aquin, in der Neuzeit Leibniz, Kant und Hegel den größten Einfluß.

Die Grundfragen, auf welche die Philosophie eine Antwort sucht, sind in ihrem Wesen seit den Anfängen der Philosophie die gleichen geblieben. Was sich in ihrer Geschichte änderte, sind die Deutungen, die ihnen die großen Philosophen gaben. Außerdem haben neue Erkenntnisse den Wissensbestand laufend bereichert.

Die Frage »Was können wir wissen?« gehört zu den uralten Grundfragen. Sie wird beantwortet in den philosophischen Sachgebieten der *Logik* und der *Erkenntnistheorie*. Wenn wir heute sagen: das ist logisch, das ist einleuchtend und selbstverständlich, so gebrauchen wir das Wort nicht mehr in seinem ursprünglichen philosophischen Sinn. Unter Logik versteht man eigentlich die Lehre vom folgerichtigen Denken. Befaßt sich die Logik somit mit der Frage, *wie* man richtig denkt, so wirft die Erkenntnistheorie die Frage auf, *was* man eigentlich erkennen kann: sie befaßt sich mit den Grundlagen, dem Umfang und den Grenzen des menschlichen Denkens.

Eine weitere Grundfrage der Philosophie lautet: »Was sollen wir tun?« Auf diese Frage antwortet die *Ethik*, d.h. die Lehre vom richtigen, vom sittlichen Handeln. In der philosophischen Ethik wird dargetan, wie der Mensch aus der richtigen Gesinnung heraus die göttlichen und menschlichen Ordnungen betrachten und das Gute und Erstrebenswerte tun kann.

Ein letztes Hauptgebiet der Philosophie behandelt die Fragen: »Was ist in dieser veränderlichen Welt im letzten das Wesentliche und der eigentliche Sinn? Was ist das Wesen aller Dinge und alles Geschehens, und von welcher Art und Wirklichkeit ist es?« Diese Fragen galten von jeher als die schwierigsten. Die Philosophie beantwortet sie in ihren Sachgebieten der *Ontologie* und der *Metaphysik*. Die Ontologie gibt die allgemeinsten und grundlegenden Bestimmungen über das Wesen und das Sein der Dinge. Die Metaphysik strebt danach, die letzten Grundlagen und Zusammenhänge des Seins, der sichtbaren und der unsichtbaren Welt, des Inneren und dessen, was jenseits der Erfahrung liegt, zu erforschen. In der Metaphysik werden die Gedanken oft an die Grenze des Erkennbaren geführt. Sie stützt sich jedoch als Wissenschaft nicht auf Glauben und Religion, sondern auf das, was der Verstand von sich aus erfassen kann.

phlegmatisch (griech.) nennt man einen bedächtigen Menschen, den nichts aufregt und dem Ruhe über alles geht.

Der **Phlox**: ausdauernde Gartenstaude in vielen Farbtönen.

Die **Phobie** (griech.): unbegründete und übermächtige Angst vor Tieren (z. B. Spinnenphobie), Personen oder Situationen (z. B. Platzangst).

Das **Phon** (griech.): Maßeinheit für Schallstärke. Um Lärm zu messen, dient eine Skala, die von 0 bis 130 Phon reicht. 20 entsprechen dem Ticken einer Uhr, 100 dem Lärm eines Motorrades oder Niethammers, 130 Phon dem Schall von Explosionen. Steigt die Schallstärke um 10 Phon, z. B. von 80 auf 90, so hat sich der Lärm verzehnfacht.

Die **Phonetik** →Lautlehre.

Die **Phöniker** (*Phönizier*) waren ein semitischer Volksstamm, der im Altertum an der syrischen Mittelmeerküste wohnte. Dort gründeten sie vor 1500 v. Chr. eine Anzahl von Hafenstädten, von denen jede den Mittelpunkt eines kleinen Königreichs bildete. Die Phöniker besaßen eine hohe Kultur. Ihre Handelsflotten brachten von der Ostseeküste Bernstein, aus Britannien Zinn, aus Spanien Silber. Ihre Karawanen holten aus Indien Gold, Webereien und Gewürze. Die wichtigste Niederlassung der Phöniker an der Mittelmeerküste war *Karthago* in Nordafrika. Um die Mitte des 1. Jahrtausends v. Chr. wurde sie zur Hauptstadt eines mächtigen Staates. Die Karthager, von den Römern Punier genannt, konnten erst im Verlauf von drei schweren Kriegen, den »Punischen Kriegen« (264–146 v. Chr.), von Rom überwunden werden. Karthago wurde völlig zerstört.

Der **Phönix** war der heilige Vogel der ägyptischen Sage. Alle 500 Jahre verbrannte er sich selbst und erstand dann wieder jung aus der Asche. Daher wurde er ein Sinnbild für die Unsterblichkeit.

Phonograph (griech. = Tonschreiber) nannte Th. A. Edison seine 1877 erfundene »Sprechmaschine«, die Schallschwingungen in eine Stanniolwalze einritzte.

Der **Phosphor** (chemisches Zeichen P) ist ein chemisches Element, das in der Natur in organischen Verbindungen, z. B. Knochen, Samenkernen, und in vielen Mineralien vorkommt. Da die Pflanzen Phosphor als Grundstoff zum Wachstum brauchen, wird er ihnen durch Stalldung und durch Phosphatdünger zugeführt. Reiner Phosphor ist giftig, wachsgelb und schmilzt und verflüchtigt sich leicht. Phosphor (griech. = Lichtträger) leuchtet im Dunkeln, weil er in feuchter Luft oxydiert. Die dabei entwickelte Wärme genügt, um größere Mengen rasch zu entflammen (Brandbomben). Die Lichterscheinung, die bei der Oxydation phosphorhaltiger Stoffe (z. B. bei der Fäulnis alter Baumstümpfe) durch Leuchtbakterien hervorgerufen wird, nennt man *Lumineszenz* (lat. lumen = Licht). Dagegen ist die *Phosphoreszenz* ein Nachleuchten einiger Stoffe, die vorher mit Sonnenlicht oder ultraviolettem Licht angestrahlt wurden.

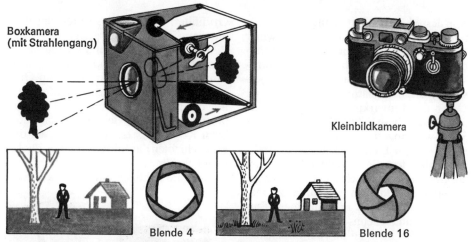

Boxkamera (mit Strahlengang)

Kleinbildkamera

Blende 4   Blende 16

Schärfentiefe: je kleiner die Blendenzahl, desto geringer, je größer die Blendenzahl, desto größer die Schärfentiefe. (Kleine Blendenzahl = große Öffnung und umgekehrt).

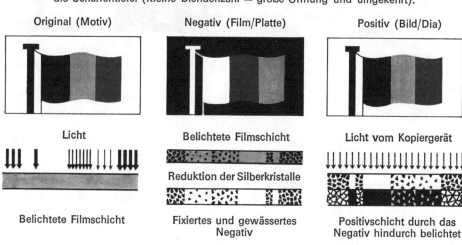

Original (Motiv)   Negativ (Film/Platte)   Positiv (Bild/Dia)

Licht   Belichtete Filmschicht   Licht vom Kopiergerät

Reduktion der Silberkristalle

Belichtete Filmschicht   Fixiertes und gewässertes Negativ   Positivschicht durch das Negativ hindurch belichtet

Von der Aufnahme zur Positivkopie: Einfallendes Licht erzeugt im Film ein unsichtbares Bild. Das vom Licht getroffene Halogensilber wird durch Chemikalien in metallisches Silber verwandelt, unverändertes Halogensilber wird durch Fixiersalz ausgelöst und durch Wässern entfernt. Man erhält ein Negativ mit umgekehrten Helligkeitswerten. Im Kopiergerät wird ein Film durch das Negativ hindurch belichtet, wodurch die Helligkeitswerte wieder umgekehrt werden.

Photoelemente →Photozellen.
Die **Photographie** (griech.) oder Lichtbildkunst erzeugt durch die chemische Einwirkung des Lichtes auf lichtempfindliche Stoffe Bilder, die beständig sind und vervielfältigt werden können. Drückt der Photograph auf den Auslöser seiner Kamera, so vollzieht sich immer, beim kompliziertesten wie einfachsten Apparat, der gleiche Vorgang: Die Lichtstrahlen, die von dem photographierten Gegenstand ausgehen, werden von dem Objektiv der Kamera, das unserem Auge nachgebildet ist und aus optischen Linsen besteht, aufgefangen und als verkleinertes Bild auf den eingespannten Film geworfen. Durch eine vor dem Objektiv liegende verstellbare Abschirmvorrichtung, die Blende, kann man den Einfall der Lichtstrahlen regeln. Je größer die Blendenöffnung ist,

eine desto kürzere Zeit genügt zur Belichtung des Films. Dieser enthält auf seiner Vorderseite eine dünne, sehr lichtempfindliche Schicht. Sie besteht aus mikroskopisch kleinen Körnchen von Silbersalzen, die in Gelatine eingebettet sind. Unter der Einwirkung des Lichtes verändern sich diese Silbersalze: metallisches Silber wird abgeschieden, und zwar um so mehr, je mehr Licht die betreffende Stelle der Schicht traf. So entsteht auf dem Film ein Bild, das aber noch nicht sichtbar ist, ein latentes Bild. Um es sichtbar zu machen, muß man den Film in einem Entwickler weiter chemisch behandeln. Dabei wird die Umwandlung der Silbersalze in metallisches Silber weitergeführt. Man kann das Bild jetzt erkennen, muß es aber noch lichtbeständig machen (fixieren). Durch ein Fixierbad werden die unverändert gebliebenen Silbersalze aus der Schicht herausgelöst. Jetzt ist die Aufnahme klar und deutlich sichtbar. Das Bild ist ein Negativ, d. h. in Hell und Dunkel völlig umgekehrt wie der aufgenommene Gegenstand. Bei Schwarzweißfilmen erscheint z. B. eine weiße Hauswand schwarz, eine schwarze Türklinke weiß. Von diesem Negativ stellt man nun ein Positiv her, meist auf Kopierpapier. Das Papier enthält ebenso wie der Film eine lichtempfindliche Schicht. Es wird mit der Schichtseite gegen das Negativ gelegt und belichtet, dann entwickelt und fixiert und zeigt nun den Gegenstand in der richtigen Verteilung von Hell und Dunkel. Von einem Negativ können beliebig viele Positiv-Abzüge gemacht werden. Man kann auch mit einem Gerät, das ähnlich wie ein Projektionsapparat gebaut ist, Ausschnitte oder das ganze Bild vergrößern.

Die *Farbenphotographie* beruht auf der Tatsache, daß man alle Naturfarben auf mindestens drei Grundfarben zurückführen und aus ihnen wiederherstellen kann, ähnlich wie beim →Farbendruck. Man photographiert dabei entweder drei getrennte Farbenauszüge hintereinander, mit einem Blau-, einem Rot- und einem Grünfilter, und erhält so drei Negative, die dann übereinandergelegt das bunte Bild ergeben, oder benutzt Farbfilme, die drei übereinanderliegende Schichten mit Empfindlichkeit für Blau, Rot und Grün enthalten. Auf jede dieser Schichten wirkt nur der für sie wirksame Anteil des auffallenden Lichtes. Bei Durchsicht oder beim Kopieren setzt sich aus diesen drei Farbschichten das Bild zusammen, das bei »Umkehrfilmen« schon nach dem Entwickeln die richtigen Farbwerte aufweist.

Daguerres Kamera mit verschiebbaren Holzkästen, 1839

Voigtländers tragbare Ganzmetall-Kamera, 1841

Brauchbare Lichtbilder auf einer Silberplatte erzeugte 1837 zuerst der Franzose Daguerre. Diese Daguerreotypien, wie man sie nannte, waren aber nur positive Bilder. Die Photographie in Negativ und Positiv erfand etwa gleichzeitig der Engländer Fox Talbot. Seither sind Kamera und Platte oder Film immer mehr vervollkommnet worden. Während die alten Photographen zur Belichtung viele Minuten brauchten und sich ihre Platten selber anfertigen mußten, können wir mit Filmen von höchster Empfindlichkeit bereits mit $1/2000$ Sek. Sportaufnahmen machen, eine Revolverkugel im Fluge photographieren und auch Nachtaufnahmen herstellen. Es gibt Kameras von der einfachen Boxkamera, mit der man schon sehr gute Bilder erzielt, bis zur Kleinkamera, die eine ganze Reihe von auswechselbaren Objektiven besitzt, darunter Weitwinkelobjektive für sehr ausgedehnte Objekte und Teleobjektive für Fernaufnahmen oder auch »Gummilinsen« (Varioobjektive) mit stufenlos veränderbarer Brennweite. Bei der Spiegelreflexkamera kann das Bild auf einer Mattscheibe beobachtet werden.

Elektrische *Belichtungsmesser*, die nach den Grundsätzen der →Photozelle gebaut sind, ermöglichen die Feststellung genauer Belichtungszeit, *Entfernungsmesser* erleichtern die richtige Einstellung der Brennweite. *Blitzlicht* erlaubt Aufnahmen in dunklen Räumen. Man verwendet dazu entweder Vakublitze (mit Aluminiumfolie, Magnesium o. ä. und mit Sauerstoff gefüllte Glaskolben) oder Elektronenblitze (elektrisch gespeiste besondere Gasentladungsröhren); das Blitzlichtgerät ist so mit der Kamera gekoppelt (»synchronisiert«), daß bei Öffnung des Verschlusses der Blitz ausgelöst wird. Die Anwendung der Photographie reicht von der einfachen Liebhaberaufnahme bis zum Festhalten von Vorgängen im Himmelsraum, die das Auge auch im Fernrohr nicht wahrnehmen kann. →Film.

Die **Photokopie:** Lichtbildverfahren zur Wiedergabe von Urkunden, Briefen, Zeichnungen oder Buchseiten.

Photozellen verwandeln Lichtenergie in elektrische Energie. Sie beruhen auf dem *Photoeffekt:* einige Stoffe (vor allem die Alkalimetalle Lithium, Kalium, Rubidium und Zäsium) senden beim Aufprall von Lichtstrahlen →Elektronen aus, wobei dieser Elektronenstrom um so größer ist, je stärker das Licht auf den lichtempfindlichen Stoff einwirkt. Die Photozelle besteht aus einem luftleer gepumpten Glaskolben, durch den Lichtstrahlen auf eine mit Kalium oder Zäsium belegte Metallfläche fallen. Dieser (Photo-)Kathode gegenüber befindet sich eine Drahtschleife oder ein Metallstab als Anode. Legt man an die Kathode K den negativen, an die Anode A den positiven Pol einer Batterie B, so werden die bei Belichtung aus der Kathode austretenden Elektronen nach der Anode gejagt und durch neue aus der Batterie stammende ersetzt. Ein elektrischer Strom beginnt im Kreis B–K–A–B zu fließen. Diesen Strom verwendet man vor allem dazu, technische Einrichtungen selbsttätig in Betrieb zu setzen oder auszu-

schalten, beispielsweise zur Steuerung von Rolltreppen oder Sicherungseinrichtungen. Beim →Fernsehen sorgen Photozellen für die Umwandlung der verschiedenen Helligkeitswerte in entsprechende Stromschwankungen. Bei der Tonfilmaufnahme (→Film) verwandelt ein Mikrophon die Schallwellen in elektrische Wellen. Diese werden in einer Projektionslampe in Lichtschwankungen umgewandelt, welche den Tonstreifen auf dem Film entsprechend belichten. Im Vorführraum werden die Lichtwerte mit Hilfe des an einer Photozelle vorbeibewegten Bildstreifens wieder in elektrische Werte umgewandelt, die ein Lautsprecher dann hörbar macht. – Die *Photoelemente* liefern bei Belichtung einen elektrischen Strom, ohne daß eine Spannung an das Element gelegt werden muß. Die wichtigsten Photoelemente bestehen aus Kupfer, Kupferoxydul und einer lichtdurchlässigen Silberschicht bzw. aus Eisen, →Selen und einer lichtdurchlässigen Schicht aus Silber oder Platin. Photoelemente werden z. B. als Rauchanzeiger, Türüberwachungsgeräte und in der Photographie als elektrische Belichtungsmesser verwendet.

Die **Phrase** (griech.): 1. nichtssagende Redewendung; 2. in der Musik eine zusammenhängende, in sich geschlossene Folge von Tönen.

Die **Physik** (griech.) erforscht die Gesetze der Zustände und Bewegungen von Körpern sowie das Wesen von Strahlungen und der Wechselwirkung zwischen Körpern und Strahlungen. Die →Chemie dagegen behandelt lediglich solche Vorgänge, bei denen die kleinsten Bausteine eines Körpers, die →Moleküle, sich verändern. Die experimentelle Physik untersucht im Laboratorium die physikalischen Erscheinungen selbst, die theoretische Physik leitet daraus mit den Hilfsmitteln der Mathematik physikalische Gesetze ab. Von den Hauptgebieten der Physik ist die *Mechanik* das älteste. Sie behandelt Bewegung und Gleichgewicht der Körper. Die *Akustik* ist die Lehre vom Schall und seiner Erzeugung. Die →*Optik* ist die Lehre vom Licht. Die *Wärmelehre* beschreibt das Wesen der →Wärme, die Thermodynamik die Umwandlung von Wärme in andere Formen von Energie. Ein weiteres Gebiet der Physik ist die Erforschung des Wesens der →Elektrizität. Mit dem Aufbau der →Atome und den →Elementarteilchen befassen sich die *Atomphysik* und die *Kernphysik*. Das große Gebiet der elektromagnetischen Strahlung wird teils in der Optik, teils in der Lehre von den elektromagnetischen →Schwingungen behandelt.

Zwei große Wendepunkte der Physik fielen in das 20. Jh. Planck begründete die →Quantentheorie, und Einstein stellte die →Relativitätstheorie auf. Grundlegende Begriffe der bis dahin herrschenden sogenannten klassischen Physik wurden damit durch neue, schärfere Begriffe ersetzt. Eine folgenschwere Entdeckung der Physik war die der Umwandlung der Elemente (→Radioaktivität) durch Rutherford (1919). Technischer Fortschritt beruht heute weitgehend auf den Theorien und Experimenten der Physik.

Die **Physiologie** (griech.): Lehre von den Vorgängen im gesunden menschlichen und tierischen Organismus.

physisch (griech.): körperlich.

Das **Piano** →Klavier.

Pablo **Picasso,** der berühmteste und bedeutendste Maler unseres Jahrhunderts, lebte von 1881–1973. Das Schaffen Picassos durchlief viele Perioden, die z. T. nach den Farben benannt sind, die Picasso jeweils bevorzugte (»blaue Periode«, »rosa Periode«). Er schuf auch Zeichnungen, Radierungen, Lithographien, Plastiken.

Auguste **Piccard** (sprich pickahr), ein Schweizer Naturforscher, lebte von 1884 bis 1962. Er stieg 1932 in einem Ballon 17000 m hoch in die →Stratosphäre auf. 1953 tauchte er mit seinem Sohn *Jacques* in einem Tiefseeboot bis über 3000 m Tiefe. Jacques Piccard tauchte später im pazifischen Marianengraben bis auf 10900 m Tiefe.

Das **Picknick** (engl.): gemeinsame Mahlzeit von Ausflüglern im Freien.

Der oder die **Pier** (engl.): Hafendamm oder Steg zum Anlegen von Schiffen.

Die **Pietät** (lat.): Ehrfurcht, liebevolle Achtung, besonders vor den Toten.

Der **Pietismus** (lat. pietas = Frömmigkeit) war eine evangelische Erneuerungsbewegung des 17. und 18. Jh. Ihre wichtigsten Vertreter waren Philipp Jakob Spener und August Hermann Francke. Ihr Ziel war die Wiedererweckung einer Frömmigkeit, die sich vor allem in tätiger Nächstenliebe, Gebet und Buße des einzelnen bekundet. In der Brüdergemeine der →Herrnhuter lebt heute noch pietistisches Gedankengut fort.

Das **Pigment** (lat.) ist ein natürlicher Farbstoff, der bei Menschen und Tieren die Farbtönung von Haut, Augen und Haaren oder Federn bewirkt. Ultraviolette Strahlen erzeugen stärkere Pigmentbildung, wodurch z. B. die Haut sich bräunt oder Sommersprossen auftreten. – *Pigmentfarben* sind unlösliche organische (z. B. Indigo) oder anorganische (mineralische) Farbstoffe, wie sie z. B. in der Ölmalerei, mit trocknenden Ölen vermischt, verwendet werden.

Der **Pikkolo** (ital. piccolo = klein): Kellnerlehrling. – *Pikkoloflöte* oder *Kleine Flöte* ist das etwas durchdringend klingende höchste Instrument des Orchesters. Abb. →Musikinstrumente.

Der **Pilger** (lat.): Wallfahrer zu heiligen Stätten. – Die *Pilgerväter* →Puritaner.

Pillendreher sind Käfer der Mittelmeerländer, die aus Dung Kugeln verfertigen. Diese rollen sie in Erdhöhlen, wo sie ihnen als Nahrung oder zum Ablegen von Eiern dienen. Von den alten Ägyptern wurde der Käfer als »heiliger Skarabäus« verehrt.

Der **Pilot:** 1. Lotse, Hochseesteuermann; 2. Flugzeugführer.

Pilze sind Pflanzen ohne Blattgrün. Ihre Ernährungsweise muß daher eine andere sein, und zwar leben sie von den Nähr-

Steinpilz eßbar	Gallenröhrling ungenießbar
Hexenröhrling gekocht eßbar	Satanspilz giftig
Feldchampignon eßbar	Grüner Knollenblätterpilz sehr giftig
Perlpilz eßbar	Fliegenpilz giftig
Speisetäubling eßbar	Speitäubling ungenießbar
Echter Reizker eßbar	Birken-Reizker ungenießbar
Echter Pfifferling eßbar	Falscher Pfifferling eßbar, wenig schmackhaft
Flaschen- und Eierbovist jung eßbar	Kartoffelbovist giftig

Eßbare und giftige Pilze

stoffen verwesender Pflanzen. Unter den in Wald und Wiesen wachsenden vielen Arten, die auch *Schwämme* genannt werden, gibt es eßbare Sorten, z. B. Champignon, Pfifferling, Steinpilz. Jedoch sollte nur der Kenner Pilze sammeln, da die giftigen Pilze den eßbaren oft sehr ähnlich sind. Der gefährlichste aller Giftpilze ist der grüne Knollenblätterpilz, so genannt nach der im Boden sitzenden Knolle, die von einer weißen, lappigen Hülle umgeben ist. Man kann ihn mit dem Champignon oder dem grünen Reizker verwechseln. Pilzvergiftungen →Erste Hilfe. – Viele sehr kleine Pilzarten sind Erreger von Pflanzenkrankheiten, wie z. B. dem Rost des Getreides, andere verderben Nahrungsmittel, wie die Schimmelpilze, oder zerstören Holz. Wieder andere, wie die Hefepilze, bewirken Gärungen. Nur aus einer Zelle bestehen die Spaltpilze (→Bakterien). Aus manchen Pilzen werden Heilmittel (→Antibiotika) gewonnen.

Der **Pinguin** ist ein bis 1,20 m großer Schwimm- und Tauchvogel, von dem es 16 Arten im Südpolargebiet und auf den Inseln der südlichen Meere gibt. Da er keine Schwungfedern hat, benutzt er seine Flügel nur noch als Flossen. An Land sitzt der Pinguin aufrecht auf seinen platten Füßen und stützt sich dabei auf seinen kurzen Schwanz.

Die **Pinie** →Nadelbäume.

Die **Pinzette** (franz.): flach zugespitzte kleine Greifklemme.

Der **Pionier** (franz.): 1. Soldat der technischen Truppen für den Bau von Brücken oder militärischen Anlagen oder für Sprengarbeiten; 2. Vorkämpfer, z. B. bei der Besiedelung von Neuland oder für die Einführung einer Neuerung.

Die **Pipeline** (engl., sprich paiplain): Rohrleitung zur Beförderung von Erdöl, Erdgas u. a. über größere Entfernungen, z. B. Erdölleitung vom Mittelmeerhafen Genua zur Raffinerie in Ingolstadt.

Der **Pirat** (lat.): Seeräuber.

Die **Pirayas** oder *Piranhas* sind trotz ihrer Kleinheit die gefährlichsten Raubfische der südamerikanischen Ströme.

Ihre genau übereinanderpassenden, äußerst scharfen Zähne schneiden alles ab, was sie einmal gepackt haben.

Die **Piroge** ist ein in Süd- und Mittelamerika und Ozeanien gebräuchlicher →Einbaum mit durch Bretter überhöhten Bordwänden.

Der **Pirol** →Singvögel.

Die **Pirsch** oder *Birsch:* Einzeljagd (von pirschen – sich anschleichen). Siehe auch Jagd.

Die **Pistazien:** verschiedene Straucharten, die terpentin- und ölreiche, meist haselnußgroße Samenkerne liefern.

Die **Pistole:** 1. alte Goldmünze; 2. Handfeuerwaffe, die heute meist als Selbstladepistole für 6 bis 10 Schuß gebaut wird. *Maschinenpistolen* (Abkürzung MP) sind kleine Schnellfeuerwaffen. Abbildung →Schußwaffen S. 551.

Francisco **Pizarro** eroberte 1529–1535 das Reich der →Inka in Peru.

Das **Plädoyer** (franz., sprich plädoajeh). Der Staatsanwalt als Vertreter der Anklagebehörde und der Rechtsanwalt, der den Angeklagten vor Gericht verteidigt, halten je eine Schlußrede, ehe das Gericht das Urteil fällt. Diese Rede nennt man *Plädoyer.*

Das **Plagiat** (franz.) ist der Diebstahl geistigen Eigentums. Dieses »geistige Eigentum« erstreckt sich auf künstlerische und wissenschaftliche Erzeugnisse und ist im →Urheberrecht geschützt. – Die Angst vor dem Plagiat war den Künstlern früherer Zeiten unbekannt.

Das **Plakat** (holländ.): an Plakatsäulen, Anschlagtafeln usw. angebrachter Aushang, oft mit Bild, für Bekanntmachungen und Werbung.

Max **Planck** war ein deutscher Physiker, dessen →Quantentheorie zusammen mit Einsteins →Relativitätstheorie ein neues Zeitalter der Naturwissenschaft einleitete. Planck lebte von 1858 bis 1947.

Planeten →Himmelskunde.

Das **Plankton.** Kleinste Pflanzen, die meist zu den Algen gehören, und mittelgroße bis sehr kleine Tiere (Quallen, Flohkrebse, Geißeltiere, Würmer) nennt man

Plankton (griech. = umhergetrieben) des Meeres, weil sie ohne nennenswerte Eigenbewegung von der Strömung des Meeres getrieben werden. In flachen und kalten Meeren ist der Planktongehalt besonders groß. Daher ist das Wasser dort fischreicher, denn die kleineren Fische, die den größeren zur Nahrung dienen, nähren sich vom Plankton.

Die **Plantage** (franz., sprich plantah-~~sche~~): ausgedehnte Pflanzung in den Tropen, z. B. von Tabak, Zuckerrohr, Kautschuk oder Kaffee.

Die **Planwirtschaft** in den kommunistisch regierten Ländern regelt das gesamte Wirtschaftsgeschehen nach einem im voraus festgelegten Plan. Dieses System kann nur deshalb funktionieren, weil es keine privaten Unternehmer mehr gibt, sondern der Staat selbst alleiniger Unternehmer ist. Wenn der Wirtschaftsplan auf falschen →Prognosen beruht, kann es in der Planwirtschaft schnell zu Engpässen in der Versorgung kommen.

Das **Plasma** (griech.) →Zelle. – *Blutplasma* →Blut. – In der Physik der 4. Aggregatzustand der Materie bei sehr hohen Temperaturen, in dem sich 90 % der Materie im Weltall befinden. In diesem Zustand gibt es keine Moleküle und Atome, sondern nur Atomkerne und freie Elektronen.

In der **Plastik** (griech. plassein = formen, bilden) oder *Bildhauerkunst* schafft der Künstler aus festen Werkstoffen, wie Stein, Holz, Metall oder Elfenbein, räumliche Gebilde. Ein solches Gebilde kann eine freistehende Figur sein oder in inniger Verbindung mit einem Bauwerk geschaffen werden, wie die meisten Bildwerke des Mittelalters. Eine Plastik kann auch aus einer Fläche herausgearbeitet sein (→Relief). Der Hauptgegenstand der Plastik aller Zeiten war immer die Gestalt des Menschen. Daneben gibt es aber auch die Tierplastik und plastische Darstellungen zum Schmuck von Gebäuden, Grabmälern, Brunnen usw. Schon die Menschen der Vorzeit formten Tiere aus Ton oder schnitzten menschliche Gestalten aus

Griechische Bronzeplastik:
Der Wagenlenker aus Delphi, um 470 v. Chr.

Knochen und Walroßzähnen. Die Ägypter schufen gewaltige Standbilder ihrer Götter und Herrscher in Stein, oft in riesenhaften Ausmaßen, wie das Bild des Sphinx, der einen Tempel zwischen seinen Vorderarmen hielt. Zu höchster Vollendung brachten die Griechen die Bildhauerkunst in Marmor und Bronze. Im Mittelalter wurden besonders Kirchen außen (an den Portalen) und innen mit figürlicher Plastik ausgeschmückt, so z. B. der Naumburger und der Bamberger Dom. Die gotischen Bildschnitzer schufen einen unübersehbaren Reichtum an Altären, Chorgestühlen, Heiligengestalten und

Marmorrelief der Renaissance: Der junge Johannes der Täufer von Donatello. Mitte des 15. Jh.

Muttergottesbildern. Mit der Renaissance entstand auch eine weltliche Kunst der Plastik. Zum erstenmal seit dem Altertum errichtete man berühmten Persönlichkeiten Standbilder auf öffentlichen Plätzen. Seither ist die Gestaltung von Denkmälern eine der Hauptaufgaben der Plastik geworden. Daneben entwickelten sich die Kunst der Porträtbüste und die Kleinplastik zum Schmuck von Wohnungen. – Wie in allen Kunstarten kommt auch in den plastischen Schöpfungen jeweils der herrschende Kunstgeschmack einer Zeit zum Ausdruck, z. B. der →Renaissance, des →Barock, der →Klassik, des →Expressionismus oder auch der →abstrakten Kunst. – Als Plastik bezeichnet man auch die →Kunststoffe.

Holzplastik der Gegenwart:
Ernst Barlach, Panischer Schrecken

plastisch (griech.): körperlich, greifbar; auch deutlich, anschaulich; in der Physik: durch Belastung bruchlos oder dauerhaft verformbar.

Die **Platane** →Laubbäume.

Das **Platin** (chemisches Zeichen Pt) ist ein chemisches Element, ein silberweißes Edelmetall, das fast doppelt so schwer wie Blei ist. Es ist selten und teurer als Gold. Platin wird vor allem in Kanada, doch auch in der Sowjetunion, in den USA und in Südafrika gefunden. Wegen seiner wertvollen chemischen Eigenschaften wird es in der Industrie vielfältig verwendet, z. B. für Schmelztiegel, elektrische Meßapparate und als →Katalysator.

Platon, der Schüler des Sokrates und Lehrer von Aristoteles, war einer der größten Philosophen. Er lebte von 427 bis 347 v. Chr. in Griechenland. In Athen gründete er eine Philosophenschule (die →Akademie). Seine Werke, dichterische Kunstwerke in Form von Gesprächen (Dialogen), sind alle erhalten. Seine Gedanken haben immer wieder auf die geistige Entwicklung des Abendlandes tiefgreifend eingewirkt.

Der **Plattenspieler** ist ein aus der →Sprechmaschine entwickeltes Gerät zum Abspielen von Schallplatten: durch die Rillen der Schallplatten wird eine Abtastnadel in Schwingungen versetzt, die im Tonabnehmer in elektrische Wechselspannungen umgewandelt und durch einen Lautsprecher als Töne hörbar gemacht werden. Auch →Magnetbandgerät.

Plebejer →Patrizier.

Das **Plebiszit** (lat.): Volksentscheid.

Die Vorsilbe **plenar** bedeutet Voll..., Gesamt... Eine *Plenarsitzung* z. B. ist eine Sitzung aller Mitglieder eines Parlamentes.

Das **Plenum** (lat.): Vollversammlung.

Der **Pleonasmus** (griech. = Überfluß): überflüssige Worthäufung, z. B. weißer Schimmel oder falscher Irrtum.

Die **Pleuelstangen** übertragen bei Dampfmaschinen und Verbrennungsmotoren die hin und her gehende Bewegung des Kolbens in die drehende des Rades.

Plexiglas →Kunststoffe.

Die **Plombe** (franz.): 1. Bleisiegel an Faden- oder Drahtenden als Kontrollzeichen an verschlossenen Türen, verschnürten Paketen usw.; 2. Zahnfüllung aus Metall oder Porzellan.

Der **Plural** (lat. plus = mehr). Man kann fast alle Substantive in die *Mehrzahl*, den Plural, setzen, z. B. das Bild – die Bilder. Manche Substantive kommen jedoch nur im Plural vor, z. B. Leute, Kosten.

Das **Plusquamperfekt** (lat.) ist eine Zeitform des Verbums, und zwar die *dritte* →*Vergangenheit*, auch vollendete Vergangenheit genannt. Es wird gebildet mit den Hilfsverben »haben« und »sein« (wir hatten gelesen, wir waren gekommen).

Pluto (griech. Pluton = der Reiche) ist ein anderer Name für →Hades, den Gott der Unterwelt, den Herrscher über Bodenschätze und Erdfrüchte. – Auch einer der Planeten wird Pluto genannt (→Himmelskunde).

Plutonium ist ein chemisches Element, das zu den Transuranen gehört. Es sind dies künstlich erzeugte, radioaktive Elemente, die schwerer als →Uran sind.

Die **Pocken,** die man nicht mit den sehr viel harmloseren →Windpocken verwechseln darf, sind eine schwere, sehr ansteckende →Infektionskrankheit. In früheren Jahrhunderten starben Hunderttausende von Menschen an ihr, und viele wurden durch die Narben, die der Pockenausschlag hinterläßt, für immer entstellt. Die →Impfung gegen Pocken hat diese Krankheit in Europa fast völlig verschwinden lassen.

Edgar Allan **Poe,** der große amerikanische Schriftsteller, lebte von 1809 bis 1849. Er schuf meisterhafte, von geheimnisvollem Grauen erfüllte Kurzgeschichten, die besonders auf die französischen Dichter seiner Zeit gewirkt haben. Mit der Erzählung »Der Doppelmord in der Rue Morgue« wurde er der Erfinder der Detektivgeschichte.

Die **Poesie** (lat.): Dichtung, Dichtkunst in Versen, im Unterschied zur →Prosa. – Die *Poetik:* Lehre von den Gesetzen und Formen der Dichtkunst. – *poetisch:* dichterisch.

Der **Pogrom** →Antisemitismus.

Die **Pointe** (sprich poa͂te, franz. = Spitze) ist die Zuspitzung, der Überraschungseffekt in Witzen und Anekdoten.

Der **Pointillismus** (franz., sprich poa͂tillismus) ist eine aus dem →Impressionismus hervorgegangene Stilrichtung. Nach wissenschaftlichen Gesetzen wurde die Bildfläche aus einer Vielzahl von Farbtupfen zusammengesetzt. Hauptvertreter dieser Maltechnik sind die Franzosen Signac und Seurat.

Der **Pol.** Zwei vollkommene Gegensätze sind immer polar, z.B. Norden und Süden. Darum nennt man den äußersten Nordpunkt und den äußeren Südpunkt der Erde ihre beiden Pole. Am Nordpol gibt es nur noch eine Himmelsrichtung, nämlich Süden, und am Südpol entsprechend nur noch Norden. Diese geographischen Pole liegen an den Enden der gedachten Erdachse, um die sich die Erdkugel dreht. In diesen zwei gedachten Punkten treffen sich die Meridiane (→Gradnetz). Die beiden Pole haben nicht immer da gelegen, wo sie sich heute befinden, da sie sich in Jahrmillionen verlagern. Magnetische Pole →Erde. – In der Physik bezeichnet man als Pol jene Stelle eines Magneten, die die stärkste Anziehung bzw. Abstoßung ausübt, sowie die Klemmen zur Stromentnahme an elektrischen Gleichstromquellen (Plus- und Minuspol, →Elektrizität).

Die **Polargebiete.** Das nördliche und das südliche Polargebiet bedecken zusammen $1/_{12}$ der Erdoberfläche und schließen wie Kappen eines Gewölbes, mit den geographischen Polen in der Mitte, die Erdkugel ab. Das nördliche Polargebiet heißt auch die *Arktis,* weil das Sternbild des Großen Bären (griech. arktos) darüber kreist; das südliche nennt man die *Antarktis* (griech. anti = gegen), weil es dem nördlichen gegenüberliegt. Die Grenze zu den benachbarten gemäßigt warmen Erdgürteln wird durch die Polarkreise gebildet. Das sind zwei gedachte Kreislinien, die im →Gradnetz bei der geographischen Breite 66° 33′, also 2600 km von den Polen entfernt, verlaufen. In mittleren Erdbreiten entstehen Tag und Nacht durch das tägliche Aufsteigen der Sonne über den Horizont und ihr Niedersinken unter ihn. In den Polargebieten hat die tägliche Bahn der Sonne aber nur eine geringe Neigung zum Horizont. Im Sommer kreist dann die Sonne täglich rings um den Horizont, ohne überhaupt unterzugehen; im Winter

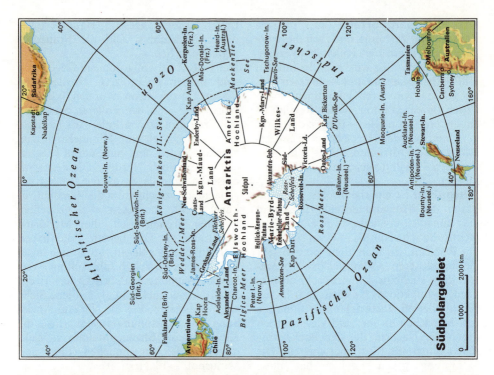

Südpolargebiet

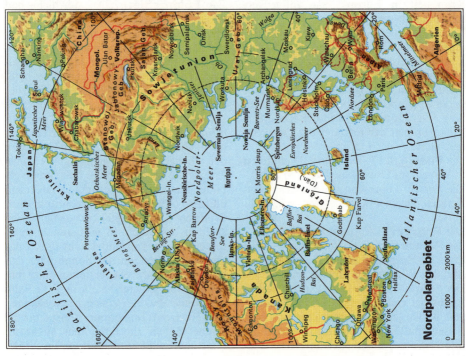

Nordpolargebiet

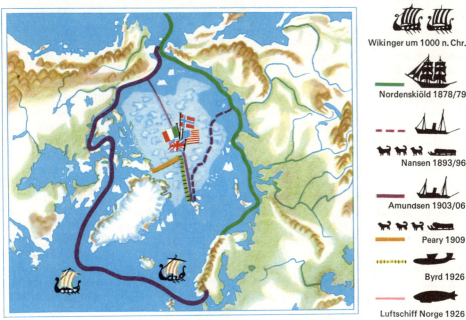

Wikinger um 1000 n. Chr.

Nordenskiöld 1878/79

Nansen 1893/96

Amundsen 1903/06

Peary 1909

Byrd 1926

Luftschiff Norge 1926

Entdeckungsfahrten im Nordpolargebiet

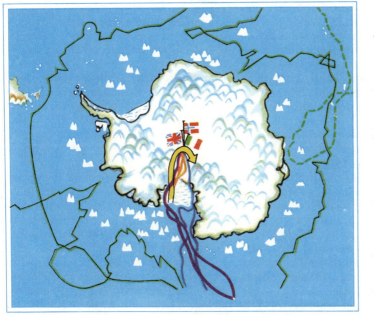

J. Cook 1772/75

Drygalski 1901/03

Shackleton 1908/09

Amundsen 1911

Byrd 1929

Byrd 1946

Entdeckungsfahrten im Südpolargebiet

kreist sie unter dem Horizont, ohne überhaupt aufzugehen. Es bleibt so im Sommer wochen- oder monatelang taghell (man spricht von *Mitternachtssonne*, weil die Sonne dann auch um Mitternacht scheint), im Winter bleibt es ebenso lange nachtdunkel (*Polarnacht*). Die Arktis besteht aus dem um den Pol vereisten Eismeer in der Mitte und aus Landmassen am Rande, die zu Europa, Asien und Amerika gehören. Die Antarktis besteht aus einem eisbedeckten Festlandblock mit bis zu 6000 m hohen Gebirgen in der Mitte und aus Meeren am Rande. Wegen der großen Kälte und Unwirtlichkeit in den Polargebieten konnten erst Forscher unseres Jahrhunderts mit modernen technischen Ausrüstungen dorthin gelangen.

Unter **Polarisation** des Lichts versteht man das Heraussondern einer bestimmten Ebene der →Schwingungen des Lichts.

Der **Polder** →Marsch.

Die **Polemik** (griech.): scharfe Auseinandersetzung in Rede oder Schrift.

Polen ist eine Republik im Osten Europas. Im Norden grenzt sie an die Ostsee; ihre Hauptnachbarn sind die Sowjetunion und Deutschland. Die 33,3 Millionen zählende Bevölkerung ist größtenteils katholisch. Polen ist überwiegend Flachland. Die Landwirtschaft ist der wichtigste Erwerbszweig. Im Süden ist das Land reich an Kohle; auch werden Zink, Eisen-, Bleierze, Erdöl, Erdgas und andere Bodenschätze gefördert.

Im 10. Jh., als die Polen Christen wurden, war ihr Land ein Herzogtum, das Posen und später auch das früher germanische Schlesien umfaßte. Allmählich dehnte es sich weiter aus und wurde ein Königreich. Im 14. Jh. vereinigte sich Polen mit dem großlitauischen Reich, zu dem auch Weißrußland und die Ukraine gehörten. 1561 erwarb es an der Ostsee auch Livland und Kurland. Damit hatte es den Höhepunkt seiner Macht erreicht. Infolge innerer Streitigkeit mußte es nach und nach weite Gebiete abtreten, und schließlich (1772, 1793, 1795) wurde es zwischen Rußland, Österreich und Preußen völlig aufgeteilt.

Das vom Wiener Kongreß 1815 geschaffene Königreich, das sogenannte »Kongreßpolen«, blieb ein Teil des russischen Reiches. Erst nach dem Ersten Weltkrieg wurde Polen wieder ein selbständiger Staat. Hitlers Angriff auf Polen entfesselte 1939 den Zweiten Weltkrieg, in dem das Land anfangs zwischen Deutschland und der Sowjetunion aufgeteilt wurde und 1941 ganz in deutsche Hände fiel. Nach der deutschen Niederlage 1945 entstand eine neue, kommunistisch regierte Republik Polen. Sie mußte im Osten auf ein großes Gebiet zugunsten der Sowjetunion verzichten. Dafür wurden die südliche Hälfte Ostpreußens und Ostdeutschland bis zur Oder und Neiße unter polnische Verwaltung gestellt und die dort wohnenden Deutschen bis auf geringe Reste ausgewiesen. Mit den ehemaligen deutschen Ostgebieten umfaßt Polen heute 312 677 qkm.

Einwohnerzahlen der wichtigsten Städte:	
Hauptstadt Warschau	1,38 Mill.
Lodz (Textilindustrie)	781 000
Krakau	657 000
Posen	499 000
Kattowitz (Bergbau, Industrie)	319 000

Der **Polier:** leitender Werkmeister bei Bauarbeiten.

Die **Poliklinik:** staatliche oder städtische ärztliche Behandlungsstelle für Kranke, die nicht bettlägerig sind. Sie ist meist einer Universität angeschlossen.

Mit dem Wort **Politik** (griech.) bezeichnet man das gesamte gesellschaftliche Wirken, das die Bestimmung von Form, Aufgaben und Tätigkeit eines öffentlichen Gemeinwesens (z. B. Gemeinde, Staat) zum Gegenstand hat. In der *Gemeindepolitik* (Kommunalpolitik) werden die Auswirkungen der Politik für jeden einzelnen Bürger am deutlichsten sichtbar. Hier wird über Schulen und neue Arbeitsplätze, über den Bau von Straßen und Häusern und über die Versorgung der Armen und der alten Leute entschieden. Die hohe Politik befaßt sich mit der Gestaltung und Lenkung des Staates, und zwar die *Innen-*

politik mit der Gesetzgebung und Verwaltung auf den verschiedensten Lebensgebieten (z. B. Wirtschaft, Kultur, Finanzen usw.), während die *Außenpolitik* die Beziehungen zu anderen Staaten regelt. Politik ist die Kunst, die Angelegenheiten einer Gemeinschaft auf friedliche Weise auszuhandeln und den Notwendigkeiten anderer Gemeinschaften anzugleichen.

Polizei (griech.) nennt man diejenige Behörde, die über die öffentliche Ordnung und Sicherheit zu wachen hat. Sie unterstützt die Gerichte, darf aber im demokratischen Staat nicht in deren Tätigkeit eingreifen. In der Bundesrepublik Deutschland hat jedes Bundesland seine eigene Polizei. Als *Bundespolizei* gibt es nur den *Bundesgrenzschutz* und die *Bahnpolizei* der Bundesbahn. Ferner besteht noch das *Bundeskriminalamt* in Wiesbaden, das sich mit der überörtlichen Verfolgung gewisser Verbrechen befaßt. – Neben ihrer allgemeinen Tätigkeit als Schutzpolizei gehören zu den wichtigsten Aufgaben der Polizei die Aufklärung von Verbrechen (Kriminalpolizei) und die Überwachung des Straßenverkehrs (Verkehrspolizei). Als *Polizeistaat* bezeichnet man einen Diktaturstaat, in dem die Bürger keine Rechte besitzen und der Willkür der Behörden, besonders der Polizei, preisgegeben sind. – *Polizeistunde* nennt man die von den Ortsbehörden festgesetzte Uhrzeit, zu der die Gasthäuser schließen müssen und nach der öffentliche Veranstaltungen (z. B. Tanzvergnügungen) nur mit besonderer Genehmigung der Polizei weitergeführt werden dürfen.

Die **Pollen** (lat.) heißt der Blütenstaub (→Blüte).

Polo →Marco Polo.

Die **Polygamie** (griech.): wörtl. Vielehe; Ehe mit mehreren Frauen zugleich, wie sie zum Beispiel im →Islam erlaubt ist. Auch die Ehe einer Frau mit mehreren Männern nennt man Polygamie. Der Gegensatz zu Polygamie heißt *Monogamie*, »Einehe«.

Polynesien, Inselkette im östlichen Pazifik, →Ozeanien.

polyphon (griech.) bedeutet in der Musik: mehrstimmig. Im polyphonen Satz werden mehrere Stimmen so geführt, daß jede Stimme für sich ein *melodisches* Ganzes, der Zusammenklang der Stimmen ein *harmonisches* Ganzes ergibt. Diese Kompositionsweise nennt man auch *Kontrapunkt;* die höchste Kunstform des Kontrapunkts ist die →Fuge.

Polypen (griech.): 1. →Hohltiere; 2. →Tintenfische; 3. *Wucherungen* an menschlichen Schleimhäuten, besonders in der Nase. Sie erschweren das Atmen und müssen vom Arzt entfernt werden.

Pommern ist eine nordostdeutsche Landschaft an der Ostsee. Der westlich der Oder gelegene Teil heißt Vorpommern, der östliche Hinterpommern. Pommern ist ein seen- und waldreiches Gebiet mit weiten Heideflächen, in dem Landwirtschaft und Viehzucht betrieben wird. Die Hauptstadt Stettin ist eine bedeutende Industrie-, Handels- und Hafenstadt mit 320000 (polnischen) Einwohnern. – 1945 wurde Hinterpommern mit Stettin unter polnische Verwaltung gestellt; Vorpommern wurde ein Teil von →Mecklenburg.

Pommes frites (franz., sprich pommfritt): in schwimmendem Fett gebackene, leicht gesalzene Kartoffelstäbchen.

Das **Pontifikalamt.** Pontifex hieß bei den Römern der Oberpriester. Daher nennt man in der katholischen Kirche eine von einem hohen Geistlichen (meist einem Bischof) zelebrierte, besonders feierliche Messe Pontifikalamt.

Das **Pony** (engl.): kleine Pferderasse (unter 132 cm Höhe), z. B. Shetlandpony.

Pop-art (engl., von popular art = volkstümliche Kunst): amerikanische Form der modernen Kunst, die Motive aus der Werbung und Gegenstände des täglichen Bedarfs exakt nachbildet oder zu Plastiken usw. zusammenstellt, also Dinge des Alltagslebens zum Kunstwerk erhebt.

Der **Pope** (griech.): volkstümliche Bezeichnung für einen Geistlichen der christlichen Bekenntnisse Osteuropas und des Morgenlandes.

populär (lat. populus = das Volk): volkstümlich; allgemeinverständlich.

Die **Poren** sind sehr feine Öffnungen in der →Haut. In sie münden die kleinen Schweißdrüsen, die durch den Schweiß Giftstoffe des Körpers ausscheiden. Wenn die Poren verstopft sind, können sie diese Aufgabe nicht erfüllen. Deshalb muß man durch Sauberkeit und richtige Kleidung dafür sorgen, daß die Haut die nötige Luftzufuhr erhält.

Unter **Pornographie** (griech.) versteht man künstlerisch wertlose Abbildungen, Schriften und Filme, die erklärtermaßen die Erregung der sexuellen Lust bezwekken, also z.B. Aktfotos, Sexfilme u.ä. In der sog.»harten Pornographie« werden zusätzlich noch →Sadismus oder →Perversionen dargestellt. Es hängt von der eigenen Einstellung zur Sexualität ab, inwieweit man Pornographie für anstößig oder»verderblich« hält.

Das **Porträt** oder Portrait (franz., sprich porträh): Bildnis; Darstellung eines Menschen in Malerei, Graphik oder Plastik.

Portugal liegt an der Atlantikküste der Pyrenäenhalbinsel. Mit den atlantischen Inselgruppen der Azoren und Madeira umfaßt es 91531 qkm. Seine (fast durchwegs katholische) Bevölkerung beträgt 8,58 Millionen. Durch das Gebirge Sierra da Estrella ist Portugal in ein nördliches regenreiches und ein südliches trockenes Hochland geteilt. An Bodenschätzen wird vor allem Wolfram gewonnen. Die Hochseefischerei beliefert eine besonders für die Ausfuhr arbeitende Konservenindustrie (Ölsardinen). Auch Südfrüchte und der Portwein kommen aus Portugal.

Portugal war im Altertum als Lusitania eine römische Provinz. Während der Völkerwanderung wurde das Land von Germanen, 711 n.Chr. von Arabern erobert. Nach deren Vertreibung wurde es 1139 ein Königreich. Im 16. Jh. war Portugal durch den Besitz von Ostindien und Brasilien die erste bedeutende Kolonialmacht der Neuzeit. Von 1580 bis 1640 gehörte es zum spanischen Weltreich. Damals verlor es den größten Teil seiner ost-indischen Kolonien an die Niederlande, Brasilien machte sich 1822 unabhängig. Seit 1910 ist Portugal Republik. Nach dem Militärputsch im Jahre 1974 erhielten die portugiesischen Überseegebiete größtenteils ihre Unabhängigkeit.

Einwohnerzahlen der wichtigsten Städte:	
Hauptstadt Lissabon	830 000
Porto (Weinhafen)	319 000
Funchal (auf Madeira)	45 000

Das **Porzellan** (ital.), die edelste Tonware, kennt man in China schon seit dem 7. Jh. n.Chr. Anfang des 18.Jh. wurde es von Böttger und von Tschirnhaus in Europa erstmalig verfertigt. Zur Herstellung benutzt man weiße, sich fettig anfühlende, kieselsaure Tonerde, genannt Kaolin (nach dem chinesischen Kao-Ling), dem feingemahlener Feldspat und Quarz zugesetzt werden. Daraus wird ein knetbarer Brei hergestellt, den man auf Töpferscheiben mit Hilfe von Schablonen oder auch freihändig formt. Sind die Stücke gut getrocknet, so werden sie in Öfen bei etwa 1000° gebrannt. Danach erfolgt das Färben oder Bemalen mit hitzebeständigen Farben. Glasur entsteht, wenn die Stücke in eine Lösung, die etwa wie dicke Kalkmilch aussieht, getaucht und danach nochmals bei 1400° gebrannt werden. Die Glasur überzieht die Poren mit einer sehr säurebeständigen harten Schutzschicht. Man kann die Bemalung auch nach dem Glasieren vornehmen und nachträglich im Muffelofen einbrennen. Die erste Porzellanmanufaktur wurde 1710 in Meißen gegründet. Kostbares Porzellan liefern auch Fürstenberg, Nymphenburg, Frankenthal, Berlin, Kopenhagen, Wien, Sèvres. Da Porzellan ein guter Isolator für Elektrizität und widerstandsfähig gegen Chemikalien ist, wird es heute auch viel für technische Zwecke verwendet.

Poseidon, der Bruder des Zeus, war bei den Griechen der Gott des Meeres und der Gewässer. – Der römische Name für Poseidon ist Neptun.

Positionslichter müssen Schiffe und Luftfahrzeuge führen, damit man ihre

Position und ihre Bewegungsrichtung erkennen kann, so ein rotes Licht backbord (links) und ein grünes Licht steuerbord (rechts), dazu weiße Lichter.

positiv (lat. = tatsächlich, bejahend) ist das Gegenteil von →negativ. – *Das Positiv* →Photographie. – *Der Positiv* ist die Grundstufe bei der Steigerung des Adjektivs (→Komparation).

Die **Post.** Früher beförderte man Briefe durch Läufer und reitende Boten, die ihre Pferde auf Zwischenstationen wechselten. Erst ab 1500 begann die Vereinheitlichung des Postwesens. Es entwickelte sich ein regelmäßig befahrenes Postnetz in Deutschland. Nach der Reichsgründung 1871 wurde ein einheitliches deutsches Postwesen begründet. Der Weltpostverein, der auf deutsches Betreiben 1874 gegründet wurde und seinen Sitz in Bern hat, regelt die Zusammenarbeit der Staaten im Postwesen. Die Post hat bei uns das alleinige Recht, Nachrichten (Briefe, Drucksachen, Stadt- und Ferngespräche, Telegramme, Fernschreiben usw.) zu befördern. Dafür ist sie verpflichtet, auch unwirtschaftliche Arbeiten zu leisten, z. B. einen einzelnen Brief in ein entlegenes Dorf auszutragen. Den Geldverkehr vermittelt sie durch Zahlkarten, Postanweisungen und Postscheckverkehr. Ihre vielen Postanstalten und Nebenstellen dienen zugleich als Postsparkassen. Nach dem Bonner Grundgesetz ist die Post zur Geheimhaltung aller ihr anvertrauten Nachrichten verpflichtet.

Das **Potential** (lat.): eine Reserve, ein Vorrat (z. B. »Kräftepotential«); in der Physik das Maß für die Stärke eines elektrischen oder magnetischen Feldes an einem Punkt.

Die **Potenz** (lat. = Macht): in der Mathematik das Ergebnis des Malnehmens gleicher Zahlen (des Potenzierens). Man schreibt dann z. B. nicht $3 \times 3 \times 3 \times 3$, sondern einfach 3^4. Siehe auch Mathematik (Arithmetik).

Das **Potpourri** (franz., sprich potpurri) ist eine aus aneinandergereihten Melodien bestehende Musikfolge.

Die **Präambel** (lat.): Vorrede oder Eingangsformel, besonders bei Staatsverträgen und wichtigen Gesetzen.

Die **Prädestination** (lat.): Vorherbestimmung; vor allem die Vorherbestimmung des menschlichen Schicksals durch Gott. Nach Anschauung der Calvinisten ist der Mensch zu ewiger Seligkeit oder ewiger Verdammnis prädestiniert.

Das **Prädikat** (lat. praedicare = aussagen) eines Satzes sagt etwas über das →Subjekt aus. Diese *Satzaussage* ist meist ein Verbum, kann aber auch – in Verbindung mit sein, werden, scheinen, bleiben – ein Substantiv, Adjektiv oder Partizip sein. – Auch die Bewertung einer Leistung bei einer Prüfung bezeichnet man als Prädikat, z. B. »sehr gut«.

prägnant (lat.): knapp, treffend.

präkolumbische Kulturen nennt man die Hochkulturen der Indianervölker Mittel- und Südamerikas vor der Entdeckung des Kontinents durch die Europäer (präkolumbisch = vor Kolumbus), die allesamt auf der Stufe der Jungsteinzeit standen. Mit Hilfe von einfachen Steinwerkzeugen errichteten die in Mexiko, auf der Halbinsel Yucatán, im Gebiet des heutigen Guatemala und Honduras sowie im nördlichen Südamerika seßhaft

Pyramide mit Tempel

Steinbild des Gottes »Quezalcoatl« oder »Gefiederte Schlange«

gewordenen Völker aus luftgetrockneten Lehmziegeln (*adobes*) und Stein für die Priesterschaft, die meist auch die weltliche Herrschaft ausübte, mächtige Heiligtümer (die Tempel meist auf Stufen- oder Rundpyramiden) und Paläste. Metall, vornehmlich Gold, wurde zu prächtigem Schmuck verarbeitet. Man bediente sich verschiedener (nur teilweise enträtselter) Bilderschriften, in Südamerika der als Schriftersatz verwendeten Knotenschnüre (Quipu). Mathematik, Astronomie und Kalenderwissenschaft standen in hoher Blüte. Besonders in der Spätzeit brachte man den Göttern zahlreiche Menschenopfer dar. Die wichtigsten Kulturvölker (und ihre religiösen bzw. politischen Hauptstädte) waren: 1) in Altmexiko: Olmeken (Teotihuacán); Zapoteken (Monte Albán und Mitla); Tolteken (Tula); Totonaken und Huaxteken (El Tajín); Mixteken; Azteken (Tenochtitlán an der Stelle der heutigen Hauptstadt Mexiko; sie unterwarfen ab dem 13. Jh. ganz Mexiko). – 2) Maya-Kultur, von 500 v.Chr. bis 500 n.Chr. im Gebiet des heutigen Honduras und Guatemala, danach bis zur Vernichtung durch die Spanier auf der Halbinsel Yucatán. – 3) Südamerika: Im Andengebiet seit 1000 v. Chr. Chavín- und Paracas-Kultur; auf mehrere Hochkulturen folgte um 1300 n.Chr. das Chimúreich, das ab 1440 von den →Inka regiert wurde. Weitere von den Spaniern völlig zerschlagene Hochkulturen bestanden in den nördlichen Anden, dem Eldorado der Konquistadoren.

Der **Praktikant** (lat.): junger Mensch, der bei einer Behörde praktisch tätig ist, um den Dienst bei ihr zu erlernen. Auch Studenten, die z.B. auf einem Bau oder in einer Werkstatt arbeiten, um den praktischen Teil ihres wissenschaftlichen Berufes (z.B. Architekt oder Ingenieur) kennenzulernen, nennt man Praktikanten.

Der **Prälat** (lat.): Inhaber eines höheren Kirchenamtes.

Das **Präludium** (lat.): musikalisches Vorspiel.

Die **Prämie** (lat.): 1. die für eine besondere Leistung verliehene Belohnung; 2. der vom Versicherten regelmäßig an die Versicherung zu zahlende Beitrag; 3. ein Zusatzgewinn in der Lotterie. – Jemanden *prämiieren* heißt, ihn in der Öffentlichkeit auszeichnen.

An den **Pranger,** einen Holzpfahl, wurden im Mittelalter Missetäter für einige Zeit gebunden, um sie so zu strafen.

Die **Präposition** (lat. praeponere = voranstellen) oder das Verhältniswort gibt an, in welchem Verhältnis zwei oder mehrere Dinge zueinander stehen. Präpositionen (z.B. auf, unter, mit) regieren den Genitiv, Dativ oder Akkusativ, sind aber selbst stets unveränderlich.

Die **Prärie** (franz.), das Steppengebiet Nordamerikas, erstreckt sich vom Mississippi bis zum Felsengebirge. Die im Westen trockene Grasfläche geht im Osten in fruchtbares Land über.

Das **Präsens** (lat.) ist eine Zeitform des Verbums, und zwar die *Gegenwart.* Man verwendet es, wenn man ausdrücken will, daß sich ein Geschehen abspielt, während man davon spricht.

präsentieren (lat.): vorweisen, vorzeigen, z.B. einen →Wechsel zur Einlösung vorlegen. Das Gewehr präsentieren, d.h. mit beiden Händen senkrecht vor dem Körper halten, ist eine militärische Ehrenbezeigung.

Der **Präsident** (lat.) ist der Vorsitzende eines Parlaments, eines Ministerrates (Ministerpräsident), einer Behörde, einer größeren Körperschaft (z. B. Landtagspräsident, Polizeipräsident) oder eines Verbands. In Republiken ist Präsident der Titel für das Staatsoberhaupt.

präventiv (lat.): vorbeugend, verhütend. – *Präventivkrieg* nennt man einen Krieg, der dem Angriff eines Gegners zuvorkommen soll.

Ein **Präzedenzfall** ist ein beispielgebender Musterfall.

präzis (lat.): genau, scharf, treffend.

Die **Premiere** (franz.): Ur- oder Erstaufführung eines Theaterstücks oder Films.

Presse nennt man zusammenfassend das Zeitungs-, Zeitschriften- und das dazugehörige Nachrichtenwesen. Abgeleitet ist die Bezeichnung von der Druckerpresse, die das Entstehen von Zeitungen erst möglich machte. – Unter *Pressefreiheit* versteht man das demokratische Recht jedes Staatsbürgers, seine Meinung durch Druckerzeugnisse öffentlich zu verbreiten. – Siehe auch Zeitung.

Pressen sind Geräte oder Maschinen, die Druck erzeugen oder vervielfachen. Kleinere Pressen arbeiten mit Hebeln, größere mit Kniehebel oder mit Spindeln. Für sehr großen Druck verwendet man *hydraulische Pressen*. Wird z. B. ein kleiner Kolben, dessen Querschnitt 1 cm beträgt, mit der Kraft von 1 kg 10 cm tief in eine eingeschlossene

Der Druck pflanzt sich nach allen Richtungen mit gleicher Kraft fort

Der Druck des kleinen Druckkolbens wird in den vervielfachten Druck des großen Preßkolbens umgewandelt

Flüssigkeit gedrückt, so werden 10 ccm Flüssigkeit verdrängt. Da eine Flüssigkeit sich nicht zusammenpressen läßt, muß sie irgendwohin ausweichen und drückt an einer anderen Stelle einen sehr großen Kolben nach außen, um den Raum um die 10 ccm zu vergrößern. Ist der Querschnitt des Kolbens 100mal größer als der des kleinen, so wird er nur um 1 mm nach außen geschoben, empfängt dabei aber den 100fachen Druck, nämlich die Kraft von 100 kg. Schmiedepressen drücken glühendes Eisen in beliebige Formen und verfestigen es dabei. Pressen werden vielfach angewendet, um größere Werkstücke in einem Arbeitsgang zu formen, z. B. Autokarosserien aus einem Stück Blech oder Radiogehäuse aus Kunstharz.

Das **Prestige** (franz., sprich prestihsch): Ansehen, Geltung.

Die **Preußen** oder *Pruzzen* waren ein baltischer Volksstamm östlich der unteren Weichsel, der im 13. Jh. vom →Deutschen Orden unterworfen und zum Chri-

stentum bekehrt wurde. Der Ordensstaat Preußen, seit 1525 ein Herzogtum unter polnischer Lehnshoheit, kam 1618 zum Hause Hohenzollern. Unter dem Großen Kurfürsten Friedrich Wilhelm (1640 bis 1688) wurde dieses Herzogtum ein unabhängiger Staat. 1701 nannte sich Friedrich III. daraufhin König Friedrich I. in Preußen. Unter Friedrich Wilhelm I. (1713–1740) und Friedrich dem Großen (→Friedrich II. von Preußen) wurden das schwedische Süd-Vorpommern, das österreichische Schlesien und schließlich das polnische Westpreußen hinzugewonnen. Preußen war nun Großmacht. Dadurch ergab sich zu der zweiten deutschen Großmacht, Österreich, ein Gegensatz, der den letzten Zusammenhalt des alten deutschen Reiches zerstörte. Auf dem Wiener Kongreß 1815 konnte sich Preußen um weiteres rheinisch-westfälisches, mitteldeutsches und pommersches Gebiet vergrößern. Unter König Wilhelm I. und Bismarck begann der letzte erfolgreiche Abschnitt preußischen Machtstrebens. Er brachte durch die Kriege gegen Dänemark 1864 und gegen Österreich 1866 eine nochmalige Erweiterung Preußens durch Angliederung von Schleswig-Holstein, Hannover, Kurhessen, Nassau, ferner die Gründung des Norddeutschen (Staaten-) Bundes unter preußischer Führung. Diesem Bund traten 1870/71 auch die mit Preußen gegen Frankreich kämpfenden süddeutschen Staaten bei, und in Versailles wurde Wilhelm I. zum Deutschen Kaiser ausgerufen. Damit ging die preußische in die →deutsche Geschichte über. Nach dem Zweiten Weltkrieg wurde Preußen von den Siegermächten aufgelöst. Soweit sie preußisches Gebiet nicht sowjetischer oder polnischer Verwaltung unterstellten, wurde es in Länder oder Verwaltungsbezirke der Bundesrepublik →Deutschland und der DDR umgewandelt.

Priester gab es schon in frühester Zeit und bei fast allen Religionen. Man betrachtete sie als Mittler zwischen Gott und den Menschen, die das Heiligtum des betreffenden Volkes oder Stammes zu verwalten hatten. Bei manchen Völkern war der Fürst oder König gleichzeitig der oberste Priester, bei anderen wiederum war das Amt des Richters mit dem des Priesters verbunden.

Das Christentum kennt nur *einen* Priester, den ewigen Hohenpriester Jesus Christus. Er ist der einzige Mittler zwischen Gott und den Menschen. Die Priester der Kirche haben Anteil am Priestertum Christi. Sie handeln nicht aus eigener Vollmacht, sondern im Auftrag Christi. Zu ihren Aufgaben gehören vor allem die Predigt, die Spendung der Sakramente und die Gemeindeleitung. Dazu werden sie in der katholischen Kirche durch das Sakrament der Priesterweihe bestellt. Die evangelischen Kirchen kennen dieses Sakrament nicht, aber auch die evangelischen Pfarrer (Pastoren) werden im allgemeinen für ihren Dienst in der Gemeinde feierlich beauftragt (Ordination).

Die **Priesterweihe** ist ein Sakrament der katholischen Kirche, das vom Bischof gespendet wird. Der Geweihte erhält den Auftrag, zu predigen, die Sakramente zu spenden (ausgenommen die Priesterweihe) und die Gemeinde zu leiten.

Primeln sind die in Wiesen und Wäldern frühzeitig blühenden gelben *Schlüsselblumen*, doch auch rot und blau blühende Garten- und Zimmerpflanzen. Die *Aurikel* ist eine Primelart, die in den Alpen wächst, aber auch in Gärten gezogen wird.

primitiv (lat.): ursprünglich, einfach.

Die **Primiz** (lat.): erste feierliche Messe, die ein neugeweihter katholischer Priester (*Primiziant*) liest.

Die **Primzahl** ist nur durch sich selbst und durch eins ohne Rest teilbar, z. B. 2, 3, 5, 7, 11 usw.

Prinz oder *Prinzessin* ist der Titel für die (nicht regierenden) Mitglieder regierender oder ehemals regierender Fürstenfamilien. In Königs- und Kaiserhäusern ist der erstgeborene Prinz und Thronfolger *Kronprinz*.

Das **Prinzip** (lat.): Regel, Grundsatz.

Der **Prior** →Kloster.

Die **Priorität** (lat.): Vorrang; zeitliches Vorhergehen, oft auch mit rechtlicher Vorrangstellung verbunden.

Das **Prisma** (griech.). So bezeichnet man jeden geometrischen Körper mit mehreren zu einer Geraden parallel stehenden Seitenflächen und zwei einander gleichen und parallelen Grundflächen. – Ein *optisches Prisma* ist ein Glaskörper, dessen Querschnitt die Form eines Dreiecks hat. Es ähnelt also einem Hausdach. Fällt weißes Licht durch ein solches Prisma, so wird es in die Farben des →Spektrums zerlegt.

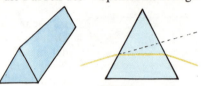

Links: optisches Prisma. Rechts: Ablenkung eines Lichtstrahls bei symmetrischem Durchgang durch ein Prisma

privat (lat.) ist das, was den Einzelmenschen persönlich angeht (im Gegensatz zu den öffentlichen Dingen, die viele Menschen gemeinsam betreffen).

Das **Privileg** (lat.): Sonderrecht.

Das **Problem** (griech.): schwerwiegende Frage, zu deren Beantwortung scharfes Nachdenken und sorgfältiges Abwägen des Für und Wider nötig sind.

Das **Produkt** (lat.): Erzeugnis. – Als *Rohprodukte* bezeichnet man beispielsweise: Fördergut aus Bergwerken, Erntegut, Holz oder Erdöl, als *Halbprodukte:* Stahl, Tuche oder Bretter und als *Fertigprodukte:* Kleider, Maschinen oder Möbel. – Beim Rechnen ist ein Produkt das Ergebnis der Multiplikation, des Vervielfachens.

Die **Produktion** (lat.): Erzeugnis, Herstellung. – Als *Produktionsmittel* bezeichnet man alles, was zur Herstellung von Gütern notwendig ist: Maschinen und Fabriken, aber auch Rohstoffe, Arbeitskräfte und Geld. – *produktiv:* ertragreich, schöpferisch. – Der *Produzent:* Hersteller, Erzeuger.

profan (lat.): weltlich, nicht geweiht, unheilig.

Der **Professional** (engl., sprich profeschnell) oder abgekürzt *Profi:* Berufssportler; jemand, der mit seiner sportlichen Tätigkeit Geld verdient und von ihr lebt. Das Gegenteil ist der Amateur.

Der **Professor** (lat.): Hochschullehrer, der ordentlicher, außerordentlicher oder Honorarprofessor ist; in Österreich auch Titel für verdiente Gelehrte und Künstler; in Bayern Lehrer an höheren Schulen (Studienprofessor).

Das **Profil** (franz.): Seitenansicht; vor allem die des menschlichen Gesichtes. Auch ein gedachter Schnitt (Längsschnitt oder Querschnitt) durch einen Körper (z. B. einen Eisenträger) wird als Profil bezeichnet.

Eine **Prognose** (griech.) stellen heißt in der Medizin, den wahrscheinlichen Verlauf einer Krankheit bestimmen. Vorhersagen über das Wetter, über politische oder wirtschaftliche Entwicklungen werden ebenfalls Prognosen genannt.

Das **Projekt** (lat.): Planung, Vorhaben, Entwurf.

Die **Projektion** (lat.). So nennt man die vergrößerte Wiedergabe von Bildern mit Hilfe von Lichtstrahlen. Man benützt hierzu einen *Projektionsapparat* (Diaskop oder Epidiaskop) oder einen Projektor (für Filme), dessen starkes Licht das zu vergrößernde Bild an einer weißen Wand (Bildschirm) erscheinen läßt. Die Größe des auf der Wand sichtbaren Bildes richtet sich nach dem Objektiv des Apparates und nach der Entfernung zwischen Wand und Apparat. – In der *darstellenden Geometrie* versteht man unter Projektion die zeichnerische Darstellung von Körpern auf einer Fläche.

Die **Proklamation** (lat.): amtliche Bekanntmachung, öffentlicher Aufruf.

Sergej **Prokofjew** (sprich Prokoffjeff) war ein großer russischer Komponist; er lebte von 1891 bis 1953. Seine Werke galten in der Sowjetunion zeitweise als »volksfremd«. Prokofjew schrieb Opern über Motive aus der russischen Geschichte (»Krieg und Frieden«), Symphonien, Klavierkonzerte usw. Sehr bekannt ist sein hübsches musikalisches Märchen »Peter und der Wolf«.

Die **Prokura** (lat. pro = für, cura = Sorge): weitgehende Vollmacht, die der Inhaber eines Handelsbetriebes seinem Vertreter erteilen kann. Der Inhaber dieser Vollmacht heißt *Prokurist* und ist berechtigt, im Namen der Firma fast sämtliche Geschäfte abzuschließen und Rechtshandlungen vorzunehmen.

Das **Proletariat** (lat.). So wurde bei den Römern die ärmste, zu keiner Steuerleistung fähige Volksschicht genannt. – Im 19. Jh. übertrug Karl →Marx den Begriff Proletariat auf die Klasse der gering entlohnten Industriearbeiter, die am Besitz von Produktionsmitteln (Maschinen, Fabrikeinrichtungen, Kapital) keinen Anteil haben.

Der **Prolog** (griech.): Vorrede, Vorspiel.

Prometheus war in der griechischen Sage ein Abkömmling der →Titanen. Ursprünglich war er ein Freund und Gefährte der Götter. Als er aber für die Menschen das Feuer vom Himmel raubte, ließ ihn Zeus an einen Felsen schmieden. Ein Adler zerfleischte ihm täglich die Leber, die immer wieder nachwuchs.

prominent (lat.): hervorragend, bekannt, tonangebend.

Die **Promotion** (lat.): 1. Verleihung des Doktorgrades durch eine Universität, nach Abgabe der →Dissertation. – 2. (sprich promouschn) besondere Verkaufsförderung, z. B. bei der Buchwerbung.

Das **Pronomen** (lat. pro nomine = für den Namen) oder *Fürwort* kann an Stelle eines Substantivs verwendet werden. Man unterscheidet verschiedene Arten von Fürwörtern: persönliches Fürwort (Personalpronomen, z. B. ich), besitzanzeigendes Fürwort (Possessivpronomen, z. B. mein), hinweisendes Fürwort (Demonstrativpronomen, z. B. dieser), bezügliches Fürwort (Relativpronomen, z. B. welcher), rückbezügliches Fürwort (Reflexivpronomen, z. B. sich), Fragefürwort (Interrogativpronomen, z. B. wer), unbestimmtes Fürwort (indefinites Pronomen, z. B. man).

Die **Propaganda** (lat.): Werbung für Anschauungen, Lehren und Grundsätze. Propaganda wird vor allem in der Politik getrieben, um möglichst viele Anhänger zu gewinnen. Ihr entspricht im Geschäftsleben die *Reklame*.

Der **Propeller** ist eine Antriebsschraube, die Luftschiffen, Flugzeugen, Schlitten und Schiffen die notwendige Geschwindigkeit verleiht. Die schräggestellten Flügel des Propellers stoßen sich durch rasche Umdrehung an der Luft oder am Wasser ab und treiben dadurch das Fahrzeug an. *Luftschrauben* dienen hauptsächlich zum Antrieb von Luftfahrzeugen. Sie bestehen aus einer Nabe, an der 2 bis 4 Flügel angebracht sind. Ihr Durchmesser kann bis zu 5 m betragen. Sie werden aus Holz oder Leichtmetall gefertigt. Bei Luftschiffen und Flugzeugen sind die Flügel der Luftschrauben meist verstellbar. *Schiffsschrauben* dienen zum Antrieb moderner Schiffe (Schraubendampfer). Sie sind meist vierflügelig, aus Stahl oder Bronze und am Heck des Schiffes angebracht.

Der **Prophet** (griech.): Seher, Vorhersager; ein Mensch, der sich berufen fühlt, den göttlichen Willen zu verkünden und das Volk aus seiner Gleichgültigkeit aufzurütteln. – Jesaias, Jeremias, Ezechiel und Daniel waren die großen Propheten, die dem jüdischen Volk die Ankunft des Messias verhießen und deren Lehren im Alten Testament aufgezeichnet sind.

Die **Prophylaxe** (griech.): vorbeugende Maßnahme, z. B. in der Medizin zur Verhütung von Krankheiten.

Die **Proportion** (lat.): Größenverhältnis, Ebenmaß, Gleichmaß. – *proportional:* verhältnismäßig.

Der **Propst:** geistlicher Würdenträger. In der katholischen Kirche heißt Propst der Vorsteher mancher Orden sowie in Deutschland vieler Dom- und Kollegialkapitel (Dompropst, Stiftspropst), in der evangelischen Kirche das Oberhaupt eines Kirchenkreises.

Die **Prosa** (lat.): Bezeichnung für die ungebundene, das heißt nicht an Versmaße gebundene Sprache des Alltags. Die künstlerische Prosa (Novelle, Roman) ist durch reicheren Wortschatz und gewähltere Ausdrucksweise gekennzeichnet.

Der **Prospekt** (lat.): 1. kleine, meist mit Abbildungen ausgestattete Werbeschrift; 2. Hintergrund auf der Bühne.

Die **Proteine** oder *Eiweißstoffe* sind Riesenmoleküle, die aus geknäuelten Ketten von →Aminosäuren aufgebaut sind. Die Reihenfolge der Aminosäuren bestimmt ihre räumliche Gestalt und damit ihre Funktion. Rund 90 Prozent aller Proteine in der Zelle sind →Enzyme. Die Strickanleitung für Proteine, welche die Reihung und Kettenlänge festlegt, ist in der →DNS niedergeschrieben.

Die **Protektion** (lat.): Schutz, Gönnerschaft, Förderung. – Einem Hilfsbedürftigen Förderung gewähren, heißt ihn *protegieren* (sprich proteschieren).

Das **Protektorat** (lat.): Schutzherrschaft. Der Staat, dem durch internationale Übereinkunft ein Protektorat über ein politisch schwaches Land anvertraut wird, hat wirtschaftliche und politische Vorrechte in diesem Land. Er soll für Gerechtigkeit, Bildung und Entwicklung sorgen, bis sich das Land selbst regieren kann. – Protektorat nennt man auch den Ehrenvorsitz bei einer Veranstaltung.

Der **Protest** (lat.): Einspruch, Verwahrung.

Protestantismus ist der Name für das gesamte aus der →Reformation hervorgegangene evangelische Kirchentum. Die Bezeichnung entstand in der Reformationszeit, als im Jahre 1529 auf dem Reichstag zu Speyer die evangelischen Abgeordneten dagegen *protestierten*, daß Glaubensangelegenheiten durch Mehrheitsbeschlüsse entschieden wurden. Den protestantischen Kirchen ist gemeinsam, daß sie nur die Bibel als Richtschnur für den Glauben anerkennen, nicht aber die Überlieferungen der katholischen Kirche.

Die **Prothese** (griech.): Ersatzglied nach einer →Amputation, auch Ersatz für durch Krankheit, Alter oder Verletzung verlorengegangene Körperteile (z. B. Zahnprothese).

Das **Protokoll** (lat.): 1. Niederschrift mündlicher Aussagen, z. B. bei Gerichtsverhandlungen; 2. Bericht über den Verlauf einer Sitzung; 3. Abteilung im Außenministerium, die auf die Wahrung international gebräuchlicher diplomatischer Formen beim Verkehr mit fremden Staaten und deren Vertretern achtet.

Das **Proton** →Atom, →Elementarteilchen.

Das **Protoplasma** (griech.) →Zelle.

Protuberanzen (lat.) →Sonne.

Marcel **Proust** (sprich pruhst) war einer der bedeutendsten französischen Romanschriftsteller unseres Jahrhunderts. In seinem 3000-Seiten-Roman »Auf der Suche nach der verlorenen Zeit« schildert er in kunstvoller Prosa und mit unerreichter psychologischer Genauigkeit die Erinnerungen eines Menschen an seine Kindheit und Jugend. Proust wurde 1871 geboren und starb 1922.

Die **Provinz** (lat.). Die Römer bezeichneten unterworfene Gebiete als Provinzen (daher heißt noch heute ein südfranzösisches Gebiet Provence). Heute nennt man größere Verwaltungsbezirke eines Staates, die über eine gewisse Selbständigkeit verfügen, Provinzen. – Als Provinz bezeichnet man jedoch auch die ländlichen und kleinstädtischen Gebiete im Gegensatz zur Großstadt.

Die **Provision** (lat.): Vermittlungsgebühr, die demjenigen zusteht, durch dessen Hilfe ein Geschäft oder ein Vertrag zustande kam. Auch die Vergütung, die ein Vertreter für den Verkauf von Waren erhält, nennt man Provision.

provisorisch (lat.): vorläufig, behelfsmäßig.

Provokation (lat.): Herausforderung, Aufreizung. – Wer einen anderen zu Unbesonnenheiten oder Gewalttaten reizt (provoziert), ist ein *Provokateur*. – *Provos* nennen sich die Vertreter einer in Amsterdam entstandenen Bewegung von Jugendlichen, die gegen die herrschenden gesellschaftlichen Zustände protestieren und durch auffälliges Äußeres und Benehmen ihre Umwelt provozieren wollen.

Das **Prozent** (lat.), Zeichen %, Abkürzung v. H. (vom Hundert): Verhältnis einer Zahl zum Hundert. Z. B. sind 4 % Zinsen von 100 Mark 4 Mark. – *prozentual:* im Verhältnis zum Hundert.

Der **Prozeß** (lat. procedere = fortschreiten, vorgehen): 1. Entwicklungsvorgang, z. B. chemischer Prozeß, oder die Vorgänge im menschlichen, tierischen oder pflanzlichen Körper. – 2. Im Rechtswesen die Austragung eines Streites zweier →Parteien vor Gericht. Im sogenannten *Zivilprozeß* geht es um ein Streitobjekt, etwa eine Erbschaft oder eine Unfallentschädigung. Im *Strafprozeß* ahndet der Staat einen Verstoß gegen die Gesetze, Ordnungswidrigkeiten ebenso wie schwere Verbrechen. Zivilprozeß und Strafprozeß werden nach einer vorgeschriebenen *Prozeßordnung* geführt. Der Zivilprozeß wird vor dem Amtsgericht oder bei einem Streitobjekt von mehr als 3000 DM vor dem Landgericht ausgetragen. Beim Landgericht müssen sich die Parteien durch einen Rechtsanwalt vertreten lassen. Bei Erhebung der Klage ist eine Gebühr (Gerichtskosten) zu bezahlen. Im Strafprozeß wird die Anklage vom Staatsanwalt erhoben. Er ladet die Belastungszeugen. Der Angeklagte kann sich eines Rechtsanwalts als Verteidiger bedienen und sich durch von ihm selbst benannte Zeugen entlasten. Das Gericht hat aufgrund der verschiedenen Zeugenaussagen die Wahrheit zu erforschen und entweder zu verurteilen oder freizusprechen. Es besteht bei einem Prozeß aus einem Richter oder einem Kollegium von Berufsrichtern oder auch von Berufsrichtern und Laienrichtern, z. B. beim *Schöffengericht* und *Schwurgericht* (→Laie).

Die **Prozession** (lat.): feierlicher kirchlicher Umzug.

PS (Pferdestärke) →Leistung. – PS: Abkürzung für postscriptum (lat.) = Nachschrift bei Briefen.

Der **Psalm** (griech.): als Psalmen bezeichnet man die 150 religiösen Lieder des Alten Testaments, die im *Psalter* zusammengefaßt sind.

Das **Pseudonym** (griech.): Deckname. – Künstler, Schriftsteller, gelegentlich auch Politiker, die aus irgendwelchen Gründen ihren Namen in der Öffentlichkeit nicht nennen wollen, wählen ein Pseudonym. So nannte sich der Dichter Friedrich von Hardenberg »Novalis«.

Die **Psychiatrie** ist die Wissenschaft von den →Geisteskrankheiten. Der *Psychiater* ist ein Arzt für Geisteskranke. Darüber hinaus hat er die Pflicht, in Zweifelsfällen (z. B. vor Gericht) den Geisteszustand (d. h. die Zurechnungsfähigkeit) eines Menschen zu begutachten.

psychisch (griech.): seelisch.

Die **Psychoanalyse** (griech. = Seelenzergliederung) ist ein von dem Wiener Arzt Sigmund Freud (1856–1939) begründetes Verfahren, seelische Vorgänge zu erforschen und seelisch Erkrankte zu heilen. Der *Psychoanalytiker* versucht, die Träume und andere aus dem Unbewußten aufsteigende Regungen zu deuten und durch die dabei gewonnenen Erkenntnisse die Handlungen der Kranken zu erklären. Die Psychoanalyse wurde weiterentwickelt u. a. durch den Schweizer Forscher C. G. Jung (1875–1961).

Die **Psychologie** (griech. = Seelenkunde) untersucht das menschliche und tierische Verhalten und dessen seelische und geistige Voraussetzungen. Die wissenschaftliche Psychologie bedient sich immer stärker experimenteller Verfahren, um allgemeine Gesetze, wie Lerngesetze, zu erforschen. Praktisch tätige Psychologen, z. B. Schulpsychologen, testen Fähigkeiten und beraten dann aufgrund der Testergebnisse z. B., welchen Beruf ein Schüler ergreifen soll. Als *Psychotherapeuten* heilen sie →*Geistes-* und *Gemütskrankheiten*.

Die **Psychose** (griech.) ist eine Erkrankung des Geistes und Gemüts, ohne daß sich immer besondere körperliche Veränderungen feststellen lassen. Bei der *Schizophrenie* kommt es zu einer Zerrüttung der →*Persönlichkeit* mit beherrschenden Wahnvorstellungen. Patienten mit *Paranoia* leiden an der unbegründeten Vorstellung, ständig verfolgt zu werden. Psychosen werden meist in geschlossenen Anstalten behandelt.

Die **Psychotherapie** (griech.) verwendet eine ganze Reihe unterschiedlicher Verfahren, um seelische und geistige Störungen und Krankheiten zu behandeln. Neben der Therapie durch Aufdecken unbewußter Erlebnisse benützen *Psychotherapeuten* heute verstärkt die Methoden der →*Verhaltenstherapie*.

Claudius **Ptolemäus** (um 100 bis um 180 n. Chr.), ein in Alexandria lebender Astronom, Geograph und Mathematiker, war der letzte bedeutende Naturwissenschaftler der Antike, der das damalige Wissen in mehreren Büchern zusammenfaßte. Das von ihm aufgestellte *ptolemäische* oder *geozentrische Weltsystem*, nach dem die Erde der Mittelpunkt der Welt ist, wurde erst nach fast 1400 Jahren von →Kopernikus durch das *heliozentrische Weltsystem* ersetzt, nach dem die Erde mit den anderen Planeten um die Sonne kreist.

Die **Pubertät** (lat. = Reifezeit): die Entwicklungsjahre, in denen sich der körperliche und seelische Übergang vom Kind zum jugendlichen Menschen vollzieht; bei Knaben etwa zwischen dem 12. und 15., bei Mädchen zwischen dem 11. und 14. Jahr beginnend, zuweilen auch früher. →Sexualkunde.

Public Relations (engl., sprich pablick rilehschens): die Reklame, die eine Firma in der Öffentlichkeit für sich selbst, für ihr →Image, macht; Öffentlichkeitsarbeit.

Die **Publizistik** (lat.) ist die politische Tagesschriftstellerei, die von *Publizisten* betrieben wird. Der Publizist bedient sich verschiedener Stilmittel und Ausdrucksformen, um die Meinung des Publikums zu beeinflussen: Glosse, Kommentar, Buchbesprechung, Kritik, →Persiflage usw. Große deutsche Publizisten waren z. B. Heinrich →Heine oder Kurt →Tucholsky.

Der **Pudel** →Hunderassen.

Puerto Rico →Mittelamerika.

Der **Puls** (lat.) ist das regelmäßige Schlagen der Schlagader (Pulsader). Man kann ihn am Handgelenk, an den Schläfen oder am Hals fühlen. Normalerweise schlägt der Puls 60- bis 80mal in der Minute. Bei Aufregungen, schnellem Laufen usw. beschleunigt er sich, ebenso bei Fieber oder Herzschwäche. Bei manchen Krankheiten ist der Puls erheblich verlangsamt.

Der **Puma** oder *Silberlöwe* ist eine amerikanische Wildkatze, die eine Länge bis zu 1 m erreicht. Er raubt vor allem kleine Tiere, aber auch Kälber und Schafe. Menschen greift er nur an, wenn er Gefahr für sein Leben wittert. In der Jugend ist der Puma gefleckt, später wird er rötlichgrau.

Pumpen sind Maschinen zum Heben von Flüssigkeiten und zum Zusammenpressen oder Verdünnen von Gasen. Am weitesten verbreitet sind *Kolbenpumpen*. Die einfachste Form ist die *Fahrradpumpe*. Ein luftdicht abschließender Kolben drückt die Luft im Pumpenraum zusammen und preßt sie durch das Ventil in den Fahrradschlauch. Wird der Kolben emporgezogen, dann kann wieder neue Außenluft durch ein kleines Loch (bei einfachen Pumpen auch zwischen Kolben und Pumpenwand) in den luftverdünnten Pumpenraum einströmen. Anders dagegen wirkt die *Wassersaugpumpe*. Der Kol-

Bei der Kreiselpumpe wird der Fördervorgang durch die Stetigkeit der Bewegung stark beschleunigt. Die Schaufeln geben dem Wasser die Umlaufgeschwindigkeit des Rades. Diese Geschwindigkeit erzeugt infolge der Querschnittserweiterung der Spirale einen Druck, der, vermehrt durch den Zentrifugaldruck, das Wasser befähigt, nach Durchfließen der Spirale in der anschließenden Rohrleitung emporzusteigen.

Kreiselpumpe

ben verdünnt beim Emporziehen durch das Saugen die Luft im Pumpenstiefel. Dadurch wird der äußere Luftdruck des Wasserspiegels größer und drückt das Wasser in das Steigrohr. In der Saugpumpe wird das Wasser also durch den äußeren Luftdruck gehoben. Dieser kann eine Wassersäule höchstens 10 m hochdrücken. Soll das Wasser aus einer größeren Tiefe gepumpt werden, wird meist die *Druckpumpe* verwendet. Sie saugt beim Emporziehen des sehr starken Kolbens das Wasser an wie die Saugpumpe. Beim Herabdrücken des Kolbens wird das Wasser in das Steigrohr getrieben und kann in diesem beliebig hoch gehoben werden. Auch *Kreiselpumpen* (*Zentrifugalpumpen*) finden häufig Verwendung. Ihr Schaufelrad setzt das Wasser in eine sehr schnelle Drehung, schleudert es dadurch nach außen und preßt es in das Steigrohr, während durch die Mitte neues Wasser eingesaugt wird.

Die **Pupille** →Auge.

Die **Puppe.** 1. Seit Tausenden von Jahren haben Kinder und vor allem Mädchen mit Puppen gespielt, wie uns die aus vorgeschichtlichen Gräbern stammenden Holzfiguren beweisen. Gliederpuppen gab es schon bei den alten Griechen und Römern. Seit dem 15. Jh. werden in Deutschland Puppen gewerbsmäßig her-

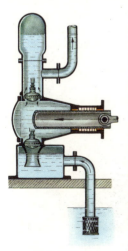

Wenn der Kolben in Pfeilrichtung vorwärts bewegt wird, verdrängt er das Wasser im Behälter. Das untere (Saug-) Ventil schließt sich durch den Druck. Das obere (Druck-) Ventil öffnet sich: das verdrängte Wasser wird nach oben gedrückt. Geht der Kolben zurück, so schließt sich das Druckventil, das Saugventil öffnet sich: das Wasser wird durch den äußeren Luftdruck in das entstehende Vakuum hineingedrückt.

Kolbenpumpe

gestellt. – 2. In der Zoologie bezeichnet man als Puppe eine Entwicklungsstufe der Insekten. In dieser Verpuppung, die nach außen als völliger Ruhezustand erscheint, verwandelt sich die Larve zum fertigen Insekt.

Im **Puppentheater** werden wie auf einer richtigen Bühne ernste und lustige Stücke aufgeführt, nur werden die Personen des Stückes nicht von Menschen, sondern von Puppen dargestellt. Gesprochen werden die Rollen von einem oder mehreren Vorführern, den *Puppenspielern*, die unsichtbar hinter der Bühne die Puppen bewegen. *Handpuppen*, wie sie beim Kasperltheater verwendet werden, sind innen hohl. Man führt sie, indem man von unten her die Hand hineinsteckt, und bewegt ihre Arme und ihren Kopf mit den Fingern. Anders ist es bei den →*Marionetten.*

Puritaner (lat. puritas = Reinheit) war ursprünglich der Spottname für eine Glaubensgemeinschaft englischer Protestanten, die als Richtlinie ihres Glaubens ausschließlich das Wort der Bibel anerkannten. Von der Mitte des 16. Jh. an forderten sie die Unabhängigkeit der Kirche vom Staat. Durch viele Jahrzehnte waren sie den Verfolgungen durch das englische Königtum ausgesetzt. 1620 wanderten deshalb 41 puritanische Familien, »Pilgerväter« genannt, auf dem berühmt gewordenen Schiff »Mayflower« von England nach Amerika aus, um sich dort in religiöser Freiheit eine neue Heimat zu schaffen. 69 Jahre später haben sich die Puritaner auch in England ihre Gewissensfreiheit erkämpft.

Die **Purpurschnecke** ist eine dickschalige Raubschnecke der Nordsee und der warmen Meere. Sie bohrt Muscheln an oder knackt sie auf wie eine Nuß und saugt sie aus. Eine Schleimdrüse der Purpurschnecke, die an der Wand der Kiemenhöhle sitzt, enthält eine blaßgelbliche Flüssigkeit, die sich unter der Einwirkung von Luft oder Sonne erst zitronengelb, dann grün, violett und schließlich purpurrot verfärbt. Durch Jahrtausende bediente man sich dieses natürlichen Farbstoffes.

Alexander Sergejewitsch **Puschkin** war der größte Dichter Rußlands. Er lebte von 1799 bis 1837 und trat vor allem durch formvollendete, klassische Gedichte hervor. Er beeinflußte mit seiner Lyrik nachhaltig die russische Literatursprache. Sein Hauptwerk ist das später von Tschaikowskij vertonte Versdrama »Ewgenij Onegin«.

Die **Pußta:** steppenartige Flachlandschaft in Ungarn; Weideland, seit neuem auch Acker-, Wein- und Obstbau.

Der **Putsch** oder *Staatsstreich* ist der gewaltsame Sturz einer Regierung durch einzelne Personen, kleine Gruppen oder eine Partei mit dem Ziel, die Macht an sich zu reißen.

PVC ist die Abkürzung für »Polyvinylchlorid«. Dies ist ein Kunststoff, der aus Kohle, Kalk und Salzsäure entsteht.

Pygmäen sind Zwergvölker, die im Innern und im Süden Afrikas und auf manchen südostasiatischen Inseln des Stillen Ozeans leben. Im Durchschnitt werden sie nicht größer als 145 cm. In Afrika wurden sie von den anderen Eingeborenen in unwirtliche Gebiete zurückgedrängt.

Die **Pyramide** (griech.) ist ein geometrischer Körper mit einer vieleckigen Grundfläche und mit dreieckigen Seitenflächen, die eine gemeinsame Spitze haben. Der Rauminhalt einer Pyramide ist gleich dem Flächeninhalt der Grundfläche mal $\frac{1}{3}$ der Höhe. Bereits im 3. Jahrtausend v. Chr. ließen altägyptische Könige aus Granit und Ziegeln Grabdenkmäler erbauen, die regelmäßige vierseitige, seltener dreiseitige Pyramiden sind. Die kleineren sind 10 m, die größeren fast 150 m

Ägyptische Pyramiden, wie sie vermutlich im Altertum aussahen

hoch. Die bekanntesten sind die Cheops- und die Chephren-Pyramide, die nach den dort beigesetzten Königen benannt sind. An ihrem Bau arbeiteten Zehntausende von Menschen. Hebel, Rollen und schiefe Ebenen wurden zum Befördern der Lasten verwendet. Um die gleiche Zeit entstanden in Mesopotamien Stufenpyramiden (Zikkurats), die ebenso wie die Pyramiden der Neuen Welt (→präkolumbische Kulturen) Tempel trugen.

Auf der **Pyrenäenhalbinsel** oder *Iberischen Halbinsel* im Südwesten Europas liegen die Länder →Portugal und →Spanien. Ihre Namen hat die Halbinsel von dem hohen Gebirge der Pyrenäen, das sie im Norden von Frankreich abgrenzt, und von ihren Ureinwohnern, den vorindogermanischen Iberern.

Pythagoras war ein griechischer Philosoph und Mathematiker, der etwa von 582 bis 497 v. Chr. lebte und in Unteritalien starb. Er sah in den Zahlen den Ausdruck der Weltordnung. Von ihm stammt der für die Geometrie grundlegende pythagoreische Lehrsatz: »Die 2 Quadrate über den beiden kleinen Seiten (den Katheten) eines rechtwinkligen Dreiecks haben zusammen die gleiche Flächengröße wie das Quadrat über der großen Seite (der Hypotenuse).« Als Formel: $a^2 + b^2 = c^2$.

Pythia nannte man die Priesterin, die im Tempel des Apollo zu Delphi, auf einem Dreifuß sitzend, die →Orakel verkündete.

Q

Q ist der 17. Buchstabe des Alphabets. q in Verbindung mit Längenmaßen bedeutet Quadrat, z. B. qm = Quadratmeter.

Qatar →Katar.

Unter einem **Quacksalber** versteht man einen prahlerischen, zweifelhaften Heilkundigen, einen →Kurpfuscher.

Das **Quadrat** (lat.) ist ein Rechteck, bei dem alle Seiten gleich lang sind. Beträgt die Länge einer Quadratseite z. B. 5 cm, dann ist sein Flächeninhalt gleich $5 \cdot 5$ cm $= 5^2$ qcm (25 qcm oder 25 cm²). Man spricht das »5 hoch 2« oder »5 Quadrat«. Eine Zahl wird *quadriert*, wenn sie mit sich selber malgenommen wird. Ebene Vielecke kann man in flächengleiche Quadrate umwandeln. Diesen Vorgang nennt man die *Quadratur*. Dagegen läßt sich mit den Mitteln der Geometrie keine Kreisfläche in ein gleichgroßes Quadrat verwandeln. – Wird eine Fläche durch zwei aufeinanderstehende Senkrechte zerteilt, z. B. durch eine Ost-West-Achse und durch eine Nord-Süd-Achse, so entstehen 4 *Quadranten*. – Der *Quader* ist ein großer Steinblock, dessen 6 Seitenflächen stets Rechtecke sind. Sind alle Seitenflächen Quadrate, so nennt man den Quader einen Würfel.

Die **Quadriga** (lat.): bei den alten Römern offener Streit-, Renn- oder Triumphwagen, der von vier nebeneinandergespannten Pferden gezogen wurde.

Die **Quadrille** (franz., sprich kadrilje): ein aus Frankreich stammender Gruppentanz für vier Paare, die sich je zwei und zwei gegenüberstehen.

Der **Quai** (franz., sprich keh): →Kai.

Die **Quäker** (engl. = Zitterer), die sich selbst »Gesellschaft der Freunde« nennen, sind eine evangelische Religionsgemeinschaft, die 1652 in England von George Fox ins Leben gerufen wurde. In ihrem Gottesdienst verzichten die Quäker auf jede äußere Form. Sie haben keine Priester, und die Predigt hält derjenige aus der Gemeinde, der sich jeweils dazu berufen fühlt. Die Quäker verwerfen Kindertaufe, Eid und Kriegsdienst. Unermüdlich sind sie in ihrer vielseitigen internationalen Hilfstätigkeit.

Die **Qualifikation** (lat.): Eignung, Befähigung. – Jemanden *qualifizieren* heißt, ihn nach seinen Fähigkeiten kennzeichnen.´ – Durch gute Leistungen *qualifiziert sich* ein Sportler oder eine Mannschaft für die Teilnahme an einem Wettkampf.

Die **Qualität** (lat.): Eigenschaft, Beschaffenheit, z. B. die gute oder schlechte Qualität einer Ware.

Quallen sind im Meer lebende →Hohltiere, die nur aus einer von Haut umkleideten schleimigen Masse bestehen. Sie haben keine Augen, keine Ohren und keine Nase, aber einen Mund. Ihre Fangarme sind mit Nesselkapseln besetzt, die sie gegen Beutetiere oder Feinde abschießen. Die Beutetiere werden gelähmt, mit einem Faden wie mit einem Lasso eingefangen und in die Mundöffnung geführt. Quallen leben in vielen Arten und in verschiedenen Größen in allen Meeren von der Polargegend bis in die Tropen.

Die **Quantentheorie** bildet neben der →Relativitätstheorie das Fundament der modernen Physik. Max Planck begründete sie 1900 durch die Annahme, daß →Atome ihre Strahlungsenergie nicht gleichmäßig und stetig abgeben, sondern in winzigen Energiepaketen (*Quanten*). Damit sind sie einem Zigarettenautomat vergleichbar, der ja auch nicht einzelne Zigaretten abgibt. In gleicher Weise funktioniert die Energieaufnahme. Die energetischen Portionen werden als Lichtteilchen (*Photonen*) von der Atomhülle ausgestoßen oder verschluckt. 1925 wurden *Quantenmechanik* und *Wellenmechanik* entwickelt, um das Plancksche Programm streng mathematisch zu verwirklichen. In der *Wahrscheinlichkeitsinterpretation* stellte sich dann die inhaltliche Gleichwertigkeit beider Beschreibungsformen heraus. Das Ziel der heutigen theoretischen Physik ist es, Quanten- und Relativitätstheorie zu einer einheitlichen Beschreibungsform von hoher Abstraktheit zu vereinigen (Heisenbergsche Weltformel).

Die **Quantität** (lat.): Menge, Größe, Anzahl.

Das **Quantum** (lat. = wieviel): die nach Maß, Gewicht und Umfang bestimmte Menge, z. B. einer Ware.

Die **Quarantäne** (franz., sprich karätäne). Wenn auf einem Schiff unterwegs jemand von einer schweren ansteckenden Krankheit (z. B. Cholera) befallen wird, besteht die Gefahr, daß diese in den Zielhafen eingeschleppt wird. Darum darf niemand ohne weiteres an Land gehen: die Kranken müssen ins Krankenhaus und die Gesunden beobachtet werden, ob sie nicht auch angesteckt sind. Diese Absonderung nennt man Quarantäne.

Quark, der auch *Topfen* oder *Weißkäse* genannt wird, entsteht aus Sauermilch und enthält vor allem Kasein (Milcheiweiß) und Fett.

Das **Quartal** (lat.): der vierte Teil eines Kalenderjahres, beginnend am 1. Januar, 1. April, 1. Juli oder 1. Oktober. Der Begriff spielt im Geschäftsleben eine wichtige Rolle.

Das **Quartett** (ital.): 1. Musikstück für vier Singstimmen oder für vier Instrumente; 2. ein →Kartenspiel.

Quarz ist ein sehr hartes, schwer schmelzbares Mineral aus Kieselsäure. Einige Arten sind Halbedelsteine (→Edelsteine), andere finden sich häufig in Sand und Kies. Zusammen mit anderen Mineralien bildet er vulkanische Gesteine, wie Granit und Gneis. Quarz ist einer der Grundstoffe des →Glases. Reines Quarzglas wird durch Schmelzen des reinen Quarzes bei 1650° C gewonnen. Wegen seiner Durchlässigkeit für ultraviolette Lichtstrahlen wird es für Quarzlampen, z. B. für Höhensonnen, verwendet, wegen seiner Unempfindlichkeit gegen Säuren zu chemischen Geräten, und weil es bei schroffem Temperaturwechsel nicht springt, zu hitzebeständigen Töpfen und Zylindern. Quarzkristalle werden durch Wechselstrom in Schwingungen versetzt. Diese Schwingungen haben das höchstmögliche Gleichmaß, so daß man die Schwingungen eines anderen elektrischen Stromes damit sehr beständig steuern kann. Quarzkristalle werden deshalb in der Rundfunktechnik und zu genauen Zeitmessungen verwendet. Quarzuhren sind so genau, daß sie in 5 Jahren höchstens um 1 Sekunde vor- oder nachgehen.

quasi (lat.): gleichsam, fast wie.

Die **Quecke** ist ein lästiges Unkraut, ein Grasgewächs, das wegen seiner langen unterirdischen Ausläufer nur sehr schwer auszurotten ist.

Das **Quecksilber** (chemisches Zeichen Hg von Hydrargyrum) ist ein chemisches Element, ein silberweißes, glänzendes und sehr bewegliches Schwermetall. Es ist das einzige Metall, das bei gewöhnlicher Temperatur flüssig ist. Obwohl es erst bei 357° C siedet, gibt es schon bei Zimmertemperatur Quecksilberdämpfe ab, die sehr gesundheitsschädlich sind. Es kommt fast nur in Verbindungen vor, deren wichtigste der *Zinnober* ist, eine Quecksilber-Schwefel-Verbindung von roter Farbe. Quecksilber löst fast alle Metalle auf, wodurch Quecksilberlegierungen (Amalgame) entstehen. Das Quecksilber und seine Legierungen und Verbindungen werden sehr vielseitig verwendet, z. B. zur Füllung von Barometern und Thermometern, als Quecksilberdampf in Leuchtröhren, als Spiegelbelag, für verschiedene Heilmittel und als Sprengstoff.

Die **Quelle.** Die in die Erde eingesickerten Wassermengen treten, soweit sie nicht verdunsten, als Quellen wieder zutage. Sie entspringen meist dort, wo Sickerwasser auf eine wasserundurchlässige Erd- oder Gesteinsschicht trifft, sich ansammelt und einen Ausweg sucht. In selteneren Fällen wird das Wasser durch eigenen Druck, z. B. bei →artesischen Brunnen, oder, wie bei →Geisern, durch den Druck von Erdgasen hinausgepreßt. – Heilquellen kommen meist aus großer Tiefe und enthalten Spuren von Mineralien, durch die sie geflossen sind.

Der **Querulant** (lat.): streitsüchtiger, unverträglicher Mensch, der seine Freude daran hat, andere Leute durch beständiges Nörgeln zu belästigen.

Die **Quintessenz** (lat. = fünfter Grundstoff) war in der von →Pythagoras begründeten philosophischen Lehre die Bezeichnung für den Äther als das fünfte und wichtigste →Element. Man glaubte alle Dinge von ihm durchdrungen. Daher gebraucht man das Wort noch heute in der Bedeutung von Hauptinhalt, Wesenskern.

Die **Quitte** ist die Frucht des im Orient und in Südeuropa heimischen Quittenstrauches oder -baumes. Die Frucht ist apfel- oder birnenförmig und mit einer haarigen, filzartigen Haut überzogen. Roh kann man sie nicht essen; Quittenmarmelade oder -gelee jedoch schmeckt sehr gut.

Die **Quittung** (lat.): Empfangsbescheinigung.

Das **Quiz** (engl., sprich kwis): ein meist heiteres Rätselspiel mit Fragen aus allen Wissensgebieten; geleitet wird es vom Quizmaster.

Die **Quote** (lat.): Teilbetrag, Anteil, z. B. bei Wetten der Gewinnanteil.

Der **Quotient** ist das Ergebnis einer Teilung (Division).

R

R ist der 18. Buchstabe des Alphabets. In der Mathematik bedeutet R einen rechten Winkel, bei Temperaturangaben die nicht mehr übliche Messung nach Réaumur. r ist die Abkürzung für Radius. Ⓡ ist das internationale Kennzeichen für Worte und Namen, die als →Warenzeichen geschützt (engl. registered = eingetragen) sind.

Der **Rabatt** (ital.): Preisnachlaß, den der Verkäufer dem Käufer gewährt. Die Ware wird billiger verkauft, wenn z. B. der Käufer große Mengen abnimmt (Mengenrabatt) oder wenn der Kleinhändler den Großhändler sofort zahlt (Skonto).

Der **Rabbiner** (hebräisch rabbi = mein Meister): geistiger Führer und Seelsorger einer jüdischen Gemeinde.

Der **Rabe.** Der größte Vertreter der Rabenfamilie in Mitteleuropa ist der Kolkrabe. Er ist größer als unsere →Krähe und so selten geworden, daß er unter Naturschutz steht. Raben erreichen ein Alter von etwa 60 Jahren, sie werden in Gefangenschaft sehr zahm und lernen leicht sprechen.

François **Rabelais** (sprich rabläh), der große französische Romanschriftsteller des →Humanismus, lebte von 1494 bis 1553. In einem fünfteiligen, gesellschaftskritischen Roman schilderte er mit →groteskem Erfindungsreichtum und unerhörtem Wortwitz die Abenteuer der Riesen Gargantua und Pantagruel, nach denen der Roman auch benannt ist.

Der **Rachen:** Hohlraum hinter dem Gaumensegel über dem →Kehlkopf. An der Decke des Rachens liegt die Rachenmandel, an seinen Seitenwänden befinden sich rechts und links die Gaumenmandeln (→Mandeln).

Die **Rachitis** (griech.), auch *englische Krankheit* genannt, tritt vor allem bei kleinen Kindern auf. Die Knochen erhalten durch mangelhafte Kalkzufuhr und Mangel an Vitamin D in der Nahrung zu wenig Aufbaustoffe, werden weich und verkrümmen sich durch die Schwere des Körpers.

Das **Rad** ist eines der wichtigsten Maschinenteile und dient zum Übertragen von Kräften und Bewegungen. Beim Übertragen von Kräften wirkt es als Hebel (Handrad, Antriebsrad), beim Übertragen von Bewegungen wandelt es die viel größere gleitende Reibung in eine geringe rollende Reibung um (Fahrzeug). Schon im frühesten Altertum benutzte man runde Baumstämme als Rollen zum Fortbewegen schwerer Gegenstände. Die ersten Räder bestanden nur aus einer festen Holzscheibe, die durch einen Keil an der Achse des Wagens festgehalten wurde. Aus dieser

Stellmacherwerkstatt des 16. Jh.

Der Stellmacher bohrt mit seinem Eisen in der Mitte der Nabe das Loch aus, das später die Achse des Wagens aufnimmt. Sein linker Fuß stemmt sich gegen eine der Speichen, die zu den Felgen des Radkranzes führen. Zum Schluß wird der eiserne Radreifen glühend umgelegt. Er zieht sich beim Erkalten zusammen und liegt dann fest auf den Felgen

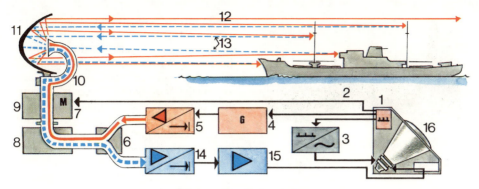

Schema einer Radar-Anlage

1 Taktgeber, 2 Synchronisierleitung, 3 Kippgerät für Elektronenstrahl, 4 Impulsgenerator, 5 Sender (Modulator), 6 Weiche, 7 Motor (dreht Antenne), 8 Sockel, 9 rotierender Aufbau, 10 Hohlleiter, 11 drehbare Antenne, 12 abgestrahlter Impuls, 13 reflektierter Impuls, 14 Empfänger, 15 Verstärker, 16 Bildröhre

Grundform entwickelte sich dann das Rad zu seiner heutigen Form mit Nabe, Speichen und Felge. Da Räder für sehr viele Zwecke benötigt werden, gibt es unzählige Radformen. So besitzen Kraftfahrzeuge und Fahrräder gummibereifte Räder; die Räder der Schienenfahrzeuge sind an ihrer Lauffläche der Form der Schiene angepaßt. In Getrieben und an Maschinen benutzt man →Zahnräder.

Das Wort **Radar** ist eine Abkürzung von *Ra*dio *d*etection *a*nd *r*anging (engl. = Finden und Messen durch Radio). Die entsprechende deutsche Bezeichnung lautet *Funkmessung*.

Wenn man bei Nacht mit dem Auge einen entfernten Gegenstand erkennen will, so braucht man einen Scheinwerfer. Leuchtet man mit dem vom Scheinwerfer ausgehenden gebündelten Lichtstrahl ins Dunkle, so wird er in gewisser Entfernung von der Dunkelheit verschluckt. Trifft er aber auf einen Gegenstand, so wird er von diesem zurückgeworfen, wodurch der Gegenstand dem Auge erkennbar wird. In ganz ähnlicher Weise arbeitet das Radargerät. Es sendet elektromagnetische Wellen von sehr kurzer Wellenlänge (1 m bis 1 mm) aus. Befindet sich in der Richtung, in der die von einer Richtantenne gebündelten Wellen ausgestrahlt werden, ein Gegenstand, so werden sie zurückgeworfen und können im Empfänger des Radargeräts auf dem Bildschirm einer →Kathodenstrahlröhre sichtbar gemacht werden. Stellt man fest, daß die Welle nach $1/_{100\,000}$ Sekunde ankommt, so weiß man, daß sie in dieser Zeit 3 km zurückgelegt hat (elektromagnetische Wellen legen in 1 Sekunde etwa 300 000 km zurück), der Gegenstand muß also 1,5 km entfernt sein. Auf diese Weise kann man mit Radargeräten auch bei Nacht, Nebel oder schlechter Sicht die Entfernung zu einem Gegenstand ermitteln. Radargeräte werden daher zur Feststellung von Flugzeugen oder Unterseebooten sowie zum Auffinden von Flugplätzen, Hafenanlagen und ähnlichem (zur →Navigation) benutzt. Da elektromagnetische Wellen nicht von jedem Material in gleicher Weise zurückgeworfen werden (am stärksten von Metall), kann man jedoch nicht nur den Standort einzelner Gegenstände festlegen, sondern sogar größere Gebiete auf dem Leuchtschirm des Radargeräts sichtbar machen. Wenn ein Flugzeug z. B. über einem Gebiet kreist und dabei dauernd solche Wellen aussendet, so werden diese von den verschiedenen Gegenständen (z. B. Straßen, Flüsse, Häuser, Berge) in sehr verschiedener Weise zurückgeworfen, wodurch auf dem Radarschirm eine »Landkarte« des überflogenen Gebietes entsteht.

Radierung von Rembrandt

Bei der **Radierung,** einer Art des →Kupferstichs, wird eine Zeichnung mit der Radiernadel in eine mit Wachs überzogene Metallplatte geritzt. Danach werden die Ritzlinien durch eine Säure in das Metall geätzt. Diese vertieften Linien nehmen die Druckerschwärze auf und geben sie an das daraufgepreßte Papier ab. Meister der Radierung waren vor allem Künstler des 16./17. Jahrhunderts, wie Dürer und Rembrandt.

radikal (lat. radix = Wurzel): von Grund aus, gründlich, entschieden. – Der *Radikalismus:* rücksichtsloses und bis zum Äußersten gehendes Verfechten einer Idee oder einer Meinung.

Radio →Rundfunk.

Die **Radioaktivität** (Strahlungstätigkeit). Die Atomkerne vieler chemischer Elemente haben die Eigenschaft, in andere Atomkerne zu zerfallen: sie sind radioaktiv. Beim Zerfall senden sie Alphastrahlen (Heliumatomkerne), Betastrahlen (Elektronen), Gammastrahlen (sehr kurze elektromagnetische Wellen in einzelnen Quanten) oder Neutrinos (elektrisch ungeladene Elementarteilchen) oder ein Gemisch davon aus. Die Kerne zerfallen entweder von selbst (natürliche Radioaktivität) oder nach künstlichem Beschuß mit →Elementarteilchen (künstliche Radioaktivität). Man kann die Regelmäßigkeit dieses Kernzerfalls mit keinerlei Mitteln beeinflussen. – In jeder Sekunde zerfällt z. B. ein bestimmter Bruchteil einer Menge von Radium und verwandelt sich über viele Zwischenstufen, wie Uran, Wismut, Polonium und Thorium, schließlich in Blei. Die Zeit, die vergeht, bis von irgendeiner Menge eines radioaktiven Isotops

(→Atom) eines chemischen Elements nur noch die Hälfte vorhanden ist, bezeichnet man als die Halbwertszeit dieses Isotops. So ist z.B. Wismut nach 5 Tagen zur Hälfte in Polonium zerfallen, Uran 238 aber erst nach 4 560 000 000 Jahren in Thorium. Es ist also sehr »langlebig«. In der Natur sind fast alle instabilen Isotope im Laufe der Erdgeschichte zerfallen und nur die stabilen übriggeblieben. Aus den in Uranmineralien im Gestein gefundenen Mengen radioaktiver Elemente kann man ihr Alter bestimmen, also auch die Zeit von etwa 2500 Millionen Jahren messen, die seit der Erstarrung der Erdkruste verflossen ist. Die beim Zerfall entstehenden Strahlen ionisieren (→Ion) die Luft und können daher mit →Geigerzählern nachgewiesen oder mit bestimmten Geräten (der sog. Wilsonkammer) sichtbar gemacht werden. Sie dringen in alle Stoffe ein, werden geschwächt und in genügender Tiefe schließlich verschluckt (absorbiert). Dicke Bleischichten können die Strahlen nicht durchdringen. Andere Stoffe dagegen, z. B. den menschlichen Körper, durchdringen sie und zerstören sein Gewebe. Darauf beruht ihre Bedeutung in der Medizin. Ein radioaktives Präparat vermag z. B. eine Krebsgeschwulst zu zerstören.

Man hat fast alle in der Natur vorkommenden Elemente durch Beschießen mit Elementarteilchen in ihre instabilen, also radioaktiven Isotope verwandeln können. Das Uranatom hat man dagegen durch Beschuß mit Neutronen in zwei große Stücke, nämlich in ein Bariumisotop und ein Kryptonisotop, spalten können (→Atomenergie). Auf dieser Kernspaltung, bei der sehr viel Energie frei wird, beruhen der Uranbrenner und die Uranatombombe. Um zu verhindern, daß die Neutronen aus dem Brenner entweichen, umgibt man seine Uranmasse mit »schwerem Wasser«. Dieses enthält in jedem Wassermolekül statt des leichten Wasserstoffs, also des Isotops H, den doppeltschweren, also das schwere Isotop Deuterium D.

Die **Radioastronomie** nimmt mit Hilfe von riesigen Antennen (*Radioteleskopen*) aus dem Weltraum kommende Radiowellen auf, die von *Radiosternen* ausgestrahlt werden, aber auch von den Gestirnen unseres Milchstraßensystems und von anderen Galaxien; die Wellen, deren Wellenlänge zwischen 1 cm und 30 m liegt, geben wertvolle Aufschlüsse über das Geschehen im Weltraum.

Radionuklide sind →radioaktive Atomkerne.

Das **Radium** (chemisches Zeichen Ra): chemisches Element, dessen Entdeckung durch das Ehepaar →Curie im Jahre 1898 zur Entdeckung der →Radioaktivität führte und so in der Entwicklung der Physik und Chemie einen neuen Abschnitt einleitete.

Der **Radius** (lat. = Strahl): jede gerade Linie, die man vom Mittelpunkt eines Kreises an seinen Rand ziehen kann. Die Linie, die man quer durch den Kreis über den Mittelpunkt ziehen kann, ist der Durchmesser. Sie ist genau doppelt so lang wie der Radius, den man auch Halbmesser nennt.

Der **Radsport** umfaßt viele Disziplinen, so den *Radrennsport*, bei dem man zwischen Einzel- und Mannschaftsrennen unterscheidet. Beim *Einzelrennen* versucht jeder Fahrer, als erster ans Ziel zu kommen. Beim *Mannschaftsrennen* kämpfen Mannschaften gegeneinander, die eine festgelegte Strecke in möglichst kurzer Zeit durchfahren müssen. Dabei wird nach der Zeit des langsamsten Fahrers einer Gruppe gewertet. Bei anderen Rennen, z. B. Sechstagerennen (Six Days), muß in einer festgelegten Zeit eine möglichst große Strecke zurückgelegt werden. Andere Disziplinen sind *Kunstradfahren* und *Radball*.

Raffael, der eigentlich Raffaello Santi hieß, zählt zu den großen Malern und Baumeistern der italienischen Renaissance. Er war schon zu seinen Lebzeiten berühmt und gefeiert. Seine bekanntesten Gemälde sind seine Madonnenbilder, wie die »Sixtinische Madonna«, seine großen Wandgemälde im Vatikan und die Papst-Porträts. Raffael wurde 1483 geboren und starb 1520.

Die **Raffinerie** (franz.): Anlage zur Reinigung von Zucker, Erdöl usw. Zucker muß für die menschliche Ernährung, Erdöl für technische Zwecke gereinigt und verfeinert (raffiniert) werden. Den raffinierten Zucker nennt man *Raffinade*.

Die **Rahe** ist ein quer am Schiffsmast angebrachtes Rundholz zum Befestigen der Segel.

Ferdinand **Raimund** war neben Johann →Nestroy der bedeutendste Vertreter des Wiener Volkstheaters. Er schuf humorvoll-melancholische und in ihrer Schlichtheit oft ergreifende Werke, in denen er Volksüberlieferungen mit Elementen des Zauberstückes sowie mit Gesangsnummern und Tragödien-Parodien mischte. Ferdinand Raimund lebte von 1790 bis 1836.

Die **Rakete** ist die älteste Feuerwaffe. Schon vor fast 2000 Jahren wurde sie in China angewendet, später aber durch zielsicherere Geschosse verdrängt. Jahrhundertelang diente sie dann als Feuerwerkskörper und später dazu, eine Rettungsleine vom Ufer zu einem gestrandeten Schiff zu schießen. In den drei letzten Jahrzehnten wurden die Raketen so weiterentwickelt, daß man jetzt mit ihrer Hilfe Flugkörper (Raumsonden und Raumschiffe; →Weltraumfahrt) ins Weltall bringen kann. Man benutzt dazu mehrere hintereinandergeschaltete Raketen (Stufenraketen); sobald die unterste Rakete ausgebrannt ist, wird sie automatisch abgeworfen, und im selben Augenblick zündet die nächste Rakete. Auch in der Waffentechnik spielen Raketen (z. B. Interkontinentalraketen mit Atomsprengköpfen) eine große Rolle. Die Steuerung erfolgt entweder durch ein vor dem Abschuß eingestell-

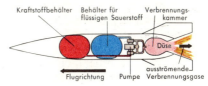

Kraftstoffbehälter   Behälter für   Verbrennungs-
                     flüssigen Sauerstoff   kammer

                                         Düse

                              ausströmende
Flugrichtung   Pumpe   Verbrennungsgase

tes Reglersystem oder durch Funkimpulse vom Erdboden aus. Raumfahrzeuge sind je nach den ihnen zugewiesenen Aufgaben mit Stabilisierungs-, Steuer- und Bremsraketen ausgerüstet, mit deren Hilfe Kurskorrekturen und »weiche« Landungen (z. B. auf dem Mond) durchgeführt werden können. Im Gegensatz zum Propellerflugzeug benötigt die Rakete, um fliegen zu können, keine Atmosphäre, da die Vortriebsenergie (Schub) durch den Rückstoß der aus der Düse austretenden Verbrennungsgase geliefert wird. Die Rakete besteht aus dem *Tankwerk* (mit Behältern für flüssigen Sauerstoff oder sauerstoffreiche Substanz sowie für Kohlenwasserstoff als Treibstoff) und dem *Triebwerk* (Förder- und Reglerwerk, Verbrennungskammer, Düse). Je rascher und je mehr Verbrennungsgase aus der Düse ausströmen, desto größer ist der Schub. – Atomkraftgetriebene Raketen und Raketen mit elektrischen Triebwerken sind noch im Versuchsstadium.

Sir Walter **Raleigh** (sprich råhli) war ein englischer Seefahrer und Abenteurer, der von 1552 bis 1618 lebte. Er gründete u. a. die amerikanische Kolonie Virginia und suchte nach dem berühmten Goldland El Dorado. Er führte Tabak und Kartoffeln in England ein, wurde aber später wegen angeblichen Hochverrats hingerichtet.

Die **Ranch** (engl., sprich räntsch): amerikanische Viehfarm.

rangieren (franz., sprich ràschieren): ordnen; besonders das Zusammenstellen oder Auflösen von Eisenbahnzügen.

Der **Raps** ist eine einjährige Ackerpflanze, die als Grünfutter dient. Aus ihrem Samen gewinnt man Rüböl.

Als **Rasse** bezeichnet man eine Gruppe von Lebewesen, die eine gemeinsame Urheimat besitzen und aus deren Lebensbedingungen (z. B. Klima) gemeinsame Eigenschaften entwickelt haben. Nach solchen Merkmalen teilt die Anthropologie (Wissenschaft vom Menschen) die Menschheit in 3 Hauptrassen ein: Europide (Weiße), Negride (Schwarze) und Mongolide (Gelbe). Jede dieser Haupt-

rassen ist wieder unterteilt in kleinere Gruppen, und zwischen allen gibt es Übergangsformen und Mischformen, die durch Völkerwanderungen, Eroberungen usw. entstanden sind. Daß die Rassen verschiedenartig sind, bedeutet nicht, daß sie verschiedenwertig wären. Auch ist der Reinrassige dem Mischrassigen nicht überlegen. – Neben den durch natürliche Entwicklung entstandenen Tierrassen und Pflanzensorten gibt es zahlreiche, die der Mensch erst gezüchtet hat.

Der **Raster** (lat. = Rechen) ist eine Glasplatte mit einem feinen Gitter von eingeritzten Linien, die bei einer für den Druck bestimmten photographischen Aufnahme vor die lichtempfindliche Platte gestellt wird und das Bild so in viele kleine Punkte zerlegt. An den dunklen Stellen stehen größere, an den helleren kleine, spitze Punkte. Diese Punkte werden mit einer Säure herausgeätzt und dienen als »Druckelemente«. Man kann auf diese Weise Grautöne in verschiedenen Abstufungen erzielen. Je nach der Engigkeit der Linien auf der Glasplatte spricht man von grobem oder feinem Raster. Den groben Raster von Zeitungsbildern kann man mit der Lupe erkennen. Auch beim →Fernsehen wird das Bild in Zeilen und Punkte zerlegt (bei uns etwa 500 000 Punkte); man spricht hier ebenfalls von Raster.

Die **Rate.** Wenn man etwas kauft, kann man entweder sofort (bar) oder in Raten zahlen, das sind regelmäßig zu zahlende Teilbeträge. Dafür muß man bei der Ratenzahlung einen höheren als den Barpreis bezahlen.

Der **Rat für gegenseitige Wirtschaftshilfe** wurde 1949 in Moskau gebildet; er ist ein wirtschaftlicher Zusammenschluß der Ostblockländer: Albanien, Bulgarien, CSSR, DDR, Polen, Rumänien, Sowjetunion und Ungarn, außerdem Kuba und die Mongolische Volksrepublik. Im Gegensatz zur →Europäischen Wirtschaftsgemeinschaft ist der RGW keine selbständige, *über* den beteiligten Staaten stehende Einrichtung.

Die **Ratifikation** (lat.): Bestätigung eines Vertrags, den Staaten miteinander abgeschlossen haben. Erst nach der Ratifikation ist ein Vertrag gültig.

Die **Ration** (lat.): zugeteilte Menge. – *rationieren:* einen beschränkten Vorrat planmäßig verteilen. – *rationell:* überlegt, zweckmäßig, sparsam.

rational (lat. ratio = Vernunft): vernunftgemäß, auf dem Verstand beruhend, durch Denken erkannt. Das Gegenteil ist *irrational:* der Vernunft nicht entsprechend oder nicht zugänglich, mit dem Verstand nicht faßbar oder erklärbar.

Unter **Rationalisierung** versteht man Maßnahmen, um Arbeitsvorgänge in Fabriken und Büros nach wissenschaftlichen Überlegungen so zweckmäßig zu regeln, daß sie weniger Kraft, Zeit und Geld kosten (z. B. durch Arbeitsteilung und Fließbandarbeit). Die letzte Stufe der Rationalisierung ist die →Automation.

Die **Ratte** ist ein schädliches, mit den Mäusen verwandtes Nagetier. Alljährlich richten Ratten für viele Millionen Mark Schaden an, da sie in Kornspeichern und Vorratsräumen Getreide, Feldfrüchte und Sämereien in großen Mengen vernichten. – Früher waren sie sehr gefürchtet, weil sie die Pest übertrugen.

Raubfische nennt man alle Fische, die sich von anderen Fischen ernähren. Die bekanntesten Raubfische unserer Seen, Flüsse und Teiche sind der Hecht und der Barsch, auch Zander, Huchen und Lachs, die Forelle und der Aal gehören dazu.

Raubtiere sind Säugetiere mit großen Eck- und starken Reißzähnen, die sich von Fleisch oder Fisch ernähren. Alle Katzen, Hunde, Bären, Marder und Robben zählen zu den Raubtieren.

Die **Raubvögel** werden neuerdings als →Greifvögel (früher Tagraubvögel) und →Eulen (früher Nachtraubvögel) bezeichnet.

Unter **Rauchwaren** versteht man 1. Tabakwaren; 2. Rauhwaren, d. h. zu Pelzen veredelte Felle. Rauh hieß früher soviel wie struppig, haarig.

Die **Räude** ist eine sehr ansteckende Hautkrankheit bei Pelztieren, die durch eine →Milbe hervorgerufen wird. Die Haare fallen aus, die Haut entzündet sich, die Tiere fressen nicht mehr, magern ab und gehen ein.

Rauhnächte werden in Süddeutschland und Österreich die zwölf Nächte zwischen Weihnachten und dem Dreikönigstag genannt. Die Bezeichnung stammt wahrscheinlich von den rauhen, mit Fell bekleideten Unholden, die nach dem Volksglauben dem Menschen in der Mittwinterzeit Schaden zufügen wollen.

Raumfahrt, *Raumschiff*, *Raumsonde* →Weltraumfahrt.

Raupen nennt man die wurmförmigen →Larven von Schmetterlingen oder Blattwespen. Sie haben eine lange Doppelreihe von Füßen und ernähren sich fast ausschließlich von Blättern. Die Haut der Raupen ist mit Borsten und Haaren versehen, die zuweilen giftig sind (Abb. →Haare). Wenn die Raupen ausgewachsen sind, verpuppen sie sich, und aus der →Puppe schlüpft dann der fertige Schmetterling.

Raupenantrieb verwendet man für schwere Fahrzeuge, die über unwegsames Gelände fahren müssen, z. B. für landwirtschaftliche Traktoren und Panzerkampfwagen. Breite, aus einzelnen Platten bestehende Bänder, sogenannte Raupenketten, sind um das Triebrad und ein oder mehrere Leiträder gelegt und bewegen das Fahrzeug. Sie verteilen seine Last auf eine große Fläche und verhindern so das Einsinken in den Boden. Raupenfahrzeuge können erhebliche Steigungen überwinden.

Rauschgifte sind Betäubungsmittel, wie z. B. →Morphium und →Opium, die den Menschen in einen traumartigen, schmerzlosen Zustand versetzen. Da die Gefahr der Gewöhnung und damit schwerster Gesundheitsschädigungen besteht, dürfen sie nur auf ärztliche Anordnung verabreicht werden. Handel und Vertrieb zu mißbräuchlichen Zwecken sind mit strengen Strafen bedroht.

Maurice **Ravel** war ein französischer Komponist des →Impressionismus, der von 1875 bis 1937 lebte. Er schrieb vornehmlich Klaviermusik und Orchesterwerke, von denen der »Bolero« das bekannteste ist.

Eine **Razzia** ist eine von der Polizei mit stärkeren Kräften überraschend und planmäßig durchgeführte Durchsuchung von Gebäuden und Gegenden, um Verbrecher aufzuspüren.

Die **Reaktion** (lat.): Gegenwirkung. – Eine chemische Reaktion ist ein unter stofflichen Veränderungen ablaufender Vorgang. In der Physik löst jede einwirkende Kraft eine Reaktion in Form einer gleich großen, aber entgegengesetzt wirkenden »Gegenkraft« aus. Ein Lebewesen *reagiert* durch Empfindung oder Bewegung auf einen Reiz. In Geschichte und Politik bezeichnet man als Reaktion Machtgruppen, die sich gegen jede soziale oder demokratische Neuerung wenden.

Reaktor →Kernreaktor.

real (lat. res = Sache): wirklich, tatsächlich. *Realismus* nennt man das nüchterne, nicht durch bloße Gefühlsregungen beeinflußte Betrachten und Einschätzen der Wirklichkeit. In der Kunst bezeichnet man so die wirklichkeitsgetreue Darstellung der Welt, im besonderen der Alltagswirklichkeit. Eine gesteigerte Form des künstlerischen Realismus ist der →Naturalismus.

René de **Réaumur** (sprich reomühr) war ein französischer Naturforscher, der 1730 ein →Thermometer mit einer 80-Grad-Skala erfand.

Der **Rebell** (lat.): Empörer, Aufrührer.

Das **Rebhuhn** liebt die offenen Ebenen des Landes. Rebhühner leben in Gemeinschaften von 10 bis 20 Tieren. Wegen ihres zarten Fleisches werden sie im Herbst, wenn die Brut erwachsen ist, gejagt.

Die **Reblaus** ist der schlimmste Schädling der Weinrebe. Sie wurde im 19. Jh. aus Amerika eingeschleppt und verbreitete sich schnell über alle Weinbaugebiete. Da Rebläuse nicht nur auf Blättern hausen, sondern auch Wurzeln schädigen, müssen befallene Weinstöcke verbrannt werden.

Rechenmaschine. Das einfachste Rechengerät ist das Rechengitter, dessen Kugeln an Drähten hin und her geschoben werden. Man kann damit nur addieren und subtrahieren. Wirkliche Rechenmaschinen arbeiten mit Zählwerken. Größere Maschinen haben heute meist elektrischen Antrieb. Sie lösen auch Multiplikations- und Divisionsaufgaben. Dagegen ist der Arbeitsgang der →*Elektronenrechner* ganz anderer Art. Die Schnelligkeit ihres Rechnens gestattet es ihnen, umständliche Wege zur Erlangung der Ergebnisse zu gehen. Solche Maschinen, die Tausende von 10- bis 20stelligen Zahlen speichern können, lösen in Sekunden außerordentlich zeitraubende Rechenaufgaben der Mathematik und Physik.

Rechenschieber sind Handgeräte, die das Rechnen erleichtern, indem sie nicht mit den Zahlen rechnen, sondern mit den Logarithmen der Zahlen. Dadurch wird aus dem Multiplizieren ein Addieren, aus dem Dividieren ein Subtrahieren, Potenzieren wird zum Multiplizieren und Wurzelziehen zum Dividieren.

Das **Recht.** Das Wort kommt von »richten« = ordnen, entscheiden, was »richtig« ist. Durch Unwissenheit oder bösen Willen entstehen Streitigkeiten oder »Unrecht«, sogar Verbrechen und Vergehen gegen Ordnung und Sicherheit. Man wendet sich dann an den Staat, daß er für Recht sorge. Das Recht ist in Gesetzen über den Schutz der Menschen, des Eigentums, der Ordnung, der Arbeit, der Familie festgelegt. Die Gesetze werden von der Regierung vorbereitet und im Parlament beraten. Die Beziehungen der Völker untereinander regelt das →Völkerrecht.

Die Rechtsfähigkeit eines Menschen beginnt mit der Geburt. Ab 7 Jahren ist der Minderjährige (der Jugendliche unter 18 Jahren) beschränkt geschäftsfähig. Er kann also einen Vertrag schließen, z. B. ein Paar Schuhe kaufen, wenn der gesetzliche Vertreter, das sind in der Regel die Eltern, dies genehmigt. Wenn er allerdings bloß von seinem Taschengeld etwas kauft, braucht er keine Genehmigung. Der Minderjährige hat aber auch Pflichten gegenüber den Eltern. Solange er bei ihnen im Haushalt lebt, ist er verpflichtet, nach seinen Kräften im Hauswesen und Geschäft mitzuhelfen.

Mit 10 Jahren kann der Minderjährige mitentscheiden beim Wechsel des religiösen Bekenntnisses und mit 14 Jahren selbst über die Zugehörigkeit zu einer Religionsgemeinschaft entscheiden.

Minderjährige zwischen dem 14. und 18. Lebensjahr kommen, wenn sie sich strafbar gemacht haben, vor das →Jugendgericht.

Mit Vollendung des 18. Lebensjahres wird man mündig (volljährig), das heißt voll geschäftsfähig und wahlberechtigt.

Das **Rechteck** ist ein Viereck mit je zwei gleichlangen Seiten, bei dem alle Seiten senkrecht aufeinander stehen. Eine Sonderform des Rechtecks ist das →Quadrat.

Ein **Rechtsanwalt** ist ein →Jurist, der andere in Rechtsfragen berät oder vor Gericht vertritt. Im Zivilprozeß muß er das Gericht von dem Recht seiner Partei überzeugen; im Strafprozeß hat er die Unschuld des Angeklagten nachzuweisen oder auf eine möglichst milde Strafe hinzuwirken.

Die **Rechtschreibung** →Orthographie.

Als **Rechtsstaat** bezeichnet man zum Unterschied vom Polizeistaat (→Polizei) einen Staat, dessen Gewalt durch eine Verfassung begrenzt ist und der die Rechte seiner Bürger durch Gesetze schützt.

Der **Redakteur** (franz., sprich redaktöhr) oder *Schriftleiter* ist der Angestellte einer Zeitung oder Zeitschrift, der ihren Inhalt bestimmt; größere Zeitungen haben mehrere Redakteure, sie bilden zusammen die *Redaktion*. Die erforderlichen Beiträge schreiben sie entweder selbst oder beauftragen damit feste oder freie Mitarbeiter. Ihre Aufgabe ist es weiterhin, alle Beiträge zu sammeln, zu prüfen und notfalls zu überarbeiten (*redigieren*). – Als redaktionellen Teil bezeichnet man die Spalten der Zeitung, für deren Inhalt die Schriftleitung die Verantwortung trägt, zum Unterschied vom Anzeigenteil.

reduzieren (lat.): verringern, einschränken.

Die **Reede:** meist durch →Molen geschützter Ankerplatz von Schiffen vor dem Hafen.

Der **Reeder:** Eigentümer von Handelsschiffen.

reell (franz.): wirklich, redlich, zuverlässig.

Das **Referat** (lat.): 1. Vortrag, Bericht; 2. Sachgebiet, besonders bei Behörden; *Referent* heißt sowohl derjenige, der einen Vortrag hält, als auch der Sachbearbeiter oder Leiter der als Referat bezeichneten Behördenabteilung.

Ein **Referendar** ist ein Anwärter auf eine Staatsbeamtenstelle, der seine wissenschaftlichen Prüfungen an der Hochschule bereits abgelegt hat, sich aber noch auf seine Berufsprüfung vorbereiten muß, z.B. Gerichtsreferendar, Studienreferendar.

Das **Referendum** (lat.): Volksentscheid (besonders in der Schweiz).

Die **Referenz** (franz.): Empfehlung, Empfehlungsschreiben.

Reffen nennt man in der Seemannssprache das Verkleinern der Segelfläche durch Zusammenschnüren der unteren Teile des Segels mittels *Reffbändseln.*

Der **Reflektor** (lat.) ist ein →Parabolspiegel im Autoscheinwerfer, der das Licht reflektiert und auf die Straße wirft.

Der **Reflex** (lat.): 1. Widerschein, z. B. das Zurückwerfen von Lichtstrahlen durch einen Spiegel; 2. unwillkürlich, d. h. ohne Willen, ausgelöste Bewegung bei Mensch oder Tier als Antwort auf einen äußeren Reiz: so schließt sich das Auge bei Berührung oder plötzlich aufleuchtendem Licht ganz von selbst.

Die **Reform** (lat.): Umgestaltung, Verbesserung.

Die **Reformation** (lat.) war die große religiöse Bewegung im 16. Jh., die die Kirche reformieren, d. h. erneuern wollte. Die Anhänger der Reformation wollten nach der reinen Lehre der Evangelien leben, darum heißen sie evangelische Christen (siehe auch Protestantismus). Gegen den ursprünglichen Willen der Reformatoren führte die Entwicklung schließlich zur Bildung eigener unabhängiger Kirchengemeinschaften.

Begründer und Führer der Reformation war Martin →Luther. In seinen Schriften legte er ab 1517 den gedanklichen Grund für die neue Lehre, der er auch äußerlich zum Erfolg verhalf. Er verteidigte in den folgenden Jahren seine Lehre wiederholt gegen den Kaiser, den Reichstag und die Vertreter der Kirche. Es kam zu Kriegen zwischen den Lutheranern und Katholiken in Deutschland, bis im Westfälischen Frieden nach dem Dreißigjährigen Krieg (1618 bis 1648) die →evangelische Kirche endgültig anerkannt wurde.

Die Reformation griff von Deutschland auch auf andere Länder über. In der Schweiz schufen →Zwingli und →Calvin eine Sonderform der Reformation. Der Calvinismus fand in Holland, Schottland und in Teilen Englands Verbreitung. Im übrigen England setzte sich die →anglikanische Kirche durch, eine eigene englische reformierte Kirche, in den nordischen Staaten das Luthertum.

Gegen die Reformation wurde von katholischer Seite die *Gegenreformation* eingeleitet, die von sich aus eine Erneuerung der katholischen Kirche verwirklichte. Sie wurde vor allem vom Jesuitenorden getragen und entwickelte sich rasch neben den reformatorischen Kräften zur stärksten Macht. Reformation und Gegenreformation hatten auf Kultur, Wissenschaft und Kunst den größten Einfluß. Aus ihnen erwuchs ein eigener Stil, der →Barock, der das Gesicht dieser Jahrhunderte prägte. →Una Sancta Ecclesia.

Die **Regatta** (ital.): Wettfahrt auf dem Wasser für Motor-, Ruder- oder Segelboote.

Regen fällt, sobald mit Feuchtigkeit gesättigte Luft sich abkühlt. Solche Abkühlung erfolgt z. B. an Berghängen, weshalb es dort mehr regnet als im Flachland. Die Regenmengen werden mit besonderen Geräten (Niederschlagsmesser) gemessen, die über das ganze Land gleichmäßig verteilt sind. In Deutschland schwanken die Niederschlagsmengen, die nicht nur vom Regen, sondern auch von Schnee und Hagel herrühren, zwischen 500 mm und 1500 mm im Jahr, das heißt, so hoch stünde das Wasser, wenn die Niederschläge stehenbleiben würden. Am Südhang des Himalaja fallen jährlich 12000 mm Regen, während in Wüsten und in den Polargebieten die Niederschläge unter 200 mm bleiben. Um bei anhaltender Dürre Ernteausfall zu vermeiden, verwendet man Anlagen zur künstlichen Beregnung; in niederschlagsarmen Gegenden baut man Kanalsysteme und Stauseen für künstliche Bewässerung. Man kann auch Wolkenbildung und Regen durch wärmeschluckende Chemikalien erzwingen, die von Flugzeugen abgeblasen werden.

Regenbogen entstehen, wenn Sonnenlicht in Wassertröpfchen gebrochen und gespiegelt wird. Daher ist der Mittelpunkt des Bogens, vom Beobachter aus, der Sonne genau entgegengesetzt. Nur dort, wo noch Regen fällt, bildet sich der Bogen, deshalb ist er oft nur stückweise zu sehen. Je tiefer die Sonne steht, desto höher wölbt sich der Bogen und erreicht bei Sonnenuntergang die Größe eines Halbkreises. Die →Farben sind die des Sonnenspektrums, wobei das Rot stets außen liegt. – Auch an Springbrunnen und Wasserfällen kann man Regenbogen wahrnehmen.

Die **Regeneration** (lat.): Neubildung, z. B. zerstörter Körpergewebe beim Menschen oder ganzer Körperteile bei niederen Tieren.

Der **Regent** (lat.): Oberhaupt monarchischer Staaten; bei Minderjährigkeit oder Verhinderung des Herrschers wird auch dessen Vertreter so genannt.

Der **Regenwurm** wird bis zu 35 cm lang. Er lebt nicht nur in der Erde, sondern frißt auch Erde, der er die pflanzlichen und tierischen Fäulnisstoffe entzieht. Die für ihn unverdaulichen Erdreste stößt er wieder aus und ist dadurch wichtig für die Humusbildung. Durch seine Gänge lockert er die oberen Erdschichten auf und erleichtert den Luft- und Wasserzutritt.

Regenwürmer können ertrinken. Deshalb verlassen sie nach starken Regenfällen ihre Erdgänge.

Die **Regie** (sprich reschih): Spielleitung. – Der *Regisseur:* Spielleiter beim Theater, der die Vorbereitungen für eine Aufführung leitet, mit dem Bühnenbildner die Ausstattung und Beleuchtung bespricht, die Schauspieler aussucht (die Rollen besetzt), ihr Spiel bestimmt und dafür sorgt, daß der Text sinnvoll und ausdrucksvoll gesprochen und gespielt wird. Auch bei Film, Funk und Fernsehen hat der Regisseur entsprechende Aufgaben.

Regierung nennt man die Leitung eines Staates. Chef der Regierung ist je nach Staatsform der Staatspräsident, der Ministerpräsident (Kanzler) oder der Monarch. Repräsentatives Staatsoberhaupt ist der Staatspräsident oder der Monarch. In einem Bundesstaat hat aber auch jedes einzelne Bundesland seine eigene *Landesregierung* (in Bremen, Hamburg und Berlin *Senat* genannt). Die Länder der Bundesrepublik Deutschland sind wiederum unterteilt in *Regierungsbezirke* (Verwaltungsbezirke). Deren Verwaltungsbehörden werden ebenfalls als Regierung bezeichnet, z. B. Regierung von Niederbayern. An ihrer Spitze steht ein *Regierungspräsident.* – In der Demokratie hat das Volk durch die von ihm gewählte gesetzgebende Körperschaft, das →Parlament, Anteil an der Regierung. In der Diktatur ist alle Regierungsgewalt in der Hand des Diktators vereinigt.

Das **Regime** (franz., sprich reschihm): Regierungsform, Herrschaft.

Das **Regiment** (lat.): 1. Herrschaft, Leitung, Befehlsgewalt; 2. selbständiger Truppenverband aus mehreren Bataillonen derselben Waffengattung.

Das **Register** (lat.): 1. Verzeichnis, z. B. von Namen oder Begriffen am Ende eines wissenschaftlichen Buches; 2. eine Reihe von Pfeifen bei der →Orgel.

Die **Registertonne** ist die Maßeinheit für die Bestimmung des Rauminhalts (nicht des Gewichts!) von Schiffen. 1 RT = 2,8316 m³. Die *Brutto-Register-*tonnen (BRT) geben den Gesamtraum eines Schiffes einschließlich Maschinen- und Besatzungsräumen an, die *Netto-Registertonnen* (NRT) geben nur den Laderaum an.

regulär (franz.): regelmäßig, der Regel entsprechend. – *regulieren:* regeln.

Das **Reh** ist ein kleiner →Hirsch. Der Bock trägt ein Gehörn mit höchstens 6 Enden (→Geweih), im Sommer ein rotbraunes, im Winter ein graubraunes Fell. Das weibliche Reh, die *Ricke,* »wirft« jährlich ein bis zwei hellgefleckte *Kitze.*

Die **Rehabilitation** (lat.): Ehrenrettung, Wiederherstellung des guten Rufes.

Die **Reibung** setzt jeder Bewegung eines Körpers Widerstand entgegen. Sie ist um so größer, je rauher seine Oberfläche ist. Bei Flüssigkeiten und Gasen tritt zu der äußeren Reibung (z. B. an den Wänden eines Rohres) noch die innere zwischen den Molekülen. Die Reibung zwischen einem flüssigen und einem festen Körper ist geringer als zwischen zwei festen Körpern. Deshalb werden aufeinander gleitende Maschinenteile geschmiert. Die rollende Reibung ist kleiner als die gleitende, deshalb bettet man Achsen in Walzen- oder Kugellager. Die Energie, die zur Überwindung der Reibung nötig ist, verwandelt sich in Wärme und Schall. Gäbe es keine Reibung, so würde ein rollender Wagen auf einer genau waagerechten Straße ewig weiterfahren. Ohne Reibung könnte man aber auch keinen Körper in Bewegung setzen, denn hierzu ist immer ein Widerstand erforderlich. Deshalb ist es z. B. schwierig, auf Glatteis zu gehen, da dort wegen der geringen Reibung nur wenig Widerstand vorhanden ist, an dem man sich abstoßen kann.

Reichsstädte waren im alten Deutschen Reich Städte, die nur dem Kaiser oder König unterstanden, während die Landesstädte dem Landesherrn unterstanden, in dessen Gebiet sie lagen. Seit dem 16. Jh. Freie Reichsstädte genannt, waren sie auf den Reichstagen neben den Kurfürsten und Reichsfürsten als »3. Kollegium« vertreten.

Reiher sind →Stelzvögel, die am Wasser leben und sich fast ausschließlich von Fischen ernähren. Unser einheimischer *Fischreiher* wird deshalb von den Fischern verfolgt. Der weiße *Edelreiher,* der wegen seiner feinfiedrigen Schmuckfedern gejagt wird, steht in vielen Ländern unter Naturschutz.

Reim →Verslehre.

Der **Reis.** Über die Hälfte der Menschheit nährt sich von Reis. Die in Saatbeeten herangezogenen Setzlinge dieses →Getreides werden in überschwemmten Feldern gepflanzt. An Berghängen sind die Felder der Bewässerung wegen gestuft. Außer in Ostasien wird Reis u. a. auch im Süden der USA, in Italien und Spanien angebaut. Außer diesem *Wasserreis* gibt es im nördlichen Japan noch *Bergreis,* der auf nichtbewässerten Feldern wächst.

Reisige hießen im Mittelalter die schwerbewaffneten Reiter.

Die **Reklamation** (lat.): Beanstandung, Mängelanzeige. – *reklamieren:* beanstanden.

Die **Reklame** →Propaganda.

Die **Rekonstruktion** (lat.): nachträgliche Wiederherstellung. Das Tätigkeitswort heißt *rekonstruieren.* »Die Polizei rekonstruiert den Hergang des Mordes.«

Der **Rekord** (engl.): höchste und beste Leistung auf einem Gebiet.

Der **Rekrut** (franz.): der neu eingestellte, noch in der Grundausbildung befindliche Soldat.

Der **Rektor** (lat.): Vorsteher einer Schule, insbesondere der auf Zeit gewählte Leiter einer Hochschule, z. B. einer Universität.

Das **Relais** (franz., sprich röläh) ist in der Elektro- und Fernmeldetechnik eine Vorrichtung, bei der ein Stromkreis durch einen zweiten »gesteuert« wird, wobei in der Regel der gesteuerte Strom viel stärker ist als der steuernde.

Die **Relation** (lat.): Verhältnis, Beziehung zwischen zwei Größen.

relativ (lat.): im Verhältnis zu anderem, bedingt, beschränkt; Gegensatz von *absolut.*

Die **Relativitätstheorie** von →Einstein gehört mit der →Quantentheorie zu den Grundlagen der modernen Physik. Sie folgt aus einem Experiment, das der Forscher Michelson gemacht hatte, und aus der von Einstein vorgenommenen schärferen Fassung des bis dahin geltenden Begriffes der Gleichzeitigkeit. Michelsons Experiment bewies, daß das Licht sich für jeden Beobachter gleich schnell fortpflanzt, gleichgültig wie der Beobachter sich bewegt. Einstein erkannte, daß man diese Eigenschaft des Lichtes berücksichtigen muß, wenn man feststellen will, ob zwei physikalische Vorgänge, die an zwei verschiedenen Orten stattfinden, sich auch gleichzeitig ereignen. Der neue Begriff der Gleichzeitigkeit erforderte die Änderung vieler früherer Vorstellungen in der Physik. Die neuen Anschauungen und Gesetze wurden von Einstein 1905 zur »speziellen Relativitätstheorie« zusammengefaßt. Nach dieser erscheint einem Beobachter der Gang einer Uhr oder die Länge eines Maßstabes geändert, wenn Uhr oder Maßstab sich bewegen. Auch die Masse eines Körpers ändert sich, wenn er sich bewegt: mit der Geschwindigkeit wächst die Masse. Kein Körper kann die Geschwindigkeit des Lichtes (rund 300 000 km/sek.) erreichen, da das ungemein schnelle Anwachsen seiner Masse immer mehr Energie für seine Beschleunigung verlangt. Der folgenschwerste Satz der neuen Theorie war der, daß Masse und Energie im Wesen dasselbe sind. Die Gewinnung von Energie aus dem Atomkern (→Atom) gründet sich darauf.

In der 1916 aufgestellten »allgemeinen Relativitätstheorie« wurde von Einstein auch das Wirken der →Gravitation in neuer Form dargestellt. Die Folgerungen dieser Theorie waren: Die Bahn eines Lichtstrahles wird im Schwerefeld einer Masse gekrümmt (Lichtablenkung). Im Schwerefeld einer Masse verläuft ein Lichtstrahl nicht mehr gradlinig, sondern in einer gekrümmten Bahn. Bei Sonnenfinsternissen z. B. erscheinen die Bilder von Sternen vom Sonnenrand fort nach außen verschoben. Die Wellenlänge von Licht, das im Schwerefeld einer Masse schwingt, wird dadurch größer (man nennt das Rotverschiebung). Die Achsen der elliptischen Bahnen von Planeten wandern langsam in der Ebene der Bahn fort (beim Planeten Merkur ist das nachweisbar). Die allgemeine Relativitätstheorie beschreibt auch mehrere Arten, wie man sich den Aufbau des ganzen Weltalls vorstellen kann (Kosmologie). Die astronomische Beobachtung hat zwischen diesen möglichen Formen des Weltalls noch nicht entscheiden können.

Die **Relevanz** (lat.): Wichtigkeit, Bedeutsamkeit, allgemeines Interesse. Das Eigenschaftswort lautet *relevant*. Ein Problem ist relevant, wenn die Lösung des Problems zu neuen, interessanten Ergebnissen und Fragestellungen führt.

Das **Relief** (franz. = erhabene Arbeit): plastisches Bildwerk, bei welchem sich der dargestellte Gegenstand teilweise aus einer Fläche herauswölbt. Nach der Stärke des Sichhervorwölbens unterscheidet man Flach-, Halb- oder Hochreliefs. Die Reliefkunst wird seit alters vor allem auf Münzen gepflegt.

Die **Religion** (lat.): Glaube des Menschen an übernatürliche, göttliche Mächte; das Verhältnis des Menschen zum Übernatürlichen. Der Glaube primitiver Völker an beseelte Naturkräfte wird als *Naturreligion* oder Animismus bezeichnet; der Glaube (z. B. der alten Griechen, Römer und Germanen) an viele Götter als *Polytheismus;* der Glaube (z. B. der Juden, Christen und Mohammedaner) an einen einzigen allmächtigen Gott als *Monotheismus*. Abb. S. 516.

Die **Reling:** das Geländer auf Schiffen.

Reliquien nennen wir die Überreste von heiligen Personen oder Gegenständen. In der katholischen Kirche werden diese Reliquien verehrt. Unter vielen Altären sind die Gebeine eines Heiligen oder seine Kleider aufbewahrt.

Rembrandt Harmensz van Rijn (sprich rain) war der größte holländische Maler.

Er lebte von 1606 bis 1669 und wurde früh berühmt. Nach dem Tode seiner Frau Saskia verlor er seine Kunstsammlung und sein Vermögen und zog sich von der Welt zurück. Seine Bilder wurden ernster, tiefer und von immer stärkerem Leuchten erfüllt. Viele biblische Szenen (z. B. »Der verlorene Sohn«) sind darunter, große Gruppenbilder, wie die »Nachtwache«, Landschaften und sehr viele Selbstbildnisse. Die Wirkung des Geheimnisvollen, die von den Werken Rembrandts ausgeht, beruht auf der Spannung zwischen Licht und Schatten. Man spricht deshalb von »Rembrandtschem Helldunkel«. Rembrandt war auch einer der größten Meister der →Radierung.

Das **Ren** oder *Rentier* ist der einzige Hirsch, bei dem auch das weibliche Tier ein Geweih trägt. Das Ren lebt in den nordischen Ländern und ist bei den Lappen ein unentbehrliches Haustier. Es liefert Milch, Pelz und Fleisch und ist ein gutes Zug- und Reittier.

Die **Renaissance** (sprich rönäßäß, franz. = Wiedergeburt). So werden das 15./16. Jh. als kulturgeschichtlicher Abschnitt und der in dieser Zeit herrschende Kunststil genannt. Damals wurde die Kunst der Antike wiederentdeckt und in Werken verwandter Art »wiedergeboren«. Die Renaissance nahm ihren Ausgang von Italien, wo sie besonders großartige Werke hervorbrachte. In der →Baukunst kehrte sie zu klar gegliederten Räumen

Lila: Christen = 32%. Grün: Mohammedaner = 15,5%. Blau: Buddhisten = 6%. Braun: Hindus = 12%. Orange: andere ostasiatische Religionen und Bekenntnisse = 19%. Gelb: Israeliten = 0,5%. Rot: andere Gruppen = 15%.

Verteilung der wichtigsten Religionen

mit einfacher Linienführung, zum Rundbogen und zu antiken Säulen und Giebeln zurück. Die Maler erkannten die Gesetze der →Perspektive. Während das Mittelalter fast nur religiöse Bilder kannte, wurde jetzt im Porträt der Mensch um seiner selbst willen, als Persönlichkeit dargestellt. Ebenso erschien in der Plastik, die sich aus ihrer bisherigen Bindung an die Baukunst löste, der Mensch als freies, selbstbewußtes Wesen, so wie er sich auf literarischem Gebiet in der Gedankenwelt des →Humanismus äußerte. Bedeutende Künstler der Renaissance waren in Italien Michelangelo, Leonardo, Raffael, Tizian, in Deutschland Dürer, in England Holbein. Renaissancebauten sind die Peterskirche in Rom, der Palazzo Pitti in Florenz, das Heidelberger Schloß und das Augsburger Rathaus. Mit der Renaissance begann die →Neuzeit und die Herrschaft des von Kopernikus, Galilei und Kepler begründeten naturwissenschaftlichen Weltbildes. Die Spätrenaissance ging in den →Barock über.

renitent (lat.): widerspenstig.

Die **Renke** →Lachs.

renommieren (franz.): prahlen.

renovieren (lat.): erneuern, neu herrichten.

rentabel (lat.): gewinnbringend, lohnend. – Substantiv: die *Rentabilität*.

Als **Rente** bezeichnete man ursprünglich ein regelmäßiges Einkommen, das der Besitzer eines Vermögens durch Verleihung von Geld, Verpachtung von Grundstücken oder Vermietung von Wohnungen erhielt. Heute nennt man Rente auch regelmäßige Zahlungen, die jemand von einer Versicherung oder vom Staat bekommt, z. B. Invalidenrente, Altersrente.

Reparationen (lat.) nennt man die Wiedergutmachungsleistungen eines unterlegenen Staates für Schäden, die er seinen Gegnern im Kriege zugefügt hat.

repatriieren (lat.): Staatsangehörige wieder in die Heimat aufnehmen; Kriegsgefangene oder Internierte in die Heimat entlassen.

Die **Replikation** ist die Verdoppelung der →DNS, wobei der Informationsgehalt nicht verändert wird. Bei der Zellteilung muß jede Tochterzelle einen kompletten Satz gleichen Erbmaterials erhalten.

Der **Reporter** (engl.): Berichterstatter. – Die *Reportage* (franz., sprich reportasche): Tatsachenbericht, z. B. in Zeitungen, Zeitschriften, Funk und Fernsehen.

Der **Repräsentant** (lat.): Persönlichkeit, die eine amtliche Stelle oder eine Gemeinschaft bei wichtigen Gelegenheiten in der Öffentlichkeit vertritt; auch Abgeordneter in einem Parlament.

Die **Repressalie** (lat. = Gegendruckmittel): Vergeltungsmaßnahme.

Die **Reproduktion** (lat.): Wiedergabe; Vervielfältigung von Bildern oder Schriften durch Druck.

Reptilien nennt man alle Kriechtiere, die Land und Wasser bewohnen. Sie sind Wirbeltiere und atmen durch Lungen. Die meisten legen Eier. Ihr Körper ist mit Horn oder Knochenschilden bedeckt. Zu ihnen gehören Schildkröten, Krokodile, Eidechsen und Schlangen.

In einer **Republik** (lat. res publica = öffentliche Sache, Sache des Volkes) herrscht im Unterschied zur absoluten →Monarchie nicht ein einzelner, sondern eine Gemeinschaft. In den Republiken des Altertums und des Mittelalters wurde die Herrschaft oftmals von einzelnen Gruppen des Volkes (z. B. Adel oder Patrizier) ausgeübt; in einer demokratischen Republik liegt sie in den Händen der von allen wahlberechtigten Staatsbürgern gewählten Volksvertretung.

Das **Requiem** (lat.): in der katholischen Kirche die Messe für einen Verstorbenen. Berühmte Vertonungen von Seelenmessen komponierten Mozart, Verdi und Brahms.

Die **Reseda** ist eine einjährige Gartenpflanze mit angenehm duftenden, unscheinbaren Blütenständen.

Die **Reservation** →Indianer.

Die **Reserve** (franz.): 1. Zurückhaltung; 2. für den Notfall zurückbehaltener Vorrat; 3. beim Militär die für besonderen Einsatz zurückbehaltenen Truppen sowie die Mannschaften, die ihre Dienstzeit hinter sich haben und nur zeitweise, besonders im Kriegsfall, wieder einberufen werden (*Reservisten*).

Das **Reservoir** (franz., sprich reserwoahr): Sammelbecken, großer Behälter.

Die **Residenz** (franz.): ständiger Wohnsitz eines Staatsoberhaupts, Fürsten oder hohen geistlichen Würdenträgers.

Die **Resignation** (lat.): Entsagung, Verzicht. – *resignieren:* sich mit etwas abfinden.

Die **Resistenz** (lat.) ist die Widerstandsfähigkeit gegen Krankheitserreger und Krankheiten. Das Eigenschaftswort heißt *resistent.* Manche Insekten werden im Laufe der Zeit gegen bestimmte Insektenvertilgungsmittel resistent.

resolut (lat.): entschlossen, beherzt. – Die *Resolution:* Beschluß, z. B. schriftliche Erklärung einer politischen Versammlung zu den von ihr behandelten Fragen.

Die **Resonanz** (lat. resonare = zurückklingen, mitklingen). Schwingungen, die auf einen Gegenstand stoßen, der die

gleiche Schwingungszahl hat, bringen diesen zum Mitschwingen. Jedes Mitschwingen nennt man Resonanz, auch das unhörbare. Wenn z. B. eine Truppe im gleichen Schritt über eine Brücke marschiert, so kann diese, wenn sie die gleiche Schwingungszahl hat wie die marschierende Truppe, ins Mitschwingen geraten und einstürzen. – Beim Bau von Musikinstrumenten verwendet man gut mitklingendes Material zu Resonanz-(*Schall-*) *Körpern* oder *Resonanzböden*. Eine wichtige Rolle spielt die Resonanz in der Rundfunktechnik (→Schwingungskreis). – Auch die Wirkung, die ein Kunstwerk oder Vortrag ausübt, den »Widerhall«, den sie finden, nennt man Resonanz.

Das **Ressentiment** (franz., sprich ressätimã): Unwillen, nicht verstandesmäßig begründete ablehnende Haltung.

Das **Ressort** (franz., sprich ressohr): Arbeits- und Sachgebiet, Amtsbereich.

Als **Restauration** (lat.) bezeichnet man allgemein die Wiederherstellung früherer politischer oder geistiger Verhältnisse, z. B. die Wiedereinsetzung einer abgesetzten Herrscherfamilie. *Restaurationszeit* im besonderen nennt man die Zeit zwischen 1815 und 1848, in der sich die europäischen Fürsten zu einer »Heiligen Allianz« gegen den →Liberalismus verbanden und versuchten, die Zustände wiederherzustellen, die vor der Französischen Revolution und der Herrschaft Napoleons bestanden hatten. Ihr maßgebender Verfechter war der österreichische Staatsmann Metternich.

Die **Retorte** (franz.): kolbenartiges Gefäß mit seitlich abgebogenem Hals, meist aus Glas oder Metall. Es dient vor allem zur →Destillation von Flüssigkeiten.

Der **Rettich** ist eine schnell wachsende einjährige Kulturpflanze, die eine dicke, eßbare Pfahlwurzel bildet. – *Radieschen* sind kleine Rettiche.

Rettungsdienst wird meist ehrenamtlich an besonders unfallgefährdeten Stellen ausgeübt. So hilft z. B. die »Bergwacht« Wanderern im Gebirge, die »Wasserwacht« und die »Deutsche Lebensrettungs-Gesellschaft« retten Ertrinkende, der »Verein zur Rettung Schiffbrüchiger« birgt Menschen aus Seenot.

Rettungsschwimmen. Jeder Rettungsversuch ist gefährlich, da sich der Ertrinkende in seiner Todesangst an allem Greifbaren festhält. Der Retter soll vorsichtig von hinten an den Ertrinkenden heranschwimmen. Wird er dennoch von ihm umklammert, so befreie er sich rücksichtslos, am besten durch Tauchen. Der Ertrinkende läßt dann los, da er an der Oberfläche bleiben will.

Die zwei wichtigsten Rettungsgriffe sind: 1. Man hält den Ertrinkenden von hinten bei den Achselhöhlen oder faßt seinen Kopf seitlich mit beiden Händen und zieht ihn so in Rückenlage ans Land. 2. Man faßt ihn mit einer Hand unterm Kinn und schwimmt in halber Seitenlage ans Land. Bei beiden Arten ist darauf zu achten, daß Mund und Nase des zu Rettenden über Wasser bleiben. An Land werden Wiederbelebungsversuche durchgeführt, auch dann, wenn der Gerettete keine Lebenszeichen von sich gibt.

Die **Retusche** (franz.): Veränderungen, die an Bildern oder Photographien vorgenommen werden, um kleine Fehler zu beseitigen oder Einzelheiten deutlicher werden zu lassen.

Die **Reuse** →Fischfang.

Fritz **Reuter** war der bedeutendste Vertreter der plattdeutschen Dialektdichtung. Er schilderte →realistisch und humorvoll seine Zeit, so z. B. in dem Roman über die Franzosenherrschaft »Ut de Franzosentid« oder in »Ut mine Festungstid«. Reuter wurde 1810 geboren und starb 1874.

Die **Revanche** (franz., sprich rewäsch): Rache, Vergeltung, auch im guten Sinn, z. B. im Sport das Rückspiel. – *sich revanchieren:* sich rächen, aber auch sich für eine Gefälligkeit dankbar zeigen.

Das **Revier** (franz.): 1. Bezirk, in dem Revierbeamte (z. B. Förster, Polizisten) ihre Aufsicht ausüben; 2. im Bergbau: Abbaugebiet (z. B. Kohlerevier); 3. beim Militär: die Krankenstube.

Die **Revision** (lat.): Durchsicht, Nachprüfung, z. B. eines Gerichtsurteils. – Verbum: *revidieren.*

Die **Revolte** (franz.): Empörung, Aufstand.

Eine **Revolution** (lat. = Umsturz, Umwälzung) ist eine Änderung der Staatsform durch Gewalt oder Gewaltandrohung. Revolutionen brechen aus, wenn große Teile des Volkes mit den bestehenden Zuständen unzufrieden sind und ihre Forderung nach größeren politischen und sozialen Rechten von den Machthabern nicht erfüllt wird. Große revolutionäre Bewegungen (wie die Französische Revolution von 1789 und die russische von 1917) werden meist durch neuartige Ideen vorbereitet. Siehe jedoch *Putsch.* – Auch nichtpolitische entscheidende Umwälzungen in der Menschheitsentwicklung, wie z. B. die grundlegende Änderung unseres Weltbildes durch Kopernikus oder die explosive industrielle Entwicklung, bezeichnet man als Revolution.

Der **Revolver** (engl.): 1. Pistole, bei der mehrere Patronen in einer drehbaren Walze lagern, die sich nach jedem Schuß selbsttätig weiterdreht. Nach ihrem Erfinder wird sie auch *Colt* genannt; →Schußwaffen. – 2. die drehbare Einspannvorrichtung an Werkzeugen z. B. Drehbänken.

Die **Revue** (franz., sprich rewüh): 1. veraltet für Truppenschau; 2. Zeitschrift; 3. Theaterstück mit großer Ausstattung, das aus lose zusammenhängenden Szenen mit Tanz, Gesang und oft auch Artistik besteht.

Reyon (franz., sprich rejõ) ist eine aus Zellulose hergestellte Chemiefaser, die auch Kunstseide genannt wird.

Die **Rezension** (lat.) ist die journalistische Kritik eines Buches, einer Theateraufführung oder eines Films. Wer Bücher und Filme *rezensiert,* ist *Rezensent.* Er soll den Leser knapp, genau und →objektiv unterrichten.

Das **Rezept** (lat.): Anweisung, Vorschrift, z. B. zur Herstellung von Arzneien oder Speisen.

Die **Rezession** (lat.) ist ein wirtschaftlicher »Abschwung«, ein Rückgang.

Der **reziproke Wert** des Bruches $\frac{a}{b}$ ist der Bruch $\frac{b}{a}$. Reziproke Brüche ergeben, miteinander multipliziert, den Wert 1.

Die **Rezitation** (lat.): kunstvoller Vortrag von Dichtwerken.

Das **Rezitativ** →Arie, →Oper.

Der **Rhabarber** ist eine ausdauernde Staude, die im Garten und auf Feldern angebaut wird. Aus seinen saftigen Stielen macht man Kompott.

Rheinland-Pfalz ist ein Land der Bundesrepublik Deutschland. Es wurde 1946 aus den linksrheinischen Teilen der Länder Bayern und Hessen und aus Teilen der früheren preußischen Rheinprovinz und Nassau gebildet. Es umfaßt rund 19831 qkm mit 3,7 Mill. Einwohnern und ist gegliedert in die Regierungsbezirke Koblenz, Trier, Montabaur, Rheinhessen und Pfalz. An den Hängen um Rhein, Mosel und Nahe wird viel Wein gebaut. Die Haupt- und Universitätsstadt Mainz hat 186000 Einwohner. Andere große Städte sind Ludwigshafen (180000), Trier (103000) und Koblenz (121000) Einwohner.

Der **Rhesusfaktor** ist ein bei fast allen Menschen im Blut vorhandenes Merkmal. Weist eine schwangere Frau den Rhesusfaktor nicht auf, kann es zu Schädigungen des Kindes kommen. In diesem Fall wird beim Neugeborenen eine Blutaustausch-Transfusion vorgenommen.

rhetorisch (griech.): rednerisch. – Eine rhetorische Frage ist eine Frage, auf die man keine Antwort erwartet, z. B. »Was soll der Unfug?«

Der **Rheumatismus** (griech.) ist eine sehr schmerzhafte Krankheit, die Gelenke, Nerven oder Muskeln befallen kann. Man bekommt sie durch Erkältung oder Vereiterung an Zähnen oder Mandeln.

Das **Rhinozeros** →Nashorn.

Rhodesien, die Republik in Südafrika, hat 390580 qkm und 6,1 Mill. Einwohner. Hauptstadt ist Salisbury. Rhodesien war englische Kolonie und ist seit 1970 unabhängig.

Der **Rhododendron** (griech.) ist ein unserer Alpenrose verwandter immergrüner Zierstrauch mit prächtigen Blüten.

Der **Rhombus** (griech.): Raute, schiefwinkliges Parallelogramm mit vier gleich langen Seiten.

Der **Rhythmus** (griech.). Wenn ich das Wort »Regenbogen« ausspreche, spreche ich betonte und unbetonte Silben aus. Wenn ich singe »O wie wohl ist mir am Abend«, singe ich lange und kurze Töne. Dieses Aufeinanderfolgen von betont und unbetont oder kurz und lang nennt man Rhythmus. Er darf nicht mit dem →Takt verwechselt werden. Takt ist das genau vorgeschriebene, starre Zeitmaß, Rhythmus die lebendige Bewegung.

An den **Ribosomen** findet die Übersetzung von genetischer Information in →Proteine statt. Ähnlich wie eine Strickmaschine verknüpfen diese Zellkörperchen nach dem Muster der →RNS Aminosäuren miteinander.

Der Kardinal Armand **Richelieu** (sprich rischljöh) lebte von 1585 bis 1642. Er förderte den französischen →Absolutismus und bestimmte für lange Zeit die Außenpolitik seines Landes.

Ludwig **Richter** war ein deutscher Maler der Biedermeierzeit, der von 1803 bis 1884 lebte. Bekannt wurde er vor allem durch seine Illustrationen zu Märchen und Gedichten.

Richter sind →Juristen, denen die Entscheidung über Rechtsfragen anvertraut ist. Sie werden vom Staat auf Lebenszeit zum Richter ernannt. Richter sind unabsetzbar und nicht an Weisungen von vorgesetzten Dienststellen gebunden. Sie haben nach den bestehenden Gesetzen Recht zu sprechen und sind darüber hinaus nur ihrem Gewissen unterworfen. – Neben den Berufsrichtern gibt es Laienrichter (→Laien), die keine Juristen sind.

Der **Richtstrahler** →Antennen.

Die **Ricke** ist das weibliche →Reh.

Das **Ried:** 1. auf sumpfigem Boden wachsende Grasarten, z. B. Schilfrohr;

2. in Mittel- und Süddeutschland auch Bezeichnung für Sumpf und Moor.

Der **Riemen** ist die seemännische Bezeichnung für das →Ruder.

Tilman **Riemenschneider** war ein Bildhauer und Bildschnitzer der deutschen Spätgotik, der um 1460 geboren wurde und 1531 starb. Berühmt sind vor allem seine Steinfiguren Adam und Eva und die geschnitzten Bildaltäre. Im Bauernkrieg 1525 stellte er sich auf die Seite der aufständischen Bauern, wurde gefangengenommen und gefoltert.

Die **Riesen** werden in den Märchen und Sagen aller Völker als ungefüge menschliche Gestalten oder als furchtbare Ungeheuer geschildert. Sie waren die Kräfte der Zerstörung und kämpften gegen die Götter, welche die Ordnung und die Gesetze schufen. Manchmal jedoch standen sie den Göttern auch bei, wie die →Zyklopen, die den griechischen Göttern im Kampf gegen die →Titanen halfen.

Das **Rif** (arab. = Küstenland) ist ein schluchtenreiches Gebirge an der Mittelmeerküste Marokkos. Seine Bewohner, der Berberstamm der *Rifkabylen*, versuchten 1921/1926 in hartnäckigen Kämpfen gegen Spanier und Franzosen ihre Unabhängigkeit zu erringen.

Das **Riff:** Felsen, der unter oder knapp über dem Meeresspiegel liegt. Riffe sind für die Schiffahrt sehr gefährlich; sie sind deshalb in die Seekarten eingezeichnet.

Als **Rigg** (engl.) oder *Riggung* bezeichnet der Seemann die →Takelage.

rigoros (lat.): streng, rücksichtslos.

Die **Rikscha:** leichter zweirädriger Wagen, der von einem Menschen (auch auf einem Fahrrad, heute z. T. motorisiert) gezogen wird und in Ostasien zur Personenbeförderung dient.

Rainer Maria **Rilke,** der große deutsche Lyriker, wurde 1875 geboren und starb 1926. Er schuf unter dem Einfluß des Bildhauers →Rodin knappe, →objektive Dinggedichte (z. B. im »Buch der Bilder«) und später die vom →Existentialismus geprägten »Duineser Elegien« und die »Sonette an Orpheus«. Zu den wichtigen

Werken gehört ferner »Die Aufzeichnungen des Malte Laurids Brigge«.

Die **Rinder** bilden eine große Familie gehörnter, paarhufiger Wiederkäuer. Zu den Wildrindern gehören der ausgestorbene *Auerochse* (Vorfahr unserer Hausrinder), der europäische *Wisent*, der nordamerikanische *Bison* und mehrere asiatische Wildrinderarten. Das *Hausrind* ist eines der ältesten Nutztiere des Menschen. Es liefert ihm Milch, Butter und Fleisch, seine Haut wird zu Leder, seine Knochen werden zu Leim und die Haare zu Filz verarbeitet.

Ringen ist wie Boxen eine Form des Zweikampfes ohne Waffen. Man unterscheidet zwei Arten: den *griechisch-römischen* Stil und das *Freistilringen*. Eine Abart des letzteren ist das amerikanische *catch as catch can* (»Faß [ihn], wie [du ihn] fassen kannst«), wobei besonders hart gekämpft wird. Sieger ist der, dem es gelingt, seinen Gegner mit beiden Schultern auf den Boden zu zwingen, oder der die meisten Punkte erringt (Schultersieg bzw. Punktsieg). Um dies zu erreichen, wendet man zahlreiche Griffe und Griffverbindungen sowie Schwünge an. Während beim Freistilringen alle Griffe erlaubt sind – außer solchen, die Schmerzen bereiten –, dürfen beim griechisch-römischen Stil nur Griffe vom Scheitel bis zur Hüfte angewendet werden. Jeder Kampf dauert 15 Minuten und wird auf einer mindestens 10 cm dicken, 6×6 bis 8×8 m großen Matte ausgetragen. Drei Kampfrichter sorgen für die ordnungsgemäße Durchführung. Gewichtsklassen: Bantamgewicht bis 57 kg, Federgewicht bis 62 kg, Leichtgewicht bis 68 kg, Weltergewicht bis 74 kg, Mittelgewicht bis 82 kg, Halbschwergewicht bis 90 kg, Schwergewicht über 90 kg.

Das **Rippenfell** ist die Haut, die innen auf den Rippen liegt und das Innere des Brustkorbes (→Mensch) auskleidet. Das Herz und die Lungen, die diesen ausfüllen, sind von einer ähnlichen Haut umkleidet. Beide Häute sind feucht und glatt, so daß sie sich beim Atmen nur gleitend berühren. Bei *Rippenfellentzündung* wird das Rippenfell rauh, und Atmen und Husten sind sehr schmerzhaft. Es können sich auch Flüssigkeit und Eiter bilden, die der Arzt entfernen muß.

Das **Risiko** (ital.): Wagnis, Gefahr eines Verlustes. – *riskant:* gefährlich. – *riskieren:* Gefahr laufen, aufs Spiel setzen.

Die **Rispe** lockerer Blüten- und Fruchtstand, z.B. bei Hafer, Reis oder Weinstock. Abb. →Blütenstände S. 77.

Ritter, nach einer Bilderhandschrift des Mittelalters

Die **Ritter** waren im Mittelalter adelige Berufskrieger, die als Reiter in schweren Rüstungen ins Feld zogen. Sie hatten ihrem Herrn, einem Fürsten oder König, Kriegsdienst zu leisten und bekamen dafür einen Gutshof als →*Lehen.* Im allgemeinen durften nur Rittersöhne Ritter werden. Sie mußten auf einer Burg als Knappen dienen, ehe sie in feierlicher Form zum Ritter geschlagen wurden (*Ritterschlag,* Schwertleite). Dabei gelobten sie, ihrem Herrn treu zu dienen, gegen alles Unrecht zu kämpfen und Witwen und Waisen zu schützen. Zur Zeit der →Kreuzzüge entstanden die *Ritterorden:* Ritter wurden zu Mönchen, um sich in Palästina, später in Ostpreußen, Lettland und Litauen ganz dem Kampf gegen die Heiden zu widmen. Im 14. und 15. Jh. wurden in Deutschland viele Ritter aus Armut zu Raubrittern. Nach Erfindung der Feuerwaffen verloren die Ritter ihre Bedeutung als Streiter. Als Hofbeamte oder Offiziere genossen sie aber noch bis ins 19. Jh. Adelsvorrechte.

Der **Rittersporn** ist eine mannshohe Gartenstaude mit prächtigen blauen oder weißen Blüten.

Der **Ritus** (lat.): festgelegter Brauch; vor allem die festgelegte Form gottesdienstlicher (kultischer) Handlungen. – *ritual* (rituell): durch den Ritus vorgeschrieben, zum Ritus gehörig.

Der **Rivale** (franz.): Nebenbuhler; jemand, der nach dem gleichen Ziele strebt.

Riviera heißt ein schmaler Küstenstreifen am Ligurischen Meer, in den sich Frankreich, Monaco und Italien teilen. Gebirge im Norden halten kalte Winde ab, so daß hier meist ein warmes, freundliches Wetter herrscht und eine üppige Pflanzenwelt gedeiht.

Der **Rizinus** ist ein tropisches Kraut, das in warmen Ländern angebaut wird. Aus seinen Samen preßt man das Rizinusöl, das als Abführmittel und als Schmieröl verwendet wird.

Die **RNS,** ausgeschrieben Ribonukleinsäure, ist die bewegliche Schwester der →DNS. Die RNS übernimmt die genetische Information von der DNS und trägt sie aus dem Zellkern zu den →Ribosomen. Hier werden nach ihrem Muster →Aminosäuren zu →Proteinen verknüpft. Die in der Zellflüssigkeit schwimmenden Aminosäuren aufzuspüren und zum Ribosom zu transportieren, ist die Aufgabe anderer RNS-Moleküle.

Robben sind Säugetiere, die vor Millionen von Jahren als Raubtiere auf dem Lande lebten. Später paßten sie sich so an das Wasser an, daß sie sich heute fast nur noch in den Meeren aufhalten und dort auch ihre Nahrung (Fische, Krebse, Tintenfische) suchen. Zur großen Robbenfamilie gehören z.B. die *Seehunde,* die es auch in der Nordsee gibt, die *Seelöwen* und die riesigen *See-Elefanten.* Das in den Nordmeeren lebende *Walroß* wird alljährlich von Fangschiffen, den sogenannten »Robbenschlägern«, zu Tausenden erlegt. Wegen ihres Pelzes werden alle

Oben: Kegelrobbe
Unten: Gemeiner Seehund

Robben gejagt. Besonders wertvoll ist das Fell des *Seebären*, der »Seal-Pelz«.

Der **Roboter** (slawisch robota = Fronarbeit) ist ein äußerlich menschenähnlicher Apparat, der durch eingebaute Mechanismen befähigt sein soll, pausenlos schwere Arbeit zu leisten. Der Wunschtraum nach solchen »Maschinenmenschen« wurde nur als Spielerei verwirklicht. Die Erfindung moderner W rkzeuge und Maschinen führte zu besseren Lösungen der Arbeitserleichterung. Heute bezeichnet man elektronisch gesteuerte Geräte als Roboter.

Der **Rochen** ist ein dem Hai verwandter Knorpelfisch, der (ähnlich der Scholle) abgeplattet ist und in vielen Arten im Schlamm des Meeres lebt. Er nährt sich von Muscheln, deren harte Schalen er mit stumpfen, kräftigen Zähnen zerbeißt. Rochen werden 1 bis 5 m groß. Der *Stachelrochen* besitzt in seinem Stachelschwanz eine Waffe, während der *Zitterrochen* seine Opfer durch elektrische Schläge betäubt, die er in einem eigenen Organ zwischen Brustflosse und Kopf erzeugt.

Roden ist das Urbarmachen von Land durch Beseitigen eines Waldes. Die Rodearbeit besteht im Ausziehen oder Sprengen der Wurzelstöcke.

Auguste **Rodin** (sprich rodeñ) war ein bedeutender französischer Bildhauer, der von 1840 bis 1917 lebte. Er schuf Plastiken im Geiste des →Impressionismus und beeinflußte mit seiner Kunstauffassung den deutschen Dichter →Rilke, der vorübergehend sein Privatsekretär war.

Der **Rogen** sind die Eier im weiblichen Fischleib. Als →Laich werden sie im Wasser befruchtet. Der Rogen des Störs ist der Kaviar.

Der **Roggen** →Getreide.

Die **Rohrpost** befördert Briefe und kleine Gegenstände innerhalb einer Stadt oder eines Hauses. Dabei wird Druckluft verwendet, die walzenförmige Briefbehälter durch ein Rohrnetz bläst.

Rohstoffe nennt man alle in der Natur vorkommenden und noch nicht oder kaum bearbeiteten Stoffe, z.B. Kohle, Erze oder Holz.

Das **Rokoko** hat seinen Namen vom französischen rocaille (sprich rokaj, = Muschel), einer in diesem Kunststil des 18. Jh. häufigen Verzierungsform. Im Rokoko lösten sich die wuchtigen Formen des →Barocks in spielerische Anmut auf. Bauwerke, Inneneinrichtungen, Kleidung, Umgangsformen und Tanz waren von betonter Zierlichkeit; die Männer trugen Perücken mit Zöpfen; Parkbäume und -sträucher wurden zu künstlichen Formen zurechtgestutzt. Schloß Sanssouci bei Potsdam und die Wies-Kirche in Oberbayern gehören zu den schönsten Rokokobauten.

Von **Roland** erzählt die Sage, daß er der Neffe und tapferste Gefolgsmann Kaiser Karls des Großen gewesen sei. Er fand wahrscheinlich 778 im Kampf gegen die Basken im Gebiet der Pyrenäen den Tod. Im *Rolandslied* werden seine Heldentaten beschrieben. – Die *Rolandssäulen* (Standbilder eines Gewappneten, der ein bloßes Schwert in der Hand hält), die in vielen norddeutschen Städten auf dem Marktplatz stehen, sind Wahrzeichen der städtischen Gerichtsbarkeit und Freiheit.

Das **Rollfeld:** betonierte Straße auf →Flugplätzen (Abb.) zum Starten und Landen der Flugzeuge.

Der **Roman** ist eine der Hauptformen der Erzählkunst (Epik). Er entstand im 12. Jh. aus einer Weiterentwicklung des →Epos, wurde seit dem 16. Jh. besonders gepflegt und erreichte im 19. Jh. seine größte Blüte. Im Unterschied zur →Novelle schildert der Roman ausführlich den Hintergrund der Ereignisse und Schicksale, die er zum Gegenstand hat. So zeichnet z. B. der *Entwicklungsroman* die Lebensgeschichte eines Menschen und seiner Umwelt. In *Geschichtsromanen* (historischen Romanen) können uns Völker und vergangene Zeiten nahegebracht werden. Heute ist der Roman die am meisten gelesene Dichtungsart, die von leichter Unterhaltung (z. B. Abenteuer- und Kriminalroman) bis zur künstlerisch wertvollen Gestaltung reicht. – Der erste bedeutende deutsche Roman ist der »Simplicissimus« von Grimmelshausen. Zu den hervorragendsten Romandichtern gehören Goethe, Jean Paul, Stifter, Keller, Raabe, Fontane, Hermann Hesse und Thomas Mann in Deutschland; Rabelais, Victor Hugo, Balzac, Flaubert, Stendhal, Zola, Proust, Bernanos in Frankreich; Cervantes in Spanien; Defoe, Dickens, Galsworthy in England; Gogol, Tolstoi, Dostojewski in Rußland; Jacobsen, Hamsun, Lagerlöf in Skandinavien; Melville, Wolfe, Hemingway, Steinbeck in Nordamerika.

Romanen nennen wir die Portugiesen, Spanier, Franzosen, die Wallonen in Belgien, die Rätoromanen in den Südostalpen, besonders im Engadin (Schweiz), die Italiener und die Rumänen. All diese Völker standen jahrhundertelang unter römischer Herrschaft. In dieser Zeit vermischte sich die lateinische Sprache der Eroberer mit der einheimischen. So entwickelten sich die *romanischen Sprachen*, die alle miteinander verwandt sind.

Als **romanische Kunst** bezeichnet man die vom 11. bis Anfang des 13. Jh. geschaffenen Werke der Baukunst, Plastik und Malerei. Romanisch wird sie genannt, weil sie an römische, byzantinische und frühchristliche Formen anknüpfte; doch machten sich in ihr auch andere, besonders germanische Einflüsse geltend. Der romanische Baustil ist zum Unterschied von der ihm folgenden →Gotik durch massige Mauern, das Vorherrschen waagerechter Linien und durch die Gliederung des Innenraumes in Rundbogenreihen gekennzeichnet. Die romanische Plastik ist von großartiger Einfachheit, ebenso die Malerei, die vor allem als Wand- und Buchmalerei gepflegt wurde. Die Kunst dieser Zeit ist der Ausdruck einer festgefügten religiösen und staatlichen Ordnung und hat sich besonders machtvoll in Kirchen (z. B. den Domen von Speyer und Worms), Klöstern, Pfalzen und Burgen bezeugt.

Die **Romantik** war eine geistige und künstlerische Bewegung, die sich im 18. Jh. von England aus in vielfältigen Abwandlungen über Europa ausbreitete und in der ersten Hälfte des 19. Jh. in Deutschland ihre stärkste Ausprägung fand. Die Romantik brachte eine stärkere Betonung von Phantasie und Gefühl und eine Wiederentdeckung der geschichtlichen Überlieferung des eigenen Volkes. Damit stellten sich die Romantiker gegen die Nüchternheit und Verstandesbetontheit der Aufklärungszeit und auch gegen die Klassik, deren Vorbild die griechisch-römische Kultur und deren Ziel die ausgeglichene gebändigte Form war. Vorbild war den Romantikern das christliche Mittelalter, besonders die Gotik. Die Besinnung auf Volkstum und Vergangenheit führte zur Wiederentdeckung der alten deutschen Volkslieder, Märchen und Sagen. Ebenso wurden die großen Dichter anderer Völker wiederentdeckt und übersetzt, so Shakespeare, Dante, Calderón und die Werke der arabischen und indischen Literatur. Bedeutende deutsche Romantiker waren in der Dichtung Novalis, Tieck, Arnim, Brentano, die Brüder Schlegel, Eichendorff und E. T. A. Hoffmann; ferner als Sprachforscher und Märchensammler die Brüder Grimm; in der Malerei C. D. Friedrich, Ph. O. Runge und M. v. Schwind; in der Musik vor allem Schubert und Schumann, die das deutsche Kunstlied schufen, und C. M. v. Weber, der mit seiner Oper »Der Freischütz« allen Strömungen der Romantik Ausdruck verlieh.

Das **Römische Reich** (lat. Imperium Romanum) ging aus von der Stadt Rom, die nach der Sage 753 v. Chr. von Romulus und Remus, Zwillingssöhnen des Gottes Mars, gegründet wurde. Anfangs bildete sie einen kleinen, von Königen regierten Stadtstaat, 510 v. Chr. wurde sie Republik. Die Staatsgeschäfte wurden von zwei jährlich wechselnden Konsuln und dem Senat (Rat der Alten) als Vertreter des Adels (der Patrizier) geführt. Dagegen erhoben sich 494 v. Chr. die nichtadligen Bürger (Plebejer), die sich bis 287 v. Chr. die Gleichberechtigung erkämpften. In Kämpfen mit den Nachbarvölkern, zuerst besonders mit den→Etruskern, unterwarfen sich die Römer bis 265 v. Chr. fast die ganze italienische Halbinsel. Die drei »Punischen Kriege« gegen die mächtigen nordafrikanischen Karthager (Punier) endeten 146 v. Chr. mit dem Gewinn Siziliens, Sardiniens, Korsikas, Südspaniens und Nordafrikas sowie der Zerstörung der Stadt Karthago. Etwa um die gleiche Zeit wurden Griechenland, Kleinasien und Syrien dem Römischen Reich einverleibt. Kriege und das Wachsen des Staates verursachten äußere und innere Schwierigkeiten; weitere Kriege und Bürgerkrieg waren die Folge. Erst unter Cäsar, der von 60 bis 44 v. Chr. regierte, Gallien eroberte und sich zum Alleinherrscher machte, schien sich die Lage zu bessern. Er wurde jedoch von Verschwörern unter Führung von Brutus und Cassius, welche die republikanische Staatsform retten wollten, ermordet. Sein Adoptivsohn Oktavian, der von 43 v. Chr. bis 14 n. Chr. regierte, wurde unter dem Namen Augustus der erste römische Kaiser. Seine kluge und maßvolle Politik brachte Wohlstand, Sicherheit und eine Blütezeit in Kunst und Wissenschaft. Unter der Herrschaft Trajans (98 bis 117) erreichte das Imperium seine größte Ausdehnung. Es umfaßte beinahe die ganze damals bekannte Welt: alle an das Mittelmeer grenzenden Länder, ganz Westeuropa bis nach Britannien und Rand-

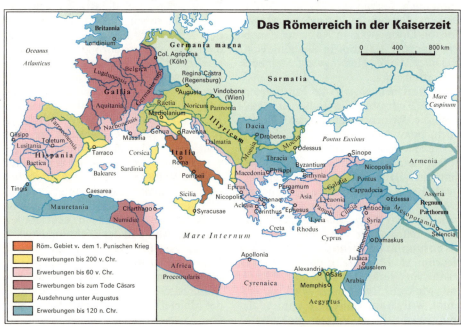

gebiete um das Schwarze Meer bis zum Kaspischen Meer. Gleichzeitig aber nahmen die Angriffe von außen und die innere Auflösung zu. Hundert Jahre lang herrschten die sogenannten Soldatenkaiser, die von der Armee eingesetzt und wieder beseitigt wurden. Unter Kaiser Konstantin (306 bis 337) wurde die lange unterdrückte christliche Religion anerkannt, die Residenz nach Byzanz (Konstantinopel) verlegt. Nach seinem Tode drangen fremde Völker, vor allem Germanen, immer tiefer in das Reich ein; 395 wurde es in ein Weströmisches und ein Oströmisches (→Byzantinisches) Reich geteilt. Der germanische Heerführer Odoaker setzte 476 den letzten weströmischen Kaiser ab. Auf dem Boden des Weströmischen Reiches erstanden im Verlauf der Völkerwanderung germanische Staaten. Die Stadt Rom blieb als Sitz des Papstes der geistliche Mittelpunkt des Abendlandes. Im »Heiligen Römischen Reich Deutscher Nation« mit seinem Kaiser (= Cäsar) lebte die römische Reichsidee lange Zeit fort. Das römische Recht beherrschte das Rechtsdenken des Abendlandes entscheidend und fand auch in Deutschland seit der Renaissance Eingang. Das →Latein blieb noch jahrhundertelang die Sprache der Gebildeten.

Röntgenstrahlen (auch X-Strahlen genannt) sind unsichtbare elektromagnetische Strahlen, deren Wellenlänge 1000 bis 10 000mal kleiner ist als die der Lichtstrahlen. Sie wurden von Wilhelm Conrad Röntgen im Jahre 1895 entdeckt. Röntgenstrahlen entstehen, wenn →Elektronen in fast luftleer gepumpten Röhren auf Metall aufprallen. Sie durchdringen lichtundurchlässige Stoffe (z. B. Holz oder Aluminium) und können auf Leuchtschirmen und photographischen Platten sichtbar gemacht werden. Man verwendet sie zur Durchleuchtung des menschlichen Körpers, um Knochenbrüche, krankhafte Veränderungen an den Geweben (z. B. Tuberkulose und Krebs) oder die Lage eingedrungener Fremdkörper festzustellen (Röntgendiagnostik). Da die Strahlen

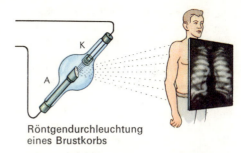

Röntgendurchleuchtung eines Brustkorbs

In der Röntgenröhre werden durch Zuführung von Heizstrom unter Hochspannung (5000 bis 600 000 V) in der Glühkathode K Elektronen erzeugt, die auf die Anode A aufprallen. Sie bilden dort Röntgenstrahlen, die den Körper des Menschen durchdringen und auf einer photographischen Platte oder einem Leuchtschirm das Bild des Brustkorbs wiedergeben

tief in den Körper eindringen, kann man auch Geschwülste und Wucherungen mit ihnen bekämpfen (Röntgentherapie). In Naturwissenschaft und Technik verwendet man Röntgenstrahlen vor allem zur Untersuchung des Aufbaus von Kristallen und zur Materialprüfung.

Rosen sind strauchartige Pflanzen, bei denen oft nur ein einzelner Trieb einen Hochstamm bildet. Aus wildwachsenden Rosen entstanden in jahrtausendelanger Zucht stark duftende, farbenprächtige Edelrosen. Die Früchte der Rosen sind die Hagebutten. Aus den Blütenblättern wird Rosenöl gewonnen.

Rosinen sind getrocknete Weinbeeren. Die reifen Trauben werden nach der Ernte in eine milchige Lösung von Pottasche getaucht, damit sie nicht faulen. Dann läßt man sie in der Sonne trocknen. Die kernlosen, hellen Beeren ergeben *Sultaninen*, blaurote Trauben liefern die kleinen, schwarzen *Korinthen*.

Der **Rost**: 1. Gitter, auf das in Öfen der Brennstoff aufgelegt wird; 2. Unterbau aus Stämmen oder Betonpfählen, um hohe Gebäude von dem Versinken in Sand, Sumpf oder aufgeschütteter Erde zu sichern; 3. Verwitterung (Oxydation) von Eisenteilen, verursacht durch Sauerstoff und Nässe; 4. schädlicher Schmarotzerpilz, der viele Pflanzen befällt.

Die **Rotation** (lat.). Alle Umdrehungen von Körpern, Flächen oder Linien um eine Gerade nennt man Rotation. Rotiert z. B. eine Ellipse um eine ihrer beiden Achsen, so entsteht ein *Rotationskörper*, in diesem Falle ein Ellipsoid. Auch unsere Erde ist ein solches Ellipsoid. – Der *Rotationsdruck* (siehe auch Buchdruck) entsteht auf Rotationsmaschinen, bei denen die runden Druckplatten auf einen Zylinder montiert sind. Zwischen diesem durch ein Farbwerk eingefärbten Plattenzylinder und einem Druckzylinder läuft das Endlospapier (direkt von der Rolle) hindurch und wird dabei bedruckt, geschnitten und gefalzt.

Das **Rote Kreuz** im weißen Feld ist ein durch die Genfer Konvention vom Jahre 1864 vereinbartes internationales Zeichen. Die so gekennzeichneten Personen (Ärzte, Pflegepersonal) und Einrichtungen (Lazarette, Krankenhäuser, Krankenwagen, Lazarettzüge usw.) gelten im Krieg als neutral, d. h., es dürfen an ihnen keine kriegerischen Handlungen, wie Gefangennahme oder Beschießung, vorgenommen werden. In fast allen Ländern gibt es heute Rotkreuzgesellschaften; sie haben sich auch die Betreuung der Kriegsgefangenen zur Aufgabe gemacht. Sitz des Internationalen Komitees vom Roten Kreuz ist Genf; der Gründer dieser segensreichen Organisation ist Henri →Dunant. – Das »Rote Kreuz« umfaßt auch eine Reihe von Einrichtungen, die sich in Friedenszeiten der Krankenpflege und der Betreuung Hilfsbedürftiger widmen.

Die **Röteln** sind eine ansteckende, ungefährliche Krankheit, die nur wenige Tage dauert. Ihre Kennzeichen sind rote Flekken, leichtes Fieber und Schwellungen im Nacken.

Rothäute heißen die Indianer nicht, weil sie eine rote Haut haben, sondern weil es bei manchen Stämmen üblich war, sich mit roter Farbe zu bemalen.

Der **Rotlauf** ist eine Seuche der Schweine, erkennbar an der Hautröte an Hinterläufen und Hals. Er ist auf den Menschen übertragbar.

Rotor (lat.) nennt man den sich drehenden (*rotierenden*) Teil einer elektrischen Maschine, z. B. beim →Generator, aber auch die Hubschraube bei →Drehflügelflugzeugen.

Das **Roulett** (franz., sprich rulett) ist ein Glücksspiel, das vor allem in Spielkasinos, auf einer sich drehenden Scheibe mit rollender Kugel, gespielt wird.

Bei einer **Round-table-**Konferenz (engl. = runder Tisch, sprich raund tebl) sitzen alle an einer Beratung Beteiligten um einen runden Tisch herum, d. h. alle sind gleichberechtigt.

Die **Routine** (franz., sprich rutihne): durch langjährige Ausübung einer Tätigkeit erworbene Geschicklichkeit.

Ruanda →Rwanda.

Rüben sind einmalig blühende Pflanzen, deren fleischig verdickte Pfahlwurzel Stärke und Zucker speichert. Die *Runkelrübe* wird als Viehfutter verwendet. Aus ihr wurde zu Anfang des 19. Jh. in Deutschland die *Zuckerrübe* gezüchtet, die ebenfalls auf Feldern angebaut wird und Europa vom tropischen Rohrzucker unabhängig gemacht hat. Die *Roten Rüben* sind mit beiden verwandt. Dagegen gehören die *Mohrrüben*, auch Gelbe Rüben oder Möhren genannt, zu den Doldengewächsen, die *Kohlrüben* und die *Teltower Rüben* zu den Kohlarten.

Peter Paul **Rubens,** ein Meister der flämischen Malerei, wurde 1577 in Siegen in Westfalen geboren und starb 1640 in Antwerpen. Er schuf eine gewaltige Fülle von Gemälden in prächtig leuchtenden Farben mit lebensprühenden Gestalten: Porträts, Landschaften und Bilder aus der Bibel, der Geschichte, der Göttersage und dem täglichen Leben.

Rübezahl ist eine schlesische Sagengestalt. Als Berggeist des Riesengebirges treibt er mit den Menschen allerlei Schabernack.

Der **Rubin** →Edelsteine.

Das **Rückenmark** ist ein vom Gehirn ausgehender Strang, der von den knöchernen Ringen der Wirbel geschützt wird. Es enthält Nervenbahnen und Nervenzentren (→Nerven, Abb. →Mensch). Man kann das Rückenmark dem Hauptkabel eines Telefonamtes vergleichen: alle Leitungen, die von den verschiedenen Stellen des Gehirns kommen, laufen hier zusammen und werden dann an die einzelnen Organe des Körpers abgezweigt.

Friedrich **Rückert** war einer der größten Formkünstler unter den deutschen Lyrikern. Er lebte von 1788 bis 1866 und war im Hauptberuf Professor für orientalische Sprachen. Durch meisterhafte Nachdichtungen aus dem Persischen, Indischen, Chinesischen und Arabischen, in denen er seine einfühlsame Beherrschung östlicher Gedichtformen bewies, erschloß Rückert den Deutschen die Literaturen des Orients.

Das **Rückgrat** →Wirbelsäule.

Rückgratverkrümmung ist eine S-förmige Verbiegung der Wirbelsäule. Sie kann durch falsche Haltung beim Schreiben und bei anderer Arbeit oder durch →Rachitis entstehen. Man heilt sie durch Gymnastik, Schlafen im Gipsbett oder Stützmieder.

Als **Rückkopplung** bezeichnet man eine in der →Rundfunktechnik verwendete besondere Schaltung, durch die ein Teil der in einer Elektronenröhre verstärkten Schwingungen eines →Schwingungskreises zu diesem Schwingungskreis zurückgeleitet und erneut der Röhre zugeführt wird (ebenso bei →Transistoren). Dadurch läßt sich die Leistung eines Empfängers bedeutend erhöhen. Wird auf den Schwingungskreis jedoch zu viel Energie rückgekoppelt, so entstehen Eigenschwingungen, die als Pfeifton zu hören sind: der Empfänger ist zum Sender geworden.

Das **Ruder:** 1. seemännische Bezeichnung für das Schiffssteuer, dessen wichtigster Teil das bewegliche Ruderblatt am Heck des Schiffes ist; 2. Gerät zum Fortbewegen kleiner Boote, seemännisch »Riemen« genannt, bestehend aus Schaft und Ruderblatt; 3. beim Flugzeug die beweglichen Flächen zur Höhen-, Seiten- und Quersteuerung.

Zum **Rudern** als Wettkampf verwendet man sehr schmale, lange Boote von besonders leichter Bauart. Man unterscheidet zwischen Skullbooten und Riemenbooten. Im *Skullboot* rudert jeder Ruderer mit einem Ruderpaar, dagegen hat beim *Riemenboot* jeder Ruderer nur ein Ruder. Nach der Anzahl der Ruderer bezeichnet man die Boote als Einer (Skiff), als Zweier, Vierer oder Achter ohne oder mit Steuermann. Die Ruderer sitzen mit dem Rücken zur Fahrtrichtung. Eine sportliche Ruderveranstaltung nennt man *Regatta*. Die Länge der Rennstrecke beträgt 2000 m.

Auch mit dem Paddelboot und dem Kajak werden sportliche Wettkämpfe ausgetragen. Sehr beliebt ist der Kajakslalom, wobei in rasch strömendem Wasser verschiedene Tore durchfahren werden müssen. Eine Besonderheit ist der Kanadier, ein Boot, in dem die Ruderer nicht sitzen, sondern knien.

Das **Rudiment** (lat.): erste Entwicklungsstufe; verkümmerter Rest einer früheren Lebensform. – *rudimentäre* Organe sind überflüssig gewordene und deshalb verkümmerte, zurückgebildete Organe, z. B. der Wurmfortsatz am Blinddarm.

Rudolf von Habsburg lebte von 1218 bis 1291. 1273 wurde er zum deutschen König gewählt; damit hatte das →Interregnum ein Ende. Als er seinen größten Gegner unter den deutschen Fürsten, den Böhmenkönig Ottokar, besiegt hatte, konnte er darangehen, Güter und Rechte des Reiches zurückzuerwerben, den Frieden im Innern zu sichern und die Macht des Hauses →Habsburg auszubauen.

Rugby (sprich ragbi) ist ein Ballspiel, das mit einem eiförmigen Hohlball gespielt wird, der mit allen Körperteilen berührt werden darf. Es ist ein Mannschaftsspiel, das seinen Ursprung in der englischen Knabenschule von Rugby hat. Je 15 Spieler bilden eine Mannschaft und versuchen den Ball ins gegnerische Mal (Tor) zu bringen. Gespielt wird 2 × 40 Minuten.

Die **Ruhr,** auch *Dysenterie* genannt, ist eine durch den Ruhrbazillus verursachte Entzündung des Darmes, die sich in heftigen Durchfällen und Fieber äußert. Die Krankheit ist sehr ansteckend und kann in →Epidemien sehr gefährlich werden.

Das **Ruhrgebiet** →Nordrhein-Westfalen.

Der **Ruin** (lat.): Einsturz, Verfall; auch Zusammenbruch der wirtschaftlichen Verhältnisse. – Die *Ruine:* Reste eines verfallenen oder zerstörten Bauwerkes.

Rumänien ist mit 237 500 qkm wenig kleiner als die Bundesrepublik Deutschland, doch zählt es nur 20,8 Millionen Einwohner, die in der Mehrzahl dem orthodoxen Glauben angehören. Im Süden bildet die Donau über eine weite Strecke die Grenze zu Bulgarien, im Osten grenzt Rumänien ans Schwarze Meer. Die Ost- und Südkarpaten ziehen sich mitten durch das Land. In Siebenbürgen wanderten seit dem 11. Jh. viele deutsche Siedler, die »Siebenbürger Sachsen«, ein. Rumänien ist reich an Bodenschätzen, vor allem Erdöl.

Im Altertum gehörte das Land (rumänisch = Romania) als Provinz Dakien zum Römischen Reich. Die rumänische Sprache gehört als die einzige Osteuropas zu den romanischen. Mit dem 15. Jh. begann Rumäniens zunehmende Abhängigkeit von der Türkei, aus der es sich erst durch Teilnahme am Russisch-Türkischen Krieg 1877/78 lösen konnte. 1881 wurde es selbständiges Königreich. In beiden Weltkriegen war Rumänien anfangs neutral; im Ersten trat es dann aber auf die Seite der Westmächte, im Zweiten auf die Seite Deutschlands. 1947 wurde Rumänien eine kommunistische Volksrepublik.

Einwohnerzahlen der wichtigsten Städte:	
Hauptstadt Bukarest	1,51 Mill.
Cluj (Klausenburg)	208 000
Timişoara (Temeschwar)	200 000
Braşov (Kronstadt)	189 000
Ploeşti (Zentrum der Ölförderung)	169 000

Als **Rundfunk** bezeichnet man die mit elektromagnetischen Wellen an alle Empfänger »in der Runde« ausgestrahlten Sendungen. Fast alle Länder besitzen Rundfunksender. Ihre Organisation ist sehr verschieden und reicht vom staatlichen Sender in Diktaturstaaten über unabhängige öffentliche Körperschaften (z. B. die Sender der Bundesrepublik Deutschland) bis zu reinen Privatunternehmungen wie in Amerika, die sich das Geld für ihre Sendungen durch Reklame beschaffen. Damit sich die Sender nicht gegenseitig allzusehr stören, wurden internationale Abmachungen getroffen, die den einzelnen Sendern bestimmte Wellenlängen und Sendestärken zuweisen.

Die **Rundfunktechnik** umfaßt das gesamte Sondergebiet der Technik, das sich mit der Übermittlung von Worten, Tönen, Geräuschen, Bildern und Zeichen mittels elektromagnetischer Wellen (drahtlose Nachrichtentechnik) befaßt: die drahtlose Telegrafie und Telefonie, Rundfunk und Fernsehen. Große Physiker schufen die Grundlagen: Maxwell sagte 1865 das Vorhandensein von elektromagnetischen Wellen voraus; Hertz wies sie 1888 durch Versuche nach. 1896 machte Marconi diese Erkenntnisse technisch nutzbar und sendete drahtlos die ersten Morsezeichen; 1902 wurde der Atlantik drahtlos überbrückt, 1906 die Elektronenröhre erfunden. Nach dem Ersten Weltkrieg entstand der allgemeine Rundfunk. 1935 wurde das erste Fernsehprogramm gesendet.

Die Übermittlung von Sprache oder Musik vom Sender zum Empfänger geschieht durch elektromagnetische →Wellen (Bildübermittlung →Fernsehen). Im Aufnahmeraum des Funkhauses werden Schallschwingungen mit Hilfe des Mikrophons in elektromagnetische Schwingungen von niedriger Frequenz umgewandelt. Diese sind jedoch so schwach, daß sie nicht gesendet werden können. Deshalb werden im Sender mittels eines →Schwingungskreises elektromagnetische Schwingungen von hoher Frequenz erzeugt, die sog. Trägerfrequenz, die nicht hörbar gemacht wird, sondern nur die Aufgabe hat, die vom Mikrophon erzeugte sog. *Tonfrequenz* zu tragen wie das Pferd den Reiter.

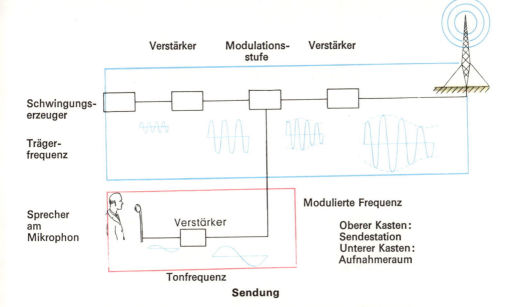

Verstärker Modulations- Verstärker
stufe

Schwingungs-
erzeuger

Träger-
frequenz

Sprecher
am
Mikrophon

Verstärker

Modulierte Frequenz

Oberer Kasten:
Sendestation
Unterer Kasten:
Aufnahmeraum

Tonfrequenz

Sendung

Das geschieht so, daß in der sogenannten Modulationsstufe die *Trägerfrequenz* mit den verstärkten Mikrophonströmen moduliert wird (siehe Abb. oben). Dabei kann man entweder die Amplitude der ausgestrahlten Schwingungen (*Amplitudenmodulation*) oder deren Frequenz (*Frequenzmodulation*) verändern (→Welle). Die derartig modulierte Trägerfrequenz wird nochmals verstärkt und dann über die Sendeantenne ausgestrahlt, meist nach allen Richtungen, doch kann man mit Hilfe von Richtantennen die elektromagnetischen Wellen auch in eine bestimmte Richtung lenken (man spricht dann von *Richtfunk*). Sie bewegt sich mit einer Geschwindigkeit von 300000 km in der Sekunde (also ebenso schnell wie das Licht) durch den Raum. Dabei durchdringt sie ungehindert alle elektrisch nichtleitenden Stoffe, z. B. Steine, und wird nur von elektrisch leitenden Stoffen, z. B. Metall, abgelenkt. Von der →Antenne des Empfängers wird sie aufgenommen und zunächst einem Schwingungskreis zugeführt, der sie von den anderen gleichzeitig aufgenommenen Wellen anderer Sender trennt. Im Empfangsgerät, das grundsätzlich gleich aufgebaut ist wie der

Sender, wird nun der ganze Vorgang umgedreht: die ankommenden Hochfrequenzströme werden erst verstärkt, dann durch einen oder mehrere weitere Schwingungskreise genauer ausgesiebt. Danach wird die Hochfrequenz, die ja Wechselstrom ist, in einem Gleichrichter gleichgerichtet und so in einen pulsierenden Gleichstrom verwandelt. Dieser wird nun demoduliert, d. h., die Tonfrequenz wird von der Trägerfrequenz getrennt, die nun ihre Aufgabe erfüllt hat und zur Erde abgeleitet wird. Die übriggebliebene Tonfrequenz wird in einem →Lautsprecher in Schallwellen umgewandelt und so hörbar gemacht. Zwischen all diesen Vorgängen werden immer wieder Verstärkerstufen zwischengeschaltet.

Früher verwendete man zum Gleichrichten einen Detektor, das ist ein Kristall, gegen den eine feine Metallfeder oder Kristallspitze gedrückt wird. Ein Detektor ist jedoch nicht stark genug, einen Lautsprecher zu steuern; man muß daher Kopfhörer benutzen. Heute verwendet man als Gleichrichter Elektronenröhren oder →Transistoren. Eine solche Röhre ist ein luftleer gepumpter Glaskolben, in dem sich ein Metallblättchen (Anode) und

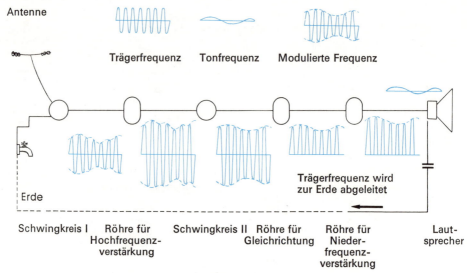

Antenne

Trägerfrequenz   Tonfrequenz   Modulierte Frequenz

Trägerfrequenz wird
zur Erde abgeleitet

Erde

| Schwingkreis I | Röhre für Hochfrequenzverstärkung | Schwingkreis II | Röhre für Gleichrichtung | Röhre für Niederfrequenzverstärkung | Lautsprecher |

Empfang
Schematische Darstellung eines Zweikreis-Geradeausempfängers

ein Draht (Heizfaden, Kathode) gegenüberstehen. An die Anode legt man den positiven Pol einer Stromquelle (Anodenbatterie), an die Kathode den negativen Pol an. Wird nun durch eine zweite Stromquelle (Heizbatterie) die Kathode zum Glühen gebracht, so werden die von der Anodenbatterie kommenden Elektronen aus der Kathode herausgeschleudert und fliegen zur Anode. Dieser Vorgang läßt sich aber nicht umkehren. Wenn man der Röhre nun Wechselstrom zuführt, der ja seine Richtung dauernd ändert, so fliegen die Elektronen immer nur dann zur Anode, wenn an der Anode der Plus- und an

Spule, Kondensator, Detektor, Kopfhörer

Detektor-Empfänger

der Kathode der Minuspol liegt. Der Wechselstrom wird also in Gleichstrom verwandelt. Das ist die einfachste Form der Röhre. Bringt man nun ein Metallgitter zwischen Kathode und Anode und legt an dieses Gitter eine negative Spannung, so kann man das Gitter als Elektronenschleuse verwenden. Die von der Kathode ausgesprühten Elektronen, die ja selbst eine negative Ladung besitzen, werden von der gleichfalls negativen Ladung des Gitters abgestoßen und können nicht mehr ungehindert zur Anode fliegen. Mit sehr geringer Spannung am Gitter kann man so den Elektronenstrom in der Röhre nach Belieben steuern. Mit der Entwicklung der Rundfunktechnik hat man noch weitere Gitter in die Röhre eingefügt, um immer feinere Steuerung zu erzielen. Man kann Röhren zur Modulation bzw. Demodulation verwenden, da die Gitterspannung den Elektronenstrom trägheitslos beeinflußt, aber auch als Verstärker, weil die kleine Spannung am Gitter den viel größeren Elektronenstrom in der Röhre verändert. Neben Schwingungskreisen und Transistoren sind Elektronenröhren wichtige Schaltelemente der Rundfunktechnik. In Kleingeräten sind die Elektronenröhren heute weitgehend durch Transistoren ersetzt.

Es gibt fast unbegrenzt viele Möglichkeiten, Röhren und Schwingungskreise zusammenzuschalten. Die Zahl der Schwingungskreise entscheidet über die Güte eines Empfängers. Man kann jedoch aus technischen Gründen nicht beliebig viele Schwingungskreise hintereinanderschalten. Um die heute nötige Trennschärfe zu erzielen, verwendet man daher meist den Überlagerungsempfänger (Superhet-Empfänger), in den ein kleiner Hilfssender eingebaut ist. Die Antennenschwingung (z. B. 1000 kHz) wird nun mit der vom Hilfssender erzeugten Schwingung (z. B. 1500 kHz) 'gemischt, ihr überlagert. Dadurch entsteht eine neue Frequenz, die sogenannte Zwischenfrequenz (z. B. 500 kHz). Mit dem Hilfssender kann man jede von der Antenne aufgenommene Schwingung in eine Schwingung der ein für allemal im Apparat festgelegten Zwischenfrequenz verwandeln und so die folgenden Schwingungskreise ein für allemal fest einstellen. Damit ist es möglich, mehrere Schwingungskreise hintereinanderzuschalten und die nötige Trennschärfe zu erzielen.

Als Rundfunkwellen bezeichnet man

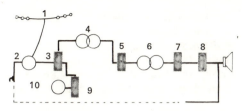

1 Antenne. 2 Vorkreis. 3 Röhre als Mischstufe. 4 Zwei Schwingkreise. 5 Röhre als Hochfrequenzverstärker. 6 Zwei Schwingkreise. Die vier Kreise 4 und 6 sind fest auf die Zwischenfrequenz eingestellt. 7 Röhre als Gleichrichter. 8 Röhre als Niederfrequenzverstärker. 9 Röhre als Hilfssender. 10 Schwingkreis. Die beiden Kreise 2 und 10 müssen durch Drehkondensatoren bedient werden.

Schematische Darstellung eines Sechskreis-Überlagerungsempfängers

Langwellen (1000 bis 15000 m), Mittelwellen (100 bis 1000 m), Kurzwellen (10 bis 100 m), Ultrakurzwellen (1 bis 10 m) und Dezimeterwellen (10 cm bis 1 m). Sie haben sehr verschiedene Eigenschaften (→Wellen) und erfordern entsprechend verschiedene Sende- und Empfangsanlagen. Großsender mit Sendestärken von 100 bis 150 kW versorgen vor allem den Lang- und Mittelwellenbereich, während im Kurzwellenbereich auch einige Wellenlängen für die Funkamateure der ganzen Welt freigehalten sind. Die Empfangsgeräte reichen vom großen Musik- und Fernsehschrank über das Tischgerät und den tragbaren Kofferapparat bis zu Empfängern in der Größe einer Streichholzschachtel.

Runen →Schrift.

Rüsselkäfer tragen kräftige Mundwerkzeuge am rüsselförmig zugespitzten Kopf. Sie richten auf Kulturpflanzen Schaden an, da sie auch sehr festes Holz durchbohren. Sie sind verschieden je nach der bewohnten Pflanzenart und werden daher Fichten-, Kiefern-, Haselrüsselkäfer, Apfelblütenstecher, Korn- und Reiskäfer, Raps- und Kohlrüßler, Palmbohrer usw. genannt.

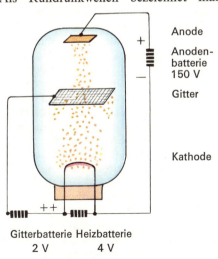

Anode

Anodenbatterie 150 V

Gitter

Kathode

Gitterbatterie Heizbatterie
2 V   4 V

Elektronenröhre

Rüsselkäfer

Der herrliche Brillant- oder Juwelenkäfer ist in den Tropen heimisch.

Rußland →Sowjetunion.

Rwanda ist eine 26 338 qkm große Republik in Ostafrika, die von 4,06 Mill. Menschen (Bahutus und Watussi) be- wohnt wird; Hauptstadt ist Kigali (57 000 Einwohner). In dem gebirgigen Land werden hauptsächlich Kaffee, Baumwolle und Tabak angebaut. Bis 1962 gehörte Rwanda zum belgischen Treuhandgebiet Ruanda-Urundi.

S

S ist der 19. Buchstabe des Alphabets, in der Chemie das Zeichen für Schwefel, in der Erdkunde die Abkürzung für Süden. S vor Namen bedeutet San (= heilig), z. B. S. Stefano.

Das **Saarland** liegt zu beiden Seiten der mittleren Saar. Steinkohle und Eisen sind seine Haupterzeugnisse. Auf 2567 qkm wohnen 1,12 Millionen Menschen. Die Haupt- und Universitätsstadt Saarbrücken hat rund 208 200 Einwohner. Nach dem Ersten Weltkrieg wurde das Saargebiet der Verwaltung des Völkerbundes unterstellt und 1935 nach einer Abstimmung der Bevölkerung wieder mit dem Deutschen Reich vereinigt. 1945 erhielt das Saarland durch die französische Militärregierung eine eigene Verwaltung, 1948 wurde es durch eine Zoll- und Währungsunion mit Frankreich verbunden. Nach einer Volksabstimmung 1955 wurde das Saarland 1957 10. Bundesland der Bundesrepublik Deutschland.

Der **Sabbat** (hebräisch = Ruhetag) ist bei den Juden als der siebente Tag der Woche durch die Gesetze des Alten Testaments ausschließlich der Gottesverehrung vorbehalten. – Das Christentum hat an seine Stelle den →Sonntag gesetzt.

Die **Sabotage** (franz., sprich sabotahsche): Handlungen, durch die das wirtschaftliche Leben gestört oder der Erfolg politischer oder militärischer Maßnahmen vereitelt werden soll, z. B. das Nichtbefolgen von Anordnungen, absichtlich langsame Arbeit, Zerstörung von Maschinen usw.

Das **Saccharin** ist ein künstlicher, aus Steinkohlenteer gewonnener Süßstoff ohne Nährwert. Es ist etwa 550mal süßer als Zucker und wird besonders von Zuckerkranken verwendet.

Andrej **Sacharow,** einer der bedeutendsten russischen Atomphysiker, wurde 1921 geboren. Er gilt als »Vater der sowjetischen Wasserstoffbombe« und wurde für seine wissenschaftlichen Leistungen mehrfach mit höchsten Orden und Preisen ausgezeichnet. Sein unerschrockenes Eintreten für die Wahrung der Menschenwürde und für die Gerechtigkeit im Staat trug ihm 1975 den Friedensnobelpreis ein.

Hans **Sachs** war zu Anfang des 16. Jh. Schuhmacher in Nürnberg und hatte sich bei seinen Mitbürgern als →Meistersinger Ansehen erworben. Während er in seinen zahlreichen Meisterliedern an strenge Vorschriften gebunden war, konnte er in seinen heute noch aufgeführten Fastnachtsspielen (z. B. »Der fahrende Schüler im Paradies«) und in seinen Schwänken seiner Phantasie freien Lauf lassen.

Die **Sachsen** waren ein westgermanischer Volksstamm. Ein Teil von ihnen eroberte im 5. Jh. n. Chr. zusammen mit den Angeln und Jüten (→Angelsachsen) Britannien. Der in Norddeutschland ansässige Teil wurde 772–804 von Karl dem Großen unterworfen und zum Christentum bekehrt. 919 wurde der Sachsenherzog Heinrich (I.) zum deutschen König gewählt. In den folgenden Jahrhunderten dehnten die Sachsen ihre Herrschaft ostwärts bis zur Oder, nordwärts bis zur Ostsee aus. Bei späteren Aufteilungen dieser Besitztümer ging der Name Sachsen auf die neuen Teile über. So gab es bis 1918 ein Königreich Sachsen, eine preußische Provinz Sachsen und die Herzogtümer Sachsen-Altenburg, Sachsen-Coburg-Gotha, Sachsen-Meiningen, Sachsen-Weimar-Eisenach. Dann wurden sie, ausgenommen die Provinz Sachsen, zu den Ländern →Sachsen und →Thüringen zusammengefaßt. Bei der Neugliederung 1946 ging die Provinz Sachsen größtenteils in dem Land →Sachsen-Anhalt auf. Der Hauptteil des nordwestdeutschen Stammlandes heißt seit 1946 →Niedersachsen.

Sachsen war bis zur Aufteilung der DDR in Verwaltungsbezirke (1952) ein mitteldeutsches Land, dem 1946 auch die westlich der Lausitzer Neiße gelegenen Teile Niederschlesiens angegliedert worden waren. Es umfaßte 16992 qkm mit 5,5 Millionen Einwohnern. Sachsen besitzt reiche Bodenschätze (Braunkohle, Eisen, Uranerze) und eine vielseitige Industrie (Maschinen, Textilien, Porzellan). Die ehemalige Hauptstadt Dresden hat 505000 Einwohner.

Sachsen-Anhalt war von 1946 bis zur Aufteilung der DDR in Verwaltungsbezirke (1952) ein mitteldeutsches Land, das aus den Hauptteilen der früheren preußischen Provinz Sachsen, dem Land Anhalt und kleinen Teilen Thüringens sowie Braunschweigs gebildet worden war. Es umfaßte 24669 qkm mit 4,2 Millionen Einwohnern. Bergbau, chemische Industrie und Landwirtschaft sind die tragenden Wirtschaftszweige.

Sadismus: krankhafte Lust, einen anderen seelisch oder körperlich zu quälen.

Safari (arab.) nennt man in Ost- und Südafrika eine längere Reise (mit Trägern und Lasttieren, heute auch für Touristen *Photosafari* mit modernen Verkehrsmitteln).

Das **Safe** (engl., sprich sehf): gegen Diebstahl und Feuer gesicherter Stahlbehälter zur Aufbewahrung von Wertsachen.

Der **Saffian** →Leder.

Der **Safran,** ein aus dem Safrankrokus gewonnenes Pulver, dient zum Würzen und Gelbfärben von Speisen, auch als schmerzstillendes Mittel.

Die **Saga** →Island.

Eine **Sage** wurde ursprünglich so wie ein →Märchen von Mund zu Mund weitergegeben. Auch sie weiß von wunderbaren und gruseligen Dingen zu berichten, aber sie nennt die Namen der Personen, ihren Beruf oder ihre Herkunft, und sie kennt auch den Ort, wo sich das Erzählte abgespielt haben soll. Der Sage liegt meist eine tatsächliche Begebenheit zugrunde, die aber im Lauf der Zeit zu einer märchenartigen Geschichte geworden ist.

Eine **Säge** ist ein Schneidewerkzeug zum Trennen von Holz, Metall, Stein usw. Das gezahnte Sägeblatt besteht aus zähem, gehärtetem Stahl. Es gibt Handsägen (Fuchsschwanz, Bügel-, Spann-, Stich-, Laubsägen) und Maschinensägen (Kreis- und Bandsägen, Motorkettensägen für die Forstwirtschaft).

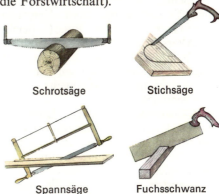

Schrotsäge Stichsäge

Spannsäge Fuchsschwanz

Der **Sägefisch** gehört zu den großen Rochen. Er wird bis zu 4,5 m lang und bringt lebendige Junge zur Welt. Seine lange, mit spitzen Zähnen besetzte Säge, die als Verlängerung des Kopfes nach vorn ausgebildet ist, benutzt er als Verteidigungs- und Angriffswaffe.

Der **Sago** →Palmen.

Sahib (arabisch = Herr): die früher im Orient übliche Anrede für Europäer.

Die **Saison** (franz., sprich säsõ): eigentlich Jahreszeit. Im Fremdenverkehr nennt man so die Hauptreisezeit, im Handel die Zeit mit dem höchsten Umsatz, im Theaterleben die Spielzeit.

Saiteninstrumente sind Musikinstrumente, bei denen die Töne durch Saiten aus Darm, Seide, Kunststoff oder Metall erzeugt werden. Die Saiten sind über kunstvoll gebaute hölzerne Schallkörper (Resonanzkörper) gespannt. Sie werden zum Erklingen gebracht durch Streichen mit einem Bogen, der mit Pferdeschwanzhaaren bespannt ist (Streichinstrumente, Abb. →Musikinstrumente), oder durch Zupfen mit den Fingern (Zupfinstrumente), z. B. Laute, Gitarre, Mandoline, Banjo, Zither, Harfe. Die Saiten des Klaviers werden mit Hilfe der Tasten von kleinen Hämmerchen angeschlagen.

sakral (lat.): religiös, feierlich, heilig.

Ein **Sakrament** (lat.) ist ein heiliges Zeichen, das eine übernatürliche Wirklichkeit bezeichnet und göttliche Gnade bewirkt. Die katholische Kirche kennt 7 Sakramente, die in Jesus Christus und seiner Verkündigung ihren Ursprung haben: Taufe – Firmung – Buße (→Beichte) – Altarsakrament (→Messe) – Krankensalbung – Priesterweihe – Ehe Die evangelischen Kirchen kennen nur 2 begrifflich ausgeprägte Sakramente: Taufe und Abendmahl.

Die **Säkularisation** (lat.): Umwandlung von kirchlichen Besitztümern oder Einrichtungen in weltliche, z. B. die Übernahme von Kirchengütern in fürstlichen oder staatlichen Besitz.

Salamander sind →Molche, die vorwiegend auf dem Lande leben. Bei uns kennt man den orangegelb und schwarz gezeichneten *Feuersalamander* und den in Gebirgsgegenden lebenden schwarzglänzenden *Alpensalamander*.

Der oder die **Salbei** →Heilkräuter, →Küchenkräuter.

Der **Saldo** (it.): der Unterschied zwischen der Soll- und der Habenseite eines →Kontos.

Salem aleikum →Selam.

In einer **Saline** wird die im Bergbau gewonnene hochprozentige Salzwasser-lösung, die *Sole*, oder das Wasser aus Salzquellen oder Meerwasser zu Kochsalz verarbeitet.

Der **Salmiak**: weißes Salz, das durch Einwirkung von Salzsäure auf Ammoniak bei der Herstellung von →Soda entsteht. *Salmiakgeist* ist Ammoniakwasser und hat einen stechenden Geruch.

Der **Salpeter**. So nennt man die Salze der Salpetersäure, z. B. den Kunstdünger. Salpetersäure, die wichtigste Sauerstoffsäure des Stickstoffs, wird auch *Scheidewasser* genannt, weil sie Silber löst (aber Gold nicht). Salpetersaures Silber heißt *Höllenstein* und dient z. B. zum Wegätzen von Warzen. Salpetersalze, die leicht Sauerstoff abgeben, verwendet man bei der Herstellung fast aller Sprengstoffe.

Der **Salto** (ital.): kunstvoller Purzelbaum mit ein- oder mehrmaligem Überschlagen des Körpers in der Luft.

Salvador →El Salvador.

Das **Salz**. In der Chemie gibt es vielerlei Salze, z. B. Soda, Kali, Gips und Kochsalz. Letzteres ist im Meerwasser enthalten und bildet in austrocknenden Meeresbecken Salzbänke. Solche Salzbänke der Vorzeit, die nachträglich von Ton überlagert und so vor Auswaschung geschützt wurden, haben Steinsalzlager unter der Erde gebildet. Aus diesen wird heute in Bergwerken das Steinsalz gefördert. In heißen Ländern wird Salz in Salzgärten, vom Meerwasser zeitweilig überfluteten flachen Becken, gewonnen.

Salzsäure ist eine stark ätzende Lösung des Chlorwasserstoffgases in Wasser. Sie entsteht z. B., wenn man Kochsalz mit Schwefelsäure übergießt und die sich bildenden Dämpfe in Wasser leitet.

Sambia (auch *Zambia*) ist eine 752 614 qkm große und von 4,6 Mill. Bantu- und Zulunegern bewohnte Republik mit der Hauptstadt Lusaka (160 000 Einwohner). Viehzucht und Bodenschätze bilden den Reichtum des Landes, das ab 1911 als Nordrhodesien britisches Protektorat war und 1964 selbständig wurde.

Der **Same** entsteht bei Blütenpflanzen nach der →Befruchtung aus den Samenanlagen im Fruchtknoten. Die Keimzelle ist von öl- und stärkereichen Nährstoffen umgeben, die von einer Schale umhüllt werden. Unter günstigen Voraussetzungen beginnt der Same zu keimen, wobei der Keimling die Schale sprengt und Wurzeln und Sprossen entwickelt. Viele Pflanzensamen werden dank ihrer Härchen oder Flügel vom Wind verbreitet, andere durch Vögel, Ameisen und andere Tiere oder auch durch fließendes Wasser. Die Samen der →blütenlosen Pflanzen sind die Sporen. Tierische Samen sind die männlichen Samenfäden, die bei der →Befruchtung in das weibliche Ei dringen, so daß die beiden Zellkerne miteinander verschmelzen und durch Bildung neuer Zellen zum →Embryo werden.

Der **Samowar** (russ., sprich ßamawahr) ist ein russischer Teekessel.

Samstag →Sonnabend.

Samum (arab.) heißt der trocken-heiße Staub- oder Sandwind in den arabischen und nordafrikanischen Wüsten.

Die **Samurai** (jap. = Wächter): altjapanische adlige Krieger. Sie wurden berühmt durch ihre strengen Ehrengesetze.

Das **Sanatorium** (lat.): Heilstätte.

Sandstein →Gesteine.

Eine **Sänfte** ist ein von Menschen oder Tieren getragener Sessel (früher Beförderungsmittel vornehmer Leute).

Die **Sanierung** (lat.): Wiederherstellung gesunder Verhältnisse, z.B. in einem Betrieb, in einem Stadtviertel.

sanitär (lat.): die Gesundheit betreffend, zum Gesundheitswesen (*Sanitätswesen*) gehörend. – Der *Sanitäter* ist für erste Hilfeleistung und zum Krankentransport ausgebildet. Er gehört dem →Roten Kreuz an.

Die **Sanktion** (lat.): eine Strafmaßnahme. Eine Handlung ist z.B. »mit Sanktionen belegt«, wenn sie für den, der sie ausführt, zu vorher bekannten unangenehmen Folgen führt (Bestrafung, gesellschaftliche →Isolierung o.ä.). – Das Tätigkeitswort *sanktionieren* bedeutet dagegen fast das Gegenteil, nämlich anerkennen, billigen, zustimmen.

San Marino ist eine kleine Republik in Mittelitalien mit einem Gebiet von 61 qkm und 19000 Einwohnern.

Sansibar →Tansania.

Das **Sanskrit** →Indien.

Der **Saphir** →Edelsteine.

Sappho war die größte Dichterin der Antike. Sie lebte um 600 v.Chr. auf der griechischen Insel Lesbos. Aus ihrer inbrünstigen Hinneigung zur Gottheit und zur Natur entstanden Gedichte, deren Schönheit wir leider nur noch an wenigen erhaltenen Strophen bewundern können.

Die **Sarazenen:** im Mittelalter Bezeichnung für die →Araber.

Der **Sarkasmus** (griech.): beißender, bitterer Spott.

Der **Sarkophag** (griech.): kunstvoll ausgeführter Sarg aus Stein oder Metall.

Der französische Dichter und Philosoph Jean-Paul **Sartre** wurde 1905 geboren. Er gilt als führender Vertreter des französischen →Existentialismus; in Dramen wie »Die ehrbare Dirne«, »Das Spiel ist aus«, »Die schmutzigen Hände« verkündet Sartre die absolute Freiheit des einzelnen, deren Ziel aber ein →Humanismus ist. Politisch vertritt Sartre einen Kommunismus chinesischer Art. – Weitere wichtige Werke: »Das Sein und das Nichts«; Autobiographie »Die Wörter«.

Der **Satan** →Teufel.

Der **Satellit** (lat.): Leibwächter – In der Himmelskunde heißen die um Planeten kreisenden Monde Satelliten. In der Politik nennt man solche Staaten *Satellitenstaaten*, deren Politik sich nach der eines mächtigeren Staates richtet, so z.B. die von der Sowjetunion abhängigen osteuropäischen Staaten.

Künstliche **Satelliten** →Weltraumfahrt.

Die **Satire** (lat.): Dichtung oder Abhandlung, in der bestimmte Zustände oder Anschauungen verspottet werden. Berühmte Satiriker: Horaz, Cervantes, Goethe und Schiller (Xenien), Heine, Busch, Swift, Shaw, Rabelais, Voltaire, Gogol, Huxley.

Saturn ist der lateinische Name für den Gott →Kronos. – Auch einer der Planeten wird Saturn genannt (→Himmelskunde).

Die **Satyrn** waren in der griechischen Sage Waldgeister mit Bocksohren, -hörnern und -schwänzen. Als immer zu derben Späßen aufgelegtes Gefolge begleiten sie den →Dionysos. – Der römische Name für Satyr ist Faun.

Satz →Syntax, Grammatik. *Satzaussage* →Prädikat. *Satzergänzung* →Objekt. *Satzgegenstand* →Subjekt. *Satzlehre* →Syntax, Grammatik. *Satzzeichen* →Interpunktion.

Saudi-Arabien heißt das Königreich, das den weitaus größten Teil Arabiens einnimmt. Es ist benannt nach seinem Herrscher Ibn Saud, der diesen Staat nach dem Ersten Weltkrieg gründete. Das Land umfaßt 2,14 Mill. qkm. Der größte Teil ist Steppe, Sand- und Steinwüste. Von den etwa 7,96 Millionen mohammedanischen Einwohnern sind die meisten Kamel-, Pferde- und Schafzüchter. Von großer Bedeutung sind die Erdölquellen.

Einwohnerzahlen der wichtigsten Städte:	
Hauptstadt Riad	300 000
Jidda (Hafen)	300 000
Mekka (Wallfahrtsort)	250 000

Sauerstoff (chemisches Zeichen O = Oxygenium) ist ein chemisches Element. Aus diesem geruchlosen Gas bestehen 21% der Luft. Sauerstoff verbindet sich mit fast allen chemischen Elementen durch die Oxydation zu →Oxiden, wobei sich Wärme entwickelt. Menschen und Tiere ersticken, wenn sie nicht genügend Sauerstoff einatmen. – *Sauerstoffgeräte* sind Atmungsgeräte für Bergsteiger und Flieger in Höhen über 7000 m sowie für Gas- und Rauchvergiftete und schwer Herzkranke. Der auf Stahlflaschen abgefüllte Sauerstoff steht unter hohem Druck und wird durch druckmindernde Ventile in die Zuführungsschläuche abgeblasen. Auch Schneid- und Schweißbrenner, die zur Metallbearbeitung dienen, brauchen Sauerstoff aus Flaschen, um eine genügend große Hitze zu erzeugen. – *Sauerstoffzelte* aus Kunststoff werden bei schweren Herzkrankheiten und Erkrankungen der Atemorgane über das Krankenbett gespannt, um dem Erkrankten mehr Sauerstoff (aus Druckflaschen) zuführen zu können.

Sauerteig: gärender, alter Brotteig, der dem frischen Teig zugesetzt wird, um das Brot aufzutreiben und zu lockern.

Säugetiere nennt man alle Lebewesen, die ihre Jungen mit den Absonderungen ihrer Milchdrüsen ernähren. Es gibt heute auf der Erde etwa 6000 Arten. Auch der Wal und die Fledermaus gehören dazu.

Als **Säugling** bezeichnet man das Kind in seinen ersten Lebensmonaten, weil es sich in dieser Zeit ausschließlich durch Saugen ernährt. Es trinkt entweder Muttermilch aus der Mutterbrust oder Kuhmilch beziehungsweise Trockenmilch-Fertigfabrikate aus der Flasche. Ein Säugling wiegt durchschnittlich 3,5 kg und ist etwa 50 cm lang.

Die **Säule** ist in der Baukunst eine senkrechte runde Stütze (eine Stütze mit rechteckigem Querschnitt heißt *Pfeiler*). Sie besteht aus dem Kopfstück (Kapitell), dem Mittelstück (Schaft) und dem Fußstück (Basis). In der griechischen Baukunst gibt es dorische, ionische und korinthische Säulenordnungen. Die dorische Säule hat keine Basis, ihr Schaft ist mit scharfkantigen, senkrechten Rillen (Kannelüren) geschmückt; das Kapitell besteht aus dem Wulst (Echinus) und der Deckplatte (Abakus). Die ionische Säule ruht auf einer Basis, die Kannelüren des Schaftes sind durch schmale Stege getrennt, das Kapitell setzt sich aus Eierstabverzierung und eingerolltem Polster (Voluten) zusammen. Die korinthische Säule ist aus der ionischen entwickelt; ihr Kapitell wird durch Akanthusblätter geschmückt. Die Römer verbanden Voluten und Akanthusblätter zum »Kompositkapitell«.

Die **Sauna** →Bad.

Die **Säure** →Chemie.

Saurier waren bis 30 m lange Reptilien, die bis zum Ende des Erdmittelalters (→Erdzeitalter) Land, Wasser und Luft bevölkerten.

Die **Savanne** (span.): afrikanische Grassteppe mit wenig Buschwerk oder Bäumen.

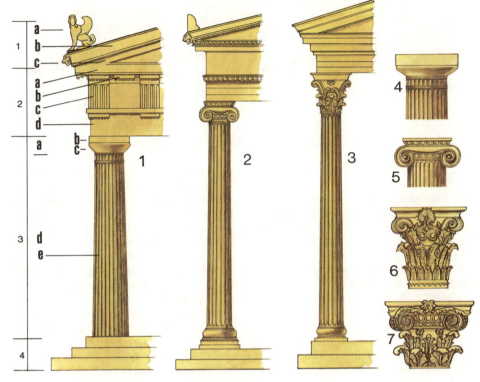

Säulenordnungen

1 dorisch, 2 ionisch, 3 korinthisch, 4 dorisches Kapitell, 5 ionisches Kapitell, 6 korinthisches Kapitell, 7 römisches Kapitell (Kompositkapitell)
1 Giebel: a Akroter, b Sima, c Geison; 2 Gebälk: a Geison, b Mutulus, c Metope mit Fries, d Architrav; 3 Säule: a Kapitell, b Abateus, c Echinus, d Schaft, e Kannelierung; 4 Stylobat (Unterbau)

Das **Saxophon:** ein von dem Belgier Sax vor etwa 120 Jahren erfundenes Blasinstrument. Es ist aus Blech, aber wie eine Klarinette gebaut und wird vor allem in der Jazzmusik verwendet. Abb. →Musikinstrumente.

SBZ, Abkürzung für sowjetische Besatzungszone, →Deutschland.

Schaben, auch *Schwaben*, *Russen* oder *Kakerlaken* genannt, sind schwarze oder braune Insekten, die nachts über alles Eßbare herfallen und sich tagsüber verkriechen. Die heimische Küchenschabe ist 2½ cm groß.

Eine **Schablone** ist eine Form, ein Muster, das zur mühelosen Vervielfältigung (z. B. von Ornamenten auf einer gekalkten Wand) dient. So erhielt das Wort auch allgemein die Bedeutung: Einförmigkeit, geistlose Nachahmung.

Schach (pers. schah = König) ist ein sehr altes, wahrscheinlich aus Indien stammendes Brettspiel. Es wird von zwei Personen gespielt. Auf einem Schachbrett, das in 64 abwechselnd weiße und schwarze Felder eingeteilt ist, stehen sich 16 weiße und 16 schwarze Figuren gegenüber: je 1 König, 1 Dame, 2 Türme, 2 Läufer, 2 Springer und 8 Bauern. Nach bestimmten Regeln werden diese Figuren gegeneinandergeführt. Sieger ist der Spieler, der den gegnerischen König »matt« setzt. Das Schachspiel erfordert mehr als jedes andere Spiel scharfes Nachdenken.

Der **Schachtelhalm** ist ein Unkraut, das besonders an feuchten, sandigen Stellen

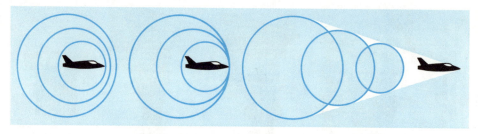

Ein Flugzeug durchbricht die Schallmauer

gedeiht. In frühen Erdzeitaltern waren die Schachtelhalme riesige Bäume.

Der **Schädel** (Abb. →Mensch, Skelett) besteht aus einer Reihe von aneinandergefügten Knochen, die das Gehirn schützen und das Gesichtsskelett bilden.

Das **Schaf** ist ein wichtiges Haustier. Seit Jahrtausenden liefert es dem Menschen warme Wolle und schmackhaftes Fleisch. Die feinste Wolle stammt vom *Merinoschaf*, das besonders in Australien gehalten wird. Das wertvollste Schaf ist das *Karakulschaf*. Das schwarzlockige Fell seiner jung geschlachteten Lämmer verkaufen die Pelzhändler als den sogenannten *Persianer*.

Das **Schafott:** Gerüst für Hinrichtungen.

Schah ist in Persien der Name für den Herrscher; sein offizieller Titel lautet *Schah-in-schah*.

Der **Schakal** ist ein hundeähnliches Raubtier, das in Südeuropa, Afrika und Asien vorkommt. Er lebt in Rudeln. Man nimmt an, daß der Schakal einer der Vorfahren unseres Hundes ist.

Schall ist alles, was wir mit den Ohren wahrnehmen. Er entsteht durch Erschütterung von Luftteilchen durch eine Schallquelle. Da nun jedes Teilchen seine Schwingungen an Nachbarteilchen weitergibt, pflanzen sich diese Erschütterungen als Schallwelle fort. Trifft eine Welle auf ein Hindernis, z. B. eine Felswand, so wird sie als Widerhall (→Echo) zurückgeworfen. Trifft sie auf unser →Ohr, so wird das Trommelfell in Schwingungen versetzt, die als Töne und Geräusche von uns wahrgenommen werden. Der Schall verbreitet sich in der Luft mit einer Geschwindigkeit von 333 m in der Sekunde. Schallwellen legen also in 3 Sekunden 1 km zurück. Im Wasser ist die Schallgeschwindigkeit viel höher (1407 m/sek.). Im luftleeren Raum dagegen kann sich der Schall nicht fortpflanzen. Den Zweig der Physik, der sich mit dem Schall beschäftigt, nennt man *Akustik*.

Eine **Schallmauer** entsteht, wenn die Geschwindigkeit eines Flugzeugs ebenso groß ist wie die Ausbreitungsgeschwindigkeit der von ihm erzeugten Schallwellen, so daß durch deren Stau ein starker Luftwiderstand erzeugt wird. Steigert es seine Geschwindigkeit, dann durchbricht es die Schallmauer mit lautem Knall.

Schallplatten sind kreisrunde Scheiben aus Hartgummi oder Kunststoff. Sie dienen zur Wiedergabe von Musik und Sprache auf dem →Plattenspieler. Die Schallschwingungen sind in den Schallrillen aufgezeichnet, die durch den Tonabnehmer »abgetastet« werden.

Schaltjahr →Zeit.

Die **Schamotte:** ganz besonders feuerfester Stein aus scharfgebranntem Ton zum Ausmauern von Öfen und zur Herstellung von Schmelztiegeln.

Die **Scharade** (franz.): Worträtsel. Ein aus mehreren Wörtern zusammengesetztes Wort ist aus den Beschreibungen der einzelnen Wörter und des Ganzen zu erraten, z. B. 1. Wort: kleine Wiederkäuer, 2. Wort: männlicher Vorname, ganzes Wort: ansteckende Krankheit (Ziegenpeter). – Auch ein lebendes Bild, dessen Sinn zu erraten ist, heißt Scharade.

Der **Scharlach** ist eine sehr ansteckende

→Infektionskrankheit, die sich in rotem Ausschlag, hohem Fieber und Mandelentzündung äußert. Nach etwa 8 Tagen beginnt die Haut sich zu schälen. Die Schuppen verbreiten die Ansteckung. Noch nach Wochen besteht die Gefahr von Nachkrankheiten, z. B. Ohren- oder Nierenentzündung.

Ein **Scharlatan** (franz.) ist ein Mensch, der leichtfertig und aufschneiderisch eine Tätigkeit ausübt, ohne die nötigen Kenntnisse zu besitzen.

Das **Scharnier** (franz.): drehbares Gelenk, meist aus Metall, z. B. für Türangeln.

Schattenbilder kann man schon mit den Fingern oder dem Zipfel eines Taschentuches vor einer weißen Wand erzeugen. Ein *Schattenriß* ist eine schwarz getuschte, ein *Scherenschnitt* eine geschnittene Umrißzeichnung. Nach dem französischen Finanzminister Silhouette (18. Jh.), der den Schattenriß gegenüber der teuren Porträtmalerei wegen seiner Billigkeit empfahl, nannte man diese Darstellungsweise *Silhouette*.

Schauspiel →Drama.

Der **Scheck** ist die schriftliche Anweisung eines Kontoinhabers (→Konto) an seine →Bank, dem Überbringer einen darauf genannten Betrag auszuzahlen. Die Bank gibt ihren Kontoinhabern Scheckbücher mit numerierten Vordrucken (Schecks). Bei der Einlösung von Schecks wird die Unterschrift des Ausstellers geprüft. Ein *Blankoscheck* trägt lediglich die Unterschrift des Ausstellers; die Summe wird vom Einreicher eingesetzt.

Scheibenbremse →Bremse.

Der **Scheich** (arabisch = Ältester): Oberhaupt eines Stammes oder einer religiösen Gemeinschaft bei mohammedanischen Völkern.

Das **Scheidewasser** →Salpeter.

Der **Scheinwerfer** ist ein optisches Gerät. Es sammelt mit Hilfe eines →Hohlspiegels die Strahlen einer Lichtquelle zu einem Lichtbündel, das man in bestimmter Richtung über große Entfernungen ausstrahlen kann.

Schelf (engl.) nennt man den unter dem Meeresspiegel liegenden Rand der Kontinente (Kontinentalsockel) bis zu 200 m Tiefe.

Der **Schellack** ist ein Harz, das von der Lackschildlaus ausgeschieden wird. Diese nährt sich vom Saft ostindischer Feigenbäume. Schellack dient zur Lack- und Politurbereitung und als Zusatz bei der Herstellung von Schallplatten.

Das **Schema** (griech.): ein in großen Umrissen gültiges Muster, ein Grundplan, z. B. eine *schematische Darstellung*. Man nennt aber auch das einförmige, gedankenlose Wiederholen eines Vorgangs eine schematische Tätigkeit.

Scherenschnitt →Schattenbilder.

Scherzo (ital., sprich skerzo): heiteres Lied, heiterer Satz in Sinfonie und Sonate, auch selbständiges Konzertstück.

Der **Schi** →Ski.

Der **Schiefer**. Alle Gesteinsarten, die aus dünnen Platten bestehen und sich daher leicht spalten lassen, nennt man Schiefer. Am bekanntesten ist der blauschwarze *Dachschiefer*, aus dem auch Schiefertafeln und Griffel hergestellt werden. *Solnhofener Plattenschiefer* wird für den Steindruck und als Bodenbelag verwendet.

Das **Schielen**: Abweichen eines oder beider Augen von der normalen Sehrichtung. Manche Fälle können durch eine Brille geheilt werden, in anderen ist eine kleine Operation am Auge notwendig.

Schienen dienen in der Technik zur Führung der Räder von Fahrzeugen (zuweilen auch zur Zuführung von elektrischem Strom). Sie werden aus Stahl gewalzt und sind in ihrer Form dem jeweiligen Zweck angepaßt. So benutzt man bei Straßenbahnen Rillenschienen, bei Eisenbahnen Schienen mit pilzartigem Kopf und breitem Fuß. Die Eisenbahnschienen werden auf Schwellen aus Holz, Beton oder Eisen verlegt und bilden so das Gleis. An ihrer Verbindungsstelle, am »Schienenstoß«, werden die Schienen durch stählerne Laschen zusammengehalten. Heute werden die Schienen meist

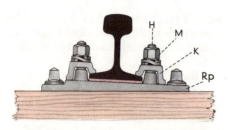

Die Schiene wird mit ihrem breiten Fuß durch die Klemmplatten (K) mittels Hakenschrauben (H) und Sechskantmuttern (M) gegen die Rippenplatten (Rp) geklemmt. Unter ihrem Fuß befindet sich eine Zwischenlage aus Pappelholz zum Schutz gegen harte Stöße.

lückenlos miteinander verschweißt. Der Abstand der Schienen voneinander, die *Spurweite*, beträgt normal 1435 mm, bei Schmalspurbahnen 750 oder 1000 mm. – Knochenbrüche werden durch mit Gips, Draht oder Holz verstärkte Verbände zur Ruhigstellung *geschient*.

Der **Schierling** ist eine Giftpflanze mit Doldenblüten. Schierlingssaft war ein im Altertum häufig verwendetes Gift. Der Philosoph Sokrates wurde zum Tode durch den Schierlingsbecher verurteilt.

Das **Schießpulver** ist eine Mischung aus Schwefel, Kohle und Salpeter, die durch einen Funken zur Explosion kommt. Schießpulver war den Chinesen schon lange bekannt, als es um 1300 in Europa entdeckt wurde.

Der **Schießsport** wird mit Feuerwaffen (Gewehr und Pistole), aber auch mit dem Bogen oder der Armbrust ausgeübt. Beim *Großkaliberschießen* werden Büchsen von 8,15 mm, beim *Kleinkaliberschießen* solche mit 5,6 bis 6 mm Laufdurchmesser verwendet. Als Ziel dienen Ringscheiben, bei denen die Zahl der getroffenen Ringe gezählt wird, Figurenscheiben oder auch Ton- und Wurftauben, nach denen mit der Schrotflinte geschossen wird.

Die **Schiffahrt.** Die ältesten Wasserfahrzeuge waren das aus Baumstämmen zusammengebundene Floß und der ausgehöhlte Baumstamm (Einbaum). Jahrtausendelang fuhr man mit Schiffen, die durch Ruder fortbewegt wurden; bei günstigem Wind setzte man Segel. Die Ruder wurden erst allmählich mit der größeren Segelkunst im späten Mittelalter entbehrlich. Damit begann der Aufstieg der Schiffahrt. Bis dahin war, abgesehen von

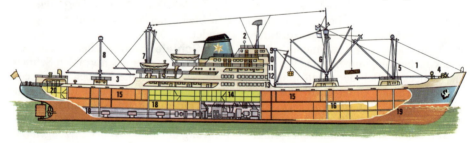

Schnitt durch ein Fracht-Fahrgastschiff

1 Vorderdeck
2 Aufbauten (mittschiffs)
3 Achterdeck
4 Ankerwinde
5, 6, 7, 8 Ladebäume
9 Navigationsdeck (mit Radar, Funkpeilgerät, Funkraum)
10 Kommandobrücke mit Steuerhaus, Kartenraum, Kapitänswohnräume
11 Bootsdeck mit Räumen für Schiffsarzt, Offizierswohnräumen, Passagierkabinen
12 Promenadendeck mit Rauchsalon, Lesezimmer, Bar, Schwimmbecken

13 A-Deck mit Passagierkabinen, Speisesaal, Küche
14 B-Deck mit Passagierkabinen, Kabinen für Schiffsoffiziere
15 Vordere und achtere Laderäume für Stückgut
16 Laderäume für Trockenfracht und Schüttgut (Getreide)
17 Maschinenraum und Wellentunnel
18 Vorrats- und Kühlräume, Trinkwasser
19 Ölbunker
20 Mannschaftsräume, darunter Kontrollraum für Ruderanlage

Auslegerboot

Griechische Triëre, 5. Jh. v. Chr.

Karavelle, 18. Jh.

Raddampfer (Mississippi, 1820)

Motorschiff (seit 1930)

Tragflächenboot (seit 1952)

einigen Fahrten kühner Seeleute, vorwiegend Schiffahrt in den Flüssen, an den Küsten und im Mittelmeer betrieben worden. Nun begann, besonders nach der Entdeckung Amerikas, die Schiffahrt auf hoher See. Die Völker erwarben Besitzungen in Übersee, und ein lebhafter Handelsverkehr setzte ein. Seit Beginn des 19. Jh. sind die →Segelschiffe durch die mit Maschinenkraft angetriebenen Schiffe allmählich verdrängt worden. Die Dampfschiffe waren zunächst Raddampfer mit seitlich angebrachten Schaufelrädern, dann Schraubendampfer mit einer oder mehreren Schiffsschrauben am Heck. Heute erlangen Verbrennungskraftmaschinen, Elektromotoren und seit neuestem Kernreaktoren als Antriebsmaschinen immer größere Bedeutung.

Schiffshebewerk →Schleusen.

Die **Schik_a_ne** (franz.): grundlose, kleinliche Bösartigkeit.

Der **Schild:** vom Altertum bis ins Mittelalter gebräuchliche Schutzwaffe von verschiedener Form (kreisrund, oval, vier- oder mehreckig) und Größe (bis 2 m hoch). Schilde waren aus Holz, geflochtenen Ruten, Leder oder Metall.

Die **Schilddrüse** (Abb. →Mensch) ist eine der wichtigsten innersekretorischen →Drüsen, die den Stoffwechsel regeln. Krankhafte Vergrößerungen der Schilddrüse bezeichnet man als Kropf, in besonders schweren Fällen als Basedowsche Krankheit.

Schildkröten gehören zu den ältesten Reptilien der Erde. Man kennt von ihnen über 330 Arten. Es gibt Riesenformen, die sogenannten Elefantenschildkröten auf den Galápagos- und Seychellen-Inseln, die bis zu fünf Zentner schwer werden. Wegen ihres wohlschmeckenden Fleisches sind sie heute beinahe ausgerottet. In Mitteleuropa kommt die europäische Sumpfschildkröte vor. Sie ist sehr selten und steht unter Naturschutz. Schildkrötensuppe wird aus dem Fleisch der in den tropischen Meeren lebenden Suppenschildkröte hergestellt.

Das **Schildpatt** ist die dicke Hornschicht, mit der Schildkröten gepanzert sind und aus der z. B. Kämme und Brillenfassungen hergestellt werden.

Das **Schilf:** hohe, harte Gräser an Ufern und in flachen Gewässern, deren hohle Stengel, das *Röhricht*, als Unterlage beim Mauerputz und zur Dacheindeckung verwendet werden.

Friedrich von **Schiller,** der große deutsche Dramatiker, wurde am 10. November 1759 in Marbach am Neckar geboren. Auf Befehl des Herzogs Karl Eugen von Württemberg studierte er auf der Hohen Karlsschule bei Stuttgart zuerst Rechtswissenschaften, dann Medizin. In dieser Zeit begann er heimlich sein erstes revolutionäres Drama »Die Räuber«, das in Mannheim mit großem Erfolg aufgeführt wurde. Als ihm der Herzog daraufhin das Schreiben untersagte, floh er 1782 nach Mannheim, wo er für kurze Zeit eine Anstellung als Theaterdichter fand. Einige Jahre suchte er dann vergebens irgendwo Fuß zu fassen, bis er 1789 Professor für Geschichte und Philosophie in Jena wurde. Vier Jahre später begann seine enge Freundschaft mit Goethe, und 1799 siedelte Schiller nach Weimar über. Hier starb er am 9. Mai 1805, noch nicht 46 Jahre alt. Ein schweres Lungenleiden, das er um seiner Arbeit willen jahrelang nicht genug beachtete, hatte seine Kräfte verzehrt. Schillers Lebenswerk umfaßt philosophische und historische Abhandlungen, Übersetzungen, Novellen und zahlreiche Balladen und Gedichte. Unsterblich aber wurde er durch seine großen Dramen. In ihnen kommt mitreißend zum Ausdruck, was Schiller stets am Herzen lag: der Kampf um Freiheit, Recht und Menschenwürde. Seine Hauptwerke sind die Dramen »Die Räuber«, »Fiesco«, »Don Carlos«, »Kabale und Liebe«, »Wallenstein«, »Maria Stuart«, »Die Jungfrau von Orleans« und »Wilhelm Tell«.

Der **Schimmel:** 1. Pferd mit weißem Fell. Schimmel werden selten weiß geboren. Die Farbe entwickelt sich erst im ersten bis zweiten Lebensjahr aus der schwarzen, braunen oder grauen Fohlen-Färbung. – 2. Winzige Schlauchpilze, die sich auf anderen Pflanzen und auf Nahrungsmitteln ansiedeln, erzeugen dabei nach außen spinnwebfeine Fäden, den Schimmel. Diese Fäden sind Sporenschläuche und dienen der Fortpflanzung. Verschiedene Formen, wie Mehltau, Schorf und Fruchtschimmel, sind Schädlinge des Obstbaues. Der Brot- oder Pinselschimmel wird als Gewürz dem Edelpilzkäse beigefügt. Aus seinen Sporen wird das →Penicillin gewonnen.

Der **Schimpanse** →Affen.

Schint_o_ismus →Japan.

Der **Schir_o_kko** (ital.): feuchtschwüler Südwestwind an der jugoslawischen Küste; in Sizilien und Griechenland hingegen ist der Schirokko trocken und heiß.

Das **Sch_i_sma** (griech.): Kirchenspaltung. So bezeichnet man z. B. die im Jahre

542

1054 erfolgte Loslösung der orthodoxen Kirche (→Orthodoxie) von der römisch-katholischen als Schisma.

Die **Schizophrenie** (griech.) ist eine Geisteskrankheit. Der griechische Name bedeutet auf deutsch etwa »Spaltungsirrsinn«. Der *Schizophrene* leidet an einer gespaltenen Persönlichkeit und wird zerfahren, gefühlsarm und in sich gekehrt. Eine wirksame Heilmethode ist heute noch nicht bekannt.

Schlaf ist der natürliche Entspannungszustand von Körper und Geist. Er ist unentbehrlich zur Erholung des Organismus. Der Säugling schläft fast Tag und Nacht. Kleinkinder brauchen 12, ältere Kinder 10, Erwachsene 7 bis 8 Stunden Schlaf.

Die **Schlafkrankheit** ist eine schwere ansteckende Tropenkrankheit, die besonders in Afrika vorkommt. Sie wird durch die Tsetsefliege übertragen. Die Kranken werden von Schlafsucht befallen und sterben dann an Erschöpfung.

Schlafwandeln →Nachtwandeln.

Schlagadern (Abb. →Mensch) →Blutkreislauf, →Erste Hilfe.

Ein **Schlaganfall** ist eine Blutung im Gehirn, die zu Lähmungen von Gliedmaßen führen kann.

Schlagball ist ein Laufspiel zwischen zwei Parteien, der Schlag- und der Fangpartei. Es wird mit einem kleinen elastischen Lederball und langem Schlagholz gespielt. Nach Einschlagen des Balles versucht die Fangpartei, die Läufer der Schlagpartei abzuwerfen. Gezählt werden die nach den Schlägen gelungenen Läufe durch das Spielfeld.

Schlaginstrumente: Pauke, Trommel, Becken usw. →Musikinstrumente.

Schlagwetter-Explosionen oder *schlagende Wetter* entstehen in Bergwerken durch brennbare Grubengase. Man versucht sie durch gute Lüftung der Schächte und durch Verwendung von →Sicherheitslampen zu verhüten.

Schlangen sind fußlose Reptilien, die in etwa 2500 Arten über alle Erdteile verbreitet sind. Mit Hilfe ihrer 200 bis 300 beweglichen Rippenpaare können sie sich sehr schnell fortbewegen. Da die Schlangenhaut nicht mitwächst, müssen die Tiere sich alljährlich mehrmals häuten. Viele Schlangen sind wegen ihrer Giftzähne gefürchtet (→Giftschlangen). Die größte aller Schlangen ist die Anakonda in Südamerika, die bis zu 10 m lang wird. Riesenschlangen überwältigen ihre Beute durch Umschlingen mit den starken Muskelringen ihres Leibes.

Schlesien heißt die Landschaft zu beiden Seiten der oberen Oder. Im Süden und Südwesten wird es von dem Gebirge der Sudeten begrenzt, nördlich der Hauptstadt Breslau, jetzt Wroclaw (1939: 623000 deutsche, jetzt 560000 polnische Einwohner), vom Katzengebirge durchzogen. Schlesien ist landwirtschaftlich ergiebig. In Oberschlesien werden Steinkohlen-, Zink- und Bleierzbergbau und eine vielfältige Industrie betrieben. Wichtige Industriestädte sind Oppeln, Kattowitz, Beuthen und Görlitz. Schlesien steht seit 1945 außer einem kleinen, westlich der →Oder-Neiße-Linie gelegenen Teil unter polnischer Verwaltung. Die deutsche Bevölkerung wurde großenteils ausgewiesen.

Schleswig-Holstein ist ein Land der Bundesrepublik Deutschland. Es umfaßt rund 15658 qkm mit 2,5 Mill. Einwohnern. Im Norden grenzt es an Dänemark. Schleswig-Holstein ist ein überwiegend flaches Land, in dem vor allem Viehzucht und Milchwirtschaft betrieben werden. Die Nordfriesischen Inseln sind vielbesuchte Seebäder. Die Haupt-, Hafen- und Universitätsstadt Kiel mit 270000 Einwohnern liegt an der Kieler Förde, einer Ostseebucht, welche die Einfahrt zum Nord-Ostsee-Kanal bildet. Andere größere Städte sind Lübeck und Flensburg.

Der **Schleudersitz** (Katapultsitz) in Flugzeugen hat eine Treibladung, die bei Gefahr von dem auf dem Sitz festgeschnallten Flugzeugführer gezündet wird und ihn aus der Maschine schleudert. Ein Fallschirm bringt Sitz und Flugzeugführer auf die Erde.

Schleusen sind Stauwerke, in denen Schiffe vom niederen zum höheren Wasserspiegel oder umgekehrt getragen werden. Das geschieht in der Schleusenkammer, dem schmalen Ausgleichsbecken, das durch 2 Tore vom niederen und vom höheren Wasser getrennt ist. Die Tore haben 2 Flügel, die sich gegen den Druck des Oberwassers stemmen wie ein Gewölbe gegen seine Last. Nur wenn vor und hinter dem Tor gleicher Wasserstand ist, läßt es sich öffnen. Das Schiff fährt in

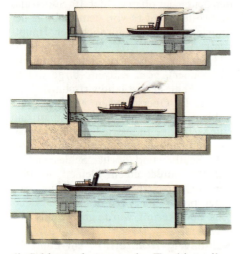

die Schleusenkammer, das Tor hinter ihm schließt sich, die Kammer wird mit Wasser gefüllt (falls das Schiff gehoben werden soll) oder entleert (falls es gesenkt werden soll). Ist so der gewünschte Wasserstand erreicht, wird das in der Fahrtrichtung liegende zweite Stemmtor geöffnet, und das Schiff kann weiterfahren. Bei einer sog. *Schleusentreppe* liegen mehrere Schleusenkammern hintereinander. Ein *Schiffshebewerk* ist ein aus einem Wassertrog bestehender riesiger Fahrstuhl, in den das Schiff hineinfährt. Der Trog wird durch Maschinenkraft in einem Stahlgerüst auf und nieder bewegt. Der Amateurarchäologe Heinrich **Schliemann** überraschte die Fachwelt, als er 1870 das antike Troja ausgrub, den Schauplatz von Homers »Ilias« (→Trojanischer Krieg). Schliemann hatte sich bei seiner Arbeit weithin von den Angaben Homers leiten lassen, die sich als brauchbar erwiesen. Schliemann wurde 1822 geboren und starb 1890.

Ein **Schloß** ist in der Technik eine Vorrichtung zur Sicherung von Verschlüssen. Beim *Kastenschloß* hebt der passende Schlüssel eine Sperre an, den Zuhaltebügel, beim *Sicherheitsschloß* eine Reihe Stifte. Er schiebt dann den freigegebenen Riegel vor oder

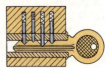

Sicherheitsschloß

zurück. Beim *Kombinationsschloß* löst sich die Sperre ohne Schlüssel: wenn man eine bestimmte mehrstellige Zahl einstellt, springt der Riegel durch Federdruck auf.

Die **Schluckimpfung** wurde zur Bekämpfung der →Kinderlähmung eingeführt: der Impfstoff wird auf Zucker o. ä. geträufelt und geschluckt. →Impfung.

Schmarotzer oder →Parasiten nennt man gewisse Tiere oder Pflanzen, die in oder auf anderen Lebewesen leben und sich von ihnen ernähren.

Schmelzen nennt man das Umwandeln von festen Körpern in flüssige. Dies geschieht durch Erwärmen auf eine bestimmte Temperatur, den *Schmelzpunkt.* – *Sieden* nennt man das Umwandeln flüssiger Körper in gasförmige. Flüssigkeiten können nicht über eine bestimmte Temperatur hinaus erhitzt werden. Wenn diese Temperatur, der *Siedepunkt*, erreicht ist, verdampfen sie. Der Siedepunkt ist von dem äußeren Druck, der auf der Flüssigkeit lastet, abhängig. Wasser z. B. siedet in Meereshöhe (bei einem Luftdruck von 760 mm) bei 100° C, in 3000 m Höhe (bei einem Luftdruck von 526 mm) schon bei 90° C.

Der **Schmerz** ist ein Alarmsignal des Körpers. Bei Verletzungen oder Erkrankungen werden Körperstellen angegriffen, und die Meldung der dazugehörigen Nerven an das Gehirn empfinden wir als Schmerz. Schmerzstillende Tabletten oder Spritzen betäuben das Schmerzzentrum

Schmetterlinge

Oben links: tropischer Schmetterling (Papilio ulysses); rechts: Apollofalter; Mitte: Ligusterschwärmer. Unten links: Schuppendecke eines Flügels, stark vergrößert; rechts: Raupe beim Verpuppen, Puppe, ausgekrochener Schmetterling.

im Gehirn. Es gibt auch Mittel zur Schmerzstillung, die örtlich an der angegriffenen Stelle wirken (→Anästhesie).

Schmerzensgeld kann derjenige verlangen, dem durch einen anderen rechts-

Schmelz- und Siedepunkte		
	Schmelz-punkt	Siede-punkt
Feste Stoffe		
Aluminium	658°	2270°
Eisen	1535°	2900°
Gold	1063°	2710°
Kochsalz	775°	1420°
Kohlenstoff	3800°	
Platin	1773°	3800°
Quarzglas	1700°	2200°
Zinn	232°	2362°
Flüssige Stoffe		
Alkohol (chem. rein)	−114°	78,3°
Äther (chem. rein)	−116,3°	34,6°
Benzol	−5,5°	80,2°
Glyzerin	−20°	290°
Quecksilber	−38,8°	356,7°
Wasser	0°	100°

widrig Schaden an Körper oder Gesundheit zugefügt wurde.

Die **Schmetterlinge** gehören zu den schönsten Insekten. Sie sind in über 100 000 Arten und in den verschiedensten Größen über die ganze Erde verbreitet. Es gibt winzige, nur wenige Millimeter große Schmetterlinge, zu denen auch die →*Motten* gehören, und tropische Riesenschmetterlinge, deren Flügel so groß wie eine Männerhand sind. Sie ernähren sich mit ihrem Saugrüssel von Pflanzensäften, Nektar und Wasser und spielen eine große Rolle beim Befruchten der Blüten. Aus ihren Eiern entwickeln sich →Raupen, die sich dann verpuppen. Aus der Puppe schlüpft später der Schmetterling. Diese Entwicklung nimmt bei fast allen Arten etwa ein Jahr in Anspruch. Das Leben des Schmetterlings selbst aber dauert meist nur wenige Wochen. Man unterscheidet hauptsächlich zwischen *Tagfaltern* und *Nachtfaltern*. Als einfaches Unterscheidungsmerkmal gilt, daß die Tagfalter ihre Flügel in der Ruhe nach oben zusammenklappen, während die Nachtfalter sie ausbreiten.

Beim **Schmieden** werden Metalle in warmem Zustand mit einem Hammer auf dem Amboß bearbeitet und geformt. Für größere Stücke verwendet man Schmiedemaschinen, wie Dampf-, Luft-, Feder-hämmer oder Schmiedepressen. Schmied-bar sind nur die Werkstoffe, die durch Er-wärmen bedeutend dehnbarer werden, wie Stahl, Kupfer, Messing, Bronze und Aluminium. Die Schmiedetemperaturen sind je nach dem Werkstoff verschieden. Stahl wird z. B. zwischen 1300 und 750° C und Aluminium zwischen 550 und 300° C geschmiedet.

Der **Schmirgel:** Schleifmittel, meist aus feinkörnigem Korund, dem zweithärte-sten Stein. Zur besseren Handhabung wird eine dünne Schicht Schmirgel auf Papier oder Leinwand geleimt. Mit Ton oder Zement vermischt, wird Schmirgel auch zu Stein oder Scheiben geformt.

Der **Schmuggel.** Wer Waren, deren Ein- oder Ausfuhr verboten ist oder für die →Zoll oder eine sonstige Abgabe ge-zahlt werden muß, heimlich über eine Grenze schafft, treibt Schmuggel und macht sich strafbar.

Das **Schnabeltier** lebt in Australien. Es legt Eier; die Jungen werden jedoch von der Mutter gesäugt. Das Schnabeltier ist ein Wasserbewohner mit entenschnabel-ähnlicher Schnauze, rotbraunem Pelz und Schwimmhäuten an den Zehen. Sein Schwanz dient ihm als Steuer.

Schnake nennt man eine große und auf-fallend langbeinige Mücke, die nicht sticht. Im Gegensatz zu den Larven der →Stechmücke, die sich im Wasser ent-wickeln, leben die Larven der Schnake im feuchten Erdreich.

Der **Schnauzer**→Hund.

Schnecken sind in etwa 90 000 Arten auf der Erde und im Wasser lebende Weichtiere. Das Schneckenhaus, das die meisten Schneckenarten aus Kalkab-sonderungen aufbauen, wird mit ihrem Wachstum immer wieder vergrößert. Die große *Weinbergschnecke* ißt man, vor allem in Frankreich, als Leckerbissen. Die meisten der »Meeresmuscheln«, die wegen ihrer schönen Farben gesammelt werden, sind keine Muscheln, sondern ebenfalls Schnecken. Man kann ihre Kalkschale leicht von Muscheln unter-scheiden, da sie immer ein einteiliges, nie ein zweiteiliges Haus haben. Der Farb-stoff Purpur stammt von einer solchen Meeresschnecke, der →*Purpurschnecke.* Die porzellanartige *Kaurischnecke* diente in Afrika als Zahlungsmittel.

Der **Schnee.** An Frosttagen fällt statt Regen Schnee, weil Wasserdampf, der unter den Gefrierpunkt abgekühlt ist, Eissterne mit sechs gleichen, meist gefie-derten Strahlen bildet. Diese Eissterne schweben, zu mehreren vereint, als Flok-ken zur Erde. Ist diese genügend abge-kühlt, so bleiben sie liegen und verbinden sich zu einer Schneedecke. Lockerer Schnee ist ein schlechter Wärmeleiter und bewahrt kleinere Pflanzen vor dem Er-frieren. Der frisch gefallene Schnee (Neu-schnee) verändert sich durch Witterungs-einflüsse in seiner Beschaffenheit. Man spricht daher von Pulver- und Papp-schnee, von →Harsch und →Firn.

Als **Schneebrett** bezeichnet man die an den windzugekehrten Seiten von Bergen brettartig verfestigten obersten Schnee-schichten, die in Schollen als *Schneebrett-lawinen* abrutschen können.

Die **Schneise:** gradliniger schmaler Streifen, der in großen Wäldern abge-holzt ist, z. B. um diese durch Einteilung in kleinere Waldstücke (Jagen) übersicht-licher zu machen.

Der **Schnorchel** ist ein ein- und aus-fahrbares Rohr bei Unterseebooten, durch das bei Tauchfahrt in geringer Tiefe Frischluft angesaugt wird. Auch das Atemrohr für Sporttaucher wird so ge-nannt.

Schnupfen entsteht meist durch Ein-wirkung eines Erregers, z. B. eines Bazillus (→Bakterien) oder →Virus, der den abge-kühlten und dadurch weniger wider-standsfähigen Körper befällt. Die Nasen-schleimhaut schwillt an und sondert Flüssigkeit ab. Fieber und Kopfschmer-zen können dazukommen. Eine besondere Form ist der →*Heuschnupfen.*

Der **Schock** (franz.): 1. eine durch plötz-liche Einwirkung von außen, durch Un-fall, Operation oder auch durch Schreck hervorgerufene Erschütterung des gesamten Organismus, die sich in Lähmungserscheinungen äußert. Andererseits wird zur Heilung von Geisteskranken ein Schock durch elektrischen Strom oder durch Arzneimittel künstlich erzeugt (*Schockbehandlung*). – 2. mechanischer oder elektrischer Stoß, den man z. B. bei einem Kurzschluß erhält. – 3. Das *Schock*: altes Zählmaß (60 Stück).

Der **Schöffe:** Laienrichter, →Laie.

Die **Scholastik** (lat. schola = Schule) war die im Mittelalter herrschende philosophisch-theologische Richtung. Sie verband die Lehren der Kirchenväter (besonders des Augustinus) mit philosophischen Erkenntnissen der Antike (vor allem des Aristoteles). Die Scholastik versuchte die kirchlichen Lehren mit den Mitteln der damaligen Wissenschaft soweit wie möglich darzulegen. Der bedeutendste Scholastiker ist Thomas v. Aquin.

Die junge **Scholle** oder *Flunder* sieht wie andere Fische aus und schwimmt aufrecht. Erst später entwickelt sie sich zu einem *Plattfisch;* die eine Seite wird zur Bauchseite, die andere zur Augenseite, das zweite Auge wandert von der Bauchseite auf die Augenseite. Das Maul steht schief. Die Bauchseite ist hell, mit ihr liegt die Scholle auf dem Boden auf, die Farbe der Augenseite paßt sich dem Meeresgrund an. Zu den Schollen gehören auch Heilbutt, Steinbutt und Seezunge.

Der **Schoner:** Segelschiff mit 2 oder 3 Masten und Gaffeltakelung.

Die **Schonung:** Neupflanzung eines Waldstückes. Weil die Pflänzlinge aus der Pflanzschule oft so klein sind, daß man sie übersieht, ist das Betreten von Schonungen verboten.

Schonzeit →Jagd.

Arthur **Schopenhauer,** der Philosoph des →Pessimismus, wurde 1788 geboren und starb 1860. Er ging von →Kant aus und war ein scharfer Gegner →Hegels. Auch die Lebensanschauung des →Buddhismus beeinflußte ihn. Sein Hauptwerk heißt »Die Welt als Wille und Vorstellung«; wichtig sind auch die »Aphorismen

zur Lebensweisheit«. Schopenhauers Philosophie übte großen Einfluß auf Thomas →Mann und auf Richard →Wagner, aber auch auf Friedrich →Nietzsche aus.

Das **Schott:** wasserdichte und feuersichere Querwand im Innern eines Schiffes. Größere Schiffe sind durch zahlreiche Schotten mit maschinell schließbaren Türen in wasserdichte Kammern aufgeteilt, so daß bei Beschädigung der Außenwand immer nur in eine Kammer Wasser eindringen kann.

Die **Schotten**, die Bewohner Schottlands (→Großbritannien), haben viele altertümliche Gebräuche bewahrt, so den Schottenrock (Kilt) für die Männer, den Dudelsack als Nationalinstrument und die karierten Schottenmuster. Jeder →Clan hat sein eigenes Muster.

Schratsegel nennt man alle längsschiff angebrachten Segel.

Schrauben dienen zum Verbinden von Teilen aus Metall, Holz oder Kunststoffen. Die Verbindungen können ohne Beschädigung der Schrauben oder der zu verbindenden Teile jederzeit wieder gelöst werden. Bei Holzschrauben genügt ein vorgebohrtes Loch. Die Schraube drückt dann das Gewinde selber ins Holz. Bei Metallschrauben muß ein genau maßgerechtes Loch vorgebohrt werden, das den Windungen der Schraube entspricht. Metallschrauben werden meist am vorstehenden Ende durch eine *Schraubenmutter* gesichert.

Schrebergärten oder *Laubenkolonien* sind Gärten für Kleinpächter, meist auf staatlichem oder städtischem Gelände, am Rande großer Städte. Benannt sind sie nach dem Arzt Moritz Schreber (1808 bis 1861), der schon im 19. Jahrhundert für die Stadtjugend Spielplätze mit Gärten geschaffen hat.

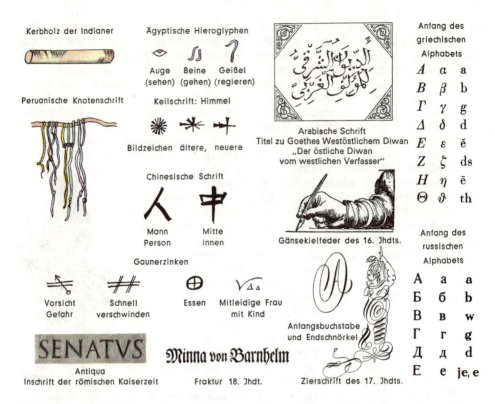

Kerbholz der Indianer

Ägyptische Hieroglyphen

Auge | Beine | Geißel
(sehen) | (gehen) | (regieren)

Peruanische Knotenschrift

Keilschrift: Himmel

Bildzeichen ältere, neuere

Chinesische Schrift

Mann
Person

Mitte
innen

Gaunerzinken

Vorsicht
Gefahr

Schnell
verschwinden

Essen

Mitleidige Frau
mit Kind

SENATVS

Antiqua
Inschrift der römischen Kaiserzeit

Minna von Barnhelm

Fraktur 18. Jhdt.

Arabische Schrift
Titel zu Goethes Westöstlichem Diwan
„Der östliche Diwan
vom westlichen Verfasser"

Gänsekielfeder des 16. Jhdts.

Anfangsbuchstabe
und Endschnörkel

Zierschrift des 17. Jhdts.

Anfang des
griechischen
Alphabets

A	α	a
B	β	b
Γ	γ	g
Δ	δ	d
E	ε	ĕ
Z	ζ	ds
H	η	ē
Θ	ϑ	th

Anfang des
russischen
Alphabets

А	а	a
Б	б	b
В	в	w
Г	г	g
Д	д	d
Е	е	je, e

Schreibmaschinen wurden seit Anfang des 19. Jh. entwickelt und kamen ab 1873 in den USA in den Handel. Die Buchstaben, Zahlen und Zeichen werden von Metall-Lettern durch Hebelwirkung gegen ein Farbband geschnellt, so daß ein Abdruck der Type wie von einem Stempel auf dem Papier erscheint. Von Anfangsstenotypistinnen werden meist 200 fehlerfreie Anschläge in der Minute verlangt, gute Leistungen sind 300 bis 400. Bei *elektrischen Schreibmaschinen* liefert ein Elektromotor die Kraft für den Anschlag. Bei *Schreibkopfmaschinen* wird durch besondere Mechanismen ein kugelförmiger Schreibkopf, auf dessen Oberfläche alle Lettern erhaben angebracht sind, entlang der Schreibzeile bewegt.

Die **Schrift** gehört zu den wichtigsten Erfindungen. Sie ist die Voraussetzung für den kulturellen und wirtschaftlichen Fortschritt der Menschheit. Sie macht es möglich, das Wissen der Menschheit und ihre geistigen Schöpfungen festzuhalten und der Nachwelt zu überliefern.

Vorstufen der Schrift waren die *Kerbhölzer* der Indianer und die »Quipu« genannten *Knotenschnüre* der Inka in Peru. Sie waren nicht an die Sprache gebunden und sind deshalb keine »Schriften« im eigentlichen Sinne. Sie dienten nur als Gedächtnisstütze, als Erkennungszeichen (z. B. für Boten) und als Verständigungsmittel. Die Länge, Anzahl und Farbe der Schnüre und die Zahl und Art der Knoten hatten bestimmte Bedeutungen (meist Zahlen oder Mengenangaben z. B. von Herdentieren).

Die ältesten wirklichen Schriften waren *Bilderschriften*. Ursprünglich bedeutete jedes Zeichen einen ganzen Satz, später verwendete man für jedes Wort ein besonderes Bildzeichen. Die wichtigsten dieser Schriften sind: 1. die ägyptische *Hieroglyphenschrift*, die etwa 600 gebräuchliche Zeichen umfaßte; 2. die sumerisch-baby-

Ionische *Keilschrift;* 3. die *chinesische* Schrift, die noch heute eine Bilderschrift ist. Sie umfaßt etwa 50000 Schriftzeichen. Für den gewöhnlichen Bedarf genügen 3000 bis 4000 Zeichen. Aus den Bilderschriften entwickelten sich allmählich die *Silbenschriften,* bei denen jedes Zeichen für eine Silbe stand (z.B. die hethitische und die japanische Schrift).

Einen großen Fortschritt bedeutete dann die *Buchstabenschrift* mit bestimmten Zeichen für Vokale und Konsonanten, die um 1800 v.Chr. von semitischen Völkern (vor allem von den Phönikern) entwickelt wurde. Die Gesamtheit dieser Zeichen heißt *Alphabet.* Von den semitischen Schriften sind noch heute erhalten: die *hebräische* Schrift, in der das Alte Testament geschrieben wurde, und die *arabische.* Die Grundlage für die Schriften des Abendlandes wurde die nach semitischen Vorbildern entwickelte *griechische* Schrift. Aus ihr ging die *lateinische* und später die *kyrillische* Schrift hervor, die in Rußland und auf dem Balkan verwendet wird. Die *Runenschrift,* die älteste Schrift der Germanen, ist wahrscheinlich aus der lateinischen Schrift und germanischen Zeichen entstanden. Die lateinische Schrift ist heute bei fast allen westlichen Völkern üblich. Man unterscheidet bei →*Druckschriften* die Antiqua und die Fraktur.

In neuester Zeit verwendet man vielfach →*Kurzschriften.* Für Blinde gibt es die ertastbare →*Blindenschrift.* Schriftzeichen, die auf der ganzen Welt verstanden werden, sind die im Telegrafenverkehr üblichen *Morsezeichen* (→Morse), das im Schiffsverkehr übliche *Flaggenalphabet* (→Flagge) und die für die Musik verwendeten →*Noten.*

Der oder das **Schrot:** 1. grob gemahlenes Getreide; 2. kleine Bleikugeln von 0,5 bis 6 mm Durchmesser, die in größerer Anzahl in einer Jagdpatrone enthalten sind und eine weite Fläche bestreuen.

Franz **Schubert,** der Meister des deutschen Liedes, lebte von 1797 bis 1828 in Wien. Er schuf in seinem kurzen Leben eine Fülle von Meisterwerken: Kirchenmusik, Sinfonien (darunter die »Unvollendete«), Kammermusik, zahlreiche Klavierwerke und vor allem etwa 630 Lieder, darunter die Zyklen »Die schöne Müllerin« und die »Winterreise«. Mit seinem Liederwerk begründete er das Lied als Kunstform, in der Gesang und Begleitung ein einheitliches Ganzes bilden.

Schule. Das Wort stammt aus dem Griechischen und wurde in viele Kultursprachen übernommen. Es bedeutete ursprünglich Muße oder freie Zeit. Aus den Klosterschulen des Mittelalters bildete sich in der Renaissance das Gymnasium heraus, und gleichzeitig begann auch der Unterricht für immer breitere Schichten des Volkes. Im Laufe des 18. Jh. wurde in den meisten Kulturstaaten die allgemeine Schulpflicht eingeführt. In den Ländern der Bundesrepublik besteht Schulgeldfreiheit zumindest für die Pflichtschulen. Der Pflichtbesuch umfaßt im Regelfall 9 Volks- und 3 Berufsschuljahre, dauert also vom vollendeten 6. bis zum vollendeten 18. Lebensjahr. Alle Kinder besuchen zunächst die Grundschule, die vierklassig ist. Darauf folgt die fünfklassige Hauptschule. Außerdem gibt es Sonderschulen für geistig und körperlich stark behinderte Kinder. Die Wahl- oder weiterführenden Schulen können als Realschulen mit mehr lebenspraktischer Ausbildung an die Grundschule anschließen. Sie reichen bis zum 10. Schuljahr und schließen mit der mittleren Reife ab. Höhere Schulen (Oberschulen) führen als humanistische, mathematisch-naturwissenschaftliche, musische, neusprachliche, sozialwissenschaftliche und wirtschaftswissenschaftliche Gymnasien in neun, in Aufbauform in 6 oder 7, insgesamt also in dreizehn Jahren, mit dem Abschluß des Abiturs (Reifeprüfung) zur Hochschulreife. Die Berufsoberschule (Zugangsvoraussetzung mittlere Reife plus Berufsausbildung) führt zur eingeschränkten Hochschulreife in 2 Jahren. Die Fachoberschule führt in 2 bzw. 1 Jahr zur Fachhochschulreife. Siehe auch Zweiter Bildungsweg. Die Hauptschule selbst schließt mit dem einfachen oder dem sog. qualifizierenden Hauptschulabschluß ab. Das Schulwesen der BRD untersteht wie alle kulturellen Einrichtungen den Bundesländern (Kulturhoheit der Länder) und weist infolgedessen erhebliche Unterschiede auf. Indes bemüht sich die Ständige Kultusministerkonferenz um zunehmende Vereinheitlichung. Zur Verbindung zwischen Schule und Elternhaus dienen Elternversammlungen und die von ihnen gewählten Elternbeiräte. Die Schüler üben Mitbestimmung über Klassensprecher und Schülermitverwaltung aus.

Schulreform. Seit der Jahrhundertwende drängt eine Reformbewegung auf Umgestaltung der sogenannten Lernschule bisheriger Form hin. In die »Schule der Gesittung« soll sich der Schüler willig einfügen und in der Schülerselbstverwaltung nach Maßgabe seines Könnens mitwirken. Man erstrebt Arbeitsunterricht mit weitgehender Selbsttätigkeit und Anknüpfung an Interessen und Erlebnisse der Schüler. Im Gruppenunterricht bearbeiten Gruppen von drei bis sechs Schülern bestimmte Aufgaben mit Hilfe geeigneter Arbeitsmittel (Nachschlagewerke usw.) und stellen die Ergebnisse in Wort und Werk dar. Der Gesamtunterricht soll die scharf abgetrennten Schulfächer und die mechanische Stundeneinteilung überwinden und ein Gesamtgebiet in einheitlichem Geist nach verschiedenen Aspekten behandeln. Neben dem Lehrervortrag soll das Unterrichtsgespräch an Gewicht gewinnen. Die sogenannte Kollegstufe der Gymnasien verwirklicht weitgehend die vorgenannten Prinzipien. Zum Ausgleich sozialer Benachteiligung von Schülern aus den Unterschichten (sog. Sprachbarriere) gehen weitere Reformtendenzen hin zur Errichtung einer Vorschule, sogenannter Ganztagsschulen, sowie von kooperativen bzw. integrierten Gesamtschulen.

Robert **Schumann,** der große Komponist der Romantik, lebte von 1810 bis 1856; er starb in geistiger Umnachtung. Er schrieb phantasievolle Klavierwerke, Kammermusik, zahlreiche Lieder, 4 Sinfonien und Konzerte. Schumann war auch ein geistvoller Musikschriftsteller.

Schußwaffen nennt man die Feuerwaffen, im weiteren Sinn auch Armbrust, Bogen, Katapultgeschütze des Altertums usw. Die Feuerwaffen unterteilt man in →Geschütze, Handfeuerwaffen (Gewehre) und Faustfeuerwaffen (Pistolen und Revolver). Bis zum 19. Jh. waren Hand- und Faustfeuerwaffen *Vorderlader*, in die Pulver und Geschoß von vorn in den Lauf eingeführt wurden. Gezündet wurde die Treibladung mit Hilfe von Luntenschlössern (14.–16. Jh.), Stein- und Radschlössern (17.–19. Jh.) und Perkussionsschlössern (ab 19. Jh.). Seit der Mitte des 19. Jh. sind Geschoß, Treibladung und Zündhütchen in der Patrone vereint; der Hinterlader wurde üblich. Gewehre mit innen glatten Läufen heißen *Flinten*, Gewehre mit »gezogenen« (innen gerillten) Läufen *Büchsen*. Bei *automatischen* Feuerwaffen wird durch den Druck der Verbrennungsgase oder den Rückstoß aus dem Magazin selbsttätig nachgeladen. *Maschinenpistolen* und *Maschinengewehre* verschießen im Dauerfeuer Munition aus Streifen- oder Flachmagazinen, Gurten oder Trommeln.

Ein **Schüttelreim** ist ein Vers, bei dem die Anfangsbuchstaben der Reimwörter vertauscht werden; z. B.

»Was macht ein kleines Mückentier
am Abend doch für Tücken mir!«

Schwaben (auch Alemannien) hieß das von Alemannen bewohnte Herzogtum zwischen Franken, dem Lech, den Alpen und den Vogesen, das vom 10. Jh. bis 1268 bestand. Benannt war es nach den Sweben, einem Teilstamm der Alemannen. Heute leben die meisten Schwaben in Baden-Württemberg, der Rest in Bayern.

Der **Schwachsinn** ist eine angeborene oder durch Krankheit entstandene starke Herabsetzung der geistigen Fähigkeiten.

Die **Schwalbe** ist ein →Zugvogel.

Der **Schwamm** ist das Gerüst oder Stützskelett niederer, im Meer lebender

Schußwaffen

Luntenschloß

Radschloß

Steinschloß

Perkussionsschloß

Handbüchse, 15. Jh.

Muskete, 1608

Karabiner 98 k

Sturmgewehr 44

Colt, 1851

Radschloß-
pistole, 1850

Maxim-
Maschinen-
gewehr

Moderne
Pistole

Tiere. Taucher holen die Badeschwämme aus größeren Meerestiefen. Dann läßt man in der Sonne die darin hausenden Tiere absterben und wäscht die Schwämme so lange, bis nur noch das weiche Gehäuse bleibt. Es gibt auch Schwammtierchen, die im Süßwasser leben. Die Schwämme wohnen immer in größeren Kolonien zusammen. – Auch höhere →Pilze werden vielfach Schwämme genannt.

Der **Schwan** gehört zur Familie der →Gänse. Der auf den Teichen der Parkanlagen lebende *Höckerschwan* brütet in den nördlichen Ländern Europas. Sein naher Verwandter, der gelbschnabelige *Singschwan*, kommt nur selten im Winter bis an die deutschen Meeresküsten. Seine Stimme ist wohlklingend, aber es ist nicht richtig, daß er vor seinem Tode singt. Nach dieser irrigen Ansicht nennt man das letzte Werk eines Künstlers seinen »Schwanengesang«. In Australien gibt es schwarze Schwäne.

Das Königreich **Schweden** ist 449 750 qkm groß und hat 8,07 Mill. vorwiegend protestantische Einwohner. Am dichtesten besiedelt ist der fruchtbare Mittel- und Südteil des Landes (Svealand und Götaland). Im Norden leben die rund 10 000 →Lappen. Dort befinden sich auch sehr ergiebige Eisenerzlager (Gällivare und Kiruna), die für den Export abgebaut werden. Landwirtschaft und Industrie sind hochentwickelt und sichern der Bevölkerung einen außergewöhnlich hohen Lebensstandard. Landesnatur und Geschichte →Skandinavien.

Einwohnerzahlen der wichtigsten Städte:	
Stockholm (Hauptstadt)	690 000
Göteborg (Haupthafen)	441 000
Malmö (Hafen und Industrie)	259 000
Uppsala (Universität)	132 000

Der **Schwefel** (chemisches Zeichen S = Sulfur) ist ein in Wasser unlösliches chemisches Element, das in vielen Erzen (z. B. Schwefelkies) und anderen Mineralien (z. B. Gips und Kohle) enthalten ist. Reiner Schwefel wird aus den Kratern er-

loschener Vulkane gefördert. Er ist gelb und spröde, doch gibt es auch farblosen knetbaren Schwefel. Seine Verbindungen mit anderen Elementen werden als *Sulfat* (früher Vitriol) und *Sulfid* bezeichnet. Schwefel und seine Verbindungen werden zur Desinfektion, Ungezieferbekämpfung, in Medizin und Kosmetik und in der Industrie verwendet. Durch das bei der Verbrennung von Schwefel entstehende Schwefeldioxid werden z. B. Weinfässer ausgeschwefelt. *Schwefelsäure* ist eine der wichtigsten und stärksten Säuren; man braucht sie zur Herstellung von etwa 12 000 chemischen Verbindungen, z. B. Farbstoffen, Dünger, Glas, Kunststoffen, Waschmitteln, Medikamenten.

Das **Schwein** lebte ursprünglich nur als Wildschwein in Europa. Aus dem Wildschwein wurden später die vielen Hausschweinrassen gezüchtet. Auch in zahlreichen anderen Ländern leben Wildschweine, wie z. B. das afrikanische *Warzenschwein* mit seinem maskenartigen Gesicht und der mit mächtigen Hauern ausgerüstete *Hirscheber* auf Celebes.

Schweiß verdunstet auf der Oberfläche der Haut und schützt damit den Körper vor Überhitzung. Deshalb schwitzt der Mensch besonders stark, wenn es heiß ist. Außerdem entfernt der Schweiß Giftstoffe aus dem Körper. Er unterstützt damit die Arbeit der →Nieren. Der Schweiß wird in den vielen mikroskopisch kleinen Schweißdrüsen in der →Haut gebildet, deren Ausführgänge in die →Poren münden. Der Mensch sondert am Tage mehr als 1 Liter Schweiß ab, ein Holzfäller in den Tropen bis über 10 Liter.

Durch **Schweißen** werden Metalle im teigigen oder flüssigen Zustand verbunden. Beim *Feuerschweißen* werden die beiden zu verbindenden Stahlstücke im Schmiedefeuer auf Weißglut erhitzt, wodurch sie teigig werden, und dann auf dem Amboß durch kräftige Hammerschläge zusammengefügt. Beim *Schmelzschweißen* werden die Werkstücke an der Schweißstelle mit einer Flamme aus Azetylen-Sauerstoff, Wasserstoff-Sauerstoff

(Schweißbrenner) oder mit elektrischem Strom zum Schmelzen gebracht. Die Schweißnaht wird mit dem Schweißdraht aus demselben Material wie die Werkstücke ausgefüllt. Beim *Preßschweißen* werden die Teile mit Hilfe des elektrischen Stromes erhitzt und zusammengepreßt.

Die **Schweiz** liegt im Alpenraum zwischen Frankreich, Deutschland, Österreich und Italien. Ihre 6,44 Mill. Einwohner leben auf 41 288 qkm. Die Hochalpen im Süden und Osten, das Hügelland der Mittelschweiz und der Schweizer Jura im Westen und Norden bilden ihre Hauptlandschaften. Mehrere ihrer Berge, wie Monte Rosa, Matterhorn und Jungfrau, sind höher als 4000 m. Am fruchtbarsten und am stärksten besiedelt ist das klimatisch milde Mittelland, das sich im Schutze der Alpenmauer vom Bodensee zum Genfer See hinzieht. Neben einem regen Fremdenverkehr sind Ausfuhrerzeugnisse, wie Käse, Schokolade, Maschinen, Heilmittel und Uhren, wichtige Einnahmequellen des Landes. Die Schweiz vereint vier Sprach- und Kulturgebiete: als größtes ein deutsches im Norden, ferner ein französisches im Westen, ein italienisches im Süden und als kleinstes ein rätoromanisches im Osten. Ihre Sprachen sind gleichberechtigte Amtssprachen. Etwas mehr als die Hälfte der Schweizer ist protestantisch, die übrigen sind katholisch.

Zur Zeit der Römer war die Schweiz von Helvetiern und Rätern bewohnt; während der Völkerwanderung kamen Alemannen und Burgunder hinzu. Nach der Teilung des Fränkischen Reiches fiel die Schweiz an das Deutsche Reich. Gegen Unterwerfungsversuche der Habsburger schlossen sich 1291 die Waldorte Uri, Schwyz und Unterwalden zum Ewigen Bund zusammen. Nach und nach wurde der Bund zur *Schweizerischen Eidgenossenschaft* erweitert. Bei Morgarten (1315) und Sempach (1386) errangen die Schweizer entscheidende Siege über österreichische Ritterheere. Der deutsche Kaiser Maximilian erkannte 1499 ihre Unabhängigkeit an. Durch Zwingli und Calvin fand die Reformation im 16. Jh. in der Schweiz ihre eigene, vom Luthertum abweichende Form. Nach dem Dreißigjährigen Krieg löste sich die Schweiz endgültig vom Deutschen Reich. Auf dem Wiener Kongreß 1815 verpflichteten sich die europäischen Großmächte, die Neutralität der Schweiz für immer zu achten. Während der letzten 100 Jahre hat die Schweiz viele Beispiele internationaler Zusammenarbeit und Hilfstätigkeit gegeben. – 1848 wandelte sich die Eidgenossenschaft von einem Staatenbund in einen Bundesstaat um. Die gesetzgebende Volksvertretung ist die alle vier Jahre gewählte *Bundesversammlung* mit 2 Kammern: Nationalrat und Ständerat. Die Bundesversammlung wählt die Regierung, den *Bundesrat*, der 7 Mitglieder hat. Diese wählen aus ihrer Mitte jährlich das Staatsoberhaupt, den *Bundespräsidenten*.

Einwohnerzahlen der wichtigsten Städte:	
Zürich (Universität)	423 000
Basel (Universität)	203 000
Genf (Universität)	166 000
Hauptstadt Bern	157 000
Lausanne (Universität)	141 900
Winterthur	95 000

Schwerathletik ist die zusammenfassende Bezeichnung für alle Leibesübungen, die besondere Körperkraft erfordern, z. B. Gewichtheben, Boxen, Ringen, Judo.

Als **Schwerindustrie** bezeichnet man den Bergbau, das Hüttenwesen sowie die Eisen und Stahl verarbeitende Industrie.

Die **Schwerkraft** →Gravitation.

Der **Schwerpunkt.** Jeder Körper besitzt einen Schwerpunkt, das ist ein gedachter Punkt, um den herum seine Massen durch die Schwerkraft (→Gravitation) im Gleichgewicht gehalten werden. Bei regelmäßig gebauten Körpern, z. B. bei der Kugel, liegt er genau im Mittelpunkt. Bei einem Ring liegt er außerhalb des Körpers, nämlich in der hohlen Mitte.

Schwertlilien sind Wurzelstockstauden mit schwertförmigen Blättern und blauen, lila oder gelben Blüten.

Beim **Schwimmen** als Wettkampfsport sind die hauptsächlichsten Wettbewerbe: das *Streckenschwimmen* in den verschiedenen Schwimmstilen über 100, 200, 400 und 1500 m, dann *Staffelschwimmen*, *Kunstspringen* und *Turmspringen* und das *Wasserballspiel*.

Neben dem üblichen *Brustschwimmen*, bei dem die Schwimmbewegungen denen des Frosches ähneln, gibt es den *Schmetterlingsstil*. Dabei werden die Arme nicht mehr im Wasser, sondern in der Luft nach vorne gebracht. Dieser Stil ergibt ein wesentlich schnelleres Schwimmtempo, ist aber sehr anstrengend. Auch das *Kraulen* ist eine schnelle Schwimmart; die Arme tauchen wechselseitig ins Wasser, die gestreckten Beine schlagen im Wasser auf und ab. Beide Schwimmbewegungen können auch in Rückenlage geschwommen werden (*Rückenschwimmen*).

Beim *Kunstspringen* gibt es Wettbewerbe vom gefederten 3-m-Sprungbrett. Beim *Turmspringen* wird von einer festen Plattform abgesprungen, die 5 oder 10 m hoch ist. Es gibt verschiedene Sprünge, wie Saltos, Drehsprünge usw. Gewertet wird die Haltung des Springers in der Luft und das möglichst spritzerlose Eintauchen ins Wasser. – Siehe auch Rettungsschwimmen.

Die **Schwindsucht** →Tuberkulose.

Schwingungen. Ist eine Schaukel in Ruhe, so hängt sie senkrecht von ihrem Befestigungspunkt herab. Beginnt man darauf zu schaukeln, so bewegt sie sich regelmäßig hin und her. Dabei muß sie sowohl bei der Hin- als auch bei der Herbewegung durch die Ruhelage hindurchgehen. Jede Bewegung eines Körpers, die regelmäßig um eine Ruhelage hin und her geht (schwingt), nennt man Schwingung. Der Abstand, den der schwingende Körper auf der einen oder auf der anderen Seite von der Ruhelage erreichen kann, wird als *Amplitude* (Schwingungsweite) bezeichnet. Jede Schwingung, also z. B. eine ganze Hinundherbewegung eines Pendels, braucht eine gewisse Zeit. Diese Zeitspanne ist die *Schwingungsdauer*. Die Zahl der vollen Schwingungen, die in einer Sekunde ausgeführt werden, nennt man *Frequenz* (Häufigkeit) des schwingenden Körpers. Wird ein schwingender Körper durch keine Kraft mehr angestoßen, so wird seine Schwingungsweite immer kleiner, die Schwingung ist *gedämpft*. Eine *ungedämpfte* Schwingung, bei der die Schwingungsweite immer gleich groß bleibt, ist nur durch fortwährende Krafteinwirkung zu erzeugen (z. B. durch die aufgezogene Feder bei Uhren). Der Schall besteht aus Schwingungen der Luft, die z. B. durch eine Glocke hervorgerufen werden. Das Licht besteht aus elektromagnetischen Schwingungen, d. h. aus regelmäßigen Änderungen des elektrischen und magnetischen Feldes. Die Rundfunkwellen (Dezimeter-, Ultrakurz-, Kurz-, Mittel-, Langwellen) unterscheiden sich von ihnen durch ihre niedrigere Frequenz. – Schwingungen, die sich räumlich fortpflanzen, sind →Wellen.

Schwingungskreise dienen zur Erzeugung elektrischer Schwingungen. Ein einfacher Schwingungskreis besteht aus einer Drahtspule und einem →Kondensator. Wird der Kondensator aufgeladen, so beginnt in dem Kreis ein Wechselstrom zu schwingen. Wegen des inneren Widerstandes (der Dämpfung) des Schwingungskreises werden die erzeugten Schwingungen jedoch immer schwächer und hören schließlich ganz auf. Um ungedämpfte Schwingungen zu erhalten, muß man daher eine Elektronenröhre so in den Schwingungskreis schalten, daß sie diesen immer von neuem in Schwingung versetzt (→Rückkopplung). Die Frequenz der erzeugten Schwingungen wird durch die Induktivität der Spule (→Selbstinduktion) und die Kapazität des Kondensators bestimmt. In Rundfunksendern verwendet man Schwingungskreise zur Erzeugung von Schwingungen und zu ihrer Abstimmung auf die gewünschte Frequenz. In Rundfunkempfängern besorgen sie die Aussiebung der gewünschten Frequenz aus den vielen Frequenzen, die von der Antenne aufgenommen werden.

Der Schwingungskreis verstärkt von den ankommenden Schwingungen nur die eine, deren Frequenz mit seiner Eigenfrequenz übereinstimmt, mit der er in »Resonanz« schwingt. Die übrigen werden zur Erde abgeleitet. Durch Änderung von Spule oder Kondensator kann man diese Resonanzfrequenz ändern und so den Empfänger auf jeden gewünschten Sender abstimmen. Man unterscheidet geschlossene und offene Schwingungskreise. Stehen die Platten des Kondensators parallel zueinander, so gehen die elektrischen Kraftlinien unmittelbar über. Der Kreis ist dann geschlossen. Biegt man die Kondensatorplatten auseinander, so löst sich elektromagnetische Energie ab, und eine Streuung der Kraftlinien tritt ein, wodurch eine Fernwirkung des Schwingungskreises ermöglicht wird. Ein offener Schwingungskreis ist die →Antenne.

Schwurgerichte bestehen aus drei Berufsrichtern und sechs Schöffen (→Laien), die nach Bedarf bei den Landgerichten zusammentreten. Sie sind zuständig für besonders schwere Verbrechen.

Scotland Yard (engl., sprich skotlend jahd) heißt die Londoner Kriminalpolizei nach der früheren Adresse ihres Hauptdienstgebäudes.

SEATO ist die Abkürzung für »South East Asia Treaty Organization« (Südostasien-Pakt). Die SEATO ist ein Militärbündnis zwischen Australien, Großbritannien, Neuseeland, Philippinen, Thailand und den Vereinigten Staaten; es trat 1955 in Kraft. Die frühere betont antikommunistische Zielsetzung der SEATO wird heute nicht mehr für vordringlich gehalten; das Gewicht liegt nun mehr auf Entwicklungs- und Bildungsproblemen.

SED: Abkürzung für Sozialistische Einheitspartei Deutschlands. →Partei.

Sedimentgesteine (Schicht- oder Absatzgesteine) →Gesteine.

Der **Seehund** →Robben.

Seeigel leben mit etwa 750 Arten in allen Meeren. Sie haben eine meist halbkugelige Kalkschale, die mit beweglichen Kalkstacheln besetzt ist.

Seejungfer nennt man eine Art der →Libellen; das Männchen ist stahlblau, das Weibchen smaragdgrün.

Die **Seekrankheit** entsteht dadurch, daß die schaukelnde Bewegung des Schiffes oder Flugzeugs das →Gleichgewichtsorgan im Ohr längere Zeit reizt. Sie äußert sich durch Schwindel und Erbrechen.

Der **Seelöwe** →Robben.

Seemannsgarn →Jägerlatein.

Eine **Seemeile** (sm) ist der 60. Teil eines Längengrades und mißt 1,852 km.

Seepferdchen sind Fischchen, die im Tang des Mittelmeeres und des Atlantischen Ozeans leben. Ihr Körper ist nicht von Schuppen bedeckt, sondern von kleinen Knochenplatten. Das Männchen nimmt in einer Bruttasche die Eier des Weibchens auf und bewahrt sie 5–6 Wochen bis zum Ausschlüpfen der Jungen.

Seerose nennt man 1. eine Wasserpflanze mit großen Blüten und 2. ein →Hohltier, das in den Meeren in zahlreichen Arten vorkommt. Ihre strahlenförmigen Fühlfäden sondern einen Nesselsaft ab, der die Beute, meist kleinere Fische, lähmt. Mit ihren Strahlenarmen schiebt die Seerose ihre Nahrung der Mundöffnung zu.

Seerose beim Verschlingen eines Fisches

Seesterne sind meist bunte, stachlige Meerestiere, die mit den →Seeigeln verwandt sind. Es gibt etwa 1200 Arten. Sie haben fünf, oft aber auch viel mehr Arme und bewegen sich durch winzige Saugfüßchen fort. In der Mitte ihrer Unterseite sitzt der Mund, der eine so starke Saugkraft hat, daß der Seestern fest geschlossene Meeresmuscheln öffnen und aussaugen kann.

Die größten Seen

Oberer See   Bodensee

Kaspisches Meer (UdSSR/Iran)	371 000 qkm
Oberer See (USA/Kanada)	82 414 qkm
Viktoria-See (Afrika)	68 000 qkm
Aralsee (UdSSR)	66 500 qkm
Huron-See (USA/Kanada)	59 586 qkm
Michigan-See (USA)	58 016 qkm
Tanganjika-See (Afrika)	34 000 qkm
Baikal-See (UdSSR)	31 500 qkm
Njassa-See (Afrika)	30 800 qkm
Im Vergleich dazu hat der Bodensee (Schweiz, Deutschland, Österreich)	539 qkm

Seezeichen sind Signale für Küsten- und Binnenschiffahrtswege. Sie dienen zur Kennzeichnung von Fahrthindernissen (z. B. Riffe, Wracks, Sandbänke) und zur Standortbestimmung. Seezeichen sind z. B. →Leuchtturm, →Bake und →Boje.

Das **Segelflugzeug** →Flugzeug.

Segeln ist die uralte Kunst, die Kraft des Windes zum Antrieb eines Wasserfahrzeuges zu verwenden. Vor der Erfindung der Dampfmaschine hat man mit Segelschiffen die Meere überquert. Heute baut man sie fast nur noch zu sportlichen Zwecken und segelt vor allem auf Seen und in Küstengewässern. Man unterscheidet zwei große Gruppen: die *Kielboote* (Jacht, Kreuzer) mit festem, metallverstärktem Kiel und großem Tiefgang und die *Schwertboote* (Jollen) mit einziehbarem Kiel (Schwert), der in seichten Gewässern hochgezogen werden kann. Kiel bzw. Schwert gleichen den Winddruck auf das Segel, der das Boot seitwärts treiben oder umwerfen würde, durch einen Gegendruck im Wasser aus. Nach ihrer Bauart und der Größe ihrer Segelfläche werden die Segelboote in Klassen eingeteilt. Bei Segelwettbewerben (Regatten) kämpfen immer nur Boote der gleichen Klasse gegeneinander. – Man unterscheidet: 1. vor dem Wind segeln (Wind von hinten);

2. mit raumem Wind segeln (Wind schräg von hinten); 3. am Wind segeln (Wind schräg von vorn) und 4. gegen den Wind segeln. Dazu muß man kreuzen, das heißt, das Boot durch Zickzackfahren so an den Wind bringen, daß dieser abwechselnd schräg von links vorn bzw. schräg von rechts vorn in die Segel bläst. Die zum Kreuzen notwendigen Richtungsänderungen nennt man Wenden (wenn das Boot in den Wind gedreht wird) bzw. Halsen (wenn das Boot vom Wind weggedreht wird).

Segelschiffe gibt es seit den Anfängen der Schiffahrt; ihre große Zeit war das 15. bis 18. Jahrhundert. Sie werden unterschieden nach der Bauart des Schiffskörpers, der Zahl der Masten und der Form und Anordnung der Segel. Stehen die Segel querschiffs, nennt man sie *Rahsegel*, stehen sie längsschiffs, sind es *Schratsegel*. Zu den Rahschiffen gehören die Vollschiffe (3 bis 5 Masten), Briggen (2 Masten) und Barken (am hintersten Mast Schratsegel). Schoner führen nur Schratsegel. – Schon im 2. Jtd. v. Chr. wurde das Mittelmeer von kretischen und phönikischen Segelschiffen befahren. Diese hatten, wie noch die Wikingerschiffe, in der Regel nur einen Mast. Die von der →Hanse entwickelte Kogge hatte 2 Masten mit Rahsegeln und einen Achtermast mit Lateinsegel. Eine ähnliche Takelung hatten die Karavellen des 15. Jh. Von nun an brachte man an jedem Mast mehrere Segel übereinander an und vergrößerte später die Segelfläche durch Lee-, Vor- und Stagsegel. Im 19. Jh. kamen als Schnellsegler die Klipper auf, die am vollgetakelten Mast bis zu 7 Segel übereinander führten. 1875 wurde das erste eiserne Viermastschiff gebaut, doch wenig später wurden die Segler von den Dampfern verdrängt.

Das **Segment** (ital.): durch eine →Sehne abgeschnittener Flächenteil einer Kurve, z. B. eines Kreises.

Die **Sehne**: 1. in der Geometrie eine Gerade, die zwei Punkte einer gekrümmten Linie (Kurve) verbindet; 2. in der Anatomie ein derber, weißlich glänzender

Ägyptisches Segelschiff

Fregatte (1805)

Hanse-Kogge (15. Jh.)

Klipper (19. Jh.)

Strang, der einen Muskel mit dem dazugehörigen Knochen verbindet. Manche Sehnen laufen in einer hautartigen Hülle, der *Sehnenscheide*, die sich bei Überanstrengung oder durch →Infektion entzünden kann (Sehnenscheidenentzündung). Die **Seide.** Der Faden, den die Raupe eines Schmetterlings, des sogenannten *Seidenspinners*, bei ihrer Verpuppung spinnt, wird zur Herstellung eines weichen, glänzenden Stoffes verwendet. Diese Raupe nährt sich von den Blättern des →Maulbeerbaumes. Wenn sie sich verpuppt, stellt sie mit ihren Spinndrüsen einen 3000 bis 4000 m langen Faden her, aus dem die Puppenhülle, der *Kokon*, besteht. Von diesem Kokon wird die Seide als fertiger Faden abgehaspelt. Diese Sei-

Kokon

geöffnet

Maulbeerblatt
mit Seidenraupe

de kann als Rohseide oder in veredelter Form verarbeitet werden. Jahrtausendelang blieb die Seidengewinnung ein von den Chinesen sorgsam gehütetes Geheimnis. Nur auf gefahrvollen, beschwerlichen Wegen gelangte der kostbare Stoff über Tibet und Vorderasien nach Griechenland und Rom. 552 n. Chr. erhielt der byzantinische Kaiser Justinian von persischen Mönchen einige Eier des Seidenspinners zum Geschenk. Bald darauf lernte man in Europa, Seide selbst herzustellen.

Die **Seife.** Setzt man Ölen oder Fetten Kalilauge zu, so entsteht *Schmierseife*, setzt man hingegen Natronlauge zu, so bildet sich *Kernseife*. Toiletteseifen sind verfeinerte Kernseifen. – *Seifen* nennt man auch Sand- und Kieselablagerungen, die Gold, Edelsteine oder Erze enthalten. Diese Seifen werden durch einen starken Wasserstrahl ausgewaschen, wobei dann z. B. das schwere Gold zurückbleibt.

Die **Seilbahn** (Kabinen-, Sessel-, Schlepplift) ist ein →Aufzug.

Der **Seismograph** →Erdbeben.

Die **Sekretion** (lat.): Tätigkeit der →Drüsen, die hormonhaltige Säfte absondern.

Eine **Sekte** ist eine meist kleine religiöse Gruppe, die sich von den großen Kirchengemeinschaften abgesondert hat. Ihre Anhänger nennt man *Sektierer*.

Die **Sektion** (lat.): 1. Abschnitt, Abteilung einer Behörde oder Unterabteilung eines Vereins; 2. Öffnung einer Leiche zur Feststellung der Todesursache (auch Autopsie oder Obduktion genannt).

Der **Sektor** (lat.): Ausschnitt aus einer Fläche, der von zwei Strahlen und einem Kurvenbogen begrenzt wird; z. B. ein keilförmiger Kreisausschnitt. Allgemein nennt man Teile eines Ganzen, z. B. die Besatzungsgebiete in →Berlin, Sektoren.

Die **Sekundarstufen** I und II (im Schulwesen) schließen an die *Orientierungsstufe*, d. h. die Klassen 5 und 6, an. Die Sekundarstufe I umfaßt dabei die Klassen 7 mit 10, die Sekundarstufe II die Klassen 11 mit 13.

Die **Sekunde** (lat.): 1. der 3600. Teil der Stunde, also der 60. einer Minute; 2. der 3600. Teil eines Grades (→Grad).

Selam (arab.): Wohlbefinden, Heil. – *Selam aleikum* (arab. Gruß): Heil euch!

Die **Selbstinduktion.** Wenn ein elektrischer Leiter in einem magnetischen Kraftlinienfeld bewegt wird, so entsteht in ihm elektrische Spannung. Diese Erscheinung nennen wir *Induktion* (→Elektrizität). Das Kraftlinienfeld, das diese Spannung in dem Leiter induziert, kann dabei von einem Magneten oder einer stromdurchflossenen Spule ausgehen. Da eine Spule aber aus vielen übereinanderliegenden Drahtwindungen besteht, kann auch das aus der Spule ausgehende Kraftlinienfeld in der Spule selbst eine Spannung induzieren. Man spricht dann von *Selbstinduktion*. Die durch Selbstinduktion erzeugte Spannung hat das Bestreben, eine Veränderung des Stromes zu verhindern. Beim Einschalten verzögert sie das Ansteigen des Stromes, beim Abschalten versucht sie die Größe des Stromes zu erhalten und wird dabei so groß, daß sie über den schon ein wenig geöffneten Schalter einen Funken überspringen und dadurch noch Strom fließen läßt. Eine Spule widersetzt sich also jeder Stromänderung, und zwar um so mehr, je größer ihre Selbstinduktion ist. Die Fähigkeit einer Spule zur Selbstinduktion bezeichnet man als

Induktivität. Zusammen mit der Kapazität des Kondensators entscheidet die Induktivität der Spule über die Frequenz der von einem →Schwingungskreis erzeugten Schwingungen.

Selbstlaut →Vokal.

Selige sind nach katholischer Lehre Menschen, die im Zustand der Gnade gestorben sind. Erst nach der feierlichen *Seligsprechung* durch den Papst, meist eine Vorstufe zur Heiligsprechung, darf der Selige von den Gläubigen öffentlich verehrt werden.

Der oder die **Sellerie:** einjährige Pflanze, die meist wegen der fleischig verdickten Wurzel bzw. wegen der wohlschmeckenden Stengel angebaut wird.

Das **Semester** (lat. = 6 Monate): jeder der zwei Abschnitte eines Studienjahres an einer Hochschule.

Das **Semifinale** (lat.) ist die Vorschlußrunde bei sportlichen Wettkämpfen, bei der die Gegner für das *Finale* (Endkampf) ermittelt werden.

Das **Semikolon** →Interpunktion.

Das **Seminar** (lat.): 1. Ausbildungsanstalt für Geistliche oder Lehrer; 2. Arbeitsgemeinschaft von Studenten unter Leitung eines Hochschullehrers.

Als **Semiten** bezeichnet man alle die Völker Vorderasiens und Nordafrikas, deren Sprachen sich aus einer gemeinsamen semitischen Ursprache entwickelt haben, wie die Babylonier, die Phöniker, die Juden und die Araber.

Der **Senat** (lat. = Rat der Alten) war im Römischen Reich zur Zeit der Republik die gesetzgebende Versammlung. Er setzte sich aus den angesehensten, im Dienst des Staates erprobten Männern zusammen, den *Senatoren*. Seit dem Mittelalter heißen auch bei uns manche hohe Amtsstellen Senat, so z. B. an Gerichten und Universitäten. In den Freien Hansestädten Hamburg und Bremen sowie in Westberlin wird die Regierung, in den Vereinigten Staaten von Amerika und in Bayern das Oberhaus des Parlaments Senat genannt.

Senegal heißen ein 1430 km langer Fluß und eine Republik in Nordwestafrika (196 192 qkm groß, 4,2 Mill. Einwohner, meist Sudanneger). Hauptstadt des Landes, das bis 1958 französische Kolonie war, ist Dakar (670 000 Einwohner). Das im Innern hügelige Steppenland erzeugt vor allem Erdnüsse, Baumwolle und Obst und liefert hochwertige Phosphate.

Senkrechtstarter sind Flugzeuge und Fluggeräte, die ohne Rollfeld senkrecht starten und landen können, z. B. Coleopter (Ringflügelflugzeuge) und Flugzeuge mit Hub- und Schwenk-Strahltriebwerken, die den Übergang in den waagrechten Flug ermöglichen, aber auch Einmannfluggeräte, die von Luftschrauben oder Strahltriebwerken gehoben und mittels Preßluftdüsen gesteuert werden.

Die **Sensation** (lat.): aufsehenerregendes Ereignis.

sensibel (lat.): empfindsam, empfindlich, zartfühlend.

sentimental (lat.): empfindsam, übertrieben gefühlvoll, rührselig.

separat (lat.): abgesondert, losgetrennt, einzeln. Ein Separat- oder Sonderfrieden z. B. ist ein Frieden, den ein kriegführender Staat unabhängig von seinem Verbündeten mit dem Gegner schließt. – Als *Separatismus* bezeichnet man in der Politik das Bestreben, einen Teil des Staates von diesem zu trennen und selbständig zu machen; so versuchten z. B. rheinische Separatisten um 1920, einen selbständigen Rheinstaat zu errichten.

Eine **Sepsis** (griech.) oder *Blutvergiftung* entsteht durch das Eindringen von →Bakterien in eine Wunde. Sie werden durch die Blutbahn im ganzen Körper verbreitet, was zu einer allgemeinen Vergiftung des Körpers führt.

Der **September** →Monat.

Die **Serenade** (ital. = Abendständchen): Musikstück für mehrere Instrumente oder auch für Gesang ohne und mit Instrumentalbegleitung.

Die **Serie** (lat.): eine Reihe gleichartiger Gegenstände oder Vorgänge.

seriös (lat.): ernstzunehmend, zuverlässig, vertrauenerweckend; »ein seriöser Geschäftsmann«; »ein seriöses Lexikon«.

Die **Serpentine** (franz.): in Schlangen-
linien ansteigender Weg.

Das **Serum** (lat.) ist das Blutwasser, das
die roten und weißen Blutkörperchen sowie bestimmte Eiweißstoffe enthält und
bei Gerinnung des Blutes als gelbliche
Flüssigkeit übrigbleibt. Bei Infektionskrankheiten führt das Serum die Abwehrstoffe des Körpers zu dem erkrankten Gewebe. *Heilserum* wird von künstlich mit
der betreffenden Krankheit infizierten
Tieren, besonders Pferden, gewonnen und
bei gewissen Infektionskrankheiten, wie
Diphtherie oder Wundstarrkrampf, dem
Menschen eingespritzt.

Das **Service** (franz., sprich serwihs): zu-
sammengehörendes Tischgerät, z. B. Kaf-
feeservice.

Der **Service** (engl., sprich sörwis): Kun-
dendienst, Dienst (z. B. Secret Service =
Geheimdienst).

Der **Sesam:** Ackerpflanze in Afrika und
Indien, in deren Kapseln viele ölreiche
Samenkörner liegen. Im Anbaugebiet ist
sie Brot- und Ölfrucht.

Der **Sessellift** →Aufzug.

Das **Set** (engl. = Satz): Zusammengehö-
riges, z. B. passende kleine Tischservietten
anstelle einer Tischdecke.

Der **Setter** →Hunderassen.

Seuchen nennt man schwere →Infek-
tionskrankheiten, die als →Epidemie auftreten können, wie Cholera, Pocken usw.

Sex-Appeal (engl., sprich ßex äpihl):
sexuelle Anziehungskraft, Ausstrahlung.

Der **Sextant** (lat.): Winkelmesser, auf
dessen Sechstelkreisboden die in der Natur beobachteten Winkel abgelesen werden können. Man mißt mit ihm die Son-
nenhöhe (Schiffahrt).

Sexualkunde (lat. sexus = männliches,
weibliches Geschlechtsteil). Die Ausprägung von männlichem und weiblichem
Geschlecht hat der Mensch mit den meisten Pflanzen und Tieren gemeinsam. *Se-
xuell* nennt man die Vermehrung von
Lebewesen dann, wenn die Erbanlagen
bei der Befruchtung neu kombiniert werden – die Nachkommen tragen dann die
Eigenschaften beider Eltern. Als *Sexualität*

des Menschen bezeichnet man darüber
hinaus nicht nur die Ausprägung der Ge-
schlechter, ihre Reifung und den Ablauf
der Befruchtung, sondern nahezu alles,
was mit den Geschlechtsorganen und dem
Geschlechtsverkehr zu tun hat (Angst vor
dem Geschlechtsverkehr z. B. nennt man
sexuelle Angst).

Die *Geschlechtsorgane* entwickeln sich (je
nach dem Erbgut der befruchteten Eizelle)
männlich oder weiblich. Während die
weiblichen Geschlechtsorgane vornehmlich innen im Körper liegen, sind *Penis*
(Glied) und *Hodensack* des Mannes nach
außen verlagert. Der Hodensack trägt
beide Hoden, die männlichen Keimdrüsen, in denen die Samenzellen für die Befruchtung der weiblichen Eizelle gebildet
werden. – Von den weiblichen Geschlechtsorganen liegen nur die Schamlippen und
der Kitzler (die Klitoris) außen. Die *Vagina* (Scheide) nimmt bei der sexuellen Vereinigung den Penis auf. Bei Jungfrauen ist
sie durch das Jungfernhäutchen auf 5–10
Millimeter verengt. Durch diese Öffnung
kann die Regelblutung abfließen. Tief im
Unterleib liegen die *Gebärmutter* und links
und rechts davon die beiden *Eierstöcke*,
in denen sich die Eizellen entwickeln.

Die *sexuelle Reifung* beginnt bei Mädchen
ungefähr mit dem 11. Lebensjahr, bei Jungen häufig erst 1 bis 2 Jahre später. Sie
wirkt sich im geistig-seelischen Bereich
durch ein neues, meist besonders kriti-
sches Verhältnis zur Umwelt und zu sich
selbst aus. Selbstüberschätzung wechselt
mit Depressionen, Unsicherheit führt zu
Hemmungen. Die Sehnsucht nach mensch-
lichem und sexuellem Kontakt ist groß.
Der Jugendliche wird vom Überschwang
seiner Gefühle, Vorstellungen und Wünsche geradezu überwältigt. Körperlich
zeigt sich die sexuelle Reifung zuerst in
einer starken Gewichtszunahme und besonders bei Mädchen in Fettansatz an
Schultern, Brust und Hüften. Haare
wachsen verstärkt unter den Achseln und
auch um die äußeren Geschlechtsorgane
(Schamhaar). Erst mit Beginn der eigentlichen *Pubertät* (Reifungszeit) nimmt der

Körper wieder stark an Länge zu, was besonders an Armen und Beinen auffällt. Gleichzeitig beginnt die eigentliche sexuelle Reifung, die durch die Geschlechtshormone gesteuert wird. Den Mädchen wachsen jetzt Brüste, und Jungen kommen in den »Stimmbruch«.

In den Hoden bilden sich täglich 200–500 Millionen Samenzellen, die im Nebenhodengang vollständig ausreifen. Der Ausstoß von Samen, zum Beispiel während des Schlafes oder auch bei der *Masturbation* ist ein Zeichen für geschlechtliche Reife. Samenzellen können im Hoden auch wieder abgebaut werden.

In den Eierstöcken reifen die Eizellen heran (im Durchschnitt alle 27 Tage eine). Jede Eizelle ist von einem Bläschen umgeben, das platzen muß, bevor das Ei durch den Eileiter zur Gebärmutter wandern kann. Wird die Eizelle nicht durch männliche Samenzellen befruchtet, was nur innerhalb weniger Stunden möglich ist, so stirbt sie ab. Damit wird auch die Nährschicht überflüssig, die von der Gebärmutter für die Aufnahme der befruchteten Eizelle vorbereitet wurde. Beim Abstoßen dieser Nährschicht, was 2–5 Tage lang dauert, tritt eine bräunlichrote Flüssigkeit aus der Vagina. Dieser *Menstruation* oder *Regelblutung* genannte Vorgang ist ein Zeichen für Geschlechtsreife und läßt zudem erkennen, daß die Eizelle nicht befruchtet wurde. Der Abstand zwischen zwei Menstruationen heißt *Zyklus* oder *Periode*. Eine unregelmäßige Periode, kürzer als 21 oder länger als 31 Tage, ist zu Beginn der Pubertät normal und kann auch später durch Überanstrengung oder große Aufregung ausgelöst werden.

Besonders junge Menschen, bei denen Hemmungen vor dem ersten Geschlechtsverkehr mit sexueller Erregung und Sehnsucht nach einem Partner abwechseln, finden Befriedigung durch das sogenannte *Petting*, dem zärtlichen Berühren erogener Zonen (Körperstellen mit besonderer sexueller Erregbarkeit), das ohne eigentlichen Geschlechtsverkehr bis zur Auslösung des Orgasmus (sexueller Höhepunkt)

führen kann. Die Selbsbefriedigung (auch *Masturbation* oder *Onanie* genannt), bei der durch Berühren der eigenen Geschlechtsorgane Lustgefühle hervorgerufen und sogar der Orgasmus erreicht werden kann, wird besonders von Jugendlichen vor einer eigentlichen Partnerschaft ausgeübt. – Beim *Geschlechtsverkehr* (Beischlaf) dringt der durch Schwellkörper versteifte Penis des Mannes in die Vagina der Frau ein. Durch rhythmische Bewegungen steigert sich das Lustgefühl bis zum Orgasmus. In diesem Augenblick wird Samenflüssigkeit aus dem Penis ausgestoßen und dabei an den Eingang der Gebärmutter gebracht. Mit Hilfe ihrer nur wenige Millimeter langen Schwänzchen schwimmen die Samenzellen durch die Gebärmutter in den Eileiter. Treffen sie dort auf eine Eizelle, so verschmilzt die zuerst eintreffende Samenzelle mit dem Ei. Mit der *Befruchtung* (Empfängnis) beginnt die Schwangerschaft der Frau, die rund 9 Monate dauert. Ein neuer Mensch ist entstanden, in dem die Erbanlagen von Mutter und Vater vereinigt sind. Nach der Einnistung in der Nährschicht der Gebärmutter wächst der *Embryo* rasch heran. Schon nach 30 Tagen ist er fast einen halben Zentimeter lang und zeigt neben dem übergroßen Kopf schon die Anlagen von Armen und Beinen.

Nicht immer wird beim Geschlechtsverkehr eine Schwangerschaft gewünscht. Um eine Befruchtung zu verhindern, werden verschiedene Arten der *Empfängnisverhütung* benützt. Ohne Hilfsmittel kommt die *Methode von Knaus-Ogino* aus. Sie nützt die empfängnisfreien Tage der Frau für den Geschlechtsverkehr. Nur bei regelmäßigem Zyklus und bei Führung eines Menstruationskalenders ist sie einigermaßen sicher. – Wenig zuverlässig ist der *unterbrochene Geschlechtsverkehr*, bei dem der Mann kurz vor dem Orgasmus den Penis aus der Vagina zurückzieht. – Weit verbreitet ist die Verwendung der *Hormonpille* (Antibabypille), die dem weiblichen Körper eine dauernde Schwangerschaft vortäuscht. Sie ist zwar nahezu vollkommen sicher, sollte aber wegen möglicher Nebenwirkungen Jugendlichen nicht verschrieben werden. – *Pessare* sind Vorrichtungen, die über längere Zeit in den Geschlechtsorganen der Frau bleiben. In Form einer Kappe verschließen sie den Eingang der Gebärmutter, als Schleifen oder Spiralen werden sie direkt in die Gebärmutter gebracht. Vom Arzt eingesetzt, verhindern sie Schwangerschaften mit ausreichender Sicherheit. – Das *Präservativ* ist ein Schutzmittel aus sehr dünnem Gummi, das über den Penis gezogen wird. Es bietet – richtig angewendet – nicht nur guten Schutz gegen Schwangerschaften, sondern auch gegen Geschlechtskrankheiten. – *Chemische Mittel*, meist Cremes oder Gelees, werden vor dem Geschlechtsverkehr in die Scheide gebracht. Sie verschließen den Eingang der Gebärmutter und töten zudem die Samenzellen ab. Dennoch gelten sie gegenüber anderen Methoden als wenig sicher. Sehr unzuverlässig sind *Spülungen* der Vagina nach dem Geschlechtsverkehr.

Das Abtöten und Entfernen des Embryos heißt *Abtreibung*. In manchen Ländern ist die Abtreibung ohne Darlegung von Gründen gesetzlich gestattet, in der Bundesrepublik Deutschland nur bei nachweisbaren, gesetzlich definierten Gefahren für Mutter und Kind.

Geschlechtskrankheiten entstehen durch Infektionen beim Geschlechtsverkehr. Ihre Häufigkeit nimmt in den letzten Jahren wieder stark zu. Weit verbreitet ist der *Tripper*, eine ansteckende Entzündung der Schleimhäute an Geschlechtsorganen. – Weit gefährlicher jedoch ist die *Syphilis*, bei der die Erreger im Laufe von vielen Jahren auf mehrere Organe des Menschen übergreifen und schließlich auch das Nervensystem befallen können. In früheren Jahren führte Syphilis häufig zum Tode. Mit modernen Medikamenten kann sie, auch der Tripper, besonders im Frühstadium wirkungsvoll behandelt werden.

Seychellen (sprich ßäsch-), die aus 92 Inseln bestehende ehemalige britische Kolonie im Indischen Ozean (404 qkm; 60 000 Einwohner) wurde erst 1975 unabhängig. Hauptstadt ist Victoria mit 14 500 Einwohnern.

sezieren (lat.): eine Leiche nach den Regeln der medizinischen Kunst öffnen. William **Shakespeare** (sprich schehkspihr) wurde 1564 in Stratford am Avon geboren. Vom Menschen Shakespeare wissen wir nur wenig. Er war Dichter und Schauspieler am Globe-Theater in London, später dessen Mitbesitzer, gelangte zu Ruhm und Vermögen und zog sich um 1610 in seine Heimatstadt zurück, wo er 1616 starb. Shakespeare ist der größte Dramatiker nicht nur Englands, sondern der Neuzeit überhaupt. Nach Deutschland kamen seine Stücke gegen Ende des 17. Jh. Sie wurden aber erst durch Lessing, Herder und Goethe in ihrem ganzen Wert erkannt. Ihr Einfluß auf die deutsche Literatur und Bühne reicht bis heute. Außer Gedichten (vor allem Sonetten), die seinen Ruhm begründeten, schrieb Shakespeare 37 Dramen, darunter die Tragödien »Hamlet«, »Macbeth«, »König Lear«, »Othello«, »Romeo und Julia«; die Geschichtsdramen »Julius Cäsar«, »Antonius und Cleopatra«; die englischen Königsdramen »Richard II.«, »Heinrich IV.«, »Richard III.«; die Komödien »Ein Sommernachtstraum«, »Der Widerspenstigen Zähmung«, »Was Ihr wollt«, »Wie es Euch gefällt« und sein letztes Schauspiel »Der Sturm«.

George Bernard **Shaw** (sprich schoh) war ein bedeutender englischer Dramatiker, der mit gesellschaftskritischen Stücken im Stile →Ibsens begann, sich aber mehr und mehr der Komödie zuwandte. Werke: »Die heilige Johanna«, »Androkles und der Löwe«, »Pygmalion«. Shaw lebte von 1856 bis 1950.

Siam →Thailand.

Sibirien →Sowjetunion.

Die **Sicherheitslampe,** auch *Grubenlampe* genannt, ist eine gegen →Schlagwetter-Explosionen schützende Lampe für den Bergmann. Ihre Flamme ist von einem dichten Drahtnetz umgeben. Sind Gase (Schlagwetter) vorhanden, dann verpuffen sie mit bläulicher Flamme in der Lampe und warnen so den Bergmann, können aber wegen des Drahtgitters keine allgemeine Explosion verursachen. Heute werden meist schlagwettersichere elektrische Lampen verwendet.

Siebenbürgen →Rumänien.

Der **Siebenjährige Krieg** (1756–1763), an dem fast alle europäischen Staaten teilnahmen, war vor allem ein Kampf zwischen Preußen und Österreich um Schlesien und die Vorherrschaft in Deutschland sowie zwischen England und Frankreich um die Kolonialherrschaft über Nordamerika. Preußen und das mit ihm verbündete England blieben siegreich: Preußen behielt Schlesien und wurde zur Großmacht, die Engländer gewannen Kanada.

Siebenschläfer sind Nagetiere, die im Wald leben, sich aber häufig in der Nähe menschlicher Siedlungen einfinden, weil sie gerne Obst fressen. Im Herbst ziehen sie sich in ihre Nester zurück, wo sie den Winter verschlafen.

Die **Sieben Weltwunder** nannte man im Altertum die sieben größten antiken Sehenswürdigkeiten: die ägyptischen Pyramiden, die Hängenden Gärten der Königin Semiramis in Babylon, die Zeusstatue des Phidias in Olympia, das Mausoleum (Grabmal des Königs Mausolos) von Halikarnassos, der Koloß von Rhodos, der Artemistempel von Ephesos, der Leuchtturm auf der Insel Pharos. Als einziges der Sieben Weltwunder sind noch die Pyramiden erhalten.

Sieden →Schmelzen.

Das **Siegel** (lat.): Abdruck eines Stempels oder eines Siegelringes in Wachs oder Siegellack zur Bestätigung von Urkunden. Von **Siegfried,** dem Königssohn aus den Niederlanden, wird im Nibelungenlied erzählt, daß er im Blute eines erlegten Drachen gebadet und dadurch eine Hornhaut bekommen habe. Er war nun unverwundbar bis auf eine Stelle zwischen den Schul-

terblättern, auf die beim Baden im Drachenblut ein Lindenblatt gefallen war. Er unterwarf sich das Zwergenvolk der →Nibelungen und gewann ihre Schätze, darunter die Tarnkappe, die ihn unsichtbar machte. Dadurch bezwang er für den Burgunderkönig Gunther →Brunhild. Dafür erhielt er Gunthers Schwester →Kriemhild zur Frau. In einem Streit mit ihr erfuhr Brunhild, daß nicht Gunther, sondern Siegfried sie bezwungen hatte. Um diesen Betrug zu rächen, befahl sie Hagen, dem Gefolgsmann Gunthers, Siegfried zu ermorden. Hagen tat dies auf einer Jagd: Er stieß seinen Speer hinterrücks in Siegfrieds verwundbare Stelle.

Sierra Leone heißt eine Republik an der Westküste Afrikas mit 71 740 qkm und 2,66 Mill. Einwohnern (Sudanneger). Hauptstadt ist Freetown (150 000 Einwohner). Das an Bodenschätzen (Diamanten, Gold, Eisen- und Chromerze) reiche, aber hauptsächlich auf Ackerbau und Viehzucht angewiesene Land war 1787–1961 britische Kolonie.

Signale sind sicht- oder hörbare Zeichen, die 1. zum Übermitteln von Nachrichten, Befehlen und Hilferufen oder 2. zur Regelung und Sicherung des Verkehrs dienen. So verständigen sich die Besatzungen von Schiffen außer durch Funk auch durch Leucht- oder Flaggensignale. Das Notsignal →SOS wird von Schiffen in Seenot ausgesandt. Viele dieser Signale sind durch internationale Abkommen festgelegt. Lichtsignale dienen zur Regelung des Straßenverkehrs (→Verkehr). In der Schiffahrt gibt es →Seezeichen.

Die **Signatur** (lat.) ist die Unterschrift unter einem Schriftstück oder das Handzeichen des Malers auf seinem Bild. – **signieren:** mit dem Namen unterzeichnen, z. B. Schriftstücke oder Kunstwerke.

Sikkim ist ein 7298 qkm großer, von 185 000 Menschen bewohnter Staat im Osthimalaja an der Haupthandelsstraße von Bengalen nach Tibet. Hauptstadt ist Gangtok. Da das Land so klein ist, werden seine außenpolitischen Interessen von Indien wahrgenommen.

Das **Silber** (chemisches Zeichen Ag = Argentum) ist ein chemisches Element, ein Edelmetall. Es kommt sowohl gediegen wie auch als gebundenes Erz, z. B. in Mexiko, den USA und in Peru, vor. Silber wurde schon im Altertum für Schmuck und Münzen verwendet. Zwei Jahrtausende herrschte die Silberwährung, danach die Goldwährung (→Gold).

Die **Silhouette** →Schattenbilder.

Ein **Silo** ist ein großer Behälter zum Aufbewahren von Getreide, Zement u. a.

Johannes Mario **Simmel** gilt als der meistgelesene Autor deutscher Sprache. Er versteht es, seine zeitkritischen Ideen in spannende Unterhaltungsliteratur zu verkleiden. Zu seinen wichtigsten Werken gehören: »Es muß nicht immer Kaviar sein«, »Liebe ist nur ein Wort«, »Und Jimmy ging zum Regenbogen« und »Niemand ist eine Insel«. J. M. Simmel hat auch ein Schauspiel (»Der Schulfreund«) und Kinderbücher (»Ein Autobus, groß wie die Welt«) geschrieben. Die meisten seiner Bücher wurden verfilmt.

Ein **Simulant** (lat.) ist ein Gesunder, der eine Krankheit vortäuscht. – Das Tätigkeitswort heißt *simulieren*.

simultan (lat.): gleichzeitig, gemeinsam. – An einer *Simultanschule* werden Kinder verschiedener Glaubensbekenntnisse gemeinsam unterrichtet.

Eine **Sinfonie** oder *Symphonie* (griech.) ist ein großangelegtes Musikwerk für Orchester. Wie die →Sonate besteht die Sinfonie aus mehreren in sich abgeschlossenen Sätzen. Nach Haydn haben Mozart, Beethoven, Schubert, Brahms und Bruckner diese Form immer mehr ausgestaltet und erweitert.

Singapur ist ein 581 qkm großer Inselstaat vor der Südspitze Malakkas, der von 2,18 Mill. Menschen (Chinesen, Malaien u. a.) bewohnt wird. Hauptstadt ist Singapur (2,1 Mill. Einwohner), der größte Hafen Südostasiens. Singapur war 1867 bis 1958 britische Kronkolonie, gehörte 1963–1965 zu →Malaysia und ist seither eine selbständige Republik.

Der **Singular** (lat. singulum = einzeln).

Wenn man von einem einzelnen Gegenstand, z. B. einem Buch, spricht, so steht das Substantiv »Buch« in der *Einzahl* oder im Singular. Es gibt aber auch Substantive, die im Singular stehen und trotzdem ausdrücken, daß es sich um eine Menge handelt, z. B.: das Laub, das Obst.

Singvögel nennt man Vögel, die in ihrem unteren Kehlkopf eine besondere Muskelbildung besitzen und dadurch befähigt sind zu singen. Zu ihnen gehören u. a. Nachtigall, Drossel, Lerche, Star, Meise und Pirol. Man zählt zu ihnen aber auch Vogelarten, die nicht besonders gut singen können, wie die Sperlinge, Krähen und Paradiesvögel.

Sintflut heißt »große Flut«, wird aber oft fälschlich »Sünd«flut genannt. Im Alten Testament wird geschildert, daß Gott als Strafe für die sündige Menschheit eine große Überschwemmung über die Erde kommen ließ. Unabhängig von diesem biblischen Bericht haben viele Völker die Erinnerung an eine große Flut, die vor langen Zeiten einmal alles vernichtete, in ihren Sagen bewahrt.

Der **Sioux**-Sprachfamilie der nordamerikanischen Indianer gehörten u. a. die Dakota, Mandan und Osage an.

Die **Sippe**: Gemeinschaft aller von einem gemeinsamen Vorfahren abstammenden Blutsverwandten. Bei Naturvölkern gibt es noch heute ein Sippenrecht, das z. B. bei Heiraten und in der Erbfolge eine große Rolle spielt.

Die **Sirenen** waren Jungfrauen der griechischen Sage. Durch ihren unwiderstehlich schönen Gesang lockten sie die Seefahrer an ihren Strand, zerrissen sie und fraßen sie auf. Nach ihnen sind *Signalgeräte* benannt, die bei Schiffen, Polizei- und Feuerwehrautos, Fabriken usw. verwendet werden.

Sisal: Blattfasern einer →Agave, die zu Seilerwaren verarbeitet werden.

Sisyphus, ein sagenhafter griechischer König, hatte eine Liebschaft des Zeus verraten. Dafür wurde er hart von ihm bestraft. Er mußte in der Unterwelt einen Stein bergauf wälzen, der immer wieder

Singvögel

Tannenmeise

Gimpel oder Dompfaff

Zaunkönig

Rot- oder
Weindrossel

Nachtigall

Zitronenfink

zurückrollte. Eine durch widrige Umstände erschwerte oder sinnlose Arbeit nennt man daher Sisyphusarbeit.

Sittlichkeitsverbrechen sind die Straftaten, die gegen die sexuelle Selbstbestimmung einer Person gerichtet sind, z.B. sexueller Mißbrauch von Kindern, Vergewaltigung.

Die **Situation** (lat.): Zustand, Lage.

Die **Skala** (ital. = Treppe): 1. allgemein: jede gleichmäßige Stufenfolge, z.B. von Farben (Farbskala); 2. bei Meßgeräten die Tafel, die (durch Striche in Abschnitte geteilt) zum Ablesen dient; 3. Tonleiter.

Der **Skalp** (engl.): ein Stück abgetrennte und getrocknete menschliche Kopfhaut mit Haaren. Bei verschiedenen Indianerstämmen Nordamerikas war es üblich, einen getöteten oder verwundeten Feind zu *skalpieren*, d.h. ihm den Skalp abzuschneiden.

Das **Skalpell** (lat.): ein kleines, besonders scharfes Messer, das in der →Chirurgie verwendet wird.

Der **Skandal** (franz.): anstößiges, aufsehenerregendes Ereignis.

Skandinavien heißt die große Halbinsel im Norden Europas, auf der die Länder Norwegen und Schweden liegen. Dänemark wird wegen seiner engen ge-

schichtlichen Verbindung mit diesen Ländern ebenfalls als skandinavisches Land bezeichnet. Der Grenzverlauf zwischen Norwegen und Schweden entspricht ungefähr der Längsgliederung der Halbinsel in einen westlichen gebirgigen und einen östlichen flacheren Teil. Die meist protestantischen Bewohner Skandinaviens sind großenteils Bauern, Fischer und Bergarbeiter; im kalten Norden leben die →Lappen. Durch Waldreichtum und Ausbau der Wasserkraft entwickelte sich in Skandinavien eine starke Holz- und Papierindustrie; ihre Erzeugnisse werden in viele Länder ausgeführt. Die Norweger besitzen eine sehr große Handelsflotte, die vielfach auch Güter für andere Nationen befördert. Schweden verfügt über außerordentliche Reichtümer an Erzen.

Skandinavien wurde von nordgermanischen Stämmen besiedelt. Das Christentum setzte sich zwischen 1000 und 1200 durch. Schweden, das im 12. Jh. Finnland unterwarf, wurde 1397 mit Norwegen und Dänemark zu einem großen Königreich vereinigt. Aus dieser Union löste sich Schweden 1523; Norwegen blieb mit Dänemark verbunden. Anfang des 17. Jh. wurde Schweden unter König →Gustav

Adolf zur Großmacht. Es errang die Herrschaft über einige Ostseeprovinzen und im Dreißigjährigen Krieg Vorpommern, Wismar, Bremen und Verden. Durch die »Nordischen Kriege« zwischen 1655 und 1721 verlor es die Ostseeprovinzen an Rußland und einen Teil seiner norddeutschen Besitzungen, zur Zeit Napoleons die übrigen außerskandinavischen Erwerbungen. Von Dänemark erhielt Schweden 1814 Norwegen, das jedoch 1905 wieder ein selbständiges Königreich wurde. – Siehe auch: Dänemark, Norwegen und Schweden.

Das **Skelett** ist das Knochengerüst bei Tieren und Menschen (Abb. →Mensch). Es besteht beim Menschen aus 208 Knochen.

Die **Skepsis** (griech.): Zweifel. – *skeptisch:* zweiflerisch, mißtrauisch.

Der **Ski,** *Schi* (norwegisch) oder *Schneeschuh* ist ein Brett (aus Holz, Metall oder Kunststoff), so breit wie ein Schuh und etwas länger als der menschliche Körper, das an seinem vorderen Ende zugespitzt und etwas hochgebogen ist und in der Mitte eine Fußhalterung (Sicherheitsbindung) hat, die den Skistiefel aufnimmt. Skier machen es den Menschen möglich, im hohen Schnee schneller und mit weniger Anstrengung vorwärts zu kommen. Deshalb sind sie in schneereichen Gegenden seit alter Zeit ein notwendiges Fortbewegungsmittel. Silaufen ist auch ein beliebter →Wintersport, in dem zahlreiche Wettbewerbe ausgetragen werden: Abfahrtslauf, →Slalom, Langlauf und Skispringen (Sprunglauf).

Der **Skilift** →Aufzug.

Die **Skizze** (ital.): Entwurf, Umriß; flüchtige Zeichnung, die oft als Vorarbeit zu einem Gemälde, einer Plastik oder einem Bauwerk angefertigt wird. In einer guten Skizze kommt bereits das Wesentliche des Gegenstandes zum Ausdruck.

Sklaven sind rechtlos gemachte Menschen, die wie Haustiere zur Arbeit gehalten und wie Waren gehandelt werden. Das Wirtschaftsleben im Altertum war ganz auf Sklavenarbeit aufgebaut. Kriegsgefangene oder die Einwohner eroberter Gebiete wurden von den Siegern zu Sklaven gemacht. Erst das Christentum mit seiner Lehre, daß alle Menschen Kinder Gottes seien, wandte sich gegen die Sklavenhaltung. Dennoch kauften noch im 12. Jh. die Araber ihre Sklaven in Osteuropa, und bei den Türken lebten bis ins 18. Jh. gefangene Christen in der Sklaverei. In Afrika wurden Neger gefangen und von arabischen und christlichen Sklavenhändlern nach Amerika verkauft, wo sie auf den großen Pflanzungen arbeiten mußten. Erst zu Beginn des 19. Jh. wurde in Europa der Sklavenhandel unter strenge Strafe gestellt. Den Negern in Amerika brachte der amerikanische Bürgerkrieg 1865 die Freiheit.

Die **Sklerose** (griech.) ist eine krankhafte Verhärtung eines Körpergewebes oder Organs; so ist z. B. die *Arteriosklerose* die Verhärtung einer Schlagader durch Verkalkung. – Die *multiple Sklerose* ist eine schwere, unheilbare Krankheit, die das Gehirn und das Rückenmark befällt.

Der oder das **Skonto** (ital.) ist ein in

Prozenten berechneter Preisnachlaß bei sofortiger oder kurzfristiger Zahlung.

Skorbut ist eine Mangelkrankheit, die dadurch entsteht, daß der Körper wegen des Fehlens frischer Nahrung zuwenig Vitamin C erhält.

Die **Skorpione** gehören zu den Spinnentieren. Sie haben eine krebsähnliche Gestalt mit Scheren und am Körperende einen Giftstachel. Während der südlich der Alpen vorkommende Skorpion nur etwa 3 bis 4 cm lang wird, erreichen manche tropische Arten eine Länge von mehr als 15 cm. Der Stich dieser tropischen Skorpione kann tödlich sein.

Der **Skrupel** (lat.): Bedenken, Zweifel.

Eine **Skulptur** ist eine →Plastik.

Der **Skunk** →Dachs.

Der **Slalom** (norwegisch): Skilauf, bei dem an Steilhängen gesteckte Tore (aus je 2 gleichfarbigen Stangen) durchfahren werden müssen. Im Kajaksport werden Wildwasserfahrten mit künstlichen Hindernissen als Geschicklichkeitswettkämpfe ausgetragen.

Der **Slang** (engl., sprich släng): verdorbene, mit Wörtern aus einzelnen Berufs- und Standessprachen durchsetzte englische Umgangssprache; auch →Jargon.

Die **Slawen** bilden neben den *Germanen* und *Romanen* eine der drei großen europäischen Völkerfamilien. Ihrer Sprache nach gehören sie zum *indogermanischen* Stamm. Griechische und römische Geschichtsschreiber berichten, daß die Slawen in den ersten Jahrhunderten n. Chr. in Westrußland als Jäger, Hirten und Fischer wohnten. Im 7. und 8. Jh. wanderten viele ihrer Stämme westwärts. In den neuen Wohngebieten entwickelten die einzelnen slawischen Völker eine besondere Sprache, Kultur und Geschichte: die Bulgaren und Jugoslawen in Südeuropa (Südslawen), westlich der alten Heimat die Tschechen, Slowaken und Polen (Westslawen); Russen, Weißrussen und Ukrainer blieben weiterhin im Osten Europas (Ostslawen). Die Russen erweiterten in späteren Jahrhunderten ihr Siedlungsgebiet bis nach Sibirien.

Der **Slogan** (engl., sprich slohgän): ein Werbespruch, Reklamevers; eine →Parole.

Slum (engl., sprich slam) nennt man in angelsächsischen Ländern das »Elendsviertel« einer Stadt.

Der **Smaragd** →Edelsteine.

Smog ist ein Kunstwort aus den englischen Wörtern *smoke*, »Rauch«, und *fog*, »Nebel«. Als Smog bezeichnet man die aus Rauch, Abgasen und Nebel bestehende Dunstglocke über großen Städten. Der Smog kann für die Bevölkerung eine erhebliche Gefahr bilden.

Smutje (= Schmutzfink) nennt der Seemann den Schiffskoch, heute meist ohne die frühere Geringschätzung.

Ein **Snob** (engl.) ist ein geltungssüchtiger, vornehm tuender, eingebildeter Mensch, der sein Äußeres wie seine Ansichten der augenblicklich herrschenden Mode anpaßt.

Das **Soda** ist ein chemisches Salz, und zwar kohlensaures Natrium. Es wird heute meist nach dem Solvay-Verfahren aus Kochsalz (zugleich mit Salmiak) gewonnen. Soda wurde wegen seiner ätzenden, fettlösenden Eigenschaften viel im Haushalt verwendet. Es ist für die Seifen-, Glas- und Papierfabrikation unentbehrlich. *Sodawasser* ist natürlicher oder künstlicher Sprudel.

Als **Sog** bezeichnet man sowohl die Wasserwirbel, die hinter fahrenden Schiffen entstehen, als auch die nach oben wirkenden saugenden Luftkräfte an den Tragflächen von Flugzeugen. Sie entstehen dadurch, daß die Luft wegen der besonderen Form der Tragflächen oben schneller als unten über die Flügel strömt. Auch hinter fahrenden Autos bilden sich Luftwirbel, die als Sog wirken. Durch stromlinienförmigen Bau der Fahrzeuge sucht man diese die Geschwindigkeit hemmende Wirbelbildung zu vermeiden.

Die **Sojabohne** →Bohnen.

Der Philosoph **Sokrates** lebte in Athen von 469 bis 399 v. Chr., in der Zeit, in der die griechische Kultur in ihrer höchsten Blüte stand. Er ging auf den Markt, sprach mit den Leuten über ihr Leben und suchte sie durch eindringliche Fragen allmählich von den Dingen des Alltags zu den wichtigsten Problemen und Erkenntnissen hinzuleiten. Dabei wurde er häufig mißverstanden und auch verspottet. Im hohen Alter wurde er von seinen Mitbürgern vor Gericht gestellt und wegen angeblicher Gottlosigkeit zum Tode durch den Giftbecher verurteilt. Alles, was wir von ihm wissen, verdanken wir den Berichten seiner Schüler, besonders des →Platon.

Die **Sole** →Saline.

solid (lat.): fest; zuverlässig, anständig.

Die **Solidarität** (lat.): Einigkeit, Zusammengehörigkeitsbewußtsein. – *solidarisch:* gemeinsam, einander verpflichtet.

Das **Solo** (ital.): in einem Musikwerk eine Stelle, an der eine Singstimme oder ein Musikinstrument allein hervortritt. – *Solist:* Einzelsänger oder -spieler.

Alexander **Solschenizyn,** der große russische Erzähler, wurde 1918 geboren. In seinen Romanen (»Krebsstation«, »Der dritte Kreis der Hölle«) versucht er, Probleme der sowjetrussischen Vergangenheit darzustellen. In seinem berühmt gewordenen »Archipel GULag« kritisiert er das System der sowjetischen Straflager. 1974 wurde Solschenizyn wegen seiner Kritik am politischen System Rußlands ausgewiesen. 1970 erhielt er den Nobelpreis für Literatur.

Somalia ist eine afrikanische Republik am Golf von Aden, 637 657 qkm groß, von 2,9 Mill. Somali bewohnt, die hauptsächlich Viehzüchter sind. Hauptstadt ist Mogadischu (170 000 Einwohner). Das Land wurde 1960 aus dem britischen Protektorat und dem italienischen Treuhandgebiet Somaliland gebildet.

Eine **Sonate** (ital.) ist ein Musikstück für Klavier oder für ein anderes Instrument, meist mit Klavierbegleitung. Sie besteht aus drei oder vier nach bestimmten Regeln komponierten Teilen, den *Sätzen.* In der gleichen Form wie die Sonate sind die meisten Werke der Kammer- und Orchestermusik gebaut. Der erste, meist schnelle Satz einer Sonate stellt ein Thema auf, das zu einem zweiten überleitet, welches 5 Töne höher erklingt als das erste und im Charakter entgegengesetzt ist. Nach einem dritten Thema beginnt ein in der Form freierer Teil, die Durchführung, die zu einer Wiederholung der ersten Themen in der Haupttonart zurückleitet und zum Schluß des ersten Satzes führt. Der zweite Satz ist meist liedartig und langsam, in der Form oft viel freier als der erste. In manchen Sonaten und den meisten Sinfonien folgt als dritter Satz ein Scherzo oder Menuett mit tanzartigem Charakter, danach ein schneller, meist heiterer Schlußsatz, oft in der Form wie der erste oder als Rondo gestaltet, bei dem mehrere Themen miteinander abwechseln.

Die **Sonde** (franz.): 1. →sondieren; 2. langer Stab zur Suche nach Lawinenopfern; 3. Versuchsbohrung oder Rettungsbohrloch im Bergbau; 4. Raumsonde →Weltraumfahrt.

sondieren: 1. eine Wunde mit einer *Sonde,* einem feinen, biegsamen oder besonders geformten Metallstäbchen untersuchen; 2. vorsichtig ausforschen.

Das **Sonett** (ital.) →Verslehre.

Sonnabend heißt eigentlich Abend vor dem Sonntag, wurde aber im Lauf der Zeit als Bezeichnung für den ganzen Vortag des Sonntags gebräuchlich und verdrängte so das aus dem lateinischen »dies Saturni« (Tag des Saturn) abgeleitete Saterdag, das sich im englischen Saturday erhalten hat. Während man in Nord- und Ostdeutschland Sonnabend sagt, heißt der letzte Wochentag in Süd- und Westdeutschland *Samstag.* Dieses Wort ist, wie das französische samedi, aus Sabbatstag entstanden und erinnert daran, daß die Juden den siebenten Tag der Woche als →Sabbat feiern.

Die **Sonne** befindet sich in einer Entfernung von 149 670 000 km von der Erde. Sie ist eine glühende Gaskugel mit einem Durchmesser von 1 392 700 km. Erst 333 403 Erdkugeln könnten die Sonne aufwiegen. In ihrem Zentrum herrscht

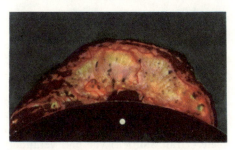

Aufnahme einer Sonnen-Protuberanz. Der weiße Punkt entspricht der Größe der Erde.

eine Temperatur von 20 Mill. Grad. Bei dieser Temperatur wird Helium aus Wasserstoff aufgebaut. Die dabei frei werdende →Atomenergie ist die Ursache für die Sonnenwärme. An der Oberfläche hat die Sonne eine Temperatur von rund 5500° C. Sie dreht sich an ihrem Äquator in etwa 25 Tagen von Westen nach Osten einmal um sich selbst, näher den Rotationspolen aber langsamer. Das erkennt man aus den sich mitbewegenden *Sonnenflecken*. Das sind riesige Gaswirbel an der Sonnenoberfläche, oft viel größer als die Erde. Sie sind etwa 4700° C heiß. Mit der *Flekkentätigkeit* der Sonne geht die der Eruptionen, der Ausbrüche von Licht und Elementarteilchen, einher, die die Erde erreichen und Störungen des Funkempfangs verursachen. Mit ihr hängt auch die Erscheinung der *Protuberanzen* zusammen. Das sind die Folgen von gewaltigen Explosionen, durch welche glühende Wasserstoffmassen oft Zehntausende von Kilometern hoch geschleudert werden. Die *Sonnenkorona* besteht aus strahlen- und flammenartig die Sonne umgebenden, äußerst dünnen Gasmassen, die weit in den Weltraum hineinreichen und 700000° C heiß sind. Unter der Korona liegt die *Chromosphäre*, ein Flammenmeer, dessen unzählige Flammensäulen 10000 km hoch sind. Darunter befindet sich die *Photosphäre*, deren Leuchten wir sehen. Diejenige Schicht davon, aus der hauptsächlich das Sonnenlicht kommt, ist rund 100 km dick. Daher erscheint der Rand der riesigen gasförmigen Sonne scharf begrenzt.

In den Religionen vieler Völker spielt die Sonne eine große Rolle. So verehrten die alten Ägypter, die Maya, die Inka und Japaner Sonnengötter und glaubten, daß die Herrscher von der Sonne abstammten. Die **Sonnenblume** stammt aus Amerika. Sie ist eine hochwachsende Zierpflanze und wird auch feldweise angebaut, weil man aus den vielen Kernen ihrer Blütenkörbe Öl gewinnt.

Die **Sonnenfinsternis** →Himmelskunde.

Der **Sonnentau** ist eine kleine, fleischfressende Pflanze, die auf nährstoffarmen Mooren wächst. Ihre mit klebrigen Drüsenhaaren besetzten Blätter halten Insekten fest, die durch einen wie Tau glänzenden Pflanzensaft verdaut werden.

Sonntag, der erste Tag der Woche, war ursprünglich der Sonne geweiht, was auch in vielen anderen Sprachen zum Ausdruck kommt (englisch: Sunday, niederländisch: Zondag usw.). Die Christen feiern den Sonntag als »Tag des Herrn« (lateinisch: »dies dominicus«, woraus das französische dimanche und das italienische doménica abgeleitet sind) und haben das jüdische Gebot der Sabbatruhe auf den Sonntag übertragen.

Sophokles, einer der drei großen griechischen Tragödiendichter, lebte im 5. Jh. v. Chr. Er war mit dem Staatsmann Perikles befreundet. Sophokles schuf die klassische Form der griechischen Tragödie. Von seinen rund 130 dramatischen Werken sind uns nur sieben Tragödien erhalten, darunter »König Ödipus«, »Elektra«, »Antigone«.

Der **Sopran** (ital.): hohe Frauen- oder Knabenstimme und die höchste Stimme im Chor. Den tieferen Sopran nennt man *Mezzosopran*.

Das **Sortiment** (franz.): 1. Zusammenstellung, Auswahl von Waren; 2. Fachbezeichnung für den Ladenbuchhandel im ganzen und die einzelne Buchhandlung.

SOS: internationaler Hilferuf, vor allem in Seenot. Er wurde gedeutet als Kürzung des englischen »*save our souls*« (rettet unsere Seelen), ist aber nur die Zusammenstellung zweier Signale, die sich auch bei Panik leicht merken und signalisieren lassen: ...--... Jeder Funker muß das Zeichen sofort weitergeben. Im Funksprechverkehr verwendet man als Notsignal auch das Wort *Mayday* (engl., sprich mejdej, vom franz. m'aidez = helft mir).

soufflieren (franz., sprich sufflieren): einem Vortragenden den Text leise vorsprechen. Im Theater geschieht das durch die *Souffleuse* (sprich suflöhse) vom *Souffleurkasten* aus, der in der Mitte der Rampe eingebaut ist.

Der **Sound** (engl., sprich ßaund): der typische musikalische Gesamteindruck eines Unterhaltungsorchesters oder einer →Band. Der Sound einer Band kann zu einer Art Warenzeichen, einem →Image werden, auf das die Band festgelegt wird.

Souvenir (franz., sprich suwnihr): Andenken, Erinnerungsgeschenk.

souverän (franz., sprich suwerähn): uneingeschränkt herrschend, über alles erhaben. (In einer absoluten →Monarchie z.B. herrscht der König souverän.) – Der *Souverän:* Herrscher. – Die *Souveränität:* Unabhängigkeit, z.B. eines Staates von anderen Mächten.

Die **Sowjetunion** oder *Union der Sozialistischen Sowjet-Republiken* (abgekürzt UdSSR) umfaßt 22402200 qkm, ist also fast hundertmal so groß wie die Bundesrepublik Deutschland. Bewohnt ist sie von 252 Millionen Menschen, die etwa 100 verschiedenen Völkerschaften angehören. Über die Hälfte sind Russen. Dieses aus 15 Unionsrepubliken bestehende, größte Staatswesen der Welt nimmt ein Sechstel der Landoberfläche der Erde ein: über die Hälfte Europas und über ein Drittel Asiens. Nach allen Seiten hin hat die Sowjetunion Zugang zum Meer. Dreizehn Länder sind ihre unmittelbaren Nachbarn. Von Japan ist sie bei der Insel Sachalin, von Amerika nur durch einen schmalen Meeresarm, die Beringstraße, getrennt. Gebiete mit gemäßigtem Klima wechseln ab mit fast tropisch-heißem und arktisch-kaltem. Überwogen im alten Rußland Bauern, Viehzüchter, Fischer und wandernde Hirtenstämme, so nimmt die Sowjetunion durch die Erschließung reicher Bodenschätze, wie Kohle, Eisen, Gold, Erdöl und Kali, heute einen der ersten Plätze unter den Industrienationen ein. Die Industrie dringt in bis vor kurzem öde Gebiete (Ural, Sibirien) vor und verändert das Land von Grund auf.

In das Gebiet, das später Rußland genannt wurde, drangen im 7. Jh. n.Chr. von den Karpaten her ostslawische Stämme ein. Von Rurik, einem schwedischen Normannen, wurden sie im 9. Jh. in Südrußland zu mehreren Fürstentümern vereinigt, aus denen dann ein Großfürstentum Kiew erwuchs. Um 1000 nahmen diese Stämme die christliche Religion in ihrer byzantinischen (griechisch-orthodoxen) Form an. Auch die russische Schrift ist aus der griechischen mit späterer Anlehnung an die lateinische entstanden. Im 13. Jh. wurden die Russen von dem Mongolenfürsten Dschingis-Khan unterjocht; der westliche Teil des Landes fiel dem Großfürstentum Litauen zu. Durch die fast 300jährige Mongolenherrschaft wurde der russische Volkscharakter entscheidend beeinflußt. Die Befreiung ging von dem Großfürstentum Moskau aus, das seinen Machtbereich nach Westen, Norden und bis nach Sibirien erweiterte und das Zarentum begründete. Unter dem Herrschergeschlecht der Romanows wurde seit dem 17. Jh. die russische Herrschaft befestigt und weiter ausgedehnt. Die Eroberungen und Reformen →Peters des Großen machten Rußland zur europäischen Großmacht. Als im 18. Jh. Polen zwischen Preußen, Österreich und Rußland aufgeteilt wurde, bekam dieses den Hauptteil. An der Niederwerfung Napoleons war es maßgebend beteiligt. Seit dieser Zeit nahmen auch Kunst und Wissenschaft einen lebhaften Aufschwung. Besonders die russische Dichtung gewann Weltbedeutung. Im Krimkrieg (1853/56) wurde Rußlands

Altrussische Kathedrale

Vordringen in Kaukasien und auf dem Balkan durch die Türkei, Frankreich, England, Österreich und Sardinien aufgehalten. Durch den Russisch-Türkischen Krieg 1877/78 wurden die Balkanländer von der Türkei unabhängig. Bei aller außenpolitischen Macht war das Zarenreich aber durch innere Schwächen gefährdet. Immer schärfer wurde der Gegensatz zwischen dem harten zaristischen Regierungssystem und dem nach freiheitlichen Reformen verlangenden Volk, zwischen adligen Großgrundbesitzern und den bis 1861 leibeigenen Bauern. Ein Warnzeichen war die mißglückte Revolution, in die der von Rußland gegen Japan 1904/05 verlorene Krieg mündete. Der Belastung durch den Ersten Weltkrieg, in dem sich Rußland gegen Deutschland und Österreich stellte, war der Zarismus nicht mehr gewachsen. Im Frühjahr 1917 wurde der Zar abgesetzt, im Oktober beseitigte die bolschewistische Revolution die bürgerliche Regierung Kerenski. Die neue Regierung unter →Lenin schloß Frieden und setzte sich gegen hartnäckigen Widerstand von innen und außen langsam durch. 1922 wurde die Union der Sozialistischen Sowjetrepubliken gebildet. Lenins Nachfolger →Stalin trieb die Industrialisierung voran, jede Gegnerschaft merzte er rücksichtslos aus. Nach dem Sieg deutscher Truppen über Polen 1939 eignete sich die Sowjetunion den Ostteil Polens an. Im Winter 1939/40 griff sie Finnland an und zwang es zu Gebietsabtretungen, 1940 besetzte sie sowohl Litauen, Lettland und Estland als auch Bessarabien und die Nordbukowina, bisherige Teile Rumäniens. Im Sommer 1941 wurde die UdSSR von Deutschland angegriffen. Ihr nach harten Kämpfen errungener Sieg über die weit ins Land vorgedrungenen deutschen Armeen und die Niederlage Japans verstärkten nach 1945 den sowjetischen Einfluß in Osteuropa und Ostasien.

Der sowjetische Staat beruht auf der Umwandlung des Privateigentums an Produktionsmitteln in Staatseigentum. Die Landwirtschaft ist zu Sowchosen (Staatsgütern) und Kolchosen (Genossenschaftsgütern) zusammengefaßt. Wirtschaft und Kultur werden vom Staat planmäßig gelenkt und überwacht. Die Kirche, die bis 1943 unterdrückt war, ist in beschränktem Maße wieder zugelassen. Die einzige und den Staat beherrschende Partei ist die kommunistische (bolschewistische). Sie bestimmt die Kandidaten, die in die Sowjets (Räte) vom Volk gewählt werden. Der Oberste Sowjet ist das höchste Organ der Staatsgewalt und der Gesetzgebung.

Einwohnerzahlen der wichtigsten Städte:	
Hauptstadt Moskau	7,4 Mill.
Leningrad (Universität)	4,3 Mill.
Kiew (Hauptstadt der Ukraine)	1,8 Mill.
Taschkent	1,5 Mill.
Baku (Erdöl)	1,34 Mill.
Charkow	1,31 Mill.
Gorki	1,24 Mill.
Nowosibirsk	1,22 Mill.

Die **soziale Marktwirtschaft** →freie Marktwirtschaft.

Als **Sozialisation** (lat.) bezeichnet man die »Einbindung« eines Menschen in die in seiner Schicht herrschenden Verhaltensweisen, Wertvorstellungen usw. Die Sozialisation beginnt bei uns in der *Familie*, wo das Kind an Sauberkeit, Pünktlichkeit, Gehorsam u.ä. gewöhnt wird. Die Sozialisation setzt sich in der *Schule* fort, wo der Schüler mit dem Bildungsgut seiner Schicht und mit dem für seinen Beruf wichtigen Wissen bekannt gemacht wird. Zur Sozialisation in der Schule gehört ferner der →Konflikt mit Altersgenossen und mit Lehrern und das

Einüben bestimmter, von der Gesellschaft anerkannter Lösungen für diese Konflikte. Zur typischen Sozialisation durch den Beruf gehört z. B. die Anpassung an die Wünsche des Vorgesetzten.

Sozialisierung oder *Nationalisierung* nennt man die Verstaatlichung von Privateigentum. Die Sozialisierung besonders der Grund- oder Schlüsselindustrien (Bergbau, Eisen, Erdöl usw.) sowie der Banken und öffentlichen Verkehrsmittel fordern die Verfechter eines radikalen Sozialismus. In kommunistisch regierten Ländern ist meist die ganze Wirtschaft einschließlich der Landwirtschaft sozialisiert, in vielen westeuropäischen Ländern gibt es Privat- und Staatsbetriebe.

Der **Sozialismus** (lat.) ist eine Bewegung, die Anfang des 19. Jh. aus der Absicht entstand, die Armut der immer zahlreicher werdenden besitzlosen Lohnarbeiter (Proletarier) durch gleiche Verteilung des Eigentums zu beseitigen. Wie der →Liberalismus gleiche politische Rechte, so fordert der Sozialismus gleiche wirtschaftliche Rechte für alle. Die ersten sozialistischen Bestrebungen gingen von England und Frankreich aus. Karl →Marx gestaltete gemeinsam mit Friedrich Engels die Idee des Sozialismus zu einer regelrechten Lehre. Diese wurde zur Grundlage einer mächtigen, gegen den →Kapitalismus gerichteten Arbeiterbewegung auf der ganzen Welt, der Sozialistischen Internationale. In ihr ging auch der 1863 in Deutschland von Ferdinand Lassalle gegründete Allgemeine deutsche Arbeiterverein auf. In den Betrieben schlossen sich die Arbeiter zu →Gewerkschaften zusammen, deren stärkstes Kampfmittel der Streik wurde. In den Parlamenten setzten sich die sozialistischen (sozialdemokratischen) Parteien für die Rechte der Arbeiter ein. Die Sozialisten verlangten vor allem bessere Arbeitsbedingungen und Anteil am Arbeitsertrag. Eine revolutionäre Richtung zielte auf gewaltsamen Umsturz und Umwandlung des Privateigentums in Gemeineigentum. Aus ihr gingen später die Kommunistischen Parteien (→Kommunismus) hervor. – Die Sozialisten wurden bis gegen Ende des vorigen Jahrhunderts, besonders in Deutschland, als Staatsfeinde bekämpft. Doch wuchs die Einsicht, daß sie auch berechtigte Forderungen vertraten, von denen viele (z. B. Achtstundentag, Kranken- und Altersversicherung, Mitbestimmungsrecht im Betrieb) inzwischen erfüllt wurden. Seit langem sind die Sozialisten in vielen Ländern an der Regierung beteiligt.

Das **Sozialprodukt** (lat.) ist die Gesamtheit der in einer Volkswirtschaft innerhalb eines bestimmten Zeitraums (in der Regel 1 Jahr) erstellten Güter, das sind Waren und Dienstleistungen; als *Volkseinkommen* bezeichnet man die Summe aller Löhne, Gehälter, Gewinne und Zinsen in einer Volkswirtschaft.

Die **Sozialversicherung** ist in Deutschland eine Pflichtversicherung für alle Arbeitnehmer (Arbeiter und Angestellte). Sie schützt den Versicherten und seine Familie vor wirtschaftlicher Not, in die sie durch Krankheit, Betriebsunfall, Arbeitsunfähigkeit (Invalidität) sowie durch Alter und Tod des Ernährers geraten können. Der Versicherte muß einen monatlichen Beitrag zahlen, dessen Höhe sich nach seinem Verdienst richtet. Einen Teil davon (in der Regel die Hälfte) trägt sein Arbeitgeber. Auch aus Steuergeldern werden Zuschüsse zur Sozialversicherung geleistet. – Mit der Verkündung der Sozialversicherung im Jahre 1883 (zunächst nur Krankenversicherung, 1884 Unfall-, 1889 Invaliden- und Altersversicherung) wurde eine Forderung der deutschen Arbeiterschaft erfüllt.

Die **Soziologie** (lat.) oder *Gesellschaftslehre* ist die Wissenschaft von den Formen und Entwicklungsgesetzen menschlichen Zusammenlebens, z. B. von Volk, Staat, Familie oder Klasse.

Spanien, zu dem auch die Balearen (Inselgruppe im Mittelmeer) und die Kanarischen Inseln (Nordwestküste Afrikas) gehören, nimmt mit 504 782 qkm vier Fünftel der Pyrenäenhalbinsel ein, und hat 34,86 Millionen Einwohner. Das von Gebirgen durchzogene Binnenland ist rauh und wasserarm. Von milderem Klima und fruchtbarer sind die stark besiedelten Küstenlandschaften. Spanien ist reich an Bodenschätzen, doch überwiegt die Landwirtschaft. Olivenöl, Orangen und Wein sind die wichtigsten Ausfuhrgüter.

Die Urbewohner des Landes, von denen vielleicht die →Basken abstammen, wurden im 2. Jahrtausend v. Chr. von einwandernden Kelten verdrängt. 205 v. Chr. wurde Spanien römische Provinz. Während der Völkerwanderung drangen germanische Stämme ein, unter ihnen die Westgoten. Sie gründeten ein christliches Reich, wurden aber 711 n. Chr. von den aus Nordafrika eingefallenen mohammedanischen Arabern, den →Mauren, besiegt. Unter ihrer Herrschaft erlebte Spanien eine kulturelle Blütezeit. Vom 12. bis 15. Jh. mußten die Araber der christlichen Rückeroberung weichen. 1469 wurde das bisher zersplitterte Spanien ein geeintes Königreich. Durch die Verbindung mit dem Reich der Habsburger (1519) und seine Eroberungen in Amerika im 16. Jh. wurde Spanien eine Weltmacht. Aber schon 1581 fielen die nördlichen Niederlande ab. Der Niedergang setzte

sich fort, und bis zum Ende des 19. Jh. verlor Spanien fast sein ganzes Kolonialreich. Das Königtum wurde 1931 beseitigt, der Bürgerkrieg 1936/39 brachte General Franco als Diktator an die Macht. 1947 wurde die Monarchie formell wieder eingeführt.

Einwohnerzahlen der wichtigsten Städte:	
Hauptstadt Madrid	3,27 Mill.
Barcelona (Baumwollindustrie)	1,79 Mill.
Valencia (Hafen)	655 000
Sevilla (Universität)	640 000
Zaragoza (Saragossa)	480 000

Die **Spannung** →Elektrizität.

Der **Spargel** ist eine Staudenpflanze mit reichverzweigten Stengeln und unscheinbaren Blättchen. Er wird wegen seiner weißen Triebe in besonderen Kulturen, meist in sandigen Gegenden, gezogen.

Sparta →Griechenland.

Die **spastische Lähmung** ist eine krampfartige Lähmung der Arme und Beine. Im Gegensatz zur →Kinderlähmung beruht diese Krankheit nicht auf Ansteckung, sondern auf einer Schädigung des →Gehirns, meist schon bei der Geburt. Einen Menschen, der an einer spastischen Lähmung leidet, bezeichnen die Mediziner als *Spastiker*.

SPD: Abkürzung für *So*zialdemokratische *P*artei *D*eutschlands. →Partei.

Der **Specht** ist ein Klettervogel. Um seine Nahrung zu finden, sucht er mit seinem langen Schnabel klopfend und horchend die Baumrinden nach Käfern ab. Er läßt seine lange Zunge hervorschnellen und holt damit die Beute aus den Ritzen. Es gibt viele Spechtarten; am bekanntesten ist der Buntspecht.

Das **Speerwerfen** →Werfen.

Das **Spektrum** (lat.) ist das auseinandergezogene Lichtband, in das ein durch ein Glasprisma fallender Lichtstrahl verwandelt wird. Ein schmales Bündel paralleler Sonnenstrahlen ergibt ein regenbogenfarbiges Band, an dessen beiden Enden die unsichtbaren Farben Infrarot und Ultraviolett liegen. In diesem Spektrum fallen außerdem einige schwarze senk-

573

Spezifische Gewichte

Das spezifische Gewicht (heute als Wichte bezeichnet) gibt an, wie viele Gramm ein Kubikzentimeter eines Stoffes wiegt. Da 1 ccm Wasser 1 g wiegt, hat Wasser also das spezifische Gewicht 1. Das zehneinhalbmal schwerere Silber hat das spezifische Gewicht 10,5, während Kork, dessen Gewicht nur ein Viertel des Wassergewichts beträgt, das spezifische Gewicht 0,25 hat usw.

Wasserstoff (bei 0° C)	0,000 089 87	Aluminium	2,67
Helium (bei 0° C)	0,000 178 5	Marmor	2,72
Luft (bei 0° C)	0,001 292 8	Diamant	3,52
Sauerstoff (bei 0° C)	0,001 429	Chrom	6,7
Kork (trocken)	0,25	Stahl	7,82
Alkohol (bei 15° C)	0,79	Eisen	7,86
Eiche (trocken)	0,86	Messing	8,4
Eis	0,88–0,92	Kupfer	8,88
Olivenöl	0,91–0,92	Silber	10,5
Butter	0,95	Blei	11,35
Wasser	1	Quecksilber	13,6
Milch	1,03	Gold	19,05
Zucker	1,6	Platin	21,46
Salz	2,12	Iridium	22,4

rechte Linien auf, an denen das Licht verschluckt (absorbiert) wurde. Sie heißen daher *Absorptionslinien* oder, nach ihrem Entdecker, *Fraunhofersche Linien*. Alle Stoffe, die als glühende Körper Licht aussenden, und auch Gase erzeugen Spektren, doch jedes in anderer Art. Die Linien dieses ausgestrahlten Spektrums werden *Emissionslinien* genannt. Jedes Gas verschluckt außerdem die Lichtfarben, die es in glühendem Zustand selber aussendet, und so entsteht das nur ihm eigentümliche *Absorptionsspektrum* mit Linien, die sich an bestimmten Stellen

Oben: Spektrum des Sonnenlichtes
Mitte: Spektrum des Elements Kalium
Unten: Spektrum des Fixsternes Sirius

einer Skala befinden. Die Erforschung der chemischen Zusammensetzung und des inneren Aufbaus von Stoffen mit Hilfe des Spektrums nennt man *Spektralana-*

lyse. Sie gestattet u. a. festzustellen, welche Gase einen Stern umgeben.

Die **Spekulation** (lat.): Geschäft, bei dem der *Spekulant* versucht, einen Gewinn aus den Schwankungen der Preise von Waren, Grundstücken, Wertpapieren usw. zu erzielen.

Der **Sperling** oder *Spatz* ist ein kleiner, unansehnlicher Finkenvogel, der vorwiegend Körner frißt, seine Jungen aber mit Insekten füttert. Spatzen brüten 3- bis 4mal jährlich je ungefähr 5 Eier aus.

Sperrholz →Holz.

Spesen (ital.): Unkosten.

Spezial ... (lat.): Sonder..., Einzel..., z. B. *Spezialfahrzeug*, ein für besondere Zwecke gebautes Fahrzeug. – *Sich spezialisieren:* sich besonders mit einem einzelnen Fach befassen.

spezifische Gewichte →Tabelle oben.

Der und die **Sphinx.** Die alten Ägypter bauten vor ihre Tempel gewaltige Bildwerke, die Sphinxe (Einzahl: *der* Sphinx). Sie hatten auf einem Löwenkörper einen Menschenkopf. Die griechische Sage berichtet von einem grausamen weiblichen Ungeheuer Sphinx (*die* Sphinx). Sie verschlang die Menschen, die ein Rätsel, das sie ihnen aufgab, nicht lösen konnten. Als →Ödipus die Lösung fand, stürzte sie sich von einem Felsen.

Spikes (engl., sprich spaiks): 1. im Sport Laufschuhe mit Metalldornen unter den Sohlen; 2. in Winterreifen von Kraftfahrzeugen eingelassene Spezialstifte zur Verminderung der Rutschgefahr bei Eis- und Schneeglätte. Spikesreifen beschädigen die Fahrbahn und sind seit 1975 verboten.

Das **Spinett** →Klavier.

Die **Spinnen** bilden mit über 20 000 Arten eine große, über die ganze Erde verbreitete Tiergruppe. Viele Spinnen spinnen ein Fangnetz, andere, die sogenannten Jagdspinnen, erjagen ihre Beute im Sprung und töten sie durch einen lähmenden Giftbiß. Es gibt tropische Spinnenarten, die die Größe einer Männerhand erreichen und sogar junge Vögel erlegen. Ihr giftiger Biß wird auch Menschen gefährlich.

Kreuzspinne

Der **Spion** (ital.): jemand, der geheime technische und militärische Einrichtungen oder politische Pläne eines Staates zum Nutzen eines anderen zu erkunden sucht. Wer *Spionage* treibt, setzt sich der Bestrafung (oft der Todesstrafe) durch den Staat aus, in dem er *spioniert*. *Werkspionage* nennt man das verbotene Erkunden technischer Geheimnisse in einer Fabrik zugunsten eines anderen.

Die **Spirale** (lat.): Kurve, die sich in immer größer werdendem Abstand in einer Ebene um einen Punkt windet.

Spiralnebel →Himmelskunde.

Spiritismus (lat.) nennt man den Glauben an die Fähigkeit der Geister Verstorbener, sich durch Klopftöne und andere Zeichen bemerkbar zu machen, ferner alle Versuche, die Geister mit Hilfe eines →Mediums zu beschwören.

Der **Spiritus** (lat. = Geist), auch *Sprit* genannt, ist Alkohol, der aus vergorener stärkehaltiger Maische (→Bierbrauerei) destilliert wird. Er wird z. B. aus Getreide und aus Kartoffeln hergestellt.

Der **Spleen** (engl., sprich splihn): Schrulle, Verschrobenheit.

spontan (lat.): aus eigenem Antrieb, rasch einer Eingebung folgend.

Sporen →blütenlose Pflanzen.

Die **Sprache** unterscheidet den Menschen vom Tier. Viele Tiere können sich zwar durch Laute und Zeichen verständigen, aber nur der Mensch hat die Möglichkeit, seinen Mitmenschen seine Gedanken, Gefühle und Empfindungen durch die Sprache mitzuteilen. In großen Zeiträumen haben sich aus einfachen Urlauten, die Schmerz, Freude oder Angst ausdrückten, allmählich Wörter herausgebildet, die dann zu Sätzen zusammengefügt und zu den Sprachen der verschiedenen Völker wurden. Bei noch unentwickelten Völkern umfaßt die Sprache nur wenige hundert Wörter, bei hochentwickelten Kultursprachen wie dem Deutschen, etwa 80 000. Die Art, wie Wörter und Sätze gebildet werden, die →Grammatik, dient dem Forscher zur Einteilung der Sprachen. Heute unterscheidet die Wissenschaft vier Sprachstämme, die sich in einzelne Sprachfamilien aufgliedern. Eine davon ist die indogermanische. Ihren Sprachgruppen Germanisch, Romanisch und Slawisch gehören die meisten europäischen Sprachen an. Da sich eine scharfe Trennung zwischen Sprachen und Dialekten nicht ziehen läßt, kann man nicht genau sagen, wie viele Sprachen es gibt und gegeben hat. Ihre Zahl dürfte zwischen 2500 und 3500 liegen.

Sprechfunk →Funktelefon.

Die **Sprechmaschine** oder der *Phonograph* hieß das Gerät, das →Edison zum Aufzeichnen und Wiedergeben von Tönen 1877 erfunden hat. Bei der Schallaufzeichnung wurden die Tonschwingungen über einen Trichter auf eine Membrane geleitet, die dadurch bewegt wurde. Diese Bewegung steuerte eine Nadel, die im Takt der Schwingungen Rillen von unterschiedlicher Tiefe in eine mit Stanniol bespannte Walze einschnitt. Bei der Schallwiedergabe ließ man die Nadel in den Rillen der Walze laufen, die Nadelausschläge wurden auf die Membrane übertragen und so wieder in Schallschwingungen verwandelt. Eine Weiterentwicklung der Sprechmaschine war das *Grammophon.* Hier wurden die Töne in eine rotierende Wachsplatte eingeschnitten, und zwar in Rillen von unterschiedlichem Querausschlag. Von der Wachsplatte wurde eine Preßform hergestellt, aus der sich beliebig viele →Schallplatten pressen ließen. Heute spielt man Schallplatten auf elektrischen →Plattenspielern ab. Auch →Magnetbandgerät.

Sprengstoffe sind künstlich hergestellte chemische Verbindungen oder Gemische, die sich schlagartig zersetzen und dabei große Mengen heißer Gase entwickeln können, deren Druck die Umgebung zerstört oder bewegt. Viele Sprengstoffe sind eigentlich Brennstoffe, die auch den zur Verbrennung nötigen Sauerstoff in ihren Molekülen enthalten; dadurch ist eine sehr rasche Verbrennung möglich.

Beim **Springen** unterscheidet man vier Arten. 1. Beim *Weitsprung* stößt sich der Springer nach einem Anlauf von etwa 30 m kräftig vom Sprungbalken ab, der vor der Sprunggrube eingelassen ist. 2. Der *Dreisprung* setzt sich aus drei aneinandergereihten Sprüngen zusammen, von denen die ersten beiden mit dem gleichen Sprungbein ausgeführt werden müssen. 3. Beim *Hochsprung* läuft der Springer in schräger Richtung gegen die Sprunglatte an. Nach einem letzten langen Schritt schnellt er sich zur Latte empor, um sie zu überqueren. 4. Beim *Stabhochsprung* kommt es darauf an, mit dem bis zu 5 m langen Sprungstab (früher Bambus, heute meist Glasfiber) in der Hand schnell anzulaufen, die Stange am Boden aufzusetzen, die Anlaufkraft zum Emporschwingen und zum Klimmzug an der Stange zu benutzen, die Latte zu überqueren, die Stange nach hinten wegzustoßen und in die Sprunggrube abzuspringen.

Sprint (engl.) nennt man in der Leichtathletik den Lauf über eine kurze Strecke (bis zu 400 m).

Ein **Spulwurm** ist ein etwa 20 cm langer runder Wurm, der im Darm von Menschen und Tieren lebt und starke Beschwerden verursacht. Er kann durch eine Wurmkur beseitigt werden.

Der **Spurt** (engl.) ist eine plötzliche Geschwindigkeitssteigerung beim Rennen oder Laufen, auf der Strecke als *Zwischenspurt,* vor dem Ziel als *Endspurt.*

Sputnik (russ. = Gefährte) →Weltraumfahrt.

Sri Lanka, das früher *Ceylon* hieß, ist eine mit 13,3 Mill. Menschen (Singhalesen, Tamilen) bewohnte Inselrepublik im Indischen Ozean mit der Hauptstadt Colombo. Sie ist 65610 qkm groß, im Inneren gebirgig, an den Küsten sehr fruchtbar; Sri Lanka liefert vor allem Tee, Kautschuk, Tabak und Graphit. Die Insel war 1517–1656 portugiesisch, bis 1802 holländisch und bis 1948 britische Kolonie.

St.: Abkürzung für Sankt (= heilig).

Der **Staat** ist die politische Zusammenfassung des Zusammenlebens und gemeinsamen Wirkens von Menschen. Er setzt eine Bevölkerung voraus, die auf einem bestimmten Gebiet fest ansässig ist, und eine Regierung, die an der Spitze dieser Bevölkerung steht und die Gesetzgebung, die innerstaatliche Ordnung und die Beziehungen zu anderen Staaten regelt. Wandernde Völker (Nomaden) bilden keinen Staat, ebensowenig Gebiete, die von außerhalb regiert werden. – Siehe auch Nation, Übersicht Staaten der →Erde.

Staatenbund →Bundesstaat.

Staatsangehörigkeit →Nation.

Die **Staatsanwaltschaft** ist die Behörde, die mit Hilfe der Polizei Straftaten aufklärt, verfolgt und beim zuständigen Gericht zur Anklage bringt.

Staatsstreich →Putsch.

Der **Stabhochsprung** →Springen.

stabil (lat.): dauerhaft, widerstandsfähig, beständig. →Gleichgewicht.

Stabreim →Verslehre.

Stachelschweine gehören zu den Nagetieren. Sie kommen auch in Südeuropa vor. Sie sind harmlose Tiere, die sich von Wurzeln und Feldfrüchten ernähren. Ihre einzige Waffe sind die bis zu 40 Zentimeter langen Rückenstacheln.

Das **Stadion** (griech.): griechisches Längenmaß von 600 Fuß, später auch die 600 Fuß lange Bahn für sportliche Wettkämpfe. Danach bezeichnen auch wir große Anlagen für Sportkämpfe als Stadion, bei denen die Zuschauerplätze, wie in der Antike, ansteigend um die Kampfbahn angeordnet sind.

größte **Städte** siehe S. 578.

Stadtgas →Leuchtgas.

Staffellauf oder *Stafettenlauf* ist ein Mannschaftslauf, bei dem sich mehrere Läufer in eine Strecke (meist 4mal 100 m oder 4mal 400 m) teilen. Vom Start weg wird ein kurzer Stab mitgeführt, der jeweils an den nächsten Läufer übergeben wird, bis ihn der Schlußmann der Mannschaft durchs Ziel trägt. Der Stabwechsel muß bis zu einer auf der Laufbahn bezeichneten Marke vollzogen sein, sonst erfolgt Disqualifizierung.

Stagflation →Geld.

Die **Stagnation** (lat.): Stockung, Behinderung eines Ablaufes. Das Tätigkeitswort heißt *stagnieren;* »die Wirtschaft stagniert«.

Der **Stahl** →Eisen.

Stalagmiten und *Stalaktiten* →Höhlen.

Josef **Stalin,** der sowjetrussische Diktator, lebte von 1879 bis 1953. Nach dem Tode →Lenins übernahm er die Leitung der russischen Politik; von 1929 an war er praktisch Alleinherrscher. Den von ihm verkündeten Sozialismus setzte er mit großer Härte durch. Mit Hilfe einer Geheimpolizei errichtete er eine Terrorherrschaft und ließ mißliebige Personen, wie etwa →Trotzkij, ermorden oder in sog. »Schauprozessen« wegen nicht begangener »Verbrechen« verurteilen (seit 1935). Nach dem Sieg über den Nationalsozialismus regierte Stalin bis zu seinem Tod völlig autoritär.

Der **Standard** (engl.): Muster, Maß, Richtschnur. – So bezeichnet man z. B. als Lebensstandard den durchschnittlichen Stand der Lebenshaltung einer Bevölkerung.

Die **Standarte** →Fahne.

In **Stände,** das heißt in Gruppen, deren Mitglieder nach Herkunft, Beruf, Lebensweise und Sitten als zusammengehörig galten, war im Mittelalter die Gemeinschaft eines Volkes gegliedert. Als Stände galten zunächst nur Adel und Geistlichkeit, später kam das Bürgertum als »Dritter Stand« dazu, im 19. Jh. die Arbeiterschaft als »Vierter Stand«. Heute versteht man unter Stand eine Berufsgruppe (z. B. Kaufmann).

Der **Ständerat** →Nationalrat.

Das **Standesamt** ist eine Gemeindebehörde, die genau Buch führt über alle Geburten, Eheschließungen und Todesfälle und diese beglaubigt.

Das **Stanniol** (lat.) ist eine meist zum Einwickeln verwendete dünne Metallfolie. Sie wird aus Aluminium gewalzt. Früher wurde Zinn (lat. stannum) verwendet.

Beim **Stapellauf** läßt man den noch leeren Rumpf eines neuen Schiffes von seinem Bauplatz, dem Stapel, auf einem Ablaufschlitten ins Wasser gleiten. Dabei wird das Schiff »getauft«: es erhält seinen Namen. Danach erst wird das Innere des Schiffes ausgebaut.

Der **Star** →Singvögel.

Star ist eine Augenkrankheit. Der *graue Star* ist eine Trübung der Linse des Auges und kommt meist im Alter vor, kann aber auch angeboren sein. Durch eine kleine Operation kann die erkrankte Linse entfernt werden. Sie wird dann durch starke

Millionenstädte der Erde

Stadt	Land	Einwohner	Stadt	Land	Einwohner
Ahmedabad	Indien	1,5 Mill.	Madrid	Spanien	3,27 Mill.
Alexandria	Ägypten	2,15 Mill.	Mailand	Italien	1,7 Mill.
Amsterdam	Niederlande	1,05 Mill.	Manila	Philippinen	1,75 Mill.
Athen	Griechenland	2,5 Mill.	Melbourne	Australien	2,58 Mill.
Baku	UdSSR	1,34 Mill.	Mexiko City	Mexiko	3,5 Mill.
Baltimore	USA	2,1 Mill.	Montevideo	Uruguay	1,35 Mill.
Bangkok	Thailand	2,2 Mill.	Montreal	Kanada	2,74 Mill.
Barcelona	Spanien	1,79 Mill.	Moskau	UdSSR	7,4 Mill.
Berlin	Deutschland	3,26 Mill.	München	Deutschland	1,36 Mill.
Birmingham	Großbritan.	1,08 Mill.	Nagoja	Japan	2,05 Mill.
Bogotá	Kolumbien	2,8 Mill.	Nanking	China	1,4 Mill.
Bombay	Indien	4,6 Mill.	Neapel	Italien	1,23 Mill.
Budapest	Ungarn	2,04 Mill.	New York (Großraum)	USA	16,2 Mill.
Buenos Aires	Argentinien	2,9 Mill.	(Stadt)		7,9 Mill.
Bukarest	Rumänien	1,51 Mill.	Nowosibirsk	UdSSR	1,22 Mill.
Caracas	Venezuela	2,2 Mill.	Osaka	Japan	2,7 Mill.
Casablanca	Marokko	1,5 Mill.	Paris (Groß-Paris)	Frankreich	8,2 Mill.
Charbin	China	1,65 Mill.	(Stadt)		2,6 Mill.
Charkow	UdSSR	1,31 Mill.	Peking	China	7,0 Mill.
Chicago	USA	3,4 Mill.	Philadelphia	USA	1,9 Mill.
Delhi	Indien	3,6 Mill.	Prag	ČSSR	1,1 Mill.
Detroit	USA	1,5 Mill.	Pusan	Korea	1,88 Mill.
Djakarta	Indonesien	4,5 Mill.	Rangun	Birma	2,0 Mill.
Fuschun	China	1,2 Mill.	Rio de Janeiro	Brasilien	4,3 Mill.
Gorki	UdSSR	1,24 Mill.	Rom	Italien	2,8 Mill.
Guadalajara	Mexiko	1,5 Mill.	Rotterdam	Niederlande	1,07 Mill.
Haiderabad	Indien	1,8 Mill.	Saigon	Vietnam	1,76 Mill.
Hamburg	Deutschland	1,72 Mill.	San Francisco	USA	2,64 Mill.
Houston	USA	1,2 Mill.	Santiago	Chile	1,8 Mill.
Istanbul	Türkei	2,25 Mill.	São Paulo	Brasilien	6,0 Mill.
Johannesburg	Südafrika	1,4 Mill.	Schanghai	China	11,0 Mill.
Jokohama	Japan	2,5 Mill.	Schenjang	China	4,5 Mill.
Kairo	Ägypten	4,9 Mill.	Seoul	Korea	6,28 Mill.
Kalkutta	Indien	3,2 Mill.	Sian	China	1,5 Mill.
Kanton	China	3,5 Mill.	Sydney	Australien	2,8 Mill.
Karatschi	Pakistan	3,5 Mill.	Taipeh	Formosa	2,0 Mill.
Kiew	UdSSR	1,8 Mill.	Taiyuan	China	1,2 Mill.
Kinshasa	Zaire	1,2 Mill.	Taschkent	UdSSR	1,5 Mill.
Kioto	Japan	1,4 Mill.	Tientsin	China	4,0 Mill.
Kitakiuschu	Japan	1,1 Mill.	Tokio (Großraum)	Japan	11,5 Mill.
Kobe	Japan	1,28 Mill.	(Stadt)		9,5 Mill.
Köln	Deutschland	1,0 Mill.	Toronto	Kanada	2,6 Mill.
Kopenhagen	Dänemark	1,4 Mill.	Tschangtschun	China	1,96 Mill.
Lahore	Pakistan	2,1 Mill.	Tschengtu	China	1,7 Mill.
Leningrad	UdSSR	4,3 Mill.	Tschungking	China	4,4 Mill.
Lima	Peru	3,0 Mill.	Tsingtao	China	1,4 Mill.
London (Groß-L.)	Großbritan.	7,6 Mill.	Turin	Italien	1,18 Mill.
(Stadt)		3,2 Mill.	Victoria	Hongkong	1,0 Mill.
Los Angeles	USA	2,8 Mill.	Warschau	Polen	1,38 Mill.
Lü-ta	China	3,6 Mill.	Wien	Österreich	1,61 Mill.
Madras	Indien	2,5 Mill.	Wuhan	China	2,7 Mill.

Brillengläser ersetzt. *Grüner Star* entsteht durch eine sehr schmerzhafte Steigerung des Druckes der Flüssigkeit im Augapfel und kann zur Erblindung führen.

Die **Stärke** →Kohlehydrat.

Der **Start** ist der Beginn, so zum Beispiel der Beginn eines Rennens oder eines sportlichen Wettkampfes.

Die **Statik** (griech.) untersucht die auf ruhende Körper als Zug, Druck, Biegung oder Drehung angreifenden Kräfte und ihre Wirkung. Statik und →Dynamik bilden zusammen die Mechanik (→Physik).

Der **Statist** →Komparse.

Die **Statue** (lat.): Standbild, Bildsäule.

Der **Status** (lat.): Zustand, Vermögensstand.

Stechmücken sind Insekten, deren Weibchen Blut saugen. Es gibt Erdgegenden, wie zum Beispiel die sumpfreichen nördlichen Gegenden Finnlands, die zur Mückenzeit unbewohnbar sind. Einige Mückenarten, die *Moskitos*, sind als Überträger der Malaria und des Gelbfiebers für den Menschen der tropischen Länder besonders gefährlich. Heute bekämpft man die Mücke mit chemischen Mitteln (Insektiziden).

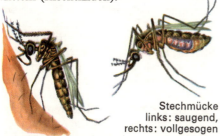

Stechmücke
links: saugend,
rechts: vollgesogen

Ein **Steckbrief** ist eine durch Presse, Rundfunk, Fernsehen und Plakate bekanntgemachte Anweisung an jedermann, die im Steckbrief beschriebene Person, für die ein richterlicher Haftbefehl vorliegt, festzunehmen oder der Polizei zu melden.

Steckling →Ableger.

»Etwas aus dem **Stegreif** machen« heißt, es ohne Vorbereitung tun. Die Redewendung geht auf die Vorstellung zurück, daß z. B. ein Feldherr, ohne vom Pferd zu steigen, also noch im Bügel, im Stegreif, eine Ansprache an seine Soldaten hält. – Ein *Stegreifspiel* ist ein Theaterspiel, bei dem zwar der Handlungsablauf in Umrissen festliegt, die einzelnen Rollen aber von den Spielern aus dem Augenblick heraus gestaltet werden.

Die **Steigerung** →Komparation.

Der **Steinbock** gehört zur Ziegenfamilie. Früher war der *Alpensteinbock* ein häufiger Bewohner auch unserer Berge. Er wurde aber schon vor Jahrhunderten ausgerottet. Nur noch in den italienischen Alpen lebt eine größere Anzahl von Steinböcken in Freiheit. Von dort aus wurden die Tiere in der Schweiz und den Gebirgstälern bei Berchtesgaden wieder angesiedelt.

Die **Steinkohle** →Kohle.

Die **Steinzeit** →Vorgeschichte.

Stelzvögel nennt man eine Gruppe langbeiniger Sumpf- und Wasservögel, zu denen die →Reiher und →Störche gehören.

Der **Stempel:** 1. Gerät, auf dem ein Muster oder Schriftzeichen angebracht ist, das man auf Papier oder Siegellack usw. drücken oder in Metall prägen kann. Auch den Abdruck auf Papier usw. bezeichnet man als Stempel. – 2. Pflanzenteil →Blüte.

Die **Stenographie** →Kurzschrift.

Steppen sind weite, ebene Landflächen, die von hohen Gräsern, zuweilen auch von niedrigen Buschwäldern überwachsen sind. Während vieler Monate fällt in ihnen kein Regen. Deshalb entstehen leicht Steppenbrände. Ausgedehnte Steppen gibt es in Afrika (*Savannen*), Innerasien, Nordamerika (*Prärien*) und Argentinien (*Pampas*). Sie sind der Lebensraum für große Herden pflanzenfressender Säugetiere.

Die **Stereophonie** (griech.) ist ein Schallwiedergabeverfahren, das ein »räumliches« Hören (wie z. B. im Konzertsaal) ermöglicht. Man verwendet es im Film, für Schallplatten und Tonbänder und auch in der Rundfunktechnik. Man benötigt dazu besondere Aufnahme- und Wiedergabegeräte mit 2 oder mehr in einem bestimmten Abstand aufgestellten Lautsprechern.

Das **Stereoskop** (griech.) ist ein optisches Gerät zum Betrachten von Bildern.

Dabei vermittelt ein mit einer besonderen Kamera mit zwei Objektiven (→Photographie) aufgenommenes Bildpaar ein räumliches Bild. Darunter versteht man ein Bild, wie wir es mit unseren zwei Augen in der Natur sehen, denn unsere Augen betrachten jeden Gegenstand von zwei Seiten. Es gibt auch Filmkameras, die eine räumliche (dreidimensionale) Vorstellung vermitteln. Man nennt solche Filme *Stereo-* oder *plastische* oder *Raumfilme*.

stereotyp (griech.): feststehend; ständig wiederkehrend.

steril (lat.): unfruchtbar; keimfrei. – Die *Sterilisation:* Verfahren zur Abtötung schädlicher Keime. – *Sterilität:* Unfruchtbarkeit.

Sterne nennt man alle Himmelskörper, die wie leuchtende Punkte aussehen. Man unterscheidet die auf bestimmten Bahnen ziehenden *Wandelsterne* oder *Planeten* und die *Fixsterne*, die wie am Himmelsgewölbe festgeheftet erscheinen (→Himmelskunde). Mit Ausnahme der Planeten sind alle Sterne ungeheuer große glühende Gaskugeln wie unsere Sonne. Sie bewegen sich in Wirklichkeit meist sehr schnell (im Durchschnitt etwa 30 km/sek). Wegen ihrer großen Entfernung, die in Lichtjahren gemessen wird, kann aber ihre Eigenbewegung meist erst nach Jahrzehnten durch genaue Messungen erkannt werden. Die Entfernung eines Sternes kann auf verschiedene Weisen gemessen werden. Die Entfernung, die Eigenbewegung, die Helligkeit und das →Spektrum der Sterne haben viel über ihr Wesen und ihre Rolle im Weltall erkennen lassen. Es gibt vor allem zwei Sorten von Sternen: solche, die ungefähr so groß wie die Sonne, und solche, die ein Vielfaches größer sind. Diese nennt man Riesen und Überriesen. Es gibt große Sterne, die 100000mal heller sind als die Sonne, aber auch kleine, bläulichweiß leuchtende Sterne, die nur so groß sind wie die Erde, aber ebenso massig und hell wie die Sonne. Man nennt sie deshalb »weiße Zwerge«. Mit dem bloßen Auge können nur einige Tausend Sterne gesehen werden.

Viele Sterne kommen auch in Paaren vor. Sie heißen deshalb *Doppelsterne*. Da sich beide nach bekannten Gesetzen umeinander bewegen, sind sie besonders gut zu erforschen.

Jeder Stern hat eine→Atmosphäre, die bei den Überriesen Millionen von Kilometern hoch sein kann. Nur die Atmosphären der Sterne sind direkt erforschbar und enthüllen uns, daß das Innere vieler Sterne ähnlich aufgebaut ist wie das der Sonne. Sterne, die ihre Helligkeit verändern, heißen *Veränderliche*. Einen scheinbar neu aufleuchtenden (explodierenden) Stern bezeichnet man als *Nova*.

Der Stern ist zu allen Zeiten bei den Menschen ein Zeichen des Glaubens und der Hoffnung gewesen. Er spielt deshalb in vielen Religionen, aber auch im Aberglauben eine große Rolle (→Astrologie).

Sternschnuppe →Himmelskunde.

Eine **Sternwarte** oder ein *Observatorium* ist eine Forschungsanstalt, in der astronomische Beobachtungen vorgenommen werden. →Himmelskunde.

Das **Stethoskop** (griech.): das Hörrohr des Arztes.

Die **Steuer.** Jedes Gemeinwesen, also ein Dorf, eine Stadt, ein Land oder ein Staat und auch jede Kirchengemeinde, braucht Geld, um die Aufgaben zu erfüllen, die im Interesse aller Bürger bzw. Mitglieder der Religionsgemeinschaft notwendig sind. Zu den Aufgaben eines Gemeinwesens gehört es z. B., Verkehrswege, Schulen, Forschungsstätten und Krankenhäuser zu errichten und zu unterhalten oder für die Sicherheit seiner Bürger zu sorgen. Um dieses Geld aufzubringen, muß ein jeder entsprechend seinem Einkommen und seinem Besitz an das Gemeinwesen etwas abgeben: das sind die *direkten Steuern*. Eine andere Art von Steuern wird beim Einkauf verschiedener Waren (z. B. Alkohol, Tabakwaren, Benzin) vom Verbraucher sofort mitbezahlt: das sind die *indirekten Steuern*.

Steuerbord →Backbord.

Der **Steward** (engl., sprich stjuerd) und die *Stewardess* bedienen und betreuen die

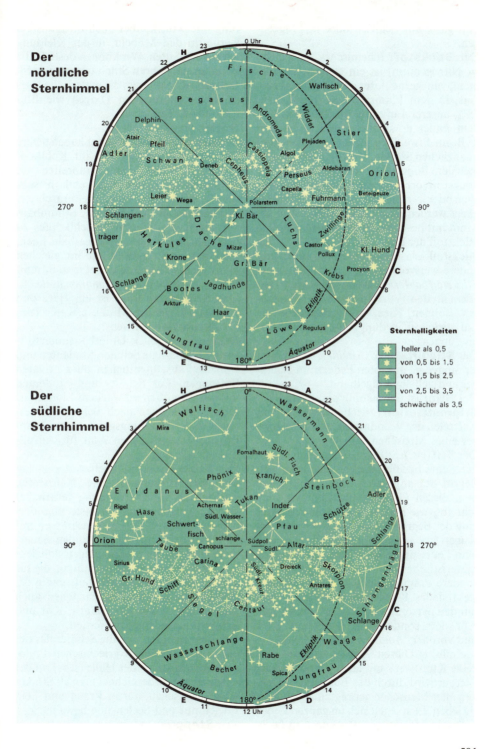

Der nördliche Sternhimmel

0 Uhr

23 · H · A · 1
22 · · 2
21 · · 3
20 · · 4
270° 18 · · 6 90°
19 · G · B · 5
17 · F · C · 7
16 · · 8
15 · · 9
14 · E · D · 10
13 · · 11
180° · Äquator · 12

Fische · Walfisch · Widder · Pegasus · Andromeda · Stier · Delphin · Plejaden · Orion · Adler · Atair · Pfeil · Cassiopeia · Algol · Aldebaran · Schwan · Deneb · Cepheus · Perseus · Capella · Beteigeuze · Leier · Wega · Polarstern · Fuhrmann · Schlangenträger · Kl. Bär · Luchs · Zwillinge · Herkules · Drache · Mizar · Castor · Kl. Hund · Krone · Pollux · Gr. Bär · Krebs · Procyon · Schlange · Bootes · Jagdhunde · Ekliptik · Arktur · Haar · Löwe · Regulus · Jungfrau · Äquator

Sternhelligkeiten

- heller als 0,5
- von 0,5 bis 1,5
- von 1,5 bis 2,5
- von 2,5 bis 3,5
- schwächer als 3,5

Der südliche Sternhimmel

H · 1 · 0° · 23 · A
2 · · 22
3 · · 21
4 · G · B · 20
5 · · 19
90° 6 · · 18 270°
7 · F · C · 17
8 · · 16
9 · · 15
10 · E · D · 14
11 · · 13
12 Uhr · 180°

Walfisch · Wassermann · Mira · Südl. Fisch · Fomalhaut · Phönix · Kranich · Steinbock · Eridanus · Tukan · Inder · Adler · Rigel · Achernar · Pfau · Schütze · Hase · Südl. Wasserschlange · Schlange · Schwertfisch · Südpol · Altar · Schlangenträger · Orion · Taube · Canopus · Südl. · Skorpion · Sirius · Carina · Südl. Dreieck · Antares · Gr. Hund · Schiff · Südl. Kreuz · Schlange · Segel · Centaur · Waage · Wasserschlange · Becher · Rabe · Jungfrau · Schwertfisch · Spica · Ekliptik · Äquator

Fahrgäste auf Schiffen oder in Flugzeugen.

Der **Stickstoff** (chemisches Zeichen N = Nitrogenium) ist ein chemisches Element, ein geruchloses, nicht brennbares Gas, in dem Flammen sofort ersticken. 78 % unserer Luft sind Stickstoff, außerdem findet er sich chemisch gebunden (z. B. im Eiweiß) in vielen tierischen und pflanzlichen Stoffen. Die Pflanzen entnehmen dem Boden Stickstoff, daher muß der Stickstoffvorrat des Bodens mit natürlichen oder künstlichen →Düngemitteln ergänzt werden. Die Stickstoffindustrie gewinnt mit besonderen Verfahren aus dem Stickstoff der Luft *Ammoniak* (das ist eine Stickstoff-Wasserstoff-Verbindung) und andere wertvolle Stickstoffverbindungen. *Stickstoffbakterien* leben im Boden (vor allem an den Wurzeln von Lupinen, Erbsen, Bohnen, Klee) und verwandeln den Luftstickstoff in düngende Stickstoffverbindungen.

Der **Stieglitz** oder *Distelfink* ist ein bunter Singvogel mit roten Federn am Schnabel und gelbem Flügelband.

Der **Stier** ist ein männliches →Rind.

Stigmatisation (griech.) nennt man das Auftreten der Wundmale Christi am Körper eines Menschen.

Der **Stil** (lat.). Stilus hieß bei den Römern der Schreibgriffel. Davon hat man den Begriff Stil abgeleitet, d. h. die Art, wie man diesen Griffel gebraucht, wie man schreibt, wie man sich ausdrückt. Später ging der Begriff »Stil« vom geschriebenen Kunstwerk auch auf andere über, so daß man heute unter Stil überhaupt die charakteristische Ausdrucksweise und die besondere Prägung eines Kunstwerkes versteht. Jedes Kunstwerk zeigt aber nicht nur den persönlichen Stil des betreffenden Künstlers, sondern wird vom Geschmack und von der Mode der Zeit entscheidend beeinflußt. Diesen Zeitstil teilt das einzelne Kunstwerk mit allen Werken seiner Zeit; er wird durch das Fühlen und Denken aller Menschen geprägt, die gleichzeitig leben. Er spiegelt sich im ganzen Leben wider, in Malerei und Baukunst, in Dich-

tung und Musik, aber auch im Kunstgewerbe, in den Möbeln, in der Kleidung und in den Sitten. Wir können deshalb die Zeitalter nach ihren Stilen unterscheiden.

Stilleben nennt man die malerische Darstellung von reglosen Dingen wie Blumen, Obst, Tafelgerät.

Stiller Ozean →Meer.

Der **Stimmbruch.** Männer haben tiefere Stimmen als Frauen, weil ihr Kehlkopf größer ist. Wenn Jungen heranreifen, mit 15 Jahren etwa, wird ihr Kehlkopf sehr schnell größer. Da sie nicht so rasch lernen können, die Muskeln und Stimmbänder ihres vergrößerten →Kehlkopfes zu bedienen, klingt ihre Stimme bald hoch, bald tief und wechselt oft im gleichen Wort. Diesen Zustand nennt man Stimmbruch, *Mutation* oder *Stimmwechsel*.

Das **Stimulans** (lat.) ist ein Herz und Nerven anregendes Mittel, z. B. Koffein.

Das **Stinktier** →Dachs.

Stipendium (lat.): Unterhaltsunterstützung für befähigte Schüler, Studenten und Forscher aus öffentlichen oder privaten Stiftungen. Für Schüler und Studenten aus wirtschaftlich schwachem Elternhaus gibt es Stipendien nach Bafög (Bundesausbildungsförderungsgesetz), zu beantragen beim jeweiligen Amt für Ausbildungsförderung.

Der **Stockfisch** →Kabeljau.

Der **Stoffwechsel.** Die Nährstoffe, welche durch die Verdauung verarbeitet werden, gelangen durch feinste Blutäderchen in die Blutbahn und zusammen mit dem aus der Lunge kommenden Sauerstoff ins Körpergewebe. Dort vollzieht sich eine chemische Umwandlung, die für die Erhaltung des Lebens notwendig ist. Bei diesem Stoffwechsel entstehen auch giftige Stoffe, die durch Harn, Kot und Schweiß ausgeschieden werden.

Stoiker nannten sich die Schüler des um 300 v. Chr. lebenden griechischen Philosophen Zeno nach der Halle (stoa), in der er lehrte. Heute bezeichnet man als Stoiker einen Menschen, der in Freud und Leid Gleichmut und Seelenruhe bewahrt.

Die **Stoppuhr** →Uhr.

Der **Stör** ist ein bis 6 m langer Knorpelfisch, der im Meer lebt, aber zum Laichen in die Flüsse kommt. Die etwa 2 mm großen Eier (Rogen) des Störs und des ihm verwandten, aber kleineren *Sterlets* sind der →Kaviar.

Der **Storch** ernährt sich von kleinen Säugetieren, Eidechsen, Schlangen, Fröschen und Fischen. In vielen Gegenden ist der früher bei uns weitverbreitete Storch heute schon als Brutvogel verschwunden. Jedes Jahr im Herbst ziehen die Störche in ihre Winterquartiere bis ins südliche Afrika.

Die **Story** (engl.): (Kurz-)Geschichte.

Veit **Stoß** war ein Nürnberger Bildschnitzer, der von etwa 1445 bis 1533 lebte. In Krakau, wo er fast zwanzig Jahre verbrachte, schuf er einen großen Flügelaltar mit plastischen Darstellungen aus dem Leben Marias und in Nürnberg für die Lorenzkirche eine Verkündigungsszene »Englischer Gruß« (Gruß des Engels).

Stottern ist eine Sprachstörung, bei der gewisse Buchstaben krampfhaft wiederholt werden, bevor das Wort zu Ende gesprochen werden kann. Das Stottern ist durch seelische Störungen bedingt und kann durch ärztliche Behandlung geheilt werden. Stotterer sollen nicht geneckt werden; sie sind ebenso leistungsfähig wie andere Menschen.

Der **Strahlenpilz,** ein mikroskopisch kleiner Krankheitserreger, findet sich auf Gräsern und Ähren. Die befallenen Halme zeigen für das Auge keine Veränderung. Kommt der Pilz aber, z. B. durch Kauen von Grashalmen, in den Mund, so kann er sehr schwere Entzündungen, die *Strahlenpilzerkrankung*, hervorrufen. Auch an aufgeschürften Stellen der Haut kann der Pilz in den Körper eindringen.

Das **Strahltriebwerk** →Düsenantrieb.

Straßen sind künstliche Verkehrswege. Sie bestehen aus dem befestigten Unterbau und der Fahrbahn. Der Unterbau wird meist aus einer Lage größerer, ineinandergeschichteter Steine, seltener aus Beton hergestellt. Nach der Art der Fahrbahnen unterscheidet man Schotter-, Teer-, Asphalt- und Betonstraßen und Straßen mit (selten) Holz- oder Steinpflasterung. *Schotterstraßen* werden durch Einwalzen mehrerer Lagen kleingebrochener Steine unter Zugabe von Wasser und Sand hergestellt. Bei *Teerstraßen* wird die Fahrbahn mit Teer getränkt, in den kleine scharfkantige Steinsplitter eingewalzt werden, um die Oberfläche rauh (griffig) zu machen. Bei *Asphaltstraßen* wird eine 2 bis 3 cm dicke Asphaltschicht aufgetragen (heute meist mit Asphaltiermaschinen, die die Straße in einem Arbeitsgang in halber oder ganzer Breite asphaltieren). *Betonstraßen* sind staubfrei wie Teer- und Asphaltstraßen, besitzen aber eine viel längere Lebensdauer. Allerdings sind auch ihre Herstellungskosten bedeutend höher. Nach Fahrbahnbreite unterscheidet man Autobahnen, Fernverkehrsstraßen, Straßen erster und zweiter Ordnung. – Die Kunst des Straßenbaues ist sehr alt. Schon die Römer besaßen ein Straßennetz von 80 000 km Länge. – Als *Wasserstraßen* bezeichnet man schiffbare Flüsse und Kanäle.

Der **Stratege** (griech.): Feldherr. – Die *Strategie* ist die Lehre von der Kriegführung. – Siehe auch Taktik.

Die **Stratosphäre** (griech.) ist eine Schicht der →Atmosphäre. Sie beginnt in 10 km Höhe und reicht bis etwa 70 km Höhe, doch schwanken ihre Grenzen vielfach. Sie hat eine ziemlich gleichbleibende Temperatur von etwa −54°C. Heute werden Fernflüge sehr oft durch die unteren Schichten der Stratosphäre geführt, in denen Witterungseinflüsse keine Rolle spielen. Dadurch ist ein schnelles und sicheres Fliegen möglich. Stratosphärenflugzeuge müssen jedoch besonders ausgerüstet sein, z. B. Überdruckkabinen besitzen.

Johann **Strauß,** der Wiener Walzerkomponist, lebte von 1804 bis 1849. Er schrieb u. a. den Radetzky-Marsch. Sein Sohn *Johann* lebte von 1825 bis 1899. Er komponierte viele hundert Walzer, z. B. »An der schönen blauen Donau«, und Operetten, z. B. »Die Fledermaus« und »Der Zigeunerbaron«.

Richard **Strauss,** der von 1864 bis 1949 lebte, war ein deutscher Komponist, der den Klang des Orchesters wesentlich bereicherte und der deutschen Oper auch nach Richard Wagner Weltgeltung verschaffte. Strauss schuf viele große Opern, wie »Salome«, »Elektra« und »Der Rosenkavalier«, sinfonische Dichtungen, wie »Tod und Verklärung« und »Till Eulenspiegel«, und Lieder.

Der **Strauß** ist der größte heute lebende Laufvogel. Der afrikanische Strauß wird fast drei Meter hoch. Von ihm stammen die früher als Hutschmuck beliebten Straußenfedern. In Südamerika lebt der kleinere *Nandu,* in Australien der *Emu* und auf Neuguinea der *Kasuar.* Alle Straußenvögel können nicht mehr fliegen, dafür aber sehr schnell laufen.

Igor **Strawinsky,** der aus Rußland stammende große Komponist, wurde 1882 geboren und starb 1971 in seiner Wahlheimat Amerika. Er war einer der bedeutendsten Wegbereiter der modernen Musik. Seine kühnen Ballette (»Feuervogel«) gehören zu seinen bekanntesten Werken; er schrieb aber auch Opern, Sinfonien und Kammermusik.

Streichinstrumente nennt man die →Saiteninstrumente, die mit einem Bogen gestrichen werden, wie Geige, Bratsche, Cello und Kontrabaß. Abb. →Musikinstrumente.

Der **Streik** (engl.): die meist von den →Gewerkschaften organisierte Arbeitsniederlegung einer größeren Anzahl von Arbeitern, die damit wirtschaftliche Ansprüche (z. B. Lohnerhöhung, Herabsetzung der Arbeitszeit) und gelegentlich auch politische Forderungen durchsetzen wollen. Bei einem Streik kommen die Arbeiter nicht zur Arbeitsstelle. Vor dieser sind Streikposten aufgestellt, die verhindern sollen, daß Streikbrecher, d. h. nichtstreikwillige Arbeiter, den Betrieb betreten. Einen Streik, der nicht von den Gewerkschaften unterstützt wird, nennt man einen »wilden Streik«; bei einem *Generalstreik* werden *alle* Betriebe (mit Ausnahme der lebensnotwendigen) stillgelegt.

Der **Streß** (engl.) ist eine körperlich-seelische Überlastung, deren Ursachen aus allgemeinen Bedingungen und Problemen hervorgehen. Streßauslösend können sich auswirken: häusliche Spannungen, schulische oder berufliche Überforderung, Angst um den Arbeitsplatz, zu hohes Arbeitstempo u. ä. m. – Medizinisch gesehen zeigt der Körper im Streß eine Katastrophenreaktion. Dauernder Streß kann in schweren Fällen zum Tod führen.

Stretch (engl., sprich stretsch) ist ein sehr dehnbares Garn, aus dem man Strümpfe, Strumpfhosen u. ä. herstellt.

Als **Stromlinienform** bezeichnet man eine nach hinten sich abflachende Form, an der Flüssigkeiten oder Gase ohne Wellen- oder Wirbelbildung vorbeifließen können. Man gibt Kraftwagen, Motorbooten, Flugzeugen und Raketen tropfenähnliche Formen, weil diese der idealen Stromlinienform am nächsten kommen. Sie verhindern die Bildung von bremsendem →Sog.

Die **Strophe** →Verslehre.

Die **Struktur** (lat.): das innere Gefüge, der Aufbau eines Gebildes.

Der **Stuck:** Mörtel aus Sand, Kalk und Gips, mit dem der *Stukkateur* die feineren Arbeiten beim Verkleiden (Verputzen) von Wänden ausführt und plastische Verzierungen (Stukkaturen) an Bauwerken anbringt.

Der **Student:** Schüler einer Hochschule.

Studentenverbindungen. Schon an mittelalterlichen Universitäten hatten sich unter den Studenten Angehörige des gleichen Landes zusammengeschlossen. Diese Gemeinschaften (*Nationen* und *Bursen*) waren die Vorläufer der bis zum Ende des 18. Jh. bestehenden *Landsmannschaften.* Aus ihnen entwickelten sich die *Korps,* die zum Zeichen ihrer Zusammengehörigkeit »Farben« (Couleur) trugen, nämlich farbige Bänder und Mützen. Neben den Korps entstanden nach den Befreiungskriegen die *Burschenschaften,* die den Gedanken eines geeinten deutschen Reiches vertraten. Schließlich kamen um die Mitte des 19. Jh. konfessionell gebundene sowie rein zweckbestimmte *Verbindungen* (Turn- und Gesangsvereinigungen) auf.

Die Verbindungen, besonders die sogenannten »schlagenden«, die den Zweikampf mit Schläger oder Säbel (die *Mensur*) pflegten, beherrschten früher das studentische Leben mit ihren *Kommersen* (Trinkgelagen) und ihren bestimmten Gebräuchen (*Komment*). Ihre Bedeutung ist erheblich zurückgegangen. Heute überwiegen die verbindungsfreien Studenten.

Studienberatung: Vom Arbeitsamt bzw. von den Universitäten durchgeführte Beratung über Studienmöglichkeiten, persönliche Befähigungsrichtung und Berufsaussichten.

Das **Studio** (ital.): Arbeitsraum eines Künstlers; Aufnahmeraum für Rundfunk- oder Fernsehsendungen oder Filmaufnahmen, auch Versuchsbühne.

Stufenrakete →Rakete.

Als **Stuhl** bezeichnet man in der Medizin den unbrauchbaren Verdauungsrest, der durch den Darm abgeht. Er enthält giftige Stoffe, die bei längerem Verbleiben im Körper schaden. Deshalb ist es wichtig, für regelmäßigen *Stuhlgang* zu sorgen.

Sturm und Drang wird nach einem gleichnamigen Drama von F. M. Klinger der Abschnitt der deutschen Literaturgeschichte zwischen 1760 und 1785 genannt. Die jungen Schriftsteller dieser Zeit betonten Gefühl und Leidenschaft gegenüber der Verstandesnüchternheit der →Aufklärung, die schöpferische Kraft des einzelnen Künstlers gegenüber festen Kunstregeln, das Volkstümliche gegenüber dem Vorbild der Antike. Goethes und Schillers Jugenddramen »Götz von Berlichingen« bzw. »Die Räuber« waren vom Geist dieser Zeit beeinflußt.

Eine **Stute** ist ein weibliches →Pferd.

Der **Styx** →Hades.

Das **Subjekt** (lat.): 1. Subjekt oder *Satzgegenstand* eines Satzes ist die Person oder die Sache, von der etwas ausgesagt wird, z. B.: *Der Vater* arbeitet, *das Wetter* ist schön. Als Subjekt kann ein Substantiv (Hauptwort) oder ein Pronomen (Für-

wort) stehen. Die Frage nach dem Subjekt lautet: Wer oder was? Es steht also immer im Nominativ. – 2. In der Philosophie bezeichnet Subjekt das erkennende und denkende Wesen, das persönliche Ich. – *subjektiv:* persönlich gesehen, vom eigenen Standpunkt aus betrachtet.

Das **Substantiv** (lat.), *Dingwort* oder *Hauptwort* ist eine Wortart, die eine Person, einen Gegenstand oder einen Begriff bezeichnet. Nach ihrem Geschlecht teilt man die Substantive ein in männliche (Maskulina), weibliche (Feminina) und sächliche (Neutra). Substantive werden mit großen Anfangsbuchstaben geschrieben, können einen →Artikel haben und dekliniert werden (→Deklination).

Die **Substanz** (lat.): 1. der Stoff, aus dem ein Körper besteht; 2. auch in geistigen Dingen, z. B. einem Gedicht oder Drama, steckt eine Substanz, nämlich der Gehalt an Gedanken oder Gefühlen, die ausgedrückt werden.

Die **Subtraktion** →Mathematik.

Die **Subvention** (lat.): Zuschuß, Beihilfe.

Die **Sucht** →*Drogenabhängigkeit.*

Die Republik **Südafrika** ist ein von Weißen geschaffener und regierter Bundesstaat im südlichen Teil Afrikas. Er umfaßt 1 221 037 qkm. Von der 22,99 Mill. zählenden Bevölkerung sind ungefähr 3,7 Mill. die Nachkommen europäischer Einwanderer; 550 000 sind Inder, den Hauptteil bilden Neger und andere einheimische Farbige. Der größte Teil der Weißen und viele Neger sind protestantisch. Amtssprachen sind Englisch und Afrikaans, die aus dem Holländischen entwickelte Sprache der Buren. Gold und Diamanten, in deren Gewinnung Südafrika an der Spitze aller Länder steht, und eine ertragreiche Landwirtschaft machen den Reichtum des Landes aus. Im 17. Jh. waren Niederländer die ersten europäischen Ansiedler in Südafrika. Aus ihnen entwickelte sich das Volk der Buren (holländisch = Bauern). Als die Engländer 1806 das Kapland eroberten, zog ein Teil der Buren nordwärts über die Flüsse Oranje und Vaal. Dort gründeten sie den

Oranje-Freistaat und die Südafrikanische Republik (Transvaal). Es kam zu Spannungen mit Großbritannien und schließlich 1899 zum Krieg, in dem die Buren 1902 unterlagen. 1910 vereinigten sich beide Burenstaaten mit den britischen Kolonien Kapland und Natal zur Südafrikanischen Union, einem britischen Dominion, das bis 1961 Mitgliedstaat des →Commonwealth war und seitdem Republik ist.

Einwohnerzahlen der wichtigsten Städte:	
Johannesburg (Goldbergbau)	1,4 Mill.
Kapstadt (Hafen, Universität)	1,1 Mill.
Durban (Hafen)	843 000
Hauptstadt Pretoria	562 000

Südamerika ist mit Nordamerika nur durch eine schmale Landbrücke verbunden. Diese ist zugleich das Mittelglied des längsten Gebirges der Welt, der *Kordilleren*, die sich vom äußersten Norden bis zum äußersten Süden längs der Westküste über den ganzen Erdteil hinziehen. Den südamerikanischen, teilweise vulkanischen Abschnitt der Kordilleren nennt man die *Anden*. In ihnen entspringt der *Amazonas*, der größte Strom Südamerikas und der wasserreichste der Erde. Mit seiner Südspitze, der Inselgruppe *Feuerland*, kommt Südamerika von allen Erdteilen dem Südpolargebiet am nächsten. Südamerika spielt in der Weltwirtschaft eine wichtige Rolle durch seine Ausfuhr von Kaffee (Brasilien, Kolumbien), Gefrierfleisch (Argentinien), Erdöl (Venezuela), Kupfer (Chile) und Zinn (Bolivien). Vielfältig ist die Tierwelt, in der z. B. Jaguare, Pumas, Alligatoren, Gürteltiere, Papageien, Kolibris, ferner Lamas und Kondore vorkommen. Von den indianischen Urbewohnern Südamerikas leben in manchen Staaten nur noch einzelne Stämme; in anderen, wie z. B. Bolivien, sind sie zahlreich vertreten. Einen großen Teil der Bevölkerung bilden die Mestizen, das sind Mischlinge aus Indianern und Weißen. Die vorherrschende Religion ist der Katholizismus. In Brasilien wird eine Abart des Portugiesischen, in den übrigen südamerikanischen Ländern Spanisch gesprochen.

Als Kolumbus 1498 die Nordküste Südamerikas entdeckte, gehörte dieses Gebiet zum Reich der →Inka, von dessen hoher Kultur noch heute die Reste großartiger Bauwerke zeugen. Die folgenden spanischen Eroberer unterwarfen mit großer Grausamkeit die Eingeborenen und gründeten Kolonien, die fast zwei Drittel Südamerikas einnahmen. Das heutige Brasilien nahmen Portugiesen in Besitz. Zwischen 1810 und 1826 befreiten sich alle diese Kolonien von der Herrschaft ihrer Mutterländer und wurden unabhängig. Siehe auch Brasilien, Argentinien, Chile, Uruguay, Paraguay, Bolivien, Peru, Ecuador, Kolumbien, Venezuela, Guayana, Surinam.

Der **Sudan** ist eine Landschaft in Afrika, die von der Wüste Sahara bis zum Kongobecken reicht. Ihr östlicher Teil, die *Republik Sudan*, umfaßt 2,5 Mill. qkm und 16,9 Mill. Bewohner (Araber und Neger); die Hauptstadt heißt Khartum. Haupterwerbszweig ist die Landwirtschaft (Baumwolle, Erdnüsse). Im Westen wurde 1958 aus der französischen Kolonie Sudan ebenfalls eine Republik, →*Mali*.

Sudetenland werden nach dem Gebirgszug der Sudeten die früher von rund 3 Mill. Deutschen bewohnten Randgebiete Böhmens und Mährens genannt, in denen u. a. die Städte Reichenberg, Eger, Karlsbad und Marienbad liegen. Bis zum Ende des Ersten Weltkrieges gehörte das Sudetenland zu Österreich, fiel dann an die Tschechoslowakei und wurde 1938 dem Deutschen Reich angegliedert. 1945 erhielt die Tschechoslowakei das Gebiet zurück; die Sudetendeutschen wurden ausgewiesen.

Die Volksrepublik **Südjemen** (287 683 qkm, 1,5 Mill. Einwohner, meist Araber, Hauptstadt Aden), liegt im Süden Arabiens und umfaßt die frühere britische Kronkolonie Aden und das ehemalige britische Protektorat Südarabien. Die Gebiete standen seit 1802 unter britischem Einfluß und wurden 1967 unabhängig.

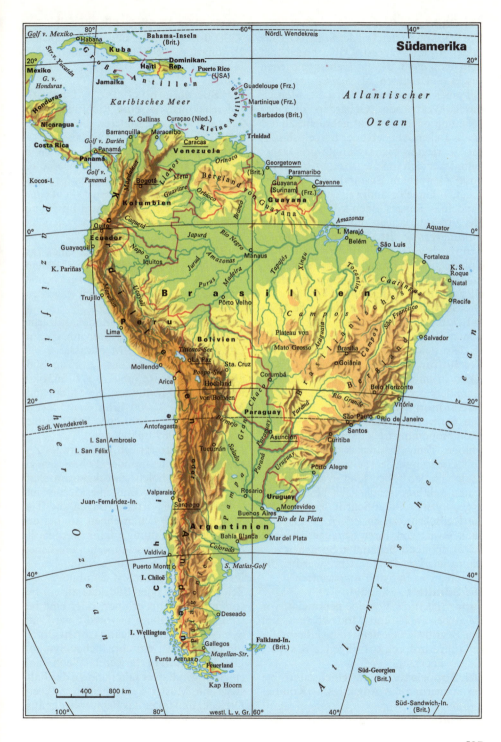

Südamerika

Golf v. Mexiko
Habana
Str. v. Yucatán
Grosse
Kuba
Bahama-Inseln (Brit.)
Nördl. Wendekreis
Mexiko
G. v. Honduras
Haiti
Dominikan. Rep.
Antillen
Puerto Rico (USA)
Jamaika
Honduras
Nicaragua
Costa Rica
Karibisches Meer
Guadeloupe (Frz.)
Martinique (Frz.)
Barbados (Brit.)
Atlantischer
Ozean
K. Gallinas
Curaçao (Nied.)
Kleine Antillen
Trinidad
Panamá
Golf v. Darién
Barranquilla
Maracaibo
Caracas
Venezuela
Orinoco
Georgetown (Brit.)
Paramaribo
Kocos-I.
Golf v. Panamá
Bogotá
Meta
Bergland von Guayana
Cayenne
Guayana (Surinam) (Frz.)
Kolumbien
Llanos
Guaviare
Orinoco
Branco
Amazonas
Quito
Ecuador
Caquetá
Japurá
Rio Negro
Äquator
I. Marajó
Belém
São Luis
Guayaquil
Napo
Iquitos
Juruá
Amazonas
Manaus
Fortaleza
K. Pariñas
Purus
Madeira
Tapajós
Xingu
Tocantins
Caatingas
K. S. Roque
Natal
Trujillo
Pôrto Velho
Brasilien
Campos
Recife
Lima
Bolivien
Titicaca-See
La Paz
Sta. Cruz
Plateau von
Mato Grosso
Brasília
Goiânia
Brasilianisches
São Francisco
Salvador
Mollendo
Poopó-See
Corumbá
Arica
Hochland von Bolivien
Bergland
Belo Horizonte
Südl. Wendekreis
Chaco
Paraguay
Rio Grande
Vitória
São Paulo
Rio de Janeiro
Antofagasta
Bermejo
Paraguay
Asunción
Santos
Curitiba
I. San Ambrosio
I. San Félix
Tucumán
Salado
Paraná
Uruguay
Pôrto Alegre
Valparaíso
Rosario
Uruguay
Juan-Fernández-In.
Santiago
Montevideo
Buenos Aires
Rio de la Plata
Argentinien
Bahía Blanca
Mar del Plata
Valdivia
Colorado
Puerto Montt
S. Matías-Golf
I. Chiloë
Atlantischer
Ozean
Deseado
Pazifischer Ozean
I. Wellington
Falkland-In. (Brit.)
Gallegos
Magellan-Str.
Punta Arenas
Feuerland
Süd-Georgien (Brit.)
Kap Hoorn
0   400   800 km
westl. L. v. Gr.
Süd-Sandwich-In. (Brit.)

587

Der **Südpol** →Pol.

Die **Südsee** ist der Teil des Stillen Ozeans in der Äquatorgegend. Daher bezeichnet man auch die in diesem Gebiet gelegenen Inseln (→Ozeanien) als *Südsee-Inseln*.

Bei einer **Suggestion** wird ein Mensch durch Worte oder Gebärden zu einer Meinung oder einer Tat gebracht, zu der er aus freiem Antrieb oder bei selbständiger Überlegung nicht gelangt wäre. Dabei befindet er sich (im Gegensatz zur →Hypnose) in wachem Zustand und ist überzeugt, völlig selbständig zu denken und zu handeln. – Suggestionen können auch zu Heilzwecken angewandt werden. Die *Autosuggestion* ist Selbstbeeinflussung, wenn sich z. B. ein Kranker planmäßig einredet, daß es ihm immer besser geht. – *suggerieren:* jemandem etwas einreden oder ihn beeinflussen.

Die **Sulfonamide** sind chemische Heilmittel, die zur Bekämpfung von →Infektionen dienen. Sie lähmen Bakterien und hindern sie daran, sich zu vermehren.

Der **Sultan** (arabisch = Hoheit): Herrscher in mohammedanischen Reichen, besonders der Türkei (bis 1922).

Sultaninen →Rosinen.

Die **Sumerer** waren die Ureinwohner Südmesopotamiens (Babyloniens). Gewaltige Tempelbauten sowie Plastiken und Goldschmiedearbeiten zeugen noch heute von der hohen Kultur, die dort im 4. und 3. Jahrtausend v. Chr. bestand. Da es gelungen ist, die →Schrift der Sumerer, die Keilschrift, zu entziffern, wissen wir auch etwas von ihrer Sprache, die mit keiner der heute bekannten Sprachen verwandt ist. Um 2000 v. Chr. wurden die Sumerer von Babylon unterworfen.

Die **Sündflut** →Sintflut.

super (lat.): als Vorsilbe gebraucht, vor allem bei Fach- und Modewörtern, um den Begriff des Gesteigerten, Übermäßigen zum Ausdruck zu bringen, z. B. super-klug = überklug.

Der **Superlativ** ist die Höchststufe bei der Steigerung des Adjektivs. →Komparation.

Surinam ist ein 163 265 qkm großer Staat an der Nordküste Südamerikas mit 420 000 Einwohnern und der Hauptstadt Paramaribo, die frühere Kolonie Niederländisch-Guayana, die 1954 autonom wurde.

Der **Surrealismus** (franz. = Überwirklichkeitskunst) ist eine Richtung in der Literatur und der Malerei, die sich nach dem Ersten Weltkrieg von Frankreich aus verbreitete. Die Surrealisten versuchen, in ihren Werken die Wirklichkeit, wie sie mit den Sinnen erlebt und mit dem Verstand geordnet wird, in eine Überwirklichkeit zu verwandeln, wie man sie etwa im Traum sieht. Surrealistische Maler sind z. B. Chagall, Dali und Max Ernst.

Süßholz ist das Wurzelholz einer fast mannshohen Staude mit violetten Blüten. Aus dem bis zum Eindicken gekochten Saft werden Lakritzenstangen gegossen.

Süßstoff →Saccharin.

Süßwasser nennt man das salzarme Wasser der Flüsse und Seen im Gegensatz zum salzhaltigen Meerwasser.

Swasiland, die an der Ostküste Südafrikas gelegene Republik, hat 17 363 qkm und 460 000 Einwohner, die Hauptstadt Mbabane hat 15 000 Einwohner. Swasiland war früher britisches Schutzgebiet und ist seit 1969 unabhängig.

Die **Symbiose** (griech.): dauerndes Zusammenleben artfremder Lebewesen zu beider Vorteil. Solche Zweckgemeinschaften bilden z. B. Einsiedlerkrebse mit →Seerosen: die Krebse tragen die Tiere umher und helfen ihnen so bei der Nahrungsbeschaffung, dafür werden sie durch die mit Nesselkapseln versehenen Fangarme der Seerosen geschützt.

Das **Symbol** (griech.): Sinnbild. – Ein Zeichen, Wort oder Bild, das an ein bestimmtes Ereignis erinnert oder eine bestimmte Vorstellung hervorruft, wird zum Symbol. Das Kreuz, das an Christi Opfertod erinnert, ist ein christliches Symbol.

Die **Symmetrie** (griech.). Wenn man einen Bogen Papier faltet und an der Faltstelle ein Muster ausschneidet, z. B. ein Dreieck, und faltet das Papier wieder auseinander, so sind die Hälften des ausgeschnittenen Musters zueinander symmetrisch, d. h. spiegelgleich. So spricht man von der Symmetrie eines Gebildes, wenn es sich aus zwei spiegelgleichen Hälften zusammensetzt.

Die **Sympathie** (griech.): Zuneigung.

Die **Symphonie** →Sinfonie.

Das **Symptom** (griech.): Anzeichen, Merkmal. – *symptomatisch:* bezeichnend, kennzeichnend.

Die **Synagoge** (griech.): Gotteshaus der Juden.

synchron (griech.) sind zwei oder mehrere Vorgänge, wenn sie gleichzeitig erfolgen. Beim Tonfilm z. B. müssen das Bild auf der Leinwand und die Tonwiedergabe durch den Lautsprecher genau aufeinander abgestimmt sein. Für ausländische Filme wird eine neue Tonaufnahme in deutscher Sprache hergestellt, die mit dem ausländischen Bildstreifen *synchronisiert* werden muß. Das *Synchrongetriebe* des Kraftwagens läßt die ineinander zu schaltenden Zahnräder durch besondere Einrichtungen gleich schnell laufen, wodurch sich die Gänge leichter schalten lassen.

Das **Syndikat** (griech.): im Wirtschaftsleben strenger gebundene Form des →Kartells. Der Verkauf der Waren aller zu einem Syndikat zusammengeschlossenen Unternehmen erfolgt durch eine gemeinsame Verkaufsstelle.

Der **Syndikus:** Rechtsbeistand (meist ein Rechtsanwalt) bei Handelskammern, Großunternehmen usw.

Die **Synkope** (griech.). Zähle einen Viertakt und schlage dazu mit der Hand auf den Tisch, und zwar so, daß die Hand von 2 zu 3 liegenbleibt.

1	2	3	4
tack	ta – ck	tack	

·Jeder Takt hat betonte und unbetonte Taktteile. Das »Liegenbleiben«, das Überhalten von unbetontem Taktteil zu betontem Taktteil, nennt man Synkope. Synko-

pen führen zu einer Verschiebung des rhythmischen Ablaufs im Musikstück.

Die **Synode** (griech. = Zusammenkunft) ist die für die Leitung und Selbstverwaltung der evangelischen Kirche maßgebende Versammlung. Sie setzt sich aus Geistlichen und Laien zusammen. Es gibt Bezirks- und Landessynoden. – Synoden, auch *Konzile* genannt, wurden schon in der ältesten Christenheit zur Entscheidung dogmatischer und kirchlich-praktischer Fragen gehalten.

synonym (griech.): sinnverwandt, annähernd gleichbedeutend, z. B. die Wörter »senden« und »schicken«.

Die **Syntax** (griech.) oder *Satzlehre* ist ein Teilgebiet der →Grammatik, die Lehre vom Bau und den Arten der Sätze und von der Zusammenfügung der Wörter zu Sätzen.

Die **Synthese** (griech.): Zusammenfassung; die Vereinigung von Verschiedenartigem zu einem neuen einheitlichen Ganzen. – In der Chemie: das künstliche Zusammensetzen eines Stoffes (z. B. synthetischer Kautschuk).

Die Republik **Syrien** liegt in Vorderasien; ihre Westgrenze bildet das Mittelmeer. In Syrien leben 6,8 Mill. Angehörige verschiedener Völkerschaften, meist Mohammedaner, auf einer Fläche von 185 180 qkm. Die wichtigsten Erzeugnisse sind Wolle, Baumwolle, Olivenöl und andere landwirtschaftliche Güter.

Einwohnerzahlen der wichtigsten Städte:	
Hauptstadt Damaskus	895 000
Aleppo (oder Haleb)	640 000

Das **System** (griech. = Zusammenstellung): sinnvolle und planmäßige Ordnung der einzelnen Teile, durch die das Ganze verständlich und nutzbar gemacht wird.

Die **Szene** (griech.): 1. der für den Zuschauer sichtbare Teil der Bühne; 2. Abschnitt in einem Theaterstück. Immer wenn einer der Darsteller abgegangen ist oder wenn einer auftritt, beginnt eine neue Szene, ein neuer *Auftritt*.

T

T ist der 20. Buchstabe des Alphabets. Im Handel ist T die Abkürzung für Tara (→netto). t bei Maß- oder Gewichtsangaben bedeutet Tonne.

Der **Tabak** ist ein Nachtschattenkraut, dessen Blätter getrocknet und durch Gärung und Beizen verändert (fermentiert) werden. Er wird vor allem in Mittelamerika, auf dem Balkan und in Indien angebaut. Tabak enthält das Alkaloid →Nikotin. Der Tabak kam im 16. Jh. aus Amerika und bürgerte sich allmählich in Europa ein, zuerst als Pfeifen- und Schnupftabak, dann in Form von Zigarren und Zigaretten.

Der oder das **Tabernakel** (lat.): in katholischen Kirchen Gehäuse auf dem Altartisch als Aufbewahrungsort für konsekrierte Hostien.

Als **tabu** bezeichnen die Südsee-Insulaner Personen, Tiere, Gegenstände oder Räume, die ihnen als heilig gelten. Auch durch religiöse Vorschriften verbotene Handlungen sind ihnen tabu.

Das **Tachometer** (griech.): Geschwindigkeitsmesser an Fahrzeugen (meist mit Kilometerzähler); auch Drehzahlmesser an Maschinen.

Publius Cornelius **Tacitus** war ein römischer Geschichtsschreiber, der etwa von 55 bis 120 n. Chr. lebte. In seinem Werk »Germania« beschreibt er die Eigenart und Sitten der Germanen.

Der **Taifun** →Wind.

Die **Taiga** ist das Urwaldgebiet in Sibirien zwischen der Tundra im Norden und den Steppen im Süden; es wird heute mehr und mehr erschlossen.

Taiwan (*Formosa*) ist eine Insel und Republik im Ostchinesischen Meer (35961 qkm, 15,7 Mill. Einwohner, Hauptstadt Taipeh). Auf der im Osten gebirgigen, im Westen flachen, sehr fruchtbaren Insel wird intensive Landwirtschaft betrieben (Reis, Erdnüsse, Ananas u. a.); die Bodenschätze (Kohle, Gold, Erdöl) werden systematisch erschlossen. 1895–1945 war Taiwan japanisch, seit 1949 ist es Sitz einer antikommunistischen chinesischen Regierung (»Nationalchina«).

Die **Takelage** (sprich takelahsche) oder *Takelung:* bei Segelschiffen die vollständige Segeleinrichtung, zu der Masten, Segel und Taue gehören. Man unterscheidet *Rahtakelung* bei querstehenden und *Gaffeltakelung* bei längsschiffsstehenden Segeln.

Der **Takt.** 1. Jede Folge von Tönen teilt man in mehr oder minder große Abschnitte. Solch einen Abschnitt nennt man Takt. Jeder besteht aus zwei oder mehreren gleich langen, betonten und unbetonten Taktteilen. Anfang und Ende des Taktes werden durch einen senkrechten Strich, den Taktstrich, angezeigt. – 2. Im Zusammenleben der Menschen nennt man Takt das Feingefühl dafür, das im Augenblick Passende, Schickliche zu sagen oder zu tun.

Die **Taktik** (griech.) ist ein Teil der Kriegskunst. Während die Strategie den Kriegsplan entwirft, gehören Führung der Truppe und ihre zweckmäßige Verwendung im Kampf zur Taktik. Als Taktik bezeichnet man auch jeden anderen planvollen Einsatz der Kräfte, z. B. im Sport oder in der Politik.

Der **Talar** (lat.): bis zum Knöchel reichendes Amtsgewand der Geistlichen, Richter und Rechtsanwälte.

Das **Talent** (griech.): 1. altgriechische Geldeinheit (etwa 4500 DM); 2. altgriechisches Gewicht (26,196 kg); 3. die Begabung, auf einem bestimmten Gebiet Besonderes zu leisten.

Der **Talg** oder *Unschlitt:* Bezeichnung für ein sehr hartes tierisches Fett mit hoher Schmelztemperatur, z. B. Rindertalg.

Der **Talisman** (arabisch = Zauberbild): Gegenstand, der nach altem Aberglauben seinen Besitzer vor Gefahren schützen und ihm Glück bringen soll.

1 Klüverbaum (Bugspriet), 2 Fock-
mast, 3 Großmast, 4 Besanmast,
5 Rah, 6 Außenklüver, 7 Klüver,
8 Binnenklüver, 9 Vor-Stenge-
stagsegel, 10 Focksegel, 11 Vor-
Untermarssegel, 12 Vor-Ober-
marssegel, 13 Vor-Unterbram-
segel, 14 Vor-Oberbramsegel,
15 Vor-Royalsegel, 16 Groß-Se-
gel, 17 Groß-Untermarssegel,
18 Groß-Obermarssegel, 19 Groß-
Unterbramsegel, 20 Groß-Ober-
bramsegel, 21 Groß-Royalsegel,
22 Groß-Vorstengestagsegel, 23
Groß-Stengestagsegel, 24 Groß-
Unterbramstagsegel, 25 Groß-
Bramstagsegel, 26 Groß-Royal-
stagsegel, 27 Besanunterstagse-
gel, 28 Besanstagsegel, 29 Be-
sanstengestagsegel, 30 Besan-
Royalstagsegel, 31 Besan-Segel

Takelage eines Dreimasters

Der **Talmud** →Juden.

Das **Tandem** (engl.): ein Zweirad mit
zwei Sitzen und zwei Tretlagern.

Tange sind wurzellose Meerespflanzen,
die in den verschiedensten Arten vorkommen. Manche werden 300 m lang.
Einige Tangarten haften an Felsen des
Untergrundes, andere, z. B. der Blasen-
tang, bedecken große Meeresflächen.

Die **Tangente** (lat.): in der Geometrie
eine Gerade, die eine Kurve (z. B. Kreis-
linie) oder eine krumme Fläche (z. B.
Kegelmantel) nur in einem Punkt berührt;
tangieren bedeutet: angenehm oder unangenehm berühren, Eindruck machen;
»das tangiert mich nicht«.

Der **Tanker** ist ein Schiff, das zum Transport von Erdöl oder Flüssiggasen dient
und hierfür mit Tanks ausgestattet ist, die
sich im Rumpf des Schiffes befinden.

Die **Tanne** →Nadelbäume.

Tansania ist ein Bundesstaat in Ostafrika, mit den Inseln Sansibar und Pemba
945087 qkm groß und von 14,38 Millionen Bantunegern, Arabern, Indern und
etwa 17000 Europäern bewohnt. Hauptstadt ist Dodoma. Das 1964 durch den
Zusammenschluß von Tanganjika und
Sansibar-Pemba entstandene Land war
1891 bis 1919 deutsches Schutzgebiet
(Deutsch-Ostafrika) und bis 1961 britisches Mandatsgebiet.

Tantalus war ein König der griechischen
Sage, der den Göttern, um ihre Allwissen-
heit zu prüfen, seinen Sohn Pelops als
Speise vorsetzte. Im →Tartarus mußte er
dafür bis zum Kinn im Wasser stehen,
während über ihm köstliche Früchte
hingen. Wollte er trinken und essen,
wichen Wasser und Früchte zurück. Daher spricht man von Tantalusqualen,
wenn man auf einen zum Greifen nahen
Genuß verzichten muß.

Tanzen ist das uralte Bedürfnis der Menschen, durch Körperbewegungen Gefühle
auszudrücken und zu erzeugen. Daher
gab es Tempeltänze, welche in tiefe Ge-
betsstimmung versetzen sollten, Kriegs-
tänze, um den Mut anzustacheln, Toten-
tänze, um die Angst vor dem Tod zu
verscheuchen, Hochzeitstänze und Tänze
als Ausdruck überschäumender Lebensfreude. Immer gehört zum Tanz die Musik. Aus dem Gottesdienst entstand im
Laufe der Zeit das griechische Theaterspiel mit dem reigentanzenden und sin-
genden Chor. In der römischen Kultur
spielte der Tanz eigentlich nur eine Rolle
in der *Pantomime*, einer Theateraufführung, in der alles durch stummes Gebär-
den- und Mienenspiel zur Begleitung der
Musik ausgedrückt wurde. Aus der
Pantomime entstand später das *Ballett*,
unser heutiger Bühnentanz. – Im Mittel-

alter entwickelte sich aus den feierlich geschrittenen Reigentänzen der bäuerliche und höfische paarweise Tanz. Aus diesen Volks- und Hoftänzen entstand der *Gesellschaftstanz*, der sich mit der Mode ständig wandelt: im 18. Jh. war das Menuett besonders beliebt, im 19. Jh. tanzte man Wiener Walzer. Seit Beginn unseres Jahrhunderts wurden nordamerikanische Negertänze und mittel- und südamerikanische Kreolentänze (Tango) überall bekannt. Seither gibt es fast alljährlich einen neuen Gesellschaftstanz. Daneben haben sich in vielen Ländern Volkstänze erhalten.

Der **Tapir** ist ein plumpes Huftier, das entfernt mit den längst ausgestorbenen Vorfahren der Pferde verwandt ist. Tapire haben einen beweglichen Rüssel und einen Stummelschwanz. Sie sind Pflanzenfresser und leben als Einzelgänger in wasserreichen Gegenden von Amerika, Malaia und Sumatra (*Schabrackentapir*→Abbildung).

Tarantel heißt die Wolfsspinne des Mittelmeergebiets. Sie wird bis zu 5 cm lang. Ihr Biß ist sehr schmerzhaft, aber für Menschen nicht lebensgefährlich.

Der **Tarif** (arab.): die für bestimmte Waren oder Arbeitsleistungen geltenden Kostensätze. Auch deren Verzeichnis nennt man Tarif. Man spricht z. B. von Zoll-, Steuer-, Verkehrs- und Lohntarifen. – Durch eine *Tarifordnung* werden die in einer bestimmten Berufsgruppe zu zahlenden Mindestlöhne festgesetzt. – Der *Tarifvertrag* ist ein zwischen einer Gewerkschaft und einem Unternehmerver-

band getroffenes Abkommen über Arbeitsbedingungen, Löhne, Urlaub usw.

Tartarus wurde in der griechischen Mythologie der tiefste Abgrund der Unterwelt genannt. Er ist der Strafort für die Seelen der Titanen.

Die **Tataren** waren ein kleiner mongolischer Volksstamm, dessen Name im Lauf der mongolischen Eroberungszüge auf viele unterworfene asiatische Völker übertragen wurde, die großenteils in der jetzigen Sowjetunion leben.

Die **Tatform** →Aktiv.

Das **Tätigkeitswort** →Verbum.

Tätowierungen sind dauerhafte Verzierungen (z. B. Bilder oder Zeichen), die in die Haut eingeritzt und durch Farbstoff sichtbar gemacht werden. Bei vielen Naturvölkern sind sie als Schmuck oder Schutz vor bösen Geistern üblich.

Der **Tau**: Wassertröpfchen, die sich in Bodennähe durch →Kondensation der Luftfeuchtigkeit bilden, besonders in wolkenlosen, windstillen Nächten. Im Winter entsteht *Reif*.

Tauben sind in mehr als 290 Arten über die ganze Erde verbreitet. Die bei uns häufigste Wildtaube ist die *Ringeltaube*, seltener sind *Turteltaube* und *Hohltaube*. Unsere heimischen Hausrassen (etwa 200) stammen von der in den Mittelmeerländern lebenden wilden *Felsentaube* ab. Am eigenartigsten sind die gurrende und kichernde *Lachtaube*, die *Pfauentaube*, die *Krontaube* und die *Kropftaube*.

Taubheit nennt man ungenügendes oder gänzlich fehlendes Hörvermögen. Der Verlust des Hörvermögens bei kleinen Kindern führt immer zu *Taubstummheit*, weil sie das Sprechen, das sie ja nicht hören können, auch nicht lernen. Bei taubstummen und zugleich blinden Menschen (→Keller, Helen) verwendet man das *Fingeralphabet* von Hand zu Hand.

Taucher nennt man Leute, die unter Wasser Arbeiten verrichten. Arabische Perlentaucher sind nur mit einer Schutzbrille ausgerüstet; sie bleiben etwa 2 Minuten unter Wasser. Beim *Tauchsport* werden von den »Froschmännern«

Tauchbrille, →Schnorchel und Schwimm-flossen an den Füßen, in kälterem Wasser ein Gummianzug und für längeres und tieferes Tauchen ein Atemgerät getragen. Für langwierige berufsmäßige Tauch-arbeiten wird ein *Taucheranzug* benutzt: ein Gummianzug, auf dessen Halsöffnung ein kupferner Kugelhelm geschraubt wird, der mit einem Fensterchen versehen ist. Durch einen Schlauch wird Luft zum Atmen zugepumpt; die verbrauchte Luft strömt durch ein Ventil ab. Es gibt auch Taucheranzüge aus Stahl für größere Tiefen (bis 200 m) und *Taucherkugeln* aus dickwandigem Stahl, *Bathyscaph* ge-nannt, in denen man bis zum Meeresgrund tauchen kann. 1960 erreichte ein Bathy-scaph die Tiefe von 10 900 m.

Das Sakrament der **Taufe** hat in Jesus Christus seinen Ursprung. Es ist das erste Sakrament, das ein Christ empfängt. Im Zeichen des Übergießens mit Wasser unter Aussprechen der Taufformel durch den Geistlichen (im Notfall durch jeden Menschen) geschieht die reinigende und heiligende Wiedergeburt zum neuen Le-ben eines Christen. Dadurch wird der Getaufte auch für immer in die Kirche aufgenommen. Bei manchen christlichen Sekten werden nur Erwachsene getauft.

Tausendfüßler sind wurmförmige Glie-derfüßler mit mehr als vier, höchstens aber 173 Fußpaaren.

Das **Teach-in** (engl., sprich tihtsch-in) ist eine politische Veranstaltung von be-lehrendem Charakter, die häufig von Studenten ausgeht.

Das **Teakholz** (sprich tihk-) stammt von einem in Indien wachsenden Baum und wird wegen seiner Haltbarkeit vor allem zum Schiffsbau verwendet.

Das **Team** (engl., sprich tihm): Bezeich-nung für eine Sportmannschaft oder eine Arbeitsgemeinschaft.

Technik (griech. = Kunstfertigkeit) ist die zusammenfassende Bezeichnung für jede angewandte Naturwissenschaft, also für alle Erkenntnisse, Verfahren und Mit-tel, mit deren Hilfe sich der Mensch die Natur dienstbar zu machen sucht. In ihren

einfachsten Formen ist die Technik daher ebenso alt wie die Menschheit. Jahrtau-sendelang wurde sie in der Form des Handwerks betrieben, erst seit dem Ende des 18. Jh. begann mit der Industrialisie-rung das Zeitalter der Maschine. Seitdem wird die Technik durch Anwendung naturwissenschaftlicher Erkenntnisse fortdauernd verändert. Sie bestimmt da-her in zunehmendem Maße das gesamte Leben und ist die Grundlage der moder-nen Zivilisation. Umwälzende Folgen für die Entwicklung der Technik hatten die Erfindung des Feuermachens in vorge-schichtlicher Zeit, die Erfindung des Schießpulvers im 14. Jh., die Erfindung der Dampfmaschine im 18. Jh., die Nutzbar-machung der Elektrizität im 19. Jh. und die Nutzbarmachung der Atomenergie im 20. Jh. – Siehe Übersicht Erfindungen und Entdeckungen.

Die **Technologie** (griech.) ist die Wissen-schaft vom Verlauf und den Gesetzen technischer Herstellungsprozesse, vor al-lem bei der Verarbeitung von Rohstoffen zu gebrauchsfertigen Waren. So gibt es eine Technologie der Wollgewinnung, des Bierbrauens usw. Als Technologie be-zeichnet man aber auch die methodische und zweckmäßige Bewältigung einer Tä-tigkeit, bei der keine Waren erzeugt werden, z. B. die Technologie der Büroführung.

Tee ist ein anregendes Getränk, das aus den sorgfältig vergorenen und getrockne-

Blüte und Blätter
des Teestrauches

ten Blättern des Teestrauches bereitet wird. Der Teestrauch stammt wahrscheinlich aus Hinterindien und wurde etwa im 4. Jh. n. Chr. in China bekannt, während sich das Teetrinken in Europa erst im 16. und 17. Jh. einbürgerte. Angebaut wird Tee hauptsächlich in China, Japan, Indien, Sri Lanka und Brasilien. Der anregende Bestandteil des Tees ist das Koffein (ein →Alkaloid, auch Tein genannt). - *Kräutertee* wird aus Blättern, Blüten, Stengeln oder Wurzeln von Pfefferminze, Salbei, Kamille, Schafgarbe, Linde usw. bereitet. Er hat meist heilende Wirkung und dient daher auch als Arznei.

Der **Teer** →Kohle, →Gaswerk, →Farbstoffe.

Der **Teint** (franz., sprich teñg): die Beschaffenheit der (Gesichts-)Haut.

Das **Telefon** (griech.) oder der *Fernsprecher* beruht darauf, daß ein elektrischer Strom durch wechselnden Widerstand verändert wird. Das erfolgt entsprechend den Schallschwingungen der Stimme durch das →Mikrophon im Telefonhörer. Die dort entstandenen Stromschwankungen erregen im Hörer des Angerufenen einen Elektromagneten, der eine Membranscheibe in gleiche Schwingungen versetzt, so daß sie wie eine Stimme tönt. Die Apparate aller Fernsprechteilnehmer sind durch Leitungen mit dem Fernsprechamt verbunden, wo durch Elektroautomaten die gewünschten Verbindungen aufgeschaltet werden (Selbstwähler). Schon beim Abheben des Telefonhörers schaltet sich in der Zentrale ein Vorwähler ein, der die Verbindung zum Automaten herstellt und das Freizeichen ertönen läßt.

Die Wählscheibe erzeugt sodann bei ihrer Rückwärtsdrehung eine Anzahl Stromstöße (entsprechend der gewählten Ziffer) und lenkt in der Zentrale stufenweise die Zusammenschaltung zweier Teilnehmer. Die Kontakte werden elektromechanisch hergestellt. Heute sind viele Städte und sogar Länder durch Selbstwählbetrieb verbunden. Nur für bestimmte Ferngespräche wird die Verbindung »handvermittelt«, also im Fernamt von Telefonistinnen durch Kontaktstöpsel hergestellt. →Funktelefon.

Der **Telegraf** (griech.): Fernschreiber. Lichtsignale oder weithin sichtbare Signalmaste mit verstellbaren Zeigern (*Semaphor*), auch Trommelzeichen bei primitiven Völkern sind die Vorläufer der Telegrafie. Bald nach der Entdeckung der Elektrizität gelang es Samuel →Morse, einen Apparat zu erfinden, der über Drahtleitungen von weither gegebene kurze und lange Stromstöße aufnimmt. Im Empfangsgerät betätigt eine elektromagnetische Spule eine Feder mit Schreibspitze, die Punkte und Striche auf einen mit konstanter Geschwindigkeit ablaufenden Papierstreifen schreibt. Gesendet werden die Zeichen durch Niederdrücken einer Taste. Maschinentelegrafen, durch die ein vorgestanzter Lochstreifen läuft, senden bis zu 1000 Zeichen in der Minute. Moderne *Fernschreiber*, z. B. die Springschreiber, benutzen keine Morsezeichen, sondern werden wie Schreibmaschinen vom Teilnehmer bedient. Beim Anschlag einer Type springen 5 »Stromschritte« (für jede Type andersartig) über Kabel zum anderen Teilnehmer und betätigen

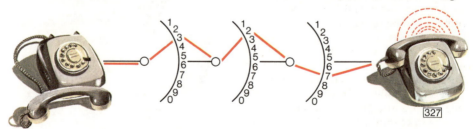

Telefon: Funktionsschema bei Selbstwählverkehr. In der Mitte die durch Stromstöße gesteuerten Kontaktwähler der Zentrale. Vom linken Apparat wird die Rufnummer 327 gewählt.

dort die entsprechende Type für den gleichen Buchstaben. Die drahtlose Telegrafie verwendet Rundfunkwellen sowie entsprechende Sender und Empfänger. – Morsealphabet siehe Innenseite des hinteren Deckels.

Das **Teleobjektiv** (griech.-lat.) ist ein photographisches Linsensystem mit großer Brennweite, das Großaufnahmen entfernter Gegenstände liefert.

Die **Telepathie** (griech.) ist die (angebliche) Fähigkeit eines Menschen, im Widerspruch zu den bisher bekannten Naturgesetzen Kenntnis von räumlich weit entfernten Vorgängen zu erlangen. Die Telepathie gehört zu den Forschungsbereichen der Parapsychologie (→Okkultismus).

Das **Teleskop** (griech.) ist ein →Fernrohr. Weil beim Fernrohr die Linsenabstände zur Scharfeinstellung der betrachteten Gegenstände veränderlich sein müssen, werden die Linsen in Rohre eingebaut, die ineinander in Längsrichtung verschiebbar sind. Die Astronomie benutzt außerdem →Radioteleskope. – Man gebraucht das Wort Teleskop heute aber auch bei ineinanderschiebbaren Maschinenteilen, z. B. bei der Federung von Motorradgabeln (Teleskopgabel).

Tempel (lat.) nennen wir Bauwerke, die bei nichtchristlichen und nichtmohammedanischen Völkern der Gottes- oder Ahnenverehrung dienen. Aus dem Altertum sind Reste großartiger Tempelbauten z. B. der Babylonier, Griechen und Römer erhalten geblieben, ebenso in Indien, China, Japan und Mittel- und Südamerika.

Das **Temperament** (lat.): Veranlagung und persönliche Eigenart eines Menschen, die sich darin äußert, wie er sich gegenüber anderen Menschen oder den Eindrücken seiner Umwelt verhält. So spricht man von einem heiteren oder schwermütigen Temperament oder bezeichnet einen Menschen, der seine Empfindungen rasch und stark ausdrückt, als temperamentvoll.

Temperatur ist der Wärmezustand eines Stoffes, nicht die Wärme selbst. Sie wird mit dem →Thermometer in Celsius-Graden (°C), in England und Amerika auch in Fahrenheit-Graden (°F), gemessen. 1°C = $^9/_5$°F; da in der Fahrenheit-Skala der Gefrierpunkt (0°C) bei 32°F liegt, rechnet man folgendermaßen um: Temperatur C = $^5/_9$ × (Temperatur F–32); und Temperatur F = ($^9/_5$ Temperatur C) +32. Die tiefste mögliche Temperatur, der absolute Nullpunkt, liegt bei minus 273,16°C.

Das **Tempo** (ital.): Schnelligkeit, Geschwindigkeitsgrad; in der Musik das Zeitmaß, in dem ein Stück gespielt werden soll. Tempi werden meist italienisch angegeben (z. B. →allegro).

Die **Tendenz** (lat.): Neigung, Richtung. Absicht, Überzeugung. Eine Meinung oder ein Buch, das einseitig ist, nennt man *tendenziös*.

Tennis wird auf einem gewalzten Platz gespielt. Das Spielfeld wird durch ein 91 cm hohes Netz in der Mitte getrennt und mit weißen Linien in Felder geteilt. Gespielt wird mit einem weißen, stoffüberzogenen Gummiball, der mit dem Tennisschläger (Racket) geschlagen wird. Der Ball wird nach bestimmten Regeln von den sich gegenüberstehenden Spielern über das Netz hin und her geschlagen, bis einem Spieler der Rückschlag mißlingt. Jeder Fehler wird als Punkt für die Gegenpartei gewertet. Für den Gewinn eines »Spieles« muß eine Partei mindestens 4 Punkte, für den eines »Satzes« mindestens 6 »Spiele« gewonnen haben. Der Wettkampf (das Match) ist beendet, wenn eine Partei 2 (bei internationalen Meisterschaftskämpfen 3) Sätze gewonnen hat. Man unterscheidet »Einzel« (auf jeder Seite 1 Spieler bzw. Spielerin), »Doppel« (auf jeder Seite 2 Spieler bzw. Spielerinnen) und »gemischtes Doppel« (auf jeder Seite 1 Spielerin und 1 Spieler).

Tenno ist der Titel des Kaisers von Japan. Der **Tenor:** hohe Männerstimme, die höchste im Männerchor.

Termiten sind den Schaben verwandte Insekten warmer Länder. Sie werden auch *weiße Ameisen* genannt, haben aber mit den Ameisen nur die Bildung großer Staaten mit »Arbeitern«, »Soldaten« und einer »Königin« als Stammutter gemeinsam. Ihre »Reiche« bauen sie sich unter oder über der Erde, z. B. in Baumstämmen oder als turmartige Hügel aus Erde, Lehm und Holzteilchen (bis zu 12 m hoch). Menschliche Bauten aus Holz können von Termiten von innen her so zernagt werden, daß sie einstürzen.

Das **Terpentin** →Harz.

Die **Terrakotta** (ital. = gebrannte Erde): künstlerisches Erzeugnis aus unglasiertem gebranntem Ton.

Das **Terrarium** (lat. terra = Land) ist ein Behälter, in dem man Kriechtiere und Lurche, wie Eidechsen, Schildkröten, Salamander und Molche, hält.

Das **Territorium** (lat.): Gebiet eines Staates; in großen Staaten auch dünn besiedelte Verwaltungsbezirke.

Der **Terror** (lat. = Schrecken): Schreckensherrschaft, politische Gewaltmaßnahme.

Das **Terzett:** Musikstück für drei Singstimmen. Ein Musikstück für drei Instrumente heißt *Trio*.

Der **Test** (engl. = Probe) dient zur Prüfung von geistigen Fähigkeiten und seelischen Eigenschaften.

Das **Testament** (lat.): Vermächtnis; Urkunde, die den »letzten Willen« eines Verstorbenen, besonders hinsichtlich der Verteilung des →Erbes, bezeugt.

Tetraeder →Mathematik (*Stereometrie*).

Der **Teufel,** auch *Satan* oder *Luzifer* genannt, ist nach christlichem Glauben ein von Gott erschaffener, aber abgefallener Engelfürst. Er ist verdammt, weil er selbst sein wollte wie Gott.

Die **Teutonen** →Kimbern.

Textilien (lat.): Webwaren.

Thailand, früher *Siam* genannt, ist ein 514000 qkm großes Königreich in Hinterindien mit 36,2 Mill. Einwohnern (Thaivölker, Malaien, Chinesen), die vorwiegend Buddhisten sind. Hauptstadt ist Bangkok. Das fruchtbare Land ist der wichtigste Reislieferant der Erde; andere landwirtschaftliche Produkte sind Pfeffer, Sesam, Hanf, Tabak, Zucker, Baumwolle. Abgebaut werden Zinn- und Wolframerze. Das frühere Thaireich wurde um 1900 durch Franzosen und Engländer zerstückelt und das Restgebiet zum Königreich Siam, das 1948 wieder den Namen Thailand annahm.

Das **Theater** der alten Griechen lag im Freien, meist an einem Berghang. Die steinernen Sitze für die Zuschauer waren in aufsteigenden Reihen halbkreisförmig angeordnet (*Amphitheater*). In der Mitte dieses Halbkreises lag die Orchestra, in der sich der Chor aufhielt, dahinter die Skene, ein hölzernes Gebäude, aus dem die Schauspieler hervortraten und vor dem sie spielten. Aus der Skene sind die heutige Bühne und das Wort Szene entstanden. Der hölzerne Bau wurde später in prächtige steinerne Anlagen umgewandelt, die jedoch für alle Stücke gleichblieben. Die Griechen kannten schon kunstvolle Vorrichtungen, mit denen z. B. ein Schauspieler von oben auf die Bühne herabgelassen werden konnte. Im Mittelalter entstanden aus dem christlichen Gottesdienst durch szenische Darstellung der Leidensgeschichte Christi die geistlichen Spiele (*Mysterienspiele, Passionsspiele*), die zunächst in der Kirche gespielt wurden, später auf freien Plätzen, z. B. dem Markt, oft auf eigens hergerichteten Gerüsten, die die verschiedenen Schauplätze der Handlung gleichzeitig zeigten (*Simultanbühne*). Daneben entstanden aus Volksbräuchen die derb-komischen *Fastnachtspiele* der Handwerker, in denen Szenen aus dem Alltag, politische Fragen usw. dargestellt wurden (Hans Sachs). Im 16. Jh., zur Zeit Shakespeares, entstanden in England die ersten stehenden und geschlossenen Theater, bei denen Sitze in mehreren Rängen übereinander rund um die offene kleine Bühne angeordnet waren (*Shakespeare-bühne*). Dekorationen gab es nicht. Eine Tafel zeigte den Schauplatz der Handlung an, z. B. »Wald« oder »Schloß des Königs«. Erst im 17. Jh. baute man in den Residenzen und reichen Städten prunkvolle Theatergebäude und begann gemalte Dekorationen zu benutzen, die mit dem Schauplatz der Handlung wechselten. Seitdem hat sich die Kunst des Theaterbaus, der Darstellung und der Bühnenausstattung immer weiter entwickelt. Man erfand die *Drehbühne*, auf der verschiedene Schauplätze zugleich aufgebaut und in schnellem Wechsel gezeigt werden können. In neuester Zeit hat man wieder Versuche unternommen, gewisse Stücke mit ganz wenig Ausstattung zu spielen und vor allem die Dichtung und das Spiel der Darsteller wirken zu lassen. – Der *Theaterbau* gliedert sich in zwei Hauptteile: Zuschauerraum und Bühnenhaus. Im *Bühnenhaus* befinden sich in verschiedenen Stockwerken die vielen Räume, in denen die Vorbereitungsarbeit für die Aufführung geleistet wird, wie Probesäle, Ankleideräume usw. Der wichtigste Teil ist die *Bühne*. Über ihr unter dem Dach ist der *Schnürboden*. Dort hängen die langen Stangen, an denen die Kulissen angeschnürt werden, die man durch lange Seile auf und nieder bewegen kann. Unter der Bühne ist die *Unterbühne* mit der *Versenkung*, wo ein neues Bühnenbild aufgebaut werden kann (*Versenkbühne*). – Die *Schauspieler* waren im Altertum sehr angesehen und geachtet. Im Mittelalter galten sie nur als Possenreißer und Vagabunden. Die Schauspielerin und Leiterin einer Wanderbühne Karoline *Neuber* sowie *Lessing* und *Goethe* bemühten sich um eine Hebung der Schauspielkunst, und allmählich gelang es auch einigen besonders hervorragenden Schauspielern und Theaterleitern (*Ekhof*, Friedrich Ludwig *Schröder*, *Iffland*), den Schauspielerstand wieder zu Ansehen zu bringen. – Einige Theater traten durch die Inszenierungen bedeutender Regisseure hervor und entwickelten einen eigenen Stil, z. B. die *Meininger*, das *Burgtheater* in Wien und das *Deutsche Theater* in Berlin (Max *Reinhardt*). – Siehe auch Drama.

Theoderich der Große ist uns unter dem Namen Dietrich von Bern (Bern = Verona) aus der Sage bekannt. Er war der König der Ostgoten und führte sein Volk,

das damals in Serbien lebte, nach Italien. Dort beseitigte er 493 n. Chr. den Germanen Odoaker, der als römischer Feldherr die Herrschaft an sich gebracht hatte, und errichtete ein mächtiges Königreich.

Der **Theodolit** (griech.): Gerät mit kleinem Fernrohr, das zur Messung horizontaler und vertikaler Winkel vor allem bei der →Vermessung verwendet wird.

Die **Theologie** (griech. = Lehre von Gott): Wissenschaft vom Glauben und von der Kirche.

Eine **Theorie** (griech.) ist eine auf wissenschaftlicher Erkenntnis aufgebaute Anschauung. – *theoretisch:* auf die Theorie bezüglich, rein gedanklich.

Die **Therapie** (griech.): Krankenbehandlung, Heilverfahren.

Thermen (griech.): 1. warme Quellen (über 20° C); 2. prächtig ausgestattete öffentliche Badeanstalten im Römischen Reich, oft mit Sportplätzen, Kunstsammlungen und Bibliotheken.

Mit einem **Thermometer** (*Wärmemesser*) kann der Wärmezustand eines Stoffes, also dessen →Temperatur, gemessen werden. Am häufigsten werden das Quecksilber- und das Weingeistthermometer verwendet. Sie bestehen aus einer meist kugelförmigen Flüssigkeitskammer, an die sich eine möglichst enge, luftleere Röhre anschließt. Bei Temperaturanstieg dehnt sich die Flüssigkeit aus und steigt im Rohr; bei sinkender Temperatur fällt sie. *Fieberthermometer* →Abb. S. 297. Celsius hat als Gefrierpunkt des Wassers 0 Grad, als Siedepunkt 100 Grad festgesetzt. Daneben gibt es die Gradeinteilung nach Fahrenheit (Gefrierpunkt 32°, Siedepunkt 212°).

Der **Thermostat** (griech.) sorgt dafür, daß die Temperatur in einem Raum usw. gleichbleibt: ein aus 2 Metallstreifen gebildeter Regler schaltet nach Bedarf das Heizelement ein und aus.

Die **These** (griech.): Feststellung, Behauptung, Lehrsatz.

Das **Thing** oder *Ding* war bei den Germanen die Versammlung aller freien Bauern des Dorfes. Auf dem Thing des

Tiefseefische. Von links nach rechts: Raubfisch mit gestieltem Leuchtorgan, Anglerfisch, Tiefseefisch mit seitlichen Leuchtorganen, Tiefseefisch mit langgestieltem Leuchtfaden.

ganzen Stammes wurde der König gewählt und Krieg oder Frieden beschlossen.

Thor →Donar.

Die **Thora** (hebräisch), das »Gesetz« der Juden, sind die ersten fünf Bücher Mosis.

Die **Thrombose** (griech.) ist ein Blutgerinnsel in einer Ader. Wenn das Gerinnsel (der Blutpfropf, *Thrombus*) in die Blutbahn gelangt, kann es zu einer →Embolie kommen.

Thüringen ist eine mitteldeutsche Landschaft, die im Süden von dem Gebirge des Thüringer Waldes durchzogen wird. In Thüringen werden Holz, Schiefer, Steinsalz, Kali und Braunkohle gewonnen sowie Maschinen, Spielwaren, Glas und Textilien erzeugt. Die größte Stadt, Erfurt (Gartenbau), hat 200000 Einwohner. Andere wichtige Städte sind Jena (Universität, 88000), Weimar (64000) und Gotha (57000). Das 15595 qkm umfassende Land mit einer Bevölkerung von rund 3 Millionen wurde durch die Einteilung der DDR in Verwaltungsbezirke 1952 neu gegliedert.

Die **Tiara** (griech.): die Krone des Papstes, deren drei Ringe das Priester-, Lehr- und Hirtenamt versinnbildlichen.

Das Hochland **Tibet** liegt in Mittelasien. Auf rund 3 Millionen qkm breitet es sich, bis zu 8000 m ansteigend, zwischen dem Kwen-lun-Gebirge im Norden und dem Himalaja im Süden aus. Einen großen Teil dieses Hochlandes nimmt mit 1,2 Millionen qkm das eigentliche Tibet ein. Religiöses und politisches Oberhaupt war der Dalai-Lama (= Oberster Priester), dessen Residenz sich in Lhasa, einer Stadt mit 70000 Einwohnern, befand. Der Lamaismus ist die tibetanische Form des Buddhismus. Ein Fünftel der etwa 1,3 Millionen zählenden Bevölkerung Tibets sind Mönche. Die Tibetaner züchten Vieh, in den Tälern bauen sie Getreide und Obst an. Tibet ist eine »autonome Region« der Volksrepublik China. Ein Aufstand 1959 wurde blutig niedergeworfen, der Dalai-Lama floh nach Indien.

Tiefsee nennt man die Teile des Meeres, die tiefer als 200 m liegen. Sie sind erst in neuerer Zeit von besonderen Tiefsee-Expeditionen erforscht worden. In der Tiefsee gibt es wegen der völligen Dunkelheit keine Pflanzen (mit Ausnahme von Bakterien), aber eine reiche Tierwelt, die sich der Dunkelheit angepaßt hat. So haben einige Tiefseefische außer ihren Augen eigene Leuchtorgane, die an langen Stielen sitzen und ihnen ihre Beute erhellen. Andere strahlen von Punkten an den Seiten ihres Körpers helles Licht aus. Manche haben fernrohrartige, nach vorn gerichtete Teleskopaugen. Bei gewissen Arten von Tiefseelebewesen sind die Augen verkümmert, dafür aber die Tastorgane sehr fein ausgebildet. Auf dem Grunde der Tiefsee leben Schlammfresser, die mit riesigen Mäulern die herabfallenden Teile des →Planktons aufnehmen oder sich von den Ablagerungen auf dem Meeresboden ernähren. Auch Tiere, die wir sonst nur aus den Versteinerungen früherer →Erdzeitalter kennen, haben sich in der Tiefsee vielfach erhalten.

Tiere sind alle Lebewesen, die auf organische Nahrung angewiesen sind, im Gegensatz zu den Pflanzen, von denen nur wenige Arten von Pilzen und Schmarotzerpflanzen organische Nahrung brauchen.

Tierkreis. Auf ihrer scheinbaren Bahn um das Himmelsgewölbe (→Himmelskunde) durchlaufen Sonne, Mond und Planeten einmal im Laufe eines Jahres ein Band von zwölf Sternbildern, den Tierkreis oder *Zodiakus*. Die seit Jahrtausenden bestehende Einteilung in 12 gleich lange (je 30°) Tierkreiszeichen lebt heute noch in der →Astrologie fort. Während sich vor etwa 2000 Jahren die Tierkreiseinteilung mit der Stellung der Sternbilder ungefähr deckte, hat sie sich infolge der langsamen Bewegung der Erdachse (Präzession) inzwischen stark verschoben.

Unter **Tierschutz** versteht man alle Bestrebungen, die auf den Schutz der Tiere, besonders der Haustiere, vor Quälerei, Überanstrengung und ungenügender Ernährung und Pflege gerichtet sind. Der erste *Tierschutzverein* wurde 1824 in London gegründet, deutsche Städte folgten seit 1837 in wachsender Zahl.

Der **Tiger** ist eine große, bis 200 kg schwere Raubkatze, die nur in Asien vorkommt. Ihr gelbrotes Fell hat viele unregelmäßige Querstreifen.

Tintenfische oder *Kopffüßler* sind →Weichtiere des Meeres mit 8 bzw. 10 mit Saugnäpfen besetzten Fangarmen um den Mund, Kiemenatmung, 2 großen Linsenaugen und einem Tintenbeutel, dessen In-

halt bei der Flucht ausgespritzt wird und das Wasser verdunkelt. Zu den Achtfüßlern gehört der Krake oder Polyp (Körper 15 cm, Arme 90 cm), zu den Zehnfüßlern der Gemeine Tintenfisch (bis 35 cm lang), dessen kalkige Rückenschale (Schulp) zum

Schnabelwetzen der Käfigvögel dient; Zehnfüßler sind auch die Riesentintenfische mit bis 18 m langen Armen.

Das **Titan** (chemisches Zeichen Ti) ist ein chemisches Element, ein sehr hartes Metall, das in Form von Titanstahl zur Herstellung besonders harter Schneidewerkzeuge verwendet wird.

Die **Titanen** waren nach der griechischen Sage die zwölf gewaltigen Vorfahren der Götter. Sie gehörten zu den Kindern der beiden Urgötter Uranos und Gäa (Himmel und Erde). Einige Titanen unter Führung von →Kronos empörten sich gegen die Herrschaft des →Zeus. Die Titanen wurden in einem langen Kriege besiegt und in den →Tartarus gesperrt.

Titania →Oberon.

Tizian war ein italienischer Maler. Er wurde 1477 geboren und starb 99jährig in Venedig an der Pest. Er malte in leuchtender Farbenpracht lebensvolle Bilder aus der biblischen Geschichte und der Göttersage und großartige Porträts.

Der **Toast** (engl., sprich tohst): 1. geröstete Weißbrotscheibe; 2. Trinkspruch.

Der **Tod** ist für uns ein ebenso großes Geheimnis wie das Leben. Wir können nur seine äußeren Auswirkungen und seine Ursache feststellen. Wenn wegen Alter, Krankheit oder einer Verletzung ein lebenswichtiges Organ zu arbeiten aufhört (z. B. Herz, Gehirn, Lunge, Leber, Niere), sind auch alle anderen Organe lahmgelegt, und das Leben des ganzen Organismus hört auf.

Mit der **Todesstrafe** werden in vielen Ländern die schwersten Verbrechen (z. B. Mord) bestraft. In der Bundesrepublik, in

Österreich und der Schweiz sowie in anderen europäischen Ländern ist die T. abgeschafft.

Togo ist eine 56 600 qkm große, von 2,1 Millionen Sudannegern bewohnte Republik am Golf von Guinea mit der Hauptstadt Lomé, 1960 gebildet aus dem französischen Teil des 1884–1920 deutschen Schutzgebietes Togo.

tolerant (lat.): duldsam. Die *Toleranz:* Duldsamkeit, Achtung vor der Meinung eines anderen.

Die **Tollkirsche** ist eine Pflanze, deren schwarze, sehr giftige Beeren Kirschen ähneln. Aus ihren Blättern und Wurzeln werden Arzneien hergestellt.

Die **Tollwut** ist eine →Infektionskrankheit. Sie wird durch ein →Virus verursacht, das beim Biß eines an Tollwut erkrankten Tieres auf den Menschen übertragen werden kann. Man kann sich, wenn man gleich nach dem Biß eines tollwutverdächtigen Tieres den Arzt aufsucht, durch Impfung vor dem Ausbruch der Krankheit schützen.

Graf Leo **Tolstoi,** der große russische Dichter, wurde 1828 geboren, war einige Jahre Offizier und wurde dann Schriftsteller. Aus dieser Zeit stammen seine Romane »Krieg und Frieden« und »Anna Karenina«. Dann änderte er sein Leben völlig. Er zog sich auf sein Gut zurück, lebte als einfacher Bauer und verkündete in seinen Schriften, man solle wie die ersten Christen auf jeden Besitz und auf die Anwendung von Gewalt verzichten. Tolstoi starb 1910.

Der **Tomahawk** (sprich tomahahk): Streitaxt der Indianer.

Die **Tomate,** ein einjähriges Nachtschattengewächs, ist eine alte Kulturpflanze Südamerikas. Erst im 19. Jh. wurde sie in Europa bekannt.

Die **Tonart.** Im Raume einer Oktave, d. h. zwischen einem Ton und dem gleichen in der nächsthöheren Tonlage, lassen sich zwölf verschiedene Töne unterscheiden. Von jedem Ton aus läßt sich eine achtstufige →Dur- und eine achtstufige Molltonleiter bilden. Der Grundton gibt der Tonleiter den Namen, z. B. D-Dur, c-Moll. Trotz der gleichen Reihenfolge der Tonschritte hat jede Tonart ihren Eigenklang.

Tonbandgerät →Magnetbandgerät.

Tonga, das Königreich auf den Tonga- oder Freundschaftsinseln im Pazifik stand bis 1970 unter britischer Schutzherrschaft und ist jetzt unabhängig. Es hat nur 699 qkm, 92 400 Einwohner, und seine Hauptstadt ist Nukualofa.

Die **Tonsur** (lat.): bei katholischen Weltpriestern eine kreisrund geschorene Stelle auf dem Scheitel; bei Mönchen ein Haarkranz. Sie ist das Zeichen der Aufnahme in den Klerus.

Der **Topas** →Edelsteine.

Die **Topographie** (griech.) ist die Beschreibung der Oberfläche einer Landschaft; eine *topographische Karte* verzeichnet oberflächengetreu alles, was in der Landschaft über dem Erdboden zu sehen ist: Straßen, Hügel, Häuser, Ruinen, Bäume, Kapellen usw.

Die **Topologie** (griech.) ist ein Teilgebiet der Geometrie (→Mathematik), das sich mit den geometrischen Gebilden im Raum befaßt.

Torf entsteht in Mooren durch langsames Vermodern untergesunkener Pflanzenteile. Neue Schichten überdecken die alten und drücken sie immer stärker zusammen. Trockener Torf dient als Brennstoff. – *Torfmull* →Mull.

Der **Tornado** →Wind.

Der **Torpedo** (lat.): großes Unterwassergeschoß, das aus einem Richtrohr ausgestoßen und von einem Preßluft- oder Elektromotor angetrieben wird. Es hat Seiten- und Tiefensteuer und kann im Ziel Panzerungen durchschlagen und durch seine starke Sprengladung schwere Schäden anrichten. Es ist die Angriffswaffe der →Unterseeboote.

Der **Torso** (ital.): unvollendete oder nur teilweise erhaltene Statue; allgemein Bruchstück, unvollendetes Werk.

Das **Totem:** bei Naturvölkern, besonders bei den Indianern, ein Gegenstand aus der Natur oder ein Wesen, von dem eine Sippe ihre Herkunft ableitet und nach dem sie sich benennt, z. B. »Schwarzer Adler«. Dem Totem werden geheimnisvolle Kräfte zugeschrieben.

Das **Toto**: Abkürzung für *Totalisator*, das Wettbüro beim Pferderennen. Man nennt so auch die staatlich zugelassenen Gesellschaften, bei denen man Wetten über den Ausgang der Fußballspiele abschließen kann (*Fußballtoto*).

Das **Toupet** (franz., sprich tupeh) ist eine Haareinlage, eine kleine Perücke. Es wird vorwiegend von Männern getragen.

Die **Tournee** (franz., sprich turneh) ist die Gastspielreise, z. B. eines Theaters oder eines Zirkus. »Die Schauspieltruppe geht *auf Tournee*.«

Die **Tracht**. Nur in wenigen Gegenden wird heute noch Tracht, d. h. eine einheitliche, ausschließlich auf diese Gegend beschränkte Kleidung, getragen. Früher war das anders. Der Bürger und der Bauer, der Handwerker und der Ratsherr, sie alle hatten ihre Tracht. Schon von weitem konnte man den Beruf des einzelnen, seine landschaftliche Herkunft und seinen Stand erkennen. Auch die Tracht der Frau war genau festgelegt und richtete sich nach Gesellschaftsklasse und Familienstand der Trägerin. So war z. B. die Kleidung der verheirateten Frau von der der unverheirateten sehr verschieden. Die Tracht betonte also die Unterschiede, war aber auch das Kennzeichen einer geschlossenen Gemeinschaft. Heute wird dieser Gemeinschaftswille nur noch in den bäuerlichen Trachten sichtbar. Sie sind nicht immer auf dem Lande entstanden, sondern haben manchmal Teile einer städtischen oder höfischen Tracht bis heute bewahrt. Von der Fülle der früheren Berufstrachten sind wenige erhalten, so der Anzug der wandernden Hamburger Zimmerleute oder die ausschließlich bei festlichen Anlässen getragene Kleidung der Bergleute. (Abb. S. 602)

Die **Tradition** (lat.): die Überlieferung, das Herkommen. Das Wissen früherer Zeiten wird durch Bücher *tradiert*. Das Eigenschaftswort heißt *traditionell*.

Die **Tragödie** →Drama.

Das **Training** (engl., sprich trehning): Übung; planvolles Vorbereiten z. B. auf sportliche Wettkämpfe.

Der **Traktat** (lat.): 1. wissenschaftliche Abhandlung; 2. Flugschrift religiösen Inhalts; 3. Staatsvertrag.

Das **Trampeltier** →Kamel.

Der **Tran**: öliges Fett, das aus dem Speck von Walen, Delphinen, Robben und einigen Meeresfischen durch Pressen und Kochen gewonnen wird. Es wird zu Margarine und Seife verarbeitet.

Der **Transformator** (lat.) oder *Umspanner*, auch *Trafo* genannt, ist ein Gerät, mit dem man die Spannung eines Wechselstroms verändern kann. Ordnet man zwei Spulen von verschiedener Windungszahl auf einem Eisenkern an und schickt durch die eine von ihnen (die Primärspule) einen Wechselstrom, so wird infolge der elektromagnetischen Induktion in der zweiten Spule (der Sekundärspule) ein Wechselstrom erzeugt, dessen Spannung um so größer ist, je mehr Windungen die Spule hat. Da die elektrische Leistung immer gleich bleibt, sinkt die Stromstärke im gleichen Maße, in dem die Spannung erhöht wird und umgekehrt. – Siehe auch Elektrizität.

Die **Transfusion** (lat.): gleichbedeutend mit Bluttransfusion (→Blutübertragung).

Transistoren (lat.) bestehen aus drei →Halbleiter-Kristallschichten. Wenn man an diese eine elektrische Spannung anlegt, beginnt ein Elektronenstrom zu fließen, der sich wie bei einer Elektronenröhre (→Rundfunktechnik) »steuern« läßt. Deshalb verwendet man heute in der Verstärkertechnik (z. B. bei Rundfunkgeräten) statt Elektronenröhren oft die billigeren, kleineren und dauerhafteren Transistoren.

Die **Transmission** (lat.): Kraftübertragung zwischen einer krafterzeugenden und einer oder mehreren kraftverbrauchenden Maschinen. Meist bedient man sich einer *Transmissionswelle* mit Scheibenrädern, die durch unterschiedlichen Umfang die passende Umdrehungszahl liefern.

Volkstrachten

Norddeutschland   Westfalen   Ostdeutschland

Südwestdeutschland   Oberbayern

Oberösterreich   Schweiz

transparent: durchscheinend, durchsichtig. – Das *Transparent:* 1. auf durchscheinender Fläche (Glas, Papier, Leinwand) angebrachtes, von hinten beleuchtetes Bild; 2. auf Umzügen mitgeführter, mit Bildern oder Text versehener Stoff- oder Papierstreifen (Spruchband).
transpirieren (franz.): schwitzen.

Die **Transplantation** (lat.) ist die Verpflanzung von Organen (z. B. Haut, Hornhaut der Augen, Adern, Nieren, Leber, Herz) von einem Körper auf den anderen. Sie gelingt immer bei eineiigen →Zwillingen sowie bei Knochen und Hornhaut. In anderen Fällen muß durch komplizierte Maßnahmen dafür gesorgt werden, daß der Körper das ihm fremde *Transplantat* nicht wieder abstößt.

transponieren (lat.) bedeutet in der Musik: aus einer Tonart in die andere übertragen.

Der **Transvestitismus** (lat.) ist die Neigung, sich Kleider des anderen Geschlechts anzulegen. Ein Mensch mit diesen Neigungen heißt *Transvestit*.

transzendent (lat.): außerhalb unserer Erfahrungs- und Vorstellungsmöglichkeiten liegend. Alles, was mit dem Glauben an einen persönlichen Gott zusammenhängt, ist für den Menschen transzendent.

Das **Trapez** (griech.): 1. ungleichmäßiges Viereck mit zwei parallelen Seiten, die verschieden lang sind; 2. Turngerät, bei dem ein Querholz an zwei Seilen schwebt.

Der **Trapper** (engl.): nordamerikanischer Fallensteller und Pelztierjäger.

Die **Trasse** (franz.) ist der vorgesehene Verlauf einer neuen Straße oder Autobahn. Die *Trassenführung* hängt u. a. von Eigentumsverhältnissen und geographischen Gegebenheiten ab.

Das **Trauma** (griech.): medizinische Bezeichnung für eine Wunde oder Verletzung. – In der Psychologie nennt man schwere Schockerlebnisse »Trauma«; solche *traumatischen* Erlebnisse sind z. B. unmittelbare Todesgefahr oder langjährige Gefangenschaft.

Ein **Trawler** (engl., sprich trohler) ist ein Fischereischiff, das mit Schleppnetzen ausgerüstet ist. Auch →Fischfang.

Der **Treck** (holländ. trecken = ziehen): große Gruppen von Flüchtlingen oder Heimatsuchenden, die ihr Hab und Gut auf Wagen mit sich führen.

Der **Tresor** (franz.): Panzerschrank.

Der **Tribut** (lat.): erzwungene Abgabe, die vor allem ein besiegter Staat dem Sieger zahlen muß.

Trichinen sind Würmer, die sich meist im Muskelfleisch von Schweinen einkapseln. Kommt trichinöses Fleisch in den Magen eines Menschen, so lösen die Magensäfte die Kapsel auf. Die Trichine kann dann beim Menschen eine schwere Erkrankung (die Trichinose) und sogar den Tod verursachen. Deshalb müssen alle geschlachteten Schweine auf Trichinen untersucht werden.

Das **Triebwerk:** die Antriebsanlagen von →Flugzeugen und →Raketen. Auch →Düsenantrieb.

Die **Trigonometrie** →Mathematik.

Die **Trilogie** (griech.): ein aus drei selbständigen, aber zusammengehörigen Teilen bestehendes dichterisches Werk, z. B. Schillers »Wallenstein«.

Trinidad und Tobago sind zwei Inseln der Kleinen Antillen, die sich 1962 zu einem selbständigen Staat zusammengeschlossen haben (5128 qkm, 1,1 Millionen Einwohner, meist Neger und Inder). Hauptstadt ist Port of Spain. Trinidad wurde 1498 von Kolumbus entdeckt, war dann spanisch, französisch und seit 1801 britische Kronkolonie.

Das **Trio** →Terzett.

trivial (lat.): abgedroschen, alltäglich.

Der **Trojanische Krieg** wird in sagenhafter Form in griechischen und römischen Dichtwerken geschildert, so von Homer in der »Ilias« und »Odyssee« und von Vergil in der »Äneis«. Da König Priamos von Troja den griechischen Abgesandten trotz der Warnungen Kassandras die Rückgabe der Helena verweigerte, die sein Sohn Paris geraubt hatte, brachen alle Griechenkönige unter Führung Agamemnons zum Rachezug auf. Erst nach 10 Jahren konnten sie durch eine List des Odysseus den Sieg erringen. Auf seinen Rat bauten sie ein riesiges hölzernes Pferd, das *Trojanische Pferd*, in dessen hohlem Bauch sich die mutigsten Helden verbargen. Die übrigen Griechen segelten ab. Die Trojaner holten im Triumph das hölzerne Pferd in ihre Stadt. Nachts kletterten die im Pferdebauch Verborgenen heraus, öffneten die Tore, und nun drangen die inzwischen zurückgekehrten Griechen von allen Seiten ein, zündeten die Stadt an und plünderten sie. Nur einer kleinen Schar Trojaner gelang es, unter Führung des →Äneas zu entkommen. – Wie archäologische Ausgrabungen bewiesen haben, hat ein solcher Krieg um das in der Nähe der

Dardanellen liegende Troja (Ilion) tatsächlich stattgefunden.

Das **Trommelfell** →Ohr.

Die **Trompete** ist ein →Blasinstrument; Abb. →Musikinstrumente.

Die **Tropen** (griech.) nennt man den Erdgürtel zwischen den beiden Wendekreisen, in dessen Mitte der Äquator liegt. In dieser Zone herrscht, abgesehen von den Wüstengebieten, meist ein feucht-heißes, dem Pflanzenwuchs günstiges Klima. Darum finden sich dort üppige Wälder mit Edelhölzern und farbenprächtigen Orchideen. Das erschlaffende Tropenklima ist vor allem in den Niederungen für Europäer schwer zu ertragen. Sie leiden oft an sogenannten *Tropenkrankheiten*, z. B. der →Malaria. Aus den Tropen wird die Weltwirtschaft mit vielen Nahrungs-, Genußmitteln und Rohstoffen versorgt.

Tropfsteinhöhlen →Höhlen.

Leo **Trotzkij,** ein bolschewistischer Politiker, wurde 1879 geboren. Er gehörte mit →Lenin zu den Führern der russischen Oktoberrevolution. Nach Lenins Tod wurde er von Stalin angegriffen, aus der Partei ausgeschlossen und des Landes verwiesen. Er ging nach Mexiko, wo er 1940 ermordet wurde.

Troubadours (sprich trubaduhrs) waren französische Ritter, die Lieder dichteten und ihre Verse an den Fürstenhöfen zu eigenen Melodien vortrugen. Diese Kunst entstand im 12. Jh. in der Provence, einem südfranzösischen Herzogtum. Sie verbreitete sich in Frankreich und wurde später auch in Deutschland bekannt, wo man diese Dichter →Minnesänger nannte.

Die **Trüffel:** knolliger, als Delikatesse geschätzter Speisepilz, der unter der Erde wächst.

Der **Trust** (engl., sprich trast): in der Wirtschaft der enge Zusammenschluß mehrerer Unternehmen, die dabei ihre Selbständigkeit aufgeben. Um zu vermeiden, daß solche Zusammenschlüsse allein den Markt beherrschen und die Preise festsetzen, erschweren manche Länder die Trustbildung; die Bundesrepublik Deutschland z. B. durch das Kartellgesetz.

Tschad ist eine afrikanische Republik östlich des *Tschadsees*, 1,284 Millionen qkm groß, von 3,7 Millionen Sudannegern und Arabern bewohnt. Hauptstadt ist Fort-Lamy. Das Land war bis 1958 Teil der franz. Kolonie Äquatorialafrika.

Peter Iljitsch **Tschaikowskij** war der größte Komponist Rußlands im vorigen Jahrhundert. Er schrieb die Oper »Jewgenij Onegin«, das Ballett »Schwanensee«, die »Nußknacker«-Suite, mehrere Sinfonien usw. Tschaikowskij lebte von 1840 bis 1893.

Die **Tschechoslowakei** (abgekürzt ČSSR) ist ein südöstlicher Nachbarstaat Deutschlands, der vom Böhmerwald, dem Erzgebirge, den Sudeten und den Karpaten umschlossen wird. Im Süden grenzt er an die Donau. Wie der Name erkennen läßt, vereinigt dieser Staat zwei verschiedene westslawische Volksstämme: den zahlenmäßig größeren der Tschechen in *Böhmen* und die Slowaken in der *Slowakei*. Dazwischen liegt das von beiden Stämmen bewohnte *Mähren*. Die Bevölkerung von 14,34 Millionen lebt auf einem Raum von 127869 qkm. Böhmen und Mähren besitzen eine vielfältige Industrie, in der Slowakei überwiegt die Landwirtschaft. Die Slowakei gehörte ein Jahrtausend lang zu Ungarn. Böhmen und Mähren waren im Mittelalter zeitweilig vom Deutschen Reich abhängig, verloren ihre Selbständigkeit jedoch erst 1526 ganz, als sie durch Erbfolge ein Bestandteil Österreichs wurden. Mit einem tschechischen Aufstand begann 1618 der Dreißigjährige Krieg, und die Tschechen gaben ihren Anspruch auf Eigenstaatlichkeit seither nie auf. 1917, während des Ersten Weltkriegs, sagten sie sich von Österreich los, und 1918 wurde die Tschechoslowakische Republik gegründet. 1938 mußten die Tschechen die sudetendeutschen Gebiete an Hitler abtreten, der im März 1939 mit der gewaltsamen Angliederung Böhmens und Mährens an Deutschland und der Bildung einer unabhängigen Slowakei den tschechoslowakischen Staat zerstörte. 1945 wurde die Tschechoslowakei wiederhergestellt. Die deutsche Bevölkerung wurde zum größten Teil vertrieben. Seit 1948 ist die Tschechoslowakei Volksrepublik.

Einwohnerzahlen der wichtigsten Städte:	
Hauptstadt Prag	1,1 Mill.
Brünn (Universität)	337 000
Preßburg (slowak. Hauptstadt)	306 000
Ostrau (Bergbau)	290 000
Pilsen (Bierbrauereien)	148 000

Die **Tsetsefliege** ist eine afrikanische Stechfliege. Sie ist gefürchtet, weil sie die →Schlafkrankheit überträgt. Dank moderner Heilmittel und Insektizide konnten in Afrika weite Gegenden bewohnbar gemacht werden.

Die **Tuberkulose** (lat.), abgekürzt Tbc oder Tb, in manchen Fällen auch *Schwindsucht* genannt, ist eine weitverbreitete →Infektionskrankheit. Sie befällt vor allem die Lunge, aber auch andere Organe (z. B. den Kehlkopf, den Darm oder die Knochen). Sie entsteht durch Ansteckung mit dem von Robert Koch entdeckten Tuberkelbazillus. Dieser Erreger kann sehr leicht, z. B. durch Husten oder Niesen, von Kranken auf Gesunde übertragen werden. Allerdings wird nicht jeder, der mit einem Tuberkulösen in Berührung kommt, krank. In besonderen Heilstätten kann heute meist eine Gesundung herbeigeführt werden. Rechtzeitige Röntgenuntersuchungen ermöglichen eine Feststellung der Krankheit in ihren Anfängen. – Auch Tiere, besonders Kühe, können an Tuberkulose erkranken. Ihre Milch kann dann auch Menschen anstecken.

Kurt **Tucholsky,** ein satirisch-gesellschaftskritischer deutscher Schriftsteller, lebte von 1890 bis 1935. Er begann mit der stimmungsvollen Liebesgeschichte »Rheinsberg«, wandte sich aber bald politischen Arbeiten zu, die er unter verschiedenen →Pseudonymen in der Zeitschrift »Weltbühne« veröffentlichte. Schon 1929 nach Schweden emigriert, nahm er sich 1935 das Leben.

Der **Tumor** (lat.): Schwellung, gut- oder bösartige Geschwulst.

Die **Tundra:** baumlose, von Moosen und Flechten bewachsene Steppe in den Polargegenden nördlich der Waldgrenze.

Tunesien ist eine 164 150 qkm große nordafrikanische Republik am Mittelmeer, die von 5,5 Mill. Menschen (Berber, Araber, Türken) bewohnt wird. Hauptstadt ist Tunis. Das im Norden aus welligen Hochflächen, im Süden aus Steppen mit Salzsümpfen (Schotts) bestehende Land erzeugt u. a. Getreide, Olivenöl, Wein, Früchte, Korkrinde und Wolle. Bodenschätze sind Phosphate, Eisen-, Blei- und Zinkerze. – Im Alterum war das Gebiet von Tunesien phönikisch, dann karthagisch und ab 146 v. Chr. römisch. Im 7. Jh. wurde es von Arabern erobert, 1574 türkisch, 1881 französisches Protektorat und 1956 selbständig.

Einwohnerzahlen der wichtigsten Städte:	
Tunis (Hauptstadt)	1 Mill.
Sfax (Industriezentrum)	70 000
Biserta (Hafen)	95 000

Eine **Turbine** ist eine Kraftmaschine, in der Schaufelräder durch den Druck oder Stoß von Dampf, Wasser oder Gas unmittelbar (ohne Zylinder und Kolben) in Drehbewegung versetzt werden. Turbinen nützen die ihnen zugeführte Energie besonders gut aus und können für sehr große Leistungen gebaut werden. *Gasturbinen* sind ähnlich wie →*Dampfturbinen* gebaut. Man verwendet sie hauptsächlich zum Antrieb von Flugzeugen, neuerdings auch für Lokomotiven. *Wasserturbinen*, die zum Antrieb von Stromerzeugern in Wasserkraftwerken dienen, werden als Francis-, Kaplan- oder Peltonturbinen gebaut. Bei der *Francisturbine* wird das unter hohem Druck strömende Wasser durch die Schaufeln eines Leitrades zu einem Laufrad geleitet, das sich im Innern des Leitrades befindet und durch das Wasser in Drehung versetzt wird. Vom Laufrad aus fließt das Wasser durch ein Saugrohr in das Unterwasser, so daß dessen Saugwirkung zusätzlich mit ausgenützt wird. Die *Kaplanturbine* arbeitet nach demselben Prinzip, besitzt jedoch verstellbare Schaufeln. *Pelton-* oder *Frei-*

strahlturbinen nützen nur die Strömungsenergie aus und werden deshalb lediglich bei hohem Gefälle angewandt.

Turboprop: Antriebsmaschine für Flugzeuge, die aus einem turbinengetriebenen Propeller mit Rückstoßdüse besteht.

Die **Türkei** erstreckt sich über die ganze Halbinsel Kleinasien. Bei den Dardanellen und dem Bosporus, der Meeresstraße zwischen dem Schwarzen und dem Mittelmeer, greift sie nach Südosteuropa hinüber. Hier liegt die Provinz Thrakien, die bis zur griechischen und bulgarischen Grenze reicht. Die Bodenfläche umfaßt 780576 qkm. Die 37,9 Mill. Einwohner sind vorwiegend Mohammedaner. Gebirge umschließen Anatolien, die Kernlandschaft der Türkei. Trockene, von Steppen bedeckte Hochebenen, in denen Viehzucht getrieben wird, wechseln ab mit Bergwäldern und Tälern oder fruchtbaren Niederungen. Angebaut werden Getreide, Oliven, Feigen, Wein (Sultaninen) und Tabak; Teppiche und Zigaretten sind wichtige Industrieerzeugnisse.

Im Altertum stand das Gebiet der heutigen Türkei zeitweilig unter der Herrschaft der Perser, dann der Griechen und Römer. Nach 1000 n. Chr. wanderten aus Asien die Türken ein. Unter ihrem Fürsten Osman begründeten sie 1299 das nach ihm benannte *Osmanische Reich*, das bald der mächtigste Staat des nahen Orients wurde. Seine Herrscher hießen Sultane. Die Türken vernichteten 1453 das →Byzantinische Reich und eroberten in langen Kämpfen fast den ganzen Balkan und Ungarn. Auch Griechenland, Mesopotamien, Syrien, Palästina, Arabien, Ägypten und die nordafrikanische Küste bis Marokko fielen in ihre Hand. Im 19. Jh. machten sich Griechenland und die Staaten des Balkans unabhängig. Den Zerfall des türkischen Reiches konnte auch die Reformbewegung der »Jungtürken«, die 1908 zur Herrschaft kamen, nicht aufhalten. 1920 erhob sich eine nationale Bewegung unter Kemal Pascha, der die Anerkennung der Türkei in ihrem heutigen Umfang durchsetzte. Die Herrschaft des Sultans wurde beseitigt. Als Präsident der türkischen Republik führte Kemal umfassende Reformen nach europäischem Vorbild durch.

Einwohnerzahlen der wichtigsten Städte:	
Istanbul, früher Konstantinopel	2,25 Mill.
Hauptstadt Ankara	1,21 Mill.
Izmir, früher Smyrna (Hafen)	521 000

Der **Türkenbund:** Waldlilie, deren lilarote Blüten an einen kunstvoll geschlungenen Turban erinnern. Die Pflanze steht unter Naturschutz.

Der **Türkis** →Edelsteine.

Turnen dient der allgemeinen Übung der Körperkräfte und der Geschicklichkeit. Man turnt auf dem Erdboden oder am Gerät. Turngeräte sind Reck, Barren, Pferd und Ringe.

Das **Turnier** (franz.): ritterliches Kampfspiel im Mittelalter, das bei festlichen Gelegenheiten veranstaltet wurde. In kostbarer Rüstung und auf prächtig geschmückten Pferden kamen die Ritter zum Kampf. Auch heute bezeichnet man mit Turnier einen Wettkampf, vor allem im Fecht-, Tennis- und Reitsport, aber auch beim Schachspiel.

Twain →Mark Twain.

Der **Typ** (griech.) oder *Typus:* die als Muster oder Vorbild geltende kennzeichnende Form und Art eines Gegenstandes oder Wesens. So ist z. B. Münchhausen der Typus eines Aufschneiders. – Die Industrie erzielt durch *Typisierung* (Normung) Grundformen für Massenartikel.

Der **Typhus** ist eine schwere →Infektionskrankheit, die durch →Bakterien hervorgerufen wird und in verschiedenen Formen auftritt. Die Kranken bekommen hohes Fieber, Durchfall, Herzschwäche und Kopfschmerzen. Die Ansteckung erfolgt durch Läuse, verunreinigte Speisen oder unsauberes Wasser.

Der **Tyrann** (griech.). So nannten im Altertum die Griechen einen durch Staatsstreich zur Macht gelangten Alleinherrscher.

U

U ist der 21. Buchstabe des Alphabets, in der Chemie das Zeichen für Uran. U-Bahn bedeutet Untergrundbahn; U-Boot →Unterseeboot.

Übertretung nannte man früher die leichteste Form einer strafbaren Handlung. →Ordnungswidrigkeiten.

UdSSR →Sowjetunion.

Uganda ist ein 236036 qkm großer Bundesstaat in Ostafrika; er wird von 10,8 Millionen Bantu- und Sudannegern bewohnt, die Ackerbau und Viehzucht treiben. Hauptstadt ist Kampala. Das Land war 1899–1962 britisches Protektorat.

Ludwig **Uhland,** ein schwäbischer Dichter, lebte von 1787 bis 1862. 1848 war er Mitglied der Nationalversammlung, die eine demokratische Verfassung schaffen wollte. Er schrieb Balladen (z. B. »Schwäbische Kunde«) und andere Gedichte (z. B. »Ich hatt' einen Kameraden«).

Die **Uhr** dient zum Messen und Anzeigen der →Zeit. Man kann jeden gleichmäßig ablaufenden Vorgang als Uhr benutzen, z. B. das gleichmäßige Tropfen von Wasser oder das Rinnen von Sand. Solche *Wasser-* und *Sanduhren* wurden schon im Altertum ersonnen und finden heute noch in der Küche Verwendung. *Sonnenuhren* haben den Sonnenschatten eines Stabes als Zeiger. Im 13. Jh. wurden die ersten *Räderuhren* für Kirchtürme gebaut. Ihre wichtigste, zeitbestimmende Neuerung war eine »Hemmung«, die den gleichmäßig langsamen Ablauf der Gewichte und somit der Zeigerstellung bewirkte. Die *Pendeluhr*, die durch Schwingungen des Pendels die Zeit einteilt, wurde im 18. Jh. erfunden. Die ersten *Taschenuhren* wurden wegen ihrer Herkunft und Gestalt »Nürnberger Eier« genannt. Sie wurden um 1500, angeblich von Peter Henlein, gebaut. Heutige Taschenuhren benutzen elastische Schwingungen einer Stahlspirale, die ein Rädchen, die »Unruh«, drehend schaukeln. Weit genauer sind Uhren, bei denen ein elektrisch erregter Quarzkristall durch seine Schwingungen kleine gleiche Zeitabstände herstellt. In *Automatikuhren* werden die Triebwerke durch die Bewegungen des Tragens oder durch Luftdruckschwankungen selbsttätig aufgezogen. Die *elektrischen* Uhren sind elektrisch betriebene Pendeluhren od. elektromagnetische Schaltwerke, die von einer Zentraluhr gesteuert, oder sog. Synchronuhren, die von einem kleinen Elektromotor mit genauer Umdrehungszahl angetrieben werden. Für

Pendeluhr mit Ankerhemmung

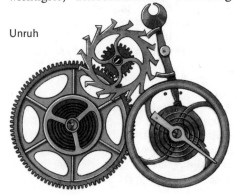

Unruh

den Sport, für die genaue Messung von Arbeitszeit und ähnliches benutzt man *Stoppuhren*, die bei Beginn des zu messenden Zeitabschnittes in Gang gesetzt und am Ende angehalten werden können.

Der **Uhu** →Eulen.

Die **Ukraine** ist mit ihrer Bevölkerung von 48 Millionen und ihrem Umfang von

604000 qkm einer der wichtigsten Bundesstaaten der →Sowjetunion.

UKW: Abkürzung für Ultrakurzwellen; →Wellen.

Die **Ulme** →Laubbäume.

Das **Ultimatum** (lat.): letzte Mahnung bei Forderungen oder Zwistigkeiten. In einem Ultimatum eines Staates an einen anderen wird mit scharfen, meist kriegerischen Maßnahmen gedroht, falls bestimmte Forderungen innerhalb einer bestimmten Frist nicht erfüllt werden.

Ultrakurzwelle →Wellen.

Der **Ultraschall.** Nicht alle Geräusche, die unser Ohr treffen, werden von ihm auch wahrgenommen, sondern nur ein mittlerer Tonbereich. Jenseits der höchsten Töne, die wir hören, liegt der Ultraschall, dessen Wellenlänge weniger als 2 cm beträgt. Ultraschall hat die Eigenschaft, auf kleinste Teile einzuwirken, z. B. Bakterien zu töten oder Blutkörperchen zu zersetzen. Er kann sonst nicht mischbare Flüssigkeiten innig vermengen, Rauch von Rußteilchen, Wäsche von Schmutz befreien und dient der Rückgewinnung chemischer Stoffe in Fabriken. Ultraschallwellen werden von →Fledermäusen erzeugt und dienen ihnen nachts zur Orientierung.

Ultraviolett ist die Farbe des unsichtbaren Lichtes, dessen Wellenlänge etwas kürzer ist als das gerade noch sichtbare Licht von violetter Farbe. Es wird durch unreine Luft stark geschwächt und gelangt z. B. nicht durch den Großstadtdunst hindurch. Auf hohen Bergen dagegen ist die Strahlung sehr stark. Ultraviolettes Licht verursacht eine Bräunung der Haut. Übermäßige Bestrahlung zerstört das Gewebe der Haut (Sonnenbrand).

Der **Umlaut** →Vokal.

Als **Umsatz** gilt die in einer Zeitspanne von einem Unternehmen verkaufte Warenmenge oder bei Handwerksbetrieben die vollbrachte Arbeitsleistung.

Die **Umstandsbestimmung** →Adverbiale.

Das **Umstandswort** →Adverb.

Der **Umweltschutz** soll den natürlichen Lebensraum des Menschen erhalten. Dazu gehört der Schutz der Landschaft ebenso wie die Erhaltung von Boden, Luft, Wasser, Klima, aber auch von Pflanzen und Tieren. Viele Eingriffe des Menschen haben seine Umwelt jedoch so grundlegend verändert, daß eine Rückkehr zu ursprünglichen Formen weder möglich noch sinnvoll ist. Vor allem das rasche Anwachsen der Weltbevölkerung – 1975 leben 4 Milliarden Menschen auf der Erde – zwingt zur bestmöglichen Ausnützung aller Nahrungsquellen. Somit steht der Umweltschutz mitunter im Gegensatz zum *Naturschutz*, der sich für die Erhaltung ursprünglicher Landschaften und ihrer Besiedlung durch Pflanzen und Tiere einsetzt. Umweltschutz dagegen muß auch unter stark veränderten Bedingungen, zum Beispiel in der Industrielandschaft, für eine gesunde und möglichst natürliche Umgebung für den Menschen sorgen. Erst in den letzten Jahren hat man erkannt, daß eine weitere Mißachtung von Gesetzen der →Ökologie zu einer Weltkatastrophe führen kann.

Die *Verschmutzung* von Luft und Wasser und die Vergiftung des Bodens durch Chemikalien gefährdet die gesunde Ernährung. Weil Flüsse, Seen und Meere mit Giften überlastet sind, kann man zum Beispiel einen allzu häufigen Fischgenuß nicht mehr empfehlen. Auch die Luftverschmutzung erreicht an vielen Orten der Welt bereits Werte, die eine Gefahr für die Gesundheit anzeigen. Die Zunahme von Erkrankungen der Luftwege, wie Asthma und Lungenkrebs, wird darauf zurückgeführt.

Der anwachsende *Lärm* durch Straßen- und Luftverkehr übersteigt häufig die Belastbarkeit des Menschen. Schlafstörungen und seelische Erkrankungen sind die Folge.

Auch das Problem der *Abfallbeseitigung* beschäftigt die Umweltschützer. Hausmüll und Industrieabfälle werden bisher nur zu einem geringen Teil ordnungsgemäß abgelagert. Erst seit kurzem entdeckt man den Wert, den richtig aufbereiteter Müll für die Landwirtschaft und Industrie haben kann. An einigen Orten hat man deshalb Abfallbörsen eingerichtet, an denen Altmaterial angeboten wird und so einer Wiederverwendung zugeführt werden kann.

UN →Vereinte Nationen.

Una Sancta Ecclesia heißt: Eine Heilige Kirche. So bezeichnet sich die katholische Kirche als die ursprünglich einzige und aus der Nachfolge des Apostels Petrus geschichtlich gewordene Kirche der Christenheit. In der Auffassung der Ökumenischen Bewegung (→Ökumene) bedeutet Una Sancta die Gesamtheit aller christlichen Kirchen als vielfältige Verkörperung der gemeinsamen christlichen Lehre. Außerdem gibt es unter dem Namen Una Sancta eine auf Deutschland beschränkte Bewegung, die die Annäherung von Katholiken und Protestanten anstrebt.

Das **Unbewußte** oder *Unterbewußte* ist im Gegensatz zum Bewußtsein derjenige Bereich unseres Innenlebens, in dem unsere tiefsten, oft entscheidenden Wünsche und Bestrebungen bereitliegen und von wo aus unser Denken und Handeln oft gegen unseren freien Willen bestimmt wird. Es ist zugleich der Ursprungsort unserer Träume und wirkt besonders dann, wenn unser Bewußtsein schläft oder künstlich, z. B. in der →Hypnose, eingeschläfert ist.

Die **UNESCO** (Abkürzung für *U*nited *N*ations *E*ducational, *S*cientific and *C*ultural *O*rganization) ist eine Sonderorganisation der →Vereinten Nationen. Ihre Aufgabe ist, in Fragen der Erziehung, der Wissenschaft und anderer kultureller Gebiete fördernd und völkerverbindend zu wirken. Ihr Sitz ist Paris.

Ungarn ist mit 93 030 qkm und 10,4 Mill. meist katholischen Einwohnern das am dichtesten besiedelte Land Osteuropas. Das Ungarische bildet zusammen mit dem Finnischen eine eigene Sprachgruppe. Die weite ungarische Tiefebene (Pußta) ist fruchtbares Weideland für große Pferde- und Rinderherden und reich an Weizen- und Maisfeldern. Im 9. Jh. drangen vom Ural her die →Magyaren ins Land, die um das Jahr 1000 das Christentum annahmen. Nach fast 200jährigen Kämpfen geriet im 16. Jh. der größte Teil des Landes unter türkische Herrschaft, der kleinere nordwestliche Teil fiel an die Habsburger. Nach der Befreiung von den Türken (1683–99) wurde ganz Ungarn habsburgisches Kronland. Gegen die österreichische Herrschaft lehnten sich die Ungarn wiederholt auf, so in der Revolution von 1848/49. Sie scheiterte zwar, doch folgte 1867 ein Ausgleich, der Ungarn eine eigene Verfassung und Gleichberechtigung als Teilstaat des österreichisch-ungarischen Reiches gab: der Kaiser von Österreich war zugleich König von Ungarn. 1918 wurde Ungarn selbständige Republik, 1920 wieder Königreich (ohne König) unter einem Reichsverweser. Im Zweiten Weltkrieg stand es auf deutscher Seite und wurde 1944/45 von sowjetischen Truppen erobert. Seither ist Ungarn eine kommunistisch regierte Volksrepublik.

Einwohnerzahlen der wichtigsten Städte:	
Hauptstadt Budapest	2,04 Mill.
Miskolc	191 000
Debrecen	174 000

Die **Uniform** (lat.): vorgeschriebene einheitliche Kleidung, vor allem der Soldaten oder Beamten (z. B. Polizei, Eisenbahn). – *uniform:* gleichförmig.

Die **Union** (lat.): Vereinigung, Zusammenschluß, Bund. – *Union der Sozialistischen Sowjet-Republiken* →Sowjetunion.

Eine **Universität** (lat.) ist eine Hochschule, die der Pflege aller Wissensgebiete gewidmet ist. Sie ist Lehr- und Forschungsstätte zugleich. Bereits im 12. Jh. finden wir Anfänge des Universitätswesens, so in Bologna und Paris. Die erste deutsche Universität wurde 1348 in Prag gegründet. Um den Studenten die Sorge für ihren Lebensunterhalt abzunehmen, wurden den Lehrgebäuden Unterkunftshäuser oder Collegia angegliedert. Heute ist diese Form der Lehr- und Wohngemeinschaft noch in England und den USA üblich. Von Anfang an war der Lehrbetrieb in *Fakultäten* eingeteilt, das sind Fachgebiete, wie z. B. Theologie, Philosophie oder Medizin. An der Spitze jeder Fakultät steht ein *Dekan*, an der Spitze der Universität der *Rektor*, der ebenso wie die Dekane von den Professoren jeweils für ein Jahr gewählt wird. Der Lehrbetrieb gliedert sich in *Vorlesungen*, d. h. Vorträge eines Professors über ein bestimmtes Wissensgebiet, Übungen oder *Seminare*, in denen die Studierenden selbständig mitarbeiten, und praktische Ausbildung in den Laboratorien der Institute und in den Kliniken. Universitätsreform zielt auf eine Veränderung der bisherigen Selbstverwaltungsformen der Universitäten. Die verschiedenen Bundesländer legen in ihrer Hochschulgesetzgebung die Quoten fest, nach denen Professoren, wissenschaftliches Personal, Studenten und nichtwissenschaftliches Personal ihre Vertreter in Versammlung und Senat schicken.

Das **Universum** (lat.): Weltall. – *universal* und *universell* (franz.): allgemein, umfassend.

Die **Unken** sind Kröten mit warziger Haut, deren Bauchseite mit gelben und roten Flecken gezeichnet ist.

Das **Unterhaus** →Parlament.

Unterschlagung nennt man die rechtswidrige Aneignung einer Sache durch die Person, die sie in Gewahrsam hat.

Das **Unterseeboot** oder *U-Boot* ist ein Kriegsschiff, das tauchen und sich so unsichtbar seinem Ziel auf Schußweite nähern kann, um seine →Torpedos oder Raketen abzuschießen. Dabei ermöglicht das →Periskop die Beobachtung der Wasseroberfläche; durch den →Schnorchel wird die Mannschaft mit Luft versorgt. Soll das Boot tauchen, so wird Wasser in besondere Behälter eingelassen (das Boot wird »geflutet«), soll es wieder an die Oberfläche steigen, so müssen diese Behälter leergepumpt werden. Angetrieben werden die Boote durch Diesel- und Elektromotoren, heute auch durch Kernreaktoren (Atom-Unterseeboote).

Untersuchungshaft wird auf richterlichen Befehl gegen jemanden angeordnet, der einer schweren strafbaren Handlung verdächtig ist. Sie darf nur verhängt werden, wenn die Gefahr besteht, daß der Betreffende sich durch Flucht der Strafverfolgung entzieht (Fluchtverdacht) oder die Ermittlungen durch Beseitigung von Beweismaterial, Zeugenbeeinflussung usw. erschwert (Verdunklungsgefahr).

Als **Unzurechnungsfähigkeit** bezeichnet man den auf →Geisteskrankheit beruhenden Mangel an Schuld. So kann ein Geisteskranker wegen einer Straftat vom Gericht nicht bestraft, sondern nur in eine Heilanstalt eingewiesen werden.

Unze →Maße und Gewichte.

Der **Ur** →Auerochs.

Das **Uran** (chemisches Zeichen U) ist ein chemisches Element, das in geringen Mengen in Mineralien wie Pechblende gefunden wird. Durch seine →Radioaktivität ist es für Atomkernspaltungen geeignet.

Uranos →Titanen.

Uranus ist der Name eines Planeten (→Himmelskunde).

Die **Uraufführung** ist die erste Aufführung eines Bühnen- oder Musikwerkes oder eines Films im Unterschied zur nachfolgenden *Erstaufführung* an einem anderen Ort. Beide Aufführungen werden auch *Premiere* genannt.

Das **Urheberrecht.** Geistiges Eigentum darf nur mit Einwilligung des Urhebers (z. B. des Schriftstellers, Komponisten, Malers), seiner Erben oder Beauftragten veröffentlicht, also vervielfältigt, vertont, aufgeführt oder verfilmt werden. Dieses Recht gilt bis 70 Jahre nach dem Tode des Verfassers. Im Ausland gelten z. T. andere Gesetze; so wird in Amerika das Urheberrecht nur geschützt, wenn in Büchern der Vermerk »*Copyright by*« © und dahinter der Verlagsname und das Erscheinungsjahr stehen.

Der **Urin** (lat.) oder *Harn* ist die flüssige Ausscheidung der Nieren, die meist aus Wasser, Salzen und abgebautem Eiweiß besteht. Harnuntersuchungen zeigen dem Arzt Erkrankungen an, zum Beispiel der Nieren und der Leber. Der Harn sammelt sich in der→Harnblase, die sich durch den Harnleiter entleert.

Die **Urkunde:** 1. ein Dokument von geschichtlicher Bedeutung, z.B. ein Friedensvertrag; 2. im Rechtsleben ein Schriftstück, das rechtserhebliche Tatsachen bezeugt und meist bestimmten Formvorschriften entsprechen muß (z.B. eine Geburtsurkunde oder ein Testament).

Eine **Urne** ist ein Gefäß, das bei der Feuerbestattung zur Aufbewahrung der Asche Verstorbener dient. – Die Behälter, in denen die bei einer Wahl abgegebenen Stimmzettel aufbewahrt werden, bezeichnet man als *Wahlurnen*.

Die **Urologie** (griech.): die Wissenschaft von den Erkrankungen der Harnorgane (→Urin).

Urtiere oder *Protozoen* nennt man winzige Tierchen, die nur aus einer Zelle bestehen.

Uruguay ist eine 177 508 qkm große, von 2,99 Mill. Menschen (95% Weiße, 5% Mestizen) bewohnte Republik in Südamerika. Hauptstadt ist Montevideo (1,35 Mill. Einwohner). Die Viehzucht (9,35 Mill. Rinder, 20 Mill. Schafe) ist der wichtigste Wirtschaftszweig. Das Land wurde 1515 von den Spaniern entdeckt, kam 1821 an Brasilien und wurde 1828 unabhängig.

Urwald nennt man einen Wald, in dem alle Pflanzen, Sträucher und Bäume zu einer fast undurchdringlichen Wildnis verwachsen sind. Solche von Menschenhand unberührten Urwälder findet man besonders in den →Tropen.

USA →Vereinigte Staaten.

Die **Utopie** (griech.): eine nicht zu verwirklichende politische, wirtschaftliche oder soziale Idee. Das Wort ist hergeleitet von dem Roman *Utopia* (Nirgendwo), in dem der Engländer Thomas Morus Anfang des 16. Jahrhunderts ein Idealreich schilderte.

V

V ist der 22. Buchstabe des Alphabets und das römische Zahlzeichen für 5. In der Elektrotechnik ist V die Abkürzung für Volt.

Vaganten (lat.) nannte man die umherziehenden Lateinschüler (»fahrenden Schüler«) des Mittelalters, die gegen Entgelt ihre lateinischen, meist derb-fröhlichen Lieder vortrugen.

Die **Vagina** (lat.) →Sexualkunde.

vakant (lat.): frei, unbesetzt. – Die *Vakanz:* freie, neu zu besetzende Stelle; auch Bezeichnung für Ferien.

Das **Vakuum** (lat.): leerer Raum, besonders der luftleere Raum. Es ist unmöglich, ein vollkommenes Vakuum zu erreichen.

Die **Valuta** →Devisen.

Der **Vampir** →Fledermäuse.

Die **Vandalen** waren ein germanisches Volk, das um 100 v. Chr. aus Skandinavien kam. In der Völkerwanderungszeit zogen sie nach Gallien, Spanien und Nordafrika, wo sie ein mächtiges Reich gründeten, das 534 n. Chr. von einem oströmischen Heer erobert wurde.

Die **Variation** (lat.): Veränderung; in der Musik die in Melodie, Rhythmus oder Tonart veränderte Wiederkehr eines →Themas.

Das **Varieté** (franz. = Allerlei): Schaubühne, auf der allerlei Unterhaltendes geboten wird, z.B. Akrobatik, Tanz, Zauberkunststücke.

Der **Vasall** →Lehen.

Vasco da Gama. Der portugiesische Seefahrer umsegelte 1497 die Südspitze Afrikas, erforschte so die Gestalt der afrikanischen Küste und landete nach einem Jahr in Vorderindien. Damit begann der Indienhandel der Portugiesen, durch den Portugal ein reicher Kolonialstaat wurde.

Die **Vaseline:** aus Erdöl gewonnenes weiches Fett, das nicht ranzig wird. Es wird zur Hautpflege und auch für die Herstellung von Salben verwendet.

Der **Vatikan** ist der päpstliche Palast in Rom, in dem schon seit 600 Jahren die Päpste ihren ständigen Wohnsitz haben. Im Vatikan sind kostbare Kunstsammlungen und eine weltbekannte Bibliothek.

Vatikanstadt (Kirchenstaat) heißt der dem Papst unterstellte kleinste Staat der Welt (0,44 qkm, 1100 Einwohner), der neben dem Vatikan die Peterskirche umfaßt. Dieser Zwergstaat ist seit 1929 souverän.

Vegetarier (lat.) nennen wir Menschen, die sich vor allem von pflanzlichen Nahrungsmitteln ernähren.

Die **Vegetation** (lat.): 1. Pflanzenwachstum; 2. Pflanzenwelt eines Gebietes. – Das *vegetative Nervensystem*→Nerven. – *vegetieren:* kümmerlich dahinleben.

Die **vegetative Fortpflanzung** und Vermehrung erfolgt bei vielen Pflanzen ohne die zur Samenbildung nötige Befruchtung. Es gibt mehrere Möglichkeiten: manche Pflanzen treiben Ausläufer, an deren Enden sich neue Pflanzen bilden. Diese Ausläufer können oberirdisch (z. B. Erdbeere) oder unterirdisch (z. B. Quecke) sein. Andere Pflanzen bilden sog. Brutzwiebeln oder Brutknöllchen, manchmal auch große Knollen, aus denen neue Pflanzen hervorgehen. Solche Zwiebelchen oder Knöllchen können unterirdisch (z. B. Kartoffel) oder oberirdisch (z. B. Alpenrispengras) sein. Andere Arten der vegetativen Vermehrung werden im Pflanzenbau angewendet: das Absenken und das Teilen kräftiger Wurzelstöcke. Auch der →Ableger vermehrt vegetativ.

Diego **Velázquez,** einer der bedeutendsten spanischen Maler, wurde 1599 geboren und war von 1623 bis zu seinem Tode im Jahre 1660 der Hofmaler der spanischen Könige.

Die **Venen** →Blutkreislauf.

Venezuela ist eine 912050 qkm große Republik im Norden Südamerikas mit 10,72 Mill. Einwohnern (Mestizen, Weiße, Neger, wenige Indianer) und der Hauptstadt Caracas (2,2 Mill. Einwohner). Weit bedeutsamer als die Landwirtschaft (Kaffee, Kakao, Reis, Zucker u. a.) ist das Erdöl: in der Weltförderung steht das Land an dritter Stelle. Andere Bodenschätze sind Gold, Nickel, Kohle, Diamanten, Eisenerz. – Das Land wurde 1498 von Kolumbus entdeckt und war bis 1811 spanische Kolonie, kam 1819 zu →Kolumbien und erlangte 1830 die endgültige Unabhängigkeit.

Das **Ventil** (lat.): Einrichtung an Kesseln oder Leitungen, die sich durch den Druck der darin befindlichen Gase oder Flüssigkeiten selbsttätig öffnet oder schließt.

Der **Ventilator** (lat.): Gerät zum Ansaugen und Wegdrücken verbrauchter oder verunreinigter Luft, zur Abkühlung und zum Trocknen. Er wird meist von einem Elektromotor angetrieben.

Venus hieß die römische Liebesgöttin. Von den Griechen wurde sie →Aphrodite genannt. – Venus ist auch der Name eines Planeten (→Himmelskunde).

Verbrechen sind schwere und schwerste Straftaten (z. B. Einbruchsdiebstahl, Mord), die grundsätzlich mit längerer (u. U. mit lebenslanger) Freiheitsstrafe bedroht sind.

Das **Verb** →Verbum.

Die **Verbrennung.** Alle chemischen Vorgänge sind mit Wärmeschwankungen verbunden, die als Wärme oder Kälte auf die Umgebung ausstrahlen. Bei einer Verbindung von Sauerstoff mit anderen Stoffen, der Oxydation, wird Wärme erzeugt. Die Geschwindigkeit des Verlaufs solcher Verbindungen ist vom Anfangswärmegrad abhängig, und je schneller der Verlauf, desto gedrängter ist die Wärmeentwicklung. So haben alle Brennstoffe einen Flammpunkt, das ist ein bestimmter Wärmegrad; wird dieser überschritten, so tritt rasche Verbrennung ein, wenn genügend Sauerstoff vorhanden ist. Unterhalb des Flammpunktes verlaufen die langsamen Verbrennungen: das Rosten, Verwesen und, bei Lebewesen, die Entstehung der Körperwärme durch den Stoffwechsel. – Zu Verbrennungen am menschlichen Körper kommt es, wenn Wärme von mehr als 70° auf die →Haut einwirkt. Dabei gerinnt das Eiweiß, so daß die Haut ihre Aufgabe nicht mehr erfüllen kann. – Siehe auch Atmung und Erste Hilfe.

Der **Verbrennungsmotor** ist eine Kolbenkraftmaschine, in welcher durch sehr rasches Verbrennen eines Gemisches aus Luft und Brennstoff Antriebskraft erzeugt wird. Man unterscheidet zwischen Vergaser-, Öl- und Gasmotoren. Bei den *Vergasermotoren*, auch *Ottomotoren* genannt, werden leicht zu vergasende Stoffe, wie Benzin, Benzol oder Spiritus, verwendet. Zum Antrieb der *Ölmotoren*, z. B. der *Dieselmotoren*, werden Öle benutzt, die aus Erdöl oder Steinkohle gewonnen werden, während für *Gasmotoren* brennbare Gase als Brennstoff dienen. Diese Brennstoffe werden, mit Luft gemischt, in einem Zylinder zur Explosion gebracht, wodurch sie einen im Zylinder gleitenden Kolben nach unten drücken. Eine →Pleuelstange überträgt die Kolbenbewegung auf eine Kurbelwelle, welche die hin und her gehende Bewegung des Kolbens in eine Drehbewegung umwandelt. Je nach der Arbeitsweise der Verbrennungsmotoren unterscheidet man zwischen Vier- und Zweitaktmoto-

ren. Beim *Viertaktmotor* leistet von vier aufeinander folgenden Takten (Auf- oder Abgehen des Kolbens) immer nur einer Nutzarbeit. Beim ersten Takt saugt der abwärts gehende Kolben das Brennstoff-Luft-Gemisch aus dem →Vergaser durch das geöffnete Einlaßventil in den →Zylinder, beim zweiten wird das Gemisch durch den aufwärts gehenden Kolben komprimiert, d.h. verdichtet oder stark zusammengepreßt; Ein- und Auslaßventil sind dabei geschlossen. Beim dritten Takt wird das verdichtete Gemisch durch den Funken aus einer Zündkerze zur Explosion gebracht, wodurch der nach unten getriebene Kolben Arbeit leistet. Beim vierten Takt treibt der wieder aufwärts gehende Kolben die Verbrennungsgase durch das nun geöffnete Auslaßventil aus dem Zylinder. Da immer nur während des dritten Taktes Arbeit geleistet wird, ist eine Schwungscheibe eingebaut, die den Motor bis zum nächsten Arbeitstakt in Bewegung hält und so für gleichmäßigen Lauf sorgt. Das Öffnen und Schließen der Ein- und Auslaßventile im jeweils richtigen Augenblick wird durch eine Nockenwelle bewirkt. – Ein Viertakter ist auch der *Drehkolbenmotor*, nach dem Erfinder meist *Wankelmotor* genannt. Er braucht keine Ventile; die Aufundabbewegung des Kolbens ist in eine Drehbewegung umgewandelt, so daß viele der beim Ottomotor not-

Viertakt-
motor

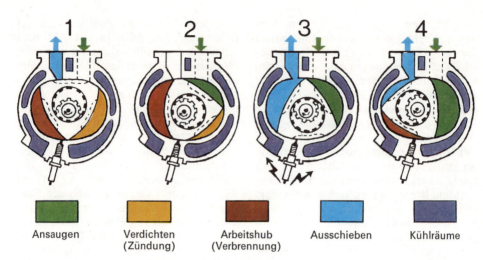

| 1 | 2 | 3 | 4 |

| Ansaugen | Verdichten (Zündung) | Arbeitshub (Verbrennung) | Ausschieben | Kühlräume |

Drehkolbenmotor

wendigen Motorteile entfallen. Der Dreh-kolbenmotor ist deshalb verhältnismäßig klein und leicht, erbringt aber die gleiche Leistung wie ein Ottomotor. – Der *Zwei-taktmotor* hat keine Ventile; Auslaß und meist auch Einlaß der Gase werden durch den Kolben gesteuert. Beim Zweitakt-motor ist jeder zweite Takt ein Arbeits-takt; der Kolben leistet also bei jedem Abwärtsgang Arbeit. Weil man mit ein-zylindrigen Motoren nur geringe Leistun-gen und einen ungleichmäßigen Lauf er-zielen kann, baut man in einen Motor mehrere Zylinder ein. Nach deren Anzahl unterscheidet man zwischen Vier-, Sechs-, Achtzylindermotoren usw., nach ihrer Anordnung zwischen Reihen- und Stern-motoren. Den ersten verwendbaren Ver-brennungsmotor schuf 1860 der Franzose Lenoir, den ersten Viertakt-Vergasermo-tor bauten 1862 die Deutschen Otto und Langen. Gottfried Daimler und Karl Benz erbauten jeder für sich in den Jahren 1885/86 die ersten Benzinmotoren; R. Die-sel konstruierte 1893 den nach ihm be-nannten Schwerölmotor, Felix Wankel um 1960 den Drehkolbenmotor.

Das **Verbum** (lat.) wird auch *Tätigkeits-wort* genannt, weil es ausdrückt, was getan wird oder geschieht, und *Zeitwort*, weil es angibt, in welcher Zeit (Gegenwart, Ver-gangenheit, Zukunft) etwas geschieht. Verben sind Wörter wie: gehen, lachen, schlafen, singen. Sie können verschiedene Formen annehmen. Diese Abwandlung der Verben nennt man →Konjugation.

Die **Verdauung** ist die Verarbeitung der Speisen im Munde, Magen und Darm. Die wichtigste Vorarbeit leisten die Zähne durch sorgfältiges Kauen. Brot, Kartoffeln und Mehlspeisen werden im Munde vom Speichel vorverdaut, Fleisch und Eier im Magen. Im Zwölffingerdarm und Dünn-darm werden die Fette und weitere Fleischbestandteile mit Hilfe des Saftes der →Bauchspeicheldrüse und durch die

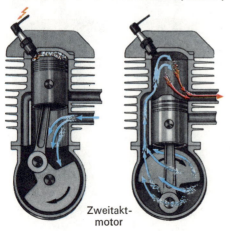

Zweitakt-motor

→Galle verdaut. Im Dünndarm wird die so vorbereitete Speiseflüssigkeit durch die Darmwände von feinsten Blutäderchen aufgenommen und in den Körper gebracht. Der unverdauliche Rest geht als →Stuhl durch den Darmausgang ab.

Giuseppe **Verdi,** der größte Opernkomponist Italiens, wurde im Jahre 1813 geboren. Seine Opern sind weltbekannt: »Der Troubadour«, »Rigoletto«, »La Traviata«, »Ein Maskenball«, »Aida«. Nach einer langen Schaffenspause, in der Verdi zurückgezogen auf seinem Landgut lebte, schrieb er in hohem Alter seine letzten Opern, »Othello« und »Falstaff«. Verdi, der auch ein sehr bedeutendes Requiem komponiert hat, starb im Jahre 1901.

Veredeln: 1. Weiterverarbeiten von Rohstoffen, z. B. Baumwolle zu Garn, Garn zu Geweben. – 2. Die Veredelung von Wildpflanzen zu Nutz- oder Zierpflanzen beruht darauf, daß artverwandte Pflanzen mit ihrem klebrig-feuchten Gewebe, der zwischen Bast und Holz liegenden Wachstumsschicht, innig verwachsen, wenn man sie dort unverschiebbar vereinigt. Beim *Okulieren* z. B. von Rosen wird ein Auge (schwach entwickelte Triebknospe) einer Edelrose flach unter die durch Einschneiden gelöste Schale des Wildlings geschoben. Die Stelle wird dann mit Bast umwickelt. Beim *Pfropfen* (z. B. eines Apfelbaumes) wird an Aststumpen der flach zugeschnittene Teil von Edelreisern in die Wachstumsschicht eingeschoben. Die Wunden werden mit Baumwachs gegen Eintrocknen geschützt.

Vereinigte Arabische Emirate. Der aus den sieben Scheichtümern der Piratenküste 1971 gebildete Staatenbund am Persischen Golf hat 112 662 qkm und etwa 180 000 Einwohner. Hauptstadt ist Abu Sabi. Das Gebiet, das von 1820–1971 unter britischer Schutzherrschaft stand, ist durch reiche Erdölfunde von Bedeutung.

Vereinigte Staaten von Amerika (United States of America, abgekürzt USA): Bundesrepublik in Nordamerika. Ihr Gebiet umfaßt 9 363 389 qkm, also rund 40mal soviel wie die Bundesrepublik Deutschland. Gegliedert ist sie in 50 Bundesstaaten, in denen zusammen 211 Millionen Menschen leben. Im Besitz der Vereinigten Staaten befinden sich auch einige Samoa-Inseln, die Jungferninseln, Guam, Puerto Rico und die Zone um den Panamakanal, der 1900–1914 als Verbindung zwischen Atlantischem und Stillem Ozean gebaut wurde. Die Landessprache ist ein etwas verändertes Englisch. Die Mehrzahl der Bevölkerung gehört verschiedenen protestantischen Bekenntnissen an; 43,8 Millionen sind Katholiken. Erstaunlich ist die Kraft des Landes, die zahlreichen Nationalitäten, aus denen sich die Bevölkerung durch fortgesetzte Einwanderung zusammensetzt, zu einer neuen Nation von eigener Art zu verschmelzen. Die Verfassung der Vereinigten Staaten ist republikanisch. Der Präsident, der die Regierung bildet und die Politik leitet, wird jeweils für 4 Jahre vom Volk gewählt. Die gesetzgebende Volksvertretung ist der Kongreß, der aus dem Repräsentantenhaus (den Abgeordneten aus allgemeiner Volkswahl) und dem Senat (den Vertretern der einzelnen Bundesstaaten) besteht. Die Bundesstaaten haben eigene Gesetze und Verwaltung. Die beiden großen Parteien sind Demokraten und Republikaner.

Geschichte bis 1775 →Nordamerika. Staatlich als selbständig anerkannt wurden die damaligen 13 Bundesstaaten 1783 durch den Frieden von Versailles. Das Gebiet der Vereinigten Staaten wurde 1803 durch Kauf des französischen Besitzes westlich des Mississippi (Louisiana), 1819 durch Kauf des spanischen Florida erweitert. Durch einen Krieg gegen Mexiko (1848) fielen den Vereinigten Staaten Texas, Neumexiko und Kalifornien zu. Damit war ein riesiges Gebiet bis zur Küste des Stillen Ozeans in einem geschlossenen Staatswesen vereinigt. Es wurde zunehmend besiedelt, zumal Goldfunde immer neue Menschenscharen in den »Wilden Westen« lockten. 1867 erwarben die USA von Rußland *Alaska*. In dem

Bürgerkrieg, der 1861 zwischen den Nord-
und den Südstaaten der Vereinigten Staaten wegen der Negersklaverei ausbrach,
siegte der die Sklaverei verurteilende Norden unter Präsident Lincoln. In beiden
Weltkriegen führten die Vereinigten Staaten auf der Seite der Gegner Deutschlands
die Entscheidung herbei. Seitdem sind sie
zu stärksten Weltmacht geworden.

Einwohnerzahlen der wichtigsten Städte:	
New York (bedeutendste Stadt)	7,9 Mill.
Chicago (Handelszentrum)	3,4 Mill.
Los Angeles mit Filmstadt Hollywood	2,8 Mill.
Philadelphia	1,9 Mill.
Detroit (Fordwerke)	1,5 Mill.
Baltimore (Hafen)	906 000
Bundeshauptstadt Washington	756 000
Cleveland (Hafen)	751 000
San Francisco (Hafen)	715 000
Boston (Hafen)	640 000
St. Louis	622 000

Die **Vereinten Nationen** oder *United
Nations* (engl., sprich junaitid nehschens,
abgekürzt *UN*) sind eine während des
Zweiten Weltkriegs geplante und 1945 gegründete internationale Organisation zur
Erhaltung des Friedens. Die Mitglieder
sind verpflichtet, Streitigkeiten durch Verhandlungen zu schlichten, gegen Friedens-
störer gemeinsam vorzugehen, in ihren
Ländern die →Menschenrechte zu achten
und den sozialen Fortschritt zu fördern.
Gegenwärtig gehören den Vereinten Nationen 138 Staaten an, von denen ein jeder
in der *Vollversammlung*, dem Parlament
der Vereinten Nationen, eine Stimme hat.
Die Vollversammlung berät allgemeine
Fragen der internationalen Sicherheit und
der Friedenswahrung. Der von ihr gewählte *Sicherheitsrat* hat über Maßnahmen zur Aufrechterhaltung des Friedens
und zur Beseitigung von Friedensstörun-
gen zu beschließen. Bei Streitigkeiten entscheidet der *Internationale Gerichtshof*,
wenn die Gegner sich verpflichten, seinen
Schiedsspruch anzuerkennen. Die Verwaltung der Vereinten Nationen leitet ein
Generalsekretär. Das Hauptquartier befindet sich in New York. Zu den Vereinten
Nationen gehören auch verschiedene Sonderorganisationen, z. B. die →UNESCO.
Unter **Vererbung** versteht man das Wei-
terleben von Eigenschaften der Eltern und
Voreltern (Wuchsform, Hautfarbe, We-
sensart, Anlage zu Krankheiten usw.) in
den folgenden Generationen. Unter den
Einflüssen der Umwelt entwickeln sich
diese Anlagen jedoch verschieden. Die
mikroskopisch kleinen Bestandteile einer
jeden Keimzelle, die *Chromosomen*, sind
die Träger der Erbanlagen. Sie enthalten
bereits alle Anlagen, die dann in der Nachkommenschaft zur Geltung kommen können. Vereinigt sich je ein Satz männlicher
und weiblicher Chromosomen, so vereinigen sich auch die Anlagen beider Eltern
miteinander. Manche Merkmale (z. B.
dunkle Hautfarbe) setzen sich besonders
stark durch. Eigenschaften, die bei beiden
Eltern vorhanden sind, verstärken sich.
Bei der Vererbung werden oft Anlagen
verdeckt, die erst in der folgenden Generation wieder auftauchen. Die Vererbung
folgt Naturgesetzen, die nach ihrem Entdecker, dem Augustinermönch und Pflan-
zenforscher Gregor *Mendel* (1822–1884),
benannt wurden. Durch diese Erkenntnisse erhielten Pflanzen- und Tierzucht
eine wissenschaftliche Grundlage.
In der **Verfassung** sind die Regeln festgelegt, nach denen sich das Leben im
Staate abspielt. Alle Bürger des Staates
und der Staat selbst müssen sich an diese
Regeln halten. Sie sollen dem einzelnen
Recht, Sicherheit und Schutz gewähren.
Die Vereinigten Staaten von Amerika
gaben sich 1787 als erste eine geschriebene
Verfassung. Es folgte Frankreich mit seiner 1791 während der Französischen
Revolution geschaffenen Verfassung, die
verschiedenen europäischen Staaten als
Vorbild diente. Die *Weimarer Verfassung*
des Deutschen Reiches von 1919 wurde
von Hitler 1933 in entscheidenden Teilen
außer Kraft gesetzt. Das →*Grundgesetz*
von 1949 ist die vorläufige Verfassung
der Bundesrepublik Deutschland; die zu
ihr gehörigen deutschen Länder haben
ihre eigenen Landesverfassungen. Für

die DDR gibt es eine Verfassung, die ebenfalls 1949 entstand und 1968 wesentlich abgeändert wurde. In Österreich wurde 1945 die Bundesverfassung von 1920 wieder gültig. Die Bundesverfassung der Schweiz wurde 1874 geschaffen.

Vergangenheit ist in der Grammatik die zusammenfassende Bezeichnung für drei verschiedene Zeitformen des Verbums. Die 1. oder einfache Vergangenheit, das *Imperfekt*, sagt aus, daß eine Handlung abgeschlossen ist, z.B. ich *dachte*. Die 2. Vergangenheit, das *Perfekt*, drückt aus, daß eine vergangene Handlung noch in die Gegenwart hineinreicht, z.B.: Es *hat geschneit;* die 3. Vergangenheit, das *Plusquamperfekt*, daß eine Handlung in der Vergangenheit abgeschlossen ist, bevor eine andere begann, z.B.: Als der Redner *geendet hatte*, brachen die Hörer in Beifall aus.

Der **Vergaser** dient beim →Verbrennungsmotor dazu, den flüssigen Kraftstoff unter Zusatz von Luft zu zerstäuben und dadurch in ein leicht brennbares Kraftstoff-Luft-Gemisch zu verwandeln.

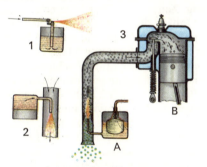

Schema eines Vergasers

Bild 1: Der Vergaser beruht auf dem Prinzip der Blumenspritze. Bild 2: Saugwirkung des Kolbens und Zerstäubung in ein Rohr größeren Durchmessers. Bild 3: Gesamtvorgang (Vergaserschema) von der Kraftstoffzuflußregulierung im Schwimmergehäuse (A) bis zum ansaugenden Kolben (B) im Motorzylinder.

Vergehen sind Straftaten (z.B. Diebstahl, Betrug), die mit Geld- oder (und) Freiheitsstrafe bestraft werden.

Eine **Vergiftung** entsteht, wenn giftige Stoffe durch Schlucken, Einatmen oder eine Verletzung der Haut in den Körper gelangen. Bei einer Vergiftung können verschiedene krankhafte Erscheinungen, z.B. Bewußtlosigkeit, Herzschwäche, Durchfall, Erbrechen oder Atemnot, auftreten. →Erste Hilfe.

Vergil (Publius Vergilius Maro) war ein römischer Dichter, der von 70 bis 19 v.Chr., also zur Zeit des Kaisers Augustus, lebte. Sein Hauptwerk ist das Epos »Äneis«, das die Abenteuer des →Äneas schildert und die Entstehung des Römischen Reiches verherrlicht.

Als **Vergleich** bezeichnet man im Rechtsleben die Einigung zweier Parteien über einen Anspruch, wobei jede Partei eine gewisse Nachgiebigkeit zeigt.

Die **Verhaltensforschung** oder *Ethologie* ist die Erforschung des menschlichen und tierischen Verhaltens, wobei besonders die Wechselwirkung zwischen einzelnem Lebewesen und Umwelt untersucht wird. Hauptvertreter der Verhaltensforschung sind z.B. die Nobelpreisträger Karl von Frisch, Konrad Lorenz und Nikolaas Tinbergen.

Die **Verhaltenstherapie** ist eine moderne psychologische Behandlung, die von der Annahme ausgeht, daß viele Störungen des Geistes oder Gemüts im Laufe des Lebens erworben oder gelernt wurden und auch wieder verlernt werden können. Erfolge der Behandlung zeigen sich schon nach wenigen Monaten, besonders, wenn auch die Mitmenschen, wie Eltern oder Lehrer, mit hinzugezogen werden.

Das **Verhältniswort** →Präposition.

Jeder →Anspruch unterliegt der **Verjährung,** die vom Gesetz geregelt ist. Nach Ablauf der Verjährungsfrist kann der Anspruch nicht mehr durchgesetzt werden.

Verkehr und *Verkehrssicherheit.* Die Straßen im Bundesgebiet (168000 km) sind den Anforderungen des Verkehrs (über 16 Mill. Pkw, über 0,2 Mill. Krafträder, über 1 Mill. Lastkraftwagen, dazu etwa 1,5 Mill. Zugmaschinen und 1 Mill. Mopeds) nicht mehr gewachsen. Fast in jeder Minute erfolgt ein Verkehrsunglück. Täglich fordern Verkehrsunfälle etwa 50 Tote und über 1300 Verletzte. Um diese Gefahren zu vermindern, sind im Interesse aller Teilnehmer wohlüberlegte Verkehrsregeln aufgestellt worden. *Fußgänger* verunglücken meist durch Unachtsamkeit auf der Fahrbahn, Nichtbeachten der Verkehrszeichen, Auf- und Abspringen von Straßenbahnen, Überschreiten von Gleisen und Bahnkörpern; *Kinder*, weil sie auf Verkehrsstraßen spielen; *Radfahrer*, weil sie unvorsichtig fahren, die Vorfahrt nicht beachten, falsch einbiegen oder überholen, sich an Fahrzeuge anhängen, bei Dunkelheit ohne Beleuchtung fahren, weil ihre Bremsen schadhaft sind usw. Einen beträchtlichen Anteil an diesen Unfällen haben Kinder und Jugendliche. In vielen Ländern des Bundes wird in der Schule Verkehrsunterricht erteilt.

Wegen **Verkehrsunfallflucht** wird bestraft, wer an einem Unfall im Straßenverkehr beteiligt ist und sich den erforderlichen Feststellungen entzieht.

Verkehrszeichen →Tafel auf der Innenseite des vorderen Deckels.

Der **Verlag** →Buchherstellung.

Vermessung nennt man das Feststellen von Lage und Größe der Erdoberfläche und die Abgrenzung ihrer Teile zueinander. Diese Arbeiten führen der *Geometer* und der *Geodät* aus, die damit die Unterlagen für die Herstellung von Landkarten schaffen. Bei der Messung wird ein Gebiet zunächst in viele Dreiecke eingeteilt (Triangulation). Die Höhen mißt man durch *Nivellieren*, d. h. durch stufenweises Ablesen von Höhenzahlen von senkrecht aufgerichteten Meßlatten durch ein genau waagerecht eingestelltes Instrument. Auch mit Luftbildern können Vermessungen vorgenommen werden.

Jules **Verne** (sprich wern) war ein französischer Romanschriftsteller, der von 1828 bis 1905 lebte. Er schrieb spannende wissenschaftlich-technische Zukunftsromane, z. B. »Reise zum Mittelpunkt der Erde«, »Fünf Wochen im Ballon«, »Reise um die Welt in 80 Tagen«.

Die **Versicherung:** 1. die bestärkende Form einer Erklärung, z. B. die eidesstattliche Versicherung; 2. eine Sicherung vor wirtschaftlichen Schäden, die durch unvorhergesehene Ereignisse (Brand, Hagelschlag, Todesfall) eintreten können. Die Sicherheit wird dadurch erreicht, daß der einzelne Mitglied einer Versicherungsgesellschaft wird und regelmäßig seine Beiträge (Prämien) bezahlt. Von dem angesammelten Kapital kann die Versicherungsgesellschaft solchen Teilnehmern, die ein Schaden trifft, eine Versicherungssumme auszahlen. – Siehe auch Sozialversicherung.

Die **Version** (lat.): bestimmte Fassung eines Textes im Gegensatz zu einer anderen, abweichenden Fassung. Viele mittelalterliche Versgedichte, z. B. das →Nibelungenlied, existieren in verschiedenen Versionen, die inhaltlich und formal voneinander abweichen. Eine Version ist also die Summe vieler kleinerer Varianten.

Die **Verslehre** (lat. versus = Umwendung, Zeile) oder *Metrik* (griech. metron = Maß) ist die Lehre von denjenigen Formen der Dichtkunst, die an feste Regeln, vor allem an bestimmte Maße der Bewegung, den →Rhythmus, gebunden sind. Der Rhythmus entsteht durch den regelmäßigen Wechsel von Hebungen und Senkungen (betonten und unbetonten Silben). Diese sich wiederholenden, gleichen Teile einer Verszeile nennt man *Versfüße*. Nach den verschiedenen Versfüßen unterscheidet man die Versarten. Ein Beispiel:

> Ach was muß man oft von bösen
> Buben hören oder lesen!

Der diesen beiden Zeilen (Versen) zugrunde liegende Versfuß ist zweisilbig, und zwar besteht er aus einer betonten und einer unbetonten Silbe (z. B. lesen); man nennt ihn *Trochäus*. Da dieser Versfuß im Vers viermal vorkommt, bezeichnet man diesen als vierfüßigen Trochäus. Ein anderer zweisilbiger Versfuß ist der *Jambus*. Bei ihm liegt die Betonung auf der zweiten Silbe (die Zeichnung verdeutlicht die Hebungen und Senkungen beim vierfüßigen Jambus):

Mit langsam abgemess'nem Schritte

Der sechsfüßige Jambus, auch *Alexandriner* genannt, wurde im 17. und 18. Jh. häufig angewandt:

Der schnelle Tag ist hin,
die Nacht schwingt ihre Fahn'

Der fünffüßige Jambus (*Blankvers*) mit 5 Hebungen in der Zeile ist das Versmaß, das in klassischen Dramen am meisten verwendet wird:

Wir wollen sein ein einig Volk von Brüdern

Dreisilbige Versfüße sind der *Anapäst* mit der Betonung auf der dritten Silbe (z.B. In der Luft) und der *Daktylus* mit der Betonung auf der ersten Silbe (z.B. Zauberer). Einen Vers aus sechs Daktylen nennt man *Hexameter*. Aus der Verbindung dieser Versart mit dem *Pentameter* (der aus 2½+2½ Daktylen besteht und einen starken Einschnitt in der Mitte hat) ergibt sich das zweizeilige *Distichon*:

Im Hexameter steigt des Springquells
                                flüssige Säule,
Im Pentameter drauf | fällt sie melodisch
                                herab.

Von sonstigen Versarten ist die volkstümlichste der *Knittelvers*. Er enthält meistens vier Hebungen, während die Zahl seiner Senkungen unregelmäßig ist:

Mir wird von alledem so dumm,
als ging' mir ein Mühlrad im Kopf herum.

Wie aus den Versfüßen der Vers, so baut sich aus den Versen die *Strophe* auf. Je nach Art, z.T. auch nach der Zahl der Verse und – bei gereimten Versen – der Form der Reimfügung ergeben sich bestimmte Strophenformen, z.B. die *Stanze* (zehnsilbiger Achtzeiler) oder die *Terzine* (elfsilbiger Dreizeiler). Beide vereinigen sich in der besonders strengen und kunstvollen Gedichtform des *Sonetts*, das aus 2 vierzeiligen und 2 dreizeiligen Strophen besteht.

Den Übergang von festen Versformen zu einer rhythmischen Prosa bilden die *freien Rhythmen*, die verschieden lange Verse und Strophen sowie wechselnde Versfüße in sich vereinigen.

Beim *Reim* unterscheiden wir drei Arten: den alten germanischen, noch heute gebräuchlichen *Stabreim* (die *Alliteration*), bei dem mehrere betonte Wörter oder Silben den gleichen Anfangslaut haben: *W*interstürme *w*ichen dem *W*onnemond; den *Stimmreim* mit gleichen Selbstlauten innerhalb der betonten Silben: Was kl*a*ng dort für Ges*a*ng und Kl*a*ng; und den *Endreim* mit dem Gleichklang der Endsilben von Versen:

Allen Gewalten
zum Trotz sich erhalten...

Die **Verstauchung** →Gelenk.

Die **Versteigerung** →Auktion.

Versteinerungen sind im Laufe von Jahrmillionen zu Stein gewordene Pflanzen und Tiere oder deren Überreste. Man nennt sie auch *Petrefakten* oder *Fossilien*. Sie geben uns Aufschluß über die Lebewesen früherer →Erdzeitalter.

vertikal (lat.): senkrecht, im Gegensatz zu *horizontal* (waagrecht).

Der **Vertrag** oder *Kontrakt:* Abmachung zwischen zwei oder mehreren Parteien (Personen, Gesellschaften, Ländern usw.). Der Vertrag ist ein Rechtsgeschäft, seine Erfüllung unterliegt gesetzlichen Regeln.

Verwarnung →Ordnungswidrigkeiten.

Vesta war die römische Göttin des Herdes und der Häuslichkeit. Auf dem Altar ihres Tempels in Rom unterhielten ihre jungfräulichen Priesterinnen, die *Vestalinnen*, ein ewiges Feuer.

Der **Veteran** (lat.): alter ausgedienter Soldat, ehemaliger Kriegsteilnehmer.

Der **Veterinär** (franz.): Tierarzt.

Das **Veto** (lat. = ich verbiete): Einspruch zur Verhinderung eines Beschlusses oder einer Maßnahme.

Der **Videorecorder** (lat.-engl.): Gerät zum Abspielen von Bildplatten, das an den Fernsehapparat angeschlossen wird.

Die **Videotelephonie** oder *Fernsehtelefonie* ist eine Verbindung von Fernsprecher und Fernsehen, durch die sich die Gesprächspartner auch sehen können.

Viertaktmotor →Verbrennungsmotor.

Vietnam ist ein Land in Hinterindien am Südchinesischen Meer. Politisch ist es in Nord- und Südvietnam geteilt. *Nordvietnam* ist 155750 qkm groß und wird von 22,4 Mill. Menschen bewohnt; Hauptstadt ist Hanoi (850000 Einwohner). *Südvietnam* ist 173809 qkm groß, hat 19,3 Mill. Einwohner und die Hauptstadt Saigon (1,76 Mill. Einwohner). Das Land gehörte seit dem 19. Jh. zu Französisch-Indochina und wurde nach blutigen Kämpfen (1946–1954) selbständig, aber in das kommunistische Nordvietnam (Volksrepublik) und das dem Westen verbundene Südvietnam geteilt. 1965 begann der *Vietnamkrieg* unter Einsatz von US-Truppen auf südvietnamesischer Seite gegen den Vietkong und Nordvietnam. 1973 Waffenstillstandsabkommen mit Abzug der US-Streitkräfte (Rest 1975) und der anschließenden Kapitulation Südvietnams.

Der **Vikar** (lat.): junger Geistlicher, der noch nicht ein Kirchenamt führt.

Viola →Bratsche.

Die **Violine** oder *Geige* ist das gebräuchlichste und wichtigste →Saiteninstrument. Abb. →Musikinstrumente.

Das **Violoncello** →Cello. Abb. →Musikinstrumente.

Die **Viper** →Giftschlangen.

Rudolf **Virchow** (sprich wircho) war ein bedeutender deutscher Mediziner, der sich besonders als Vorkämpfer der Hygiene und Gesundheitsvorsorge einen Namen gemacht hat. Als Pathologe versuchte er, jede Krankheit aus krankhaften Veränderungen von →Zellen zu erklären (*Zellularpathologie*). Virchow lebte von 1821 bis 1902.

Der **Virtuose** (lat.): Meister in der technischen Beherrschung einer Kunst, z. B. ein Virtuose auf der Geige.

Das **Virus** (lat.). Viren nennt man winzige Krankheitserreger, die so klein sind, daß man sie selbst bei tausendfacher Vergrößerung im Mikroskop nicht sehen kann. Durch Viren verursachte Krankheiten sind besonders ansteckend.

Das **Visier** (franz.): 1. aufklappbarer Gesichtsschutz am mittelalterlichen Helm; 2. Zielvorrichtung auf dem Lauf von Schußwaffen, bestehend aus Kimme und Korn . Beim Zielen (Visieren) muß das Auge über Kimme und Korn ins Ziel sehen:

Eine **Vision** (lat.) ist eine geistige Schau, ein Bild, das vor dem geistigen Auge eines Menschen steht.

Die **Visite** (lat.): Besuch, besonders der Besuch eines Arztes am Krankenbett.

visuell (lat.): das Sehen betreffend, auf Beobachtung durch das bloße Auge beruhend.

Das **Visum** (lat.): Sichtvermerk im Reisepaß. Es ist zur Einreise in bestimmte Länder erforderlich und wird vom Konsulat des betreffenden Landes ausgestellt.

Die **Vitalität** (lat.): Gesundheit, Kraft, Energie und Lebensfreude.

Vitamine (lat.) sind Stoffe, die der Körper in kleinen Mengen aus der Nahrung entnimmt und die zur Erhaltung der Gesundheit notwendig sind. Es gibt zahlreiche Vitamine; sie werden durch Buchstaben bezeichnet (z. B. Vitamin C, Vitamin D). Manche Vitamine gehen durch langes Erhitzen oder Lagern der Nahrung zugrunde, deshalb ist frisch zubereitetes Gemüse (oder auch Tiefkühlkost, da beim »Schockgefrieren« die Vitamine erhalten bleiben) dem Konservengemüse vorzuziehen. Das Fehlen von Vitaminen in der Nahrung führt zu verschiedenen Krankheiten, z. B. Rachitis, Blutarmut oder Zahnfleischentzündung. Vitaminreiche Lebensmittel sind z. B. Zitronen, Orangen, Hefe, Spinat, Karotten, Milch, Lebertran.

Das **Vitriol** →Kupfer, →Schwefel.

Eine **Vivisektion** (lat.) ist eine Operation am lebenden Tier; sie dient der medizinischen Forschung und darf nur angewendet werden, wenn Erkenntnisse auf andere Weise nicht gewonnen werden können.

Vize...: Stellvertreter, z. B. Vizekanzler, Vizepräsident.

Vögel sind Wirbeltiere, deren Körper mit Federn bedeckt ist. Nicht alle Vögel können fliegen; manche von ihnen, wie die Pinguine und die Strauße, haben die Flugfähigkeit verloren. Alle Vögel pflanzen sich durch Eier fort, die ausgebrütet werden. In vielen Fällen ist das Männchen sehr viel farbenprächtiger und sangesfreudiger als das Weibchen. – Die Vögel sind mit den Reptilien am nächsten verwandt: aus einem Flugreptil ist der Urvogel (*Archäopteryx*) entstanden. →Zugvögel.

Die **Vokabel** (lat.): einzelnes Wort. Das *Vokabular:* Wörterverzeichnis.

Der **Vokal** (lat.). Jedes Wort besteht aus Vokalen oder *Selbstlauten* und →Konsonanten oder Mitlauten. Wir unterscheiden fünf Vokale: a, e, i, o, und u. Im Wort »Sonne« sind also o und e die Vokale. Sie klingen selbst und bringen die Mitlaute (z. B. bei Sonne S, n, n) zum Klingen. Zwei verschiedene Selbstlaute nebeneinander bilden einen *Zwielaut* oder *Diphthong:* ai, ei, ie, äu, eu, au. Die Verbindungen ae, oe, ue hingegen sind keine Zwielaute, sondern *Umlaute* und werden gewöhnlich ä, ö und ü geschrieben.

Als **Volk** bezeichnet man (zum Unterschied von der →Nation) eine Gemeinschaft vieler Menschen, die durch gemeinsame Abstammung, Sprache, Sitte und Geschichte miteinander verbunden sind.

Der **Völkerbund,** der 1920 von den Siegerstaaten des Ersten Weltkriegs gegründet wurde, war ein Versuch, durch die Zusammenarbeit möglichst aller Völker in einer Organisation den Frieden zu sichern. 1946 löste er sich auf; an seine Stelle traten die→Vereinten Nationen.

Die **Völkerkunde** ist die Wissenschaft, die die Lebensformen und Sitten der Naturvölker erforscht.

Das **Völkerrecht** regelt die Beziehungen zwischen den einzelnen Staaten. Schon im Altertum bildeten sich im Handel, in der Schiffahrt und für die Gesandtschaften völkerrechtliche Bräuche. Im 16. und 17. Jh. entwickelten spanische und niederländische Rechtsgelehrte, namentlich Hugo *Grotius* (gest. 1645), die Lehre von der Allgemeingültigkeit der menschlichen Rechte in Krieg und Frieden. Im 19. und 20. Jh. wurden mehrere internationale Verträge auf dieser Basis abgeschlossen, die jedoch häufig verletzt wurden. Internationale Gerichtshöfe und die →Vereinten Nationen sollen den Gesetzen des Völkerrechts Geltung verschaffen.

Die germanische **Völkerwanderung** im 3. bis 6. Jh. n. Chr. machte dem →Römischen Reich ein Ende und legte die Grundlage für das heutige Europa. Man nimmt an, daß Veränderungen des Klimas und Landnot die germanischen Stämme veranlaßten, eine neue Heimat zu suchen. In großen Teilen der verlassenen Gebiete siedelten sich Slawen an. Die Germanen zogen meist von Norden nach Süden, so z. B. die Ostgermanen von der Ostseeküste ins Schwarzmeergebiet und von dort in die Mittelmeerländer. In Italien, Spanien und Nordafrika gründeten sie neue Staaten. Früher oder später wurden diese durch oströmische oder arabische Heere vernichtet. Die Westgermanen drangen über den Rhein und bis auf die englischen Inseln vor. Diese Staatsgründungen hatten Bestand.

Volksbüchereien→Bibliothek.

Als **Volksdemokratie** oder *Volksrepublik* bezeichnen die kommunistischen, meist eng mit der Sowjetunion verbundenen Staaten ihre Staatsform.

Als **Volksdeutsche** bezeichnet man die zahlreichen Deutschen, die in früheren Jahrhunderten nach nordost-, ost- und südosteuropäischen Ländern ausgewandert und dort ansässig geworden waren. Vor 1939 betrug ihre Gesamtzahl etwa 5 Millionen. Nach dem Zweiten Weltkrieg wurden sie wie die 3 Millionen Sudetendeutschen größtenteils vertrieben.

Die **Volkshochschule** dient der Erwachsenenbildung. Sie ermöglicht es den Menschen, nach Abschluß ihrer Schulzeit, in ihrer Freizeit (z. B. durch Abendkurse) Schulabschlüsse nachzuholen, Zertifikate und berufliche Qualifikationen zu erwerben, sich Kenntnisse und Fähigkeiten anzueignen und ihr Wissen zu vertiefen.

Unter **Volkskunst** versteht man künstlerische Arbeiten, die nicht von Berufskünstlern stammen, z.B. die in früheren Jahrhunderten von Bauern geschaffenen bemalten Möbel, Töpfereien usw.

Als **Volkslieder** bezeichnet man sangbare, im Volk allgemein verbreitete Gedichte, deren Verfasser oft unbekannt sind. Die ältesten uns bekannten Volkslieder stammen aus dem 13. Jh.

Volkswirtschaft ist die zusammenfassende Bezeichnung für das wirtschaftliche Leben eines Landes. Die *Volkswirtschaftslehre* (auch *National-* oder *Sozialökonomie*) ist die Wissenschaft von der Entwicklung und den gegenwärtigen Formen des Wirtschaftslebens.

volljährig →Recht.

Durch eine **Vollmacht** ermächtigt der Vollmachtgeber den Bevollmächtigten als seinen Vertreter, Rechtshandlungen mit Wirkung für oder gegen ihn vorzunehmen. Die Vollmacht kann auf einzelne Rechtsgeschäfte beschränkt sein oder allgemein (Generalvollmacht) erteilt sein.

Der **Volontär** (lat. = Freiwilliger): jemand, der (meist) ohne Entgelt zu erhalten, aber auch ohne Lehrgeld zu zahlen, in einem Betrieb tätig ist, um zu lernen.

Vollstreckungsbefehl →Mahnverfahren.

Alessandro **Volta** war ein italienischer Physiker, der von 1745 bis 1827 lebte. Das *Volt* (V), die Maßeinheit der elektrischen Spannung, wurde nach ihm benannt.

Voltaire (sprich woltähr), ein französischer Philosoph und Dichter, der eigentlich F. M. *Arouet* hieß und von 1694 bis 1778 lebte, ist ein Hauptvertreter der →Aufklärung. Er bekämpfte Glauben, Kirche und Staatsform seiner Zeit und mußte deswegen mehrfach außer Landes gehen. Zwei Jahre lebte er am Hofe Friedrichs des Großen. Er war einer der Wegbereiter der →Französischen Revolution.

Das **Volumen** (lat.) ist der Rauminhalt eines Stoffes. Man kann es bei Körpern nach Ausmessen von Länge, Breite und Höhe durch Formeln berechnen oder dadurch ermitteln, daß man den Körper in Wasser untertaucht und die verdrängte Wassermasse feststellt. – *voluminös:* umfangreich.

Vorderasien heißt der Europa am nächsten gelegene Teil Südwestasiens: Kleinasien, Kaukasien, Armenien, Mesopotamien, Syrien, Palästina, die Sinai-Halbinsel, Arabien und Persien.

Die **Vorgeschichte,** *Vorzeit* oder *Urgeschichte.* Im Altertum, im Mittelalter und in der Neuzeit haben die Menschen auf Steintafeln, Pergamentblättern oder in Büchern Erlebnisse und Denkwürdigkeiten für ihre Nachkommen aufgeschrieben. Vor diesen Geschichtsabschnitten liegt ein viel größerer Zeitraum, in dem man die Kunst des Schreibens noch nicht beherrschte. Trotzdem ist uns diese Zeit nicht völlig unbekannt. Durch Gräber, die Waffen, Geräte oder Schmuckstücke enthielten, Reste von Bauwerken und Felszeichnungen in Höhlen wissen wir einiges von den Lebensumständen der vorgeschichtlichen Menschen. Vorgeschichte nennt man also die Zeit bis zum Beginn der schriftlichen Überlieferung. Nach dem Material, aus dem Geräte und Waffen hergestellt sind, unterscheiden wir eine *Steinzeit*, eine *Bronzezeit* und eine *Eisenzeit*. Die ältesten Funde aus der Steinzeit sind mehr als 500000 Jahre alt. Die Menschen benutzten damals roh zubehauene Steine als Geräte und Waffen. Sie fingen Tiere in Fallgruben und sammelten Früchte und Wurzeln. Auch in Mitteleuropa hat man Funde aus dieser Zeit gemacht. Woher diese Menschen kamen und wohin sie gegangen sind, als eine Klimaveränderung eine neue Eiszeit über Europa brachte, wissen wir nicht. Nach dieser Eiszeit, vor etwa 10000 Jahren, tauchten andere Völkergruppen auf. Von ihnen findet man außer Werkzeugen und Waffen aus sehr fein geschliffenem Stein auch verzierte Tongefäße. Aus Jägern wurden Hirten, die mit ihren Herden von einem Weideplatz zum anderen zogen. Schließlich kamen die Menschen darauf, Getreide zu säen; sie bauten sich Häuser aus Balken, Weidengeflecht und Lehm und wurden ansässig.

Zuerst traten die Völker in Ägypten und Babylon aus der Vorzeit in die geschichtliche Zeit, d. h. sie gründeten Staaten, entwickelten eine höhere Kultur und hinterließen schriftliche Berichte. Ihnen ist auch die Erfindung der Metallbearbeitung zu verdanken. Sie verarbeiteten vor allem Bronze, eine Legierung aus Kupfer und Zinn. Im zweiten Jahrtausend v. Chr. verbreitete sich die neue Kenntnis von Vorderasien bis nach Mitteleuropa. Tausend Jahre später wurde das sehr viel härtere Eisen bekannt. Mit den Werkzeugen aus diesem Metall konnten alle Arbeiten viel schneller und leichter ausgeführt werden. Für die Völker Mitteleuropas begann die geschichtliche Zeit erst gegen Ende des Altertums, als sie mit der Kultur des →Römischen Reiches bekannt geworden waren.

Der **Vormund** vertritt die Stelle der Eltern, wenn diese tot sind oder die Pflichten gegenüber ihren unmündigen Kindern aus rechtlichen Gründen nicht erfüllen können. Ein Vormund wird für unmündige Personen oder solche, die für unmündig erklärt (entmündigt) werden (z. B. Geisteskranke, Trunkenbolde), ernannt. Der Vormund hat viele Handlungen seines *Mündels* zu genehmigen, es gegenüber anderen gesetzlich zu vertreten, für es zu sorgen und seine Vermögensinteressen wahrzunehmen. Der Vormund wird vom *Vormundschaftsgericht* ernannt, dessen Genehmigung er auch braucht, wenn er für das Mündel bestimmte Rechtsgeschäfte abschließen möchte.

Die **Vorschulerziehung** beginnt im Kindergarten. Hier soll das Kind auf spielerische Weise auf die Anforderungen der ersten Grundschuljahre vorbereitet werden. Bildungsunterschiede, die aufgrund der verschiedenartigen gesellschaftlichen Herkunft der Kinder bestehen, sollen abgebaut werden.

Der **Vorstehhund** ist ein Jagdhund, der vor dem Wild, das er gefunden hat, stehenbleibt, bis der Jäger herankommt.

Vorzeit→Vorgeschichte.

Votivgaben nennt man die Weihegaben in katholischen Kirchen. Sie werden von den Gläubigen Gott und den Heiligen aus Dankbarkeit dargebracht.

Das **Votum** (lat.): die Stimmabgabe für oder gegen etwas. Das Tätigkeitswort heißt *votieren*.

vulgär (lat.): alltäglich, gewöhnlich, gemein, niedrig.

Die **Vulgata**→Bibel.

Der **Vulkan** (lat.). In der Erdrinde bestehen bestimmte Druckzonen, die zum Ausgleich streben. An gewissen Stellen der Erdoberfläche reißt dabei die Oberschicht auseinander, und die feuerflüssigen Massen (Magma) aus den inneren Schichten der →Erde brechen durch. Sie werden unter gewaltigem Druck, vermengt mit Gasen, Asche und Rauch, in die Höhe geschleudert. Die Glutmasse strömt als →Lava über den Rand der Ausbruchsstelle (Krater) und erkaltet nach einiger Zeit. So entsteht ein Vulkan. Seine späteren Ausbrüche werfen meist einen hohen kegelförmigen Berg auf. Man kennt etwa 500 *tätige* Vulkane, wie den Vesuv und den Ätna in Italien, und viele *erloschene*, bei denen schon seit längerer Zeit kein Ausbruch mehr erfolgt ist. Die meisten Vulkane befinden sich an den Küsten des Stillen Ozeans, aber sogar in der Antarktis gibt es erloschene Vulkane.

Vulkanisieren→Kautschuk.

W

W ist der 23. Buchstabe des Alphabets, in der Chemie das Zeichen für Wolfram, in der Elektrotechnik die Abkürzung für Watt.

Waagen dienen zur Gewichtsbestimmung von Körpern. Die *Hebelwaage* besteht aus einem in der Mitte kippbar gelagerten Waagbalken, an dessen Enden Schalen zur Aufnahme der Vergleichsgewichte und der Last befestigt sind. Bei den *Neigungswaagen* wird ein gleichbleibendes Gewicht durch die Last angehoben. Am Drehpunkt, zwischen Last und Gewicht, ist ein Zeiger befestigt, dessen Ausschlag die Größe der Last angibt. Die *Federwaage* besteht in der Regel aus einer oder mehreren Federn, die durch die Last gedehnt oder zusammengedrückt werden.

Hebelwaage

Die Längenänderung wirkt auf einen Zeiger ein. Bei *Dezimalwaagen* ist der Hebel, an dem das Gewicht hängt, zehnmal so lang wie derjenige, auf dem die Last ruht. Deshalb ist die ausgewogene Last zehnmal so groß wie die Gewichte. Bei *Brückenwaagen* zum Wiegen sehr großer Lasten, z. B. beladener Fahrzeuge, ist das Übersetzungsverhältnis noch größer, so daß man mit kleinen Läufergewichten sehr große Lasten auswiegen kann.

Eine **Wabe** ist eine von →Bienen oder Wespen aus Wachs gefertigte, regelmäßig sechseckige Zelle für ihre Brut und zum Aufspeichern von Honig.

Der **Wacholder** oder *Machandel* ist ein →Nadelbaum, der meist als schlanker Strauch auf Ödland wächst. Die weiblichen Pflanzen tragen Beeren.

Die **Wachtel** ist der kleinste bei uns wild lebende Hühnervogel.

Waffen benutzen die Menschen zum Angriff und zur Verteidigung. Die ersten Angriffswaffen fand man in der Natur vor: Steine, Knüppel oder Tierknochen. Später wurden diese Gegenstände roh bearbeitet und nach der Entdeckung der Metalle immer brauchbarer und kunstvoller zu Schwert, Speer, Pfeil und Bogen gestaltet. Sie wurden in der Neuzeit durch die Feuerwaffen verdrängt, die im Laufe der Jahrhunderte zu immer wirksameren Zerstörungsmitteln entwickelt wurden. Die wichtigsten Schutzwaffen waren Schild, Helm und Rüstung, in neuerer Zeit die Panzerung von Kriegsschiffen und Kampfwagen. Gegen die modernsten Vernichtungswaffen (Atombomben) gibt es noch keinen wirksamen Schutz. Abb. →Geschütz, →Schußwaffen.

Richard **Wagner** begründete als Komponist und Dichter eine neue Form der Oper, das Musikdrama. Er wurde 1813 in Leipzig geboren und starb 1883 in Venedig. Nach einem ruhelosen Leben, das ihn durch ganz Europa führte, nahm König Ludwig II. von Bayern sich seiner an und ermöglichte ihm, in Bayreuth in einem eigenen Festspielhaus seine neuartigen Pläne zu verwirklichen. Seine Hauptwerke sind: »Der Fliegende Holländer«, »Tannhäuser«, »Lohengrin«, »Tristan und Isolde«, »Die Meistersinger von Nürnberg«, »Der Ring des Nibelungen« und »Parsifal«.

Wahlen sind in demokratischen Ländern das Mittel, durch das die Staatsbürger ihren politischen Willen bekunden und an der Bildung der Regierung teilhaben. In regelmäßigen Abständen werden vor allem die Abgeordneten der →Parlamente neu gewählt. Daraus ergibt sich entsprechend dem Wahlergebnis oft eine Regierungsneubildung. Bei *freien* und *geheimen Wahlen* kann jeder Wahlberechtigte sich frei von Beeinflussung für einen Kandidaten oder eine Partei entscheiden. Man unterscheidet die *direkte* (unmittelbare) Wahl, bei welcher der Wahlberechtigte den Kandidaten selbst wählt, und die *indirekte* (mittelbare) Wahl, bei der sogenannte Wahlmänner gewählt werden, die ihrerseits erst die Kandidaten wählen. Indirekt wird z. B. der Präsident der USA gewählt. Bei Parlamentswahlen wird in Amerika und Großbritannien das *Mehrheits-* oder *Persönlichkeitswahlsystem* angewandt, d. h., für jeden Wahlkreis stellt jede Partei einen Kandidaten auf; gewählt ist derjenige, der in seinem Kreis die meisten Stimmen erhält. Bei der *Verhältnis-* oder *Listenwahl* dagegen hat sich der Wähler für die Kandidatenliste einer Partei zu entscheiden; entsprechend den für eine Partei abgegebenen Stimmen entsendet diese eine bestimmte Zahl von Abgeordneten ins Parlament. In der Bundesrepublik Deutschland herrscht ein aus beiden Arten gemischtes Wahlsystem. – Man unterscheidet zwischen *aktivem Wahlrecht*, nämlich dem Recht, zu wählen, und *passivem*, nämlich dem, sich wählen zu lassen (→Recht). Von *allgemeinem* und *gleichem Wahlrecht* spricht man, wenn es sich auf alle männlichen und weiblichen Staatsbürger aller Volksschichten erstreckt und alle Stimmen gleich bewertet werden.

Die **Währung**: die durch Gesetz bestimmten Geldsorten, die in einem Staat als Zahlungsmittel gelten, in Deutschland z. B. Mark und Pfennig.
Im Handelsverkehr bezeichnet man ausländische Währungen als *Devisen*.

Der **Wal** ist ein im Meer lebendes Säugetier, das sich so sehr dem Leben im Wasser angepaßt hat, daß es eine fischförmige Gestalt bekommen hat. Daher wird es auch unrichtig als »Walfisch« bezeichnet. Die Wale sind die allergrößten Tiere (der Blauwal wird bis 34 m lang und über 100 000 kg schwer); sie bringen lebende Junge zur Welt und atmen durch Lungen. Man jagt sie, weil ihr →Tran große Mengen von Fett liefert.

Der **Wald** ist eine natürliche Lebensgemeinschaft von Pflanzen, die alle, von den Bakterien und Pilzen im Boden, den Moosen und Kräutern am Erdboden bis zum Blätterdach der Bäume, aufeinander angewiesen sind.
Durch die Bevölkerungszunahme und durch den erhöhten Holzverbrauch wurde man gezwungen, planmäßig bewirtschaftete *Forste* anzulegen. Heute bevorzugt man bei Aufforstungen den *Mischwald*. Der Wald dient nicht nur der Holzgewinnung, sondern regelt auch das örtliche Klima, speichert Wasser und verhindert Bodenabtragung. Deutschland ist zu $\frac{1}{4}$ mit Wald bestanden (davon $\frac{3}{4}$ Nadelwald).

Walhall hieß in der nordischen Sage der prächtige Saal in Wodans Palast im Reiche der →Asen.

Die **Walküren** sind in der nordischen Sage göttliche Jungfrauen von unvergänglicher Schönheit. Unsichtbar ritten sie mit den Helden zum Kampf. Sie bestimmten, wer fallen sollte, und geleiteten die Gefallenen nach →Walhall.

Albrecht von **Wallenstein** war im →Dreißigjährigen Krieg der Feldherr des Kaisers Ferdinand II. und der Gegner des Schwedenkönigs →Gustav Adolf. Da er aber dem Kaiser zu mächtig wurde und auf eigene Faust Friedensverhandlungen mit den Schweden begann, ließ ihn dieser 1634 ermorden. Die Schuld Wallensteins ist jedoch bis heute nicht erwiesen. Schiller behandelte das Schicksal des Feldherrn in seinem Drama »Wallenstein«.

Eine **Wallfahrt** oder *Pilgerfahrt:* Besuch einer heiligen Stätte durch Gläubige.

Wallonen nennt man die etwa 4 Millionen französisch sprechenden Bewohner des südlichen →Belgiens.

Die **Walpurgisnacht** ist die Nacht vor dem 1. Mai, dem Fest der heiligen Walpurgis. Nach altem Volksglauben sollen in dieser Nacht die Hexen auf Besen zum Blocksberg reiten.

Das **Walroß** →Robben.

Walther von der Vogelweide war der bedeutendste deutsche Lyriker und politische Spruchdichter des Mittelalters. Er wurde um 1170 im Österreichischen geboren. An den Fürstenhöfen trug er seine Lieder vor und erhielt schließlich von

Kaiser Friedrich II. ein Gut, auf dem er um 1230 starb. Seine Minnelieder gehören zu den schönsten Gedichten deutscher Sprache.

Walzen sind sehr breite (zylinderförmige) Räder zum Pressen, Glätten oder Strecken. Straßenwalzen pressen durch ihre Schwere die Straßendecke fest; Akkerwalzen drücken die vom Frost gehobene Saat mit den Wurzeln an den Untergrund an.

Wandervogel →Jugendbewegung.

Wankelmotor →Verbrennungsmotor.

Die **Wanze** ist ein Insekt mit stechendem Saugrüssel. Es gibt rund 25000 Arten Wanzen, die teils von Pflanzensäften leben, teils Blut saugen. Die *Bettwanze* ist ein widerlich riechendes Insekt, das sich in Wohnungen ansiedelt und nachts die schlafenden Menschen sticht.

Familie Condé   Lissabon   Bremen

Bundesrepublik Deutschland   Österreich   Schweiz

Wappen sind sinnbildliche Abzeichen, die ursprünglich von gewappneten (mit Waffen versehenen) Adeligen als Kennzeichen der Familie oder des Landes getragen wurden. Deshalb hat das Wappen Schildform und ist mit einem Helm geziert. Vielfach sind ihm Wahlsprüche beigegeben. Im späten Mittelalter wurden Wappen auch bei Geistlichen und Bürgern üblich. Auch Städte und Staaten führen noch heute Wappen. – Die *Wappenkunde* oder *Heraldik* beschäftigt sich mit der Geschichte und den verschiedenen Formen der Wappen.

Warenzeichen, auch *Schutz-* oder *Fabrikmarken* genannt, dienen der Unterscheidung ähnlicher Waren verschiedener Unternehmen. Sie sind 10 Jahre lang geschützt, wenn sie in die *Zeichenrolle* des Patentamts eingetragen sind. Es ist international üblich, solche Warenzeichen durch den Zusatz ® zu kennzeichnen.

Wärme ist Bewegungsenergie (Wucht) der →Atome und →Moleküle eines Stoffes. Wenn wir einen heißen Ofen anfassen, empfinden wir einen Schmerz, der von der Wucht herrührt, mit der die Moleküle des Ofens gegen unsere Hand schlagen. Berühren wir Eis, so empfinden wir Kälte, weil die Moleküle unserer Hand gegen die langsamer zitternden Moleküle des Eises schlagen und sich nun langsamer bewegen, da sie von ihrer Energie ein wenig an das Eis abgegeben haben. Dessen Moleküle beginnen daher an der Berührungsstelle so heftig zu zittern, daß es dort nicht mehr zusammenhält und flüssig wird. Die übertragene Wärmeenergie ist hier zum Schmelzen verbraucht und daher in Arbeit umgewandelt worden. Wärme geht von wärmeren auf kältere Stellen von selbst über; Wärmeenergie zerstreut sich daher unaufhaltsam. Jeder feste Körper wird flüssig und schließlich dampfförmig, wenn er genügend erhitzt wird. Die Moleküle stoßen dann immer stärker miteinander zusammen und prallen immer weiter voneinander ab. Dadurch wird der Zusammenhalt des festen Körpers zerstört. So wird z. B. beim Kochen das Fleisch aufgelockert. Umgekehrt wird beim Abkühlen jedes Gas schließlich flüssig und endlich fest. So entsteht die →flüssige und auch die feste Luft. Eine Wärmemenge mißt man in →Kalorien. Ihr entspricht stets eine gleichwertige Arbeitsmenge. Der ruhende menschliche Körper gibt dauernd Wärme ab. Hierdurch verliert er täglich 2700 Kilokalorien. Dieser Wärmeverlust und die Arbeitsleistung des Körpers müssen durch die Nahrung täglich ersetzt werden. Daher mißt man auch den Nährwert der Lebensmittel in Wärmeeinheiten, den (Kilo-)Kalorien.

Warzen sind harmlose kleine Geschwülste der oberen Hautschichten, die von einem →Virus erzeugt werden und daher ansteckend sein können. Warzen können vom Arzt entfernt werden.

George **Washington** (sprich woschingtn), der Nationalheld der Amerikaner, lebte von 1732 bis 1799. Er war Oberbefehlshaber im amerikanischen Unabhängigkeitskrieg (→Nordamerika) und Vorsitzender des Rates, der die heute noch gültige Verfassung schuf. 1789 wurde Washington der erste Präsident der USA.

Wasser ist die chemische Verbindung von Wasserstoff und Sauerstoff. Alle Lebewesen sind auf Wasser angewiesen. Es bedeckt mit seiner Oberfläche ¾ der Erde, dazu noch weite Gebiete als Eis, und tritt in der Atmosphäre nicht nur als Wolke, sondern auch als Luftfeuchtigkeit auf. Es wurde zum Maßstab der Wärmegrade (→Thermometer), der Wärmemenge (→Kalorie) und des Gewichtes (→Maße). Wasser hat seine größte Dichte bei 4°C, bei höherer und tieferer Temperatur dehnt es sich aus. Darum steigt wärmeres Wasser nach oben und schwimmen Eisberge immer obenauf. Da Wasser große Wärmemengen speichern kann, mildert es die Temperaturschwankungen der Erde. Beim Verdunsten verbraucht es Wärme, beim Gefrieren gibt es Wärme ab. Es ist fähig, viele andere chemische Stoffe, auch gasförmige, aufzulösen, so daß es in der Natur selten rein vorkommt. An der Wasseroberfläche bewirken Molekularkräfte eine Oberflächenspannung, die darauf abzielt, die Oberfläche möglichst klein zu halten. Deshalb haben schwebende (nicht aber fallende) Tropfen stets Kugelgestalt, und deshalb schwimmt z. B. eine vorsichtig auf die Wasseroberfläche gelegte Büroklammer, obwohl Eisen schwerer als Wasser ist.

Wasserball ist ein dem Handball ähnliches Mannschaftsspiel, in dem je sieben Spieler eine Mannschaft bilden. Gespielt wird in tiefem Wasser, so daß sich die Spieler nur schwimmend fortbewegen können.

Wasserflöhe sind millimetergroße, schalenbedeckte Krebstierchen, die vor allem die Süßgewässer massenhaft bevölkern.

Wasserglas, eine dicke, wasserhelle Flüssigkeit, ist das Natrium- oder Kaliumsalz der Kieselsäure. Mit ihm kann man kleben und kitten, leicht brennbare Stoffe gegen Feuer schützen und in seiner Lösung Eier vor Verderb bewahren.

Wasserski: Die Wasserskier sind 15 cm breit, 1,60 m lang, vorn aufgebogen und hinten mit einer Kielflosse versehen. Gezogen wird der Wasserskiläufer an einem etwa 20 m langen Schleppseil von einem Motorboot mit mindestens 35 km/h.

Zum **Wassersport** rechnet man das →Schwimmen, das →Segeln und die verschiedenen Arten des →Ruderns in Booten, die entweder durch Riemen oder durch Paddel bewegt werden, das →Tauchen, →Wasserball, →Wasserski, →Wellenreiten.

Der **Wasserstoff** (chemisches Zeichen H = Hydrogenium) ist ein gasförmiges chemisches Element. Er ist das leichteste Element und hat den einfachsten Atomaufbau. Wenn man ihn in einem Gebläse mit Sauerstoff vereinigt, entsteht ein explosives Gemisch, das *Knallgas*. Wasserstoff ist im Wasser und allen Säuren enthalten und kann daher durch elektrolytische Zersetzung des Wassers bzw. der Säuren gewonnen werden. In der Atmosphäre findet sich Wasserstoff nur in großen Höhen. Zusammen mit Kohlenstoff bildet er zahlreiche brennbare Verbindungen, die Kohlenwasserstoffe (z. B. Benzol, Benzin, Kohle und Stadtgas). Wasserstoff kann mehrere Isotope (→Atom) bilden: die schweren Wasserstoffe *Deuterium* und *Tritium*. Bei Einfügung eines weiteren Wasserstoffatomkerns entsteht Helium, wobei eine ungeheure →Atomenergie frei wird. Dies geschieht in der *Wasserstoffbombe* (H-Bombe) und im Inneren von Sternen. – *Wasserstoffsuperoxid* ist eine dicke, hochexplosive Flüssigkeit, die in starker Verdünnung in den Handel kommt. Sie eignet sich zum Bleichen und wirkt keimtötend.

Die **Wasserwaage** wird vor allem im Bauhandwerk benutzt, um die waagrechte oder senkrechte Lage von Flächen und Kanten zu prüfen. Sie besteht aus einer Holz- oder Metallschiene, in die eine kleine Libelle (Flüssigkeitswaage) eingebaut ist. Diese besteht aus einem geschlossenen Glasröhrchen, das mit Alkohol so weit angefüllt ist, daß nur eine kleine Luftblase übrigbleibt. Befindet sich die Wasserwaage in waagrechter Lage, so steht dieses Luftbläschen genau in der Mitte des Röhrchens, bei Abweichung von der Waagrechten verschiebt es sich.

Ein **Wasserzeichen** ist eine in Papier eingewalzte oder bei der Herstellung eingedrückte Zeichnung, die nur bei durchscheinendem Licht deutlich sichtbar wird. Wasserzeichen werden für Banknoten und Briefmarken verwendet, um Fälschungen zu erschweren, oder sind ein Zeichen für die Güte des Papiers.

James **Watt** (sprich wott) war ein englischer Ingenieur, der von 1736 bis 1819 lebte. Er baute die erste brauchbare Dampfmaschine. Das *Watt* (W), die Maßeinheit der →Leistung, wurde nach ihm benannt.

Watte ist gereinigte und gebleichte, unversponnene Baumwolle oder Zellwolle. Watte wird zur Wundbehandlung verwendet.

Weben nennt man das Herstellen eines Gewebes auf Webstühlen. Dieses Gerät ist sehr alt, aber erst im 18. und 19. Jh. erfand man Webmaschinen. Beim Weben werden zwei sich kreuzende Fadengruppen miteinander vereinigt: die *Kettfäden*, die in der Längsrichtung des Gewebes laufen, und die *Schußfäden*, die mit dem Schiffchen quer dazu durchgeführt werden.

Carl Maria von **Weber,** der Schöpfer der deutschen romantischen Oper, wurde 1786 geboren und starb 1826 in London. Weber hat neben seinen Opern, von denen »Der Freischütz« am bekanntesten ist, auch Klavier- und Instrumentalmusik komponiert.

Der **Wechsel.** Wenn ein Kaufmann nicht Geld genug hat, um gelieferte Waren sofort zu bezahlen, so kann er auf einem Formular ein schriftliches Zahlungsversprechen geben, einen Wechsel. Er verspricht darin z. B., in drei Monaten zu zahlen. Dieser Wechsel kann dann wie Geld weitergegeben werden, z. B. zur Bank. Es besteht ein sehr strenges Wechselgesetz: Wenn der Wechselaussteller nicht pünktlich sein Zahlungsversprechen erfüllt, so erfolgt sofort eine gerichtliche Pfändung. →Diskont.

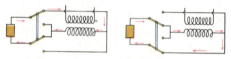

Wechselrichter verwandeln Gleichstrom in Wechselstrom, dessen Spannung man in →Transformatoren leicht erhöhen kann. Bewegt man einen zweipoligen Schalter dauernd zwischen Stellung 1 und Stellung 2 (siehe Abb.), so ändert der Strom in der Wicklung des Transformators dauernd seine Richtung, während er die Richtung in der Zuleitung zum Schalter beibehält.

Der **Wechselstrom** →Elektrizität.

Die **Wehrpflicht** ist die gesetzliche Verpflichtung der männlichen Bürger (mitunter auch der weiblichen) zum Kriegsdienst mit der Waffe. In Deutschland sind alle Männer zwischen 18 und 45 Jahren wehrpflichtig. Der *Grundwehrdienst* dauert 15 Monate. Die Verweigerung des Kriegsdienstes aus Gewissensgründen wird vom Grundgesetz gebilligt.

Eine **Weiche** ist eine verstellbare Vorrichtung, die es ermöglicht, Schienenfahrzeuge von einem Gleis auf ein anderes zu überführen. – In der Nachrichtentechnik ist eine Weiche eine Verbindung von Schaltelementen, die eine Trennung von Strömen verschiedener Frequenz ermöglicht.

Die **Weichtiere** oder *Mollusken* sind knochenlose Tiere mit weichem, oft schleimigem Körper und meist kalkiger Schale. Zu den Weichtieren, von denen es über 100 000 Arten gibt, gehören die→Schnekken, →Muscheln und →Tintenfische.

Die **Weide:** schnell wachsender Baum oder Strauch an Bachrändern, bei dem die männlichen und die weiblichen Blüten (Kätzchen) nie auf einer Pflanze zugleich vorkommen.

Weihnachten ist das Fest der Geburt Christi, das im 4. Jh. auf den 25. Dezember festgelegt wurde. Um diese Zeit wurde auch das heidnische Fest des wiederkehrenden Sonnengottes und bei den Germanen die Wintersonnenwende gefeiert.

Weihrauch ist ein wohlriechendes Harz, das in der katholischen Kirche bei feierlichen Gottesdiensten verbrannt wird, aber auch in anderen Religionen (Schintoismus, Buddhismus) zu kultischen Zwecken gebraucht wird.

Weihwasser ist in der katholischen und der griechisch-orthodoxen Kirche vom Priester geweihtes Wasser.

Der **Weinstock,** auch die Rebe genannt, ist eine uralte Kulturpflanze, die schon durch die Römer in Deutschland bekannt wurde. Die Rebe erfordert von allen Kulturpflanzen die meiste Pflege. Von den über 3000 Rebensorten werden Riesling und Sylvaner in Deutschland am häufigsten angebaut. In wärmeren Ländern trocknet man einen Teil der Ernte zu Rosinen.

Weißer Sonntag heißt der 1. Sonntag nach Ostern, weil in der Frühzeit des Christentums alle in der Osternacht Getauften bis zu diesem Tage weiße Kleidung trugen.

Weitsprung→Springen.
Der **Weizen**→Getreide.
Die **Welfen**→Ghibellinen.

Wellen sind →Schwingungen, die sich räumlich fortpflanzen. Verbindet man eine Anzahl eng nebeneinander hängender Pendel durch einen Faden und stößt das erste an, so wird ein Pendel nach dem anderen zu schwingen anfangen. Sind alle Pendel in Bewegung, so ergibt sich das Bild einer Welle:

Wirft man einen Stein in ruhendes Wasser, so wird das von ihm verdrängte Wasser in die Höhe gehoben. Diese ringförmig aufgeworfenen Wasserteilchen üben einen Druck auf die Nachbarteilchen aus und heben diese wiederum in die Höhe (Wellenberg), während sie selbst sinken (Wellental): über die Wasseroberfläche laufen Wellen. Befinden sich Holzstückchen auf dem Wasser, so schwimmen sie nicht mit der Welle mit, sondern tanzen immer auf der gleichen Stelle auf und nieder; sie führen also eine Schwingung aus. Bei allen Wellen pflanzt sich nur die Kraft des Anstoßes fort, nicht die Masse selbst. Die Ausbreitungsgeschwindigkeit einer Welle ist daher die Fortpflanzungsgeschwindigkeit des Anstoßes.

Als *Amplitude* oder Schwingungsweite bezeichnet man den Abstand zwischen der Ruhelage des schwingenden Körpers und dem von dieser Ruhelage am weitesten entfernten Punkt, der in einer Schwingung erreicht wird:

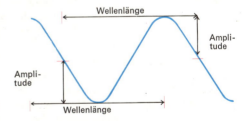

Als *Wellenlänge* bezeichnet man den Abstand, mit dem zwei Wellenberge (bzw. Wellentäler) aufeinander folgen. Als *Frequenz* oder Schwingungszahl bezeichnet man die Anzahl der Schwingungen, die in einer Sekunde ausgeführt werden. Man

Elektromagnetische Wellen

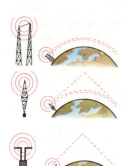

LANGWELLEN. Wellenlänge 15–1 km, Frequenz 20–300 kHz. Sie breiten sich über sehr große Entfernungen aus, erfordern aber sehr große Sendeanlagen.

MITTELWELLEN. Wellenlänge 1000–100 m, Frequenz 300–3000 kHz. Sie breiten sich zum Teil wie Langwellen, zum Teil wie Kurzwellen aus. Die gewöhnlichen Rundfunksender senden auf Mittelwelle.

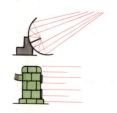

KURZWELLEN. Wellenlänge 100–10 m, Frequenz 3–30 MHz. Sie breiten sich längs der Erdoberfläche nur wenig aus, gehen schräg nach oben, werden in etwa 100 km Höhe von der Ionosphäre zurückgeworfen und können in großer Entfernung wieder gehört werden. Kurzwellen ermöglichen Fernempfang von kleinen Sendern, doch ist der Empfang von der Tageszeit und der Sonnenbestrahlung abhängig.

ULTRAKURZWELLEN. Wellenlänge 10–1 m, Frequenz 30–300 MHz. Sie breiten sich wie Licht aus, können aber nur empfangen werden, so weit man vom Sender aus sehen kann. UKW-Sender werden daher auf hohen Bergen oder Sendetürmen aufgestellt. Auf UKW werden Fernseh- und Radioprogramme gesendet.

DEZIMETER- und ZENTIMETERWELLEN. Wellenlänge 1 m bis 1 cm, Frequenz 300–30 000 MHz. Dezimeterwellen breiten sich gradlinig wie Licht aus, können gebündelt werden wie Licht im Scheinwerfer und werden vor allem für Radargeräte verwendet.

WÄRMESTRAHLEN. Wellenlänge 1–$^1/_{1000}$ mm, Frequenz 300 bis 300 000 Milliarden Hz. Sie werden von der Haut als Wärme empfunden.

LICHTSTRAHLEN. Wellenlänge $^7/_{10\,000}$ bis $^4/_{10\,000}$ mm, Frequenz 375 000–750 000 Milliarden Hz. Sie werden als Licht und Farbe vom Auge wahrgenommen, die größte Wellenlänge als rot, die kleinste als violett. Benachbart sind die infraroten Strahlen (größere Wellenlänge) und die ultravioletten Strahlen (kleinere Wellenlänge).

RÖNTGENSTRAHLEN. Wellenlänge $^1/_{100\,000}$ bis $^1/_{100\,000\,000\,000}$ mm, Frequenz 3 000 000 bis 30 000 000 000 Milliarden Hz. Röntgenstrahlen werden vom Auge nicht mehr wahrgenommen, schwärzen aber die photographische Platte. Sie durchdringen (durchleuchten) feste Körper und werden in der Medizin und zur Prüfung von Werkstücken verwendet.

HÖHENSTRAHLEN. Wellenlänge unter $^1/_{1\,000\,000\,000\,000}$ mm, Frequenz über 300 000 000 000 000 Milliarden Hz. Die Höhenstrahlung (kosmische Ultrastrahlung) ist eine aus dem Weltraum kommende, außerordentlich energiereiche Strahlung, die noch in den tiefsten Bergwerken nachgewiesen werden kann.

mißt sie in Hertz (Hz). Tausend Schwingungen in der Sekunde bezeichnet man als ein Kilohertz (kHz), eine Million Schwingungen als ein Megahertz (MHz). Wellenlänge und Frequenz stehen in enger Beziehung: je kürzer die Wellenlänge ist, desto höher ist die Frequenz und umgekehrt. Multipliziert man die Wellenlänge mit der Frequenz, so erhält man die Ausbreitungsgeschwindigkeit der Welle.
Schallwellen entstehen dadurch, daß die Luft in Schwingungen versetzt wird. Diese breiten sich in der Luft mit der Geschwindigkeit von 333 m/sek aus. Das menschliche Ohr kann Schwingungen zwischen etwa 20 und 20000 Hz als Töne wahrnehmen, wobei die hohen Töne die hohen Frequenzen haben. Schall mit noch höherer Frequenz bezeichnet man als →Ultraschall. *Elektromagnetische Wellen* (z. B. Röntgenstrahlen, Lichtwellen, Radiowellen) brauchen im Gegensatz zu den

630

Schallwellen zu ihrer Ausbreitung keinen Träger. Sie entstehen durch dauernde Veränderung (Schwingung) des elektrischen und magnetischen Feldes und pflanzen sich mit einer Geschwindigkeit von fast 300 000 km/sek fort.

Als Wellen bezeichnet man auch bei Maschinen sich drehende Teile, die zur Kraftübertragung dienen.

Das **Wellenreiten** war ursprünglich eine Mutprobe der Männer Hawaiis, die auf bis 5 m langen und 80 kg schweren Brettern ausgetragen wurde. Heute ist es ein Sport auf 2,80 m langen, 12,5 kg schweren Brettern aus Balsaholz (auch Schaumstoff mit Glasfaserhaut), der nicht ungefährlich ist.

Der **Wellensittich** →Papageien.

Welthilfssprachen (Kunstsprachen) →Esperanto.

Der Erste **Weltkrieg** dauerte von 1914 bis 1918. Er begann mit der Kriegserklärung Österreichs an Serbien, nachdem ein Serbe den österreichischen Thronfolger ermordet hatte. Zwei Mächtegruppen traten sich gegenüber, die sich seit langem an politischer und wirtschaftlicher Macht zu überflügeln versucht hatten: auf der einen Seite stand die »Entente«: Rußland, Frankreich und, nach dem Einmarsch deutscher Truppen in das neutrale Belgien, auch England, denen sich noch viele andere Länder wie Japan und Italien anschlossen; auf seiten Österreichs kämpften Deutschland und später Bulgarien und die Türkei (die Mittelmächte). Der Krieg im Westen erstarrte nach einem zunächst erfolgreichen Vormarsch deutscher Heere zum sogenannten Stellungs- und Schützengrabenkrieg. Im Osten warfen die deutschen Truppen die anfangs in Ostpreußen eingedrungenen Russen zurück und stießen weit nach Rußland vor, das schließlich militärisch und politisch zusammenbrach. Im Frühjahr 1918 schloß Rußland den Frieden von Brest-Litowsk. – Als Deutschland im Februar 1917 den uneingeschränkten U-Boot-Krieg erklärte, traten die USA auf seiten der Entente in den Kampf ein. Damit wurde die Niederlage der Mittel-

mächte entschieden, die dann im Herbst 1918 zusammenbrachen. Deutschland mußte einen Waffenstillstand schließen und 1919 den Friedensvertrag von Versailles unterzeichnen. Österreich-Ungarn zerfiel; mit dem Reststaat Österreich wurde 1919 der Friedensvertrag von Saint-Germain geschlossen.

Der Zweite **Weltkrieg** war das Ergebnis der Politik →Hitlers. Die Nachgiebigkeit Englands und Frankreichs beim Anschluß Österreichs, der Besetzung des Sudetenlandes und großer Teile der Tschechoslowakei durch deutsche Truppen ermutigten ihn, am 1. 9. 1939 Polen anzugreifen, nachdem er mit der Sowjetunion einen Nichtangriffspakt abgeschlossen hatte. Daraufhin erklärten England und Frankreich und später auch viele andere Staaten dem Deutschen Reich den Krieg. Deutsche Armeen eroberten Westpolen; Ostpolen wurde von der Sowjetunion in Besitz genommen. Im April 1940 besetzten deutschen Truppen überraschend Dänemark und Norwegen. In einer großen Offensive, die durch das neutrale Holland und Belgien führte, wurde Frankreich im Mai und Juni desselben Jahres überrannt. Nun trat Italien an die Seite Deutschlands; Ungarn, Bulgarien und Rumänien folgten. Jugoslawien und Griechenland wurden im Frühjahr 1941 von deutschen Truppen erobert. – Eine neue Front entstand im Juni 1941, als deutsche Heere die Sowjetunion überfielen. Sie drangen bis dicht vor Leningrad und Moskau und im Süden bis zum Kaukasus vor. – Japan, das sich Deutschland und Italien durch einen Dreimächtepakt angeschlossen hatte, begann am 7. 12. 1941 mit dem Überfall auf die amerikanische Flotte im Stillen Ozean den Krieg gegen die USA, denen daraufhin auch Deutschland den Krieg erklärte. Die Japaner eroberten zeitweilig fast ganz Südostasien, wurden dann aber von den Amerikanern in jahrelangen Kämpfen auf ihr Stammland zurückgedrängt. – Die deutschen Heere erlitten im Osten Anfang 1943 mit der Vernichtung der sechsten Armee in Stalingrad ihre erste entscheidende

Niederlage. Auch das deutsche Afrika-korps, das vorübergehend bis an die Grenze Ägyptens vorgestoßen war, wurde von englischen Truppen zurückgeworfen und mußte sich im Mai 1943 ergeben. Nun setzten die westlichen Alliierten von Nordafrika nach Italien über, das im September kapitulierte und sich ihnen anschloß. Endgültig entschieden wurde die Niederlage Deutschlands durch die große Invasion alliierter Verbände in Westfrankreich im Juni 1944. Eine deutsche Verschwörung gegen Hitler (20. Juli 1944) unter Beteiligung hoher Offiziere, die das deutsche Volk vor weiteren sinnlosen Opfern bewahren wollte, scheiterte; die Verschwörer wurden hingerichtet. Inzwischen mußten die deutschen Streitkräfte auch im Osten immer mehr zurückweichen, und bei Beginn des Jahres 1945 wurde fast nur noch auf deutschem Boden gekämpft. Trotzdem verlangte Hitler, daß weitergekämpft würde. Er selbst entzog sich der Verantwortung für den Zusammenbruch durch Selbstmord. Kurz darauf trafen sich westalliierte und sowjetische Truppen an der Elbe. – Mit Italien schlossen die Alliierten 1947 einen Friedensvertrag, mit Japan 1951, mit Österreich 1955 einen Staatsvertrag. Ein Friedensvertrag mit Deutschland ist bis heute noch nicht zustande gekommen.

Durch den Zweiten Weltkrieg wurden etwa 55 Millionen Menschen in allen Ländern getötet, und zwar nicht nur Soldaten, sondern auch eine große Anzahl von Zivilpersonen; Millionen Menschen sind verkrüppelt oder versehrt. Große Teile der Welt wurden verwüstet, Kulturstädte, wie Warschau, Rotterdam, London, Köln, Hamburg, Dresden, Berlin und viele andere, durch den Luftkrieg völlig oder teilweise zerstört. Flucht, Verschleppung und Vertreibung ganzer Volksteile forderten auf allen Kriegsschauplätzen weitere ungezählte Menschenopfer.

Weltraumfahrt ist die Bezeichnung für alle Bemühungen, die Erde zu verlassen, in den Weltraum vorzustoßen und andere Himmelskörper zu erreichen. Vorausset-zung ist die Verfügbarkeit von Antriebseinrichtungen, die sich im luftleeren Weltenraum fortbewegen können, aber auch genügend Schubkraft entwickeln, um das Schwerefeld der Erde (→Gravitation) verlassen zu können. Die erforderliche Beschleunigung (Fluchtgeschwindigkeit) beträgt 11,2 km/sek (40000 km/h). Ein solches Fortbewegungsmittel ist die nach dem Rückstoßprinzip arbeitende →Rakete. Mehrere (meist 3) Raketen werden zu *Stufenraketen* zusammengeschlossen. Nach Verbrauch des Treibstoffs einer Stufe wird sie abgestoßen und die nächste gezündet; die Geschwindigkeiten aller Stufen addieren sich zur Endgeschwindigkeit. – Raumflugkörper können auf elliptischen Bahnen im Schwerebereich der Erde bleiben. Solche Flugkörper sind entweder unbemannte *Sonden* (zur Erforschung der Atmosphäre, der kosmischen Strahlung usw.) oder künstliche *Satelliten* (Nachrichtensatelliten für Funkverbindungen, zur Übertragung von Fernsehsendungen; Wettersatelliten u.a.) oder bemannte *Raumfahrzeuge*, die nach einer bestimmten Zeit zur Erdoberfläche zurückkehren. – Gesteuert werden Raumfahrzeuge durch Kaltgasschübe, die durch Funksignale von der Erde aus oder von der Besatzung ausgelöst werden. Notwendige Kurskorrekturen werden durch →Elektronenrechner ermittelt. Bremsraketen und Bremsfallschirme ermöglichen eine »weiche« Landung durch starke Verringerung der Geschwindigkeit. – Der erste künstliche Satellit wurde 1957 von der Sowjetunion in eine Umlaufbahn um die Erde gebracht (Sputnik I). 1959 erreichte die erste Mondsonde den Trabanten der Erde (UdSSR). Am 12.4.61 umkreiste als erster Mensch der sowjetische Kosmonaut Juri Gagarin die Erde. Seither haben noch mehrere sowjetische und amerikanische Weltraumfahrer die Erde umkreist. Am 18.3.1965 verließ Leonow (UdSSR) die Weltraumkapsel und hielt sich als erster Mensch in einem Schutzanzug im Weltraum auf. 1965 und 1966 wurden die ersten Kopplungsmanöver durchgeführt. Am 21. 12. 68 umkreisten die amerikanischen Astronauten Borman, Lovell und Anders mit dem Raumschiff Apollo 8 den Mond. Am 16. 7. 1969 glückte den Astronauten Armstrong, Aldren und Collins mit Apollo 11 die erste bemannte Mondlandung. Armstrong, der als erster Mensch den Mond betrat, sagte: »Es ist ein kleiner Schritt für einen Menschen, aber ein Riesenschritt für die ganze Menschheit.« – Auch die Unternehmen Apollo 12 (14. 11. bis 20. 11. 1969, Gesteinsproben), Apollo 14 (31. 1.–9. 2. 1971), Apollo 15 (26. 7. bis 7. 8. 1971, Mondauto), Apollo 16 (16. 4. bis 23. 4. 1972) und Apollo 17 (11. 12. bis 14. 12. 1972), die zweite bis sechste Mondlandung, konnten erfolgreich abgeschlossen werden. – Den Sowjets gelang es, mit der automatischen Mondsonde Luna 16 (Start 12. 9. 70) Bodenproben vom Mond zur Erde zu führen. Mit Luna 17 (Start 10. 11. 70, Landung 17. 11. 70) landeten sie ein von der Erde ferngesteuertes Forschungsfahrzeug (Lunochod) auf dem Mond. – Bei der erdfernen unbemannten Raumfahrt lieferte am 27. 8. 1962 die US-Sonde Mariner 2 die erste Venusprobe. Am 1. 11. 1962 gelang der UdSSR mit der Sonde Mars 1 der erste Marsvorbeiflug. Am 16. 11. 1965 erzielte die UdSSR mit Venera 3 den ersten Venustreffer, und am 12. 6. 1967 gelang ihr mit Venera 4 die erste weiche Venuslandung. Die erste weiche Landung auf dem Mars glückte der UdSSR am 2. 12. 1971 mit Mars 3.

Beim **Werfen** als Sportart unterscheidet man vier Arten: 1. *Speerwerfen:* nach einem etwa 20 m langen Anlauf führt der Werfer den Speer schräg nach hinten und schleudert ihn dann wuchtig ab. Nur wenn der Speer nach dem Wurf im Boden steckenbleibt, wird der Wurf bewertet. 2. *Hammerwerfen:* Eine 7,25 kg schwere Eisenkugel, die an einem Draht hängt, wird mit beiden Armen mehrmals rasch um die Körperachse geschwungen und dann fortgeschleudert. 3. Beim *Kugelstoßen* schnellt der Werfer im Augenblick des Stoßes vor-

wärts und streckt dabei seinen Körper. Kugelgewicht: Männer $7\frac{1}{4}$ kg, Frauen 4 kg, Jugendliche $4{-}6\frac{1}{4}$ kg. 4. *Diskuswerfen* →Diskus.

Die **Werft:** Fabrikanlage zum Bau und zur Ausbesserung von Schiffen.

Der **Wermut** →Heilkräuter.

Das **Wertpapier** ist eine Urkunde, die einen bestimmten Vermögenswert verkörpert. So stellt z. B. eine Aktie einen bestimmten Anteil an dem Vermögen einer →Aktiengesellschaft dar. Wertpapiere sind z. B. auch der →Wechsel und der →Scheck.

Wesir oder *Vezir* (arab.): Staatsminister in islamischen Staaten.

Die **Wespen** gehören, wie Bienen und Ameisen, zur großen Gruppe der Hautflügler. Sie haben einen Giftstachel und bauen aus zerkautem Holz ihre kugelrunden Nester. Ein Wespenstaat, zu dem mehrere tausend Tiere gehören, besteht nur einen Sommer. Vor Wintereinbruch sterben fast alle Tiere bis auf einige befruchtete Weibchen oder Königinnen, die überwintern und im kommenden Frühjahr neue Wespenstaaten gründen. Zu den etwa 3000 Arten gehört auch die *Hornisse.*

Westfalen →Nordrhein-Westfalen.

Westindien →Mittelamerika.

Westpreußen hieß bis 1919 die preußische Provinz zwischen Pommern und Ostpreußen, deren Hauptstadt Danzig war. Nach dem Ersten Weltkrieg wurde der mittlere und südliche Teil polnisch, das Gebiet um die Weichselmündung zum Freistaat →Danzig, der östliche Teil wurde Ostpreußen angegliedert. Seit 1945 steht ganz Westpreußen unter polnischer Verwaltung.

Westsamoa ist ein 1962 aus Upolu, Sawaii und anderen Inseln im Stillen Ozean gebildeter, 2842 qkm großer Staat mit 150000 Bewohnern und der Hauptstadt Apia (24000 Einwohner). Wichtigste Ausfuhrgüter sind Kopra, Bananen und Kakao. 1899–1920 war das Gebiet deutsches Protektorat, danach Mandatsgebiet des Völkerbunds und der Vereinten Nationen.

Weltraumfahrt

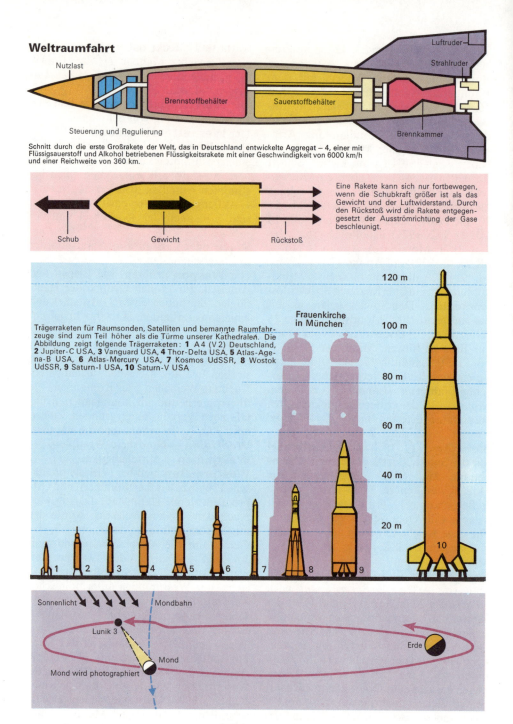

Nutzlast

Luftruder

Strahlruder

Brennstoffbehälter

Sauerstoffbehälter

Steuerung und Regulierung

Brennkammer

Schnitt durch die erste Großrakete der Welt, das in Deutschland entwickelte Aggregat – 4, einer mit Flüssigsauerstoff und Alkohol betriebenen Flüssigkeitsrakete mit einer Geschwindigkeit von 6000 km/h und einer Reichweite von 360 km.

Schub

Gewicht

Rückstoß

Eine Rakete kann sich nur fortbewegen, wenn die Schubkraft größer ist als das Gewicht und der Luftwiderstand. Durch den Rückstoß wird die Rakete entgegengesetzt der Ausströmrichtung der Gase beschleunigt.

Trägerraketen für Raumsonden, Satelliten und bemannte Raumfahrzeuge sind zum Teil höher als die Türme unserer Kathedralen. Die Abbildung zeigt folgende Trägerraketen: **1** A4 (V2) Deutschland, **2** Jupiter-C USA, **3** Vanguard USA, **4** Thor-Delta USA, **5** Atlas-Agena-B USA, **6** Atlas-Mercury USA, **7** Kosmos UdSSR, **8** Wostok UdSSR, **9** Saturn-I USA, **10** Saturn-V USA

Frauenkirche in München

120 m

100 m

80 m

60 m

40 m

20 m

1 2 3 4 5 6 7 8 9 10

Sonnenlicht

Mondbahn

Lunik 3

Mond

Mond wird photographiert

Erde

Die am 4. Oktober 1959 von der Sowjetunion gestartete interplanetarische automatische Station Lunik 3 umkreist den Mond so, daß sie aus 7079 km Entfernung seine uns stets abgewandte Seite photographieren konnte; die Bilder wurden auf dem Funkweg zu den Bodenstationen auf der Erde übermittelt.

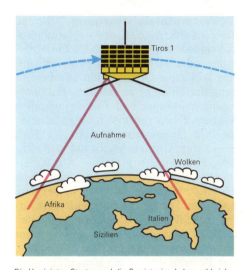

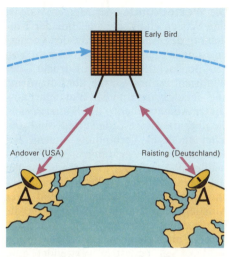

Die Vereinigten Staaten und die Sowjetunion haben zahlreiche Wettersatelliten gestartet, die eine genaue Beobachtung aller Vorgänge in der Atmosphäre gestatten. Miniatur-Fernsehkameras nehmen laufend Bilder auf, die auf Magnetband gespeichert und von den Bodenstationen abgerufen werden.

Nachrichten- oder Fernmeldesatelliten dienen dem interkontinentalen Funkverkehr; sie bilden Richtfunk-Relaisstellen zwischen je zwei Bodenstationen. Es können auf bis zu 1000 Kanälen Signale aller Art (Bilder, Wörter, Morsesignale) übermittelt werden, beispielsweise Telefongespräche oder Rundfunk- und Fernsehsendungen.

Eine amerikanische Gemini-Raumkapsel für 2 Astronauten. Das von März 1965 bis November 1966 durchgeführte Geminiprogramm (10 Flüge) brachte wertvolle neue Erkenntnisse und bereitete den bemannten Mondflug vor.

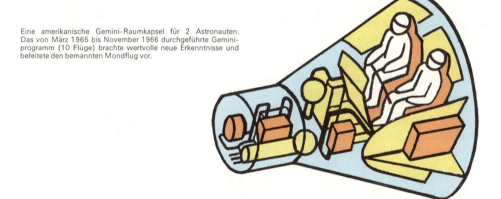

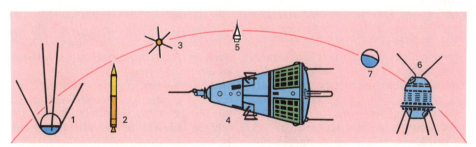

Einige Satelliten und Raumsonden im richtigen Größenverhältnis zueinander und in ihrer Startfolge: **1** Sputnik 1, **2** Explorer 1, **3** Vanguard 1, **4** Sputnik 3, **5** Pioneer 3, **6** Luna 3, **7** Echo 2.

Die **Wetterkunde** oder *Meteorologie* ist eine Wissenschaft, die sich mit der Entstehung des Wetters und mit der Vorhersage der Witterung befaßt. Sie geht von der Beobachtung des Luftdrucks, der Windrichtung und -stärke, der Luftwärme und -feuchtigkeit und der Wolkenart aus. Dieser Aufgabe dienen die *Wetterwarten*, die über die ganze Erde verteilt sind und miteinander in Verbindung stehen. Bei ihnen laufen die Meldungen von Wetterschiffen, Wetterfliegern und Radiosonden ein. Das sind kleine Freiballons mit Meß- und Funkgeräten, welche während ihres Aufstiegs (manchmal bis 30 km Höhe) die Werte von Luftdruck, Temperatur usw. durch Funksignale an die Bodenstation melden. Seit neuestem verwendet man auch Wettersatelliten (→Weltraumfahrt). Trägt man die Meldungen auf einer Karte ein, so erhält man eine *Wetterkarte*. Eine Anzahl Linien, die *Isobaren*, verbinden alle Punkte, die zu gleicher Zeit gleichen Luftdruck haben. Diese Kurven sind an einigen Stellen in sich geschlossen; in ihrer Mitte steht ein H oder T, d. h. in diesem Gebiet herrscht ein barometrisches Hoch oder Tief. In den Gebieten hohen Luftdrucks scheint tags meist die Sonne, während nachts starke Abkühlung eintritt. Ein Hoch ist meist beständig, in seinem Bereich hält das schöne Wetter an. Ein Tief (Depression) stört das Gleichgewicht des Luftdrucks und bringt oft Wetterumschlag. Auf die Erfahrungen vom Wandern der Hoch- und Tiefdruckgebiete gründen sich die Wettervorhersagen.

WHO ist die Abkürzung für »World Health Organization« (Weltgesundheitsorganisation). Die WHO ist eine Organisation der →Vereinten Nationen und wurde 1948 gegründet. Sie bezweckt die weltweite Bekämpfung von Epidemien, die Verbesserung der hygienischen Bedingungen in den unterentwickelten Ländern und die Hebung des Gesundheitsbewußtseins in aller Welt.

Die **Wichte** →spezifisches Gewicht.

Die **Wicke** ist eine in vielen Farben blühende, rankende Futter- und Zierpflanze.

Die **Widerstandsbewegung.** Während der Gewaltherrschaft des →Nationalsozialismus haben immer wieder Einzelpersonen oder kleinere Gruppen versucht, eine wirksame Organisation zur Beseitigung der Diktatur zu schaffen. Zu ihnen gehörten Männer und Frauen aus allen Kreisen. Die meisten von ihnen mußten für ihre Überzeugung langjährige Haft in →Konzentrationslagern auf sich nehmen, viele wurden getötet. – Als Widerstandsbewegungen bezeichnet man auch die Organisationen, die sich in den von deutschen Truppen besetzten Ländern aus der einheimischen Bevölkerung bildeten und den Kampf in Zusammenarbeit mit den Alliierten weiterführten.

Der **Wiedehopf** ist ein etwa taubengroßer Vogel mit langem Schnabel. Er kann seinen Federschopf wie einen Indianerputz aufstellen.

Wiederkäuer nennt man die Tiere, die ihre Nahrung zuerst, nur grob zerkleinert, in zwei Vormagen, im *Pansen* und *Netzmagen*, vorverdauen. Dann wird die Nahrung in kleinen Bissen wieder ins Maul zurückgestoßen und zu einem Brei »wiedergekäut«. Erst im dritten und vierten Magen, dem *Blättermagen* und *Labmagen*, wird die Nahrung dann vollends verdaut. Alle Rinderarten, Schafe, Ziegen, Hirsche, Kamele, Giraffen und Antilopen sind Wiederkäuer.

Der **Wiener Kongreß** war eine Versammlung europäischer Fürsten und Staatsmänner, die von September 1814 bis Juni 1815 in Wien stattfand. Ihr Ziel war die politische Neuordnung Europas nach dem Sturz Napoleons I. Die deutschen Einzelstaaten vereinigten sich zum »Deutschen Bund« unter der Führung Österreichs. Preußen, Rußland und Österreich schlossen sich zur »Heiligen Allianz« zusammen (→Restauration).

Das **Wiesel** gehört zur Familie der Marder. Die größte Art, das *Hermelin*, wird im Winter weiß; sein Pelz ist sehr geschätzt. Alle Wiesel sind als Mäuse- und Rattenjäger sehr nützlich.

Der **Wigwam:** Hauszelt der Indianer.

Wikinger →Normannen.

Thornton **Wilder** (sprich wailder) ist ein amerikanischer Gelehrter, der sich durch philosophische Romane und durch kurze, gedankenvolle Bühnenstücke einen Namen machte. – Werke: »Die Brücke von San Luis Rey«, »Unsere kleine Stadt«, »Wir sind noch einmal davongekommen«.

Wilderer →Jagd.

Der **Wimpel** →Fahne.

Wimpertierchen →Infusorien.

Wind ist bewegte Luft, Luftströmung. Wird Luft erwärmt, so dehnt sie sich aus, wird leichter und steigt auf (Aufwind), weil schwere, kalte Luft mit ihrem größeren (Luft-)Druck sie verdrängt. Es entsteht eine Luftströmung wie an einer Ofentür. Man mißt die Windstärke nach einer international festgelegten Skala, die von 0 (Windstille) bis 12 (Orkan) reicht. Die wichtigsten regelmäßigen Luftströmungen sind der→Passat und der→Monsun. Wird auf der Erdoberfläche an einer Stelle das Land von der Sonne besonders stark erwärmt, so erwärmt sich auch die darüber liegende Luft. Sie steigt auf, und der Luftdruck nimmt ab. Es entsteht ein Gebiet mit tiefem Druck, in das die kühlere Luft der Umgebung von allen Seiten in einem Bogen hineinströmt. So bildet sich ein Tiefdruckwirbel, der bis zu einem Durchmesser von 100 m *Trombe* oder *Windhose* genannt wird und auch Sand oder Wasser mitreißen kann. Er kann Bäume entwurzeln und Dächer abdecken. Größere Wirbel, bis zu 400 m Durchmesser, nennt man *Tornados*. Sie bewegen sich so schnell fort wie ein Eisenbahnzug. Einen noch größeren Wirbelsturm nennt man *Zyklon*. Er kommt vorwiegend in der heißen Jahreszeit beiderseits der tropischen Zone vor und entsteht nur über

Beaufortskala

Stärke	km/h	Benennung an Land	auf See
0	unter 1	Windstille	Kalme
1	1–5	Leiser Zug	Leichte Brise
2	6–11	Leicht	Leichte Brise
3	12–19	Schwach	
4	20–28	Mäßig	Mäßige Brise
5	29–38	Frisch	Mäßige Brise
6	39–49	Stark	Starker Wind
7	50–61	Steif	Steife Brise
8	62–74	Stürmisch	Stürmischer Wind
9	75–88	Sturm	Stürmischer Wind
10	89–102	Voller Sturm	Sturm
11	103–117	Schwer. St.	Sturm
12	118–133	Orkan	Orkan

dem Meer. In Westindien nennt man ihn *Hurrikan*, in Ostasien *Taifun*.

Ein großes *Tiefdruckgebiet* nennt man Tief, Störung, Depression oder *Zyklone* (nicht Zyklon). Im Norden der USA und in Kanada bildet sich auf der Rückseite von Zyklonen oft ein *Blizzard*, ein wütender Nordweststurm mit eisiger Kälte und Schneefall. Ein Kaltluftgebiet ist ein Gebiet mit hohem Luftdruck; man nennt es daher *Hochdruckgebiet*, Hoch oder *Antizyklone*. Es ist gewissermaßen ein Luftdruckberg, von dem aus die Luft nach allen Seiten abfließt.

Der **Windhund** oder das *Windspiel* →Hund.

Die **Windpocken** oder *Wasserpocken* sind eine leichte, sehr ansteckende Infektionskrankheit, die durch ein →Virus verursacht wird und sich in Fieber und einem Bläschenausschlag äußert.

Winkel sind Richtungsunterschiede, unter denen sich zwei Geraden, die Winkelschenkel, zueinanderneigen. Stehen diese senkrecht aufeinander, so bilden sie einen rechten Winkel (90°). Kleinere heißen spitze, größere stumpfe Winkel.

Der **Winterschlaf** ist ein scheintodähnlicher Zustand. Meist sind es Nagetiere oder Insektenfresser, die den Winter verschlafen. Alle Winterschläfer, zu denen unter vielen anderen die Igel, Fledermäuse, Hamster, Murmeltiere und Siebenschläfer gehören, suchen im Herbst einen Schlupfwinkel auf. Ihre Atmung und ihr Herzschlag werden ganz langsam, ihre Körpertemperatur sinkt stark (bis 0° C) und gleicht sich der Umgebung an,

die Tiere verfallen in einen tiefen Schlaf. Während dieser Zeit brauchen sie meist keinerlei Nahrung, sondern zehren von ihren Fettpolstern.

Der **Wintersport**. Ski, Schlittschuh und Schlitten wurden aus praktischen Gründen erfunden, dienen aber heute hauptsächlich dem Sport. 1. Beim *Skisport* unterscheidet man Langlauf, Sprunglauf, Abfahrtslauf und Torlauf. *Langlauf* führt mehrere Kilometer über Berg und Tal. Beim *Skispringen* wird die Länge des Sprungs von der Kante der Sprungschanze bis zum Aufsprung gemessen und die Schönheit der Haltung bewertet. Beim *Abfahrtslauf* kommt es darauf an, eine Strecke möglichst schnell zurückzulegen. *Torlauf* →Slalom. Bei der Nordischen Kombination werden Langlauf und Sprunglauf, in der Alpinen Kombination Abfahrtslauf und Torlauf gemeinsam gewertet. 2. *Schlittensport*. Der *Rodel* wird mit den Füßen gesteuert und gebremst. Der *Bobschlitten* kann mit dem vorderen beweglichen Kufenpaar gesteuert werden und hat eine Bremse. Bobrennen werden auf eigens gebauten Bahnen mit überhöhten Kurven gefahren. Der *Skibob* ist ein lenkbarer Spezialschlitten auf 3 Kufen. 3. *Eissport*. Beim Kunstlauf müssen verschiedene Figuren und Sprünge vorgeführt werden. Beim Pflichtlauf sind sie vorgeschrieben, beim Kür- und beim Paarlauf dürfen sie von den Läufern selbst zusammengestellt werden. Es gibt auch Wettbewerbe im *Eisschnellauf*. Beim *Eishockey* bilden je 6 Spieler eine Mannschaft. Mit dem Eishockeyschläger wird eine runde Hartgummischeibe, der Puck, ins gegnerische Tor getrieben. Dieses sehr schnelle Spiel wird in dreimal 20 Minuten gespielt.

Die **Wirbelsäule** oder das *Rückgrat* ist beim →Menschen und bei allen →Wirbeltieren die das Skelett tragende Achse. Sie besteht aus einzelnen Knochen, den Wirbeln, in deren Hohlraum das →Rückenmark liegt.

Die **Wirbeltiere** sind die höchstentwickelten Tiere. Sie alle haben ein gemeinsames Merkmal: das Skelett, welches nach beiden Seiten gleichmäßig entwickelt ist und sich in Kopf, Rumpf und Schwanz aufteilt. Zu den etwa 50000 Arten gehören Fische, Lurche, Reptilien, Vögel und Säugetiere.

Die **Wirklichkeitsform** →Indikativ.

Der **Wisent** lebte früher in den Urwäldern Mitteleuropas. Jetzt ist das riesige Wildrind fast ausgerottet.

Das **Wismut** (chemisches Zeichen Bi = Bismutum) ist ein chemisches Element, ein sprödes, silberweiß-rötliches Metall, das z. B. im Erzgebirge gefördert wird.

Die **Wittelsbacher** sind ein Fürstengeschlecht, dessen Angehörige rund 750 Jahre (bis 1918) im bayrischen Stammland regierten, dreimal die deutsche Herrscherwürde innehatten und zeitweise auch die schwedische und griechische Krone trugen. Die Kunstliebe der Wittelsbacher machte München im 19. Jh. berühmt.

Wodan oder *Odin* hieß der höchste Gott der Germanen. Er war der Stammvater des Göttergeschlechtes, der →Asen, versammelte die gefallenen Helden bei sich in Walhall und war der Führer des Totenheeres, der »Wilden Jagd«. Wodan war zugleich der Gott der Weisheit und der Dichtkunst.

Als **Wohlfahrtspflege** bezeichnet man alle Einrichtungen, die es sich zur Aufgabe gemacht haben, den Hilfsbedürftigen beizustehen. Die Wohlfahrtsämter der Gemeinden betreuen durch ihre Pfleger und Pflegerinnen z. B. Kranke, Heimatlose und Jugendliche und unterstützen Notleidende. Die erforderlichen Mittel erhält diese *öffentliche* Wohlfahrtspflege zum größten Teil aus den Steuern. – Die *freie* Wohlfahrtspflege von Verbänden, wie dem Roten Kreuz, dem Caritasverband (katholisch), der Inneren Mission (evangelisch) und der Arbeiterwohlfahrt, ist auf Mitgliedsbeiträge und Spenden angewiesen.

Der **Wolf** lebte früher in ganz Europa, Nordamerika und Asien (südlich bis Indien); jetzt gibt es ihn in Europa nur noch im Osten und Südosten. Wölfe jagen ihre Beute, vor allem Hirsche oder Rehe, gemeinsam in Rudeln, fangen aber auch Nagetiere u. a. Wenn der Wolf sehr hungrig ist, fällt er Menschen an. – Er ist einer der Vorfahren unserer Haushunde.

Das **Wolfram** (chemisches Zeichen W) ist ein chemisches Element, ein sehr schwer schmelzbares Metall. Es wird zu Fäden für Glühbirnen und zu Edelstahllegierungen verwendet.

Wolfram von Eschenbach ist einer der großen deutschen Dichter. Er wurde um 1170 geboren und starb um 1220. Mit seiner Erzählung von den Abenteuern des →Parzival hat er das gewaltigste Epos des deutschen Mittelalters geschaffen.

Wolfsmilch nennt man eine Gruppe von Pflanzen, die an Schnittstellen weißen Pflanzensaft absondern. Die Garten- und Zypressenwolfsmilch sind sehr verbreitete heimische Unkräuter. Aus verwandten Arten wird in warmen Ländern Kautschuk gewonnen.

Der **Wolfsrachen** →Hasenscharte.

Wolken sind Lufttrübungen von auffälliger Form. Sie können aus Wasserdampf, Nebeltröpfchen, Eiskristallen, aber auch aus Rauch, Sand, Staub oder vulkanischer Asche bestehen. Wolken aus Wassertröpfchen oder Eiskristallen entstehen vor allem, wenn sich Luftschichten unterschiedlicher Feuchtigkeit und Temperatur berühren oder durchmischen. Man unterscheidet verschiedene Arten.

Tiefer als 2000 m sind die *Tiefenwolken:* Schichtwolken (Stratus), Haufenschichtwolken (Stratocumulus). Zu den *mittelhohen Wolken* (2000–6000 m) gehören grobe Schäfchenwolken (Altocumulus), mittelhohe Schichtwolken (Altostratus), zu den *hohen Wolken* (über 6000 m) Federwolken (Cirrus), Schleierwolken (Cirrostratus) und Schäfchenwolken (Cirrocumulus). Von etwa 500 m bis zur Höhe der Cirruswolken reichen die *vertikal aufgebauten Wolken:* Regenwolken (Nimbostratus), Haufenwolken (Cumulus) und Gewitterwolken (Cumulonimbus). Wolken sind ein Kennzeichen für die Wetterlage. Herrschen z. B. bei schönem Wetter

Wolken

1 Cirrocumulus (kleine Schäfchenwolken), 2 Cirrus (Federwolken), 3 Cirrostratus (Schleierwolken), 4 Altocumulus (grobe Schäfchenwolken), 5 Cumulonimbus (Gewitterwolken), 6 Cumulus (Haufenwolken), 7 Stratocumulus (Haufenschichtwolken), 8 Nimbus (Regenwolken), 9 Stratus (niedere Schichtwolken)

in der Höhe der Cirren heftige Stürme, so werden die Cirren flammenartig auseinandergeweht. Flammenartige Cirren bedeuten deshalb, daß die hohen Luftschichten nicht beständig sind, daß sich daher das Wetter leicht ändern kann. *Schäfchenwolken* am heiteren Himmel dagegen bestehen aus kleinen weißen Wölkchen, die ihre Form nur beibehalten können, wenn es in der Höhe windstill ist, also wenn die hohen Luftschichten beständig sind. Dann ist nicht zu erwarten, daß sich das schöne Wetter schnell ändert.

Als **Wolle** bezeichnet man die dichten gekräuselten Haare der Tiere, besonders der Schafe. Beim Scheren der Schafe im Frühjahr gewinnt man die zusammenhängende Wolle (das Vlies). Beim Sortieren trennt man die lange, weniger gekräuselte Wolle, das *Kammgarn*, von der kurzen, stark gekräuselten, dem *Streichgarn*. Wollgarne und Wollstoffe sind weich, dehnbar, elastisch und besonders wärmend, weil durch die Kräuselung der Wolle Luft eingeschlossen ist. Wolle darf nicht heiß gewaschen werden, da sie sonst verfilzt.

Das **Wort** ist der einfachste Sinnträger der Sprache. Die *Wortlehre* ordnet die Wörter nach ihren Arten (Verbum, Substantiv, Adjektiv usw.) und untersucht ihre Gesetzmäßigkeiten (Deklination, Konjugation, Komparation). Die *Wortkunde* befaßt sich mit der Abstammung und Neubildung der Wörter. Sie stellt den Umfang des Wortschatzes einer Sprache fest. Man unterscheidet im Deutschen sechs flektierbare und vier unflektierbare *Wortarten:* →Substantive, →Artikel, →Pronomen, →Adjektive, →Numeralien und →Verben; ferner →Adverbien, →Präpositionen, →Konjunktionen und →Interjektionen.

Das **Wrack:** durch Alter oder Unfall unbrauchbar gewordenes Schiff.

Wucher betreibt, wer einen andern dadurch ausbeutet, daß er dessen Notlage oder Unerfahrenheit ausnützt. Dies geschieht vor allem durch unangemessen hohe →Zinsen für Darlehen (Wucherzinsen) oder unangemessen hohe Preise für Sachleistungen. Wucher ist strafbar, wucherische Geschäfte sind nichtig.

Wunder nennt man ein Ereignis, das auf natürlichem Wege nicht zu erklären ist.

Mit einer **Wünschelrute** kann man unterirdische Wasserläufe und Bodenschätze auffinden. Wünschelruten bestehen aus Holz oder Metall. Die gabelförmigen Enden werden von einem Rutengänger mit beiden Händen gehalten. Kommt dieser z. B. an eine Stelle, unter der Wasser fließt, so schlägt die Rute nach unten aus. Nur besonders reizempfindliche Menschen können mit ihr arbeiten.

Würmer sind wirbellose Tiere, die in vielen tausend Arten über die ganze Erde auf dem Lande und im Wasser verbreitet sind und vielerlei Gestalt haben. Sie können so winzig sein, daß man sie mit bloßem Auge nicht sehen kann; andere Arten erreichen Längen von einem Meter und mehr. Viele Würmer leben als Parasiten in einem anderen Tier oder auch im Menschen.

Württemberg →Baden-Württemberg.

Die **Wurzel:** 1. Organ der meisten Pflanzen, mit dem sie im Boden verankert sind und Wasser mit den darin gelösten Nährstoffen aufsaugen. 2. Begriff der →Mathematik.

Wüsten sind Gebiete, die wegen dauernder Trockenheit oder Kälte unfruchtbar sind. Kältewüsten sind die Gegenden an den Polen und die Hochgebirge. Nach der Bodenbeschaffenheit unterscheidet man Eis-, Sand-, Fels-, Kies-, Lehm- und Salzwüsten. Die Tropen werden von Wüstengürteln umsäumt, die sich fast lückenlos um den Erdball ziehen. Manche Wüsten, wie z. B. die Sahara, waren früher fruchtbare Länder. Die Pflanzen der Wüste (z. B. Agaven, Kakteen) speichern Wasser in ihren Stämmen und Blättern und bleiben bisweilen auch bei völliger Trockenheit jahrelang lebensfähig. Die großen Wüstentiere sind alle gute Läufer, die lange ohne Wasser auskommen können (z. B. Kamele, Strauße); die kleinen sind Tiere, die teils erst bei Nacht ihre Nahrung suchen, teils die Monate der größten Dürre tief im Boden eingegraben in einem scheintodähnlichen Zustand überdauern. – Wasserstellen in der Wüste sind Mittelpunkte von *Oasen*, in denen Palmen wachsen und sich ein reiches Tier- und Pflanzenleben entfaltet. Sie sind seit alters Rastplätze für Karawanen und dienen unseren Zugvögeln auf ihrer Reise nach dem Süden als Zwischenstationen.

X

X ist der 24. Buchstabe des Alphabets, das römische Zahlzeichen für 10, in der Chemie das Zeichen für Xenon; in mathematischen Gleichungen ist x die »Unbekannte«, die zu ermittelnde Größe.
Xanthippe hieß die Frau des →Sokrates. Sie soll zänkisch gewesen sein.

X-Strahlen →Röntgenstrahlen.
Das **Xylophon** (griech.) ist ein Schlaginstrument. Es ist ähnlich gebaut wie das Glockenspiel, nur ruhen statt der Metallplättchen Holzstäbchen auf strohumflochtenen Leisten. Geschlagen werden sie mit kurzen, löffelähnlichen Holzschlegeln.

Y

Y ist der 25. Buchstabe des Alphabets. In der Chemie ist Y das chemische Zeichen für Yttrium.
Der **Yak** oder *Grunzochse* ist ein Rind, das in Tibet als Last- und Reittier gehalten wird. Es ist kurzbeinig mit breitem Kopf, einem kleinen Höcker und langhaarigem, schwarzem Fell.
Als **Yankee** (sprich jängkih) bezeichnet man scherzhaft einen US-Amerikaner, besonders einen Bewohner der nordöstlichen Staaten Amerikas. Das Wort geht wahrscheinlich auf den holländischen Spitznamen »Jan Kaas« (Hans Käse)

zurück, der auf englische Siedler gemünzt war.
Yggdrasil hieß in der nordischen Sage die Weltesche, die den Himmel trug und deren Wurzeln ins Reich der →Asen, der →Riesen und ins Reich der→Hel reichten.
Yoga oder *Joga* (indisch = Anspannung) ist eine in vielen Jahrhunderten entwickelte indische Lehre, deren Anhänger, die *Yogis*, durch bestimmte körperliche und geistige Übungen ein solches Maß an Konzentration erreichen, daß sie an Wunder grenzende Dinge zu vollbringen vermögen.

Z

Z ist der 26. Buchstabe des Alphabets.
Eine **Zahl** ist das Ergebnis des Zählens mehrerer Gegenstände. Dabei wird immer ein Gegenstand nach dem andern von den übrigen abgesondert und mit einem eigenen Zahlwort belegt. Man erhält so die *ganzen Zahlen.* Auch die Null muß als Zahl betrachtet werden. Ohne sie wäre das Rechnen noch so umständlich wie bei den Griechen und Römern, die für die Null kein eigenes Zahlzeichen hatten. Man

kann die ganzen Zahlen von der Null an vorwärts zählen (positive Zahlen, bezeichnet mit dem Pluszeichen vor der Zahl: $+14$) oder von der Null an rückwärts (negative Zahlen mit dem Minuszeichen vor der Zahl: -14). Von den ganzen Zahlen aus wurden andere Arten entwickelt, wie gebrochene (rationale) Zahlen, z.B. $^3/_5$, irrationale Zahlen, z.B. Quadratwurzel aus 17 (geschrieben $\sqrt{17}$), und die transzendenten Zahlen, z.B. π (Pi) (→Mathematik). Unter den ganzen Zahlen sind die *Primzahlen* besonders merkwürdig. Sie können nur durch 1 oder sich selbst geteilt werden, z.B. 11, 13, 17, 19.

Die Zahl 10 ist die Grundzahl des heute gebrauchten Zehner- oder *Dezimalsystems*. Früher wurde als Grundzahl auch 12 verwendet. Noch jetzt wird das Dutzend oft gebraucht, besonders bei Maßen in angelsächsischen Ländern. Die Teilung in 60, die von den Babyloniern stammt, wird noch bei Stunde, Minute und →Grad verwendet.

Der **Zahlungsbefehl** →Mahnverfahren.

Das **Zahlwort** →Numerale.

Der **Zahn.** Beim Kind entwickeln sich ab dem 6. bis 9. Monat die 20 Milchzähne, die vom 6. Lebensjahr an durch die 32 bleibenden Zähne ersetzt werden. Zuletzt kommen, oft erst spät, die Weisheitszähne. Jeder Zahn steckt mit seiner Wurzel in einem Zahnfach des Kieferknochens, mit dem er durch die Wurzelhaut verbunden ist. Das Zahnfleisch bedeckt ihn bis auf den obersten Teil, die Krone. Der Zahn besteht größtenteils aus Zahnbein, das einen dünnen Kanal für den Zahnnerv hat und von feinen Äderchen durchzogen ist. Die Krone bedeckt der sehr feste Zahnschmelz. – Von den *Zahnkrankheiten* ist

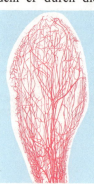

Adergeflecht im Zahn

die *Karies*, Zahnfäule, die wichtigste. Sie zerstört nicht nur den Zahn, sondern kann auch den Herd für Giftstoffe bilden, die durch den ganzen Körper verschleppt werden und z.B. Gelenkrheumatismus erzeugen.

Das **Zahnrad.** Zahnräder dienen zum Übertragen von Kräften und Bewegungen von einer Welle auf die andere. In die Zahnlücken eines Rades greifen die genau passenden Zähne des anderen Rades ein. Eine **Zahnradbahn** ist eine Bergbahn, die große Steigungen überwinden kann. Ihre Motoren treiben Zahnräder an, die in zwischen den Schienen liegende Zahnstangen eingreifen.

Zaire heißt ein 4377 km langer Fluß in Afrika, der früher *Kongo* hieß. Nach ihm ist die *Republik Zaire* (2,345 Mill. qkm; 17,5 Mill. Einwohner) benannt. Hauptstadt Zaires ist Kinshasa.

Der **Zander** →Barsche.

Der **Zar** →Kaiser.

Das **Zaumzeug** dient zum Lenken des Pferdes. Das *Halfter* ist ein Riemengestell, das über den Pferdekopf geschnallt wird und zum Anbinden und Führen des Pferdes dient. Die *Trense* dient zur Lenkung; sie besteht aus einem Kopfgestell, welches das Mundstück (zwei gelenkig verbundene Eisenstücke) im Maul des Pferdes zwischen den *Zügeln* festhält. Außer der Trense gibt man manchen Pferden eine *Kandare* ins Gebiß, die schärfer ins Maul wirkt.

Das **Zebra** ist ein gestreiftes Wildpferd, das in den Steppengebieten Ost- und Südafrikas lebt.

Der **Zebu** ist ein Rind, das auf den Schultern einen Fetthöcker hat. In Indien und Afrika ist es ein wichtiges Haustier.

Die **Zecke** ist ein kleine augenlose Milbe, die sich an Säugetieren oder Menschen ansaugt und von deren Blut lebt.

Die **Zeder** →Nadelbäume.

Der **Zehnkampf** →Olympischer Zehnkampf.

Zeichensetzung →Interpunktion.

Zeit ist ein Begriff, der für das Nacheinander von Ereignissen verwendet wird. Zwischen zwei aufeinanderfolgenden Ereignissen liegt eine Zeitstrecke, die man mit einer →Uhr messen kann. Sowohl für das tägliche Leben (Saat, Ernte) wie für die Ordnung des Gottesdienstes war eine Einteilung der Zeit schon den Völkern des Altertums wichtig. Ein naheliegendes Maß

Kegelrad, das die Kraft unter einem Winkel überträgt

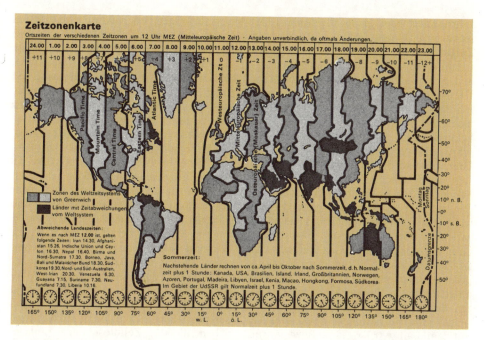

Zeitzonenkarte

Ortszeiten der verschiedenen Zeitzonen um 12 Uhr MEZ (Mitteleuropäische Zeit) · Angaben unverbindlich, da oftmals Änderungen.

| 24.00 | 1.00 | 2.00 | 3.00 | 4.00 | 5.00 | 6.00 | 7.00 | 8.00 | 9.00 | 10.00 | 11.00 | 12.00 | 13.00 | 14.00 | 15.00 | 16.00 | 17.00 | 18.00 | 19.00 | 20.00 | 21.00 | 22.00 | 23.00 |

Zonen des Weltzeitsystems von Greenwich

Länder mit Zeitabweichungen vom Weltsystem

Abweichende Landeszeiten:
Wenn es nach MEZ 12.00 ist, gelten folgende Zeiten: Iran 14.30, Afghanistan 15.26, Indische Union und Ceylon 16.30, Nepal 16.40, Birma und Nord-Sumatra 17.30, Borneo, Java, Bali und Malaiischer Bund 18.30, Südkorea 19.30, Nord- und Süd-Australien, West-Irian 20.30, Venezuela 6.30, Guayana 7.15, Surinam 7.30, Neufundland 7.30, Liberia 10.16.

Sommerzeit:
Nachstehende Länder rechnen von ca. April bis Oktober nach Sommerzeit, d.h. Normalzeit plus 1 Stunde: Kanada, USA, Brasilien, Island, Irland, Großbritannien, Norwegen, Azoren, Portugal, Madeira, Libyen, Israel, Kenia, Macao, Hongkong, Formosa, Südkorea. Im Gebiet der UdSSR gilt Normalzeit plus 1 Stunde.

der Zeit ist der Tag. Er wurde in Stunden eingeteilt, die aber bis ins Mittelalter hinein je nach den Jahreszeiten verschieden lang waren. Später wurde die Länge eines Tages immer genauer festgelegt. Der *Tag* ist die Zeit zwischen zwei aufeinanderfolgenden höchsten Ständen der Sonne (Mittag). Da die Erde aber nicht gleichmäßig um die Sonne läuft, ist dieser wahre *Sonnentag* nicht immer gleich lang. Darum rechnet man heute mit dem mittleren Sonnentag von gleichbleibender Länge. Alle Orte, die auf demselben Meridian (→Gradnetz) liegen, haben zur selben Zeit Mittag. Auf einem anderen Meridian tritt Mittag früher (im Osten) oder später (im Westen) ein. Der Eisenbahnverkehr machte es notwendig, daß innerhalb eines Staates alle Uhren im gleichen Augenblick dieselbe Zeit anzeigen, die *Einheitszeit*. Für die Zeiten, die heute auf der ganzen Erde gebraucht werden, die *Zonenzeiten*, sind 24 Meridiane maßgebend. Die Zeit jedes solchen Meridians unterscheidet sich um eine volle Stunde von den Zeiten der benachbarten Meridiane. So ist die *mitteleuropäische Zeit* die Zeit des

Meridians von 15° geographischer Länge östlich von Greenwich. Wenn es z.B. in Köln 11 Uhr ist, dann ist es in Lissabon, das zur benachbarten westeuropäischen Zeit gehört, 10 Uhr, in Moskau, das zur osteuropäischen Zeit gehört, 12 Uhr. – Die *Datumsgrenze* scheidet auf der Erde die beiden Gebiete mit verschiedenem Datum. Sie verläuft in der Nähe des 180. Längengrades.

In einem *Kalender* ist die Einteilung des Jahres in Tage, Wochen und Monate festgelegt. Unser heutiger Kalender ist der Gregorianische Kalender; er wurde 1582 n. Chr. von Papst Gregor XIII. beschlossen. In diesem Kalender wird statt des gewöhnlichen Jahres von 365 Tagen ein *Schaltjahr* von 366 Tagen benutzt, wenn die Jahreszahl durch vier teilbar ist. 1976 ist z. B. ein Schaltjahr. Der *Schalttag* wird im Februar eingefügt. Wenn die Jahreszahl durch 100 teilbar ist, bleibt das Jahr ein gewöhnliches. Wenn sie durch 400 teilbar ist, wird das Jahr wieder ein Schaltjahr (zum Beispiel das Jahr 2000). Ein Jahrhundert beginnt am 1. Januar des ersten Jahres, das heißt, das zwanzigste

Jahrhundert begann am 1. Januar 1901, nicht am 1. Januar 1900.

Zeitalter oder *Epochen* nennt man bestimmte Abschnitte im Leben der Menschheit, z. B. das Zeitalter der Renaissance.

Die **Zeitlupe** ist ein Filmaufnahmeverfahren mit sehr hoher Bildzahl (bis zu mehreren Millionen Einzelbildern pro Sekunde). Es wird benutzt, um sehr schnelle Bewegungen (z. B. Wettläufer) zu filmen und so die einzelnen Bewegungen sichtbar zu machen. Wenn z. B. in einer Sekunde 1500 Aufnahmen gemacht werden, wird der Bewegungsvorgang, der sich in 1 Sekunde abspielt, in 1500 Einzelbilder zerlegt. Läßt man diesen Filmstreifen dann mit der gewöhnlichen Bildzahl von 24 Bildern in der Sekunde im Vorführgerät ablaufen, so dauert die in 1 Sekunde aufgenommene Bewegung beim Vorführen des Films etwa 60 Sekunden. Das umgekehrte Verfahren ist der *Zeitraffer*, mit dem man sehr langsame Bewegungen filmt, z. B. das Sichöffnen einer Blüte. Man macht in größeren Abständen Filmaufnahmen und läßt den Film dann in normaler Geschwindigkeit ablaufen.

Die **Zeitung.** Vorläufer unserer Zeitungen waren die öffentlichen Ausrufer, die wichtige Neuigkeiten und Anordnungen mündlich bekanntgaben. Erst die Erfindung der Buchdruckerkunst im 15. Jh. schuf die Voraussetzung für das Zeitungswesen. Die ersten Zeitungen entstanden zu Beginn des 17. Jh. Seit dem Beginn des 18. Jh. erschienen Wochen- und Monatsblätter, aus denen sich gegen Ende des 18. Jh. die moderne Tageszeitung entwickelte.

Das **Zeitwort** →Verbum.

zelebrieren (lat.): feierlich begehen, z. B. einen festlichen Gottesdienst, die Messe u. ä.

Die **Zelle** ist das winzige lebendige Ur-Teilchen, aus dem sich alle Lebewesen aufbauen. Die einfachsten Lebewesen bestehen aus nur *einer* Zelle; sie vermehren sich durch direkte Zellteilung. Die höheren Lebewesen setzen sich aus einer ungeheuren Vielzahl von Zellen zusammen; bei ihnen bewirkt die Zellteilung das Wachstum. Jede Zelle besteht aus dem *Plasma* oder *Protoplasma*, einer Masse aus wasserdurchtränkten Eiweißstoffen, und dem *Zellkern*. Pflanzenzellen sind von festen Wänden aus Zellulose umgeben, tierische Zellen haben meist nur eine ganz dünne Haut (Membran). Bei der *Zellteilung* teilt sich meist zunächst der Zellkern, die Zelle schnürt sich ein und wird zu zwei Tochterzellen gleicher Größe. In ihrem Bau gleichen alle Zellen einander, doch haben sie verschiedene Aufgaben; in Gruppen bilden sie bei Menschen und Tieren z. B. die Haut, das Hirn oder die inneren Organe, bei Pflanzen z. B. die Wurzeln, Blätter oder Samen. – *Keimzellen* haben eine besondere Aufgabe: in ihnen sind die Chromosomen, die Träger der Erbanlagen (→Vererbung).

Zellstoff oder *Zellulose* ist der Baustoff der pflanzlichen Zellwände. Holz enthält neben 40–50% Zellulose noch Einlagerungen, *Inkrusten*, und zwar hauptsächlich den Holzstoff *Lignin*, der dem Holz Festigkeit und Härte gibt, sowie Harze, Fette und andere organische Stoffe. Zur Gewinnung des Zellstoffes wird das Holz zerkleinert und mit starken Laugen gekocht. Der Kochbrei wird dann gewaschen, entlaugt, gesiebt und entwässert, wodurch trockene, locker verfilzte Zellstoffplatten entstehen, die vielseitige Verwendung finden, z. B. für Papier, Kunstfasern und Zellwolle.

Zelluloid oder *Zellhorn* ist ein früher viel verwendeter →Kunststoff, der seiner Feuergefährlichkeit halber heute meist durch nicht brennbare Kunststoffe ersetzt wird.

Die **Zellulose** →Zellstoff.

Zellwolle wird wie Kunstseide aus Zellstoff hergestellt, nur wird der Faden wie →Wolle aufgekräuselt.

Der **Zen-Buddhismus** ist eine in China und Japan verbreitete Form des →Buddhismus. In ihm spielen Methoden der →Meditation und der Versenkung eine große Rolle. Das Ziel des Zen ist die Meisterschaft des Menschen über sich selbst und die Harmonie der Persönlichkeit mit dem Weltganzen. Der Zen-Buddhismus hat bedeutenden Einfluß auf die ostasiatische Kunst ausgeübt.

Der **Zenit** (arabisch): höchster Punkt des Himmelsgewölbes senkrecht über dem Beschauer. Den entgegengesetzten Punkt nennt man *Nadir*.

Die **Zensur** (lat.): Beurteilung, Zeugnis. Als Zensur bezeichnet man ferner die staatliche Überwachung und Prüfung von gedruckten Schriften, Filmen, Theateraufführungen usw.

Das **Zentimeter** →Maße.

zentral (lat.): den Mittelpunkt bildend, vom Mittelpunkt aus geleitet und betrieben, auch in Zusammensetzungen wie Zentralasien, Zentralheizung.

Zentralafrikanische Republik heißt ein 622 984 qkm großer, von 1,7 Millionen Negern bewohnter Staat in Äquatorialafrika mit der Hauptstadt Bangui (191 000 Einwohner). Er war im 15. und 16. Jh. ein mächtiges Kaiserreich und von 1900 bis 1960 französische Kolonie.

Das **Zentrum:** Mitte, Mittelpunkt.

Zentralismus nennt man im politischen Leben das Bestreben, die Selbstverwaltung der Länder und Gemeinden weitgehend auszuschalten und die gesamte Regierung und Verwaltung des Staates an einer Stelle zusammenzufassen. Siehe auch Föderalismus.

Zentrifugalkraft. Befestigt man eine kleine Kugel an einem Faden und schwingt sie im Kreis herum, so spannt sich der Faden ganz straff, weil die Kugel nach außen fliehen will. Bei allen sich drehenden Körpern wird durch die Drehbewegung eine Kraft erzeugt, die vom Mittelpunkt (lat. = centrum) aus nach außen wirkt. Man bezeichnet sie als Zentrifugalkraft oder *Fliehkraft* (lat. fuga = Flucht). Ihr Gegensatz ist die *Zentripetalkraft*, die genau entgegengesetzt ist und das Verharren des Körpers auf der Kreisbahn bewirkt. – Maschinen, die sich die Zentrifugalkraft zunutze machen, nennt man *Zentrifugen*. Sie dienen zum Trennen von Flüssigkeiten, die aus mehreren Stoffen mit unterschiedlichem spezifischem Gewicht bestehen.

Der **Zeppelin** →Luftschiffe.

Das **Zepter** (griech.): Herrscherstab, das Zeichen der Macht des Monarchen.

Zerberus war in der antiken Göttersage der ungeheuerliche Hund, der den Eingang zur Unterwelt bewachte.

Eine **Zeremonie** (lat.) ist eine sehr feierliche Handlung, die in festen, meist althergebrachten Formen vollzogen wird, z. B. eine Königskrönung.

Das **Zertifikat** (lat.) ist eine Urkunde, die entweder eine erbrachte Leistung (z. B. eine bestandene Prüfung) bestätigt oder die Echtheit bzw. den Wert eines Kunstwerks garantiert; eine Bescheinigung oder Beglaubigung.

Als **Zeuge** in einem Prozeß auszusagen ist jedermann verpflichtet, der Tatsachen bekunden kann, die der Wahrheitsfindung durch das Gericht dienen können. Nur nahe Angehörige eines Angeklagten oder einer Partei sind grundsätzlich von der Aussagepflicht entbunden.

Zeus war der oberste Gott der Griechen, der Herr des Himmels, des Blitzes und des Donners und der Vater vieler Götter und Göttinnen. – Der römische Name für Zeus ist Jupiter.

Die **Zichorie** oder *Wegwarte* ist eine mehrjährige Staude. Ihre Wurzeln ergeben, geröstet und gemahlen, einen Kaffeezusatz. Die *Chicorée* ist eine verwandte südländische Salatpflanze.

Ziegel nennt man nicht nur die Dachziegel, sondern auch Mauersteine aus Ton oder Lehm. Der Ton wird in Gruben gebrochen, in Wasser gereinigt und oft mit Quarzsand vermengt. Die nun breiige Masse wird in einer *Strangpresse* zu einem rechteckigen Strang gepreßt und durch eine Schneidevorrichtung in einzelne Steine geteilt. Dann werden die Ziegel im Freien getrocknet und im Ofen gebrannt.

Ziegen leben als Wildtiere meist in Gebirgsgegenden. Unsere Hausziegen stammen von der heute noch auf einigen griechischen Inseln sowie in Asien vorkommenden wilden Bezoarziege ab.

Der **Ziegenpeter** →Mumps.

Die **Zigeuner** sind ein Wandervolk indischer Herkunft. Meist hausen sie gruppenweise in Wohnwagen oder Zelten und ernähren sich von Hausieren, Betteln und Wahrsagen. Auf der ganzen Welt gibt es etwa 2 Millionen Zigeuner.

Zikaden sind geflügelte Insekten, die von Pflanzensäften leben. Man sieht sie selten, hört aber ihr zirpendes Geräusch, mit dem sie sich gegenseitig anlocken.

Der **Zimt** ist ein Gewürz, das aus der Rinde lorbeerartiger Bäume und Sträucher Asiens gewonnen wird.

Zink (chemisches Zeichen Zn) ist ein chemisches Element, ein Schwermetall. Zink überzieht sich an der Luft, ähnlich wie Kupfer, mit einer Schutzschicht. Deshalb verzinkt man Eisenbleche. Die wichtigste Zinklegierung ist *Messing*. Aus *Zinkoxid* gewinnt man die wichtigste Malerfarbe, das Zinkweiß. Alle Zinkverbindungen sind giftig.

Das **Zinn** (chemisches Zeichen Sn = Stannum) ist ein chemisches Element, ein leicht schmelzbares Metall. Eine Legierung von Kupfer und Zinn ergibt Bronze, von Blei und Zinn Lötmetall. Weißblech (z. B. für Konservendosen) ist verzinntes Eisenblech.

Der **Zinnober** ist ein leuchtend rotes Mineral; es ist das wichtigste Erz zur Quecksilbergewinnung.

Zinsen nennt man die Leihgebühr, die man für eine Summe entliehenen Geldes zahlen muß, bzw. die Vergütung, die man für eine Summe ausgeliehenen Geldes erhält. *Zinsfuß* nennt man die Höhe der Zinsen für je 100 DM im Jahr. Bei einem Zinsfuß von 4% (4 Prozent) betragen die Zinsen also 4 DM im Jahr für je 100 DM.

Der **Zionismus** →Israel.

Der **Zirkel** (lat.): 1. Kreis; 2. Instrument mit 2 Schenkeln zum Zeichnen von Kreisen und Messen von Strecken.

Die **Zirkulation** (lat.): Umlauf, Kreislauf, z. B. des Blutes (Blutzirkulation).

Die **Zisterne**: großer, unter die Erde gebauter Behälter zum Auffangen von Regenwasser.

Das **Zitat** (lat.): wörtliche Wiedergabe einer Stelle aus einer Dichtung, einem wissenschaftlichen Werk oder einer Rede.

Die **Zitrone** oder *Limone* gehört zu den Zitrusgewächsen. →Apfelsine.

Zitterfische nennt man Fische, die einen elektrischen Strom erzeugen, mit dessen Hilfe sie ihre Beute betäuben oder sich gegen ihre Feinde verteidigen. Der im Amazonas lebende *Zitteraal* kann Stromschläge von 500 Volt abgeben und damit einen Menschen betäuben.

zivil (lat.): gesittet, bürgerlich. Das *Zivil* ist die bürgerliche Kleidung im Gegensatz zur Dienstkleidung oder Uniform. – Unter *Zivilisation* versteht man den Zustand, der erreicht wird, wenn der Naturzustand der Menschheit überwunden ist. Sie steigt, je mehr der Mensch lernt, sich die Schätze der Natur dienstbar zu machen und eine geordnete Lebensform zu schaffen.

Zivilprozeß →Prozeß.

Der oder das **Zölibat** (lat.). Mit dem Empfang der höheren Weihen verpflichten sich die römisch-katholischen Priester zur Ehelosigkeit, dem Zölibat, um sich dem Dienste Gottes zu weihen.

Der **Zoll**: 1. Abgabe, die ein Staat vor allem bei der Einfuhr ausländischer Waren erhebt; 2. altes Längenmaß, 1 Zoll = $^1/_{12}$ Fuß = etwa 2,5 cm.

Die **Zoologie** (griech.): Tierkunde.

Zuchthaus hieß früher eine Strafanstalt, in der Schwerverbrecher langjährige Freiheitsstrafen verbüßten.

Ein **Züchtigungsrecht** (kein Mißhandlungsrecht!) gegenüber ihren Kindern haben die Eltern im Rahmen der elterlichen Gewalt. Das Züchtigungsrecht der Lehrer in den Schulen wurde weitestgehend beschränkt bzw. abgeschafft.

Züchtung nennt man die Paarung von Pflanzen und Tieren nach einer den Gesetzen der →Vererbung entsprechenden Auslese, der *Zuchtwahl*. Durch planmäßige Züchtungen soll der Nutzwert von Pflanzen und Tieren gesteigert werden.

Zucker ist ein Kohlenhydrat, das aus →Zuckerrohr oder Zuckerrüben (→Rüben) gewonnen wird. Der Saft zerquetschter Rohrstengel bzw. die Rübenschnitzel werden gekocht, wodurch ein Sirup entsteht, während der Rückstand, die *Melasse*, ein wertvolles Viehfutter abgibt. Der Sirup wird geklärt und eingedickt, wobei Zucker auskristallisiert. Dieser wird meist in der Raffinerie nochmals gereinigt. Kuba und Brasilien sind die wichtigsten Zuckererzeugungsländer.

Die **Zuckerkrankheit** oder *Diabetes* entsteht dadurch, daß die →Bauchspeicheldrüse ein zur Verdauung notwendiges Ferment, das →Insulin, nicht mehr erzeugt. Dadurch werden Zucker und →Kohlenhydrate nicht verdaut und im Harn als Zucker ausgeschieden. Durch strenge Diät und regelmäßige Einspritzungen von Insulin kann der Zustand des Kranken jedoch wesentlich erleichtert werden.

Zuckerrohr ist ein Schilf mit etwa 6 cm dicken Stengeln, das fast 5 m hoch wird. Es wird in den Tropen angepflanzt; alljährlich schneidet man die Stengel, die bis zu 18 % Zucker enthalten.

Die **Zuckerrübe** →Rüben.

Zugvögel sind Vögel, die in Jahreszeiten, in denen sie keine Nahrung finden, die Brutgebiete verlassen und wärmere Gegenden aufsuchen. Unsere Zugvögel, zu denen auch der Storch, die Wildgans und viele Singvögel gehören, ziehen südwärts, oft bis nach Südafrika.

Die **Zukunft** →Futur.

Die **Zulu** oder *Zulukaffern* sind ein Negerstamm im Südosten Afrikas.

Die **Zündkerze** dient in →Verbrennungsmotoren dazu, das Gas-Luft-Gemisch zur Entzündung zu bringen. Sie besteht aus einem Einschraubgewinde, einer Isolierhülle und den 2 Elektroden, zwischen denen ein elektrischer Funke überspringt, wenn das Gasgemisch seine höchste Verdichtung erreicht hat.

Zunft hieß früher die Vereinigung von Handwerkern eines bestimmten Gewerbes, z. B. »Schuhmacherzunft« oder »Bäckerzunft«. Im Mittelalter spielten die Zünfte in ganz Europa eine große Rolle. Im 18. Jh. verloren sie langsam ihre Bedeutung. Ihre Aufgaben haben zum Teil die →Innungen übernommen.

Die **Zunge** ist ein Muskel, der am Zungenbein befestigt ist. Sie ist von Schleimhaut überzogen, welche feinste Tast- und Geschmackskörperchen trägt. Die Zunge gehört zu den Verdauungsorganen; wenn Magen und Darm gestört sind, bekommt sie einen weißlichen oder bräunlichen Belag.

Zwangsvollstreckung ist die Bezeichnung für ein gesetzlich geregeltes Verfahren, in dem ein Gläubiger mit Hilfe der staatlichen Vollstreckungsorgane (Gerichtsvollzieher, Vollstreckungsgericht) seinen ihm vom Gericht zuerkannten Anspruch gegen den Schuldner befriedigt. Die Zwangsvollstreckung erfolgt durch Wegnahme einer Sache, durch Pfändung und öffentliche Versteigerung oder durch Zwangsverwaltung, je nachdem, was dem Gläubiger zusteht oder welche Vermögenswerte der Schuldner besitzt.

Stefan **Zweig** – er wurde 1881 geboren und nahm sich 1942 im brasilianischen Exil das Leben – war einer der bedeutendsten österreichischen Schriftsteller unseres Jahrhunderts. Er war von der →Psychoanalyse Sigmund Freuds beeinflußt und schrieb einfühlsame, packende Erzählungen über Gefühlsverwirrungen des Menschen. Wichtige Werke: »Sternstunden der Menschheit«, »Ungeduld des Herzens«, »Die Welt von gestern«.

Der **Zweitaktmotor** →Verbrennungsmotor.

Als **Zweiten Bildungsweg** bezeichnet man die verschiedenen Möglichkeiten in der Bundesrepublik Deutschland, Schulabschlüsse jenseits des gesetzlich festgelegten Schulalters nachzuholen. Meist ist eine abgeschlossene Berufsausbildung oder eine dreijährige Berufstätigkeit Voraussetzung. Schulen des Zweiten Bildungs-

wegs sind die Abendrealschulen, Berufs-
aufbauschulen, Abendgymnasien und
Kollegs. Hinzu kommen Volkshochschulen, Telekollegs, Fernunterrichtsin-
stitute, Privatschulen u. ä. Außerdem
können Schulabschlüsse über Extern-
prüfungen nachgeholt werden. Auskunft
geben →Bildungsberatungsstellen. Siehe
auch →Abitur.

Die **Zwerge** waren sagenhafte Wesen von
kleiner häßlicher Gestalt. Sie wohnten in
der Erde, hatten ihre eigenen Könige und
waren überaus geschickte und zauberkundige Handwerker.

Zwergrassen →Pygmäen.

Zwiebeln sind die nährstoffreichen, zu
einer Knolle veränderten unterirdischen
Sproßteile z. B. von Liliengewächsen, zu
denen auch die Laucharten gehören.

Zwillinge sind Geschwister, die gleichzeitig im Mutterleib groß werden und
kurz nacheinander geboren werden. Es
gibt ein- und zweieiige Zwillinge. Eineiige Zwillinge entwickeln sich aus einer
einzigen befruchteten Eizelle, die sich
schon nach wenigen Tagen halbiert, wobei jede der Hälften sich zu einem Kinde
entwickelt. Eineiige Zwillinge sind immer
von gleichem Geschlecht und einander
so ähnlich, daß man sie oft nur mit Mühe
unterscheiden kann. Zweieiige Zwillinge
entwickeln sich aus zwei Eizellen zur gleichen Zeit und können verschiedenen Geschlechtes sein. Es gibt auch Drillinge,
Vierlinge und sogar Fünflinge.

Ulrich **Zwingli,** einer der beiden Schweizer Reformatoren, lebte von 1484 bis
1531. Als Prediger in Zürich reformierte
er mit staatlicher Unterstützung Gottesdienst und Schulwesen. Mit Luther konnte er sich nicht in allen Fragen einigen;
darum bestehen noch heute das lutherische und das reformierte evangelische
Bekenntnis. Zwinglis Lehre verschmolz
mit der von →Calvin zum Helvetischen
Bekenntnis.

Die **Zwölftonmusik** ist eine Komposi-
tionstechnik, die in unserem Jahrhundert
von Arnold Schönberg entwickelt wurde.
Dabei werden die zwölf Ganz- und Halb-

töne der Tonleiter nach bestimmten
Regeln nacheinander verwendet, und
zwar so, daß alle Töne erklungen sein
müssen, bevor derselbe Ton erneut vorkommt. Die Eigenart dieser Musik bringt
es mit sich, daß keine bestimmte →Tonart
mehr vorherrscht. Man nennt sie daher
atonal. Da auch die aus der Musik der
Klassik gewohnten →Harmonien fehlen,
wirkt Zwölftonmusik beim ersten Hören
sehr fremdartig. Zwölftonmusik bietet
neuartige, faszinierende Ausdrucksmög-
lichkeiten. – Weitere bedeutende Zwölf-
tonkomponisten waren u. a. die Schön-
bergschüler Alban Berg und Anton von
Webern.

Das **Zyan** ist eine chemische Verbindung
von Kohlenstoff mit Stickstoff, ein ste-
chendes, zu Tränen reizendes Gas. Mit
Wasserstoff bildet es die sehr giftige *Blausäure. Zyankali* ist ebenfalls sehr giftig.

Der **Zyklon** und die *Zyklone* →Wind.

Die **Zyklopen** waren in der griechischen
Sage riesige Söhne von Himmel und Erde.
Sie wurden von ihrem Vater Uranos in
den →Tartarus gesperrt, aus dem →Zeus
sie befreite. – Eine andere Art Zyklopen
schildert Homer. Es waren riesige Menschen, die nur ein Auge hatten.

Zyklotron →Beschleuniger.

Zylinder sind längliche, gleichmäßig ge-
rundete Körper mit flachem Abschluß,
z. B. Walzen. Im Maschinenbau versteht
man darunter meist Hohlkörper, in denen
sich ein Kolben bewegt, z. B. Dampfzylinder oder Motorenzylinder.

zynisch (griech.): mit beißendem Spott,
gefühlsroh, absichtlich verletzend.

Zypern ist eine 9251 qkm große Insel und
Republik im östlichen Mittelmeer. Von
den 633000 Einwohnern sind knapp 80
Prozent Griechen, 17,5 Prozent Türken.
Die Hauptstadt Nicosia hat 114000 Einwohner. – Die Insel war im 12. und 13. Jh.
als *Lusignan* ein selbständiges Königreich,
wurde 1489 venezianisch und 1571 türkisch, kam 1878 unter britische Verwaltung und war 1925–1960 britische Kronkolonie. Seither ist sie selbständig.

Die **Zypresse** →Nadelbäume.

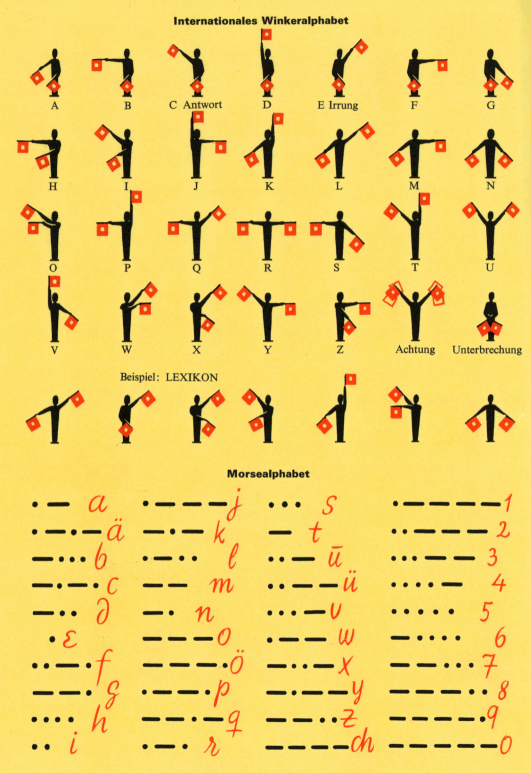

Internationales Winkeralphabet

A   B   C Antwort   D   E Irrung   F   G

H   I   J   K   L   M   N

O   P   Q   R   S   T   U

V   W   X   Y   Z   Achtung   Unterbrechung

Beispiel: LEXIKON

Morsealphabet

·— a	·——— j	··· s	·———— 1
·—·— ä	—·— k	— t	··——— 2
—··· b	·—·· l	··— ū	···—— 3
—·—· c	—— m	··—— ü	····— 4
—·· d	—· n	···— v	····· 5
· e	——— o	·—— w	—···· 6
··—· f	———· ö	—··— x	——··· 7
——· g	·——· p	—·—— y	———·· 8
···· h	——·— q	——·· z	————· 9
·· i	·—· r	————·· ch	————— 0

Beispiel Notsignal: S O S   ··· ——— ···